Anton Jux · Das Bergische Botenamt Gladbach

Beiträge zur Geschichte der Stadt Bergisch Gladbach

Band 2

Herausgeber: Stadt Bergisch Gladbach
Stadtarchiv

Anton Jux

Das Bergische Botenamt Gladbach

Faksimile
der Ausgabe
von 1964

Heider-Verlag
Bergisch Gladbach
1992

Die Deutsche Bibliothek — CIP-Einheitsaufnahme

Jux, Anton:
Das Bergische Botenamt Gladbach / Anton Jux. — Faks. der Ausg. von 1964. — Bergisch Gladbach: Heider, 1992
  (Beiträge zur Geschichte der Stadt Bergisch Gladbach; Bd. 2)
  ISBN 3-87314-261-9
NE: GT

Alle Rechte vorbehalten
JOH. HEIDER VERLAG GMBH, Bergisch Gladbach 1992
Titelgestaltung: Eduard Prüssen
Druck: Heider Druck GmbH, Bergisch Gladbach
ISBN 3-87314-261-9

Vorwort

Das hundertjährige Stadtjubiläum von Bergisch Gladbach im Jahre 1956 war der Anlaß, den Heimatforscher Dr. Anton Jux seitens der Stadt mit der Geschichtsschreibung für den Bergisch Gladbacher Raum bis zum 19. Jahrhundert zu betrauen. 1959 starb Anton Jux. Seine Arbeit erschien erst nach einigen Verzögerungen im Jahre 1964 unter dem Titel „Das Bergische Botenamt Gladbach". Das Buch ist das Ergebnis seiner jahrzehntelangen Forschungstätigkeit. Diese Darstellung der Vergangenheit Bergisch Gladbachs hat in ihrem Gesamtüberblick nach wie vor ihren einzigartigen Wert. Die Geschicke des engeren Bergisch Gladbacher Raumes und seine Organisationsformen werden dabei in die übergeordneten geschichtlichen Zusammenhänge des bergischen und rheinischen Raumes gestellt. Besonders hervorzuheben ist die Fülle der hier zusammengetragenen und ausgewerteten, ansonsten ungedruckten Quellen.

Wenn auch einzelne Darstellungen mittlerweile nicht mehr dem heutigen Erkenntnisstand entsprechen, bleibt die Arbeit doch ein Standardwerk, das leicht verfügbar sein sollte, nicht zuletzt wegen der Anregungen, die es zur weiteren Beschäftigung mit der Geschichte enthält. Seit Jahren vergriffen und immer wieder nachgefragt, kommt die Neuauflage in unveränderter Form auch einer bestehenden Nachfrage entgegen.

Bergisch Gladbach, im März 1992

Pfleger
Bürgermeister

Fell
Stadtdirektor

HEIMATSCHRIFTENREIHE DER STADT BERGISCH GLADBACH

BAND 5

Bild der nächsten Seite:
Wichtige Handels- und Verkehrsstraßen
Ausschnitt aus einer Karte des Bergischen Landes von H. Hondin, Amsterdam 1620.

DAS BERGISCHE BOTENAMT GLADBACH

DIE GESCHICHTE BERGISCH GLADBACHS BIS IN DIE PREUSSISCHE ZEIT

VON DR. ANTON JUX

HERAUSGEGEBEN VOM KULTURAMT DER STADT BERGISCH GLADBACH
MIT UNTERSTÜTZUNG DES RHEIN. LANDSCHAFTSVERBANDES
MCMLXIV

Verlag: Stadt Bergisch Gladbach · Klischees: Klischeefabrik Julius Fröbus GmbH. Köln
Satz, Druck und Einband: Verlagsdruckerei Ph. C. W. Schmidt, Neustadt/Aisch · Papier: Fein-
papierfabrik J. W. Zanders GmbH Gohrsmühle, Bergisch Gladbach · Federzeichnungen nach
Originaldokumentation von Edgar Königs, Graphiker, Bergisch Gladbach.

VORWORT

Bergisch Gladbach hat im neunzehnten Jahrhundert, insbesondere seit der Verleihung der Stadtrechte im Jahre 1856, eine rasche Aufwärtsentwicklung erlebt. Während damals die junge Stadt noch keine 5000 Seelen zählte, waren kaum hundert Jahre später, also 1956, bereits mehr als 36 000 Einwohner gemeldet.

Es mutet uns heute sonderbar an, wenn wir Vincenz von Zuccalmaglio 1846 über die Bürgermeisterei Gladbach berichten hören, daß die Einwohner des Botenamtes auf hundertfünfzig namhaften Hofstellen zerstreut lebten. „Kein einziges richtiges Dorf ist in der Bürgermeisterei. Um die Kirchen liegen nur wenige Schenken. Die größten Weiler sind Nußbaum, Hand und Hebborn in Paffrath, jeder von etwa zwanzig Häusern. Die beiden Gemeinden Gladbach und Gronau besaßen im Jahre 1773 eine Einwohnerschaft von 698 Köpfen in 120 Wohnhäusern, gegenwärtig aber 430 Häusern 2050 Einwohner, worunter 250 Evangelische. Paffrath und Kombüchen zählten in jenem Jahre 871 Einwohner in 158 Häusern, jetzt aber beinahe 2000. Sand, welches damals 191 Einwohner in 32 Häusern zählte, hat jetzt aber beinahe 400 Einwohner auf 50 Feuerstellen. Der Viehbestand betrug im Jahre 1773 für die ganze Bürgermeisterei 43 Pferde, 179 Ochsen und 630 Kühe, jetzt sind vorhanden 120 Pferde, 84 Ochsen und ungefähr 1000 Stück Kühe."

Die Vorbereitung zur Jahrhundertfeier des Jahres 1956 gab den Anlaß, den Heimatforscher Dr. Anton Jux zu bitten, dem Werden des Gemeinwesens nachzuspüren und es in Form einer quellenkundlichen Sammlung darzustellen.

Am 15. April 1959 berichtete Dr. Anton Jux in einem längeren Schreiben an die Stadt über das Ergebnis seiner Bemühungen. Wir lesen unter anderem: „... dann ist mir die Erkenntnis gekommen, daß es z. Z. nicht möglich ist, das umfangreiche Material in einem Bande zu bewältigen... Da bereits drei Stoffgebiete der Stadtgeschichte im wesentlichen bearbeitet sind (siehe nachfolgende Gliederung), wäre es auch unzweckmäßig gewesen, die Ergebnisse dieser Werke einfach zu übernehmen und erneut zu drucken.

Diese drei Untersuchungen weisen den Weg zu einer Reihe geschichtlicher Darstellungen für Bergisch Gladbach, wie folgt:

1. Die Bergisch Gladbach-Paffrather Kalkmulde nebst dem heimischen Bergbau und der Ton- und Kalkindustrie.

2. Das Bergische Botenamt Gladbach.

3. Die Strunde nebst der Bach- und Waldgrafschaft und der untergegangenen Mühlenindustrie des Mittelalters.

4. Die Papiermühlen und Papiermacher des bergischen Strundertals. Von Dr. Ferdinand Schmitz.

(Das 1921 erschienene Werk müßte dem Stande der Forschung angepaßt und bis zur Gegenwart fortgeführt werden.)

5. Die Geschichte der alten Pfarren Paffrath, Gladbach und Sand.
6. Die Johanniter-Kommende Herrenstrunden nebst Pfarrgeschichte. Von Dr. Anton Jux. (1956 Band 2 der Heimatschriftenreihe der Stadt Bergisch Gladbach.)
7. Die Geschichte der evangelischen Gemeinde Bergisch Gladbach. Von Ludwig Rehse. (Das 1900 erschienene Werk müßte bis zur Gegenwart fortgeführt werden.)
8. Bergisch Gladbach in preußischer Zeit von 1815—1945 (nebst einer Darstellung der Geschichte der Schulen und der neuen Industrien).

Es könnten sich vielleicht noch anschließen:
Die Flurnamen der Stadt Bergisch Gladbach.
Wörterbuch der Bergisch Gladbacher Mundart.
Das Volkstum der Stadt Bergisch Gladbach.

Die vorgenannten Werke von Schmitz und Rehse sind seit Jahrzehnten vergriffen. Die Darstellung über das Bergische Botenamt Gladbach ist fast druckfertig gediehen.

Da ich zu Ostern 1960 in den Ruhestand trete (was den Hauptberuf angeht!), würde ich die nötige Zeit gewinnen, die weiteren Bände, für die ich den weitaus größten Teil des Stoffes bereits seit Jahren gesammelt habe, zu bearbeiten. Etwa jedes Jahr könnte ein neuer Band vollendet werden. Mir persönlich liegt es sehr am Herzen, daß das Werk zustande kommt, da die Heimatforschung für unser Stadtgebiet leider ohne Nachwuchs dasteht und Jahrzehnte für eine gründliche Einarbeitung in den Stoff erforderlich sind. Auch verfüge ich — wahrscheinlich als einziger — über fast die gesamte für die Stadt Bergisch Gladbach in Frage kommende Literatur und die wertvollen persönlichen Beziehungen zu den Archiven im In- und Auslande..."

Genau einen Monat nach diesem Brief, am 15. Mai 1959, entriß ein plötzlicher Tod den verdienten Heimatforscher einem Wirken, dem so weit gespannte Ziele gesetzt waren. Die vorliegende Arbeit „Das Bergische Botenamt Gladbach" lag bei seinem Tode fast druckfertig vor.

Es ist bei der Veröffentlichung kaum etwas an der ursprünglichen Textabfassung geändert worden. Lediglich einige, in der Gliederung angegebene Abschnitte, nämlich „Einleitung", „Das altbergische Amt Porz (Bensberg)" und „Münzen, Maße und Gewichte in bergischer Zeit" sind aus schon veröffentlichten Arbeiten des Verfassers wörtlich eingebaut worden. Veränderungen, die sich infolge der regen Bautätigkeit im Stadtgebiet nach dem Tode von Dr. Anton Jux ergaben, sind durch einige ergänzende Fußnoten angezeigt.

Ein in der Gliederung angegebener Teil, „Das peinliche Gericht in Paffrath", mußte allerdings fortgelassen werden, da er im Manuskript noch nicht abgeschlossen war.

Die zusammenfassende „Geschichte Bergisch Gladbachs im Wandel der Zeiten" wird weiterhin ausstehen. Die Nachfahren müssen dankbar sein, daß Dr. Anton Jux in jahrzehntelanger Forschertätigkeit uns nicht nur das vorliegende, im wesentlichen abgeschlossene Werk, sondern im Nachlaß noch ein reiches Erbe hinterlassen hat. Die im vorerwähnten Brief angeführte Gliederung wurde nicht zuletzt deshalb hier veröffentlicht, um späteren Heimatkundlern Möglichkeiten zu zeigen, im Sinne des verdienten Heimatforschers Dr. Anton Jux weiterwirken zu können.

Bergisch Gladbach hat eine beachtenswerte — wenn auch bisher zumeist nicht richtig gesehene — Geschichte. Mit ihrer Darstellung wird einmal eine unabdingbare Verpflichtung, die jeder Generation aufgetragen ist, gegen die Ahnen, ihr Werk und ihr Wirken eingelöst werden.

Die Stadt Bergisch Gladbach hat allen zu danken, die an dieser Arbeit mitwirkten, dem Sohn des Verstorbenen, Herrn Prof. Dr. Ulrich Jux, der das nachgelassene Werk der Stadt übergab, und Herrn Regierungs-Vizepräsidenten Dr. Strutz †, dem Vorsitzenden des Bergischen Geschichtsvereins e. V., der mit sachkundiger Kritik am Manuskript letzte Hand anlegte. Der Druck dieses wertvollen Beitrags zur Stadtgeschichte wäre aber nicht ohne die Förderung des Kulturausschusses und das stete Bemühen des Städtischen Kulturbeauftragten Direktor H. W. Kranzhoff möglich gewesen. Nicht zuletzt schuldet die Stadt einen besonderen Dank dem Rheinischen Landschaftsverband, der durch seine finanzielle Unterstützung weitere Schwierigkeiten aus dem Weg räumte.

Bergisch Gladbach, im Januar 1963 *

Wachendorff   Dr. Kentenich
Bürgermeister   Stadtdirektor

---

* Die Herausgabe verzögerte sich wegen drucktechnischer Schwierigkeiten, der zeitraubenden Besorgung von Unterlagen für eine möglichst umfangreiche Bilddokumentation und der nachträglichen Aufstellung des Registerteiles.

ZUR EINFÜHRUNG

Als Stadt in verfassungsrechtlichem Sinne ist Bergisch Gladbach sehr jung. Wahrscheinlich aber ließ der König bereits zur Merowingerzeit von Köln aus die ersten Lichtungen in seine großen rechtsrheinischen Wälder schlagen, die sich mit Königs-, Franken- und Buchenforst über Sand, Geröll und Sumpf in der Ebene, über die kalkigen Hänge und den Löß auf den Randhöhen dehnten. Wo die Eichen, Buchen, Erlen, Eschen, Weiden und Birken stöhnend sanken, da erstanden zu Paffrath und Gladbach im trockengelegten Bruch die ersten Fronhöfe des Königs, die er verdienten Gefolgsmännern zu Lehen gab. Seine Krönung erfuhr das große Kulturwerk der Franken dadurch, daß man den Bach, der aus dem Tale von Osten stürmisch hervorbrach und im Sumpf versank, vermutlich in zwei Bauabschnitten ein künstliches Bett durch die Rheinterrassen zum Rhein hin grub. Den Fronhöfen folgten schnell andere große Höfe, so zu Hebborn und Gronau, am Broich und auf dem Schlöm, in Katterbach, Strunden, Sand und Lückerath. Etliche der dort angesetzten Vasallen strebten zu ritterlichem Rang empor und bauten sich schon früh feste Burghäuser, wie etwa in Paffrath, Katterbach, Strunden, Dombach und Lerbach. Sie sind teils untergegangen, teils nach wechselvollen Schicksalen und mancherlei Um- und Neubauten und in den Geschlechterfolgen der Jahrhunderte den verschiedensten Adelsfamilien angehörend, auf unsere Zeit gekommen.

Die Lehnsmänner auf den Fronhöfen überwachten den königlichen Besitz und übten ihrerseits wieder für ihren Herrn die Lehnsgewalt gegenüber allen späteren Siedlern aus, die Absplisse des Königsgutes für neue Rodungen und Hofbauten erhielten. Der König und seine Rechtsnachfolger blieben die Obereigentümer über alles Gut, das ein Lehnsverband zusammenhielt. Er unterstand einem besonderen Hofgericht, das mit dem Schultheißen und den Schöffen bei gebotenen und ungebotenen Dingen die alten Rechtsverhältnisse bei jeder Besitzveränderung und -übertragung wahrte und das Recht aus dem Gedächtnis der Alten und später aus einem geschriebenen Weistum „schöpfte". So waren dem Fronhof in Gladbach 26, in Paffrath 28, dem Hof in Hebborn 17 und dem in Sand 9 Höfe bis zum Untergang des Lehnswesens im Jahre 1808 lehnrührig. Leider sind die Gladbacher Hofgerichtsprotokolle nur für die Jahre von 1582 bis 1618, die Paffrather von 1614 bis 1664 erhalten; die Weistümer besitzen wir nur von Paffrath und Hebborn. Der Paffrather Fronhof ist längst verschwunden, doch der Gladbacher stand noch mit einem Neubau vom Jahre 1734 als ehrwürdiger Zeuge der Vergangenheit bis 1960 mitten in der Stadt, und nur der Hebborner und der Sander Hof haben sich im alten Gefach in die Gegenwart retten können.

Für seine Fronhöfe stiftete der König besondere Eigenkirchen, an denen er selbst die Priester bestellte. Die erste dürfte Paffrath gewesen sein, das demzufolge auch als Urpfarre des ganzen Raumes gelten kann. Doch auch Gladbach besaß bereits vor dem Jahre 1000 eine Kirche. In Sand bestand wohl schon vor 1300 eine kleine Kirche. Zu diesen drei ehrwürdigen Gotteshäusern trat kurz vor 1294 die Johanniterkommende in Herrenstrunden, deren Kirche auch bereits für 1345 sicher bezeugt ist.

Längst hat sich in den politischen Verhältnissen des Gladbacher Raumes eine bedeutsame Wandlung vollzogen. Er gehörte in fränkischer Zeit zum Deutzgau, der sich nachher mit der Christianität oder dem alten Dekanat Deutz deckte. Mit ihm gingen die Kirchspiele Gladbach und Paffrath um 1100 bis 1500 — ob gleichzeitig oder getrennt, ist wohl nicht zu erweisen — an die Grafschaft Berg über. Sie bildeten seit der Trennung der kirchlichen von der staatlichen Verwaltung und dem Aufkommen der Landeseinteilung in Ämter (etwa 1350) gemeinsam ein Botenamt im Amte Bensberg, später meist Porz benannt, mit dem sie fortan alle Schicksale teilte. Die uralten Honschaften des Botenamtes leben noch heute mit Gladbach, Gronau, Unterpaffrath, Oberpaffrath (Kombüchen) und Sand in den Katastergemeinden fort. Dagegen ist ihr mittelalterlicher Gemeinschaftsbesitz in den Gemarken im vorigen Jahrhundert aufgelöst worden.

Die von Düsseldorf (Benrath) und Schlebusch her mitten durch Paffrath und Gladbach führende Reuterstraße sah immerzu die herzoglichen Beamten und Boten, wie sie zu Tal und zu Berge ritten, ganz besonders, wenn Kriegsdrangsale das Land bedrückten. Gladbach und Paffrath trugen dann ihr gerüttelt Maß an Plünderungen, Feuersbrünsten, Kontributionen, an Mord und Verschleppung der Einwohner. Im Jahre 1416 sank Paffrath durch die erzbischöflichen Truppen in Schutt und Asche. Im Truchsessischen Kriege (1583—1587) wurden vor allem Gladbach und Herrenstrunden heimgesucht, im Dreißigjährigen Kriege (1632), in den Raubkriegen (1672), im Spanischen Erbfolgekrieg (1702), im Siebenjährigen Kriege (1757) und in den Kriegen nach der Französischen Revolution 1795/96) blieb wohl kein Hof im Gladbacher Raum verschont. Auch furchtbare Seuchen suchten das Volk zuzeiten heim, noch erinnert die Rochuskapelle bei Sand (1690) daran. Doch allen Wechselfällen zum Trotz erhielt sich der uralte Sippenbestand unverfälscht und mit großer Festigkeit.

Mit den ersten Papiermachern, die im Jahre 1582 für Gladbach den Anbruch einer neuen Zeit bedeuteten, kam die reformierte Lehre an die Strunde. Schon für die Zeit von 1610—1621 ist eine Gemeinde Bensberg-Gladbach nachgewiesen. Im Jahre 1775 entstand die reformierte Gemeinde Gladbach-Dombach, die sich 1817 mit den lutherischen Einwohnern zur evangelischen Gemeinde Gladbach vereinigte. Unter geistig hochstehenden Pfarrern trug sie seitdem wesentlich zum kulturellen Leben der Stadt bei.

Während der schweren Erschütterungen der napoleonischen Periode überschritt das bergische Botenamt Gladbach die Schwelle zum 19. Jahrhundert. Im Jahre 1806 kam es mit dem neuen Großherzogtum Berg unter die Herrschaft Joachim Murats, 1808 unmittelbar unter die Herrschaft Napoleons. Im Departement des Rheins, Arrondissement Mülheim und Kanton Bensberg bildete Gladbach nun eine Mairie mit einem Maire, dem Papierfabrikanten Hofrat Franz Heinrich Fauth, als Oberhaupt. Ihm standen ein Adjunkt und der Munizipalrat zur Seite. Seit 1810 mußten die Standesregister bei der Mairie geführt werden. Das Jahr 1813 machte dem französischen Spuk ein Ende. Der Generalgouverneur der verbündeten Befreier übernahm gegen Ende dieses Jahres Fauth als Bürgermeister der Gesamtgemeinde Gladbach, die 1814 zum Kreis Mülheim am Rhein, mit diesem 1815 zur Provinz Jülich-Berg im Großherzogtum Niederrhein und Königreich Preußen geschlagen wurde. 1822 wurde die Rheinprovinz gebildet [1]).

---

[1]) Dieser Abschnitt aus: Anton Jux, Bergisch Gladbach im Wandel der Zeiten; in: „100 Jahre Stadt Bergisch Gladbach" (Bergisch Gladbach 1956).

A. DIE ERDGESCHICHTLICHE ENTWICKLUNG UND DIE VOR- UND FRÜHGESCHICHTE DES BERGISCH GLADBACHER RAUMES

I. DIE ERDGESCHICHTLICHE ENTWICKLUNG

Eine Darstellung der Geschichte von Bergisch Gladbach muß sich notwendigerweise mit dem Werdegang ihres ganzen Gebietes in der Vergangenheit befassen und so weit zurückgreifen, wie es irgend möglich ist. Da ergibt sich die erstaunliche Tatsache, daß die Gladbacher Erde selbst in seltener Eindringlichkeit und Vielfalt Zeugnisse ihrer Entwicklung darbietet und die Geologen seit zwei Jahrhunderte zur Durchforschung anlockte.

Das Gladbacher Gebiet erstreckt sich über die Ablagerungen eines flachen Meeres, das in der Devonzeit[2]), vor etwa 350 Millionen Jahren, weite Teile von Nord- und Südeuropa überflutete. Die Küste war nicht weit von hier, und ihr vorgelagert hatten sich gewaltige und in ihrer Art großartige Riffe gebildet, deren Ansehen wir uns durch einen Vergleich mit ähnlichen Erscheinungen, etwa vor der Küste Australiens, veranschaulichen können. Sogar das Klima wird hier ähnlich gewesen sein und gewährte einer reichen Tierwelt Lebensmöglichkeiten. Hartteile dieser Lebewesen wurden nach ihrem Absterben von Brandungsschutt, Sanden, kalkigen Ablagerungen und Tonen bedeckt, die sich zu landschaftsbestimmenden Gesteinen verfestigten und die Tierreste selbst einschlossen, so daß sie heute in den Steinbrüchen wieder ans Licht treten und den Gelehrten gestatten, nach ihnen das Alter der Bodenschichten zu bestimmen.

Für das obere Mitteldevon des Gladbacher Gebietes werden mehrere Schichtenfolgen unterschieden. Am tiefsten liegen die sandigen Oberen Honseler[3]) Schichten. Über ihnen lagern die mergeligen Torringer Schichten und der „Massenkalk" der Bücheler Schichten mit den schönsten Versteinerungen. Er leitet in seinen Hangenden zum „Plattenkalk" und den korallenreichen Refrather Schichten über. Doch gehören die Oberen Plattenkalke, die Refrather Schichten, Tonschiefer mit Goniatiten und bitumösen Schiefer von Hombach und Lerbach bereits dem Oberdevon an. Sie begrenzen das erhaltene paläozoische (erdgeschichtliche) Profil des Gladbacher Gebietes nach oben.

Diese devonischen Schichten wurden in der nachfolgenden Steinkohlenzeit, dem Karbon, durch große tektonische Bewegungen dem Meeresraum entzogen und als Teil des alpenähnlichen Variskischen Gebirges emporgehoben. Es bildete sich die „Paffrather Kalkmulde", die sich von Nußbaum bis Lustheide ausdehnt und deren fast zwölf Kilometer lange Achse bis Miebach bei Dürscheid reicht. In ihrem Mittelpunkt liegt der Stadtkern von Bergisch Gladbach selbst. In sich zeigt die große Mulde noch verschiedene besondere Faltungen; ihren Südrand bildet die „Bensberger Überschiebung", eine streichende Störung. Hier liegt der südliche Flügel der Mulde tief unter älteren unterdevonischen Schichten und kann deshalb nicht erforscht werden. Auf offenen Spalten erzwangen sich

---

[2]) Sie wurde nach der englischen Grafschaft Devonshire benannt, wo die Schichten erstmals als eigene Formation erkannt wurden.

[3]) Nach dem Honselberg bei Letmathe benannt.

im Bereich dieser südlichen Überschiebungszone Erzlösungen einen Durchbruch nach oben, so daß hier bedeutende Erzlagerstätten entstanden und im „Bensberger Erzrevier" die Förderung von Bleiglanz und Zinkblende ermöglichten.

Dagegen blieb der Nordflügel der „Paffrather Kalkmulde" vollkommen erhalten. Seine einmalige Schönheit äußert sich in einem ungestörten und lückenlosen Profil vom Mittel- zum Oberdevon und in einem außergewöhnlichen Reichtum an Petrefakten (Versteinerungen), die den Ruhm Bergisch Gladbachs in alle Lande trugen.

Grauwacken, Grauwackenschiefer und Tonschiefer, oft mit lebhaften Rotfärbungen, bauen vornehmlich die Oberen Honseler Schichten auf. Es sind die obersten Folgen des „Lenneschiefers", in denen die Versteinerungen in Bänken auftreten und in Steinkernen und Abdrücken erhalten sind. Im Buchholz, auf den Halden am Weidenbusch und bei Eikamp sind die Hauptfundstellen. Hier deuten die Fauna und das Gestein auf ein nahes Festland hin. Über sandigen Ablagerungen der Honseler Schichten entwickelten sich vereinzelt zunächst Rasenriffe, die von koloniebildenden Blockkorallen aufgebaut wurden. Dieser Profilabschnitt wird als „Torringer Schichten" bezeichnet. Am besten entfalteten sich die Riffe in den „Bücheler Schichten" (= Massenkalk), deren Versteinerungen sich von Miebach über Büchel zur Schlade hin verfolgen lassen. Jeder Aufschluß hat seine eigentümlichen Petrefaktenfunde.

Auch die Plattenkalke ziehen sich als breites Band durch die Mulde, enthalten meist jedoch nur wenige Versteinerungen. Wohl folgen zum Hangenden wieder Riffe, so etwa an der Steinbreche und bei Greuel. An dunkleren Farben des Gesteins und am Tonreichtum läßt sich erkennen, daß die Plattenkalke im Strömungsschatten der Saumriffe abgesetzte Lagunensedimente sind. Aus dem Plattenkalk des Strundetales wurden besonders wertvolle Petrefakten geborgen, so der wohlerhaltene Rest eines urtümlichen Panzerfisches (Rhachiosteus ptergygiatus Gross), Ganoidfische (Moythomasia nitida Gross), Lungenfische (Rhinodipterus ulrichi Ørvig) und urtümliche Krebse (Eocaris oervigi Brooks; Montecaris strunensis Jux) am Heiligenstock, bei Dombach oder an der Eulenburg. Bemerkenswert ist noch, daß die an sich eintönige Folge der Plattenkalke durch eingeschaltete Hornsteinlagen im mittleren Profilteil belebt wird, die auf einen untermeerischen Vulkanismus hindeuten.

Die oberdevonischen Plattenkalke und Schiefertone wurden in geschützten Meeresbecken abgelagert, wo das feinkörnige Sediment vom Wellenschlag nicht mehr bewegt wurde; denn diese Abfolgen enthalten meist Reste von ehemals im Wasser schwimmenden Lebewesen, weniger Vertreter einer Bodenfauna. Hier sieht das Gestein dunkel aus, und führt in Klüften, da es stark bituminös ist, auch häufig Spuren oxydierten Erdöls.

In riesigen Zeiträumen bewältigten Wasser und Wind die Abtragung des Variskischen Gebirges — sein abgetragener Rumpf erhielt sich im Mittelgebirge Deutschlands. So ist es vielleicht möglich geworden, daß im Erdmittelalter das Meer die Paffrather Mulde wieder zeitweise überfluten konnte. Zur Zeit des Alttertiärs dagegen war hier mit Sicherheit wieder Landgebiet in Form einer Karstlandschaft mit Dolinen, Schlotten und Höhlen. Tone und Braunkohlen („Traß") im Liegenden des Formsandes zeugen davon, daß sich damals an niedrigen Stellen große Sümpfe und Moorwälder gebildet hatten. Östlich von Hebborn und bei Herrenstrunden bekunden Dolinenfüllungen, daß die Unebenheiten der Kalklandschaft durch festländische Ablagerungen des Alttertiärs immer mehr ausgeglichen worden waren. Nun zeigen sich auch die ersten Spuren der Strunde, die fast das ganze Niederschlagsgebiet der Paffrather Mulde entwässert und mehrfach ihr Bett verlegte, bis sich die heutige Talform als ostwestliches Längstal dem Muldenbau entsprechend herausbildete.

Bedingt durch den tektonischen Einbruch der Kölner Bucht am Westrande, der eine regionale Einsenkung vorausging, konnte vor etwa dreißig Millionen Jahren das von Norden kommende Meer im Oligozän unsere Mulde abermals überfluten. So verzahnen sich denn weiter westlich Brandungsschotter und Küstensande mit den Küstensumpfwald-Ablagerungen der rheinischen Braunkohle. Meeresablagerungen des Oligozäns mit Abdrücken von fossilen Muscheln bedeckten stellenweise den devonischen Kalk oder mitteldigozäne Tone und Braunkohlen. Ein anschauliches Bild davon lieferten die schönen Aufschlüsse am Wapelsberg, die leider mehr und mehr verschwinden und der Nachwelt wohl für immer verschlossen bleiben.

Noch einmal vollzog sich eine gewaltige Änderung im Bau unserer Heimat, als sie endgültig zum Festland wurde, indem sich an der Wende vom Tertiär zum Quartär der tiefgründig abgetragene Sockel des Variskischen Gebirges wieder emporhob. Seitdem spiegelt die reizvolle Landschaft mit ihren Höhenzügen und Tälern den geologischen Aufbau des Untergrundes getreu wider. Staffelförmig sinkt das gefaltete Devon westwärts in Brüchen zum Tal des Rheines ab, und der Westteil der Paffrather Mulde ruht tief unter den jungen Aufschüttungen der Niederrheinischen Bucht.

Aus den Schottermassen des Rheinvorlandes wurden an den Westsaum der Bergischen Höhen Decksande und Löß angeweht. Die Fossilien im Löß beweisen es und sind Zeugen der letzten großen Kaltzeit. Die Haupt- und Mittelterrassen gehören zu älteren quartären Vereisungen und zeigen an, daß unser Gebiet während des ganzen Pleistozäns eine eisfreie, periglaziale Zone bildete.

Die ausgedehnten Schotter der Mittelterrasse ruhen häufig auf tonigen, feinsandigen oder quarzitischen Tertiärablagerungen. So konnten sich hier große Bruchgebiete entwickeln, in denen alle von Osten kommenden Bäche und Rinnsale endeten, auch selbst die Strunde. Thielenbruch und Merheimer Bruch sind als Reste geblieben. Häufig überlagern in diesen Gebieten geologisch junge Dünen, in denen man Werkzeuge der Mittelsteinzeit fand, Torflager, die gegen Ende der Eiszeit entstanden sind. Westwinde haben während der Eiszeit Decksande und später diese Dünen angeweht und an dort entblößten Braunkohlenquarziten deutliche Schliffe hervorgerufen. Solche „Windschliffe" findet man im westlichen Stadtgebiet Bergisch Gladbachs an zahlreichen Stellen. Sie beweisen wegen ihrer vorzüglichen Erhaltung überdies, daß sich die hiesigen Wettervorgänge in den letzten achttausend Jahren nicht grundlegend verändert haben dürften. Irrigerweise werden diese Braunkohlenquarzite in Zeitungsartikeln immer wieder als „Findlinge" bezeichnet[4].

---

[4] Näheres über diese Fragen findet sich bei Ulrich Jux, Zur Geologie des Bergisch Gladbacher Raumes, in: 100 Jahre Stadt Bergisch Gladbach (1956) S. 43 ff. Dort sind auch wichtige in der Bergisch Gladbacher Kalkmulde vorkommende Fossilien abgebildet. — Derselbe, Erdgeschichtliche Klimazeugen im Bergisch Gladbacher-Bensberger Raum (Bergischer Kalender 1955 S. 91 ff.). — Derselbe, Stratigraphie, Faziesentwicklung und Tektonik des jüngeren Devons in der Bergisch Gladbach-Paffrather Mulde, in: Neues Jahrbuch für Geologie und Paläont. 102, 3 (Stuttgart 1955) S. 259—328. — Derselbe, Über Alter und Entstehung von Decksand und Löß, Dünen und Windschliffen an den Randhöhen des Bergischen Landes

An dieser Stelle muß noch jener Männer dankbar gedacht werden, die sich vor allem um die Erforschung der Bergisch Gladbach-Paffrather Mulde und die Deutung und Bestimmung ihrer Petrefakten bemüht und verdient gemacht haben. Freiherr von Hüpsch erwähnt sie als erster 1768 in einer Schrift; der bergische Jesuit und Missionar Franz Beuth führt 1776 Gladbacher Fossilien in einem Katalog seiner Sammlung auf. Auch sein Bruder, der Düsseldorfer Hofkammer-Rat Hermann Josef Beuth, hat sie gesammelt. Der Bensberger Arzt Dr. Johann Daniel Hasbach, aus Dhünn gebürtig, stellte etwa 1825 bis 1840 die erste planmäßige Sammlung im Neuen Schloß zusammen. In dieser Zeit durchforschte der Paläontologe Ernst Beyrich die Mulde, Georg Meyer aus Königsberg schrieb 1879/80 die Bonner Dissertation „Der mitteldevonische Kalk von Paffrath" als erste wissenschaftliche Monographie über dieses Gebiet. Nach ihm haben sich noch viele andere Forscher aus aller Welt damit befaßt.

II. DIE VOR- UND FRÜHGESCHICHTE

Ein Gebiet wie die Bergisch Gladbach-Paffrather Mulde, das erdgeschichtlich eine eng zusammengedrängte Fülle von Besonderheiten aufweist, reizt geradezu, den ersten Spuren menschlicher Besiedlung nachzugehen, zumal diese in unlösbarer Verbindung zu der Beschaffenheit und dem Werden des Bodens stehen müssen. Dabei wäre es an sich verlockend, die zweifellos unseren Raum aufs stärkste beeinflussenden Nachbargebiete in die Betrachtung einzubeziehen. Allzu nahe liegt im Norden das Neandertal mit seinen weltberühmten Funden aus der Eiszeit, noch näher im Westen die Rheinische Nieder- und Mittelterrasse, die mit ihren Fossilien Zeugen riesenhafter Urwelttiere ans Licht brachten. Darauf kann hier nur hingewiesen werden. Wenn aber selbst dicht am Rande der Mulde die Erde ihre Zeugnisse hergibt, so dürfen sie nicht übersehen werden; denn sie sprechen zugleich für die Verhältnisse im Nachbarbereich.

Es kann nicht daran gezweifelt werden, daß schon zur Zeit des Neandertalers in der älteren Steinzeit Menschen den Gladbacher Boden betreten, wenn nicht gar dort gehaust haben. Im Jahre 1952 wurde bei Greuel im ungestörten, letzteiszeitlichen Löß auf einem Grundstück des Verfassers ein Zeuge für diese Tatsache entdeckt. Es ist ein Rundkratzer aus ortsfremdem dunkelrotem Quarzit, mit deutlichen Retuschen. Die Forscher Walter Lung und Doz. Dr. Karl J. Narr untersuchten und bestimmten ihn[5]). Die bisherige Einmaligkeit eines solchen Fundes läßt vermuten, daß dieses primitive Werkzeug durchziehenden Jägern entfallen sein könnte, die hier auf hochliegendem Luginsland einst Rast machten. Denn spärlicher Pflanzenwuchs bot damals auch am bergischen Höhenrande dem Wilde Nahrung, und die Hülse (Ilex) hat hier sogar seit älteren Warmzeiten ihre Standorte gewahrt. — Ein Quarzitfaustkeil dürfte im Königsforst auf ähnliche Weise

---

östlich von Köln, ebd. 104, 2 (Stuttgart 1956) S. 226—254. — M. Schwarzbach und Ulrich Jux, Geologische Wanderungen in und um Köln, in: Kölner geologische Hefte Nr 4 (Köln 1955). — Ulrich Jux, Die devonischen Riffe des Rheinischen Schiefergebirges, in: Neues Jahrbuch für Geologie und Paläont. Abh., 110, 2/3 (Stuttgart 1960) S. 186—391. — Derselbe, Sedimentologische und biostratinomische Beobachtungen im Oberen Plattenkalk von Bergisch Gladbach, ebd., Mh., 1963, 6 (Stuttgart 1963) S. 308—319. — Anton Jux, Petrefaktensammler in der Bergisch Gladbach-Paffrather Kalkmulde, in: Bergischer Kalender 1958 S. 59 ff.

[5]) Der Fund befindet sich in der Sammlung des Geologischen Instituts der Universität Köln.

verloren worden sein, ebenso eine Feuersteinspitze bei Nittum, die sogar beweist, daß jene Jäger den Rohstoff für ihre Waffen bereits von weither holten oder einhandelten. Für die mittlere Steinzeit, die Nacheiszeit, etwa 8000—4000 v. Chr., mehren sich die Gerätefunde. Beim Sandgraben und anderen Erdarbeiten sammelte man nordwestlich Hebborn, östlich vom Mutzer Feld, zahlreiche Feuersteinklingen, Schaber, Spitzen, darunter das Bruchstück einer Gravettespitze, zahlreiche Mikrolithen (Kleinstwerkzeuge), ein großes Quarzitgerät und eine Pfeilspitze mit leicht konkaver Basis. Auch nördlich von Hebborn, südlich vom Hebborner Hof, fielen ähnliche Funde in Mengen an: kleine Kratzer, Mikrolithen, Federmesserchen, Klingenbruchstücke und Abschläge, alles Dinge, wie sie Jägern und Früchtesammlern zu dieser Zeit vonnöten gewesen sein mögen. Dafür sprechen auch wohl ein Feuersteinklingenkratzer aus einer Kiesgrube zwischen dem Mutzer Feld und Nußbaum, zwei Feuersteinabsplisse bei Großbüchel in der Nähe Paffraths, sowie andere Feuersteinartefakte und Absplisse südlich von Herrenstrunden, weiter eine große Quarzitspitze südlich vom Rodenbach und eine Feuersteinspitze bei Heide (Hand).

Sind die Funde im einzelnen auch vielleicht unscheinbar, so ist man angesichts ihrer großen Zahl doch geneigt, bereits für die mittlere Steinzeit — etwa für das Hebborner Gebiet bis Voiswinkel hin — eine feste Besiedlung anzunehmen, selbst wenn man manche Geräte in die jüngere Steinzeit, 4000—2000 v. Chr., verweisen müßte. Für diese liegen weitere sichere Zeugnisse vor. Ein verbessertes Klima begünstigte damals das Auftreten der ersten wärmeliebenden Waldbäume. Eiche, Ulme und Linde bedingten Wildreichtum und lockten die Menschen, deren Rassezugehörigkeit wir nicht kennen, wenn wir auch in ihnen Schnurkeramiker — diese drückten ihren Tongefäßen Verzierungen mit einer Schnur ein —, Vertreter der Michelsberger Kultur und Rössener Leute (benannt nach Gräberfunden bei dem Orte Rössen, bei Merseburg) vermuten. Zum Verwerten des Holzes fertigten sie Steinbeile selbst an oder benutzten eingehandelte. So kam ein beschädigtes, spitznackiges, walzenförmiges Felsgesteinbeil (17,5 cm lang) bei Drainagearbeiten südlich der Kieppemühle am Brunhildenpfad zum Vorschein, ebenso ein Feuersteinbeil (10 cm lang) mit breitem Nacken südwestlich vom Mutzer Feld, ferner das Bruchstück eines geschliffenen, spitznackigen Beiles aus Grünstein (8,5 cm lang) mit ovalem Querschnitt südlich von Nußbaum. Als Bauern und Viehzüchter saßen jene Menschen, die uns diese Steinbeile hinterließen, an den Randhöhen unserer Heimat. Sie waren ohne Zweifel hier auch während der Bronzezeit, 2000—1000 v. Chr., jedoch sind ihr angehörige Geräte im Gladbacher Raume noch nicht aufgedeckt worden. Man geht nicht fehl, wenn man annimmt, daß der bloße Metallwert solcher Stücke die Menschen bereits in früheren Jahrhunderten zum Suchen und Ausräumen der Fundstätten antrieb, wie es wohl im gesamten Rheinland geschah. Unverständlicherweise werden aber auch heute noch wichtige Funde von unwissenschaftlich denkenden „Sammlern" verborgen gehalten.

Etwa mit dem Jahre 1000 setzt für unsere Heimat eine neue Kulturperiode ein, die Eisenzeit, deren erste Phase bis 400 v. Chr. gewöhnlich Hallstattzeit genannt wird. Aus dem Süden zog ein Volk heran, das in großer Zahl auf der Mittelterrasse von Siegburg bis Opladen siedelte, sich aber auch auf die sandigen Fluren an den Randhöhen wagte. Diese Menschen verbrannten ihre Toten, sammelten die Knochenreste und die Asche in Urnen und setzten sie in niedrigen Grabhügeln bei. So liegen oder lagen dicht am Westrand des Gladbacher Gebietes auf der Iddelsfelder Hardt ein Gräberfeld von über tausend Hügeln, andere Urnenfelder nördlich von Dellbrück und im Walde bei Dünnwald. Es ist ganz klar, daß sie nur von großen Dörfern hinterlassen werden konnten. Man darf auch vermuten, daß sich diese Menschen auch des östlich anschließenden Gladbacher Gebietes angenommen und es genutzt haben, wenn ihnen auch das sumpfige Kernstück beiderseits des heutigen Strundelaufes verwehrt bleiben mußte. Wo aber ein Siedeln möglich war, haben sie zweifellos gesessen und die Nachfolge der jungsteinzeitlichen Vorgänger angetreten. Am Mutzer Feld deckte Walter Lung mehrere hallstattzeitliche Gräber auf, denen er Urnen mit Schalen entnahm, ebenso Scherben einer weitbauchigen Urne mit Zickzackrand und eingedellten Rosetten. Ferner fanden sich hier Bronzeohrringe und sonstige Bronzebruchstücke.

Ein weiteres Grab dieser Zeit wurde zwischen Neuenhaus und Sträßchen nördlich vom Freibad angeschnitten. Es enthielt eine Urne mit scharfem Bauchumbruch, leicht gewölbter Wandung, etwas vorgezogenem Hals und kurzem Rand (17 cm hoch); außerdem eine konische Schale mit leicht aufbiegendem Rand. Nach Mitteilungen von Anwohnern soll hier auch früher schon ein Urnengrab festgestellt worden sein. — Mehrere Grabhügel aus der Hallstattzeit wurden nahe der Gastwirtschaft Flora an der Alten Wipperfürther Straße aufgedeckt. In einem Hügel von 18 m Durchmesser und 0,75 m Höhe fanden sich eine Urne mit Schale in einer Brandschicht; in einem Hügel von 12 m Durchmesser und etwa 0,75 m Höhe eine Urne und Schale mit Graphitbemalung; in einem Hügel von etwa 8 m Durchmesser und 0,75 m Höhe eine Urne mit Strichverzierung und eine Schale; in einem Hügel von 6,50 m Durchmesser und etwa 0,50 m Höhe eine ausladendbauchige Urne mit nicht sehr scharfem Bauchumbruch, ziemlich gerader Wendung, kleiner Standfläche, scharf abgesetztem Schrägrand und aufgemaltem Zickzackornament oder Muster von hangenden Dreiecken, eine Schale, sowie Reste von Bronzeblech und Bronzedraht; ein weiterer Hügel war leer; 25 andere waren vor der Untersuchung bereits früher geleert und zerstört worden. — Aus einer Sandgrube bei Selsheide rühren mehrere hallstattzeitliche Urnen und sonstige Gefäße. Hier enthielt ein wahrscheinlich geschlossener Grabfund eine Urne mit scharfem Bauchumbruch und zylindrischem Hals, Resten von Bronzeringen und möglicherweise auch einer Nadel. — Andere Grabhügel bei Katterbach sind leider schon in früherer Zeit dem Pflug und sonstigen Bodenbewegungen zum Opfer gefallen. Verständnislosigkeit, Unachtsamkeit, aber auch primitive Habgier verschuldeten hier für die Geschichtsforschung recht bedauerliche Verluste.

In die Hallstattzeit führt vermutlich auch ein besonders bemerkenswerter Fund nordwestlich von Herrenstrunden auf dem Bücheler Berg zurück, den ein Bauer im Jahre 1923 beim Pflügen aus der Erde hob. Es handelt sich um einen Mahlstein aus Kalkstein, wie er dort in der Nähe ansteht, mit einem Reiber aus Niedermendiger Basaltlava. Durch Hin- und Herbewegen des kleinen Reibers auf dem größeren Reibstein wurden die Getreidekörner zerquetscht und zerkleinert. So bildet dieser Fund zugleich ein erstes sicheres Zeugnis für heimischen Ackerbau in einer Zeit, als es hier noch keine Wassermühlen gab [6]).

---

[6]) Vgl. Anton Jux, Herrenstrunden S. 10 f. Dort ausführlichere Angaben. Es sei bemerkt, daß diese Mahltechnik auch heute noch mit gleichem Werkzeug angewendet wird — so z. B. von der mexikanischen Landbevölkerung.

Welchem Volke die Urnenfelderleute der Hallstattzeit angehörten, ist noch nicht geklärt. Wohl können wir sagen, daß sie keine Germanen waren. Diese erschienen erst seit dem Jahre 500 v. Chr. östlich von Köln am Rhein und nahmen das Land zwischen Sieg und Wupper in Besitz. Es waren die Sugambrer, die später in scharfen Grenzkampf mit den Römern gerieten. Zwar errichteten sie vermutlich auch die Erdenburg bei Bensberg, eine große Bergfestung mit drei Wällen, Spitzgräben, Brustwehren und Wehrgängen, dazu einer Toranlage, zur Abwehr der erwarteten Römer. Doch kamen die Sugambrer nicht zur kriegerischen Ausnutzung der nach den Grabungen derartig gedeuteten Anlage, sondern wurden selbst noch vor der Zeitenwende auf das linksrheinische und römisch besetzte Gebiet übergeführt. Ihnen ist vielleicht auch die Eisengewinnung aus Raseneisenerzen und deren Verhüttung in Feldöfen im Königsforst und bei Katterbach zuzuschreiben. In das zunächst menschenleere Niemandsland schoben sich bald neue Germanen swebischen Stammes ein, diese hinterließen auf den Altsiedelgebieten der Mittelterrasse zahlreiche Gräber, u. a. auf der Iddelsfelder Hardt, im Mutzer Feld und bei Lustheide. Hier fanden sich neben Gefäßen germanischer Form, etwa Fußvasen, auch solche, die als römische Handelsware zu deuten sind. Aus einer Siedlungsstelle mit Pfostenlöchern, einer schwarzen Grube in 80 cm Tiefe, in der man ein Brandgrubengrab erblicken könnte, ferner aus weiteren kaiserzeitlichen Brandgruben und Urnengräbern und aus „Knochennestern" in der Erde holte man neben einem Gefäß und Scherben eines Kumpfes mit eingebogenem Rand Sigillataschüsseln und andere römische und germanische Scherben heraus. Es fanden sich außerdem Eisenbeschlagstücke mit anhaftenden Bronzeresten, **der** silberne Bügelteil einer Trompetenfibel, ein Bruchstück bronzener Fibelspiralen, eine Gürtelschnalle, das Bruchstück eines Schleifsteins und Basaltlavastücke. Alle diese Dinge geben Hinweise auf Kulturzustände bei jenen Menschen, die sie einst gebrauchten und in unserer Heimat wohnten.

An der Flora entdeckte man ein Grab, das vermutlich in einem schon ausgeräumten alten Grabhügel angelegt worden war und ein Skelett mit einer Sigillataschale enthielt. Auch zwischen Paffrath und Dellbrück fand man ein kaiserzeitliches Urnen- und Brandschüttungsgrab mit einer Sigillataschüssel. Es bestanden demnach Handelsverbindungen zu den Römern hin, jedoch in geringem Maße — andernfalls würde man häufiger auf vergrabene oder verlorene römische Münzen stoßen, wenn man nicht überhaupt das Tauschgeschäft bevorzugt hatte. Bei den angeblichen Funden im Kalksteinbruch am Klutstein kann es sich nur um späte Streufunde aus Köln verschleppter Stücke handeln. Jedenfalls ist bisher kein weiterer Hinweis dafür erbracht worden, daß die Römer hier Kalk gebrochen und geholt hätten. Abgesehen davon, daß der völlig unwegsame Bruchstreifen im Rheinvorland die Beförderung fast unmöglich machte und die Römer im rechtsrheinischen Gebiet außerhalb des Limes überhaupt keine Straßen gebaut haben, wissen wir mit Sicherheit, daß sie die Kalkvorkommen in der Eifel bei Sötenich ausbeuteten.

Es ist noch bemerkenswert, daß die Urnen und Scherben seit der Hallstattzeit ihrem Ton-Rohstoff nach vermuten lassen, daß bereits bis dahin die Anfänge der Töpferei im Paffrather Gebiet zurückgehen, wie schon Vinzenz von Zuccalmaglio annahm. Vorgeschichtliche Scherben, deren genaue Datierung noch nicht möglich war, fanden sich südlich von Herrenstrunden und südlich vom Hebborner Hof, darunter hier ein Randstück mit nach innen abgeschrägter Randlippe.

Zweifellos werden in der Zukunft noch viele andere verborgene Zeugnisse der Vor- und Frühgeschichte unserem Heimatboden entrissen werden und ihn zum Sprechen bringen und dann eher ermöglichen, mehr oder weniger getreue Kulturbilder jener fernen Zeiten nachzuzeichnen. Es bleibt dabei nur zu hoffen, daß jeder Kanal- oder Kelleraushub verständnisvoll gesichtet wird. Um so mehr muß man den Mut bewundern, mit dem bereits im Jahre 1923 Gertrud E. Fauth ihr Buch „Die Leute vom Hadborn" (320 S.) in Berlin erscheinen ließ, in dem sie ohne Kenntnis der späteren Bodenfunde in diesem Gebiete aus reiner tiefer Einfühlung heraus das Leben der aus dem Osten zum Rhein gezogenen Germanen als Bauern auf dem Hebborner Hof und ihre kriegerischen Auseinandersetzungen mit den Vorbewohnern und Römern romanhaft schilderte. Sie bot keine geschichtliche Wahrheit; diese wurde uns erst durch die mühe- und entsagungsvolle Arbeit wissenschaftlich gründlicher Forschung vermittelt, die auf dem Werke Carl Rademachers aufbaute und noch in vollem Gange ist[7]).

B. ZUR SIEDLUNGSGESCHICHTE

I. DIE STREUSIEDLUNG

Die Stadt Bergisch Gladbach ist nicht in ihrer heutigen Gebietsform als einheitliche Gemeinde in die Geschichte eingetreten und durch die Jahrhunderte gegangen. Vielmehr wuchs sie aus über anderthalbhundert Hofzellen zusammen, die sich selbst wieder zunächst zur Hauptsache um zwei Kernpunkte mit geschichts- und gemeinschaftsbildender Kraft sammelten. Das waren die uralten Fronhöfe in Paffrath und Gladbach mit den anliegenden Kirchen und Gerichten, zu denen bei Paffrath noch der landesherrliche Hof in Hebborn mit seinem Gericht und bei Gladbach der Edelhof in Sand mit späterer Eigenkirche hinzutraten. Dabei überwog auf die Dauer die Bindung des kirchlichen Lebens so sehr, daß sich im Grunde mit den drei alten Pfarreien Paffrath, Gladbach und Sand auch die Bahnen klar abzeichneten, auf denen die Entwicklung zur heutigen Form weiterglitt.

Keineswegs jedoch deckt sich das gegenwärtige Gebiet der Stadt mit jenem dieser alten Pfarreien. Vielmehr wurde schon in sehr früher Zeit ein großer Teil mit der Pfarrei Dünnwald von Paffrath losgelöst, ebenso gingen der Pfarre Gladbach beträchtliche Teile in den Bezirken Immekeppel und Refrath verloren, desgleichen buchte Sand eine Einbuße in der Gegend nördlich von Dürscheid. Ein gewisser Ausgleich vollzog sich durch die Zuweisung von Randteilen der Pfarren Bensberg und Herkenrath. Dabei kann als wertvollster Gewinn Herrenstrunden mit seinem südlichen Umland gelten, wo sich dann ein vierter geschichtsbildender Kernpunkt entwickelte.

Demnach muß sich jede Geschichtsbetrachtung der Stadt von vornherein diesen vier Punkten Paffrath, Gladbach, Sand und Herrenstrunden gesondert zuwenden.

---

[7]) Der vorstehende Abschnitt stützt sich vornehmlich auf die Quellenzusammenstellung bei A. Marschall, K. J. Narr, R. v. Uslar, Die vor- und frühgeschichtliche Besiedelung des Bergischen Landes, ZBGV 73 (1954) S. 90 ff. und W. Lung, Bergisch Gladbach und das Bergische Land in vorgeschichtlicher Zeit, in: 100 Jahre Stadt Bergisch Gladbach (1956) S. 51 ff.

Der Ahnherr aller Seßhaftigkeit und erste Wegbereiter menschlicher Kultur ist der Bauer, der dem unsteten Leben der Früchtesammler, Jäger und Fischer ein Ende bereitete. Sein Reich war der Hof, den er vom Landesherrn, dem König, zu Lehen empfing. Denn alles Land war einst Eigen des ganzen Volkes, von dem es als vorher herrenlos oder Kriegsbeute in Besitz genommen worden war. Repräsentant der Volksgemeinschaft war der König.

Die fränkischen Könige, vermutlich schon beginnend mit dem Merowinger Chlodwig, legten als erste Siedlungszellen in dem großen, damals fast unbewohnten rechtsrheinischen Gebiet gegenüber von Köln ihre Fronhöfe an, dabei immer weiter nach Osten vorstoßend, und vergaben sie lehnweise verdienten Vasallen. Diese waren bereits Christen, und so ist es erklärlich, daß uns nicht die geringste Kunde einer Missionierung hierselbst überliefert wurde oder überliefert werden konnte. Auch das Wirken von Willibrord († 739) und Swidbert († 713) vollzog sich weiter nördlich, etwa mit der Wupperlinie abschneidend, und so ist auch das Schreiben von Papst Zacharias an Bonifatius († 755), Köln sei eine Stadt, die bis an die Grenzen der Heiden reiche, zu verstehen.

Zu den Fronhöfen gehörte ursprünglich jeweils ein sehr bedeutender Raum, der unmöglich von einer einzigen Familie allein bewirtschaftet werden konnte. So wurden nach und nach kleinere und größere Stücke zum Roden abgezweigt und an neue Siedler weiter verlehnt. Diese blieben jedoch ihrem Fronhof als dem Mutterhof durch das Lehnsverhältnis verbunden, zahlten mit dem Zehnten gewissermaßen die Erbpacht und bildeten einen eigenen Gerichtsverband, eine Art Grundbuchgemeinschaft, das Hofgericht, dessen Sitz für immer der alte Fronhof, wie auch der Landesherr sein eigentlicher Gerichtsherr blieb.

Mit dem Anwachsen eines solchen Hofverbandes stellte sich ganz natürlich ein doppeltes Bedürfnis ein, das eine wirtschaftlich, das andere geistig bedingt. War schon von Anfang an der Fronhof gegenüber der Zehntverpflichtung zum Stellen des männlichen Zuchtviehs für den ganzen Hofsverband gehalten, so trat bei sich mehrender Volkszahl der Bau einer Mühle hinzu, zu deren Benutzung alle Lehnhöfe „gezwungen" waren. Mehr noch griff die Bildung einer religiösen Gemeinschaft ins Leben ein: zum Fronhof trat die Eigenkirche, deren Priester vom Lehnsherrn bestimmt oder doch von ihm dem Bischof vorgeschlagen wurden.

Der Vasall auf dem Fronhof strebte natürlich danach, sich diesen erblich für seine Familie zu erhalten oder überhaupt Herr auf eigenem Grunde zu werden. Oft erbaute er sich selbst ein festes Haus nahe beim Fronhof, wurde Burgherr und löste sich ganz vom eigentlichen bäuerlichen Hofbetriebe, den er nun einem Halfmann, Halbwinner oder Halfen überließ, der ihm den halben Ertrag in Garten, Acker und Stall abliefern und Hand- und Spanndienste leisten mußte, während er sich den Holzschlag in den Wäldern, die Jagd und den Fischfang selbst vorbehielt, jenem nur den nötigen Brennholzbedarf aus dem anfallenden Reisig gewährte.

So deckte sich wahrscheinlich der Hofsverband ursprünglich mit dem Kirchspiel, vielfach sogar mit der Honschaft (Hundertschaft), und erst mit der weiteren Vermehrung der Höfe, die durch das Anwachsen der Volkszahl von selbst geboten war, splitterten sich weitere Honschaften ab, die sich mitunter zu selbständigen Kirchspielen entwickelten.

Kirchliche und staatlich-politische Verwaltungsorganisation liefen wohl zunächst nebeneinander her und deckten sich. Als Karl der Große das Reich in Gaue einteilte, faßte er in ihnen eine Anzahl von Kirchspielen oder auch Honschaften zusammen. Die Gaue selbst wiederum stimmten in ihren Grenzen mit den Christianitäten oder Dekanaten überein.

Mit all diesen Siedlungs- und Verwaltungsgebilden als einem vorhandenen Zustand taucht etwa vor dem Jahre 1000 das Bergisch Gladbacher Gebiet aus dem Dunkel in das noch recht dämmerige Licht der Geschichte auf. Es ist ein Bestandteil des Deutzgaus und gehört zum Herzogtum Niederlothringen, das Bruno I., Erzbischof von Köln, von seinem Bruder König Otto I. seit 953 als Herzog zu Lehen trug. Nach seinem frühen Tode im Jahre 965 wurde das Gebiet östlich von Köln nicht mehr als Herzogslehen ausgegeben, sondern blieb als unmittelbares Königsgut der Verwaltung eines Pfalzgrafen unterstellt. Vorläufig schwebt über dem weiteren Gang der Dinge hier das Dunkel völliger Ungewißheit.

Erst im Jahre 1101 tritt unvermittelt zum erstenmal ein Graf Adolf von Berg auf, der vorher wie auch zwei Vorgänger des gleichen Namens als Vogt (advocatus) bezeichnet wird, also ein Richteramt innehatte. Es ist jedoch kaum anzunehmen, daß der erste Graf von Berg seinen Titel als Nachfolger der rheinischen Pfalzgrafen in deren Richteramt übernahm, sonst würde dies wahrscheinlich in der Art des Titels zum Ausdruck gekommen sein. Auch dürfte der Grafentitel keineswegs allgemein den Vögten zugelegt worden sein. Vielmehr ist anzunehmen, daß sich der Grafentitel hier ganz natürlich auf Grund einer sich allmählich herausbildenden tatsächlichen Zusammenballung von Besitz und damit von Macht in der Hand eines einzelnen Edelgeschlechtes einstellte.

Dieser Umstand allein dürfte auch die Kölner Erzbischöfe veranlaßt haben, den Herren von Berg die Vogteigewalt über zahlreiche Höfe auf der rechten Rheinseite zu verleihen. Es muß doch auffallend erscheinen, daß sich gerade im engsten Umkreis ihrer Stammburg an der Dhün, vor allem in der Richtung zum Rheine hin, ihr Eigenbesitz in Verbindung mit grundherrlichen, richterlichen Rechten von frühester Zeit an häufte und hielt, und zwar in der Art, daß er zugleich mit ihren Inhabern als im wesentlichen bereits vorhanden aus dem Dunkel in das Licht der Geschichte tritt.

So ist es mit den Rechten am Gerichtsverband des Hauptgerichts Porz mit den Landgerichten Bensberg und Odenthal. Mehr noch springt in die Augen das sehr frühe Eigentumsrecht an zahlreichen ehedem königlichen Fronhöfen mitsamt ihren Hofgerichten, Kirchen und Mühlen, etwa in Odenthal am Herzogenhof, dann am Hebborner Hof, am Gladbacher Fronhof, an den Edelhöfen in Gronau mit Mühle, Iddelsfeld, Buchheim, Mülheim, und auch, wie an uralten Rechten untrüglich kenntlich, am Paffrather Fronhof. Die Reihe ließe sich noch erweitern.

Es fällt sofort auf, daß sich gerade am Lauf der Strunde eine ganze Kette solchen Eigenbesitzes reiht. Tatsächlich war hier, hart nördlich vom Königsforst, der Graf von Berg nicht nur Inhaber des Fischereigerechtsams, sondern auch Bachgraf von der Quelle bis zur Mündung. Für den Oberbach oberhalb von Schlodderdich übte er dieses Amt bis zum Untergang der bergischen Selbständigkeit durch seinen Amtmann in Bensberg selbst aus. Für den Unterbach verlieh er die Bachgrafenwürde zugleich mit dem Amte eines Waldgrafen der Strunder Gemarke, die beide seinem Hofe in Iddelsfeld angehörten, mit diesem selbst im Jahre 1415 dem Ritter Wilhelm Quad, dessen Erben und Nachfolger die beiden Titel ebenfalls bis zur Aufhebung des Lehnswesens innehatten.

II. DIE SIEDLUNGSNAMEN

Die nachstehende Aufstellung umfaßt die Namen jener Orte, Hofschaften, Höfe und Einzelhäuser, die zum bergischen Botenamt Gladbach gehörten, einschließlich derjenigen, die im Austausch mit der Bürgermeisterei Bensberg im Jahre 1859 dem Stadtgebiet von Bergisch Gladbach zugeteilt wurden. Auch die wichtigeren Wasserläufe sind angeführt.

Apenschoß (mundartlich = ma. em Aapeschoß), 1744, 1800 Haperschoß, 1827 (Katasteraufnahme) Apfenschuß, 1831 Happenschoß. Vgl. Happerschoß im Siegkreis. Bedeutung ungewiß. Nach Leithäuser hat das Grundwort „schoß" die Bedeutung „vorragende Ecke, Spitze, Winkel, Gipfel"; ma. „Schoß" = Schublade, das Geschobene, vielleicht war hier eine Straßensperre, die durch einen geschobenen Balken hergestellt wurde. — Dittmaier vermutet in Apen den Personennamen Apo. Da der Name erst spät auftaucht, könnte er auch aus besonderem Anlaß als Spottname entstanden sein.

Bach (ma. op de Baach, vgl. „et Baachs-Marie", „op de aal Baach") 1449, 1451 op der Bach, 1663 uf der Bach, 1666 auf der Bach, 1675 Bachgut, 1731 in der Baich, 1758 Bachs Gut, heute Gasthof „Zum Großen Kurfürsten" in Paffrath.

Bachhäuschen 1831.

Berfert (ma. em Berfe'd), 1449 Berchfrede, 1613 Berfert, 1675 der große und der kleine Bergfried, 1731, 1758 im Berfert, 1758 der kleine Bergfriedt. — Der feste Wohnturm an der Kirche in Paffrath.

Berg (ma. om Berch), 1666, 1758 aufm Berg, seit 1889 Laurentiusberg.

Berg (Paffrath), 1584 aufm Berg, auf dem Wirtsberg. Vielleicht Flachsberg.

Bergershäuschen (ma. et Berjeschhüsje), heute Gastwirtschaft Paas an der Maria-Zanders-Straße.

Blech, Haus (ma. Blech), 1262, 1271 Bleghe, sprich Bleche, 1274 Blechge, 1280 Blecche, 1322 Blechge, 1449 Bleche, 1453 dei von Blechen, 1454 Blech und so fortan im gesamten Schrifttum. Die niederdeutsche Schreib- und Sprechweise „Blegge" ist als völlig ortsfremd und ungeschichtlich abzulehnen. — Die Blech ist eine Grasfläche (Bleiche), die zum Bleichen des Linnens diente.

Blissenbach (ma. Blessemich), 1666 zu Blißemich, 1731 zu Blißenbach, 1758 Oberblissenbacher Hof. — Bläß (ma.) = hellfarbig, weiß, vielleicht heller Bach.

Bock (ma. am Bock), 1595 zum Bock, 1608 Bockenbusch, fortan immer Bock. Alter Hof mit Wirtschaft an der Kirche in Gladbach. Auch an anderen Orten (Deutz) vorkommender Hausname. Vielleicht wurde hier im Mittelalter ein Bock für das Kirchspiel gehalten wie im nahen Fronhof der Stier und Eber. Dr. Ferd. Schmitz brachte den Namen in Verbindung mit früher Erzbearbeitung, doch hat sich hierfür nicht die geringste Spur im Boden gefunden.

Börnchen (ma. am Bö'enchen), 1827 am Bün'gen. Kleiner Born, Brunnen in Paffrath.

Bonnschlade (ma. en de Bonnschlad), 1584 Bornschlad, 1595 zu der Bornslade, 1648 in der Bornsladen, 1700, 1758 in der Bonschladen, 1806 Bonnschlade. — Born oder Pütz in der Schlade = Tal, in dem der Wald „geschlagen" ist.

Borsbach (Unterborsbach ma. Boschbich), 1400 Nederburstbach, 1449 Borstberch, 1570 Niederborsbach, 1597, 1666 Borßbach, 1758 Borsbach. — Vermutlich = Buschbach.
Broich (ma. am Brooch) sprich: Brooch! 1383, 1345 Brogge, 1400 Broech, 1595 Brucher Gut, 1666, 1731 zum Broch, 1758 zum Broich; alter Hof an der heutigen Straße „am Broich". — Sumpfiges Land.
Buchholz (ma. em Boochhoolz), 1448 Boechholtz, 1582 im Bochholtz, 1595 im Buchholtz, 1694, 1780 im Bochholtz. — Teil des alten Buchenforstes nördlich der Strunde.
Buchmühle (ma. an de Bochmöll), 1582 Bochmüll, Buchmüller Wiese, 1666 auf der Bochmühlen, 1730 Buchmüll, 1758 Buchmühl. — Die Buchmühle neben dem Fronhof in Gladbach war schon um die Mitte des 16. Jahrhunderts außer Betrieb. Der Name Buchmühle findet sich auch in Odenthal, Overath, Siegburg u. a. O. Es handelt sich vermutlich um Mühlen, die Oel aus Bucheckern (ma. = Boochele) pochten. — Die Annahme von Ferdinand Schmitz, die Buchmühle in Gladbach sei ein Erzpochwerk gewesen, läßt sich nicht im geringsten durch Bodenfunde stützen.
Büchel bei Paffrath (ma. om Büchel), 1382 tzom Bochele, 1400 tzom Bochel, 1444 Bochelerhove, 1449 Bochel, 1655 zu dem Büchel, 1675 auf dem Büchel, 1731, 1758 aufm Büchell. — Dittmaier erschließt das Wort „Büchel" aus dem germanischen bukil, vgl. Buckel, Hügel. Ob nicht die Herleitung vom heimischen Baum, der Buche, näher liegt, also Büchel = in den Boochele?
Büchel (Honschaft Kombüchen), (ma. Büchel), 1666 Büchel, 1731 Buchell, 1758 aufm Büchel.
Burg (in Paffrath an der Kirche, ma. op de Burch), 1448 op dem Berg (?), 1585 Burg, Burgers Gut, 1731, 1758 in der Burg. — Es handelt sich um das erste Burghaus des Vogtes zu Paffrath.
Diepeschrath (ma. om Deepeschrôth), 1356 Depiltzrode, 1449 Deypesroede, 1584 Deperoth, Diepenroth, Diepersrodt, 1678 Diebersrodt — Nach Dittmaier: Rodung des Dietbald.
Dombach (ma. Dommich), ca. 1240 Thumbach, 1497 Dombach, 1586 Tumbach, 1660 Tumbach, 1663, 1666 Tombach, 1666 Dombach, 1694 Dumbach, 1698 Thumbach, 1730 Tumbach, 1731 Thumbach, 1758 Dombach. — Deutung ungewiß. Dittmaier hält Herleitung von Donbach. von althochdeutsch donan = aufschwellen, für möglich. Vielleicht hängt der Name auch mit mhd. tum, dom = Herrschaft zusammen. Hierzu: *Alte Dombach* und *Papierdombach*, 1614 entstandene Papiermühle an der Mündung des Dombachs in der Strunde. — *Kessels-Dombach*, Rittergut, dem Geschlecht von Kessel gehörig. — *Halfen-Dombach*, (ma. Halfendommich) der zugehörige von einem Halfen bewirtschaftete Hof. — *Häuser-Dombach* (ma. Hüserdommich), nach der Sippe Häuser oder Heuser genannt, die selbst ihren Namen vom Hauserhof mitnahm. 1731 wohnte Henricus Heuser dort.
Vgl. Abschnitt: Burg und Rittergut Dombach.
Dreck (ma. em Dreck), alter Hof in Paffrath; 1666 und fortan: im Dreck. Der Weg und der Hofraum waren wohl stets feucht und sumpfig. Der Name findet sich aus gleichem Grund auch in anderen Orten, so in Volberg und Wermelskirchen.
Driesch (ma. am Driesch oder Dreesch), 1582 ahm Driesch, 1595 auf dem Driesch, 1648, 1666, 1700, 1731 aufm Driesch, 1758 zum Dresch. — Driesch = brach, unbeackert liegendes Land. Hierzu: et Dreesche Krücks.

Duckterath (ma. Duckterôth), 922 Dudenrothe, im 13. Jahrh. Duderaide, 1449 Duderoth, 1594 Dodenrath, 1666 Duttenrath, 1700 Dutterath, 1731 Duderath, 1734 Duckterath, 1758 Duckderath. — Es ist auffallend, wie erst spät das ck in dem Wort erscheint: Volksetymologie. Namengebung ist unklar, sie steht vielleicht mit dem sumpfigen Ödland in Zusammenhang.

Dünnhof (ma, om Dünnhoff), 1666 Dünhalfmann, 1730 aufm Dhünhof, 1731 zu Dun, 1758 Dunhof. Deutung ungewiß. Vermutlich benannt nach einer von Dhün an der Dhün stammenden Hofsippe. Nach Ferdinand Schmitz ist der Dünnhof der eingefriedete Hof; Dün = alt niederfränkisch tun = Zaun; auch verwandt mit dem niederdeutschen Düne. — Hierzu Dünnmühle (Lederwalkmühle), auch nach dem Schöffen Wilhelm L. = Lommertzenmühle (1818), später Neue Mühle.

Eich, an der; 1831 Ackergütchen (Pfarre Paffrath).

Eicherhof (ma. Eecherhoff), 1666, 1731 zu den Eichen.

Eulenburg (ma. Uehlenburch), Namen taucht 1858 auf. Hier lag im 17. und 18. Jahrhundert die Irlenbroichswiese, ma. Ijelenbroich, Erlenbroich durch Volksetymologie umgewandelt.

Flachsberg (ma. om Flaßberch), 1453 tzo dem Vlasberge, Flaßberg, 1454 Vlasberg, 1666, 1731 aufm Flaßberg = Flachsberg.

Flora, um 18 . . entstandenes Gasthaus.

Fronhof in Gladbach (ma. em Vru'enhoff), 1582 im Frohnhoff, Frohnhalfmann. Fron = Herr; Hof des Landesherrn, Herrenhof.

Fronhof in Paffrath (ma. Vru'enhoff), 1449 Vroenhove 1582 Frohnhoff, 1675 Frohnhoff auf der Bach; wie vorhin.

Fürfels (ma. Fürfels), 1352 de Vurveltz, 1495 Vurvelz, 1520 Vürfels, 1666 Fürfels. Deutung ungewiß.

Geisbock (ma. om Jeeßbock). In dem Haus wurde einst vermutlich ein Ziegenbock gehalten.

Gemarkenberg (ma. Jemerkelenberch); das Haus in der Hebborner Gemarke beim Heborner Hof entstand erst später.

Gladbach (ma. Jläbbich, em Jläbbich); 1271, 1282 Gladebach; 1310 Gladebach; 1345 Gelabayg; 1398 Gladebach; 1400, 1449, 1555, 1582, 1618, 1666, 1676 ff. überwiegend Gladbach; 1601, 1732 Gladtbach; 1715 Glabbach; 1758 Glebbach. — Vor 1800 finden sich noch folgende Benennungen: Gladbach in ducati Montensi; Gladbach im Herzogtum Berg; Gladbach Ambts Portz in dem Lande von den Bergen; 1816 Gladbach im Bergischen; noch 1856 und 1863 amtlich Gladbach; auch Berg-Gladbach und seit 1815 schon aufkommend Bergisch Gladbach zum Unterschied von München (Mönchen)-Gladbach. glad, gelad = gelegt; der (künstlich) gelegte, Bach, der Umbach, von der Strunde zum Treiben der Gladbacher Mühle abgeleitete Bach. —

Gierath (ma. om Jierott oder Jierôt); 1345 vanme Geroyde; 1449 Geerode; 1595 am Gierrade; 1648 Hof zum Gyrrath; 1666 zom Gierath; 1700, 1731 aufm Gierath; dortselbst 1731 auch „auf der Gassen". — Die Deutung als „Gier" = keilförmiges Stück Rodung (nach Ferdinand Schmitz) kann nicht zutreffen; viel eher handelt es sich um den Namen des Rodsiedlers Gero oder Gerhard.

Gohrsmühle (ma. Johrschmöll); nach der Familie van Gohr benannt, die von 1654 bis 1731 die auf Grunde des alten Käsenbrots-Gutes erbaute „underste Papiermühl" besaß.

Greuel (ma. om Jreuel); 1582, 1595 zum Greuel; 1666, 1700 zum Grewel; 1731 zum Grevell; 1758 Greul. — In einem nordöstlich ziehenden Seitentälchen des Lerbachs an einem geringfügigen Wasserquell gegründete uralte Hofschaft, aus Einzelhof hervorgegangen. Vielleicht nach der Bodenbeschaffenheit der Feldflur benannt; engl. graavel = Kies, vgl. das nahe Sand! Vielleicht auch „auf dem Rauhen", auf dem Geräuhels?

Gronau (ma. em Jronen und et Jrone); 1413, 1449 Groenauwe; 1582 Gronau; 1595 zu Gronauw; 1666 im Gronauwen, zu Gronaw; 1700 zu Gronaw, zu Gronau; 1731 im Gronaw. — Die grüne Au an der Strunde. — Hierzu: *Gronauerfeld* (ma. em Jroneveil); 1595 boven den Steinen am Gronawerfeld; alte Häusergruppe am östlichen Rande der *Honschaft Gronau*, in dem Bezirke des heutigen Postgebäudes. — *Gronauer Mühle* (ma. Jroner Möll); 1413 genannt; 1713 in der Gronauermüllen. Ehemalige Fruchtmühle, um 1902 abgebrochen.

Grube (ma. op de Jroov); 1666 Jan zur Groven; 1700 Tibes op der Groven. — Alter Einzelhof an der Heerstraße von Hebborn nach Romaney, nach früheren Eisenerzgruben auf Dolinenerze benannt.

Grünenbäumchen (ma. om Jrönenböömchen); der Name eines Einzelhauses in Fachwerk, bis zum ersten Weltkrieg noch mit Strohdach, taucht erst nach 1800 auf.

Hammer, 1831 genannt. Ölmühle in Paffrath, auf altes Hammerwerk zurückgehend.

Hammermühle (ma. am Hammer, Hammermöll); ehemaliges Hammerwerk im Strundorf bei der Steingasse an der Strunde, nur durch zahlreiche Schlackenreste im Boden und den Namen bezeugt; später Fruchtmühle.

Hand (ma. op de Haand); 1594 Kürstgens Gut an der Handt; 1663, 1666, 1675 an der Handt u. ff. — In der Nähe war eine altbergische Zollstelle an der Heerstraße bei der Walkmühle, der Zöllner wohnte „an der Handt". Dr. Ferd. Schmitz vermutet, hier habe eine Art Wegweiser mit einer Hand gestanden. Die gedehnte Aussprache weist jedoch auf das Wort „Hardt" hin, die sich hier nordsüdlich durchzieht, ma. Haad. — Hand ist Volksetymologie.

Hauserhof (ma. om Huus); alter Herrenstrunder Kommendehof bei Dürscheid; 1666, 1731 zum Haus. 1859 zu Bensberg umgemeindet. Gehörte bis dahin auch zur Pfarre Sand.

Hebborn (ma. om Häbbonn); hierzu *Unter-* und *Oberhebborn, Hebborner Hof;* 1280 Hadeburne; 1393 Heidburne; 1400 Niederhadborn, Overhadborn; 1449 Hadborn; 1592 Habborn; 1598 Haborn; 1666, 1731 ff. Hebborn. — Die Deutung von Keussen = „Born der Hade" ist abzulehnen. Dittmaier glaubt, der Name lasse sich nur mit dem Personennamen Hado erklären. — Richtig dürfte die Deutung als Hardtborn, Waldborn, sein, die auch den örtlichen Verhältnissen entspricht.

Heide bei Lückerath (ma. op de Heed); 1730 in der Heide; 1731 in der Heyden; 1758 Stigsheyd. — Dieses und die nachfolgenden Heide-Orte erinnern an den mit niedrigem Gesträuch bestandenen Heidestreifen auf der Mittelterrasse.

Heide bei Hand (ma. op de Heed); 1675 Wimpelsheiden?; 1699 Heyden; 1731 ahn der Heyden.

Heide bei Sand (ma. op de Saaner Heed); 1666 Heidergut; 1731 ahn der Heyden; 1758 Heyder Gütchen.

Heidgen bei Katterbach (ma. om Heedchen); 1731 ahm Heydtgen.

Heidchen bei Stegerkamp. Untergegangene Hofschaft.
Heidkamp, Unter- Mittel- und *Oberheidkamp* (ma. om Heekaamp); 1582 am Heikam; 1595, 1648, 1700 in dem Heidkamp; 1666, 1731 aufm Heidtkamp; 1758 Heydcamp. — Kamp ist ein Lehnwort vom latein. camp = das Feld, auch wohl umzäuntes Feld. Heidkamp = Feld in der Heide. — Hierzu noch die Braunkohlengruben „Heidcamps-Maßen" und „Heidcamps-Fundgrube" im 19. Jahrh.
Heiligenstock (ma. am Hellijestock). Das Haus entstand erst nach 1831. Hier war früher wahrscheinlich ein Kreuz an einer Stockbuche.
Herrenstrunden = Oberstrunden (ma. em Strung); 1251, 1300 Strune; 1524 Herrenstruyn; 1521 Herenstronn. — Kommendehaus der Johanniter, der Ordens-Herren, an der Quelle der Strunde.
Herweg (ma. om Herrig);1666 zum Herweg; 1731 zum Herg; 1758 zum Herrig; 1831 Herrig. — Hof an der alten Heerstraße nach Wipperfürth; 1859 an die Gemeinde Bensberg abgetreten.
Höffen (ma. en de Höff); 1382, 1444 1448, 1449, 1456, in den Hoven; 1405 in den Höven; 1614 in den Höfen; 1647 in den Hoeffen; 1663 Höffen; 1675 zum Hoven; 1666 in den Hoven; 1715 in den Höffen; 1731 in den Hoffen; 1758 in den Höfen. Heute in „Höffenstraße" entstellt.
Hohnshäuschen (ma. Hônshüsjen); 1700 im Honßgütchen; 1730 am Hohnshäußchen; 1731 im Huntsheußgen; 1758 Hohnshäußgen. — Nach der das Fachwerkhäuslein bei Oberheidkamp bewohnenden Familie Hohn benannt, diese nach dem Herkunftshof Hohn (Hôen) = Hagen.
Holz (ma. om Hoolz); 1400 (drei) Holtze; 1481 Hentzholz, M(eister) Heintzenholtz, Ryschenholz; 1597 zum Holtz; 1666 Holtz; 1758 zum Holz. — Heute *Oberholz* und *Unterholz.* — Siedlung im Walde.
Holzmühle (ma. Hoolzmöll); 1613 Varbmühle im Strundorf; 1831 Holzmühle.
Hoppersheide (ma. op de Hoppeschheed); 1647 die Hopperscheid; 1653 die Oppersheid bei der Fahnerheid; 1663 die Obberheid; 1666 auf der Hoppersheiden; 1675 Hoppertsheiden; 1731 auf der Hoppersheyden; 1758 die Hoppescheid. — Die „oberste Heide", durch Volksetymologie umgewandelt.
Horn (ma. om Hôen, Hôensjaß); 1582 uffm Han; am Ha'en; 1596 am Haan; 1597 auf dem Hornßfeld; 1607 im Horn; 1611 aufm Hain; 1615 an dem Hagen, in dem Hagenbusch; 1831 neu erbautes Haus an der Hornsgasse. — Von Hohn, Hain, Hagen = Wald am Hang.
Hülsen (ma. en de Hölsen); 1444 in den Hülsen, in den Hölsen; 1644 Hülsen; 1655 in den Hülsen; 1663 in den Hülß; 1666 in den Hülsen; 1675 Hülsergut; 1703, 1758 in den Hülsen. — Hülse oder Stechpalme = Ilex, immergrüner Baum, der im Bergischen Lande die Eiszeit überstand.
Hütte (ma. de Hötten); 1666 im Kothen?; 1758 in der Hütten (bei Letsch, Refrath). — Hütte im Sinne von Kotten = kleines, abseits stehendes Haus; auch „in der Ecke" wird mit „en de Hött" bezeichnet.
Hufe (ma. en de Hov); 1400 Hoeve; 1460 dei Hove; 1663 Hofe, Hove; 1666 zur Hoven; 1758 zur Hofen, 1826 in der Hufen. — Hof, der bei der Gründung mit einer Hufe Landes, etwa 60 Morgen (kölnische Hufe) bedacht wurde.

Hungenberg (ma. om Hungenberg); 1666 ahm Hundenberg; 1758 der Hungenberg. — Deutung ungewiß, vielleicht hängt das Wort mit „unten", ma. „ongen" zusammen. Der Hof erscheint nach 1800 nicht mehr als zur Gemeinde Gladbach gehörig, sondern zu Bensberg.

Igel (ma. op de Ijel; Ijeler Hoff); 1365 Egele; 1597 uf der Eigel, zur Igel; 1657 uf der Iggelen; 1666 zur Eigel; 1681 Eigeler Halfen; 1731 Iggel, Iggell; 1758 Iggelter Hof; 1858 Iggel. — Herrenstrunder Kommendehof. Hof in den Ijelen = Erlen.

Irlenfeld (ma. om Ijeleveil); erscheint erst 1806 als Hofsiedlung, vorher nur Flurname. = Feld in den Erlen. Vgl. Igel und Eulenbroich.

Jüch (ma. op dr Jüch); 1582 uf der Jüch; 1595 Jücherfeld; 1666, 1731 auf der Jüch: 1700 auf der Jügh: 1758 Jücher Gut. — Nach Dr. Ferd. Schmitz u. Dittmaier von lat. jugeum = das Joch, zusammenhängendes Acherland, soweit man mit einem Joch Rinder an einem Tage bebauen konnte. — Das Wort „Jüch" kommt als Flurname öfters vor, es handelt sich um Ackerflächen, die besonders dem Wind ausgesetzt sind, wo der Wind jagt = jücht.

Kämperfeld, erscheint 1831 als Hofname, Achergütchen in der Pfarre Paffrath. Vgl. Kamp. Es handelt sich um ein Ackergütchen bei Kempen.

Kaltenbroich (ma. om Kahlenbrooch); 1660 Kahlenbroich; 1663 Kallenbroich: 1666 in der Kalenbroch; 1731 in der Kahlenbroch; 1753, 1758 Kahlenbroch. — Sumpfiges, kaltes Stück des Lerbachtales.

Käsenbrod, Käsenbrodsgut, oder Kiesenbrodsgut. So hieß noch im Anfang des 17. Jahrhunderts das Gut, auf dessen Grund die „unterste Papiermühle" in Gladbach stand. — Nach Dittmaier jene Stelle in der Flur, wo fronende Arbeiter ihre Mahlzeit einnahmen. Naheliegender dürfte sein, den Namen dadurch zu erklären, daß der Hof mit einer Abgabe von Käse und Brot (Kiesonbrud) belastet war. Vgl. Hof Käsenbrod bei Lützenkirchen. Auch eine Übertragung des Namens von dort durch einen Hofangehörigen ist möglich.

Kamp, Honschaft Gladbach (ma. om Kaap); 1666, 1758 zum Kamp. Von lat. campus = das Feld.

Kamp, Honschaft Paffrath (ma. om Kaamp); 1449 Kamp; 1663 ufm Camp; 1666 aufm Kamp; 1675 aufm Kampff; 1703 aufm Camp; 1731 aufm Kamp. — Wie vorhin.

Katterbach (ma. em Kattenich); 1449 Katterbach; 1454 Katterberch (K. disit der Bach, K. op der ander sid); 1584 Katterbach; 1663, 1675, 1701 Kattermich; 1758 Katterbach; 1831 Kattermich. — Untergegangene Burg, zwei Höfe, benannt nach dem Bach. Deutung ungewiß. — Hierzu *Katterbachshäuschen* bei Schützheide, nach einer Sippe benannt, 1954 abgebrochen.

Kaule, Honschaft Gladbach (ma. en de Kuhl); 1700 zur Kaullen; 1758 zur Kauhlen. — Alte Kalksteinkaule = Steinbruch im Strundorf.

Kaule, Honschaft Paffrath (ma. en de Kuhl); 1444 an den Kulen, an den Kuhlen; 1448 Kalkkule; 1647 in den Kaulen; 1659 an den Kaulen; 1663 in den Kuhlen; 1666 in den Kaulen; 1675 Gut in der Kaulen; 1758 in der Kauhlen. — Wie vorhin, jedoch kann es sich hier auch z. T. um Tongruben der Paffrather Töpfer handeln.

Kempen (ma. an de Keimpen); 1831 an den Kämpen (Hofstelle) nebst Kämperfeld (Ackergütchen). Zu Kamp.

Kieppemühle (ma. de Kippemöll); schon vor 1670 Kibbemühle, nach einer Pleißerfamilie Kibbe benannt. — Auch in Hebborn war ein Kippengut, nach der Sippe benannt. Vgl. Kippekausen bei Refrath. Vermutlich von altem Personennamen Kibicho.

Kittelburg (ma. an der Kittelburg); 1758 Heinrich Hey an der Kittelburg; 1831 Kittelburg, Wirtshaus. — Deutung ungewiß.

Kley, Unter- u. Oberkley; Kleyer Hof = Unterkley (ma. om Klei; om Kleierhoff); 1400 Cleye; 1731, 1758 zum Kley. — Nach Bodenart benannt, fetter, schwerer Lehmboden.

Klutstein (ma. am Kloochsteen); 1631 Klauchsteen; 1744, 1800 Klutstein. Mittelalterlicher Kalksteinbruch. Deutung ungewiß — vermutlich von „Klusen" (lat. claudere); denn zahlreiche Höhlungen und Schlotten sind bei der Verkarstung des Kalkes entstanden.

Körbchesweier; 1831 Körfgesweiher, Hofstelle in der Pfarre Gladbach.

Kombüchen, Gehöft und Honschaft (ma. om Koböken); 1400 Kombochen; 1567 Koeböcken, 1666 Coenbocken; 1690 Koenbücken; 1729 Combüchel; 1731 Kohnbuchen; 1758 Kohnbüchen. — Benannt nach Buchen, unter die sich die Kühe auf der Weide zum Schutz vor Sonne und Regen stellten?

Kradepohl (ma. am Kradepohl); 1590 am Cradenpoll; 1633 am Kradenpoel; 1700 ahm Kradtenpoel; 1731 ahm Cradenpoel. — Krötenpfuhl, wurde um 1840 bei der Anlage der Straße zerschnitten und eingeengt, der Rest erst gegen 1948 zugeschüttet. — Hierzu: *Kradepohlsmühle*.

Krapp (ma. upp de Krapp); Sumpfgelände bei Haus Blech.

Kuckelberg (ma. om Kuckelberg); *Ober-* und *Unterkuckelberg;* 1400 Kuckesberg; 1449 Kuxberg; 1481 Cuchelberg; 1570 Niederkuckelberg; 1597 Kockelberg; 1598, 1666, 1731, 1758 Kuckelberg; — Vermutlich = Kuckucksberg.

Langenstück (ma. om Langestöck); Häusergruppe an der alten Reuter-, der heutigen Paffrather Straße, etwa bei der Fabrik Köttgen & Co.

Lehmbroich; 1831 Ackergütchen bei Lückerath, 1859 an Bensberg abgetreten.

Lehmkaule (ma. an de Lehmkuhl) im Strundorf; 1582 Johann Leimkuler; 1648 in der Leymkulen; 1666 in der Leimkauhlen; 1700 in der Leimkaullen; 1731 in der Leimkaule; 1758 in der Leimkauhlen; 1831 Leimkaul. — Ackergut bei alter Lehmgrube, die einen wichtigen Rohstoff für den Fachwerkbau lieferte.

Lerbach, Unter- und *Oberlerbach* (ma. en de Li'erbich); 1259 de Leirbeg; 1600 Lierbach; 1671, 1689 Lirbach; 1758, 1831 Leerbach. — Burg und Höfe, hierzu: *Lerbacher Mühle*. — Nach dem Bach benannt; Lier = Lerche ist eine unzutreffende Ableitung. Es muß hier auf Lei = Schiefer bezogen werden. Zwischen Kaltenbroich und Bonschlade fließt der „Leirbeg" durch oberdevonische Schiefertone.

Letsch (ma. em Letsch); 1666, 1758 im Letsch, Letschen Gut; 1831 Litsch; — Bedeutung ungewiß. 1859 an Bensberg abgetreten.

Lichten (ma. om Leechten); als Wohnplatz bei Sand erst nach 1831 entstanden

Linde oder *an der Linde* (ma. an de Leng); 1582 zur Linden; desgl. 1595, 1666, 1731; 1758 Linder Gut. — Untergegangener Hof am Schlöm gegenüber dem Gasthaus „zum löstijen Dreck", im Winkel Laurentius- und Odenthaler Straße. Hier stand bis etwa 1890 ein Fachwerkhaus mit einer alten Linde und Holzkreuz, an dem eine Segenstation der Fronleichnamsprozession war.

Linder Gut in Paffrath (ma. an der Leng); 1666 im Linder Gut; 1731 in Lindgens Gut; 1758 an der Linden.

Loch (ma. em Loch); 1595, 1666, 1700, 1731 im Loch; 1758 das Locher Gut. — Ausweitung im Tal der Strunde. — Hierzu: *Locher Mühle* (ma. Locher Möll). Im 16. Jahrhundert Pleißmühle, dann mehrfach umgewandelt, heute Rheinische Wollspinnerei.

Lommertzenmühle; die Dünnmühle beim Dünnhof wurde 1818 von dem Gladbacher Schöffen Wilhelm Lommertzen zur Papiermühle umgebaut und vom Volke nach ihm benannt. Auch hieß sie seitdem Neue Mühle.

Lückerath; Unter- und *Oberlückerath* (ma. em Lüclet oder Lückeȓôt); 1556 Luggeraedt; 1584 Luggrodt; 1604 Luggradt; 1608 Lugradt; 1611 Lugkenradt; 1613 Luggenraedt; 1700 Leukerath; 1731, 1758 Lückerath. — Dittmaier vermutet im Bestimmungswort den Personennamen Luidiger.

Marienhöhe (ma. Merjenhüh); 1820 auf der Marienhöhe; Einzelhaus am heutigen Coxschen Kalksteinbruch.

Meißwinkel (ma. em Meißwinkel); 1731 Meißwinkel; 1758 Meyßwinckeler Hoff. — Die Winkelnamen sind meist mit Tiernamen zusammengesetzt; demnach vermutlich: versteckte Stelle, wo viele Meisen nisteten.

Meldor; untergegangener oder umbenannter Hof bei Paffrath; 1449 Meldoir. — Deutung ungewiß.

Metzmächersgut; 1584, 1675 Metzmächersgut im Strundorf; noch 1831 Metzmachers **Gut** (Ackergut); 1858 nicht mehr aufgeführt.

Das große Corschiltgens Gut

Münten; 1613 auf der Münten zu Gladbach; Lage und Deutung ungewiß.

Mutz (ma. em Mutz); 1449 Mutz op dissit der Bach (gehörte zur Honschaft Kombüchen und Pfarre Paffrath, während Mutz jenseits „der Bach" zu Odenthal gehörte); 1280 Mocze; 1400 Mutze; 1584 Motz; 1597 im Mautz; 1598 zu Mutze; 1600 zum Motz; 1603 in der Mutzen; 1666, 1731, 1758 zu Mutz. — Dittmaier sieht in dem Namen als Grundbedeutung etwas Abgeschnittenes, Verstümmeltes, etwa Baumstumpf. Ma. ist „Mutt" = sumpfiges Land. Das trifft der Örtlichkeit nach zu; vgl. Mutzer Broich! — Hierzu: *Mutzbach,* der bei Mutz entspringt.

Nabbenseifen; 1582 Vaß zum Nappenseiffen; Abbenseiffen; 1585 Oberseiffen; an der Stelle des alten Hofgutes mit Pleißmühle entstand 1582 die erste Papiermühle in Gladbach, die Quirlsmühle oder oberste Papiermühle genannt, später Schnabelsmühle. — Deutung: Obersiefen.

Neuborn (ma. am neue Bôen); 1700 aufm Neuenborn; 1731 aufm Neuborn; 1758 zu Newborn. — Untergegangenes Burgheus im Weiher bei Lückerath, später Ackergut = am neuen Brunnen.

Neuehaus, 1811 erbaut am Schlöm, heute Wirtshaus „Zum löstijen Dreck"; noch 1858 Neuehaus.

Neuenhaus (ma. om neuen Huus; auch op de Kleuelshüh); 1858 Neuehaus; heute Neuenhaus.

Neue Mühle; vgl. Dünnhof, Dünnmühle und Lommertzenmühle.

Niedenhof (ma. em Niddenhoff); 1758 Niederhof, bei Refrath; 1859 an Bensberg abgetreten.

Nußbaum (ma. om Noßboom); 1448 Nusboem; 1449 Nusboym, Nusboim, Nosboem; 1586 Noßhoves Gut zum Nußbaum; 1666, 1675, 1731, 1758 zum Nußbaum. — Aus Einzelhof an altem Nußbaum entstandener Weiler.

Oberthal (ma. om Oevverdahl); 1520, 1666 zum Dahl; 1694 zum Oberthal; 1731 zu Oberdahl; 1758 Oberdahler Hof. — Zum Unterschied von Unterthal benannt.

Offermannshaus; einstige Küsterwohnung zu Paffrath, 1675; noch 1831 aufgeführt.

Paffrath (ma. em Paafed); 1160 Pafferode; 1190 Pafferoyde; 1441 Paffrode; 1453 Paffroide; 1584 Paffraht; 1666 ff. Paffrath. — Fronhof, Kirche, Pfarre, Honschaft. Leithaeuser deutet „vielleicht Pfaffenrodung". Dittmaier hält den Zusammenhang mit mittelhochd. phaffe, mitteld. paffe = Priester, Geistlicher ebenfalls für fraglich. Jedenfalls ist Paffrath keine Rodung des Kölner Domkapitels, das ohne Zweifel die bereits bestehende Kirche vom König übernahm. Zu denken gibt der Name „Berfert" (= Bergfried) für die Burg dicht neben der Kirche, den das Volk als „Bä'efed" hart an das Wort „Paafed" anklingen läßt.

Paffrather Mühle (ma. Paafeder Möll); 1448 de moele; 1454 Molenhoff.

Penningsfeld (ma. em Penniksveil); 1666, 1731 ahm Pfenningsfeld; 1758 zu Pfeningsfeld; 1831 Penigsfeld; seit etwa 1930 umgeändert in Beningsfeld. — Vermutlich deutet das Bestimmungswort auf eine alte Abgaben-Belastung hin. Man hat auch den Namen Benignus darin vermutet.

Piddelborn (ma. am Piddelbôen); 1595 am Piddelborn; 1603 Pittelborn; 1648, 1666 ahm Pittelborn; 1731 ahm Piddelborn; 1758 am Piddelborner Gut. — Dittmaier weist auf mittelniederl. pedel = Sumpfland hin. — Vermutlich war das „Piddelborns Pötzjen" nur über einen vorstrebenden Gehbalken, einen „Piddel" zugänglich. Hierzu: *Piddelborner Mühle*.

Plackenbroich (ma. am Plackenbrooch); 1400, 1460 Plackenbroech; 1644, 1647, 1655 Plackenbroich; 1731 Plackenbroch; 1758 das newe Häusgen ahm Blackenbroich. — Dittmaier hält Placken für „Erdscholle, Rasen, Torfstück", auch als „Viehstreu" und „Düngemittel". — Ma. Plack ist Aussatz, Schorf; entsprechend Plackenbroich vielleicht Bruchland, das mit Felsstücken (Quarziten!) durchsetzt war.

Plätzchen (ma. om Plätzjen); Einzelhaus an der Straße von Sand nach Herkenrath, 1859 von Bensberg an Bergisch Gladbach abgetreten.

Platz (ma. om Platz); 1647 bis 1731 ahm Platz oder aufm Platz; 1675 Gut auf dem Platz (in Paffrath).

Pohl (ma. am Pohl); 1449 Poel; 1451, 1453, 1456 am Pol; 1584 Philipps Gut zum Poll; Johann Writ zum Poll; 1644, 1666 zum Poel; 1671 zum Pohel; 1675 zum Pfuhl; 1731, 1758 zum Pohl. — Hof am Teich oder an sumpfiger Stelle.

Quirl (ma. am Qui'el, om Qui'elsberch); 1582, 1666, 1700, 1758 zum Quirl = Quelle.

Reif (ma. om Reef); 1595 das Reiffer Gut; 1666 zum Reiff; 1731 zum Reiffen; 1758 zum Reiffen; 1831 Reif. — Reef = ma. Ring, vielleicht so benannt, weil die Bocker Gasse an der Hofstelle einen Reifen, eine Krümmung hatte.

Rindweg (ma. Rengkwäch); alter, untergegangener Weg von der Schnabelsmühle nach Zederwald. Wohl ursprünglich „Rainweg", später durch Volksetymologie zu „Rindweg" entstellt.

Risch (ma. om Resch); 1481 Ryschenholz; 1731 Risch u. ff. — Vermutlich von Personenname Richo.

Rodemich (ma. om Rudemich); 1700 zu Rottenbach; 1730 zu Rodenbach; 1731 zu Rodemich; 1758 Rodenbacher Gut. Die Katasterkarte von 1827 hat nur Rodenbach. — Das Wort ist nicht von „roden" abgeleitet, sondern bedeutet „der rote Bach" (von Eisenhydroxyd rot gefärbtes Wasser).

Rodenbach. — Wie vorhin. Heute besteht eine Straße „Am Rodenbach" neben „Rodemich".

Romaney (ma. om Rommenei); 1448 Rumenye; 1449 dei woeste Romanye; 1450 Romanyen; 1597 Romaney; 1666, 1731 zu Romaney; 1758 zur Romaney. — Deutung ungewiß. Vielleicht zu althochd. eih = Eiche; Eichenwald des Romer, Rodemar.

Rommerscheid (ma. om Rommesch); 1345 Rommerscheit; 1456 Rommerscheydt; 1597 ufm Römscheidt; 1661 ufm Romscheidt; 1663 Rommerscheidt; 1666 aufm Romerscheidt; 1731 aufm Rommerscheidt; 1758 aufm Rommers. — Deutung ungewiß. Vielleicht: Bergwald des Romer, Rodemar oder Grenze seines Besitzes. Mittelhochd. rôm = Grenze, Wasserscheide.

Rosenthal (ma. om Rusendaal); 1400 Rosendael; 1579 Rosendall; 1666, 1731 Rosendahl. — Herrenstrunder Kommendehof. Vielleicht zum Unterschied von Ober- und Unterthal benannt. Im Bestimmungswort kann sich auch ein Personenname verbergen.

Roß (ma. am Roß); 1582 bis zum Untergang des Hofes um 1890: am Roß. Lag westlich vom heutigen Marktplatz. Hier war vermutlich ein Rost als Steg über die Strunde oder den Bocker Bach. Die Annahme von Dr. Ferd. Schmitz, hier sei im Mittelalter Eisenerz geröstet worden, kann nicht zutreffen, da der Boden hierfür keinerlei Spuren aufweist und bei Bergisch Gladbach nur Dolinenerze gebaut wurden (oxydische Eisenerze und nicht sulfidische).

Sand (ma. om Saan), Hof, Honschaft, Kirche, Pfarre; 1349, 1374 vanme Sande; 1451 toem Sande; 1543 zum Sand; 1619 und ff. zum Sandt. — Nach der Bodenbeschaffenheit benannt. — Hierzu: *Sander Hof*.

Scheidt (ma. om Scheed); 1585 ff. zum Scheidt. Untergegangene Hofschaft an der heutigen Kirche zu Heidkamp. Hierzu: *Scheidbach, Haus Scheidt*. Die Richard-Zanders-Straße hieß vor dem Ausbau um 1910 Scheidtstraße. — Die Bedeutung des Wortes Scheid ist umstritten, vielleicht bezeichnet es eine Grenze, die hier dem Scheidbach gefolgt sein könnte.

Schiff (ma. om Scheff); 1400 Scheef; 1450 tzome Scheefe; 1597, 1666 zum Schiff; 1731 zum Scheif. — Deutung ungewiß. Schiff mittelhochd. = Werkmittel und Gerätschaften, oder Hof „om Scheeven" (am schiefen Hang?). In Strunden bei Thurn und in Hasbach bei Rösrath hießen Höfe „die Schefferei" = „Schäferei" von Schaf. Vielleicht auch nach der schiffartigen Hanggestaltung am Nordhang des Strundetals benannt.

Schlodderdich (ma. om Schlodderdich); 1584 Schloderdich; 1666 aufm Schludderdich; 1700 auf dem Schluttertich; 1731 ahm Schluderdich; 1758 Schluderdeich. — Die Deutung (nach Dr. Ferd. Schmitz) Schleuderteich, wo Wasser auf die Wiese geschleudert wurde, kann nicht zutreffen, da es derartiges nach Ausweis der Bachprotokolle an der Strunde niemals gab. — Vermutlich = Teich am Schluchter Walde.

Schlöm (ma. om Schlühm); 1433, 1449 tzo Sclume; 1590 Schluimer Hof, Schleum; 1666 zu Schleum; 1682 zu Schlum; 1731 zu Schleum; 1758 zum Schlüm. — Deutung ungewiß. Vermutlich entstanden aus „Schluheim"; im Best.-wort könnte ein Personennamen stecken. — Hierzu: *Schlömerwiese*, Haus oberhalb am Eingang der Schlade; *Schlümich* (ma. om Schlümich), Häuser am Schlömer Bach, der von Hebborn kommt.

Schmitzberg (ma. om Schmitzberg); 1666 aufm Berg (Honschaft Gronau); 1731 Schmitt aufm Berg; 1758 Gut aufm Berg, Pächter Schmitt. — Auf dem Berg, wo heute die Opfermannsche Arzneimittelfabrik steht, war eine Schmiede. Das alte Fachwerkhaus wurde um 1934 abgebrochen.

Schmitzheide (ma. op de Schmitzheed); 1663 Schmitzheide; 1666 auf der Schmidtsheiden; 1758 Schmitgesheydt. — Nach dem Schmied benannter Heide-Ort.

Schnabelsmühle (ma. de Schnabelsmöll) = die oberste Papiermühle oder Quirlsmühle in Gladbach, im 18. Jahrhundert nach der Besitzerfamilie Schnabel benannt.

Schneppruthe (ma. op de Schnepprod); 1449 Sneprode; 1452 bi den Snepruden; 1595 an der Snepruden; 1758 die Schnepruth an der Handt. — Vermutlich war hier eine Fangvorrichtung zum Schnepfenfang oder überhaupt eine Schnappfalle zum Vogelfang.

Schönhäuschen; 1731 ahm Schörenhäußgen (bei der Jüch); 1758 Schornhäuschen; noch 1806, 1831 Schönhäuschen (Hofstelle). — Volksetymologie; aus einer „Schür", Scheuer, Scheune hergerichtetes Wohnhäuslein.

Schreibersheide (ma. op de Schliebeschheed = Schlebuschheide; Volksetymologie); 1648, 1666, 1700 auf der Schreibersheiden; 1731 Schreibersheyden; 1758 Schreibersheydt. — Ein Hof in der Heide, wo der Gerichtsschreiber wohnte, braucht also nicht herangezogen werden.

Schüllenbusch (ma. om Schöllerbösch); 1454 Scholer?; 1731 Schüllers Broch; 1758 im Schüllersbusch; 1826 Schönnenbusch. — Deutung ungewiß, vermutlich steckt im Best.-wort ein Personenname.

Schützheide (ma. op de Schützheed); als Flur schon um 1770 genannt, als Siedlung 1831 noch nicht, doch 1858. — Nach Sippe Schütz benannt.

Sechzehnmorgen; lag in der Gegend der heutigen Johannesstraße, noch 1858 als Hofstelle aufgeführt, zu der einst 16 Morgen gehörten.

Seelsheide (ma. op de Sedelsheed oder op de Si'elsheed); 1827 Selersheide; 1831 Seelsheide; Heideort nach Sippe benannt.

Siefen, Obersiefen in der Honschaft Kombüchen (ma. om Siefen); 1448 Syffen; Quirlingssyffen, Vyrlings Syffen, Avyrlinges-Syffen; 1597 Seyffen; 1598 Querlingsseiffen; 1666 Seiffen; 1731 ff. Siefen. — Ein Siefen ist eine wassertriefende Bergschlucht oder auch das darin sich bildende Rinnsal, das noch nicht die Bezeichnung Bächlein verdient.

Siefen in der Honschaft Paffrath bei Katterbach (ma. em Siefen); 1444 in dem Syphen by Katterbach; 1448 Syffen; 1584 Seiffer Gut; 1663 Seiffen; 1731 u. ff. Siefen.

Stegerkamp (ma. om Steierkaamp); 1449 Stegerkamp; 1666, 1731 ff. aufm Stegerkamp. — Untergegangene Hofschaft oberhalb der Gastwirtschaft Paas bei der Schnabelsmühle auf dem Berge. — Kamp oder Feld beim Steg über die Strunde, oder der Sippe Steger gehörig.

Steingasse (ma. op de Steejaß); 1585, 1648 u. ff. der Steingasse; 1660, 1700 auf der Steingassen; 1731 Roßer (= Sippe) Steingaß und Obersteingaß. — Mit Steinen gedeckte Gasse in Strundorf.

Steinhaus in Paffrath; 1448 Steynhaus.

Steinknippen (ma. op de Steenkneppen); 1731 ahm Steinknippen. — Stelle, wo ein Weg steil ansteigt und sofort wieder abfällt.

Steinkrug (ma. am Steekruch, Sippe Steekrücher); 1585 Steinkroch; 1666, 1731 u. ff. zum Steinkrug. — Möglicherweise nach einer von Paffrath herübergezogenen Töpferfamilie benannt. Das Wort „Krug" ist der Gladbacher Mundart fremd, es könnte sich demnach um eine von auswärts zugezogene Familie handeln, wie es in anderen Fällen nachgewiesen werden kann.

Steinwieschen, 1831 Ackergütchen bei Lückerath.

Steufelsberg (ma. am Steufelsberch); 1585 der Stöffelsberg; 1595 zum Stuffelsberg; 1666, 1700, 1731 aufm Steufelsberg; 1758 Steuffelsberg. — Vgl. Flurname „aufm Stöfchen", und „am Stöfjen". Vielleicht Berg mit Stockbuchen, gestuppten Buchen.

Sträßchen (ma. am Strößjen); 1758 Gut am Strässgen zum Siefen.

Strüchen (ma. an de Strüch); 1595 in den Strüchen; 1666, 1731, 1758 in den Streuchen. — Gut, in den Sträuchen gelegen.

Struffelsweiher, ein Häuschen bei Katterbach, wird 1831 genannt.

Strunde (ma. de Strungbaach); 1241, 1300, 1341, 1441 Strune, op de Struynen; 1575 Strunde; ab 17. Jahrh. Strunderbach. — Dittmaier setzt das Wort wie neuhochd. Strom zur germanischen Basis streu, strau, strü, stru = fließen, Leithäuser zu mittelniederd. strunt = Schmutz, Kot, Sumpf oder zu einer Wurzel stru = schwellen. — Man muß auch das fast gleichartige Wort „Strunk" in der Mundart beachten; vielleicht erhielt der Bach seinen Namen, weil er neben einem „Strunk", einem Baumstumpf oder dem

Mauerrest des Wehrturms einer Burg entsprang?). Siehe Jux, A., Herrenstrunden S. 27 f. Sehr nahe liegt auch eine Herleitung von lat. struo, struere = bauen, regulieren, zumal der Bach zum größten Teil erst in fränkischer Zeit vom Talaustritt bis zum Rhein ein künstlich angelegtes Bett erhielt.

Strundorf (ma. em Strungdorp); 1400 Struendorf; 1449 Struendorp; 1584 Strondorf; 1595 im Strundorf; 1666 im Strondorf; 1700 im Strondorf; 1758 im Strundorf. — Dorf an der Strunde oberhalb Gladbach. Der einzige Dorfname im Botenamt.

Torringen (ma. om Torringen); 1400, 1444 zo Torlyngen; 1449 zo Torlynck, Torlyngen; 1584 Thoringen; 1633 Thuringen; 1634 Durring; 1655, 1675 Toringen, Thöringen; 1666 Thoringen; 1731, 1758 Torringen. — Dittmaier vermutet im Bestimmungswort einen Personennamen Zoro, Zuro und weist darauf hin, daß Förstemann (Altdeutsches Namenbuch 1418) eine entsprechende Form des Namens für 1678 nennt. Diese Form ist mir nirgends begegnet. Dittmaier schon ist es aufgefallen, daß Torringen der einzige „ingen-Ort" mitten im Flugsandgebiet ist. Torringen ist kein echter „ingen-Name". Die ältesten Formen zeigen eindeutig, daß es einst „zur Linden" hieß und daß die aus dem Westfälischen gebürtigen Paffrather Pfarrer dafür „tor Lyngen" sagten und schrieben, unter Angleichung an andere „ingen-Namen" (Thüringen!) wurde daraus mit der Zeit die Form Torringen.

Trotzenburg (ma. op de Trotzenburch); 1563 Trotzenberg; 1681 Johannes Trotzenberg; 1723, 1730, 1731 Trotzenberg; 1758, 1799 Trotzenberger Hof; erst im 19. Jahrhundert erscheint der Name Trotzenburg, er hat also nichts mit einer Burg zu tun. — Vermutlich von Trautz, Verkleinerungsform für Trautwein oder Traud (Gertrud), aber jedenfalls Personenname.

Unterthal (ma. em Oenerdahl); 1685 Unterdall; 1698 Underdahl. Zum Unterschied von Oberthal. 1859 von Bensberg an Gladbach abgetreten.

Vierhäuschen (ma. om Vierhüsjen); das einstige Oberrodemich, der Ortsname V. erscheint 1831 und 1858 noch nicht in den Verzeichnissen. Nach der Zahl der dort stehenden kleinen Fachwerkhäuser benannt.

Vollmühle (ma. an de Vollmöll; Vollmöllsjaß); 1730, 1831 in der Vollmühle; einstige Walkmühle für Tuch oder Leder; von lat. fullo = der Walker, mola fullonica = Walkmühle. Die Mühle, später Ölmühle, ging um 1900 ein.

Vorend (ma. am Vüreng); 1831 Voreng, Hofstelle. — Ende des Ackers, wo der Pflug gewendet wurde.

Walkmühle (ma. an de Walkmöllen); 1400 Walkemoele; 1628 ufr Walckmüllen; 1666, 1731 auf der Walckmühle; 1758 an der Walckmühlen. — Mühle zum Walken von Tuch.

Warde (ma. op de Waad; die hengeschte on vürschte Waad); 1666, 1731 zur Warden; 1758 zur Waden; 1831 Warden, Hofstelle. — So benannt, weil die Reiter und Fuhrleute hier, kurz bevor die Reuterstraße steil nach Bensberg anstieg, hier warteten, eine Rast machten. — Die Annahme, hier sei eine militärische Befestigung, eine Warte, gewesen, trifft nicht zu.

Wathsack (ma. am Wo'etsack); vor 1595 hieß das Gut „Schmitsgut" mit dem „Schmittshöffgen", dort wohnte Johann Waatsack, der es der Kirche in Gladbach verkaufte. 1595 Waatsacksgut; 1700 im Wadtsack; 1730 Wathsack; 1731 im Waetsack; 1758 zum Watsack. — Der Sippenname Watsack ist hier ortsfremd; er kommt in Mitteldeutschland, am

Harz, öfter vor. Johann Waatsack könnte von dort zugewandert sein. Wat = Stoff aus Leinen; vgl. Leinwand; Watsack = Mantelsack.

Weihpütz (ma. am Weihpötz); Haus in Paffrath; 1831, 1858 genannt. — Vielleicht aus „Weiherpötz" entstanden.

Weyer (ma. om Weyer); 1666, 1731 zu Weyer; 1758, 1831 der Weyerhof. — Hierzu: *Weyermühle*, erbaut 1799. — 1859 an Bensberg abgetreten.

Wiedenhof (ma. om Widdenhoff) zu Gladbach; 1595 der Wiedenhof. — Um 1701 abgebrochen. — Der alte Pfarrhof, Wirtschaftshof für den Unterhalt des Pfarrers = Wittumshof, zur Dotation des Pfarrers gestifteter Hof.

Wiedenhof zu Paffrath; 1448 der alte Wittenhoff, daneben bestand der neue Wedenhove; noch 1831 und 1858 als Ackergut genannt.

Wiedenhof zu Sand; gestiftet 1349; 1663 Widdenhoff zum Sand; 1671 in domo pastorali zum Sand; 1831, 1858 genannt; um 1880 abgebrochen.

Wiese (ma. op de Wiß oder Wi'sen) bei Heidkamp, erst 1858 als Ortschaft genannt.

Wiesenthal, erst 1876 erbautes kleines Hofgut.

Wimpelsheide (vermutlich Heide bei Hand); 1666 Wimpelßheide; 1675 zwei Güter auf der Wimpelsheide; 1695 Peter auf der Wimpelsheide, wird auch „auf der Heyden" genannt. — Wimpel vermutlich Sippenname.

Wohnsiefen, bei Sand, auch *Sandsiefen* genannt; 1657 zu Wohnsiefen; 1661 zu Vonsiefen; 1663 beim Wohnseiffen; 1666 zu Wehnseifen; 1719 Petrus Wojnsieffen; 1729, 1732, 175-, Wohnseiffen; im 19. Jahrhundert nicht mehr genannt. — Deutung ungewiß.

Zederwald (ma. em Zidderwaal); 1377, 1382 Gut Ziderwald; 1582 Zederwald; 1595 Zitterwaldswiese; 17. Jahrh. Zitterwahl; 1758 Zitterwald. — Hierzu: *Zederwaldmühle*. — Dr. Ferd. Schmitz leitet das Wort her von lat. silva caedua = Hauwald. — Das Wort „Wald" ist der Mundart fremd. Der Zederwald war seit 1377 Besitz des Johanniter-Ordens, vorher eines Kölner Bürgers, so daß die Möglichkeit fremden Einflusses bei der Namengebung vorliegt. Mit der Zeder, dem Baum, hat der Name nichts zu tun; aber vielleicht standen dort auf dem feuchten Grunde viele Espen, auch Zitterpalmen genannt, die beim geringsten Luftzuge schwanken, „zittern", so daß beim Volke der seltsame Name aufkam.

Zinkhütte, erst um die Mitte des 19. Jahrhunderts entstanden.

Zweiffelstrunden = *Unterstrunden*, Wasserburg und ehemaliger Wirtschaftshof; 1251 Strune; bis 16. Jahrhundert Zweiffelstrunden; 1449 Gyse tzom Tzwyvele; 1730 Birckmanns-Strunden (nach der Besitzerfamilie). Benannt nach dem Geschlecht von Zweiffel, das vermutlich von Zweifall im Vichttale bei Aachen stammt.

III. DIE HULDIGUNGSLISTEN VON 1666 UND 1731

a. DIE ERBHULDIGUNG 1666

Am 9. September 1666 wurde in Kleve zwischen dem Kurfürsten Friedrich Wilhelm von Brandenburg und dem Pfalzgrafen Philipp Wilhelm jener Teilungsvertrag geschlossen, der gewöhnlich Hauptvergleich genannt wird. Der Pfalzgraf erhielt endgültig die Herzogtümer Jülich und Berg. Damit war der langjährige Erbfolgestreit endlich beendigt.

Daraufhin wurde im ganzen Herzogtum Berg noch in demselben Jahre die Erbhuldigung durchgeführt. Die Huldigungsliste für das Botenamt Gladbach nennt die eidpflichtigen Männer und die Namen der damaligen Hofschaften. Daher wird sie hier angefügt (StA Düsseldorf, Jülich-Berg II 2384). Kurfürstliche Kommissare für das Amt Porz zur Abnahme des Huldigungseides wurden Gottfried von Steinen zur Scherven, Rat, Kämmerer, Obristleutnant, Amtmann von Miseloe und Tilmanus Ehrmanß, Doctor, Hof- und Kammer-Rat. Die Erbhuldigung geschah am 2. Dezember in Brück. Als Beamte des Amtes Porz waren anwesend der Amtmann Johann Sigismund Freiherr von Frentz, Herr zu Keldenich, der Schultheiß Johann Jakob Rheinfelden und der Gerichtsschreiber Johann Peter Nipes. Der Eid wurde vorgelesen und insgesamt ausgeschworen. Von jedem Botenamt lagen die Listen der Einwohner vor.

An Ritterbürtigen waren erschienen: Wilhelm Paul von Wetzfelt zu Leidenhausen, Eduard von Rotkirchen zur Isenburg. Abwesend waren Johann Adolf Wolff Freiherr von Metternich zu Strauweiler und Matthias von Nagel zu Herl, beide als krank gemeldet; Reinhard von Hilden zur Sülzen, verreist; nicht einheimisch; Johann Friedrich von Lützenrath zu Rath, kann wegen Schaden am Bein weder gehen noch stehen; Johann Wimar von Diependahl zu Stammheim, verreist; Erbgenahmen zum Blech, wohnen in anderen Ämtern; Freiherr von Heiden zu Schönrath, in Westfalen wohnhaft; Herr von Drost zum Hain (bei Dünnwald), in Westfalen wohnhaft.

Bottambt Gladbach

1) Honschafft Koenboecken

Thiel zu Hebborn
Vaeß dabey
Jan Hebbornen
Corstgen Kippen zu Hebborn
Jan dabey
Girlich zu Hebborn
Gerhardt Halfman zu Hebborn
Paulus zu Mutz
Peter dabey
Claß zu Mutz
Gerhardt zu Borßbach
Henrich dabey
Klein Gerhardt zu Borßbach
Conradt Führer zum Holtz
Wilhelm dabey
Thomas zum Holtz
Berndt dabey
Thomas zu Kuckelberg
Jan zur Groven
Clemens zu Romaney
Hilger zu Romaney
Henrich zum Seifen
Jacob dabey
Peter zum Seifen
Thonis zu Coenbocken Scheffen
Georg zum Büchel
Wilhelm dabey
Gerhardt Halfman zum Rosendahl

2) Honschafft Paffrath

Jacob zum Schiff
Wilhelm auffm Romerscheidt
Tilman dabey
Peter aufm Romerscheidt
Korstgen ahn der Handt
Adolff Schneider ahn der Handt
Drieß dabey
Johannes Lommerßheim ahn der Handt
Wilhelm Hey
Peter auf der Walckmühlen
Engel dabey
Merten auf der Wimpelßheiden
Ludwich aufm Kamp
Wilhelm, Müller zu Paffrath
Tilman zum Büchel

Jan dabey
Wilhelm in den Kaulen
Jan dabey
Laurentz in den Kaulen
Herman im Dreck
Mevis im Linder Gut
Conradt aufm Platz
Gerhardt auf der Bach

Gerhardt dabey
Jan Ludwig zum Noßbaum
Jan Oßenauer
Cretzis zum Noßbaum
Corstgen zur Hoven
Peter zum Seifen
Herman dabey
Adolph auf der Hoppersheiden

Kreuz a. d. Friedhof in Paffrath

Balthasar Dahmen
Wilhelm, Merfelts Halfen
Georg Altlepper
Goddert Schneider aufm Flaßberg
Wilhelm dabey
Effert zum Poel
Berndt dabey
Arndt zum Poel
Goddart in den Hoven
Wilhelm, Halfman zum Blech
Thomas in den Hoven
Jacob zum Noßbaum

Jacob in den Hülsen
Herman zu Katterbach
Merten zu Thoringen
Braus Conrad dabey
Tilman zu Thoringen
Hanß dabey
Jan zu Thoringen

3) Honschafft Gladbach
Soter auf der Papiermühlen
Hanß auf der Papiermühl
Thoniß Manßfelders Sohn

Jan, Froenhalfman zu Gladbach
Wilhelm auf der Bochmühlen
Peter zum Reiff
Jan zum Roß
Henrich zum Steinkrog
Rutger zum Kamp
Thomaß aufm Berg
Rodolf zur Linden
Jan, Halfman zu Schleum
Henckel zum Broch
Wilhelm Steinkroger, Scheffen
Engel aufm Stegerkamp
Jan zum Quirl
Henrich zur Kaulen
Thoniß auf der Steingaßen
Goddart auf der Steingaßen
Gerhardt im Strondorf
Henrich dabey
Huppert aufm Steufelsberg
Dierich Schneider im Strondorf
Wilhelm in der Leimkauhlen
Wilhelm Ecker im Loch
Henrich auf der Schmidtsheiden
Peter zum Grewel
Dietherich zu den Eichen
Hanß ahm Hundenberg
Henrich Steinstraß
Haubtman Coxie
Dietherich zur Warden
Jan Eßer dabey
Jan auf der Schreibersheiden
Adolf aufm Heidtkamp
Thevis dabey
Jost auf der Jüch
Costgen in den Streuchen

4) Honschafft Gronawen
Dahm aufm Driesch
Tilman im Gronawen
Wilhelm Vaßbender
Henrich Fürst im Gronawen
Jan im Vettengut
Bestgen dabey

Effert Scheurman
Arndt aufm Berg
Eisack, Müller zu Gronaw
Drees, Dünhalfman
Herman ahm Pittelborn
Tilman ahm Kradenpoel
Wilhelm zu Duttenrath
Jan dabey
Jan aufm Schludderdich
Thomas zum Gierath
Thomaß dabey
Engel im Kothen
Henrich ahm Pfenningsfelt
Wilhelm dabey
Caspar zu Fürfels
Efert Lentz dabey
Ludwich zu Fürfels
Lourtz zu Fürfels
Rot Jan zu Fürfels
Peter zu Fürfels
Corstgen in Mottenkops Gut
Adolf im Letsch

5) Honschaft Sandt
Conrad, Halfman zum Hauß
Ludwich zum Herweg
Jan zu Weyer
Tilman zu Blißemich
Dreeß zum Dahl
Henrich, Halfman zur Eigel
Thonis aufm Romerscheidt
Peter in der Dombach
Corneliß (Fues) Papiermeister
Strucher Jan in der Dombach
Jan zum Sandt
Burger Jan in der Kalenbroch
Jan dabey
Thonis in der Kalenbroch
Peter Kirdorff
Conradt Hoen in der Kalenbroch
Jan zu Wehnseifen
Henrich ihm Heidergut.

b. DIE EVENTUAL-ERBHULDIGUNG 1731 [8])

Kurfürst und Herzog Karl Philipp (1716—1742) hatte, da er keine männlichen Nachkommen hinterließ, seinen jüngeren Bruder, den 1729 erwählten und schon am 19. April 1732 verstorbenen Erzbischof und Kurfürsten von Mainz, Franz Ludwig von Pfalz-Sulzbach, als seinen Nachfolger in Jülich und Berg bestimmt. Er ließ für ihn bereits im Jahre 1731 eine Eventual-Erbhuldigung durchführen.

Diese Huldigung wurde im Amte Porz vor dem Oberamtmann Grafen von Hillesheim, dem Schultheißen Scherer und dem Gerichtsschreiber F. C. Peltzner vorgenommen. Vorher waren für jedes Botenamt Einwohnerlisten aufgestellt worden. Die Huldigung war nach geendigtem Herrengeding zunächst im Botenamt Porz, am 20., 21. und 22. November in den Botenämtern Scheiderhöhe und Stammheim, sowie in der Freiheit Bensberg, am 23., 24. und 25. November in den Botenämtern Herkenrath, Merheim und Gladbach, nahm also sieben Tage in Anspruch.

An Kosten und Diäten wurden vergütet

dem Oberamtmann täglich 4 Goldgulden	... =	37	Taler	16 Albus
dem Schultheißen " 2 "	... =	19	"	48 "
dem Gerichtsschreiber " 1 "	... =	9	"	64 "
Zur Bewirtung der Kavaliere, Offiziere und Beamten mit Speisen und Wein, sowie zur Aufwartung dabei gewesener Trommetter	... =	40	"	
		108	"	48 "

Der Betrag wurde auf die Botenämter umgelegt.

Aus dem Botenamt Herkenrath nahmen an der Huldigung aus solchen Orten teil, die später nach Bergisch Gladbach umgemeindet wurden: Henricus zu Trotzenberg; Wilhelm zum Dahl (Unterthal); Jörgen zum Dahl; Melchior zum Dahl; Thomas dabei zum Dahl; Paulus dabei zum Dahl; Joan zu Dombach; Joan Halfmann in der Dombach; Joannes Halfmann zu Zweiffelstrunden; Hans Henrich, Commendorshalfmann zu Herrenstrunden; Peter als Müller zum Scheif; Herren von Leers zur Lerbach.

Folgen die Nahmen Bottambts Gladtbach

1) Hondtschaft Kohnbuchen

Thomas Fett zu Hebborn
Dries Kippen Wittib
Cörschgen zu Hebborn
Henrich zu Hebborn
Tives Kirdorff
Hans Gerhardt Servos
Thonnes Eck
Joannes von der Bach
Halfman zu Hebborn
Wilhelm zu Mutz
Henrich Kley
Conrad zu Mutz
Dorpers Wittib zu Borschbach
Goddert alda
Paulus Mungerstorff
Hans Henrich zum Holtz
Peter Schmaltzgruber

---

[8]) StA Düsseldorf, Jülich-Berg II 2408.

Peter Hohscherfer
Adolph zum Risch
Peter im Mattheis Guth
Peter Dunn
Wilhelm zu Kuckelberg
Adolph zum Kley
Blasius auf der Gruben
Joannes zum Kley
Joannes zum Kley
Hans Henrich zum Kley
Joannes zu Romaney
Peter zu Romaney
Hans Wilhelm zum Siefen
Joan zum Siefen
Gerhart zu Kohnbuchen
Wittib Rausch aufm Buchell
Christ Führer aufm Buchell
Joannes aufm Buchell

2) Hondtschaft Paffrath

Peter zum Schiff
Wilhelm aufm Rommerscheidt
Wittib Müller
Thonnes Müller
Joannes Vosbroch
Peter alda
Joes Lintlohr
Johan Borschbach
Joes Kley ahn der Handt
Herman Eßer
Peter Schmaltzgruber
Billen Gutgen
Henrich ahn der Handt
Peter ahn der Handt
Joannes Hey
Herman Hey
Goddert ahn der Handt
Joes ahn der Heyden
Wittib aufm Kamp
Daberkauß
Thonnes in der Baich
Cathrin im Dreck
Cörschgen aufm Büchell
Joes aufm Büchell
Peter im Dreck

Effert im Dreck
Jacob im Dreck
Joan aufm Platz
Scheffen Kirdorff
Adolph zu Paffrath
Dherich in der Burg
Manes im Berfert
Conrat zum Pohl
Wessell zum Pohl
Henrich Roß
Effert zum Pohl
Jacob aufm Flaßberg
Conrat aufm Flaßberg
Tilman Dörper
Hans Peter Gierath
Joes Kley in den Hoffen
Severin zum Nußbaum
Bastians Wittib zum Nußbaum
Wilhelm im Kinderguth
Joes Valdor
Joannes in Lintgens Guth
Tilmans Erben
Hupert zur Hoven
Balthasar zum Siefen
Peter zum Siefen
Joes Delling
Peter in Schüllers Broch
Joan auf der Hoppersheyden
Thonnes im Plackenbroch
Rütger ahm Heydtgen
Effert zu Torringen
Wilhelm zu Torringen
Jacob zu Torringen
Hermann zu Torringen
Wittib Schlebusch
Dreis ahm Steinknippen
Gorg auf der Walckmühlen
Wilhelm Eck auf der Walckmühlen

3) Gladbach

Herr von Gohr
Martinus Fuß
Frohnhalfen
Buchmüller
Joan zum Roß

Hans Peter zum Bock
Joes zum Reiffen
Wilhelm zum Steinkrug
Wittib zum Kamp
Wilhelm aufm Berg
Wilhelm zur Linden
Wittib zum Schleum
Peter zum Broch
Thonnes Steinkrüger
Wilhelm zum Stegerkamp
Hans Peter im Waetsack
Roßer Steingaß
Dherich auf der Obersteingaß
Gerhart Kirdorff
Adoph aufm Steufelsberg
Thonnes Paffrath
Gerhardt Rausch
Lieferings Mühler
Peter in der Leimkaule
Henrich im Loch
Görg zum Grevell
Thonnes zu den Eichen
Joannes zu Lückerath
Halfen aufm Neuborn
Cörschgen in der Heyden
Wilhelm zur Warden
Thonnes daselbst
Dham auf der Schreibersheyden
Cörschgen im Huntsheußgen
Peter aufm Heidtkamp
Goddert aufm Heidkamp
Rolant aufm Heydtkamp
Tibes ahm Schörenhäußgen
Peter auf der Jüch
Joist in den Streuchen

4) Gronaw

Henrich aufm Driesch
Joannes Müller
Severin im Gronaw
Tilman im Gronaw
Bernardus im Gronaw
Urban im Gronaw

Martinus daselbst
Thonnes Kirspell
Henrich Bützler
Schmitt aufm Berg
Gronawer Müller
Halfman zu Dun
Clemens zu Rodemich
Halfman ahm Piddelborn
Conradt ahm Cradenpohl
Joes zu Duderath
Lucas ahm Schluderdich
Gerhardt aufm Gierath
Das Guth auf der Gaßen
Kißels Wittib
Joist ahm Pfenningsfelt
Derich ahm Pfenningsfelt
Das Guth aufm Berg
Mottenkop
Clemens Ludeman
Cörschgen Clie

5) Sandt

Halfman zu Meißwinkell
Halfman zum Hauß
Halfman zu Weyer
Halfman zu Blißenbach
Mattheis zum Herg
Manes Kinder zum Herg
Halfman zu Rosendahl
Halfman zu Oberdahl
Halfman auf der Iggell
Wittib Fuß in der Thumbach
Henricus Heuser
Wilhelm aufm Berg
Peter Mirbach
Wittib Kirdorff
Roell in der Kahlenbroch
Jacob in der Kahlenbroch
Dherich ahn der Heyden
Wittib Wehnsiefen
Scheffen zum Sandt
Jacob Hamecher

Unterzeichnet von P. ? W. Scherer
in fidem et pro Extractu subscr. F. C. Peltzer Gschr.

C. DAS BOTENAMT GLADBACH
IM BERGISCHEN POLITISCHEN GESCHICHTSABLAUF

I. IRRWEGE IN DER ERFORSCHUNG DER BERGISCH GLADBACHER GESCHICHTE

Über der Erforschung der mittelalterlichen Geschichte Bergisch Gladbachs hat ein merkwürdiges Verhängnis gewaltet. Das mehrfache Vorkommen von Orten mit dem gleichen Namen Gladbach trug die Schuld an zahlreichen Fehlschlüssen, denen selbst verdiente und sonst gewissenhafte Forscher anhingen und lebenslang nachgingen. So konnte es geschehen, daß sich Zeitungsaufsätze besonders in den letzten Jahrzehnten in dieser Hinsicht maßlos verstiegen und der ernsthaften Forschung wie überhaupt jeder heimatkundlichen Betätigung den größten Schaden zufügten. Es ist deshalb gerade im Falle Bergisch Gladbach dringend notwendig, hier eine grundsätzliche Klärung vorzunehmen.

An zahlreichen Stellen der Literatur wird behauptet, Gladbach erscheine bereits in einer Urkunde um das Jahr 1000 mit seiner Kirche und einem Hof, dem Fronhof, als Besitz des Benediktinerklosters Deutz, das im Jahre 1003 von Erzbischof Heribert eingeweiht wurde. Dabei schenkte er dem Kloster u. a. den vierten Teil des Königsforstes und die Kirche zu Deutz mit dem Zehnten in Deutz, Kalk, Vingst, Poll, Westhoven und Rolshoven zum Unterhalt[9]). Tatsächlich reichte dieser Deutzer Waldbesitz in der Honschaft Gronau bis in die Pfarre Gladbach hinein, woran noch die dort am Forstrande liegenden „Deutzer Weiher" erinnern. Die Abtei besaß auch zwei kleine Güter in Gierath.

Daß man aber auch die Gladbacher Kirche nebst dem nebenliegenden Fronhof der Abtei Deutz zuschrieb, geht auf den Inhalt einer Urkunde vom 3. Mai 1019 zurück[10]). An diesem Tage fand die feierliche Konsekration der Deutzer Klosterkirche durch ihren Stifter Heribert statt, und bei dieser Gelegenheit soll er alle dem Kloster zugewandten Schenkungen bestätigt haben. Nun hat zwar Otto Oppermann[11]) überzeugend nachgewiesen, daß es sich bei dieser Urkunde um eine Fälschung durch den Deutzer Küster Dietrich aus der Zeit von 1161 bis 1169 handelt. Doch kann das hier außer Betracht bleiben, weil dessen Angaben über den Besitzstand an sich für die Mitte des 12. Jahrhunderts zutreffen. Aus dem Inhalt der Urkunde aber ergibt sich klar, daß unser Gladbach nicht gemeint sein kann. Es werden darin nämlich unter den Schenkungen aufgezählt: ... „in Hatneghen ecclesiam et curtim. Item aliam curtim in Nona. Et aliam Schluckenhove. In Eilpe quoque aliam et etiam Lithe. In Linne quoque aliam. Et similiter in Viesch aliam. Et in Gladebeche aliam." — Alle diese, Hattingen, Nohn, Schluckigen (Kreis Soest), Eilpe und Liethe (Kreis Hagen), Linne oder Kirchlinde (Kreis Arnsberg), im ganzen zehn, sind, abgesehen von Viesch = Wyk bei Dürstede im nahen Holland, westfälische Orte, und es ist daher ganz natürlich, daß sich ihnen auch Gladbeck = Gladebeche in Westfalen anreiht.

---

[9]) Lacomblet UB I 136 — Lac. UB III 977 — P. Simons, Illustrierte Geschichte von Deutz usw. (Köln 1913) S. 5 — H. Bützler, Geschichte von Kalk (Köln 1910) S. 1.
[10]) Lacomblet UB I 153.
[11]) O. Oppermann, Rheinische Urkundenstudien I (Bonn 1922) S. 265 ff.

Schon Lacomblet selbst hat 1865[12]) Gladebeche (Gladbeck) richtig nach Westfalen verwiesen. Es ist deshalb um so erstaunlicher, wie immer unser (Bergisch) Gladbach damit verwechselt werden konnte[13]). Tatsächlich hat der Abt von Deutz sein Patronatsrecht über die Kirche in Gladbeck durch alle folgenden Jahrhunderte hindurch ausgeübt. Die letzte Investitur eines Pfarrers vollzog er dort im Jahre 1782[14]). Für die Kirche St. Laurentius in Bergisch Gladbach liegt nicht die Spur einer Verbindung mit der Abtei Deutz vor.

Etwa aus der gleichen Zeit wie die gefälschte Urkunde des Küsters Dietrich (Theoderich) stammt von ihm auch eine umfangreiche Handschrift mit geschichtlichen Nachrichten und einer Güterliste der Abtei Deutz. Auch hier fügt sich Gladbach in die Folge der westfälischen Besitzungen ein. Es heißt dort: „Predium in Gladebach, cum omnibus suis pertinentiis et forestibus et ecclesiam cum decima"[15]). Es handelt sich also um einen Hof mit allen Zugehörigkeiten und Waldungen und um eine Kirche mit dem Zehnten.

Diese Einreihung nimmt ebenso eine Bulle des Papstes Eugen III. vom 17. Juni 1147 vor, mit der er der Abtei Deutz unter namentlicher Aufzählung alle Besitzungen bestätigt, auch „in Gladbech ecclesiam et curtem"[16]). Auch bezieht Mooren bei der Erwähnung dieser Urkunde den Namen „Gladbech" irrigerweise auf unser Bergisch Gladbach[17]). Es hätte ihm dabei doch eigentlich auffallen müssen, daß im „Liber Collatorum Diocesis Coloniensis saeculi XV" bei Abt und Konvent von Deutz Gladbach nicht genannt wird[18]). Damit dürfte der „Fall Deutz" für Bergisch Gladbach wohl abgeschlossen sein.

Der erste Band des Urkundenbuches von Lacomblet erschien im Jahre 1840. Darin steht unter Nr. 350 auch jene Urkunde verzeichnet, mit der im Jahre 1144 der deutsche König Konrad III. dem adligen Frauenstift Vilich bei Beuel seine Freiheiten und Besitzungen bestätigt. Dabei ist angegeben: „... in villa Gladebach mansos indominicatos duos et alios sex et duo molendina"[19]). Demnach besaß das Stift in Gladbach zwei unfreie Mansen (= Hufen mit Haus), sechs andere und zwei Mühlen. Auf diese Angabe ist es wahrscheinlich zurückzuführen, daß Vinzenz von Zuccalmaglio 1845[20]) schreibt, die Kapelle (Bergisch) Gladbach werde schon im Jahre 1144 erwähnt. Vielleicht ist er zu seinem Irrtum auch dadurch bewogen worden, daß vor Gladbach steht: „... in Richezchagen V solidus V solidus et VI denarios" und ihn so die Nachbarschaft dieses Ortes täuschte. Allerdings wiesen schon vor ihm auch Binterim und Mooren im Jahre 1828/30

---

[12]) Lacomblet, Archiv V S. 260 und 263.
[13]) Soweit ich sehe, geschah es zuerst in der Festschrift zur VIII. Generalversammlung des katholischen Lehrerverbandes Provinz Rheinland in Bergisch Gladbach (Köln 1900) in einem ortsgeschichtlichen Aufsatz, den vermutlich den jungen Ferdinand Schmitz zum Verfasser hat. — Auch R. Frielingsdorf, Aus der Chronik der Pfarre St. Laurentius (Bergisch Gladbach 1939) S. 4 neigt zu dieser Annahme.
[14]) Vgl. Binterim und Mooren, Die Erzdiözese Köln im Mittelalter (Düsseldorf 1892) Band 1 S. 469.
[15]) Lacomblet, Archiv V S. 168 u. 280.
[16]) Lacomblet, UB I 357.
[17]) Binterim und Mooren Band I S. 446.
[18]) Ebd. S. 551.
[19]) Die in der königlichen Urkunde aufgezählten Besitzungen werden in einer Bulle des Papstes Cölestin III. vom 29. April 1195 wörtlich wiederholt. Lacomblet, UB I 545. Das Original der Bulle ist abgedruckt in Lacomblet, Archiv V S. 247 ff.
[20]) Mülheim S. 328.

auf Güter des Stiftes Vilich in unserem Gladbach nach dem Diplom König Konrads III. hin. Besonders ist dann später Dr. F. Schmitz dieser Auffassung gefolgt und hält an manchen Stellen Vilicher Besitz an der Strunde für gegeben; sogar Einflüsse des Bonner Cassiusstiftes auf die frühe Kultivierung hierselbst glaubt er herleiten zu können. Die beiden erwähnten Mühlen waren nach Schmitz „ohne Zweifel" die Vorläufer der Schnabels- und der Gohrsmühle [21]). Noch 1940 [22]) führte er mit voller Überzeugung aus, es „stehe also fest: Jene beiden Mühlen aus der Zeit von spätestens 1100—1144 klapperten an der Strunde, und an dieser wiederum zwischen der Hammermühle und dem Driesch" und gelangt zur obigen Schlußfolgerung.

Nun ist aber im ganzen Verlauf der Geschichte unseres Bergisch Gladbach auch nicht die leiseste urkundliche oder aktenmäßige Andeutung für Berührungspunkte mit dem Stift Vilich gegeben. Tatsächlich handelt es sich nämlich in der Urkunde vom Jahre 1144 um Gladbach an der Neffel bei Düren. Hier hat das Stift Vilich das ganze Mittelalter hindurch Ländereien und einen Hof besessen [23]). Im Jahre 1716 verkaufte die Äbtissin Agnes Adriane Freiin von und zu Bocholtz mit Einwilligung der geistlichen Oberen den „ziemlich weit im Herzogtum Jülich und freier Herrlichkeit Gladbach gelegenen freiadeligen Hof" mit allem Zubehör und Gerechtigkeiten für 7000 Reichstaler an den kurpfälzischen Schultheißen und Burggrafen zu Heimbach, Johann Arnold Heupgen. Es war der „Pannenhof", dem gegenüber einst eine Ölmühle lag und wo auch wohl jene zweite Mühle als Mahlmühle anzunehmen ist. Später ist dieser Hof an die Familie von Spee übergegangen. Er brannte 1816 ab [24]). — So muß denn auch das Stift Vilich aus der Geschichte Bergisch Gladbachs ausscheiden.

Es würde fast verwunderlich sein, wenn man nicht auch den größten und geschichtlich bedeutendsten der Gladbach-Orte, nämlich Mönchen-Gladbach im ehemaligen Mühlgau, am geschichtlichen Werdegange Bergisch Gladbachs irgendwie beteiligt hätte. Allerdings gab es in diesem Falle keine Urkunde irgendwelcher Art, an die man auch nur in etwa durch Namensgleichheit von Besitzungen zu irgendeiner Zeit hätte anknüpfen können. Da mußte schon in Ermangelung solcher „Anhaltspunkte" die reine Kombination spielen. Das ist denn auch geschehen.

Dr. Ferdinand Schmitz äußerte zuerst die Meinung, daß es geschichtliche Zusammenhänge Bergisch Gladbachs mit Mönchengladbach gebe [25]). Er schrieb wörtlich: „Der Ort Gladbach trägt den Namen des Gladbacher Hofes, den die Benediktiner-Mönche in München-Gladbach (Mönchen-Gladbach) hier im Bergischen (in montibus) anlegten, der aber früh in den Besitz der Grafen von der Leyen überging, von denen die Vorfahren der Familie Odenthal ihn zunächst als Pachthof und dann zu eigen erwarben." — Nun kann Dr. F. Schmitz seine Ansicht allerdings nur damit begründen, daß solche Entwicklungen keine Seltenheiten seien. So seien die Ortschaften Heisterbacherrott im Siebengebirge, Hosterbach bei Oberkassel und Heister bei Unkel am Rhein alle aus Klosterhöfen der Zisterzienser

---

[21]) Bergisch Gladbach, Aufbau-Verlag (Berlin 1926) S. 6.
[22]) Ruhmreiche Berge 1940, 2.
[23]) G. H. Chr. Maaßen, Geschichte der Pfarreien des Dekanats Königswinter (Köln 1890) Abschnitt Vilich S. 133, 533, 555.
[24]) J. Cloot, Zur Geschichte der Unterherrschaft Gladbach im Neffeltal (Düren 1933) S. 78 f., 149.
[25]) Etwas vom alten Gladbach, in: Bergisch Gladbacher Volkszeitung, Nr. 141 vom 21. Juni 1923. — Ebenso in Bergischer Kalender 1925 S. 85.

in Heisterbach entstanden. Mit dem Gladbacher Hof meint Dr. F. Schmitz nicht etwa den Fronhof, dem dieser Name gebührt, sondern einen sehr späten Abspliß, den einstigen Mühlenhof, dem der Volksmund erst seit dem vorigen Jahrhundert den Namen „Jläbbijer Hoff" zugelegt hatte. Daß der verdiente Forscher sehr irrte, indem es nämlich den vermeintlichen „Gladbacher Hof" neben dem Fronhofe früher niemals gegeben hat, wird bei der Darstellung der Geschichte des Mühlenhofes noch deutlich werden.

Im übrigen ist ein derartiger Hofbesitz der Abtei M. Gladbach in oder bei Bergisch Gladbach bisher noch keinem der mönchengladbacher Geschichtsforscher irgendwie begegnet[26]). Es ist also mit M. Gladbach für uns wirklich nichts zu machen. Doch hielt der zugegebene absolute Mangel eines „schriftlichen Beweises" Dr. Ferdinand Schmitz nicht ab, seine Ansicht auch später zu wiederholen[27]).

Nun ist allerdings die Abtei M. Gladbach erst 972 oder 874 gegründet worden, als unser Gladbach mit seinem Fronhof, seiner Kirche und seiner Mühle sicherlich schon längst bestand. Es kämen also höchstens dreißig Jahre für einen Besitz durch die M. Gladbacher Benediktiner in Frage, da Schmitz auch an dem Fehlschluß auf Deutz festhält. Er schreibt: „Freilich ist dann der Hof bald an den Erzbischof Heribert von Köln (999—1021) übergegangen, der ihn mit dem Forstbann und allem Zubehör der Benediktinerabtei Deutz zum Geschenk machte. Er fügte dieser Schenkung auch das Kirchlein hinzu, das in seiner Umgebung Zehntrecht hatte und dessen Kollatoren, die Grafen von Berg, bis in die Neuzeit hinein den großen Fronhof in der Nähe besaßen." Dann springt Schmitz weiter hinüber ins Jahr 1144 zu der irrigen Bezugnahme auf die Urkunde König Konrads III. für das Stift Vilich! Auch 1930 noch erscheint in einem Vortrag von ihm[28]) die gleiche Verknüpfung mit Vilich. Er hatte schon 1928[29]) die Entstehung der Stadt Bergisch Gladbach auf die Urkunden Heriberts und Konrads gestützt und als ihre Urzelle den „Hof der Benediktiner von München Gladbach" bezeichnet. „Weil ihrem Priorat das kleine Kirchlein einverleibt war, an das sich die Verleihung der Pfarrechte knüpfte, ward die Pfarrei nach dem Gladbacher Hofe „em Gelabaig", „em Gläbbig" genannt, und diesen Namen hat die Honschaft des Amtes angenommen, die sich um das Kirchlein entwickelte, und hat ihn der Ortsgemeinde und der Bürgermeisterei übertragen, aus denen die Stadt gewachsen ist".

Was hat es mit dem „Priorat" auf sich, das nun auf einmal genannt wird? Hier stoßen wir nämlich auf den vierten wunden Punkt, an dem die Geschichtsschreibung über das alte Gladbach leidet. Dieses Priorat, das seinen bösen Spuk in Aufsätzen bis in die jüngste Zeit mit dem armen Gladbach treibt, hatte es schon Vinzenz von Zuccalmaglio[30]) angetan. Er schreibt: „Dieselbe (die Kapelle zu Gladbach) war im 15. Jahrhundert nebst

---
[26]) Vgl. E. Brasse, Geschichte der Stadt und Abtei Gladbach, 2 Bände und 1 Urkundenband (Mönchengladbach 1914/22). — P. Norrenberg, Geschichte der Pfarreien des Dekanats Mönchen Gladbach (Köln 1898). — Rudolf Brandts, Mönchengladbach, Aus Geschichte und Kultur einer rheinischen Stadt (Mönchengladbach 1954). — Die Forscher R. Paffen (1931) und R. Brandts (1953) bestätigten mir auch ausdrücklich, daß es einen der Benediktinerabtei in Mönchengladbach gehörigen Hof in oder bei Bergisch Gladbach niemals gegeben hätte.
[27]) Bergisch Gladbach. Aufbau-Verlag (Berlin 1926).
[28]) Gedruckt in Ruhmreiche Berge 1930, 10.
[29]) Zur älteren Ortsgeschichte von Bergisch Gladbach, in: Bergische Heimat (Ronsdorf 1928) S. 3.
[30]) a.a.O. S. 328.

dem dortigen Fronhof im Besitze des Prämonstratenserordens. Im 16. Jahrhundert ging dieses Priorat ein, welcher die Kirche incorporiet war und deren Prior zugleich Pastor sive rector an der Kirche war. Der Fronhof kam durch Tausch an den Landesherrn." Soviel Worte, soviel Unsinn!

Wie kam Zuccalmaglio dazu? Binterim und Mooren hatten im zweiten Bande ihrer Geschichte der Erzdiözese Köln 1831 die „Designatio pastoratorum, Collatorum, Vicariarum, Capellarum, Reditum et caeterorum beneficiorum ecclesiastiorum in Ducatu Juliae et Montium" aus dem Jahre 1676 abgedruckt. In ihr steht unter den aufgeführten Pfarreien Seite 249:

„4 Gladbach, Kierspel. Patronus ... Comm(unicantes) 400. Collator serm (= serenissimus) dux. — Reditus diese pastorath ist der priorat ord(inis) prae(monstratensium) daselbst incorporirt und zeitlicher prior conventus zugleich pastor loci, reditus seint alle dem convent incorporirt."

Darunter steht dann sofort:

„5. Dünwald, Kierspell. — Coll. ... Diese Pastorath ist dem Priorat Praemonstrat(ensium) daselbst incorporiet und zeitlicher Prior convent(us) zugleich Pastor loci."

Der aufmerksame und mit der örtlichen Geschichte vertraute Leser merkt schon, daß hier etwas nicht stimmt. Tatsächlich handelt es sich dabei, wie Redlich 1915 durch Vergleich mit der Manuskriptvorlage feststellte [31]), um einen „lapsus calami"; denn dort geht es nach dem Worte „Reditus" (unter Gladbach) richtig weiter: „hat einige fruchten, welche jährlichs renten mögen 70 rthlr." Darunter folgt dann Dünnwald, und hier steht das Priorat nun richtig.

Leider ist der „lapsus" dadurch noch schlimmer geworden, daß er 1893 unverändert auch in die Neuauflage von Binterim und Mooren überging, 1900 in der Lehrervereins-Festschrift aufgetischt wurde und seitdem durch kritikloses Abschreiben und Abdrucken durch die Zeitungsspalten geistert und mit den übrigen Irrtümern auch immer wieder selbst in Abhandlungen erscheint, die den Anspruch erheben, ernst genommen zu werden [32]). So erschien eine gründliche, erschöpfende Bereinigung der urkundlichen Grundlagen, auf denen die Erforschung der Bergisch Gladbacher Geschichte beruht, dringend geboten.

II. DAS ALTBERGISCHE AMT PORZ (BENSBERG) UND DAS VERWALTUNGSWESEN

Das Frankenland zerfiel in einzelne Gaue, aus denen seit dem 7. Jahrhundert Grafschaften wurden. Erst allmählich entstanden im Gau aus Kirchspielsgemeinden oder aus deren Gliederungen die Honschaften. Sie bildeten die Grundlage der Steuererhebung. Im ostfränkischen Gebiet ist die volksrechtliche Selbstverwaltung immer stark gewesen. Hier sind Hundertschaft und Graf niemals ausschließlich selbstherrliche Obrigkeit oder königliche Beamte geworden.

---

[31]) Jülich-Bergische Kirchenpolitik II 2, S. 272.
[32]) Seitdem der Verfasser 1933 (in: Der Rheinisch-Bergische Kreis, S. 49 ff.) erstmalig eine Darstellung der Stadtgeschichte gab, die sich von den Irrtümern freimachte, insbesondere sich auch gegen die Verknüpfung mit Mönchengladbach wandte, ließ Dr. Ferdinand Schmitz diese These fallen.

Jede Honschaft hatte einen Hunnen (Hon, Honn, Hunn). Von den Eingesessenen der Honschaft gewählt, gibt er an, was strafbar ist, und vollstreckt das Urteil. Schon sehr früh verliert die Honschaft für die Gerichtsorganisation vollständig ihre Bedeutung, und es baut sich auf ihr die Gemeinde auf. Statt des Honnen übernehmen die Verwaltungen zwei oder mehr Vorsteher, auch Geschworene genannt, die vom landesherrlichen Amtmann ernannt werden. Der Honn — der Name ist schon am Ausgang des Mittelalters im Bergischen nicht mehr anzutreffen — behält nur die Führung des Gemeindehaushaltes. In der späteren Zeit ist er nur noch Steuerempfänger und Bote (Schatzbott). Alljährlich wurde die Stelle öffentlich ausgeboten und dem zugeschlagen, der am wenigsten Gehalt verlangte. In kriegerischen Zeiten war die Stelle wenig begehrt, da die Beibringung der Abgaben dann doppelt schwer war. Die Beratungen der Honschaft und der Gesamtgemeinden fanden nach uralter Sitte im Freien statt, gewöhnlich bei der allgemeinen Gerichtsstätte (Dingbank) unter dem Baum vor dem Fronhof. Da man sich in ringförmiger Stellung besprach, nannte man das „dinge in ringe". Dieser Brauch hielt sich bis zur Auflösung der Honschaften.

Um die Mitte des 14. Jahrhunderts bildeten sich die Amtsbezirke. Sie dienten der strafferen Verwaltung und gingen aus dem seit dem 13. Jahrhundert einsetzenden Bestreben der Landesfürsten hervor, die zerstreut liegenden Territorien zu vereinigen und die volle Landeshoheit zu erlangen. Dem Amte stand ein vom Landesherrn aus dem eingeborenen ritterbürtigen Adel ernannter Amtmann vor. Er vertrat die Hoheitsrechte des Landesherrn, sorgte für unparteiische Rechtspflege, für öffentliche Sicherheit und Ordnung. Die Rechtspflege übte der Amtmann nicht persönlich aus, sondern durch den „Vogt" oder „Schultheiß", dem der Gerichtsschreiber zur Seite stand.

Die Verkündigung und Durchführung der Amtserlasse in den einzelnen Kirchspielen besorgten immer die Scheffen. Das Gericht gab den Erlassen Nachdruck [33]).

In einer 1363 ausgestellten Urkunde über die Vereinigung des Amtes Blankenberg mit der Grafschaft Berg wird als Amt Bensberg mit Odenthal, Paffrath, Stammheim, Dürscheid, Bensberg, Porz, Volberg, Lülsdorf, Mondorf und Bergheim aufgeführt. Das Amt Bensberg blieb bis zu Beginn des fünfzehnten Jahrhunderts Verwaltungssitz für unseren Bezirk. Dann trat an seine Stelle Porz mit dem Sitz des Amtmannes, während die wirtschaftliche Verwaltung weiterhin in Bensberg verblieb [34]).

III. MÜNZEN, MASSE UND GEWICHTE IN BERGISCHER ZEIT

Bei allen Angaben über die Kaufkraft des Geldes ist zu berücksichtigen, daß der Mark fast an jedem Orte ein anderer Wert zugrunde lag und der Wert einer an demselben Orte gemünzten Mark oft in verhältnismäßig kurzer Zeit die größten Veränderungen erfuhr.

Um 1400 kostete ein Morgen Ackerland 12 rheinische Gulden, ein Malter Weizen $14^{1/2}$ Schilling, Roggen 10, Hafer $5^{1/2}$ Schilling.

---

[33]) Über die Besetzung der Ämter durch obrigkeitliche Personen siehe unter: Das Hauptgericht in Porz und das Landgericht in Bensberg, S. 125 ff.
[34]) Th. Rutt, Heimatchronik des Rhein.-Bergischen Kreises.

Um 1420 kostete ein Pfund Schweinefleisch 6 Denare.
Nach Rechnungen, die der Steinbacher Amtmann Wilhelm von Bellinghausen 1467 und 1470 aufstellte, kostete ein Pferd 6 Mark, ein Rind 3 Mark, 3 Schilling bis 4 Mark, ein Schaf 5 bis 8 Schilling, ein Huhn 1 Schilling; das Malter Roggen 1 Mark 6 Schilling, Hafer 9 Schilling bis 1 Mark. — Ein Dachdecker erhielt für 6 Tage Arbeit 1 Mark, also täglich 2 Schilling.

Im 18. Jahrhundert galten im Herzogtum Berg:
1 Reichstaler (Rtlr) = 4 Ort = 8 Schilling = 20 Blaffert = 60 Stüber (Sb) = 80 Albus (Alb) = 240 Füchse = 960 Heller (He).
1 Gulden (Gl) = 39 Stüber = 52 Albus.
1 Zentner = 110 Pfund, jedes zu 32 Lot, jedes Lot zu 4 Quentchen.
1 Fuder = 6 Ohm = 156 Viertel = 624 Maß = 2496 Schoppen = 825 Liter.
1 Malter (Getreide) = 4 Sümmer = 16 Viertel = 48 Becher = 192 Mäßgen.
1 Rute = 16 Fuß = 192 Zoll = 2304 Linien.
1 Elle = 2 Fuß = 4 Viertel = 16 Talgen = 24 Zoll.
1 Malterscheid (Fläche, zu deren Bestellung 1 Malter Saatkorn nötig war) = 16 Viertelscheid = 256 Quadratruten.
1 Morgen (Land) = 150 Quadratruten, jede zu 256 Quadratfuß.
Die anschließende Aufstellung soll einen Eindruck über die Kaufkraft des Geldes in bergischer Zeit vermitteln.
Um 1658 kostete 1 Malter Hafer 1 Rtlr 18 Alb.
Um 1675 kosteten 1000 Ziegelsteine 3 1/2 Rtlr.
Um 1680 kostete 1 Elle „Hänfentuch" 1 Sb; 1 Pfund Tabak 8 Alb.
1732 wurden beim Bau des Hospitals in Wipperfürth als Tagelohn 11 Sb, als Kostgeld für den Tag (mit Bier) 12 Alb gezahlt.
Um 1704 kostete 1 Malter Korn 8 Gl 18 Alb; Hafer 6 Gl 4 Alb; Gerste 8 Gl; 1 Pfund Zucker 32 Alb; 1 Pfund Butter 10 Alb; 1 Pfund westfälischer Schinken 10 Alb; der Halbjahreslohn für eine Magd war 1 Rtlr 18 Alb.
Um 1769 kostete 1 Pfund Hammelfleisch 15 Sb 12 He; 1 Pfund Speck 7 1/2 Sb; 1/2 Ohm Bier 1 Rtlr 30 Sb; 1 Maß Wein 20 Sb. — Ein Brief von Wipperfürth nach Köln kostete an Porto 15 Sb.
Zum Vergleich seien hier auch noch einige Angaben über die Währung und die Kaufkraft des Geldes in preußischer Zeit beigefügt.

1815 bis 1870:
1 preußischer Taler (Tlr) = 30 Silbergroschen (Sgr) = 360 Pfennige (Pfg). — 2 1/2 Silbergroschen = Kastemännchen.
Um 1833 wurden für 2 Morgen Ackerland 84 Tlr bezahlt.
Um 1844 war der Tagelohn 13 bis 15 Sgr; der Verkaufspreis bei den Kaufleuten für den Scheffel Getreide betrug: Weizen 2 Tlr 8 Sgr 1 Pfg; Roggen 1 — 23 — 6; Gerste 1 — 10 — 1; Hafer 1 — 1 — 4; Erbsen 2 — 3 — 11; ein Brot von 7 Pfund kostete 3 Sgr 6 Pfg.
Um 1862 kostete 50 kg Stroh 10 Sgr.[35]).

---

[35]) Dieser Abschnitt aus Anton *Jux* und Josef *Kühlheim,* Heimatbuch der Gemeinde Hohkeppel zur Jahrtausendfeier 958—1958 (Hohkeppel 1958) S. 50/51.

IV. DAS BERGISCHE STEUERWESEN

Unsere Vorfahren konnten sich zu keiner Zeit eines Zustandes erfreuen, der sie frei von öffentlichen Abgaben ließ, da das Wesen jedes Gemeinschaftslebens solche erfordert. Sie hatten in altbergischer Zeit fast über ein größeres Vielerlei an Steuern zu klagen, als es heute den Bürger plagt.

Ursprünglich trat der Landesherr nur in Notzeiten, etwa im Kriege oder bei Kriegsgefahr, an seine Untertanen mit der „Bitte" um Geldbeihilfen heran, die man deshalb auch „Bede" nannte. Doch wurden diese gelegentlichen Abgaben bereits im 12. Jahrhundert vielfach zu einer regelmäßigen Pflichtleistung gemacht. Die Güter wurden nach ihrer Größe und Bodengüte „geschätzt" und veranlagt. Aus der Bede wurde der Schatz, der unserer heutigen Grund- und Gebäudesteuer entspricht und durch den Schatzheber erhoben wurde. Die pflichtigen Güter hießen Schatzgüter, die Inhaber Schatzleute. Der Hofeigentümer haftete für die Zahlung des Schatzes; er konnte sich an seinem Pächter schadlos halten. Der Schatz wurde alljährlich in drei Raten gezahlt als Lichtmeß-, Mai- und Herbstschatz. Nebenher aber lief die uralte Bede noch als Hauptschatz.

Erstmalig im Jahre 1447 bewilligten die bergischen Landstände dem Herzog eine allgemeine Landessteuer neben dem Schatz. Ihr Gesamtbetrag für das ganze Land wurde jedes Jahr besonders festgesetzt. Diese Festsetzung bildete fortan die eigentliche Hauptaufgabe der Stände. Diese umfaßten nur die Ritterschaft und die Städte. Der Bauernstand war von jedem Einfluß und Mitwirkung ausgeschlossen, obwohl er die Hauptlast zu tragen hatte. Die Regierungsbeamten legten die bewilligte Summe nach einem bestimmten Tausendsatz je nach der Leistungskraft auf die Ämter, Städte, Freiheiten und Herrschaften um. Jedes Amt nahm dann für sich durch Amtmann, Schultheiß und Kellner die Verteilung auf die Botenämter oder Kirchspiele vor. Nach einem Gewohnheitsschlüssel verteilten Vorsteher und Scheffen die Steuerlast weiter zunächst auf die Honschaften und dann auf die einzelnen Haushaltsvorsteher. Dabei richtete man sich später nach der Katasteraufnahme vom Jahre 1690 und 1702, der jedoch große Mängel anhafteten. Im Amte Porz entfiel durchweg auf einen Morgen 1 Reichstaler Landessteuer. Bei der Schlüsselung für das ganze Land trug das Amt Porz nach V. v. Zuccalmaglio von je 1000 Reichstalern bewilligter Landessteuer 78 Rtlr 21 Albus 7 Heller, jedoch um 1750 nur 43 Rtlr, 54 A. 11 H., dazu die Herrschaft Odenthal 12 Rtlr 24 A. 5 H. Um Ungerechtigkeiten und Willkür bei der Steuerfestsetzung durch die örtlichen Instanzen auszuschalten mußten sie die Verteilungslisten zur Prüfung und Genehmigung an die Rechenkammer in Düsseldorf einschicken.

Da die Landessteuer für die bäuerliche Bevölkerung nach dem Ertrag und Einkommen festgesetzt wurden, also unserer Einkommensteuer entsprachen, wurden sie für die Pachtgüter vom Pächter eingezogen. Dagegen blieben die Rittergüter und die von ihren Eigentümern selbst genutzten und bewohnten freiadeligen Höfe, auch wenn die Inhaber nicht adelig waren, schatz- und steuerfrei. Das war ein Entgelt für die ihnen auferlegte Pflicht zur Landesverteidigung. Ebenso waren die geistlichen Güter, etwa vom Pfarrer bewirtschaftete Wiedenhöfe oder Küchenhöfe der Klöster und Ordenskommenden, steuerfrei. Solche Güter wurden nur in außergewöhnlichen Sonderfällen belastet.

Dagegen wurden verpachtete freiadelige und geistliche Höfe zu einer Gewinn- und Gewerbesteuer herangezogen, allerdings auf den vierten Teil der Morgenzahl ermäßigt. Auch Handwerker, Kaufleute und Wirte zahlten diese Steuer, für die eine besondere Matrikel geführt wurde. Auch Verbrauchssteuer gab es schon früher im Herzogtum Berg. Schon im Juni 1538 bewilligten die Landstände nach dem Vorgang von Jülich auch in Berg dem Herzog Johann solche Abgaben. Sie betrugen für 1 Ohm Wein 1/2 Goldgulden; für eine Tonne Bier je nach Gehalt 1 Raderschilling bis 1 Raderalbus; für 1 Malter Weizen 2 Albus; für 1 Malter Roggen 3 Schillinge; für 1 Malter Gerste 1 Raderalbus; für ein Malter Spelz oder Hafer 1 Albus laufenden Geldes: für 1 Satz gebrannten Weizen (Maische) 1/2 Goldgulden; für 100 Mudden ungebrannten Weizen 1 1/2 Goldgulden [36]). — Diese Akzise sollte eigentlich nur zwölf Jahre gelten, aber später kehrte sie immer wieder. Im Jahre 1700 führte der geldbedürftige Herzog Johann Wilhelm sie unter Protest der Stände endgültig ein. Es mußten gezahlt werden für 1 Ohm Wein oder Branntwein 4 Rtlr; für 1 Ohm Bier 2 Rtlr; für 1 Ohm Essig 1 Rtlr, für 1 Malter Getreide zur Maische 1 Rtlr; für 1 Malter Weizen an Mahlsteuer 48 Stüber; für 1 Malter Viehfutter 12 Stüber; für 1 Pfund Grütze 1 Stüber; für Fleisch 1 v. H. des Wertes; für 1 Tonne Heringe 1 Rtlr; für 1 Sack Salz 1 Rtlr 40 Stüber; für 1 Zentner Tabak 2 Rtlr. Außerdem kostete der Schein mit der Erlaubnis zum Rauchen oder Schnupfen je Vierteljahr. 4 St. Ähnlich waren fast alle anderen Dinge des Lebensbedarfs mit Steuern belegt.

Über die Art der Steuererhebung im Botenamt Gladbach wenigstens was den Schatz und die Landessteuer angeht, sind wir für das 18. Jahrhundert ziemlich gut unterrichtet. Am 8. April 1711 erging eine Generalverordnung der Düsseldorfer Regierung über die Einrichtung der Subdivision- und Hebzettel. Damals wurde ein neues Hebbuch für die beiden Botenämter Gladbach und Herkenrath angelegt, dem etwa um 1735 ein zweites und 1758 das dritte folgten, weil in den Zwischenzeiten viele Veränderungen im Grundbesitz vor sich gegangen waren. Das letzte Buch hat sich im Staatsarchiv Düsseldorf erhalten und bringt für die Zeit von 1758 bis 1780 die genauen Angaben über alle erhobenen Landessteuern für jedes einzelne der 290 Häuser des Botenamtes Gladbach [37]). Zu diesem wervollen Buche gibt es noch eine ebenso wertvolle Ergänzung durch ein kleines unscheinbares Büchlein im Bergisch Gladbacher Stadtarchiv. Es ist nur 14,5 cm hoch und 8 cm breit und in Holzdeckel gebunden. Es handelt sich um das Steuerquittungsbuch des in dem Hebbuch unter Nr 100 verzeichneten, neun Morgen umfassenden Höfchens auf dem Flachsberg in Paffrath, das unter dem Namen Jacob Corschildgen, dann Christian Corschildgen geführt wird, 9 Morgen groß war und 7 Rtlr 42 Albus zahlen mußte. Es war einst ein Bestandteil des Bachgutes und kurz nach 1700 Eigentum der Bastians Wittib, die es 1701 an Jacob Korschildgen aus Nußbaum und seine Ehefrau Eva verpachtet hatte. Das Büchlein enthält in fast lückenloser Folge, wenn auch nicht überall gut geordnet und mitunter nur schwer entzifferbar, die Eintragungen über bezahlte öffentliche Abgaben an die weltlichen Behörden für die Zeit von 1710 bis 1770. Es gewährt dadurch einen Einblick in die verschiedenartigen Abgaben, die von dem Flachsberger Hof zu tragen waren und zu Lasten des Pächters gingen.

---

[36]) Zuccalmaglio, Mülheim, S. 130. — Below, Landtagsakten Jülich-Berg, Band 1, S. 254 ff.
[37]) StA Düsseldorf Jülich-Berg IV 559.

Den ersten Hauptteil nehmen die Empfangsbescheinigungen für die „Hauptsteuer" oder die „laufende Steuer" ein. Das Rechnungsjahr begann mit dem 1. Februar und schloß mit dem 31. Januar. Jedoch lief es eigenartigerweise von 1748 bis 1753 vom 1. November bis zum 31. Oktober. Die Jahressumme der immer vorveranschlagten Steuer, die anscheinend nach dem Ertrage des vorangegangenen Jahres festgesetzt wurde, schwankt zwischen dem Höchstbetrage von 9 Rtlr 54 Albus 4 Heller für das Jahr 1735/36 und 2 Rtlr 10 Albus 4 Heller für das Jahr 1747/48. Der Reichstaler ist zu 80 Albus, der Albus zu 12 Heller gerechnet. Durchweg bewegt sich die Jahressteuersumme um 5 bis 6 Rtlr. Die Schwankungen lassen vermutlich einen Schluß auf Witterung und Ernteergebniss, freilich auch auf die politische Zeitlage, etwa Kriegsdrangsale und das Geldbedürfnis des landesherrlichen Säckels zu.

Die Hauptsteuer wurde in drei bis sechs Raten erlegt. Hierzu waren offenbar für die einzelnen Kirchspiele oder Honschaften Zahltage eingerichtet, zu denen der Steuerempfänger erschien, der in dem Büchlein jede Zahlung unterschriftlich bescheinigt hat. Zwei Abrechnungsbeispiele mögen es veranschaulichen:

Jacob aufm Flaßberg debet (schuldet) stewer pro 1729 in 30.

	rhr	5	—	29	—	8	—
1730 den 7. Febr. zahlt ad	„	3	—	—	—	—	—
den 5. 7bris (Sept.)	„	1	—	—	—	—	—
den 24. 8bris (Okt.)	„	1	—	29	—	8	—
	„	5	—	29	—	8	—

Bastians Wittib aufm Flachsberg pfr. (Pächter) Jacob debet vom 1. Februar 1741 bis ult. (31.) Januar 1742.

	rhr	6	—	31	—	—	—
1741 den 2. May	„	—	—	22	—	7	—
den 6. Juny	„	2	—	—	—	—	—
den 25. Aug.	„	1	—	40	—	—	—
den 16. 8bris	„	—	—	68	—	—	—
den 22. Xbris (Dez.)	„	1	—	—	—	—	—
1742 den 31. Januar	„	—	—	60	—	5	—
	„	6	—	31	—	—	„

Die Steuerempfänger wechselten im Laufe der Jahre häufig. An ihrer geläufigen Schrift erkennt man, daß es sich bei ihnen um geschulte Beamte handelt, die der Kellner von Bensberg in die Botenämter schickte. So erscheinen als Empfänger von 1717 bis 1728 Wein, 1729 Helgers, 1730 Frantzen, 1731 H. Koll, 1732 bis 1735 Schallenbach, 1736 bis 1742, ebenso 1746 bis 1766 Eickelmann, der auch 1759 in der offiziellen Beamtenliste des Amtes Porz aufgeführt wird, 1743 bis 1746 Kannengießer, ferner vereinzelt 1713 Ben. Jansen, 1726 Crämer, 1735 Schmitz, 1766 Johann Jakob Siegen. Von dem letzten (geboren am 1. August 1738 in Steinbreche) wissen wir, daß er 1785 Schatzrezeptor oder Obersteuereinnehmer für die Ämter Porz und Bensberg und die Herrschaft Odenthal war und in einem anderen Steuerquittungsbuch auch in den Jahren 1767 bis 1779 quittiert hat. Es kommen noch andere Namen in dem Paffrather Büchlein vor, die unleserlich sind.

Neben der Steuer wurde auch der Schatz in dem Büchlein quittiert. Da wird zunächst der „Hauptschatz" genannt, auch als „jährlicher", „laufender", „gemeiner", „gewöhnlicher" oder „gebräuchlicher" Schatz aufgeführt. Er ist für den kleineren Hof auf dem Flachsberg von 1742 bis 1760 mit jährlich 2 Gulden berechnet und steht immer in Verbindung mit einer Abgabe von 2 Viertel Hafer, die wiederholt als „Herrenfrüchte" bezeichnet werden. Da für die Jahre 1760, 1761 und 1769 diese Abgabe in gleicher Höhe als „Schatz in das Bachgut" abgeführt wird, könnte man annehmen, daß es sich dabei um das gleiche handelt. Der Schatz klebte offenbar immer noch dem uralten Bachgut in seiner vollen Größe an, und die ganze Summe wurde auf die Absplisse mit verteilt. Hier schimmert die uralte Überlieferung durch, die sich auch in der Berechnung mit „Gulden" kundtut, die einem Wert von $^2/_3$ Taler entsprachen. Die letzten Gulden dieser Art wurden 1738 unter Herzog Karl Philipp geschlagen. Jacob Korschildgen blieb mit dem Schatz oft mehrere Jahre im Rückstand, was nur dem Eigentümer seines Pachtgutes gegenüber verständlich bleibt, da der Landesherr sehr schnell zur Pfändung schreiten ließ.

Zu dem Hauptschatz traten der Maischatz, der Herbstschatz und der Lichtmeßschatz, nach der Fälligkeitszeit so benannt. Der Maischatz betrug im Jahre 1734 1 Gulden 9 Albus und hielt sich ständig fast auf der gleichen Höhe. So stand er 1746 auf 1 G. 8 A. 8 H., 1759 bis 1769 auf 1 G. 10 A. Er schwankte also im Zeitraum von 35 Jahren kaum um etliche Heller. — Der Herbstschatz machte im Jahre 1719 2 G. 2 A., 1734 1 G. 18 A. 3 H., 1745 bis 1769 immer 1 G. 20 A. 5 H. aus. Der Lichtmessenschatz wurde 1733 mit 1 G. 8 A. berechnet und hielt sich von 1746 bis 1770 auf 17 A. 8 H.

Im Zusammenhang mit dem Schatz, offenbar auch nach der Größe der Bodenfläche bemessen, werden in dem Paffrather Quittungsbüchlein einige andere ständige Abgaben genannt. Da ist zunächst das „Wildführersgeld". Es handelt sich um ein laufend zu zahlendes Ablösungsgeld für uralte Verpflichtungen zu Hilfsdiensten bei der Jagd gegenüber dem Landesherrn, das sonst auch wohl als „Bensberger Schweinhatz- und Jagdgeld" genannt wird. Es betrug 1745 noch 3 Albus 4 Heller, stieg 1767 auf 7 Albus, sank aber 1769 wieder auf 4 Albus 8 Heller. Ferner mußte ein „Holzreisersgeld" oder „Reisgeld" abgeführt werden, ein Entgeld für das Recht zum Sammeln von Stock und Sprock im landesherrlichen Walde. Es hielt von 1745 bis 1769 unverändert die gleiche Höhe von 2 Albus ein. Für das Jahr 1733 betrugen Maischatz, Herbstschatz, Lichtmeßschatz, Wildführersgeld und Holzreisersgeld in einer Summe 3 Gulden 17 Albus; im Jahre 1753 wird der Gesamtbetrag mit 3 G. 12 A. genannt.

Für die Jahre 1731 bis 1767 wird ohne Angabe der Menge gesagt, daß die „Herrenfrucht" oder „Herrenfrüchte" geliefert worden seien, ähnlich von 1750 bis 1758 der „Herrenhafer". Außerdem mußte das Gut Korn (Roggen) abgeben, dessen Menge auch nicht angegeben wird. Ferner bestand eine Abgabepflicht für Gerste, 1719 waren es 2 Viertel 1 Maß, 1750 $^1/_2$ Viertel, 1753 1 $^9/_{10}$ Maß. Es könnte sich dabei um den Zehnten an den Fronhof handeln, nicht etwa um den kirchlichen Zehnten.

Als Empfänger für den Schatz und die damit in Verbindung stehenden Abgaben unterzeichnen folgende Schatzboten: 1721 bis 1754 Johann Dierich (Theodor) Kierdorff (im Bachgut wohnend); 1744 bis 1747 Goddert Bützler; 1745 bis 1753 Adam Strack; ferner

1715 Johann Katterbach; 1735 Gerardus Kierdorff; 1741 Johann Weyer und 1767 „Kierdorff, Schatzbott". Wie schon die Namen verraten, handelt es sich bei diesen Empfängern um eingesessene Paffrather.

Zu diesen bisher aufgeführten alljährlich sich wiederholenden Abgaben treten eine Reihe zeitlich begrenzter Sondersteuern. Als solche werden für die Jahre 1738 eine „Capitationssteuer", Kopfsteuer, von 4 Rtlr 4 Albus, zahlbar in drei Raten, und für 1747 und 1749 die „Haustaxe" von 51 Albus verzeichnet. — Am 22. Februar 1732 bezahlte Jakob Korschildgen „wegen in Behueff der vier Bottämter Bevollmächtigter aufgenommener 700 Reichstaler" 39 Albus. Offenbar handelt es sich um eine ganz kurzfristig zu leistende allgemeine Landesabgabe, wozu vier Botenämter des Amtes Porz ein Darlehen aufgenommen hatten, das nun zurückgezahlt werden mußte.

Um Kriegsabgaben handelt es sich zweifellos bei der „Contribution", die von Landesfeinden auferlegt wurde. Nach dem Büchlein wurde für 1758 ein Rest mit 1 Rtlr Contribution erlegt. Damals trieben preußische Husaren im Amte Porz Kriegssteuern in bedeutender Höhe ein. So zahlte 1757 und 1758 das Dorf Dünnwald allein 1200 Rtlr, das Dorf Merheim 1500 Rtlr, das Kloster Altenberg 10 000 Taler. — Eine andere Contribution mußte vom Flachsberger Gütchen 1766 mit 5 Rtlr 45 Albus gezahlt werden. Auch „Fouragegelder" an durchziehende Truppen fehlten nicht. Sie betrugen 1715 1 Taler 40 Albus; 1741 72 Albus 16 $^1/_2$ Heller. — In demselben Jahre war die „Rheinsteuer" mit 33 Albus zu bezahlen, die der Uferbefestigung zugute kam. 1745 kam die „österreichische Steuer" für die Kriegsführung Maria Theresias gegen Preußen mit 4 Rtlr 7 Albus 4 Heller, ferner 1746 noch einmal 29 Albus. Im Siebenjährigen Kriege schwollen diese Zahlungen bekanntlich zu immer größerer Höhe an [38]).

Es gab außer den oben genannten Abgaben im Laufe der Zeit noch viele andere. 1543 wurde von den Landständen eine Rüstungssteuer umgelegt, zu der das Amt Porz anfangs 1000 Goldgulden geben sollte, dann aber bei 850 Gg. verblieb; doch mußten auch die Geistlichen und die Ritterschaft des Amtes außerdem noch 610 Gg. aufbringen, wobei von den Geistlichen der vierte Teil der jährlichen Nutzung von Gütern, Pachten, Renten und Einkünften verlangt wurde [39]). — Für den Festungsbau in Düsseldorf mußte das Amt Porz im Jahre 1557 522 Goldgulden aufbringen [40]), im Jahre 1560 abermals 310 Taler [41]). Jedes Brautpaar mußte bei der Trauung den „Brautlaufgulden" an die Kellnerei einzahlen. Wer aus dem Lande Berg verzog, hatte den zehnten Pfennig von allem zu zahlen, was er besaß.

Es gab Zeiten, wo selbst größere Güter nicht mehr in der Lage waren, die geforderten Abgaben zu leisten, besonders während der langdauernden Kriege. Trotzdem gingen die Behörden dann mit äußerster Strenge gegen die Säumigen oder Zahlungsunfähigen vor. Man pfändete ihnen die Pferde oder legte ihnen eine „Exekution" so lange ins Haus, bis die Zahlung erfolgt war.

---

[38]) Vgl. Anton *Jux*, Landessteuern eines Paffrather Hofes 1710—1770 (Rheinisch-bergisches Kreisblatt vom 13. Februar 1943).
[39]) *Below* I, 486.
[40]) *Below* a.a.O. S. 753.
[41]) *Below* a.a.O. S. 786.

a. DAS HEBBUCH [42]) DES BOTENAMTS GLADBACH VOM JAHRE 1758/59

Das Hebbuch ist ein dicker mit dünnem Schweinsleder überzogener Pappband von 310 Blättern Büttenpapier. Eingangs findet sich der folgende Vermerk:

„Daß gegenwärtiger Subdivision- und Hebzettul Jahrs 1758 in 1759 zufolge der unterm 8. April 1711 ergangener General-Verordnung und dabei befindlichen Formularis nach unseren Eid und Pflichten eingerichtet, gleichergestalt die Länderei eingetragen, mithin dabei wegen der in verflossenem Jahrgang vorgefallenen Ab- und Ansetzungen der Länderei das Nötige beobachtet, auch diese Zettulen mit denen bei ersagtem Formulari befindlichen Anmerkungen punctatim von uns selbsten conferiret und denenselben allerdings gemäß conscribiret, auch zeit jüngerer Repartition an der Morgenzahl kein Verschlag geschehen zu sein befunden, sodann wegen schuldiger Capitalien, darauf rückständiger Pensionen und zwischen denen Gemeinden und sonstigen Privaten vorgegangene Vergleichs keine Morgenzahl frei und aus dem Anschlag gelassen worden zu sein, solches attestire pflichtmäßig.

Die ersten 156 Blätter umfassen das Botenamt Gladbach, die restlichen Herkenrath. Innerhalb der Botenämter sind die pflichtigen Abgaben nach Honschaften aufgeführt, und zwar erscheinen zunächst die schatz- und steuerbaren Güter, danach die gewinn- und gewerbgebenden. Bei jedem Gut ist sein Besitzstand an Land, Garten, Wiesen und Büschen angegeben, sowie was es von 1758 bis 1780 jährlich gezahl hat, die Höhe der Abgaben schwankt von Jahr zu Jahr nur unerheblich, deshalb genügt es, im Nachstehenden nur die Abgabe des ersten Jahres (1758) anzugeben. Wenn das Gut den Inhaber wechselte wurde der alte Name einfach durchgestrichen und der neue zugesetzt ohne daß das Jahr des Wechsels ersichtlich ist.

Bottambt Gladbach

1) Honschaft Kohnbüchen

Schatz- und steuerbare Güter.
1. Wilhelm *Fett*, später Johan Henrich *Fett*.
12 Morgen Land, 1 Morgen 1 Viertel Garten, 5 Morgen Büsch = 18 M. 1 V. zahlte 3 Reichstaler 59 Albus — Heller.
2. Jacob *Gierath* zu Hebborn wegen Fetten Gut.
2 M. 2 V. Land, 1 V. Garten, 1 M. Büsche = 3 M. 3 V., zahlte 4 Rtlr 32 A. 8 H.
3. Johannes *Steinbach* zu Hebborn wegen Kippen-Gütchen, später Jodocus *Steinbach*.
5 M. Land, 2 V. Garten, 3 M. Büsche = 8 M. 2 V., zahlte 5 Rtlr 75 A. 4 H.
4. Hermann modo (jetzt) Jacob *Lück*, später Wilhelm *Kirspel* wegen vorberürten Gutes, dann Christian *Hirten*, Pächter Joan?
10 M. Land, 2 V. Garten, 3 M. Büsche = 13 M. 2 V., zahlte 4 Rtlr 36 A. 6 H.
5. Hermanus *Holz*
7 M. 3 V. Land, 2 M. Garten = 8 M. 1 V., zahlte 3 Rtlr 28 A. 4 H.

---

[42]) StA Düsseldorf, Jülich-Berg IV 559. Heeb-Buch des Bottambts Gladbach und Bottambts Herckenrath. Drittere Conscription. Anno 1758 ahnfangend.

6. Conrad und Thönes zu *Hebborn* wegen Henrichen Gut, modo Peter *Dohm*, Pächter Wilm *Schwamborn*.
10 M. Land, 2 V. Garten, 3 M. Büsch = 13 M. 2 V., zahlte 5 Rtlr 52 A. 4 H.
7. Joannes *Dumbach* auf dem Risch, dann Servas *Fett*, modo Matthias *Breidenbach*, dann Wittib Hebborn.
2 M. Land, 1 V. Garten, 1 V. Wiese, 1 M. Busch = 3 M. 2 V., zahlte 2 Rtlr 62 A. 4 H.
8. Peter *Richartzhagen* zum Risch, dann Wittib R.
4 M. Land, 2 V. Garten, 2 M. Büsche = 6 M. 2 V., zahlte 5 Rtlr 44 A. 8. H.
9. Servas *Fett* zu Hebborn im Engels Gut.
7 M. Land, 2 V. Garten, 4 M. Büsch = 12 M., zahlte 3 Rtlr 59 A. 6 H.
10. Henrich *Steinbach* zu Hebborn, modo Peter *Sieffen*, 1780 Wilhelm *Kierdorf*.
2 M. Land, 1 V. Garten, 1 M. Büsche = 3 M. 3 V., zahlte 2 Rtlr 24 A.
11. Goddert zu *Hebborn* im Engels Gut, dann Peter *Odendahl*.
2 M. Land, 1 V. Garten, 1 M. Büsche = 3 M. 3 V., zahlte 1 Rtlr 3 A. 4 H.
12. Wilhelm *Kierdorf* zu Hebborn.
2 M. Land, 2 M. 2 V. Garten = 4 M. 2 V., zahlte 2 Rtlr 64 A. 4 H.
13. Hans Gerard *Servaß* zu Hebborn, dann Wittib.
18 M. Land, 1 M. Garten, 1 M. Wiese, 20 M. 2 V. Büsche = 40 M. 2 V., zahlte 12 Rtlr 52 A.[43])
14. Hans Wilhelm *Hammelrath* zu Hebborn, Pächter *Rausch;* dann Hans Henrich *Hammelrath*.
10 M. Land, 1 M. Garten, 1 M. Wiese, 20 M. 2 V. Büsche = 32 M. 2 V., zahlte 8 Rtlr 15 A. 6 H.
15. Wittib Thonnes *Eck* zu Hebborn, dann Wittib Dierich *Eck*.
10 M. Land, 1 M. 2 V. Garten, 2 V. Wiesen, 12 M. Büsch = 24 M., zahlte 8 Rtlr 15 A. 6 H.
16. Henrich *Bützlers* Gut zu Hebborn modo Erbgenehmen *Steinkrüger* Pächter Gerard *Eck*.
20 M. Land, 1 M. 2 V. Garten, 2 M. Wiesen = 23 M. 2 V., zahlte 11 Rtlr 63 A.
17. Wilhelm *Holtzer* zu Mutz.
21 M. 7 R. Land, 1 M. 2 V. Garten, 1 M. 3 V. 11 R. Wiesen, 7. M. 3 V. 9½ R. Büsche = 33 M. 1 V. 26 R., zahlte 16 Rtlr 19 A. 8 H.
18. Johann Dierich *Kierdorf* zu Mutz, Pächter Conrad, modo Wilm *Hölzer* zu Mutz Eigentümer.
4 M. 2 V. Land, 1 V. Garten, 1 V. 12 R. Wiesen, 1 M. 2 V. 11 R. Büsche = 6 M. 2 V. 23 R., zahlte 3 Rtlr 24 A. 8 H.

---

[43]) In der zweiten Hälfte des 18. Jahrhunderts ging das alte Servas-Gut mit der Wirtschaft, in Hebborn an der Köln-Wipperfürther Heerstraße gelegen, in den Besitz des Admoditoren Hofrat *Reckum* auf Haus Haan bei Dünnwald über. Er kaufte dazu noch ein Nachbargut. Pächter waren 1809 im Wirtshaus Dierich *Höller,* in dem kleinen Hof Andreas Steingaß, auch *Steinkrüger* genannt. Am 24. September 1812 verkauften die Kinder der verstorbenen Eheleute Reckum, nämlich Karl, Wilhelm, Wilhelmina, Elisabeth und Cäcilie, die Ehegattin des Kölner Richters Erich Heinrich *Verkenius,* das Gut, rund 80 Morgen groß, an Georg Johann *Kirch* aus Hüffen bei Wipperfeld für 15 150 Franken. Er zog am 22. Februar 1813 in das Gut ein, und die genannten Pächter mußten zu diesem Zeitpunkt räumen. Vgl. Anton Jux, Wie die Familie Kirch von Wipperfeld nach Bergisch Gladbach kam. Guten Abend 1928, 17.

19. *Engel zu Mutz.*
2 M. 3½ R. Land, 1 V. Garten, 1 V. Wiesen, 2 V. Büsche = 3 M. 3½ R. Wurde Nr. 17 zugesetzt.

20. Thonnes *Kley* zu Mutz.
4 M. 2 V. Land, 1 V. Garten, 1 V. 12 R. Wiesen, 1 M. 2 V. 11 R. Büsche = 6 M. 2 V. 23 R. Wurde Nr. 17 zugesetzt.

21. *Dierich zu Mutz.*
2 M. 3½ R. Land, 1 M. Garten, 1 V. Wiesen, 2 V. Büsche = 3 M. 3½ R. Wurde Nr. 17 zugesetzt.

22. Henrich *Kuckelberg* zu Mutz, modo Tilmann *Lindtlar*.
6 M. Land, 2 V. Garten, 1 M. Wiesen, 1 M. 2 V. Büsche = 9 M., zahlte 5 Rtlr 52 A. 1 H.

Hof zu Mutz

23. *Dierich zu Mutz*, modo *Bebbekoven*, Paulus *Flusbach*, modo Conrad *Weyer*.
6 M. Land, 2 V. Garten, 1 M. Wiesen, 1 M. 2 R. Büsche = 9 M., zahlte 5 Rtlr 14 A.

24. Dörper Gut Erbgenahmen *Müllers* zu Borsbach.
7 M. 2 V. Land, 3 V. Garten, 2½ V. Wiesen, 1 M. Büsche = 9 M. 3½ V., zahlte 8 Rtlr 79 A.

25. Wilhelm *Mingerstorff* zu Borsbach modo Peter *Schmitz*.
11 M. Land, 1 M. 3 V. Garten, 1 M. ½ V. Wiesen, 1 M. 2 V. Büsche = 15 M. 1½ V., zahlte 13 Rtlr 4 A. 8 H.

26. Peter *Dün* zum Holtz mit Daniel *Gierlichs* Wittib zum Holz.
9 M. Land, 1 M. 2 V. Garten, 9 M. Büsche = 19 M. 2 V., zahlte 13 Rtlr 64 A.
27. Hans Henrich *Herscheid* zum Holtz, dann Jacob *Klein*, Pächter Gerard *Steinbach*.
9 M. Land, 1 M. 2 V. Garten, 1 M. Wiesen, 2 V. Büsche = 12 M., zahlte 9 Rtlr 39 A.
28. Joannes *Fett* zum Holtz, dann Wittib.
12 M. Land, 1 M. Garten, 5 M. Büsche = 18 M., zahlte 8 Rtlr 50 A.
29. Hans Henrich *Rodenbach* zum Holtz, modo Dierich *Weyer*.
3 M. Land, 1 V. Garten, 2 M. Wiesen = 3 M. 3 V., zahlte 2 Rtlr 77 A. 8 H.
30. Wittib *Gierlichs* zum Holtz, Pächter Joas *Steger* modo Johann *Dell*.
6 M. Land, 1 V. Garten, 1 V. Wiesen, 4 M. Büsche = 10 M. 2 V., zahlte 5 Rtlr 79 A. 4 H.
31. Johann *Risch* zum Holtz modo Peter *Borsbach*.
6 M. Land, 1 V. Garten, 1 V. Wiesen, 4 M. Büsche = 10 M. 2 V., zahlte 5 Rtlr 79 A. 4 H.
32. Peter zum *Kuckelberg*, modo Wilhelm *Dräger*, dann *Valdor*.
6 M. 2 V. Land, 2 V. Garten, 1 M. Wiesen, 2 M. Büsche = 10 M., zahlte 9 Rtlr 27 A. 8 H.
33. Goddert *Odendahl* zum Kuckelberg, modo Thönnes *Kuckelberg*.
6 M. 2 V. Land, 2 V. Garten, 1 M. Wiesen, 2 M. Büsche = 10 M., zahlte 9 Rtlr 27 A. 8 H.
34. Conrad *Broich* zum Kuckelberg, Pächter Peter Schmitt.
9 M. Land, 1 M. Garten, 1 M. 2 V. Wiesen, 4 M. Büsche = 15 M. 2 V., zahlte 14 Rtlr 53 A.
35. Evert *Linden* zu Oberkuckelberg.
8 M. Land, 1 M. Garten, 1 M. 2 V. Wiesen, 4 M. Büsche = 14 M. 2 V., zahlte 9 Rtlr 39 A.
36. Johannes *Kuckelberg* zum Kley (Niederkley oder Kleyer Hof), dann Wittib.
12 M. Land, 1 M. Garten, 1 M. Wiesen, ¹/₂ M. Büsche = 26 M., zahlte 14 Rtlr 53 A.[44]).

---

[44]) Nach dem Tode ihrer Eltern ließen ihre Kinder Johann Wilhelm, Henrich und Margareta und Ehefrau Doetsch geb. Kuckelberg das Gut zu Niederkley, das im Jahre 1708 geteilt, aber später wiedervereinigt worden war, am 20. März 1798 durch den Landmesser Bernard Apshof vermessen. Es umfaßte

an Hof und Garten		1 Morgen	3 Viertel	12 Ruten	
an Ackerland		19 „	2 „	14 ¹/₄ „	
an Baumblech und Wiesen		2 „	— „	18 ¹/₄ „	
an Büschen		19 „	— „	28 „	
in Summa		42 „	2 „	35 „	

Am 29. September 1805 überließen die ledigen Brüder Johann Wilhelm und Henrich Kuckelberg ihren Anteil gegen die Verpflichtung lebenslänglichen Unterhalts auf dem Hofe den Eheleuten Johann Schäfer und Margareta Kuckelberg, durch Vertrag vor dem Bensberger Notar Hauck.
Am 15. Oktober 1806 verkauften die Erben Doetsch den ererbten vierten Teil des Gutes zu Niederkley ebenfalls vor dem Notar Weidtmann an die Eheleute Schäfer für 1000 Reichstaler und 1 Karolin zum Verzicht.
Am 15. Januar 1824 ließen der Schreiber Johann Wilhelm Schäfer in Schlebusch, der Seifensieder Wimar Müller zu Krawinkel mit seiner Ehefrau Anna Gertrud Schäfer, der Ackersmann Stephan Engels zu Brück für seine verstorbene Ehefrau Katharina Schäfer und der

37. Wilhelm *Paffrath* zum Kley ist Nr. 36 zugesetzt.
38. Hans Gerard *New* zum Kley ist Nr. 36 zugesetzt.
39. Clemens *auf der Gruben* zum *Kuckelberg*, dann Henrich *Dünn*, dann Wittib.
10 M. Land, 1 M. Garten, 7 M. Büsche = 18 M., zahlte 13 Rtlr 64 A.
40. Joannes *Kuckelberg* zum Oberkley modo Peter *Cörschiltgen*.
5 M. Land, 2 V. Garten, 1 V. Wiesen, 4 M. Büsche = 9 M. 3 V., zahlte 6 Rtlr 72 A.

Ackersmann Gerhard Schäfer zu Grube durch den Bensberger Notar Ferdinand Wachendorff die von ihrem Vater, dem Scheffen Johann Schäfer hinterlassenen Immobilien verkaufen.
1. Das Kleyer Gut mit Wohnhaus, Pferdestall, Backhaus, zwei Scheunen, Schuppen, Bienenhaus und Schweinestall hatte über 44 Morgen. Dazu gehörte ein aufgemauerter Brunnen. Das Gut war belastet mit einer jährlichen Abgabe von 7 Viertel Hafer und 9 Fettmännchen Hühnergeld an den Hebborner Hof, wofür ihm die Bedienung des Stiers und Biers zustand, — einer jährlichen Abgabe von 1 Roggengarbe an den Küster zu Paffrath. — Das Gut wurde erst am 12. Juni 1825 für 2307 Taler 20 Silbergroschen 9 Pfg. oder 3000 Reichstaler an den Ackersmann Peter Hambüchen zu Bömerich in der Gemeinde Odenthal verkauft, dessen Nachkommen es noch heute besitzen.
2. Das Schlümer Gut mit Wohnhaus, Viehstall, Backhaus, Scheune und Schuppen hatte 41 Morgen, 145 Ruten. Der Brunnen wurde mit den Nachbarn gemeinsam gebraucht. Dazu gehörte eine Weidegerechtigkeit im Schluchter und Frankenforster Busch. Auf dem Gut ruhte eine jährliche Abgabe von 6 Viertel Hafer und 9 Fettmännchen Hühnergeld an den Hebborner Hof, — von 9 Stüben für die Weidegerechtigkeit. — Der Miterbe Johann Wilhelm Schäfer bot 3950 Reichstaler oder 3038 Taler 13 Sgr. 10 Pfg., doch wurde der Zuschlag ausgesetzt.
3. Ein Busch auf der Hebborner Gemarke von 16 M. 145 R. 8 F. wurde für 391 Reichstaler dem Ackermann Jakob Gieraths in Hebborn zugeschlagen. Der Busch war dem Kleyerhof bei der Teilung 1820 zugefallen.
Am 16. Februar 1854 verkauften der Gastwirt Heinrich Büchel und seine Ehefrau Helena Lindlar zu Paffrath, der Ackerer Jakob Hambüchen und seine Ehefrau geb. Lindlar und der Maler Johann Wilhelm Lindlar in Düsseldorf durch den Bensberger Notar Hilt ihr ererbtes Gut zu Kley mit Wohnhaus, Stallung, Scheune, Backhaus, Trockenofen und Schweinestall, nebst Garten und etwa 10 Morgen Ackerland an Heinrich Büchel und Jakob Hambüchen, ferner an Peter Hambüchen, Johann Hermann Müller, Heinrich Kohlenbach und Theodor Kirch parzellenweise. Das Wohnhaus fiel an Kohlenbach, der es aber an Peter Hambüchen für 600 Taler für Peter Hambüchen auf dem Kleyerhof angesteigert hatte.
(Abschriften aller Originale im Privatarchiv A. Jux.)
Am 20. März 1780 teilte der vereidigte Landmesser Georg Irlenbusch das Gut auf der Romaney im Kirchspiel Paffrath in zwei Teile. Das erste Los fiel an die Witwe Christina Meiß geb. Rommeney, deren Sohn Johannes für sie unterschrieb.
Das erste Los umfaßte: das neue Haus an der Straße mit dem Hofplatz und einem gewölbten Keller unter und neben dem Haus, mit Garten, Wiesen, Ackerland und Büschen.
Das zweite Los fiel an die drei Kinder des verstorbenen Gerhard Grimberg, Peter, Konrad und Heinrich und an die unmündige Veronica Schmitz, je zur Hälfte. Es umfaßte den alten Bau mit Backhaus und Immenhaus, Garten, Wiesen, Ackerland und Büschen.
Die hochstämmigen Eichen wurden besonders gewertet und verteilt. Die Instandsetzung der Straße und der Zäune wurde zu gleichen Teilen jedem Los auferlegt. Der Leichweg für Leute in Büchel und Kombüchen mußte altem Herkommen gemäß gewährt werden, ebenso blieb dem zweiten Los der Wasserweg zum Pütz im ersten Los. Den Steinbruch hinten in den Büschen benutzten beide Lose gemeinsam.
Den Teilungsakt unterschrieb Johannes Meiß, Peter Winterschladen für die Erbgenahmen Grimberg, Peter Steinbach als Vormund, Johann Henrich Schmitz als Zeuge, Peter Josef Cürten als Scheffen und der Landmesser selbst.
Am 26. Januar 1806 teilte derselbe Landmesser den „sogenannten 3/5 Teil Anton Schmitz Gut" zu Romaney in zwei Lose.

41. Peter *Fincks* Gut zum Kley, modo Clemens *Hebborn* allda.
5 M. Land, 2 V. Garten, 1 V. Wiesen, 4 M. Büsche = 9 M. 3 V., zahlte 6 Rtlr 26 A.
42. Franc Wilhelm *Bertus* zur Romaney, dann Wilhelm *Steinkrüger*.
24 M. Land, 2 M. Garten, 1 M. 2 V. Wiesen, 10 M. Büsche = 37 M. 2 V., zahlte 28 Rtlr 14 A. (lehnrührig zum Hebborner Hof.)
43. Hennich *Schmitz* Gut zur *Romaney*, modo Jacob *Klein*.
18 M. Land, 1 M. Garten, 1 M. Wiesen, 10 M. Büsche = 30 M. 2 V., zahlte 19 Rtlr 44 A. (lehnrührig zum Hofgericht im Herzogenhof.)
44. Engelbert *Busch* zum Sieffen mit kleinen Gütchen, dann Wittib.
10 M. Land, 1 M. Garten, 1 M. 2 V. Wiesen, 5 M. Büsche = 17 M. 2 V., zahlte 17 Rtlr 66 A.
45. Erbgenahmen *Siegens* zum Sieffen, Pächter Joannes Thomas *Meys*.
10 M. Land, 1 M. Garten, 1 M. 3 V. Wiesen, 6 M. Büsche = 18 M. 3 V., zahlte 18 Rtlr 9 A.
46. Joseph *Curten* zu Kohnbüchen.
10 M. Land, 3 V. Garten, 3 V. Wiesen, 5 M. Büsche = 16 M. 2 V., zahlte 12 Rtlr 75 A.[45]).

Das erste Los erhielten die Eheleute Konrad Meiß und Anna Margaretha Schmitz. es umfaßte das halbe Haus und halbe Nebengebäude, Garten, Wiesen, Ackerland und Büsche, etwa 16 Morgen.
Das zweite Los fiel an die Witwe Peter Dünner geb. Maria Katharina Schmitz. Es umfaßte die andere Hälfte der Gebäude und Grundstücke.
Es wurden besondere Vereinbarungen über die Unterhaltung des Backhauses, die Teilung der Gebäude, die Anlegung von Wasserkallen, die Unterhaltung der Wipperfürther Straße, die Wegerechte und Nutzung der Obstbäume getroffen.
Am 16. März 1829 verkauften die Eheleute Johann Hollinder und Veronika Schmitz zu Bruch, Gemeinde Overath, vor dem Notar Zimmermann in Lindlar ihr Gut zu Romaney, „am Neuenhaus" genannt, etwa 13 Morgen groß für 1083 Taler an Johann Heider in Frielinghausen, Gemeinde Hohkeppel. Das Gut war von Veronikas Eltern Wilhelm Schmitz und Maria Katharina geb. Schmitz ererbt, zur Hälfte von ihrem Bruder Peter Schmitz gekauft worden. Heider mußte eine Schuld von 225 Taler an Kanonikus Odenthal in Köln übernehmen. Auf dem Gute ruhte eine jährliche Abgabe von 6 Viertel Hafer, 1 Maß Roggen und 3 Pfg Hühnergeld zum Vorteil des Pfarrers in Paffrath, ferner 4 Schwarzbrote jährlich an die Armen der Pfarre. Dafür durfte Heider den Kapitalwert von 23 Talern 14 Groschen abziehen. Als Pächter saß auf dem Gut Christian Weber.
Am 26. September 1832 verkaufte Johann Heider zu Romaney das Gut, an die Ackersleute Wilhelm Dünner und Heinrich Kaulenbach in Romaney für 1253 Taler 25 Gr. 4 Pfg. Auf dem Gute ruhte eine Haferrente an die Rentei zu Bensberg, ferner jährlich 28 Pfund Brot an die Armen der Pfarre Paffrath.
Wilhelm Dünner heiratete Veronika Schmitz. Er kaufte noch eine Parzelle von Witwe Meiß in Siefen. Er hatte drei Söhne, Heinrich, Ackerer in Kramerhof, Wilhelm, Kaufmann in Köln, Peter Josef, Ackerer in Romaney; zwei Töchter, Katharina und Margareta, starben ledig.
Am 18. August 1869 verkauften Heinrich und Wilhelm ihren Anteil an Josef für 7600 Taler. Das Gut hatte jetzt über 34 Morgen Gesamtfläche.
(Abschriften aller Originalakten im Privatarchiv A. Jux.)

[45]) Im Jahre 1801 ließ Anna Maria Conraths, die Witwe des Scheffen Peter Josef Kürten, das Gut zu Kombüchen, durch Zukauf auf etwa 85 Morgen angewachsen, unter ihre vier Erben aufteilen. Es waren die Eheleute Christian Kürten und Sibilla Weber, Jakob Kürten und Anna Sibilla Broich, Jakob Kürten der Jüngere und Adelheid Richartz, sowie Anna Maria Oden-

47. Franc. *Nieveling* zu Kohnbüchen, ist voriger Nr. beigesetzt (1773).
5 M. Land, 1½ V. Garten, 1½ V. Wiesen, 2 M. 2 V. Büsche = 8 M. 1 V., zahlte 6 Rtlr 37 A. 8 H.
48. Gerard *Hoechsten* zu Kohnbüchen.
10 M. Land, 3 V. Garten, 3 V. Wiesen, 5 M. Büsche = 16 M. 2 V., zahlte 6 Rtlr 37 A. 8 H.
49. Bastian *aufm Büchel*, später Goddert *Odendahls* Gut, dann Gerard *Odendahl*.
7 M. Land, 1 M. Garten, 1 M. Wiesen, 5 M. Büsche = 14 M., zahlte 7 Rtlr 38 A.
50. Steiner *Müllers* Gut aufm Büchel. Pächter *Jacob Engeldorff*; modo Henrich *Dünn*, Conrad *Odendahls* mit dem untersten Gütchen.
23 M. Land, 3 M. Garten, 1 M. Wiesen, 24 M Büschen = 51 Rt., zahlte 14 Rtlr 76 A.
51. *Christ aufm Büchel*, modo Henrich *Dünn*, ist vorigem zugesetzt (1776).
9 M. Land, 1 M. Garten, 6 M. Büsche = 16 M., zahlte 6 Rtlr 72 A.

Gewinn- und gewerbegebende Güter

52. Churfürstlicher Hof zu Hebborn, Pächter Peter *Finck,* modo Wessel *Marx*.
72 M. Land, 3 M. Garten, 3 M. Wiesen, 40 M. Büsche = 118 M., zahlte 13 Rtlr 18 A.
53. Rosendahler Hof der Commenderie Strunden.
36 M. Land, 2 M. Garten, 6 M. Wiesen, 12 M. Büsche = 56 M., zahlte 15 Rtlr 65 A.

Summarische Wiederholung der Honschaft Kohnbüchen.
Schatz- und steuerbare Güter: 379 M. 2 V. 7 R. Land
                               38 „ — „ —   „ Garten
                               24 „ 1 „ 11½ „ Wiesen
                              217 „ 3 „ 9½ „ Büsche
                              ─────────────────────────────
                              659 „ 2 „ 28 „ insgesamt

Sie erbrachten 1764 in 65 = 417 Rtlr 65 A. an Steuern.
Tiefstand   1778 in 79 = 351   „   67 A.

Gewinn- und gewerbegebende Güter: 108 M. Land
                                    5 „ Garten
                                    9 „ Wiesen
                                   59 „ Büsche
                                  ──────────────────
                                  174 „ insgesamt

Um 1760 gab es in der Honschaft 153 Familien, 7 Pferde, 32 Ochsen und 172 Kühe.

---

thal, die Tochter des Johann Odenthal und seiner verstorbenen Ehefrau Anna Katharina Kürten.
Am 6. Februar 1819 verkaufte Jakob Kürten, Ackersmann in Kombüchen, an Johann Neu in Hombach ein Gut zu Kombüchen (Kirchs Gut!) für 2200 Reichstaler berg. Courant oder Brabanter Kronentaler 1650 Berl. C.
Vgl. Anton Jux, Wie die Erben Kürten im Jahre 1801 ihr Gut zu Kombüchen teilten. — Guten Abend 1928, 28.

2) Honschaft Pafferath

Schatz- und steuerbare Güter

54. Martinus *Risch* an der Handt, dann Wittib *Kierdorff,* dann Peter *Schöllgen.*
6 M. 1 V. Land, 1 M. Garten, 1 M. Büsche = 8 M. 1 V., zahlte 6 Rtlr 76 A. 8 H.
55. Erbgenahmen *Katterbachs* an der Handt, Pächter Peter *Stein.*
3 M. Land, 1 V. Garten, ½ V. Wiese, 1 M. 2 V. Büsche = 4 M. 3½ V., zahlte 3 Rtlr 1 A. 8 H.
56. Hermann *Katterbach,* Pächter Martinus *Katterbach,* 1766 dem vorigen zugesetzt.
3 M. Land, 1 V. Garten, ½ V. Wiese, 1 M. 2 V. Büsche = 4 M. 3½ V., zahlte 3 Rtlr 1 A. 8 H.
57. Kippenkauser Gut an der Handt. Pächter Peter *Esser.*
3 M. Land, 1 V. Garten = 3 M. 1 V., zahlte 3 Rtlr 1 A. 8 H.
58. Peter *Essers* Gut an der Handt. 1766 dem vorigen zugesetzt.
3 M. Land, 1 V. Garten = 3 M. 1 V., zahlte 3 Rtlr 1 A. 8 H.
59. Sybillen-Gut an der Handt.
5 M. Land, 1 M. Garten, 1 M. Büsche = 7 M., zahlte 4 Rtlr 2 A.
60. Henrich *Butzeler* an der Handt, dann Wittib. Pächter Jacob *Schmaltzgrüber.*
9 M. Land, 1 M. 2 V. Garten, 1 M. 1 V. Wiesen, 4 M. Büsche = 15 M. 3 V., zahlte 8 Rtlr 11 A. 8 H.
61. Peter *Kley* an der Handt, dann Jacob *Kirspel.*
3 M. Land, 1 V. Garten, 1 V. Wiesen, 1 M. Büsche = 4 M. 2 V., zahlte 4 Rtlr 13 A 6 H.
62. Thonnes *Schmitz* an der Handt, modo Wilhelm *Hosang.*
1 M. 2 V. Land, 1 V. Garten, 1 V. Wiese, 1 M. Büsche = 3 M., zahlte 1 Rtlr 18 A. 8 H.
63. Erbgenahmen *Munsters* an der Handt, dann Reiner *Frings.*
5 M. Land, 2 V. Garten, 2 V. Wiesen, 3 M. Büsche = 9 M. 2 V., zahlte 5 Rtlr. 29 A. 4 H.
64. Wymar *Esser* an der Handt.
5 M. Land, 2 V. Garten, 2 V. Wiesen, 2 M. Büsche = 8 M. 2 V., zahlte 4 Rtlr 71 A.
65. Joannes *Hey,* modo Jacob *Schmaltzgrüber* an der Hand, dann Godfrid *Schlimbach.*
4 M. Land, 2 V. Garten, 1 V. Wiese, 2 M. 2 V. Büsche = 7 M. 1 V., zahlte 3 Rtlr 66 A. 8 H.
66. Joannes *Mettman* an der Handt in Heys Gut.
4 M. Land, 2 V. Garten, 1 V. Wiese, 2 M. 2 V. Büsche = 7 M. 1 V., zahlte 3 Rtlr 66 A. 8 H.
67. Erbgennahmen *Heys* an der Handt, modo Friedrich *Billstein,* modo Peter *Höffer.*
2 M. Land, 2 V. Garten, 1 M. Büsche = 3 M. 2 V., zahlte 3 Rtlr 66 A. 8 H.
68. Henrich *Butzeler* an der Handt, modo Erbgenahmen *Steinkrügers* an der Handt, dann Henrich Hey an der Kittelburg, dann Roland Schmitz.
2 M. Land, 2 V. Garten = 2 M. 2 V., zahlte 3 Rtlr 43 A. 8 H.
69. Das Fasbinders Gut an der Walckmühlen. Pächter Johann *Fischer,* dann Johann *Thurn* allda.
2 M. 2 V. Land, 1 M. Garten = 3 M. 1 V., zahlte 4 Rtlr 25 A. 6 H.
70. Wilhelm *Eck* an der Walckmühlen. Dann Johann *Fischer,* dann Christian *Schmitz.*
2 M. 2 V. Land, 1 M. Garten = 3 M. 2 V., zahlte 4 Rtlr 48 A.

71. Antonius *Müllers* Erbgenahmen am Stäschgen? wegen Pintges Gut an der Walck-mühlen.
2 M. Land, 7. 57 A. 8 H.
72. Das Gut auf der Heyden, der Vicarie zu Gladbach gehörig. Pächter Urban *Engels*.
4 M. Land, 1 M. Garten, 2 M. Wiesen, 1 M. 2 V. Büsche = 8 M. 2 V., zahlte 6 Rtlr 58 A.
73. Pauli *Wisdorffs* Gut aufm Kamp, modo Paulus *Höltzer*, dann Gerard *Hirten*.
1 M. 2 V. Land, 1 V. Garten = 1 M. 3 V., zahlte 2 Rtlr 24 A.
74. Margaretha *Picks*, dann Thonnes *aufm Kamp*.
1 M. 2 V. Land, 1 V. Garten = 1 M. 3 V., zahlte 2 Rtlr 24 A.
75. Erbgenahmen *Lohehausen* in der Kauhlen, modo Butzelers Gut allda.
6 M. Land, 2 V. Garten, 1 M. Wiese, 2 V. Büsche = 8 M., zahlte 4 Rtlr 71 A.
76. Andreas *Malmedi* auf der Kauhlen, dann Gerard *Daberkausen*.
2 M. 2 V. Land, 1 V. Garten, 2 V. Wiesen, 2 M. 2 V. Büsche = 5 M. 3 V., zahlte 3 Rtlr 36 A.
77. In der Kauhlen Herman *Staff* mit halben Schwitzer Gut.
2 M. 2 V. Land, 1 V. Garten, 2 V. Wiese, 2 M. 2 V. Büsche = 5 M. 3 V., zahlte 10 Rtlr 28 H. Seit 1767 trägt Jakob *Staaf* bei, dann Joannes *Asselborn*, dann Wilhelm *Abels*, modo Roland *Berghausen* 2 Rtlr 65 A.
78. Herr *Wingens* Gut aufm Büchel, Pächter Christian *Schmidt*, dann Adolf *Rodenbach*.
11 M. Land, 1 M. Garten, 1 M. Wiese, 3 M. Büsche = 16 M., zahlte 11 Rtlr 51 A. 6 H.
79. Herr *Wingens* Gut aufm Büchel, Pächter Cörsch *Steinkrüger*, dann Mathias *Steinkrüger*.
8 M. Land, 1 M. Garten, 1 M. Wiese, 3 M. Büsche = 13 M., zahlte 9 Rtlr 11 A. 8 H.
80. Peter *Steinbüchel* Wittib im Dreck, dann Tilman *Steinbüchel*, dann Wittib.
2 M. Land, 1 M. Garten, 1 V. Wiese = 3 M. 1 V., zahlte 2 Rtlr 70 A.
81. Erbgennahmen *Steinbachs* im Dreck, Pächter Philipp *Steinbach*.
2 M. Land, 3 V. Wiese = 1 M. 1 V., zahlte 2 Rtlr 24 A.
82. *Kierdorfs* Gut im Dreck.
2 V. Garten, zahlte 2 Rtlr 24 A.
83. Everts Wittib im Dreck, dann Peter *Bach*, modo Caspar *Fuhswinckel*.
2 M. Land, 3 V. Garten, 1 M. 1 V. Büsche = 4 M., zahlte 4 Rtlr 25 A.
84. Johan *Dierich* aufm Platz, modo Anton *Kierspel*.
9 M. 2 V. Land, 3 V. Garten, 5 M. 2 V. Wiesen, 14 M. 2 V. Büsche = 30 M. 1 V., zahlte 17 Rtlr 31 A. 8 H.
85. Adolf *Platz* wegen Heyden-Gütchen, dann Wittib.
9 M. 2 V. Land, 3 V. Garten, 4 M. Wiesen, 9 M. 2 V. Büsche = 23 M. 3 V., zahlte 13 Rtlr 41 A.
86. Hans Dierich *Kierdorff* mit Kemper Feld im Bachs Gut.
15 M. Land, 1 M. Garten, 4 M. Wiesen, 16 M. Büsche = 36 M., zahlte 14 Rtlr 64 A 8 H.
87. Gerard *Linden* an der Linden.
8 M. 2 V. Land, 2 M. 3 V. Garten, 2 V. Wiesen, 2 M. 2 V. Büsche = 14 M. 1 V., zahlte 5 Rtlr 60 A.
88. Mattheis *Essers* Gut in der Burg. Pächter Anton *Speltz*, modo Jacob *Kierdorff* mit kleinen Bergfriedt.

22 M. Land, 1 M. 2 V. Garten, 2 M. 2 V. Wiesen, 4 M. Büsche = 30 M., zahlte 10 Rtlr 74 A.

89. Mattheis *Esser* im Kemper Feld, modo Dierich *Kierdorff*.
10 M. Land, 1 M. 2 V. Garten = 11 M. 2 V., zahlte 3 Rtlr 59 A.
Balthasar im Berfert, 1778 Jacob *Kierdorff* (Nr. 88) beigesetzt.
1 M 2 V. Garten, zahlte 2 Rtlr 24 A.

90. Das newe Häußgen ahm Blackenbroich Wessel *Katterbach*, dann Wilhelm *Dahmen*, modo Jacob *Overath*.
5 M. Land, zahlte 1 Rtlr 50 A. 8 H.

91. Joannes *Peters* zum Pohl.
2 M. Land, 1 V. Garten, 1 V. Wiesen, 2 M. Büsche = 4 M. 2 V., zahlte 4 Rtlr 2 A.

92. Wilhelm Conrad *Kipels* zum Pohl, Kierdorffs Gut.
8 M. 2 V. Land, 3 V. Garten, 3 V. Wiesen, 11 Morgen Büsche = 21 M., zahlte 8 Rtlr 73 A.
Matthias *Kleinmann* allda, zahlte 1780/81 4 Rtlr 20 H.

93. Wilhelm Torringen zum Pohl, dann Joannes Torringen.
2 M. 2 V. Land, 1 V. Garten, 1 V. Büsche = 3 M., zahlte 1 Rtlr 58 A.

94. Adolphs Erbgennahmen zum Pohl, dann Wittib Servas *Breidenbachs*.
2 M. 2 V. Land, 1 V. Garten, 1 V. Büsche = 3 M., zahlte 1 Rtlr 58 A.

95. Martin zum Pohl, dann Wilhelm *Dahmen*.
2 M. 2 V. Land, 1 V. Garten, 1 V. Büsche = 3 M., zahlte 1 Rtlr 58 A.

96. Conrad *Broichs* Gut zum Pohl. Pächter Joannes *Bützler*, dann Tilmann *Bützler*, dann Wilhelm *Torringen* mit 5 M. Nußbaumer Busch.
5 M. Land, 2 V. Garten, 3 V. Wiesen, 1 V. Büsche = 6 M. 2 V., zahlte 6 Rtlr 72 A.

97. Andreas *Corschiltgen* aufm Steinknippen, modo Wilhelm *Katterbach*.
2 M. Land, 2 V. Garten, 2 V. Wiesen, 7 M. Büsche = 10 M., zahlte 2 Rtlr 70 A.

98. Conrad *Broichs* Gut zum Pohl, Pächter Wilhelm *Torringen*.
5 M. Land, 2 V. Garten, 3 V. Wiesen, 1 V. Büsche = 6 M. 2 V., zahlte 6 Rtlr 72 A.

99. Henrich *Bützelers* wegen der Poller Mutzen, dann Wittib und Erbgennahmen *Steinkrüger*.
30 Morgen Büsche, zahlte 6 Rtlr 26 A.

100. Jacob *Corschiltgen* aufm Flasberg, dann Christ *Corschiltgen*.
4 M. Land, 2 V. Garten, 2 V. Wiesen, 4 M. Büsche = 9 M., zahlte 7 Rtlr 42 A.

101. Tilmann *Weyer* aufm Flaßberg, dann Mattheis *Weyer*.
3 M. Land, 3 V. Garten, 1 ½ V. Wiesen, 5 M. 2 V. Büsche = 9 M. 2 ½ V., zahlte 3 Rtlr 24 A. 8 H.

102. Peter *Hoven* aufm Flaßberg, modo Wittib Christian *Schmitz*.
3 M. Land, 3 V. Garten, 1 ½ V. Wiesen, 5 M. 2 V. Büsche = 9 M. 2 ½ V., zahlte 3 Rtlr 24 A. 8 H.

103. Hans Peter *Gierath* aufm Flaßberg, dann Wilhelm *Gierath*.
1 M. Land, 1 M. Garten = 2 M., zahlte 3 Rtlr 36 A.

104. Hans Dierich *Kierdorff* aufm Flaßberg. Pächter Joannes *Buschorn*.
3 V. Garten, zahlte 2 Rtlr 12 A. 6 H.

105. Joannes *Kley* in den Höfen, dann Balthasar und Johann *Kley*, dann Thomas *Greys*. (1779 hatte Johann *Kley* mit Nusbaumer Busch die Hälfte der Ländereien.)

12 M. Land, 1 M. Garten, 1 M. Wiese, 4 M. Büsche = 18 M., zahlte 11 Rtlr 63 A.

106. Severin zum Nusbaum, dann Johann *Corschiltgen*, 1780 Peter *Richartz*.
4 M. Land, 1 M. Garten, 3 M. Wiesen = 8 M., zahlte 3 Rtlr 36 A.

107. *Mindersdorffs* Erbgenahmen zum Nusbaum. Pächter *Goddert*, dann Wittib *Görgens*.
4 M. Land, 3 V. Garten, 2 V. Wiesen, 4 M. 2 V. Büsche = 10 M. 2 V., zahlte 7 Rtlr 4 A.

108. Nusbaumer Gut Adolph *Platz*, dann Christ *Dahmens*.
4 M. Land, 3 V. Garten, 2 V. Wiesen, 4 M. 2 V. Büsche = 10 M. 2 V., zahlte 7 Rtlr 47 A.

109. Balthasar *Ecks* Wittib aus Brüders Gut, dann Johann *Eck*, dann Wilhelm *Müller* in Ecks Gut zum Nusbaum.
4 M. 3 V. Land, 3 V. Garten, 2 V. Wiesen, 4 M. 2 V. Büsche = 10 M. 2 V., zahlte 7 Rtlr 42 A.

110. Herman *Richels* aus Brüders Gut, später Wilhelm, dann Peter *Richels*.
4 M. 3 V. Land, 3 V. Garten, 2 V. Wiesen, 4 M. 2 V. Büsche = 10 M. 2 V., zahlte 7 Rtlr 42 A.

111. Joan *Valdor*, dann Dierich *Valdor*.
4 M. Land, 2 V. Garten, 3 V. Wiesen, 10 M. Büsche = 15 M. 1 V., zahlte 7 Rtlr 47 A. 8 H.

112. Joannes *Rudolph*, modo Wilhelm *Valdor*.
4 M. Land, 2 V. Garten, 3 V. Wiesen, 10 M. Büsche = 15 M. 1 V., zahlte 7 Rtlr 47 A. 8 H.

113. Paulus *Osenaw* zum Nusbaum, dann Wittib.
1 M. Land, 1 V. Garten, 1 V. Wiese, 3 M. Büsche = 4 M. 2 V., zahlte 2 Rtlr 70 A.

114. Henrich *Pütz*.
1 M. Land, 1 V. Garten, 1 V. Wiesen, 3 M. Büsche = 4 M. 2 V., zahlte 2 Rtlr 70 A.

115. Thomas *Dombach* zum Nusbaum.
1 M. Land, 1 V. Garten, 1 V. Wiese, 3 M. Büsche = 4 M. 2 V., zahlte 2 Rtlr 70 A.

116. Joannes *Torringen* zum Nusbaum, später Peter *Kierdorff*, modo Christian *Kierdorff*.
3 M. Land, 3 V. Garten, 3 V. Wiese, 4 M. Büsche = 8 M. 2 V., zahlte 8 Rtlr 50 A.

117. Peter *Dahmen* zum Nusbaum, dann Gerard.
4 M. Land, 2 V. 32 R. Garten, 3 V. Wiese, 5 M. 1 V. Büsche = 10 M. 2 V. 32 R., zahlte 8 Rtlr 50 A.

118. Christian *Herckenrath* zum Nusbaum, dann Wittib *Breidenbach*, modo Johann *Breidenbach*.
3 M. Land, 2 V. Garten, 2 V. Wiesen, 4 M. 3 V. Büsche = 8 M. 3 V., zahlte 8 Rtlr 50 A.

119. Erbgenahmen *Lohehausen*, modo *Bützler* zur Hofen.
5 M. Land, 3 V. Garten, 1 M. 2 V. Wiesen, 10 M. Büsche = 17 M. 1 V., zahlte 6 Rtlr 49 A.

120. Jacob *Ley* unter den Eichen zum Sieffen, dann Gerard *Marx*, dann Peter *Esser* allda.
3 M. Land, 2 V. Garten, 2 V. Wiesen, 2 M Büsche = 6 M., zahlte 4 Rtlr 25 A.

121. Balthasar zum Sieffen. Pächter Peter *Dörper*, dann Johann *Gierlichs*, dann Christian *Gierlichs*.
5 M. Land, 3 V. Garten, 3 V. Wiesen, 7 M. Büsche = 13 M. 2 V., zahlte 6 Rtlr 49 A.

122. (Jacob, gestrichen) das Gut am Sträßgen zum Sieffen, Scheffen *Kierdorff* gehörig.
6 M. 2 V. Land, 2 M. Garten, 3 V. Wiesen, 5 M. 2 V. Büsche = 13 M. 1 V., zahlte 5 Rtlr 24 A.

123. Dierich *Bersten* zum Sieffen, ab 1772 Wittib Hermann *Sieffen*.
1 M. 2 V. Land, 1/2 V. Garten, 1 V. Wiese, 2 M. 2 V. Büsche = 4 M. 1 1/2 V., zahlte 2 Rtlr 64 A. 4 H.
124. Adolph *Schmitt* modo Manes *Sieffen*, dann Goddert *Kohnbüchen* wegen das Gut am Sträßgen.
1 M. 3 V. Land, 1 V. Garten, 1 M. 1 V. Büsche = 3 M. 1 V., zahlte 3 Rtlr 13 A.
125. Hubert *Sieffen* wegen eines 8. Teil Lands.
1 M. 2 V. Land, 1/2 V. Garten, 1 V. Wiese, 2 M. 1 V. Büsche = 4 M. 1/2 V., zahlte 71 A.
126. Balthasar zum Sieffen.
1 M. 2 V. Land, 1/2 V. Garten, 1 V. Wiese, 2 M. 1 V. Büsche = 4 M. 1/2 V., zahlte 2 Rtlr 5 A.
127. Thomas *Breidbach*, dann Cörschgen *zum Sieffen*.
1 M. 2 V. Land, 1/2 V. Garten, 1 V. Wiesen, 2 M. 1 V. Büsche = 4 M. 1/2 V., zahlte 1 Rtlr 62 A.
128. Christ *Rodenbach*, dann Corschgen *Sieffen*, dann Hermann *Sieffen*.
1 M. 2 V. Land, 1/2 V. Garten, 1 V. Wiese, 2 M. 1 V. Büsche = 4 M. 1/2 V., zahlte 2 Rtlr 60 A.
129. Balthasar *Kley* wegen Sieffen. 1762 dem folgenden zugesetzt.
1 M. 2 V. Land, 1/2 V. Garten, 1 V. Wiese, 2 M. 1 V. Büsche = 4 M. 1/2 V., zahlte 1 Rtlr 35 A.
130. Das Gut Peter im Schüllersbusch, später Johann *Kley*.
6 M. Land, 3 V. Garten, 12 M. Büsche = 1 M. 3 V., zahlte 9 Rtlr 62 A.
131. Die Hoppescheid, Herr *Scharrenberg*, dann Peter *Kees*.
11 M. Land, 1 M. Garten, 20 M. Büsche = 32 M., zahlte 14 Rtlr 30 A.
132. Thonnes *Radermacher* im Plackenbroich, modo Wilhelm *Sieffen* mit Sieffer Land.
8 M. Land, 7 M. Büsche = 15 M., zahlte 6 Rtlr 78 A.
133. Corschen in den Hülsen, dann Hermann *Odendahl*.
4 M. Land, 2 V. 17 R. Garten, 2 V. 18 R. Wiesen, 4 M. Büsche = 9 M. 35 V., zahlte 5 Rtlr 29 A. 4 H.
134. Wilhelm *Catterbach* in den Hülsen, dann Wittib.
2 M. Land, 1 V. 18 1/2 R. Garten, 1 V. 18 1/2 R. Wiesen, 2 M. Büsche = 4 M. 2 V. 37 R., zahlte 3 Rtlr 20 A. 8 H.
135. Hans Dierichs Gut zu Katterbach. Pächter *Evert*, später Johann *Koch*.
3 M. Land, 2 V. Garten, 1 M. Wiesen, 6 M. Büsche = 10 M. 2 V., zahlte 13 Rtlr 22 A.
136. Joannes zu Katterbach, dann *Wilhelm*, dann Henrich *Schwind* und Erbgenahmen *Kirdorffs*.
1 M. Land, 2 V. Garten, 1 M. Wiese, 1 M. Büsche = 3 M. 2 V., zahlte 50 A.
137. Joannes *Kohnbüchen* zu Katterbach, dann Henrich *Schwind* und Consorten, 1773 an *Katterbach* am Newenhauß und Johann *Katterbach*.
1 M. Land, 2 V. Garten, 2 M. Büsche = 3 M. 2 V., zahlte 4 Rtlr 55 A. 8 H.
138. Scharrenbergs Gut zu Torringen. Pächter Henrich Jacob *Dünner* allda.
4 M. Land, 1 M. Garten, 6 M. Büsche = 11 M., zahlte 7 Rtlr 61 A.
139. Brauns Gut zu Torringen. Pächter Daniel.
3 M. 2 V. Land, 2 V. Garten, 4 M. Büsche = 8 M., zahlte 5 Rtlr 66 A.

140. Jacobs Wittib zu Torringen, dann Christ *Kierdorff* und Wilhelm *Schlebusch*.
1 M. 3 V. Land, 2 V. Garten, 2 V. Wiesen, 7 M. Büsche = 9 M. 3 V., zahlte 4 Rtlr 36 A. 8 H.
141. Hermanns Erben zu Torringen, dann Urban *Schlebusch,* dann Wessel *Kierdorff.*
1 M. 2 V. Land, 1 V. Garten, 1 V. 18 1/2 R. Wiesen, 1 M. Büsche = 3 M. 18 1/2 R., zahlte 3 Rtlr 17 A.
142. Goddert zu Torringen, dann Wilm und Urban, dann Wilm und Johann *Schlebusch.*
3 M. 2 V. Land, 1 M. Garten, 2 M. 2 V. Wiesen, 8 M. Büsche = 15 M., zahlte 7 Rtlr 47 A.
143. Peter *Gierath* zu Torringen.
3 M. Land, 2 V. Garten, 1 V. Büsche = 3 M. 3 V., zahlte 5 Rtlr 27 A. 8 H.
144. Stephan zu Torringen, dann Urban *Schlebusch.*
1 M. 3 V. Land, 2 V. Garten, 2 V. Wiesen, 2 M. Büsche = 4 M. 3 V., zahlte 6 Rtlr. 5 A.
145. Schonrader Wies, der Abtei Aldenberg gehörig.
8 M. Wiesen, zahlte 4 Rtlr 71 A.
146. Konrad *Gierlichs* im schmahlen Broich (Heyder Gütchen), dann Wilm *Müller.*
3 M. Land, 17 M. Büsche = 20 M., zahlte 3 Rtlr 36 A.
147. *Heider,* Joannes aufm Platz. Pächter Rutgerus *Katterbach,* dann Peter Knipp.
5 M. Land, 1 M. 1 V. Garten = 6 M. 1 V., zahlte 2 Rtlr 79 A. 8 H.
148. Junckeren Wieß Herr *Reckum* zum Haan.
3 M. Wiesen, zahlte 2 Rtlr 24 A.
149. Die Schnepruth an der Handt, Wilhelm *Kierdorff.*
Keine Angabe der Größe, zahlte 6 Rtlr 72 A.
150. *Freiadelige Güter* des Haus Blech, Jacoben *Bützler* gehörig.
80 M. Land, 10 M. Garten, 12 M. Wiesen, 10 M. Weyeren, 300 M. Büsche = 412 M. Büsche, so nicht angeschlagen, die Jik oder Leuchtborns Gemarken 900 bis 1000 M. Büsche.

Summarische Wiederholung der Honschaft Paffrath

Schatz- und steuerbare Güter	=	373	M.	3	V.	—	R.	Land
		54	„	3	„	30	„	Garten
		62	„	3	„	17 1/2	„	Wiesen
		352	„	3	„	—	„	Büsche
		844	„	1	„	10	„	insgesamt

Sie erbrachten 1764 in 65 = 497 Rtlr 40 A. 8 H.
1778 in 79 = 415 „ 15 „ 8 „

Um 1760 gab es in der Honschaft 251 Familien, 10 Pferde, 44 Ochsen, 268 Kühe.

Freiadelige Güter in der Honschaft Paffrath	80	M.	Land
	10	„	Garten
	12	„	Wiesen
	10	„	Weyeren
	1300	„	Büsche
	1412	„	insgesamt

Die Schnabelsmühle

3) Honschaft Gladbach

Schatz- und steuerbare Güter

151. Die obere Papiermühl, Herrn *Schnabel* gehörig.
3 M. Land, 1 M. 2 V. Garten, 2. M. Wiesen = 6 M. 2 V., zahlte 16 Rtlr 23 A.
152. Isaac *Fueß* wegen vorgemelter Papiermühle.
1 M. 2 V. Land, 2 V. Garten, 1 M. Wiese, 1 M. Büsche = 4 M., zahlte 8 Rtlr 11 A. 8 H.
153. Herr *Fueß*, ein Kaufmann, hat eine Papiermühle. Die unterste Papier-Gohrs Mühl, Abraham *Fueß*.
5 M. Land, 4 M. Wiesen, 8 M. Büschen = 17 M., zahlte 24 Rtlr 35 A.
154. Buchmühl, der Vicarie zu Gladbach gehörig, Pächter Gerard *Reusch*, dann Wittib.
5 M. 2 V. Land, 2 V. Garten, 1 M. Wiesen, 2 M. Büsche = 9 M., zahlte 8 Rtlr 50 A.
155. Rosser Gut, Herrn Pastoren gehörig. Pächter Christian?, dann Johann *Rövenich*.
4 M. Land, 2 V. Garten, 2 V. Wiesen, 6 M. Büsche = 11 M., zahlte 10 Rtlr 28 A.
156. Rosser Gut, Herrn Pastoren gehörig, Pächter Schulmeister sive Opfermann.
1 M. 2 V. Land, 1 M. 2 V. Garten, 1 M. Büsche = 4 M., zahlte 4 Rtlr 78 A. 8 H.
157. Scheffen Peter *Lommertzen* zum Bock, dann Henrich *Kerp*.
10 M. Land, 1 M. Garten, 7 M. Wiesen, 7 M. Büsche = 25 M., zahlte 14 Rtlr 16 A.
158. Joannes *zum Reiffen* mit halben Kamp.
4 M. Land, 1 M. Garten = 5 M., zahlte 3 Rtlr 59 A.

159. Hans Wilhelm zum Steinkrug, dann Henrich *Rövenich.*
4 M. Land, 1 M. Garten, 2 V. Wiesen, 4 M. Büsche = 9 M. 2 V., zahlte 6 Rtlr 26 A.
160. Peter *Butzler* zum Kamp, modo Joannes *Kolter.*
4 M. Land, 1 M. Garten, 2 M. Wiesen = 7 M., zahlte 5 Rtlr 14 A.
161. Meister Joannes *Kohl* aufm Berg, dann *Schmitz.*
3 M. Land, 1 M. Garten, 1 M. Büsche = 5 M., zahlte 2 Rtlr 24 A.
162. *Voß* aufm Berg, dann Wilhelm *Meyer.*
3 M. Land, 1 M. Garten, 1 M. Wiese = 5 M., zahlte 2 Rtlr 24 A.
163. Linder Gut.
6 M. Land, 2 V. Garten, 2 M. Wiesen, 2 M. Büsche = 10 M. 2 V., zahlte 10 Rtlr 28 A.
164. Erbgenahmen *Hamachers* zu Schlüm, dann Joannes, dann Wilhelm *Steinkrüger,* dann Peter *Heydkamp.*
40 M. 2 V. Land, 3 M. Garten, 7 M. 2 V. Wiesen, 51 M. Büsche = 102 M., zahlte 34 Rtlr 40 A.
165. Erbgenahmen *Steinkrügers* zu Schlüm, den Erbg. *Hamacher* zugesetzt. Dann Peter *Heydkamp* zum Schlüm.
13 M. 2 V. Land, 1 M. Garten, 2 M. 2 V. Wiesen, 17 M. Büsche = 34 M. Nur 1780/81, zahlte 10 Rtlr 78 A. 8 H.
166. Erbgenahmen *Höchsten* zu Schlüm.
13 M. 2 V. Land, 1 M. Garten, 2 M. 2 V. Wiesen, 17 M. Büsche = 34 M., zahlte 11 Rtlr 40 A.
167. Mattheis *Müller* zum Broich, dann Andres *Müller,* dann Erbg. *Odendahl.*
9 M. Land, 1 M. Garten, 3 M. Wiesen, 9 M. Büsche = 22 M., zahlte 12 Rtlr 75 A.
168. Hans Wilhelm *zum Stegerkamp,* dann Gerard?
2 M. Land, 2 V. Garten, 3 V. Wiesen = 3 M. 1 V., zahlte 3 Rtlr 24 A. 8 H.
169. Joannes *zum Stegerkamp,* dann Adolph *Olpen.*
2 M. Land, 2 V. Garten, 3 V. Wiesen = 3 M. 1 V., zahlte 3 Rtlr 24 A. 8 H.
170. Herr Abraham *Fueß* zum Quirl. Pächter reformierter Schulmeister.
2 M. Land, 3 V. Garten, 3 V. Wiesen, 1 M. Büsche = 4 M. 2 V., zahlte 6 Rtlr 14 A. 8 H.
171. Herr *Fueß* zum Quirl. Pächter Peter Gerard *Wenz.*
2 M. Land, 3 V. Garten, 3 V. Wiesen, 1 M. Büsche = 4 M. 2 V., zahlte 6 Rtlr 14 A. 8 H.
172. Wilhelm *Kierdorf* zum Watsack, dann Peter *Kierdorf.*
1 M. Land, 2 V. Garten, 2 V. Wiesen, 1 M. Büsche = 4 M., zahlte 3 Rtlr 36 A.
173. Gerard *Kierdorf* zur Kauhlen, dann Gerard *Bott.*
2 M. Land, 2 V. Garten, 1 1/2 V. Wiesen, 1 M. Büsche = 3 M. 3 1/2 V., zahlte 3 Rtlr 20 A. 8 H.
174. Peter *zur Kauhlen,* dann Tieves *Kierdorff.*
2 M. Land, 2 V. Garten, 1 1/2 V. Wiesen, 1 M. Büsche = 3 M. 3 1/2 V., zahlte 3 Rtlr 20 A. 8 H.
175. Adolph *Pott* zur Steingassen, dann *Rosser.*
3 M. 2 V. Land, 2 V. Garten, 4 M. Büsche = 8 M., zahlte 3 Rtlr 36 A.
176. Franz *Kohlgrüber* zur Obersteingassen.
6 M. Land, 1 M. Garten, 2 M. Büsche = 9 M., zahlte 4 Rtlr 2 A.
177. Olligsmühl Herrn *Fueß.* Pächter Jacob *Hammerscheid,* modo Tiebes *Kierdorff.*
2 V. Garten, zahlte 4 Rtlr 2 A.

178. Tiebus *Kierdorff* auf der Steingassen mit der Ohligsmühlen, dann Adoph *Kierdorff*.
8 M. Land, 1 M. 2 V. Garten, 5 M. 2 V. Wiesen, 6 M. Büsche = 21 M., zahlte 6 Rtlr 26 A.

179. Joannes *aufm Steuffelsberg*, modo Peter.
3 M. Land, 2 V. Garten, 2 M. Büsche = 5 M. 2 V., zahlte 4 Rtlr 48 A.

180. Everd *Kremer* aufm Steuffelsberg, dann Wilm *Büscher*.
3 M. Land, 2 V. Garten, 2 M. Büsche = 5 M. 2 V., zahlte 1 Rtlr 12 A.

181. Gerard *Kierdorff* wegen Corschiltgen. Pächter Adolph *Kierdorff*, dann Wittib Dierich *Kierdorff*.
6 M. Land, 3 V. Garten, 2 V. Wiesen, 4 M. Büsche = 11 M. 1 V.

Das Gut aufm Steufelsberg

182. Corschiltgen Gut Gerard *Kierdorff*. Pächter Anton *Schmitz*, modo Gerard *Reusch*, Gut im Strundorf.
3 M. Land, 1 V. Garten, 1 V. Wiesen, 2 M. Büsche = 5 M. 2 V., zahlte 5 Rtlr 14 A.

183. Die Lieffelings Mühl, Herr Martin *Fueß*.
1 M. 2 V. Land, 2 M. 2 V. Wiesen = 4 M., zahlte 8 Rtlr 27 A.

184. Wittib *Kiessel* im Strundorf, dann Wilm *Steingaß*.
2 M. Land, 2 V. Garten, 2 V. Büsche = 3 M., zahlte 3 Rtlr 59 A.

185. Peter in der Leimkauhlen. Pächter Thonnes.
7 M. Land, 2 V. Garten, 1 M. 2 V. Wiesen, 7 M. Büsche = 16 M., zahlte 9 Rtlr 16 A.

186. Das Locher Gut, Herrn *von Steinen* gehörig.
7 M. 2 V. Land, 3 V. Garten, 2 M. Wiesen, 7 M. Büsche = 17 M. 1 V., zahlte 12 Rtlr 6 A.

187. Wilhelm *Schmidgesheydt*.
3 M. Land, 1 M. Garten = 4 M., zahlte 3 Rtlr 13 A.

188. Wilhelm *Gladbach* zum Greul. Pächter Peter *Dohm*, dann Evert *Müller*.
4 M. Land, 1 M. Garten, 1 M. 2 V. Wiesen, 8 M. Büsche = 14 M. 2 V., zahlte 10 Rtlr 5 A.
189. Joannes *Weyers* Gut in der Bonschladen, dann Hermann *Selbach*, 1780 Wilhelm *Weyer*.
12 M. Land, 1 M. Garten, 2 M. Wiesen, 12 M. Büsche = 27 M., zahlte 11 Rtlr 70 A. 8 H.
190. Joist in der Bonschladen, dann Everhard *Müller*.
6 M. Land, 2 V. Garten, 1 V. Wiesen, 6 M. Büsche = 13 M. 2 V., zahlte 5 Rtlr 75 A. 4 H.[46])
191. Bürgermeister *von Herweg* zur Eichen.
12 M. Land, 1 M. Garten, 3 M. Wiesen, 50 M. Büsche = 66 M., zahlte 17 Rtlr 20 A.
192. Der Hungenberg, Vinzens *Heidcamp*, dann Erbgenahmen zum Hungenberg.
6 M. Land, 1 M. Garten, 2 M. Wiesen, 20 M. Büsche = 30 M., zahlte 14 Rtlr 53 A.
193. Bürgermeister *von Herweg* zu Lückerath. Pächter Peter *Heidcamp*.
15 M. Land, 3 M. Wiesen, 50 M. Büsche = 68 M., zahlte 12 Rtlr 52 M.
194. Erbgenahmen *Steinstraß* zu Luckerath.
20 M. Land, 2 M. Garten, 20 M. Wiesen, 16 M. Büsche = 58 M., zahlte 33 Rtlr 28 A.
195. Erbgenahmen *Unterborsch* zu Newborn.
15 M. Land, 1 M. Garten, 2 M. Wiesen, 40 M. Büsche, 3 M. Weyeren = 61 M., zahlte 16 Rtlr 54 A.
196. *Stigsheyd* Peter, dann Henrich.
2 M. Land, 2 M. Garten, 2 M. Wiesen, 4 M. Büsche, 2 M. Weyeren = 8 M., zahlte 3 Rtlr 36 A.
197. Wilhelm zur Waden, dann Gerard *Lindtlahr*.
2 M. 2 V. Land, 2 M. Garten, 1 M. Wiesen, 1 M. Büsche = 6 M., zahlte 5 Rtlr 37 A.
198. Goddert zur Waden, dann Johann *Bechen*.
3 M. 2 V. Land, 3 V. Garten, 1 M. Wiesen, 2 M. Büsche = 7 M. 1 A., zahlte 5 Rtlr 60 A.
199. Adam *Strack* auf der Schreibersheydt, dann Wilhelm *Strack*.
6 M. Land, 2 V. Garten, 1 M. Wiese, 6 M. Büsche = 13 M. 2 V., zahlte 6 Rtlr 3 A.
200. Das Hohnshäußgen mit Moitzfelder Wies, Herrn Pastoren zum Sandt gehörig.
1 M. Land, 2 V. Garten, 1 M. 2 V. Büsche = 3 M., zahlte 5 Rtlr 60 A.
201. Peter *Corschiltgen* aufm Heydcamp, dann Wittib.
5 M. Land, 1 M. 2 V. Garten, 1 M. Wiese, 1 M. Büsche = 8 M. 2 V., zahlte 3 Rtlr 28 A.
202. Wilhelm *Steinkrüger* trägt vorigem bei, zahlte 2 Rtlr 31 A. 8 H.
203. Herr Pastor zu Gladbach sein Gut aufm Heydcamp, Pächter Goddert *Kraemer* allda.
7 M. Land, 1 M. Garten, 1 M. Wiese, 4 M. Büsche = 13 M., zahlte 9 Rtlr 16 A.
204. Daniel *Kirspel* aufm Heydcamp, dann Erbgenahmen.
8 M. Land, 1 M. Garten, 1 M. Wiese, 2 M. Büsche = 12 M., zahlte (1760) 8 Rtlr 34 A.

---

[46]) Am 10. Mai 1805 verkauften die Eheleute Wilhelm *Grieß* und Katharina *Heidkamp* an der Linden zu Gladbach den Eheleuten Gerhard *Breidenbach* und Anna Katharina *Werheit* zu Obersteinbach bei Dürscheid ihr ¼ Bonnschlader Gut für 400 Reichstaler species je 60 Stüber, 550 Taler courant je 39 Stüber, nebst 3 französischen Kronen als Verzichtpfennig. Kaufvertrag abgedruckt in Ruhmreiche Berge 1929, 20.

205. Anton *Kirspel* trägt vorigem bei.
206. Jücher Gut, Herr *Gohr,* Pächter Mattheis *Fueß.*
5 M. Land, 2 V. Garten, zahlte 6 Rtlr 26 A.
207. Joist in den Streuchen.
5 M. Land, 2 V. Garten, 1 M. 2 V. Büsche = 7 M., zahlte 6 Rtlr 26 A.
208. Die Vollmühl im Strundorf, Dierich *Kierdorff.*
Kein Grundbesitz angegeben, zahlte 4 Rtlr 2 A.

Die Vollmühle

209. Thonnes *Steinkrüger* wegen Idelsfelder Büsch, modo Hinderich *Guthere.*
Keine Größe angegeben, zahlte 4 Rtlr 32 A.
210. Beckmanns Gütchen am Schornhäuschen.
3 M. Land, 1 M. 2 V. Garten, zahlte 5 Rtlr 60 A.

Gewinn- und gewerbegebende Güter

211. Frohnhof zu Gladbach, Ihrer Kurfürstl. Durchlaucht gehörig, Pächter Henrich *Güthaire,* dann Joannes *Servos.*
55 M. 2 V. Land, 1 M. Garten, 7 M. Wiesen, 200 M. Büsche = 263 M. 2 V., zahlte 11 Rtlr 40 A.
212. Mahlmühl zu Gladbach, *Freiherrn von Quad* gehörig. Pächter Urban *Wistorf.*
24 M. Land, 1 M. 2 V. Garten, 5 M. Wiesen, 24 M. Büsche = 54 M 2 V., zahlte 20 Rtlr 56 A.

213. Die Vollmühl im Zitterwald, der Wüllenweber Zunft in Cöllen Erbpacht, sonsten der Commenderie Sanctae Cordulae daselbst gehörig.

Summarische Wiederholung der Honschaft Gladbach.

Schatz- und steuerbare Güter:
331 M. . . . . Land
46 „ 2 V. . . . . Garten
93 „ 1 „ . . . . Wiesen
383 „ 2 „ . . . . Büsche
3 „ 2 „ . . . . Weiher
858 Morgen insgesamt

Gewinn- und gewerbgebende Güter:
79 M. 2 V. . . . . Land
2 „ 2 „ . . . . Garten
12 „ — „ . . . . Wiesen
224 „ — „ . . . . Büsche
318 Morgen insgesamt

Sie erbrachten 1764 in 65 = 461 Rtlr 57 A. 8 H.
1778 in 79 = 429 „ 65 „ 8 „

Um 1760 gab es in der Honschaft Gladbach 217 Familien, 10 Pferde, 28 Ochsen und 224 Kühe.

4) Honschaft Gronaw

Schatz- und steuerbare Güter

214. Henrich *Dresch* zum Dresch, dann Wittib.
10 M. Land, 2 V. Garten, 2 M. 2 V. Wiesen, 2 M. 2 V. Büsche = 15 M. 2 V., zahlte 12 Rtlr 29 A.
215. Ecks Gut im Gronaw, Wilhelm *Volbach*.
5 M. Land, 2 V. Garten, 2 V. Wiesen, 7 M. Büsche = 13 M. 2 V., zahlte 7 Rtlr 38 A.
216. Thonnes *Eck* im Gronaw, dann Wilm *Otto*.
5 M. Land, 1 M. 2 V Garten, 1 M. Wiese, 6 M. 2 V. Büsche = 14 M., zahlte 7 Rtlr 38 A.
217. Henrich *Bützlers* Gut im Gronaw. Dann Erbgenahmen *Guthaire*. Pächter Urban *Siegen*.
5 M. Land, 1 M. 2 V. Garten, 1 M. Wiese, 6 M. 2 V. Büsche = 14 M., zahlte 8 Rtlr 50 A.
218. Gladbacher Kirchengut im Gronaw. Pächter Conrad *Schallenberg*.
5 M. Land, 3 V. Garten, 1 M. Wiese, 1 M. Büsche = 7 M. 3 V., zahlte 6 Rtlr 14 A. 8 H.
219. Erbgennahmen *Dresch* Gut im Gronaw. Pächter Henderich, modo Bernard *Molitor*.
5 M. Land, 3 V. Garten, 1 M. Wiese, 1 M. Büsche = 7 M. 3 V., zahlte 6 Rtlr 14 A. 8 H.
220. Das Fetten-Gut Henrich *Bützler*, dann Johann *Kirspel*.
7 M. Land, 2 M. Garten, 1 M. 2 V. Wiese, 6 M. Büsche = 16 M. 2 V., zahlte 12 Rtlr 29 A.
221. Thonnes *Kirspel*, dann Henrich *Bützler* im Gronaw.
4 M. Land, 1 M. Garten, 1 M. Wiese, 5 M. Büsche = 11 M., zahlte 10 Rtlr 5 A.
222. Martinus im Hütten-Gut, modo Peter *Kierdorff*.
4 M. Land, 1 M. Garten, 1 M. Wiese, 5 M. Büsche = 11 M., zahlte 10 Rtlr 5 A.

223. Henrich *Bützler* ... modo Erbgenahmen *Steinkrüger*, dann *Guthaire*, Pächter Dierich *Schmitz*, dann Johann *Servos*.
6 M. 2 V. Land, 1 M. Garten, 8 M. 2 V. Wiesen, 2 M. 2 V. Büsche, 1 M. Weiher = 19 M. 2 V., zahlte 10 Rtlr 5 A.
224. Die Kreyer Wies, Herrn *Schnabel*.
Größe nicht angegeben, zahlte 8 Rtlr 50 A.
225. Aurelius Fueß Gut aufm Berg, Pächter *Schmitt*.
2 M. Land, 2 V. Garten, 5 M. Büsche = 7 M. 2 V., zahlte 7 Rtlr 15 A.
226a. Rodenbacher Gut, dem Domcapitul zu Cöllen gehörig.
9 M. Land, 1 M. Garten, 3 M. Wiesen, 4 M. Büsche = 17 M., zahlte 12 Rtlr 75 A.
226b. Jungfer *Fueß* am Piddelborner Gut, modo Martin *Fueß*.
14 M. Land, 1 M. Garten, 10 M. Wiesen, 20 M. Büsche = 45 M., zahlte 25 Rtlr 24 A.
227. Erbgenahmen *Tips* am Kradenpohler Gut mit Tips Wiesen.
17 M. 2 V. Land, 2 M. Garten, 24 M. Wiesen, 40 M. Büsche, 2 M. Weiher = 85 M. 2 V., zahlte 41 Rtlr 55 A.
228. Das Gut zu Duckderath.
18 M. Land, 2 M. Garten, 60 M. Büsche = 80 M., zahlte 35 Rtlr 6 H.
229. Die Weyer-Wies Herrn Bürgermeistern *von Herweg* gehörig.
11 M. Wiesen, 16 Rtlr 54 A.
230. Das Gut zum Schluderdeich mit der Wiesen, Henrich *Linden*, dann Wittib.
15 M. Land, 1 V. Garten, 13 M. Wiesen, 4 M. Büsche = 32 M. 1 V., zahlte 24 Rtlr 58 A.
231. Hans Wilhelms Wittib aufm Gierath, dann Andres aufm Gierath, dann Henrich *Busch*. Zusatz: Herrn Praelat zu Deutz gehörig.
4 M. Land, 1 V. Garten, 2 V. Wiesen = 4 M. 3 V., zahlte 6 Rtlr 26 A.
232. Herrn *Hacks* Gut in der Gassen mit der Vollmühl.
1 M. 2 V. Land, 2 V. Garten, 1 M. 2 V. Wiesen = 3 M. 2 V., zahlte 9 Rtlr 62 A.
233. Herrn Praelat zu Deutz Gut aufm Gierath (bis hier gestrichen), dann Gerard *Kießel* aufm Gierath, dann Johann *Schmitz*.
1 M. 2 V. Land, 1 V. Garten = 1 M. 3 V., zahlte 4 Rtlr 48 A.
234. Joan Adolph *Kiessel* aufm Gierath, dann Peter *Hohnerth* am Pfenningsfeld.
2 V. Land, 1 M. Wiese = 1 M. 2 V., zahlte 7 Rtlr 38 A.
235. Gerard *Kiessel* am Pfenningsfeld.
4 M. Land, 1 V. Garten = 4 M. 1 V., zahlte 2 Rtlr 47 A.
236. Balthasar *Heys* Erben am Pfenningsfeld, dann Wilhelm *Hey*.
4 M. Land, 1 V. Garten = 4 M. 1 V., zahlte 2 Rtlr 47 A.
237. Joan *Honraths* Erben am Pfenningsfeld, dann Johann *Cürten*.
3 M. 2 V. 28 R. Land, 3 V. 9 1/2 R. Garten = 4 M. 2 V., zahlte 3 Rtlr 38 A.
238. Lambert *Niederhoff* am Pfenningsfeld, dann Henrich *Kirschbaum*.
3 M. 2 V. Land, 2 V. Garten = 4 M., zahlte 3 Rtlr 7 V. 4 H.
239. Joannes *Renner*, dann Peter Dierich *Pfenningsfeld*.
3 M. 2 V. 28 R. Land, 3 V. 9 1/2 R. Garten = 4 M. 2 V., zahlte 3 Rtlr 38 A.
240. Joannes *Godschalck* am Pfenningsfeld, dann Christian *Kreyer*.
3 1/2 V. Land, 1/2 V. Garten = 1 M,. zahlte 62 A.
241. Peter *Volberg* wegen Dierichs Gut, dann Wilhelm *Blom*.
Größe nicht angegeben, zahlte 1 Rtlr 43 A. 8 H.

242. Das Gut im Letsch, Gerard *an der Klingen,* dann Wittib *Steinkrüger* allda.
2 M. Land, 1 V. Garten, 1 V. Wiese = 2 M. 2 V., zahlte 2 Rtlr 47 A.
243. Wilhelm *Buscher.*
Größe nicht angegeben, zahlte 2 Rtlr 47 A.
244. Hermann *Odendahl* im Letsch.
1 M. 1 ½ V. Land, ½ V. Garten, ½ V. Wiesen = 1 M. 2 ½ V., zahlte 3 Rtlr 36 A.
245. Thomas *Odendahl* im Letsch, dann Hermann *Bers.*
1 M. 1 ½ V. Land, ½ V. Garten, ½ V. Wiesen = 1 M. 2 ½ V., zahlte 1 Rtlr 48 A.
246. Clemens *Mottenkopf,* dann Gerard *Heberg* im Mottenkopf.
5 M. Land, 2 V. Garten = 5 M. 2 V., zahlte 5 Rtlr 37 A.
247. Das Gut Erbgenahmen *Niederhoffs* aufm Berg.
11 M. 2 V. Land, 2 V. Garten = 12 M., zahlte 8 Rtlr 22 A.
248. Roth Joans Gut im Fürvels, der Pastorat zu Gladbach gehörig.
4 M. Land, 1 V. Garten = 4 M. 1 V., zahlte 5 Rtlr 32 A.
249. Henrich *Odendahl* im Ludemans Gut im Fürvels[47]).
2 M. 2 V. Land, 2 V. Garten = 3 M., zahlte 3 Rtlr 59 A.
250. Cörschgen *Scherpenbach,* dann Adolph *Ludemann.* 1780 Clemens *Will* im Letscher Gut.
2 M. Land, 1 V. Garten = 2 M. 1 V,. zahlte 3 Rtlr 36 A.
251. Joannes *Herckenrath* im Letsch Gut und in der Hütten. Henrich *Bers.*
1 M. 1 V. Land 1 ½ V. Garten, 3 V. Wiesen = 2 M. 1 ½ V., zahlte 3 Rtlr 20 A. 8 H.
252. Gieß in der Hütten wegen Letschen Gut.
3 V. Land, ½ V. Garten, 1 V. Wiesen = 1 M. ½ V., zahlte 1 Rtlr 50 A. 4 H.
253. Joannes *Eschbach* im Hütten-Gut, dann Wittib *Schmalzgrüber.*
1 M. 3 V. Land, 1 M. Garten, 1 M. Wiesen = 3 M. 3 V., zahlte 4 Rtlr 40 A.
254. Lambert *Niederhoff* trägt vorigem bei., dann Wittib im Steinenwiesgen.
Keine Größe angegeben, zahlte 1 Rtlr 65 A. 4 H.

Gewinn- und gewerbegebende Güter.

255. Kurfürstl. Mahlmühl (sambt dem Kippen-Gütchen oder Papiermühl-gestrichen) dem *Freiherrn von Steinen* pfandweise gehörig. Pächter Gerard *Kießel.*
24 M. Land, 2 M. 2 V. Garten, 10 M. 2 V. Wiesen, 50 M Büschen, 2 N. Weiher = 89 M., zahlte 12 Rtlr 29 A.
256. Kippen-Gut, *Freiherrn von Steinen* gehörig, zahlte 3 Rtlr 64 A.
257. Der Dunhof, dem *Freiherrn von Nesselrode* zum Stein gehörig.
30 M. Land, 4 M. Garten, 10 M. Wiesen, 20 M. Büsche = 64 M. (später hineingeschrieben: 75), zahlte 22 Rtlr 11 A.

---

[47]) Wynrich *von Frentz* und Heinrich *von Melder* gaben im Jahre 1520 den Eheleuten Johann und Toretyn (Dorothea) zu Fürvels etwa 18 Morgen Heide bei „bellen kossen" (Bellinghausen?) auf dem Benomptfelde gelegen, für 6 Mark jährlich in Erbpacht. Sie mußten die Heide einfriedigen und urbar machen. Als Pfand für pünktliche Zahlung setzten die Pächter 8 Morgen eigenes Ackerland auf dem Lehmkaulenfelde binnen den Wildzäunen. Zeugen waren: Fornagel von der Moelen, Drost zu Neustadt, Friedrich Toller (Zöllner) zu Brück, Koen (Konrad) am Benycksfelde (Beningsfeld), Erken von Ostheim, Wilhelm von Rath. Es siegelt Wynrich von Frentz. — Die Urkunde wurde von Anton Jux abgedruckt in Ruhmreiche Berge 1929, 14.

Summarische Wiederholung der Honschaft Gronau.

Schatz- und steuerbare Güter:	193 M.	— V.	37½ R.	Land
	24 „	3½ „	18⅛ „	Garten
	83 „	2 „	— „	Wiesen
	176 „	— „	— „	Büsche
	3 „	— „	— „	Weiher
	482 „	2 „	16¾ „	insgesamt
Gewinn- und gewerbgebende Güter:	54 M.	— „	— „	Land
	6 „	2 „	— „	Garten
	20 „	2 „	— „	Wiesen
	70 „	— „	— „	Büsche
	2 „	— „	— „	Weiher
	153 M. insgesamt			

Sie erbrachten insgesamt 1764 in 65 = 359 Rtlr 33 A. 4 H.
1778 in 79 = 314 „ 68 „ 8 „

Um 1760 gab es in der Honschaft Gronau 118 Familien, 8 Pferde, 12 Ochsen, 148 Kühe.

5) Honschaft Sand

Schatz- und steuerbare Güter.

258. Schiffer Gut mit der Olligsmühle.
Größe nicht angegeben, zahlte 18 Rtlr 55 A.
259. Mattheis *Odendahls* Gut aufm Rommerscheid mit Buchmühlers Wies und Conrad *Engels* Busch, dann Joannes *Lindlahr*, dann Henrich *Berg* allda.
9 M. Land, 1 M. Garten, 1 M. 3 V. Wiesen, 12 M. 2 V. Büsche = 24 M. 1 V., zahlte 13 Rtlr 29 A. 6 H.
260. Peter *Heidkamp* aufm Rommers wegen Buchmühler Wies und Conrad *Engels* Busch, dann Wilhelm *Heidcamp*.
6 M. Land, 2 V. Garten, 1 M. 1½ V. Wiesen, 6 M. 1 V. Büsche = 14 M. ½ V., zahlte 7 Rtlr 55 A. 4 H.
261. Thonnes *Müller* aufm Rommers.
6 M. Land, 2 V. Garten, 1 M. 1½ V. Wiesen, 6 M. 1 V. Büsche = 14 M. ½ V., zahlte 7 Rtlr 55 A.
262. Thonnes Wittib aufm Rommers, modo Henrich *Romaney*.
11 M. Land, 1 M. Garten, 1 V. Wiesen, 9 M. Büsche = 21 M. 1 V., zahlte 5 Rtlr 21 A. 8 H.
263. Conrad *Kohnbüchen* tragt obigem bei, modo Conrad *Stumm*, 1780 Joannes Paffrath.
Größe nicht angegeben, zahlte 10 Rtlr 43 A.
264. Caecilia *Odendahls* Gut aufm Rommers. Pächter Wilhelm *Pafferath*, dann Peter *Pafferath*, modo Bernard *Oberbusch*.
6 M. Land, 3 V. Garten, 1 V. Wiese, 5 M. Büsche = 12 M., zahlte 9 Rtlr 37 A. 4 H.

265. Peter aufm Rommers, modo Gerard *Steindohr*, modo Lambert *Caspar?*
6 M. Land, 3 V. Garten, 1 V. Wiese, 5 M. Büsche = 12 M., zahlte 9 Rtlr 37 V.
266. Catharina *Odendahls* aufm Rommers, Pächter Joannes *Fuisbroich* (Eichgut, gestrichen), modo Christian *Hoven*.
6 M. Land, 3 V. Garten, 1 V. Wiese, 5 M. Büsche = 12 M., zahlte 8 Rtlr 54 A.
267. Matteis Wittib zum Herrig (= Herweg), modo Thomas *Kierdorf* eigentümlich.
18 M. Land, 2 M. Garten, 2 M. Wiesen, 5 M. Büsche = 27 M., zahlte 8 Rtlr 40 A. 8 H.
268. Gorgen und Melchior zum Herrig.
1 M. Garten, 2 M. Wiesen = 3 M., zahlte 2 Rtlr 10 A. 8 H.
269. Hermans Erbgenahmen zum Herrig, modo Bernard *Baur*. 1777 mit dem Gut des Kierdorff (Nr. 267) vereinigt.
10 M. Land, 1 M. Garten, 2 M. Büsche = 13 M., zahlte 10 Rtlr 51 A.
270. Erbgenahmen *Fueß* in der Dombach.
7 M. Land, 1 M. Garten, 9 M. Wiesen, 10 M. Büsche = 27 M., zahlte 50 Rtlr 2 A.

alte Dombach

271. Röel in der Kahlenbroich, dann Johan Christian *Müller*.
1 M. 2 V. Land, 1 V. Garten, ½ V. Wiese, 1 M. Büsche = 2 M. 3½ V., zahlte 3 Rtlr 13 A.
272. Peter *Will* in der Kahlenbroich, dann Gerard *Steinacker* in der Dombach.
1 M. 2 V. Land, 1 V. Garten, ½ V. Wiese, 1 M. Büsche = 2 M. 3½ V., zahlte 3 Rtlr 13 A.
273. Wittib *Gladbachs* in der Kahlenbroich, dann Wilm *Kaaser*, Pächter Peter *Mybach*.
1 M. 2 V. Land, 1 V. Garten, 1 V. Wiese, 1 M. Büsche = 3 M., zahlte 3 Rtlr 13 A.
274. Joan *Custers* Gut in der Kahlenbroich, dann Anton *Neuheuser*, Pächter Peter *Maur*, modo Dirig *Maur*.

1 M. 2 V. Land, 1 V. Garten, ½ V. Wiese, 1 M. Büsche = 2 M. 3½ V., zahlte 3 Rtlr 13 A.

275. Heusers Gut in der Dombach, dann Gerard *Buchholtz* in der Kahlenbroich.
8 M. Land, 1 M. Garten, 1 M. 2 V. Wiesen, 10 M. Büsche = 20 M. 2 V., zahlte 18 Rtlr 32 A.

276. Wittib *Gladbachs* in der Kahlenbroich. Pächter Wilhelm *aufm Berg*, dann Matthias *Müller*, Dierich *Bliesenbach*, Christian *Nusbaum* allda.
3 M. Land, 2 V. Garten, 1 V. Wiese, 2 M. Büsche = 5 M. 3 V., zahlte 6 Rtlr 26 A.

277. Joannes *Lehn* in der Kahlenbroich, dann Christian *Kierdorff* allda.
1 M. 2 V. Land, 1 V. Garten, ½ V. Wiese, 1 M. Büsche = 2 M. 3½ V., zahlte 6 Rtlr 26 A.

278. Jörgen mit halben Clemensen Gütchen (Jacob: gestrichen) das Broich-Gut in der Kalenbroich. 1780 Anton *Kierdorf*.
Größe nicht angegeben, zahlte 6 Rtlr 26 A.

279. Heyder Gütchen, der Kirchen zum Sand gehörig. Pächter Conrad. Das Bach-Gut in der Kalenbroich, Jacob *Stolz* auf der Heyden.
3 M. Land, 2 V. Garten, 2 V. Wiesen, 2 M. Büsche = 6 M., zahlte 3 Rtlr 36 A.

280. Scheffen *Heiders* Gütchen zum Wohnsiefen. Pächter Conrad.
3 M. Land, 2 V. Garten, 2 V. Wiesen = 4 M., zahlte 6 Rtlr 26 A.

281. Meyßwinckeler Hoff, Peter Eigentümer.
22 M. 2 V. Land, 2 M. 2 V. 8 R. Garten, 3 M. 1 V. 16 R. Wiesen, 26 M. 2 V. Büsche = 54 M. 3 V. 24 R., zahlte 14 Rtlr 53 A.

282. Joannes *Baur* zu Meyswinckel, 1780 Goddert *Baur* zum Sand.
22 M. 2 V. Land, 2 M. 2 V. 8 R. Garten, 3 M. 1 V. 16 R. Wiesen, 26 M. 2 V. Büsche = 54 M. 2 V. 24 R., zahlte 14 Rtlr 53 A.
Die beiden Güter zu Meiswinkel sind im Hebbuch versehentlich unter den gewinn- und gewerbgebenden Gütern aufgeführt.

Gewinn- und gewerbgebende Güter.

283. Der Hauser Hof, der Commenderie Strunden gehörig. Pächter Joannes *Steger*.
50 M. Land, 3 M. Garten, 4 M. Wiesen, 40 M. Büsche = 97 M., zahlte 30 Rtlr 38 A.

284. Der Weyerhof, Frau Hofkammerrathin *Sommers* gehörig. Pächter Gerard *New*.
24 M. Land, 1 M. Garten, 1 M. 2 V. Wiese, 18 M. Büsche = 44 M. 2 V., zahlte 20 Rtlr 57 A.

285. Oberbliesenbacher Hof, der Commenderie Strunden gehörig. Pächter Gerard *Schumacher*.
27 M. Land, 1 M. Garten, 1 M. 2 V. Wiesen, 20 M. Büsche = 49 M. 2 V., zahlte 18 Rtlr 8 A.

286. Oberdahler Hof, der Commenderie Strunden gehörig. Pächter Joannes *Kierdorff*.
28 M. Land, 1 M. Garten, 2 M. Wiesen, 28 M. Büsche = 59 M., zahlte 23 Rtlr.

287. Iggelter Hof, der Commenderie Strunden gehörig. Pächter Matthias *Odendahl*, dann Urban *Odendahl*.
60 M. Land, 1 M. 2 V. Garten, 2 M. Wiesen, 80 M. Büsche = 143 M. 2 V., zahlte 30 Rtlr 38 A.

288. Rommerscheider Hof, der Commenderie Strunden gehörig. Pächter Franz Weyer.
1780 Everhard *Baur* zu Meyswinckel.
30 M. Land, 2 V. Garten, 20 M. Büsche = 50 M. 2 V., zahlte 18 Rtlr 9 A.
Freie Güter, so durch Eigentumber cultiviret worden.
289. Sander Hof, wird zur Halbscheid von Proprietario Anton *Bertus* gebauet, halbscheidlich pachtweis von Arnold *Eich*, muß vermög beigebrachter Quittung in denen Rittergelder mit beitragen.
40 M. Land, 2 M. Garten, 1 M. Wiesen, 100 M. Büsche = 143 M., zahlte 11 Rtlr 42 A. 6 H.
290. Das Haus Leerbach, ein Rittersitz, Frau Wittib *Merrems* gehörig, modo Domherren *von Herresdorff* gehörig.
50 M. Land, 4 M. Garten, 60 M. Wiesen, 400 M. Büsche = 514 M. Lastenfrei.

Summarische Wiederholung der Honschaft Sand

Schatz- und steuerbare Güter:
109 M.	2 V.	. . . .	Land
14 „	— „	. . . .	Garten
24 „	— „	. . . .	Wiesen
92 „	— „	. . . .	Büsche
239 „	2 „	. . . .	insgesamt.

Sie erbrachten insgesamt 1764 in 65 = 348 Rtlr 1 A. 8. H.
1778 in 79 = 325 „ 77 A.

Gewinn- und gewerbgebende Güter:
264 M.	— V.	— R.	Land
14 „	2 „	16 „	Garten
17 „	2 „	32 „	Wiesen
259 „	— „	— „	Büsche
555 „	1 „	1012 „	insgesamt

Freie Güter:
90 M.	Land
6 „	Garten
61 „	Wiesen
500 „	Büsche
657 „	insgesamt.

Um 1760 gab es in der Honschaft Sand 103 Familien, 11 Pferde, 16 Ochsen und 128 Kühe.

Summarische Wiederholung des Bottambts Gladbach

Schatz- und steuerbare Güter:
1386 M.	$3^{1}/_{2}$ V.	$25^{1}/_{2}$ R.	Land
178 „	$1^{1}/_{2}$ „	$10^{3}/_{4}$ „	Garten
1222 „	1 „	$9^{1}/_{2}$ „	Büsche
289 „	3 „	29 „	Wiesen
6 „	2 „	— „	Weiher
3084 „	— „	$37^{1}/_{4}$ „	insgesamt

Sie erbrachten 1764 in 65 = 2063 Rtlr 10 A. — H.
1778 in 79 = 1838 „ 76 „ 8 „

```
           Gewinn- und gewerbgebende Güter: 505 M. 2 V.  —   R. Land
                                             28  „  2 „ 16  „  Garten
                                             59  „  — „ 32  „  Wiesen
                                            605  „  — „ —   „  Büsche
                                              2  „  — „ —   „  Weiher
                                           ─────────────────────────────
                                           1200  „  1 „ 10½ „  insgesamt

           Ritterfreie Güter:   170 M. Land
                                 16  „  Garten
                                 73  „  Wiesen
                                 10  „  Weiher
                               1800  „  Büsche
                              ─────────────────
                               2069  „  insgesamt
```

Um 1760 gab es im Botenamt Gladbach 842 Familien, 46 Pferde, 132 Ochsen und 940 Kühe.

6) Aus dem Hebbuch des Botenamts Herkenrath

werden nachstehend die Güter aufgeführt, die im Austausch an Gladbach abgetreten wurden.

Honschaft Dürscheid

Schatz- und steuerbare Güter

1. Wittib Odendahls Gut zum Dahl (Unterthal), Pächter Joannes *zum Dahl*, dann Wittib *Kohls*.
13 M. Land, 1 M. Garten, 1 M. Wiesen, 3 M. Büsche = 18 M., zahlte 6 Rtlr 44 A. 4 H.
2. Gerard zum Dahl, dann Adolph *Upperberg*.
13 M. Land, 1 M. Garten, 1 M. Wiese, 3 M. Büsche = 18 M., zahlte 6 Rtlr 44 A.
4 H. Dürscheider Kirchengut zum Dahl. Pächter *Görgen*.
12 M. 2 V. Land, 1 M. Garten, 1 M. Wiesen, 4 M. Büsche = 18 M. 2 V., zahlte 13 Rtlr 8 A. 8 H.
3. Melchior zum Dahl.
3 M. 1 V. Land, 2 V. Garten, 1 V. Wiesen, 3 V. Büsche = 4 M. 3 V., zahlte 4 Rtlr 29 A. 6 H.
4. Paulus modo Thonnes zum Dahl, Erbgenahmen *Selbach*. Dann Catharina Wittib.
3 M. 1 V. Land, 2 V. Garten, 1 V. Wiese, 3 V. Büsche = 4 M. 3 V., zahlte 4 Rtlr 29 A. 6 H.
5. Thonnes, modo Henrich zum Dahl, modo Hans Wilhelm *Klein*.
3 M. 1 V. Land, 2 V. Garten, 3 V. Büsche = 4 M. 2 V., zahlte 4 Rtlr 29 A. 6 H.

Gewinn- und gewerbgebendes Gut.

6. Trotzenberger Hof, der Commenderie Strunden gehörig. Pächter *Henrich* Roß, dann Wittib *Volbach*.
10 M. Land, 1 M. 2 V. Garten, 10 M. Büsche = 21 M. 2 V., zahlte 10 Rtlr 71 A.

Honschaft Herkenrath
Gewinn- und gewerbegebendes Gut

7. Oberleerbacher Hof. Pächter Adolph, dann Peter *Büchel*.
40 M. Land, 3 M. Garten, 4 M. Wiesen, 100 M. Büsche = 147 M., zahlte 17 Rtlr 67 A.

Rittersitze.

8. Dombacher Hof, *Freiherrn von Schenckern* gehörig. Pächter Thonnes.
40 M. Land, 3 M. Garten, 4 M. Wiesen, 100 M. Büsche = 147 M. Keine Abgaben.

Freiadelige Güter.

9. Commenderie Maltheser Ordens zu Herrenstrunden ist nicht specificirt, sondern ungesehen von scheffen angeschlagen.
60 M. Land, 3 M. Garten, 8 M. Wiesen, 3 M. Weiher, 360 M. Büsche = 434 M. Weyer ist des Anschlags halber in Rechtsstreit.
10. Das Haus Zweiffelstrunden, Herrn Bürgermeister *von Mulheim* gehörig. Pächter Joannes *Hamacher*.
Ist vermög churfürstlicher Verordnung vom 16. April 1739 von Scheffen wieder angeschlagen und solle 1640 wegen des eingebauten Hohenfelder Guts oder alte Asselborn jährlich mit 29 Rtlr 78 A. im Anschlag gewesen sein.
Keine Maße angegeben.
Die zur katholischen Pfarre St. Laurentius in Gladbach gehörigen Höfe der Honschaft Külheim oder Immekeppel gehörten nicht zum politischen Botenamt Gladbach, ebenso das zur Pfarre Sand gehörige Scheurengut dort nicht.
Das Scheuren Gut war gewinn- und gewerbgebend. Pächter Christ.
12 M. Land, 1 M. Garten, 18 M. Büsche = 31 M., zahlte 13 Rtlr 8 A. 6 H.

Honschaft Bensberg

11. Oberleerbacher Hof wird durch einen Hoffsjüngen gebauet, ist frei.
37 M. Land, 2 M. Garten, 4 M. 2 V. Wiesen, 55 M. Büsche = 101 M. 2 V.

b. DIE HÄUSERAUFNAHME VOM JAHRE 1809 [48])

1) Honschaft Gladbach

In der Mairie Gladbach wurde am 7. Mai 1809 eine Häuser-Aufnahme durchgeführt. Es folgt die Zusammenstellung für die Honschaften Gladbach Gronau, Kohnbüchen, Sand und Paffrath.

1) Honschaft Gladbach

Die Nummer ist die Hausnummer. Wo nicht anders angegeben, handelt es sich um ein Wohnhaus.

---
[48]) Stadtarchiv Bergisch Gladbach B 6.

1. u. 2	Domainenpächter Friedrich Siegen (Fronhof)	15	Hofrat Fauth Pächter Michael Will
3	Heinrich Kerp (am Bock), Wirtsh. Durch öffentliche Versteigerung sehr hohe Miete.	16	Edmund Gefeler; amtl. Schreiber
		16 1/2	Adolf Westen
		17	Jakob Wessel
4	Vicarius J. B. Lappe Peter Kierdorf (Pächter)	18	J. Kolter
		19	Erbgennahmen Jonathan Fues Pächter Johann Will
5	Pastoratgut Pächter Wilhelm Reusch	20	Gerhard Will
6	Schulhaus	21	Wilhelm Greis
7	Kirche, Armen u. Pastorat Pächter Nikol. Niesen	22	Wilhelm Gronenborn
		22 1/2	Wilhelm Lindlar
8	Pastor Siegen	23	Johann Schafer Pächter Heinrich Bützler
9	Hofrat Fauth Wohnh. u. Papiermühle	23 1/2	Johann Weyer Pächter Urban Steinkrüger
10	Heinrich Langen	24	Wilhelm Müller
11	Gerhard Fues		

Die alte Gohrsmühle *

	Wohnh. u. Papiermühle	25	Jakob Odendal W. u. Mahlmühle
12	Vicarie	85	Josef Steinkrüger
13	Wilhelm Olpen	26	Peter Kierdorf Watsack (Wirtsh.)
14	Hofrat Fauth Pächter Wimar Klein	27	Pächter Heinrich Metz, H. Fauth
		28 u. 29	Pastor Peter Jakob Momm

30	Ref. Schule, Lehrer Siller		62	Joh. Wilh. Siegen, Pastor
31	Wilhelm Thel			Georg Kramer
	Pächter Gerh. Schmitz		63	Peter Greis
32	Wilhelm Keppel		64	Gerhard Gat
	Pächter Anton Gladbach		65	Konrad Kley
33	Wilhelm Will		66	Gerhard Keppel
	Pächter Reinerus Pott		67	Gerhard Breidenbach
34	Heinrich Ferrenberg		68	Goddert Mohr
35	Adolf Kierdorf		69	Witwe Dombach
36	Anton Gladbach		70	Gerhard Schmitz
	Wohnh. u. Ölmühle		71	Herr von Beyrich
37	Ferdinand Scheurer			Pächter Gerhard Schlosser
	Pächter Adolf Kierdorf		72	Gerhard Bechen
38	Anton Steingaß		72 1/2	Johann Hölzer
39	Peter Kierdorf			Pächter Gerhard Lindlar
40	Peter Odendal		73	Wittib Bechen
41	Wilhelm Buscher		74	Peter Lindlar
42	Johann Boiß		75	Franz Steingas
43	Johann Werner		75 1/2	Gerhard Dohm
44	Josef Dick		76	Klemens Odendal
45	Jakob Siller Pächter			Pächter Jakob Odendal
	Wittib Schumacher		77	Ferdinand Unterbusch
46	Witwe Fues		78	Stephan Rörig
	W. und Tabaksmühle		79	Gerhard Rörig
47	Wittib Fues Pächter		80	Johann Dörnchen
	Peter Brochhausen			Pächter Adolf Vierkotten
48	Wittwe Andr. Jak. Fues		81	Wilhelm Dürscheid
	W. und Holzmühle		82	Stephan Busch
49	Konrad Blissenbach		83	Wilhelm Büscher
	Pächter Wilhelm Fues			Pächter Goddert Wester
50	Peter Heynes		108	Katholische Kirche
51	Ferdinand Schlimbach		109	Reform. Kirche
52	Wilhelm Fuchs			
53	Joh. Anton Kolter			**2) Honschaft Gronau**
	W. und Walkmühle		1	Jakob Reusch
54	Gerhard Jak. Fues		2	Heinrich Dräesbach
55	desgl.		3	Matthias Schnell
56	Fauth Heinrich Grauman		4	Domanialgut im Zederwald, Mühle
57	Matthias Schnell		5	Pastor Siegen
	Pächter Stephan Kirspel			Pächter Johann Schallenberg
58	Stephan Kirspel		6	Franz J. Guther
59	Engelbert Meinertzhagen		7	Peter Gieraths
	Pächter Pastor Siegen		8	de Caluwé
60	Joan Corschilgen			Pächter Zähl
61	Wittib Gerhard Kierdorf			

9 de Caluwé
   Pächter Bützler
10 J. Wilh. Guther
11 Friedrich Siegen, Wirtshaus

24 Fauth
   Pächter Michael Schmitt
25 Fauth
   Pächter Johann Bützeler

Der Siegenshof

12 G. J. Fues
   Pächter Michael Schmitt
13 Freifrau von Wassenaer
   Pächter Johann Hölzer
   W. u. Mahlmühle
14 u. 15 Wilhelm Fues
   W. u. Papiermühle; = Kieppe-
     mühle; = Neue Mühle
16 Wil. Lommerzen, W. u. Schälmühle
17 Johann Hölzer
   Pächter Gerhard Hölzer
18 Wittib Bützelers
19 Fauth, Schnupftabakmühle;
     = Piddelborn
   Pächter Peter Schuhmacher
20 u. 21 Wittib Fues
   Pächter Daniel Müller
22 Fauth, Pächter Jos. Kerp

23 Fauth, Pächter Wittb Schuhmacher
   W. u. Ölmühle; = Kradepohls-
     mühle
26 Adolf Schmalzgrüber
27 Wilhelm Linden
   W. u. Ölmühle; = Schlodderdich
28 u. 29 Johann Schmitz
   Domanialpächter
30 Wittib Busch
31 Foveaux
   Pächter Gerhard Fues
32 u. 33 Herr Foveaux, Tabaksmühle;
     Gierath
34 Peter Ley senior
35 Peter Ley junior
36 Adolf Ludemann (modo Anton
     Bützeler)
37 Heinrich Honnrath

38	Wilhelm Schmitz	12	Peter Höver
39	Jakob Odendahl	13	Anton Schmitz
40	Daniel Ludemann	14	Konrad Hammelrath
41	Peter Honnrath	15	Jakob Odendahl
42	Hermann Hey		Pächter Wilhelm Büchel
43	Bertram Dick	16	Domanial-Hebborner Hof
44	Peter Odendahl	17	Wilhelm Hölzer
45	Konrad Müller	18	Wilhelm Hölzer
46	Lambert Ludemann		Pächter Konrad Weyer
47	Anton Dünner	19	Wilhelm Hölzer
48	Wilhelm Breidenbach		Pächter Christian Hertgenbusch
49	Konrad Klein	20	Wittib Asselborn
50	Johann Herborn	21	Wilhelm Weyer
51	Wittib Niedenhof	22	Wittib Schmitt
52	Johann Müller	23	Heinrich Dünn
53	Johann Klein	24	Johann Buchholz
54	Adolf Herkenrath	25	Gottfried Boßbach
55	Heinrich Bens	26	Christian Steeger
56	Geschwister Siegen	27	Johann Fett
	Pächter Johann Schneppensiefen	28	Wilhelm Lindlar
57	Adolf Herkenrath	29	Peter Richartz
58	Geschwister Siegen	30	Konrad Kramer
	Pächter Urban Steinkrüger	31	Peter Schmitz junior
59	Peter Schmalzgruber	32	Peter Schmitz senior
		33	Peter Richartz
			Pächter Johann Müller

3) Honschaft Kohnbüchen

1	Clemens Odendahl	34	Johann Schafer (Kleyer Hof!)
2	Erben Fett	35	Peter Dünn, Grube
3	Adolf Gieraths	36	Katharina Fröhlingsdorf
4	Christian Hirten		Pächter Gerhard Lindlar, Klei
	Pächter Johann Becker	37	Wilhelm Winterberg
5	Adolf Steinbach		und Wimar Hosang
6	Ferdinand Dohm	38	Gerhard Richartz
7	Wilhelm Link	39	Wilhelm Schmitz
7½	Adolf Steinbach	40	Konrad Meiß
8	Erbgenahmen Fett	40½	Erben Dünner
8½	Gerhard Fett		Pächter Gerhard Schmitz
	Pächter Johann Steingas	41	Gottfried Buchholz
9	Wittib Odendahl	42	Wittib Busch
	Pächter Matthias Kierdorf		Pächter Theodor Koch
10	Johann Eck	43	Josef Meiß
11	tit. Reckum Wirtshaus	44	Johann Kirspel
	Pächter Dierich Höller	45	Christian Kürten
11½	Reckum	46	Jakob Kürten senior
	Pächter Andreas Steingas	47	Jakob Kürten junior

48	Wittib G. Odendal	37	P. Krein, Pastor
49	Erben Kaesbach		Pächter J. Trompeter
50	Domanial Rosendahler Hof	38	Johann Berg
	Pächter Anton Bauer	39	Wittib Haart
		40	Christian Nusbaum
		41	Wittib Haart
		42	Christ. Nusbaum
		43	Wittib Caasel
		44	Anton Craemer
		45	Wittib Kierdorf
		46	Matthias Menge
		47 u. 48	Wimar Kierdorf

4) Honschaft Sand

1 Kirche
2 Dierich Meurer
3 Johann Molitor
4 Balthasar Widdig
5 Erben Müller
6, 7 u. 8 Aurel Fues
　W. und Papiermühle
9 Gustav Müller
　W. u. Papiermühle
10 Gustav Müller
11 Konrad Schmitz
12 Gerhard Caßer
13 Fritz Herbertz
14 Christian Pafrath
15 Konrad Stum
16 Johann Müller
17 Wittib Müller
18 Johann Odendal
19 Domanial
　Pächter Wilhelm Büchel
20 Johann Abraham Steinkäuler
21, 22 u. 23 Wecus
　W. und Pulvermühle
24 Domaine Joh. Schoß, Oberthal
25 Domaine J. Thron
26 Jakob Kierdorf
27 Matthias Kierdorf
28 Peter Blissenbach
29 Peter Schmitz
30 Kaspar Neuhaus
31 u. 32 Wilhelm Eyberg,
　W. und Mahlmühle, Weyermühl
33 Everhard Bauer
34 J. Frey
35 Domainen Peter Cürten
　Hauserhof
36 Freiherr v. Pütz, Lerbach
　Pächter J. Neuheuser

5) Honschaft Paffrath

1 Franz Wilhelm de Caluwé
2 Theodor Kierdorf, Wirtschaft
3 Wilhelm Risch
4 Wittib Esser
5 Georg Overath
6 de Caluwé
　Pächter Ferdinand Steinbach
7 Wimar Hosang
8 u. 9 Heinrich Felder
10 Heinrich Scheidel, Wirtschaft
11 Dierich Heynen
12 Wittib Frings
13 Gerhard Esser
14 Theodor Strünker
15 Wittib Heys
16 Peter Höver
17 Peter Servos
18 Peter Engels
19 Wittib Platz
20 Christian Berger
21 de Caluwé, W. u. Mahlmühle
　Pächter Theodor Kierdorf
22 Daniel Hirten
23 Christian Hirten
24 J. Kierdorf
　Pächter Konrad Kierdorf
25 de Caluwé
　Pächter Ferdinand Fuchs
26 Wilhelm Roerig
27 Johann Bosbach

28	Wilhelm Herscheid	66	Severin Corschilgen
29	Heinrich Cürten	67	Johann Kierspel
30	Anton Reusch	68	Anton Hohnrath
31	Anton Reusch Pächter Adolf Bodenbach	68 1/2	Wilhelm Torringen Pächter Christian Strüncker
32	Matthias Steinbüchel	69	Wittib Kleys
33	J. Kierdorf Pächter Wilhelm Schmitt	70 71	Wittib Müller Peter Weyer
34	Wittib Steinbüchel u. Wilhelm Camp	72 73	Johann Valdor Wilhelm Siefen
35	J. Kierdorf Pächter Peter Jungblut	74 75	Christian Valdor Heinrich Breidenbach
36	Wittib Kirspel	76	Johann Torringen
37	Jakob Kirspel, Wirtschaft	77	Heinrich Osenau
38 u. 39	Pastor J. Siegen	78	Matthias Breidenbach
40 u. 41	Kirche samt dem Schulhaus	79	Wilhelm Torringen
42 u. 43	Jakob Kierdorf, Wirtschaft	80	Urban Dahmen
44	Johann Linden, größere Wirtschaft	81 u. 82	Christian Kierdorf
45	J. Kierdorf Pächter Theodor Kierdorf	83 84	Franz Fahnenstich Wilhelm Selbach
46	Domainial	85	Franz Wilh. de Caluwé Pächter Georg Grunn
47	Heinrich Buschorn	86	Wittib Gierlich
48	F. P. Stellberg	87	Hermann Engels
49	J. Kierdorf Pächter Wittib Gieraths	88	Adolf Dörper Pächter Gerhard Scheidel
50	Wilhelm Herkenrath	89	W. Koch
51	Wittib Schmitz		Pächter Theodor Kuhler
52	Matthias Weyer	90	Anton Bach
52 1/2	Peter Külheim	91	Andreas Löhe
53	Johann Corschilgen	92	Gerhard Schmitz
54	Peter Müller	93	Heinrich Siefen
55	Wittib Kierdorf	94	Johann Kley
56	Jakob Kierdorf Pächter Gerhard Bützeler	95	Roland Gierath (gestr. Heinrich Schmitz)
57	Wittib Kierspel	96	Wittib Buschorn
58	Gerhard Peters	97	Wittib Buschorn
59	Wilhelm Dahmen	98	Wilhelm Groß
60	Johann Will Pächter Everhard Keppel	99 100	Peter Katterbach Andreas Steingas
61	Wittib Steinbüchel	101	Wittib Buschorn Pächter Wilhelm Siefen
62	Jakob Kierdorf	102	Gerhard Siefen
63	Jakob Schmitz	103	Johann Steinbach
64	Thomas Greiß		
65	Heinrich Kley		

104	Gottfried Siefen		124	Theodor Dünner
105	Johann Eck		125	Hermann Cürten
106	Johann Müller		126	Christian Rodenbach
107	Thierich Odendal			Pächter Ludwig Schlebusch
107	Wilhelm Odendal		127	Erben Peter Kierdorf
108	Wittib Koch		128	Wittib Peter Kierdorf
109	Rudgerus Katterbach		129	Erben Kierdorf
110	Johann Kolf			Pächter Daniel Katterbach
111	Dierich Odendal		130	Urban Schlebusch
112	Wilhelm Odendal		131	Johann Schlebusch
113	Jakob Overath		132	Christian Rodenbach
114	Wittib Koch		133	Gerhard Becker
115	Peter Koch		134	Martin Kierdorf
116	Wittib Rodenberg		135	Barthel Siefen
117	Michael Winter		136	Domaine W. und Fruchtmühle
118 u. 119	Heinrich Schwind			Pächter Josef Schafer
120	Adolf Dörper		136 1/2	der Kirchhof
121	Peter Knipp			
122	Gerhard Schmitz			Angefertigt Gladbach, den 7. May 1809
123	Thomas Buschorn			F(auth)

Das Haus am Bock ist durch eine öffentliche Versteigerung nebst dem dazugehörigen Gut auf eine sehr hohe Miete gestiegen.
Mit der Schnabelsmühle (Nr. 9, Gladbach) ist Landwirtschaft verbunden.
Der Mietwert beträgt 60 Rtlr, dabei ist die durch Verlegung der französischen Douane an den Rhein verschlimmerte Lage berücksichtigt.
Der Mietwert der Gohrsmühle (Nr. 11) = 48 Rtlr.
Der Mietwert der Gladbacher Mühle (Nr. 25) = 20 Rtlr (nach Abzug der dazugehörigen Landwirtschaft geschätzt).
Der Mietwert der Wirtschaft am Watsack (Nr. 26) = 8 Rtlr. Genommen durch Vergleich mit der Wirtschaft am Bock, die nahe vor der Kirche und an der Hauptdorfstraße, der Watsack aber mehr von der Kirche ab und an einer weniger lebhaften Straße!
Zu Nr. 36, Ölmühle: Da die Ölmühlen durch die französische Douanenlinie am Rhein keine Zufuhr von jenseitigem Rübsamen haben, Mietwert auf 8 Rtlr durch Vergleich mit Sand Nr. 31, 32.
Zu 46, Tabakmühle: Die Zufuhr von Tabak wird durch die franz. Douane behindert, daher Mietwert 6 Rtlr.
Nr. 48, Holzmühle durch die Sperrung der franz. Douane in Stillstand geraten, daher Mietwert 6 Rtlr.
Zu Gronau 4, Mietwert 3 Rtlr. Diese Mühle diente ehedem zum Walken, ist aber ganz verfallen und außer Gebrauch, auch von geringem Gefälle.
Zu Gronau 11, Mietwert laut Pachtbrief 12 Rtlr nach Abzug der zugehörigen Landwirtschaft. Liegt weder im Kirchdorf noch an einer Landstraße.
Gronauer Mühle 13, Mietwert 20 Rtlr. Der Pachtbrief der Mühle konnte nicht zur Richtschnur genommen werden, weil in demselben ein Zwangsrecht vorausgesetzt wird, welches aber in Arrest und nicht ausgeübt wird.
Gronau 19 Mietwert 6 Rtlr
    „   23   „   10 „
    „   27   „   12 „
    „ 32/33 „ 18 „ bessere Einrichtung u. Bequemlichkeit
Kohnbüchen 11 Mietwert 6 Rtlr, festgestellt durch Vergleich mit 2 und 10 Paffrath, liegt ebenfalls an der Wipperfürther Straße, ist aber wegen besserer Baueinrichtung höher geschätzt
Kohnbüchen 14 Mietwert 2 Rtlr, ähnliche Lage, doch schlechtere Baueinrichtung

Sand 6, 7, 8 Mietwert 28 Rtlr
„   9   „   35   „
„   21—23   „   30   „ taxiert hinsichtlich der Gefahr, der Pulvermühlen unterworfen
„   31, 32 Mietwert 8 Rtlr wegen Abgelegenheit und weniger Gemahl
„   gering geschätzt Mietwert 8 Rtlr.
„   36 (Lerbach) Mietwert 12 Rtlr mit Haus Blech verglichen, dessen Lage zwar besser, doch ohne Halbwinnerswohnung
Paffrath 1 Mietwert 12 Rtlr. Da das Haus zugleich der Landwirtschaft dienen muß, weil auf diesem Rittersitz keine besondere Halbwinnerswohnung
Paffrath 21 Mühle Mietwert 18 Rtlr, nicht so vorteilhaft gelegen wie Glabacher u. Gronauer Mühle
Paffrath 37 Mietwert 8 Rtlr mit Nr. 45 Paffrath verglichen, doch Mietwert geringer, weil 45 vorteilhaftere Lage und besser gebaut, auch von jeher in Besitz der meisten Nahrung ist
Paffrath 42 Mietwert 8 Rtlr
„   44   „   8   „ gleich mit 37, weil in 44 die Wirtschaft aufgegeben ist
wahrscheinlich waren diese Wirtschaften zugleich Brennereien
Paffrath 136 (Diepeschrath) Mietwert 3 Rtlr

noch nachzutragen von Gladbach
Nr. 10 Mietwert 6 Rtlr nach Angabe des Eigentümers
Nr. 18   „   6 „
Alle übrigen Häuser galten als ohne Mietwert und wurden nach dem Art. 7 des Arrêté bloß nach der Grundfläche eingetragen.

Übersicht
Es gab 1813 in der Mairie Gladbach

	Kirchen	Schulhäuser	Pferdeställe	Scheunen	Feuerstellen
Gladbach	2	2	10	70	160
Gronau	—	—	8	56	114
Paffrath	1	1	10	133	274
Combüchen	—	—	9	46	96
Sand	1	—	11	46	94
	4	3	48	351	738

V. DAS VERKEHRSWESEN

Man darf mit Recht annehmen, daß bereits die Siedler der mittleren Steinzeit, mehr noch jene der jüngeren Steinzeit und der Hallstattzeit, im Zuge ihrer Wohnstätten und Gräberfelder im Gladbacher Raume, vornehmlich von Paffrath her nach Hebborn hin vorgeschichtliche Wege benutzt haben, von denen wir nichts bestimmtes wissen. Sie dürften ihren Ausgang vom Mauspfad, der großen, uralten Nordsüd-Straße, genommen haben.

Vinzenz von Zuccalmaglio hat wiederholt behauptet, man habe im Gebiet des alten Kreises Mülheim Spuren von Römerstraßen gefunden. So berichtet Ohligschläger schon 1844[49]), indem er sich auf jenen bezieht, es hätten sich Reste einer gemauerten römischen Heerstraße zwischen Mülheim und Dünnwald gefunden, die man noch jetzt „Steinweg" nenne. Dort habe man nicht nur Steine mit Inschriften, sondern auch römische Münzen und Agraffen von Togen entdeckt. Doch „die Richtung, welche diese Straße andeute, lasse im Zweifel, ob sie auf Bensberg oder Altenberg ziele oder nur eine Fahrstraße nach obigen Kalksteinbrüchen sei". — Im Jahre darauf schreibt V. v. Zuccalmaglio selbst von „Spuren von Steinlagern" auf der „sogenannten Wipperfürther Straße", die zur „Zeit

[49]) Bonner Jahrbücher 5 S. 245.

der Römer und Franken" von der gewölbten Kölner Rheinbrücke über Deutz, Mülheim, Hebborn, Herweg und Königpütz nach Altsachsen geführt habe. Auch dort behauptet er wieder, für die Bauten der Stadt Köln hätten die Römer den nötigen Kalk bei Dünnwald und Gladbach gegraben, „wo in alten Steinbrüchen noch jetzt römische Münzen gefunden werden"[50]). Für alle diese Angaben hat sich in späterer Zeit nicht die geringste Bestätigung erbringen lassen. Vielmehr ist sicher erwiesen, daß es im rechtsrheinischen Vorlande Kölns keine eigentlichen, von den Römern angelegten Straßen gegeben hat[51]). Ohne Zweifel werden sie dort noch vorhandene vorgeschichtliche Wege benutzt haben. Das angeblich aufgefundene Steinmaterial mag wohl von Straßenbefestigungen stammen, die mit Abbruchresten aus Köln oder Deutz ausgeführt worden sind. Ihren Kalk holten die Römer wie ihr Trinkwasser aus der Eifel nach Köln. Römische Münzen finden sich als Streufunde bis nach Mitteldeutschland hin und wurden noch im Mittelalter aus Kölner Funden weithin verschleppt[52]).

Mit der fränkischen Landnahme und der zunehmenden Besiedlung entstanden bereits vor dem Jahre 1000 notwendigerweise Verbindungswege zum Rhein hin. Diese mieden jedoch die versumpften Täler der Bäche und führten möglichst über trockene Höhen. Sie erstreckten sich später immer weiter nach Osten und werden wahrscheinlich den noch vorhandenen Spuren vorgeschichtlicher Wege zunächst gefolgt sein. Die bedeutendste mittelalterliche Straße, die das Botenamt Gladbach in dieser Richtung durchzog, war die von V. v. Zuccalmaglio erwähnte von Mülheim am Rhein über Hand, um den Wapelsberg (Flora) nach Hebborn und weiter über Grube, Romaney, Obersiefen und Herweg nach Bechen, nördlich von Wipperfeld über Lamsfuß nach Wipperfürth führende Heerstraße, die noch heute fortbesteht, teils unter dem Namen „Alte Wipperfürter Straße" und „Alte Straße".

Nach der Karte des Pfarrers Voeghe vom Jahre 1448 im Roten Meßbuch in Paffrath führte sie noch an der Kirche zu Paffrath vorbei[53]). Es ist bezeichnend, daß die Straße später hier unter Umgehung des Ortes verlegt worden ist. Das muß vermutlich erst nach 1500 erfolgt sein; denn um 1490 bestand noch an der Walkmühle eine Nebenstelle der Dünnwalder Zollstation[54]). Hier herrschte ein ziemlich lebhafter Verkehr mit Durchtrieb von Ochsen, Kühen, Jungrindern, Pferden, Schweinen, Schafen in großer Zahl, ebenso mit Pferde-, Karren- und Wagenlasten von Holz, Getreide, Wein und Waren aller Art. Ein genaues Verzeichnis für die Tage vom 28. Oktober bis 11. November 1487 liegt darüber noch vor. Hier wurden auch die Kalkfuhren vom Klutstein nach Mülheim und Köln verzollt. Später war die Zollstation an der „Hand". Hier erinnert der Name „Zum

---

[50]) *Zuccalmaglio*, Mülheim, S. 7.
[51]) J. *Hagen*, Römerstraßen der Rheinprovinz (Bonn 1931) S. 484. — Vgl. dazu auch Th. *Ilgen*, Die Landzölle im Herzogtum Berg, ZBVG 38 S. 230 ff.
[52]) Es ist oftmals behauptet worden, das Rheinische Landesmuseum in Bonn bewahre römische Münzen aus Gladbacher Funden auf. Das trifft nicht zu. Eine eingehende Untersuchung des Steinbruchs am Klutstein erwies, daß auch vom geologischen Standpunkte aus eine Tätigkeit der Römer hier unwahrscheinlich ist. Völlig absurd sind die Behauptungen von römischen Münzfunden in der Schlade. Die dortigen Kalksteinaufschlüsse begannen erst in der zweiten Hälfte des 19. Jahrhunderts.
[53]) Annalen 87, nach S. 32.
[54]) Th. *Ilgen*, Die Landzölle im Herzogtum Berg, ZBGV 38 S. 262.

weißen Pferdchen" noch an ein altes Rasthaus für die Fuhrleute. Ein Wirtshaus lag ferner an dieser Straße in Hebborn (heute Hermann Eck) und kurz vor dem Austritt aus dem Botenamt Gladbach in Obersiefen.

Mit großer Wahrscheinlichkeit kann vermutet werden, daß der Ausbau dieser Straße als Heerstraße erfolgte, nachdem Kaiser Friedrich Barbarossa im Jahre 1180 den Erzbischof Philipp von Heinsberg mit dem Herzogtum Westfalen belehnte. Dadurch wurde eine Verbindungsstraße der beiden getrennt liegenden Herrschaftsgebiete dringend nötig[55]). In preußischer Zeit galt die Straße nicht einmal als Staatsstraße; erst in allerjüngster Zeit wurde sie im Gebiete des Rheinisch-Bergischen Kreises als moderne Verkehrsstraße ausgebaut.

Von dieser Wipperfürther Straße zweigte in Hebborn die alte „Cöllenstraß" ab, die über Irlenfeld, das freilich noch nicht als Hof bestand, zur Johanniterkomturei Herrenstrunden führte. Noch besteht der tiefe Hohlweg im Walde, durch den sie sich ins Strundetal senkte, wenngleich die Bautätigkeit der letzten Jahre hier viel verändert hat. — Reste einer anderen „Alten Kölnischen Straße", die Herkenrath mit der Rheinebene verband, hat man in Heidkamp mit diesem Namen wieder bezeichnet. Ihre Spuren finden sich in dem Hohlweg von Oberlerbach zur Rochuskapelle wieder.

Natürlich hatte auch Gladbach selbst, das zur Hauptsache auf die Heerstraße am Wapelsberg angewiesen war, seine westwärts führende alte Straße. Das Volk nannte sie „Ringkwäch" = Rheinweg (nicht etwa Rinderweg!). Sie hieß auch wohl „Piddelborner Straß" und diente als Prozessionsweg zum dortigen Heiligenhäuschen. Sie war meist in einem trostlosen Zustande und verlief nördlich der Strunde weiter bis Mülheim.

Die „Wermelskircher Straß", von Dünnwald her über die Höhen nördlich Odenthal zielend, berührte das Botenamt nur auf dem kurzen Stück von Klutstein bis Kempen.

Von sehr großer Bedeutung für Gladbach war aber die „Reuterstraße", die Bensberg über Gladbach und Paffrath mit Schloß Benrath und der Landeshauptstadt Düsseldorf verband und vornehmlich den Zwecken der landesherrlichen Hofhaltung und Verwaltung diente, besonders als das alte Schloß in Bensberg vom 15. bis zum 17. Jahrhundert lange Zeit geradezu Residenz der bergischen Herzöge war. Auch die Boten der Amtsverwaltung und des Obergerichts ritten über die Reuterstraße zur Hofkammer nach Düsseldorf, nicht minder auch die Edelleute der oberbergischen Ämter, wenn sie zur „Musterung" nach Pempelfort oder zum Landtag nach Schlebusch einberufen wurden.

Es gab natürlich noch zahlreiche andere Wege im Botenamt Gladbach, unter ihnen die Kalk-, Kohlen- (Holzkohlen-) und Eisenwege, die wichtig für das gewerbliche Leben waren. Hinzu traten die Kirch- und Leichwege, die alle Hofschaften mit ihren Kirchen in Paffrath oder Gladbach und Sand verbanden, und schließlich die Nachbarwege von Siedlung zu Siedlung, die erst ein rechtes Gemeinschaftsleben ermöglichten.

Die ordnungsgemäße Unterhaltung aller dieser Straßen und Wege war bei der geringen Bevölkerungszahl eine nur schwer und oftmals kaum zu bewältigende Aufgabe. Wo die Wege Berghänge hinan- oder hinabstiegen, wurden sie von Regengüssen, die den tiefen Karrenspuren folgten, mit der Zeit zu tiefen Hohlwegen ausgetrieben. Es blieb dann mitunter nichts anderes übrig, als nebenher einfach einen neuen Weg auszufahren. Man

---

[55]) Vgl. hierzu auch J. Ramackers, in: Annalen 142/143 S. 5 ff.

findet noch heute Stellen in den Wäldern, wo es drei- und viermal geschah, bis zuletzt wieder hohe Bäume in den verlassenen Wegstücken wuchsen. Selbst die große Heerstraße wies solche schluchtenartige Einschnitte auf, etwa hinter Hebborn am „Stich" und hinter Romaney. Auch manche Kirchwege glichen tiefen Gassen, so die Bocker, Schlümer und Hebborner Gaß, die „Jo'ensjaß" und die „Ferrenbergsjaß", die alle in diesem Zustande bis in unsere Jugendtage reichten.

Nach dem Zeugnis alter Weistümer verwandte man bereits im 14. Jahrhundert viele Arbeit auf den Wegebau. Die Untertanen ganzer Honschaften und Kirchspiele wurden dazu mit Hand- und Spanndiensten aufgeboten, besonders für die Heerstraßen. Vor allem im 15. Jahrhundert sah die Regierung streng darauf, daß die Straßen in guten Zustand gesetzt wurden, und gestattete, notfalls sogar seitlich durch die Saatfelder zu fahren und zu reiten. Dies geht auch aus dem Paffrather Weistum hervor. Im übrigen war die Unterhaltung der Straßen in den Ortschaften und Feldfluren Sache der jeweiligen Anlieger.

Schon Herzog Johann III. von Jülich-Kleve-Berg erließ um 1530 eine besondere Ordnung, wie die Wege zu unterhalten seien. Sie wurde jedoch vielfach mißachtet, es wurden „viele Wege zugemacht, eingezogen, verengt, bequält, vertrenkt und sonst bös und verderblich gemacht". Das bewog den Sohn und Nachfolger Wilhelm IV., im Jahre 1554 eine neue Wegeordnung zu verkünden [56]). Alle Amtleute, Vögte und Schultheißen sollten danach mit etlichen Scheffen und den ältesten und verständigsten Nachbarn die Landstraßen, gemeinen Wege und Nachbarwege besichtigen. Alle Ungebühr sollten sie abstellen, die zugemachten Wege wieder eröffnen, die verengten wieder erbreitern, die durch Wasser „vertrenkten" bessern und die Straßendämme so erhöhen lassen, daß die Räder zum wenigsten kniehoch „boven Wasser" blieben. Die ohne Erlaubnis verlegten Wege sollten nicht gestattet und „da die Weg böß, versunken oder verfahren seind, da soll man dieselbige mit Greind, Gehölz, Steinen, Dörnen oder sonst högen und dem Wasser Abdracht machen". In der Mitte vor allem sollten die Straßen mit Kies oder Steinen erhöht und neben ihnen sollten, wo nötig, Gräben gemacht werden, die jeder einzelne an seinem Anschuß zu reinigen hatte. Bäume, Hecken und Gesträuch durften Luft, Wind und Sonnenschein nicht behindern. Die Nachbarschaften sollten den an die Landstraßen Anschießenden mit Fuhren und Diensten beistehen. Wenn die Beschaffenheit des Grundes es erforderte, sollten die Wege gegen Entschädigung des Anliegers anders geführt werden. Durch Kallen oder Brücken sollte das Wasser zum Ablaufen gebracht werden. Brücken über Bäche und Flüsse sollten wohl unterhalten und erneuert werden. Über Stege mit Lehnen sollten Junge und Alte ohne Gefahr die Gräben an den Wegen überschreiten können.

Wo Wegegeld erhoben wurde, sollte es auch zur Besserung der Wege verwandt werden. Den Amtleuten und Scheffen machte der Herzog zur Pflicht, den Zustand der Straßen alljährlich zu Ostern eingehend zu untersuchen, die erforderlichen Arbeiten anzuordnen und zu Pfingsten eine Nachprüfung vorzunehmen. Dann sollten Säumige bestraft werden. Das galt auch für die Nachbarwege. Über alles Vorgefallene mußte der Hofkanzlei alljährlich berichtet werden. Bemerkenswert ist noch, daß die Landstraßen und gemeinen Wege ohne Gräben 36 Fuß breit, die übrigen Fahrwege 18 Fuß und die Feldwege 9 Fuß

---

[56]) Gülich- und Bergische Polizey-Ordnung usw. — Düsseldorf 1696, S. 46 f.

breit sein mußten. So erklärt es sich, daß etwa die Alte Wipperfürther Heerstraße eine Breite von zwölf Metern aufwies.

Während des Dreißigjährigen Krieges litten alle Straßen, auch die des Botenamtes Gladbach, sehr. Man vernachlässigte sie sogar mit Absicht, da man glaubte, gute Straßen kämen nur den Truppendurchzügen zugute und man könnte diese durch Untätigkeit im Wegebau abwenden. In den Paffrather Hofgerichtsprotokollen ist von dieser Zeit an mehrfach von Maßnahmen zur Besserung der Wege die Rede.

Erst im 18. Jahrhundert wandte man einem ordnungsmäßigen Ausbau und sogar völligen Neubau der Straßen wieder größere Bedeutung bei. Aus einigen Aktenstücken, die das Botenamt Gladbach betreffen, geht hervor, daß es bereits „Tiefbauunternehmer" gab, die den Straßenbau gewerbsmäßig auf Grund von Ausschreibungen betrieben.

Im Jahre 1784 ließ Kurfürst und Herzog Karl Theodor die 1756 begründete Wermelskircher Chaussee von Mülheim über Dünnwald und Schlebusch neu ausbauen. Allen Botenämtern wurde eine gewisse Strecke, Distrikt genannt, zum Bau zugewiesen, so auch den Botenämtern Gladbach und Herkenrath. Der Schultheißverwalter des Amtes Porz, Geheimrat Holthausen, hatte am 2. April nach Düsseldorf berichtet, das Botenamt Gladbach wollte seinen Distrikt mit eigenen Hand- und Spanndiensten bearbeiten. Da der Herzog jedoch „befunden, daß die in Entreprise gegebene Weg-Distriken besser und einträchtiger bearbeitet" würden, regte er durch Erlaß vom 30. April an, auch Gladbach möge seinen Anteil einem Unternehmer übertragen. „Bei Entstehungsfall" aber, wenn also dem Ersuchen nicht entsprochen werde, sollte der Schultheißverwalter „die Dienstschuldige auf einmal aufbieten und den ganzen Distrikt mit einmütigen Kräften in der Maße bearbeiten lassen, daß demselben die Wölbung nicht so hoch, wie bis dahin geschehen, gegeben, und daß die aufgefahrene Steine kleiner geschlagen und mit durchgeharktem Kies überfahren werden, im übrigen auf den Plätzen, wo die Wölbung nur proportionierlich angebracht, den Grund bis auf den Fußweg abzuziehen oder den Fußweg mehrmal bedeuteter Maßen anzuhöhen, indem ansonst die Fuhrleute ein Spor einhalten müssen, um der Gefahr zu entgehen, die Räder und Axen zu verbrechen".

Doch entschlossen sich die Eingesessenen nach vielem Zureden durch ihre Scheffen und Vorsteher erst am 2. September, ihren Distrikt, der vermutlich in der Nähe von Dünnwald lag, wo der von Mülheim kommende sogenannte „Steinweg" „zwischen dem Weidenbusch" in die neue Chaussee einbezogen wurde, einem Unternehmer zu übertragen. Am 7. Oktober wurden die Unterboten des Botenamtes angewiesen, die amtliche Ladung zur Tagesfahrt am 15. Oktober auf dem alten Schlosse in Bensberg beim Kirchenstillstand zum Sand, Gladbach und Paffrath zu verkünden. Außerdem ließ der Schatzheber Theodor Kierdorf in Paffrath die bevorstehende Vergantung des Straßenbaues „allen und jeden Botamtseingesessenen von Haus zu Haus ansagen, damit alle dabei erscheinen und sich nicht mit Unwissenheit entschuldigen könnten".

So fanden sich denn am 15. Oktober in Bensberg ein die Scheffen Cürten aus Kombüchen, die fünf Honschaftsvorsteher Konrad Schallenberg, Henrich Berg, Johann Kolter, Peter Schmitz und Theodor Kierdorf, ferner als Beerbte aus der Honschaft Gladbach Henrich Kerp, der Fronhalfen Friedrich Siegen, Peter Vierkotten und Wittib Schlössers, aus der Honschaft Paffrath Anton Kierspel, Dierich Eßer, Jakob Schmaltzgrüber, Theodor Valdor, Gerhard Esser und Steffen Odendahl, aus der Honschaft Gronau Johann

Bützler, aus der Honschaft Sand Urban Odendahl (Igel) und Lambert Kaser und aus der Honschaft Kohnböcken Gerhard Steinbach, Gottfried Borsbach, Wilhelm Kierdorf und Hermann Holtzer.

Man einigte sich zunächst auf eine Reihe von Bedingungen, unter denen die Vergantung vor sich gehen sollte:

> 1. solle entrepreneur den Chaussedistrict nicht nur auf seine alleinige Kösten und ohne einige ihme von seiten des Bottamts zu leistende Beyhülfe in chaussemäßigen stand stellen, sondern auch von Zeit zu Zeit darinnen die laufende Jahren hindurch unterhalten und für die darauf befundene Mängel angesehen werden.
> 2. solle entrepreneur gehalten seyn, diejenige, auf welcher gründen Kieskaulen sich befinden, pro futura den unpartheyischen tax zu entschadigen.
> 3. solle derselbe keine neue Kieskaulen ohne hierzu habende erlaubnus aufbrechen.
> 4. solle der entrepreneur gehalten seyn, eine hinlängliche Caution zu stellen, um sich daran allemahl und in specie bey umlauf deren Jahren, als wannehr die Chausse in untadelhaftem stand von ihme zu hinterlaßen ist, erholen zu können.
> 5. solle entrepreneur gegen instandstellung des Chaussedistricts den volligen genus des fürs Bottamt eingehenden weeg -oder Barriergelds genießen, maßen derselb gleichfallß allinge lasten abzutragen hat, sohin auch allingen darab eingehenden nutzen ziehen muß, gleichfal dan auch.
> 6. der entrepreneur auf seine Kösten und ohne einigen ihm von seiten des Bottamts zu leistenden Vorschub dasjenige zu bewerkstelligen hat, was bereits in puncto der Chausse verordnet ist und noch weiter in Zukunft wird verordenet und vorgeschrieben werden, warnach also derselbe sich zu richten hat.

Beim siebenten Punkte erhitzen sich die Gemüter. Es sollte „das Weggeld dermalen von dreien Jahren außer dem, was darob hergenommen und dem Entrepreneur des durchs Dorf Schlebusch gehenden Distrikts auszahlt worden, vorrätig ist", zunächst zur Vergütung der in Anspruch genommenen Kieskaulenbesitzer verwandt werden. Den überschießenden Rest sollte dann nicht der Unternehmer erhalten, „sondern ihnen Bottsamtseingesessenen angedeihen und matriculariter ausgeteilet werden. Mit einem wegen des Straßenbaues im Dorf Schlebusch schwebenden Prozeß wollten die Gladbacher nichts zu schaffen und davon weder Vor- noch Nachteil haben."

Der Schatzheber Theodor Kierdorf und Peter Peters aus Schlebusch, die „zur entreprise lusttragend" waren, wollten auf diese letzte Bedingung nicht eingehen. Sie hatten bereits am 12. August den Distrikt des Botamts Herkenrath übernommen und waren bereit, auf „dem nämlichen Fuß" den Gladbacher auszubauen. Eine Einigung kam nicht zustande, und die Gladbacher baten um eine Bedenkfrist bis zum künftigen Dienstag, um einen anderen Unternehmer ausfindig zu machen.

So erschienen denn am 19. Oktober 1784 der Scheffe Cürten mit den fünf Vorstehern und den Beerbten Gerhard Schlösser, Henrich Kerp, Friedrich Siegen?urban Odenthal, Lambert Kaser, Johann Bützler, Henrich Bützler, Wilhelm Hey, Johann Kürten, Peter Schmitz, Anton Kierspel und Henrich Fett in Bensberg und stellten zwei Unternehmer vor, den Wilhelm Moll aus Mülheim und den Jakob Engels aus Rath. Auch Kierdorf und Peters hatten sich wieder eingefunden. Moll erklärte sich mit den Bedingungen einverstanden unter der Voraussetzung, daß ihm aus den seit drei Jahren angesammelten Barriereegeldern 200 Reichstaler ausgezahlt würden. Anderseits stellte er eine Kaution von 400 Rtlr in ungereidem Vermögen. Scheffen, Vorsteher und Beerbte erklärten sich damit „zufrieden und vergnügt", gaben Moll den Zuschlag und wünschten ihm Glück dazu.

Der Schultheißverwalter sandte das Protokoll über die Vergantung zur Ratifikation nach Düsseldorf. Doch verfügte der Kurfürst am 12. November, daß nicht Wilhelm Moll, sondern „denen Entrepreneurs des Herkenrather Distrikts Peter Peters und Theodor Kierdorf aus bewegenden Ursachen die Bearbeitung der Wermelskircher Straße im Distrikt des Botamts Gladbach zu denselben Bedingungen" übertragen wurde. Das galt für die Fortdauer der ihnen am 4. Juli 1777 „verwilligten" 18 Jahre bis zum 4. Juli 1795. Dann sollte der Distrikt wieder zur Disposition des Kurfürsten stehen. — Die Gladbacher werden betrübte Gesichter gemacht haben, aber sie mußten sich mit dieser landesherrlichen Entscheidung im Zeitalter des Absolutismus abfinden.

So sonderbar es heute klingen mag, die Bewohner von Gladbach und Gronau, der heutigen Stadtmitte mit der sie durchziehenden modernen Hauptstraße als Teilstück der Landstraße 1. Ordnung Köln—Mülheim—Wipperfürth, waren in altbergischer Zeit im straßenmäßigen Aufschluß weit schlechter gestellt als die Honschaften Paffrath und Kombüchen mit der uralten großen Heerstraße. Noch am Ausgang des 18. Jahrhunderts war die Fahrstraße von Gladbach durch Gronau über Duckterath durch den Wald zur Thurner Heide in einem geradezu kläglichen Zustand. Hierüber sind wir durch eine „Eingabe der Einsassen der Dorfschaften Gladbach und Gronau vom Juni 1799 an den Kurfürsten Maximilian Josef genau unterrichtet. Nachdem sie eingangs die Vorteile eines guten Weges für eine Gemeinde dargelegt haben, daß etwa Pferde und Geschirr geschont und einige Zentner mehr geladen werden können als bei einem schlimmen Wege und deshalb ein geringfügiges Weggeld gern in Kauf genommen würde, führen sie aus:

„Damit aber diese Vorteile möglichst allgemein und den Einwönern soviel einer wie der andere der beteiligten Dorfschaften zu Teil werden, so ist es nach dem locale nötig, daß die Strecke, in welcher die befragte Weeg in solchem guten Zustand zu bringen wäre, gegen der katholischen Kirche zu Gladbach über ihren Anfang nehmen und bis in den Busch unterhalb dem Duckterather Feld herausgeführt werde. An dieser Stelle öffnen sich beim Eintritt in den Busch rechts und links verschiedene Fahrwege, welche nebeneinander bis zum Ausgang aus dem Busch auf die Thurnerheide fortlaufen und dann hier auf die nach allen Seiten sich leitende, weitergehende Wege führen. Die besagte Strecke der Gladbacher und Gronauer Fahrstraß, welche nämlich vom Eintritt bis zum Ausgang des Busches in verschiedene Wege nebeneinander fortläuft, hat überall sandigen und sehr leicht im wegbaren Zustande zu erhaltenden Boden. — Es bedarf hier weiter nichts, als nur für Ebene und Beihacken gesorget zu werden. — Diese so leichte Arbeit könnte also ganz füglich bei der oben vorgeschlagenen Ausbietung als zusetzliche Bedingung beigesetzt und dadurch einem so leicht verbesserlichen Mangel, den sonst die Fahrstraße in dieser Strecke immer behalten würde, abgeholfen werden".

Die Gesuchsteller weisen dann ganz besonders darauf hin, „daß die Fahrstraße keine gemeine durchziehende Land- oder Heerstraße sei, sondern nur ein Nachbar- oder Seitenweg" für die Dorfschaften Gladbach und Gronau sei, der sich in der Fahrstraße verliere. Da der Weg somit nur einem privaten nachbarlichen Gebrauch diene, und „von Landesstraßen, die von fremdem und einheimischem Fuhrwerk hinauf und hinab durchzogen werden, gerade das Gegenteil" sei, dürfe auch das Wegegeld, das für den Bau und die Unterhaltung des Weges bezahlt werde, keineswegs als ein öffentliches Einkommen, sondern nur als gemeinschaftlicher nachbarlicher Beitrag der Dorfschaften betrachtet werden und nur ihnen zugute kommen. Diese Einrichtung dürfe demnach nicht als „eine Ausübung des landesherrlichen Wegeregals" angesehen werden. Unter diesem Vorbehalt bitten die Eingesessenen um einen Befehl des Kurfürsten an die Beamten des Amtes Porz,

„Daß die durch Gladbach und Gronau gehende Fahrstraße von der Katholischen Kirche zu Gladbach an bis in den Busch unter dem Duckterater Feld von den anschließenden Gutsbesitzern bis zum polizeimäßigen Zustande beigehackt, mit gutem Materiale, so viel zu Ausfüllung der Fuhrgleisen in Löcher erforderlich, ausgebessert und geebnet, die Hecken und sonsten füglich weggerückt werden können, die Umgebungen, wo sie übergewachsen oder zu nahe stehen, auf eine polizeimäßige Weite zurückgeschaft, sodann unter den Einwönern zu Gladbach und Gronau das gänzliche Überfahren des Weges und dessen Vollendung bis zum chausseemäßigen Zustande, wie auch dessen Erhaltung in diesem Zustande gegen Weggeld an den für dieses am wenigsten Fordernden auf gewisse Jahre mit der zusetzlichen Bedingung ausgeboten werden solle, daß der an sich Bietende zugleich von dem Eintritt des Busches unter dem Duckterather Feld bis zu dessen Ausgang auf die Thurnerheide einen guten, fahrbaren und geebneten Weg herzustellen und zu erhalten verpflichtet seye".

Die Düsseldorfer Regierung erteilte am 21. Juni 1799 dem Geheimrat Sparz den Befehl, die Beerbten und Anschießenden in Gladbach und Gronau zu vernehmen und die Angelegenheit auch durch Begehung der Fahrstraße zu untersuchen. Das Protokoll, das er darüber bei seiner Anwesenheit im Botenamt aufnahm, liegt leider nicht mehr vor. Es scheint aber, daß Johann Baptist de Caluwé auf Haus Blech als Quertreiber auftrat, vermutlich weil er durch die Fahrstraße Nachteile für die alte Heerstraße und seine Kalklieferungen erwartete. Der Bericht, den Sparz am 11. September erstattete, läßt die Wichtigkeit der Fahrstraße, die von Duckterath aus nicht im Verlauf der erst um 1842 gebauten Straße über Dellbrück weiterführte, sondern auf Thurn zustrebte, erkennen.

„Der Weg seie nicht allein zum Transport des Holzes und anderen Kreszentien aus den oberen Kirspeln des Amtes Porz in die Rheingegenden, sondern auch zur Abfuhr des in Gladbach fabriziert werdenden Kalkes unumgänglich nötig. Derselbe sich aber auch in einem so schlechten Stande und so enge befindet, daß er kaum mit einem Karren passieret werden könne. Die Erleichterung der Abfuhr der Landesprodukten und Fabrikaten erfordere also desselben Herstellung."

Das „ohnehin unsinnige Promemoria des tit. de Caluwé" tat Sparz kurzer Hand ab. Ihm gegenüber erklärten die meisten der erschienenen Männer die Bereitschaft, den Weg gemeinschaftlich in polizeimäßig fahrbaren Stand zu stellen und auf die gehörige Breite zu bringen. Dann sollte fortan für die Unterhaltung eine kleine Abgabe als Barrièregeld von jedem Karren abgegeben werden. Diejenigen jedoch, die sich an der Herstellung beteiligten, sollten von dieser Abgabe frei bleiben. Auch wurde vorgeschlagen, die Einsassen der Kirspel Sand, Herkenrath und Dürscheid, die den Fahrweg ebenfalls brauchen müßten, zu befragen, ob sie sich an seiner gemeinschaftlichen Herrichtung gegen Befreiuung vom Wegegeld beteiligen wollten. Doch bezweifelte der Geheimrat angesichts der weiten Entfernung von zwei bis drei Stunden eine solche Bereitwilligkeit und hielt es für vernünftiger, daß diese Leute aus den Bergen später eine kleine Abgabe zahlten. Diese Abgabe dürfe nicht zu hoch sein. Von einem einspännigen Karren möge man $1/2$ Stüber und von einem zweispännigen 1 Albus erheben; das genüge, um die Unterhaltungskosten laufend zu decken [57]).

Leider fehlen weitere Akten über den Fortgang des Straßenbaues. Die Art der Bauausführung war in keiner Weise geeignet, die Verkehrsverhältnisse wesentlich und für längere Zeit zu bessern. In einem uns heute kaum noch vorstellbaren erbärmlichen Zustande seiner Straßen und Wege ging das Botenamt Gladbach in das 19. Jahrhundert hinein. Es dauerte noch Jahrzehnte, bis es die erste gute Straße nach Mülheim erhielt.

---

[57]) Stadtarchiv Bergisch Gladbach A 131.

VI. DAS GESUNDHEITSWESEN

Die Gesundheitspflege lag in altbergischer Zeit sehr im argen. Hierzu trugen besonders die schlechten Trinkwasserverhältnisse, die feuchten, von Licht und Luft abgeschlossenen Wohnungen und eine ziemlich einförmige, abwechslungsarme Nahrung bei. Die versumpften Bachtäler waren Brutstätten des Ungeziefers. Gicht und „Zipperlein" warfen die Menschen nieder. An der Strunde grassierte sehr oft die Ruhr, selbst die Pest suchte noch in der zweiten Hälfte des 16. Jahrhunderts die Honschaft Kombüchen und wahrscheinlich um 1680 die Honschaft Sand heim, woran die Rochuskapelle erinnert. Das Driescher Kreuz hinwiederum hält die Erinnerung wach an die Schrecken der Ruhr in Gronau um 1799. Wahrscheinlich geht auch die alte Rochusfigur in der Pfarrkirche St. Laurentius auf eine Seuchenzeit zurück.

Doch weit schlimmer als alle diese Krankheiten war die unheimlich große Kindersterblichkeit im alten Botenamt Gladbach. Auf den Kirchhöfen nahmen die kleinen Kindergräber mit ihren Kreuzlein die weitaus größte Fläche ein. Schuld an diesem Schrecken, der wie ein unheimliches Gespenst über den Familien lastete, war eine völlig falsche Kinderpflege, mit der eigentlich erst die neueste Zeit endgültig aufgeräumt hat. Als ein wahrer Würgengel ging auch die Tuberkulose um, Auszehrung oder Brustseuche und Lungensucht genannt, die sogar in der Geschichte begüterter Familien eine furchtbare Rolle spielte, wie der Gladbacher Fronhof und die Gladbacher Mühle es dartun. Mitunter fielen auch die Schwarzen Pocken ein und rafften ungezählte Opfer dahin.

Um kranke Menschen war es einst auch deshalb übel bestellt, weil im Botenamt Gladbach kein Arzt ansässig war. Vielfach hatten die Leute auch kein Vertrauen zum vorgebildeten Arzt und zogen lieber irgendwelche Quacksalber oder Gesundbeterinnen mit ihren Geheimmitteln und seltsamen Wunderkuren zu Rate. Nur den Begüterten war es möglich, sich an Ärzte in der Reichsstadt Köln zu wenden oder Arzneien von dortigen Apotheken zu besorgen. Erst für die Jahre 1727 und 1730 ist auch in Mülheim als erster seines Berufs der Chirurg Manucrit bezeugt, und 1732 wurde dort eine Apotheke gegründet. 1750 ließ sich der Böhme Franz Peter Pichler als approbierter Wundarzt in Mülheim nieder, 1772 folgte die zweite Apotheke. 1776 werden in Mülheim zwei weitere Ärzte genannt. Seitdem 1773 das Medizinalkollegium in Düsseldorf bestand, ergingen zahlreiche Verordnungen zur Hebung der Volksgesundheit. Nun wohnte auch in Bensberg ein Amtschirurg für das Amt Porz; als solcher ist für 1784 der Chirurg Boosen bezeugt. Ein Dr. Wedekind in Mülheim war 1787 zugleich Physikus für die Herrschaft Odenthal. Seit dem gleichen Jahre wohnte in Odenthal Theodor Matthias Pichler, wie sein Vater in Mülheim ein anerkannt tüchtiger Chirurg und Geburtshelfer. 1805 erscheint in Bensberg der Amtschirurg Franz Koch, in Gladbach als erster der Chirurg Johann Heinrich Berringer.

Noch im Jahre 1807 berichtete der Provinzialrat (oder Landrat) Pettmesser, französischer Herkunft, an das Medizinalkollegium in Düsseldorf: „Die Gesundheits- und Medizinalpolizei liegt im Großherzogtum Berg beinahe noch ganz in der Wiege." Er hatte sich am 13. Februar dieses Jahres an den Oberschultheißen Daniels in Bensberg gewandt und diesem die Generalverordnung vom 2. August 1804 in Erinnerung gebracht, wodurch die Pockenschutzimpfung empfohlen worden war. Am 5. September danach war sie zur

Pflicht gemacht worden. Doch hatte Pettmesser aus den Polizeiberichten der Botenämter Gladbach und Herkenrath entnommen, daß sehr viele Kinder an Pocken litten und mehrere daran bereits gestorben waren. Deshalb wurde Daniels von ihm angewiesen, den Amts-Physikus und -Chyrurgus wie auch die Pfarrer an die sie betreffenden Vorschriften zu ermahnen. Die Pfarrer sollten ihren Pfarrgenossen die Einimpfung der Kuhpocken mit Nachdruck ans Herz legen und sich bestreben, die dagegen noch bestehenden Vorurteile aus dem Wege zu räumen.

Am 5. Oktober 1807 forderte Pettmesser von Daniels ein Verzeichnis aller in der Zeit vom 1. April bis 1. September des Jahres vorgenommenen Einimpfungen der Schutzblattern an. Daniels fügte dem Verzeichnis zugleich die Berichte der beiden Impfärzte Koch und Berringer bei. Erhalten ist das Verzeichnis der vom 1. April bis 1. Oktober 1808 von Koch geimpften 62 Kinder. Sie waren im Alter von 3 Monaten bis 8 Jahren, meist aber unter einem Jahr. Sie verteilten sich auf die Kirchspiele Bensberg, Herkenrath, Gladbach, Sand, Volberg, Altenrath (Rösrath!), Overath, Honrath und Much. Das war eine geringe Zahl für dieses große Gebiet. Ähnlich zeigte sich in allen Teilen des Landes ein Widerstand gegen die Impfung. Deshalb erging am 9. August 1809 eine neue gedruckte Instruktion über die Kuhpocken. Im Oktober 1810 berichtete der Maire Fauth in Gladbach, daß die Vaccination (Kuhpockenimpfung) wieder ins Stocken geraten wäre, weil geimpfte Kinder danach Ausschlag bekommen hätten. Pettmesser antwortete ihm u. a.: „Da ein jeder gebildete Mann, der von der Vaccine und ihrer Wirkung nur einige Kenntnis hat, weiß, daß die hier und da auf die Impfung folgenden Hautausschläge nicht direkte Folgen sind, so steht nicht zu zweifeln, daß Sie, Herr Maire, bekannt als ein Mann, der sich das Wohl seiner Verwalteten aufs höchste angelegen sein läßt, diese sehr leicht über die Irrtümer belehren und somit die Impfung von neuem wieder in den Gang bringen können."

Mit allen Mitteln versuchten die obersten Medizinalbehörden der Pocken Herr zu werden und der allgemeinen Schutzimpfung den Weg zu bereiten. Der Physikus des Arrondissements Mülheim ersuchte den Maire Stucker von Bensberg um ein Verzeichnis der Ärzte des Kantons Bensberg und über den Ruf der einzelnen, dazu um nähere Angabe, wer von ihnen am tauglichsten als Impfarzt sei. Stucker wandte sich dieserhalb am 9. Oktober 1809 an den Maire Hofrat Fauth in Gladbach, der bereits zwei Tage darauf seinen Bericht unmittelbar an den Präfekten in Mülheim einreichte und eingangs scharf rügte, daß der Physikus von sich aus einen einzelnen Maire zu einem Sammelbericht auffordere. Fauth stellte dem ansässigen Wundarzt ein sehr rühmliches Zeugnis aus:

„In der Munizipalität Gladbach wohnt kein Arzt, nur ein Wundarzt namens Johann Heinrich Berringer, 44 Jahre alt, ein Mann von langjähriger Übung und sehr vorteilhaftem Ruf seiner Geschicklichkeit, wofür er insbesondere auch bei dem Medizinal-Collegium in Düsseldorf, welches ihn zugleich als Accoucheur (= Entbinder) legalisiert hat, wohlbekannt ist. Ich setze noch das Zeugnis hinzu, daß er sehr tüchtig seie. Was die Einimpfung der Schutzblattern betrifft, so verdient er nicht nur in Ansehung seiner Kenntnis, sondern ich muß der Wahrheit gemäß bemerken, daß er für diese heilsame Erfindung mit besonderer Vorliebe eingenommen ist und ich auf sein eigenes Ansuchen früher deswegen seine unentgeltliche Dienstleistung dem Publicum habe öffentlich bekannt machen lassen."

Inzwischen wurde 1810 als erster Arrondissementsarzt für Mülheim Dr. Franz Josef Brunner aus Siegburg angestellt. Er berichtete im September 1811 an den Unterpräfekten Pettmesser, daß die Vaccination in mehreren Mairien, darunter Gladbach, noch sehr geringe Fortschritte gemacht habe und in einigen von den Impfärzten bei den Terminen kein einziger Impfling angetroffen worden sei. Das veranlaßte Pettmesser, Fauth am 19. September abermals sein „Mißvergnügen" auszudrücken. „Ich mache es Ihnen daher zur besonderen Pflicht, die wohltätige Anstalt der Vaccination nach Kräften zu befördern und durch ihre tätige Mitwirkung dieselbe soviel als möglich zu verbreiten." Wiederum sollten auch die Pfarrer durch Kanzelreden das Volk für die Impfung gewinnen. Diese Ermahnungen blieben keineswegs wirkungslos. Am 12. August 1813 reichte Fauth dem Präfekten ein Verzeichnis der 105 noch ungeimpften Kinder seiner Mairie ein und schrieb dazu:

„Ich bemerke, daß in verflossenem Winter die Zahl der ungeimpften Kinder sehr groß ware. Mit möglichstem Eifer und Nachdruck habe ich mich für die Impfung verwendet. Aller mir zulässiger Mittel habe ich mich bedienet, um die Eltern und Vorgesetzte der Kinder zu bewegen, daß sie die Impfung geschehen ließen. Ich gabe mir das Ansehen, als seie es Befehl der Landesregierung, daß es geschehen müße. Belehrungen, Bitten und gütliches Zureden, zuweilen auch Drohungen, kurz alles, was mir nur zu Gebot stande, habe ich angewendet. Unter den für hiesige Mairie ernannten Impfärzten, Herren Berringer und Koch, ließe ich die Wahl. Ort und Zeit, wo die Impfung von Einem und dem Anderen geschehe, wurden jedesmal bekannt gemacht mit einer Vorladung, daß die Impflinge dorthin gebracht werden sollten. Es ist gelungen, daß ohngefähr 180 Kinder in verfloßenem Winter geimpft wurden. Das größte Hinderniß aber, welches die gute Sache leidet, besteht in der Bezahlung. Mit dem Herrn Chirurgen Berringer, welcher in der Mairie wohnt, von den meisten gewählet wurde und 140 bis 150 Kinder impfte, hatte ich den Accord getroffen, daß er für jeden Impfling einschließlich der Besuche einen halben Reichsthaler erhielt. Einen Theil Kinder, meistens solche, deren Eltern zwar nicht arm, doch auch nicht wohl im stande waren, den Impfarzt zu bezahlen, habe ich auf meine Kosten von Herrn Berringer impfen lassen, welcher für diese sich dagegen mit 15 Stüber Impfgebühr begnügte. Für ganz arme Kinder hat demselben das Hülfsbureau eine kleine Gratification zufließen lassen.
Ohnerachtet dieser Vorkehrungen ist es dennoch unglaublich, welcher Widerwille von den meisten Eltern, welche selbst bezahlen und 30 Stüber für jeden Impfling geben sollten, eben wegen der Bezahlung gezeigt worden. Bei vielen hat weder Anmahnung noch Bitten, in der Güte zu zahlen, etwas gefruchtet. Herr Chirurg Berringer hat viele bei dem Friedensgerichte eingeklagt. Durch diese barsche Maßregel, welche Herr Berringer ergriffen, ist aber der Haß und der Widerwille wider die Impfung noch so viel größer geworden, so daß ich weil eigentliche Zwangsmittel weder erlaubt noch passend sind, nicht weiß, wie in der Zukunft die Impfung wieder in erwünschten Erfolg gebracht werden könne. Sollte vielleicht geglaubt werden, daß das Predigen von den Kanzeln, daß wiederholte Verkündigungen der über die Impfung erlassenen Verordnungen und dergleichen mehr, was von der Landesregierung in diser Rücksicht anempfohlen wird, helfen würden, so dienet zur Antwort, das alles das und noch mehr, als verordnet, versuchet worden seie, die Gemüter folgsam zu machen. Die Bezahlung ist der Haupt-Einwurf, den man höret.
Ich schlage daher vor, daß keiner privatim für einen Impfling bezahle, sondern daß nach vorgängigem Accord mit den Impfärzten diese ihre Bezahlung von den Communen erhalten, entweder aus einer Impfkasse, wie ich solche in meinem Polizeibericht vom Monat December 1810 in Antrag gebracht habe, oder aus Communal-Beischlägen, die besonders auf das Budjet kommen müßten.
Ich bitte, die Versicherung meiner Verehrung zu genehmigen. Fauth."

Es dauerte jedoch noch bis weit in die preußische Zeit hinein, bis schließlich staatlicher Zwang und Kostenfreiheit der allgemeinen Impfung zum Siege verhalfen. Er wurde letztlich nur durch erneutes Auftreten der Pocken und Massensterben in verschiedenen Gegenden und die dadurch hervorgerufene Angst im Volke errungen.

In seinem Bericht vom 11. Oktober 1809 hatte der Maire Hofrat Fauth noch bemerkt, „daß in der Munizipalität Gladbach die Ruhrkrankheit, wenn schon nicht in einem heftigen und epidemischen Grade, doch so viel sich zeige, daß ich es dem Aorrondissements-Physikus anheim geben muß, sich von dem hiesigen Chyrurgen Berringer Bericht erstatten zu lassen".

Auf Ersuchen Fauths verlasen alle Pfarrer des Botenamtes, auch der evangelisch-reformierte Pfarrer Momm, am 29. Oktober nachstehende Bekanntmachung:

> „Da es zu den Pflichten der öffentlichen Polizey gehöret, die Verbreitung ansteckender Krankheiten zu verhüten, so ist es durchaus nötig, daß wider das Umgreifen der Ruhr-Krankheit, an welcher in der hiesigen Mairie schon verschiedene Menschen gestorben sind, ernsthafte Mittel ergriffen werden. Es wird deshalb jedem Einsassen, bei welchem die Ruhrkrankheit sich zeiget, auferleget, gleich in den ersten 24 Stunden ärztliche Hülfe zu suchen, wobei jedem freistehet, den Arzt, zu welchem er Zutrauen hat, sich zu wählen. Die Armen haben sich auf meinem Bureau zu melden, wo ihnen dann die nötige Hülfe wird angewiesen werden. Würde aber jemand gegenwärtiger Warnung ohnerachtet keine ärztliche Hülfe in den ersten 24 Stunden suchen, so wird ein solcher wegen dieser wider die Erhaltung der öffentlichen Gesundheit begangenen Versäumnis eine Brüchten- oder andere angemessene Strafe unausbleiblich sich zuziehen."

Noch etliche Jahrzehnte hindurch forderte die Ruhr an der Strunde viele Opfer. Es lag wohl mit daran, daß sich die Leute immer noch wie vorzeiten an unvorgebildete und unkontrollierte, angeblich heilkundige Männer und Frauen wandten und deren Mittel in Anspruch nahmen. Am 29. November 1809 forderte der Unterpräfekt Pettmesser vom Gladbacher Maire ein Verzeichnis aller Ärzte, Wundärzte, Apotheker, Laboranten, Hebammen, Zahn- und Augenärzte, Bader, Schröpfer und Barbiere an, ferner der Viehärzte und Churschmiede, ebenso aller in der Mairie ihr Wesen treibenden inländischen und fremden Quacksalber, Afterärzten, Medicanten und Laboranten, die nicht privilegiert waren, auch über die verkäuflichen „arcana" (Geheimmittel) und ihre Austeiler, „als da sind gegen den tollen Hundsbiß, Krebsschaden, Gicht, Fieber usw.". Das Verzeichnis selbst ist leider nicht erhalten. Daß das Volk nicht immer den Weg zu den ordnungsmäßig bestellten Ärzten fand, lag freilich auch an deren oftmals hohen Honorarforderungen. So berechnete der Bensberger Wundarzt Franz Koch im Jahre 1812 die auf Ordre des Bürgermeisters Hofrat Fauth vorgenommene Behandlung eines Oberschenkelbruchs des Peter Schlebusch in Paffrath mit 17 Reichstaler 18 Stüber. Für die Behandlung eines komplizierten Beinbruchs des Hermann Mettmann in Paffrath nahm er 19 Rtlr 47 St., für die des Christ Strünker zu Paffrath wegen Beinfraß der rechten Hand 10 Rtlr 45 St. und für die der armen Dienstmagd Gertrud Buchholz 1813 wegen Bruchs des linken Schlüsselbeins 5 Rtlr 16 St. Als am 18. Oktober 1813 auf der Hofstelle Torringen bei Paffrath das Kind der Eheleute Daniel Catterbach ertrunken war und Berringer im Auftrag des Maires die Leiche besichtigte, berechnete er den Weg von seiner Wohnung in Gladbach bis Torringen mit 8, also hin und zurück mit 16 Kilometer!

Im Jahre 1809 war in der Marie Gladbach nur eine approbierte Hebamme tätig, eine Ehefrau Gertrud Kierspel. Doch wurden vielfach auch andere kundige Frauen bei Entbindungen herangezogen. So klagten im Juli 1809 der Odenthaler „Acconcheur" (Geburtshelfer) Pichler und die Hebamme Ehefrau Merzenich von dort darüber, daß „sich eine sichere Frau aus dem Paffrather Dorf, in einem dem Munizipalrat Jakob Kierdorf gehörigen Hause wohnend, ohne approbiert zu sein, im Odenthaler Bezirk abgäbe". Der Odenthaler Maire

Frizen beschwerte sich beim Maire in Gladbach. Fauth erwiderte, daß die Wittib Anna Maria Meinertzhagen in Paffrath langjährige Übung in der Geburtshilfe habe, allgemeines Zutrauen genieße, wenn sie auch nicht approbiert sei. Sie habe sich schon früher zum Kursus gestellt, wurde aber, ohne einen solchen mitzumachen, entlassen und von den früheren Beamten aus Nachsicht weiter zur Geburtshilfe zugelassen. Fauth wies die Frau an, nur im Notfall mit Erlaubnis des dortigen Maires sich in der Mairie Odenthal zu betätigen.

Am 6. April 1809 wurde Fauth durch den Unterpräfekten Pettmesser aufgefordert, die „erforderliche Subjekte" für einen Kursus der Entbindungsanstalt in Düsseldorf zu melden. Die Behörden überwachten scharf die Ausübung der sachgemäßen Geburtshilfe. Als im Mai 1810 die Entbindung einer Ehefrau Paulus Hambuchen nur durch einen operativen Eingriff möglich war, zu dem Berringer vorsichtshalber den Wundarzt Pichler aus Odenthal hinzuzog und der den Tod des Kindes erforderlich machte, um die Mutter zu retten, wurden aus der Bevölkerung schwere Vorwürfe gegen Berringer erhoben. Eine amtliche Untersuchung aber rechtfertigte den Gladbacher Wundarzt, und die Regierung in Düsseldorf entschied zu seinen Gunsten. Im Sommer 1811 erhob Berringer anderseits Klage beim Medizinalkollegium in Düsseldorf gegen den Chirurgen Koch und die Hebamme Kierspel. Fauth mußte die Tathandlungen untersuchen.

Mehrere Wundärzte des Arrondissements Mülheim hielten zum Besten ihrer Patienten mit Rücksicht auf die weiten Wege zu den Apotheken einfache und zusammengesetzte Arzneien in Hausapotheken vorrätig. Wegen dieser „medizinischen Quacksalberei zum Nachteil der Apotheken und Schaden des kranken Publikums" wurde im Januar 1810 eine amtliche Untersuchung angeordnet.

Auch gab es damals bereits strenge behördliche Maßnahmen bei Viehseuchen. Als im Oktober 1811 die Gemeinde Sieglar heimgesucht wurde, durfte in der Stadt Köln nur solches Vieh eingeführt werden, dessen Führer eine Bescheinigung der Ortsbehörde vorweisen konnte, daß im Herkunftsort keine Seuche grassiere.

Auch auswärtige Ärzte wurden von vermögenden Familien Gladbachs zu Rate gezogen. 1808 wurde der Medizinalrat Dr. Johann Wilhelm Gottfried Zanders von Düsseldorf an das Sterbebett seiner Schwägerin, der Gattin des Hofrats Fauth in Gladbach, gerufen. 1810 mußte Dr. Cassel aus Köln einem Schwerkranken in Gladbach helfen. In demselben Jahre erhielt der Wundarzt Becker aus Köln die Erlaubnis, im Kanton Bensberg Kranke zu behandeln [58]).

VII. KRIEGSDRANGSALE

In allen Fehden des Mittelalters, die das Stammgebiet des Landes Berg berührten, wurden die Kirchspiele des Botenamtes Gladbach in schwere Mitleidenschaft gezogen. Das war schon durch die Nähe der landesherrlichen Burg Bensberg bedingt, die immer wieder das Ziel feindlicher Einfälle wurde, nicht minder auch durch die Lage im östlichen Vorland Kölns, wo am Rhein Deutz und Mülheim oft zu Brennpunkten kriegerischer Ge-

---

[58]) Stadtarchiv Bergisch Gladbach B 44 — Vgl. hierzu Anton *Jux*, Geschichte der Hirschapotheke in Bergisch Gladbach.

schehens wurden. In der Fehde des Grafen Heinrich mit dem Kölner Erzbischof Heinrich von Molenark, der die bergische Burg Deutz zerstörte und mit dem Grafen von Sayn im Jahre 1230 lange das alte Schloß in Bensberg belagerte, mußten Gladbach und Paffrath schwere Leiden auf sich nehmen.

Zweifellos waren die Edlen der Gladbacher Burghäuser mit ihren bäuerlichen Gefolgsleuten im Jahre 1288 an der Schlacht bei Worringen beteiligt. — Eine erste genaue Nachricht leuchtet in jene Kämpfe hinein, die sich entspannen, als nach dem Tode des Erzbischofs Friedrich von Sarwerden am 9. April 1414 Herzog Adolf VII. von Berg versuchte, seinem Bruder Wilhelm die Nachfolge zu verschaffen. Da auch Dietrich von Mörs, ein Neffe des Verstorbenen, danach strebte, spaltete sich das Domkapitel, und es kam zu einer Doppelwahl. Obwohl sich Wilhelm im Februar 1416 zum Verzicht entschloß, befestigte der Herzog Mülheim und Monheim. Daraufhin verbündete sich die Stadt Köln mit dem Erzbischof. Beide schickten Truppen über den Rhein, und in einer blutigen Fehde wurden die östlich von Mülheim liegenden Kirchspiele verwüstet und dabei Paffrath zerstört. Die „Chronik der deutschen Städte" (Band 13) berichtet: „Item des dirden dages na sent Gereonis dach (13. Oktober 1416), do waren die Coelschen wail mit 500 perden ind 300 Voisgenger mit des buschofs wimpel van Coelne gezogen zo Pafroede ind branten id af ind brachten einen rouf" (Raub).

Da mag man es verstehen, wenn die bergischen Herzöge auf der Wacht sein mußten und immer wieder ihre Ritter mahnten, „sich sofort in Rüstung zu stellen" und auf Anfordern ungesäumt zum Kriegsdienst in Düsseldorf einzufinden, wie es etwa Herzog Johann am 9. Mai 1534 mit einem Schreiben tat, da ihm „in diesen geswinden und beswerlichen leuffen sulche zidungen ankommen..."[59]).

Schrecklich war das Los der unglücklichen Bewohner des rheinwärts gelegenen Bergischen Landes im „Kölnischen" oder „Truchseßschen" Kriege. Gebhard II., Truchseß von Waldburg, Erzbischof von Köln und Herzog von Westfalen, strebte danach, das Erzstift in ein weltliches Kurfürstentum umzuwandeln, wobei ihn der Wunsch antrieb, sich mit der Kanonissin Gräfin Agnes von Mansfeld zu vermählen. Deshalb bekannte er sich im Frühjahr 1582 zur Augsburgischen Konfession, entschlossen, seine Stellung mit den Waffen zu behaupten. Er rechnete mit der Hilfe der protestantischen Stände, stieß aber bei seinem Domkapitel auf schärfste Ablehnung. Nur Kurpfalz trat offen auf seine Seite, allerdings nicht so sehr der Kurfürst Ludwig selbst, sondern mehr die Pfalzgrafen Johann und vor allem Johann Kasimir. Dieser hatte bereits an den Hugenottenkriegen in Frankreich teilgenommen, und seine Truppen waren berüchtigt.

Am 23. Mai 1583 wählte das Domkapitel an Gebhards Stelle Herzog Ernst von Bayern zum Erzbischof von Köln und damit zum Kurfürsten. Der Krieg ging los. Die Kasimirschen Truppen zogen heran und erstürmten unter Oberst Beutterich das Kloster Deutz; es ging mit dem Ort in Flammen auf. Nach dem 21. August, als Johann Kasimir nach Bonn gekommen war, rückten seine Truppen in ein Lager bei Lülsdorf. Sie sogen das ganze Umland förmlich aus, verwüsteten es und mißhandelten die Bevölkerung in entsetzlicher Weise, so daß schon im September eine Kommission des Düsseldorfer Herzogs den Pfalzgrafen aufforderte, das Land zu verlassen. In den Kirchspielen des Hügellandes

---

[59]) Archiv Wolff-Metternich N² I 42 — Kriegsdienste —

wurden die Landesschützen aufgeboten. Sie verteidigten alle Zugänge mit den Waffen, so daß sich die Kasimirschen Marodeure nicht weiter ostwärts vorzuwagen getrauten. Nachdem sie noch die Klöster Schwarzrheindorf und Vilich zerstört hatten, rückte Johann Kasimir mit den Truppen wieder nordwärts und bezog um die Mitte September ein Lager bei Deutz. Er hatte nicht genug Mittel, um die ausgehungerten und erschöpften Söldner voll zu bezahlen und gab ihnen wiederum das Land zum Sengen, Brennen und Plündern preis. So strotzten alle Berichte über das Lagerleben von Greueltaten. Selbst die Kirchen überfielen sie, raubten in Gladbach sogar die Monstranz und die übrigen heiligen Geräte und verschonten auch die Kirche in Paffrath nicht. Unter den Urkunden und Akten, die sie aus den Kirchen und Wiedenhöfen verschleppten, befanden sich die Akten des Gladbacher Pfarrarchivs und die Gerichtsbücher des Hofgerichts im Gladbacher Fronhof. So liest man noch 1596 in dem neuen Gladbacher Erbbuch ... „alldieweil hiebevor durch Hertzog Hansen Casimiri kriegsvolck die Gerichtsbücher, darin diese gütter zum theil eingeschrieben gewesen, entwendt und hingenomen worden". — Elf Tage lang wurden diese Raubzüge fortgesetzt, kaum ein Hof blieb verschont, und es kam oft genug vor, daß die maßlos erbitterten Bauern das Kasimirsche Gesindel, worunter sich viele Franzosen befanden, einfach totschlugen. Damals sind wohl die meisten der noch aus dem Mittelalter stammenden ehrwürdigen Hofgebäude niedergebrannt worden, so daß auch das Botenamt Gladbach verarmte. Die junge Papiermühle bekam es bitter zu spüren. Am 10. Oktober erreichte den Pfalzgrafen ob seiner Schandtaten an deutschen Menschen das kaiserliche Mandat, sofort die Waffen niederzulegen, andernfalls ihm die Reichsacht angedroht wurde. Er brach nun seinen Gewaltzug ab und kehrte zur Pfalz zurück [60]).

Von neuem flackerte dieser Krieg auf, als brandenburgische Truppen vor Weihnachten 1587 Bonn eingenommen hatten und im März 1588 kölnisch-spanische Hilfsvölker bei Mülheim über den Rhein setzten und Mülheim, Deutz und die umliegenden Dörfer besetzten. Wieder wurde das eben beruhigte Land ausgeplündert, wieder verbreiteten sich über Bensberg und Gladbach hinaus Furcht und Schrecken. In einem zeitgenössischen Bericht heißt es: „... die andern, so sie nicht ermordet und gefangen wurden, haben sie dermaßen wundlich zerkerbt, zerschlagen und mit den Hähnen von den Büchsen ihnen die Nägel von den Fingern geschlagen und sonst unerhörter Weise gemartert, daß ihnen der Tod lieber denn das Leben gewesen. Die Weibspersonen, so sie in ihre Hand geraten, haben sie dergestalt benotzüchtigt, geschändet und mißbraucht und in aller Unzucht sich also sodomitisch, tierisch und viehisch verhalten, daß es nicht zu beschreiben; etliche haben sie gleich den Männern ermordet".

Alle paar Jahre erschütterte neue Drangsal das Land; es kam überhaupt nicht recht zur Ruhe. Nach dem Tode des Herzogs Johann Wilhelm im Jahre 1609, als zugleich sein Geschlecht erlosch, befürchtete die Regierung „gewaltsame Zusetzung" und forderte die bergische Ritterschaft auf, „sich in guter Bereitschaft zu vermoglicher Defension des Vatterlands und dasselb dem rechten Herrn zu verwaren" zu halten [61]).

---

[60]) B. Vgl. Zierenberg, Pfalzgraf Johann Kasimir und seine Beziehungen zum Kölnischen Kriege. Diss. Münster 1918.
[61]) Archiv Wolff-Metternich a. a. O.

Als der spanische General Spinola im August 1614 mit 20 000 Mann bei Wiesdorf über den Rhein setzte, um die evangelischen Gemeinden mit Gewalt zum alten Glauben zurückzuführen, wobei er im Jahre 1615 die Stadt Mülheim zerstörte, mußte das Botenamt Gladbach mit allen benachbarten Kirchspielen wiederum unter Drangsalen, Kontributionen und Lieferungen leiden.

Schon früh verspürte Gladbach mit dem ganzen Amt Porz auch die Schrecken des Dreißigjährigen Krieges. Es fing damit an, daß im November 1622 das spanische Reiterregiment Don Gonzales de Cordova seine Winterquartiere in Mülheim nahm und von dort aus die umliegenden Botenämter brandschatzte. Am 7. Mai 1623 zerstörten die Spanier das Dorf Schlebusch. In einem Bittgesuch an den Pfalzgrafen Wolfgang Wilhelm in Düsseldorf um eine Beisteuer zum Wiederaufbau schrieben die unglücklichen Schlebuscher, daß „des Don Gonzala de Cordua zu Mülheim ligende infantrei und Don Philippi reuterei, ungevehr ein compagnie stark, ganz unverschulter sachen nit allein unser haus, hof und allinge gereide güter, sonder auch teils unser manner, weib und kinder respective verherriget, vermordet, beraubet und in euserst verderben gestürzet". Die Spanier hätten sich „unter welchem schein und schrecken des feurs in viel tausenden bereichert". Die Ärmsten hatten den kalten Winter „der mehrenteils zwischen vier stippen in cleinen koetger, tentger, heutger, die ander aber in der erden in iren keleren sich schwerlich erhalten mussen und noch verkaltet, verdampfet, verelendet, dardurch in krankheit und euterst verderb gesetzt, daß unser viele alsolch creuz, betrubens und erschrecken des feurs in die grobe tragen mögen" [62]. — Auch die Gemeinde Mülheim legte in Eingaben vom 23. März 1624 ihre durch die Spanier erlittenen Drangsale dar [63]. — In demselben Monat beschwerte sich die Stadt Wipperfürth über die hohen Einquartierungslasten [64].

Im Winter 1624/25 wurde die ganze Gegend durch eine kaiserliche Abteilung unter dem Grafen von Anhalt belästigt. Kein Kirchspiel zwischen Mülheim und Wipperfürth blieb von ihnen verschont. Die Stadt Wipperfürth bat den Pfalzgrafen am 14. August 1625 um Abschaffung des „Fangens und Spannens" [65]. Wie wilde Tiere wurden die Bauersleute eingefangen und mußten dann tagelang mit ihren Karren, Pferden und Ochsen den Truppen Spanndienste leisten. Zuletzt schlachtete man die Tiere ab und ließ die ausgehungerten Männer in der Fremde einfach laufen.

Nach den Kaiserlichen kamen wieder Spanier. 1626 folgten hessische Truppen. Gegen Ende Dezember dieses Jahres rückten wieder Spanier ein und verbreiteten abermals Furcht und Schrecken. Am 28. März 1628 richtete Adam von Schlebusch eine Eingabe an die Ritterschaft von Berg. Er habe „unschuldig und ohne einige gegebene ursach ... in negst abgelaufenem jahr von Don Consales kriegsvolk einen so großen erbarmlichen brandschaden an seinen geheuchteren und beestern" erlitten, „auch noch darbei mit weib und kindern ganz schmehelich gefanklich hingenommen worden, dannenhero ich in einen so merklich verderben gesetzt, daß mich neben weib und kindern meinem adelichen stand nach schwerlich underhalten kann" [66].

---

[62] F. *Küch*, Landtagsakten von Jülich-Berg II 1 S. 46 ff.
[63] Ebd. S. 50 f.
[64] Ebd. S. 58.
[65] Ebd. S. 175.
[66] Ebd. S. 49 f.

Am 17. Januar 1628 meldete die Witwe Eva Schürmann beim Paffrather Hofgericht den Verkauf ihres „Bachbuschs" an und erklärte, „weilen ihr Ehemann unversehentlichen Tods verblieben bei letzter Brandenburgischer Überfallung, so habe sie ale einen natürlichen Vormünder und nahisten Verwandten mitgebracht den Wilhelm Hey an der Hand".

Auch im übrigen leuchtet aus den amtlichen Berichten jener Zeit ein Bild grauenhafter Not hervor. Am 8. April 1628 meldete Wilhelm von Zweiffel aus Wahn, der Amtmann von Porz, dem Pfalzgrafen Wolfgang Wilhelm, daß das Fangen und Spannen, Rauben und Plündern der verschiedenen Parteien noch kein Ende genommen habe. Kurz zuvor waren die Kurbrandenburgischen ins Amt eingefallen. Seinem Bruder Wilhelm Friedrich von Zweiffel als dem Amtsverwalter von Porz waren die Landschützen von der Kompanie des Hauptmanns Schenk zugeordnet worden, um das Amt zu schützen, aber es waren nur 25 gesunde Männer davon vorhanden. Trotz des Befehls, die Zahl der Landschützen auf 60 zu verstärken, stand kein Geld zur Werbung zur Verfügung. 300 Taler hatte der Amtsverwalter dafür bereits aus eigener Tasche vorgestreckt[67]).

Gottfried von Steinen zu Lerbach, Amtmann von Lülsdorf und Löwenberg, berichtete am 6. August 1628 an den Pfalzgrafen Wolfgang Wilhelm, daß er wegen des einlogierten Kriegsvolks das Haus Lülsdorf und die ihm anbefohlenen Ämter nicht verlassen könne, zumal die fünf Cratzischen Kompagnien, die vorher im Land Jülich und in der Eifel einquartiert gewesen und dort von den Hausleuten bis nach Andernach auf den Wasen hingetrieben worden seien nun kassiert und abgedankt worden seien. Täglich und stündlich kämen sie nun truppweise herunter[68]).

Außer den erwähnten Brandenburgern waren im Jahre 1628 auch ein italisch-österreichisches Regiment und Truppen der Liga im Amte Porz erschienen. Am 6. Oktober beschwerte sich die Stadt Wipperfürth beim Pfalzgrafen wieder über zu starke Einquartierungen. Sie hätte durch die vielen Durchzüge, die über die alte Heerstraße rheinwärts nach Romaney, Hebborn und Paffrath ins Botenamt Gladbach führten, und durch das Fangen und Spannen, sowie durch die Erpressung von Geldern zur Besoldung der Offiziere, die monatlich über 40 Reichstaler forderten, großen Schaden gelitten[69]).

Nach dem 20. Juli 1628 bezogen zwei berittene kaiserliche Regimenter, das Mansfeldische und das Hebronische Kürassier- und Arkebusier-Regiment, Stellung und Quartier in dem Gebiet östlich der Freiheit Mülheim. Sie waren Angehörige der Armee des Generalfeldmarschalls Montecuculi. Zu den belegten Orten gehörten auch Gladbach und Merheim. Die Kaiserlichen sollten Mülheim nehmen und den Rheinübergang erzwingen, was ihnen jedoch von der neutralen bergischen Landesregierung unter Aufbietung der Landesschützen verwehrt wurde. Die Leiden der bedrängten Bevölkerung in den Ämtern Porz und Miselohe waren wiederum unbeschreiblich. Der Pfarrer Johannes von Langenberg in Merheim bekundete in einem Protokoll, „etwa vor einem Jahre sei Merheim von den Brandenburgern geplündert worden, doch jetzt hätten es die Kaiserlichen noch viel schlimmer getrieben"[70]).

---

[67]) *Küch*, a. a. O. S. 319.
[68]) *Küch*, a. a. O. S. 352.
[69]) *Küch*, a. a. O. S. 448.
[70]) Vgl. *von Galéra*, Der Sommerfeldzug an Rhein und Wupper 1628. — In „Romerike Berge" 8 Heft 2 S. 59 ff.

Im Jahre 1629 wurden die Kaiserlichen von Holländern und Franzosen vertrieben[71]). Die in Mülheim einquartierten Kaiserlichen hatten von den Kirchspielen der ganzen Gegend hohe Kontributionen eingetrieben. Auch vom Dorfe Paffrath verlangten sie hundert Reichstaler, die jedoch nicht mehr aufzutreiben waren. Da wurde dem Dorfe die Militär-Exekution angedroht. In dieser höchsten Not wandte sich der Wirt Christian Weyer im Bachgut zu Paffrath durch Vermittlung seines Freundes, des Strunder Gemark- und Bachschultheißen Paulus Scholthesen an den Wald- und Bachgrafen und Besitzer des Hauses Iddelsfeld, Werner Quadt von Buschfeld und erhielt den Betrag von diesem als Darlehen. Damit rettete er Paffrath vor dem sicheren Untergang. Erst im März 1630 konnte der Schuldschein geschrieben werden. Dieses heimatgeschichtlich bedeutsame Dokument lautet:

„Wir, Christian Weyer, und Grietgen Paffraths, Eheleut, tuen kund und zeugen und bekennen vor uns und unseren Erben, daß sowoll vor uns als unser Mitnachbaren des Dorfs Paffrahdt, im Ambt Portz und Fürstentumb Berg gelegen, zu Verhütung des zu Mülheim einquartirten Keiserlichen Kriegsvolks geforderten, auch veraccordirten Contributionsunderhalt und wegen nit erfolgter Bezahlung bedrewter Militär-execution Verhütung, von dem wolledel, gestreng und vest Werner Quadt zu Buschfeldt, Churfürstlichem Colnischem Rat, Cammeren Türwärter und Ambtmann, Erbwaltherr Strunder Gemark und Bach, in hochsten unseren Noten aufgebürt und entlehnet haben einhundert Reichstaler in specie, deren Ueberlieferung wir bestfleißig bedanken.
Dabei angelobend, daß allsolchs uns verlehnte Gelder nach Verlauf sechs Monaten mit geburlichem Interesse (Zinsen) seiner Edelheit wiederumb einliefern sollen und wollen. Und damit der Herr Creditor deshalb wollversichert sei und bleibe, so haben wir, obgemelte Eheleute, vor solche Zahlung dergestalt gutgesprochen, daß wollgemelter Herr Creditor niemanden anders als darvür anstehen, noch Seine Edelheit anderstwo denn an uns seine Zahlung zu suchen, abgeweist werden solle.
Und setzen derowegen zum gewißen und angreiflichen Unterpfand unsere eigentumliche anderen unbeschwerte Erbgerechtigkeit auf Stronder und Brücker Gemarken, sambt allen anderen unseren gereiden Gütern, alsviel deren herzu notig, gestalt nach Gefallen, Kur und Belieben mit Anrufung der Waltsherren und Erben, oder auch auf notigen Fall der Furstlichen Beamten von solchen Unterpfanden soviel adjudiciren (rechtskräftig übertragen) zu laßen, bis daran, daß Seine Edelheit oder dero successores (Nachfolger) diese Hauptsumme, Pension und Unkosten — so durch Mißzahlung verursacht werden mögten — völligich contentirt (zufriedengestellt) und bezahlt sei, daran uns nit besteken (behindern) noch vertedigen soll, einige exception (Ausrede) geist- oder weltlichen Rechtens, Krieg, Raub, Brand, Herren Notgebott oder -verbott. privilegium dotis (Vorrecht der Mitgift), item die velleranische Begnadigung aut sentica si qua mulier, so dem weiblichen Geschlechte zum besten geordnet, vort die exception der Epistel Divi Adriani und alle dasjenige, so dem Herrn Creditori zugegen und zu unstade (ungunsten), uns aber zum besten und zu stade kommen mag; sondern sollen und wollen deren keine durch uns noch durch andere heriegen (dagegen) gebrauchen, noch gebrauchen laßen, und diese summam als unsere eigene gemachte Schuld quitiren und gutmachen, jedoch unseres Regres an andere unsere Mitnachbaren, jedoch wie obgemelt, ohne Nachteil Herrn Creditoris vorbehaltend.
Zu wahrer Urkund dieses alles, so haben wir, Christian und Grietgen, Eheleut, Debitores (Schuldner), gewilliget, Paulum Scholtheißen, Stronder Gemark und Bach-Scholtheiß, daß er diese Obligation in unserem Namen geschrieben und underschrieben, wie wir solches auch mit aigenen Handen Beiseins unserer Nachbaren getan, uns auf den Notfall damit überzeugen. Geschehen am 25. Tage Martii, anno Domini 1630. — Christian Weyer — Margareta Paffratt[72])."

Am 15. Januar 1631 schilderte Paulus Scholthesen, der Bachschultheiß der unteren Strunde, in einem Briefe an den Bachgrafen Adolf Quad zu Buschfeld in Bonn die Not des gepeinigten Landes und berichtete ihm, „welcher gestalt die leidige Kriegszeiten über

---
[71]) Vgl. hierzu auch Zuccalmaglio, Mülheim, S. 78 ff.
[72]) Archiv v. d. Leyen Nr 3177.

soville vor und nach spurgirte Vertrostungen immerdaer continuiren. Die aedeficata zu Müllenheim dem inner- als woll euserlichen Ansehen nach bis uff ⅓ zumahl nidergewuistet, und zum vall es disen Winter über noch wehren solte, dem Ansehen nach zum herundergerissen — werden, wo nitt der einzige Zwang, das sie selbsten sich nitt erhalten können, etwas Mittels darin schaffen wird. — Desgleichen schier ist uff dem umbligenden Land ein Jaimer und Ellend wegen Außplünderung, Beraubung Pferd und Beesten, fort Fangen und Spannen, wie auch Knebelns und Remtionirens der armen Luitt, von allerseitz Parteien continuirlich zu tun, also das der ein vor und der ander nach zu endlichem Undergang gebracht wird, und grassirt dis Uebel desto mehr, weil vor Monatz Zeit bei Ankombsten des General Ossa das Comando dem Oberst-Liutenant Lyser / welcher das Außlaufen der Reuter und Soldaten sehr eingezogen / abgenohmen und derselb etwa 7 oder 8 Fainen Volks reformirt hat, daüber dan ein neuer Comandant, Cornino genant, ankomen, welchem anfangs vil Volks taglich aus und ein weit und gehet, dadurch den armen Luten großer Trangsal zugefügt wird, inmaßen vor kurzen Tag ville Laut beraubt, ville Pferd, darunter eines von Edelheit Müllenkair abgespannten und verweldigt worden. — Darum obwol ville Kosten und Mühe angewandt, so hat jedoch bis noch in deroselbe betrübte Halfense zu Idelsvelt davon nichts vernehmen können, und ist meines Einfaltz dieses Unheils die meiste Ursach, das itzo keine salve guardie uff dem Land sein. ... Dazu bei dieser Schwierigkeit noch hervorkomen, das die Ratische (= Hofräte in Düsseldorf) bei die 100 000 Reichstaler (darin Graf Wilhelms Praetension nit eingezogen) haben wollen, welches den Undertanen uffzubringen unmuglich, obwol von der Düsseldorfischen Regieerung 70 000 getetigt, glichwoll noch umb sovil extendirt zu sein, schmerzt und beigebracht werden muß.

Weiter berichtete Scholtesen, daß es ihm kaum möglich wäre Schweine für die Eichelmast zu erwerben; viele Leute hätten wegen der Beraubung und Krankheiten überhaupt keine bekommen. Durch Vorstellungen bei dem Kriegsobersten habe er erreicht, daß die Soldaten von der Strunder und der Koezeler Gemark nur je ein Schwein mit Gewalt weggenommen hätten. Die fremden Soldaten hätten den Buchforst „gar heruntergehauen"; auch die Waldungen des Abtes von Altenberg und des Abtes von Groß St. Martin hätten großen Schaden genommen. Wenn nicht bald eine „Verönderung und Abführung" des Kriegsvolks erfolge, so gehe alles herunter, „und werden die übrige arme Leut, so nit vom Ellend und Jamer verstorben, noch vort verlaufen und das Land wuist und oed liegen lassen".

Der Kalkbrenner Peter zu Duin (Dünnhof in Gronau) war bei Scholtesen gewesen und „tut flisig bitten, weil er vor zwei Jahren 2 Karen Kalks uff Torn (Haus Thurn) gelibert, darüber der Krieg und Sterbte eingefallen, also das ime kein Zalung geschehen, groißgünstige Anordnung zu machen und Ueberweisung zu tun, damit er deßhalb bei diser bedrugter Zeit moige contentirt werden„[73]).

Auch die adligen Güter wurden von den marodierenden Truppen nicht verschont. Selbst die Landesbehörden sahen sich angesichts der Not gezwungen, die steuerfreien Güter zu belasten. Deshalb bat Werner Quad zu Buschfeld am 11. März 1629 um Befreiung seines an der Strunde gelegenen Patrimonialgutes (Iddelsfeld) und des Hauses zum Thorn (Thurn) von Steuern, Auflagen, Servicen und anderen Diensten. Obgleich sich die Stände

---

[73]) Archiv v. d. Leyen Nr. 3177.

für seinen Antrag erklärten, kümmerte sich der Porzer Amtsschultheiß Gottfried von Borcken nicht darum; es blieb ihm auch nichts anderes übrig, als dort zu nehmen, wo überhaupt noch etwas war [74]).

Unheimliche Streiflichter fallen aus dem düsteren Geschehen des Dreißigjährigen Krieges sogar in die Protokolle des Paffrather Hofgerichts hinein. Der als Scheffe berufene Zöllner Steffen zu Brück ließ durch Christian Weyer am 28. Juni 1627 vor Gericht erklären, daß er trotz des geleisteten Scheffeneides den Sitzungen nicht beiwohnen könne, einmal weil er auch Scheffe am Landgericht Bensberg geworden sei, „zudem auch wegen heutigen Tags beunruhigender Kriegsgefahr als angestellter Lieutenant die Parteien (feindliche Soldaten) verfolgen helfen müsse", — Am 12. Januar 1632 erschienen „wegen eingefallenen Kriegsaufruhrs wenig Scheffen und Lehnleute" und so mußte der Statthalter mit nur zwei nahebei wohnenden Scheffen das Gericht halten.

In demselben Jahre suchte die plündernde Soldateska fast alle Häuser im Kirchspiele heim, wobei dem Braun zu Torringen eine Schuldquittung entwendet wurde. Auch im Jahre 1643 brachen die Soldaten in die Höfe ein; dabei raubten sie dem Bernd zum Pohl und dem Gerhard zu Borsbach alle Familienpapiere. Auch Johann Thielen zu Hebborn klagte noch 1648 vor Gericht, daß seinen Großeltern bei „viel Kriegsempörung und Fluchten" ein Pfandbrief verloren gegangen sei.

Bosbacher Hof

Das Jahr 1643 muß eines der schlimmsten gewesen sein. Die Bewohner Paffraths flohen in die Wälder. Gegen Ende Juni, kurz vor der Ernte, stand sogar das adelige Haus Blech leer und verlassen da. — Die Unsicherheit war sogar so groß, daß das Paffrather Hofgericht auswärts gehalten werden mußte. Das geschah am 1. September 1632 und am 14. April 1644 in Mülheim. Einmal tagte es in Köln, vermutlich im Hause des Gerichtsschreibers Johann Glabach. Dorthin hatte man sicherheitshalber die Gerichtskiste mit den

---

[74]) *Küch,* Landtagsakten von Jülich-Berg II 1 S. 414.

Büchern und Akten gebracht. So teilte auch der Prior des Klosters zu Dünnwald dem Paffrather Gericht am 24. April 1645 mit, „weilen bei diesen beschwerlichen Kriegsläuften des Klosters Briefe und Siegel anderwärts in Verwahr gestellt und nit zur Hand hätte", möge man seine Sache vertagen. Gegen Ende des Krieges befanden sich die Hofgebäude fast überall in einem trostlosen Zustande. Die Bauersleute hatten nach den zahlreichen Überfällen nicht mehr den Mut und die Kraft zur Beseitigung der Schäden aufgebracht. Selbst der Fronhof in Paffrath und das Bachgut waren „baulos" und ohne Dächer.

Wie schon zur Zeit des Truchsessischen Krieges lebte in diesen furchtbaren Notjahren die uralte Einrichtung der Landesschützen, die einer Volksmiliz oder dem späteren Landsturm zu vergleichen sind, wieder auf. Ihr Landhauptmann für das Oberquartier Berg, Hermann de Coxi, der zugleich Burggraf oder Kommandant des festen Hauses Bensberg war und auf dem Hause Neuborn zu Lückerath im Botenamt Gladbach wohnte, organisierte das Landesschützenwesen im Jahre 1641 im Amte Porz neu. So wurden für die fünf Gladbacher Honschaften fünf Rotten Schützen unter je einem Rottmeister gebildet. Alle waffenfähigen Männer, ob frei oder unfrei, wurden erfaßt. Die meisten trugen als Waffe ein Rohr (Gewehr), andere hatten einen Spieß oder auch nur einen handfesten Eichenknüppel. An der Spitze aller Schützen eines Kirchspiels oder Botenamtes stand ein „Führer". Dieser Titel bestand noch gegen Ende des 18. Jahrhunderts. So wird in einer Kaufurkunde im Jahre 1703 Adam Conrads, Führer zu Gladbach genannt [75]).

Die Schützen hatten die Aufgabe, die Grenzen, besonders die Landwehren, die Straßen und Zollstellen, zu befestigen und notfalls zu verteidigen. Bei drohender Gefahr wurden sie durch besonders hierfür bestimmte Männer und sogar Frauen aufgeboten. Führer und Schützen wurden auch bei anderen Gelegenheiten herangezogen, etwa zur Verfolgung und Verhaftung von Verbrechern, zur Bewachung von Gefangenen, zur Begleitung von Transporten, zum Schutz der herzoglichen Beamten bei der Steuererhebung oder bei Pfändungen, ebenso zur Absperrung des Geländes bei besonderen Anlässen, wie Fürstenbesuchen und Hinrichtungen.

Auch nach dem Westfälischen Frieden blieb das Bergische Land nur selten eine längere Reihe von Jahren von kriegerischer Bedrückung verschont. Wenn hier auch keine großen, entscheidenden Schlachten geschlagen wurden, so wurden die Höfe und Kirchorte doch bei den sich wiederholenden Truppendurchzügen und Einquartierungen drangsaliert. Während der Kämpfe Frankreichs mit dem Deutschen Reich litt das Amt Porz so sehr, daß Pfalzgraf Philipp Wilhelm schon im Juli 1672 bei Ludwig XIV. in Paris ernste Vorstellungen über die Verheerung seines Landes erheben ließ. Wieder gingen viele Archivbestände verloren, und zeitweise flohen die Bewohner, wenn sie eben konnten mit dem Vieh in die schützenden Walddickichte. In Hebborn wurden fünfzehn Franzosen von den erbitterten Landleuten erschossen [76]. Im August 1675 wurden die Landschützen aufgeboten. Bensberg war der Hauptwaffenplatz, wobei das Botenamt Gladbach in stärkste Mitleidenschaft gezogen wurde. Am 18. Oktober 1675 wurde die Ritterschaft „bei jetzigen mannigfältigen Kriegsempörungen und gefährlichen Läufften" angewiesen,

---

[75]) Guten Abend 1927 S. 44.
[76]) J. *Bendel,* Heimatbuch des Landkreises Mülheim (Köln-Mülheim 1925) S. 111.

sich „in guter Röstung und Bereitschaft" zu halten und mit den schuldigen Dienern und Pferden zu Pempelfort bei Düsseldorf zur Musterung zu erscheinen.

Am 4. Oktober 1676 wurde das Herzogtum „der französischen Contribution halber beschwähret", so daß man befürchtete, es würden zu deren Erzwingung unsere Untertanen mit Fangen und Spannen, Brennen und Sengen heimgesucht, beschädigt und überfallen werden. Um daher die Untertanen „vor Gewalt, verderblichen Schaden und Überfall zu retten und vertätigen zu helfen", sollten sich die Ritter zur Einberufung bereithalten[77]).

Wiederum ließ Herzog Philipp Wilhelm im Juli 1688 alle waffenfähigen Männer in Listen erfassen und in drei „Wahlen" einteilen. Ein Teil der ersten „Wahl", aus unverheirateten Jünglingen bestehend, kam als Besatzung nach Bensberg. Gewiß mußten alle Nachbarorte darunter leiden, aber die jungen Männer gingen auch den Franzosen hart ans Leder und schossen ihre räuberischen Banden nieder.

Der Spanische Erbfolgekrieg führte die Franzosen aufs neue ins Bergische Land. Da zog Kurfürst und Herzog Johann Wilhelm zur Verteidigung der Rheinübergänge alle Kirchspiele des Landes zu Hand- und Spanndiensten und Lieferungen heran. Am 6. August 1701 wurde „die erste Wahl der Junggesellen mit gutem Ober- und Seitengewehr, auch mit Kraut und Loth wohlversehen" nach Düsseldorf aufgeboten. Die Kirchspiele mußten jedem dieser Landschützen ein Taschengeld von 3 Reichstaler für den ersten Monat mitgeben, außerdem noch 156 Rtlr Verpflegungsgelder an den Oberhofmarschall Freiherrn von Nesselrode einzahlen. Zu Anfang März 1702 wurden die alten Landwehren und Grengel instandgesetzt, auch die Heerstraße bei Hand und Hebborn mit Befestigungen gesichert. Die Schützen zweiter Wahl besetzten die Zugänge zum Höhenlande. Für den Unterhalt dieser Wachtleute mußte das Amt Porz monatlich etwa 200 Rtlr aufbringen. Am 4. Oktober zogen die französischen Heerhaufen von Süden her in das Amt Porz ein. Porz selbst und Haus Lülsdorf sanken in Schutt und Asche. Die Schützen mußten der Übermacht weichen. Vom 4. bis zum 6. Oktober ergoß sich die Unglückslawine über das ganze Gebiet von Bensberg, Gladbach, Merheim bis nach Schlebusch und Burscheid hin. Die Landleute flüchteten aus der Ebene am Rhein in die Berge und verteidigten die Straßenzugänge. Viele der zurückgebliebenen Bewohner wurden verschleppt, mißhandelt oder gar getötet. Im Herbst erst wichen die Franzosen vor den herannahenden deutschen und verbündeten Truppen über den Rhein zurück.

Vorsorglich aber wurden auch 1704 und 1705 die Landschützen wieder aufgeboten, um die Rheinübergänge zu bewachen. Im November 1704 mußten sämtliche Pferde des Amtes Porz dem Oberschultheißen in Bensberg zur Musterung vorgeführt werden. Der Gerichtsschreiber legte ein umfassendes Verzeichnis mit Angabe des Besitzers, des Wertes und genaue Beschreibung an, das an die Geheime Kriegskommission in Düsseldorf eingeschickt wurde, um für den Bedarfsfall gerüstet zu sein[78]).

Endlich kam eine längere Friedenszeit für das Bergische Land, und auch das Amt Porz und mit ihm das Botenamt Gladbach konnten sich erholen. Erst der Siebenjährige Krieg brachte mit abermaligen Durchzügen fremder Truppen neuen Schrecken. Das Herzog-

---

[77]) Archiv Wolff-Metternich a. a. O.
[78]) Archiv Wolff-Metternich a. a. O.

tum Berg stand mit Bayern auf der Seite Maria Theresias und sandte ihr im Juni 1757 zehn Bataillone zur Hilfe. Im Herbst begannen die Lieferungen. Im Kirchspiel Merheim bezogen die von Mannheim gekommenen pfälzischen Regimenter Prinz Karl und Osten Quartier. Alle Botenämter der Ämter Porz und Steinbach mußten Fourage für die Artillerie-, Offiziers- und Wagenpferde und Brotportionen für die Mannschaften liefern. Sie wurden allerdings bezahlt. Für jede Brotportion wurden drei Kreuzer, für die Fourage-Ration 15 Kreuzer erstattet. Die Lieferungen wurden honschaftsweise umgelegt.

Als dann im Jahre 1757 die Franzosen ostwärts durchzogen, erregten sie zunächst kein böses Blut wie vorzeiten. Mit 170 doppelbespannten Karren zur Getreidefuhr von Wesel nach Dülmen mußte das Amt Porz ihnen helfen. Erst als sie nach der Schlacht bei Roßbach zurückfluteten, änderte sich ihr Verhalten. Am 1. April 1758 rückten 750 Mann von dem französischen Regiment Royal Rochefort, am 2. April 1250 Mann von dem französischen Regiment de Planta in das Botenamt Gladbach ein, so daß 200 Mann einquartiert werden mußten. Ähnlich kamen am 2. April vom französischen Regiment de Lamarck und an Münsterschen mit ihnen verbündeten Truppen 880 Mann in das Botenamt Merheim, ebenso 343 Mann vom französischen Regiment De Foix in das Botenamt Stammheim. Alle rückten am 3. April weiter, ohne allerdings trotz des Versprechens des Armee-Intendanten die genossene Fourage und die in Menge beanspruchten Vorspanndienste bar zu bezahlen. Sie stellten darüber nur eine Quittung aus, und auch das nur zum dritten Teil für die Fourage, für den Vorspann aber überhaupt nicht. Der Oberschultheiß sandte sofort einen Bericht an die Hofkammer in Düsseldorf und bat, da täglich neue Truppen in das Amt Porz einrückten, um Schutz der Untertanen vor solchen Schädigungen [79]).

Den fliehenden Franzosen folgten die preußischen Husaren auf dem Fuß. Sie betrachteten das Herzogtum Berg als Feindesland und legten ihm schwere Kontributionen auf. Das Kloster Altenberg mußte 4400 Rtlr, das Amt Porz 15 488 Rtlr in Gold zahlen, dazu 20 000 Fourage-Rationen liefern. Das kam zu dem Schaden von 15 256 Rtlr, den die Franzosen verursacht hatten. Alle Gemeinden mußten Darlehen aufnehmen, um die Kontributionen aufbringen zu können, Gladbach 1450 Rtlr. Diese Anforderungen hielten nun mit den Truppendurchzügen an wie im Dreißigjährigen Kriege. Ob Freund, ob Feind, alle sogen das arme Land aus. Am 19. November 1759 wandte sich der Oberschultheiß wie so oft an die Regierung in Düsseldorf um Hilfe gegen neue unerhörte Belastungen. Schon am folgenden Tage antwortete ihm der Minister J. von Schaesberg für den Kurfürst Karl Theodor:

„Lieber Getrewer! Wir haben uns ewerem unterm gestrigen Dato untertänigst erstatteten Bericht mehreren Inhalts gnädigst ersehen, welche Anmutung auch von seiten der alliirten großbritannischen Armee geschehen seie. Wir befehlen euch hierauf gnädigst, das ihr mit geziemender und von einem verpflichteten Beambten allerdings vermutender kluger und behutsamer Anständigkeit dem Prinzen von Beveren antworten sollet, wie ihr für mich die angetragene Verfügung zu tuen nicht vermögend wäret, sohin Ihre Durchlaucht von selbst die daraus entstehenden Schwierigkeiten erkennen würden. Über

---

[79]) Stadtarchiv Bergisch Gladbach A 324.

den etwaigen weiteren Erfolg habt ihr sofort euren untertän. Bericht anhero gehorsambst zu erstatten."

Im Monat darauf wurden die Bedrängnisse noch größer. Der Oberschultheiß wußte kaum noch die nötigste Fourage beizuschaffen, die ihm von den Regimentern abverlangt wurde. Da richtete er am 30. Dezember 1759 ein dringendes Schreiben an die Schatzheber und Vorsteher der Botenämter des Amtes Porz, das für Stammheim noch vorliegt: „Dahe in einigen Ortschaften des hiesigen Ambts so viele Trouppen durchmarschieren und übernachten, gar auch einige Täg darin cantoniren, gleich dann annoch würklich mehr als 1000 Mann Cavallerie in denen Dorschaften des Bottambts Portz und Merheim schon drei Täg cantonnirt haben und deren Aufbruch bis dahin nicht bekant ist, und zu deren Behuef eine solche Menge Fourage erforderet wird, daß diese fast länger nicht beizuschaffen, mithin darin aus denen übrigen Ortschaften concourriret werden muß, als wird Schatzheberen und Vorsteheren des Bottambt Stammheim ahnbefohlen, ohngestraft dieses zu verahnstalten, daß aus dortigem Bottambt und zwaren von Freien und Unfreien, Rittersitzen, Geist- und Weltlichen ad dreihundert Rationen Heu, jede zu 15 Pfund, sodann ad 500 Rationen Haber, jede ad 1 Viertel, alsogleich und ahngesicht dieses beisammengebracht und längstens Dienstag, den 12. Januar, morgens 9 Uhr dem Vorsteheren des Dorfes Merheim gegen Quittung überlieberet werden. Hierahn ist nun umb so weniger der mindeste Fehler oder Versaum verspüren zu laßen, als sonsten ganz gewiß annoch selbigen Tags den Bottambtseingesessenen ein Militair-Commando zur Execution hingeleget werden wird." Bensberg, den 30. December 1759.

Den ganzen Winter 1759/60 hindurch mußten die Männer aus den Ämtern Porz und Steinbach an der Herstellung der Wipperfürther Heerstraße arbeiten und Hand- und Spanndienste zur Befestigung von Deutz und Düsseldorf leisten. Unterdessen drangsalierten französische und preußische Streifen das Land. Beim Durchzug des Prinzen Soubise mit 40 000 Franzosen nach Westfalen im Juni 1761 stellte allein das Amt Porz innerhalb von acht Monaten 132 Vorspannpferde, von denen viele verendeten. Das Amt erlitt hierbei einen Schaden von 34 000 Rtlr. Erst mit dem Friedensschluß im Jahre 1763 hörten die Drangsale auf, jedoch hatte das Land noch lange an der Tilgung der Schulden zu tragen.

Es scheint, daß die bergische Landesregierung schon im Winter 1789/90 nach dem Ausbruch der französischen Revolution mit neuen kriegerischen Verwicklungen gerechnet hat. Damals mußte jede Haushaltung ihren Bestand an Feldfrüchten und sonstigen Lebensmitteln, außerdem auch den Bedarf angeben. Man wollte offenbar Vorsorge treffen.

Als sich dann Österreich und Preußen entschlossen, zur Rettung des französischen Königtums in den Gang der Dinge einzuschreiten, wurde das Amt Porz gleich zu Anfang des Jahres 1792 wieder Zeuge und Leidtragender der Truppendurchzüge. Ein Schriftstück im Bergisch Gladbacher Stadtarchiv (A 324, ohne Datum und Unterschrift) gibt uns Kunde davon:

„Das Wurmser Husaren-Regiment, so bestehet in 2064 Köpf, Pferd 2359, das Coburger Dragoner-Regiment a 1235 Köpf, 1456 Pferd, sodann Sapeurcorps ad 61 Köpf, 19 Pferd, Mineurscorps a 146 Köpf, 19 Pferd, marchiren über Giesen, Wetzlar und den Westerwald über Cöllen nachher Achen dergestalten, daß zu Cöllen 7, zu Zündorff 6, und zu Mondorff 3 Escadrons, nebst den Sapeurs und Mineurs über den Rhein gesetzet werden, und soll die

Mulheimer Brück nach Zündorff gebracht und die Bonnische Brücke nach Mondorff oder allenfalls Pferdsschaalen und Nachen zur Ueberfahrt beforderet werden; wan keine hindernüs beym Marsch einfallet, so wird Wurmser circiter den 31. Xbris zu Deutz, Pool pp. eintreffen, Coburg drey Täg darnach in der Gegendt Mondorff und Zundorff folgen."

Wahrscheinlich mußte das Botenamt Gladbach nun wieder Fourage und Brot liefern und Vorspanndienste leisten. Für die Einquartierung der Truppe kamen von der Landesregierung bestimmte Vorschläge, die vermutlich auch später maßgebend blieben:

„1. Die vorhandenen Listen der Vermögens- oder Familien-Steuer werden revidirt und jeder Mann quotificirt, wobey zugleich auf die häusliche Umstände, jenachdem einer mit mehr oder weniger Kosten Soldaten verpflegen kann, Rücksicht genommen wird.
2. Der gemeine Soldat ist nach der Verordnung zu 26 Stüber per Tag angeschlagen. Unterofficire bis zum Leutnant können zu 2 ad 3 Mann angeschlagen werden. Ein Capitain oder Leutnant kan zu 6 Mann angeschlagen, ein Major zu 8 Mann und so weiter.
3. Alle unvermögenden Einsaßen, Bewohner, die von Tagelohn leben, Pfarrgeistliche sind frey zu lassen.
4. Man rechnet nach der Anleitung § 2, was die Einquartirung in der ganzen Samtgemeine kostet, und wird bald wißen, wieviel auf den Mann der nach § 1 berichtigten Liste kommt.
5. Man setzet einen oder mehrere Quartierträger zusammen und giebt soviel Concurrenten bey, daß die Entschädigung nach § 2 herauskommt. Die Berechnung der Quartierträger und Concurrenten unter einander geschieht auf die Art, wie die Personen sich gegeneinander berechnen."

Die Truppendurchzüge nach dem westlichen Rheinufer setzten sich bis ins Frühjahr 1793 fort. Schon im Februar war das KK. Hauptarmeespital in das Neue Schloß zu Bensberg verlegt worden. Sofort wurden alle Botenämter des Amtes Porz zur Lieferung von insgesamt 35 984 Pfund Lagerstroh verpflichtet, wovon auf Gladbach 5 751 Pfund entfielen. Zugleich gingen hohe Anforderungen für Brennholz an die Botenämter hinaus, und der Gladbacher Schatzheber Kerp hatte in diesen Wochen alle Hände voll zu tun. Die Spanndienste für das Lazarett hielten an, solange es bestand. Vom 26. Juli 1793 bis zum Herbst waren die Trierischen und Kurkölnischen Wachmannschaften der gefangenen kranken Franzosen in Gladbach einquartiert. Die Kunde von der Typhusepidemie im Schloß und von den Massengräbern in der Hardt verbreiteten Furcht und Schrecken [80]).

Im Herbst 1794 ging das von den Franzosen verfolgte deutsche Heer über den Rhein zurück. Unterhalb Mülheim wurden zwei Brücken geschlagen. Das ganze Rheinufer wurde zur Verteidigung eingerichtet. Herzog Karl Theodor schrieb am 22. September eine Capitationssteuer (Kopfsteuer) für das ganze Land aus. Je nach ihrer Stellung und ihrem Einkommen waren alle Einwohner in sechs Klassen eingeteilt, die 20, 12, 8, 4, 2, oder 1 Reichstaler zahlen mußten. Tagelöhner, Kötter und Unvermögende blieben frei [81]). Es wurde den Untertanen damals noch verhältnismäßig leicht, die Steuer zu zahlen, da die Kaiserlichen Geld ins Land brachten und man von ihnen hohe Preise nahm, für das Malter Weizen 32 Rtlr, Roggen 22 Rtlr, Hafer 11 Rtlr, für ein Pfund Brot 5 Stüber, für Rindfleisch 12 Stüber und für ein Ei 3 Stüber. Alle Spanndienste und Lieferungen für die Truppen wurden vergütet und dafür bei den Haushaltsvorstehern nach einem bestimmten Schlüssel Umlagen erhoben. Aus den erhaltenen Aufzeichnungen

---

[80]) Anton *Jux*, Das K. K. Hauptarmeespital in Bensberg und der kaiserliche Kirchhof (Wuppertal 1955).
[81]) Der Erlaß ist abgedruckt in Guten Abend, 1928, 47.

des Vorstehers Anton Reusch sind wir über die Einzelheiten für die Honschaft Gladbach genau unterrichtet. Er forderte am 21. August und am 5. September 1794 drei „Umschläge zum Behuf des Fuhrwerks der K. K. Armee von Cölln nach Achen Fourage zu fahren". Jeder „Umschlag" erbrachte 22 Rtlr 43 1/2 St., also zusammen 68 Rtlr 10 St. 8 Heller. — Auch 1795 machte er 1/3 „Umschlag" auf die Eingesessenen von 7 Rtlr 24 St. „zum Behuf der von dem K. K. Regiment Muray hier bei Görgen Kürten gehabten Stockwacht wegen Feuer und Licht". — Weiter mußte Reusch 1 Rtlr 53 St. 4 H. umlegen, um auf den Befehl des Oberamtmanns Freiherrn von Lützerode vom 22. Juli 1795 die Arbeitskosten des im Königsforst für die K. K. Truppen gemachten Klafterholzes zu zahlen. Auch empfing er für die wegen der erwähnten Stockwacht ausgewirkten Befehle 20 St. 4 H. — Insgesamt machten diese Umlagen den Betrag von 77 Rtlr 48 St. aus. Reusch legte auch eine „Specification" der Ausgaben an, die er als Vorsteher für die Honschaft Gladbach durch die Kaiserlichen Soldaten von 1793 bis 1795 gehabt hatte:

1793, November 21., 23., 30., — December 14. und 15. bin ich nach Buchheim zur Kanzley gegangen, um das Geld für hiesige Honnschaft gelieferte Haber abzuholen, per Gang rechne 40 St. = 3 Rtlr 20 St.
1794, August 21. dem Jacob Bützler zur Reise für die hiesige Bottamtsfuhren von Cölln nacher Achen zu transportiren, den Honnschaftsanteil zahlt 46 St. 12 H.
August 27. an drei Fuhren zahlt, als Frohnhalfen Siegen, Jacob Odendahl und Anton Reusch, welche den 22. August von hier nach Cölln und allda Mehl aufgeladen und zur K. K. Armee nach Achen gefahren, jedem für seine Fahrt zahlt 10 Rtlr = 30 Rt.
Vom 7. August bis 29. September hab ich zum Behuf der hier einquartirten Husaren und dazu gehörigen Kanzley von dem K. K. Erzherzog Leopold Regiment Tag und Nacht Ordonanz haben müßen, macht 52 Nachten per Nacht 2 St. = 1 Rtlr 44 St.
September 5., 6. dem Frohnhalfen Siegen für seine zwei Dienstkarren, welche den 6. September von Cölln mit Fourage für die K. K. Armee nach Aachen gefahren, abschläglich zahlt 15 Rtlr 37 St. 12 H.
Zum Behuf der hier einquartirten 7 Compagnien Stabs-Infanterie vom 10. October bis 3. November Ordononcen Tag und Nacht haben müßen, 24 Nachten per Nacht für Feuer und Licht 4 St. = 1 Rtlr 36 St.
Vom 17. December 1794 bis 29. Jenner 1795 habe zum Behuf der K. K. Benjovski Infanterie Tag und Nacht Ordonancen haben müßen, 43 Nachten per Nacht für Feuer und Licht 4 St. = 2 Rtlr 52 St.
1795, vom 18. Februar bis 21. Merz zum Behuf des hier einquartirten Obristen samt seiner Leibcompagnie vom K. K. Regiment Muray gehabten Ordonancen 31 Nachten per Nacht für Feuer und Licht 4 St. = 2 Rtlr 4 St.
April 3. bis 17. zum Behuf der hier einquartirten Infanterie von Kaunitz Ordonancen gehabt, sind 14 Nachten per Nacht für Feuer und Licht 4 St. = 56 St.
Bei dem hier einquartirten Regiment Muray hat Wittib Mayers aufm Berg für die Ordonanz 1 Pintgen Oehl und zwei Bauschen Stroh geholt, zusammen 20 St.
Merz 24. hat Wilhelm Rövenich für die einquartirte Infanterie von Orlich Kinski zum Behuf des Wachtzimmers 1/2 Pintgen Oehl geholt = 5 St.
Merz 25. hat derselbe ferner für das Wachtzimmer für Infanterie von Brechanville Regiment 1 Pintgen Oehl geholt, kost 10 St.
Vom 24. April bis 17. ist alle Abend 1/2 Pintgen Oehl zum Behuf des Wachtzimmers für die von Kaunitzsche Infanterie abgeholt, macht 1 5/8 Maaße, per Maaß 40 St. = 1 Rtlr 5 St.
Vom 17. April bis 13. May zum Behuf der hier einquartirten von Kaunitzschen Infanterie Ordonanzen gehabt, seind 26 Nachten, per Nacht 4 St. = 1 Rtlr 44 St.
July 15. An Schatzheber Kerp wegen im Königsforst für die K. K. Armee gemachten Klafterholz verdungenen Arbeitslohn zahlt laut Quittung = 1 Rtlr 46 St.
Oktober 2. an die auf Vorposten hier gestandene Barco-Husaren geben müßen 4 Pfund Buchweizenmehl, per Pfund 2 St. = 8 St. dito auch 1 Pfund Butter dabei = 15 St.
October 29. An Vorposten gestandene K. K. Truppen von Prinz Condé geben müßen 1 Maaß Brandwein, kostet 32 St.
October 30. an die auf Vorposten gestandene K. K. Dragoner 10 Pfund Salz liefern müßen, kostet = 45 St.

November 15. Dem Görgen Kürten für die in seinem Hause gehabte K. K. Stockwacht vom 18. Februar bis 21. Merz wegen Feuer und Licht zahlen müßen = 4 Rtlr 30 St. 12 H.
Das diese Kosten von der Honschaft zahlt werden sollten, deswegen drei Befehle auswirken müßen = 1 Rtlr 3 St.
In den auf Seite 2 bemerkten Umlagen belaufen sich die Restanten ad 34 Rtlr 4 St. 14 H.
Summa 105 Rtlr 25 St. 2 H.
Hiervon ab obiger Empfang zu 77 Rtlr 48 St. 2 H.
Kommt also dem Vorsteher Reusch, K. K. Truppen betreffend, noch zu gut: 27 Rtlr 37 St. 2 H.

Es ist ein buntbewegtes Bild, das sich in diesen Rechnungen wiederspiegelt. Es würde ohne Zweifel noch aufschlußreicher sein, wenn sich solche Aufzeichnungen auch für die übrigen Honschaften des Botenamtes erhalten hätten, aber sie vermitteln auch ohnedies einen Einblick in die Vorgänge jener erwartungsvollen Tage. Sie nennen die Truppenteile, die den Einfall des gefürchteten Landesfeindes abwehren sollten, unter dem die Vorfahren so viel gelitten hatten und wovon die Alten noch immer am Abend erzählten. Schneller als man geahnt hatte, gelang der französischen Maas- und Sambre-Armee in der Nacht zum 6. September 1795 der Übergang über den Niederrhein. Am 10. September zogen sich die Kaiserlichen gegen die Sieg hin zurück, und das Amt Porz wurde von den Franzosen besetzt. Vor allem am 20. und 21. Oktober wurde das Land zwischen Sieg und Wupper in entsetzlicher Weise ausgeplündert. Es gelang den Kaiserlichen aber am 24. November den Feind über die Wupper nordwärts zurückzudrängen, und ein Waffenstillstand verschaffte auch dem gequälten Amt Porz Ruhe bis zum Mai 1796. Nun stießen die Franzosen wieder südwärts vor, wurden aber am 19. Juni bei Uckerath geschlagen und fluteten wieder nach Norden ab. Die Kaiserlichen Vorposten folgten. Der Peter-Pauls-Tag 1796 prägte sich dem Landvolk mit den von den Franzosen ververübten Greueln unauslöschlich in die Erinnerung ein. Das bergische Landvolk griff unter Ferdinand Stucker und dem Vikar Johann Peter Ommerborn von Offermannsheide im Herbst voller Erbitterung zu den Waffen, um die Heimat zu befreien. Der Versuch mißlang durch schmählichen Verrat[82]). Das Franzosenheer bezog im September ein Lager zwischen Porz und Bensberg.

Am 9. November 1796 ließ der Oberschultheiß Daniels auf Befehl Salme von der französischen Nordarmee die Ortsvorsteher des Amtes Porz nach Bensberg kommen, um mit ihnen zu beraten, wie die Mittel aufgebracht werden könnten, die erforderlich waren, die Tafelbedürfnisse der feindlichen Offiziere zu befriedigen. Im Protokoll legte der Gerichtsschreiber Schatte nieder, was die Ortsvorsteher und Meistbeerbten vortrugen: „sie wären durch den bis hierhin angedauerten unerhörten Krieg und jetzt schon bis in die siebente Woche andauernde Lagerung der französischen Truppen bis auf den letzten Heller ausgemergelt. Die Fourage von jeder Art wäre von den Truppen weggenommen worden; die Scheunen seien auch von den übrigen Früchten großenteils ausgeleert, eine Menge Häuser teils unbewohnbar, teils der Erde gleichgemacht worden. Die Felder lägen öd und wüst und könnten nicht eins mehr zur künftigen Wintersaat zubereitet werden, weil kein Vieh und kein Saatkorn vorhanden; den meisten Leuten mangelte es an dem notdürftigen Brot, zu geschweige von übrigen Lebensmitteln. Es müßte der hiesige Untertan gegenwärtig seinen notdürftigen Unterhalt bei den Truppen selbst suchen, um seine Familie vor dem gräßlichen Tod des Hungers zu bewahren. Die Aussicht in die

---

[82]) Näheres hierzu bei Anton *Jux,* Hof und Geschlecht Ommerborn (Bergisch Gladbach 1927).

Evangelische Kirche erbaut 1776

Zukunft wäre schaudernd, besonders wo sie neben den unerträglichen Kriegsdrangsalen mit der leidigen Viehseuche stark heimgesucht würden. So willig und bereit sie auch wären, zur Fournirung der besagten Generalstafel die nötigen Gelder beizuschaffen, so wären sie aber aus vorberichteten Ursachen hierzu nicht imstande, indem einesteils alle Gemeinden schon in solchen großen Schulden stecken, woraus selbige gewiß nicht in kurzen Jahren gerettet sein würden, und anderen Teils den meisten Untertanen es an Mitteln mangelte, sich selbst das notdürftige Brot für die Zukunft anzuschaffen, wenn selbiges noch allenfalls für Geld und für Verschreibung von Haus und Hoff zu haben sein würde. Sie müßten also ihre Zuflucht zur höchsten Landesregierung nehmen ..."[83]). Das Lager wurde erst am 14. Dezember abgebrochen. Bis dahin hatte das Amt Porz schon einen amtlich ermittelten Schaden von 1 800 000 Reichstaler erlitten. Die Brandschatzungen, Requisitionen, Erpressungen und Einquartierungen schienen kein Ende nehmen zu wollen. Wieder kam es am 9. Dezember 1796 zu einem befristeten Waffenstillstand bis zum April 1797, aber auch nach dem Abzug der Hauptmacht blieb das Bergische Land unter der Schwertmacht und bekam sie fortgesetzt bitter zu spüren[84]).

---

[83]) *Zuccalmaglio*, Helden, Bürger usw. S. 191 ff.
[84]) Vgl. *Zuccalmaglio*, Mülheim, S. 157 ff.

Auch für die Zeit, da französische Truppen im Botenamt Gladbach standen, verfügen wir über genaue Aufstellungen für die Honschaft Gladbach vom Vorsteher Reusch. Er hatte im Herbst 1797 in seiner Eigenschaft als Vorsteher des Botenamtes Gladbach angeblich einen Betrag von 3400 Reichstalern von den Eingesessenen „beigenommen", um damit Kleidungsstücke anzuschaffen, die von den französischen Truppen angefordert worden waren, (vgl. hierzu Bendel, Mülheim, S. 124 f.) und auch die Quartierlasten unter den Familien auszugleichen. Man erhob beim Oberamtmann Freiherrn von Lützerode in Mülheim Anzeige gegen ihn, weil er über diese Gelder bis zum November noch keine Rechnung abgelegt hatte. Am 4. November wurde deshalb der Schatzheber Kerp in Gladbach angewiesen, dem Vorsteher unter einer Strafandrohung von 6 Rtlr aufzugeben, ohne weiteren Verzug seine Rechnung vor dem Bottamts-Vorstand und den Beerbten abzulegen.

Kerp ließ durch die Unterboten der Honschaften den Vorsteher Reusch, sowie die Honschaftsvorsteher, Scheffen und Beerbten des Botenamts auf den 9. November morgens 9 Uhr zu einer „Dagesfahrt" laden, um die Rechnung entgegenzunehmen. Es waren geladen worden:

Aus der Hunschaft Kohnbüchen Scheffen Cürten, als Beerbte Hebohner Halffen, Conrat Hammelraoth, Wilhelm Büchel, Peter Schmit, Peter Schmitz, Adolf Steinbach, Joan Buchholz.

Aus der Hunschaft Paffrath Vorsteher Jacob Kierdorf, als Beerbte Anton Kirspel, Ferdinant Fues, Wilhelm Risch.

Aus der Hunschaft Gladbach Beerbte Anton Gladbach, Anton Steingas, Peter Herbst, Erbgenahmen Schnabel, Gerhart Jacob Fues, Peter Vierkotten.

Aus der Hunschaft Gronau Vorsteher Joan Höltzer, als Beerbte Herr Joan Arck, Wilhelm Linden, Wilhelm Schirenbusch, Joan Bützler, Jacob Odendahl, Peter Müller, Wilhelm Schmitz.

Aus der Hunschaft Sand Vorsteher Göttert Muer, als Beerbte Henrich Odendahl, Joan Müller, Conrat Schmitz, Blissenbacher Halffen, Weyer Halffen, Evert Bauer, Rommerscheider Halffen, Herrn Fues in der Dombach.

Es erschienen jedoch nur die Scheffen und Vorsteher Kiredorf, Vorsteher Hölzer, Vorsteher Muer und einige Meistbeerbte in Kerps Behausung. Der Vorsteher Reusch aber zeigte eine Ladung durch den Oberschultheißen Daniels vom 8. November auf den 16. nach Bensberg vor, um dort die Rechnungsablage vorzunehmen. Die Anwesenden lehnten jedoch des Weges und der Kosten halber eine Verhandlung in Bensberg ab. Diese Sache sei eine private Angelegenheit der Gemeinde und gehöre nicht vor das Gericht. Es genüge ihnen, wenn Reusch seine Rechnung schriftlich einreiche; das Botenamt werde die Kosten dafür vergüten. Kerp teilte diesen Beschluß am folgenden Tage dem Oberschultheißen in Bensberg mit. Daniels erklärte beim Amtsverhör des Oberamtmanns am 14. November, er finde diese Erinnerung der Gladbacher „noch zur Zeit zu voreilig". Es sei gar nicht gesagt worden, daß die Rechnungsablage auf Kosten des Bottamts geschehen solle. Der stolze Oberschultheiß erklärte weiter: „Indessen bleibt es bei dem auf übermorgigen Donnerstag angesetzten Termin ..., wornach also Vorsteher und Beerbte vom Schatzheber Kerp unter 6 Rtlr Straf vorzubescheiden sind." Der Gerichtsschreiber Schatte fertigte diesen Ukas an den Gladbacher Schatzheber aus[85]), doch wissen wir nicht, ob die Gladbacher wirklich klein beigegeben haben, da Reuschs Abrechnungen erst aus dem Jahre 1799 für die ganze rückliegende Zeit vorliegen. In der Zeit vom 16. Juni 1796 bis zum 9. August 1799 forderte er 80 mal den „Hundertzettul auf Freie und Unfreie" ein. Jeder dieser „Umschläge" erbrachte 25 Rtlr 23 Albus 4 Heller, also insgesamt 2029 Rtlr 52 A. 6 H. Da keine Klarheit darüber bestand, wie die Unterboten sich beteiligen sollten, da ja ihre Dienstleistungen angerechnet werden mußten, waren sie „davon gelassen" worden. Im einzelnen heißt es:

„Unter diesen Umschlägen sind 5, worunter die Handdienste mit angeschlagen worden sind, macht aus 6 Rtlr 24 Alb., zusammen 2035 Rtlr 76 Alb. 6 H.
Hiervon gehen aber ab wegen 6 Umschlägen zum Behuf der Schanzarbeit und Holzreider und Briefträger, worin einige die Arbeit in Natura verrichtet, auch die Briefträger in diesen Umschlägen freygelassen worden, macht zusammen in diesen 6 Umschlägen 16 Rtlr 32 Alb., bleiben 2019 Rtlr. 33 St. 6 H.
Aus dem Dünnwalder Magazin 23 Brod obrück erhalten, wovon 17 Stück per 6 St. verkauft habe, macht 1 Rtlr. 44 St. und 6 Stück per Stück 5 St. = 30 St.
Ferner setze hieher, was ich aus 4 die Industrie betreffenden Umschlägen für Früchten, Fleischgelder und Fortificationsarbeit von den in der Honnschaft Gladbach eingeseßenen Industrianten zu empfangen hatte = 57 Rtlr 54 St. 10 H.

Summa 2079 Rtlr 42 St."

Lang ist die „Specification" der Ausgaben, welche Vorsteher Reusch über die französischen Truppen seit 14. September 1795 für die Honnschaft Gladbach insbesondere gehabt hat.

1795 September 14 ist Jacob Bützler als Deputierter für die Honnschaft Gladbach mit Fourage nach Mülheim geschickt worden, zahlt 14 St.
September 15 den Johannes Will für die Honnschaft als Conducteur mit Fourage nach Cölln geschickt, derselbe um die richtige Quittung zu erhalten, zahlt 57 St. 8 H.
Item für den Gang zahlt 18 St.
1796 October 12 sind eine Parthie Husaren beim Schmidt auf der Kuhlen allhier gewesen, welchen ich 2 Buch Papier mußte liefern 20 St.
October 14 an 4 französische Grenadier zahlt 84 Livres, worauf aber das Dorf mir nur hat durch Unterbott Will 78 Livres übersandt, also aus Cassa müßen zulegen 6 Livres = 1 Rtlr 55 St.
November 15 dem Parksfuhrmann zu Mülheim zahlt 1 Rtlr 20 St.
December 3 dem Parksfuhrmann zu Mülheim ferner noch zahlt 3 Rtlr 5 St.

Bezahltes und geliefertes Rindvieh betreffend

1796 Juny 16 dem Anton Schmitz auf Rechnung des von ihm gelieferten Stück Schlachtviehes zum Behuf der franz. Armee bezahlt 12 Rtlr.
Dem Wilhelm Reusch zu Steingassen auf Rechnung des von ihm gelieferten Stück Schlachtviehes zahlt 12 Rtlr.
Juny 17 dem Joseph Steinkrüger auf Rechnung seines gelieferten Stück Schlachtviehes zahlt 16 Rtlr.
Juny 18 dem Gerhard Schlösser für seine gelieferte Kuh auf Rechnung zahlt 12 Rtlr.
1798 September 19 dem Johann Werner für seine zu Behuf des französischen Lagers zu Bensberg gelieferte Kuh auf Abschlag zahlt 4 Rtlr 12 St.
1797 October 7 Malters — Säck mit Mehl von hier nach Dünnwald geschickt, jeden leeren Sack kost 40 St. = 4 Rtlr 40 St.,
und 1 Säckelgen mit Reis auch dahin geschickt, das Säckelgen 18 St.
October 26 ein Nachtsgeschirr ins Wachthaus liefern müßen, kostet 9 St.
Laut Schein für 8 Pfund Haarpuder zahlt, welchen auf Befehl des Capitains habe hohlen laßen müßen, zahlt per Pfund 12 St. = 1 Rtlr 16 St.

---
[85]) Stadtarchiv Bergisch Gladbach A 326.

Für den Gang solchen hohlen zu laßen, zahlt 9 St.
November 12 laut Quittungen für Wachs und Licht zum Behuf der Schneider, welche für die Franzosen gearbeitet haben, und für einen Gang nach Morschbruch zum Commandant zusammen zahlt 42 St.
Laut Quittung vom 10. Frimaire 6. Jahr an Capitain Martin an Papier und Federn geliefert 1 Rtlr 30 St.,
für solches in der Dombach bey Herrn Fues zu hohlen, zahlt 6 St.
December 14 an den Fourier von der einquartierten Compagnie ein Buch Papier und 1 Feder geliefert 11 St.
Für das gelieferte Mehl zu Dünnwald zu wiegen und die Säcke auf die Waage zu tragen an den Conducteur Rolshoven zahlt 6 St.
December 19 für den Sergeant Major und Fourier 1 Buch Papier in der Dombach hohlen laßen, kost 11 St.,
Für den Gang zahlt 4 St.,
Auch 3 Federn geliefert 3 St.
1798 January 31 an die auf der Johrsmühl allhier gelegene französische einquartierten Lieutenant samt Frau aus Befehl liefern müßen vom 31. Jenner bis 17. Februar an Wein, Brandwein, Fleisch, Fischwerk pp. wie solches zum Theil in denen Quittungen Nr. 90, 91, 92 und 96 und ferner in dem Annotationsbuch Pag. 27 bis 29 zu sehen ist, zusammen ausgelegt für 22 Rtlr 3 St. 4 H.
Februar 12 hat Sergeant Major einen Stangen Siegellack ad 7 Stüber und für 2 Stüber Dinten geholt, zusammen 9 St.
Februar 10 zum Gebrauch der hiesigen einquartierten französischen Schneider 1 Pfund Kerzen zu Mülheim hohlen laßen müßen, kostet 16 St.,
an Transportkösten 6 St.
Februar 20 an die hier einquartierte 5. Compagnie 2½ Brigade 3. Bataillon laut Quittung liefern müßen 3 Buch Realpapier, per Buch 1 Rtlr und 17 Buch Schreibpapier per Buch 8 Stüber, zusammen 4 Rtlr 36 St.
Februar 20 dem Schreiner Hainis zu Heborn für eine an die nemliche Compagnie abgelieferte Kiste und ein Lineal zusammen 2 Rtlr 12 St.
Februar 20 laut Quittung dem Joseph Dick für einen Gang zum französischen Commandanten nach Wipperfürth zahlt 1 Rtlr 55 St.
Merz 14 für die hier einquartierten 2 Lieutenants mit 17 Mann Gemeinen 3 Buch Papier kauffen müßen = 33 St.
Dieses Papier in Mülheim müßen laßen einbinden, dafür zahlt 33 St.
Laut Quittung den 30. Ventoise 6. Jahrs an den Lieutenant abgegeben.
April 11 laut Quittung in den Tafelgeldern des zu Bensberg liegenden Commandanten 2½ Brigade 3. Bataillons zahlt 6 Rtlr 40 St.
An Transportkosten 15 St.
1797 May 10 an Herrn Oberschultheis Daniels laut Quittung für französische Contribution zahlt 70 franz. Cronthaler, macht à 115 Stüber = 134 Rtlr 10 St.
Dieses Geld nach Mülheim zu transportieren und die Quittung zu besorgen = 40 St.
May 24 in Betref der vom Frohnhalfen zu Merheim gefoderten Tafelgelder des franz. General Salm, zu Bensberg den ganzen Tag auf der Commission erscheinen müßen, rechne 20 St.
Juny 1 an die zwey Holzreider im Königsforst laut Quittung zahlt 2 Rtlr 15 St.
Juny 3 an Herrn Oberschultheis tit. Daniels laut Quittung wegen gefoderten französischen Contribution zahlt 22 Cronthaler à 115 St. gerechnet, macht 42 Rtlr 10 St.
Für dieses Geld nach Bensberg zu tragen 20 St.
Juny 4 an den Holzreider Wilhelm Klein zahlt laut Quittung 3 Rtlr 9 St.
Juny 5 an den Holzreider Meinerzhagen zahlt 5 Tag per Tag 27 St. laut Quittung = 2 Rtlr 15 St.
Juny 7 In Betref der Contribution den ganzen Tag zu Bensberg erscheinen müßen = 20 St.
Juny 7 an Herrn Oberschultheis tit. Daniels an Französischer Contribution laut Quittung zahlt 11 Cronthaler à 115 St., macht 21 Rtlr 5 St.
Juny 9 an Herrn Oberschultheis Daniels an Contribution zahlt 5 franz. Cronthaler und 61½ Stüber Münz macht 10 Rtlr 36 St. 8 H.
Dieses Geld nach Bensberg zu transportieren = 20 St.
Juny 23 in den Kösten der vom General D'haupolt angefoderten 3 Reitpferd an Herrn Oberschultheis Daniels laut Quittung zahlt 17 Rtlr 15 St.
Solches nach Bensberg zu transportieren 20 St.
Juny 28 An Herrn Oberschultheis Daniels laut Quittung wegen Contribution zahlt 13 Rtlr.
Solches nach Bensberg zu transportieren 20 St.

Juny 30 An Herrn Oberschultheis Daniels wegen Contribution zahlt laut Quittung = 6 Rtlr 33 St. 12 H.
Solches nach Bensberg zu tranportieren 20 St.
August 15 den ganzen Tag in betref der Contribution und Requisitions-Rechnung zu Bensberg erscheinen müßen 20 St.
Aug. 25, in Betref der Contribution zu Bensberg erscheinen müßen 20 St.
Vom 26. August bis 6. September hab ich den Honnschafts-Einsaßen ihre gehabte Einquartierung bezahlt mit 179 Rtlr 30 St.
Sept. 10 hat Cüster Wilhelm Reusch, Paulus Flosbach und Jacob Wessel jeder einen Ordonanz Soldat gehabt, dafür jedem bezahlt 30 St. = 1 Rtlr 30 St.
Dem Joseph Steinkrüger für seine vom 6. bis 11. September gehabte 2 Mann Einquartierung zahlt 4 Rtlr 40 St.
Dem Johann Engels für 4 Tag Einquartierung zahlt 1 Rtlr 50 St.
Dem Peter Vierkotten habe für 2 Mann vom 11. bis 20. September zahlt 9 Rtlr 20 St.
Dem Frohnhalfen Siegen für 2 Mann vom 6. bis 20. September zahlt 14 Rtlr.
Dem Jacob Odendahl für 2 Mann vom 6. bis 20. September zahlt per Tag 30 St. = 14 Rtlr.
Ferner dem Frohnhalfen Siegen für die vom 20. September bis 30. October gehabte 2 Mann Einquartierung zahlt 40 Rtlr.
Ferner dem Jacob Odendahl für die vom 20. September bis 4. October gehabte 2 Mann Einquartierung zahlt 14 Rtlr.
Dem Herrn Hofrath Fauth habe auf Rechnung seiner seit dem 26. August bis den 28. September, also für 34 Tage, per Tag zu 3 Rtlr, gehabten Einquartierung laut Quittungen zahlt zusammen 102 Rtlr.
Dem Girnau für die Execution 5 St.
April 13 und 20 laut Quittung dem Vorsteher Peter Höver für Fuhrlohn der Fourage nach Düsseldorf zahlt 2 Rtlr 24 St.
September 21 nach Dünnwald zum Canoniers-Commandant gehen müßen, um Ordre zu hohlen, ob die hier liegenden Truppen auch mit Musik p., wie sie hier vorgaben, sollten feiren 40 St.
September 29 bey der Mehllieferung ins Mülheimer Magazin 2 Säck dargethan, kosten zusammen 54 St.
Bey einer Haberlieferung ins Deutzer Magazin 3 Säck, kosten 1 Rtlr 48 St.
October 1 bey der Haberlieferung ins Mülheimer Magazin 2 Säck dargethan, kosten 1 Rtlr 12 St.
ditto Stephan Kirspel noch einen alten Sack dargethan 12 St.
October 28 dem Vorsteher Bützler für hiesige Honnschaft ins Deutzer Magazin gelieferte 12 1/2 Scheffel Haber per Scheffel 23 St. zahlt mit 4 Rtlr 47 St. 8 H.
November 28 dem Fourier und Corporal von der hier einquartierten 2. Compagnie 6. Cavallerie-Regiments, jedem 1 Buch Schreibpapier liefern müßen 20 St.
Dem Corporal ein Stangen Siegellack und 3 Federn 10 St.
Dem Corporal noch 1/2 Buch groß Papier müßen liefern 15 St.
1799 April 18 laut Quittung an den Vorsteher Höver zur Reise nach Düsseldorf, um einen Befehl auszuwirken, daß die andere Bottämter die dem Bottamt Gladbach im Jahr 1795 nach dem Amts-Matrikul zu viel zugetheilte französische Contribution wieder obrück zahlen sollen, bezahlt 6 Rtlr.

Zusammen 771 Rtlr 25 St. 8 H.

In der auf Seite 5 bemerkten 80mal geschehenen Umlage des Hundertzettuls betragen die Restanten der Honnschaft Gladbach 619 Rtlr 50 St. 6 H.
Hiezu setze ferner, was die Industrianten der Honnschaft Gladbach aus den Seite 5 bemerkten Industrial-Umschlägen restieren = 4 Rtlr 2 St. 4 H.
Sodann setze hierhin denjenigen Antheil, welcher der Honnschaft Gladbach an den das ganze Bottamt betreffenden von mir bestrittenen und bey der gesammten Bottamts-Rechnung von mir nachzuweisenden Ausgabe zur Last kommt. Diese Ausgaben betragen, soviel ich vorläufig und mit Vorbehalt näherer Berichtigung und Zusätzen hier einstweilen aufführen kann, die Summe von 3378 Rtlr 1 St. 8 H. und hieran kommt der Honnschaft Gladbach matrikularmäßig zur Last 707 Rtlr 21 St. 8 H.
Für Ausziehung des Empfangs und der noch rückhaftenden Restantengelder, ferner für Ausziehung des Honnschafts-Antheils aus dem Bottamtsantheil und für Nachsehen und in Ordnung zu stellen der Quittungen und Zusammensuchung der Briefschaften und desjenigen, was in diese Rechnung einschläglich war, rechne wenigstens für meine hierüber gehabte Mühewaltung und Zeitversäumnüß 3 Rtlr.

Dem Schullehrer Siller für seine gehabte Bemühung wegen dieser Rechnung und nochmalige Abschrift 2 Rtlr 30 St.
Sämtliche Ausgabe und Restanten-Gelder = 2108 Rtlr 9 St. 10 H.
<u>Hiervon ab obiger Empfang zu 2079 Rtlr 42 St.</u>
Kommt also dem Vorsteher Anton Reusch von der Honnschaft Gladbach, die französischen Truppen betreffend, noch zu vergüten
28 Rtlr. 27 St. 10 H.

Vorsteher Reusch hatte seine die Honschaft Gladbach betreffenden Rechnungen auf Grund eines obrigkeitlichen Befehls am 14. September dem Oberamtmann in Bensberg übergeben. Darin sollte auch der matrikularmäßige Anteil der Honschaft Gladbach an den Ausgaben des gesamten Botenamtes nachgewiesen werden. Das konnte Reusch aber erst dann tun, wenn er die ihm ebenfalls abgeforderte Gesamtrechnung für das Botenamt Gladbach fertiggestellt hatte. Aus der Honschaftsrechnung ergab sich, daß die Zahlung von 623 Rtlr 52 St. 10 H. von zahlreichen Eingesessenen noch ausstand. Das war eine verhältnismäßig beträchtliche Summe. Reusch wies besonders darauf hin, daß dies keineswegs auffallend sei und sich bei vielen durch den allgemeinen Geldmangel und die Dürftigkeit erklären lasse. Da in den schlimmen Zeiten eine Forderung die andere jagte, habe man nicht auf die Beitreibung der Rückstände warten können. Viele Einsassen hätten ihre Umschläge auch deshalb nicht geleistet, weil sie selbst Forderungen an die Honschaft vorbringen konnten, etwa wegen „hergegebenen Kühen und gehabter Einquartierung", was alles noch geregelt werden müsse. Für sich selbst behielt sich der Vorsteher Berichtigungen und Nachtragungen zu seiner Rechnungsablage ausdrücklich vor.

Für den 22. November 1799 beschied der Unterbote Johannes Will die Einsassen der ganzen Honschaft Gladbach zusammen. Der Vorsteher Reusch las der Gemeinde seine Honschaftsrechnung vor und legte sie zur Einsicht offen. Zu dem Termin erschienen jedoch nur Martin Fues, Görgen Cürten, Wilhelm Müller, Stephan Kirspel, Adolf 4 Kotten (sic!) und Conrad Hambüchen. Man wartete bis nachmittags 3 Uhr, ohne daß weitere Männer erschienen. Die Anwesenden äußerten, daß sie gegen diese Rechnung nichts einzuwenden hätten, was der Scheffe P. Joseph Cürten von Kombüchen zu Protokoll nahm.

Wie planmäßig und fest die Franzosen auch nach dem Abklingen der eigentlichen Kampfhandlungen die Besetzung des Landes durchführten, um jeden Ort in der Hand zu behalten, beweist ein Brief des Sekretärs des Oberamtmanns aus Mülheim an den Oberschultheißen Daniels in Bensberg vom 8. Oktober 1798:

„In der Verlegung des 10. Regiments ist in gefolg einer neuen Ordre des General d'Hautpoul wieder eine Veränderung vor sich gegangen. Ins Amt Porz kommen jetzt nur 10 Mann nach Wichem und Schweinheim, 6 Mann nach dem Thurn, 4 Mann nach Reffrath, 12 Mann in Kirspel und Freiheit Bensberg, 12 Mann ins Kirspel Herkenrath, und 6 Mann aufm Sand, 8 Mann nach Gladbach und 12 Mann nach Paffrath, sodann 15 Mann nach Dünnwald und 12 Mann nach Flittard. Die übrigen Kompagnien kommen jetzt alle in die Herrschaft Odendahl und Amt Miselohe. Dafür bleibt die Artillerie aber im Bottamt Merheim, Bottamt Porz und Scheiderhöhe und Amt Lülsdorf, deren Stärke ich aber nicht angeben kann, weil der Oberst nicht mehr hier ist. Den mit Cavallerie belegten Ortschaften muß notwendiger weise, besonders den Rheindörfern mit Fourage ausgeholfen werden. Ich habe die Ehre mit aller Hochachtung zu bestehen Euer Hochedelgeboren ergebenster Diener Kühlwetter" [86]).

---

[86]) Stadtarchiv Bergisch Gladbach A 326.

Eine Liste[87]) der Honschaft Gronau schlüsselte die Einquartierung auf für den Fall einer Belegung mit 2000, 1000, 800, 600 oder 400 Mann, offenbar für das ganze Botamt Gladbach gedacht.
Es waren vorgesehen bei 2000 Mann Gesamtbelegung für

Jacob Reusch in Driesch	6 Mann	Daniel Müller	12 Mann
Heinrich Dreesbach	12 „	Franz Joseph Kerp	18 „
Matthias Schnell	7 „	Gerhard Breidenbach	18 „
Anton Liphausen	6 „	Wilhelm Linden	20 „
Wilhelm Schmalzgrüber	7 „	Johann Schmitz	8 „
Peter Gieraths	6 „	Wittib Schumacher	— „
Joh. Wilh. Guthaire	7 „	Gerhard Fues	6 „
Wittib Servos	16 „	Jacob Odendahl	12 „
Michael Schmitt	6 „	Peter Zähl	8 „
Johann Hölzer	20 „	Peter Honnrath	5 „
Ludwig Fues	20 „	Heinrich Honnrath	5 „
Wilhelm Lommerzen	20 „	Conrad Klein	4 „
Gerhard Hölzer	12 „	Adolf Schmalzgrüber	gestr.
Wimar Bützeler	10 „	Johann Klein	4 „
Peter Schumacher	6 „	Adolf Herkenrath	10 „
		Peter Niedenhof	7 „

Selbst nachdem im Jahre 1801 der Friede von Luneville zustande gekommen und schließlich Berg im Jahre 1806 an Napoleon abgetreten worden war, trafen immer noch die Lasten des nach Osten gegen Preußen, Österreich und zuletzt auch Rußland getragenen Krieges auch das Botamt Gladbach. Am 29. November 1807 teilte der neu ernannte Provinzialrat Pettmesser in Mülheim den Beamten der Gemeinden mit, daß die von der großen Armee zurückkehrenden Detachements künftig nicht mehr durch das Großherzogtum Berg ziehen, sondern die gewöhnliche Militärstraße über Frankfurt und Mainz nehmen würden. Sollten aber doch einzelne Offiziere und Soldaten durchziehen müssen, so müsse ihnen Quartier gegeben werden, ebenso Verpflegung, doch nur dasjenige, was den französischen Truppen auch in Frankreich bewilligt werde. Höhere Forderungen dagegen, besonders auch Fuhrleistungen, sollten die Beamten ablehnen oder nur gegen bare Zahlung gewähren. Offenbar bemühte man sich, die neuen „Landeskinder" nun doch etwas milder und menschlicher zu behandeln.

Schon 1806 und 1807 war ein bergisches Bataillon unter Napoleons Fahnen mit nach Preußen bis an die Weichsel marschiert. 1809, 1810 und 1811 nahmen zwei bergische Regimenter an den Kämpfen in Spanien teil, unter ihnen auch Jünglinge aus dem Amte Porz[88]). Unterdessen wurden immer mehr Aushebungen vorgenommen, denen sich auch im Botamt Gladbach viele junge Männer zu entziehen suchten. Anfangs 1810 warfen neue große kriegerische Ereignisse ihre Schatten voraus. Pettmesser, nun Sous-Präfekt des Bezirks Mülheim mit dem Amtssitz in Deutz, forderte am 27. Februar den Maire Fauth in Gladbach auf, eine Verteilungstabelle für Einquartierungen in der Gemeinde einzureichen. Als Grundlage sei eine Kompanie zu 120 Mann oder eine Kompanie Kavallerie zu 100 Mann und 100 Pferden zu nehmen. Auf jede Kompanie wurden drei Offiziere gerechnet. Auch über die tatsächlich geleisteten Quartiere und Transporte sollte Fauth berichten.

---
[87]) Ebd.
[88]) P. *Zimmermann*, Feldzüge der Bergischen Truppen in Spanien und Rußland, 2. Aufl. (Düsseldorf 1882).

Die Akten berichten erst zu Anfang November 1811 wieder von Truppenbelegungen. Hofrat Fauth erhielt mit größter Bestürzung die Mitteilung aus Mülheim, daß die Mairie Gladbach eine Abteilung von 80 Mann des 10. französischen Kürassier-Regiments aufnehmen sollte. Das war an sich gewiß nicht viel, aber da diese Soldaten offenbar ständig gewisse Polizeidienste leisten sollten, etwa bei Musterungen der Militärdienstpflichtigen, bei Aushebungen und Requisitionen, besonders wohl auch bei der Ergreifung und Rückführung der „Refractaire" oder Deserteure, die immer zahlreicher wurden, ist die Aufregung des Maires über diese Zahl verständlich. Nach seinen Erkundigungen erhielten die beiden Mairien Bensberg und Rösrath zusammen nur 75 Mann.

So schrieb Fauth denn an den Präfekten Pettmesser am 3. November zurück: „Ich begreife nicht, wie man der Mairie Gladbach, welche nur halb so groß wie Reusrath, aber viel kleiner als Bensberg ist, 80 Mann hat zuteilen können." In der Mairie Gladbach seien für 80 Mann und Pferde Logis und Stallungen nicht aufzufinden, „zu geschweigen, daß jeder Mann gut untergebracht werden könnte. So drückend diese unverhältnismäßige Last der Einsassen wäre, so unerträglich wäre solch ein gedrängtes Cantonnement mit der Möglichkeit, Mann und Pferd gut zu verpflegen". Fauth bat den Präfekten dringend, in der Dislokation der Truppen auf seine Remonstration Rücksicht zu nehmen. Im übrigen habe er zum Empfang der Truppen die befohlenen Vorbereitungen getroffen. Ein Lieferant sei allerdings nicht zu finden. Er werde in jeder Gemeinde (Honschaft) eine Niederlage für die Fourage unter Aufsicht eines Munizipalrates einrichten; denn für die ganze Mairie nur ein einziges Magazin zu errichten, dazu fehle ein Lokal, das geräumig genug wäre. — „Überdies wird es sowohl für die Truppen als für die Einsassen eine große Erleichterung sein, daß in einer mehrere Stunden auseinander liegenden Mairie durch das Mittel mehrerer Lieferungsplätze die Fourage nicht so weit brauche gebracht und geholt zu werden. Die Beköstigung des Soldaten wird jeder Quartierträger übernehmen. Und ist der Preis hierfür pro Tag auf 24 Stüber festgesetzt, worin die übrigen Einsassen, welche keine Soldaten in Quartier haben, verhältnismäßig concurriren werden. Diese Einrichtung ist das einzig mögliche Mittel; denn eine Lieferung der Mundportionen ist hier auf dem Lande durchaus unausführbar."

Pettmesser erwiderte dem Gladbacher Maire am 4. Dezember 1811, daß die Verteilung von General Nausatty in Köln vorgenommen worden wäre. Auf die Klagen und Anfragen verschiedener Maires, welche Mairien noch keine Einquartierung hätten, habe er Gladbach und Odenthal angezeigt. Fauth möge sich unmittelbar an den General wenden, vielleicht werde dieser das in der Mairie Merheim liegende Detachement unter die beiden genannten Mairien verteilen. Es scheint, daß diesem Vorschlag entsprochen worden ist. Jedenfalls schickte Fauth am 24. Februar 1812 dem Präfekten durch einen Gladbacher Boten 8 Bons für die in den Mairien Gladbach und Odenthal geleistete Verpflegung der 6. Kompanie des 10. französischen Kürassier-Regimentes in der Zeit vom 11. bis 26. Februar, dann am 25. Februar noch 2 Bons für Gladbach für die Tage vom 3. bis 10. Februar.

Für die Gemeinde Sand liegt für die Tage vom 3. bis 13. Februar noch eine Einquartierungsliste vor:

	Soldaten	Pferde
Jakob Neuheuser in der Lerbach	15 Tage	20 Tage
Wilhelm Büchel, Rommerscheider Hof	10 "	10 "
Peter Schmaltzgrüber	8 "	10 "
Wilhelm Eyberg in der Weyermühle	10 "	10 "
Peter Kürten auf dem Hauserhof	10 "	10 "
Aurelius Fues in der Dombach	9 "	9 "
Gustav Müller in der Dombach	5 "	— "
Eberhard Bauer zum Meiswinkel	8 " …. 10 "	
Jacob Thron zum Blissenbacher Hof	1 " …. — "	
Johann Schoß zum Dahler Hof	9 "	9 "
Adolph Nelles zum Sand	1 " …. 1 "	

Auch bewahrt das Stadtarchiv (St.Archiv Bergisch Gladbach B 92) noch einen Verteilungsanschlag für die Honschaften Paffrath und Sand bei einer Einquartierung von 1000 Mann auf:

Honschaft Paffrath

Franz Wilhelm de Caluwé	15	Heinrich Kley	3
Theodor Kierdorf an der Schneproden	3	Severin Corschilgen	2
Wilhelm Risch	2	Anton Honnrath	1
Wittib Esser	3	Wilhelm Torringen	3
Georg Overath	2	Johann Kirspel	1
Heinrich Scheidel	5	Wittib Kley	2
Johann Jansen	1	Peter Weyer	7
Theodor Strünker	1	Theodor Dahmen	2
Peter Höver	4	Christ Valdor	2
Peter Servas	3	Wilhelm Siefen	2
Wittib Platz	3	Urban Dahmen	3
Wittib Engels	3	Leonard Hasberg	2
Peter Berger	2	Gerhard Buchholz	1
Johann Molitor	9	Andreas Luhe	7
Anton Reusch	7	Johann Kley	4
Ferdinand Fuchs	3	Wittib Buschorn	8
Wilhelm Rörig	6	Wilhelm Groos	1
Wilhelm Schmitt	1	Wilhelm Odendahl	3
Theodor Kierdorf auf der Bach	14	Theodor Odendahl	4
Jacob Kirspel	10	Wittib Koch	3
Jacob Kierdorf	14	Peter Koch	1
Heinrich Bechen	1	Martin Kierdorf	1
Johann Corschilgen	2	Theodor Dünner	2
Anton Mullenberg	2	Wilhelm Schlebusch	1
Wittib Kirspel aufm Pohl	2	Johann Schlebusch	1
Johann Gronenwald	2	Urban Schlebusch	3
Gerhard Bützeler	2	Christ Rodenbach	5
Jacob Schmitz	2	Joseph Schaefer	8
Anton Kuckelberg	3		

Honschaft Sand

Gustav Müller	?	Christian Nusbaum	?
Aurel Fues	15	Conrad Schmitz	8
Adolf Becker	2	Gerhard Caaser	8
Balthasar Wittig	8	Conrad Stumm	9
Adolf Nelles	13	Stephan Wittig	5
Theodor Meurer	4	Johann Müller	9
Jacob Neuheuser	?	Wilhelm Kierdorf	3
Johann Trompetter	?	Wilhelm Büchel	16
Anton Cramer	3	Peter Schmalzgrüber	20
Wittib Hardt	?	Peter Horst	2
Paul Breidohr	2	Christ. Dominicus	3

Johann Schoß	14	Franz Peter Schmitz	2
Jacob Thron	12	Wilhelm Eiber	20
Jacob Kierdorf	10	Franz Joseph Frey	8
Mathias Kierdorf	11	Peter Curten	20
Peter Blissenbach	4	Dierich Eschbach	8

Mit der großen Armee Napoleons sind auch viele Jünglinge aus dem Botenamt Gladbach nach Rußland gezogen. Es handelte sich dabei teils um Ausgehobene (Konskribierte), teils um Ersatzleute (Remplaçants), die sich für Söhne wohlhabender Fabrikanten und Kaufleute aus den Industrieorten an der Wupper gegen Zahlung von 800 bis 1200 Taler Einstandsgeld zum Kriegsdienst verpflichteten. Die meisten sahen die Heimat nicht wieder; so kehrte von allen, die aus dem Kirchspiel Paffrath mit nach Rußland zogen, kein einziger zurück [89]).

Als nach dem Zusammenbruch der Großen Armee gegen Ende des Jahres 1812 auch im Bergischen Lande neue Aushebungen erfolgen sollten, lehnten sich mancherorts die jungen Männer in offenem Widerstand dagegen auf. Sie rotteten sich zusammen, verjagten die fremden Beamten, traten die verhaßten fremden Hoheitszeichen, die französischen Adler, in den Staub, raubten die Steuerkassen aus und zerstörten die Salz- und Tabakläden, die auf Grund des Staatsmonopols eingerichtet worden waren. Da sie mit der Losung: „Tod den Franzosen! Es leben die Russen!" den Aufstand von Ort zu Ort trugen und sich ein R (= Russen) an die Kappe geheftet hatten, dazu dicke Eichenknüppel schwangen, nannte man sie „Knüppelrussen" und, weil sie begierig nach Speck waren, auch wohl „Speckrussen". Im Januar und Februar 1813 kam es in Lindlar, Wipperfürth, Overath und Bensberg zu Tumulten. In Bensberg wurden die Burschen von Truppen gestellt und zusammengehauen. 66 von ihnen gerieten in Gefangenschaft und wurden über Mülheim, in langer Reihe aneinandergefesselt, nach Düsseldorf abgeführt. Der Hofkammerrat und Maire Bertoldi in Mülheim hat die Vorgänge dieser Zeit im Bergischen in seinem Tagebuch festgehalten und berichtet von wiederholten Zusammenkünften der sämtlichen Maires des Arrondissements, die alle von ähnlichen Unruhen in ihren Mairien zu erzählen wußten. Einzelheiten aus dem Botenamt Gladbach werden nicht aufgeführt. Es scheint, daß der Einfluß des besonnenen Maires Hofrat Fauth hier beruhigend gewirkt hat.

Auch unter den „Refractaires", solchen Ausgehobenen, die sich nicht zum Dienst stellten, und unter den „Deserteurs", die von der Truppe entwichen, deren lange Listen in den „Präfectur-Akten" des Rhein-Departements veröffentlicht und am Sonntag von den Kanzeln verkündet wurden, um der Pflichtigen und Flüchtigen habhaft zu werden, ist Gladbach im Gegensatz zu den meisten Nachbargemeinden nur schwach vertreten. Es wurden gemeldet am 30. April 1812: Johann Wilhelm Meng, geboren am 10. August 1791 als Sohn des Matthias M. und der Anna Margareta Bliesenbach in Sand; Heinrich Schmalzgrüber, geboren am 15. März 1787 als Sohn des Jakob Sch. und der Anna Katharina Lüh in Gladbach; am 11. August 1812: Jakob Schnell aus Gronau (ohne nähere Angaben); am 20. April 1813: Johann Schlimbach, geboren 1788 als Sohn des Gottfried Sch. und der Anna Maria Lehnen in Gladbach; am 6. Mai 1813: Heinrich

---

[89]) Vgl. Anton *Jux*, Der Bergisch Gladbacher Stadtrat Theodor Rodenbach, in: Romerike Berge 1958 S. 37 ff.

Engels, geboren am 23. Februar 1792 als Sohn des Hermann E. und der Maria Katharina Siefen in Paffrath.

Immer noch aber hielten die Requisitionen durch die Franzosen an. Noch am 9. November 1813 forderte der französische General Rigaut die Ablieferung aller Karren, des gesamten Hornviehs und der Pferde, sowie von 6000 Portionen Fourage je 20 Pfund, 6000 Portionen Hafer je 8 1/2 Pfund, 150 Sack Weizen nebst den Vorräten von Leinen, Tuch, Wein und Nahrungsmitteln aller Art aus allen Ortschaften drei Stunden in der Runde um Mülheim und Abbeförderung über den Rhein nach Köln! Das hätte der „verbrannten Erde" gleich gesehen, und Gladbach wäre dabei gewesen, wenn es nicht Bertoldi gelungen wäre, durch geschickte Unterhandlung die Erfüllung hinauszuziehen. Einige Ortschaften mußten jedoch auch diesen Becher des Elends leeren.

Zum Glück erschienen noch in der darauffolgenden Nacht die ersten russischen Spitzen und am folgenden Tage auch preußische Landwehr in Mülheim. Allerdings haben die Russen damals, obwohl sie als Befreier und Bundesgenossen kamen, wie überall, so auch in Gladbach kein gutes Andenken hinterlassen. Über tausend Mann lagerten im November 1813 in Paffrath. Ein Zeitgenosse berichtet, daß sie sich gar trefflich aufs Fouragieren verstanden hätten. Mit „Fressen und Saufen" hätten sie ihre Zeit verbracht. Den Wodka hätten sie am liebsten aus Biergläsern getrunken. Dazu hätten sie an Schmarotzern der eigenen Körper Überfluß gehabt. Die Paffrather hätten die ganze Nacht in hohen Stiefeln auf ihren Karren gestanden und das Dorf bewacht, um Übergriffe zu verhüten. — Auch die auf dem Rückwege von Frankreich in die Heimat ziehenden Truppen stellten hohe Anforderungen an die Bewohner des Botenamtes Gladbach. Hinzu traten Ablieferungen von Heu, Stroh und Getreide für die Heeresbedürfnisse bis zum Jahre 1815. Dann endlich hörten die Kriegsdrangsale, die Gladbach unmittelbar betrafen, auf.

D. DAS BOTENAMT IM BERGISCHEN GERICHTSWESEN

I. DAS HAUPTGERICHT IN PORZ UND DAS LANDGERICHT IN BENSBERG

a. ÜBERSICHT DER ZUSTÄNDIGEN GERICHTE

Die „Erkundigung über die Gerichtsverfassung" im Herzogtum Berg, die im Jahre 1555 auf landesherrliche Anordnung vorgenommen wurde[90]), gewährt einen Einblick in die Verhältnisse, in die die Bewohner des Botenamtes Gladbach in rechtlicher Hinsicht verstrickt waren. Die Dinge lagen ungemein verworren und muten uns heute wie eine Art von Wildwuchs an, den man Jahrhunderte hindurch hatte wuchern lassen, ohne ihn jemals in vernünftiger Weise zu beschneiden. Bürgerliches Recht und Kriminalwesen waren nicht scharf getrennt; selbst Verwaltungssachen waren damit vermengt. Aus der verwirrenden Fülle der gerichtlich behandelten Vorgänge läßt sich jedoch erkennen, daß die eigentlichen Kriminalfälle im allgemeinen von den Landgerichten behandelt und abge-

---

[90]) ZBVG 20 S. 117 ff.

urteilt wurden, die man auch Hochgerichte oder Dingbänke nannte. Doch waren ihnen auch strittige Erbangelegenheiten zugewiesen.

Für die Honschaften Gladbach, Gronau und Sand, die sich etwa mit den Kirchspielen deckten, war das Landgericht Bensberg zuständig. Dagegen gab es für die beiden Honschaften Paffrath (Unterpaffrath) und Kombüchen (Oberpaffrath) ursprünglich ein eigenes Hochgericht in Paffrath selbst. Wie es zu diesem sonderbaren Zustande gekommen ist, läßt sich nicht mehr ergründen; er geht in seinen Anfängen auf irgendwelche heute unbekannten territorialen Zusammenhänge vor dem Jahre 1000 zurück.

Altes Schloß zu Bensberg um 1826

Es gab im Amte Porz außer in Bensberg noch Landgerichte in Porz und in Odenthal, von denen das Porzer Hauptgericht oder Obergericht war. Ihm waren nämlich die beiden anderen Landgerichte insofern unterstellt, als in zweifelhaften Fällen sie sich bei ihm ihre „Consultation" oder Belehrung zu holen hatten. Deshalb hießen sie im Verhältnis zu ihm auch wohl Untergerichte. Das Hauptgericht in Porz tagte ursprünglich als Obergericht des Deutzgaues in Deutz. Erst später, vermutlich bei der Einführung der Ämterverfassung um 1350, wurde es nach Porz verlegt und hielt seine Verhandlungen bis 1555 im Marhof zu Urbach ab.

Diesem Hauptgericht in Porz waren an sich in seiner Eigenschaft als Landgericht nur die acht Honschaften innerhalb des heutigen Stadtgebietes von Porz zugewiesen. Seiner besonderen Bedeutung halber hatte es von allen Gerichten die höchste Zahl von Schöffen, nämlich fünfzehn. Falls die Landgerichte für einen Rechtsfall das Hauptgericht in Anspruch nahmen, mußte jede der streitenden Parteien dem dortigen Richter oder Schultheißen zehn

Radermark erlegen. Wenn auch das Porzer Hauptgericht keine Klarheit schaffen konnte („es auch nit weiß wären"), mußte die Beratung durch das Rittergericht zu Opladen in Anspruch genommen werden. Das kostete für beide Parteien dann allerdings zu den 20 Mark zusammen nochmals einen Goldgulden und außerdem einen Raderalbus für das Siegel. Ferner mußten die Parteien auch die Scheffen, von denen die Akten von Bensberg nach Opladen gebracht wurden, verpflegen und bezahlen.

Von dieser „Consultation" wohl zu unterscheiden ist die „Appellation", die wir heute Berufung nennen. Sie ging von den Landgerichten im Amte Porz unmittelbar an den Herzog in Düsseldorf.

Das Landgericht Bensberg versah außer den genannten drei Honschaften im Botenamt Gladbach noch die im Botenamt Herkenrath liegenden Honschaften Herkenrath, Dürscheid (Durst) und Immekeppel, ferner im Botenamt Merheim die Honschaften Merheim, Brück und Rath, wozu noch die Freiheit Bensberg trat, wenn sie auch in der „Erkundigung" nicht ausdrücklich genannt wird. Allerdings übte in ihr die Rechtsprechung in bürgerlichen Angelegenheiten der Kellner des Amtes Porz aus [91]). Das Landgericht tagte im alten Schloß unter dem Vorsitz des Schultheißen, der immer ein juristisch vorgebildeter und daher sehr angesehener Mann war, dem Amtmann nicht unter-, sondern nebengeordnet [92]). Mit ihm saßen auf der Dingbank sieben Scheffen, wozu stets die geachtetsten, dazu nur meistbeerbte, also wirklich für die Volksgemeinschaft Verantwortung tragende Männer, von den übrigen Scheffen vorgeschlagen, vom Schultheißen auf Lebenszeit berufen und vom Gerichtsherrn bestätigt wurden. Ein in der Regel ebenfalls vorgebildeter und gelehrter Gerichtsschreiber, über deren große Fähigkeiten wir noch heute oftmals staunen müssen, ein Bote (Bott) und ein „Vursprech" (Sachwalter oder Verteidiger des Beschuldigten) ergänzten das Gerichtskollegium, dessen sämtliche Mitglieder, je nach ihrem Amt mit einer besonderen Formel, vereidigt wurden.

Die Gebühren waren für alle Landgerichte des Amtes Porz einheitlich festgesetzt. Für eine Urkunde oder eine „Ansprache" (Belehrung) mußten zwei Raderalbus gezahlt werden, für die „Herren-Wette" oder das „Recht", nämlich das eigentliche Urteil, die richterliche Entscheidung, erhielt der Schultheiß fünf Mark „Radergelds" (nach der Währung des Kurstifts Mainz benannt). Dafür oblag es dem Schultheißen, dreimal im Jahre bei den ungebotenen (den durch die bräuchliche Ordnung ohne besonderes Gebot stattfindenden) Gedingen (Gerichtstagen) alle Gerichtspersonen zu beköstigen. Dem Gericht standen für das Verhör eines jeden Zeugen zwei Raderalbus zu. Wenn ein Scheffe „in ander Herren Landen", also außerhalb der bergischen Landesgrenzen, etwa in Köln, als Zeuge auftreten mußte, standen ihm gewissermaßen „Dienstreisespesen" zu, nämlich je Tag ein Goldgulden und die Kost. Geschah die Vernehmung eines Scheffen außerhalb der Porzer Amtsgrenzen im Lande Berg, etwa in Rösrath oder Overath, so erhielt er neben der Kost 18 Raderalbus, innerhalb des Amtes jedoch nur neun Raderalbus neben der Verpflegung. Sonstigen gerichtlichen Zeugen gab man sogar nur drei Raderalbus und die Zehrung.

Für die Besiegelung der Briefe, Akten und Gerichtsscheine mußten je Siegelabdruck an die Scheffen ein Goldgulden und ein Raderalbus entrichtet werden. Hielt der Gerichts-

---
[91]) Vgl. Ruhmreiche Berge 1940 S. 10.
[92]) Vgl. hierzu Anton *Jux*, Das K. K. Hauptarmeehospital S. 21 Anm. 18.

schreiber es für nötig, daß beim Schreiben ein oder mehrere Scheffen anwesend waren, um ihn in der Sache zu beraten, so erhielt jeder von ihnen neben der Kost täglich neun Raderalbus. Die Gegenwart des Schultheißen selbst wurde neben der Kost mit insgesamt einem Goldgulden abgegolten. Der Schreiber mußte sich für seine Person bei jedem Akt ohne Rücksicht auf dessen Länge mit einem Radergulden und der Kost begnügen. — Für alle gerichtlich vorgenommenen „Vererbungen" oder Besitzübertragungen mußten 28 Raderalbus erlegt werden, von denen der Schultheiß 11, die Scheffen 11 und der „Vursprech" 6 in Anspruch nahmen. Auch erhielt der Schreiber bei solchen Anlässen sechs Raderalbus.

Eigenartig war die Vergütung für Auszüge aus den Gerichtsbüchern berechnet, indem für jedes Jahr seit der ersten Eintragung zwei Raderalbus fällig waren. Es handelte sich also eigentlich um eine Suchgebühr. Für ein „Beleit", eine Grenzbegehung, für eine Ortsbesichtigung (einen „Augenschein") oder für ein Notgeding, also eine eigens kurzfristig einberufene Gerichtssitzung, standen dem Amtmann und dem Schultheißen je ein Goldgulden zu, dem Schreiber ein Radergulden, jedem Scheffen, dem Fürsprecher und dem Boten neun Raderalbus. Auch mußte allen von dem Begehrenden die Kost gegeben werden.

Vom „Umschlag" eines Erbgutes, also der Eintragung und Bestätigung einer Besitzübergabe, fielen für jeden Scheffen neun Raderalbus ab. Für die Taxe (Abschätzung des Wertes) „fahrender Habe" (beweglicher Güter, auch „gereide Güter" genannt) erhielten die Bensberger Scheffen je vier Raderalbus und die Kost.

Außer den anläßlich der einzelnen Gerichtsverhandlungen anfallenden Gebühren hatten die eigentlichen ständigen Gerichtsbeamten wohl in ihrer Eigenschaft als Verwaltungsbeamte auch eine feste Besoldung in Naturalien. Dem Schultheißen des Amtes Porz gewährte der Herzog jährlich 24 Malter Hafer, einen Wagen Heu und ein Kleid, dem Gerichtsschreiber 11 Malter Hafer und 14 Seil (= 1 Wagen) Heu, dazu ebenfalls eine Kleidung. Die Fürsprecher mußten von den Parteien von Fall zu Fall selbst entlohnt werden. Einen „Vestenboten" oder Gerichtsdiener besaß das Gericht in Bensberg damals noch nicht. Er wurde aber von den Kommissaren und Beamten im Jahre 1555 für nötig gehalten, um den Gesetzen und Verordnungen mehr Nachdruck verschaffen zu können. Der Bote in Gladbach bezog jährlich aus jedem Schatz, also dreimal, nämlich aus dem Lichtmeß-, dem Mai- und dem Herbstschatz (der Landessteuer) je 26 Mark und 8 Schilling, zusammen 80 Mark.

Das ursprüngliche Siegel des Hauptgerichts in Porz ist an einer Urkunde vom 16. November 1438 erhalten [93]). Es mißt im Durchmesser 3,02 cm und zeigt im Siegelfelde einen viergezinnten offenen Torturm mit Fallgitter. Vielleicht lehnt es sich an eine (nicht gewisse) Deutung des Wortes Porz als Pforte an, vielleicht erinnert es an ein Burghaus in Porz als erste Gerichtsstätte. Unter dem Turm befindet sich ein kleiner Schild mit einem ungekrönten, einschwänzigen Löwen. Die Umschrift lautet: „Sigillum scabinorum in Porz" [94]).

---

[93]) StA Düsseldorf Abtei Deutz Benediktinerurkunden 82.
[94]) Mit Recht führt die Stadt Porz dieses Siegel heute als Wappen; vgl. Jahrbuch des Rheinisch-Bergischen Kreises S. 192 a.

Nach der Verlegung des Obergerichts von Porz (Urbach) nach Bensberg, die unter Herzog Wilhelm IV. kurz nach 1555 erfolgte, kam das Siegel des dortigen Landgerichts zu größerer Geltung. Es ist an einer Urkunde aus dem 17. Jahrhundert im Pfarrarchiv Bensberg erhalten und zeigt einen Durchmesser von 4,5 cm, einen länglich-runden Schild, ein zu dem Beschauer gerichtetes Hirschhaupt, zwischen dem Geweih den Bergischen Löwen. Auf dem Helm zwischen offenem Flug das Schildbild wiederholt. Die Umschrift lautet: „Scheffensigell des Obergerichts Bensberg" [95]).

Nachdem Herzog Wilhelm IV. schon 1554 die „Jülich- und Bergische Polizeiordnung" erlassen hatte, die alle bisher ergangenen Verordnungen zusammenfaßte und eine Rechtsgrundlage bereitstellte, bestimmte er durch die „Gerichtsschreiberordnung" vom 4. Juni 1581 [96]), daß der Gerichtsschreiber zwei Protokollbücher führen mußte, nämlich außer dem eigentlichen Verhandlungsprotokoll ein Buch für „alle Ausgänge, Verzüg (Verzichte = Besitzübertragungen), Auftrachten und andere Verträge, so vor Gericht oder den Scheffen gehandlet ..." Dazu bestand im Amt Porz noch ein „Obligationbuch „für die Schuldverschreibungen. Die Land- oder Scheffengerichte übten nämlich „die ausschließliche Gerichtsbarkeit in dinglichen Sachen und in allen zur willkürlichen Gerichtsbarkeit gehörigen Sachen". In solchen Rechtssachen führte stets der Schultheiß die Verhandlungen. Daneben hielt der Amtmann besondere Verhöre ab, um persönliche Rechtsklagen zu bereinigen, die man Amtsverhöre nannte. Hinzu traten schließlich noch die vom Amtmann durchgeführten Bestrafungen für kleinere Vergehen, besonders Holzdiebstähle, unberechtigten Weidgang in Gemarkenwaldungen oder herzoglichen Forsten, Sachbeschädigungen, die in den Brüchtenprotokollen verzeichnet wurden.

So hat sich denn im Staatsarchiv glücklicherweise ein sehr umfangreicher Bestand an Porzer und Bensberger Gerichtsbüchern erhalten, der noch Generationen von Heimatforschern fast unerschöpfliche Stoffquellen bieten dürfte. Es beruhen dort [97]):

8 Bände Kontrakte 1733—1742, 1751—1809.

12 Bände Obligationen 1756—1809 und Originalverschreibungen 1692—1805.

36 Bände Protokolle des Hauptgerichts Porz 1622—25, 1646—50, 1664—71, 1695 bis 1745, 1772, 1774, 1775, 1779—97, 1799—1805.

40 Bände Protokolle des Obergerichts des Amtes Porz zu Bensberg 1664—72, 1693—1798—1806, 1809.

37 Bände Amtsverhöre des Amtmannes von Porz 1717—45, 1750—56, 1758—59, 1770, 1773—75, 1780—84, 1786—99, 1801—05.

5 Bände Brüchtenprotokolle 1763—64, 1778, 1781, 1785, 1790—1800.

1 Band Protokolle des Landgerichts Bensberg 1611—17.

1 Band Protokolle des Amtsverhörs Porz 1800.

Nach Lenzens Beyträgen zur Statistik des Herzogthumes Berg (Düsseldorf 1802) [98]) fanden sich in den Ämtern folgende obrigkeitliche Personen:

---

[95]) Die Stadt Bensberg führt dieses Siegel ebenfalls mit Recht als Wappen; vgl. Jahrbuch des Rheinisch-Bergischen Kreises 1938 S. 112a.

[96]) Gülich und Bergische Rechts-, Lehen-Gerichtsschreiber ... Ordnung. Düsseldorf 1696 S. 141 ff.

[97]) F. W. *Oediger*, Das Staatsarchiv Düsseldorf und seine Bestände. Band 1 Landes- und Gerichtsarchive (Siegburg 1957) S. 189.

[98]) Vgl. MBGV 22 S. 147.

1. Der Amtmann, ein Einheimischer vom Adel, führt die Aufsicht in Polizeisachen und hält für persönliche Rechtsklagen unter dem Beisitze des Richters eigenes Verhör, das Amtsverhör genannt.
2. Der Richter, dem Schöppen beigeordnet sind, hat die ausschließliche Gerichtsbarkeit in dinglichen Klagen und in allen zur wirklichen Gerichtsbarkeit (voluntariae jurisdictionis) gehörigen Sachen.
3. Der Ober-Steuereinnehmer führt den Empfang der Steuergefälle, hat aber keine eigene Erkenntnis, sondern muß gegen die Säumigen die Hülfe der Justizbeamten anrufen.
4. Der Kellner, an einigen Orten auch Rentmeister genannt, verwaltet unter Leitung der Hofkammer die landesherrlichen Rentgefälle, und hat, wo er sich im Besitze der Einnahme befindet, auch das Recht, Zwangsmittel anzuwenden.
5. Der Gerichtsschreiber führt bei allen Verrichtungen obiger Beamten das Protokoll und hat die Briefschaften in Verwahrung.

b. AMTMÄNNER VON PORZ

Die nachfolgende Aufstellung kann nicht vollständig sein, da nicht hinreichend genug schriftliche Überlieferungen vorliegen und es sich um den ersten Versuch einer solchen Aufzählung handelt. Die Jahreszahlen umgrenzen die Zeit, für welche ein Beleg der Wirksamkeit aufgefunden werden konnte.

1381—1385 Gerhard *von Voesebruche*. Seine Ehefrau hieß Maria (Lülsdorf S. 64. — Mitt. d. W.G.f.F. 1957 S. 40)
1393 Gyso *von Zweiffel* (Mosler I S. 759)
1396 Albrecht *von Zweiffel* (Aylbregt van Tzwijvel), zugleich Kellner zu Bensberg (Mosler I S. 767)
1439—1440 Johann *Quade* (StA Düsseldorf, Jülich-Berg I 1242)
1451 Ritter *Johann vamme Huys*, 1461/62 auch als Amtmann von Steinbach genannt (Annalen 25 S. 191)
1472—1494 Wilhelm *von Bernsau* (zu Bierenkopp). Er wird 1492—1497 auch als Amtmann von Steinbach genannt (Annalen 25 S. 191. — Mosler II S. 214, 217. — BZ. Reg. 1—30, S. 88)
1513—1521 Friedrich *von Brambach*. Er war zugleich Kellner von Lülsdorf (Mosler II S. 337)
1530—1538 Wilhelm *von Bernsau* (Sohn) (Zuccalmaglio, Mülheim, S. 306. — Schmitz, Herkenrath, S. 37).
1544—1560 Goddert *von Wylich* zu Großbernsau; Schwiegersohn des vorigen. (Mosler II S. 230. — Heinekamp, Siegburg, S. 143)
—1560 Jobst *von Eller*. Er war zugleich Amtmann von Lülsdorf und Löwenberg (Zuccalmaglio, Mülheim, S. 306)
1566—1583 Johann *von Scheidt* gen. *Weschpfennig* zu Leidenhausen; Bergischer Jägermeister, 1581 dazu Verwalter von Hambach (Mosler II S. 421, 429, 436. — Below, Landtagsakten II S. 416. — Redlich, Kirchenpolitik II, 2 S. 262)

1585—1595 Heinrich *von der Hövelich*, geb. 1546, heiratete eine von Num zu Orsoy Er wohnte 1595 in Gladbach (MBSV, 12 S. 55)
1595 Johann *von Scheidt* gen. *Weschpfennig?*
1612—1617 Johann *von Lüninck* (Zuccalmaglio, Mülheim, S. 306. — Arch. v. d. Leyen)
1617—1624 Lubbert *von Wendt* zu Holvelde, zugleich Kellner zu Bensberg (Zuccalmaglio, Mülheim, S. 403 ff., vgl. Vierkotten, die Freiheit Bensberg S. 4 f.)
1624 Caspar *von Zweiffel* zu Wahn (Vierkotten S. 19)
1625—1629 Wilhelm *v. Zweiffel*. 1629 wird sein Bruder Friedrich Wilhelm als Amtsverwalter genannt.
1636—1651 Adolf *von Katterbach* zu Gaul und Herl. — Er heiratete 1625 Margareta Crümmel von Nechtersheim zu Weyer bei Euskirchen, die Tochter von Adam und Judith von Weschpfennig. Zwei Söhne starben früh. Die einzige Tochter Maria Judith heiratete 1651 Matthias von Nagel. — Vgl. O. Gerhard, Adelsfamilien, S. 104 f.

Adolf von Katterbach zum Gaul wurde im Jahre 1636 Amtmann von Porz. Am 13. Dezember schrieb er von Köln an Adolf Quadt zu Buschfeld: „ ... dweilen nun mein gnedigster Fürst und Herr mich mit dem Ambt Portz gnedigst versehen, und dan bei den Underthanen im Ambt zu sein, umb in diesen beschwerlichen Kriegslauften denselben sovil möglich vorzustehen, weilen ich als schuldig empfinde; weilen nun meine Behaußung dem Ambt weit abgelegen, deßhalben mich dan, umb im Ambt aufzuhalten, eine Gelegenheit bewerben tue. Wan dan verichter maßen Ewer Edelheit Halfwein zum Thorn, Jacob Caron, abziehen und deroselben Sitz und Gut erledigt und vacat sein würde, auf den pfall wolle dieselbe hiemit dienstfreundlich ersucht haben, mir alsolche vor andern großgünstig zu vergünstigen. Was alsdan Ew. Edl. darvon jahrlichs nach eingangener Contrahirung zahlen solle, wolle deroselben allhie oder zu dero Gelieben auf gefelligen Ort und Platz mit Dank erfolgen und bezahlen ..."
Adolf Quadt verpachtete darauf das Haus Thurn an den Amtmann, der auch dorthin zog (Archiv v. d. Leyen)

.... Georg Adolf *von Nagel?*
1666 Johann Sigismund *Freiherr Raitz von Frentz*, Herr zu Keldenich, verheiratet mit A. M. von Zweiffel a. d. H. Wahn (StA Düsseldorf, Jülich-Berg 2384, Erbhuldigung 1666, Anton Fahne a.a.O. I S. 348)
1669—1671 Michael *von Leers*
1767—1759 Franz Karl Freiherr *von der Horst*, Oberst des Isselbachischen Infanterie-Regiments, Bergischer Obristjägermeister (Hof- und Staatskalender 1759)
1768—1800 Oberamtmann Lothar Friedrich Adam Maria Joseph *Freiherr von Lützerode* zu Rath. Aufgeschworen am 19. Januar 1768. Jülich-Bergischer Landmarschkommissar. 1795: Sekretär Kühlwetter; 1785: Verwalter Holthausen (Vierkotten, S. 24).

c. SCHULTHEISSEN DES AMTES PORZ (BENSBERG)

1313 Adolf *Kax* (Redlich, Kirchenpolitik I S. 19)
1338 Wilhelm *de Hane* (Mosler Altenberger UB I S. 525)
1344 werden die Scheffen zu Porz genannt (Mosler Altenberger UB I S. 549)

Vor 1535 Michael *von Oemern*
1575 Winand *von Heimbach*, zugleich Kellner (Archiv Weichs U. 66)
1581—1589 Johann *Weyerstraß*, verheiratet mit Gertrud *von Katterbach* (Redlich Kirchenpolitik II 2, S. 268. — Hofgerichtsprotokoll Gladbach)
1591—1604 Johann *Cortenbach* zu Marhausen
1611—1626 Gottfried *Borcken*, verheiratet mit Margareta *Roden* (Zuccalmaglio, Mülheim, S. 394 ff., Vierkotten S. 19 f.)
164 ? Thomas *Borcken*, wird 1646/47 auch als Richter in Odenthal und Vogt in Mülheim genannt. Gestorben in Köln am 19. April 1650 (Düsseldorfer Jahrbuch 9 S. 264)
1647—1649 Bernhard *Wendelen* Oberschultheiß, Schwiegersohn des Thomas *Borcken* (Archiv Weichs U. 112)
1657—1703 Johann Jakob *Rheinfelden* (Im Paffrather Kirchenbuch, (Band 169, Arch. Brühl) steht in der Totenliste der Bruderschaft des Namens Jesus und Maria: „Vor den hochedell und hochvornehmen Herrn Johan Jacob Reinfelden, hochfürstlich pfalzneuburgischer Cammer Rath, Oberscholthiß des Ambtz und Hauptgerichts Portz, auch gewesener Kellner zu Bensberg und sonderbahrer Wolltäter dieses unseres Gotteshaus")
1707—1717 Andreas Heinrich *Scherer*. Er versah das Amt 9 Jahre. Er starb am 1. November 1717 in Bensberg. Er war zugleich Kellner und Steuer-Rezeptor. Er bezog am 21. September 1703 die Universität Duisburg und wurde Lizentiat beider Rechte (MBGV 25 S. 52)
1717—1724 Franz Philipp Wolfgang *Scherer*, Oberschultheiß von Porz, Bruder des vorigen. Er war zugleich Amtsverwalter, wurde vor 1727 als Oberschultheiß abgesetzt, blieb aber Amtsverwalter und Kellner. Er war verheiratet mit Anna Maria Gertrud *de Forsteirs*.
1724(1730)—1743 Bernard Josef *Scherer*. Oberschultheiß, zugleich Kellner, vereidigt am 4. Juli 1730. Verheiratet mit Maria Theresia *Litz*. 1744 ist er Kurfürstl. Hofrat.
1743—1757 Karl Philipp Adolf Anton *Daniels*, Oberschultheiß und Kellner. Ernannt mit Wohnung im Alten Schloß am 9. November 1743. Geboren 1699, gestorben 1757. (Er erhielt als Schultheiß zu Porz „die der Schultheißerei-Bedienung anklebende Kellerstelle zu Bensberg". Verheiratet mit Anna Maria Balduina von *Brück*. Er wohnte 1744 in Haus Mielenforst (StA Düsseldorf Jülich-Berg III 283, 266a).
1757—1776 Ludwig Michael Josef *Daniels*, Oberschultheiß und Kellner verheiratet mit Maria Theresia Karolina *Peltzer*. Er starb 1776.
1776 Karl Wilhelm *Daniels*, Schultheiß und Kellner zu Bensberg. (Nach Guten Abend 1928, 7, Anm. Entnommen aus Sammlung Alfter, Hist. Archiv Köln.) Näheres ließ sich noch nicht feststellen.
177. —1809 Johann Anton *Daniels*, Oberschultheiß und Kellner (Hof- und Staatskalender 1785. — Vgl. Zuccalmaglio, Helden, Bürger usw. S. 90)
1784 war Schultheißverwalter: *Holthausen*.

d. KELLNER ZU PORZ-BENSBERG

Vor 1400	Gyse *vam Zwivel* (Zweiffel) Er ist 1393 auch Amtmann von Porz und wird 1389 auch als Amtmann von Miselohe genannt
1419	Johann *von Zweiffel*, Sohn des vorigen
1450	Albert *von Zweiffel*, Enkel des vorigen
1475	Johann *Hovekemper* (Mosler II S. 217)
1497—1523	Wessel (Wenzeslaus) *Kessel* (Archiv Wolff-Metternich N³ II 4², — Mosler II, S. 324, 337, 357. — Düsseldorfer Jahrb. 45 S. 191)
1534, 12. Juni	Alexander *von Uedesheim* (Annalen 25 S. 191)
1535, 8. Aug.	Michael *von Oemern*. Er war vorher Schultheiß
Vor 1541	Johann *von Katterbach*
1541, 5. Sept.	Johann *Kessel*
1555, 30. April, — 1580	Winand *von Heimbach* (Mosler II S. 521, 529. — Redlich II 2, S. 182, 262)
1580, 28. Febr. — 1610	Christian *von Heimbach*. Verheiratet mit Ursula von Sinsteden. Er wurde reformiert und deshalb vertrieben. (Zuccalmaglio, Mülheim, S. 406. — Redlich II 2, S. 182. — Annalen 25 S. 191. — Hofgerichtsprotokoll Gladbach, S. 126)
1620—1624	Lubbert *de Wendt*. Er war zugleich Amtmann
1624—1646	Leonhard *Linnich*. (Vierkotten, I., Die Freiheit Bensberg, S. 6)
1657—1703	Johann Jakob *Rheinfelden*. Er war zugleich Schultheiß. Seitdem blieben beide Ämter vereinigt.

Gerichtsschreiber zu Bensberg

1575—1600	Johann *Andries* (genannt Drieß oder Driesch) von Opladen
1598	auch Fridericus *Andrea*, Gerichtschreiber Vestae Porz
1644	Jos. Pet. *Luitz* (am Gericht Porz)
1647	Henrich *Thurn*
1677	Johann Peter *Quix* (in Bensberg)
1746—1785	Michael Arnold *Schatte*, Gerichtsschreiber des Hauptgerichts in Porz und des Obergerichts Bensberg. Verheiratet mit Anna Margareta *Michels*. Nach ihm vermutlich sein Sohn: Franz Michael Werner Josef *Schatte*.

II. DIE HOFGERICHTE DES BOTENAMTES

a. DER HERZOGLICHE FRONHOF IN GLADBACH UND SEIN HOFGERICHT

1) Die Gründung des Fronhofs und seine Erbpächter

Es kann keinem Zweifel unterliegen, daß der Fronhof in Gladbach die Urzelle der Besiedlung des umliegenden Kirchspielsraumes gebildet hat. Seine Gründung geht mit Sicherheit vor das Jahr 1000 in die fränkische, wenn nicht gar in die merowingische Zeit zurück. Denn es wäre unverständlich anzunehmen, daß die Merowinger im 6. Jahrhundert schon nach „Kolonialland" im Maingebiet ausgegriffen, die ripuarischen Könige aber das ihrer Hauptstadt Köln gegenüberliegende Land unbeachtet und unbesiedelt hätten liegen lassen. Ebenso sicher dürfte es sein, daß dem tieferen Vordringen in den ostwärtigen oberbergischen Raum, sogar mit Kirchengründungen verbunden — Hohkeppel vor 958 — die Besiedlung des rheinnahen Landes vorausgegangen sein muß.

Der in das trockengelegte und gerodete Broich hineingebaute Fronhof war für lange Zeit der beherrschende Mittelpunkt des gesamten, vom König ihm im weiten Umkreis übertragenen Landes. Von hier aus wurden Splisse an neue Siedler abgeteilt und ausgegeben. Sie blieben dem belehnten Vasallen des Königs im Fronhof grundhörig oder lehnrührig, seinem Obereigentum verhaftet und verstrickt. Der königliche Verwalter erhob von den Lehensleuten den Grundzins, die Pacht, er „heischte ihre Schuld" und wurde deshalb Schultheiß genannt [99]). Diesen Namen behielt er bei, als sich mit der vermehrten Siedlerzahl und der Häufung der Rechtsgeschäfte sein Verwaltungsamt zu einem richterlichen ausweitete und das Hofgericht entstand.

Herzoglicher Fronhof 1754

Auch die Gladbacher Kirche wurde auf Fronhofsgrund gebaut und blieb seinem Eigentümer, dem Landesherrn „eigen" bis in die neueste Zeit, wenn es sich zuletzt auch nur darin kundtat, daß er als Patron den neuen Pfarrer vorschlug und zu Bauleistungen verpflichtet war. Auch die Mühle neben dem Fronhof, Buchmühle genannt, die Gladbacher Mühle und sogar die Gronauer Mühle sind sehr wahrscheinlich einst Fronhofsbesitz gewesen, wie sich aus der Lehnrührigkeit der letztgenannten und der Abgaben-

---

[99]) E. W. *Kluge* sieht in ahd. sculheizo den tribunus, praefectus, centurio — in mhd. schultheize den, der Verpflichtungen befiehlt, den Richter.

pflicht aller an den Fronhof schließen läßt. Kirche und Mühle sind aus dem Gemeinschaftsleben des Hofsverbandes im Mittelalter nicht wegzudenken.

Von diesem hofgerichtlichen Lehnsverband ist später ein anderer, rein dinglich mit dem Fronhof zusammenhängender Grundverband wohl zu unterscheiden, wenn sie sich in der Frühzeit auch sehr wahrscheinlich gedeckt haben. An diesem Verbande besaß der Fronhof Zehntrechte, er erhob von den pflichtigen Grundstücken den zehnten Teil des Feldertrags gegen gewisse Gegenverpflichtungen. Dazu gehörten die Stellung des Zielviehs, des Stiers und Ebers, und die Unterhaltung des Kirchenschiffs.

Mit allen seinen Grundrechten war der Gladbacher Fronhof — wie zunächst alle alten Fronhöfe — Eigentum des Landesherrn. So gehörte er schon nach der frühesten erhaltenen Urkunde, die ihn erwähnt, im Jahre 1271 (15. Juli) dem Grafen Adolf V. von Berg, der zwei grundhörige Frauen aus ihrer Verbindlichkeit ihm gegenüber in eine solche gegenüber dem Kloster Altenberg entließ.

Erst am 7. August 1406 taucht der Fronhof wieder in einer Urkunde auf. Jungherzog Adolf (VII.) und seine Gemahlin Jolanda von Bar verpfändeten den Hof zusammen mit dem Fronhof in Radevormwald gegen ein Darlehen von 800 rheinischen Gulden an den Ritter Heinrich Flecke von Nesselrode[100]. Die Rückgabe sollte erfolgen, sobald die Schuldsumme in einer ganzen Summe in Köln zurückgegeben würde. Wann das geschah, wissen wir nicht.

Zu dieser Zeit wohnte der Hofschultheiß längst nicht mehr auf dem Fronhof, sondern dieser war an einen Halfmann, Halfen oder Halbwinner verpachtet, der ursprünglich die Hälfte des Ertrages in Naturalien, seit spätestens dem 15. Jahrhundert aber eine bestimmte Pachtsumme an die herzogliche Kellnerei in Bensberg abliefern mußte. Zu Zeiten der Verpfändung des Hofes ging die Pacht an den Pfandherrn.

Der erste Halfmann des Fronhofes, der uns mit seinem Namen bekannt wird, hieß Johann Fronhalfen. Er war 1587 schon tot, seine Frau hieß Dreutgen. Ihm folgte sein Sohn Ludwig Fronhalfen. Seine erste Ehefrau hieß Katharina, seine zweite Gattin Irmbgen (1607). Er besaß Vorkinder aus erster Ehe, nämlich Johann Michels zu Merheim (Ehefrau Frev = Veronika) und Ern zur Linden in Dabringhausen (Ehefrau Maria). Er war ein angesehener Mann und wird schon 1563 als Scheffe des Hofgerichts in Paffrath genannt. Vom Jahre 1590 bis zu seinem Tode 1615 tritt er als Scheffe des Gladbacher Fronhofes in den Protokollen auf. Überdies versah er das hohe Amt eines Scheffen am Landgericht in Bensberg.

Dabei war er keineswegs nur besitzloser Pächter. Vielmehr hatte er so fleißig und sparsam gewirtschaftet, daß er mit seiner Frau wiederholt als Käufer von lehnrührigem Grunde auftreten konnte. So erwarb er am 5 Juni 1589 von Hermann Klein einen Anteil Hof zu Wiese und von Wetzel zum Quirl dessen Hof am Quirl. Am 3. Februar 1592 erstand er von Pitter auf dem Stegerkamp 2 Morgen 1 Viertel Busch, am 5. Mai 1597 vom Offermann Peter und dessen Gattin Irmgard ein Erbgütchen in den Streuchen mit Busch und Graben beim Thonisfeld, schließlich noch 1598 nach dem Tode seiner Frau von Peter Hütten ein Stück Land neben dem Kauler Kamp und Steingasser Land. Er hatte sich demnach zu einem ansehnlichen Grundbesitzer emporgearbeitet, und wider-

---

[100]) StA Düsseldorf Jülich-Berg U 1112.

legt mit anderen tüchtigen Männern jener Zeit schlagend die Märchen von Unterdrückung und Unfreiheit der Bauern in unserer Heimt.

Nachweislich war der Gladbacher Fronhof in der nachfolgenden Zeit ständig in einem Erbpachtverhältnis ausgegeben. Wir wissen nicht, ob es an sich rechtlich begründet war oder ob es lediglich dem gewohnten Herkommen entsprach. Wohl kennen wir die Tatsache, daß der Hof, so lange er überhaupt fiskalisch war, immer auf die Kinder der vorherigen Pächter überging, die sich dann auch wirklich selbst Erbpächter nannten. Ob schon Ludwig Fronhalfen in die Reihe der Erbpächter gehörte, war noch nicht festzustellen, vermutlich aber war der Nachfolger sein Sohn oder Tochtermann.

Im Jahre 1651 pachtete Jan Dün, auch Johann Dünn nach verderbter Schreibweise geschrieben, den Fronhof auf zwölf Jahre. 1652 verpfändete Pfalzgraf Wolfgang Wilhelm den Fronhof nebst dem Hebborner Hof an Gottfried von Steinen, den Amtmann von Miselohe, Herrn zu Scherff und Lerbach, und dessen Frau Anna Salome geb. von Schaesberg. Dadurch wurde der Pachtvertrag vom Jahre vorher hinfällig, und der Pfandherr schloß 1653 einen neuen Pachtvertrag mit Johann Dünn, der uns im Entwurf erhalten blieb [101].

Pachtzettel über den Fronhof zu Gladbach 1653.

Kund und zu wissen seie jedermänniglich, deme gegenwertiger Pachtzettel vorgelesen oder vorkommen wird, daß der wolgeborner, Ihrer Fürstlichen Pfaltz-Newburg Durchlucht Rat, Cammerer, Hoffmeister und Ambtman zu Miselohe, Godtfriedt von Steinen, Herr zur Scherff und Lerbach, die auch wolgebohrne Fraw Anna Salome gebohrne von Schaeßberg, Fraw von Steinen zur Scherff und Lerbach, heut dato unden benant, dem erbahren und frommen Johan Dünn das Hauß, den Fronhoff zu Gladbach, wie wolgemelte Herr und Fraw selbigen Hoff als Verpfachtere besitzen, genießen und innhaben, mit allem an- und zubehörigen Recht und Gerechtigkeit verpfachtet und ausgetan haben, verpfachten und austun Johan Dünn und dessen Erben vorgemelten Hoff zu Gladbach mit nachfolgenden Conditionen und beiderseits wohlbedächtlich eingewilligtem Vorwort:

als nemblich, daß vorgemelter Halfman auf termino Martini jährlich Pfachtzahlung geben wolle 50 Reichsthaler an Gelt, 12 Malter Haberen, ein Hut Zucker von vier Pfund für wolgemelte Fraw Verpfachterin, zum newen Jahr einen Ducat und umb die osterliche Zeit ein feist Kalb zur Küchen,

und solle die Verpfachtung sein und bleiben sechs stet nacheinander folgende Jahren, jedoch dergestalten, deme es also nit gefellig sein würde, zu drei abzustehen, und Cathedra Petri dieses 1653. Jahrs den Anfang nehmen und haben solle.

Wie dan auch weiters verabredet, daß der Halfman und dessen Erben Hauß, Hoff, Geheuchter gebührlich bewohnen, in gutem Baw und Besserei, in gutem Dach, Wenden, Zaunen und sonsten halten und nach vollendeten Pfachtjahren wiederliebern sollen und wollen.

Auch waß von ihren Pfachteren oder seinen Leuthen dorch Fewr versäumet — welches Gott verheuten will — und verwahrloset würde, gut zu machen und zu vergenzen verbunden sein wollen,

Verstricken und verbinden sich auch hiemit, alle Fluß, Graben, Wiesen, Hecken, Zeunen zu halten und mit lebendig Geholz zu beproffen und alles in gutem Friedt zu conserviren,

auch zu mehrerer beweißlicher Beßerei des Hoffes jährlich vier junger Obsbäume, sechs junger Eichen, acht Beukstämme zu behörlicher Zeit setzen, selbige ins dritte Laub zu erziehen,

Auch ist veraccordiret, daß Pfachtere gegen Fuder und Mahl sechs Tag auf Erfordern Herrn Verpfachteren mit Pferd und Kärrig zu dienen schuldig.

Wie dann ferners vergliechen, daß sechs Schwein in Teilung jährlichs gebracht und dem Herrn Verpfächtere die Wahl darob vorbehalten bleiben solle. Würden nun Pfachtere mehr als sechs Faselschwein erziehen, solches soll ihnen dergestalt vergünstiget werden, daß wan von den sechs Teilschweinen einige sterben oder vom Wolf (!) verdorben würden, desto weniger nit

---

[101]) Archiv v. Weichs, Akten 159.

die vorgemelte Zahl der Teilschweine von Pfachteren vollgleich ersetzet und der Zahl beigeschöpfet werden solle.

Was nun das Eckergewachs anbelanget, bleibt solches Herrn Verpfachteren ganz und zumal vorbehalten, ausgenomen, daß Pfachtere bemächtiget sein sollen, den Gnoß und Ecker von den Enten am Frowenbroich und Hebborner Gassen absonderlich und allein zu genießen. Falls aber Gott der Allmächtige Ecker bescheren würde, so sollen des Halfmans als Pfechters Teilschwein mit außgetrieben und feist gemacht werden. So aber kein Ecker vorhanden, alsdan sollen der sechste Teil Schwein von selbige zu behörlicher Zeit abgeteilet werden.

Wabei dan auch weiters versehen, daß bei geratenem Ecker die sechs Faselschwein, so künftigen Jahrs abzuteilen weren, mit ausgehen und dahe alsolche feist und zum Schlachten bequem befunden würden, auf solchen Fall sollen in gleicher Zahl zwischen Herrn Verpfachter und Pfachteren abgeteilet und so viel Herr Verpfachter daraus bekommen möchte, wieder erstattet werden.

Und soll dem Pfachteren zu Underhaltung des Geheuchtes nötiges Gehölz, Planken und Stocken angewiesen werden. Falls auch Notbaw oder Reparation zu tun were, so soll Herr Verpfachter beneben notwendigem Eiserwerks denen Arbeitern den Lohn und Pächtere denselben, wie bräuchlich, Kost und Drank und Beifuhr verschaffen.

Diesemnach ist schließlich veraccordiret und verglichen, daß Pfachter das jährlich fallendes Klüppelholtz, so durch veraidten oder sonsten gewonlich Hewern, wie solches von anderer Herrschaften Pfachteren üblich, gehauwen wird, haben und sein Schonstein damit (versehen soll).

Die Bestimmungen des Vertages sprechen für sich. Besonders die Pflicht zur Lieferung eines Zuckerhutes von vier Pfund und die Befürchtung, daß der Wolf die Schweine verderben könnte, sind kulturgeschichtlich von besonderem Reiz. Nicht erwähnt ist, daß der Gladbacher Fronhof um 1653 einen Kalkofen (im Buchholtz) betrieb, für den jährlich 8 Reichstaler Pacht berechnet wurden, ähnlich wie beim Hebborner Hof. Dafür daß Gottfried von Steinen sich einen Teil der Eichelmast vorbehalten hatte, sollte der Pächter einen Nachlaß an der Geldpacht erfahren. Jedoch geschah das nicht.

Nach dem Tode des Pfalzgrafen Wolfgang Wilhelm am 20. März 1653 mußten sämtliche Lehen des Landes von seinem Nachfolger Philipp Wilhelm neu empfangen werden. Die Landstände forderten zu dieser Zeit, alle vom verstorbenen Pfalzgrafen ohne ihre Zustimmung verpfändeten Höfe wieder einzuziehen. Gottfried von Steinen bat noch 1653 darum, ihm die Pfandschaft der beiden Höfe zu belassen. Seiner Eingabe sollte bis zur Einlösung der Pfandsumme entsprochen werden. Immerhin hatte sich der Landesherr selbst die Nutzung des Stammholzes vorbehalten. Das geht wohl daraus hervor, daß die fürstliche Regierung am 28. Juli 1654 befahl, aus den Höfen in Gladbach und Hebborn zwei Bauhölzer zum Bau eines Geheuchtes für den Kammer-Rat und Sekretär Adam Schlosser auf dem fürstlichen Erbpachtgut Dormagen zu liefern.

Immer wieder drängten die beiden Halfen darauf, ihnen für den Verlust des „Eckers" einen Teil der Pacht nachzulassen. Sie hatten keinen Erfolg. Der Pfandherr erwirkte sogar im Jahre 1655 einen Befehl des Kellners in Bensberg an die Halfen, die völlige Geldpacht wie früher an ihn zu bezahlen. Freiherr von Steinen ließ den „Ecker" in den Hebborner und Fronhofsbüschen mit seinen eigenen Schweinen beweiden, die der Hirte von Scherfen und Lerbach dorthin treiben mußte. Er kümmerte sich nicht um die Klagen der armen Pächter, die doch schon 1652 um einen Pachtnachlaß wegen des Mißwachses gebeten hatten.

Am 16. September 1655 erhielten alle bergischen Kellnereien den Befehl, sämtliche von Wolfgang Wilhelm verpfändeten Höfe wieder einzuziehen[102]). Damit waren der Glad-

---

[102]) Vgl. S. ... Bei Hebborner Hof!

bacher Fronhof und der Hebborner Hof endlich die Plackereien des Junkers in Scherfen los. Aber auch der Kellner gewährte ihnen keinen Pachtnachlaß. Gemeinsam wandten sie sich am 17. Februar 1657 an den Pfalzgrafen Philipp Wilhelm und beschwerten sich über ihn, daß er sie „mit schwerer Pfandschaft heimsuche", obwohl ihm bekannt sei, daß beide Höfe seit vielen Jahren keinen Eichelertrag genossen hätten. Trotzdem fordere er von ihnen die volle Pacht, so daß sie „mit Weib und Kindern ins äußerste Verderben geraten" müßten [103]).

Zwar wurde nun offenbar eine Untersuchung eingeleitet, auch erhielt der Bensberger Kellner Rheinfelden am 20. September 1657 die Anweisung, die Pachtbriefe nachzuprüfen, jedoch liegen keine Nachrichten über den Fortgang der Dinge mehr vor.

Wann der Fronhalfen Johann Dünn, der die Last der schweren Kriegsjahre und der Zeit der Pfandschaft getragen hatte gestorben ist, ließ sich noch nicht feststellen. Ihm folgte sein Sohn und dann sein Enkel, Wilhelm Dünn, ein Mann, der sich offenbar hohen Ansehens erfreute; denn er war Scheffe am Langericht in Bensberg. Dessen Ehefrau hieß Margareta, die Tochter des wohlhabenden Halfen Johann Hamacher vom Schlömer Hof. Mit diesem Erbpächterehepaar eröffnet sich dank der ab 1700 erhaltenen Gladbacher Kirchenbücher die lückenlos bekannte Reihe bis zur Auflösung des Fronhofes.

Als Wilhelm Dünn am 20. November 1703 starb, stand er offenbar in den besten Mannesjahren. Fünf Kinder ließen sich ermitteln, die aus der Ehe hervorgegangen waren:

1. Maria. Sie heiratete am 16. Oktober 1708 Anton Buchmüller vom Kommendehof Oberthal bei Herrenstrunden.
2. Johann Theodor genannt Dierich.
3. Peter, getauft am 17. Januar 1700.
4. Margareta, getauft am 30. November 1701.
5. Johann Peter, getauft am 14. Oktober 1703. Seine Paten waren Johann Servos zu Hebborn und Christina Dhün zu Romaney. Beide Namen weisen auf verwandtschaftlich Beziehungen hin. Das Kind starb am 7. Februar 1704, wenige Monate nach dem Tode des Vaters.

Schon am 4. Februar 1704 ging die verwittibte Fronhalferin eine zweite Ehe mit dem ledigen (adolescens) Gerhard Schmitz ein, dem sie noch zwei Kinder gebar:

1. Daniel, getauft am 19. Juli 1705 (Pate: Daniel Siegen).
2. Johann Urban, getauft am 17. Dezember 1706 (Paten: Johann Peter Hamacher und Urban Siegen); er starb als „junger Mann aus dem Fronhof" am 3. August 1726.

Nur acht Jahre währte das neue Eheglück. Am 17. Mai 1712 starb der Fronhalfer Gerhard Schmitz. Zum drittenmal wagte die sorgengebeugte Fronhalferin den Schritt zum Altar am 27. Februar 1715. Sie heiratete den ehrbaren Witwer (honestus viduus) Gerhard Gierath, der ihr im Fronhofe als Scheffe des Hofgerichts nahegetreten war [104]). Diese Ehe blieb kinderlos und wurde schon bald durch den Tod der Fronhalferin gelöst.

---

[103]) Wortlaut ihres Briefes an anderem Ort.
[104]) Ein gleichnamiger Sohn des Scheffen Schmitz aus erster Ehe heiratete am 24. Juni 1717 Anna Maria Schmitz aus Bensberg.

Sie starb am 18. März 1717. Man darf wohl vermuten, daß damals die Tuberkulose ihre Opfer im Gladbacher Fronhofe gefordert hatte.

Nun zeigte es sich, daß das vertragliche Erbpachtrecht am Fronhofe nicht auf den hinterlassenen dritten Ehemann, sondern auf den ältesten Sohn aus erster Ehe überging, auf Johann Theodor Dhün (Hans Therich oder Dietrich genannt), der als Fronhalfen am 27. Februar 1718 in der Kirche zu Gladbach, vom Ehehindernis der Blutsverwandtschaft dispensiert, Gertrud Kuckelberg, Tochter der Eheleute Matthias Kuckelberg (Tibes von der Groven) und der Katharina Odenthal (von der Igel) zu Grube [105]) heiratete. Nun aber wiederholt sich für die neue Fronhalferin das vom unerbittlichen Sensenmann schon ihrer Schwiegermutter bestimmte Schicksal. Ein Söhnlein starb schon am 18. Mai 1719, und der Gatte folgte am 8. Juni 1719 in den Tod. Sein Stiefvater Gerhard Gierath hatte den Fronhof verlassen, er heiratete am 31. Januar 1722 (zum drittenmal) Elßgen Korschilgen von Heidkamp, die ihm aber wenige Tage danach, am 11. Februar, wegstarb. Am 14. September 1719 starb auch Dierich Dhüns Bruder Peter als „Jungergesell" auf dem Fronhof, nur 19 Jahre alt. Wie ein Würgengel ging die furchtbare Krankheit, gegen die man kein Mittel kannte, in Gladbach um und sollte noch fast zweihundert Jahre die Menschen ängstigen.

Gertrud Kuckelberg, mit den angesehensten Familien im Gladbacher Raum versippt, sah sich allein nicht in der Lage den Fronhof als Erbpächterin zu bewirtschaften. Schon am 18. August 1720 holte sie durch eine zweite Heirat mit Johann Jakob Guther (Goudhaire) einen neuen Fronhalfmann auf den Hof. Er war ein Sohn des aus der Diözese Lüttich zugewanderten Steinhauermeisters Leonhard Goudhaire, der beim Schloßbau in Bensberg tätig gewesen war und nachher Haus Steinbreche gebaut hat. Er starb am 27. Oktober 1724 und wurde wegen seiner Verdienste in der Kirche zu Refrath begraben (Totenbuch Bensberg). — Vgl. auch: Erinnerungen an die Familie Goudhaire, Siegen und Eybetz usw., o. Jahr u. Verfasser. Abgedruckt RB./1929, 10.

Vier Kinder wurden dem Paar geboren:

1. Johann Leonhard, getauft am 31. Juli 1721, gestorben am 10. Februar 1731.
2. Johann Heinrich, getauft am 25. Mai 1722.
3. Anna Margareta, getauft am 16. Juli 1724, gestorben am 12. Oktober 1747.
4. Johann Peter Jacob, getauft am 30. Januar 1726, (seit 1768 auf dem Hof Grube).

Der Tod holte den zweiten Ehegatten am 3. März 1729, und Gertrud Kuckelberg entschied sich schon am 10. November 1730 zum dritten Ja-Wort mit Anton Servos. Ihm schenkte sie noch zwei Kinder:

1. Andreas, getauft am 8. Mai 1732. Er sollte sich dem höheren Studium widmen, starb aber schon am 7. November 1747 als Schüler der Syntax in der Schule der Jesuiten in Köln (apud P. P. Soc. Jesu syntaxista Colonia).
2. Katharina Margareta, getauft am 6. Dezember 1733.

In diesem Jahre, als die Tochter geboren wurde, ist der Gladbacher Fronhof vermutlich das Opfer einer großen Feuersbrunst geworden. Im Jahre darauf wurde er auf Befehl der kurfürstlich-herzoglichen Regierung in Düsseldorf unter der Leitung des Oberschult-

---

[105]) Sie sind Ahnen des Verfassers.

heißen und Kellners des Amtes Porz in Bensberg, Bernhard Josef Scherer, wieder aufgebaut. Eine Inschrift im Eichenbalken über dem Türsturz hielt dieses denkwürdige Ereignis fest:

> Antonivs Servos vnd Gerdravt Kvckelberg, erbpfachter des
> Frohnhoffs zv Gladbach haben dieses havs vermog Chvr —
> Fürst: gnädigsten befelch erbawet zvr Zeit B. J.
> Scherer Oberschvlteis anno 1734, 25. 9br.
> Herr, behute es vor donner vnd blitzgefahr [106]).

Inschrift am Gladbacher Fronhof

Auch dem Fronhalfmann Anton Servos war kein langes Leben beschieden. Immerhin konnte er, als er am 12. September 1745 die Augen für immer schloß, seiner Familie das stolzeste und stattlichste Haus hinterlassen, das in Gladbach je in Fachwerk errichtet worden ist. Es stand noch bis 1959, wenn auch in den verstecktesten Winkel gedrängt, während es einst vor sich den ersten Gladbacher Marktplatz liegen sah, den eine stillose Zeit und eine kurzsichtige und kleinliche Kommunalpolitik mit dem gesamten Umland des Fronhofes für eine gewinnsüchtige und häßliche Bebauung preisgaben und damit die Zukunftsentwicklung des Gladbacher Stadtkerns aufs schwerste beeinträchtigten.

Gertrud Kuckelberg muß eine ungewöhnlich tatkräftige Frau gewesen sein. Sie vereinigte in sich das Erbgut bedeutender heimatlicher Bauerngeschlechter und verstand es, den Fronhof mit starker Hand zu leiten, bis sie am 25. Februar 1756, just ehe der

---

[106]) Nachdem der Balken nach 1800, weil an der Wetterseite angebracht, morsch und die Inschrift fast unleserlich geworden war, hat man sie vermutlich um 1820 erneuern lassen. Dabei schlichen sich durch Unkenntnis bei allen Eigennamen schwere Fehler ein, sogar die Jahreszahl wurde verändert. Statt Servos las man „Caro", statt Kuckelberg „von Actberg", statt Scherer „Scherffs", statt 1734 „1754". — Vgl. Anton Jux, Die Inschrift am Fronhof zu Gladbach als Fälschung nachgewiesen. Kölner Stadtanzeiger, Ausgabe Rheinisch-Bergischer Kreis, Nr. 277 vom 27. November 1954. Der zuletzt in städtischen Besitz übergegangene Fronhof wurde am 2. 7. 1960 abgerissen. Der Stadtrat sah sich nach eingehender Prüfung der Verkehrsentwicklung, wegen zukünftiger Bauplanungen und vor allem des fortgeschrittenen Verfalls am altehrwürdigen Bauwerk zu diesem folgenschweren Entschluß genötigt. Es sei betont, daß der Entscheid hierzu den Vertretern der Bürgerschaft nicht leicht fiel! — Dort, wo der herzogliche Fronhof über die Jahrhunderte stand und wo ein Jahrtausend lang unsere Vorfahren ihre Rechtsfragen klärten, findet man jetzt einen häßlichen, durch Hinterhöfe gerahmten Parkplatz. Allein der Türbalken ist mit seiner verstümmelten Inschrift erhalten und steht unter sorgsamen Verwahr beim Kulturamt der Stadt.

Siebenjährige Krieg seine Schatten mit raubenden Feindeshorden auch über das Bergische Land warf, das Zeitliche verließ.

Ihr Sohn Johann Heinrich Guthaire — die Schreibweise wechselte häufig — dessen Ehebund mit Anna Elisabeth Steinkrüger sie am 18. Januar 1756 noch eben auf dem Krankenbett hatte segnen können, trat ihre Nachfolge als Fronhalfen an. Seine junge Frau war die Tochter des Gladbacher Müllers Anton Steinkrüger und seiner Ehefrau Maria Katharina, diese wiederum eine Tochter des Strunder Bach- und Waldschultheißen Heinrich Bützler in Gronau und seiner Gattin Elisabeth Steinkrüger, deren Sohn Johann Jakob Bützler als Kaufhändler und Kalkfabrikant das Haus Blech erwarb und neu aufbaute. Wieder floß mit diesem Fronhalfenpaar, unter dem im Jahre 1765 alle Fronhofsgrundstücke neu vermessen wurden[107]), wertvolles, heimatverbundenes Blut zusammen.

Die Ehe wurde reich mit Kindern bedacht:

1. Johann Jakob Josef, getauft am 26. November 1756.
2. Franz Kaspar Johann Nepomuk, getauft am 21. Dezember 1758, † am 12. Januar 1760.
3. Anna Maria, getauft am 13. Oktober 1760.
4. Maria Gertrud Theresia, getauft am 12. März 1763, † am 29. März 1763.
5. Johann Franz Josef, getauft am 13. Februar 1764, † am 22. Februar 1764.
6. Johann Peter Josef, getauft am 6. April 1765. Er war später Polizeidiener in Gladbach.
7. Johann Wilhelm, getauft am 19. November 1767, † am 9. Dezember 1834, ledig.
8. Notgetauftes Kind, † 29. April 1770.
9. Johann Franz Josef, getauft am 16. Mai 1771, † am 27. Januar 1848. Er war verheiratet mit Gertrud Kierdorf.
10. Maria Christina, getauft am 28. Februar 1774, † am 14. März 1856 als Witwe des Theodor Kierdorf in Gronau.

Noch bevor das jüngste Kind geboren war, starb der Vater am 28. Januar 1774. Das Sterbebuch nennt ihn „virtuosus et pius", tugendhaft und fromm. Er war dazu ein begüterter Mann und besaß 1770 auch Häuser in Mülheim am Rhein[108]). Mit ihren sieben noch lebenden Kindern dürfte die Fronhalferin nicht ungern der Werbung des Johann Gerhard Servos, der ein Vetter ihres verstorbenen Mannes war, um ihre Hand entsprochen haben, der sie am 23. Juli 1775 in Gladbach ehelichte. Er war ein Sohn des Andreas Servos zu Steinbüchel, eines Bruders des Stief-Schwiegervaters seiner Gattin, und dessen Ehefrau Anna Margareta Meckhoven und hatte schon als junger Mann im Jahre 1766 eine Wirtschaft in Hebborn betrieben. Der Ehebund wurde am 23. Juli 1775 in Gladbach geschlossen. Aus ihm entsprossen noch folgende Kinder:

1. Margareta, getauft am 10. August 1775, † am 7. November 1775 (das „Kindchen" sagte das Kirchenbuch).
2. Franz Wilhelm Anton, getauft am 11. September 1776, als Säugling gestorben am 5. Oktober 1776.

---

[107]) Diese Vermessung wird im folgenden Abschnitt besonders behandelt. Siehe Seite 144 ff.
[108]) H. *Vogts*, Mülheimer Altstadt ... in: Jahrbuch des Kölnischen Geschichtsvereins 26 S. 184.

3. Johann Peter, getauft am 31. August 1777, † am 18. Januar 1806.
4. Notgetauftes Kind, † am 4. Juni 1779.
5. Anna Margareta, getauft am 20. Juni 1780.

Anna Elisabeth Steinkrüger hatte demnach ebenfalls als Fronhalferin das Schicksal ihrer beiden Vorgängerinnen teilen müssen und in zwei Ehen im ganzen fünfzehn Kinder zur Welt gebracht, von denen sich ebenfalls fast die Hälfte als lebensuntüchtig erwies und früh ins Grab sank. Am 31. März 1781 vermählte sich ihre älteste Tochter Anna Maria Gouthaire in Heumar mit Johann Friedrich Siegen, einem Sohn des dortigen Felderhofhalfen Urban Siegen [109]) und seiner Ehefrau Maria Gertrud Meuser [110]).

Dieses junge Paar übernahm die Erbpacht des Fronhofes auf 24 Jahre gegen eine Pachtabgabe von jährlich 84 Reichstalern 10 Albus und 12 Malter Hafer. Das bisherige Pächterehepaar Servos aber zog ins Gronauer Wirtshaus. Dort starb Johann Servos, 60 Jahre alt, am 8. Januar 1806, während die Gattin ein Alter von 79 Jahren erreichte und erst am 23. Februar 1815 die Augen für immer schloß.

Das Ehepaar Siegen sollte das letzte Fronhalfenpaar in der tausenjährigen Geschichte des Gladbacher Fronhofes sein, wenn es selbst auch mit einer stattlichen Kinderschar die eigene Lebenskraft erwies:

1. Anna Gertrud, getauft am 23. August 1782, † am 26. Juni 1843. Sie wurde die Gattin von Urban Odenthal aus der Gladbacher Mühle, mit dem sie im Gronauer Hofe lebte.
2. Paul, getauft am 15. September 1783, † am 22. November 1783.
3. Anna Elisabeth, getauft am 28. September 1784.
4. Johann Jakob Josef, getauft am 19. Juli 1786, † am 4. Oktober 1787.
5. Maria Christine, getauft am 26. Mai 1788, heiratete am 13. Februar 1822 Johann Josef Odenthal in Gladbach.
6. Anna Barbara, getauft am 10. Oktober 1789, † am 28. Februar 1791.
7. Anna Margareta, getauft am 11. Oktober 1791, † am 1. April 1792.
8. Johann Wilhelm, getauft am 16. Januar 1794, † am 4. Juli 1824.
9. Franz Peter Hubert, geboren am 5. Juni 1795, getauft am 16. Juli 1795, ledig, Gutsbesitzer und Kalkfabrikant, Präsident des Vinzenz-Vereins in Gladbach, † am 17. März 18..
10. Maria Anna Margaretha, getauft am 15. Juli 1797.
11. Anna Barbara, getauft am 10. Dezember 1799, lebte mit dem Bruder Franz Peter Hubert auf dem Siegenshof in Gronau, ledig gestorben am 10. Januar 1877. Nach ihr wurde in dankbarer Würdigung ihrer Wohltätigkeit die Barbarastraße benannt.
12. Johann Anton Hubert, getauft am 19. April 1802.
13. Johann Wilhelm, getauft am 6. Mai 1804, † am 26. März 1805.

Das letzte Fronhalfenpaar nahm im Gemeindeleben, nicht zuletzt auch dank der verwandtschaftlichen Bindungen zu den in Steinbreche geborenem Johann Wilhelm Siegen,

---

[109]) Urban Siegen wurde am 9. September 1729 in Steinbreche bei Refrath als Sohn der Eheleute Otto Siegen (der aus Eil stammte) und Anna Maria Goudhaire (einer Tochter des Steinhauermeisters Goudhaire [108]) geboren.

[110]) Sie wurde geboren am 24. Juni 1734 als Tochter der Eheleute Christian Meuser und Katharina Otter.

Pfarrer an St. Laurentius in Gladbach (1765—1809) und Johann Jakob Siegen(geboren in Eil), Pfarrer an St. Klemens in Paffrath (1782—1822), die ihre ganze Zeit beherrschten, eine bedeutungsvolle und geachtete Stellung ein. Johann Friedrich Siegen hatte es verstanden, durch eine vorsichtige Wirtschaft und große Sparsamkeit ein beträchtliches Vermögen anzusammeln, in Gronau einen Hof zu erwerben und dazu noch eigene Kalköfen zu betreiben. Er genoß hohes Ansehen, und als er am 14. November 1819 am Stickfluß starb, sagte der Totenzettel von ihm, er sei „mitleidig, brüderlich, barmherzig, freundlich" gewesen, habe nicht Böses mit Bösem vergolten oder Scheltworte mit Scheltworten, und ferner von ihm seien „alle Bitterkeit, Zorn, Zank, Geschrei und Lästerworte" gewesen. Sein Schwager, der Polizeiwachtmeister Peter Josef Gutthaire, und sein Meisterknecht Christoffel Graumann erstatteten die amtliche Todesanzeige. Mit diesem Manne sank in der Tat für Gladbach ein Zeitalter dahin.

Denn der Fronhof war aus herzoglich-bergischem Besitz zur Zeit der Fremdherrschaft zunächst in französischen und 1815 in peußischen Staatsbesitz übergegangen. Die Lehnrührigkeit der dem Hofgericht anklebenden Höfe war bereits im Jahre 1809 aufgehoben worden, aber nach wie vor bestand für den Fronhof selbst das Pachtverhältnis zum Staate. Bis Petri Stuhlfeier 1822 lief noch der letzte Pachtvertrag, der auch den Gladbacher Feldzehnten einschloß, Johann Friedrich Siegens gegen eine jährliche Pachtabgabe von 67 Talern 17 Groschen und 10 Pfennigen. Dazu kamen wie immer noch die Gestellungen des Zielviehes.

Dem preußischen Fiskus wurde schon bald die übergroße Verwaltungsarbeit für den weit zersplitterten Domänenbesitz, der sich allerdings zumeist aus ehemaligem Klostergut und Stifterbesitz zusammensetzte und sich nicht recht lohnte, verleidet, und er begann mit dem Verkauf. So wurde auch der Gladbacher Fronhof unbeschadet aller Gefühle für geschichtliche Werte und Zusammenhänge öffentlich mit 105 Morgen 135 1/2 Ruten ausgeboten[111]). Am 30. Mai 1820 steigerte ihn der Kaufmann und königliche Kommerzienrat Johann Philipp Heymann aus Köln bei der Ausbietung in Königswinter an, am 20. Juli wurde der Kaufakt unterzeichnet.

Alles, was der Pächter Siegen nach dem letzten Vertrage in Benutzung hatte, ging in Heymanns Eigentum über. Wenn auch der Kaufvertrag noch nicht aufgefunden werden konnte und die Kaufsumme nicht mehr bekannt ist, so steht doch fest, daß Heymann ein glänzendes Geschäft machte. Er zerlegte das zugehörige Land sofort in Parzellen und verkaufte sie einzeln weiter. Nunmehr verschwand der uralte Fronhof als eigentliches landwirtschaftliches Kerngut aus dem Gemeindeleben, wenn auch seine Gebäude noch über ein Jahrhundert stehen blieben. Die Entwicklung des späteren Ortsbildes wurde dadurch schon damals entscheidend beeinflußt und der Keim für eine beispiellose Verunstaltung gelegt[112]).

---

[111]) *Binterim und Moore*, a. a. O. II S. 585.
[112]) Am 31. Dezember 1821 wandte sich Heymann an die Regierung in Köln, weil sie für den 3. Januar 1822 die Heidkamps-Wiese in Gladbach, 1 Morgen 36 Ruten groß, zum Verkauf ausgeboten hatte. Diese Wiese sei als Fronhofsland von ihm miterworben und bereits an einen Dritten weiterverkauft worden. Die Regierung wies ihn ab, da diese Wiese niemals zur Pachtung des Fronhofs gehört habe, sondern stets gesondert verpachtet worden sei. Sie wolle ihm jedoch beim Verkauf den Zuschlag geben. — StA Düsseldorf Regierung Köln 4182.

Das alles hat die letzte Fronhalferin Anna Maria Siegen geborene Gouthaire noch gesehen. Sie starb am 6. Februar 1821 am Brustfieber, zuletzt ärztlich betreut vom Kreisphysikus Brunner aus Mülheim. Neben ihrem Gatten wurde sie auf dem alten Kirchhof an der Kirche zu Gladbach bestattet. Die Grabkreuze sind von einer ehrfurchtslosen Zeit längst beseitigt worden.

Heymann verpachtete die Fronhofsgebäude an Josef Pfeiffer, der in ihnen Wohnungen einrichtete. So hauste hier 1828 der Tagelöhner Everhard Fröhlingsdorf, dessen Aufmerksamkeit es gelang, aus alten Papieren auf dem Speicher die Stiftungsurkunde der Apollonia-Oktav an der Kirche in Sand zu retten, dem wir weiter die traurige Kunde verdanken, daß viele alte Akten einem leidigen Unverstand der in den Fronhof eingezogenen Familien zum Opfer fielen.

Im Jahre 1831 galt der Fronhof amtlich immer noch als eine einzige Feuerstelle, obwohl er zu dieser Zeit vier katholische und zwölf evangelische Bewohner zählte.

2) Vermessung des Fronhofs im Jahre 1765

Der Oberjäger Gunckel hatte zu seinen Lebzeiten die etwa anderthalb Morgen große Heidkampswiese neben dem Kirchengut in Heidkamp vom bergischen Fiskus gepachtet. Nach seinem Tode wurde sie im April 1763 auch seiner Witwe noch für ein Jahr überlassen. Der Einfachheit halber verpachtete man am 14. Juni 1764 dann diese Wiese an den Gladbacher Fronhalfen gegen eine Jahresgebühr von drei Reichstaler zehn Albus, ohne jedoch dieses Grundstück rechtlich dem Fronhofsland zuzuschlagen [113]).

Bei dieser Gelegenheit stellten sich Unstimmigkeiten über die Ländereien des Fronhofs heraus, so daß die Kameralverwaltung in Düsseldorf anordnete, den gesamten Fronhofsbesitz und die Heidkampswiese auf Kosten des Halfmanns vermessen und mit gleichen Limitensteinen versehen zu lassen. Der Kellner in Bensberg wurde angewiesen, die Steine in Königswinter zu bestellen und zu bezahlen. Am 10. und 17. November 1765 mußte der Gladbacher Unterbote Wilhelm Müller beim Stillstand vor der Pfarrkirche bekanntmachen, daß mit der Messung am Dienstag, dem 19. November, begonnen würde und

---

[113]) Johann Henrich Guther beredete am 19. Mai 1764 mit der Fronhalferin in Gladbach die Verpachtung der Heidkamps-Wiese zu folgenden Bedingungen:
1. Die Jahrespacht von 3 Rtlr 10 Albus ist fällig am 31. Juli.
2. Der Pächter soll die Wiese in ihren Längen und Pfählen unterhalten und auf seine Kosten vermessen lassen. Die Limitensteine sollen aus Staatsmitteln bezahlt werden.
3. Der Pächter soll an einem Vorhaupt und langen Seiten, an der Straße und am Pastoralbusch lebende Hecken von „Dörn oder Buchen" anlegen.
4. Die Weidenkopfhecken darf er „staufen" und Kleingehölz zu Zäunen verwenden, aber nicht die Weiden, die „Ifftenbäume (Eiben) und Eichen abhauen.
5. Er soll feuchte und saure Stellen düngen und verbessern.
6. Er soll an dem Eingang ein Tor erstellen.
7. Die Pachtzeit dauert zehn Jahre.
8. Er darf keine neuen Lasten auf die Wiese annehmen außer der darauf ruhenden „Cammertax" (Landessteuer) von 7 Rtlr 60 Albus.

Entsprechend wurde der Vertrag am 14. Juni 1764 abgeschlossen (StA Düsseldorf Jülich-Berg III, 2649).

sich alle angrenzenden Eigentümer alsdann auf dem Gladbacher Hof einfinden könnten, um „bei Straf ewigen Stillschweigens" etwaige Angaben oder Einwendungen vorzubringen.

Es erschien jedoch niemand, und so begann der „concessionirt-veraydete" Landmesser Bernard Oberbörsch mit seiner Arbeit und setzte nachstehendes Protokoll auf:

1. Hauß, Hoff und Garten samt allinger Geheuchteren-Plätzen, welche halten 3 Morgen 2 Viertel 16 ¾ Ruten, wohe an das Vorhaupt nach Sonnenaufgang das Vicariengut, die Buchmühle genant, an das Vorhaupt nach Sonnenuntergang der Weg langs die Bach, der Reutersweg genant, an die lange Seite nach Mittag die alte Bach samt der darhinten gelegenen Wiese, zur obristen Papiermühlen gehörig, fort an die lange Seite sonnenuntergangs der Garten des Bocker Guts anschießet.

2. Der Forellenweyer, welcher haltet ein halb Viertel 12 Ruten und ringsum zwischen dem Cameralgrund gelegen ist.

3. Der Forellenweyer außer dem Hof gelegen, haltend 1 V. 8 ¼ R., welcher in drei Ecken auslaufet und mit dem Vorhaupt nach Sonnenaufgang auf den Brunnen des Steinkrüger-Guts, mit dem Vorhaupt nach Sonnenuntergang auf den Bocker Gutsgarten, mit der langer Seiten nach Mittag auf den Steinkrügers und Buchmüllers Garten, sodan mit der langer Seiten nach Mitternacht auf Steinkrüger und Bocker Guts Garten gräntzet, wobei angemerket wird, daß zwar diese jetz beschriebene zwei Weyeren zum Hofe gemessen worden, weilen ersterer darin und der zweitere gleich darneben gelegen, jedoch diese dem Fischerei-Pfächteren Commercianten Schnabel mit in Pfachtung verliehen seien.

4. Die saure Wiese, der Frohn-Broich genannt, haltend 6 M. 3. V 11 ¾ R., so schießet mit dem Vorhaupt nach Sonnenuntergang auf den Grund des Drescher Guts und Bocker Guts Wiese, mit der langer Seiten nach Mitternacht aber auf die Cöllnische Straß und den zum Hoff gehörigen Cameralgrund.

5. Die sogenannte große beim Scheider Busch gelegene Wiese, haltend 13 M. 3 ½ V. 14 ¾ R., welche angräntzet mit dem Vorhaupt nach Sonnenaufgang auf die zum Rittersitz Lerbach gehörige Wiese, mit dem Vorhaupt nach Sonnenuntergang, fort mit der langer Seiten nach Mittag auf dem Cameralhoffs Busch, das Scheidt genant, und letzlichen mit der langer Seiten nach Mitternacht auf die Lerbacher und auf die zum Hohns Gut, fort zum Gladbacher Pastoral-Weidenhoff gehörige Wiesen, so dan demnegst auf die Länderei gemelten Hohns Gut.

6. Das Heydkamper Wiesgen, haltend 1 M. 1 ½ V. 12 R., und schießet mit dem Vorhaupt nach Sonnenaufgang auf den Reuthers Weg mit dem Vorhaupt nach Sonnenuntergang auf die zur Gladbacher Pastorat gehörige Heydkamps Wiese, mit der langer Seiten nach Mittag auf den Schlümer Hofsgrund, mit der langer Seiten nach Mitternacht aber auf den Pastoral Weydenhoffs Busch, welch jetzgemelte Wies vorhin alle Zeit separirter ausverpachtet gewesen und niemahlen zum Hof gehöret hat, sonderen erst per Clementissimum resolutum de 14. junii a. p. dem Gladbacher Hof in Pfachtung zugesetzet worden ist.

7. Der sogenante Kleekamp, welcher zu Garten und Feld gebrauchet wird, haltend 1 M. ½ V. 6 ¼ R., welcher mit dem Vorhaupt nach Sonnenaufgang auf den Reuthersweeg, mit dem Vorhaupt nach Sonnenuntergang auf das Cameral Gronawer Feld, mit der

langer Seiten nach Mittag auf den Grund des Rosser Guts, fort mit der langer Seiten nach Mitternacht auf den Grund des Rosser Guts abermahlen schießet.

Am Mittwoch, dem 20. November 1765, wurde die Vermessung fortgesetzt.

8. Ein Stück Land neben der sauren Wiesen, der Mohrenkamp genant, welches Stück ringsum zwischen dem Cameralhofs Grund lieget, und haltet 1 M. 2 1/2 V. 6 1/4 R.

9. Ein Stück Land, das Gronawer Feld genant, haltend 26 M. 1/2 V. 4 3/4 R., und schießet mit dem Vorhaupt nach Sonnenaufgang auf den Cameraleigenen Grund, Rosser Länderei und Busch, fort auf den Reuthers Weeg, mit dem Vorhaupt nach Sonnenuntergang auf das Drescher Land und auf den Hermes-Kamp, zum Eckers-Gut in Gronaw gehörig, mit der langer Seiten nach Mittag auf den Pastoral Weydenhoffs Garten und Cameral-Grund, mit langer Seiten nach Mitternacht aber auf den Bocker Platz und Pastoral Weydenhoffs Land.

10. Ein Stück Land, das Langefeld genant, haltend 10 M. 2 V. 12 R. und schießet mit dem Vorhaupt nach Sonnenaufgang auf den zum Rosser Gut gehörigen sogenannten Weinbücheler Busch, mit dem Vorhaupt nach Sonnenuntergang auf die Buchmüllers Länderei, mit der langer Seiten nach Mittag auf den Reuthers Weeg und das darbeneben gelegne Cameral-Büschelgen, Kellers Anwend genant, fort mit der langer Seiten nach Mitternacht auf die Länderei der Gladbacher Mühlen, Cameralgrund und Bocker Land, der Kellers Morgen genant.

11. Ein Stück Land aufm Horren genant, haltend 17 M. 1 V., welches mit dem Vorhaupt nach Sonnenaufgang aufs Bocker Guts Land, Cameral-Grund und Berger Guts Land, mit dem Vorhaupt nach Sonnenuntergang aufs Rosser Guts Land und Kellers Morgen, mit der langer Seiten nach Mittag auf Reiffer Guts Feld und Cameralbusch, so dan mit der langer Seiten nach Mitternacht auf die Länderei des Kamper, Bocker, Buchmullers und Steinkrugers Gut schießet.

Am Donnerstag, dem 21. November 1765, fortgesetzt.

12. Ein Stück Land, auf denen sechszehn Morgen genant, haltend 10 M. 1 1/2 V. 11 1/4 R. und schießet mit dem Vorhaupt nach Sonnenaufgang auf Cameralgrund, mit dem Vorhaupt nach Sonnenuntergang auf die Länderei des Berger Guts, mit der langer Seiten nach Mittag auf den Hebborner Weg gegen die neun Morgen des Schlömer Hofs, und mit der langer Seiten nach Mitternacht wiederum auf Cameralgrund.

13. Ein Stück Land, auf dem „guten Manns Feldgen" genant, haltend 3 M. 1 1/2 V. 3 1/4 R., welches Stück schießet mit dem Vorhaupt nach Sonnenaufgang auf den Hebborner Mühlenweg, mit dem Vorhaupt nach Sonnenuntergang auf den Grund des Berger Guts und auf die Cöllnische Straß, mit der langer Seiten nach Mittag auf Cameralgrund und mit der langer Seiten nach Mitternacht auf den Hebborner Vieheweeg.

14. Das sogenannte Mauler Feld, haltend 3 M. 2 1/2 V. 18 R., welches gräntzet mit dem Vorhaupt nach Sonnenaufgang auf den Grund des Schlömer Hofs und Cameralgrund, mit dem Vorhaupt nach Mitternacht auf die Hebborner Gaß, mit der langer Seiten nach Mittag auf des Schlömer Hofs und mit der langer Seiten nach Mitternacht auf Cameralgrund.

15. Ein Stück Land, das Buchholtzer Feldgen genant, haltend 3 M. 2 1/2 V. 17 1/4 R., welches Stück sehr nasser und steinigter Qualitaet, fort zwischen dem Cameral Buchholtzer Busch ringsum gelegen ist.

Am Freitag, dem 22. November 1765, fortgesetzt.

16. Ein Stück Busches, der Drescher Platz genant, welcher haltet mit dem auf Cameralgrund liegenden Weg 1 M. 3 1/2 V. 15 1/2 R., und schießet mit dem Vorhaupt nach Sonnenaufgang auf Cameralgrund, mit dem Vorhaupt nach Sonnenuntergang auf den Grund des Drescher Guts, fort mit der langer Seiten nach Mittag sowohl als Mitternacht auf Cameralgrund.

17. Ein Stück Busches, oben dem langen Feld, der Aspel genant, haltend 2 M. 2 V. 9 3/4 R., und schießet mit dem Vorhaupt nach Sonnenaufgang auf das Land des Bocker Guts, die Kellers Morgen genant, mit dem Vorhaupt nach Sonnenuntergang auf Cameralgrund, mit der langer Seiten nach Mittag gleichmäßig auf Cameralgrund, mit der langer Seiten nach Mitternacht aber auf die Buschen der Gladbacher Mühle und des Rosser Guts.

18. Ein Stück Busches oben und hinter denen sechszehn Morgen genant, haltend 3 M. 3 1/2 V. 1 1/4 R., und gräntzet mit dem Vorhaupt nach Sonnenaufgang auf Cameralgrund, mit dem Vorhaupt nach Sonnenuntergang, wie auch mit der langer Seiten nach Mittag, auf Cameralgrund, mit der langer Seiten nach Mitternacht aber auf die Länderei des Bocker und Berger Guts.

19. Ein Stück Busches, im Kamper und Berger Busch genant, haltend 1 M. 1 1/2 V. 9 3/4 R., welches schießet mit dem Vorhaupt nach Sonnenaufgang auf die Länderei des Berger Guts, mit dem Vorhaupt nach Sonnenuntergang auf die Länderei des Reiffer Guts, mit der langer Seiten nach Mittag auf die Cöllnische Straß, und mit der langer Seiten nach Mitternacht auf Cameralhofs Grund.

20. Ein Stück Busches, in den Horren-Sträuchen genant, haltend 3 M. 1. V 7 3/4 R., welches Stück schießet mit dem Vorhaupt nach Sonnenaufgang auf Cameral-Grund, mit dem Vorhaupt nach Sonnenuntergang gleichfalls auf Cameral-Grund, mit der langer Seiten nach Mittag auf die Länderei des Reiffer Guts, mit der langer Seiten nach Mitternacht aber auf Cameral-Grund.

Am Samstag, dem 23., Montag, dem 25., Dienstag, dem 26. November 1765 fortgesetzt.

21. Ein Busch, der alte Buchholtz genant, haltend 91 M. 1 V. 17 1/2 R., welcher gräntzet mit dem Vorhaupt nach Mittag auf den Eckers Busch, auf den Busch des Rosser Guts, des Henrichen Guthairs Gut im Gronaw, des Kirspels Gut, noch des Guthairs Gut, des Fetten Gut, des Guthairs Feld und Busch, so dan auf des Bernarden Molitors und dem Erbgenamen Kierdorfs Busch, mit dem Vorhaupt nach Mitternacht auf die Cöllnische Landstraß, Rittersitz Blech und Cameral Hebborner Guts Busch, mit der langer Seiten nach Sonnenuntergang aber auf die Buschen deren Erbgenahmen Kierdorffs, des Kradenpohler, Piddelborn-, Ecks-, noch Piddelborn-, sodan Schnepprutter Guts.

22. Der im Buchholtzer Busch gelegener Platz, worauf der an Commercianten Bützeler verpfachteter Cameral-Kalckofen samt darzu gehörigen Steinbrüchen befindlich ist, haltet 15 M. 2 V. 6 3/4 R. und ist dieser District in dem vorgemelten Cameral Buchholtzer Busch ringsum gelegen.

Am Mittwoch, dem 27. November 1765, fortgesetzt.

23. Der sogenannte Blecken Busch, haltend 7 M. 1 V. 11 1/2 R., welcher gräntzet mit dem Vorhaupt nach Sonnenaufgang auf die Länderei des Henrichen Romaney und Conraden

Stum, mit dem Vorhaupt nach Sonnenuntergang auf den Busch des Bernarden Oberbörsch, zum Rommerscheider Gut gehörig, mit der langer Seiten nach Mittag auf das Feld des Peteren Heidkamp, des Joannen Müller und Urbanen Odendahl, sämtlich zum Rommerscheid gehörig, mit der langer Seiten nach Mitternacht aber auf Commenderie-Busch zum Rommerscheid und des Joannen Müller daselbsten.

24. Ein Busch, in der Hoven genant, haltend 26 M. $^{1}/_{2}$ V. 1 $^{1}/_{4}$ R., schießend mit dem Vorhaupt nach Sonnenaufgang auf das zum Schlömer Hof gehörige Erlenfeld, mit dem Vorhaupt nach Sonnenuntergang auf Cameralgrund und Schlömer Hofs Busch, mit einer langer Seiten nach Mittag auf die Buschen des Schlömer Hofs, des Joannen Müllers, und wiederumb Schlömer Hofs Busch, mit der langer Seiten nach Mitternacht aber auf die Buschen des Schlömer Hofs, des Berger Guts, wiederumb des Schlömer Hofs, Jacoben Gieraths Busch zu Hebborn, und des Odendahls Busch aufm Rommerscheid.

Am Donnerstag, dem 28. November 1765, fortgesetzt.

25. Ein Busch, im Scheidt genant, haltend 54 M. 1 V. 18 R., so schießet mit dem Vorhaupt nach Sonnenaufgang auf den Rittersitzlich Lerbacher und Eicherhofs Busch, mit dem Vorhaupt nach Sonnenuntergang auf den Franckenforst und Gronawer Mühlen-Busch, mit der langer Seiten nach Mittag auf die Buschen des Eicherhofs, deren Erbgenahmen Bechen auf der Warth, und des Heyder Guts, sodan nach Mitternacht mit der langer Seiten auf die Schlömer und Scheider Cameral-Wiese.

Am Freitag, dem 29. November 1765, fortgesetzt.

26. Ein Busch, der große Quierl genant, haltend 7 M. 3 $^{1}/_{2}$ V. 17 $^{1}/_{4}$ R., schießend mit dem Vorhaupt nach Sonnenaufgang auf den Busch des Quierls Gut, mit dem Vorhaupt nach Sonnenuntergang auf den Steger Kamps Busch und Vicarien-Garten, mit der langer Seiten nach Mittag auf Steger Kamps Busch und Land, so dan mit der langer Seiten nach Mitternacht auf die Strunder Straß.

27. Ein Busch, der kleine Quierl genant, haltend 3 M. 1 $^{1}/_{2}$ V. 9 $^{1}/_{4}$ R., schießend mit einem Vorhaupt nach Sonnenaufgang auf den Busch des Jügger Guts, mit dem Vorhaupt nach Sonnenuntergang auf des Steger Kamps Guts Länderei, mit einer langen Seite nach Mittag auf Jügger Guts Busch, so dan mit der ander langer Seiten nach Mitternacht auf Streucher und Steger Kamps Länderei.

28. Ein Buschlein, geleich beim Reuthers Weeg gelegen, die Kellers Anwänd genant, haltend $^{3}/_{4}$ Morgen, so mit dem Vorhaupt nach Sonnenaufgang auf den Reuthers Weeg und Rosser Gut, mit dem Vorhaupt nach Sonnenuntergang auf die Länderei des Wiedenhofs, mit der langer Seiten nach Mittag auf den Gladbacher Pastoral-Busch und Buchmüllers Land, fort mit der langer Seiten nach Mitternacht auf Cameralgrund schießet, so dan dreieckig ist.

29. Ein schmal Oertgen Busch, unter den Bocker Kellers Morgen gelegen, welches haltet 1 V. 3 $^{1}/_{2}$ R., und schießet mit dem Vorhaupt nach Sonnenaufgang auf den Grund des Reiffer Guts, mit dem Vorhaupt nach Sonnenuntergang auf den Grund des Bocker Guts, mit der langer Seiten nach Mittag auf den Reiffer und Rosser Busch, fort mit der langer Seiten nach Mitternacht auf den Cameral Horrens Busch.

Recapitulatio

Haus, Hof sambt Geheuchter, Platzen und Garten		3 M.	2	V.	16 ¾	R.

Weyeren

der erste Forellenweyer			½	„	12	„
der zweite Weyer			1	„	8 ¼	„
Summa Weyere			2	„	1 ½	„

Wiesen

die saure Wies, der Frohnenbroich genant . . .		6 „	3	„	11 ¾	„
die große Wiese neben dem Scheider Busch		13 „	3 ½	„	14 ¾	„
die Heydkamps Wiese		1 „	1 ½	„	12	„
Summa Wiesen		22 „	1	„	1	„

Länderei

der Kleekamp, auch als Garten gebraucht		1 „	½	„	6 ¼	„
der Mohren Kamp		1 „	2 ½	„	6 ¼	„
das Gronawer Feld		26 „	½	„	4 ¾	„
das lange Feld		10 „	2	„	12	„
das Horrens Feld		17 „	1	„	—	„
das Stück auf den sechzehn Morgen		10 „	1 ½	„	11 ¼	„
das Godemans Feldgen		3 „	1 ½	„	3 ¼	„
das Mauler Feld		3 „	2 ½	„	18	„
das Feldgen im Buchholtz		3 „	2 ½	„	17 ¼	„
Summa Land		78 „	½	„	4	„

Büsche

der Drescher Platz		1 „	3 ½	„	15 ½	„
der Aspelt		2 „	2	„	¾	„
das Stück oben und hinten den sechszehn Morgen . .		3 „	3 ½	„	1 ¼	„
das Stück im Kamper und Bergers Busch		1 „	1 ½	„	9 ¾	„
der Busch in den Horrens Sträuchen		3 „	1	„	7 ¾	„
der alte Buchholtz		91 „	1	„	17 ½	„
der Platz mit dem Kalkofen und Steinbruch . . .		15 „	2	„	6 ¾	„
der Blecken Busch		7 „	1	„	11 ½	„
der Hover Busch		26 „	½	„	1 ¼	„
der Scheider Busch		54 „	1	„	18	„
der große Quierl		7 „	3 ½	„	17 ¼	„
der kleine Quierl		3 „	1 ½	„	9 ¼	„
das Büschlein, die Kellers Anwänd		— „	3	„	—	„
das Oertgen Busch unter den Bocker Kellers Morgen .		— „	1	„	3 ½	„
Summa Büsche		220 „	1	„	16 ½	„

Zusammenstellung

Summa Haus, Hof pp.		3 M.	2	V.	16 ¾	R.
„ Weyeren		— „	2	„	1 ½	„
„ Wiesen		22 „	1	„	1	„
„ Ackerland		78 „	½	„	4	„
„ Büsche		220 „	1	„	16 ½	„
		324 ,	3 ½	„	2 ¼	„

Es stellte sich bei einem Vergleich der Ergebnisse dieser Messung mit der letzten Messung des Jahres 1722 heraus, daß die Ergebnisse nicht übereinstimmten.

Nach der Abschrift des Meßzettels vom Jahre 1750 [114]) hatte sich damals ergeben:

1. an Haus, Hof und kleines Kämpchen	4 M.	2	V.	4½ R.
2. Wiesen	21 „	—	„	30½ „
3. Ackerland	77 „	—	„	33⅜ „
4. Waldungen	235 „	3	„	9⅜ „
	338 „	3	„	9⅜ „

Besonders ergaben sich bei den Büschen über 16 Morgen zu wenig, die zur Hauptsache — mit über 14 Morgen — das Buchholz betrafen. Man konnte sich den Unterschied nicht erklären, obwohl die „alte Lög und Mählen" sich noch allenthalben vorfanden. Die Düsseldorfer Hofkammer ließ deshalb fürs erste die „Absteinigung" einstellen, um die Ursachen des Abgangs zu ergründen.

Am 13. Juni 1766 berichtete der Bensberger Kellner, daß an das Buchholz der Commerciant Bützler vom Hause Blech, sodann einige andere Beerbte angrenzten, von denen gar nicht zu vermuten sei, daß sie „zum Nachteil des Aerarii eines Eingriffs sich angemaßet oder die Gräntzscheidungen verrücket haben sollten". Auch fänden sich „die Flüggen an denen Stöcken dergestalten veraltet, daß nicht zu glauben, selbige nach dem Jahr 1722 aufgehauen worden zu sein". Der Fronhofspächter habe von Jugend auf mit seinem Vater den Busch betreten, aber nie eine Grenzveränderung bemerkt oder davon gehört. Das bestätigte auch der für das Schlagholz der Büsche angestellte vereidigte Häuer. Landmesser Oberbörsch sei der festen Überzeugung, daß sein Vater, der die Vermessung im Jahre 1722 vorgenommen habe, sich bei der Exkalkulation des Buchholzes geirrt haben müsse. Nach einer Besichtigung der alten „Flüggen" schloß sich auch der Kellner dieser Ansicht an.

Damit gab sich die Hofkammer jedoch nicht zufrieden und ordnete an, daß Bützler und die übrigen Anreiner die Erwerbung aller Nebenstücke durch Vorlage der Urkunden und Akten nachweisen und überdies diese Grundstücke durch Oberbörsch und einen zweiten Landmesser nachmessen lassen sollten.

Für den 26. November 1767 ließ daraufhin der Gladbacher Scheffe Johann Peter Lommerzen durch den Unterboten Wilhelm Müller nachstehende Anrainer in seine Wohnung laden. Es erschienen:

1. der Kippen Müller Gerhard Eckert wegen des Eckerts- oder Reiffer-Gütchens in Gronau,
2. Derich Eck wegen des Ecks-Gütchens in Gronau,
3. Hendrich Gutheer wegen des Scheuren- oder Urbans-Gütchens in Gronau,
4. Commerciant Bützeler wegen des Kirspels- und Fetten-Gütchens in Gronau,
5. Bernard Molitor wegen seines Gronauer Faßbenders-Gütchens,
6. Peter Kierdorf wegen des Schürmanns-Gütchens in Gronau,
7. Commerciant Martin Fues wegen des Pittelborner Guts,
8. Commerciant Schnabel wegen des Kradenpohler Gutes,
9. Johann Wilhelm Kierdorf wegen der Schneppruthen,
10. Commerciant Bützeler wegen seines Rittersitzes Blech.

---
[114]) Vgl. Ruhmreiche Berge 1940, 3.

Nachdem Lommertzen ihnen die Sachlage dargelegt und sie aufgefordert hatte, alle Kaufbriefe und sonstigen Erwerbstitel über ihre Grundstücke im Original aufzusuchen und ihm vorzulegen, sie ferner ins Reine abschreiben zu lassen und ihm abzugeben, damit binnen vierzehn Tagen zur Nachmessung geschritten werden könne, erklärten alle, daß sie keinerlei schriftliche Nachweispapiere besäßen und sich lediglich auf die „Laagsteine und uhralte Laagstöcke" berufen könnten.

Daraufhin wurden alle Anrainer — für den verstorbenen Bützler schickte seine Witwe den Advokaten Schwaben —, auch der Gladbacher Pastor Johann Wilhelm Siegen wegen des Rosser Gutes, für den 30. Dezember auf das alte Schloß in Bensberg vor den Oberschultheißen Daniels beschieden. Der Pastor kam jedoch nicht. Für seine Herrschaft Henrich Schnabel legte der Kradepohler Halfen Hans Henrich Kerp einen 1762 abgeschlossenen Kaufvertrag vor, ebenso Schwaben für das Haus Blech. Alle mußten schwören, daß sie keine Landmaß- oder Teilzettel oder sonstige Briefe, aus denen die Grenzen zu ersehen seien, im Besitz hätten. Der Pastor wurde auf den 2. Januar 1768 erneut geladen. Man hatte inzwischen auch ein Protokoll beigebracht, das eine Grenzscheidung zwischen dem Cameral-Buchholz und dem Hause Blech im Jahre 1755 nachwies. Der Weg von der Schneppruthe zum Wapelsberg war damals in sehr schlechtem Zustande und von den Fuhrleuten in zehnfachem Maße nach beiden Seiten ausgefahren und erweitert worden. Deshalb wurde der Weg am 18. Juli 1755 in Gegenwart des Inhabers von Blech, Bützler, des kurfürstlichen Buschförsters Valentin Gunckel, des Gladbacher Fronhalfen Hans Henrich Guthaire und des Hebborner Halfen Peter Fingsder neu abgestochen. Ein Grenzstein wurde an der Schneppruthe gesetzt, der den Cameral-Grund vom Blecher Grund von dem des Schneppruther Wirtes schied, der zweite Stein zwischen Cameral- und Blecher Grund kam an die „Knippen" zum Wapelsberg hin. Hier gab jeder von beiden die Halbscheid des Wegegrundes her. Auch wurden zwischen die beiderseitigen Büsche noch vier Steine gesetzt.

Nachdem der Gladbacher Pastor und Henrich Schnabel am 3. April 1768 noch in Bensberg erschienen waren und letzterer und der Gladbacher Kirchmeister Peter Dohm den Eid geleistet hatten, konnte mit Genehmigung der Hofkammer endlich am 18. April 1768 mit der Einsetzung der Limitensteine begonnen werden. Die Pfarrer Siegen in Gladbach, C. God. Moll in Paffrath und Johann Franz Wilhelm Stocker in Sand mußten es am 17. April von der Kanzel verkündigen und die angrenzenden Eigentümer nochmals laden. Dem Landmesser halfen die Tagelöhner Peter Cörschlgen, Peter Weidenpesch, Jodokus Steinbach, Anton Meybuchen und Hermann Kippen. Das Setzen der 385 Steine nahm sechs Tage in Anspruch und war wegen des steinigen Grundes sehr beschwerlich.

Es erhielten dafür aus Kellnereimitteln:

der anwesende Kellner selbst . . .	je Tag 1½ Goldgulden	= 12 Rtlr	48 Alb.
der Gerichtsschreiber Schatte . . .	je Tag 1 Goldgulden	= 8 „	32 „
der Scheffe Lommertzen . . .	je Tag ½ Goldgulden	= 4 „	6 „
der Landmesser Oberbörsch ohne Rutenträger je Tag 1 Rtlr		= 6 „	— „
die fünf Tagelöhner jeder je Tag 16 Albus		= 6 „	— „
		= 37 Rtlr	16 Alb.

Die Steine kosteten je Stück 19 Stüber.

Über die „Absteinung" wurde ein besonderes Protokoll aufgenommen, das nicht mehr bei den Akten ist. Darin waren auch alle Lasten und Gerechtsame der einzelnen Grundstücke vermerkt. Jedoch berichtet der Oberschultheiß nach Düsseldorf, daß in seiner Registratur kein Verzeichnis der „Zehntberechtsamb" des Gladbacher Fronhofes sei. Der Fronhalfen kenne die Stücke nur durch die mündliche Überlieferung von seinem Vorgänger. Er empfiehlt deshalb, diesen — ehe er mit Tod abginge — zu vernehmen und ein schriftliches Verzeichnis der Zehntbaren Gründe anzulegen.

Auch berichtete der Oberschultheiß, daß zum Gladbacher Fronhof ein Lehngericht gehöre. „Wie nun aber ein und ander sich der Lehnbarkeit zu entziehen zuweilen tentiret, teils wohe die alte Namen dieser Güter veränderet, teils auch weilen die Güter hinc inde geteilet worden seien", erbittet er die darüber in Düsseldorf befindlichen Dokumente zur Abschrift nach Bensberg.

3) Das Gladbacher Fronhofsgericht

Das Hofgericht in Gladbach war seit jeher mit dem herzoglichen Fronhof verbunden und wurde in ihm abgehalten. Gerichtsherr war der Graf, später der Herzog von Berg als Grundherr und Rechtsnachfolger der fränkischen Könige. Durch das Gericht wurde die Einheit des ursprünglich dem Fronhof zugewiesenen Königslandes für alle Zeiten gesichert, so lange überhaupt das Lehnsrecht in Deutschland galt, auch dann, als nach und nach große Teile des Bodens an neu entstandene Siedlungen abgegeben worden waren.

Dieser Grund wurde nämlich keineswegs aus dem Eigentum des Fronhofs entlassen, sondern lediglich ausgeliehen, zu Lehen gegeben. Die reale Nutzung stand dem Lehnsmann bis auf den Holzeinschlag uneingeschränkt zu. Wenn er als Lehnsträger jedoch in die Substanz des Lehens eingreifen wollte, war er an die Erlaubnis des Hofgerichts als der rechtswaltenden Instanz des Grundherrn gebunden. Schon wenn er Bäume fällen wollte, wurde von ihm an das Lehen „gerührt". Erst recht wurde es „rührig", wenn sein Besitz irgendwie gewechselt oder geändert werden sollte, sei es durch Kauf oder Verkauf, Teilung oder Zerspleißung, Tausch, Verpfändung oder Schuldbelastung. Die Güter wurden zwar im Erbwege an die Leibeserben weitergegeben, aber diese „Erbung" oder „Anerbung" geschah vor dem Hofgericht. Mit mindestens zwei Scheffen als Bürgen der Rechtmäßigkeit mußten die Erben ihre Güter beim Gericht „einbringen", also gewissermaßen dem Grundherrn zurückgeben, um sie neu zu „empfangen". Nur einer von ihnen, etwa von Geschwistern, galt vor Gericht als „empfangende Hand", an ihn hielt es sich als an den verantwortlichen Lehnsträger. Für Minderjährige wurde zu diesem Zweck ein „Stenzler", ein „Statthalter" eingesetzt, die Güter zu „vergaen und zu verstaen", in ihren Grenzen zu prüfen und zu erhalten. Die Anerbung wurde im Gedingsbuch oder Erbbuch des Hofgerichts eingetragen. Durch eine besondere Abgabe mußten die Erben das Obereigentum des Landesherrn beim Todesfall des Vorbesitzers anerkennen. Man nannte sie die Kurmut, die in einer bestimmten Frist geliefert werden mußte. Im Grunde war es nicht einmal eine Abgabe, sondern ein bloßes „Nehmen" des Lehnsherrn von dem zurückgefallenen Lehen. Nach freier Wahl durfte er sich nämlich ursprünglich ein Tier von dem Hofe nehmen, wegholen, weil ihm ja nun wieder alles anheimgefallen war, angefangen vom besten Pferd, über Rind, Schwein, Schaf bis zum Hahn, ganz wie es ihm gefiel. Später wurde dafür ein fester Satz in Geld bestimmt. Wenn die Kurmut unterlassen wurde, erklärte das Hofgericht das Gut zu einem „verfallenen Lehen". — Das volle Nutzungsrecht am Lehen trat erst ein, wenn das Hofgericht nach Erledigung aller Formalitäten dem neuen Lehnsmann „Bann und Fried" erteilt hatte, erst dann konnte sein Recht nicht angetastet werden.

Die erste Kunde, die uns in schriftlicher Form vom Gladbacher Fronhof überliefert ist, meldet einen derartigen Rechtsübergang. Am 15. Juli 1271 befreite Graf Adolf V. von Berg Elisabeth, die Frau des Schultheißen in Paffrath, ebenso eine Klementia, beide mit ihren Kindern und Nachkommen, von der Grundhörigkeit zu seinem Hofe in Gladbach und machte sie zu Wachsdienstpflichtigen des Siechenhauses in Altenberg. Hierbei wird auch die erste Amtsperson des Hofgerichts genannt. Es ist Walter, der Bote zu Gladbach[115]).

Viel später erst werden als Sachwalter des Lehnsherrn in Gladbach der Vicefeodalus Reynard, offenbar der Vertreter des Schultheißen und seine fünf Mitgeschworenen (conjurati) oder Scheffen Henricus Faber, Godecalc van Rommerscheit, Johann van Broyge (Broich) und sein Bruder Matthias und Bruno von Gronau bekannt. Es war am 23. Januar 1345, als Aleidis (Adelheid), die Witwe des Hermann von Gierath, und ihre Kinder dem Priester Jakob Keye eine Leibrente von 6 Mark verkauften und für die Zahlung ihren Hof zu Gierath verpfändeten[116]).

Offenbar ist das Hofgericht im Gladbacher Fronhof auch später immer von einem Schultheiß und sechs Scheffen gehalten und von einem Boten bedient worden, der die Verbindung zu den Lehnsleuten und zum Amtmann in Bensberg aufrecht erhielt, außerdem am Sonntag die Kundmachungen vor der Kirche verlas.

Im Jahre 1555 waren „ungefehrlich 26 Hofsleute" mit ihren Höfen an das Gladbacher Hofgericht lehnrührig. Sie zahlten damals auf Grund der Eintragung im Hofbuch, das von den herzoglichen Kommissaren zu ihrer „Erkundigung" eingesehen worden war, insgesamt jährlich 8 Radermark als Zins oder Lehnsabgabe an den Kellner im Alten Schloß in Bensberg. Die Einzelbeträge waren nach Größe und Wert des Hofes von den Scheffen umgelegt worden. Nach dem Absterben des jeweiligen Besitzers mußten die Lehnsgüter innerhalb von dreißig Tagen durch den oder die rechten gesetzlichen Erben unter Zahlung einer Kurmut in Höhe der doppelten Jahresabgabe vor dem Hofgericht neu empfangen werden. Nach Ablauf dieser Frist aber muß das Gut „van meinem gnädigen Herrn alß ein heimgefallen Lehen erlangt werden". Dann konnte es der Herzog nach seinem Belieben neu zu Lehen geben. Seine „Heufftfart" oder Berufung hatte das Gericht an den Amtmann in Bensberg als Vertreter des Landesherrn[117]).

Ein Verzeichnis der zum Fronhof lehnrührigen Güter aus der zweiten Hälfte des 18. Jahrhunderts[118]) führt die 26 Güter mit dem gerichtlichen Jahreszins und den damaligen Inhabern auf:

---

[115]) StA Düsseldorf, Altenberg U 149 (Mosler I S 205 ff.)
[116]) Gräfl. Mirbachsches Archiv Harff U 40 (Annalen 55 S. 55 ff.).
[117]) ZBGV 20 S. 193.
[118]) Ruhmreiche Berge 1940, 3.

1. Das Gut auf der Grube; 2 Albus: Clemens Kuckelberg, danach seit 1768 Jakob Guthaire. Nach einem Kaufkontrakt vom Jahre 1806 war auch das Gut zu Niederkley (der Kleyerhof) nach dem Hofgericht zu Gladbach lehnrührig.
2. Kellers Gut; 1 Albus: Peter Clever.
3. Käsenbrodts Gut (Gohrsmühle); 10 Albus: Kaufhändler Schnabel.
4. Kaulhausen oder Kohlhasen Gut (in Gronau); 3 Schilling, 6 Albus: Kaufhändler Johann Jakob Bützler, danach Henrich Guthaire.
5. Das Gut zum Roß, anno 1705 (richtiger 1708) in die Pastorat zu Glachbach verkauft: Pastor Siegen.
6. Das Gut zum Quirl (Schnabelsmühle); 6 Albus: Gerard Fues.
7. Schüren (Schürmanns- oder Scheuermanns) Gut zu Gronau; 6 Albus: Paulus Molitor, danach seit 1762 sein Sohn Bernard Molitor.
8. Breuer Gut (in Gronau); 8 Albus: Kaufhändler Bützler, danach seit 1768 Henrich Guthaire.
9. Kurschildgens Gut (Kaule im Strundorf); 4 Albus: Gerhard Kierdorf, dann seit 1768 sein Sohn Adolf Kierdorf.
10. Steingassen Gut im Strundorf; 2 Albus: Adolf Pott seit 1760.
11. Rommerscheider Gut; 6 Albus: Henrich Rommerscheid seit 1730.
12. Das Gut in der Volbach (Pfarre Herkenrath); 4 Albus: Johann Weyer.
13. Das Gut zum Scheidt (Heidkamp); 1669 an die Kirche zu Herkenrath verkauft: Pastor Franz Wilhelm Odendahl.
14. Das Gut zur Meisheide (bei Moitzfeld); 18 Albus: Everhard Linden.
15. Das Gut zum Quirl (an der evangelischen Kirche in Gladbach): Martin Fues seit 1715.

16. offen (wahrscheinlich die Gladbacher Mühle, die jährlich 12 Albus an den Fronhof zahlen mußte, die aber seit lange vor 1790 nicht mehr gezahlt wurden).
17. Das Hülsenberger Gut oder der sogenannte Kessels-Hof (nach der Kellnerfamilie von Kessel benannt) in Bensberg; 2 Albus: Anton Hoeschten.
18. Das Buchmüller Gut, der Vikarie zu Gladbach gehörig; 4 Albus: Vikar Theodor Weisweiler.
19. Marien-Leysen-Gut; 4 Albus: Adolf Kierdorf; seit 1768 Henrich Reusch.
20. Corschilgen Ueberfeld, 6 Albus: Adolf Kierdorf; seit 1768 Peter Kierdorf.
21. Die Mahlmühle zu Gronau; 15 Albus: Urban Kießel.
22. Die Moitzfelder Wiese am Heidekampf; 11 Albus 4 Heller: Pastor Wilhelm Stöcker zum Sandt.
23. Das Gut zum Schiff; 10 Albus: Johann Hamecher.
24. Das Vogelsbuscher Gut, auch Vogelsbüchel genannt: Wilhelm Volbach, seit 1768 Hermann Joseph Volbach[119]).
25. Das Hungenberger Gut (bei Bensberg); 6 Albus: Vinzenz Heidkamp.
26. Das Gassen-Gut zu Gierath; 4 Albus: Gerard von Meinertzhagen.
27. Das Drescher (Driesch in Gronau?) Gut; 10 Albus: Wilhelm Rausch.

Da vom Hofgericht des Gladbacher Fronhofs bisher nur ein sehr geringer schriftlicher Niederschlag ans Licht gekommen ist, lassen sich einige Höfe nur schwer örtlich bestimmen. Es handelt sich bei der Aufstellung nur um die alten eigentlichen Sohlstätten oder ersten Feuerstellen. Die Höfe wurden fast ohne Ausnahme infolge der üblichen Realteilung im Laufe der Zeit sehr zersplittert. Alle Abspliße blieben lehnrührig. Infolgedessen traten am Hofgericht unvergleichlich mehr Personen auf als nur die Inhaber der Sohlstätten.

4) Das Erbungsbuch von 1582 bis 1618

Allgemeine Übersicht

Es ist auffallend, daß vom Gladbacher Hofgericht ein Weistum weder überliefert noch irgendwo etwas von einem solchen erwähnt wird. Auch von einem eigenen Siegel hat sich keine Kunde erhalten. Wohl war im Jahre 1555 schon ein „Hofbuch" vorhanden. Bei einem Überfall, den die ausgehungerten Truppen des Herzogs Johann Kasimir von der Pfalz im Truchsessischen Krieg im September des Jahres 1583 von ihrem Lager bei Mülheim aus auf das unglückliche Gladbach (ebenso auf Paffrath) vollführten, entwendeten und verschleppten sie nach einem Protokoll des Jahres 1596 „die Gerichtsbücher, darin diese Gütter zum Teil eingeschrieben gewesen". Demnach waren bis zu dieser Zeit mehrere Bücher vorhanden. Der Bensberger Kellner Christian von Heimbach siegelte 1596 einen Akt des Hofgerichts mit seinem eigenen Siegel. Sofort nach dem Abzug des frem-

---

[119]) Am 14. Juni 1775 verkauften die Eheleute Josef Vollbach und Christina Gertrud Hohn dem Gerhard Voiswinkel mit Zustimmung des Hofgerichts am Fronhof zu Gladbach ihren Hof Vogelsbüchel im Kirchspiel Immekeppel für 800 Taler und 1 Pistole als Verzichtpfennig, sowie 6 Stüber als Gottesheller. Der Verkauf geschah vor dem Gerichtsschreiber Schatte in Bensberg. Der Kaufvertrag ist abgedruckt in Ruhmreiche Berge 1929, 18. — Vgl. auch Ruhmreiche Berge 1929, 23.

den Kriegsvolkes begann der Hofschultheiß Johann Paul Schürmann nach bester Möglichkeit in einem neuen Erbbuch des Hofgerichts alle noch bekannten Rechtsgeschäfte der verflossenen Jahre wieder aufzuzeichnen. Von diesem Buch ist ein Teil, der die Jahre von 1582 bis 1618 umfaßt, von dem aber Anfang und Ende fehlen, so daß es unvermittelt auf Seite 23 beginnt und mit Seite 296 ebenso abbricht, auf unsere Zeit gekommen. Es fand sich im Jahre 1922 in Kölner Privatbesitz wieder [120]). Ferdinand Schmitz gebührt das Verdienst, daß er sich als erster um den Inhalt bemühte und eine Veröffentlichung plante. Sie kam leider nur teilweise zustande [121]) und schöpfte lediglich das bis dahin unbekannte Quellenmaterial zur Geschichte der Papierindustrie im Strundetal aus. Schmitz veranlaßte später den Papierfabrikanten Dr. Johann Wilhelm Zanders, das Buch zu erwerben und am 28. Juli 1929 der Stadt Bergisch Gladbach zum Gedenken an die Jahrhundertfeier der Firma J. W. Zanders zu überreichen. Es ist seitdem das wertvollste Stück des Stadtarchivs und vermittelt mitsamt den Akten des Archivs der Pfarre St. Laurentius (Lagerbuch von 1595) ein ausgezeichnetes Bild des Zustandes an der Strunde für seine Zeit [122]).

Das Gladbacher Hofgerichtsbuch ist ein reines Erbbuch, das ausschließlich Besitzveränderungen beurkundet, etwa dem heutigen Grundbuch beim Amtsgericht vergleichbar. Es ist das einzige, das sich erhalten hat, und man kann es nicht erklären, daß selbst die Bücher des 18. Jahrhunderts verloren gingen, die doch gewiß in der Amtsregistratur in Bensberg abgeliefert worden sind. Ohne Zweifel gab es auch Brüchtenbücher beim Fronhof, es sei denn, daß das übergeordnete Landgericht Bensberg schon früh alle Strafsachen an sich gezogen hätte. Diese Möglichkeit liegt auch für spätere Erbungen vor. Wir wissen, wie sehr sich das Paffrather Hofgericht damals gegen die Bevormundung durch den Oberschultheißen und Amtmann wehren mußte.

Wie seit alters wurde das Hofgericht im Gladbacher Fronhof um die Wende von 1600 durch einen Hofschultheißen mit sechs Scheffen gehalten. Wenn einer gestorben war oder wegen hohen Alters oder Krankheit abgedankt hatte, ergänzte man diese Zahl durch Zuwahl. So heißt es von der Sitzung am 4. März 1582 ausdrücklich zu Beginn: „... hat der erenthaff Johan Pauls Schürman, hobs Scholtiß des hoffs Gericht zu Gladbach, mit 6 Scheffen besessen und gehalden, wie recht ist". — Für den 5. Februar 1618 wird verzeichnet: „... hobsgedingh zu Gladbach gehalten, ubermitz deß herrn schultißen Beeckmann, vort Conraden zur Iggel, Herman zu Heidtkamp, Steffen Zolners und Vreins Peter zu Gronaw und Henrich Hundtges, halffman, absente (in Abwesenheit) Moitzfelt, qui exusatus (der entschuldigt ist), und ist Tilman zum Driesch als mitscheffen inmittelst in Gott verstorben." — Von einer Verhandlung am 11. Mai 1585 heißt es, daß sie „vor sitzendem Gericht" geschah. Daraus darf man schließen, daß man zum Geding in der großen Stube des Fronhofs zusammenkam und sich die Gerichtspersonen um den alten breiten Eichentisch setzten. Man nannte diese Sitzungen in Gladbach auch „Audienz".

---

[120]) Vgl. Ruhmreiche Berge 1929, 22.
[121]) Zur Entstehung der Papierindustrie in Bergisch Gladbach. — Gedingprotokolle des Hofgerichts am Fronhofe in Bergisch Gladbach 1582—1618 (Sonderdruck nach dem „Volksblatt für Bergisch Gladbach und Umgebung).
[122]) Der Verfasser fertigte im Jahre 1950 eine vollständige Abschrift des Buches an. Die Veröffentlichung wäre dringend zu wünschen.

Jede vorzubringende Besitzveränderung mußte von zwei Scheffen, die ortskundig waren und die Verhältnisse und Personen kannten, „eingebracht" werden. Mitunter erschien auch ein großes Menschenaufgebot vor Gericht. So fanden sich am 3. Februar 1592 der Pastor, die beiden Kirchmeister und sämtliche Nachbarn des Kirchspiels Gladbach ein, um sich für die „gute Bezahlung" von 50 Talern zu bedanken, die Christian Schonnenberg wegen des abgebrochenen „Hilgenheußgens" am Piddelborn gegeben hatte, und ihm seiner Hausfrau und seinen Erben darüber gerichtlich zu quittieren. — Daß die Scheffen und der Gladbacher Pastor überhaupt auch am Gericht auf den Vorteil ihrer Kirche bedacht waren, mag man auch daraus ersehen, daß sie am 12. März 1585 den ersten Papiermacher Philipp Fürth, wenn auch reformierten Bekenntnisses, bei einem Wiesentausch bewogen zur Reparatur des „Kirchenthorn ziehen Tahler" zu verheischen und zu geben.

Die Gerichtspersonen

Ein außerordentlicher Kreis von Personen tritt von 1582—1618 vor dem Gladbacher Hofgericht auf oder wird genannt. In den nachstehenden Verzeichnissen ist das Jahr der ersten Nennung vorangesetzt, wenn feststellbar auch das Todesjahr angeschlossen.

Schultheißen.
1582 war Johann Paul Schürmann oder Scheuermann aus Gronau im Amte, bis zu seinem Tode 1615. Sein Vater hieß Paul, seine Frau Christina (Stingen).
1615 bis 1618 und länger Heinrich Beckmann, seine Frau Gertrud.

Scheffen
1582 Goddert (Gotthard) Vett, oder der „Vette" genannt, † 1607, seine Frau Elsgen (Elisabeth).
Hermann zu Hebborn, Frau Jutten.
Theiß Kießel, Frau Elsgen. Er dankt 1599 ab.
1585 Huppert Schröder zu Gronau † 1594. Er war auch Kirchmeister.
Wilhelm zu Sand, abgedankt 1593.
Johann Schürmann, Metzmacher im Strundorf; Frau Barbara.
1586 Goddert Klein zu Rommerscheid.
Adolf von Eikamp † 1602.
1590 Ludwig Fronhalfen zu Gladbach † 1615. Sein Vater war vermutlich Johann Fronhalfen. Ludwigs erste Frau war Katharina. Kinder aus dieser Ehe: Johann Michels zu Merheim (Frau Frew); Ern zur Ledder in Dabringhausen (Frau Maria); Henrich (Frau Maria, Tochter von Beelen aufm Rommerscheid). — Ludwigs zweite Frau war Irmbgen, die Witwe des Johann in der Schmalzgroffen. — Ludwig war eine hochangesehene Persönlichkeit, auch Scheffe am Hofgericht in Paffrath und am Landgericht in Bensberg. Er trat am Hofgericht in Gladbach von 1590 bis zu seinem Tode nach den Protokollen 59 mal auf. Thonis zum Girodt.
1591 Drieß (Andreas) zum Bock, auch Drieß zur Kirchen genannt † am 3. März 1617. Seine Frau hieß Maria. Er betrieb vermutlich am Bock schon eine Wirtschaft und hatte ebenfalls neben Ludwig Fronhalfen eine angesehene Stellung in der Gemeinde. — Sein Grabstein hat sich (mit Abschlagung der Seitenarme des Steinkreuzes) erhalten. Er steht neben dem Turm der Kirche St. Laurentius.

1594 Wilhelm in der Dombach.
1595 Adolf zum Schiff † 1597; Frau Frew, Kinder Lißbeth, Engel, Entgen, Drutgen.
1598 Conrad, Halfmann zur Iggel (Eigel). Er war noch 1618 im Amte, Frau Merg.
Johann Steinkrug; Frau Trin.
1605 Johann aufm Moitzfeld; noch 1618 im Amte.
1608 Johann zu Cobocken (Kombüchen) † 1611.
Johann Quirl (auch Quweirl), Halfmann zu Lückerath; seine erste Frau war Drutgen, die zweite Grietgen.
1610 Kerstgen zum Kley † 1614.
1611 Johann Kerschilgen
1614 Johann Quirl zum Sandt † 1615; Sohn Henrich.
Hermann zu Gronau.
Hermann aufm Heidkamp, 1618 noch im Amte.
1615 Hermann Kibbe.
Tilmann aufm Driesch † 1618; Frau Frewgen.
1616 Heinrich zu Gronau.
1618 Steffen Zolner.
Peter Vreinß (Frings).
Heinrich Hundtges, Halfmann.

Gerichtsschreiber
Zunächst hat wahrscheinlich der Hofschultheiß Johann Paul Schürmann selbst die Protokolle geschrieben. 1593 setzt dann eine zierlichere Schrift ein.
Für das Jahr 1606 wird Elger von Hebborn als Gerichtsschreiber genannt.

Boten
Es werden genannt:
1585 der Bote von Gladbach, Kerstgen zum Klei; Frau Katharina.
1605 Peter, der Bott zum Klei.
1613 Hermann von der Kenten zu Gronau; Frau Gierdtgen.
Hier seien noch die beiden Scheffen des Landgerichts zu Bensberg vermerkt, Adolf Krelings und Jakob Keriß, die 1600 am Hofgericht auftreten.

Vor Gericht auftretende oder genannte Personen

α Geistliche
1582 Hermann Gropper, Pfarrer von Gladbach; sein Sohn Clemens.
Antonius Lütgen (auch Leutgen), Pfarrer von Sand; seine Magd Anna.
1607 Johannes Cufferensis, Pfarrer von Gladbach.
1611 Diethrich Tongern, Pfarrer von Gladbach.
1613 Wilhelm, Pastor zu Dürscheid.

β Küster zu Gladbach
1591 Thonis Offermann zum Roß; seine erste Frau Girtgen, seine zweite Irmgen. Seine Schwestern Girtgen und Algen, sein Enkel Johann.
1595 Peter Offermann; Frau Irmgen.

γ Kirchmeister zu Gladbach

1583 Johann zum Roß; Frau Trin.
     Huppert Schroder zu Gronau † 1594; er war auch Scheffe.
1585 Eckert zur Linden; Frau Lisbeth, Sohn Thonis.
     Johann Schmalzgroff zu Gronau; Frau Ermgen, Tochter des Paul Schürmann.
1593 Johann Kerschilgen; Frau Katharina.
     Wilhelm Ort.
1603 Johannes Steinhaus.
     Klein Pleißer; Frau Tringen.
1607 Wilhelm, Wirt am Piddelborn.
1611 Johann Kerschilgen der Junge.
     Hier seien auch zwei Dürscheider Kirchmeister angefügt:
1613 Henß zu Blissenbach und Godhard zu Dorp.

δ Angehörige des Adels und Beamte

1582 Johann zum Scheidt gen. Weschpfenningk, Amtmann von Porz.
     Johann Weyerstraß, Landschultheiß von Porz, und Frau Gertrud von Katterbach.
1582 Junker Wilhelm von Lülsdorf zu Haen (Hahn).
1585 Heinrich von Zweiffel zu Strunden.
     Katharina von Zweiffel, Witwe des Engel zu Lückerath.
1593 Gottfried von Steinen zu Lerbach, Statthalter und Hofmeister.
1594 Junker Heinrich Kessel zu Bensberg und Frau Girtrud.
1595 Christian von Heimbach, Kellner zu Bensberg, und Frau Ursula von Sinstedten.
1596 M. Jakob Schütz, Gerichtsschreiber des kurfürstlichen hohen weltlichen Gerichts in Köln.
1597 Marschall Schenckeren.
     Arnold von Lülsdorf, Komtur des St. Johannisordens zu Herrenstrunden, Velden, Duisburg und Nimwegen.
1610 Gotthard Kessel.
     Wilhelm Kessel und Frau Maria von Loe in Bensberg (werden mit dem Gut Varzenberg belehnt).
1611 Johann von Wylich zu Großbernsau.
     Werner von Wylich † zu Bernsau und Frau Maria von Brempt nebst Kind Friedrich.
     Gottfried von Steinen und Frau Maria von Gürtzgen.
1613 Burghard Entenfueß, Statthalter des St. Johannisordens in Herrenstrunden.
1618 Matthias Segers, Sekretarius an der kurfürstlichen Rechenkammer; seine Frau war Katharina Drieß, ihr Altvater war Hermann zu Hebborn.

ε Bürger der Stadt Köln

1582 Philipp (von) Fürth (Fürdt oder auch Fordt) und Frau Sophie von Hambach † 1585. Ihre Kinder Elisabeth, Magdalena, Agnes. Philipps Mündel Henrich und Margareta Stunings.
1585 † Adolf von Langenberg; Frau Anna von Essen.
1586 Johann von Morsdorf und Frau Entgen (besaßen die Schleifmühle in Garten des Philipp Fürth). Ein Morsdorfer Hof lag in Lindenthal.
1587 Georg von Essen und Frau Katharina.

1590 Johann Klein.
1593 Gerhard Beckmann und Frau Agnes Stunings.
1595 Jakobus Pauli und Wilhelm Corneli, die Vormünder der Kinder des Philipp Fürth. Thomas Everts, Bruder des Johann zum Scheidt.
1596 Steffen Jacobs.
1597 Mathias Düsterloe und Frau Katharina Jabach, Eigentümer der Burg Zweiffelstrunden und der Tuchwalkmühle am Schiff [123]).
1600 Hans von Drolshagen, Amtsrentmeister, und
Peter Heusseken, Brudermeister der Harnischmacher-Gaffel in Köln; Frau Merg von Otzenrath.
1605 Thonis Koch und Frau Tring.
Johann (von) Broich der Jüngere und Frau Katharina Düsterloe.
1607 Niclas Krey.
1611 Arnold Kirchhoff und Frau Gertrud.
1613 Jakob Jacobs (Inhaber der Papiermühle in Gladbach) und Frau Maria Schleuß.
1615 der „ernfeste" Bonjohann (vermutlich identisch mit Johann von Broich).

ζ Einwohner der Stadt Mülheim
1594 Peter Schnitzler, Sohn des Sibert † zu Wichheim.
1602 Johann Hamecher und Frau Merg.
1607 Peter Keill und Frau Margrit Schonenberg.
Theiß Leudtgens und Gotzen Berchems.
1614 Johann Schmitt und Frau Grietgen.
Gerhard Newkirchen und Frau Entgen.

η Einwohner von Deutz und Poll
1582 Peter zu Poll und Frau Elsgen, Tochter des Vaß zum Nappenseiffen.
1611 Eberhard Fahrer zu Deutz und Frau Barbara.

ϑ Einwohner der Botenämter Merheim, Flittard und Porz
1582 Schlifer Johann zu Schweinheim.
1585 Drieß zu Schweinheim (Schwiegersohn des Clemens zu Gierath in der Schleifmühle) und Frau Stina.
Piffrff (Pfeifer?) in Rott (Rath) und Frau Entgen, Schwester des Johann zum Roß.
1586 Christian Vogts und Frau Neißgen von Brück. Er ist Vater und Schwiegervater des Georg von Nievenheim (Neivenem) und dessen Frau Margret Vogts, ferner von Niclas von Erpel und Frau Girtgen Vogts und von Johann Vogts.
1587 Johann Thurn (Sohn des Roland von Sand) und Frau Cuin (Kunigunde); ihre Mutter Katharina.
1591 Hermann zu Ostheim (Ostem), Bruder des Engel Schroder.
1592 Jakob von Wichheim (Wichem); sein Sohn Ropert, seine Tochter Dringen.
Pleißer von Wichem und Frau Merg.
Pauwels von Brück und Frau Entgen.
1593 Diederich Steinkrug, Grevenmüller zu Thurn und Frau Katharina.
1594 Michael in des Junkeren Hof (Fronhof) zu Merheim.

---

[123]) Vgl. Anton *Jux*, Kommende Herrenstrunden S. 95 ff.

1598 Thiel im Deuffhof.
1600 Dorothea zu Flittart, Wittib des Everhard Schröder.
1602 Johann zu Merheim und Frau Frewgen.
1603 Wilhelm Kraetz zu Merheim und Frau Giertgen.
1607 Peter von Brugk (Brück).
1611 Ludwig zu Breugk und Frau Cilligen.
1615 Johann Krumbfing zu Enß (Ensen) und Frau Trein.
Jentgen zu Brügk und Frau Maria.
1618 Thomas auf der Strunden und sein Schwager Jörgen, Grevenmüller zum Thurn und Frau Elß.

ι Aus dem linksrheinischen Gebiete

1585 Beilgen von Gleuel — Merg von Lechenich — Johann Koenhiß und Frau Stingen (Schwestern des Johann zum Roß).
1605 Alletgen von Nettesheim — Apollonia von Friesheim — Peter Nevendorf — Girdrut von Müngersdorf.

ϰ Berufstätige

Von zahlreichen Personen, die in den Protokollen erwähnt werden, sind die Berufe angegeben oder lassen sich aus den Namen erschließen.

Achsenmacher:	1609 Konrad Assenmecher zu Rommerscheid; Frau Lißbeth.
Bäcker:	1596 der Becker zum Roß.
Barbier:	1593 Bardt Johann auf der Heiden; Frau Cäcilia.
	Bart Heinrich auf der Heiden.
Faßbinder:	1587 Johann Vaßbender auf dem Riphagen.
Hutmacher:	1596 Ewald Hoetmecher zu Merheim.
	1611 Johann Huetmecher von Ostheim; Frau Frew.
Korbmacher:	1589 Korff Johann zum Schiff; Frau Merg.
Messerschmied:	1585 Johann Schürmann im Strundorf; Frau Barbara.
	1601 der Metzmecher zu Köln.
Müller:	1582 Elger zu Gronau.
	1585 Dierich Steinkroich in Gronau.
	1589 Thoniß zu Gladbach; Frau Stingen.
	1599 Heinrich zu Diepeschrath.
Papiermacher:	1597 Jakob Papyrmecher; Frau Drutgen.
	Hans Papirer; Frau Irmgen; ihre Schwester Stingen.
	1603 Hermann zum Reiffen; Frau Elsgen.
Pleißer (Polierer):	1582 Clasgen.
	1590 Thonis auf der Steingassen; Frau Gretha.
	1597 Pließ Vrein zu Gronau.
	Pleiß Klein und Frau Goetzgen, ihr Kind Treingen.
	1603 Klein Pleißer.
	1615 Pleiß Johann und Frau Eva.
Schleifer:	1582 Gottschalk Schleifer und Frau Stingen.
	1586 Johann Schliffer; aus erster Ehe Sohn Tilmann, Tochter Entgen; aus zweiter Ehe Steingen und Barbara.
Schmiede:	1602 Heinrich zu Gladbach; Frau Lehentgen.

Schneider (Schröder):	1591 Engel Schroder.
	1611 Thonis Huppertz zu Gronau; Tochter Cäcilie gen. Stumgen.
Schnitzer:	1589 Thomas Schnitzler zu Herkenrath.
Schreiber:	1598 Johann Schreiver; Frau Treingen, Tochter Engen.
Schuhmacher:	1586 Drieß Schomecher und Frau Gerdgen.
	1587 Thonis Schomecher auf dem Kamp; Frau Stingen.
	1599 Heinrich Schomecher auf der Buchmüllen.
Tuchmacher:	1614 Tuch Arnold auf dem Kamp.
Wirte:	1590 Ulrich, Wirt zu Bensberg; Frau Gretha.
	1591 Drieß zum Bock (Scheffe).
	1593 Engel Wirtgen in der Steingasse; Frau Greitgen, Sohn Johann.
	1607 Wilhelm, Wirt (am Heiligenhäusgen) am Piddelborn.
Zöllner (zu Hand):	1618 Steffen Zolner, Scheffe.

Aus dem eigentlichen Hofgerichtsbezirk, also dem Kirchspiel Gladbach, das sich damals auch auf die Külheimer Honschaft bei Immekeppel und mit der Honschaft Gronau bis über den Kirchort Refrath hinaus erstreckte, dem übrigen Botenamt Gladbach und dem Botenamt Herkenrath werden ferner in den Protokollen von 1582 bis 1618 zahlreiche andere Lehnsleute, zumeist Ackerbauer, mit ihren Verwandten und dem sonstigen Anhang genannt. Da wir für diese Jahrzehnte vor dem Dreißigjährigen Kriege auch aus den Paffrather und Hebborner Hofgerichtsprotokollen wertvolles Namengut erschließen können, bilden sie insgesamt eine familiengeschichtliche Quelle ersten Ranges, die gerade nach diesem Gesichtspunkte noch einer eingehenden Durchforschung bedarf.

λ) Die übrigen Namen

1582
Dederich (ohne nähere Angaben, da die Blätter vorher fehlen)
Berthrum zu Gronau und Kinder
Adolf zu Eikamp und Frau Frewgen (Veronika)
Hilger zu Romaney und Frau Irmgen
Hens Schiff
Vaß (Servatus) zum Nappenseiffen. Seine vier Schwiegersöhne und Töchter: Gottschalk Schleiffer und erste Frau Stingen, Kind Entgen (Anna), zweite Frau Dreutgen (Gertrud) — Claßgen Pleißer und Frau Tringen — Kerstgen (Christian) am Heidkamp und Frau Barbara — Peter zu Poll und Frau Elßgen — sein Sohn Engel und sein Bruder Thoniß
Thoniß am Hilgenhäusgen (zu Piddelborn)

1583
Tilman Malich
Wießer Heinrich (zu Wiese bei Heidkamp)

1585
Ludwig im Kotten
Thoniß Dreck (stammte von Dreck in Paffrath), Sohn von Hürtten Peter; dessen Kinder Heinrich und Stingen (Christina)

Clemens zum Gierath (in der Schleifmühle) und Frau Gredt (Margareta), seine Töchter
  Gretgen, Elßgen und Stina
Wieser Merg (Maria) und ihr Sohn Fringh (Severin)
Drieß (Andreas) zum Quirl und Frau Merg
Ern (Arnold) zur Bochmöllen und Frau Merg
Johann uf dem Bodtenberg (bei Schlebusch) und Frau Girdt (Gertrud)
Johann Quirl † 1590 und Frau Merg, Kind Drießgen (Andreas)
Anna vam Sindern (?) besaß das Gut in den Strüchen
Goddart (Gotthard) Klock (der Kluge) und Frau Merg in den Strüchen
Malichs Tilman und Frau Merg
Jaspar zu Fürfels, seine Jungfer (Tochter) zu Bernsau
Arndt zum Scheidt (Heidkamp)
Johann zum Scheidt und Tochter Girtgen (Gertrud)
Girlich in der Volbach (bei Herkenrath) und Frau Entgen
Kerßgen in der Kahlenbroich (Kaltenbroich) und sein Vater
Thoniß in der Volbach

Das Jücher Gut

Heinrich in der Schmalzgroffen (Schmalzgrube bei Lerbach) und Frau Cundgen (Kuni-
  gunde)
Mergen (Maria) Schliffer im Strundorf
Engel im Strundorf und Frau Barbara
Roberts Frin (Severin, Sohn des Robert) zu Gronau
Lambert zu Gronau und Frau Girtgen Roberts, ihr Kind Peter
Heinrich zum Greuel und Frau Katharina. Ihr Erbgut lag uf der Yoch (Jüch)

Gottschalk zur Bech (bei Herkenrath) und Frau Heeßgen (Hedwig)
Johann Null zum Klei (Kley) und Frau Zelige (Cäcilia) von Yoch (Jüch)
Gerhard zu Romaney, Tochter Frevgen (Veronika), Sohn Goddart
Wilhelm Kramer (Inhaber eines Kramladens) zu Schlebusch

1586

Kockes Girthen (Gertrud, vielleicht der später de Coxie genannten Familie zugehörig?), hatte Besitz in Heidkamp
Johann von Morß
Jakob Groß
Heinrich zum Schiff 1589 und Frau Marg, die Kinder Johann, Tringen und Drütgen, sein Schwiegervater
Johann zum Schiff und Frau Gret
Peter zu Lügkrott (Lückerath)
Jakob Haußen, sein Sohn Merten (der Hauserhof lag bei Dürscheid)
Kerstgen zu Bolingkoven (Bölinghoven bei Dürscheid)
Konrad von der Bornschladen (Bonnschlade) und Frau Irmgen (Irmgard), der Schwager von Johann Schürmann, Bruder seiner Frau Barbara
Lentzus (Laurentius) von der Dombach und Frau Merg

1587

Roland zum Sand, sein Sohn war Johann Thurn
Wetzel (Wenzeslaus) in der Dombach
Thonis (Anton) uf dem Strung (Halfmann zu Zweiffelstrunden)
Wetzel zum Quirl und Frau Entgen
Claß zu Duin (Dünnhof in Gronau) und Frau Katharina, Sohn Konrad
Konrad zu Dutteradt (Duckterath)
Hilger zu Immekeppel und Frau Girt zu Neuenhausen (bei Overath)
Peter ufm Stegerkamp und Frau Ermgen (Irmgard)
Hein Geuß (Giesebrecht) und Tochter Merg im Stegerkamp
Clemens zu Paffrath, Schwiegervater des Hermann zu Hebborn
Adolf von der Handt und Frau Entgen aus dem Ruschengut im Strundorf
Johann zu Nittum und Frau Gertgen aus dem Ruschengut
Girtgen ufm Rommerscheid, ihre Kinder Gerhard Goddert Assenmecher und Frau Merg, Hermann zum Boechel (Büchel) und Frau Thrin, Thomas in der Bornschladen † und Frau Greitgen
Johann zum Roß, Bruder des Thonis Schomecher, ebenso des Friedrich zum Roß und Frau Gerdt und des Johann Vaßbender ufm Riphagen und Frau Entgen
Johann von der Hart und Frau Elßgen
Theel (Tilmann) in der Volbach (bei Herkenrath)
Adam in der Volbach
Eckert zur Linden (auf dem Schlöm)
Hermann zur Heiden

1589

Hermann Klein und Frau Merg

Thonis zur Wießen und Frau Lißbeth
Jakob zur Wießen und Frau Metzen (Mechthild, Mathilde)
Conrad Vett (der Vette) und Frau Heppich (auch Hebbich = Hedwig) in Gronau, ihr
   Vater Godert zu Rommerscheid
Hermann zur Meißheiden (bei Moitzfeld = Ort Heide, wo die Sippe Mey wohnte)
   und Frau Barbara
Johann zum Holz und Frau Johannetgen
Thomas Schnitzler von Herkenrodt und Frau Katharina, sein Bruder Johann, ihr Bruder
   und Schwager Engel
Effert (Eberhard) zum Scheidt, sein Sohn Johann und dessen Frau Girtgen
Goddard Heußer oder Hüser (nach dem Hauserhof benannt) in der Haanbach = Hombach (vgl. Heuserdombach).

1590
Johann Stichs † und Frau Gretgen † nachgelassene Kinder
Christian Schonenberg und Frau Girdrut
Lucas am Pittelborn
Johann (Klein?) und Frau Greitgen
Johann zum Roß und Frau Katharina
Gerhard ufm Rommerscheidt
Hermann ufm Rommerscheid und Frau Trein (zum Boechel)
Wilhelm am Cradenpoll † und Frau Irmgen
Heinrich in Gronau und Frau Stingen
Huppert zu Gronau, sein Sohn Thoniß
Petter in der Kallenbroich und Frau Greta
Berthrums Hermann und Frau Girtgen in Gronau
Lucas am Cradepoll und Frau Gretgen
Wilhelm am Pittelborn, seine Kinder Entgen, Feigen (Sophie) und Thringen
Cathrina zum Klei
Goddart der Kleier
Goddert ufm Rommerscheidt
Goddert Vett und Frau Bilgen (Sibilla)
Johann Motzfeld und Frau Elßgen von Polheimb (Pulheim) † 1593
Clemens Kreilingh
Johann Fronhalfen †, Frau Drutgen und hinterlassene Kinder
Thonis und Frau Greta, Heinrich Kürtten und Frau Merg; Ulrich, Wirt zu Bensberg
   und Frau Greda sind Erbberechtigte in Moitzfeld

1591
Johann, Halfen in der Schefferei † (der Hof Schefferei ist in Gladbach unbekannt, ein
   solcher lag in Hasbach bei Rösrath) und Frau Irmgen †
Wilhelm Heys
Johann Romelskirchen und Frau Tringen
Johann Kerschilgen und Frau Cathrina
Johann in der Hoven (bei Paffrath)
Adolf an der Handt † und Frau Entgen †, ihr Kind Tringen

Johann Steinkroch und Frau Cathrina
Clemens in den Hoven (Höffen in Paffrath) und Frau Cathrina
Wilhelm Kempgen
Dederich Steinkroch und Frau Cathrina
Johann Brocher (auf dem Hof Broich) und Frau Leingen (Magdalena)
Frederich von Siegberg und Frau Beitgen

1592
Clemens Sohn Johann zu Gierath †, dessen Sohn Conrat
Stirken Heinrich im Strundorf, sein Sohn Johann
Thelen zu Kippenkausen †, sein Sohn Effert und Frau Hilgen (Hildegard)
Lambert von Thoringen † und Frau Girtgen † zu Gronau, ihr Sohn Peter
Johann Zanders und Frau Elßgen (verkaufen ihre Erbgerechtigkeit im Kolhasengut zu Gronau)
Peter Ropperts † der Kein (Klein?) genannt und Frau Thringen † von Thoringen
Johann und Frau Eitgen (Agathe) an der Handt
Berthrum in der Laenbroch (?) und Frau Entgen
Tilmann ufm Dresch (Driesch) und Frau Frevgen
Girden (Gerhards) Jan zu Gronau
Conrad Vett zu Gronau
Johann zum Scheidt und Frau Merg
Effert zum Scheidt und Frau Hilgen
Entgen zum Scheidt

1593
Beilen (Sibillas Tochter) Sting
Hermann zu Eikamp und Frau Stingen
Jan Schliffer, sein Sohn Tilmann
Goddert Schlon (Schlom?) und Frau Dreutgen (Gertrud)
Wilhelm (Ort?) zu Dutteradt
Wilhelm Stentzler und sein Vater, der alte Stentzler, von der Brücke zu Paffrath

1594
Johann zu Lückenrodt und Frau Grietgen
Hohe Johann, sein Sohn Klein Hermann und Frau Merg
Johann Vieths (Vitus) auf dem Motzfeld † und Fey Otzfeld †, ihr Sohn Tilmann (Moitzfeld = im Oitzfeld = Ortsfeld)
Johann im Strundorf und Frau Threingen
Johann Pol (Pohl in Paffrath) und Frau Thringen
Arnold Soter und Frau Gertrud von Lückenrodt
Wilhelm zur Bech
Berthrumb in der Dumbach und Frau Gertrut
Hentten Peter und Frau Irmgen
Johann Körschellgen und Frau Catharina
Peter zu Weyer (Weyerhof bei Dürscheid) in Heidkamp
Thonis Schwarzbartt (zu Broch, vgl. Hofgerichtsprotokolle Paffrath)

Friedrich zum Roß † und Frau Gretgen †, ihre Kinder Stingen, Engel, Johann und Threingen

1595
Johann zum Scheidt († Everdts Sohn) und Frau Giertgen
Adolf zum Schiff und Frau Engen
Johann zu Gronau und Frau Gierth
Threin auf der Bach (Paffrath)
Theiß (Matthias) zu Meißheiden und Frau Frew
Hilger zu Romaney († 1599) und Frau Irmgen

1596
Hermann zum Vogelsbüchel (bei Volbach?), sein Sohn Wilhelm
Johann zu Köeböecken (Kombüchen) und seine zweite Frau Catharina von Noßbaum, ihre Kinder Johann und Cecilie

1597
Engel zum Kley
Hermann zum Scheidt †, Schwiegersohn Everdts (Efferts) zum Scheidt, Hermanns Sohn Engel
Gertgen in dem Gut „auf dem Berg zum Roß" genannt
Kerstgen in der Thonis-Volberg (= Volbach) und Frau Eva, ihr Bruder und Schwager Engel in der Voelberg
Wimmar aus der Voelberg
Johann zur Linden
Thonis zu Gronau und Frau Threingen
Thonis zur Linden und Frau Lißbeth
Claß zu Cronau und Frau Catharina †
Kerstgen im Strundorf und Frau Gretgen

1598
Peter und Frau Engen, Schwiegersohn des Johann zum Roß — sein Schwager Johann auf der Steingasse
Heinrich Hochburger zur Strunden und Frau Lißbeth (Die Hochburg stand in Obersiefen)
Godert von Brothuisen (bei Immekeppel) und Frau Fey (Sophie)
Heinrich zu Depeßrodt und Frau Grietgen; sein Schwiegervater war Johann Ecken † zu Gladbach (Linden), Frau Catharina; dessen Sohn war Thonis zur Linden
Gierdten Johann zu Gronau († 1602)
Kerstgen zum Scheidt; sein Sohn war Engels und erste Frau Engen
Diederich zum Scheidt und Frau Merg
Hütten Peter und Frau Irmgen
Johann Soter zum Greuel
Threin zum Roß
Johann Penbroch

1599
Ecken Johann der Sohn (zur Linden); sein Bruder war Ecken Thonis
Kretzis (Pankratius) zu Odenthal, der Sohn des Heinrich Schomecher auf der Buchmühle; seine Tante (Möhne) Metze zum Broich; seine Brüder Heinrich Müller zu Diepeßradt und Frau Grietgen und Ecken Wilhelm
Johann zu Koeboecken und Frau Leengen
Johann der Schleumer (vom Schlöm) und Frau Gutgen (Judith)
Johann zum Schiff und Frau Göetzen (wie vorhin); seine Eltern Gerhard zum Schiff und Frau Drütgen
Schlimmen Hermann zu Hasenbüchel † (bei Immekeppel) und Frau Threingen
Heinrich zum Schiff †, seine Frau Merg lebt noch; sein Sohn Johann, seine Töchter Drütgen und Thriengen, der letztgenannten Kinder Frew und Gretgen, der zweite Mann war Thonis
Johann Kißel im Loch und Frau Cathrein

1600
Hermann zu Eikampf und Frau Stingen; sein Schwiegervater ist Johann Schlieffer in Strunden und Frau Stinen
Tilmann in Strunden † war der Sohn des † Johann Schlieffer
Bertramb im Kaldenbroch und Frau Anna
Peter auf der Mündten (bei Paffrath) und Frau Maria, auch Anna genannt
Wilhelm in den Höffen (zu Paffrath); er ist der Stiefvater des Peter auf der Münten und Frau Catharina
Claß zum Holtz
Peter zum Holtz
Peter zum Roß †
Johann ufm Oetzfeld (Moitzfeld) und Frau Cathrina vom Broich
Heinrich Moetzfeldt, Bürger zu Clieff (Kleve) und Frau Elisabeth die Greefen

1601
Godert Lentzus (Laurentius) zum Binnen Gladtbach und Frau Ermgen zum Roß
Pauwelß ufm Heidnkamp und Frau Endtgen
Vaeß (Servatius) Knoppenbießen
Goddert Oemgen (der kleine Oheim) und seine † Frau Druttgen, ihr Kind Effgen (Eva)
Peter zum Kley † und Frau Catharina

1602
Honsen (wohl von Johann) Jacob uf der Heiden zu Gladbach
Conrad ufm Rommerscheidt und Frau Lißbeth
Grietgen Bardt, Johanns Schwester, uf der Heiden
Ern (Arnold) uf der Boechmüllen und Frau Thring
Theuweß (Matthias) uf der Bochmüllen
Rütger zu Meytzheiden und Frau Drutgen
Wittib Tring zur Meysheiden, ihre Kinder Hermann und Grietgen

1603

Godtschalk uf Stichsberg und seine Frau Entgen, ihre Kinder Peter und Frau Sting, Conrad und Tring
Evert uf den Steinen
Andrieß und Christian, Söhne des † Christian Schoenenbergs am Pedelbornn und der Wittib Gertrud von Dün
Hermann Gammersbach † und seine † Frau Margriet Schoenenberg, Tochter des Christian
Henrich Johanßen von Wesel und seine Frau Gertrudt Schöenenbergs, Tochter des Christian
Peter zu Dünn und seine Frau Merg (sie ist die Witwe des Claes); Kinder des Claes und der Merg: Evert und Johann
Geret (Gerhard) in der Winten (Bruder des † Bertrum in der Dombach) und seine Frau Entgen
Hermann zur Meysenheiden und seine Frau Barbara, seine Schwester Grietgen, sein Sohn Heinrich

1604

Wilhelm Hey am Pedelborn
Hermann zum Büchel und seine Frau Tring
Johann zum Büchel
Peter zu Gronau und seine Frau Catharina
Freings Peter zu Gronau und seine Frau Catharina
Tiel (Tilmann) Scheidt, Sohn des † Johanns

1605

Bertrum Mey zur Heiden und seine Frau Fey
Keppeln (aus Keppel = Hohkeppel) Goddart und seine Frau Elßgen
Lodwig Keesel (Kissel) und seine Frau Engen
† Engel im Strundorf Sohn Johann
Krest (Christian) Hilgen und seine Frau Cathrina
Richard von der Linden
† Johann Schmaltzgroffer und seiner Frau Irmgen (Schwester von Johann Schürmann) zu Dodenradt (Duckterath) Kinder Heinrich und Theißgen
Frein zu Gronau und seiner Frau Girdtgen (Gierdraut) Sohn Peter
Johann Rauwen (der Rauhe) ufm Rommerscheidt und seine Frau Goetgen
Geret (Gerhard) ufm Rommerscheidt und seine Frau Griedgen
Hermann Schleum († 1610) und seine Frau Beeltgen

1606

Conrad zu Habborn und seine Frau Even
Peter uf der Münten zu Paffrath, sein Sohn Everhard, seine Tochter Merg Stentzleren
Tonis zum Gyrodt, seine Tochter Alheit, ihr erster Mann Peter, ihre Kinder Wilhelm und Johann
Johann Ort

1607

Steffen ufm Rommerscheidt und seine Frau Belgen, ihr † Vater Johann Schlümer und dessen Frau Jutten (Judith)

Conrad Hüpperts in Gronau
† Jacob am Pittelborn, der Bruder von Merg, der Frau des Conrad zur Igel, deren Schwestern † Frew und † Leingen
Wilhelm von Sloten und seine Frau Margrit Schonenberg
Elger von Paffrath
Godhardt Klock uf der Heiden, seine Kinder Theiß, Heinrich und Girdgen
des † Johann Brocher, auch Wessels Jan genannt, ufm Stoffelsberg (Steufelsberg) Söhne Wilhelm und Velten (Valentin)
Johann zu Koboicken, Schwiegersohn von † Goddert Vett; dessen Erben sind Engel Goidtman zu Habborn, Gotthard Kloick, Gotthardt zum Broich und Johann zum Varn (Fahn)
Wilhelm Vett zu Gronau und seine † Frau Trein
Lenßis (Laurentius) im Strundorf († 1614) und seiner Frau Merg Kinder Wilhelm, Ludwig, Treingen und Habbich (Hedwig)
Johann Greuwell

1608
Wilhelm zu Gronau und seiner Frau Guitgen Söhne Johann Vett, dessen Frau Frederica, und Hartmann
Peter zu Heschett (Heischeid) und seine Frau Catharina
Johann ufm Leffelsendt (bei Immekeppel) und seine Frau Trein, sein Bruder war Jenneßgen (von Johann) zur Hardt im Vogelsbüchel
Johann zu Irreshoffen (Ehreshoven) und seine Frau Greitgen, er war ein Schwager des Peter zu Heischeid
Effert zur Kaulen (im Strundorf) und seine Frau Barbara

1609
Kerstgen zum Vogelsbüchel und seine Frau Engen
Wilhelm zum Vogelsbüchel und seine Frau Greta
Kerstgen zum Scheidt und seine Frau Engelgen (Angela), sein Vater war Engel zum Scheidt
Hermann ufm Brunsberg (bei Herkenrath)

1610
Thoniß Eck und Frau Elßgen
Petrus Schlömer
Effert auf der Münte und seine Frau Treintgen
† Jan zu Koeboecken und seine Frau Lehngen
Henrich up Rommerscheidt und seine Frau Guetgen
Fahner Jan (Johann)
Goddert im Nidderbroich
Henrich zur Meißheiden, † Sohn Hermanns, seine Brüder Johann und Theiß, seine Schwester Ursula

1611
Conrad Vett und seine Frau Hebbich

Gerhard zur Meyßheiden und seine Frau Entgen, sein Vater war Johann zur Meyß-
   heiden, sein Sohn heißt Bertram
† Weßel zum Vogelsbüchel Kinder Johann, Adolf, Peter, Trein und Stein
Johann Nußbaum (Paffrath)
Weßel, Halfen vom Hungenberg und seine Frau Steingen
Vrein, Halfmann zu Vürfels, seine Frau Steingen, seine Stiefkinder Treingen, Conrad,
   Dierich und Giertgen
Hermann aufm Riphagen (?) und seine Frau Aelgen (Adelheid)
Drieß auf der Steingassen und seine Frau Treingen

1613
Paulus zum Scheidt und seine Frau Giertt, sein Stiefvater war Arnold zum Scheidt
Thonis zu Rodenbach und seine Frau Marie
Thewiß (Matthias) auf der Buchmüllen und seine Frau Enn
Hens Heuser und seine Frau Marie
Wilhelm Eck zu Osenau (bei Odenthal) und seine Frau Dreutgen
† Peter im Nedenhof zu Vürfels und seine Frau Stein
Arnold Weyer und seine Frau Stein
Theiß Kloick und seine Frau Entgen
Claß der Kloicke
† Godhard Kloick
Hens zum Reyf (oberhalb vom Bock in Gladbach), Elßgens Sohn
Johann Kißell und seine Frau Treingen, dessen Ohm
Theiß (Matthias) Kißell im Strundorf und seine Frau Elßgen
Hermann zum Busch und seine Frau Lehentgen

1614
Johann aufm Rommerscheidt und seine Frau Trein
Johann (Sohn Friedrichs) zum Roß und seine Frau Irmgen, sein Schwager war der
Kamper Johann und seine Frau Stein
Tuch Arnold zum Kamp und seine Frau Giertgen
Treingen, Fredrichs Tochter zum Kamp
Peter Schlömer [124]) zu Koblenz und seine Frau Johanna

1615
Thonis zur Strunden, Halfmann im Wirtschaftshof Zweiffelstrunden
Evert zur Linden und seine Frau Trein
Drieß im Berfert (Paffrath) und Frau Trein
Jakob zu Katterbach
† Wilhelm Lambertz
Godhart Oehm und seiner † Frau Dreutgen Kind Eifgen (Eva)
Ludwig Kießel und seine Frau Entgen
Adam zum Knoppenbießer (bei Lerbach) und seine Frau Juttgen

---

[124]) Nach einer freundlichen Auskunft des Staatsarchivs in Koblenz vom 15. September 1952 weisen die Bürgerlisten der Stadt Koblenz für die Jahre 1544 bis 1718 eine Lücke auf. In den Akten Ratsversammlungen (1612—1614) wird der Name Schlömer nicht erwähnt.

Kerstgen in der Volbach und seine Frau Eifgen
Wilhelm † Lentzis Sohn im Strundorf und seine Frau Gertrud
Ludwig † Lentzis Sohn und seine Frau Heeßgen
Evert zum Scheidt und seine Frau Elßgen
Thiel zum Scheidt
† Entgen zum Scheidt
Winand aufm Keulen (Kaule) und seine Frau Cilligen (Cäcilia)
Johann aufm Steinhaus zu Benßbur
Johann in der Leimkaulen (Lehmkaule) und seine Frau Giertgen
Johann Scheurmann in Gronau und seine Frau Giert
† Henrich Janßens (Wohnort nicht angegeben, vermutlich Köln) und seine Frau Giertrud, Eigentümer des Kradenpohls; Gertrud, Elisabeth und Christian
Engel und Cilgen, Bartjohanns Kinder auf der Heiden
Catharina Boeß
Frau Ramechers Kinder Stephan, Jacob und Isac Jacobs

1616
Peter im Heidkamp und seine Frau Dreutgen
Evert zur Linden und seine Frau Dreutgen
Drieß im Schloderdich und seine Frau Trein
Wilhelm, des Pleißers Sohn, und seine Frau Eifgen

1618
Wilhelm auf dem Weyer (bei Dürscheid), Schwiegervater des Thomas auf der Strunden
† Gerhard zum Büchel und seine Frau Leißbeth
Thewiß (Matthias) Wielß (von Wilhelm) zu Benßbur, seine Schwiegermutter ist Entgen in der Kalenbroich
† Lambertz zur Horst und seine Frau Ursula
Weßels Wilhelm zum Vogelsbüchel und seine Frau Marie
Evert und seine Frau Weßels Trein
Henrich und seine Frau Weßels Stein

Aus dem 18. Jahrhundert sind noch zwei Schultheißen des Hofgerichts im Gladbacher Fronhof bekannt. Der eine ist Heinrich Bützler, Gutsbesitzer und Kalkbrenner in Gronau, der zugleich Bachschultheiß am unteren Strunder Bach in Iddelsfeld und Waldschultheiß der Strunder Gemarke war. Er war verheiratet mit Elisabeth Schmalzgrüber und starb im Alter von 75 Jahren am 29. Oktober 1744. Das Gladbacher Totenbuch nennt ihn „rivi sylvarumque der Strunden item judicii feudalis in Gladbach et castro divitensi Schultetus et Scabinus". Demnach war er auch Scheffe am Gericht der Feste Deutz. Der Pfarrer rühmt ihn weiter als „vir exemplaris, devotus, humilis, in pauperes benignus, sacerdotis religiosus, ecclesiae benefactor et menstruae missae fundator" und fügt den besonderen Wunsch hinzu „Requiescat in pace, obiit in Domino". Der Pfarrer hatte allen Grund zu diesem Lob; denn in der Tat war Bützler ein beispielhafter, gottverbundener, demütiger, freigebiger Mann, ein Helfer des Pfarrers, ein Wohltäter der Kirche und Stifter von monatlich zu lesenden Messen. So darf man annehmen, daß er auch in seinem Amt als Schultheiß im Fronhof der Gerechtigkeit und Milde diente. Als seine Gattin im Alter von 86 Jahren starb, als „perhonesta" Witwe einem Schlagflusse erlag, da galt auch sie im Totenregister als „Wohltäterin der Kirche und Stifterin einiger Jahrgedächtnisse".

Heinrichs Sohn Johann Jakob Bützler, getauft zu Gladbach am 25. September 1707, der später das Rittergut Blech erwarb und dort ein neues Herrenhaus errichtete, folgte dem Vater zumindest als Scheffe des Hofgerichts am Fronhof und in seinen übrigen Ämtern, von denen sein Totenzettel — er starb am 6. Dezember 1767 — allerdings nur das „des Herrn Reichsgrafen von der Leyen wohlbestellter Bach- und Waldschultheiß" nennt [125]). Ob auch Bützlers Schwiegersohn Johann Baptist de Caluwé Hofschultheiß geworden ist, war noch nicht zu ermitteln.

Es scheint jedoch, daß das Amt des Schultheißen im Gladbacher Fronhof schon nach dem Tode Heinrich Bützlers an Bedeutung verloren hatte, da das Gericht in Bensberg fast alle Rechtsfälle nach Möglichkeit an sich zog. So sind nur wenige Verhandlungen im Fronhofsgericht bekannt. Am 7. Juli 1745 legte der Pastor Johann Peter Droßard von Gladbach dem Hofgericht den Original-Fundations-Brief des verstorbenen (weyland) Hennichen Bützler und dessen Hausfrau Elisabeth Schmalzgrübers zu Behuf der Bruderschaft Jesus, Maria und Josef in der Pfarrkirche zu Gladbach, lautend auf 100 Rtlr, vor.

Nach einem Bericht des Kellners Johann Anton Daniels, der zugleich Oberschultheiß war, vom Jahre 1759 „hat der Herzog zu Gladbach ein Hofgericht und was darunter an Gütern gehört, befindet sich weiter rückwärts (fehlt aber!), und da der Herzog Lehnsherr ist, so wird das Lehnsgericht durch den Kellner zu Bensberg besessen, und weil der Herzog daneben die volle Gerichtsbarkeit hat, so sei auch das hier gemeldet" [126]).

5) Der Gladbacher Fronhofszehnte

Übersicht

Außer dem eigentlichen, vom Fronhof selbst genutzten Grund an Hof und Garten, Äckern, Wiesen und Büschen standen noch weitere Ländereien in Größe von 292 $1/2$ Morgen nach Kölnischem Maß oder 363 $1/2$ Morgen nach Magdeburger Maß dadurch zu ihm in einem festen Abhängigkeitsverhältnis, daß sie ihm den großen oder Feld-Zehnten abliefern mußten. Man nannte ihn auch Garben- oder Hebezehnten, weil er auf den Feldern von den Garben — also jede zehnte Garbe — durch den empfangsberechtigten Fronhalfen gehoben wurde.

Daneben stand dem Fronhof von fünf weiteren Höfen, teils von deren Wiesen, der Sackzehnte zu, also bereits gedroschener Roggen oder Hafer, in Säcke abgefüllt. Beim Hungenberger Hof war ein ehemaliger Feldzehnte in Geld und sonderbarerweise sogar in eine Branntweinabgabe umgewandelt worden. Außerdem mußte die Gladbacher Mühle jährlich 12 Albus in bar an den Fronhof zahlen.

Ohne Zweifel gehen diese Verbindlichkeiten, die wohl zu unterscheiden sind von der Lehnrührigkeit vieler Güter an das herzogliche Hofgericht im Fronhof, bis in die fränkische Gründungszeit zurück. Das läßt auch die Lage der zehntpflichtigen Grundstücke

---

[125]) Abgedruckt in Ruhmreiche Berge 1933, 6.
[126]) Ruhmreiche Berge 1940, 3.

klar erkennen, die über die ganze Gladbacher und Gronauer Feldflur, also das ganze alte Kirchspiel Gladbach, in 110 Parzellen zerstreut lagen und zu den 51 ältesten Hofgütern des Gebietes gehörten. In sehr vielen Fällen grenzten die Zehntstücke noch unmittelbar an Fronhofsland. Hier leuchtet noch der ursprüngliche Besitzstand des alten Königsgutes an der Strunde durch. Der Zehnte war ursprünglich eine Pacht- und Steuerabgabe, eine Anerkennung des königlichen Obereigentumsrechtes.

Alle zehntpflichtigen Güter und Ländereien waren in der Zehntrolle aufgeführt, die seit Menschengedenken vom Fronhalfen in der Truhe oder Gerichtskiste aufbewahrt wurde und der jährlichen Kontrolle bei den Lieferungen diente. Als sie im Jahre 1841 von der Kölner Regierung angefordert wurde, war sie in sehr schadhaftem Zustand. Der Gladbacher Bürgermeister Johann Anton Kolter schrieb damals: „Die alte Zehntrolle ist ein aller Legalität entbehrendes Verzeichnis der zehntbaren Grundstücke und ihrer Größe nach ungefährer Angabe, ohne daß von einer früheren Vermessung irgendeine Spur zu finden ist. Diese leichtfertig geäußerte Ansicht trifft keineswegs zu. Nicht nur bildet die Zehntrolle ein außerordentlich wichtiges Dokument zur Ortsgeschichte, sondern es ist sicher, daß sie auf einer genauen Vermessung durch einen legalen Landmesser beruht, die allerdings sehr früh geschehen sein muß, ohne daß die Meßzettel erhalten blieben. Auch wurden diese Grundstücke, an deren Grenzen die Zehntsteine die einstige Vermessung bewiesen, immer wieder bei Erbübergängen und Teilungen der Güter vermessen.

Glücklicherweise hat sich die alte Zehntrolle in den Akten der Kölner Regierung erhalten [127]. Es handelt sich um eine Fassung aus der Mitte des 18. Jahrhunderts, die auf einer älteren Vorlage beruht. Dank persönlicher Ortskenntnis ist es dem Verfasser möglich gewesen, die an sehr beschädigten Stellen des Aktenstückes auftretenden Lücken zu ergänzen. Hier folgt die Zehntrolle im Originalwortlaut.

S p e z i f i c a t i o d e r e n j e n i g e n G ü t e r e n u n d L ä n d e r e i e n , w e l c h e i n d e n C a m e r a l - F r o n h o f z u G l a d b a c h z e h n b a r s e i n d

I. Honnschaft Gladbach

1. Das *Rosser Gut*, der Kirchen, dem Pastoren und Armen der Pfarr Gladbach gehörig, hat ein Stück Land in der Mausbach, schießet mit beiden Vorhäupteren auf das Wiedenhofs Land, rechterseits langs den Reutersweeg, linkerseits langs die Paffrather Straße, haltend 2 Morgen 2 Viertelscheid
Ein Stück Land aufm Förstgen, so schießet mit einem Vorhaupt auf den Paffrather Weeg, rechter und linkerseits langs das Gladbacher Mühlenland und Busch, und mit dem anderen Vorhaupt auf Wiedenhofs und Buchmühlers Grund, haltend 3 Morgen
Ein Stück Land im Gronauer Feld am Kellerschen Busch gelegen, schießet mit einem Vorhaupt auf den Reutersweg, linkerseits und mit dem anderen Vorhaupt auf Fronhofsland, mit der rechter Seiten langs gemelten Kellerschen Busch, haltend 1 Morgen 2 Viertelscheid.
Ein Stück Land auf der Mergen Höhe (Marienhöhe), so schießet mit einem Vorhaupt auf Buchmühlers Land, mit dem anderen auf Gladbacher Mühlen Land, rechterseits langs Fronhofs Land, linkerseits langs eigenen Busch, haltend 1 Morgen

---

[127]) StA Düsseldorf Regierung Köln 4216.

Ein Stück Land aufm kleinen Horn, schießet mit einem Vorhaupt und mit der rechter Seiten langs den zum Gut selbsten gehörigen Busch, linkerseits langs Kamper Guts Land, und mit dem zweiten Vorhaupt auf Fronhofs und Bocker Guts Land, so haltet 1 Morgen

9 Morgen

2. *Wiedenhof zu Gladbach* hat zwei Stücker, so zehntbar, das erste lieget zwischen Pastoren und Wiedenhofs Garten, mit einem Vorhaupt auf die Köllenstraß, mit dem anderen auf Fronhofs Kleekampf schießend, so haltend 1 Morgen 1 Viertelscheid
Das andere Stück ist in der Mausbach gelegen und schießet mit einem Vorhaupt auf den Paffrather Weg, mit dem anderen auf den Bocker Guts Morgen, haltend
1 Morgen

2 Morgen 1 Viertelscheid

3. Ein sechster Teil *Bocker Guts*, gehöret zur Pastorat zu Gladbach, wovon der Opfermann zum Roß Wilhelm Gladbach zwei Morgen Land /: so zehntbar :/ im Gebrauch hat. Dieses Stück lieget aufm Horn und schießet mit einem Vorhaupt und rechterseits langs Bocker Land, linkerseits langs Linder Guts Land, und mit dem zweiten Vorhaupt auf Berger Guts Land, 2 Morgen
4. Noch ein sechster Teil *Bocker Guts,* gehöret dem Dierich Kierdorff. Dieser hat ein Stück Land auf Horn, schießet mit dem fördersten Vorhaupt auf Kamper Guts Land, rechterseits langs Bocker Guts Land, linkerseits langs das dazu gehöriges Fohrend (Vorend). Dieses Stück gibt ohngefähr zur Halbscheid Zehnten, nemlich von vorgesagtem Kamper Feld bis auf die Linie, so von ihm besagtem Bocker Land stehenden Zehntstein bis auf das Fohrend gezogen wird, also ohngefähr 1 Morgen
5. Noch ein sechster Teil *Bocker Guts,* gehöret dem Wilhelm Kierdorff. Dieser Teil hat ein Stück Land aufm Horn, schießet mit einem Vorhaupt auf Fronhofsland, rechterseits langs Bocker Guts Land, linkerseits langs Linder Guts Land, mit dem anderen Vorhaupt auf erstgemeltes sechsten Teil Bocker Guts Land, ist zehntbar und haltet ohngefähr
2 Morgen
Diese Stück ist verkaufet an Gerard Reusch.
6. *Bocker Gut,* gehöret dem Peter Lommertzen, hat ein Stück Land vorm Hof, schießet mit einem Vorhaupt auf den zu diesem Gut gehörigen Grund, rechterseits langs die Straß, mit dem anderen Vorhaupt auf Reifer Guts Land und Garten, linkerseits langs den Weyerbüchel. Dieses Stück ist zehntbar bis auf die Weyerbüchels Hütte, langs die Steinkuhl in gerader Linie bis auf die Straße ist zehntfrei, haltet also ohngefähr das zehntbare ... 1 Morgen 2 Viertelscheid
Noch ein Stück Land, der Kellers Morgen genannt, schießet mit einem Vorhaupt und beiden Seiten langs Fronhofs Land, mit dem anderen Vorhaupt ein wenig auf Rosser Guts Busch, haltet 1 Morgen
Noch ein Stück in der Mausbach, schießet mit einem Vorhaupt auf Wiedenhofs Land, linker und rechterseits langs Buchmühlers Grund, mit dem anderen Vorhaupt auf Kamper Guts Land, haltend ohngefähr 1 Morgen
Ein Stück Land aufm Horn, schießet mit einem Vorhaupt auf Kamper Guts Land, rechterseits langs Fronhofs Land, linkerseits langs das Land, so zum sechsten Theil Bocker

Gut und dem Dierich Kierdoff gehörig, gibt Zehnten vom Kamper Guts Land bis an den Zehntstein, haltet ohngefehr 1 Morgen

Noch ein Stück Land aufm Horn, schießet mit einem Vorhaupt auf Frohnhofs Land, rechterseits langs Fronhofs Busch, mit dem andren Vorhaupt auf Berger Guts Land, linkerseits langs Bocker Land, haltet ohngefehr 4 Morgen

8 Morgen 2 Viertelscheid

Die Buchmühle

7. *Die Buchmühle*, der Vicarie zu Gladbach gehörig, hat ein Stück Land aufm Försgen, schießet mit einem Vorhaupt auf Fronhofs Fohrend und Wiedenhofs Land, mit dem anderen auf Rosser Guts Land, mit beiden Seiten langs eigenes Fohrend, haltet ohngefehr 1 Morgen

Noch ein Stück Land, das lange schmale Feldgen genannt, schießet mit einem Vorhaupt auf den Reutersweg, rechterseits langs Fronhofs Land, linkerseits und mit dem andren Vorhaupt auf Rosser Guts Busch und Land, haltet ohngefehr 1 Morgen

Ein Stück Land in der Mausbach, schießet mit einem Vorhaupt auf den Reutersweg, rechterseits langs den Wiedenhofs Busch und Kamper Guts Land, linkerseits langs Wiedenhofs Land, mit dem andren Vorhaupt auf Bocker Guts Land, haltet ohngefehr 4 Morgen

Ein Stück Land aufm Horn, schießet mit einem Vorhaupt auf Fronhofs Land, rechterseits langs Steinkrügers Land, linkerseits langs Bocker Land, mit dem anderen Vorhaupt auf eigenen Busch, haltet ohngefehr 3 Morgen

9 Morgen

8. *Steinkrügers Gut*, gehöret der Wittib Müllers, hat ein Stück Land am Hof, schießet mit einem Vorhaupt auf Kamper Guts Land, linkerseits langs die Straß, mit dem anderen Vorhaupt und rechterseits langs eigenen zum Gut gehörigen Grund, giebt Zehenden von der Straßen bis unten auf den Zehntstein, also ohngefehr
1 Morgen 2 Viertelscheid

Ein Stück Land aufm Horn, schießet mit einem Vorhaupt auf Fronhofs Land, rechterseits langs den Weg, linkerseits langs Buchmühlers Land, mit dem anderen Vorhaupt auf das Guts Fohr, haltet ohngefehr   2 Morgen 2 Viertelscheid

4 Morgen —

(Der Schreiber hat bei Steinkrügers Land sich offenbar verschrieben. Es steht noch ein Absatz da wie folgt:
Ein Stück Land aufm Horn, schießet mit einem Vorhaupt auf Fronhofs Land, rechterseits langs den ... Hier bricht der Absatz ab ohne Maßangaben.)

9. *Kamper Gut*, gehöret dem Joan Kolter und Erbgenahmen Willems, hat ein Stück Land am Hof, so schießet mit der rechten Seiten langs die Straße, mit der anderen Seiten langs Steinkrügers Land, mit beiden Vorhäuptern auf den zum Gut selbsten gehörigen Grund, gibt Zehnten von der Straßen bis an die Linie, so das Zehntbare vom freien scheidet haltend   3 Viertelscheid

Ein Stück Land auf der Mausbach, schießet mit einem Vorhaupt und rechterseits langs Wiedenhofs Busch und eigenes Fohrend, mit dem anderen Vorhaupt auf Gladbacher Mühlen-Busch, linkerseits langs Bocker und Buchmühlers Land, haltet ohngefehr
2 Morgen

Ein Stück Land aufm Horn, schießet mit einem Vorhaupt und linkerseits langs Fronhofs und Rosser Guts Land, mit dem anderen Vorhaupt auf des Guts Fohrend, rechterseits langs Bocker Guts Land, haltend   2 Morgen

4 Morgen 3 Viertelscheid

10. *Berger Gut*, gehöret dem Isaac Fueß und Wilhelm Meyer, hat ein Stück Land vor am Hof, schießet mit der rechten Seiten langs die Hebborner Straße, mit dem andren Vorhaupt und linker Seiten langs Fronhofs Land, und Fohrend, gibt Zehenden vom Fronhofs Land an bis auf die Linie, so von dem Fohrloch bis unten an den Hebborner Weg, wohe ein Kirschbaum gestanden, gezogen wird, haltet das zehntbare ohngefehr
4 Morgen

11. *Schlömer Hof*, gehöret dem Wilhelm Steinkrüger, Johannes Steinkrüger und Erbgenahmen Höchsten, haben ein Stück Land, so an den Hof schießet, die Schlömer Dhel und Mühlenberg genannt; in diesem Feld lieget ein zehntbares Stück, schießet mit einem Vorhaupt an die Linie, so von dem am Eichenberg stehenden Zehntstein gezogen wird auf zwey Stök, so am Romerscheider Weg stehen, wohe eine Eich gestanden hat, welche das Zehendmal gewesen, rechterseits von gemeltem Zehendstein langs den Eichenberg bis auf den Stein, so am Gladbacher Mühlenland stehet, von dorten bis auf den Eckstein am Gladbacher Mühlen-Kümpel in gerader Linie, von da langs gemelten Kümpel auf den zum Hof selbsten gehörigen Busch, welcher anhaltet bis auf erstgemelte zwei Stök, und haltet dieses zehntbare Stück ohngefehr   12 Morgen

Ein Stück Land aufm Mühlenberg, schießet mit einem Vorhaupt auf den Romerscheider Weg, mit dem anderen und beiden Seiten langs Broicher Land, haltet ohngefehr
1 Morgen 2 Viertelscheid

Ein Stück Land, die neun Morgen genannt, schießet mit einem Vorhaupt auf das zehntfreies Land, so mit dreien Zehntsteinen abgelöget ist, rechterseits langs die Maulsgasse, linkerseits langs den Hebborner Weg, mit dem anderen Vorhaupt auf die Köllenstraß, haltet das zehntbare Stück ohngefehr
4 Morgen 2 Viertelscheid

Ein Stück Land aufm Mauel, schießet mit einem Vorhaupt auf die Maulsgasse, rechterseits langs den Romerscheider Weg, linkerseits langs Fronhofs Land, mit dem zweiten Vorhaupt auf den zum Hof selbsten gehörigen Busch, ohngefehr
3 Morgen 2 Viertelscheid

Ein Stückelgen Land, aufm kleinen Feldgen genannt, schießet mit einem Vorhaupt auf das zum Hof selbsten gehörige Land, die Wiese genannt, wohe der Zehntstein stehet, mit dem zweiten Vorhaupt und beiden Seiten langs den zum Hof gehörigen Busch, haltet ohngefehr
1 Morgen

_____

22 Morgen 2 Viertelscheid

12. *Linder Gut,* gehöret dem Isaac Fueß, hat ein Stück Land am Hof, der Kamp genannt, schießet mit einem Vorhaupt auf die Mühlenstraß, linkerseits langs das zehntfreies Land, rechterseits langs die Köllenstraß, mit dem zweiten Vorhaupt auf Kamper Grund, haltet ohngefehr
2 Morgen

13. *Kiesels Gut im Strundorf,* dem Joan Steingaß gehörig, hat ein Stück, so anjetzo driesch lieget und an einigen Plätzen mit Holz bewachsen, schießet mit einem Vorhaupt auf den Steuffelsberger Guts Grund, rechterseits langs Leimkauler Guts Busch, linkerseits und mit dem zweiten Vorhaupt auf eigenen Guts Grund, ist schlechter Grund und haltet ohngefehr
1 Morgen 1 Viertelscheid

14. *Die oberste Papier-Mühl,* dem Commerciant Schnabel und Commerciant Aurelius Fueß gehörig, haben ein Stück Land, das Papiermühlenfeld genannt, schießet mit einem Vorhaupt auf den Reutersweg, mit dem anderen auf den Herckenrather Markweg und Heidkamps Busch, zur rechter Seiten langs das unterste Papiermühlen-Land, haltet ohngefehr
5 Morgen

15. *Die unterste Papiermühle,* denen Erbgenahmen Gohrs gehörig, haben ein Stück Land auf selbigem Feld, hat fünf Morgen gehalten, wovon der Fronhof auf der Halbscheid dieses Stücks den Zehnten alleinig, auf der anderen Halbscheid der Fronhof $^2/_3$ Theil und die Pastorat $^1/_3$ Theil gehoben. Dieses Stück ist aber von den Eigentümern durch Traßgraben dergestalt verdorben und ohnfruchtbar gemacht worden, daß nur ohngefehr anderthalben Morgen besäet werden können.
1 Morgen 2 Viertelscheid

16. *Die beide Quierlsgüter* haben ein Stück Land, aufm Stöfgen genannt, schießet mit einem Vorhaupt auf eigenen Busch, rechterseits langs Steeger Kamps Bach, linkerseits langs den Kauler Busch, mit dem zweiten Vorhaupt auf Strücher Guths Land, ist schlechter Grund, haltet
2 Morgen

17. *Kauler Gut,* dem Tieves (Mathias) Kirdorff und Gierard Pott gehörig, haben ein Stück Land, schießet mit einem Vorhaupt auf Rosser Steingasser Gut Busch und Land,

rechterseits gleichfalls langs ebengemeltes Stück, linkerseits langs die Gasse, mit dem zweiten Vorhaupt auf eigene Guts Hecke, und ist ganz schlechter Grund, haltet ohngefehr
8 Morgen

18. *Die Rosser Steingaß*, dem Adolph Poth gehörig, hat ein Stück Land ober dem Hof, schießet mit einem Vorhaupt auf das zum Gut selbsten gehöriges zehntfreies Land, rechterseits langs den zum Gut selbsten gehörigen Busch, linkerseits langs die Gasse, mit dem zweiten Vorhaupt auf Kauler Guts Land, ist schlechter steiniger Grund, haltet ohngefehr
2 Morgen

Noch ein Stück Land aufm Stöfgen, schießet mit einem Vorhaupt und rechterseits langs Strücher Guts Land, linkerseits und mit dem anderen Vorhaupt auf Steingasser und Klein Corschiltgens Guts Land und Busch, ist schlechter kieslicher Grund und haltet
2 Morgen

---

4 Morgen

19. *Die oberste Steingaß*, dem Joan (Dö)rper gehörig, hat ein Stück Land auf der Schützheiden, schießet mit einem Vorhaupt auf den Gladbacher Weg, rechter und linkerseits langs Bonschlader Guts Land, mit dem zweiten Vorhaupt auf die Herckenrather Straße, ist kieslicher Grund und lieget oft driesch, haltet ohngefehr   2 Morgen

20. *Metzenmachers Gut im Strundorff*, dem Dierich und Wilhelm Kirdorff gehörig, hat ein Stück Land, aufm Kämpgen genannt, schießet mit einem Vorhaupt auf die Straße, rechterseits und mit dem zweiten Vorhaupt auf Steuffelsberger Guts Hof und Busch, linkerseits langs Corschildgens Guts Land, haltet ohngefehr   3 Viertelscheid

21. *Das große Corschiltgens Gut im Strundorff*, dem Dierich Kirdorff gehörig, hat ein Stück Land aufm Kämpgen, schießet mit einem Vorhaupt auf die Straße, rechterseits langs Metzenmachers Guts Land, linkerseits langs Klein Corschiltgens Guts Land, mit dem zweiten Vorhaupt auf Steufelsberger Guts Busch, haltet ohngefehr   3 Viertelscheid
Noch ein Stück Land aufm Stöfgen, schießet mit einem Vorhaupt auf den Weg, rechterseits langs Kauler Guts Land, linkerseits langs Groß Corschiltgens Guts Land, mit dem zweiten Vorhaupt auf Rosser Steingaß Guts Land, ist schlecht kieslicher Grund und haltet ohngefehr   1 Morgen 1 Viertelscheid
Noch ein Stück Land auf der Schützheiden, das Gassenstück genannt, schießet mit einem Vorhaupt auf den Steufelsberger Guts Kampf, rechterseits langs Leimkauler Guts Land, linkerseits langs eigenen Guts zehnfreies Land, mit dem anderen Vorhaupt auf die eine Eich und Gladbacher Weg, ist schlechter sandiger Grund, haltet ohngefehr
3 Morgen

---

5 Morgen

22. *Das Kleine Corschiltgens Gut im Strundorff*, dem Gerarden Rausch gehörig, hat ein Stück Land aufm Kämpgen, schießet mit einem Vorhaupt auf die Straße, rechterseits langs Groß Corschiltgens Guts Land, linkerseits langs Holzmühlers Garten, mit dem zweiten Vorhaupt auf Stuffelberger Busch, haltet ohngefehr   3 Viertelscheid
Noch ein Stück Land aufm Stöffgen, schießet mit einem Vorhaupt auf den Weg, rechterseits langs Kauler Guts Land, linkerseits langs Groß Corschiltgens Guts Land, mit

dem zweiten Vorhaupt auf Rosser Steingaß Guts Land, ist schlecht kieslicher Grund und haltet ohngefehr   1 Morgen 1 Viertelscheid

                                                                                2 Morgen

23. *Das Steingasser Gut mit der Ohligsmühlen*, dem Tives Kirdorff gehörig, hat ein Stück Land, das Ueberfeld genannt, schießet mit einem Vorhaupt auf die Strunder Bach, rechterseits langs Gerard Paffraths Land, linkerseits und mit dem zweiten Vorhaupt auf Gladbacher Mühlen — Land und Busch, haltet ohngefehr   1 Morgen 1 Viertelscheid

Das Steingasser Gut

Noch ein Stück Land auf der Schützheiden, schießet mit einem Vorhaupt auf Gerard Rausch Land, rechterseits langs den Weg, linkerseits langs Bonschlader Guts Land, mit dem zweiten Vorhaupt auf Metzenmachers Guts Land, ist schlecht kieslicher Grund, haltet ohngefehr   6 Morgen

                                                              7 Morgen 1 Viertelscheid

24. *Das Gut aufm Steufelsberg*, dem Peteren Widdig und Erbgenahmen Cremers gehörig, hat ein Stück Land, schießet mit einem Vorhaupt auf das eigene zehntfreies Land, rechterseits langs den zum Gut selbsten gehörigen Busch, linkerseits Leimkuhler Guts Busch, mit dem zweiten Vorhaupt auf Kißels Guts Driesch, ist sehr schlechter Grund, haltet ohngefehr   5 Morgen

25. *Die Vollmühle im Strundorff,* Gerard Paffrath und Gerard Flosbach gehörig, haben ein Stück Land, das Ueberfeld genannt, schießet mit einem Vorhaupt auf die Strunder Bach, rechterseits langs die Holzmühlers Wiese, linkerseits langs Tives Kirdorffs Ueberfeld, mit dem zweiten Vorhaupt auf eigenen Busch, haltet ohngefehr
3 Morgen

26. *Leimkauler Gut,* dem Joan Fuchs gehörig, hat ein Stück Land, schießet mit einem Vorhaupt auf eigenen Garten, rechterseits langs Steufelberger Guts Land und Driesch, linkerseits langs eigenen Guts Busch, ist schlechter Grund, lieget halb driesch, haltet ohngefehr
1 Morgen 1 Viertelscheid
Noch Land auf der Schützheiden, schießet mit einem Vorhaupt auf Dierich Kirdorffs Land, rechterseits langs Gladbacher Mühlenland, mit dem zweiten Vorhaupt auf Steingasser Guts Land, ist sandig, haltet ohngefehr
5 Morgen 2 Viertelscheid

6 Morgen 3 Viertelscheid

27. *Das Hohns Gut* (Hohnshäusgen), an die Pastorat in Sand gehörig, hat ein Stück Land am Hof, schießet mit einem Vorhaupt auf die Gasse, mit der rechter Seiten langs Peter Corschiltgens Feld, linkerseits langs Schlebuschheider (Schreibersheide) Wiese, mit dem zweiten Vorhaupt auf Gladbacher Wiedenhofs und eigene Wiese, haltet
2 Morgen

28. *Heidkamps Gut,* Peter Corschiltgen gehörig, hat ein Stück Land unter dem Hof, schießet mit einem Vorhaupt auf den Hof, rechterseits langs das Gäßgen, linkerseits langs Hohns Guts Garten, mit dem zweiten Vorhaupt auf den Weg, ist schlechter kieslicher Grund, haltet ohngefehr
2 Morgen
Noch ein Stück Land, schießet mit einem Vorhaupt auf den Weg, rechterseits langs des eigenen Guts Busch, linkerseits langs Hohns Guts Land, mit dem zweiten Vorhaupt auf die Sander Wiedenhofs Wiese, ist sandiger schlechter Grund, haltet
2 Morgen
Land ober dem Hof, schießet mit einem Vorhaupt auf das eigene zehntfreie Land rechterseits langs Metzenmachers Guts Land, linkerseits langs die Gasse, mit dem anderen Vorhaupt auf die Herckenrather Straße, ist sandig schlechter Grund, haltet ohngefehr
2 Morgen

6 Morgen

29. *Bonschlader Gut,* den Erbgenahmen Weyers gehörig, haben ein Stück Land, schießet mit einem Vorhaupt auf die Herckenrather Straße, rechterseits langs Tives Kirdorffs Land, linkerseits langs die Gasse, mit dem anderen Vorhaupt auf das Metzenmachers Guts Land, ist schlechter kieslicher Grund, haltet ohngefehr
1 Morgen 2 Viertelscheid
Ein Stück Land, schießet mit einem Vorhaupt auf Schlebuschheider Grund, rechterseits langs Metzenmacher Guts Land, linkerseits langs vorgemeltes Schlebuschheider Land, mit dem zweiten Vorhaupt auf Groß Corschiltgens Guts Land, ist staubiger Sand und lieget öfters wegen Schlechtigkeit driesch, haltet ohngefehr
2 Morgen 2 Viertelscheid

Noch ein Stück Land, schießet mit einem Vorhaupt auf die Herckenrather Straße, rechter und linkerseits langs oberstes Steingasser Land, mit dem zweiten Vorhaupt auf Metzenmachers Guts Land, ist von obiger qualitaet, haltend ohngefehr
1 Morgen

6 Morgen

30. *Das Schornhäusgen,* dem Fabricanten Schnabel gehörig, hat ein Stück Land, schießet mit einem Vorhaupt auf den Garten, rechterseits langs den zum Gut gehörigen Busch, linkerseits langs den Reutersweg, mit dem zweiten Vorhaupt auf Jugger Guts Land, ist steiniger Grund, haltet ohngefehr   2 Morgen 2 Viertelscheid

Noch ein Stück Land, das Stöfgen genannt, schießet mit einem Vorhaupt auf eigenen Busch, rechterseits langs die Herckenrather Straße, linkerseits langs Gladbacher Pastorats Land, mit dem anderen Vorhaupt auf die Heidkamps Gasse, ebenfalls steiniger Grund, haltet ohngefehr   1 Morgen 1 Viertelscheid

3 Morgen 3 Viertelscheid

31. *Das Schlebuschheider Gut* (Schreibersheide), dem Wilhelm Strack gehörig, hat ein Stück Land, schießet mit einem Vorhaupt auf den eigenen Hof, mit dem anderen auf den Bonschlader Driesch, ist staubiger Sand, haltet ohngefehr   3 Morgen 2 Viertelscheid

Noch ein Stück Land, schießet mit einem Vorhaupt auf den eigenen Garten, rechterseits langs eigenen Grund, linkerseits langs Groß Corschiltgens Guts Grund und eigenes Land, mit dem Vorhaupt auf die Herckenrather Straß, ist von obiger qualitaet, haltet ohngefehr   2 Morgen 2 Viertelscheid

6 Morgen

32. *Das Jugger Guth* (Jück), den Herren Erbgenahmen Gohrs gehörig, hat ein Stück Land, rings um den Hof und Garten gelegen, schießet rechterseits langs obersten Papiermühlen Busch, linkerseits langs Strücher Guts und oberst Papiermühlen Busch, mit dem Vorhaupt auf Schornhäusges Busch, ist steiniger Grund und haltet ohnegefehr
3 Morgen

33. *Das unterste Heidkamps Gut,* den Erbgenahmen Kirspels und Gerarden Eck gehörig, haben ein Stück Land um den Hof gelegen, schießet mit einem Vorhaupt an die Herckenrather Straße, mit der rechten Seiten langs Gladbacher Wiedenhofs Land, und langs die zur Gronauer Mühl gehörige Desselswiese, mit dem anderen Vorhaupt und linkerseits langs eigenen Guts Grund, ist schlecht sandiger Grund, haltend
10 Morgen 2 Viertelscheid

Noch ein Stück Land, schießet mit einem Vorhaupt auf eigenes zehntfreies Land und alte Traßkaule, rechterseits langs die Herckenrather Straße, linkerseits langs eigene Wiese, mit dem anderen Vorhaupt auf den Gladbacher Reitweg, ist schlecht sandiger Grund, haltet ohngefehr   2 Morgen

12 Morgen 2 Viertelscheid

34. *Das Pastoral-Gut aufm Heidkamp* hat ein Stück Land, schießet mit einem Vorhaupt auf den Hof, rechterseits langs die Herckenrather Straße, linkerseits und mit dem zweiten Vorhaupt auf den Reutersweg und Heidkamper Busch, haltet ohngefehr
    8 Morgen

Noch ein Stück Land, aufm Stöfgen genannt, schießet mit einem Vorhaupt auf die Heidkamps Gasse, linkerseits langs Schornhäusges Land, zur rechten Seiten und mit dem anderen Vorhaupt auf Groß Corschiltgens Guts Land, ist ganz schlecht und lieget der Zeit driesch, haltet ohngefehr
    1 Morgen 2 Viertelscheid

_____

    9 Morgen 2 Viertelscheid

35. *Strücher* Gut, dem Fabricanten Aurelius Fueß gehörig, hat ein Stück Land, schießet mit einem Vorhaupt auf den Hof, rechterseits langs Jugger Guts Garten, linkerseits langs Tives Kierdorffs Busch, das Stöfgen genannt, sehr schlechter Grund, haltet ohngefehr
    1 Morgen

Noch ein Stück Land, schießet mit einem Vorhaupt auf eigenen Guts Garten und Stöfgens Feld, rechterseits langs Rosser Steingasser und Kauler Guts Land, linkerseits langs eigenen Busch, mit dem zweiten Vorhaupt auf Quierls Guts Land, haltend
    4 Morgen

Noch ein Stück Land, das Kämpgen genannt, schießet mit einem Vorhaupt und rechter Seiten langs eigenen Busch, linkerseits langs Fronhofs Busch, mit dem zweiten Vorhaupt auf Steger Kamps Feld, ist ganz schlecht kieslicher Grund, halt et ohngefehr
    1 Morgen 2 Viertelscheid

_____

    6 Morgen 2 Viertelscheid

36. *Das Steegerkamper Gut*, dem Adolph Schlössel gehörig, dessen Land lieget an einem Stück vorm Hof, schießet rechterseits langs den Reutersweg, linkerseits langs Fronhofs und eigenen Busch, mit dem Vorhaupt auf Strücher Land und Fronhofs Busch, haltet ohngefehr
    7 Morgen

2. Honnschaft Gronau

37. *Driescher Gut*, der Wittib Müllers und Erbgenahmen N. gehörig, hat ein Stück Land, schießet mit einem Vorhaupt auf die Köllenstraß, rechterseits langs Fronhofs Land, linkerseits langs Ecks-Guts Land im Gronau, mit dem anderen Vorhaupt auf eigenen Busch und Eckerts-Guts Land, ist sandiger Grund und haltet ohngefähr
    5 Morgen

Noch ein Stück Land, schießet mit einem Vorhaupt auf eigenen Busch und Eckerts fort Ecks Guts Land, der Kamp genannt, linkerseits langs Fetten Guts Land, mit dem anderen Vorhaupt auf des Molitors Hüte-Gütgen und Pastoralbusch, ist steinig, haltet ohngefehr
    4 Morgen

Noch ein Stück Land, der Kampf genannt, schießet mit einem Vorhaupt auf das zehntfreies Land, rechterseits langs eigenen Garten und Eckerts Guts Land, linkerseits langs eigene Wiese, mit dem zweiten Vorhaupt auf Eckerts Guts Grund, haltend
    1 Morgen 2 Viertelscheid

_____

    10 Morgen 2 Viertelscheid

Das Driescher Gut

38. *Das Ecks Gut im Gronau*, den Erbgenahmen Ecks gehörig, hat das Land an einem Stück, schießet mit einem Vorhaupt auf das zehntfreies Land, so mit Steinen abgelöget, rechterseits langs Driescher Guts Land, linkerseits langs Eckerts Guts Land, mit dem anderen Vorhaupt auf Driescher Guts Busch und Land, linkerseits langs Eckerts Guts Land, mit dem anderen Vorhaupt auf Driescher Guts Busch und Land, ist sandiger Grund, haltet ohngefehr 4 Morgen

39. *Das Eckersgut im Gronau*, dem Gerarden Eckert gehörig, hat ein Stück Land, schießet mit einem Vorhaupt auf eigenen Hof, rechterseits langs das zehntfreie Land, linkerseits langs die Köllenstraß, mit dem zweiten Vorhaupt auf Driescher Guts Garten, ist schlechter sandiger Grund, haltet ohngefehr 2 Viertelscheid

Noch ein Stück Land im Gronauer Feld, schießet mit einem Vorhaupt und rechter Seiten langs Ecks Gut Land, linkerseits langs Pastorats Land, mit dem anderen Vorhaupt auf Fetten Guts Land, ist sandiger Grund, haltet ohngefehr 2 Morgen

Noch ein Stück Land, aufm Kampf genannt, schießet mit einem Vorhaupt und rechter Seiten langs Fronhofs Land, linkerseits langs Driescher Guts Land, mit dem anderen Vorhaupt auf Driescher und Fronhofs Busch, ist steiniger, schlechter Grund, haltet ohngefehr 2 Morgen

---

4 Morgen 2 Viertelscheid

40. *Das Henrichen Guthairs Gut im Gronau* (Siegenshof) hat ein Stück Land, schießet mit einem Vorhaupt auf das zehntfreie Land, so mit einem Zehntstein abgelöget, rechterseits langs Molitors Guts Land, linkerseits langs Pastorats Guts Land, mit dem anderen Vorhaupt auf den Weg, haltet ohngefehr 3 Morgen

Noch ein Stück Land, aufm Kampf genannt, schießet mit einem Vorhaupt auf das Gronauer Gäßchen, rechterseits langs das zehntfreies Land, linkerseits langs Fetten Guts Land, mit dem anderen Vorhaupt auf den Kalckofen, ist schlechter steiniger Grund, haltet ohngefehr 2 Morgen 1 Viertelscheid

Noch ein klein Stückelgen Land aufm Kauler Feld, schießet rechterseits und mit beiden Vorhäupteren auf Fetten Guts Land, haltend ohngefehr 1 Viertelscheid

5 Morgen 2 Viertelscheid

41. *Das Molitors Gütgen im Gronau,* dem Bernarden Molitor gehörig, hat ein Stück Land im Gronauer Feld, schießet mit einem Vorhaupt auf Ecks Guts Land, rechterseits langs Pastorats Guts Land, linkerseits langs Guthair Guts Land, mit dem anderen Vorhaupt auf Fetten Guts Land, haltend ohngefehr 1 Morgen

Ein Stück Land in selbigem Feld, schießet mit einem Vorhaupt und rechter Seiten langs Pastorats Guts Land, linkerseits langs Breuers Guts Land, ist sandiger Grund, haltet ohnegefehr 2 Viertelscheid

Noch ein Stück Land zu dem Molitors Gütgen gehörig, schießet mit einem Vorhaupt auf Fetten Guts Garten, rechterseits langs Kierdorff und Breuers Gut Land, linkerseits langs eigenen Grund und Pastorats Busch, haltet ohngefehr 2 Morgen

Noch ein Stückelgen Land aufm Kauler Feld, schießet mit einem Vorhaupt auf Fetten Guts Busch, rechterseits langs Guthair Guts Land, linkerseits und mit dem anderen Vorhaupt auf Wittib Bützelers Guts Land, haltet ohngefehr 2 Viertelscheid

4 Morgen

42. *Das Fetten Gut im Gronau,* der Wittib Bützeler gehörig, hat ein Stück Land im Gronauer Feld, schießet mit einem Vorhaupt auf den Köllenweg, rechterseits langs Molitors Guts Land, linkerseits langs Wittib Bützelers Guts Land, mit dem anderen Vorhaupt auf eigenen und Ecks Guts Busch, ist steiniger Grund, haltet ohngefehr

7 Morgen

Noch ein Stück aufm Kauler Feld, schießet mit einem Vorhaupt auf das Feldöfgen, rechterseits langs Molitors Guts Busch, linkerseits langs Guthairs Guts Busch, haltet ohngefehr 1 Morgen

8 Morgen

43. *Wittiben Bützelers Gut im Gronauer Feld,* schießet mit einem Vorhaupt und rechter Seiten langs Fetten Guts Land, linkerseits und mit dem anderen Vorhaupt auf Guthairs und Fetten Guts Busch, haltet ohngefehr 1 Morgen 2 Viertelscheid

Noch ein Stück Land aufm Kauler Feld, schießet mit einem Vorhaupt auf Fetten Guts Land, rechterseits langs Molitors Guts Busch, linkerseits langs Dünnhofs Busch, mit dem zweiten Vorhaupt auf Pittelborner Land, ist schlecht steiniger Grund, haltet

1 Morgen 1 Viertelscheid

Noch ein Stück Land in selbigem Feld, schießet mit einem Vorhaupt auf Breuers Guts Busch, rechterseits langs Molitors Guts Land, linkerseits langs Fetten Guts Busch, mit dem anderen Vorhaupt auf den Hofs-Busch, ist steiniger Grund, haltet ohngefehr
 1 Morgen

 3 Morgen 3 Viertelscheid

44. *Pastoral-Gut im Gronau* hat ein Stück Land im Gronauer Feld, mit einem Vorhaupt auf Ecks Guts Garten schießend, rechterseits langs Eckers Guts Land, linkerseits langs Molitors Guts Land, mit dem hintersten Vorhaupt auf Fetten Guts Land, ist sandiger Grund, haltet ohngefehr 1 Morgen

Noch ein Stück Land in selbstigem Feld, schießet mit einem Vorhaupt auf eigenes zehntfreies Stück Land, rechterseits langs Henrich Guthairs Guts Land, linkerseits langs Molitors Guts Land, mit dem anderen Vorhaupt auf Molitors Guts Busch, ist schlecht steiniger Grund, haltet ohngefehr 2 Viertelscheid

Noch ein Stück Land in diesem Feld, schießet mit einem Vorhaupt auf Molitor Guts Land, linkerseits langs das Gronauer Gäßgen, mit dem zweiten Vorhaupt auf Molitors und Fetten Guts Busch, ist steiniger Grund, haltet ohngefehr 2 Morgen

 3 Morgen 2 Viertelscheid

45. *Das Scheurmansgut im Gronau*, den Erbgenahmen Kierdorff gehörig, hat ein Stück Land vorm Hof, schießet mit einem Vorhaupt auf den Köllenweg, rechterseits langs das Gronauer Gäßgen, linkerseits langs Schmidtsberger Guts Garten, mit dem anderen Vorhaupt auf eigenen Busch, ist steiniger Grund, haltet ohngefehr

 3 Morgen 2 Viertelscheid

Noch ein Stück Land im Gronauer Feld, schießet mit dem Vorhaupt auf Molitors Guts Land, rechterseits langs Pastoral-Guts Grund, linkerseits langs Breuers Guts Land, haltet ohngefehr 1 Morgen 2 Viertelscheid

 5 Morgen

46. *Das Breuers-Gut im Gronau*, dem Henrich Guthair gehörig, hat ein Stück Land, schießet mit einem Vorhaupt auf die Köllenstraß, rechterseits langs Schmidtsberger Busch, linkerseits langs den Busch des Wittib Bützlers Guts im Gronau, mit dem anderen Vorhaupt auf das freie Land, ist steiniger Grund, haltet ohngefähr

 1 Morgen 3 Viertelscheid

Noch ein Stück Land, schießet mit einem Vorhaupt auf die Cöllenstraß, rechterseits und mit dem anderen Vorhaupt auf den Dünnhofs-Busch, linkerseits langs das Pittelborner Feld, schlecht sandiger Grund, und haltet ohngefehr 1 Morgen 1 Viertelscheid

Noch ein Stück Land im Gronauer Feld, schießet mit einem Vorhaupt auf Scheurmanns Guts Land, rechterseits langs Pastorats-Guts Land, linkerseits langs Molitors Guts Land, mit dem anderen Vorhaupt auf Molitor Guts Busch, haltet ohngefehr
 1 Morgen 3 Viertelscheid

 4 Morgen 3 Viertelscheid

47. *Schmidtberger Gut,* den Erbgenahmen Fueß gehörig, hat ein Stück Land, schießet mit einem Vorhaupt an eigenen Hof und Scheurmanns Guts Land, rechterseits und mit dem zweiten Vorhaupt auf eigenen Guts Busch, linkerseits langs die Köllenstraß, ist schlechter steiniger Grund, haltet ohngefehr 4 Morgen

48. *Das Gut zu Rodenbach* (Rodemich), dem Jacob Bützeler gehörig, hat ein Stück Land ober dem Hof, schießet mit einem Vorhaupt auf den Hof, linkerseits langs eigene zum Hof gehörige Wiese, rechterseits und mit dem anderen Vorhaupt auf des Hofs Busch, ist sandiger Grund und haltet ohngefehr 10 Morgen

Noch ein Stück Land unter dem Hof, schießet mit einem Vorhaupt auf den Hof, mit dem anderen Vorhaupt auf den Hofs-Busch, mit der rechter und linker Seiten langs eigene Guts Wiese und Busch, ist sandiger Grund und haltet ohngefehr
4 Morgen

14 Morgen

49. *Das Gut am Pittelborn,* dem Gerard Martin Fueß gehörig, hat ein Stück Land ober dem Hauß, schießet mit einem Vorhaupt auf das zehntfreies Land, rechterseits langs eigenes Guts Busch, linkerseits langs die Cöllenstraß, mit dem anderen Vorhaupt auf die Dünnhofs-Gasse, ist sandiger Grund, haltet ohngefehr 1 Morgen 2 Viertelscheid

Ein Stück Land vorm Hof, schießet mit einem Vorhaupt auf die Cöllenstraß, rechterseits und mit dem anderen Vorhaupt auf eigenen Guts und Kradepohls Busch, linkerseits an Kradenpohls Land, ist steiniger Grund, haltet ohngefehr 4 Morgen

Noch ein Stück Land, das große Feld genannt, schießet mit einem Vorhaupt auf eigenen Busch, rechterseits langs die Köllenstraß, linkerseits langs Scheurmanns-Guts Busch, mit dem anderen Vorhaupt auf Breuers Guts Land, und Dünnhofs Busch, sodann auf das Kauler Feld, ist steiniger Grund, haltet ohngefehr 9 Morgen

14 Morgen 2 Viertelscheid

50. *Das Gut am Kradenpohl,* dem Halbwinner Schnabel gehörig, hat ein Stück Land vorm Hof, schießet mit einem Vorhaupt auf die Köllenstraß, rechterseits und mit dem hintersten Vorhaupt auf Duckderather Guts Busch und Land, linkerseits langs das zum Gut gehöriges zehntfreies Land, ist kieslicher und nasser Grund, haltet ohngefehr
3 Morgen

51. *Das Gut zum Duckderath*[128]), dem Fabricanten Schnabel gehörig, hat ein Stück Land vorm Hof, schießet mit einem Vorhaupt auf das zum Gut gehöriges zehntfreies Land,

---

[128] Der Duckterather Hof, der nebenan liegenden Duckterather Schmieds-Hof, dazu auch der Kradepohlshof waren nach 1770 Eigentum des Papierfabrikanten Heinrich Schnabel und seiner Erben. Sie wurden nach dem Tode des Gladbacher Bürgermeisters Hofrat Franz Heinrich Fauth († 1820) verkauft. Seine großjährigen Kinder Helene Fauth und der Papierfabrikant Gottfried Fauth in Gladbach, der Handlungsreisende Theodor Heinrich Fauth in Antwerpen, sowie die minderjährigen Kinder Margareta und Mathilde Fauth, vertreten durch ihren Vormund Kaufmann Heinrich Theodor Wilhelm Steinkauler und den Gegenvormund Landrat Heinrich Schnabel, ließen diesen Grundbesitz und die Kradepohlsmühle am 15. Juli 1823 durch den Notar Nuß aus Mühlheim in Gladbach versteigern.

so ohngefehr einen halben Morgen sein wird, mit dem anderen Vorhaupt und beiden Seiten langs die Köllenstraße und eigenen Busch, ist schlechter, sandiger Grund, haltet ohngefehr 8 Morgen

Noch dabei ein kleines Feldgen, so auf den alten Kalkofen und sonsten langs eigenen Busch schießet, ist sandig steiniger Grund, haltet ohngefehr 1 Morgen 2 Viertelscheid

Noch ein Stück Land, diesem Gut gehörig, schießet mit beiden Vorhäupteren und rechter Seiten langs auf eigenen Guts Busch, linkerseits langs Kradenpohls Land, ist schlecht sandiger Grund, haltet ohngefehr 1 Morgen

Noch ein Stück Land, das Schevelings Feld genannt, schießet mit einem Vorhaupt auf die Köllenstraß, sonsten ringsum auf eigenen Guts Busch, ist nasser Kleygrund, haltet ohngefehr 6 Morgen 2 Viertelscheid

17 Morgen

Der Duckterather Hof umfaßte:	Morgen	Ruten	Fuß
1. an Haus, Stall, Scheune, Backhaus, Hofraum und Garten	3	10	—
2. Ackerland am Hof	10	91	—
3. Ackerland auf dem Schiefelingsfeld	4	90	25
4. die Kreier Wiese	12	91	—
5. Busch zwischen Geisbocksfeld und Strunder Gemark	30	7	—
6. Busch an der Strunder Gemark	—	116	75
insgesamt	61	106	97

Der Wert wurde durch die vereidigten Sachverständigen Papierfabrikant Gustav Müller in der Dombach, Baumeister Peter Weyer aus Kalmünten und Ackewirt Johann Hölzer in Gronau auf 3177 Reichstaler 42 Stüber bergisch oder 2444 Taler 11 Silbergroschen 6 Pfg geschätzt.

Der Schmiedshof mit der angebauten Schmiede umfaßte:	Morgen	Ruten	Fuß
1. an Haus, Schmiede, Scheune, Garten und Baumhof	1	52	—
2. Garten	1	37	50
3. Ackerland hinter dem Haus	3	82	—
4. Ackerland auf dem Schiefelingsfelde	4	90	25
5. Wiese	5	—	—
6. Busch	14	118	22
7. ein Büschelchen	4	67	—
insgesamt	34	146	97

Der Wert wurde auf 2051 Rtlr 21 Stbr. berg. oder 1577 Tl. 82 Sgr. 10 Pfg geschätzt. Aus den Verkaufsbedingungen ist noch bemerkenswert: Die Gierather Wiese hatte die Gerechtsame der Bewässerung aus der Strunde am Schlodderdich. Der Duckterather Hof hatte seinen Fahrweg über den Wassergraben an den Kalköfen vorbei auf der Straße nach Mülheim, der Schmiedshof den seinigen durch den Duckterather Hof.

Beide Höfe blieben schließlich zusammen und wurden dem Ackerwirt Heinrich Büchel aus Herrenstrunden für 4500 Rtlr bergisch zugeschlagen. Zeugen waren der Papierfabrikant Gerhard Jakob Fues und der Bäcker Heinrich Langen, beide aus Gladbach.

Nach dem Tode Büchels erbte sein gleichnamiger Sohn den Duckterather Hof, der ihn später an den Gastwirt Josef Krämer in Kradepohl verkaufte. Der Duckterather Hof lag im Gebiete der heutigen Montanus- und Hoffeldstraße. Er brannte im Oktober 1913 ab, die letzten Reste einiger Nebengebäude wurden im Jahre 1932 beseitigt. — Den Schmiedshof erhielt Maria Elisabeth, die Tochter von Heinrich Büchel, die 1849 Johann Heinrich Kohlenbach heiratete, der 1890 starb. Erbe wurde beider Sohn, der ihn verpachtete.

Das Greuler Gut, dem Evert Müller gehörig, gibt an Zehnten von zweien Wiesen, so schießen mit ihren Vorhäupteren auf den Weg, rechterseits langs Schlebuschheider Wiese, linkerseits langs Bonschlader Grund, mit den anderen Vorhäupteren langs Hauß Leerbacher und Bonschlader Wiesen, jährlichs drei Sümber Haber.
Schlebuschheider Gut gibt von der Wiesen jährliches fünf Viertel Haber an Zehnten.
Das Steinstraßers Erben-Gut zum untersten Luckerath gibt jährlichs an Sackzehnten zwei Malder und ein Sümber Haber.
Das Neuborner Gut, denen Erbgenahmen Unterbösch gehörig, gibt jährlichs an Sackzehnden drei Sümber Korn und ein Malder Haber.
Das Hungenberger Gut, dem ... Heidkamp und Peter (Vierkotten?) gehörig, ... hat ein Stück Land, von dem Zehnde gehoben sein soll, aber ist ohngefehr dreyßig (?) Jahr mit zwei Reichstaler und ein Maaß Brandewein an den Fronhof entrichtet worden.
Die Gronauer Mühle, der Freifräulein von Stein(en) gehörig, gibt jährlichs ein Malder Korn und ein Malder Haber Sackzehnten.
Die Gladbacher Mühl, Tit. Grafen von der Ley(en) gehörig, gibt jährlichs in den Fronhof 12 Albus.

Recapitulatio allinger Morgenzahl ...

	Morgen	Viertelscheid
1. Das Rosser Gut	9	—
2. Wiedenhof zu Gladbach	2	1
3. Ein sechster Teil Bocker Guts	2	—
4. Noch ein sechster Teil Bocker Guts	1	—
5. Noch ein sechster Teil Bocker Guts	2	—
6. Bocker Gut	8	2
7. Die Buchmühl	9	—
8. Steinkrüger Gut	4	—
9. Kamper Gut	4	3
10. Berger Gut	4	—
11. Schlömer Hof	22	2
12. Linder Gut	2	—
13. Kieselgut im Strundorf	1	1
14. Die oberste Papiermühle	5	—
15. Die unterste Papiermühle	1	2
16. Die beide Quierlsgüter	2	—
17. Kauler Gut	8	—
18. Die Rosser Steingaß	4	—
19. Die oberste Steingaß	2	—
20. Metzenmachers Gut im Strundorf	—	3
21. Das Große Corschiltgens Gut	5	—
22. Das Kleine Corschiltgens Gut	2	—
23. Das Steingasser Gut mit der Ohligsmühle	7	1
24. Das Gut aufm Steufelsberg	5	—

		Morgen	Viertelscheid
25.	Die Vollmühle im Strundorf	3	—
26.	Leimkauler Gut	6	3
27.	Das Hohns Gut	2	—
28.	Heidkamps Gut	6	—
29.	Bonschlader Gut	6	—
30.	Das Schornhäußgen	3	3
31.	Das Schlebuschheider Gut	6	—
32.	Das Jugger Gut	3	—
33.	Das unterste Heidkamps Gut	12	2
34.	Das Pastoral-Gut aufm Heidkamp	9	2
35.	Strücher Gut	6	2
36.	Das Stegerkamper Gut	7	—
37.	Driescher Gut	10	2
38.	Das Ecks Gut im Gronau	4	—
39.	Das Eckers Gut im Gronau	4	2
40.	Das Henrichen Guthairs Gut im Gronau	5	2
41.	Das Molitors Gütgen im Gronau	4	—
42.	Das Fetten Gut im Gronau	8	—
43.	Das Wittiben Bützlers Gut im Gronau	3	3
44.	Pastoral-Gut im Gronau	5	2
45.	Das Scheurmanns Gut im Gronau	5	—
46.	Das Breuers Gut im Gronau	4	3
47.	Schmidtsberger Gut	4	—
48.	Das Gut zu Rodenbach	14	—
49.	Das Gut am Pittelborn	14	2
50.	Das Gut am Kradenpohl	3	—
51.	Das Gut zum Duckderath	17	—
	Summa allinger Morgenzahl	292	3

in 110 Parcellen

Die Verpachtung des Zehnten nach der Zersplitterung des Fronhofs

Viele Jahrhunderte hindurch hatten die Knechte des Fronhalfen im Sommer und Herbst den Zehnten mit dem Zehntkarren in seine Zehntscheuer eingefahren. Auch nachdem sich in der zweiten Hälfte des 18. Jahrhunderts der Kartoffelanbau immer mehr einbürgerte, wurde diese neue Feldfrucht als zehntpflichtig erklärt. Das galt ebenso für den Buchweizen. Nachdem nun im Jahre 1820 der Gladbacher Fronhof seines staatlichen Charakters entkleidet, verkauft und zersplittert worden war, blieb die rechtliche Pachtung des Zehnten noch bis Petri Stuhlfeier 1822 mit dem Pachtvertrag bestehen. Dann aber wurde die Hebung des Zehnten zu einem ernsten kommunalpolitischen Problem. Denn auf dem „im ganzen unbedeutenden und schlechten Zehnten" ruhte außer der Stellung und Unterhaltung eines Ziel-Ochsens und eines Ebers noch die Unterhaltung des Schiffes der katholischen Kirche in Gladbach. Die Akten der Domänen Rentei in Bensberg enthielten aber nichts über diese Verbindlichkeit. Deshalb forderte der Rentmeister Wolters am 24. Dezember 1821 von der Regierung in Köln die Zehntrolle an, die er in der dortigen Registratur vermutete. Es war nämlich schwer, in Zukunft das Zielvieh in Gladbach ordnungsmäßig unterzubringen, da der Fronhof das einzige hierfür geeignete größere Gut gewesen war.

Die Regierung mußte notgedrungen für eine anderweitige Erfüllung der Lasten und Verbindlichkeiten aus ihrem Zehntrecht sorgen. Sie war bereit, auf dieses Recht ganz zu verzichten, wogegen die Gemeinde ihrerseits auch den Fiskus von allen Verbindlichkeiten entbinden sollte. Das wäre für diesen recht vorteilhaft gewesen, da an sich schon die Hebung des Zehnten von den weitzerstreuten Ländereien sehr beschwerlich und wegen der geringen Güte des Bodens auch wenig einträglich war.

Der Rentmeister stellte durch örtliche Erhebungen fest, daß von den zehntpflichtigen Ländereien 120 Morgen zur mittelmäßigen Qualität und 172 1/2 Morgen zur geringsten Klasse gerechnet werden müßten. Er legte seiner Abschätzung die allgemein übliche „dreigewändige Bauart (Dreifelderwirtschaft) zugrunde und nahm an, daß ein Morgen von mittelmäßiger Qualität im ersten Jahre 2 1/2 Malter Roggen, im zweiten Jahre 5 Malter Hafer, der Morgen von der geringsten Klasse im ersten Jahre 2 Malter Roggen, im zweiten Jahre 4 Malter Hafer erbringe und im dritten Jahre das Ganze brach liegen bliebe.

Das Malter Roggen setzte er zu fünf Taler und das Malter Hafer zu zwei Taler Preußisch Courant an.

Hiernach ergeben sich folgende Zahlen:

a) der Feldzehnte

Mittlere Klasse
    40 Morgen Roggen, pro Morgen 2 1/2 Malter = 100 M zu 5 Tlr = 500 Tlr
    40 Morgen Hafer, pro Morgen 5   Malter = 200 M zu 2 Tlr = 400 Tlr
    40 Morgen brach.

Letzte Klasse
    57 1/2 Morgen Roggen, pro Morgen 2 Malter = 115 M zu 5 Tlr = 575 Tlr
    57 1/2 Morgen Hafer, pro Morgen 4 Malter = 230 M zu 2 Tlr = 460 Tlr
    57 1/2 Morgen brach.

292 1/2 Morgen jährlich   1935 Tlr

Hiervon betrug der ursprüngliche Zehnte im wörtl. Sinne: 193 Tlr 12 Silbergroschen
In Abzug setzte der Rentmeister
    1/5 zum Ersatz der Grundsteuer mit 38 Tlr 21 Sgr.
    20 % Hebungskosten wegen der sehr zerstreuten Lage der zehntbaren Ländereyen
        = 38 Tlr 21 Sgr. = 77 Tlr 12 Sgr.
Blieb als reiner Ertrag des Feldzehntens   116 Taler.

b) der Sack- und Geldzehnte

	Tlr	Sgr	Pfg
1 Malter 12 Viertel Roggen zu 5 Taler	8	22	6
5 Malter 5 Viertel Hafer zu 2 Taler	10	18	9
2 Reichstaler, 8 Stüber Geld	1	19	3
1 Maß Brandtwein	—	9	3
	21	9	9
ab $1/5$ zum Ersatz der Grundsteuer	4	8	—
Reiner Ertrag des Sackzehntens	17	1	9
Hierzu der Feldzehnte	116	—	—
Summa	133	1	9

Ebenso ermittelte Wolters die Kosten der Stellung und Unterhaltung des Zielviehs.

a) der Ziel-Ochse

Drei Jahr alt, mittlerer Gattung, indem in den hiesigen Berg-Gegenden nur Kühe mittlerer und kleiner Art gezogen werden, kostet im Ankauf . . . . 30 Taler
Derselbe wird drei Jahre als Ziel-Ochse gebraucht und alsdann zum Zuge oder als Schlachtvieh wieder verkauft für 23 Taler. Also Verlust . . . . 7 Taler.
Die Kastrierungs-Kosten betragen . . . . 1 Taler.
Die Fütterung, welcher der Ochse von diesem Zeitpunkt an bis zum Tage des Verkaufs, welcher auf sechs Wochen angenommen werden kann, besteht in täglich 3/4 Viertel Hafer und 15 Pfund Heu, mithin

2 Malter $1^{3/4}$ Viertel Hafer zu 2 Tlr =	4 Tlr	6 Sgr.	7 Pfg
675 Pfd Heu pro 100 Pfd 15 Sgr. =	3 Tlr	11 Sgr.	3 Pfg
Summa	7 Tlr	17 Sgr.	10 Pfg

Hierzu die Zinsen vom obigen Ankaufspreis, und zwar wegen der Zufälligkeiten 10%, macht auf drei Jahre . . . . . . 9 Taler

Summa 24 Tlr 17 Sgr. 10 Pfg
oder jährlich 8 Tlr 5 Sgr. 11 Pfg

Die Nahrungsmittel eines Zielochsens sind sehr verschieden und eine specielle Berechnung derselben unmöglich. In der Regel besteht solche in den Sommer- und Herbstmonaten hauptsächlich aus Klee oder anderen Futterkräutern, als Rüben etc., in den Wintermonaten aus den im Herbst eingesammelten Rüben, Heu, Stroh und überhaupt aus allen bei einer Land- Ökonomie vorkommenden Abfall an Frucht und Küchengewächsen, wobei der Ochse denn auch mit Mehl und Ölkuchen getränkt werden muß. Diese Nahrungsmittel müssen nach einem mittelmäßigen Anschlag einschließlich des Herbeiholens der Futterkräuter vom Felde zu 60 Talern Pr. C. angenommen werden, welcher Ansatz sich auch dadurch rechtfertigt, wenn man annimmt, daß ein Zielochse täglich an Nahrung fordert:

3—4 Viertel Hafer und 15 Pfd Heu oder jährlich 18 Malter Hafer a 2 Tlr = 36 Tlr und 5400 Pfd Heu a 15 Sgr. pro 100 Pfd = 27 Tlr; Summa 63 Tlr, wobei selbstredend die Kosten der Herbeischaffung der Futterkräuter wegfallen.

Die oft gefährliche und beschwerliche Aufwartung eines Ziel-Ochsens, sowie das mit vielem Zeitverlust verknüpfte tägliche Zulassen desselben erfordert eine eigene Person, wovon die Kosten rücksichtlich dieser Verrichtung jährlich zu 15 Talern angenommen werden müssen. Der von dem Zielochsen zu erwartende Dünger kann in den hiesigen Gegenden nicht in Anschlag kommen, indem die Kosten der Herbeischaffung der Laub- und Haidestreu den Wert dieses Düngers erheblich übersteigen dürfte.

Demnach formieren sich die jährlichen Unterhaltungskosten eines Zielochsen folgendermaßen:

a) Verlust und Kosten bei der Anschaffung bis zum Verkauf des Ochsen als Zug- oder Schlacht-Vieh . . . . 8 Tlr 5 Sgr. 11 Pfg
b) jährliche Unterhaltungs-Kosten . . . . . . 60 „
c) für Aufwartung . . . . 15 „
                                                                 83 „ 5 „ 11 „

b) Das Zielschwein

Zwei Jahre alt, kostet im Ankauf 18 Taler
Nach zweijährigem Gebrauch wird dasselbe als Mastschwein, jedoch wegen des schlechten Fleisches verkauft für 12 Tlr.
Mithin Verlust 6 Tlr.
Zweijährige Zinsen von obigem Ankaufspreis wegen der Zufälligkeiten zu 10% 1 Tlr 23 Sgr. 11 Pfg.
Kosten der Kastrierung 20 Sgr.
Summa 8 Tlr 13 Sgr. 11 Pfg oder jährlich 4 Tlr 6 Sgr. 11 Pfg.
Das Zielschwein wird in der Regel mit allerhand Krautarten, Rüben, Kartoffeln, Erbsen und Mehl gut gefüttert. Um hierüber einen gründlichen Anschlag machen zu können, muß angenommen werden, daß ein Zielschwein zur täglichen Nahrung circa ein halb Viertel Hafermehl und ein halb Viertel Kartoffeln bedarf, mithin jährlich
12 Malter Kartoffeln zu 1 Tlr = 12 Taler
12 Malter Hafer zu 2 Tlr   = 24 Taler
Für die jährliche Aufwartung sowie für das Zulassen desselben, welches wegen Bösartigkeit dieses Tieres oft gefährlich ist, muß gerechnet werden 6 Taler. — Der Schweinsdünger kann nicht zum Anschlag kommen, indem das zur Streu zu verwendende Stroh den Wert desselben hinlänglich ersetzt.
Summa der jährlichen Unterhaltungskosten 42 Taler.
Hierzu die umstehende Entschädigung von 4 Tlr 6 Sgr. 11 Pfg.
Summa für das Zielschwein 46 Tlr 6 Sgr. 11 Pfg.
Hierzu für den Ziel-Ochsen 83 Tlr 5 Sgr. 11 Pfg.
In Summa 129 Tlr 12 Sgr. 10 Pfg.

Der Rentmeister kam durch eine Gegenüberstellung der ermittelten Zahlen zu dem Ergebnis, daß seiner Überzeugung nach der Verzicht auf das Zehntrecht in Aufrechnung gegen die von der Gemeinde Gladbach zu übernehmenden Lasten nur vorteilhaft für den Fiskus sein könne, zumal nicht zu bezweifeln sei, daß auch die Verpflichtung zur Unterhaltung und zum Neubau der katholischen Kirche daran hafte. Allerdings wäre zu diesem Punkte in der Registratur nichts zu ermitteln. Indessen spräche der Landesgebrauch dafür, ebenso besagten es die Edikte des Kurfürsten Johann Wilhelm vom 10. September 1711 und Karl Theodor vom 7. Oktober 1751, sofern nicht vom Staate das Gegenteil bewiesen werden könnte.

Um die Rechte der Kirche zu wahren, nahm der Kirchenvorstand der Pfarre Gladbach unter Zuziehung der eingesessenen Gemeinderäte in einer Beratung am 31. Januar 1822 ebenfalls Stellung. Aus ihr ist zu entnehmen, daß auf dem Zehnten außer den genannten Verpflichtungen nach der Behauptung bejahrter Einsassen auch das Recht der Zehntpflichtigen ruhte, auf den Grundstücken des Fronhofs den zum Bauen erforderlichen Sand und Lehm zu graben, sowie ähnlich wie in Paffrath eine Ackerwelle des Zehntinhabers zu gebrauchen.

Der Pächter des Fronhofes wäre bisher auch Pächter des Zehnten gewesen und hätte das Zielvieh gestellt. Da der Fronhof indessen verkauft und vom Ankäufer zum Teil schon parzelliert worden und ohne Zweifel ganz zerstückelt werden würde, auch sonst in der Pfarrgemeinde kein einziges Ackergut von etwas bedeutendem Umfange bestehe, so werde künftig das Stellen des Zielviehs im Bezirk der zehntbaren Grundstücke sehr schwierig und kostspielig werden.

Während undenklicher Zeit, da der Ertrag dieses Zehnten noch frei vom Abzug eines Fünfteils für Grundsteuerentschädigung gewesen wäre, sei die katholische Pfarrkirche durch Alter ganz baulos geworden. Deshalb und weil die Pfarrgemeinde sich sehr vermehrt habe, sei ein Neubau dringend nötig geworden.

„Wenn nun gleich aus dem $^1/_5$ verminderten Ertrag des Zehntens das Zielvieh gehalten und zum Unterhalt des Pfarrkirchenschiffs das Erforderliche in die Kirchenfabrik fließen könnte, so wäre doch keineswegs die zum Neubau der Kirche erforderliche Summe daraus zu ermitteln, wenn auch die Gemeinde nach Verhältnis der Erweiterung einen angemessenen Beitrag leisten wollte. — Es würde indessen auch allgemein verkannt, daß dieser Zehnten, weil die dazu pflichtigen Grundstücke sehr weit auseinander und vielfach auf abgelegenen Feldern zwischen den Büschen liegen, für den Zehntherrn ungleich weniger Werth haben, als er für den Besitzer der zehntbaren Grundstücke haben würde, wenn er ihn mit den übrigen Früchten einscheuren könnte, weil das Heben des Zehntens sowohl wegen des manigfaltigen Aufpassens, als auch wegen des Zusammenschleppens der wenigen Garben und Gewinnung weniger Furchen Erdäpfel, aus so vielen kleinen Feldchen, welche keine Verbindungswege haben, zu vielen Kosten verursacht."

Daher sei ein beiderseitiger Verzicht auf das Zehntrecht und die darauf haftenden Verpflichtungen vorteilhaft und dienlich. Es wurde vorgeschlagen, diese Zehntpflichtigkeit von Seiten der einzelnen Zehntpflichtigen allmählich abzulösen und aus dem Erlös die Haltung des Zielviehs und den Bau der Kirche so weit als möglich zu bewerkstelligen.

„Wobei jedoch der katholische Kirchenvorstand und die zu dieser Confession gehörende Gemeinde-Räthe bemerkten, daß sie das feste Vertrauen hegten, die Königlich Hochlöbliche Regierung werde sich kräftigst dahin verwenden, damit Se. Majestät unser allergnädigster König in Rücksicht der schon berührten Verhältnisse und weil Allerhöchst dieselbe Patron dieser Pfarrkirche sey, und welche von dem Landesherrn gestiftet worden, zum Neubau derselben aus dem Aerar einen baaren Beytrag oder doch eine allgemeine Collecte im Staate huldreichst bewiligen möge."

Unterschrieben von Pastor Gellermann, Gerhard Jacob Fues, Gottfried Krein, Urban Odenthal, Franz Joseph Kerp, Wimar Kierdorf, Johan Schallenberg, Ferdinand Unterbusch, Johan Hölzer, Joseph Dick, Bürgermeister Kolter. Aufgestellt am 11. Februar 1822.

Bürgermeister Kolter reichte am 25. Febr. 1822 das Protokoll an den Landrat Schnabel ein. Er bemerkte selbst dazu: „der Landrat möge sich dafür verwenden, „daß das seit einem halben Jahrhundert so tief geführte Bedürfnis eines Neubaues der katholischen Kirche befriedigt werden möge." Nach den gesetzlichen Bestinmungen müsse „der Decimator maior das Kirchenschiff, der Decimator minor das Chor und die Gemeinde den Turm und alle Abhänge bauen und unterhalten. In den landesherrl. Edicten vom 10. Sept. 1711 und vom 7. Okt. 1751 sind verordnet und zugleich bestimmt, was unter großem und kleinem Zehnten zu verstehen sei und daß die Qualität und nicht die Quantität der Früchte die Art des Zehnten bestimme. Daraus ergebe sich ohne Zweifel, daß der Inhaber des Gladbacher Zehnten zum Bau und zur Unterhaltung des Gladbacher Kirchenschiffs verpflichtet sei.

Es könnte eingewendet werden, es könne aber keine Erweiterung der Kirche beansprucht werden. Dagegen sei zu sagen: daß der Zehnten als ein bonum ecclesiasticum die ursprüngliche Bestimmung habe, den Bau der Kirche und ihre Unterhaltung zu sichern, folglich auch das Kirchengebäude den Zeit- und Ortsverhältnissen angemessen sein müsse, damit der vorgesetzte Zweck erreicht werde. Es sei nicht zu verkennen, daß, obgleich bei einer geringeren Bevölkerung in der Vorzeit eine kleine Kirche dem Bedürfnis der Pfarrgemeinde genügt habe, bei der dermaligen größern Bevölkerung das Kirchengebäude einen derselben angemessenen größeren Raum haben müsse ..."

Am 23. Mai 1822 ordnete die Regierung die Verpachtung der Gladbacher Zehnten an. Diese fand am 10. Juni im Kassenhause der Rentei zu Bensberg statt. Bisher hatte der Pächter des Fronhofes Friedrich Siegen den Zehnten gehoben.

Anwesend waren bei der Verpachtung nur dessen Sohn Wilhelm Siegen von Gladbach und Matthias Marx vom Hebborner Hof. Bürgermeister Kolter bemerkte, daß das Zielvieh nicht außerhalb der zehntbaren Feldflur gehalten werden dürfe. Die Regierung verlangte 50 Tlr Pacht. Der einzige Lusttragende war der junge Wilhelm Siegen zu Gladbach, der aber lediglich gegen Stellung des Zielviehs ohne weitere Pachtabgabe den Zehnten übernehmen wollte.

Für den 14. Juni 1822 waren durch den Rentmeister Wolters und Bürgermeister Kolter alle Zehntpflichtigen zu einer Verhandlung nach Gronau geladen worden. Sie wählten als Deputierte Gerhard Jakob Fues aus Gladbach und Urban Odenthal und Gerhard Breitenbach aus Gronau. Unter Verzicht auf die Stellung des Zielviehs erklärten sie sich bereit, für das Jahr 1822 bis 22. Febr. 1823 30 Thaler für den Zehnten abzuführen. Urban Odenthal übernahm die Einziehung von den Pflichtigen. Ein Drittel der Pacht mußte in Gold, den Friedrichsdor zu fünf Talern gerechnet, gezahlt werden. Die Regierung genehmigte den Vertrag.

Am 1. Juli 1823 ordnete die Regierung in gleicher Weise die Verpachtung des Zehnten bis zum 22. 2. 1824 an.

Um für die Ablösungsverhandlung Klarheit zu gewinnen, beauftragte die Regierung am 30 Aug. 1823 den Rentmeister Wolters, nachzuforschen, ob der Domänenfiscus als Inhaber des Gladbacher Zehnten allein zur Unterhaltung des Kirchenschiffs verpflichtet wäre.

Wolters konnte darüber in der ganzen Registratur und in den Kellnerei-Rechnungen nichts feststellen. Er fand auch, obgleich er alle Akten seit 1758 durchsah, keine Nachrichten über eine frühere Reparatur am Kirchenschiff.

Nur zwei Schreiben des Pastors Siegen lagen vor.

„Auf den mir zugefertigten Auftrag von 10ten Jenner habe behörend zu referiren: ad A. daß in hieriger Pfarrei ein Cameralhof, der Fronhof genannt, sich befindet, welchem die Hebung des gemeinen Zehnden anklebig ist, wogegen zeitlicher Pfarrer von mehreren Jahrhunderten her zu seinem nothwendigen Unterhalt von besagtem Cameralhof den Zehnden zu genießen hat; übrigens ist mir von Lasten außer landesherrlichen Verordnungen nichts bewußt.

ad B. ist mir von unbestimmten Beyträgen nichts wißig.

ad C. bei existirenden Clostergeistligen wurde die nöthige in den hohen Festägen zu leistende Hülfe in Ansehung ihrer Terminen ohnentgeltlich verrichtet. Weilen aber durch die Suppression der Klöster sothane hülf mit beträchlichen Kösten zu suchen ist, so lasse der landesherrlichen Milde demüthigst empfohlen, dazu einen hinlänglichen Fond anzuweisen. Gladbach, den 21. Jenner 1807

J. Wilhelm Siegen, Pastor daselbsten."

„Mich beziehend auf beigehenden bereits abgegebenen ersteren Berricht habe ferners zu antworten, daß von dem Cameralhof hieselbst keine bestimmte Abgaben z. B. in Geld, Frucht, Holz, Oehl, Wachs zur Kirchen, Schull und Armen existiren folgends kan nichts specifié davon angegeben werden, viel weniger ist von unbestimmten Abgaben hier etwas zu melden.

In Betreff der Unterhaltung der Kirche ist Zeit meines Hierseyn von Zehentwegen nichts beigetragen worden, was aber im Fall einer notwendigen Reparatur müße beigetragen werden, hangt ab von landesherrlicher Verordnung.

Gladbach, den 18. Februar 1807.
J. Wilh. Siegen, Pastor daselbst."

Für die Zeit vom 22. Februar 1824 bis 22. Februar 1827 wurde der Zehnten gegen eine jährliche Pachtabgabe von 30 Thaler (10 in Gold, 20 in Silber) an Urban Odenthal verpachtet, namens und im Auftrage der Gemeinde Gladbach und Gronau. In dem Vertrag wird der Feldzehnte auch Garbenzehnte genannt. Für das nachfolgende Jahr wurde die Pacht auf 35 Taler erhöht, worauf Odenthal anscheinend verzichtete. Dann pachtete Bürgermeister Kolter selbst von Petri Stuhlfeier 1828 bis 1837 den Zehnten gegen eine Abgabe von 25 Taler jährlich. Kolter erhob den Zehnten nicht mehr in natura, sondern in Form einer ratierlichen Geldquote, die aber sehr schlecht einging, weil er selbst seiner Verpflichtung zur Stellung des Zielviehs nicht nachkam.

6) Die Ablösung des „Domanialzehnten" 1838—1878

Durch eine Kabinettsordre vom 2. Juni 1838 war die Ablösung der noch bestehenden Domanialzehnten unter sehr erleichterten Bedingungen wieder gestattet worden. Deshalb beabsichtigte die Regierung in Köln auch im Renteibezirk Mülheim am Rhein nähere Unterhandlungen mit den Pflichtigen der bis dahin nicht umgewandelten Zehnten aufzunehmen. Die hierfür erforderlichen Berechnungen und die Vollmachten für die Zehntdeputierten waren größtenteils schon früher beschafft worden. Sie fehlten jedoch noch für den Gladbacher Fronhofszehnten. Deshalb wurde Bürgermeister Johann Anton Kolter durch eine landrätliche Verfügung vom 30. Juli 1838 angewiesen, in kürzester Frist diese Vertreter wählen und nach den schon am 30. Juni mitgeteilten Vorschriften bevollmächtigen zu lassen. Sie mußten von der Majorität erkoren sein, den Meistbegüterten angehören und eine einwandfreie schriftliche Vollmacht vorweisen können.

Als Kolter für den 12. September zu der Wahl eingeladen hatte, blieben außer allen auswärtigen auch viele Gladbacher Zehntpflichtige aus, so daß die Mehrheit nicht anwesend und die Versammlung nicht beschlußfähig war. Deshalb berichtete er am 13. September an Landrat Schnabel, er wolle demnächst einen neuen Termin anberaumen und die Säumigen mit einer besonderen Strafe bedrohen. Da machte die Regierung den übereifrigen Bürgermeister am 25. September darauf aufmerksam, hierfür fehle es an einer gesetzlichen Grundlage. Jedoch solle er die Zehntpflichtigen davon in Kenntnis setzen, daß für sie die jetzt bewilligten äußerst günstigen Ablösungsbedingungen nur bis zum Jahresende in Kraft blieben.

Die Regierung drängte deshalb nochmals auf schleunige Wahl der Deputierten. Es genügten ihrer zwei, dazu noch zwei Stellvertreter. Sie brauchten nicht einmal selbst zu den Zehntpflichtigen zu gehören. Frauen dagegen konnten weder wählen noch gewählt werden. Sie mußten gesetzliche Vertreter stellen. Die besonderen Vorschriften für die Ausstellung einer Vollmacht für die Gewählten wurden nochmals eingeschärft, vor allem, daß diese selbst die Annahme schriftlich zu erklären hatten.

Entsprechend der Regierungsverfügung berief Bürgermeister Kolter eine neue Versammlung aller Besitzer jener Grundgüter, die zu dem Domanialzehnten des Gladbacher Fronhofs pflichtig waren, für den 23. Oktober in die Wohnung des Gemeindescheffen und Wirtes Urban Odenthal im Gronauer Hofe ein. Nunmehr erschien in der Tat die Majorität. Es waren:

Pastor Johann Krein — Johann Peter Löhe — Franz Peter Siegen — Jakob Kierdorf — F. Peter Guther — Franz Wilhelm de Caluwé — Konrad Hölzer — Peter Vierkotten — Peter Hölzer — Peter Ueberberg für Cilia Ueberberg — Josef Grümmer — Heinrich Höller — Theodor Berger — Peter Will — Wilhelm Franzen — Johann Winkelhaus — Johann Langel — für seinen Schwiegervater Peter Karhoff Johann Peter Grah — Stephanus Röhrig — Peter Theodor Selbach — Johann Wilhelm Fuchs — Jakob Gieraths — Gerhard Röhrig — Theodor Gronenborn — Johann Wilhelm Paas — Witwe Gerhard Jakob Fues — Franz Wilhelm Unterbusch — Heinrich Dietzer — Max Freiherr von Geyr zu Rath — Witwe Johann Wilhelm Zanders — Johann Dahl — Johann Kierdorf — Geratus Will — Heinrich Wackerzapp — Wilhelm Lück — Johann Peter Kirspel — Anton Kierspel — Theodor Bönner — Johann Bois — Jakob Bützler — Anton Peter Kierspel.

Sie wählten nach vorheriger Beratung die Gemeindescheffen Urban Odenthal und Karl August Koch, Papierfabrikant zu Kieppemühle, zu ihren Deputierten. Der Bürgermeister stellte den Gewählten sofort eine vorschriftsmäßige Vollmacht aus, die von allen Pflichtigen unterschrieben wurde. Auf seinen Bericht an die Regierung beraumte diese, vertreten durch Assessor Mathieu, einen Termin für den 5. November im Gasthause Paas zu Gladbach an, an dem neben den Deputierten der Bürgermeister persönlich teilnahm. Es wurde ein Abkommen erzielt, das Ablösekapital von Martini des Jahres ab zu verzinsen und das bisherige Pachtverhältnis von da ab aufhören zu lassen. Das Abkommen lautete im einzelnen:

Das Reiffer Gut

1. An Stelle der Entrichtung des Gladbacher Domanialzehntens, bestehend in
a) der Naturalzehntabgabe,
b) einer festen Abgabe von einem Malter zwölf Viertel Roggen,
c) fünf Malter fünf Viertel Hafer,
d) zwei Reichstaler acht Stüber Gemeindegeld, und
e) einer Maaß Branntwein jährlich,
übernehmen die Pflichtigen fortan die Zahlung einer fixen Jahresrente von 85 Talern.
2. Diese Rente soll binnen einer Zeitfrist von fünf Jahren durch eine 15 resp. 20 malige Kapital-Umlage abgelöst werden. Das erste Fünftel des Ablöse-Kapitals ist zu Martini künftigen Jahres, das zweite Fünftel im Jahre später und so fort fällig.
3. Die jedesmaligen Rückstände des Ablöse-Kapitels werden mit 5%/o jährlichs verzinset, die Zinsen laufen von Martini dieses Jahres an, wohingegen von da ab das bisherige Pachtverhältnis hinsichtlich dieses Zehnten aufhört.
4. Über die Bereitwilligkeit zur Ablösung werden die speziellen Erklärungen der einzelnen Pflichtigen in die demnächst anzufertigende Ablöse-Rolle aufgenommen. Diejenigen, welche sich nicht zur Ablösung bereit erklären sollten, bleiben selbstredend zur Entrichtung der auf sie fallenden Rentbeträge verbunden, welche alsdann mit Martini künftigen Jahres beginnt.

5. Außer der erwähnten Rente übernehmen die Pflichtigen zugleich die dem Fiskus bisher obgelegene Last der Gestellung des nötigen Zielviehes. Dagegen verbleiben dem Königlichen Fiskus nach wie vor die demselben obliegenden kirchenbaulichen Verpflichtungen.

6. Die Reluenten haben wegen des gegenwärtigen Umwandlungs- und Ablösungsgeschäfts durchaus keine Kosten zu tragen, welche fiskalischer Seits entstanden sind oder noch entstehen möchten. So geschehem wie oben. Vorgelesen, genehmigt und unterschrieben.

     Carl August Fues, Urb. Odenthal, Kolter, Bürgermeister, Mathieu.

Da jedoch die ministerielle Genehmigung des Abkommens so schnell nicht erfolgen konnte und zunächst noch eine Zehnt-Umwandlungs- und Ablösungsrolle angefertigt werden mußte, schlug die Regierung am 22. Dezember vor, das bisherige Verhältnis für 1838 noch beizubehalten. In der Tat wurde der Vereinbarung die höhere Genehmigung versagt. Deshalb trat der Regierungskommissar Assessor Mathieu am 13. Mai 1839 bei Paas zu neuen Verhandlungen mit den Deputierten zusammen, und offenbar auf Grund der hier erhaltenen Aufklärung über gewisse zweifelhafte Punkte wurde dann das Abkommen vom 5. November 1838 am 4. Juli 1839 doch genehmigt.

Nun aber fühlte sich der bisherige Zehntpächter Bürgermeister Kolter finanziell benachteiligt. Er versuchte, jene vertragliche Bestimmung, wonach das Pachtverhältnis ab Martini 1838 erloschen war, zu umgehen und hob den Zehnten weiter, weil er sich dabei besser stand. Er bezog sich vor allem darauf, daß er durch die Haltung des Zielviehs — Stier und Eber — für die Zehntpflichtigen erhebliche Aufwendungen habe. In Wirklichkeit hatte er diese Tiere im Jahre 1839 nicht mehr gestellt, da die Gemeinde durch die Deputierten ab Martini 1838 darauf verzichtet hatte. — Diese Gladbacher Vorgänge kamen zur Kenntnis der Regierung, und sie forderte den Bürgermeister zu einer Erklärung auf. Er gab sie am 20. September 1839 ab, wobei sich die Zehntdeputierten Koch und Odenthal auf seine Seite stellten. Das wurde in einer Verfügung der Regierung vom 27. September scharf gerügt. In einer ganz unzulässigen Weise sei das Verhältnis, in dem Kolter als Zehntpächter zum Domänenfiskus stehe, mit dem Verhältnis der Zehntdeputierten als Kontrahenten über die Zehntumwandlung vermengt worden. Letztere hätten mit dem Pachtverhältnis Kolters gar nichts zu tun, und es müsse geradezu auffallen, daß sie sich auf Grund des Nachteils, den dieser angeblich erleide, der Vollziehung der von ihnen doch selbst für die Zehntgemeinde eingegangenen vertraglichen Bedingung widersetzten. Es müsse bei der Aufhebung des Pachtverhältnisses bleiben. Diese kalte Abreibung auf preußische Art, die am 3. Oktober durch den Domänenrat Hallinger in Mülheim nach Gladbach übermittelt wurde, mag an der Strunde wohl zu einem gelinden Schnupfen geführt haben.

Dieser Schnupfen hielt offensichtlich den ganzen Winter an; denn eine mehrmalige Aufforderung der Regierung, die Umarbeitung der Zehntrolle, in der mehrere zehntpflichtige Grundstücke nicht bezeichnet waren, vorzunehmen und dann diese Rolle einzusenden, blieb bis Ende März 1840 unerledigt. Erst eine energische Mahnung durch Regierung, Domänenrat und Landrat führte dazu, daß die beiden Deputierten am 3. April „behufs Aufstellung der Umwandlungsrolle eine definitive Erklärung über das Konkurrenz-Verhältnis derjenigen Zehntpflichtigen, welche Geld- oder Sackzehnten zu entrichten haben, zu jenen, welche den Garben-Zehnten geben mußten", abgaben. Sie glaubten, daß dieses Verhältnis nach Recht und Billigkeit folgendermaßen bestimmt werden müsse:

„Da es keinem Zweifel unterworfen sein kann, daß der gedachte Zehnt ursprünglich ein Garbenzehnte gewesen und bei der Umwandlung einiger zehntbarer Ackerländerei zu Wiesen mit den Besitzern ein Abkommen auf eine bestimmte jährliche Abgabe in Hafer, und mit anderen Besitzern von Ländereien, von welchen die Erhebung des Garbenzehnten wegen weiter Entfernung von Gladbach beschwerlich gewesen, ein ähnliches Abkommen auf ein bestimmtes jährliches Frucht- oder Geld-Quantum vor undenklicher Zeit getroffen worden ist, ohne daß sich dermal bei den letzteren nachweisen läßt, von welchen Ackerparzellen der Zehnte zu geben war, — die alte Zehntrolle aber nachweist, daß nicht auf allen, sondern häufig nur auf wenigen Ackergrundstücken der einzelnen Güter der Zehntherr zur Erhebung des Garbenzehntens berechtigt ist, so wird zur Ermittlung dieses Konkurrenz-Verhältnisses folgendermaßen zu operieren sein:

In dem Umwandlungs- resp. Ablösungsvertrag zwischen der Königlichen Regierung und den unterzeichneten Deputierten ist die Stellung des Zielviehs zu 80 Taler jährlichs berechnet und mit Verzichtleistung auf dasselbe die jährliche Abgabe aller Zehntpflichtigen auf 85 Taler vereinbart worden, welches den Betrag der jährlichen Zehntabgabe von 165 Taler gegen Stellung des Zielviehs voraussetzte. Demnach wären die jährlich zu entrichtenden Sackzehnten in allem 1 Malter 3 Sümmer Korn (Roggen) und 5 Malter 1 Sümmer und 1 Viertel Hafer betragend, nach dem zehnjährigen Durchschnittspreise der Früchte den bestehenden gesetzlichen Bestimmungen gemäß zu berechnen, diesem Betrage die jährlichen Geldzehnt-Abgaben nebst 18 Stüber für 1 Maß Brandwein zuzusetzen und dieser Gesamtbetrag in Preußisch Courent reduziert, von den übrigen 185 Talern abzuziehen. Die nach diesem Abzuge übrigbleibende Summe würde die Basis zur Berechnung der Beiträge der Garbenzehntpflichtigen, und die kleinere in Abzug gebrachte Summe die Basis zur Berechnung der Beiträge der Sack- und Geldzehntpflichtigen bilden, und das Verhältnis dieser Summen zu der jährlichen Abgabe von 85 Talern nach der Regeldetri zu ermitteln sein.

Die jährliche Abgabe jedes garbenzehntpflichtigen Grundbesitzers wäre sodann von dem Reinertrage des zehntpflichtigen Grundstückes im Verhältnisse zu dem gesamten Reinertrage aller mit dem Garbenzehnt belasteten Ackerparzellen zu berechnen.

Die jährliche Abgabe der mit Sack- oder Geldzehnten belasteten Wiesen oder ganzen Güter hingegen wäre zu berechnen nach dem Durchschnittspreis der von denselben jährlich abzuliefernden Früchte und nach dem Geldquantum im Verhältnisse zu dem Gesamtbetrag der Früchte und Geldleistungen aller damit belasteten Güter und Grundstücke.

Wo aber die auf solche Art belasteten Wiesen und Grundgüter in jüngerer Zeit unter mehrere Besitzer gekommen sind, werden die verschiedenen Teilhaber einer zu einem gewissen jährlichen Frucht- oder Geldquantum verpflichteten Wiese oder der zu einem gewissen Gute gehörigen Ackerländerei nach ihren Anteilen im Verhältnisse des Reinertrages untereinander konkurrieren, weil bei der Ungewißheit, welche Ackerparzellen besagter Güter ursprünglich zehntpflichtig gewesen, die Verteilung nur auf sämtliche Ackerländereien eines solchen Gutes rechtlicher Weise gemacht werden kann."

Der Bürgermeister reichte diese Berechnungsvorschläge am folgenden Tage weiter, worauf der Domänenrat Hallinger die Umwandlungsrolle aufstellte und für den 1. Juni 1840 morgens acht Uhr sämtliche Zehntpflichtigen in den Gronauer Hof laden ließ, damit sie dort ihre Bedingungen wegen der Ablöse abgeben konnten. Er drängte beim Bürgermeister darauf, daß zur Vereinfachung der Schreibereien niemand ausbleiben sollte.

Nach der Umwandlungs- und Ablösungsrolle schuldeten auch die Gladbacher Pastoralgüter an Rente 6 Taler 6 Silbergroschen jährlich oder an Ablösekapital 108 Taler 25 Silbergroschen 5 Pfenning, ebenso das dem Pastorat, der Kirche und den Armen gemeinschaftlich gehörige Gut an Rente 1 Taler 16 Sgr. 7 Pfg oder an Ablösekapital 23 Taler 8 Sgr. 9 Pfg. — Am 7. Juni 1840 beriet der Kirchenvorstand, dem neben dem Pfarrer Johann Krein und dem Kirchenratspräsidenten Franz Peter Siegen noch Urban Odenthal, Jakob Bützler, Gerhard Kolter und Peter Will angehörten, darüber. Man glaubte das Ablösekapital am besten durch den Verkauf der auf den Pastoratgütern stehenden entbehrlichen Eichen und Weiden und von Buchenstockholz erschwingen zu können und suchte hierfür die Genehmigung der höheren Behörden zu erreichen.

Es ergaben sich auch Ungenauigkeiten in den Ablöse-Berechnungen, da die alte Rolle mit ihren Angaben nicht überall zutraf. So meldete sich die Witwe Büchel zu Duckterath, sie besitze nicht 30, sondern nur 27 Morgen. Kolter sollte die Sache in Ordnung bringen.

Am 27. August 1840 hatten sich 20 Pflichtige noch nicht zur Ablösung gemeldet; am 10. September übersandte die Regierung dem Bürgermeister zu Gladbach ein Verzeichnis jener Zehntpflichtigen, die sich noch nicht zur Ablösung willig erklärt hatten, um deren Einverständnis unterschriftlich nachzuholen. Gegen alle, die sich ferner noch weigern sollten, wollte die Regierung „im Wege rechtens" verfahren. Kolter entsprach der Verfügung und berichtete, nur der älteste Sohn des hier verlebten Peter Kerp, der in der Wallstraße zu Mülheim als Bierwirt wohne, habe auch im Namen seines in Köln lebenden Bruders und seiner Schwester trotz zweimaliger Vorladung die Unterschrift noch nicht gegeben. — Es kam noch zu besonders langen Unterhandlungen mit der Witwe Heinrich Büchel zu Duckterath wegen der Größe der zehntpflichtigen Grundstücke und mit der Witwe Peter Wißdorf zu Schlöm. Bezüglich der letztgenannten Familie berichtete der Domänenrat Hallinger am 8. März 1840: „Übrigens sind diese Leute rohe und grobe Menschen, mit denen nichts zu vereinbaren ist, daher wird von allem gütlichen Versuche Abstand zu nehmen und der Rechtsweg zu verfolgen sein." Mit dem 8. November 1842 zahlte die Witwe Wißdorf dann die rückständige Zehntrente und erklärte sich zur Ablöse bereit. Sie hatte den Prozeß beim Landgericht verloren und mußte nun auch noch die Kosten tragen. — Ebenso wurde die Witwe Büchel mit ihrem Einspruch zurückgewiesen.

Der Kirchenvorstand zu Gladbach erklärte sich zur Ablösung erst dann bereit, nachdem die Bauverpflichtung des Fiskus vertraglich sichergestellt war. Zu den Erklärungen des Gladbacher Kirchenvorstandes verlangte die Regierung noch die Einwilligung der geistlichen Behörde und die Meldung über die Berichtigung zu Duckterath. Als diese vom Bürgermeister nicht schnell genug beigebracht wurde, erhielt er am 26. Januar 1841 eine geharnischte Mahnung aus Köln, die „erwähnte Requisition binnen acht Tagen unfehlbar zu erledigen". So bekam die Regierung denn wenigstens am 5. Februar das Vermessungsergebnis des Geometers Fehl über das Gut zu Duckterath.

Noch manche andere Schwierigkeit galt es zu überbrücken. Zu Lasten von Widdig und Rodenbach in Dombach lagen bei Irlenfeld vier zehntpflichtige Grundstücke von rund zehn Morgen, deren Rente von 3 Rtlr 22 Sgr. 8 Pfg bis zum 16. Februar noch nicht abgelöst war. Der Domänenrat Hallinger hatte erfahren, daß diese Grundstücke an die Witwe Peter Wißdorf in Schlöm übergegangen waren und einen Zwangsbefehl gegen sie erlassen, gegen den sie Einspruch erhob. Die Regierung verlangte vom Bürgermeister innerhalb acht Tagen Auskunft, welche Verträge darüber vorlägen und auf welche Weise die Übertragung erfolgt sei. Die Regelung zog sich monatelang hin.

Das Erzbischöfliche Generalvikariat wollte die kirchlichen Zehntrenten nur gegen eine besondere Sicherheitsleistung ablösen. Deshalb entschloß sich die Regierung, diese Renten nicht ablösen zu lassen und forderte ihrerseits einen notariellen Titel zur Sicherheit der Zehntrenten, andernfalls werde sie die Sache durch das Landgericht klären lassen. Als bis zum 2. November keine Erklärung des Kirchenvorstandes erfolgte, stellte die Regierung eine letzte Frist von acht Tagen. Die Akten berichten den Ausgang nicht, es scheint jedoch zur Ablösung gekommen zu sein.

7) Der Gladbacher Pastoratszehnte zu Lasten des Fronhofs und Dünnhofs

Nun waren zwar die Zehnten, die der Fronhof erheben durfte, einer neuen Zeit gewichen und abgelöst worden, aber jene Zehnten, die von den Fronhofsländereien an die Gladbacher Pastorat zu leisten waren, bestanden weiter. Zu ihrer Ablösung kam es erst einige Jahrzehnte später, als nach dem Gesetz vom 19. März 1860 eine Revision der Ablösungs-Normalpreise bewirkt werden sollte. Hierfür mußte auf Anordnung der Generalkommission in Münster in jeder Bürgermeisterei eine Kommission ernannt werden. Deshalb forderte Landrat Nesselroor in Mülheim am 13. August 1864 den Bürgermeister Clostermann in Bergisch Gladbach auf, ein Verzeichnis der zu Reallasten berechtigten und der dazu verpflichteten Einwohner aufzustellen und geeignete Männer für die Kommission anzugeben.

Clostermann berichtete am 26. August, daß die in der Bürgermeisterei noch vorhandenen Reallasten Abgaben seien, die teils in natura, teils in Geld an die Kirche und Pastorat geliefert werden müßten. Es handele sich um die Kirchen in Gladbach und in Sand.

In der Pfarrgemeinde Gladbach lastete auf den Grundstücken des ehemaligen Fronhofs und des Dünnhofs in Gronau zu Gunsten der Pastorat ein Zehnte, der in früheren Jahren in natura auf den Feldern gehoben, in den letzten Jahren aber auf Grund einer Vereinbarung in der Weise in Geld umgewandelt worden wäre, daß vom Morgen 15 Silbergroschen gezahlt würden. Zu dieser Abgabe wären nachstehende Grundbesitzer verpflichtet:

Die Erben von Engelbert Arnsberg zu Gronauerfeld, C. Josef Berger dortselbst, Theodor Berger zu Buchmühle, Johann Adam Brückmann zu Schlöm, Heinrich Bützler zu Driesch, Johann Dohm zu Hebborn, Wilhelm Brochhausen zu Sechzehnmorgen, Wilhelm Dominicus zu Gronauerfeld, Witwe Kierdorf am Bock, Barbara Siegen in Gronau, Wilhelm Kierspel zu Schlöm, Konrad Hölzer zu Dünnhof, Witwe Gerhard Kierspel zu Gronauerfeld, Johann Krein zu Steingasse, Otto Renner zu Driesch, Jakob Kohlgrüber zu Wathsack, Urban Servos zu Gronauerfeld, Jakob Steinkrüger zu Strundorf, Heinrich Berger zu Dünnhof, Wilhelm Grammann zu Gronauerfeld, Johann Wilhelm Paas in Gladbach, die Geschwister Pfeiffer in Gladbach, Matthias Nassenstein zu Gronauerfeld (Jakob

Herweg in Gronauerfeld ist gestrichen), Witwe Bertram Wermelskirchen dortselbst, Jakob Widdig zu Gronau.

Als Mitglieder der vorgesehenen Revisionskommission schlug der Bürgermeister vor: Johann Krein zu Steingaß, Jakob Kohlgrüber zu Wathsack, Heinrich Linden zu Schlodderdich, Theodor Berger zu Buchmühle.

Auch auf dem Dienstgrundstück des Königlichen Waldwärters Rasch in Gierath von etwas über vier Morgen lastete ein Zehntrecht des katholischen Pfarrers von Gladbach, das sich nach Auskunft des Oberförsters auf alle Früchte erstreckte. Diese Naturalabgabe war schon seit einer Reihe von Jahren in eine Geldrente von 15 Silbergroschen je Morgen umgewandelt worden. Am 11. April 1861 forderte die Regierung den Bürgermeister Clostermann zu näheren Angaben darüber auf. Er wandte sich an den ortskundigen Kirchenratspräsidenten Johann Jakob Odenthal, der folgende Auskunft erteilte:

Das Zehntrecht der Pastorat lastet auf Grundstücken des Fronhofs und Dünnhofs mit allen Früchten, wohingegen die Pastorat zum Bau und zur Unterhaltung des Chors der Kirche verpflichtet ist. Der Fiskus seinerseits hatte als früherer Eigentümer des Fronhofs ein Zehntrecht auf Ländereien der Pfarre, das ihn wiederum mit der Verpflichtung zum Bau und zur Unterhaltung des Kirchenschiffs verpflichtete. Deshalb hat er auch zu den Kosten des Neubaues beigetragen. Das Zehntrecht des Fronhofs, später des Fiskus wurde abgelöst.

Nun war beim Verkauf des Fronhofs im Jahre 1821 jenes Ackerland in Gierath ausgeschlossen worden, das zum Dienstgrundstück des Königlichen Försters bestimmt wurde. Einige Zeit nach dem Verkauf des Fronhofs hatte Pfarrer Krein mit den ihm gegenüber Zehntpflichtigen statt der Naturalien einen jährlichen Geldbetrag vereinbart. Es waren anfangs 23 Silbergroschen je Morgen, zuletzt nach einer schriftlichen Verhandlung vom 22. Juni 1851 dagegen 15 Silbergroschen. Diese wurden auch 1860 noch erhoben. Eine Ablösung des Zehnten oder eine Umwandlung in eine feststehende Rente hatte zu dieser Zeit noch nicht stattgefunden. Der Bürgermeister hielt sie für erstrebenswert.

Aus dem Lagerbuche der Pfarre St. Laurentius vom Jahre 1595 geht hervor, daß ihr Zehnte aus dem Fronhof unabhängig neben dem „Zehenden aus dem Hove zu Dün", dem Dünnhofe in der Honschaft Gronau, stand. Auch dieser einst sehr große Hof war schon in der ersten Hälfte des 19. Jahrhunderts zersplissen, und ein Teil seiner Grundstücke gehörte damals dem Stellmacher Jakob Berger in Dünnhof. Er lieferte treu und bieder „zufolge alten Kirchen- und Pastoral-Lagerbuches vom 8. März 1595 und unvordenklicher Besitznahme" den Zehnten „jedes Jahr bei allen Ernten" ab, nach der Umwandlung auch den Geldbetrag. Zur größeren Sicherheit ihres Rechtes ließ die Katholische Pastorat auf dem Königlichen Hypothekenamte Mülheim am 14. September 1860 „jedoch ohne Präjudiz und vorbehaltlich näherer Feststellung" eine Hypotheken-Eintragung im Kapitalwerte von 40 Talern bewirken und am 12. September 1870 erneuern. Auf ein Gesuch hin genehmigte der Kirchenvorstand am 9. Juli 1876, daß Berger den Zehnten nach dem Ablöse-Rezeß vom 30. September 1873 mit einer Summe von 81,32 Mark ablöste.

Es dauerte im übrigen noch recht lange, bis sich der Wunsch Clostermanns vom Jahre 1861 nach allgemeiner Ablösung des Pfarrzehntens auf die Fronhofsgrundstücke erfüllte.

In einem Termin vom 28. Oktober 1871 wurde zwischen der Pfarre und den Deputierten der Zehntpflichtigen vereinbart, den Jahreswert des Zehntens auf 15 Silbergroschen je Morgen festzusetzen und die Ablösung durch Zahlung des 22½ fachen Betrages vorzunehmen. Wessen Betrag dabei unter 4 Talern blieb, mußte am 11. November 1871 ganz zahlen, die höheren Beträge konnten bis zum Jahre 1874 in vier gleichen Jahresraten erlegt werden. Die Ausübung des Zehntrechtes sollte am 11. November 1871 aufhören; die Ablösekapitalien waren von da ab bis zur völligen Abzahlung mit 5 Prozent zu verzinsen. Diese Regelung wurde allgemein als sachgemäß anerkannt.

Trotzdem blieben Ablösungspflichtige mit den Zahlungen im Rückstand. Deshalb ordnete der Ökonomie-Kommissar Dr. Schorer, der inzwischen seinen Sitz von Münster nach Hagen i. W. verlegt hatte, für den 30. September 1873 einen Termin im Gasthause Claudius Kolter in Bergisch Gladbach an, wohin alle Säumigen geladen wurden. Im Falle des Nichterscheinens wurde das Einverständnis mit den vorgesehenen Maßnahmen angenommen. — Die letzten uralten Zehnten wichen der neuen Zeit [129]).

8) Die Brücker Gemark und der Schluchter Wald

Wie die Lehnsverbände in Paffrath und Hebborn hatte auch der beim Fronhof in Gladbach seine Gemarken, in denen die Lehnsleute ihre allgemeinen und besonderen Gerechtsame nutzen konnten. Während nun die beiden erstgenannten ihre Gemeinwaldungen ausschließlich für sich allein besaßen, mußten die beiden Honschaften Gladbach und Gronau die Gerechtsame in der sehr umfangreichen Brücker Gemark, die nach dem Ort Langenbrück, später einfach Brück, im Kirchspiel Merheim benannt war, und auch in den bedeutend kleineren Schluchter Wald mit etlichen Nachbargemeinden teilen.

Nach Bendel [130]) war die Brücker Gemark ursprünglich ein Teil des Königsforstes und wurde vom Brücker Hofe aus verwaltet. Aus königlichem Besitz kam sie später in die Hände des jeweiligen Landesherren von Berg, des ortsansässigen Adels und der Kirche. Sie waren die eigentlichen Grundherren, während den Eingesessenen nur ein Nutzungsrecht zustand. So blieb auch der Landesherr stets Waldgraf der Gemark, und für ihn führte der Amtmann von Porz den Vorsitz beim Waldgericht im Brückerhof, wo die Scheffen unter dem Waldschultheißen tagten und die Brüchten für Waldfrevler verhängten. Nach Bendel sollen noch zwei Waldgerichtsprotokolle aus den Jahren 1534 und 1661 erhalten sein.

In der Erkundigung vom Jahre 1555 heißt es: „Item uf dem Bruggerbusch ist mein gn(ediger) her Marggraf, ist aber verpand (verpfändet) dem Erbschencken Quaiden (Junker Quadt zu Buschfeld, dem Iddelsfeld gehörte). Thut XI gewelde. Item Milenforst hat uf diesem busch IIII gewelde. Item hat auch meins gn. hern hof, der Merckerhof gnant, uf diesem busch ein rat oder vierdel van einer gewald" [131]). Demnach hatte damals der bergische Landesherr insgesamt 15¼ Gewalten an der Brücker Gemark in eigener

---

[129]) Quellen: StA Düsseldorf Regierung Köln Nr 4215 und 4216 — Stadtarchiv Bergisch Gladbach C 189.
[130]) Heimatbuch S. 429.
[131]) *Lacomblet,* Archiv III S. 292.

Hand. Um die Mitte des 17. Jahrhunderts gehörten zum Hause Iddelsfeld 22³/₄ „Gewälts" auf dem Brücker Gemarkenbusch [131a]).

Wilhelm Engels verzeichnet in seiner zusammenfassenden Arbeit über „Die bergischen Gemarken" [132]) nur sehr wenige, zum Teil unzutreffende Angaben über die Gemarken im Gebiet der Strunde und des Königsforstes. Für den „Brückerbusch" beschränkt er sich im wesentlichen auf das oben angeführte Ergebnis der Erkundigung, bezeichnet aber die Gesamtzahl der Gewalten irrig mit 11.

Umfassendere Nachrichten über die Brücker Gemark fließen aus den Verwaltungsakten zur Zeit der französischen Fremdherrschaft. Damals umfaßte sie insgesamt 2105 Morgen, wovon 55 Morgen auf landesherrliche Teiche — vornehmlich die ehedem der Benediktiner-Abtei gehörigen Deutzer Weiher — entfielen. Außerdem waren bis dahin rund 450 Morgen als Rottländerei unter den Pflug genommen worden.

Die verbliebenen 1600 Morgen dagegen bestanden zum weitaus größten Teile aus Waldungen mit eingestreuten Heide- und Grasflächen. Nach ihrer natürlichen Lage unterschied man zwei Hauptteile der Brücker Gemark, nämlich die sogenannte Refrather und Brücker Seite. Zur ersteren lagen die Gemeinden Gladbach, Gronau, Strunden und Refrath am nächsten zugewandt, zur letzteren die Gemeinde Brück, die zur Gemeinde Gronau zählenden Hofschaften bei Fürvels und die Häuser bei Lustheide.

Alle diese angrenzenden Gemeinden besaßen für ihre Feuerstellen seit unvordenklichen Zeiten bestimmte Gerechtsame an und in der Brücker Gemark. Es handelte sich um das Recht zum Weid- und Schweidgang, also das Eintreiben des Rindviehs zur Buschweide und der Schweine zur Eckernmast, dann um das Recht zum Sammeln von Streu für das Vieh im Stall, nämlich Laub, Heide, Farnkraut und Ginstern — vornehmlich „Strauscharren" — und schließlich um das Recht zur „Stock- und Sprocksammlung".

Es war auch in altbergischer Zeit sehr oft zu Waldfreveln gekommen, die Behörden hatten scharfe Vorschriften erlassen und mitunter schwere Strafen verhängt, aber die Rechte selbst waren nie ernstlich angetastet worden. Das geschah erst zur Zeit der französischen Fremdherrschaft, als nach dem Jahre 1806 ein schärferer Zug in die Landesverwaltung kam.

Durch eine Verordnung des Staatlichen Forstamtes vom 1. Dezember 1808 waren die alten Gerechtsame der an der Brücker Gemark berechtigten Gemeinden wesentlich eingeschränkt worden. Darob entstand große Unzufriedenheit, und die Leute wählten zur Vertretung ihrer Interessen vier Bevollmächtigte. Es waren der Ackersmann Peter Will (60 Jahre alt, katholisch, in Bensberg gebürtig, wohnhaft in Refrath), der Ackersmann Wilhelm Schmitz (45 Jahre alt, katholisch, in Bensberg gebürtig, wohnhaft in Gronau), der Ackersmann Friedrich Vierkotten (62 Jahre alt, lutherisch, gebürtig und wohnhaft in Forsbach) und der Leineweber Jakob Dumont (50 Jahre alt, katholisch, gebürtig und wohnhaft in Bensberg). Sie gingen zum Maire Hofrath Fauth in Gladbach, zu dem sie offenbar großes Vertrauen hatten, und legten ihm ihre Sorgen dar. Auf das inständige Bitten, Anhalten und Drängen entschloß sich dieser menschenfreundliche Beamte, den notleidenden Leuten eine Bittschrift an den Minister des Innern in Düsseldorf aufzu-

---

[131a]) V. d. Leyensch. A. Waal, 3127.
[132]) ZBGV 70 S. 119 ff.

setzen. Darin wandten sie sich gegen die zunehmende Strenge des Forstamtes und verlangten die Wiedereinsetzung in die alten Gerechtsame der Waldweide, der Stock- und Sprocksammlung und der Streusammlung. Sie schrieben u. a.:

„... der Drang ist zu groß, als daß wir unterlassen könnten, um Beschleunigung dieser Hilfe zu rufen, denn wir gehen zugrunde, wenn nicht geholfen wird. Es ist die höchste Zeit, Streu zu sammeln, indem für die ganze Sommerszeit Vorrat zum Dünger im Frühjahr beigeholt werden muß. Das Vieh, ein Hauptbestandteil unserer Wirtschaft, muß aufhören zu sein, wenn länger noch die Forstbediente die Viehweide nach Gutdünken sperren. Man gibt uns zwar hier und da einen Distrikt ein, aber dieses ist nur ein leerer Schein von Achtung, welchen man unserem Recht nicht entsagen darf.

Holz zum Brand gehört ebenso zu unserem notwendigen Bedürfnis, und für dieses genossen wir das Stock- und Sprocksammeln. Aber auch dieses Recht nehmen uns die Forstbediente. Das zu Stock und Sprock gehörende Brandholz wird verkauft; sogar sind Beispiele, daß auch Streu und Grasung, welche uns zukommen, verkauft werden, und für das Vieh ... soll dem Vernehmen nach ein unerhörter Weidelohn bezahlt werden."

Dann betont die Bittschrift, daß die Gemeinden das Recht am Königsforst, an der Brücker Gemark und am Schluchter Walde seit Jahrhunderten besitzen.

„Dieses Recht ist die Bedingung der ganzen Existenz dieser Gemeinden. 700 Familien, **2000 Stück Vieh, 5000 Morgen Ackerland!** Diese beträchtliche Besiedlung ist es, welche in Streit ist, um Vernichtung oder Erhaltung mit dem Holzwuchs ... Es ist hier die Frage, ob die Gegend unserer Wohnung in holzreiche Einöden und Wildbahnen umzuschaffen sei oder ob diese Gegend zum Sitz einer zahlreichen Bevölkerung, zum Betrieb eines beträchtlichen Ackerbaues und zur Erhaltung eines bedeutenden Viehstandes dienen solle. Holz ist das Interesse des Forstamtes. Bevölkerung, Ackerbau und Viehstand ist das Dasein, um dessen Erhaltung wir bitten. Menschlichkeit und Menschenwert, Staatswirtschaft und Gerechtigkeit reden für uns das Wort. Die Minister unseres Landes sind das würdige Regierungsorgan des großen Kaisers, welchem Menschenglück über alles geht ..."

Die vier Bittsteller ließen sich in Düsseldorf von einem gewissen Zellig eine Übersetzung in die französische Sprache anfertigen und reichten beide Schriftstücke mit ihren Unterschriften am 31. März 1809 der Regierung ein. Aber sie hatten sich tüchtig in die Nesseln gesetzt, denn Zellig hatte wesentlich schärfer formuliert, und so wurde der Unterpräfekt des Arrondissements Mülheim wegen einiger „ungereimter Ausdrücke" angewiesen, eine eingehende Untersuchung anzustellen und ein ausführliches Gutachten zu entwerfen.

Die Bittsteller wurden vernommen und unter schärfstem Druck gezwungen, Fauth als Verfasser der Bittschrift anzugeben. Doch stellten die Direktoren Stücker von Bensberg, Fauth von Gladbach, Düppes von Merheim und Siegen von Heumar den vieren das Zeugnis aus, sie seien „Männer von ganz untadelhaftem Betragen, die sich in jedem Fall durch Gehorsam und Folgeleistung ausgezeichnet hätten und denen man überhaupt nichts zur Last legen könnte". — Von Fauth schrieb der Unterpräfekt, nach dem allgemeinen Urteil sei „dessen moralischer Charakter so beschaffen, daß, wenn man auch nur den Gedanken haben wollte, daß dieser einer niedrigen Handlung fähig sein könnte, ihm mit diesem bloßen Gedanken schon zu wehe geschehen würde". — Fauth selbst fühlte sich darüber „sehr gekränkt, daß die von ihm aus Liebe zu seinen Untergebenen entworfene Bittschrift bei der Übersetzung auf so abscheuliche Art entstellt worden wäre". Zu seiner Entlastung schickte er eine von ihm selbst verfaßte wörtliche Übersetzung nebst einem Begleitschreiben an den Minister Beugnot in Düsseldorf ein. Doch tobte der Papierkrieg um diese Angelegenheit noch eine Weile fort, wobei es dem Hofrat zugute kam, daß auch sein sachlicher Widerpart, der Forstinspektor André, ihm persönlich ein sehr gutes Zeugnis ausstellte [133]).

Unterdessen hatten am 18. August 1809 der Forstinspektor André, der Unterinspektor Fromm und die Maires Fauth, Stücker und Düppes die Verhältnisse der Brücker Gemark unter Zuziehung der Berechtigten untersucht. Die Verhandlung war im Wirtshause der Witwe Herweg in Bensberg. Die Gerechtsame stützten sich teils auf die allgemeine Gemarkenordnung, teils auf einen „unerdenklichen" Besitzstand. Nach der Auskunft des Maires Duppes und des Munizipalrats Schlimbach, die zugleich Beerbte und Beisitzer der Gemarkenverwaltung waren, hatte nach der alten Gemarkenordnung jede Feuerstelle jährlich ein Weidehuhn abzugeben. Jedoch würden dafür jetzt 4 1/2 Stüber an die Gemarkenkasse gezahlt.

Die Vorschläge für die Neuordnung entsprachen im allgemeinen den späteren praktischen Anordnungen. Gladbach und Gronau beschwerten sich bitter, daß ihnen der Zugang zu den Waldungen versperrt worden sei, worauf die Forstinspektion einen Triftweg zu eröffnen versprach. Jedoch führte dieser zum Schluchter Wald nur durch die Brücker Gemark, die aber hier „behangen", gesperrt war. Zum Strauscharren wollte die Forstbehörde nur Laub zulassen, nur im Begünstigungsfalle seien hierunter auch Heide, Ginster und Farnkraut zu verstehen.

Der Begriff der Stock- und Sprocksammlung wurde dahin geklärt, daß hierunter das Recht zu verstehen sei

a) die zurückbleibenden Stöcke von abgehauenen Stämmen zu beziehen und zu benutzen,

b) das abgefallene dürre Reiserholz zu lesen,

c) das Reiserholz der gefällten Eichen, sofern daraus keine Spelteren mehr bereitet werden konnten, mitzunehmen. Das wollten die Forstbeamten jedoch nicht zugestehen.

Für den Schluchter Wald mit 124 Morgen wurde noch eingewandt, daß sich hier die Beschränkung auf nur ein Drittel zur Viehweide kaum durchführen lassen werde. Das würden für die drei Gemeinden Gladbach, Gronau und Refrath nur je 14 Morgen sein, und da jede von ihnen einige hundert Stück Vieh habe, sei es also fast nichts.

Am 31. August 1809 wandte sich Hofrat Fauth in einem langen Schreiben an den Präfekten des Arrondissements Mülheim, um in letzter Stunde noch einmal für die Interessen seiner Gemeinde einzutreten. Er erkennt zwar die Gründe des Forstamts zur Abschaffung der Servitute an, stellt ihnen jedoch die Lebensnotwendigkeiten des Volkes gegenüber.

„... Daß es aber in dem Falle zugleich um eine zahlreiche Bevölkerung geht, die sich in und an den Wäldern angesiedelt hat und in dem Besitz einer uralten Berechtigung ist, ihren Viehstand, ihren Ackerbau und ihre gesamte Wirtschaft durch den Genuß

---

[133]) StA Düsseldorf Regierung Köln 779.

jener Gerechtsame aus dem Walde zu unterhalten, so gebietet die Gerechtigkeit, auf Kosten des Waldes diese Gerechtsame fortbestehen zu lassen.

Nur kleine Wirtschaften — es ist nicht Mangel an Fleiß und Kultur, welcher sie in den Wald treibt, es ist Not. Der Viehstand ist für sie die Hauptstütze ihres Fortkommens. Die Kuh hilft sie ernähren und schafft ihnen das bare Geld, woraus sie Abgaben bezahlen und sich Kleidung anschaffen. Genügsam mit dicker Milch als Zubrot bringen sie die Butter zu Markt, verkaufen das junge, bis zum Rinde angewachsene Vieh. Die Kuh gibt ihnen, nachdem sie im Walde geweidet worden, Dünger auf den Stall. Nimmt man ihnen die Waldweide, so können sie die Kuh nicht halten, und ihre ganze Wirtschaft hat ein Ende."

Fauth verteidigt auch das Stock- und Sprocksammeln und besonders die Streusammlung, die der kleine Landwirt nicht entbehren könne, weil die Magerkeit des Bodens eine große Menge Dünger nötig mache. Zudem sei in neuerer Zeit viel Wald zu Acker umgewandelt und das Streusammeln dadurch beschränkt worden.

„Die Familien sind nun einmal da, und man kann sie nicht vertreiben. Die Not zwingt sie, zum Walde, zu diesem Urgeber ihrer Bedürfnisse, ihre Zuflucht zu nehmen. Wo sollen sie hin, was sollen sie tun, wenn ihnen der Wald verschlossen wird? Die Not treibt alsdann den Gutgesinnten zu Übertretungen . . ."

Auf Grund dieser Untersuchungen erging am 25. November 1809 eine Verfügung des Präfekten Grafen von Borcke in Düsseldorf über die Forstgerechtsame im Königsforst und in der Brücker Gemark [134]), woraufhin der Forstinspektor André ein Regulativ für die Waldbenutzung verfaßte. Aus seinem Schreiben vom 28. Januar 1810 geht die für die Brücker Gemark getroffene Regelung hervor, wobei für die Ausübung der Gerechtsame nur die erwähnten 1600 Morgen in Frage kamen und für alle Gemeinden „in Betreff ihrer Lage die zweckdienliche Rücksicht genommen" wurde.

Zwei Drittel der 1600 Morgen sollten von der Viehtrift fürderhin ganz frei bleiben und ausschließlich dem „Behang", dem ungestörten Wachstum des Waldes oder der Neuaufforstung dienen. Das waren im ganzen 1066 $^{2}/_{3}$ Morgen. Jedoch waren in Wirklichkeit nur 893 Morgen bisher „behangen" worden. Die fehlenden 173 Morgen sollten im Jahre 1810 bepflanzt werden.

Ein Drittel der Brücker Gemark sollte vom 24. Juni bis zum 1. Mai allen drei Benutzungen durch die Berechtigten offen bleiben; außer dieser Zeit war „vollkommene Schließzeit der Waldungen". Hinsichtlich des Stock- und Sprock-Sammelns wurde bestimmt, daß nur die von abgehauenen Laubhochstämmen zurückbleibenden Stöcke und alles dürre, vom Mutterstamm abgefallene auf der Erde liegende Reiserholz geholt werden dürfe. Nur in dem allgemein offen gelassenen Drittel der Gemark dürften die Stöcke mit der Hacke ausgerottet werden. Die entstandenen Löcher mußten wieder zugeworfen und geebnet werden.

In der Hälfte der für den Weid- und Schweidgang gesperrten zwei Drittel der Gemark, also in einem Drittel der Gesamtheit, und zwar innenwärts, wurde weder das Sammeln von Streu noch von Stock und Sprock gestattet, wohl aber in der anderen Hälfte, also einem Drittel des Ganzen, nach außen zu. Allerdings durften die Stöcke hier nur mit der

---

[134]) StA Düsseldorf, Regierung Köln 781 a.

Axt, mit Keilen und Schlägeln aus der Erde genommen werden, um jede Schädigung junger Pflanzen zu verhüten.

Der vierte Teil dieses einen Drittels durfte jährlich im Wechsel zum Laubsammeln mit der Hand oder mit einem hölzernen Rechen genutzt werden, jedoch nur in den Monaten vom November bis zum April einschließlich, weil in der übrigen Zeit die Pflanzen zu sehr leiden würden.

Die Heide, die Ginster und das Farrenkraut sollen da, wo es unbeschadet der Waldkultur geschehen kann, auf den von den Forstbedienten zu bezeichnenden Stellen auf die von denselben vorgeschriebene Art, und zwar während der sechs Monate, in welchen das Streusammeln auf dem bezeichneten einen Viertel nicht gestattet werden soll — und zwar rücksichtlich des Ginsters und des Farrenkrautes ausschließlich der Zeit vom 1. Mai bis 24. Juni, während welcher Zeit die vollkommene Schließzeit der Waldungen eintritt, zur Streu angewiesen werden."

Das Abmähen des Grases wurde auf holzleeren Plätzen, jedoch nach vorher ergangener Anweisung der Forstbedienten, gestattet.

Für den Schluchter Busch, in dem die Gemeinden Gladbach, Gronau und Strunden die Gerechtsame zur Viehweide, zum Stock- und Sprocksammeln und zum Streusammeln behaupteten, wurde festgesetzt, daß diese Benutzungen ebenso statthaben sollten, wie es für die Brücker Gemarke galt.

Auch wurden „unter Voraussetzung der künftigen Vermeidung aller Holzfrevel sämtliche noch nicht liquidierte Strafen, jedoch unter dem Vorbehalt erlassen, den Forstbedienten den ihnen an denselben zustehenden Anteil zu bezahlen".

Zur Unterstützung der Armen durften Stock und Sprock nicht mit Karren aus dem Walde geholt werden, es blieb jedoch gestattet, das Holz mit Schiebkarren hinauszufahren.

Im einzelnen war von der Forstverwaltung für die Brücker Gemark nachstehende Ordnung erlassen worden:

A. Refrather Seite

1. Die von der Viehhut freien zwei Drittel des Waldes auf der Refrather Seite ($^2/_3$ von 700 Morgen) umfassen 466 Morgen. Dazu gehören folgende Behänge:

a) der Brandroster Bruch vom Geckswiesgen an langs denen Kämpen bis Ende der Hermann Casels-Wiese, von da weiter langs den Bruch bis an des Kellers Wiese — 25 Morgen,

b) Der Behang, „in dem Apfelbaume" genannt, bleibt und wird demselben der „Laufplatz" zugesetzt — 310 Morgen,

c) Der Krippenbruch-Behang bleibt ebenfalls und kommt hinzu von dem Stein am Lückerather Wege an über die Refrather Heide bis auf den Eck vom Torfbruch, weiter längs demselben, dem Bächelchen nach bis an die Vikariuswiese — 75 Morgen,

d) Das Letschbrüchelchen, soweit es mit Holz bestanden ist, bis an den Weg, welcher zur Durchtrift dienen soll — 3 Morgen.

Diese 4 Behänge enthalten zusammen nur 413 Morgen, mithin 53 Morgen weniger als die zu behangenden zwei Drittel.

2. Als allen Benutzungen offener Teil werden für die Gemeinden Gladbach, Gronau, Refrath und Strunden eingeräumt:

a) Die Wehrheide mit der Durchtrift über das Knipheidchen langs Halben Morgens Feld über den Kauler Platz langs Offermanns Feld in der Refrather Heide — 48 Morgen,

b) Der Bruch „im Brand" an der Strundener Seite langs dem Behange der „untersten Apfelbäum" genannt — 70 Morgen,

c) Die Trift am Gronauer Mühlenbusche langs dem Behange in die „große Heide" durch den „Hafelsbruch" um die „Apfelbäume" bis an Offermanns Feld, samt der Schlehecke bis an die Vikariuswiesen langs dem (unter 1c beschriebenen Behange) der Krippenbruch — 170 Morgen.

3. Auf der Refrather Seite bleibt ein Drittel des Waldes von allen Benutzungen frei:

a) Der Brandroster-Brucher Behang (1a) — 25 Morgen,

b) Der Behang, die „untersten Apfelbäume" genannt, bis auf den Weg vom Offermanns-Feld bis an die Kippenmühler Feldhecke — 205 Morgen,

c) Das Letschbrüchelchen (1d) — 3 Morgen, im ganzen also 233 Morgen.

4. In nachstehenden Behängen wird für 1810, 11, 12 und 13 unter gehörigen Einschränkungen das Strauscharren und Stock- und Sprocksammeln gestattet:

a) Der erste Teil für 1810 fängt in dem unter 1b beschriebenen Behange an der Gladbacher Seite an und endigt auf dem Wege zwischen dem Großen und dem Hassels-Weiher bis in die Große Heide.

b) Der zweite Teil für 1811 fängt an bei dem Dorf (Torf) in bemerkten Weg und erstreckt sich bis an die Hasselstraße,

c) Der dritte Teil für 1812 begreift den Kippenbrucher Behang (1c) in sich.

d) fehlt.

B. Brücker Seite[135])

5. Die Waldseite nach Brück zu umfaßte 900 Morgen. Davon blieben zwei Drittel von der Viehhut frei, nämlich folgende Behänge:

a) Der Altenbruchs- und Klosterhöfchens Behang und wird denselben die Gerichtsheide samt der Mergelskaule und Maserdähle bis an den Kalkweg hinzugesetzt — 300 Morgen,

b) Der Salzlecken-Behang rechts am Rinderweg zwischen dem Bach und dem Olpertsweg nach bis in die Rothbach — 100 Morgen,

c) Der Brücker Bach mit der Bachbruchs- bis an die Bensberger Straße — 80 Morgen. Das ergibt 480 Morgen, mithin 120 Morgen weniger als die vorbestimmten zwei Drittel.

6. Allen Benutzungen für die Gemeinde Brück und die Häuser auf der Lustheide und in Fürvels bleiben eingeräumt:

a) Die Trift durch den Ruthelsbruch langs dem Klosterhöfchens Behange und Maserdähle, dem Kalkwege nach bis auf den Rinderweg, demselben nach bis an den Olpertsweg langs unter 5b und c bezeichnete Behänge — 420 Morgen,

---

[135]) Da zu jener Zeit die Hofstellen bei Fürvels zur Honschaft Gronau gehörten und diese auf der Brücker Seite berechtigt waren, kann hier auf die Wiedergabe der dortigen Regelung nicht verzichtet werden.

(Demnach werden der Viehhut vorläufig 120 Morgen mehr als ⅓ eingeräumt. Es bleibt vorbehalten, diesen Rest künftig in Hege zu legen.)

7. Zu dem für alle Benutzungen freien Drittel gehören:
a) Der Klosterhöfchens Behang und Altenbrucher bis auf den Rennweg, samt der Gerichtsheide bis auf den Tauben Fahrweg — 250 Morgen,
b) Der Bachbruch oder vielmehr dem linken Ufer des Brücker Bachs nach bis an die Kameral-Mielenforster Wiese am Kapellchen — 50 Morgen, im ganzen also 400 Morgen.

8. Für das Strauscharren, Stock- und Sprocksammeln sind unter den gehörigen Einschränkungen ausgesehen worden:
a) als erster Teil für 1810 der unterste Teil des Altenbrucher Behangs vom Rennweg an zwischen Walsbach und dem Neuen Wege.
b) Als zweiter Teil für 1811 die rechte Seite an dem Brücker Bach bis an die Wiesen.
c) Als dritter Teil für 1812 die Mergelskaule und Maserdähle, wovon die Grenzen der Walsbach bis an die Durchfahrt, dem Kalkweg nach bis an die Maserdähle auf den Tauben Weg rechts bis auf den Neuen Weg.
d) Als vierter Teil für 1813 der Salzlecken-Behang am Rinderweg (5b).

Der Maire Fauth sollte die an der Brücker Gemark Berechtigten anweisen, sich sofort mit dem Revierförster Deubler zu Brück ins Benehmen zu setzen, um von ihm nähere Angaben zu erhalten.

So hatte die kluge Politik des Hofrats für die Bevölkerung gerettet, was damals zu retten war. Mit ihm, den die preußische Regierung als Bürgermeister übernahm, gingen die uralten Gerechtsame nach der Befreiung des Vaterlandes von fremder Herrschaft in die neue Zeit hinein. Schon im Hungerjahr 1816 sollte es sich zeigen, wie sehr der heimische Wald immer noch Ernährer des Volkes war. Doch auch die preußischen Forstbehörden sannen, wie es von ihrem Standpunkte aus zu verstehen war, auf Beseitigung der alten Waldgerechtsame.

Bereits im Jahre 1821 tauchten die ersten Pläne auf, die Brücker Gemark aufzuteilen[136]). Als Deputierte wurden Wilhelm Schmitz und Theodor Honrath gewählt. Die Sache zerschlug sich jedoch wieder. Zu dieser Zeit wandten sich die Berechtigten auch gegen das Aussäen von Kiefern auf die Waldböden, da sie darin eine Beeinträchtigung ihrer Viehtrift-Gerechtsame erblickten.

Es war vorauszusehen, daß die von der Forstverwaltung vorgenommenen Beschränkungen der uralten Gerechtsame nicht immer beachtet werden würden, zumal in Zeiten der Not. So kam es auch im Jahre 1826 zu einer gerichtlichen Klage des Oberförsters Deubel in Brück gegen zahlreiche Leute aus Forsbach und der Honschaft Gronau. Unter ihnen waren Matthias, Johann und Heinrich Zahn und Daniel Ludemann aus Penningsfeld, Peter Schuhmacher, Ackerer in Gronau für seine Töchter Luise und Henriette, seine Knechte Peter Kürten und Heinrich Schüller und seine Magd Sibilla Busch, Wimar Bützler, Ackerer in Rodemich, sein Sohn Jakob und seine Töchter Gertrud und Christina, Jakob Clever, Bernhard Bützler und sein Sohn Bernhard, ebenfalls in Rodemich, Peter Franzen in Gronau und sein Sohn Wilhelm, Wilhelm Schmitz in Gierath für seine Magd

---

[136]) StA Düsseldorf Regierung Köln 780.

Christina Müller und Gerhard Fues in Gierath für seine Kinder Katharina Luise, Friedrich und Gerhard. Sie hatten im November und Dezember außerhalb der bestimmten Holztage in einem erlaubten Distrikt eine Tracht Laub mit hölzernen Rechen zusammengescharrt. Der Fall kam vor das Friedensgericht in Bensberg, das jedoch am 2. Januar 1827 die Sache so lange aussetzte, bis darüber erkannt sein würde, ob die von der Königlichen Regierung in Köln erlassene Verfügung einen Eingriff in die wohlerworbenen Gerechtsame der Beschuldigten oder eine bloße polizeiliche Forstverordnung darstelle. Der Oberförster legte dagegen Berufung ein. Das Landgericht in Köln aber erkannte die Gerechtsame an und entschied, daß sie kraft des Forstpolizeirechts nicht in der Art beschränkt werden dürften, daß sie größtenteils unnütz würden. Es bezog sich auf Kommissionsverhandlungen vom Jahre 1804, aus denen hervorging, daß man damals schon zu den zwei gewöhnlichen Holztagen zusätzlich noch drei zum Streusammeln für billig gehalten hatte. Über die Schmälerung von Gerechtsamen hätten nicht die Polizeigerichtsbehörden zu befinden. Aus diesen Gründen wurde das Urteil des Friedensgerichts bestätigt und die Sache an dieses zurückverwiesen.

Im Jahre 1835 wurde durch eine Regierungsverfügung erneut eingeschärft, Laubstreu und Leseholz nur als Traglast oder mit Schiebkarren, nicht aber mit Tiergespannen aus dem Walde zu holen. 1839 wurde zugelassen, daß man Laub und Holz aus dem Walde heraustragen und auf Hauptverbindungswegen dann auf bespannte Karren oder Wagen laden dürfe.

Die Holz- und Streu-Gerechtsame durften bis zum Jahre 1844 in der Brücker Gemark nur an wöchentlich zwei Tagen, nämlich am Dienstag und Freitag, gehandhabt werden, zudem nur von Anfang Oktober bis Ende März, die Streugerechtsame dazu noch am Mittwoch. Da die Leute notgedrungen vielfach ihre Kinder in den Wald schickten oder zur Beaufsichtigung der kleinen Geschwister verwandten, versäumten sie so die Schule. Deshalb wurden die Holztage auf den Mittwoch und Samstag verlegt, weil dann nachmittags kein Unterricht war, und der Donnerstag vom 1. November bis Ende Februar zum Streuholen bestimmt. 1845 wies die Regierung darauf hin, daß nach der bergischen Forstordnung vom 8. Mai 1761 unter Stock- und Sprockholz nur trockenes Holz zu verstehen sei, aber halbtrockenes Ast- und Reiserholz weder abgehauen noch abgerissen werden dürfe.

Nach Vinzenz von Zuccalmaglio [137]) umschloß die Brücker Gemark noch 1845 einen Flächenraum von etwa 3000 Morgen. Riesenhafte Eichen bezeugten, daß der Boden besser als derjenige des Königsforstes war. Zu dieser Zeit war die Gemark noch ungeteiltes Gemeineigentum von $163^{5/8}$ Anteilen oder „Gewalten", die sich auf 58 Erben verteilten. Die Haupterben waren Haus Herl mit 36, Iddelsfeld und Neufeld mit 26 und der Fiskus mit $31^{1/4}$ Gewalten. Der Brücker Hof besaß 11 Gewalten. Von den zahlreichen kleineren Erben hatte der Meistberechtigte nur $3^{3/4}$ Gewalten. Das Staatliche Forstamt führte die Verwaltung und verteilte die jährlichen Erträge, die nach Abzug der Kosten etwa 12 bis 15 Reichstaler je Gewalt betrugen, unter die Erben. Das betraf nur den amtlich geleiteten Holzeinschlag. Statt der einstigen Waldscheffen verhandelten drei von den Gemarkenbeerbten gewählte Abgeordnete mit der Forstbehörde über die ge-

---

[137]) *Zuccalmaglio*, Mülheim S. 209 ff.

meinsamen Angelegenheiten. Zu den Gemarken rechneten auch immer noch 500 Morgen Rottland mit Äckern und 40 Morgen Wiesen.

Zuccalmaglio beklagte damals die für die Forstwirtschaft schädlichen Folgen der Viehhutgerechtsame. Nach der Statistischen Darstellung des Kreises Mülheim am Rhein (Mülheim 1863), S. 26 u. 81, umfaßte die Brücker Gemark etwa 3300 Morgen; auch hatten die Bewohner von Gladbach, Gronau und Refrath immer noch das Recht zur Viehweide, zum Sammeln von Stock und Sprock und von Streu darin. Dagegen waren andere Waldgerechtsame der Gemeinde Gladbach und Gronau mit einem Kapital von 1080 Talern schon abgelöst worden.

Um 1857 tauchten die ersten Pläne zu einer allgemeinen Ablösung der alten Waldgerechtsame der Gemeinden Gladbach und Gronau auf. Die Verhandlungen waren schwierig und zogen sich durch viele Jahre hin. Im Jahre 1864 kam es dann zu der Ablösung gegen eine Summe von 72 000 Mark. Brück erhielt davon 16 044 Mark. Die Gerechtsame am Schluchter Wald, der ganz in der Gemeinde Gronau lag, wurde im Jahre 1867 gesondert mit 6300 Mark abgelöst, in die sich die Gemeinden Gladbach, Gronau und Strunden teilten.

Aus den Servitut-Ablösegeldern für Gladbach und Gronau wurde ein Gemeinvermögen gebildet und zum Teil in Grund und Boden angelegt. Dieses umfaßte noch 1906 ein Wohnhaus mit Hofraum und Garten, Baugelände, Straßenflächen, Acker und Wiesen, zusammen etwas über 9½ Hektar im Werte von 55 000 Mark. Dazu kam ein Barbetrag von 20 644 Mark, insgesamt 75 644 Mark. Die Einnahmen dieses beträchtlichen Fonds wurden alljährlich nach Abzug der entstandenen Ausgaben an die Berechtigten verteilt. So entfielen 1905 auf jede der 425 Sohlstätten, die schon 1864 vorhanden waren, 3,30 Mark, die in der Regel von der Stadtkasse bei der Steuer abgezogen wurden [137a].

b. DER DOMKAPITULARISCHE FRONHOF IN PAFFRATH UND SEIN HOFGERICHT

1) Zur Entstehung des Fronhofs

Die Geschichte Paffraths liegt vor dem Jahre 1000 für uns in tiefem Dunkel. Der Ortsname allein leitet zurück bis vielleicht ins 9. oder auch 8. Jahrhundert, in die Zeit der fränkischen Landnahme und der großen Rodungen. Es kann nicht zutreffen, wie die Heimatgeschichtsschreibung bislang behauptet hat, daß diese Rodung durch das Kölner Domkapitel vorgenommen wurde. Das althochdeutsche Wort „pfaffo", entwickelt aus einer Grundform „papo" geht nach Kluges durchaus einleuchtender Begründung nicht etwa auf das lateinische „papa" zurück, das in der weströmischen Kirche die ehrenvolle Anrede der Bischöfe und des Papstes war, sondern auf ein ähnliches griechisches Wort und hat dort wie später im Deutschen, wohin es über die Goten schon im 6. Jahrhundert verbreitet wurde, die übereinstimmende allgemeine Bedeutung „Geist-

---

[137a] Quellen: Akten Stadtarchiv Bergisch Gladbach. — Bendel, Heimatbuch, S. 429 f., 426. — F. Schmitz, Die Brücker Gemark und ihre Benutzung. In Ruhmreiche Berge 1941, 5. — J. Vierkotten, Die Freiheit Bensberg. S. 48 ff. — W. Engels, Die bergischen Gemarken. S. 173. In ZBGV 70. — Festschrift 1906, S. 33.

Kirche in Paffrath um 1850

licher". Wenn also der erste Roder in dem Bestimmungs-Wort „Paff" verewigt worden ist, so kann es sich um höchstens einen einzelnen Priester handeln, der in früherer Zeit am „Wyborn" (Weihborn) die Kindlein taufte und den Wald gerodet hat.

Das Volk aber sagt auch heute noch in der Mundart überhaupt nicht Paffrath, sondern „Paafed" mit ganz breit gesprochenem langem Vokal, und wir kennen die Zähigkeit, mit der es über Jahrhunderte in derselben Sprechweise beharrt. Das hat sicher schon Leithaeuser stutzig gemacht, der Paffrath, wie schon bemerkt, als „Pfaffenrodung" für fraglich hielt[138]). Bei der Deutung kann man von dem nur ausgehen, was ursprünglich „Paffrath" genannt wurde. Nicht etwa die Kirche; denn sie setzt die Rodung und die Menschen darin voraus.

Roden lassen konnte zweifellos nur der ursprüngliche Grundherr, der ripuarische oder fränkische König, dem alles Land im rechtsrheinischen Vorraum Kölns eigen war, vor allem die großen Wälder, der Königs-, Franken- und Buchenforst und der Wald Myselohe und ihr Wildbann. Er baute seine Fronhöfe in die geschlagenen Lichtungen hinein, vom Rhein ausgehend mit Urbach, Deutz, Buchheim, Flittard über

---

[138]) *Leithaeuser*, Bergische Ortsnamen, S. 230.

Merheim, Thurn, Iddel, Iddelsfeld nach Refrath, Gladbach, Paffrath und Odenthal, um nur einige zu nennen. Sie waren die Kernpunkte, von denen die Besiedlung des zu ihnen gehörigen umfangreichen Landgebietes vorangetrieben wurde. Mit den Fronhöfen blieben alle späteren Absplisse und neuen Hofbildungen durch Lehns- und Zehntverpflichtungen untrennbar verbunden. Darüber wachten die in ihnen eingerichteten Hof- oder Lehnsgerichte. Neben den Fronhöfen errichtete der König, wo es ihm geboten schien, besondere Kirchen für seine Leute, die Eigenkirchen, die anfangs den ganzen Hof- oder Gerichtsbezirk betreuten. Aus ihnen entwickelten sich in der Folge die Urpfarren unserer Heimat. Sie wurden vom Grundherrn mit liegenden Gründen, den Wiedenhöfen, Renten und Zehnten für den von ihm zu bestimmenden Priester gestiftet.

Die "Burg" zu Paffrath

Ein solcher Vorgang ist zweifellos auch für Paffrath anzunehmen. Auch hier deckten sich zunächst der Gerichtsbezirk des Fronhofs mit den Pfarrgrenzen, schloß also auch das Oberpaffrather Gebiet, die spätere Honschaft Kombüchen ein. Der Ortsname aber haftete bis in die neueste Zeit ausschließlich an Fronhof, Kirche und Wiedenhof, während alle übrigen Wohnstätten eigen geprägte Namen führten.

Dazu aber weist die Paffrather Kirche eine Besonderheit auf. Dicht neben ihr stand in der Frühzeit eine Burg, vermutlich Wohnsitz des königlichen Vogts, Schultheißen oder Richters, eine wehrhafte Anlage zum Schutz der Bevölkerung in Kriegs- und Notzeiten mit zwei Steintürmen, dem großen und kleinen Bergfried. Sie wurde überflüssig, als an die Stelle der ersten Holzkirche (oder kleineren Steinkapelle) die größere Steinkirche mit starker, hochgebauter Schutzmauer und dem wehrhaften Turm trat und nun selbst das Vieh eine Zufluchtsstätte fand. Denn ebenso, wie man als unbedingt sicher unterstellen darf, daß die Burg anfangs mit der Kirche eine Besitzeinheit bildete, kann kein Zweifel daran bestehen, daß nur eine zahlenmäßig große und auch wohlhabende Bevölkerung im 12. Jahrhundert, wenn nicht schon am Ausgang des 11. Jahrhunderts ein solches Gotteshaus errichten und mit wervoller Ausstattung — Glocken, Vortragkreuz — versehen konnte, daß demnach die Gemeinde damals schon eine lange Zeit vorher bestanden haben muß.

Die Burg, früh zerfallen, verlor ihre Eigenschaft als Rittersitz an das später errichtete, bereits 1183 und 1262 genannte, etwas abseits liegende, stärkere Haus Blech. Das Haus der alten Burgstätte aber, nach einer unverbürgten Nachricht von Zuccalmaglios auch „Petersberg" genannt, hat im Volksmund bis auf den heutigen Tag und als Gasthaus ebenso, selbst amtlich bis fast zum Ende des vorigen Jahrhunderts, den Namen „Burg" behalten. Was aber noch erstaunlicher ist, selbst jener Namen, den die Burg in der Frühzeit, urkundlich schon im Roten Meßbuch vor fast einem halben Jahrtausend trug, „Bergvrede an deme Kirchove" (1449), lebt als „Berfert" heute noch. Er klebt am kleinen „Berfert" an der der Burg gegenüberliegenden Straßenseite. Die beiden Wörter „Paafed" und „Berfet" klingen im Munde des „Eingeborenen" derart ähnlich, und die beiden Gebäude, denen sie gelten, liegen so hart beieinander, daß es zum mindesten notwendig erscheint darauf hinzuweisen.

Daß Fronhof und Kirche zu Paffrath nicht ein ursprünglicher Besitz des Domkapitels gewesen sind, dafür sprechen noch andere Gründe. Bei der Übertragung des alten Königsgutes wurden dem Landesherrn eine Reihe von Rechten für immer vorbehalten. Auch wurde in diesem Zeitpunkte offenbar eine Teilung der Hofgerichtsbarkeit vorgenommen. Während Unterpaffrath beim Fronhof verblieb, erhielt Oberpaffrath im königlichen Hebborner Hof ein eigenes Hofgericht, doch wurde der Zehnten in diesem Gebiet dem Paffrather Fronhof für immer belassen, ein wichtiger Umstand, den die Heimatforschung bisher ganz unbeachtet ließ.

Nach dem Weißtum des Paffrather Hofgerichts, das auch seinen Zug, die „Konsultation" an das Hochgericht in Bensberg und nicht nach Köln richtete, verblieb dem Landesherrn die Gerichtsbarkeit in Gewaltsachen. Sein Schultheiß in Bensberg stand in solchen Fällen den Paffrather Scheffen vor. Dafür zahlte er ihnen den Gebührenanteil in Höhe von 6 Denaren aus. Dem Landesherrn fielen auch die Brüchten (Strafgelder) zu. Selbst aus den übrigen laufenden Gerichtsfällen des Jahres stand ihm ein bestimmter Teil zu. Am Remigiustag (1. Oktober) mußte der Paffrather Fronhof dem Landesherrn alljährlich zehn Malter Hafer auf das alte Schloß nach Bensberg liefern. Missetäter, die innerhalb des Dorfzaunes in Paffrath gefangen wurden, mußten in den Stock auf dem Fronhof geschlossen und in ihm drei Tage streng bewacht werden. Der Amtmann in Bensberg mußte sofort Nachricht erhalten, damit er den Verbrecher abholen lassen konnte. Tat er das in dieser Frist nicht, durften die Paffrather ihn laufen lassen. Selbst der Send, das geistliche Gericht in Paffrath, wurde neben dem Domkapitel immer noch vom Landesherrn mit befriedet. Diesem standen sogar bis zur Hälfte der Brüchten zu.

Besonders aber wiegt jene Bestimmung des Weistums, die für den Landesherrn und sein Gefolge im alten Fronhof ein Verpflegungsrecht vorsah, wenn er zur Jagd kam. Vielleicht diente vorzeiten sogar der Bergfried dem König als Schlaf- und Raststätte, als eine Art kleiner Pfalz, vielleicht sollte er ihm eine sichere Zuflucht gewähren nahe der Stelle, wo im Jahre 507 (nach Gregor von Tour) auf Anstiften des Königs Chlodwig der ripuarische König Sigbert in seinem Zelt im Wald Buchonia (Buchenforst) von seinem Sohn ermordet worden war. Vielleicht hat schon Chlodwig selbst hier die Siedlung und Besiedlung angeordnet; denn es kann nur schwerlich angenommen werden, daß er, der die Gaue vom mittleren Neckar bis zum obern Main seinen Franken von der Mosel zur Niederlassung anwies, den fast unbewohnten Landstrich östlich des Rheins im Schatten der Hauptstadt Ripuariens unberücksichtigt gelassen hätte. Für diese merowingische Zeit spricht schließlich auch das Patrozinium des heiligen Klemens in Paffrath.

Daß damals, ganz bestimmt aber in karolingischer Zeit, in Paffrath Menschen wohnten, also mit größter Wahrscheinlichkeit der Fronhof als Urzelle schon bestanden haben muß, scheinen nach den neuesten Untersuchungen Walter Lungs vom Römisch-Germanischen Museum in Köln auch Scherbenfunde zu beweisen, die gelegentlich der Entdeckung und Ausgrabung nachkarolingischer Töpferöfen in Kaule gemacht worden sind. Ähnlich wie der „Berfert" in Paffrath ist auch die Burg Katterbach bei dem anderen frühen Töpferzentrum im Paffrather Kirchspiel nicht mehr ins rechte Licht der Geschichte getreten, und hier wie dort lassen sich sowohl rätselhafte Zusammenhänge vorgeschichtlicher Art als auch nach der Stadt Köln hin vermuten, die das besondere Interesse des Domkapitels an Paffrath verständlich machen.

So läßt sich der Übergang Paffraths aus königlichem Besitz in den des Domstifts auch zeitlich trotz des Fehlens von Urkunden leicht erklärlich. Nach der Niederschlagung der aufsässigen Herzöge von Schwaben und Lothringen und der Besiegung der Ungarn am Laurentiustag 955 suchte der deutsche König Otto I. seine Macht dadurch zu stärken, daß er die Bischöfe zu geistlichen Fürsten erhob und ihnen weite Landstrecken zu Lehen gab. Seinem jüngsten Bruder, dem Erzbischof Bruno von Köln, überwies er das Herzogtum Lothringen mit dem ganzen Bannforst im rechtsrheinischen Uferlande. Nun kam jene Zeit, da den Kölner Stiften und Klöstern im späteren bergischen Gebiete viele Schenkungen zuteil wurden. Im Jahre 958 schenkten die edlen Brüder Walfrid und Humfrid im Beisein und mit Einwilligung Brunos und seines königlichen Bruders die Kirche nebst anderem Eigen und Renten dem Stift St. Severin. 1003 gab Erzbischof Heribert bedeutende Teile des Königsforstes an die Abtei Deutz und St. Pantaleon. So dürften in diesem Zeitabschnitt auch Kirche und Fronhof in Paffrath an das Domstift gekommen sein, wobei die wirksam bleibenden Königsvorrechte über die Pfalzgrafen an die von Schirmvögten des Erzbistums um 1100 zu reichsunmittelbaren Landesherren erstarkten Grafen von Berg übergingen. So wäre der Anschluß an die urkundlich früheste beglaubigte Geschichte Paffraths gewonnen und sicherer historischer Boden wieder betreten.

2) Der Paffrather Fronhof als Pachtgut

Das Domkapitel gab dem Paffrather Fronhof während des Mittelalters vermutlich zumeist den Edelherren auf dem Hause Blech in Pacht, der darauf gewissermaßen sein Statthalter als Lehnherr, Gerichtsherr und Zehntherr wurde. Dieser ließ das Hofgut mit seinen Äckern und Wiesen und dem übrigen Zubehör durch einen Halfmann bewirtschaften. Für die Sitzungen des Hofgerichts mußte er die große Stube zur Verfügung stellen.

Unter den Akten des Domstifts blieb die Abschrift eines Pachtbriefes erhalten, der am 12. August 1504 über den Fronhof mit Wilhelm von den Reven und seiner Frau Margareta abgeschlossen wurde. Die Pachtzeit war auf zwölf Jahre festgesetzt. Für die ersten sechs mußten jährlich 30, für die letzten sechs 35 oberländische rheinische Gulden an Pacht entrichtet werden. Aus dem Vertrag geht hervor, daß offenbar das „von alters her" bestehende Hofgericht eine Zeitlang nicht gehalten worden war und nun wieder eröffnet und besetzt werden sollte. Den Schultheißen mußte das Domkapitel ernennen. Die Pächter verpflichteten sich, die Fronhofsgüter vermessen, zeichnen und mit Grenzsteinen versehen zu lassen. Als Sicherheit verpfändeten sie ihr mit einem Wassergraben umgebenes Haus Blech mit allem Zubehör. Es sollte dem Domkapitel für 600 oberländische Gulden verfallen sein, sobald ein Pachtzahltermin dem vorigen unbezahlt folgen sollte.

Der Pachtbrief lautet:

Pachtbrief über den Fronhof zu Paffrath 1504, August 12

Wir Wilhelm von der Reven ind Margareta, seine eheliche Hausfrawe, thun kundt ind bekennen vür uns ind unse Erven, dat wir von den würdigen ind wollgeborenen ind edlen Herren Dechen ind Capittel der Domkirche zu Collen ihre ged (achter) ihrer Kirchen Fronhoff ind Gude, zu Paffrode in dem Lande von dem Berg gelegen, mit seinem Artlande, Büschen, Wiesen, Weiden, Zehenden, Zinsen, Pachten, Curmoeden, Renthen ind allen ind jeglichen anderen ihren Rechten, Zubehoer in ind aus gelegen zu vollen Nutzungen und Gerechtichendem, nyet darvan uyßgescheiden, zu Pachte angenohmen und verlehent hain, angenemen ind verlehen zweylf Jahr lanck na Datum diß Briefs negst nach einander volgende ind niet länger, als vur einen ganzen sicheren Jahrpacht, nemlich die erste seeß Jahren vür drießig ind die andere leste Jahren vür fünfinddrießig overlensche rynsche Gulden, as vier Marck Colsch vür jeden gerecht, ind in Zytt der Bezahlungen binnen Cöllen genge ind geve ist. Die Wir ind Unse Erbenyhn ind ihren Nachkomen alle ind jegliches Jahrs up unse Kost, Sorge, Angst ind Arbeit nun vortan, so lange die Pachtung weret ind duret, davan geven ind unbeschwert van allermallich binnen Cöllen in ihre frei sicher Behalt ind Gewaldt lieferen ind woll bezahlen sullen, uff St. Peters Tag ad Cathedram (22. Februar), als man schreiven ind dausentfünfhundertind seeß Jahre yrst ahn, ind also vortahn alle ind jegliches Jahrs, dweile diese Pfachtunge duret ind wehret, off binnen eine Maynde darnach negstfolgende sonder einich länger Vertrach, Eindracht off Wiederrede.

Und sullen auch wir Eleute ind unse Erven den Acker ind Artlande zu rechter Ziden wall doin bawen, bereiden, misten ind beßeren in allen Sachen, as dan zo gehoert ind in guder Befrywungen mit Zuynen ind anders as gewonlich ist, ind auch in gudem Bawe ind Wesen unverspließen, unverwoist ind unvergänclich ind die Stock uf dem Hoff gehoechde auch bawich ind alle sementlich ind besonder by ihren Gerechtigheiden ind aldem Herkommen behalden ind laeßen ind deme Lantherren zuvor an sine zien Malder Haberen alle Jahrs zo rechterZiden bezahlen, ind vermoigen allet up unse Kost, Loen ind Arbeit buyßen der gemelter Herren Schaden ind sonder Minrunge oder Affschlag des jairlichen Pfachts vurschreven. In sullent auch anstunt dat Hoffgericht des Hoffs vurschreven mit den Geßwore nen ind anders wie solches von alters her zo halde gewonlich, uf doin, richten ind besetzen laßen. Des sullen die vurschreven Herren einen Schoultißen daselfs setzen ind untsetzen, na ihrem Gutdünken ind Wollgefallen.

Auch sullen wir Eleude ind unse Erven an Stunt alle Land ind Acker des vurschreven Hoiffs laßen steinen ind zeichenen, wie ind wae sulches kehret ind wendet, off zu maille dat alsdan an Stund derselve Hoff mit allen auch uf unse Kost, Loen ind Arbeit vat (umzäunt) ist.

Sonderlich hierin gefürwart, bedingt ind verscheiden, off wir Eheleute oder unse Erven Anbezahlungen ind Lieverungen sulchs Pachts in maßen vurschreven zu doin einichs Jahrs uf termino oder in einichen anderen Stücken oder Puneten vurschreven säumblich oder breuchlich würden in deille off zo maille, dat aßdan anstunt derselve Hoff mit allen ind jeglichen seinen Güderen, Renthen, Zeynden ind anders vurschreven mit allen ihren Zobehoeren ind Beßerungen wiederumb frei, loßledig an die vurschreven Herren Dechen ind Capittel verfallen sein ind bleiven, ihre beste damit zo doin, zo wenden ind zo kehren, na alle irem Willen ind Godünken.

Uns Eheluden oder unsen Erven noch jemandts anders von unsen wegen dair achter gei Recht, Forderungen noch Anspraiche me da an in deile of zo maille zo haven, noch zo behalden in einicherwyß, dan wir ind unse Erven sullen gleichwaill schuldig ind verbunden sein, die vurschreven Herren ind ihren Nakommen ganzlich zu bezahlen, zo verrichen ind zo verneigen den verseßen unbezahlten achter stendigen Pacht, ind auch sunst alles ind jecklichs, da ane wir suymlich oder brüchtig worden weren, mit allem kundliche Schaden und Achterdeil si deßhalven gehat ind geladen hetten.

Ind zo Sicherheit aller ind jeglicher Sachen ind Puneten vurschreven haben wir, Wilhelm ind Margaret, Ehelude, vur unß ind unse Erven den vurschreven Herren Dechen ind Capittel ind ihre Nachkommen unse Hauß zo Paffrade, mit eyne Waßergrave umbgain, mit alle

Das Bachgüt

sine Erfschaften, Rechten ind Zobehoer, klein noch groiß, nyet darvan uißgescheiden, zo rechten, gewißen, waren Underpande gesatzt ind verbunden, setzen ind verbinden mit diesem selven Brieve, so wann ind welche Zit wir Ehelude oder unse Erven einichs Jahrs of Termins an Bezahlungen des Jahrpacht vurschreven summich oder brüchig befunden würden, in maißen vurschreven steit, also dat ein Termins an Bezahlungen des Jahrpacht vurschreven summich oder brüchig befunden würden, in maißen vurschreven steit, also dat ein Termin dem anderen unbezahlt erfoulgte, so sall aßdan dat vurschreven unse Hauß mit allem ind jeglichem seine Zubehoere den vurschreven Herren Dechen ind Capittel ind ihrer Kirchen vür seeßhundert overlensche rhinsche Gulden, vier Marck Cölsch vür den Gulden gerechnet, verfallen sin, as in Zide der Erfelniße binnen Cöllen genge ind geve ist, dairmit si dat vurschreven unße Hauß mit aller ind jeglicher siner Gülde ind Renten an sich ind ihre Kirche van uns Eheluden ind unsen Erven oder in wes Händen si dat in Zide der Unbezahlungen finden würden, gelden mogen.

Uns Eluden, noch unsen Erven oder jemands anders von unsen wegen dair achter gein Rechtforderunge noch Ansprache nie daran zo haven noch zo behalden, in keinen Wiß want wir daruf gentzlich verzegen hain ind verzien hiemit in Kraft diß Briefs.

Ind dairzo zo noch meere Befestonge diesen Verschrivongen haven wir Ehelude vurschreven gemelten Herren Dechen ind Capittel zu Burgen ind Mitsachwalt gesat ind gemacht den ehrsamen Diederich van Schyderich, Herrn Evertz Sohn, Bürger in Cöllen, der sich vür id mit uns Eluden zo unser Begerden zo Henden der gemelten Herren Dechens ind Capittels as vur den jahrlichen Pfacht verschreven ind verbunden hat, nach Luyde ind Inhalt einer sonderlichen Verschrivongen, der gemelte Diederich den vurschreven Dechen ind Capittel dairover gegeven. Ind were Sache, dat der gemelte Dierich, unse Mitsachwalt, binnen den gemelten zwei Jairen dieser Burgschafft vurschreven afflievich würde, so willen ind geloyven wir Elude, alle Zit zo gesannen der gemelter Herren Dechens ind Capittel in einer anderer Formen in des vurschreven Diederichs Stat zo ihren Gesinnen zo setzen.

Alle Argelist ind Geferde hie zo beiden Syden außgescheiden, ind diß zo Urkunde der Warheit hain ich, Wilhelm vurschreven, min Siegel vur mich ind meine Haußfrawe vurschreven ind unse Erven an diesen Brief gehangen, welchs meins Haußwirtz Siegel ich, Margret, mit meiner rechten Wiß ind Willen hie in mit gebruychen. Ind vort zo voirder Sicherheit aller vurschreven Sachen hain ich, Gerhard van den Reven, auch min Siegel by meins Vaders vurschreven Siegel an diesen Brief gehangen, der gegeven ist in den Jahren unseres Herren 1504, auf Montag negst na St. Laurentius Dage, des heiligen Marterlers (12 August) [139].

3) Die Paffrather Lehngüter und das Lehnrecht

Am 19. April 1803, als die Beschlagnahme der geistlichen Güter von der herzoglichen Regierung in Düsseldorf vorbereitet wurde, forderte sie den Oberschultheißen Daniels in Bensberg auf, einen eingehenden Bericht über den Zustand und die Verhältnisse des dem Domkapitel in Köln gehörigen Fronhofs in Paffrath zu erstatten. Daniels fand in der Kellnerei-Repositur ziemlich ausführliche Nachrichten über den Hof selbst, die zugehörigen Güter, die Eigenschaft und Natur des Lehens und die Verwaltung der Lehnsrechte, und er entledigte sich des Auftrags bereits am 5. Mai, indem er auch eine Abschrift der Lehnrolle mit dem „Lehn- und Gebuhr-Recht" in doppelter Ausfertigung beifügte.

Dieser Bericht gibt sehr wertvolle Aufschlüsse und lautet:

„Besagter Hof, auch sonst der Fronhof genannt, besteht lediglich in einem Hause samt Stallung, einem Garten und halben Morgen Land, einem Busch unter dem Namen „der Weidersbusch" von etwa sechzig Morgen und einem Los auf dem Paffrather Gemeinheitsbusch.

Der Pächter, so auf diesem Gut wohnt, zahlt keinen Pacht, sondern die Benutzung desselben ist ihm unentgeltlich überlassen, wofür er aber die dem Hofe anklebende Verbindlichkeit zu Stellung und Unterhaltung des Zielviehs, nämlich eines Stieren und Bieren, in Erfüllung bringen muß.

Vorhin hat der Hof an Gründen auch noch dreißig Morgen Land gehabt, welche dermal gegen jährliche Rekognition von 15 Reichstalern zum Rittersitz Blech in Erbpacht verliehen sind.

---

[139]) Historisches Archiv der Stadt Köln, Domstift, Akten 97. Abschrift ohne Siegel und Unterschrift.

In dem Busch ware vor vierzig und mehreren Jahren vieles junges Holzwachstum, auch viele junge Eichen. Indessen befande sich der Wald zu jener Zeit unter schlechter Aufsicht, und es gingen darin beständig Holzdiebereien vor, woher dann jährlich nur ein bis höchstens zwei Viertel Klöppelholz gehauen worden. Jedoch werde ich über diesen Punkt und wie es damit jetzt beschaffen seie, nähere Erkundigungen einziehen und die desfallsige Auskunft in meinem auf den Generalbericht wegen diesseitiger Lehen der ehemaligen jenseitigen Lehnherren oder höfen zu erstattenden Bericht nachführen.

Das einträglichste mit dem Hofe verpaarte Gerechtsam ist ein auf das Oberkirspel Paffrath und die benachbarten Güter sich ausdehnender Sackzehnte, welcher jährlich 32 Malter Hafer und 24 Hühner, wovon das Stück mit sechs Albus entrichtet wird, einbringt. Am Unschuldigen-Kinder-Tage wird dieser Zehnte in den Hof selbst geliefert und hingegen den Zehntdebenten ein Ohm Bier zum Besten gegeben.

Die Kellnerei Bensberg empfängt jährlich aus gemelten 32 Malter Hafer zehn Malter Schatzhafer. Desgleichen werden dem Lehnschultheiß vier Malter und dem Lehnboten ein Malter für das Messen zum Gehalt verabreicht. Ebenermaßen bezieht der Buschhüter jährlichs ein Gehalt von drei Malter Roggen und drei Reichstaler. Auch ist demselben der unentgeltliche Genuß von dreien kleinen in dem Weidersbusch gelegenen Wieschen zugesagt.

Außer obigem Sackzehnten geht ferner jährlich am nämlichen Tage aus dem Unterkirspel Paffrath ein gewisser Heckzehnte von neun Reichstalern in verschieden geteilten Zahlungen in den Hof ein. Weiter hat der Kameral-Hebborner-Hof jährlich eodem termino acht horhinsche (= hochrheinische, oberländische) Gulden mit zwei Reichstaler pro recognitione dorthin beizutragen.

Nun existiert daselbst ein Lehngericht, welches ungefähr 25 Lehngüter zählet, so teils im Dorf Paffrath, teils im Dorf Dünwald, teils im Kirspel Lützenkirchen und teils in der Herrschaft Odendal liegen.

Diese Lehen (hohnsträger) sind der Reihe nach folgende, nämlich:

das Kloster Dünwald — das Faßbendersgut auf der Walckmühle — die Abtei Altenberg — das Gut auf der Hofen — zwei Güter in Quettingen — das Heys-Gut an der Hand — das Töllers (=Zöllner)- oder Katterbachs-Gut — das Martin Risch-Gut — die Wimpelsheide — das Bach-Gut zu Pafrath — das Linder-Gut — das Bourg-Gut — das Pohler Gut — das Dohmen-Gut — das Höffer Gut — das Flaßberger Gut — das Bastiansgut zum Nußbaum — das Lingensgut — das Siefer Gut — das Hülsen-Gut — das Kattermicher Gut — das Hoppersheider Gut — das Torringer Gut — der Rittersitz Blech — und das Gut zum Holz.

Ohne zu erwähnen, daß die mehresten solche Güter vor und nach starke Verspleißungen erlitten haben, treten denselben auch noch viele kleine Güter unter dem Namen „Kotten" als Pflichtige des befragten Lehngerichts hinzu.

Dreimal im Jahr wird dieses Lehngericht durch einen angeordneten Lehnschultheis, sieben Scheffen und zwei Fürsprecher besessen. Jeder Scheffen hat bei seiner Ansetzung vier, und jeder Fürsprecher zwei Reichstaler als eine bestimmte Gebühr für den Lehnsherrn zu erlegen, in wessen anbetracht letzterer gedachtes Personale insgesamt an jedem Gerichtstage zu beköstigen schuldig ist.

Stirbt ein Lehnmann, so muß der neue, welcher als empfangende Hand angestellt wird, die Kurmoed mit fünf, sechs bis sieben Reichstaler tätigen, auch die Gerichtsgebühren abführen. — Von solcher Kurmoeds-Tätigung sind aber die Kötter frei. Diese müssen nur die Sterbefälle zu Hof und Buch anzeigen, die Güter von neuem empfangen und brauchen anders keine Zahlung als jene der Gerichtskosten zu prestieren.

Übrigens hat das untergebene Lehngericht in älteren Zeiten

a) aller Cognition über die Strittigkeiten in betreff der Lehngüter, über deren Teilung, nicht minder bei vorgekommenen Verschreibungen der Ausfertigung der gerichtlichen Obligationen und zwaren mit dem gewöhnlichen Verzugsrecht,

b) der eigenen Bestrafung der in den Domkapitularischen Büschen ertappter Frevler und

c) der Ergreifung der sonstigen Delinquenten, gleichwohl ohne Widerspruch der binnen drei Tagen zu befördernder Auslieferung derselben an das hiesige Obergericht

sich angemaßet — jedoch ist kein einziger dieser drei Punkte heutzutage mehr in Übung. Dagegen wird aber auf der behauptet werdender Befugnis zur Visitation der Maß und des Gewichts in dem Distrikt zwischen den Toren desto nachdrucksamer bestanden und hierdurch veranlaßt, daß die desfallsige Verpachtung zum Nutzen des Ärariums nicht vorgenommen werden könne.

Oben habe ich gesagt: in dem Distrikt zwischen den Toren. Dieser Tore sind fünf, — nämlich: zum Pohl, aufm Flasberg, an der Kaule und an den Höfen, wodurch der Paffrather Bezirk allemal abgesondert gewesen. Der Lehnherr muß gemelte fünf Toren im Stand halten. Auch liegt ihm auf, ein Wellblech für die Unterpafrather Gemeinde anzuschaffen, fort dem Küh- und Schweinhirten des Nachts Quartier aufm Frohnhof herzugeben.

Endlich besitzt das Domkapitel zwei Gewälder auf der Leuchter Gemarke. Ob solche aber ein Appertinenz jenes Hofes seien, läßt sich einstweilen und bis ich darüber gründlich nachgeforscht habe, mit Gewißheit nicht festsetzen" [140]).

Der „in tiefster Ehrfurcht der Kurfürstlichen Landesdirektion untertänigst-treu gehorsamster Diener" Daniels hätte bei Durchsicht des Hofrechts-Weistums, insbesondere aber der Gedingsprotokolle leicht feststellen können, daß die von ihm angezweifelten Rechte tatsächlich dem Paffrather Hofgericht zustanden und Jahrhunderte hindurch unangefochten ausgeübt worden waren.

4) Das Weistum des Hofgerichts Paffrath vom Jahre 1454

Die Erkundigung über die Gerichtsverfassung im Herzogtum Berg vom Jahre 1555 berichtet über das Hofgeding zu Paffrath, daß es dem Domdechanten zu Köln gehöre. Es habe ungefähr 27 oder 28 Lehnleute und werde von sieben Scheffen besessen. Diese werden vom Domdechanten eingesetzt und vereidigt und sind zugleich auch Scheffen des landesherrlichen Hochgerichts in Paffrath, erkennen demgemäß über alle Rechtssachen. Die Konsultation holt sich das Paffrather Gericht beim Hochgericht in Bensberg. Das Hofgericht ist verpflichtet, dem Herzog als oberstem Gerichtsherrn für seinen Schutz jähr-

---

[140]) Historisches Archiv der Stadt Köln, Domstift, Akten 97.

lich am Remigiustag zehn Malter „Schirmhafer" auf sein Haus in Bensberg zu liefern. Doch steht dem Landesherrn nach der Rolle noch „weitere Gerechtigkeit" zu [141]).

Darüber sind wir genau unterrichtet, denn von dem Hofrecht des Fronhofs in Paffrath, auch Gebur- oder Lehnrecht genannt, ist eine sehr alte Fassung aus dem Jahre 1454 überliefert, von der außerdem noch zwei abgeänderte und erweiterte Abschriften aus späteren Jahrhunderten bekannt sind. Vielleicht handelt es sich bei der Niederschrift der mündlichen Aussagen des auf dem Krankenlager vernommenen alten Kirchmeisters Heinrich (Hennichen) van dem Siefen am Montag nach dem achten Tage nach Dreikönigen, also am 14. Januar 1454, vor dem Pastor und Kaiserlichen Notar Konrad Voeghe von Paffrath um die erste Festlegung überhaupt, nachdem bis dahin die Überlieferung der Alten allein für das Gericht genügt hatte. Der Kirchmeister war zwar krank am Leibe und stand mit seinem schweren Leiden in Gottes Gewalt, aber er war noch stark und gesund mit Worten, und alle Sinne waren ihm zu Willen, so daß er das Geburrecht deutlich zu erzählen vermochte. Eine Anzahl ehrbaren Männer waren dabei anwesend, der zweite Kirchmeister Wilhelm von Katterbach, der alte Fronhofsbote Peter auf dem Berge, der Wirt Jakob und der Kellner (Rentmeister) des Herrn Ulrich von Mensingen (auf Haus Blech) und Amtmann des Fronhofs zu Paffrath, Simon in der Scherve. Der Pastor nahm das Weistum getreu nach den Worten Heinrichs schriftlich zu Protokoll, trug es in das Rote Meßbuch ein und bezeugte die Wahrheit mit seiner eigenen Handschrift [142]).

Die Präambel lautete nach den späteren Abschriften: „Dyt is dat gebuir und leenrecht ind dat gebuirrecht deß gesworen hoiffs zu Paiffroidt, in dem lande van dem Berge gelegen, un ouch, wat dem laintheren davann gebuirt und iem weder zu doin gebuirt, und vort, wie man it damit zu halden plegt und nu vortan halden sall."

Das Hofrecht bestimmte:

Drei ungebotene Dinge sollen im Jahr sein, das eine des Montags nach Dreikönigen, das andere am nächsten Montag nach dem achten Tage nach Ostern und das dritte am nächsten Montag nach St. Johannes Messe im Mittsommer.

Beim dritten Hofesgeding im Mittsommer soll man einen Schulzen (Schultheiß) einsetzen, und der soll ein geschworner Lehnmann und dem Fronhofe und der Gesamtheit der Lehnleute gedeihlich und gut sein, und der Hof soll einsetzen sieben Schöffen für den Hof und den Landesherrn (für das Hochgericht).

Das Hofesgericht soll dingen über Besitzrecht und Schuldsachen und der Landesherr über Gewaltsachen (Verbrechen) mit denselben Schöffen. Der Schultheiß des Landesherrn zu Bensberg soll bei Gewaltsachen dingen, und meines Herren (des Domkapitels) Schultheiß soll jedem Schöffen sechs Pfennig geben. Die Strafgelder, die in diesen ungebotenen Dingen anfallen, sollen dem Landesherrn allein zufallen. Die anderen Strafgelder, die das Jahr über anfallen, sollen so verteilt werden, daß bei fünf Mark der Hof $7^{1/2}$ Schilling, das andere der Landesherr haben soll. Auch von den $7^{1/2}$ Schilling soll der Landesherr $2^{1/2}$ Schilling haben. Mein Herr soll dem Hofe alle Gewaltsachen abnehmen, die der Hof nicht richten kann und die von ihm nicht abgestellt werden können.

---
[141]) ZBGV 20 S. 193.
[142]) Veröffentlich bei Ferdinand *Schmitz:* Annalen 87 S. 31 ff.

Der Hof soll dem Landesherrn davon jährlich zehn Malter Hafer geben und ihm auf St. Remigius Messe (1. Oktober) nach Bensberg auf das Schloß zustellen.

Der Landesherr soll jährlich drei Essen haben, ein Abendessen, ein Mittagessen und ein Abendessen, und des Morgens eine Suppe, daß ihn Gott geleite. Und der Landesherr soll kommen mit seinem Kaplan, mit zwei Rittern, mit einem Jäger, mit zwei Paar Windhunden, einem Falkner, mit seinen Hunden und Vögeln.

Wenn es vorkommen würde, daß in Paffrath ein missetätiger Mann gefangen genommen würde, den soll man im Fronhof in den Stock schließen. Und der Hof soll den Kötterboten senden, der soll ihn verwahren bis auf den dritten Tag. Und der Hof soll das den Landesherrn durch den Amtmann zu Bensberg wissen lassen, daß er ihn hole; sollte er ihn nicht holen, so soll man ihm aufschließen ohne Buße und laufen lassen. Wenn einer käme, der dem Hofe nicht dingpflichtig (besessen) wäre und bei jemanden in Schuld stände und zahlungsunfähig wäre und keinen Bürgen hätte, den soll der Hofesbote in einem Hause in eine Fessel schließen, bis er einen Bürgen stellt oder bezahlt.

Der Hofesbote soll sich beim Hofgeding an das Gericht wenden, es sei eine Schuld- oder eine Gewaltsache.

Kein Nachbar, der dem Hofrecht untersteht, soll einen Mann anders belangen als mit dem Hofgeding.

Das Gericht von Bensberg stößt an das Dorf zu Paffrath zwischen zwei Falltoren an den Zaun, das eine Falltor ist auf dem Flachsberg, das andere am Kreuzhäuschen.

Der Hofesbote soll sich bemühen zu Nußbaum, zu Katterbach und weiter den Weg, der das Paffrather Kirchspiel begrenzt, und von da bis nach Dünnwald in das Dorf und von da auf den Emberg.

Was an Übeltaten zu Dünnwald geschieht, die soll man zu Paffrath richten und nicht zu Dünnwald. Wäre jemand zu Paffrath, der zu Dünnwald schuldig würde, den soll man nicht zu Dünnwald belangen.

Die Lehnleute zu Paffrath mögen von Paffrath über die Ulner-Brücke (die Brücke der Töpfer) fahren, und die soll ganz sein; wäre sie nicht ganz, sollen die Jungfrauen zu Dünnwald (im Kloster) sie zimmern. Und geschähe einem Schaden durch die Brücke, so sollen die Jungfrauen den Schaden tragen. Die Lehnleute von Paffrath mögen weiterfahren von der Brücke zu Dünnwald durch die zwei Falltore und die Schlüssel dazu im nächsten Haus dabei begehren; fände man die Schlüssel nicht, so soll man sie (die Tore) aufschlagen und bis auf den Emberg ohne Strafe weiterfahren; wäre der Weg so tief, daß man nicht fahren könnte, so soll man so lange unangefochten über das Feld fahren, auch wenn das Feld mit Weizen besät wäre.

Die von Katterbach sollen fahren und ihr Vieh treiben bis auf den Faulbach (Falenbach), um zu ihrer Notdurft Zaun-Holz zu hauen, nicht aber, um es zu verkaufen oder wegzugeben.

Die von Torringen sollen in den Herkenbroich treiben und Zaunholz und Gertenholz hauen zu ihrer Notdurft.

Die Leute zu Paffrath sollen in den Weidenbusch treiben bis Sankt Walburgis Messe (25. Februar) und dann draußen bleiben bis zu Unser lieben Frauen Tag, wenn man die

Würzkräuter weiht (15. August). Fände man jemand binnen dieser Zeit darin, so oft es wäre, so oftmals soll er 7 1/2 Schilling und ebensoviel von jeder Kuh zahlen.

Wollte jemand von den Lehnleuten auf einem Lehngut zimmern, so mögen sie Gerten zu den Zäunen um die Stangen (Steweren) in dem Weidenbusche hauen. Zur Ernte mögen sie Scheuerreiser und Bände im Weidenbusch holen, dürfen sie jedoch nicht verkaufen oder weggeben.

Die von Nußbaum sollen ihre Kühe den Weg durch Nußbaum treiben, durch Heinrichs Hof zum Pohl zwischen den Wiesen an der Lohmühle her auf die Landstraße. Die von Nußbaum sollen hauen in der Gemeinde, wo die von Paffrath hauen; verkauften sie es (das Holz) aber, so zahlen sie von jedem Stücke 7 1/2 Schilling Buße. Die von Nußbaum sollen ihr Vieh nicht weiter treiben als an die breite Straße (Broderstraße).

Die in den Höfen mögen allein einen Schäfer halten und wie die Nachbarn treiben. In den Höfen (geht) ihr Marktweg durch Drees Tor.

Die von Blech mögen allein einen Kuhhirten halten und in den Strunder Busch treiben und mit den Nachbarn in die Gemeinde, und sie mögen auch allein einen Schäfer halten. Und wenn die ungebotenen Dinge sind, dann soll der Lehnmann da sein bei einer Strafe von 7 1/2 Schilling, die Kötter bei 6 Pfennig.

Es soll niemand als Scheffe sitzen, er sei denn ein Lehnmann. Und niemand soll ein Wort sprechen, er sei denn ein Lehnmann. Und zu Gewaltsachen mag jeglicher Mann sprechen.

Die Kötter sollen ihren Schöffenstuhl selber besetzen und ihr Wort selber sprechen, und niemand soll es um Lohn tun.

Wer Lehngut verkaufen will, der soll das dreimal feilbieten, wenn man dingt, und zwar vor den Lehnleuten und Hofesboten. Wenn die Erben nicht zum Kaufe kämen, so soll es ein Lehnmann kaufen. Wenn das nicht geschähe und es käme ein Wildfremder, dann mag er es kaufen und behalten.

Der Hof (Fronhof) soll einen Kuh- und einen Schweinehirten mieten. Und der Hof soll ihnen zuerst zu essen geben, nach der Größe der Herde, und sie auch danach lohnen, und die Nachbarn danach, so hoch und so gering, wie es füglich ist.

Der Hof mag haben einen Schäfer und das Dorf einen.

Der Hof soll vortreiben und ihm nach das Dorf bis Katterbach, bis Scholer (Schüllerbusch), bis nach Nußbaum.

Der Hof soll ein Faselrind und ein Faselschwein (Zielvieh) halten; kämen diese von der Herde zu jemandes Schaden ab, so soll der, den der Schaden angeht, die Tiere nicht schlagen noch werfen, daß es ihnen schädlich sein könnte, sondern er mag sie von dem Seinen treiben und gehen lassen.

Zu Paffrath ist eine Gemeinde (Gemeindebusch), da mag jedermann Zaunholz und Brennholz hauen, jedoch soll keiner damit backen oder brauen zum Feilhalten noch es verkaufen. Wer das täte, soll für jede Gerte 7 1/2 Schilling zahlen.

Die in Paffrath ansässig sind, sollen im Sommer nicht mehr Vieh halten, als sie im Winter halten können, und sie sollen auch kein anderes Vieh gegen Lohn annehmen.

Wenn Menschen von auswärts kämen und ein Haus mieteten, do mögen sie in die Gemeinde gehen und Zaunholz-Gerten und Brennholz hauen gleich einem Lehnmann.

Wenn die Pfannenbäcker (Töpfer) tagsüber Kaulen machen, so sollen sie diese zumachen; geschähe das nicht und es fiele jemand schlechterdings hinein, so sollen sie den Schaden bezahlen.

Die von Paffrath sollen ihre Kühe in den Eschenbruch treiben. In das Gänschen und in den Klüppelbusch sollen sie nicht treiben.

Die bei der Mühle wohnen, sollen den Mühlenhof in gutem baulichen Zustande halten und die Weiden dabei und die Weiden von der Kirche bis zu der Mühle gebrauchen. Die außerhalb der Zäune liegen, sind der Gemeinde.

Das Haus und Gut des Müllers, Eckers Gut stellen einen Scheffen, die Güter zu Torringen ferner einen Scheffen, die zu Siefen den dritten, die zu Nußbaum, wo Hans wohnt, den vierten, die Bach und ihre Absplisse, wovon das Bleches Gut ein Teil ist, den fünften, der Mühlenhof den sechsten; die Kötter den siebenten. Zu Sankt Johannes Messe (24. Juni) sollen sitzen drei von Nußbaum und drei in den Höfen, und die Kötter einen, das ist der siebente.

Ferner der Holzhof (in Dünnwald), der Hof von Schönrath, das Gut von der Mühle (in Dünnwald), ferner die drei Güter zu Lützenkirchen je einen Scheffen; diese sechs sollen zusammen sitzen, und für die Kötter einer, das ist der siebente.

Ferner das Gut zu Mutz und das zu Strundorf je einen, das Gut zu Schlöm den dritten, für Jacob zu Paffrath den vierten, die zwei Katterbach, einen diesseits des Baches und einen auf der anderen Seite des Baches, das sind sechs, und die Kötter den siebenten.

Wer nach der Wahl der Lehnleute Kurmut geben soll, so soll der Hof ihm das zweitbeste Pferd nehmen; ist kein Pferd da, die zweitbeste Kuh; ist weder ein Pferd noch eine Kuh etc. da, so soll man Gnade gewähren und hiermit die vorgenannte Kurmut tätigen.

Hierzu machte Hennichen zu Siefen am 7. Januar 1456, dem Mittwoch nach Dreikönigen, auf dem Krankenlager noch einige Zusätze, wobei außer dem Pfarrer Konrad Voeghe von Paffrath noch Heinrich, der Sohn Antons, des Schultheißen von Paffrath und Mülheim, ferner Wilhelm von Katterbach, der Kirchmeister und Offermann Hans auf dem Berge zu Paffrath, und der Kellner zu Blech, Jacob zum Pohl, zugegen waren.

Maße und Gewichte für trockene und nasse Waren soll man bei den ungebotenen Gedingen nachprüfen, damit jeder nach dem Hofesrecht gerecht bedient wird.

Der Fronhof soll den Lehnmannen zwei Essen geben, und dazu soll man die große Glocke läuten, wenn man zu dem Essen gehen soll. Ein Essen soll zu Sankt Martins Messe (11. November) sein. Man soll jeglichem Lehnmanne zu zweien eine Schüssel mit einem Stück Speck geben, eine Spanne weit und drei Finger dick, dazu Kresse und kaltes Bier und Roggenbrot genug. Und danach Rindfleisch, zu zweien eine dergleichen Schüsseln, genug und edler Art mit Mostrich. Die andere Mahlzeit sollen sie haben am Fastnachtssonntag. Man soll ihnen geben zuerst zu zweien eine Schüssel, wie vorbeschrieben, mit Zwiebel gesotten und gestoßen, und mit Kümmel bestreut. Und danach kalte Sülze genug, zu zweien eine Schüssel wie vorbeschrieben mit Mostrich. Und danach Speck, drei Finger (dick) und breit, zwei Finger lang auf der Schüssel mit Kresse. Und danach Bratwurst von „spessen" (!) und Schweinen, gebraten, davon genug, kaltes Bier und Weißbrot genug. Was man vom letzten Gericht nicht mehr essen mag, das mag jeder heimtragen nebst einem Achtel Bier. Und wer sich an den Türstein stoße (betrunken umfalle!) oder andere Ungewohnheit treibe oder einem armen Menschen nichts gebe, soll, so oft das geschieht, 7 1/2 Schilling an den Hof zahlen. Und die Lehnleute sollen auf dem Söller sitzen und die Kötter daneben bleiben, und die von Schönrath sollen vornean sitzen. Wäre es zu heiß, so soll man es erträglich machen.

Ferner soll auf dem Fronhof eine Futterkrippe mit Futter und Rüben (Örzen) etc. stehen; wenn die Nachbarn es benötigen, mögen sie in der Winterzeit bei Tag und Nacht ihr Vieh darunter treiben.

Am Donnerstag, dem 13. Februar 1658, schrieb Johann Pott, Statthalter des Lehngerichts zu Paffrath und Gerichtsschreiber, in Gegenwart der Scheffen Johann Ludwig zum Nußbaum und Hermann zum Seiffen das Weistum aus einer alten Hofesrolle aus dem Jahre 1454 ab. Sie war angefertigt worden von den Hofsgeschworenen und Lehnleuten Heinrich von Seiffen, Wilhelm von Katterbach, Hans in den Hoffen, Hans zum Nußbaum, dem greisen Brückenwärter Drees (Andreas) zum Hummelsheim (Hommelsen), Simon in der Scherf und dem alten Peter auf dem Berg auf Befehl und in Anwesenheit aller Hofes- und Lehnleute zu Paffrath und von diesen bewilligt und zu halten gelobt worden. Pott schrieb das Weistum in der Sprache seiner Zeit auf Pergament nieder. Im 18. Jahrhundert wurde dann hiervon wieder eine Abschrift genommen und abermals die Ausdrucksweise abgeändert. Diese Fassung gelangte in den Besitz von Vinzenz von Zuccalmaglio und wurde von Dr. G. Eckertz veröffentlicht[143].

Es haben sich zwar Lesefehler in diese Fassung eingeschlichen, anderseits lassen sich aus ihr auch wieder Fehler in der Veröffentlichung von Ferdinand Schmitz aus dem Roten Meßbuch berichtigen und zudem einige Ergänzungen aus späterer Zeit geben, die nachstehend folgen:

Die Lehnleute zu Paffrath dürfen im Weidenbusch einen Hoertbaum (Schatzbaum) hauen.

Wenn die Kühe von Nußbaum an der Landstraße an den Zäunen oder an den Grundstücken Schaden anrichten, soll das ungestraft bleiben.

Die Nachbarn zu Paffrath dürfen das Wasser des Baches auf ihre Wiesen leiten des Samstags und an den Tagen der Apostel und den sonstigen hohen Festtagen abends von neun Uhr bis nächsten Tags um neun Uhr.

Das Gut zu Hoven, und die darauf wohnen, sollen das Vieh nicht weitertreiben als binnen ihren Gräben, weiter geht ihr Recht nicht; ferner können sie in den Kesselborn treiben. Für das Weiden sollen sie ein Huhn geben.

Zu Paffrath sollen fünf Tore sein, davon zwei auf dem Flachsberg, eines am Kreuzhäuschen, eines beim Michelshof und eines im Eschenbruch oder Lochbroich.

Der Fronhof soll das Holz für die fünf Tore liefern und die Zapfen in dem Holz sollen so gut sein, daß man die fünf Tore einhängen kann.

Die Zuerben (Besitzer) und die Kötter sollen die Tore anfertigen und aufhängen.

Wer in die Brache sät, der soll sie erst bereit machen; täte er das aber nicht und erwachse ihm Schaden, so soll er dafür nicht bestraft werden.

---

[143] Annalen 15 (1864) S. 162 ff.

Sollte der Fronhof zu Paffrath baufällig werden, und sollte ihn dann die Herrschaft nicht wieder aufbauen wollen oder können, so ruht die Pflicht zum Wiederaufbau auf niemand anders als auf den Lehnleuten.

Der Fronhof soll für die Lehnleute eine Ackerwalze (Weltzbloch) hauen und bereithalten.

Der vereidigte Bote des Fronhofs soll zugleich den Weidenbusch hüten. Dafür erhält er jährlich einen Rock oder vier Mark.

Wenn jemand sein Hoftor (stadefredden) nicht zumachte, und es geschähe dadurch jemand Schaden, so soll derjenige ihn bezahlen, durch den der Schaden verursacht wurde, oder er wird vom Hofgericht bestraft.

Eine ältere Fassung der vorstehenden Abschrift, aus der sich ebenso Ergänzungen und Berichtigungen entnehmen lassen, ist in die im Staatsarchiv in Düsseldorf beruhende Originalhandschrift der Erkundigung über die Gerichtsverfassung im Herzogtum Berg vom Jahre 1555 eingeschoben [144]).

5) Die Lehngüter im Jahre 1675

Nachstehendes „Verzeichnus deren zum löbl. Lehen- oder Hoffgericht in Paffrath anjetzo gehöriger Lehenleute und Kotteren de Anno 1675" findet sich in den Akten des Kölner Domstifts (Nr. 97). Das Verzeichnis ist mit einigen späteren Zusätzen versehen.

Paffrather Lehenleut

Schönrader Wieß, Kirchspiel Paffrath. Anjetzo zeitlicher Lehenträger Herr Wilhelmus Schulgen, Kellner der Abteien zu Altenberg, zeitlicher Herr Prälat. — Ist churmoidig und müssen inhalts Weißtumb, nebst einem sammten Beutel mit Gold und Silber, die Churmoid tätigen.

Holtzhoff zum Dunwaldt. Inhaber dessen, Herr Joannes Cuperus, zeitlicher Prior des Klosters zum Dunwaldt. — Mode (jetzt) Herr Claeßen, gewesener Herr Provisor allda. Churmoidig wie oben.

Churmüdig Metzmächers Gut im Kirchspiel Gladbach, Strundorff genannt. Inhaber dessen, Margaretha, seligen Conraden Wittib in der Hamich, Kirchspiels Gladbach, und Tönnes Steinkrüger, Müller zu Gladbach, bei Zeiten Herrn von Lohehausen zum Lehen-Mann angesetzet, so annoch im Leben ist. Sie notatum 1717, am 5. Juli. — Modo Wilhelm und Diederich Kierdorff.

Schlömer Hoff, in gemeltem Gladbach gelegen. Inhaber Joan Hamecher. — Modo Johan Steinkröcher und Erbgenahmen Höeschtens und Erbgenahmen Steinkrüger.

Churmüdig das Gut zum Eichholtz im Kirchspiel Bensberg, und Lehenmann dessen Joan Eschbach abgelebt; Theelen, Sohn daselbsten. — 1715, den 6. Mai, hat Joan Eschbach das Leben auf seinen Tochtermann Joan Henrich Ningelgen refutiret (übertragen), der dann den Leheneid ausgeschworen hat und als Lehen-Mann zum Protokoll gesetzet worden. — Modo Bürgermeister Bruckmann zu Mülheim Lehenmann.

---

[144]) Abgedruckt bei Lacomblet, Archiv 7 S. 296 ff.

Churmüdig Seiffer Gut im Kirchspiel Paffrath. Inhaber dessen Hermann daselbsten Lehenträger. Nunmehr dessen Sohn Peter zum Sieffen. — Modo Balthasar zum Sieffen. *Gerhard, dabei gelegen,* Lehenmann wegen des Guts, darauf er wohnet. — Peter zum Sieffen. — Modo Theiß N.
Das Gut auf der Hoppertsheiden im Kirchspiel Paffrath. Lehenmann und Inhaber Herr Daniel Restgau. — Modo Scherrenberg in Cöllen. — Churmoidig.
Hülser Gut im Kirchspiel Paffrath ist churmüdig. Inhaber Joan daselbst. — 1715, den 6. Mai, ist auf Ableben Johann in der Hülsen die Churmud mit acht Daler vertatigt und Corstgen in der Hülsen als Lehnmann in Pfacht genomen worden. — NB. Conrad und Joannes Thorringen haben Absplisse dieses Guts und geben ein an Churpfaltz 5 Gulden Cölnisch.
Modo Christian Odenthal, Lehenmann.
Lehengut auf Kattermich seind zwaren 2 Güter. — Hermann, der Sohn Buschförster selbiges empfangen. — Modo Wilhelm Katterbach. — Ist churmodig.
Das Gut zu Toringen, so schwarze Merten selig bewohnt hat, ist ein Kotters-Gut. Inhaber dessen vorgemelter Herr Restgau, modo Herr Scherrenberg in Collen.
Das andere Gut dabei (zu Torringen), so Brauns Merten bewohnt, ist ein Kottersgut. Inhaber dessen seligen Johanns Erben von der Hoppertsheiden. — Modo Daniel Brauns, muß empfangen.
Bursers Gut zu Toringen, so Goddert Schlebusch an sich bracht und Lehenmann ist. — Modo Godert Schlebusch. — Churmüdig.
Das andere dabei gelegene Bertrams-Gut, so er, Goddert, an sich kauft. — Churmüdig. — Anno 1715, den 6. Mai, ist dies Bürsers Gut konsolidiert worden und dessen würklicher Inhaber Wessel Schlebusch. Der Lehenmann soll Jacob Schlebusch vorhin (gewesen sein), und über beide Güter gestellt, auch annoch im Leben sein, worüber in dem Protokoll nachzusehen stehet.
Das Bertrams-Gut wird zu einer Halbscheid von Johannis Schlebusch Erben, und zur anderen Halbscheid vom Jacob Schlebusch besessen. — NB. Jacob Schlebusch soll auch Lehenmann sein, worüber in dem Protokoll nachzusehen. — Churmoidig.
Das Gut zu Toringen, referentibus Scabinis (nach den berichtenden Scheffen), soll ein Einspliß in das Hülser Gut zu Thöringen sein, darab Inhaberin Mergen, Wittib abgelebten Joan Boichhorn. — Jovis (Donnerstag), 1. Juli 1688, ist Mertens, seligen Joan Buschhorn Sohn zu Toringen, mit seinem Teil elterlichen Guts daselbsten belehnt worden laut Protokolli. — Modo Goddert Schlebusch. (Gehort zu vorigem Casus.)
Zwei Güter auf der Wimpelsheiden im Kirchspiel Paffrah. Inhaber deren Peter und Conrad, Gebrüdere. — Modo Adolph Platz und Herr Vicarius zu Gladbach. — Churmodig.
Das Lehengut an der Handt in gemeltem Kirchspiel. Inhaberin Koen (Kunigunde), Wittib abgelebten Siegen Korstgens (Christian). — Modo Erbgenahmen Bützlers. — Churmoidig.
Das Gut daselbst (an der Handt), so Wilhelm Hey selig bewohnt hat. Inhaber dessen Chorst (Christian), dessen Sohn, Lehenträger. — Modo Joannes Hey, Lehenträger. — Churmoidig.
Das Gut (an der Handt), so Margareth, Wittib Henrichen Schmiedt, nunmehr Ehefrau Johannen daselbsten, bewohnet und Inhaberin ist. — Modo Joannes Hey, Lehenträger.

Das Gut, so Hanß Goddart an der Handt bewohnet und Inhaber dessen ist. — Modo Wiemar Eßer. —
Gehöret zu obiger Sohlstatt. (Bezieht sich auf die drei letztgenannten Güter, die alle Absplisse vom Hey-Gut in Hand sind.)
Adolph Schneider an der Handt, Inhaber des Guts. — 1699, den 13. Dezember, haben Henrich Eßer und Servaes Thumbach das verfallene Adolph Müllers Gut an der Handt vertätiget, und Servaes Thumbach an der Handt ist als empfangende Hand angesetzet. — Modo Hermann Gierrath im Pullengütchen. — Churmoidig.
Herrn Petri Paffraths Gut an der Handt, Bürgeren und Kaufhändleren in Collen, auch Inhaber. — Modo Erbgenahmen Katterbachs haben dieses Lehen zu empfangen. — Gehört zu voriger Sohlstatt.
Claeßen Kippekausens Gut daselbsten (an der Handt), auch Inhaber ist. — Modo Peter Eßer und Erbgenahmen. — Hermann Katterbach selig, quorum nomine Wilhelm Katterbach Lehenmann 1700, den 30. Juni. — Ein Gütgen, gehöret zu voriger Sohlstatt.
Das Gut an der Handt, so Laurentz bewohnet und Inhaber ist, so ist jetzund Lorentz Gierath zum Lehen angesetzet. — Modo Martinus Risch. — Ist chourmoidig und dürfte zu dieser oder voriger Sohlstatt zur Handt gehören.
Das Gut in der Kaulen im Dorf Paffrath, gehörig Adolpho Adolphs. — Modo Hermann Staaf. — Ist ein Kötters-Gut.
Gut in der Kaulen, Henricus Poelman, Marckmeister in Cöllen gehörig. — Modo Andreas Malmedy und Hermann Staaf. — Ist ein Kötters-Gut.
Ein Gut, in der Kaulen genannt, Frauen von Lohehausen zum Blech gehörig. — Modo Herr Johann Jacob Bützler. — Kötters-Gut.
Ein Gut aufm Kampff zu Paffrath, Peteren auf der Wimpelsheiden gehörig. — Modo Paulus Höltzer. — Kötters-Gut.
Lehengut auf dem Büchel in Paffrath, Inhaber Herr Creutzer in Cöllen. — Modernus proprietarius (jetziger Besitzer) Doctor Wingens. — Modo Herr Dr. Gruben in Cöllen. — Kötters-Gut.
Das Gut im Dreck im Dorf Paffrath. Inhaber Hermann daselbst. — Modo Wittib Steinbüchels. — Kötters-Gut.
Ander Gut im Dreck, Inhaber Hermann Schmidt. — Modo Erbgenahmen Weyers. — Kötters-Gut.
Noch ein Gut (im Dreck), Inhabere Mevis (Bartholomäus) und Gerhard, Geschwägere. — 1717, 5. Juli, ist Evert im Dreck zu Buch gesetzt auf Absterben seines Schweigervaters. — Modo Wittib Bachs. — Kötters-Gut.
Das Gut im Dreck zu Paffrath, gehörig Wesselen Büchel und Henricus Krey, Geschwägeren. — Modo Johann Dierich Kierdorff. — Kötters-Gut.
Das Gut auf dem Platz im Dorf Paffrath. Inhaber Conrad daselbst. — Modo Johann Dierich Platz. — Kötters-Gut.
Offermannshaus im Dorf Paffrath, bewohnt zur Zeit Rutgerus Gottschalck als Opferdiener.
Frohnhoff auf der Bach im Dorf Paffrath, worin das Lehngericht gehalten wird, bewohnt Johann daselbst zur Zeit als Pfächter. — Modo Joan Dierich Kierdorff, juravit (hat geschworen) 8. Mai 1753.

Das Bachgut dabei, gehörig Wesselen (Wenzeslaus) Büchel und Henrico Krey, Hommelser (Hummelsheimer) Halbwinner, Geschwägeren.
Anno 1721, den 14. Januar, hat Hans Dierich Kyrdorff das Gut empfangen und Dierich beide als Johann aufm Platz beiden praesentiret, aber sonst Dierich vor Scheffen angenohmen worden [144a]. — Modo Johann Dierich.
Kierdorf. — Anm.: Lehnmann Hans Adolph Schlomer. Fol. 99. — Churmödig.
Das Gut unter am Nußbaum im Dorf Paffrath. — Inhaber Adolphus Adolphs. — Modo Gerhard Linden. — Churmodig.

Kreuze mit Hofmarken Friedhof in Paffrath

Gut aufm Flaßberg, gehörig Laurentzen an der Handt. — Modo Johann Buschhorn. (Churmoidig und gehöret unter eine andere Position.)
Gut aufm Flaßberg, gehörig Schneider Gotterten. — Modo Peter Gierath. — Ein Abspliß aus dem Bachlehen.
Gut aufm Flaßberg, so Stina, Wittib Wilhelm Koembocken, bewohnet und Inhaberin ist. — Modo Hermann Weyer und Peter Hoven. — Churmoidig.

[144a] Durch Kaufbrief vom 23. Dezember 1715 kaufte Hans Dierich Kierdorf, jetziger Fronhalfen auf der Bach in Paffrath, von den Erbgenahmen des Wenzeslaus Büchels und Heinrich Krey zu Hummelsheim das Bachgut in Paffrath und das Gütchen im Dreck für 1100 kölnische Taler zu 52 Albus. Nach erhaltener lehnsherrlicher Consens und getanem Verzicht der Erbgenahmen, nämlich des Johann und Daniel Krey und des Wilhelm Büchels für seinen kranken Bruder Johann Büchel wurde Hans Dierich Kierdorf im Bachgut erbfest gemacht.

Das Gut auf dem Flaßberg. — Churmüdig. — Inhaberin Elisabeth, Wittib seligen Bastians zum Nußbaum. — Modo Wittib Chorschildgen. — (Anm.: Gehöret zu voriger Position.) — Churmud Lehenmann Matthias Weyer, 26. Septembris 1753.

Churmodig große und kleine Beyfried (Bergfried) im Dorf Paffrath, Inhaber deren Herr Melchior Peter Merfeldt, Landschreiber. — Modo Wittib Eßer. Lehenmann Joannes Eßer.

Das Gut zum Pfuhl im Dorf Paffrath, gehörig Frauen Wittiben Joan Mercken, Gerichtsschreiber des Amts Solingen, filius Hans Wilm Marcken selbiges empfangen und Lehnsträger ist. — Modo Johann Diederich Kierdorf und Consorten, Lehnmann Melchior Neuhofer. — Churmodig.

Churmodig Gut zum Pfuhl, Inhaber Evert Dahmen, modo Merten Dahmen.

Zwei Güter zum Pfuhl, gehörig seligen Goderten zu Kuckelberg Tochteren, Gertruden genannt. — Modo Tilmann Bützeler und Consorten. — Churmodig und gehören beisammen.

Zwei Güter in den Höffen, Inhaber deren Girt (Gertrud), Wittib Godderten Dahmen selig. — Modo Joannes Kley. — Churmoidig.

Das Gut zum Nußbaum, so Elisabeth, Wittib Bastians selig bewohnet. — Modo Erbgenahmen Richats et Consorten. Inhaber Herr Daniel Restgau zum Nußbaum. Obiit (ist gestorben). — 1709, den 15. Oktober, ist Wessel Mündersdorf zum Lehenmann angesetzt worden. — Anno 1717, den 1. Juli, ist die Churmoid getätiget und elf Daler pro hac vice et ... consequentiam (für diesen und den folgenden Lehnsmann) zahlet. (Anm.: Poll zu untersuchen seie.)

Das Gütgen zum Nußbaum, gehörig Wesselen Büchel und Henricus Krey, Hommelser Halbwinn, Geschwägere. — Modo Severin Corschilgen. — Gehöret zum Teil in das Bachlehen.

Gut zum Nußbaum, gehörig Henrichen Küchenberg, Staals — und Mahr — Halbwinn (des Staels- und Marhofs) zu Urbach, Geschwägeren. — Den 6. Mai 1715 ist Joan Wilhelm Müngersdorff als Lehenmann angesetzt und die Churmudt vertädiget worden. — Modo Erbgenahmen Richartz. — Churmodig. — NB. zu untersuchen, ob für sich allein oder unter welche Hoffstatt einschlägig seie.

Churmödig Gut zum Nußbaum, gehörig Annen, Joan Ludwigs Vortochteren, Wittib Joan Koembucken selig aufm Flaßberg. Lehnträger Johann Ludwigs. — Modo Johann Waldor et Consorten.

Gut zum Nußbaum, Even, Wittiben Joannen Osenawen selig. Modo Joannes Thorringen et Consorten.

Es seind drei Wohnungen zum Nußbaum, deren eine Tillman, die andere Derich Schneider daselbsten und von der dritten Dederich Hagdorn Inhaber ist. — Modo Christian Herckenrath et Peter Dahmen, gehören zusammen und ist eine Churmoid.

Das Gut zum Hoven im Kirchspiel Paffrath, gehörig Frauen von Lohausen zum Blech. Modo Herr Johann Jacob Bützler. Zu inquirieren, ob es ein Lehn für sich oder ein Abspliß seie.

Churmödig Faßbenders und Hütten-Gut an der Walckmühlen im Kirchspiel Dünwald gelegen. Beide gehören Sophien, Wittib seligen Antonii Müllers in der Walckmühlen. Der Sohn Wessel selbige empfangen. 1760 tot. — Modo Wilhelm Odenthals et Consortes. — Adrian Müller Lehnmann.

Lehenleute Amts Misenlohe und Eingesessene des Kirchspiels Lützenkirchen

NB. Dieses soll insgesamt ein Lehn und Churmodig sein.
Wittib abgelebten Steffen Oertgens, gewesenen Lehnscheffen zu Paffrath, oder dessen Erben.
Anno 1721, den 13. Januar, ist der Wilhelm Eßer zu Quettingen allhier zu Paffrath an einem hochwürdigen Dom-Kapitul zu einem Scheffen mit Präsentierung Peter Olpens angesetzt worden. — Modo Thomas Menrath et Consortes.
Inhaber Reinerts Guts zum Lehn.
Henrich zu Veldtsiefen, seligen Joannis Sohn daselbst.
Inhaber des Lehnguts zu Veldsiefen, soviel hiehin gehörig.
Wilhelm Crämers wegen Göbbels Gut daselbsten, soviel hiehin lehnrührig.
NB. Diese beide nächstgesetze Teil sind Ausspliß aus seligen Gerharden Blechmanns Gut. Modo Henrich Alkenrath.
Das Lehngut zu Hoven im Kirchspiel Lützenkirchen, Inhabern dessen Frau Wittib Peters zu Steinbüchel, dero Sohn vor diesem selbiges empfangen. — Modo Herr Gerichtsschreiber von Mercken.
NB. Referentibus scabinis, war kein Kottergut, ist churmödig, wofern es nur eine Sohl ist.
Ita relatum 6. Mai 1695.

6) Die Gedingsprotokolle des Paffrather Hofgerichts von 1584 bis 1805

Allgemeine Übersicht

Von den vier ehemaligen Hofgerichten des Stadtgebiets Bergisch Gladbach hat das Paffrather die meisten Nachrichten hinterlassen. Nicht nur, daß uns von ihm das älteste Weistum überliefert ist, das zudem noch in zwei jüngeren Fassungen vorliegt, sondern wir besitzen auch die Protokolle seiner Verhandlungen in fast lückenloser Folge seit dem Jahre 1584 bis über die Säkularisation des Domstiftes hinaus fast bis zum Untergange der bergischen Lehngerichtsbarkeit überhaupt, nämlich bis zum 15. Juli 1805.
Im Archiv des Kölner Domstifts [145] haben sich vier Bände der Gedingsprotokolle erhalten. Der erste davon umfaßt die Jahre von 1584 bis 1622, seit 1614 mit nur wenigen Eintragungen; er ist geheftet und enthält 91 Blätter. Die Protokolle aus der Zeit vorher sind verloren gegangen. Im Jahre 1583 plünderten die zügellosen Horden des Pfalzgrafen Johann Kasimir während des Truchsessischen Krieges das Dorf Paffrath und nahmen das Lehnbuch des Hofgerichtes mit. Ähnlich geschah es in Gladbach, so daß man fast vermuten könnte, daß vielleicht einer der schreibkundigen Offiziere ein besonderes Interesse an diesen Gerichtsbüchern zeigte. Nach dem Abzug der Truppen legte man in Paffrath sofort ein neues Protokollbuch an, und am 2. Juli 1584 wurden alle noch bekannten Verkäufe von Lehngütern, über die natürlich auch besondere Urkunden,

---
[145] Es befindet sich als Depositum des Staatsarchivs Düsseldorf im Historischen Archiv der Stadt Köln.

oftmals auf Pergament, für die Beteiligten ausgestellt worden waren, erneut eingetragen und damit wieder „fest" — rechtssicher gemacht.

Der an diese Zeit anschließende Band von 1614 bis 1664 wurde auf dem Speicher der Burg in Paffrath aufgefunden und dem Stadtarchiv Bergisch Gladbach übergeben, wo er nach dem Zusammenbruch im Durcheinander des Jahres 1945 entwendet worden ist. Zum Glück hatte Ferdinand Schmitz eine Abschrift angefertigt und plante die Veröffentlichung. Ihm waren allerdings die anderen Bände im Archiv des Domstifts unbekannt geblieben.

Der dritte Band, ein Pappband mit 322 Blättern, enthält die Protokolle von 1670 bis 1752, der vierte, in Schweinsleder gebunden, mit 318 Blättern, reicht von 1753 bis 1780, der fünfte, ebenfalls in Schweinsleder, mit 113 Blättern, von 1780 bis 1805.

Diese Bücher bilden eine Quelle ersten Ranges für die Geschichte der Heimat auf den verschiedensten Gebieten. Der gesamte Personenkreis, der jemals seit 1584 in amtlicher Stellung mit dem Gericht verbunden war, also auch im öffentlichen Leben der Gemeinde Paffrath eine besondere Rolle spielte, wird uns aus ihnen bekannt. Gerichtsherr war das Domkapitel in Köln, vertreten durch den jeweiligen Domdechanten. Da seine Teilnahme sich natürlich in erster Linie, abgesehen von der rein juristischen Seite, auf die wirtschaftlichen Verhältnisse des Hofgerichts, seine Einnahmen und Ausgaben, erstreckte, tritt meist für ihn sein Rentmeister, der Domkellner, in Erscheinung.

Als örtlicher Vertreter des Domkapitels, dieses eigentlichen Lehensherrn, waltete meist der Edelherr auf dem Hause Blech, den die Paffrather deshalb auch ihren „Lehnsherrn" nannten. Vielfach heißt er „Pfandherr", weil ihm wahrscheinlich die Paffrather domkapitularischen Güter nebst dem Gericht als ein wirkliches Pfand gegen eine Geldsumme zu treuen Händen übergeben waren. Als frühester Vogt (advocatus) zu Paffrath wird im Jahre 1220 Eckert genannt[146]. 1454 ist Ulrich von Mensingen vom Haus Blech des „hoves amptman tzo Paffrode"[147]. 1574 waltete der Domkustos Reinhard Graf zu Solms als „Amtsherr zu Paffrath"[148] 1584 und in den folgenden Jahren tritt der Junker Braun (Brun = Bruno) von den Reven als Pfandherr auf. Im Jahre 1592 war das Amt unbesetzt, und die Lehnsleute verlangten vom Domkellner, daß ein vereidigter Lehnsherr eingesetzt werde. 1593 ist dann Wilhelm von Zweiffel (Zwiefel) Pfandherr, wahrscheinlich, weil die Junker auf Haus Blech noch minderjährig waren. Von ihnen wird Vinzenz von der Reven 1600 als beim Gericht anwesend genannt, zu einer Zeit, als Wilhelm von Zweifel noch im Amte war.

Am 14. Mai 1612 berichtet das Protokoll: „Und hat erstlich der edeler gestrenger und ehrenvester Herr Reinardt von den Reven den Lehenaydt, wie derselbe in der Ordnung beschrieben, mit ausgestreckten Fingern zu Gott und seinem heiligen Evangelio extense ausgeschworen und geleistet. Wie auch folgens danach den Schultheis- und Richteraydt, gleichfalls in der Ordnung beschrieben, mit ausgestreckten Fingern geschworen, vorbehaltlich den Lehnherrn und jedermann seines Rechten". Am 13. September 1620 wird Reinhard ausdrücklich als „Pfandherr und Statthalter" bezeichnet. Er war inzwischen auch in militärischen Diensten zum Rittmeister aufgestiegen.

---

[146]) *Mosler* a. a. O. I, S. 70.
[147]) Annalen.
[148]) *Mosler* a. a. O. II, S. 426.

Im September 1620 machte Reinhard von den Reven Ansprüche geltend auf einige Stücke Busch in den „jungen Eichen" die zu seinem rittermäßigen Gut Blech gehörten, aber von einem Johann Schnabel genutzt wurden. Dieser hatte sie von seinen Eltern geerbt, und die wiederum hatten die Stücke käuflich erworben. Reinhard hatte sich für sein Begehren die Genehmigung des Herzogs erwirkt, aber Schnabel kannte den Kaufpreis nicht. Deshalb sollten alte Leute vernommen werden, die es noch wissen konnten. Der beste Zeuge, Thonnes an der Hand, aber war „in dieser gefährlichen Sterbzeit" kürzlich gestorben. Konrad an der Kaule, 80 Jahre alt, wußte zwar von zwei Käufen der Eltern Schnabels, aber den Preis hatte auch er längst vergessen.

Im Jahre 1631 war Reinhard wahrscheinlich schon durch schwere Krankheit in seinen Ämtern behindert, und für ihn hielt sein „Statthalter" Clemens zu Habborn das Geding ab. 1632 starb Reinhard. Nun wurde seine Witwe Gertrud, geborene von Calckum gen. Lohausen, zur Pfandfrau des Domkapitels bestimmt, und noch in demselben Jahre trat als ihr bevollmächtigter Vertreter der Edle Peter zu Weyer auf. Vielleicht ist er identisch mit dem im Hebborner Gedingsprotokoll um die Wende von 1600 genannten Junker Peter zum Seifen (Obersiefen). Nach der Wiederverheiratung der Pfandfrau mit dem Junker Arnold von Deutz (Deutsch), kurkölnischer Amtmann von Wevelinghoven, wurde dieser von 1634 ab „Lehnsverwalter deren von den Reven" auf Haus Blech. Er versah sein Amt nach Ausweis der Protokolle sehr gewissenhaft und stellte auf Grund der alten Bestimmungen des Weistums die Weidegerechtsamkeit der Gemeinde wieder her. Ihm verdankt das Paffrather Hofgericht auch sein schönes Schöffensiegel. Im Gerichtsbuch findet sich darüber folgende Eintragung vom 28. Juni 1644:

„Demnach durch Absterben weiland des edel wolgeboren und gestrengen Junckeren Reinhardt von der Reven, hochseligen Andenkens, zeitlebens dieses Gerichts gewesenen Lehnverwalteren und Schultissen, das Gericht mit keinem Siegel versehen, als hat der edel wolgeborner und gestrenger Junker Deutzs zu Wevelinghoven, zeitlichen Lehnverwalteren mit Gutheißen dero Ehegeliebsten Girtruds Deutzs geborne von Lohehausen, Pfandfrawen, vor ratsam und gut angesehen, daß das Gericht mit einem absonderlichen Siegel sich versehen mochte, sodann auch durch den zeitliche Höffschultis Wetzelen Adams, vort Johannen Walckmüller, Johann Dhun, Steffen Esser, Berndt zum Pöl, Peter von Odenthal und Ludwig zum Noßbaum als Scheffen under des Sanct Clementes Biltnus, als Patroners der Kirchen zu Paffradt, eins zu verfertigen bestellt und aus den gemeinen Kosten bezalt worden. Dabei dan ausdrucklich von Herrn Lehnverwaltern befohlen und das ganze Gericht einheldilich beschloßen, daß hinfuro alsulches Siegel in die Gerichtskeest gelegt, nimmer ohne des semblichen Gerichs Wißen und Willen gebraucht werden solle".

Vermutlich hat Wetzel Adams das Petschaft bei einem Kölner Meister in Auftrag gegeben. Dieser schnitt den Siegelstempel aus einer Messingplatte, 4 cm hoch und 3 cm breit, als ein hochstehendes Langrund. Oben links beginnend (heraldisch gesehen) verläuft rundherum innerhalb eines doppelten Perlkranzes die Umschrift „SIEGEL DES HOFGERICHTS PAFRADT" in Antiqua-Majuskeln. In den oben befindlichen Zwischenraum, der Anfang und Ende der Unterschrift scheidet, greift die aufrecht stehende Gestalt des heiligen Papstes Klemens I., des Pfarrpatrons, mit der Tiara auf dem von einem Heiligenschein gerahmten Haupte hinein. Er trägt auf der Brust, wo der päpstliche Mantel über dem hohenpriesterlichen Gewande mit einer Agraffe festgehalten wird, ein Kreuz. Zudem umfaßt er mit der rechten Hand den Tragebalken des Papstkreuzes mit drei Querbalken. In der linken Hand hält er am Ring den auf den Boden gestellten Anker, sein allgemein übliches Attribut. Dieses Siegel-Negativ sitzt auf einem Eichenholzstock.

Der Verpflichtung das Petschaft in der Gerichtskiste gut aufzubewahren, sind Schultheiß und Scheffen getreulich nachgekommen. Es hat wahrscheinlich sein sicheres Gewahrsam, wie Paffrath überhaupt, erst nach der Aufhebung des Hofgerichts verlassen müssen. Zweifellos mußte es damals der weltlichen Behörde übergeben werden und ist dann auf unbekannte Weise entwendet worden und in private Hände gelangt. Dr. Carl Füngling in Köln-Rath, ein verständnisvoller Sammler alten heimatlichen Kulturgutes, erwarb das Petschaft in einem Kölner Antiquitätengeschäft. Er schenkte es auf Bitten des Verfassers im Jahre 1953 mit besonderer Urkunde der Stadt Bergisch Gladbach zu dauerndem Eigentum mit der Verpflichtung treuer und sicherer Aufbewahrung für die Zukunft.

Im Jahre 1646 wurde Arnold von Deutz bei einem Geding durch den Edlen Johann von Meisen zu Zeußen vertreten. In demselben Jahre setzte er vor Gericht durch, daß der Fronhalfen Johann zu Schlebuschrath, der ähnlich seinem Vater Heinrich den Paffrather Fronhof erbärmlich heruntergewirtschaftet, seine Bauverpflichtungen vernachlässigt und den Fronhof mit dem Lehngut „zur Bach" in „schand- und schimpflicher Weise ganz unbäuig und dachlos" hatte verkommen lassen, verpflichtet wurde, innerhalb von sechs Monaten alle Mängel zu beseitigen. Auch mußte er den Vorschriften gemäß für die Lehnsleute einen Stier und einen Bier (Eber) halten. In einem Protokoll des Jahres 1654 steht verzeichnet, daß der „Lehnherr", als welchen man Arnold von Deutz allgemein angesehen hatte, verstorben war.

Nun verlangten die Scheffen und Lehnsleute, daß Junker Heinrich von den Reven ihrem Geding vorstehen möge. Da er trotz zweimaliger Ladung nicht erschien, verhandelten sie zunächst ohne ihn. Erst am 16. Januar 1655 konnten sie ihn nach seiner förmlichen Ernennung huldigen und ließen es sich für vier Taler Bier, die er ihnen spendete, wohl schmecken. 1658 nahm auch ein Junker von Lohausen an der Gerichtssitzung teil. Wenn auch Heinrich von den Reven noch 1664 den Gedingen vorstand, so waren doch immer häufiger die Brüder von Lohausen zugegen, so auch am 3. April 1663. Hier erschien auch einmal der Amtmann von Porz selbst, Adolf von Katterbach auf Haus Herl. Da die Scheffenkiste mit den Protokollbüchern und Akten auf Haus Blech aufbewahrt wurde, kam es in den Erbstreitigkeiten und Auseinandersetzungen zwischen den von Reven und von Lohausen soweit, daß man sogar das Gerichtsbuch den Scheffen auf ihr Verlangen vorenthielt.

Am 14. April 1670 tritt sodann Henrich Adolf von Calckheim (Calckum) gen. von und zu Lohausen und Löwenberg in aller Form als neuer Lehnsherr auf. Doch starb er schon zu Anfang des folgenden Jahres. Sein Bruder Hermann Gumprecht von Calckum gen. Lohausen und Blech wurde am 2. April 1671 dem Hofgericht „als Lehnherr präsentiert durch beschehene Vorstellung. Die gesamte anwesende Lehenleut ihrem ietzigen Lehnherren getrewlich und in forma geschworen." Nachdem auch er um die Wende zum Jahre 1676 das Zeitliche gesegnet hatte, huldigte das Gericht am 13. Januar seinem

Sohne Reinhard Wilhelm als Lehnherrn von Paffrath, und „hierauf ist nach ergangenem Klockenklanck uti Styli das Gericht in Gottesnamen angefangen und durch obbesagten Scholtheißen (Johann Adolf Pott) Ban und Fried gebotten, demnechst die Rolle gelesen und verhandelt worden".

Der neue Lehnherr, der meist in Kriegsdiensten abwesend war, ließ sich in der Sitzung vom 25. August 1676 durch seinen Bruder Caspar Ölderichen (Ulrich) von Lohausen, Löwenberg und Blech vertreten, ebenso am 11. Januar 1683. Damit ging zugleich eine bedeutsame Epoche in der Geschichte Paffraths zu Ende; zum letztenmal sprechen die Gedingsprotokolle von der Teilnahme eines örtlichen Lehnsherrn am Gericht. Von jetzt ab ließ das Domkapitel seine Rechte am Paffrather Hofgeding regelmäßig durch eigene von Köln entsandte Kommissare wahrnehmen. Es war vorher zu einem schweren Konflikt gekommen, dem man in Zukunft vorbeugen wollte.

So erschienen am 10. Januar 1684, mit einer schriftlichen Vollmacht der beiden Domherren Christoph Friedrich Geyr und Johann Peter von Quentell als die Kommissare des Kapittels, der Paffrather Pastor Martinus Morren, der Lehnschultheiß Johann Adolf Pott, ferner Johann Dühn, der Gladbacher Fronhalfmann und andere Scheffen im Fronhof „auf der Bach" und eröffneten in üblicher Weise die Gerichtssitzung. Auf den traditionellen Glockenklang aber eilte Caspar Ulrich von Lohausen vom Haus Blech herbei und erhob lauten Protest, daß „pendante appellatione", also ehe über seinen Einspruch gegen die Entziehung seines Lehensherrenrechts entschieden worden sei, „heute kein Gericht allhier abgehalten werden sollte, im widrigen er nicht abtreten, sondern dabei präsidiren wolle. Und sollte deme zugegen etwas attestiert werden, er das actum annuliren tete und sich bei hoher Obrigkeit darüber ferner beklagen wollte". Da der Junker überdies den beiden Scheffen Wilhelm Hey und Stephan zum Lehn, sowie dem Vorsprecher Hermann zum Seyffen — obwohl sie ihm eine schriftliche Vollmacht der Kommissare vorzeigten — die Herausgabe der Gerichtskiste schon vorher im Hause Blech verweigert hatte, gab der Vorsprecher allen anwesenden Lehnsleuten und den zitierten Parteien daraufhin bekannt, daß „vor diesmal ein jeder nach Haus gehen möge bis zur ferneren Verordnung. Der Junker forderte vom Gericht eine Abschrift des Protokolls. Ob er sie erhielt, ist nicht ersichtlich; ebenso bleibt der Ausgang des Streites im Dunkeln. Jedenfalls aber setzte das Domkapitel seinen Willen durch.

Am 25. Juni 1685 trat das Gericht wie gewöhnlich im „Thumb- oder Fronhof" zusammen. Namens der Bevollmächtigten des Domkapitels erschien hierzu als Verwalter Christian Kroll. Am 22. April 1686 waren die beiden Kommissare Geyr und Quentell selbst anwesend. Am 30. Juni 1687 leitete Aegidius Laurentius Maqué im Auftrage des Domkapitels das Gericht. Im Jahre 1689 „ist wegen besorgte frantzösischen Einfall und despfals gehabter Angst und Gefahr kein Lehengericht zu Paffrath gehalten worden". Die erste Sitzung wagte man wieder am 13. April 1690 in Gegenwart des kurfürstlichen Landschreibers Melchior Peter Merfelt, der Besitzer des großen und kleinen Bergfrieds in Paffrath war, als Kommissars des Domstifts.

Am 25. Juni 1691 wohnte der Domherr Christoph Friedrich Geyr namens des Domkapitels der Verhandlung bei. 1692 und 1693 ließ sich das Kapitel wieder durch Maqué vertreten. 1695 bis 1706 schickte es den Doktor beider Rechte Johann Vinzenz Sander wohl regelmäßig nach Paffrath zu den Gedingen, die Rechte wahrzunehmen und festigte diese besonders dadurch, daß der Weihbischof Quentell den bewährten Maqué im Jahre 1703 zum Schultheißen aufsteigen ließ.

Am 11. Juni 1712 waren „sämbtliche Eingesessene hieselbst auf heut dato aus Churfürstlichem gnädigsten Befelch nacher Bensberg mit ihrem Gewehr auf höchste Brüchtenstraf aufgeboten. Selbige auch alldahe erscheinen müssen und dahero verschiedene Parteien bei heut angestelltem Gericht sich der Gebühr nicht haben dabei einfinden können. So haben Scholtheiß und Scheffen ihnen samt und sonders Ausstand gegeben". Zu der Sitzung dieses Tages war für das Domkapitel Pastor Johann Poll von Paffrath erschienen, während am 9. September danach der Domkellner Peter Brewer aus Köln zugegen war. Mit diesem zusammen fand sich am 6. Mai 1715 auch der Syndikus des Domstiftes Hofrat Johann Andreas Saur in Paffrath ein. Zu dieser Sitzung hatte nämlich der Hofschultheiß Maqué den Prior des Prämonstratenserinnen-Klosters zu Dünnwald, Michael Luckenrath eingeladen „wegen eröffneten Holtzhoffs ad praestandium quiaevis solemnia in scriptis" zur feierlichen schriftlichen Bestätigung der Besitzübernahme. Er erschien auch persönlich und „sich ad solemnia und zwarn Golt und Silber in einem sammeten Beutel offerirt". Man hat aber aus einem am 27. Juni 1597 niedergeschriebenen Protokoll ersehen, „daß gemelter Holtzhoff einen Vorgänger zu stellen und also die Churmoidt zu ertätigen schuldig; als ist wolgemelter Prior bis zum negsten Lehngericht nach St. Johannistag mitten im Sommer remittirt worden".

Am 19. Oktober 1729 schickte der Domkellner den Licentiaten Heldt zum Hofgeding nach Paffrath. Im Sommer 1733 unternahm der Hofschultheiß Johann Winckens eine Ortsbesichtigung mit dem Prälaten von Steinfeld und dem Prior von Dünnwald.

Am 25. September 1742 tagte das Gericht in Gegenwart des Afterdechanten der Domkirche in Köln, Josef Graf Fugger, und des Domkellners Heinrich Anton Brewer. Am 30. Juni 1760 kam der Domkellner Eichhaus mit dem Rat und Sekretär Syndikus Dr. Bennerscheid zum Gericht nach Paffrath. Diese versuchten in den kommenden Jahren vergebens, die wirtschaftlichen Verhältnisse des domkapitularischen Besitzes wieder in Ordnung zu bringen. Bennerscheid erschien auch am 9. September 1766 wieder und brachte den neuen Domkellner Beckers mit. Zum letztenmal berichteten die Protokolle am 4. Dezember 1787, daß der Domkellner — er hieß Bachem — neben dem Hofschultheißen im Fronhof am Gerichtstisch saß.

Die Schultheißen

Der Hofschultheiß, der als Lehnrichter den sieben Scheffen des Paffrather Hofgerichts vorstand, wurde vom Domkapitel aus vier von den Scheffen vorgeschlagenen Männern, die selbst Scheffen und Lehnleute sein mußten, bestellt. Er mußte bei seiner Einführung den Schultheißeneid leisten.

Als erster bekannter Hofschultheiß von Paffrath tritt in einer Urkunde vom 15. Juli 1271 Hermann von Paffrath auf[149]. Erst 1584 und 1585 wird der Schultheiß Clemens Kräling (Kreyling) genannt, der auf dem Meisengut wohnte und dazu einen Teil des

---

[149]) *Mosler* Altenberger UB a. a. O. I S. 205.

Geißenguts besaß. Im letztgenannten Jahre wurde er durch den Statthalter Peter zu Weyer abgelöst. Noch vor 1592 war Hermann zu Habborn Schultheiß. Am 6. April dieses Jahres, als das Amt des Lehnsherrn verwaist war, waltete statt Hermanns der Domkellner Vinzenz von Ermel selbst des Amtes als Schultheiß, doch heißt es im Protokoll: „Scheffen und Lehnleut begehren, daß der Schultheiß Hermann zu Habborn, angesehen derselb noch im Leben, das Gericht noch zu besitzen, oder aber, da es obgemelter Thumbkellner besitzen wolle, daß ihnen solches keineswegs zum Nachteil gereichen soll; davon am zierlichsten protestiren und daneben angegeben, derweil noch kein Lehnherr erkoren, daß das Gericht bis zum nächsten davon gestollt werde". — Dagegen wieder erhob der Domkellner Einspruch, „daß solche Ausstollung seinen hochwürdigen Herren an Churmöden sonsten zum Nachteil gereichen täte; davon woll er am zierlichsten protestirt haben". — Die Lehnleute entgegneten, „daß sie sich in keinem Weg widersetzen, sondern bitten um Ausstollung". — Am 6. Juli war dann der Schultheiß Hermann zu Habborn offenbar beim Geding wieder anwesend, und mit den Scheffen verlangte er, „jetzo ein veraydter Lehnherr, wie zugleich ein veraydter Schulthies am Gericht anzustellen, und wie solches nit beschehen, begehren sie, das Gericht bis daran auszustellen, damit sie inhalt der Rollen bei ihrer alten Gerechtigkeit bleiben mögen, bitten, sie darüber nit zu beschweren". — Der Domkellner entgegnete, daß seine gnädigen Herrn in Köln „aus allerhand Ursachen allhier nicht erscheinen können, mit Begehr, das Gericht vor sich gehen zu lassen, sonsten wolle er am zierlichsten protestirt haben, allem Hinder und Schaden desfalls an Scheffen und Lehnleuten sich zu erholen". Da endlich gaben die Scheffen und Lehnleute nach und wollten das Gericht halten. Doch forderten sie erneut mit Nachdruck, bis zum nächsten Gedingstag einen verordneten Lehnherren und einen Schultheißen „vermög der Rolle" zu verordnen.

So wurde denn endlich der Edle Wilhelm von Zweiffel von der Sultz vom Domkapitel als Lehnherr bestellt, und er hielt zugleich als Schultheiß am Montag nach Dreikönigstag 1594 im Lehnhof das Gericht ab, wobei Tonnes Schwartz (barth) auf das Begehren der Nachbarn als Schultheiß angesetzt wurde. 1604 aber nahm er nur als Scheffe an der Sitzung teil, und der Schultheiß des Amtes Porz, Johann Kurtenbach, leitete die Verhandlung in eigener Person. 1612 wurde dann Reinhard von den Reven zugleich Lehnherr, Schultheiß und Richter. Er ließ sich 1613 als Schultheiß von Johann Paul Schürmanns vertreten, übte dann das Amt noch jahrelang aus, bis Clemens von Habborn, schon in den letzten Lebensjahren oftmals sein Vertreter, ihn nach seinem Tode 1632 als Schultheiß ablöste. Dieser starb 1641, und Johann Glabbach wurde sein Nachfolger als Hofschultheiß, der aber zwei Jahre später ebenfalls starb. — Nun wurde am 30. Juni 1643 auf Vorschlag des Lehnverwalters Arnold von Deutz der Scheffe Wetzel (=Wenzeslaus) Adams zum Schultheißen erkoren und vereidigt. Auch als Heinrich von den Reven 1655 Lehnherr wurde, blieb Adams weiterhin Hofschultheiß. Er starb im Juni 1662. Am 30. Juni 1664 übernahm sein Sohn Adolf Adams die Nachfolge, der ebenfalls bis zu seinem Tode im Jahre 1673 das Amt gewissenhaft betreute.

Danach wirkte Johann Adolf Pott volle dreißig Jahre als Hofschultheiß in Paffrath. Er war vorher drei Jahre Gerichtsschreiber in Paffrath gewesen, kannte demnach die Verhältnisse gut. Zudem hatte bereits am 1. November 1650 Freiherr Johann Adolf Wolff Metternich, Herr zu Liblar und Odenthal, dem „ehrenfesten und wohlgelehrten Herr

Johann Adolf Pott" nach dem Absterben des dortigen Gerichtsschreibers Henrich Schreibers das Gerichtsschreiber-Patent für Odenthal (Strauweiler) ausgestellt. Man darf also mit Recht in Pott einen Mann erblicken, der in einer über ein halbes Jahrhundert dauernde Tätigkeit völlig mit dem Leben im Amte Porz und der Herrschaft Odenthal verwachsen war.

Nach seinem Hinscheiden im Jahre 1703 wurde am 13. November der vom Domkapitel und dem Weihbischof von Quentell in seiner Eigenschaft als Pfandherr ernannte Hofschultheiß Aegidius Laurentius Maqué eingeführt, „waraufp die Patenta im volligen Gericht abgelesen, dem installirten Herrn Schultheißen glückgewönschet und ferner das Gericht bekleidet". Maqué war den Paffrathern seit Jahren wohlbekannt, wurde am 14. November „in Aydt und Pflicht genommen" und widmete sich dem Gericht wie seine Vorgänger bis zu seinem Tode im Jahre 1728.

Am 13. September 1728 trat für ihn der Hofschultheiß Johann Winckens den Dienst an. Eine Kopie seines Patentes wurde in der Scheffenkiste niedergelegt. Wegen „Unvermögenheit" — wahrscheinlich war er erkrankt — mußte er 1742 zurücktreten und machte am 25. September seinem Nachfolger Karl Le Clerq auf dem Schultheißenstuhl Platz. Auch dessen Patent wurde abschriftlich zu den Gerichtsakten genommen. Doch war sein Wirken nur von kurzer Dauer. Schon am 1. Juli 1746 wurde er durch Josef Ningelgen, der in Köln wohnte, abgelöst. Sein Patent steht im Protokollbuch verzeichnet und lautet:

Tener des Hofschultheißen-Patents

Wir, After Dechant und Capitul des Erz- und Hohen Domstifts Cöllen, tuen kund und bekennen hiemit jedermänniglichen, daß Wir den ehrbaren unseren lieben getreuen Peter Josephen Ningelgen aus sonderbarer zu demselben tragender Zuversicht zu unserem Schultheißen zu Paffrath angesetzt, auf- und angenomen haben. Wie wir dan denselben kraft dieses darzu ansetzen, auf- und annehmen, daß er, Peter Joseph Ningelgen, uns und unser Domkirchen getreu, holf, gehorsamb und gewärtig sein, unser best werben, und vorstehen, den Schaden besten Fleißes und Vermögens warnen, alsolch unser Schultheißenambt, wie einem ehrbaren und getreuen Schultheißen gebühret, fleißig verwahren, vertretten und verwalten und jedermänniglichen, sowohl dem Armen als dem Reichen Recht tuen solle und in dem nicht ansehen Lieb, Leid, Geld, Gab, Freundschaft, Maagschaft oder einige andere Sachen.

Daneben soll obernanter unser Schultheiß unsere und unseres Domstifts Hoch- und gerechtigkeit, so wir zu Paffrath anjetzo haben, oder hernachmals erlangen mögten, es seie klein oder groß, weniger oder viel, getreulich handhaben und an unser Statt schützen und schirmen. Da sich auch zutragen würde, daß durch andere Obrigkeit einige Neuerung zu Paffrath vorgenomen würde, solches soll er uns unverzüglich zu erkennen geben und deshalb, soviel ihm möglich, verhindern und abwenden.

Und dan ermelter Peter Joseph Ningelgen, unser Schultheiß, bei leiblichem, mit aufgestreckten Fingeren zu Gott und seinem heiligen Evangelie ausgeschworenen Ayd angelobt, deme allen und jedem würklich und unnachläßlich nachzukommen, dasselbe zu vollenziehen, auch stet, fest und unverbrüchlich zu halten, bis zu unserem weiteren Bescheid und wir ein anderes befehlen werden.

Urkund unseres hierunter getruckten Insiegels, fort unseren Rat und Secretarii Unterschrift. Geben Cöllen, den 1. Juli 1746.

Peter Josef Ningelgen hat von allen Hofschultheißen am längsten ausgehalten, volle 47 Jahre, und einen maßgeblichen Einfluß auf das Leben in Paffrath während seiner langen Dienstzeit ausgeübt. Im Jahre 1793 legte er das Amt wegen seines hohen Alters freiwillig nieder. Als Nachfolger hatte das Domkapitel schon lange vorher seinen Sohn Thomas Severin ins Auge gefaßt, doch war dieser inzwischen gestorben. So entschied es sich für den Tochtermann Ningelens, Johann Peter Bürgers, dessen Bestallungsbrief vom 22. Oktober 1793, fast gleichlautend jenem seines Schwiegervaters, sich ebenfalls abschriftlich im Protokollbuch findet.

Bürgers war der letzte in der langen vielleicht tausendjährigen Reihe der Paffrather Hofschultheißen. Mit ihm ging dieser Titel für immer dahin, und seitdem gab es im Schatten des Turms der alten Klemenskirche keinen Richter und kein Gericht mehr.

Die Gerichtsschreiber

Sehr wichtig war am Hofgericht das Amt des Schreibers, Gerichtsschreiber genannt. Er war in der Regel ein studierter, rechtskundiger Mann, und heute noch müssen wir die Sorgsamkeit und Gewissenhaftigkeit, dazu den großen Fleiß der meisten dieser Männer, die eine nur karge Vergütung erhielten, bewundern. Viele von ihnen beherrschen die Kunst des schönen Schreibens in so meisterhafter Weise, daß sie sicherlich heute mancher beneiden könnte. Fast alle gehörten angesehenen Familien an und versahen das Amt gewöhnlich an verschiedenen Gerichten. Bei ihrer Bestallung wurden sie mit besonderem Eid eingeführt.

Im Jahre 1592 wird als erster Paffrather Gerichtsschreiber Johann Paul Schürmann genannt, der im Schürmannsgut in Gronau wohnte und einer alten Gladbacher Pleißmüllerfamilie entstammte. Er führte auch die Protokollbücher des Hofgerichts am Gladbacher Fronhof. — Schürmann (auch Schurmann und Scheurmann geschrieben) gab am 6. Juli 1592 an, daß ein gewisser Kirchhoff ihm wegen der Akten noch die Geldgebühr, dem Gericht ein Viertel Weins und außerdem den Scheffen für die Eröffnung der Kiste und ihre Gerechtigkeit drei Gulden bezahlen müsse. Dem widerstrit der Beschuldigte: „Kirchhoff hat an den Stecken (des Schultheißen) getast zu beweisen, daß er bezahlt hett, oder noch zu bezahlen."

Am 14. Mai 1612 leistete Johann Schreibers den Eid als Gerichtsschreiber. Er gehörte offenbar jener schreibbeflissenen Familie an, von der auch der alte Hof Schreibersheide noch jetzt seinen Namen trägt. Jedenfalls war sein Vater, vielleicht sogar der Großvater bereits Schreiber gewesen, was ihnen den Familiennamen eingebracht hatte.

Im Jahre 1633 wird als Gerichtsschreiber für Paffrath der „öffentliche bei der kurfürstlich kölnischen Kanzlei angestellte Notar" Alexander Rechelmann aus Ruden in Westfalen genannt. Er trat am Gericht zugleich als Anwalt des Domkapitels bei Übertretungen der Lehnleute auf.

1641 wurden die Protokolle vorübergehend von Johann Glabach geschrieben, noch in demselben Jahre übernahm der öffentliche Notar Eustachius Wahn das Amt des Lehnschreibers. Von seiner Hand geschrieben hat sich in einer Familie in Nittum auch eine Pergamenturkunde erhalten, ein Bogen von 48 cm Länge und 27,5 cm Breite, zwar abgegriffen, zum Teil in den Faltlinien gebrochen, und in der stark verdorbenen, typischen engen Kanzleikursive jener Zeit nur schwer lesbar. In der Urkunde bekundet Wahn unter Zuziehung der Scheffen Johann Walkmüller und Peter von Dhun, daß die Eheleute Dierich Katterbach und Maria (Merg) zu Katterbach an die Eheleute Dierich Katterbach und Margareta zu Nittum (als Ankäufer) ein Stück Ackerland im Fahner Felde verkauft haben, je Morgen für 20 Taler kölnisch zu 52 Albus. Dazu gaben sie den landesüblichen „Weinkauf" in bar statt des ursprünglichen Umtrunks und einen halben Taler als „Verzichtspfennig", eine Anerkennungsgebühr für sofortige Rechtskraft. Nach einer Spezifikation der Odenthaler Kircheneinkünfte betrug die Größe des Ackers 4 Morgen.

Als Beispiel eines Kauf- und Verkaufaktes jener Zeit sei der Text im Wortlaut (aber bereinigter Schreibweise) wiedergegeben:

„Kundt sei hiemit jedermenniglich, das heut dato bey undengemelt ein aufrichtiger Erbkauf getroffen und beschlossen zweischen den ersamen und fromen Conradt Katterbach zu Kattermich und Mergh, Eheleute, als Verkeufer, und Dirich Katterbach zu Nitum und Margareta, Eheleute, als Gelder andernteil, ihren Erben und rechten einstigen Helder dieses Breibs, wie dieser Kauf in allerbester Form und Gestalt in Rechtgewonheit und sunst allercreftiglichst sein soll und mag, ein Steuck Artlands, midden im Fahner Felde gelegen, eine Seit Fahner Jans Erben, ander Gelder zustendig, mit einem Vorheupt vor ein Graben, mit Kirßbaum bepfropft, scheißend,

welches Stück Lands Verkeufer ihnen Kaufern frei, loß und allerdings unbeschweirt verkauft und geliebert haben, außerhalb meines gnedigen Fürsten und Herren Schatz (Steuer) und Herrenfreuchten (Naturalabgaben) und jarlich zu Oner (Odenthal) in der Kirchen sechs Denarin, jeder Denar zu drei Heller, jarlich von seinen Wiesen und Büschen, so in Verkaufers Loß, Schatz und Herrenfreuchten zu geben und weiters mehr nit, keine andern Auflagen, wie selbe zu erdenken und Nahmen haben mochten,

wie Gelder und Verkeufer sulches vor Herrn Schultißen zu Portz Berndten Wendell und Thomaßen Borcken, Vogten zu Mulheim und Richtern zu Odendhall, beiderseits sich verglichen haben, Anno Eintausend sechshondert dreißigfünf ahm dreizehnden Octobris.

Dafern über kurz oder lang sich zudragen würden, das ihnige Contribution oder ungewonliche Gelder auf obgemelten Busch und Wiesen gesetz würde, sulches ahn Verkaufer und deren Erben gefordert und bezalt werden, außdrücklich verabredt und eins worden, bei Verpfendung gereide und ungereide (= bewegliche und unbewegliche) Güter.

Dieser Erbkauf ist beschehen, getroffen und zugangen vor eine Summa Gelts, deren, der Verkeufer und vorberürter Gelder eins worden und doch benentlich jeder Morgen zwanzig Daller Colnisch, jeden ad 52 Albus gerechnet, Weinkauf lentlich, vor Verzigspfenning einen halben Daller Colnisch, welche Summa wir Eheleute Conradt und Mergh in einer Summen an guten gangbaren Geldt empfangen und darüber Keufern, ihren Erben von alsulcher Zahlung frey und loß sagen und Heldern dieses in nützlichen neißprüchigen (Nießbrauch) Gewaldt und Poßeß (Besitz) vel quasi (und zwar unstreitig) der obgemelten Lenderei, hohen und nidern, naßen und dreugen, gesetz und gestelt, dieselbe henzuhaben, nutzen und gebrauchen, vererben und verbeuten (verkaufen), verschreiben, veralieniren (an Fremde abgeben), zu verkaufen und sunsten damit zu tun und zu laßen nach ihrem Wollgefallen in allermaßen als mit anderen ihnen von Vatter und Mutter anerfallenen Erbgüter, ohn Einrede und Hinderung der Verkaufer und ihren Erben und Nachkommen und von ihrentwegen.

Und haben Verkaufer Conradt und Mergh, Eheleute vor sich und ihre Erben Verzeig und Außgang cedirt (die Abtretung des Besitzrechts in die Gedingsrolle des Hofgerichts eintragen lassen) und des obgemelten Land geüßert (sich entäußert) mit Hand, Halm und Mundt (mit Handschlag Unterschrift und Eid), haben uns davon geerbt und entgüdet, und noch nimmermehr zu den ewigen Dagen dagegen kein Rechtsanspruch noch Forderung darahn oder darnach zu haben, Heldern in deme verantworten, vertretten, spruch- und schadlos halten, und sulches ohn ihnnigen der Kaufer oder ihren Erben Costen, Schaden oder Gefahr gebürliche Evictionem praestiren (Besitzabtretung leisten), und haben derowegen zu mehrer

Sicherung alle unser Hab und Güter zu Katterbach und sunsten, da selbe gelegen, verhypothizirt (verpfändet), so viel Röde (Ruten) und Maß ausweisen wird, in guten wahren Trawen diesen Kauf und Einswerdung und Vergleich mit allen seinen Puncten stet, faß, unverbrüchlich zu halten, darwidder nit zu tun noch verschaffen getan zu werden, mit Begebung und Verziehung aller Exceptionen (Einreden), Vortheil, die Kaufern zum Nachtheil gereichen mögen, alles ohn Geferdt, Arg und Leist, wan da dieser Kauf also aufrichtig ohn Bedrug und Hinderleist, frei, ungedrungen und ungezwungen zweischen den Kaufer und Verkeufern beschehen und zugangen und Verkaufer mit Handtestung angelobt, den also stet und fest in allen Puncten und Clausulen zu vollenziehen, mich Notarium requirirendt und Gerichtschreiber des Hofsgericht Paffrat neben Johan Walckmüller, Peter von Dhun, Scheffen daselbst als Gezeugen, zu mehrer Versicherung zu underschreiben gebetten, indeß mir, meinen Erben ohn Schaden, dem Landfürsten und Herren und jederman seines Rechten vorbehalten.

Paffradt, den siebenzehnden Dag Monats Marty Anno Eintausent sechshondert viertzigvier.

Eustachius Wahn, Notarius Publicus et Judicii sriba (Öffentlicher Notar und Gerichtsschreiber) in Pafradt, scribi et subscribi manu propria (geschrieben und unterschrieben mit eigener Hand). — Jann Walckmüller m. p."

Auf den Paffrather Gerichtsschreiber Eustachius Wahn folgte noch vor 1670 Heinrich Neukirchen, der in diesem Jahre starb, danach Johann Adolf Pott. Im Jahre 1673 erscheint Johann Albert Lessenich zuerst als Gerichtsschreiber. 1690 begann H. N. Moriconi sein Amt, und 1703 wurde er von seinem Schwager Adolf Pott abgelöst, dessen Vater, der schon genannte Johann Adolf Pott, der Hofschultheiß geworden war, im selben Jahre starb. Der Sohn wurde am 14. November vereidigt, doch bis zu seiner Bestätigung durch das Domkapitel schrieb Moriconi weiter.

Mit dem 5. November 1725 beginnt eine neue, zierliche Schrift im Protokollbuch, mit dem 13. September 1728 eine große, schwungvolle, ohne daß die Namen der Schreiber genannt werden. Seit 1733 schrieb der Hofschultheiß Johann Winckens die Protokolle selbst mit eigener Hand und ließ nun auch die Scheffen unterschreiben, was vorher nie geschah. Noch wechseln die Schriften in den Jahren 1746, 1754 und 1766, ohne daß bisher die Namen der Gerichtsschreiber zu ermitteln waren.

Als man am 20. Oktober 1773 in den gerichtlichen Akten, die in der „Scheffenkiste" aufbewahrt wurden, etwas nachsuchen mußte, „hat man die Protocolla judicialia sowohl als acta producta sehr feucht und beinahe verfaulet befunden, mithin beschlossen, einen bequämlichen, gesicherten Ort dafür auszusuchen und dorthin bringen zu lassen."

Die Scheffen

Die sieben Scheffen wurden aus der Zahl der Lehnleute bestellt. Gewöhnlich mußten zwei ehrbare Männer von den übrigen Scheffen vorgeschlagen werden, aus denen der Lehnherr dann einen bestimmte. Oft hatten die Erkorenen sich vorher als Vorsprecher bewährt. Das Scheffenamt wurde auf Lebenszeit verliehen. Es gab zwar keine Altersgrenze, doch konnte der Rücktritt wegen Leibesschwachheit erfolgen. Auch erlosch es beim Wegzug oder bei völligem Wegfall von lehnrührigem Grundbesitz. Anderseits war es nicht erforderlich, daß ein Scheffe innerhalb der Grenzen des Kirchspiels Paffrath wohnte, es kam nur darauf an, daß jemand dingpflichtiges Gut besaß und damit ordnungsgemäß belehnt war. Daher waren fast zu allen Zeiten auch auswärts wohnende Männer Scheffen in Paffrath.

Hinricus hieß der erste Paffrather Scheffe, der in einer Urkunde des Jahres 1220 erscheint[150]). Im Roten Meßbuch werden für das 15. Jahrhundert keine Scheffen mit Namen genannt. Erst aus dem Jahre 1563 kennen wir das ganze Kollegium der sieben Scheffen[151]). Es waren: Tonnies Schwartzbarth oder „zum Broch"[152]), der noch 1604 amtierte, — Wilhelm zur Bech, noch 1600 — Ludwig, Fronhalfen zu Gladbach, er starb 1615 — Wilhelm zu Lützenkirchen, er starb vor 1584 — Gieß oder Geise (Giesebrecht) zu Katterbach, er starb 1593 — Johann in den Hoffen, er starb 1627 — Johann Steinkrauch (oder Steinkruch), der zugleich „Bott", Hof-, Lehn- oder Gerichtsbote war; er betrieb als Pächter die Paffrather Mühle, litt 1613 an Leibesschwachheit, amtierte aber noch 1614.

Aus der Zeit der erhaltenen Gedingsprotokolle sind alle Paffrather Scheffen mit Namen bekannt. Es ist erstaunlich, daß alle für 1563 genannten Scheffen noch 1584 ihr Amt versahen. In diesem Jahre traten noch Pilgerum zu Deperoth, Hermann zu Gronawen und Wilhelm zu Lein (Lehn im Kirchspiel Lützenkirchen) hinzu. Es wurden neu in das Scheffenamt berufen:

1585: Stengler an der Brücken — Johann in der Dombach — Wilhelm zur Beden
1600: Reinhard zu Lehn
1604: Johann Paul Schürmann zu Gronau († 1614, er war auch Gerichtsschreiber)
1612: Jakob zu Katterbach — Johann zu Mutz (noch 1623) — Johann zu Lützenkirchen
1614: Kaspar Horn — Peter Schleiffgen — Ludwig am Pittelborn († 1615) — Johann zu Andtz (?)
1615: Merten Müller an der Hand († 1623) — Johann Osenau zu Nußbaum († 1627) — Johann zum Holtz — Christian von Lindlar zum Thurn († 1627) — Johann zum Vahrn (Fahn)
1623: Steffen zu Brück (Zöllner zu Brück), auch Scheffe des Landgerichts Bensberg, er war im Kriege Leutnant)

> Steffen zu Brück schickte am 28. Juni 1627 als seinen Vertreter den Wirt Christian Weyer zu Paffrath und ließ erklären, er sei zwar schon vor dieser Zeit zum Scheffen bestellt worden und habe auch eidlich angelobt, treulichst zu erscheinen, könne dem aber nicht nachkommen, weil er „folgends auch am Landgericht Bensberg zum Scheffen erwählt und angesetzt sei, zudem auch wegen heutiges Tags beunruhigender Kriegsgefahr als angestellter Leutnant die Parteien verfolgen helfen müsse". — Das Gericht verlangte jedoch sein Erscheinen, um die Gründe von ihm anzuhören.

1627: Adolf zu Veltseifen (Feldsiefen bei Lützenkirchen, † 1644) — Johann Leindscheid zu Nußbaum († 1629) — Konrad zu Dabberhausen (Dabringhausen)
1628: Johann aufr Walckmüllen († 1646)
1631: Thoniß Eck († 1633)
1632: Johannes Dünn, Fronhalfen zu Gladbach († 1689) — Meister Adolf Zimmermann an der Hand (auch Adolf zu Durring = Torringen, † 1634)
1633: Bernd zum Kradenpoel († 1656)

---

[150]) *Mosler* Altenberger UB a. a. O. I, S. 70.
[151]) StA Düsseldorf, Jülich-Berg II, 2378.
[152]) Er wohnte im heutigen Schwarzbroich im Kirchspiel Odenthal, das von ihm den Namen trägt und in alten Odenthaler Akten auch „Schwarzbartsbroich" heißt.

1634: Steffen Esser († 1646)
1644: Ludwig zum Nußbaum († 1659)
1645: Gerhard Blechmann zu Lützenkirchen († 1678)
1646: Balthasar Dahmen († 1669) — Wilhelm Hey an der Hand, schied 1687 aus
1648: Dirich zum Wahn (Vahnen = Fahn)
1656: Paulus Adolphs an der Hand († 1693)
1657: Dietrich zum Neuthum (Neithum, Nittum)
1659: Thonis ufr Walckmüllen
1660: Derich Katterbach († 1662)
1662: Henrich Katterbach
1663: Dierich zum Nußbaum
1670: Johann Nußbaum (oder Lindscheid, † vor 1690)
1671: Johann Ludwigs († 1709)
1678: Stephan Oelgen (Ueltgens) zu Lehn († 1688) — Johann Osenau zu Nußbaum († 1687)

1687 wurde Teel (Tilmann) in der Eschbach als Scheffe vorgeschlagen. Er weigerte sich jedoch, weil er Hofschultheiß am Lehngericht des Klosters Mehr in Immekeppel wäre, auch „altertumbhalber" nicht gehen und „den weit entlegenen Weg nicht mehr als sonst wandeln könne, sich gleichwohl der großer ahngebottener Ehre bedankend". Deshalb wurde dessen „Eitumb" (Schwiegersohn), der Halbwinner Johann Schlömer, als neuer Scheffe angenommen und sollte vereidigt werden. Doch auch er „opponierte, da er nur allein einen Spliß, hiehin gehörig, besitze; das wäre aber keine Sohl, und wer keine ganze Sohl hätte, könnte nicht Scheffe sein". — „Und darauf widersetzlich abgetretten. Das Gericht ihme aber vor der Gerichtsstube durch Hoffsbotten und Gotterten zu Diepersrath, Vorsprecher, andeuten lassen, es pleibe bei getanem Schluß, solle, wenn er wolle, der Mahlzeit beiwohnen; er werde doch die gewöhnliche einige Kösten abstatten müssen". — Johann zum Schlöm war auch am 1. Juli 1688 noch nicht vereidigt und „opponierte immer noch, das Offizium zu betretten". Deshalb wurde es ihm schließlich ganz erlassen.

1687: Göttert Dahmen. Von ihm heißt es in der Sitzung des Gerichts vom 30. Juni dieses Jahres: „Göttert Dahmen, scabinus (Scheffe) hiesigen Gerichts, ist ganz beschenkt (betrunken) vorerst in die Gerichtsstube kommen, gleich daraus ins Haus getretten, allwohe er [geschrien], das ganze Gericht, vorerst der Hoffscholtheiß, hette kein Broet zu fressen. Man solle einen Kex (Schandpfahl) allhie aufrichten, darahn wolle er sich setzen. Und indem der Herr Pastor ihme zur Geduld anweisen wollen, derselbe Göttert tumultuando vortgefahren und allerhand motus (Worte) gemacht, wie als Herr Maqué ihme Götterten, aus dem Gerichtshaus weisen wollen, mit Vermelden, er solle vor diesmal nach Haus gehen, bis auf ein ander Zeit, daß er nüchtern were, derselbe sich mit Gewalt opponiert und hart in Anröffen sämptliche anwesende Lehenleuten geruffen: er wolle nicht herausgehen. Er dörfte keinem, noch ihme nicht zu pariren, Herr Maqué hette ihme nicht zu befehlen, noch keine ..." Hier bricht der Bericht ab.

1688: Gottert Blechmann zu Quettingen — Hermann zu Kattermich († 1693) — Engel zum Nußbaum, des Pastors Halbwinner (im Wiedenhof) zu Paffrath, wegen des Lehnguts zu Nußbaum, später in Siefen wohnend († 1709)

1690: Henricus Krey, Hommelser (Hummelsheimer) Halbwinner († 1706). Er wurde durch einstimmige „Vota sämtlicher Gerichtsscheffen" vorgeschlagen und am 24. Oktober 1690 in Schwartzbroich in Gegenwart des Schultheißen Johann Adolf Pott und der Scheffen Johann Ludwig zu Nußbaum und Hermann zu Katterbach, weil er damals nicht gegenwärtig und nicht einheimisch (am Ort) gewesen, vereidigt „Und den Schlüssel von der Gerichtskisten, welchen der abgelebte Scheffen Johann Dhün, Fronhalfen zu Gladbach, gehabt, aus meinen Handen, der ihme uti juniori scabino (als jüngstem Scheffen) gebührt, empfangen".

1693: Adolf Adolphs († 1742) — Hermann zu Seyffen († 1701) — Bastian zu Nußbaum. Dieser legte am 7. Dezember 1693 den Scheffeneid „wegen Leibes indispositionis" in seiner Wohnung vor den Scheffen Johann Ludwigs und Engel Osenau ab († 1698)

1699: Peter auf der Heyden. Zu seiner Wahl heißt es im Protokoll:

Nachdemalen durch Absterben Bastians zum Nußbaum eine Scheffenstelle vacant worden und die samptliche Scheffen altem Brauch zuvolg zwei capabile (fähige) und tüchtige subjecta den gnädigen Lehnherren zu praesentiren haben, umb daraus einen nach Willen und Wollgefallen zu erwehlen, als haben obgemelte Scheffen nach bekleidetem Gericht Peter auf der Heyden und Hans Detherich Katterbach zu obbenäntem End gehorsambst praesentirt, waraufden Lehenleuten diese Praesentirung kundgetan mit dem Zusatz, pfals einer oder anderer gegen die Person alsolchen zu Scheffen ausgesätzten etwas zu sprechen hätte, solches anjetzo vorbrengen und hernegst sich dessen enthalten sollen.

Indeme aber die anwesende Lehenleute sich erkläret haben, von obgemelten beeden Praesentirten nichts als alles Gutes zu wissen und dieselben capabel zu sein erkenten, als haben anwesende Herren Commissarii namens ihrer gnädigen Lehnherren den Peteren auf der Heyden, gewesenen Vorsprecher, mit der Scheffenstelle begnädiget und denselben darzu auf- und angenomen, welcher dan sich dieser bezeigten Gnaden halber schuldigst bedanket und den gewonlichen Scheffenayd ausgeschworen, womit dann die siebente Scheffenstelle hinwieder ist ersetzet worden."

1701: Hans Dietherich (Johann Theodor) Katterbach, Paffrather Müller († 1732)

1703: Peter aufm Camp († 1728)

1706: Conrad Bruch (Broich) auf der Trappen (Odenthal, † 1760). Er wurde der Nachfolger des verstorbenen Henricus Krey, da dessen Sohn Paulus „als Leibzüchter der Lehngüter zum Scheffenstuhl nicht bequem (geeignet) were".

1709: Gerhard Katterbach — Johann in den Hülsen — Wessel Katterbach — Johann auf der Bach zu Hebborn, Eck genannt. Er verkaufte am 13. September 1728 seine Lehngüter.

1715: Wilhelm Schlebusch

1723: Johann Theodor Kierdorf auf der Bach, Wirt († 1753) — Wilhelm Esser zu Horn bei Quettingen

1728: Johann aufm Platz († 1736) — Konrad aufm Kamp, Kötterscheffen († 1742)

1732: Matthias Esser, Halfen zum Blech als Besitzer des großen und kleinen Berfert — Johann Wilhelm Steffens für die drei Lehngüter und Absplisse zu Lützenkirchen († 1746)

1736: Heinrich Bützler zu Gronau (der Vater von Johann Jakob Bützler, der später das Haus Blech erwarb. Er war zugleich Hofschultheiß im Fronhof zu Gladbach († 1745).

1742: Johann Torringen im Lindgens Gut zu Nußbaum († 1754) Andreas Malmedy, Kötterscheffen († 1780)
1745: Johann Jakob Bützler für seinen verstorbenen Vater († 1768)
1746: Thomas Menrath zu Lehm für Lützenkirchen. Im Jahre 1775 konnte er „alters- und schwachsinnigkeitshalber" nicht mehr in Paffrath erscheinen († 1787)
1748: Johann Kley zu Hoven (Höffen, † 1754)
1753: Bachhalfen Johann Dierich Kierdorf der Jüngere, Wirt und Bäcker († 1776)
1754: Tilmann Bützler († 1775) — Johann Dederich Platz († 1773)
1760: Johann Hey, gewählt von Rat Bennerscheid, dem Domkellner, und dem Hofschultheißen für den sechsten Platz († 1776)
1768: Wilhelm Katterbach. Er verzog 1775 in das kurkölnische Amt Brühl († 1784)
1775: Wilhelm Valdor — Anton Kierspel
1776: Johann Jakob Kierdorf auf der Bach
1778: Johann Katterbach
1780: Roland Schmitz, als Kötterscheffen († 1787)
1784: Johann Kley
1787: Wilhelm Jansen für Lützenkirchen — Andreas Löh als Kötterscheffen.
Da in den Protokollen weiter keine Veränderungen mehr angegeben werden, haben die sieben 1787 lebenden Scheffen vermutlich bis zum Untergang des Hofgerichts ausgehalten.

Die Vorsprecher

Neben den sieben Scheffen hatten auch die beiden Vorsprecher beim Paffrather Hofgericht eine wichtige Aufgabe zu erfüllen. Auch sie wurden mit großer Sorgfalt ausgewählt und mußten ehrbaren Rufes sein. Gewöhnlich schlugen die Lehnleute den Scheffen zwei Männer vor, aus denen der Schultheiß im Einvernehmen mit den Lehnherren oder ihren Kommissaren einen bestellte. Die Vorsprecher wurden mit einer besonderen Formel vereidigt und wachten darüber, daß alle Bestimmungen des Hofrechts gewahrt blieben, waren also in gewissem Sinne die Anwälte der Lehngemeinschaft. Sie mußten auch die Scheffenkiste zu den Gedingen herbeiholen. Doch lag es ihnen vornehmlich ob, als „Fürsprecher" die Rechte des einzelnen Lehnmannes zu verteidigen, wenn gegen ihn etwas bei Gericht vorgebracht wurde. Wer sich als Vorsprecher bewährt hatte, wurde nach etlichen Jahren beim Freiwerden einer Stelle gewöhnlich in das Scheffenamt berufen, so daß sie häufig wechselten.
Folgende Vorsprecher werden in den Gedingprotokollen genannt, in den angeführten Jahren zum erstenmal:
1618: Evert zum Poel
1623: Meister Adolf Zimmermann an der Hand
1633: Steffen Eßer — Dietrich Katterbach
1634: Ludwig zum Nußbaum
1644: dessen Sohn Balhasar zum Nußbaum — Jan zum Nußbaum
1671: Johannes Lommertzen — Bernd zum Poel
1672: Hermann zum Seiffen (noch 1684)
1678: Gottert zum Diebersrodt (noch 1687)
1685: Engel zum Nußbaum — Göttert Schlebusch zu Torringen († 1701)

Gegen den Letztgenannten wurden am 2. Dezember 1693 beim Hofgeding Klagen wegen seines Lebenswandels vorgebracht. Das Protokoll vermerkt dazu: „Nachdem bei hiesigem Gericht referirt worden, daß Gottert zu Torringen, Vursprecher, groblich injuriret und gescholten seie, ohne daß derselbe im geringsten seine Ehr zu vertedigen verantwortet hat, und deme gestalten Sachen nach bei diesem Gericht nicht zu dulden, als wird ihme sub poena annotationis (unter Strafandrohung) auferlegt, daß er sich zwischen diß und negstkünftigem Gerichtstag und zwarn zum allem Ueberfluß der Gebühr verantworten solle". — In derselben Sitzung brachte Göttert zu Torringen mit Stephan Dahmen gemeinsam Klagen gegen Wilhelm Fürst und Stephan zum Poehl wegen Schädigung des Kirchweges vor. Vermutlich gingen von diesem auch die Vorwürfe gegen ihn aus, die er offenbar entkräften konnte, da er bis zu seinem Tode Vorsprecher geblieben ist.

1688: Adolf Adolphs
1695: Peter auf der Wimpelsheide (auch „auf der Heyden" genannt; noch 1699)
1701: Wetzel oder Wessel (= Wenzeslaus) Schlebusch zu Katterbach

Auch gegen ihn waren schon früher Vorwürfe erhoben worden. Er erschien am 24. Oktober 1695 vor dem Hofgericht „und pro paritione decreti (dem Dekret folgend) de dato 29. Aprilis 1694 sich offentlich erkleret habe, ihm nicht wissig zu sein, die angegebene Scheltwort geredet zu haben. Pfals aber solches geschehen, tete hiemit recautiren und widerrufen, bekennend, daß er alle Scheffen und das ganze Gericht als ein ehrbares, untadelbares Gericht und die Scheffen vor ehrbare und aufrichtige Leut erkennen tete. Hat auch zugleich vor Abfindung dem Gericht die interesse fisci salvo 2 Reichstaler würklich erlegt und eine öffentliche Abbittung getan."

1703: Johann in den Hülsen († 1715)
1715: Peter zu Siefen († 1732) — Johann aufm Platz (bis 1728) — Johann Kley in den Höffen
1732: Matthias Esser, Halfen zum Blech. Er leistete am 23. September 1732 den Eid, „sein Amt getreulich versehen, die Heimblichkeit des Gerichts zu verschweigen, die vertätigende Churmut und was zu empfangen oder versetzt, versplissen oder alienirt würde, dem Gericht zu seiner Zeit getreulich angeben" zu wollen. Doch wurde er schon im Jahre danach in das Scheffenamt berufen.
1733: Hermann Katterbach († 1734)
1734: Henrich Bützler zu Gronau
1736: Johann Torringen
1753: Tilmann Bützler — Johann Derich Platz
1754: Gerhard Linden, Wirt († 1784) — Wilhelm Katterbach
1768: Peter Richartz
1775: Jakob Kierdorf
1776: das Protokoll vermerkt daß zunächst kein neuer Vorsprecher zu finden war, dann aber wurde Johann Kley bestellt
1784: Johann Koch — Peter Höver.

Die Hofesboten oder Lehnboten

Der Hofesbote hatte, wenn er auch in der Regel in der Rangliste der Gerichtspersonen an letzter Stelle aufgeführt wird, doch im Gemeindeleben eine wichtige und einflußreiche Stellung. Sein Amt wurde besoldet, deshalb war es begehrt und keineswegs nur den Minderbemittelten vorbehalten. Aus mehreren vorgeschlagenen „ehrbaren und frommen" Männern wurde er von den Scheffen ausgewählt, vom Schultheißen ernannt und von den Lehnherren bestätigt. Beim Dienstantritt legte er einen Eid nach vorgeschriebenem Wortlaut ab.

Die Aufgaben des Lehnboten waren mannigfaltiger Art. Er trug die Ladungen zu den gebotenen Dingen aus. Diese Gänge führten ihn fast in jedes Haus der Gemeinde, darüber hinaus nach Gladbach, Strundorf, Odenthal, Zündorf und selbst Eschbach im Sülztal, wo immer nur dingpflichtige Inhaber von Paffrather Lehngütern oder deren Absplissen wohnten. Er hielt die Verbindung zum Domkapitel, zu den später in Köln wohnenden Schultheißen und zum Obergericht in Bensberg aufrecht und war zudem verpflichtet, auf genaue Innehaltung aller Punkte des uralten Weistums zu achten. So wurde mancher der Hofesboten zu einer Vertrauensperson aller Eingesessenen des Kirchspiels. Die Natur seines Amtes brachte es mit sich, daß er auch für alle zum Überbringer mündlicher Nachrichten und Neuigkeiten und von Briefen wurde. Man könnte ihn so mit einem Flurschützen oder dem preußischen Polizeidiener einer Gemeinde, aber auch mit einem Landbriefträger vergleichen.

Aus dem Jahre 1554 ist uns „der alte Peter auf dem Berge zu Paffrath" als Fronhofsbote bekannt. Die Protokolle nennen nachstehende Hofesboten. Das Jahr bezeichnet das erste Auftreten oder die Berufung:

1618: Dahmen unterm Nußbaum (ein Paffrather Gut unterhalb Nußbaum; † 1604)
1640: sein Sohn Balthasar unterm Nußbaum
1644: Wilm zu Kohenbuchen auf dem Flaßberg
1659: Arnold Loicht an der Kaulen, er dankte 1671 ab
1671: Johann Lommertzen
1674: Berndt zum Pohel
1678: Gottert zum Diebersrodt
1681: Miebus (Bartholomäus) im Dreck
1684: Hermann zu Seyffen, kündigte 1690 das Amt auf
1690: Konrad Kohenbücken zu Nußbaum, 1709 aufm Flasberg, 1722 legte er dem Gericht eine Liste jener Leute vor, die „im Weidersbusch großen Schaden mit Abhauung des Geholts verursacht". 1729 wird er Konrad Combüchel genannt.
1748: Adolf Platz (noch 1766). Er war bereits seit dem Jahre 1743 domkapitularischer Buschförster gewesen und erhielt am 26. August 1750 durch besonderes Patent die erneute Anstellung. Dieses „Buschförsters-Patent" wurde abschriftlich in das Protokollbuch des Gerichts aufgenommen und lautet:

> „Dem Buschforsteren zu Paffrath Adolphum Platz seint wegen sieben Jahr lang verrichteten Buschförster-Dienst 40 Reichstaler curr. aus der Dom-Kellnerei gegen Quittschein auszuzahlen und fürohin jährlich 3 Malter Roggen ex eadem celleraria bis zu Wiedereinziehung dieses in der Zuversicht in Gnaden zugeleget worden, daß derselbe seine Ambtsobliegenheit, worüber er bei erst zu besitzendem Gericht von eines hochw. Domcapituls Schultheißen in Aydspflicht genomen werden solle, getreu und fleißig zu verrichten fortfahren und deshalben keine Klage wider ihn verspüren lassen.
> Signatum wie oben, J. W. Bennerscheidt."
> Adolf Platz wurde am 1. August 1751 vereidigt.

1775: Gottfried Kierdorf, er dankte am 5. Oktober 1787 ab, übte aber das Amt im Dezember noch aus
1787: Peter Kierdorf. Er war bisher bereits Buschförster.

Das Gerichtshaus

Die Sitzungen des Hof- oder Lehngerichts wurden Geding oder auch Audienz genannt, weil alle Lehnleute zum Anhören zugegen sein mußten. Seit jeher fanden die Sitzungen im Fronhof zu Paffrath statt, dem das Gericht anklebte, nicht etwa in oder vor der Burg, die Ferdinand Schmitz in irriger Weise mit dem Fronhof gleichsetzte. Der Fronhof lag vielmehr neben dem Bachgut.

Schon 1594 heißt es, daß das Gericht „im Lehenhoff" gehalten wurde, 1670 „auf der Bach in loco consueto (am gewohnten Ort), 1673 „in der Bach", 1684 „auf der Baag daselbsten im Froenhoff, dem gewöhnlichen Gerichtshaus in der Stuben", 1686 „im Thumb- oder Fronhoff", in demselben Jahre auch noch „ auf der Bach, als gewöhnlichem Gerichtshaus", 1688 „im Fronhof zu Paffrath loco consueto". Am 18. Februar 1672 tagte das Gericht ausnahmsweise auf dem Hause Blech.

Auch vorher war man durch die kriegerischen Ereignisse und die sicherlich dadurch bedingte Unsicherheit, mehr aber wohl noch, weil der Gerichtsschreiber dort wohnte, veranlaßt worden, sogar außerhalb Paffraths zu tagen, so am 1. September 1632 und am 14. April 1644 in Mülheim und 1641 einmal im Hause des Gerichtsschreibers Glabach in Köln in der Johannisstraße. Im Jahre 1689 war gar „wegen besorgten französischem Einfall und despfalls gehabter Angst und Gefahr kein Lehengericht zu Paffrath gehalten worden".

Am 12. Januar 1632 sollte das Gericht „nach vorhergegangenem Aufruf auf den gewohnten Tag gehalten" werden. Da „aber wegen eingefallenen Kriegsaufruhrs wenig Scheffen und Lehnleute erschienen waren", mußte Clemens Paffrath, der Statthalter, der Lehnherren, um der auswärtigen Parteien willen dem Gericht allein mit den zwei anwesenden Scheffen Johann zu Fahn und Johann auf der Walkmühle vorstehen.

Im Frühjahr 1643 hatten fremde Truppen das Dorf Paffrath heimgesucht und auf dem Gut zum Pohl einen Schuldschein entwendet. So konnte Bernd zum Pohl später nicht beweisen, daß Braun zu Torringen ihm 150 Taler schuldete. Auch Braun selbst war 1632 eine Quittung über bezahlte 30 Taler „bei diesem Kriegswesen verlustig worden". Gerhard zu Borsbach klagte ebenfalls am 7. Juli 1643 darüber, daß ihm Quittungen über Zahlungen an seinen Schwager Dirich Nonnenbroch entwendet worden waren. Johann Thilen zu Hebborn sagte am 28. September 1648 vor dem Lehngericht aus, daß ihm bei „viel Kriegsempörung und Fluchten" ein Pfandbrief über 50 Taler weggenommen worden sei, der seinen Großeltern von den Eltern des Wilhelm Hey ausgestellt wurde. Im Juni 1643 fand der Paffrather Fronhalfen das ganze Haus Blech menschenleer, er hatte „damals der Kriegsgefahr halber niemand einheimisch gefunden".

1635 am 15. Januar konnte der Schultheiß das Erbbuch des Gerichts nicht vorlegen, weil es wegen der Kriegsgefahr in Sicherheit gebracht worden wäre. Man möge bis zum nächsten Gerichtstag warten, sollten die Parteien es aber begehen, „solle auf ihre Kosten durch den Lehnherren und zwei Scheffen die Kiste zu Cöllen eröffnet und alles Notwendige für die Gebühr mitgeteilt werden". Damals war auch das Archiv des Klosters Dünnwald nach Köln geflüchtet worden. Am 24. April 1645 bat der Prior schriftlich um Vertagung einer Sache, „weilen er bei diesen beschwerlichen Kriegsläuften des Klosters Briefe und Siegel anderwärts in Verwahr gestellt und nit bei Hand hette".

Aber dann kam der alte Fronhof mit seiner großen Stube wieder zu seinem alten Rechte. 1690 und 1691 war das Gericht nach Ausweis der Protokolle „auf der Baigh", 1699 „in dem Baigh Hauß", 1706, 1734 und 1766 „im Frohnhoff".

Wenn aber das Wetter gar zu schön und einladend und die Menge der erschienenen Lehnleute so groß war, daß die große Stube im Fronhof sie nicht zu fassen vermochte, blieb man sogar draußen. Am 25. September 1742 war die Sitzung „unter dem freyen Himmel" und am 20. Oktober 1772 „unter blauem Himmel".

Der Verlauf der Gerichtssitzung

Während es vorher meist einfach heißt, daß „Hobsgericht gehalten" wurde, bringen die Protokolle seit 1670 auch öfters nähere Angaben über die äußeren Umstände. Am 14. April 1670 fand das Gericht „auf beschehene proclamation in der Kirche zu Paffrath und (nach) heutigem Glockenklang" statt. — Am 2. April 1671 heißt es: „... ist hierauf von dem Hoffsschultheißen dem Gericht uti moris et style (nach Brauch und Sitte) Fried geboten".

Am 13. Januar 1676 huldigte das Gericht zunächst dem neuen Lehnherren Reinhard Wilhelm von Calckum; „hierauf ist nach ergangenem Klockenklanck uti Styli das Gericht in Gottesnamen angefangen und durch obbesagten Scholtheißen (Adolf Pott) Bahn und Fried gebotten, demnegst die Roll gelesen und verhandelt worden wie folgt" ... Die Glocke wurde anscheinend immer erst nach den Formalitäten zur Feststellung der Anwesenheit der Gerichtspersonen und Lehnleute gezogen. Am 10. Januar 1684 erschien Caspar Ulrich von Lohausen „nach dem Glockenklang" zu seinem Protest.

So heißt es auch am 2. Dezember 1693: „Diesemnach die Dinckklock gezogen, das Gericht in Gottes Namen angefangen, die Hoffsroll vorgelesen ...". 1742 steht im Protokoll verzeichnet: „Diesemnegst ist von mir Hofschultheißen unter dem freien Himmel denen anwesenden Lehnleuten die Hofgerichtsrolle abgelesen worden, weilen aber verscheidene Lehnleut abwesend gewesen, als ist mit Vorbehalt desfals verwirkter, in sotaner Rollen bestimmter Straf befohlen worden, daß inskünftig, gleichs vorhin geschehen, die Lehnleut samt Köttern namentlich abgelesen, die abwesende notirt und für die Straf angesehen werden sollen ...".

Am 30. Juni 1760 wird gesagt: „Nach gegebenem Clockenzeichen gehalten, das Weißtumb wie auch die Namen deren Lehnleuten abgelesen und verhandelt wie folgt ...". Noch im Jahre 1787 wurden in derselben althergebrachten Weise das Weistum und die Namen der Dingpflichtigen vom Schultheißen verlesen.

Die Dingpflicht der Lehnleute

Der „gemeine Lehnmann" mußte zu den Gedingen oder Gerichtssitzungen mit derselben Pünktlichkeit erscheinen wie die Scheffen. Die Teilnahme wurde scharf überwacht; wer ohne triftige Entschuldigung ausblieb, verfiel der in der Rolle, dem Weistum, angedrohten Strafe, die in ihrer Höhe durch die Jahrhunderte gleich blieb.

Als im Januar 1594 von acht Lehngütern niemand zum Geding gekommen war, wurden die Pflichtigen „weddig erkannt auf 7½ Schilling laut der Rolle". Als wieder einmal große Lauheit eingerissen war, beschloß das Gericht im Jahre 1676, die Lehnleute künftig zu den Sitzungen schriftlich einzuladen. Im Oktober 1729 wurden alle ausgebliebenen Lehnleute nach der Rolle in Strafe erkannt.

Von Zeit zu Zeit lockerte sich die Auffassung über die strengen Bestimmungen des Lehnrechtes.

Schon am 26. Juni 1634 rügte der Lehnverwalter die Unsitte, daß die Lehnleute ihre Lehngüter verkauften, ohne sie nach der Vorschrift des Weistums zuerst durch Feilruf vor der Kirche den übrigen Lehnleuten anzubieten. Auch säumten sie mitunter etliche Jahre, ehe sie die getätigten Verkäufe bei Gericht zur Einschreibnug einbrächten. Im Juni 1635 wies Cäcilia Bergisch den mahnenden Boten mit Schimpfreden von der Tür. Wie sehr sich die Kriegszeit damals verwildernd auswirkte, geht auch aus ehrekränkenden Anwürfen gegen die Scheffen hervor. 1624 gibt uns das Protkoll schreckliche Kunde von einem Mord, den Andreas auf dem Berg zu Paffrath an seinem Schwager Tilmann an der Hand beging. Göttert auf dem Hof zu Schönrath jammerte am 13. Januar 1648 darüber, daß die bösen Paffrather Nachbaren auf seiner Wiese die Zaunpfähle ausgerissen oder abgebrochen hätten, um für ihr Vieh einen Weg zu einer Weide freizubekommen, die ihm zu Lasten mit hoher Kriegssteuer beladen sei.

Am 7. Juni 1701, nachdem das Gericht „völlig bekleidet" war, brachte der Hofesbote zahlreiche Unterlassungen und Verstöße gegen die Lehnrolle vor. Er hatte auf Grund einer Nachprüfung viele Pflichtige auffordern müssen, „ihre inhabende Hoffs- oder Lehengüter, Stücke oder Splisse gebührend zu empfangen, auch zu Hoff und zu Buch setzen zu lassen, wie nicht weniger die unter ihnen Erbgenahmen aufgerichteten Teilzettullen originaliter vorzubringen, widrigenpfals zu gewertigen, daß denen gemeinen Lehen- und Hoffsrechten zuvolg ad caducitatem (als hinfällig erklärtes Lehen) verfahren werde". Insgesamt mußten 4 Güter die Kurmut nachzahlen, 21 saßen „in unempfangene Händen", 4 sollten ihr Besitzrecht urkundlich nachweisen.

Im März 1706 wurden wiederum Klagen vorgebracht, daß die Lehnleute ihre Güter ohne Bewilligung des Gerichts und des Lehnherren „versetzen, verteilen und sonsten Beschwernus machen, ohne die Contracte dem Gericht vorzulegen". Alle wurden gewarnt und ermahnt, sich an die Hofsrolle zu halten. Auf Supplikation (Bitten) aller Lehnleute sollen Johann am Kradepohl und sein Vetter Peter aufm Kamp den rechtmäßigen Besitz der Wiese hinter der Mühle zu Paffrath nachweisen.

Schon vor 1755 hatte sich der Übelstand eingeschlichen, daß von den Scheffen Kaufbriefe vor der gerichtlichen Besitzübertragung unterschrieben wurden. Daher erging folgende Anordnung des Domkellners und des Hofschultheißen: „Weil zeithero ein oder ander Concept Kaufbriefs von denen Lehnscheffen unterschrieben und denjenigen mitgeteilt worden, welche ihre Güter noch nicht einbracht und empfangen hatten, diesem Übel aber vorzukommen, ist vom zeitlichen Herrn Domkellneren und Hofschultheißen in Zukunft deren keines mehr mitzuteilen einem jeglichen Scheffen unter Straf eines Goldguldens in faciem (ins Angesicht) verkündet worden."

Doch die Klagen über unbotmäßige Lehnleute hörten eigentlich nie auf, trotz radikaler Strafen. So erörterte das Gericht im Jahre 1760, daß die Ehefrau Beckers vor etlichen zwanzig Jahren die Halbscheid des Kippekauser oder Töllers(Zöllners)-Guts an der Hand von Johann Kley gekauft, aber trotz Mahnung nit vor Gericht empfangen hatte. Kurzer Hand wurde das Gut als dem Lehnherren heimfällig erklärt.

Am 2. Juli 1760 wurden die Scheffen Johann Jacob Bützler, Johann Dederich Kierdorf und Tilmann Bützler vom Hofgericht damit beauftragt, „den Heckzehnt-Register, wie auch deren Churmeden und Lehnleuten appertinentien (Zubehör) der Lehn- und Churmutsgüter zu renovieren und, wie er gefertigt sein wird, Herrn Domkellneren Eichhaes zuzustellen".

Im 18. Jahrhundert wurden oft Klagen über eine Beeinträchtigung der uralten Rechte des Paffrather Lehngerichts durch das Obergericht in Bensberg und den Oberschultheißen selbst laut. Zwar berichtete der Kellner Johann Anton Daniels in Bensberg im Jahre 1759, der Herzog habe in Paffrath kein Gericht und habe nur über alle Gewaltsachen zu rechten. Das Gericht über Erbschaften werde von dem Schultheißen in Köln besessen und gehalten [153]). Doch wandten sich Schultheiß und Scheffen in Paffrath am 10. März 1773 wegen der Teilung des Gutes zum Platz hilfesuchend an das Domkapitel in Köln: „Hochwürdigst, durchlauchtigst, hochgeboren, hochwohlgeboren, hochwürdig, hochgelehrte, gnädigst gnädige Herren! Es sind dermal 309 Jahr, daß die Roll des Hofgerichts zu Paffrath errichtet und bis auf jetzige Zeiten beständig und ohne den mindesten Eintracht beim Hofgericht zu Paffrath über die daselbst einschlägige und dorthin gehörige Lehn- und churmödige Güter, Kaufbrief, Obligationes, Abteilungen derselben und dergleichen in die Lehngerichtsbarkeit einschlägige Actus durch sotanes Hofgericht getätigt und resp. verfertigt worden seien ... Nun hat der Oberschultheiß Daniels zu Bensberg verfügt, daß der Bensberger Scheffen Lommerzen auf Ansehen beider Vormünder des minderjährigen Theodor Katterbach das Lehngut zum Platz in Paffrath mit einem legalen Landmesser teilen soll und beim Gericht in Bensberg referieren soll ..."

Das Hofgericht in Paffrath verlangte Erhaltung seiner im Weistum niedergelegten Gerechtsame.

So wurden denn auch am 23. Oktober 1775 „alle Lehnleute gemäß der in der Hofrollen enthaltener Straf auf die verkündigte Gerichtstag" hingewiesen und ermahnt, „bei Ablesung ihrer Namen so gewiß zu erscheinen und ihr Nötiges vorzubringen, als gewisser sie sonst darin fällig erteilt werden" sollten. An demselben Tage wurde angeordnet, daß jeder Lehnmann bis zum nächsten Gerichtstage die zu seiner Sohlstatt gehörigen Aussplisse mit Beisetzung deren Namen und Anwenden (Angrenzenden) beibringen sollte. — „Ingleichen ist jeder Lehnmann gewarnet worden, pflichtmäßig auf das Lehngut achtzugeben, daß es nicht zerrissen, zersplissen, obsonsten ohne lehnherrlichen Consens verkaufet oder durch übermäßige Abpfählung der Eichbäumen verdorben werde und, woe ein solches geschehen, der Lehnmann einzubringen hätte."

Es scheint, daß nunmehr die Lehnspflicht wieder zu vermehrter Achtung kam. Wenn nötig, gewährte das Gericht auch bereitwillig Ausstand. Nachdem Joan Eck in Paffrath einer schweren Bluttat zum Opfer fiel, berichtet das Erbbuch des Hofgerichts am 21. Oktober 1776: „... und weilen angezeigt wurde, daß dieser kurz dahier vorm Fronhoff

---

[153]) Ruhmreiche Berge 1940, 3.

tot geschlagen worden, so baten dessen Erben bis zum nächsten Hofgericht Ausstand, das gekaufte Anteil Bruder- nunc (jetzt) Sebastians-Gut zu empfangen"[154]).

Aus dem Protokoll des Gerichts vom 23. Oktober geht hervor, wie hoch die Gebühren für „Verzicht und Ausgang" bei einem Besitzwechsel waren. Das Gericht erhielt 3 Schilling und 2 Maß Wein, den Scheffen standen für einen Verzicht 14 Blaffert zu.

Im Jahre 1784 wurden wieder Beschwerden darüber laut, daß der Oberschultheiß Paffrather Rechtsfälle an das Obergericht in Bensberg zöge. Am 28. Oktober heißt es im Protokoll:

„Bei heutigem Hofgerichte wurde von sämtlichen Lehnscheffen die Frage gestellt, ob es nicht dem Hofgerichte zu Paffrath nachteilig wäre, wan Lehnleut zu Paffrath cum consensu (mit Erlaubnis) einen Kauf und Verkauf über Lehngüter getroffen, die Lehngüter dem Herbringen gemäß beim Hofgericht empfangen, Verzigt und Ausgang geschehen, fort alles praestanda praestiret (zu Leistende geleistet) worden, daß besagte Lehnleute beim Obergericht zu Bensberg nochmalen ab- und angeerbet werden könnte und sie doppelte Gerichtsjura zu entrichten gehalten wären, wie aus abschriftlich hierbei liegenden beim Hofgericht zu Paffrath ausgefertigten Kaufbrief und darüber geschriebenem Bensberger Decreto zu ersehen. — Darüber wird die gutachtliche Meinung vom Herrn Syndico eines hochwürdigen Domcapituls, Hofraten Bollich wohlgeboren, gebetten, ob solches fernerhin zu dulden oder sonst als ein Eingriff zu betrachten, und wie also diesem in Zukunft vorzubeugen wäre."

Die nämlichen Klagen wurden am 13. Oktober 1786 laut. Der Scheffe Joan Dederich Kierdorf schrieb an den Hofschultheißen Ningelgen, er müsse als Landscheffe einen ganzen Monat lang am Brüchtenverhör in Bensberg teilnehmen. Dort seien sehr viele Paffrather „bruchfällig und müßten Brüchten zahlen, welche dermalen von Geld ganz entblößet".

Oftmals befaßte sich das Hofgericht mit Klagen über das Nichtbezahlen von Schulden und über Nichteinlösung von Schuldscheinen. Besonders in Kriegszeiten seufzte das Lehngut unter der Verschuldung; weder konnten die Zinsen bezahlt, noch die Hypotheken abgetragen werden. Die Gläubiger erhoben Klage, und das Gericht verfügte die „Taxation und Immission", die Abschätzung des Besitzes und Einsetzung des Klägers als Eigentümer. Das bedeutete mitunter, wie im Falle des Nonnenbruchschen Gutes am 28. April 1644, den „Totalruin und Untergang", den selbst das Gericht dem hartherzigen Gläubiger Godart Wißdorf gegenüber zu verhindern suchte.

Die Protokolle des 18. Jahrhunderts sind schließlich zumeist mit wörtlichen Abschriften von Kaufbriefen und Obligationen angefüllt und schwellen immer mehr an.

Ein Rechtsstreit aus den Jahren 1584/85

Die Behandlung eines Rechtsstreites vor dem Paffrather Lehngericht wird nachstehend an einem Beispiel dargetan.

---

[154]) Über die näheren Umstände, den Täter und die gerichtliche Verfolgung berichten die Protokolle nichts.

Am Palmsonntag Anno 1584 ließ Johann, der Wirt zum Pohl, an der Kirche zu Paffrath das ihm gehörige Noßhoves-Gut zu Nußbaum feilrufen, also zum Kauf anbieten. Der damalige Hofschultheiß Clemens Kreyling hielt sich als Lehnmann, da kein Verwandter bot, zum Kauf für berechtigt und ließ den Wirt durch vereidigte Scheffen um die Höhe des Kaufpfennigs, den Weinkauf und den Gottesheller befragen, bot ihm hierfür auch Gold und Silber an. Der Wirt begehrte dreizehn Tage Bedenkzeit, ließ aber danach nichts von sich hören, so daß Kreyling abermals drei Scheffen zu ihm schickte und ihn erneut befragen ließ. Darauf gab Johann zum Pohl einen offensichtlich „ganz widerwertig und betrieglich Bescheid", indem er mitteilte, einer der Mitverkäufer, Closgen auf dem Kirchenberg, habe ihm Weinkauf und Gottesheller wiedergegeben.

Hof an der Eichen

Clemens Kreyling beharrte jedoch bei seinem Recht und deponierte den Kaufschilling (die Kaufsumme) samt dem Weinkaufsgeld und dem Gottesheller in üblicher Höhe beim Hofgericht. Als nun die Kirchenrüfe unwiderrufliche Kraft erlangt hatten und auch der Wirt auf Michaelistag von einem gewissen Hans Jakob von Küchenberg als vorgeschobenem Käufer den Weinkauf abermals genommen hatte, ohne Rücksicht auf Kreylings Ansprüche und die Hinterlegung des Kaufpreises, wandte sich dieser am 7. Januar 1585 an das Hofgericht mit dem Antrage, den Wirt zum Recht anzuhalten und ihn zu zwingen, wegen seiner betrügerischen Antwort Genugtuung zu leisten, dem Lehnherren ein Bußgeld zu zahlen und ihm selbst alle Kosten und den Schaden zu erstatten. Auch sollten die Verkäufer angehalten werden, ihr Geld von ihm zu empfangen und am Gericht für das verkaufte Noßhoves-Gut Verzicht und Ausgang zu tun.

Schultheiß — es war nun ein anderer — und Scheffen erkannten in Kreylings Sinne, aber der Wirt zum Pohl trotzte mit abgewandtem Haupt und blieb die Antwort schuldig. Er erbat einige Bedenkzeit, die ihm gewährt wurde. Kreyling seinerseits begehrte, das Hofgericht in vierzehn Tagen wieder zu laden. Demnach trat es unter dem Statthalter Peter zu Weyer am 21. Januar wieder zusammen. Beide Parteien legten erneut ihren Standpunkt dar, und der Wirt verlangte Abgabe der Sache an das Obergericht zu Bensberg. Demgegenüber betonte Kreyling, es handele sich um ein Hofesrecht, und es stehe auch in der Rolle, daß kein Lehnmann den anderen außer mit dem Hofesrecht anfordern dürfe.

Beide Parteien einigten sich daraufhin, das Urteil „vest und stet" einzuhalten. Klein-Goddert auf dem Rommerscheid bürgte für Kreyling, Thones zum Seifen für den Wirt. Außerdem stellte das Gericht zur Überwachung die Scheffen Thönes zum Broech und Joan Steinkroich an. Wer das Urteil nicht einhalten würde, sollte als Strafe 25 Goldgulden an den Landesherrn zahlen. Als Obmann wurde dazu noch Peter zu Weyer „angetagt und geordent".

So wurde Clemens Kreyling nach Hofesrecht Besitzer des Noßhoves-Gutes.

Besitzwechsel der Lehngüter

Aus den Hofgerichtsprotokollen läßt sich für ihre gesamte Zeit, also 1584 bis 1805, der Besitzwechsel der Paffrather Lehngüter verfolgen. An anderer Stelle sind die Nachrichten über das Haus Blech, den Fronhof selbst und das Bachgut, den kleinen und großen Berfert verwertet worden. Hier mögen noch einige Besitzübergänge wegen der besonderen Bedeutung der Güter folgen.

Am 30. Juni 1692 tätigten Johann Kissel aufm Schutterdich, Scheffe des Obergerichts in Bensberg, und Tiebes auf der Groben (Matthias Kuckelberg) als Vormünder des Kindes auf dem Lehngut zum Poehl, wozu sie nach dem Absterben des Gottert zu Kuckelberg berufen worden waren, die wegen des Bernen Gut zum Poehl dem Lehnherrn erfallene Kurmut von 11 Talern und zahlten sie an Laurentius Maqué als Vertreter des Domkapitels. Das Gut selbst wurde von Peter zu Büchel „als einem Stenzler zu vergahn und zu verstahn", also zur stellvertretenden Bewirtschaftung und Rechtsvertretung, gerichtlich empfangen, um es, sobald das Kind großjährig sein werde, ihm zu übergeben.

Durch Kaufbrief vom 3. August 1722 erwarben Johann Peter Gyrath und sein Bruder Hans Derich das Spillmannsgut auf dem Flachsberg, das schon für das vorangegangene Jahrhundert von musikalischer Betätigung im alten Paffrath kündet.

Am 9. Mai 1753 wurden Johann Steinkrüger und Konsorten vom Paffrather Lehngericht aufgefordert, das Lehngut zum Schleumer Hoff zu empfangen, andernfalls sollte es als dem Lehnherrn verfallen gelten.

Wilhelm zur Beden hatte jüngst vor Gericht gelobt, das Metzmechers Gut im Strundorf zu empfangen und eine „empfangende Hand zu stellen". Am 29. April 1585 brachte er vor, das hätten ihm „die Cöllnischen", also seine Zunft, verboten, denn diese wollten das Gut verkaufen. Darauf erklärten Schultheiß und Scheffen, das Metzmachers Gut sei als ein dem Lehnherrn verfallenes Gut anzusehen, „da es oftmals gewrogt (angezeigt), aber an die zehn Jahr nun unempfangen gelegen".

Am 1. Juli 1715 wiesen Gerhard Kierdorf und seine Hausfrau Katharina Gierath einen Kaufbrief vom 24. Februar 1712 am Paffrather Hofgericht vor, mit dem sie das Metzmachers Gut im Strundorf, auch „Greuelans-Gut" genannt, von den Steinkrüger und Iggeler Erbgenahmen und den Vormündern der minderjährigen Kinder gekauft hatten.

Kaufbrief über das Metzemächers oder Grewel-Johannes-Gut im Strundorf 1712

Jedermänniglichen, deme es zu wißen nötig, seie kunt hiemit, und per gegenwertig offenen Kaufbrief, weme derselb zu sehen, zu lesen oder hören zu lesen vorkommen wird, offenbar: welchergestalt heut dato untenbenent zwischen dem wohlachtbar- und ehrsamen respect. Steinkrüger und Iggeler Erbgenahmen Verkäuferen an einen, sodan dem wohlachtbaren Gerharden Kirdorff und der ehr- und tugendreichen Frawen Catharinam Curten, als auch der ehr- und tugendreichen Frawen Catharina Gierath als Einkäuferen anderen Teils ein öffentlich beständiger, aufricht und zu ewigen Tagen fort, fest und unwiderruflichen Erbkauf und respect. Verkauf, wie derselb dem Rechten und Churfürstl. Landordnung gemäß ahm beständigst — und bändigsten geschehen kann oder mag, tractirt, eingangen und beschloßen worden:

Dergestalt, daß obahngemelte Verkäufere Erben sambt und sonders zu Beförderung ihres besten Nutzen und Vorteils ihr erblich ahngeteiltes Erbgut im Strundorf, Bottambts Glabbach, das Metzemächers oder Grewel-Johannes-Gut genant, lehnrühr- und dingpflichtig ahn dem Hochlobl. Lehngericht zu Paffrath, maßen selbiges in seinen Lägen und Pfählen gelegen, und von vorigen Pfächteren gebrauchet worden, mit allem Ahn- und Zubehör, nichts davon aus- noch vorbehalten, mit ersagtem Gut von Recht wegen gebührendem Last und Unlast — außerhalb 2 Albus Cölsch, so vermög Teilung wegen eines Ort Busches deme abgeschrieben und dem Steingaßer Gut ahngesetzet worden — ewig und erblich mit vollen Rechten verkauft, cedirt, und unwiederruflich übertragen haben, maßen dan auch hiemit und kraft vorgemelt allerseits bescheheenen Unterschriften, obgemelten Ahnkäuferen Eheleuten und deren Erben ewig und erblich verkaufen, mit vollen Rechten cediren und unwiederruflich übertragen tuen vor und umb einen veraccordirten Kaufschilling ad 220 Reichstaler und 5 in speciebus zum Verziegspfenning, bei welchem respec. Ver- und Ankaufs-Contract ermelten Kaufschillings-Zahltermin halber von contrahirenden Parteien dahin vereinbaret worden, daß ab vorspecificirt verglichenen Kaufpfenningen mehrgemelte Ankäufere ihnen, Verkäuferen Erbgenahmen alsogleich 100 Taler bar erlegen und zahlen sollen, das übrige — a dato dieses ahnzunehmen — über zwei Jahren a dato dieses ahnzunehmen termino S. Petri ad Cathedram richt- und völlig abführen und zahlen sollen und wollen.

Bei welcher Ver- und Ankauf-Contrahirung dan auch verglichen und eingewilliget worden, daß sie, Ankäufere, neben vorangeregt gewöhnlichen Last den auf gemelten Guts Garten stehenden Churfürstlich specialer Last ebenmäßig abtragen sollen und wollen, ohne Gefärde und Arglist, und mit beiderseits contrahirenden Parteien wohl erinnert, wohl wißentlichen renuntion und Verziehung auf alle und jede so geist- als weltliche Rechten, Ausflüchten, Beneficien, Privilegien etc., in specie daß anders geschrieben als gehandelt worden, bößen oder gröbsten Betrug etc. und wie selbige sonsten Namen haben, oder auserdacht werden können oder mögen.

Und zu mehrerer (Sicherheit) gegenwertig Kauf- und resp. Verkaufs ist derselb mit expressem Vorbehalt der gnädigen Lehnherren und jedermänniglichens Recht und Gerechtigkeit mit Gottesheller und lendlichem Weinkauf befestiget und neben dabei über- und ahngewesenen glaubhaften Gezeugen von mehrgemelten contrahirenden Parteien unterschrieben und von mir zur Zeit veraydeten Lehngerichtschreiberen gegenweriges Documentum empt- et respec. Venditionis darüber ad requisitionem ausgefertiget woren.

So geschehen Gladbach, den 24. Februar 1712. In fidem praemissorum scripsi et subscripsi Fr. N. Moriconi, Lehngerichtschreiber.

Auf Begehren meines Vaters Wilhelm Steinkrüger dieses vor ihn unterschrieben Christian Steinkrüger. — Thönnes Steinkrüger. — Cörschgen Steinkrüger. — Wilhelm von der Heyden. — Cörschgen Kipell. — Weilen Wilhelm Klein schreibensunerfahren, habe dieses vor ihn unterschrieben Christian Steinkrüger — Thonnes Steinkrüger — Servas Glabbach vor mich und Catharina Odendahl auf der Gruben, so schreibensunerfahren, mit unterschrieben — Tho-

mas Odendahl vor mich und Joes Hamecher, Halfman zu Strunden mit unterschrieben — Weilen Catharina Gieraths schreibensunerfahren, also habe ich dieses vor sie unterschrieben, Johannes Theodorus Kirdorff — Gerhardus Kirdorff — Hermannus zur Strunden — Wilhelm zur Strunden — Peter Kirdorf — Matheis Odendahl als Vormunder.
Den Verzicht am Lehngericht Paffrath am 5. Juli 1717 taten die Lehnscheffen Adolf Adolphs und Wessel Schlebusch.

Am 23. Januar 1760 verkauften Steinkrüger und die Iggeler Erbgennahmen das Metzmächer oder Greuel-Johannes-Gut im Strundorf, lehnrührig nach Paffrath, an Gerhard Kierdorf und Frau Katharina Cürten sowie Frau Katharina Gierath für 220 Rtlr und 5 Rtlr Verzichtpfennig [155]).

1690 muß Johann Heukeswagen auf der Walkmüllen 3 Reichstaler auf Rechnung der rückständigen 6 Rtlr Heckzehnten dem Hofesboten Hermann zum Seiffen erlegen. — Am 26. September 1764 wurde das Lehnsgut an der Walkmühlen geteilt. — Am 22. Oktober 1772 empfing Christian Schmitz das halbe Pfannengütchen auf der Walkmühle.

Am 11. Januar ist im Protokoll vermerkt, daß Paulus Eck 2 Morgen auf dem Duppenbeckers Kamp in Gebrauch hat, die vor ihm Balthasar Dahmen genutzt hatte.

1715 wird ein „Stück Busch neben der Eyser-Kaulen in der Osenauer Gemarken gelegen" erwähnt.

Am 10. März 1797 wurde der Kaufbrief über das Gut Groß- und Klein-Büchel vorgebracht. Geheimrat von Derckum in Bonn und seine Ehegemahlin Maria Katharina von Gruben bewilligten in Rücksicht auf ihren Bruder Damian Henrich von Gruben, Kanonikus an St. Severin, den Verkauf des Gutes für 8500 Gulden an Matthias Steinkrüger und Ehefrau Helene Höllers.

Das Eichholzer Gut im Kirspel Bensberg gehörte nach Paffrath ins Gericht.

Das Altenberger Lehen

Einige Wiesen, die zum Schönrather Hof gehörten, einem Altenberger Klosterhof, waren an das Paffrather Hofgericht seit jeher lehnrührig. Deshalb mußte auch die Abtei Altenberg wie jeder einfache Lehnmann die Verpflichtungen gegenüber dem Gericht und dem Lehnherrn erfüllen. Sie mußte für das Lehen einen persönlichen Lehnsträger benennen, der nun wie jeder andere das Lehen empfing und den Lehnseid aufschwur. Dafür bestimmte der Konvent nicht den Abt selbst, sondern einen der Mönche, und bei dessen Tode wurde somit auch die Kurmut fällig.

Am 26. Oktober 1574 erschien im Auftrag des Abtes der Pater Jaspar zu St. Naber vor dem Domkustos Reinhard Graf zu Solms als Amtsherrn zu Paffrath und benannte als empfangende Hand der Schönrather Wiesen zwischen Fronhof und Mühle zu Paffrath den Altenberger Konventualen Johann Feinhals gen. von der Heiden.

Abt Bartholomäus von Anstell von Altenberg (1591—1614) sollte nach dem Tode des Paters Feinhals, weil er die Kurmut nicht überbracht hatte, des Lehens verlustig gehen. Er übergab dem Hofgericht am 30. April 1601 eine Petitionsschrift, um nach Erlegung der Kurmut die Wiesen zu behalten. So wurde damals der Mönch Peter Kortenbach, der

---
[155]) StA Düsseldorf, Jülich-Berg III, 2649.

ehemalige Prior von Bottlenbroich, Lehnsträger der Wiesen. Am 13. Januar 1603 empfing der Bruder Johann Leusch die Wiesen zu Lehen. Als er 1644 starb, erschienen Abgesandte des Abtes in Paffrath und tätigten die Kurmut. Sie überreichten dem Junker Reinhard von der Reven nach uraltem Brauch einen roten Samtbeutel mit einem Goldgulden und einem silbernen Reichstaler und benannten zugleich den Pater Stephan Richartz als empfangende Hand. Nach seinem Tode kam am 10. April 1684 der abteiliche Kellner Wilhelm Schulgen in den Paffrather Fronhof und überbrachte den Kommissaren des Domkapitels die übliche Kurmut in einem Seidenbeutel. Er selbst wurde nun als Vasall angesetzt. An Gerichtsgebühren erlegte er außerdem 1 Goldgulden 6 Albus und 8 Quart Wein; der Gerichtsschreiber verzichtete auf die im zustehenden 12 Albus.

Als Schulgen gestorben war, wiederholte sich der Vorgang, indem der neue Altenberger Kellner Johann Gottfried Engels die Kurmut in Paffrath dem dort beim Lehngericht anwesenden Domherrn und Weihbischof von Quentel überbrachte. Engels wurde 1723 Abt und starb 1739. Doch erst am 25. September 1742 ließ sein Nachfolger, der Abt Johann Hoerdt, durch den Sekretär Heinrich Gruben die Kurmut zu Paffrath tätigen und vor dem Domküster Grafen Fugger den Profeß Philipp Nesselmann als empfangende Hand benennen. Nach dessen Tode ging am 26. Oktober 1784 noch der Profeß Heinrich Schunck mit dem vorgeschriebenen Seidenbeutel nach Paffrath, um zum letztenmal den jahrhundertealten Lehnbrauch zu erfüllen, ehe Abtei und Lehngericht den umwälzenden Zeitereignissen zum Opfer fielen[156]).

Die Güter zu Lützenkirchen

Nach dem Weistum des Hofgerichts zu Paffrath vom Jahre 1454, acht Tage nach den heiligen dreizehn Tagen (nach Dreikönigen), lagen drei dingpflichtige und kurmütige Güter im Kirchspiel Lützenkirchen, nämlich zu Hove, zu Lehn und zu Horn. Es ist nicht bekannt und auch nicht zu ergründen, wie und wann dieses Lehnsverhältnis zustande gekommen ist.

Im Jahre 1594 wurde es vor Gericht scharf gerügt, daß die Lützenkirchener Güter nicht vertreten waren, obwohl ihnen immer ein Scheffenstuhl vorbehalten blieb. 1620 kam es der Güter wegen zu einem ernsten Konflikt. In Hove war der Erbfall eingetreten. Kerstgen Horn hatte zwei seiner Miterben, Claß und Dederich, in Biesenbach abgegolten und das am Gericht in Lützenkirchen selbst eingebracht, was ihm jedenfalls weit bequemer schien. Damit hatte er seine Lehnspflicht gegenüber dem zuständigen Paffrather Hofgericht verletzt, und dieses war keineswegs gewillt, das Lehen einfach fahren zu lassen. Kerstgen wurde vorgeladen, und er entschuldigte sich damit, „er hab anders nit gewist". Dasselbe erklärten auch Caspar und Vollmar Horn.

Das Gericht maß vor allem dem verantwortlichen Scheffen Johann in der Hoven zu Lützenkirchen die Schuld bei und erließ folgendes Strafmandat: „Demnach Hover Jan seinen geleisten Lehen- und Scheffen-Ayd in den Wind geschlagen und die Lehngüter zur Hoven an das Landgericht Lützenkirchen der Lehenordnung und seinem geleisten

---

[156]) *Mosler,* a.a.O., II, S. 426.

Ayd zuwieder einbracht, derowegen zu Recht erkennt, daß gemelter Hover Jan damit zu viel und Unrecht getan und darumb schuldig, bei dem Lehnherrn Abtragt zu tun und die Güter allhier zu Paffrath am Lehn- und Hobsgericht einzubringen und die Kösten von drei Gerichtstagen und Besichtigung des Guts, zusammen zwölf Taler, zu bezahlen fällig erteilt, wie wir hiemit von Rechtswegen erkennen und verdammen gegenwertiglich."

Aus der Scheffenliste ist zu ersehen, daß jedesmal nach dem Tode Lützenkirchener Scheffen ein neuer für die drei Güter und deren Absplisse bestimmt wurde.

Am 3. März 1753 befaßte sich das Paffrather Hofgericht damit, daß Wilhelm Steinbach, Peter Derich Peters und dessen Stieftochter, ferner Thomas Menrath und Johann Wolf ohne Erlaubnis des Gerichts und ohne Consens des Lehnherrn das lehnrührige Steffensgut zum Lehn mit Hilfe der Beamten (des Amtes Miselohe) in Lützenkirchen in zwei Teile zersplissen und damit gegen das Hofweistum verstoßen hatten.

Thomas, der Sohn des verstorbenen Scheffen Thomas Menrath, erschien am 4. Dezember 1787 im Fronhof zu Paffrath vor Gericht und erklärte, er wäre willig und bereit, die Sohlstätte zum Lehn — „wie sein seliger Vater 1745, den 7. Juli, dahier belehnet worden" —, zu empfangen. Er begehrte ferner zu wissen, wer der letzte Besitzer im Jahre 1657 gewesen sei, ohne daß er eine Begründung dafür angab. Ihm zu Gefallen sollten nun die alten Protokolle nachgesehen werden. — So wurde denn Thomas Menrath als neu empfangende Hand von dem Lehn zum Büschen angeordnet, „zum Scheffen aber könnt er sich nicht verstehen".

Erst die Aufhebung der Lehngerichtsbarkeit löste die vielhundertjährige, vielleicht sogar tausendjährige Verbindung der Güter in Lützenkirchen. Sie hatte in der langen Zeit trotz aller Klagen über die weiten Wege einerseits und die Versäumnisse der Dingpflicht anderseits doch auch viele persönliche Beziehungen zwischen hüben und drüben geschaffen, die auch zu Heiraten führten und im 19. Jahrhundert noch viele Jahrzehnte anhielten.

Die Wahrung der Nachbarrechte

Das Paffrather Hofgericht befaßte sich nicht allein mit der Beurkundung der Besitzrechte am Lehngut und der Erhaltung des Lehencharakters überhaupt, sondern regelte auch nach den Vorschriften des Weistums alle nachbarlichen Rechtsverhältnisse und schließlich auch alle Fragen des Gemeinschaftslebens überhaupt, soweit sie nicht in den kirchlichen Bereich des Sendgerichts fielen.

a Ackerwalze und Hütung

Das betraf zunächst die Grundlage des agrarischen Lebenszustandes überhaupt, den Ackerbau und die Viehzucht. Angebaut wurden vornehmlich Hafer, Roggen und Gerste, wozu ein für den einzelnen besonders schwer zu beschaffendes und auch kostspieliges Ackergerät, die Walze, vom Lehnherrn den Lehnleuten gestellt und unterhalten werden mußte, die sie genossenschaftsweise im Wechsel zu gebrauchen das Recht hatten. Das Domkapitel hatte auch für eine etwaige Neuanschaffung aufzukommen, was ihm bei dem Reichtum an altem Eichenbestand nicht schwer geworden sein dürfte.

Am 21. Oktober 1776 brachten Vorsteher und Beerbte zu Paffrath beim Hofgericht die Klage und Bitte vor, für das „verschlissene Weltzbloch" ein neues beim Domkellner zu beantragen, worauf denn auch ein neuer „Bloch" geliefert wurde.

Über Streitigkeiten in der Benutzung der Walze wird nichts berichtet, während sie wegen Weide und Hütung an der Tagesordnung waren. So erschien am 13. Januar 1603 Johann Pollwirth (der Wirt zum Pohl) vor Gericht, da es im Busch in der Mautzen (Mutz), im Aspen und im Hoffebusch zu Streitigkeiten wegen unberechtigt in seinen Büschen hütender Kinder gekommen war. — „... und hat er dem Schultheis an den Stab getast, sein selbst Beesten auf den Busch zu halten ... ingleichen hat Clemens der Opfermann (Küster) dem Schultheißen an den Stab gegriffen und gerichtlich gelobt, seinen Busch in der Mautzen imgleichen zuzumachen und selbst seine Beesten daruff zu halten, daß des Wirts Kindern dadurch kein Schaden geschieht ..."

Am 7. Juli 1654 klagte Junker Katterbach, daß etliche Nachbarn auf dem Flachsberg ihre „Beesten" nicht durch den Dorfhirten treiben und weiden, sondern durch ihre Kinder hüten ließen. Dadurch hätten sie ungewöhnliche Wege gemacht und den Früchten, „so auf dem Pannenberg besamet", großen Schaden zugefügt.

Das Hofgericht hielt besondere Strafsitzungen ab, um Vergehen zu ahnden. So befaßte sich etwa die „Brüchten-Besitzung" am 7. Juli 1745 auch mit Hütungssachen. — Sebastian Schwellenbach mußte dafür, daß er einmal die Kühe in den Weidesbusch getrieben — es war am 14. August des Jahres vorher — und daß er sie am 14. Juni dort getränket hatte, zusammen 1 Reichstaler zahlen ... — „Item dessen Hausfrau ihre aufm Schutz-Hof pignorirte (gepfändete) Kühe eigenmächtig von dannen getrieben, soll zahlen ½ Goldgulden." — „Christ. Herkenrath, der zweimal auf einen Tag seine Kühe wie auch gestern in den Weidesbusch getrieben, soll zahlen für jedesmal ½ Rtlr." — „Wittib Schlebusch, die zweimal die Kühe zu ungebührlicher Zeit den 24. Juli und 14. August 1744 in Weidesbusch getrieben, soll zahlen zusammen ½ Rtlr." — „Stephan Schlebusch, der einmal seine Kühe daheselbst getrieben, soll zahlen ½ Rtlr." — „Joannes Kley in den Hoven ad idem ½ Rtlr."

β Die Holznutzung

Die Lehnleute durften keineswegs über die Bäume, die auf ihrem Lehngute und in den Büschen wuchsen, frei verfügen. Sie mußten vielmehr um jeden Stamm und Einschlag die Genehmigung des Lehngerichts einholen; lediglich das Klüppelholz und Stockholz stand ihnen zum Kochen und Heizen für ihre Feuerstelle zu, ein Verkauf war auch in diesem Falle nicht gestattet. Der Anteil am Gemeindebusch war nach Gewalten genau für jede Sohlstatt vorgeschrieben, und die einzelne Gewalt verteilte sich später weiter auf die Absplisse, so daß die zustehende Menge mitunter recht kümmerlich war.

Es ist deshalb verständlich, daß viele Leute bei ihrer großen Armut zum Holzfrevel geradezu getrieben wurden, wollten sie nicht verhungern und erfrieren. Damit hatte dann das Brüchtengericht seine liebe Last. Im Juni 1692 klagten Gottert Schlebusch zu Torringen und die dort wohnenden Witwen Greth und Merg darüber, daß „ihnen ihre Gerechtigkeit im Herkenbroich sowohl wegen Echer (Eicheln) als Holzgebühr nicht mitgeteilt würde" und baten das Gericht, ihnen dazu zu verhelfen. Aber die Benachbarten, nämlich Henricus Krey, Gottert Dahmen, Johann Ludtwigs und andere antworteten darauf, „daß sie in possessione weren, denselben Clägeren nicht mehr abzuführen, als würklich geschieht". Daraufhin wurden die Kläger zu einem schriftlichen Beweis aufgefordert.

Dem Cornelius Wilhelms wurde im März 1706 untersagt, auf lehnrührigem Grund Eichen zum Schaden des Lehens niederzuholen. Bei „Strafe und Verwirkung des ganzen Lehns" mußte er sich verantworten. Der Hofsbote wurde angewiesen, gefällte Eichen für das Gericht zu beschlagnahmen und in seine Gewalt zu liefern.

Im Januar 1723 legte der Hofsbote Konrad Coenbocken eine Liste der Leute vor, die im Weidesbusch großen Schaden „mit Abhauung des Geholz verursachet". Sie wurden sämtlich empfindlich gebrüchtet.

Im Laufe des 18. Jahrhunderts, als der bergische Wald durch den großen Holzkohlenbedarf der Hammerwerke unendlichen Schaden litt, nahmen die Frevel am Walde immer mehr zu. Am 7. Januar 1749 schickte der Lehnschultheiß Peter Josef Ningelgen aus Köln ein Dekret nach Paffrath, das am 26. durch den Hofsboten Adolf Platz vor der Kirche publiziert wurde: „Weilen kläglich anbracht worden, ob wäre einer oder der andere, der ohne Consens eines hochwürdigen Domkapituls und mir angeordneten Lehnschultheißen sich erfrechen täte, Bäum abzufällen, als ist hiemit der Befehl, daß derjenige, so etwan Bäum abhauet, denen Herren (!) Lehnscheffen insgesamt ein Decretum consensus fürzuweisen hat, widrigens hiemit ein für allemal gesambten Gericht commissie erteilt, die abgehauenen Bäum gleich mit Arrest zu bestricken, solche auf ein drittes Ort hinführen zu lassen, solchemnach caducitätsmäßig (Hinfälligkeitserklärung des Lehens) zu verfahren."

Die strenge Aufsicht aber konnte weitere Vergehen nicht verhindern. Am 27. Oktober 1752 zeigte der Hofsbote Adolf Platz die Wittib Ecks an, weil sie eine Eiche, wohl 1 Pistol (spanische Goldmünze im Wert von 5 Talern) wert, an den Stammeler Äßer (Stammheimer Achsenmacher) ohne Consens des Lehnherrn von ihrem Lehngut zu Nußbaum verkauft hatte. — Im Jahre 1754 stand der Knecht des Balthasar Kley vor Gericht. Er hatte eine Buche abgehauen. Da er „nichts zu verlieren hatte", also mittellos war, wurde ihm auferlegt, im Frühjahr 6 junge „Stahlen" zu pflanzen. — Wilhelm Torringen wurde zitiert, weil sein Junge drei Buchen abgehauen hatte. Er „excusierte" sich und wollte für den Täter im Frühjahr 13 junge Buchen pflanzen. — Auch Johann Bützlers Sohn hatte eine junge Buche gefällt. Er versprach dem Gericht, im Frühjahr drei junge Buchen anzupflanzen. — Auch Peter Gierath gestand ein, eine Buche abgehauen zu haben. Er und sein Sohn mußten dafür je fünf junge Buchen pflanzen.

Weil die Übertretungen der Hofesrolle so zunahmen, mußte der Hofbote im Jahre 1755 verkünden: „Indeme einige sich entschuldigen wollen, nicht gehalten zu sein, ohne Vorwissen und Anweisen des Hoffsboten im Weydenbusch Hurt-Bäum (Weidenpfähle) abzupfählen, hierdurch aber sehr große inconvenientz in Zukunft entstünde und dem Hoff (Fronhoff) sehr großer Schaden zuwächst, als ist von Ambts und Gerichts wegen einhellig resolvirt worden, ein solches nicht nur Illustrissimo Capitulo Metropolitano anzuzeigen, sondern auch dafür den Antrag zu tun, daß ein solches per conclusum capituli nach der Schärfe verbotten und drei nacheinander folgende Sontag per nuntium (durch den Boten) in der Kirch zu Paffrath zu jedermanns Wissenschaft publicirt werde, wohe widrigens die Übertrettere da als Dieb angesehen und der Lehnroll gemäß ohnausbleiblich zu bestraffen wären."

So wurde denn der „Holzmoral" wieder etwas aufgeholfen. Am 1. Oktober 1755 zeigte Wessel Schlebusch an, „was maßen er für eine Kuhekrippe eine Eich höchst nötig hat und bat, ihm zu erlauben, eine abpfählen zu lassen. — Fiat petitur (der Bitte wurde stattgegeben), aber sub poena (unter Strafandrohung), keine mehr dabei abzupfählen". — Wimmar Esser bat, „ihme für seine eigene Notturft zwei abständige Eichen zu erlauben, abpfählen zu lassen". Das Gericht beauftragte den Scheffen Bützler, dem Wimmar eine Eiche „auszuzeichnen". — Engel Paffrath zeigte an „was maßen ihm sein Haus schier zusammenfiel. Er bat, ihm zu erlauben, zwei abständige Eichen zu dieser Reparation abpfählen zu lassen". Die Scheffen Kierdorf und Bützler sollten ihm die beiden notwendigen Eichen anweisen. — 1755 durfte auch Thomas Dumbach zu seiner eigenen „Notturft" nach Anweisung zwei Eichen abpfählen, 1760 Martin Risch auf seinem Lehngrund zur Erbauung seines Hauses drei Eichen.

In demselben Jahre aber zahlte der Sohn der Wittib Dahmen für eine im Weidebusch niedergelegte Buche 1 Ort (Viertel) Goldgulden als „Schadgeld" und ebenso 1 Ort Goldgulden „für Brücht" (Strafe). — Peter Dörpers Sohn Tilmann büßte wegen 8 junger Buchen mit 5 Gulden für den Schaden und 1 Gulden 16 Albus als Strafe. — Bastian Schwellenbachs Sohn Peter erlegte wegen 7 abgepfählter Buchen je 1 Ort Goldgulden Schadgeld, dazu 1 Goldgulden Buße. Ihm wurde angedroht, falls er wieder ertappt werden sollte, für jede Buche 1 ganzen Goldgulden zahlen zu müssen. — Wegen einer Eiche von „eines Knüppelholz Dücke" wurde Anton, der Sohn des Jacob am Sträßgen, zu 2 Taler Schadgeld und 1 Reichstaler Brüchte verdonnert, Thomas am Pohl wegen 3 Buchen zu 5 Goldgulden Entschädigung und 1 Goldgulden Strafe. — Hermann auf der Steinknippen zahlte wegen 2 Buchen 1 Ort Goldgulden Schadgeld und 1 Ort Goldgulden Strafe. „Da auch derselbe mit seinem Vieh in ohngewöhnlichen Wegen zu ungebührender Zeit in die junge Pflanzung zu treiben sich unterstanden, so ist solches bei Straf des Weistumbs und daß die Kühe aufgetrieben und für den Schaden sowohl als Straf verkaufet werden und darauf Buschförster genau Achtung geben solle, ernsthaft in faciem (ins Gesicht) bedeutet worden".

Zu notwendigen Bauten, etwa am Fronhof selbst und am Bachgut, wurde das erforderliche Holz stets bewilligt. So genehmigte das Hofgericht am 6. Januar 1766, daß zur Reparierung des Vikarial-Hauses das nötige Bauholz gefällt werden durfte, ordnete aber auch an, die leeren Plätze wiederum „mit jungen Stahlen" zu bepflanzen.

Manchmal klingt aus den Verhandlungen über die Holzfrevel die bitterste Not offen heraus. Am 22. Oktober 1772 stand Frau Anna Maria Donnes aus dem Göddertz-Häuschen wegen Holzdiebstahls vor dem Hofgericht. Sie gab an, ihr Sohn Johannes sei zwölfjährigen Alters und wohne dermalen im Kirspel Odenthal. Sie wäre auch ganz verarmt und hätte das liebe Brot nicht noch sonst Hellers Wert und könnte nichts entrichten, „bittend umb Gottes Willen ihrer zu verschonen". Die anwesenden Scheffen konnten diese Tatsachen bestätigen. — „Ist die besagte Frau ernstlich gewarnet und in betreff ihrer käntlichen Armut sie für diesmal verschonet, jedoch erinnert worden, sofern sie ihren Sohn heut oder morgen wiederum ein- und zu sich nehmen täte und dieser abermal oder auch sie selbst ertappet würde, daß alsdann dieser oder sie am Leib gestrafet und desfalls dies factum der hoher Obrigkeit angezeigt werden solle."

Es scheint, daß schon im 18. Jahrhundert auch die Hülse im Paffrather Walde gerichtlichen Schutz genoß. Man gebrauchte sie bei Festlichkeiten und Prozessionen, um Kränze und Girlanden zu machen. Im Jahre 1772 gestand Balthasar Klei vor den Scheffen, daß sein Knecht „ein Bürd Illmen" (Ilex) abgehauen habe und mußte dafür 1/2 Reichstaler an Brüchten zahlen.

Urban Engels hatte zu dieser Zeit Riffelgerten abgehauen, die er zum „Reffeln und Steffeln" des Fachwerks an seinem Hause verwendete. Das Weistum gestattete das zwar, doch nur auf Anweisung hin. Urban erklärte, das nicht gewußt zu haben. Da ließ ihn das Hofgericht mit einer Ermahnung straflos laufen.

Um dem wieder zunehmenden Holzfrevel zu steuern und ein besseres Nachwachsen der jungen Bäume zu gewährleisten, gab das Hofgericht am 23. Oktober 1775 bekannt: „Ebenermaßen ist und bleibt es allen denjenigen, so kein Lehnmann ist, verbotten, nicht das allermindeste aus dem Weidenbusch, es mag auch unter einem praetext (Vorwand) oder Namen sein, worin es immer wolle, zufolge zu Bensberg am 17. Februar 1772 publicirten Urteil, zu holen und noch weniger denselben zu betreten".

Doch auch damit konnte der Drang der Paffrather nach dem Walde nicht gebremst werden. Das alte Recht stand dem drängenden neuen Leben im Wege, und die Zweiteilung der Menschen in Lehnleuten und Nichtbelehnte wurde bei der sich mehrenden Volkszahl zu einer Fessel jeder Entwicklung.

γ Die Wegerechte

Das Hofgericht hielt sehr scharf auf die Einhaltung der alten Wegerechte, an denen sich immer und überall der Gemeinschaftsgeist der ländlichen Bevölkerung erprobt. Schon am 29. April 1585 klagte der Scheffe Thones Schwartzbarth nebst den Nußbaumer Erben darüber, daß Conrad auf dem Berg ihnen zwischen Nußbaum und Paffrath ihren Leich- und Driftweg (Viehtreibweg) verengert habe. Das Gericht beschloß, daß eine Kommission, bestehend aus Geiß zu Katterbach, Johann Steinkruch, Thones zum Seifen und Klein Gothard am nächsten „Gutestag" (Mittwoch) den „Irrtumb" besichtigen und dann anordnen sollte, „was sich von alters gebürt".

Der Hofschultheiß Reinhard von den Reven gestattete am 4. März 1614 einigen Familien auf dem Berge und in den Höfen zu Paffrath, den Revens-Weiher und -Pütz und den Zugangsweg gegen Zahlung der darauf lastenden Abgaben und die Instandhaltung des Platzes zu benutzen.

„Kund und zu wissen seie jedermänniglich, deme gegenwärtige Contract-Zettulen vorkommen werden, was gestalt zwischen dem wohledlen, gestrengen und ehrenvesten, als auch Lehnhaften und ehrbaren Reinhard von den Reven zum Blech, Fürstlich Bergischer bestellter Rittmeister und Hofs-Schultheiß zu Pafrath p. an einem, und Ludwigen, Frohnhalfen, Thönis auf dem Bergh p. und Mitkonsorten, als Conrats Erben, wegen zweier Feuerstätten auf dem Bergh zu Pafrath, wie auch Clemens Erben in den Höfen, wegen des Caspers Gut auf dem Flasberg, von wegen, daß sie gern ihrer Notdurft nach durch die Gasse mit ihren Beesten und sonst Wasser zu holen, waschen und fringen an dem Pütz und wohlgemelten Revens-Weyer kommen möchten, wohlgemelter Reven p. dagegen vorgetragen, daß gedachte Gasse in Ihrer Fürstl. Durchl. Lagerbüchern mit 18 Raderschillingen, ein Viertel Korns, 2 Viertel Gersten angeschlagen, mit vermelden, daß berührte Parteien solchen Schatz und Früchten, mit aufgehendem Geld erblich und ewiglichen auf sich nehmen und darneben den Zaun und Frid dermaßen stark machen und im Bau halten, daß pp. von Reven und Ihrer pp. Erben in ihren Wiesen noch sonsten p. kein Schaden geschehen kont, das Wasser zur der Parteien Beesten kommen.

Zu diesem End haben sich beide Parteien gütlich eingelaßen und übermitz der ehrenhaften Johannen Pauls Scheurmanns und Johannen Steinkroch, beide Land- und Hoffsscheffen zu Pafrath, endlich verglichen und vertragen, daß ermelte Parteien, nemblich Ludwig, Frohnhalfen, und Thönis auf dem Berg und ihre Miterben, wegen unter sich habender Sollstetten, obgedachter Herren-Schatz an Geld, item Clemens Erben in den Höfen als Einhaber obgedachten Caspars Guetgen, das Viertel Korns, und Dreß auf dem Flaßbergh das halbe Viertel Gersten, jährlichs dem Botten zu lieberen und zu bezahlen, erblich und ewiglich auf sich genohmen, darneben den Zaun und Fridt wie auch Vorhaupts längs die Wiese dermaßen stark zu machen und im Bau zu halten, daß wohlgemelter von Reven in ihren Wiesen kein Schade geschehen solle, da gegenüber vorgedachte zwo Berger Solstätte, wie auch Caspars und Drießen Gut auf dem Flasberg, die Gasse wie auch den Weyer, den sie ausfegen helfen sollen, und Pütz, mit Wasser hollen, waschen und fringen, wie auch ihre Beesten zu tränken, zum besten haben und gebrauchen sollen, aber keinen Flachs noch Hanf darin zu deichen noch zu roesten, alles sonder Gefehrde und Argelist.

Urkund der Wahrheit ist dieser Contract neben wohlgedachtem Rittmeister und Parteien durch obgedachte Johannen Pauls Schurmanns und Johann Steinkroch als Land- und Hoffsscheffen zu Paffrath unterschrieben. Geschehen und verhandelt zu Pafrath am 4. Marty im Jahre 1614.

Reinhard von den Reven. — Johann Pauls Schürmann. — Jean Steinkruch. — Auf Bitt Ludwigen Fronhalfen hab ich dies unterschrieben, Johann Schürmann.

Das gegenwärtige Copia dem Original gleichlautend seie, bezeuge ich, zur Zeit Hofs-Schultheiß zu Pafrath. 1656, 29. Juny. Wentzel Adams
(Guten Abend 1928, 29).

Am 25. Juni 1646 rügten die Kauler Nachbarn vor Gericht, daß „der Weg gegen die langen Weise so schlecht und ausgefahren, daß sie mit ihrem Gemahl nach der Müllen nit kommen können". — Am 8. Januar 1657 klagten die Lehnleute darüber, daß Engel Paffrath in seinem Garten, der „am Goldbohrn" gelegen sei, einen Weiher gemacht und dadurch die Nachbarstraße, die Engelgaß genannt, verdorben habe.

Der Vorsprecher Göttert in Torringen und Stephan Dahmen verklagten 1693 den Wilhelm Fürst zu Poehl und Stephan daselbst, weil diese dort den Kirchweg, zu dessen Unterhaltung sie verpflichtet seien, ganz verderben ließen, „also daß keiner füglich nach der Kirche gehen könne." Den Beschuldigten wurde auferlegt, „selbigen Weg inner acht Tagen Zeit a dato bestendig zu repariren bei Straf Ihrer Fürstlichen Durchlaucht Brüchten".

1733 regelte das Hofgericht die Wegeverhältnisse bei der Diepeschrather Mühle (Diepelsrader) Mühle. Dorthin ging früher ein Fuhrweg durch den Busch am Olsbroch. Nach einer Ortsbesichtigung mit dem Prälaten des Prämonstratenserklosters Steinfeld in der Eifel und dem Prior von Dünnwald wurde der Weg verlegt und zwar dem Graben entlang dem Broich des Schultheißen Winckens über Dünnwalder Klostergrund. Der Schultheiß verpflichtete sich, den neuen Weg gemeinsam mit den Angrenzern instand zu halten.

δ Die Falltore in Paffrath

Die fünf Falltore im Paffrather Dorfzaun, dem „Fried", machten dem Lehngericht seit jeher wegen ihrer Unterhaltung und Ausbesserung große Sorgen. Am 25. Juni 1646 klagte Adolf in den Hoven im Namen der ganzen Gemeinde, daß „die falldore nicht in gutem Zustand gehalten werden, wie es die Rolle vorschreibt, nämlich das falldor im Lochsbroich und Michel Henß Hoff, so nunmehr ahn der Kaulen genannt". — Im Sommer 1692 erhoben die Lehnleute Klage darüber, daß zwei Falltore baufällig wären und so der Gemeinde Schaden zugefügt werde. Dem Hofsboten wurde vom Gericht aufgegeben, die Tore selbst oder mit Hilfe anderer zu reparieren und die „erfordernden Kosten dem gnädigen Lehnherren der Gebühr (nach) einzubringen". — Abermals berichtete der Blecher Halfmann im November 1703, „wie daß aufm Flachsberg ein sicheres Falltor ganz zerfallen und zerbrochen seie, wadurch demselben vom Viehe Schaden zugefüget würd. Weilen nun die Reparation dem gnädigen Lehnherren aufliggen tut, als pittet er, solches zu veranstalten". Daraufhin wurde dem Fronhalfmann vom Gericht aufgegeben, „nit allein dieses obgemelte Tor, sondern auch alle verfallenen hinwieder zu reparieren und in guten Stand zu setzen".

Im Juni 1712 erhoben sämtliche Nachbarn zu Paffrath Klage darüber, daß „zwischen den Valtoren die Zäune von den Beerbten ganz ruinös und unaufgericht zu höchstem Schaden sämbtlicher Nachbarschaft gelassen sich befinden". Schultheiß und Scheffen befahlen ernstlich, „die Nachbarn klaglos zu stellen".

So durchziehen im Abstand von einigen Jahren immer wieder die Klagen über den Verfall der Falltore die Verhandlungsprotokolle. Das Gericht betätigte sich in der Art eines späteren Gemeinderats. Auch am 25. November 1775 brachten „Scheffen und sämbtliche Gemeinde zu Paffrath kläglich vor, daß die Valdor um das Dorf alle dergestalten verschlissen, daß kein einziges davon vorfindlich mehr zu gebrauchen ist. Es hätte auch der Mitscheffen Kyrdorf desfalls an den Herrn Domkellner oft und vielmalen Anzeige getan, wäre aber nichts gemacht worden. Sie baten daher, um allen Schaden an ihren Früchten zu verhüten, diese Valdor zu machen gnädigst zu verordnen". Das Hofgericht beschloß, den Antrag dem Domkellner zu übersenden.

Es geschah aber offenbar nichts Durchgreifendes. Da wurde dem Hofgericht am 21. Oktober 1776 eine neue Klage eingereicht, in der zum erstenmal ein „Vorsteher" Paffraths genannt wird: „Gemeinheit des Dorfes Paffrath und dessen Vorsteher Anton Kierspel, wie auch Beerbte daselbst, Christian Corschilgen, Thomas Greis und Joan Torringen zeigen kläglich an, wasgestalten durch unterlassene Reparation der Valdoren, welche laut der Hofrollen der Hof (Fronhof) imstande zu halten verpflichtet, — alles stehend, und am nechst abgewichenen Sommer durch die Kühe und s. v. (salva venia = mit Erlaubnis) Schwein denen Benachbarten ein sehr großer Schaden in dem Garten sowohl als auf dem Feld verursachet werden. Sie baten also, einem hochwürdigen Domkapitel als Lehnherren zu Paffrath dieses anzuzeigen, daß die Reparation und Herstellung dieser Valdore bald verfüget werden mögte, so widrigens zu Beibehaltung des Ihrigen ihnen, Vorsteher und Beerbten zu Paffrath, nicht übel genomen werden mögte, wann bei höherer Obrigkeit desfalls Beschwer zu führen gemüßigt und um Hülf und Beistand desfalls anrufen müßten".

Das Ergebnis der Klage ist nich bekannt, erst als neue Wirtschaftsweisen die Dorfzäune und Falltore verschwinden ließen, hörten auch die Klagen über ihren schlechten Zustand auf.

Maße und Gewichte

Selbst die Aufgaben eines modernen Eichamtes erledigte das Paffrather Hofgericht für seinen Bereich. So nahm es am 6. Juli 1745 die Nachprüfung der Maße und Gewichte vor. Es heißt darüber: „Dreitens die Wirten, als nemblich Scheffen Kierdoff und Gerard Linden, ihre Wein- und Bier-Maaßen und Gewicht, auch Johann Peter Gierath seine Ehlen (Elle) hervorgebracht, diewelche am Hofgericht examinirt und vor legal erkannt worden, außer einem Pfund-Stein von Gerard Linden, so ein weniges zu leicht gewesen und beim Gericht aufbehalten worden, worauf demselben aufgegeben worden, innerhalb acht Tagen ein anderes Gewicht sich anzuschaffen".

Auch am 2. Juli 1760 erschienen die Wirte von Paffrath, „benenntlich Adolf Weyer, Johann Derich Kyrdorf und Gerhard Linden mit ihren Maßen und nachdem diese auf die Cöllnische Igt (Icht = Vergleichsmaß) gemessen worden, hat man solches durchgehends für richtig gefunden. — Desgleichen haben Thomas Herweg und Everhard Camp, Brodbecker, ihr Gewicht und Brodtstein vorgebracht, welche gegen den im domcapitularischen Bachhof aufbehaltenen Brodtstein und resp. Gewicht abgewogen. Und das Gewicht des Thomas Herweg richtig, des Everharden Camp aber an denen 8 Pfund vier Lot zu geringhältig befunden, und dahere er für dißmal nachtrucksam erinneret worden, sich ein anderes gerechteres Gewicht ehigstens anzuschaffen, dahe wiedrigens desfalls mit willkürlicher Straf angesehen werden solle".

Wieder hatte der Hofsbote für den 19. Oktober 1773 alle Wirte, Krämer, Bäcker und Wüllenweber des Dorfes Paffrath geladen, ihre Kannen, Maße, Gewichte und Ehl (Ellen) weistumsmäßig vor Gericht beizubringen.

Abermals präsentierten die Wirte und Bäcker Johann Theodor Kyrdorf und Gerhard Linden, der Bäcker Thomas Herweg, die Wirte, Bäcker und Krämer Peter Lucas, Tilmann Steinbüchel und Jakob Kyrdorf, ferner der Wüllenweber Wilhelm Gierath ihre Kannen, Maße, Ehl und Gewicht am 25. Oktober 1775 vor Gericht, und alles wurde als richtig anerkannt. — Die letzte bezeugte Nachprüfung vor dem Hofgericht war am 8. Oktober 1780, wobei statt Gerhard Linden sein Sohn Johann Linden erschien.

7) Weitere Nachrichten über den Fronhof, das Bachgut und den „Berfert" (die Burg)

g) Weitere Nachrichten über den Fronhof, das Bachgut und den „Berfert" (die Burg)
In der ersten Zeit des Dreißigjährigen Krieges war Heinrich zu Schlebuschrath Fronhalfmann in Paffrath. Am 20. Januar 1634 empfing er am Hofgericht „als nächster Successor und Ohemen" nach dem Absterben des bisherigen Lehnmanns Conrad Hebborn auch das nebenanliegende Bach-Gut. Während der nachfolgenden Kriegsjahre scheint es den Paffrathern übel ergangen zu sein, auch Fronhof und Bachgut litten sehr, doch anscheinend nicht ohne Mitschuld von Heinrichs Sohn Johann.

Am 25. Juni 1646 brachte der Lehnverwalter Arnold von Deutz (Deutsch) vor Gericht „clagend vor, daß beclagter Johann zu Schlebuschrath nit allein den Fronhoff, sondern auch gegen alles Herkommen schand- und schimpflicher Weise sein Lehngut zuer Bach ganz ohnbawich und taglos (dachlos) ligen laße, pat, ihmen rechswegen zur Verbeßerung anzuhalten". — Es erging der Bescheid an den Fronhalfmann: „Wirt Beclagtem bei Verlierung des Lehnguts inwendig halber Jahrs Frist die Gehöchter auf beiden Hoven und Erben zu repariren auferlecht, so der Hobsbott ihme tatlich insinuiren und deßen Relation ad protokollum zurücklieberen soll."

Später ging das Bachgut in den Besitz der Familie Kierdorf über. Vor dem Jahre 1720 kam es zu Erbstreitigkeiten zwischen Johann Diederich Kierdorf und Johann Diederich Katterbach, die am 10. Mai des genannten Jahres dahin geschlichtet wurden, daß Kierdorf gegen Überlassung des ganzen Gutes an Katterbach 10 Pistolen in Gold zahlte und auch die Prozeßkosten 3 Pistolen übernahm. Der Vergleich lautet:

> Nachdeme auf beider Seiten streitig gewesenen Parteyen Johannen Diederichen Kirdorff und Johannen Diederichen Katterbach des zwischen ihnen streitigen Lehnguts zu Paffrath auf der Bach halber einen gütlichen Vergleich ahn Hand zu nehmen vorgeschlagen und für gut befunden, dieserwegen auch verschiedentliche Beisammenkombsten beschehen, ohne daß der Vergleich verfangen wollen, bis endlich gemelter Johann Diederich Katterbach seinem Advocatum, dem Licentiatum Gruben zu Schließung solchen Vergleichs specialiter bevollmächtigt, hingegen der Jonan Diederich Kirdorf dem Herrn Windkens gleichmäßig hierzu bevollmächtigt hat, als ich heut unterschriebenen Dato zwischen ihnen beiden Herren ahngenohmenen Scheidsfreunden als specialiter Bevollmächtigten der Vergleich dahin aus bewegenden der Sachen Umbstanden getroffen und beschlossen, daß er, Kirdorff, ihm, Katterbach, einmal für all zum Abstand zehn Pistolen in Gold, sodann für aufgangene Proceß- und andere Kosten drei Pistolen in Gold zahlen und entrichten solle, wodurch allinger bishero gewesener Streit und Proceß völlig aufgehoben, ihm, Kirdorff, das streitige Gut völlig erblich verbleiben, alle Mitverstandnuß geschlichtet, hingegen alle gute nachbarliche Freundschaft wieder erneuret und continuirt werden solle und wolle.
> Zumaßen den zu Bestettigung dieses von obgemelten beiden Bevollmächtigten getroffenen Vergleichs obgemelter Herr Windkens namens des Johan Diederichen Kirdorf die zehn Pistolen wegen verglichenen Abstands, als die drei Pistolen für die vergleichene Kosten bar zu Handen des Herrn Licentiaten Gruben als sein, Katterbachs, Advocaten und zu diesem Vergleich specialiter Bevollmächtigten in dessen Behuif überzahlt hat, gleich zu Wahrheits Urkund dieses also beschehen, geschlossen und durch bare Zahlung bestättigten gütlichen Vergleichs hiemit und Kraft dieser beiderseitiger Unterschrift attestirt und bekräftigt wird. So geschehen Cölln, den 10. May 1720.
> Johan Sebastian Gruben namens wie obgemeldet, manu proria.
> Am 21. Mai 1720 bestätigte der Hofsbote Konrad Konböcker, daß er die Rüfe wegen des Bachguts getan habe.

Nach dem Tode der Eheleute Johann Dierich Kierdorf und Katharina Steinkrücher verkaufte ihre Tochter Gertrud mit ihrem Gatten Engelbert Busch das ererbte halbe Bachgut an ihren Bruder Johann Theodor Kierdorf und seine Gattin Eva Conradt und an die Wittib Kierdorf. — 1753 erwarb der Papiermüller Heinrich Schnabel in Gladbach das Gut zu Duckterath, in das 30 Morgen Busch aus dem Bachgut einverleibt waren, die nach Paffrath lehnrührig blieben.

Am 31. Juli 1760 zeigte der Scheffe Johann Dederich Kierdorf dem Domkellner in Köln ein Attestatum scabinorum (Bescheinigung der Scheffen) des Lehngerichts in Paffrath vor und erklärte, er wolle „auf seine ihm eigentümlich und zum Bachgut gehörige alte Sohlstatt ein neues Haus zur Verbesserung des Lehnguts wiederum erbauen. Weil seine Büsche mit genug Eichbäum versehen und es ihnen auch nicht schädlich sei, wenn deren einige abgepfählet werden, bät er dafür Consens, als ihm sonst schädlich falle und die beste Zeit zum Bauen verstreichen dürfte". — Das Gericht hatte ihn an das Domkapitel als „Lehenherrlichkeit" verwiesen. Dessen Erlaubnis brachte er am 16. August von Köln mit: „Supplicandum Fronhalbwinneren zu Paffrath, Dederich Kyrdorf darf zur Erbauung eines neuen Hauses auf der alten Bachgut-Sohlstatt 12 Eichenbäume auf seinem Lehngrund abstammen lassen".

Das stattliche Haus, daß er errichtete, steht heute noch. Es ist das allbekannte Gasthaus zum „Großen Kürfürsten", das ununterbrochen im Besitz der Familie verblieb.

Der Berfert

Auch die Inhaber des großen und kleinen Berfert lassen sich an Hand der Protokolle verfolgen. 1614 lebten darin die Eheleute Deterich und Margareta, ferner Drieß im Berfert und Evert im Berfert. Die beiden Güter gingen im 17. Jahrhundert in den Besitz des kurfürstlichen Landschreibers Melchior Peter Merfelt über. Nach dessen Tode wurde am 5. Juli 1717 Petrus Wilhelm Reckum vor dem Hofgericht als „empfangende Hand für das große und kleine Lehngut Bergfried genannt". Er zahlte am 22. März 1719 die Kurmut mit 12 köln. Talern.

Drei Brüder Reckum waren nämlich die rechtmäßigen Erbgenahmen Merfelts. Sie verkauften das Lehngut „groß und klein Berfeldt" (!) am 14. September 1728 an den Blecher Halfen und späteren Scheffen Matthias Esser für 1200 Reichstaler. Dessen 23jähriger Sohn Johann (geb. am 13. Oktober 1705 in Herkenrath) wurde als Lehnmann ins Erbbuch eingetragen. Er besuchte damals die hohe Schule in Köln und wollte Priester werden, deshalb stellten der Vater und die Mutter Elisabeth geb. Thumbach am 7. November 1732 ihr Gut „zum klein und groß Bervel", das sie (angeblich) für 1800 Taler gekauft hatten, als Sicherheit für die Beförderung Johanns zum geistlichen Stand[157]).

Später traten allerdings erhebliche Änderungen im Besitzrecht ein. Schon 1759 war das Gut mit einer Hypothek belastet worden. Nach dem Tode der Eltern wurde es am 28. April 1768 in zwei Lose geteilt, von denen das erste mit dem großen Berfert, der Burg und dem halben kleinen Berfert nach dem Bensberger Gerichtsprotokoll vom 25. Mai desselben Jahres an Johanns Schwester Maria Katharina und ihren Ehemann Anton Speltz fiel, das zweite dem Geistlichen verblieb.

Am 10. Januar 1770 verkauften die Eheleute Speltz mit Genehmigung des Lehnherrn vor dem Hofgericht ihren Anteil für 1025 Speziestaler zu je 40 Stüber und ein Verzichtgeld von 2 Pistolen zu je 5 Reichstaler an die Eheleute Matthäus Kierdorf und Maria Katharina Wißtorff auf der Steingasse.

Von der Kaufsumme erhielten an Petri Stuhlfeier die Erben Höchste 270 Taler, am 1. März Matthias (Josias) Klein 200 Taler zur Löschung einer Hypothek auf das Gut. Am 1. Mai war der Rest an die Verkäufer zu zahlen. An Petri Stuhlfeier sollte das Gut völlig schuldenfrei übergeben werden.

---

[157]) Johann Esser empfing die Priesterweihe am 25. Juli 1733. Außer 50 Taler aus dem elterlichen Gut lautete sein Unterhaltstitel auf 4 Wochenmessen aus St. Joh. Baptist in Köln. Nach der Weihe wurde er sofort Primissar in Engelskirchen, 1739 Rektor des Damenstifts Gräfrath, 1746 Kollator der Vikarie St. Katharina in Gräfrath. Er starb im Jahre 1787. Da er Lehnmann für den Berfert (Burg) war, wurde sein Tod am 5. Oktober 1787 dem Hofgericht mitgeteilt.

Aus einem Pfandbrief, den die Ankäufer zur Geldbeschaffung dem Mülheimer Kauf- und Handelsmann Josias Klein am 1. April 1771 vor dem Paffrather Hofgericht gegen 1000 Taler ausstellten, ist ersichtlich, was zum ersten Teilungslos gehörte, nämlich:

1. die Burg, Stallplatz und Hof, von der Straße zwischen Kirchhof und dem Garten des zweiten Loses, hinter diesem hinaus bis an den Platzer und Pohler Garten, sowie die Hecke bis an den Fußpfad nächst dem Bache = 1 Morgen, 2 Viertel 24$^{1/4}$ Ruten;

2. ein Stück Land in der Pumpenwiese nach dem Bache zu = 3 Viertel 30$^{3/8}$ Ruten;

3. ein Stück Ackerland im Lochbroch nach der Ringelnsgasse hin, bis an den Bach mit dem Ödland und der Hecke, ferner ein Stück Land zwischen Wiese und Feld des zweiten Loses hindurch am Hoferfeld = 1 Morgen, 1 Viertel 23$^{1/4}$ Ruten;

Der "Berfert" in Paffrath

4. ein Stück Ackerland im obersten Kamp neben Kierdorfs und Peter Bachs Land bis an die Kirchgasse = 2 Morgen, 1 Viertel 30$^{1/2}$ Ruten;

5. ein Stück Ackerland im obersten Kamp, am oberen Ende gelegen, mit der Hecke die Kirchgasse entlang = 3 Viertel 1$^{5/8}$ Ruten;

6. ein Stück Ackerland im untersten Kamp, der mittlere Teil mit der Hecke die Kirchgasse entlang und von da bis an Flachsberger Land und Garten = 2 Morgen, 2 Viertel 14$^{1/4}$ Ruten;

7. ein Stück Busch im Spiegel Jans Busch neben des Pastors Busch und Scharrenbergs Busch hinten am Hover Busch, mit dem Graben 2 Viertel 18$^{4/16}$ Ruten;

8. ein Buschgrundstück im Hahnenbusch, vorn am Busch des zweiten Loses neben dem Flachsberger Busch oben am Blecher Busch = 3 Morgen, 20 Viertel, $^1/_{16}$ Ruten;
Diesem Los ist zugesetzt $^1/_2$ Gewalt auf der Paffrather Gemeinde.
Im zweiten Teilungslose sind aufgeführt:
Der kleine Bergfried, bestehend in Haus, Hof, Garten, Wiesen, Büschen, Ländereien samt der Gerechtigkeit auf der Paffrather Gemeinde zur Hälfte[158]).

8) Die Krise um den Paffrather Fronhof um 1750

Über den Zustand des Paffrather Fronhofbusches um die Mitte des 18. Jahrhunderts unterrichtet ein Bericht, den der Offiziant J. W. Bennerscheid am 11. Januar 1765 dem Domkapitel einreichte. Er hatte bei seiner Besichtigung festgestellt, daß an dem bereits grob gewachsenen, auch an den von dem Offizianten Leclerque junior gesetzten Buchen durch Nachlässigkeit und Faulheit des Buschförsters ein großer Schaden angerichtet worden war. Der Busch war zu zwei Drittel, also etwa 40 Morgen, dergestalt mit jungen Eichen und Buchen besetzt und bewachsen, daß man an einigen Orten kaum hindurchgehen konnte. Der übrige Teil jedoch ,der ungefähr 20 bis 25 Morgen umfaßte, lag meistenteils noch genau so driesch und unbepflanzt da, wie er ihn vor 15 bis 16 Jahren angetroffen hatte.

Wenn man von dem ersten guten Teil einen Nutzen und die jährliche Ausbringung von Klüppelholz erzielen wollte, so wäre es vor allem nötig, so schlug Bennerscheid vor, einen „frommeren und fleißigern" Förster anzusetzen. Der Busch müsse in zwei Haubezirke eingeteilt werden, aus denen man in den ersten Jahren zwei Viertel Eichenklüppelholz hauen könne. Wenn auf solche Weise die zu dicht stehenden Eichen entfernt würden, so könnten bei guter Aufsicht die Buchen den rechten Zug bekommen, und dann ließen sich jährlich drei bis vier Viertel Buchenholz gewinnen.

Die wirtschaftliche Lage des domkapitularischen Besitzes erfüllte Bennerscheid mit größter Sorge. Bei der Kellnerei des Kapitels in Köln waren in den letzten Jahren vor 1765 jährlich aus Paffrath 52 Reichstaler 27 Albus 10$^1/_2$ Heller eingegangen, jedoch von ihr 77 Reichstaler 49 Albus 6 Heller dorthin ausgegeben worden, so daß ein Verlust von 25 Reichstaler 21 Albus 7$^1/_2$ Heller entstand.

Die Einnahmen setzten sich wie folgt zusammen:
1. Nach Abzug von 15 Malter Hafer für „Schutz und Schirm" an den Landesherrn, als Gehalt für den Lehnschultheißen und den Hofesboten blieben von 32 Malter Sackzehnten 17 Malter zu 1 Rtlr = 17 Rtlr
2. An Heckzehnten gehen ein = 2 Rtlr 64 Albus 2 Heller
3. An Pacht des Fronhofs nebst Haltung des Zielviehs = 4 Rtlr
4. Am Fest der Unschuldigen Kinder der Gegenwert von 24 Hühnern = 1 Rtlr 66 Albus
5. An Holzgeld aus der Leuchter Gemark = 7 Rtlr 5 Albus 4 Heller
6. An gerichtlichen Erbungsgebühren (Eintragungen von Besitzwechsel) = 1 Rtlr 15 Albus 5$^1/_2$ Heller

---

[158]) Ruhmreiche Berge 1936, 1.

7. An Eggerich (Gebühren für Eichelmast) = 8 Albus 7 Heller
8. Erbpacht für 30 Morgen Land vom Hause Blech = 15 Rtlr
9. Vom Hebborner Halfen an Pacht = 2 Rtlr
10. Für Verkauf von Holz aus dem Paffrather Busch = 1 Rtlr 28 Albus 4 Heller

insgesamt 52 Rtlr 27 Albus 10½ Heller

Dem standen an jährlichen Ausgaben gegenüber:

1. Für die Reparatur der drei Falltore = 1 Rtlr 38 Albus 2 Heller
2. Für 1 Ohm Bier an die Lehnsleute am Feste der Unschuldigen Kinder = 2 Rtlr 53 Albus 4 Heller
3. Für Kleider des Lehnboten = 3 Rtlr
4. 3 Malter Korn als Gehalt für den Buschförster = 7 Rtlr 40 Albus
5. An Kosten des Herrengedings = 7 Rtlr 21 Albus
6. An Reise- und Zehrungskosten des Offizianten am Fest der Unschuldigen Kinder = 3 Rtlr 26 Albus
7. An Reparaturkosten der Paffrather Kirche = 3 Rtlr
8. An den Paffrather Pastor seine Kompetenz ex Praesentiaria et celleraria[159]) jährlich 50 Rtlr, durchschnittlich 48 Rtlr 60 Albus

insgesamt 77 Rtlr 49 Albus 6 Heller

Bennerscheid legte dem Domkapitel einen Plan vor, um die Paffrather Güter wieder zum Ertrag zu bringen. Er schlug vor:
1. Das Paffrather Lehngericht abzuschaffen, ferner die Erbungsgebühren, die Abgabe der 24 Hühner und die Kurmut nachzulassen.
2. den Paffrather Busch zu verpachten oder gar zu verkaufen.
3. Dann fielen mit den Ämtern des Lehnschultheißen und des Lehnboten deren Gehälter von selbst weg.
Ferner könnte man dann dem Paffrather Pastor statt der baren 50 Rtlr an Kompetenzen 22 Malter Hafer zu je 1 Rtlr anweisen, von denen nach Abzug des Ohms Bier für die Lehnleute noch 19 Rtlr 26 Albus verfügbar blieben.
Dazu kämen aus dem Pachtgeld des Hebborner Hofs 2 Rtlr,
an Heckenzehnten 6 Rtlr,
an Fronhofspacht und Holzgewalt 4 Rtlr,

---

[159]) Nach einer Aktennotiz aus dem Jahre 1774 standen dem Paffrather Pastor an Kompetenzen aus der Domkellnerei 30 und aus dem Präsenzamt 20 Reichstaler zu. Dieses „augmentum competentiae" (Verbesserung der Einnahme) von 30 Rtlr wurde dem Pastor nicht etwa als Zehntanteil gewährt, sondern „ex gratia", weil eigentlich der Pastor und nicht das Domkapitel den Zehnten aus dem Paffrather Felde einzunehmen hatte. Nach Ausweis alter Rechnungen begann diese Zuteilung im Jahre 1639. Das Augmentum betrug bis 1644 nur 24 Rtlr, erst seitdem 30 Rtlr. Vermutlich sind auch die 20 Rtlr erst seit diesem Jahre aus der Kellnerei „ex gratia" zugewiesen worden. — Demnach stehe es, so schrieb man am 1. Februar 1774 an den Domkellner, auch dem Domkapitel frei, diese 20 Rtlr nach seinem Belieben entweder auszahlen zu lassen oder nicht. Man möge zu dieser Frage auch den Bachhalfen Kierdorf vernehmen, der den Fronhof innehabe und das Zielvieh halten müsse.

an Holzgewalt und Eggerich (Eichelmast) auf der Leuchter Gemark = 8 Rtlr 8 Albus,
an Pacht für 3 Wieschen in Paffrath 2 Rtlr 60 Albus,
dazu ex praesentaria 6 Rtlr 46 Albus

insgesamt 48 Rtlr 60 Albus

Auf solche Weise könnte der Paffrather Pastor bezahlt werden.
Nach Befreiung des Busches von den Gerechtsamen könnte er für 600 Rtlr verkauft werden. Davon ergäben sich bei 3½ Prozent jährlich 21 Rtlr an Zinsen. Zuzüglich der Erbpacht vom Hause Blech mit 15 Rtlr. und unter Einsparung der Reisekosten am Tag der Unschuldigen Kinder von 3 Rtlr 26 Albus blieben alsdann jährlich als Einnahmen 39 Rtlr 26 Albus und nach Abzug noch bestehender anderer Kosten als Reingewinn für das Domkapitel 27 Rtlr 60 Albus. Außerdem erwartete Bennerscheid noch Ablösegelder bei der Aufhebung der Kurmuden.

Damit war die Schicksalsfrage für den vielhundertjährigen domkapitularischen Besitz in Paffrath gestellt. Es stellten sich freilich auch schwere Bedenken gegen die Pläne Bennerscheids ein, so daß der Verkauf nicht zustande kam. Besonders erwiesen sich manche Bestimmungen des alten Lehnrechts als hemmend für jede anderweite Regelung des bestehenden Zustandes. Ein Bericht vom 15. November 1770 an das Domkapitel, dessen erhaltene Kopie keine Unterschrift trägt, beleuchtet die Angelegenheit näher:

„Daß die Paffrather Güter dermalen mehr untergeben, als sie eintragen, ist bekannt. Dieses kommt aber daher, daß der den Hauptteil derselben ausmachende, etliche 80 Morgen große Busch vor vielen Jahren durch die schlechte Aufsicht, oder sonsten durch die Servitut, denen Lehnleuten Riffelgerten und Laghölzer zu geben, verdorben worden, mithin mittlerzeit, daß das Gehölz darin wieder anwachset, zwar jährlich seinen Nutzen draget, solchen aber jetzo nicht, sondern alsdann erst in der Völle hergibt und ausgießet, wann dasselbe zu seiner Reife gediehen und verkäuflich ist.

Gleichwie derselbe Busch würklich über ³/₄ Teil wieder in seiner völligen Flor und mit etlichen hundert kerzengraden Eichen, welche von ungemeiner Länge, ganz reinem Schaft und bereits 3, 4 ad 5 Viertel Fuß dick, mithin in vollkommenem Wachstumb sich befinden, versehen ist, so ist daran kein Zweifel, daß derselb über zehn, zwanzig oder dreißig Jahr dasjenige doppel hergeben wird, was er dermalen ohne größeren Schaden noch nicht reichen kann, und diese Vielheit der Eichen ist besonders beim Verkauf in gnädigst gnädige Consideration zu ziehen, in betracht welcher dann der jetzige Ankäufer sich ein und ander hundert Reichstaler mehr getrösten würde.

Die Punkten aber, warumb mit Veräußerung erwähnter Güter zu Ende nicht habe gelangen können, bestehen einesteils darinnen, daß bei letzterer Lehnsession mit höchst- und hochderoselben Rat und Sekretario wahrgenohmen habe, welcher gestalten die Lehn-Roll in solchem Stande, wie ich vermeinet gehabt und sie sein müßte, nicht ware, folglich man auch den Anschlag des Preises und ob dies oder jenes Gut ein Kötter- oder ganzes Churmoithsgut seie, nicht machen können und in so lang nicht machen können, als obiger Skrupel durch Renovation der Lehn-Rollen nicht gehoben ist.

Anderen und Hauptteils aber entstehet die Frage und der große Anstand, wer über zehn, zwanzig, dreißig oder mehr Jahren — wann nemblich der verkaufte Busch inzwischen abermal verhauen, ausgerottet oder zerteilet sein sollte — die dasige, durch

Einäscherung, Altertumb oder sonst verunglückende Pfahr-Kirch erbauen und wer dem Pastori die Competenz bezahlen solle.

Bevorab es sicher ist, daß, wann der Busch in den elenden Zustand, worin er war dreißig Jahren gewesen und wovon dessen dermalige Ohnrentbarkeit noch herfließet, wieder durch Verhau und Verwahrlosung gelangen sollte, daß alsdann kein Mensch ein zu Aufbauung der Kirche notwendiges Kapital auf einen bloßen, wenig oder nichts eintragenden Buschgrund umb so weniger vorschießen wird, als der gar geringe Heckzehnt, die 22 Malder Haaber und die zwei Morgen Land nicht hinlänglich seind, die Zinsen herzugeben, wodurch also leicht ein hochwürdiges Domcapitul selbst — weilen zeitlicher Collator von den Revenüen wie jetzo auch alsdonn nichts ziehet — zu Wiedererbauung und Bezahlung der Competenz angehalten, mithin in schwere Kösten gebracht werden könnte.

Und dieses ist dasjenige, was

1. den jetzigen Pastoren für sich und seine Sucessores und
2. den verstorbenen Scheffen Bützler als Mehrist-Beerbten dasiger Gemeinde für sich, seine Erben, oder
3. die Gemeinde

von dem ihnen angedragenen Handel abschröcket und nach reiflicher Überlegung davon gehalten hat."

Nachdem also alle Verhandlungen mit den in Frage kommenden mutmaßlichen Interessenten im Sande verlaufen waren, wurde in dem Bericht vorgeschlagen, nochmals zu prüfen, ob der Verkauf stattfinden sollte. In dem Falle, daß man davon absehen würde, „wären denen schweren Lehngerichts-Kösten eine andere, mehr eingeschränkte Wirtschaft vorzuschreiben, die Lehnrolle zu renovieren, alle Jahr einmal das Gericht zu halten und jeder Gerichtsperson anstatt des ein-, zwei- ad dreitägigen völligen Tractements ein Stück Geld zu geben, auf welchen Fall dann die Lehnrolle in ihrem Stand gehalten, die Buschdiebe alle Jahr gestrafet, die im Jahr fälligen Churmoiden in dem nemlichen Jahr — so jetzo ofermals erst das dritte, vierte, fünfte oder sechste Jahr geschiehet, vertätiget werden könnte.

Auch müßte der ¼ teil des Busches noch wieder bepflanzet und der ganze Busch in besserer Aufsicht gehalten werden. Es müßte verboten werden, daß die Lehnleute aus sich selbst nicht die ihnen zum Bau und zur Erndzeit gebührenden Riffelgärden, Bänd und dergleichen Gehölz nehmen können, sondern daß sie unter Verlust ihrer Gerechtigkeit sich solche durch den Buschförster anweisen lassen müssen."

Es scheint, daß auch auf diesen Bericht hin nichts geschah und in Paffrath alles beim alten blieb. Aus einer Aufzeichnung dieser Zeit ergibt sich, daß auf dem meist mit Buchenholz besetzten 60 Morgen Busch außerdem ungefähr 1500 Eichen standen. Der Grund sei meistenteils recht gut, hier und dort wässerig, könne aber leicht durch ableitende Gräben verbessert werden. Die Gerechtsame der Lehnleute werden dahin umschrieben, daß sie vom Maria-Himmelfahrts-Tag bis zum 1. Mai im Busche „schweiden", also die Schweine eintreiben dürfen. Auch ist ihnen erlaubt, „Rieffelgerten, Scheurenreiser, Aerndbänd und Hürtbäum", jedoch auf Anweisung des Lehnherren zu holen. Der Gemeinheitsbusch der Gemeinde in Paffrath umfaßte ungefähr 300 Morgen, wovon der Fronhof den 40. Teil des Abnutzens hatte; auch stand ihm der 19. Teil auf der Leuchtergemark zu, die 350

Morgen maß. Das Domkapitel war ihr Waldherr und ernannte den Waldschultheißen. Dreißig Güter mußten an den Fronhof die Kurmut entrichten.

Ein „ohngefährer Ueberschlag der Paffrather Güter" des Domkapitels ergab:

60 Morgen Busch wegen der Gerechtigkeit je 20 Rtlr	1200 Rtlr
20 Morgen Busch je 10 Rtlr	200 „
1500 Eichen zu je 2 Rtlr	3000 „
Der Fronhof mit Länderei	1500 „
3 Morgen Wiesen	45 „
22 Malter Hafer (kapitalisiert)	733 „
Der Heckzehnte (kapitalisiert)	300 „
Die Gerechtigkeit auf der Gemeinde und auf der Leuchter Gemark	800 „
Die Erbpacht vom Haus Blech (kapitalisiert)	500 „
Die Lehngerechtigkeit (kapitalisiert)	500 „
insgesamt	8678 „

Davon mußten abgesetzt werden:

Die Haltung des Zielviehs (Stier und Bier)	800 „
Für Pastor und Kirche	2000 „
1 Ohm Bier für die Lehnsleute	100 „
Die Unterhaltung der drei Falltore	33 „
insgesamt	2933 Rtlr

Im Jahre 1774 verhandelte das Domkapitel wegen des Verkaufs seiner Güter ergebnislos mit dem auf dem Hause Blech wohnenden Schwiegersohn Bützlers, Johann Baptist de Caluwé.

9) Die Ablösung des Paffrather Zehnten

Durch die Säkularisation war der alte Fronhof in Paffrath zur Staatsdomäne geworden. Am 30. September 1809 wurde er, mit einem nur noch geringen Rest von Umland versehen, an den nebenan auf dem Bachgut wohnenden Wirt Theodor Kierdorf, der auch die Paffrather Mühle von Franz Wilhelm de Caluwé in Pacht hatte, auf zwölf Jahre verpachtet, die am 22. Februar 1821 zu Ende gehen sollten. Kierdorf hatte zur Zeit der Fremdherrschaft auch alle Lasten des Fronhofs getragen. Für ihn mußte er noch Ende des Jahres 1813 9 Reichstaler 94 Stüber zahlen. In diesem Pachtverhältnis ging der Fronhof, seinen ehrwürdigen Namen weitertragend, in die preußische Zeit hinein[160]).

Damals bestand der Hof aus einem kleinen Wohnhaus mit 141 Ruten Garten, aus 1 Morgen 75 Ruten Wiesen und 84 Ruten Ackerland, war also in keiner Weise mehr als Ackergut anzusprechen. Immer noch aber waren mit der Pachtung verbunden:

1. ein von Franz Wilhelm de Caluwé auf dem Haus Blech bezahlender Erbpachtkanon von jährlich 15 Reichstaler kursmäßig oder 11 Taler 15 gute Groschen und 9 Pfennig preußisch Courant;
2. die Gerechtsame des Landesherrn auf der Leuchter Gemark von 2 Gewalten;

---

[160]) StA Düsseldorf, Regierung Köln (Rentei Bensberg) 4294.

3. der domkapitularische Sackzehnte von 32 Malter 3 ¹/₂ Viertel Hafer köln. Maß, vermindert nach Abzug eines Fünftels zum Ersatz der Grundsteuer auf 25 Malter 19 Viertel 1 ³/₅ Metzen;

4. der von den Zehntpflichtigen zu entrichtende Heckzehnte (= Blutzehnte, ursprünglich der zehnte Teil des neugeborenen Viehs) und das Hühnergeld im Betrage von 35 Francs 18 Centimes, wovon abzüglich eines Fünftels 28 Francs 18 Centimes oder 7 Taler 9 Groschen 7 Pfg verblieben.

Für alle diese Pachtobjekte zahlte und lieferte Kierdorf jährlich auf Martini an die Staatskasse 30 Reichstaler und 30 Malter 3 ¹/₂ Viertel Hafer, seit dem Jahre 1811 abzüglich eines Fünftels noch 23 Taler 13 Groschen 3 Pfg und 25 Malter 12 Viertel 1 ³/₅ Metzen Hafer. Auf dem Zehnten aber haftete nach wie vor die Stellung des Zielviehs, nämlich eines Stieres und eines Ebers, ferner die Pflicht, bei der Ablieferung der Zehntfrüchte an die Überbringer ein Ohm Bier zu spenden. Für diese Belastungen erhielt der Pächter jährlich aus der Staatskasse 50 Reichstaler oder 42 Taler 8 Groschen 2 Pfg. Die Regierung in Köln bestimmte am 21. Februar 1820, daß das Wohnhaus des Fronhofs nebst dem Garten und den Wiesen nach Ablauf der Pachtung dem Unterförster in Paffrath als Dienstwohnung überlassen werden sollte. Die 84 Ruten Ackerland erhielt die Gemeinde Paffrath zur Umwandlung in einen Schulgarten. Dadurch zerfielen die Fronhofsverhältnisse in Paffrath vollends, und der Domänen-Rentmeister Wolters in Bensberg schlug vor, den Erbpachtkanon des de Caluwé unmittelbar von diesem zu erheben, den Sack- und Heckzehnten jedoch mit den anklebenden Lasten gesondert zu verpachten. Denn den gewissenhaften preußischen Beamten beschlich die berechtigte Sorge, daß die Pflichtigen, die bisher den Zehnten am Tag der Unschuldigen Kinder (28. Dezember) in natura in den Fronhof abgeliefert hatten, sich schwerlich dazu verstehen würden, künftig in Geld zu zahlen.

So wurden denn die Zehnten am 14. Februar 1821 an den Pächter des Hebborner Hofes, den Ackerer Matthias Marx, als Meistbietenden für 38 Taler jährlich verpachtet. Anderseits verpflichtete er sich, auch das Zielvieh gegen eine Entschädigung von 38 Talern zu stellen.

Zu dieser Zeit umfaßte die Liste der Pflichtigen für den Sackzehnten:

den Rosenthaler Hof,
aufm Büchel (in Oberpaffrath) Witwe Odenthal und Witwe Käsbach,
aufm Weiher-Büchel Combüchen
zu Siefen Josef Meis, Witwe Kirspel, Theodor Koch,
zu Romaney Konrad Meiß, Witwe Schmitz, Witwe Dünner, Heinrich Richartz,
das Gut zum Schiff und Gotth. Buchholz daselbst,
zu Kuckelberg Peter Richartz, Peter Schmitz sr., Peter Schmitz jr.,
zu Risch Peter Richartz, Wilhelm Lindlar, Witwe Valdor,
zu Holz Gottfried Borschbach, Johann Fett, Christian Stäger, Johann Bucholz, Johann Borschbach und Jakob Esser,
den Kleyer Hof,
zu Borschbach Peter Schmidt, Witwe Asselborn, Wilhelm Weyer,
zu Hebborn Peter Wisdorf, das Hammelraths Gut, Georg Kirch,

im Engelsgut zu Hebborn Johann Eck, Adolf Steinbach, Witwe Odendahl, Hermann Holtz, Ferdinand Dohm, Johann Fett, Jakob Fett, Adolf Steinbach, Adolf Gierath,
zu Schlöm Heinrich Bützler, Matthias Müller, Josef Kürten, Johann Weyer, Wilhelm Gronenborn, Wilhelm Lindlar,
zu Grube Peter Dünn,
zu Kley Wilhelm Winterberg, Anton Sahler,
zu Rommerscheid Konrad Stumm, Christian Paffrath, Konrad Schmitz, Friedrich Herbertz, Gerhard Casel, Stephan Widdig, Wilhelm Heidkamp, Witwe Müller,
den Gadbacher Müller,
im Strundorf Adolf Kierdorf, Johann Werner, Anton Schmitz, Wimar Kierdorf,
auf dem Steufelsberg Peter Odendahl, Wilhelm Hölzer, Christian Hartgenbusch,
zu Mutz Konrad Weyer.

Alle zusammen brachten 25 Malter 12 Viertel 1 3/4 Metzen Hafer auf, dazu 1 Reichstaler 48 Stüber Hühnergeld und 7 Reichstaler 40 3/4 Stüber an Heckzehnten.

Seitdem wurden mit den Domanialpächtern auf dem Hebborner Hof laufend besondere Verträge über die Erhebung des Paffrather Zehnten und die Gestellung des Zielviehs geschlossen. Als nun im Jahre 1840 der Hof verkauft werden sollte, beabsichtigte die Kölner Regierung dem Käufer auch den Zehnten zuzuschlagen. Doch der Domänenrat Hellinger in Mülheim hielt das für schädlich, da der Käufer auch die den Zehnten bei weitem überwiegende Last des Zielviehs übernehmen und damit die Ansprüche der Zehntpflichtigen befriedigen müsse. Er empfahl, den Zehnten gesondert zu verpachten und den Pächter zur Haltung des Zielviehs zu verpflichten. Die Ablieferung des Zehnthafers und die Gestellung des Zielviehs erfolge am besten in Paffrath selbst oder einem gleich weit vom Hebborner Hof entfernten Ort. Da die Zehntpflichtigen sehr zerstreut wohnten, würde sich allerdings schwerlich jemand finden, der die Last des Zielviehs übernehme. Da der Zehnte in Geld und Hafer bestehe, sei es besser, die Ablösung zu erstreben.

Die Höhe und Art der Paffrather Sack- und Geldzehnten war unverändert geblieben. Am 10. Dezember 1840 warnte Hellinger die Regierung ernstlich, diese selbst zu erheben. Dafür müßten nämlich ein Lokal zur Aufbewahrung des Hafers gemietet, ein Fruchtmesser angestellt und ein geeichtes Maß beschafft werden. Auch würden die Pflichtigen nicht etwa am gleichen Tage kommen. Ein Versuch, sie zur Zahlung in Geld zum Martini-Preis zu bewegen, werde fehlschlagen, da sie alle auf die Verabreichung des Ohms Bier bei der Naturalablieferung hofften. Hellinger kannte offenbar den Durst der Oberpaffrather! —

So entschied denn die Regierung endgültig, bei der Veräußerung des Hebborner Hofes den Paffrather Zehnten und die Zielviehgestellung auszuschließen. Vorsorglich sollte Hellinger mit Hilfe des Pächters Kierdorf auf dem Hebborner Hof oder aus den Akten Verzeichnisse der Zehntpflichtigen aufstellen.

Am 31. März 1841 wandte sich dann die Abteilung für die Verwaltung der direkten Steuern, der Domänen und Forsten bei der Regierung in Köln an den Bürgermeister Kolter in Gladbach und gab ihre Absicht kund, mit den zur Zahlung des domkapitularischen Sackzehnten in Paffrath Verpflichteten ein gütliches Übereinkommen zur Ablösung zu treffen. Nur wenn ihre billigen Vergleichsvorschläge erfolglos bleiben würden, sollte die Angelegenheit durch die Königliche Generalkommission in Münster geregelt werden. Für die Verhandlungen sollten die Pflichtigen Deputierte erwählen.

Der Bürgermeister erhielt zwei Verzeichnisse; das eine bezog sich auf den Sackzehnten, das andere auf den Heckzehnten, die beide zusammen den Fronhofs-Zehnten bildeten. Kolter sollte die alten Verzeichnisse prüfen und die gegenwärtigen Inhaber der Grundstücke als Schuldner ermitteln und eintragen. Der bisherige Zehntpächter Kierdorf auf dem Hebborner Hof könne die beste Auskunft erteilen. Alle festgestellten Zehntpflichtigen sollten zur Wahl der Zehntdeputierten schriftlich vorgeladen werden. Fernbleiben gelte als Weigerung, sich mit dem Fiskus gütlich zu einigen. Doch nur, wenn die dem Teilungsverhältnis des Zehntaufkommens entsprechende Mehrheit erschiene, wäre sie wahlberechtigt. Im übrigen sollte Kolter so verfahren, wie es ihm auch bezüglich des Gladbacher Domanialzehnten aufgetragen worden war.

Der Bürgermeister führte jedoch den Auftrag nicht aus, weil der ehemalige Domänenpächter Kierdorf die Debenten und die pflichtigen Grundstücke nicht genau angeben konnte. Deshalb schickte die Regierung am 16. Juli den Regierungsrat Mathieu nach Gladbach, um die Regulierung auf gütlichem Wege zu versuchen. Kolter wandte ein, die Verzeichnisse der Behörde stimmten nicht, es wären darin völlig unbekannte Namen enthalten, während wirklich Pflichtige fehlten. Nun ernannte die Regierung den Referendar Wülffing zum Kommissar und setzte selbst einen Termin für die Zusammenkunft mit den Zehntpflichtigen auf Donnerstag, den 21. Oktober, 9 Uhr vormittags, im Bürgermeistereilokal in Gladbach an. Kolter wurde verpflichtet, mit allen Mitteln für ihr Erscheinen zu sorgen. Nochmals wurde ihm dringend die Berichtigung der Verzeichnisse zur Amtspflicht gemacht.

Da aber die Zusammenkunft offenbar nicht zustande kam, wurde die Angelegenheit der Generalkommission übertragen. Sie beauftragte mit der Bearbeitung den Ökonomiekommissar Dahl in Opladen. Dieser Beschluß wurde auf Anordnung des Landrats vom 10. Dezember 1841 durch den Unterboten Theodor Kierdorf bei der Kirche in Paffrath bekanntgemacht.

Am 19. August 1842 kam Dahl zunächst mit dem Kirchenvorstand von Paffrath zusammen. Die Pfarrstelle war zur Zeit unbesetzt. Es erschienen der Sekretär Heinrich Büchel, der Rendant Gottfried de Caluwé und die Kirchenräte Jakob Kierspel und Johann Dahl. Der Kommissar trug vor, daß die auf der fiskalischen Zehntgerechtigkeit haftende Verbindlichkeit zur Stellung des Zielviehs, auf die auch die Pfarrzehntpflichtigen ein Recht behaupteten, abgefunden werden sollte. Mit der Regulierung dieser Angelegenheit solle zweckmäßig auch die Ablösung verbunden werden. Der Kirchenvorstand möge hierfür die Erlaubnis der Erzbischöflichen Behörde einholen. Allerdings konnte man auch hier dem Kommissar kein Verzeichnis der pfarrzehntpflichtigen Grundstücke und ihrer Besitzer aushändigen, da keines bestünde. Auch kannte man nicht einmal den ungefähren Umfang des Areals. Die Zehnterhebung sei bisher für Rechnung des Pfarrers nach bekannten Grenzen erfolgt. Erst nach Besetzung der Pfarrstelle ließe sich ein Verzeichnis aufstellen.

Im übrigen war der Kirchenvorstand bereit, bei der Ablösung mitzuwirken. Als dann aber der neue Pfarrer Prinz ernannt war und der Pfarrzehnt-Erheber Matthias Eck in Paffrath am 22. September 1843 vesrprochen hatte, ein Verzeichnis zu machen, verweigerte er es trotzdem später mit der Begründung, der Kirchenvorstand wolle die Kosten hierfür nicht tragen, obgleich die erzbischöfliche Genehmigung zur Ablösung schon vorlag. Auch ein Einschalten des Bürgermeisters verlief ergebnislos. Der Kirchenvorstand erklärte, die Grundstücke lägen sehr zerstreut, und es ergäben sich bedeutende Kosten für einen Geometer. Er sei wohl bereit, einem von der Regierung mit der Ausstellung eines Verzeichnisses Beauftragten durch Mitwirkung des früheren Zehntenhebers und Wiedenhalfens Gronewald und ebenso Ecks zur Hand zu gehen.

Das ist offenbar auch geschehen, und so konnte das Verzeichnis der Pfarrzehnt-Pflichtigen aufgestellt werden. Die Termine waren an den Tagen vor dem 8. Juni 1844. Dabei ergab sich, daß das alte Engelsgut zu Hebborn, auf dem eine Sackzehntabgabe des Fiskus lastete, in früheren Jahren parzellenweise verkauft worden war. Als Ankäufer wurden namhaft gemacht:

1. Johann Borsbach zu Hebborn, 3 Morgen nebst dem Hause,
2. Jakob Hölzer in Mutz, 37 Ruten,
3. Johann Fett zu Hebborn, 1 Morgen,
4. Wilhelm Dick zu Hebborn, 1 1/2 Morgen,
5. Matthias Wessel, Dienstknecht in der Gladbacher Mühle, 1 1/2 Morgen,
6. Jakob Kürten, 1 1/3 Morgen,
7. Johann Dohm kaufte die Parzelle im Pannberg, 45 Ruten, die aus dem Oepelsgut stammen sollte.

Dieses Gut, auch Oepensgut genannt (Familienname Olpe), sollte mit dem Engelsgut in Zusammenhang gestanden haben. Die Parzellen dieses Gutes sollte vornehmlich Johann Paffrath zu Hebborn erhalten haben. — Es ließ sich bei dem Termin in Paffrath nicht feststellen, ob nicht noch mehr Grundstücke zum Engelgut gehört hatten.

Bei den Ablöseverhandlungen über den Pfarrzehnten drängte der Kirchenvorstand unter Pfarrer Prinz am 9. August 1845 darauf, doch endlich Klarheit zu schaffen. Einige Pflichtige verweigerten zu dieser Zeit bereits die Abgabe aus der neuen Ernte, weil die Regierung das Zielvieh nicht in gehöriger Weise bereitstelle. Für die Zukunft rechnete man mit einer allgemeinen Verweigerung. Dann werde der Pfarrer gezwungen sein, für den Ausfall eine Entschädigung von der Regierung zu verlangen. Zur Rede gestellt, entschuldigte sich der Kommissar Dahl mit dienstlichen Verpflichtungen im Siegkreis und längerer Unpäßlichkeit.

Erst im Dezember 1845 lief die Sache wieder an. Es sollte ermittelt werden, wie hoch sich das Ablösekapital für die Verpflichtung zum Halten eines Stiers und Ebers belaufen würde. Als Sachverständige wurden die Landwirte Franz Stupp in Schönrath und Kaspar Keup in Mülheim ernannt. Bei einer Verhandlung in Mülheim am 1. März 1846 veranschlagten sie die Fütterung eines Stiers

1. auf die Monate Mai bis September zu 1 Morgen 60 Ruten (Magdeburger Maß) Klee oder Kleewert, dazu in den Monaten Mai bis August 7 Scheffel 8 Metzen Hafer;
2. auf die Monate Oktober bis April zu 3150 Pfund Grummetheu und 3150 Pfund Haferstroh.

Der Unterhalt eines Ebers erfordere jährlich 7000 Pfund Kartoffeln oder Kartoffelwert. Ein Morgen Klee wurde mit 16 Talern und hundert Pfund Grummetheu mit 16 Silbergroschen bewertet.

Der Ankaufspreis eines Stiers betrug damals 40 Taler und eines Ebers 10 Taler. Die Nutzungszeit wurde für beide auf drei Jahre veranschlagt. Nach Ablauf dieser Zeit nahm man denselben Wert für die Tiere an. — Streumaterial und Wartung wurden gegen den Dünger aufgerechnet. — Für den Scheffel Hafer berechnete man den Normalpreis von 23 Silbergroschen 10 Pfenning und für den Zentner Kartoffeln von 14 Silbergroschen 1 Pfg und das Schock Haferstroh zu 2 Taler 15 Silbergroschen.

Im ganzen ergaben sich für den Stier an jährlichen Kosten 52 Taler 7 Silbergroschen 8 Pfg, für den Eber 30 Taler 8 Silbergroschen 3 Pfg.

Das 25fache galt als Ablösebetrag, demnach für Stier und Eber zusammen 2063 Taler 7 Silbergroschen 11 Pfg. Die Verteilung dieses Ablösekapitals sollte im Verhältnis des nach dem ortsüblichen Sprunggeld zu berechnenden gewöhnlichen Viehstande der zum Zielvieh berechtigten Güter geschehen.

Zu dieser Zeit zählte die Gemeinde Kombüchen 1019 Morgen Ackerland, und 78 Morgen Wiesen, Gladbach 752 Morgen Ackerland und 184 Morgen Wiesen, Paffrath 1066 Morgen Ackerland und 209 Morgen Wiesen, insgesamt also 2837 Morgen Ackerland und 471 Morgen Wiesen. Die Gemeinde Kombüchen hatte 126 Kühe und 85 Stück Jungvieh, Gladbach 138 Kühe und 95 Stück Jungvieh, Paffrath 183 Kühe und und 91 Stück Jungvieh, zusammen 447 Kühe und 271 Stück Jungvieh. Die Hälfte des Jungviehs als Rinder angenommen, ergab eine Gesamtzahl der zu deckenden Kühe in den drei Gemeinden von 583 Stück. So konnte durchschnittlich und auch der Erfahrung entsprechend auf je fünf preußische Morgen eine Kuh angenommen werden. — Das ortsübliche Sprunggeld betrug damals 2 1/2 oder auch 3 Silbergroschen.

Für Freitag, den 13. März 1846, ließ der Kommissar Dahl durch seinen Boten Herberg aus Baumberg elf Paffrather Zehntpflichtige, die sich am 19. Juli 1845 der Haltung des Zielviehs wegen beschwert hatten, in die Behausung des Gastwirtes Johann Wilhelm Paas in Gladbach vorladen. Es waren der Gastwirt Heinrich Büchel, Johann Dahl, Theodor Rodenbach, Matthias Steinkrüger, Heinrich Heidgen, Johann Kierspel, Wilhelm Schäfer, Jakob Kierdorf, Peter Korschildgen, Adolf Haan und Heinrich Steinbüchel. Sie sollten angeben wegen welcher Grundstücke sie die Benutzung des Zielviehs für die darauf zu haltenden Kühe und Schweine beanspruchten. Auch sollten sie sich zur Berechnung des festzusetzenden Abfindungskapitals erklären. Heinrich Büchel, Jakob Kierspel und Johann Dahl wurde in ihrer Eigenschaft als Mitgliedern des Kirchenvorstandes zudem aufgegeben, den Pfarrzehntpflichtigen, für die ein Recht auf das Zielvieh behauptet wurde, von den Verhandlungen Kenntnis zu geben.

Für die Tage vom 9. bis 12. März waren die Schlußverhandlungen über die Ablösung des Paffrather Domanial-Sack- und Heckzehntens, der Hühnerabgabe und der fiskalischen Gegenverpflichtung zur Stellung des Zielviehs und zur Verabreichung eines Ohms Bier an die Sackzehntpflichtigen am Lieferungstage angesetzt worden. — Am 27. Juli 1850 benachrichtige die Generalkommission in Münster den Landrat in Mülheim, daß auf Antrag des Pfarrers Prinz in Paffrath auch die Ablösung des Paffrather Naturalpfarrzehnten eingeleitet und dem Kommissar Dahl übertragen worden sei.

Am 4. Juni 1852 beauftragte die Regierung in Köln den Geometer Niedenhofen in Bensberg mit der Aufstellung der Zehntrolle des Paffrather Pfarrzehnten. Am 15. Juni begann dieser im Pfarrhause mit seiner Arbeit.

Nach mühseligen Vorbereitungen war es zwischen dem Fiskus und den Pflichtigen wegen des Domanialzehnten am 4. Juli 1851 in Gladbach zu einem Vergleich gekommen. Der fiskalische Mandatar Domänen-Rentmeister Krieger aus Deutz schlug vor:

1. Leistungen und Gegenleistungen heben sich völlig auf.
2. Da die Gegenleistung mit der Gestellung des Zielviehs noch bis Martini 1851 gewährt werden muß, so wird auch die Leistung für 1850 und 1851 am 11. November 1851 zum letztenmal entrichtet.
3. Die Pflichtigen des Sack- und Heckzehnten und des Hühnergeldes übernehmen sämtliche Kosten nach einem vorliegenden Verteilungsplan. Dagegen wird es dem Fiskus überlassen, sich mit den Pfarrzehntpflichtigen wegen ihres Anteils am Zielvieh-Recht auseinanderzusetzen.

Diese Vergleichspunkte wurden von den namentlich aufgerufenen Pflichtigen angenommen. Am selben Tage unterschrieben (die mit +++ machten ein Handzeichen): Johann Kürten — Peter Häck — Johann Krein — P. Müller — Chr. Hanebeck — Georg Kirch — A. Schmitz — Peter Lindlar — Witwe Matthias Borsbach +++ — Theodor Gierlich — Anton Borschbach — Johann Klei — Theodor Fischer +++ — Peter Hambüchen — Jacob Müller — Christian Kierdorf — Jacob Manshausen +++ — Heinrich Köster — Johann Theodor Felder — Peter Esser — Johann Nußbaum von Oberhebborn +++ — Wilhelm Dick — Wilhelm Lück — Peter Manshausen +++ — Daniel Lindlar — Adolph Häck — Witwe Kleinmann geb. Hammermann +++ — Peter Will — Witwe Wilhelm Steinkrüger +++ — Heinrich Giesen — Joseph Steinkroger +++ — Wilhelm Gieraths — Heinrich Kohlenbach — Ludwig Höderath — Wilhelm Meis — Theodor Kock — Johann Richarz — Urban Schlebusch — Johann Neu +++ — Johann Schlößer — Jacob Kierdorf — Johann Dorf — Wilhelm Menrath — Christian Kirch — Johann Rodenbach — Adam Brinkmann +++ — Wilhelm Blum — Peter Schröder — Conrad Dörfer — Witwe Gieraths +++ — Peter Wilhelm Kirch — Wilhelm Blum — Wilhelm Hamacher — Johann Gottfried Siller — Johann Korschilgen — Jacob Odenthal — Wilhelm Flemm +++ — Johann Dörper — Witwe Overath geb. Schmitz +++ — Jacob Niedenhöffer — Wilhelm Schlebusch — Johann Schlebusch — Theodor Rodenbach — Wilhelm Koef +++ — Christian Schwind — Gerhard Koch +++ — Theodor Grunenborn — Jacob Növer — Broch — Heinrich Rodenbach — Johann Wilhelm Richarz.

Am 29. September 1851 unterschrieb in Deutz der Handelsmann Wolf Heimann Horn aus Mülheim als Vertreter seiner Ehefrau Sibilla Cas, am 26. September der Bäcker und Wirt Peter Leyendecker aus Mülheim, am 30. September Landgerichtsrat Lautz aus Köln — Frau Witwe Franz Neuhöffer geb. Katharina Geich.

Am 27. Januar 1852 sollten in Bergisch Gladbach unterschreiben: Heinrich Häck zu Scheid +++ — Gerhard Häck zu Eykamp — Theodor Simon zu Oberbüchel — Peter Wild zu Kombüchen — Witwe Christian Miebach geb. Kürten +++ — Johann Hermann Müller — Gerhard Kramer — Peter Schmitz — Anton Schmitz — Anton Buchholz — Theodor Kirch — Jacob Hambüchen — Witwe Peter Kierdorf — Adelheid geb. Müller — Gerhard Schiefeling — Peter Asselborn — Jacob Asselborn — Johann Gerber — Wilhelm Asselborn — Franz Wilhelm Hölzer — Stephan Schiefer — Jacob Hölzer — Gerhard Steinbach — Johann Schlebusch zu Hebborn, Hungenberg —

Johann Fett — Johann Borsbach — Johann Dohm — Joseph Hambüchen — Heinrich Gierlich, Schmidt zu Unterhebborn — Gerhard Dahl — Franz Müller — Anton Koch — Adolf Selbach zu Rommerscheid — Anna Maria Müller — Johann Jacob Odenthal — Heinrich Göbbels — Johann Wilhelm Roscher, Bäcker zu Strundorf? — Gottfried Röhrig — Heinrich Torringen zu Nußbaum — Johann Weyer zu Nußbaum — Theodor Korschilgen zu Nußbaum — Peter Valdor daselbst, Stiefsohn von Jacob Kamp — Witwe Peter Weier Anna Maria geb. Weiß zu Calmünden — Joseph Burgeßer daselbst — Peter Weier daselbst — Jacob Weier daselbst — Kaspar Krey, Wirt, zur Hand wohnhaft — Heinrich Berger +++ — Wilhelm Osenau, Taglöhner zu Nußbaum — Witwe Heinrich Gierath, Steufelsberg — Johann Schlösser zu Bensberg, Vormund des minorennen Urban Schlösser — Christian Torringen, Sohn von Wilhelm Torringen — Wilhelm Torringen, Sohn von Peter Torringen zu Nußbaum — Peter Valdor senior, Sohn von Christian Valdor zu Nußbaum — Heinrich Kliefer zu Hardthof, Mühlenmeister — Anton Kramer zu Nußbaum — Peter Dahmen zu Schlebusch-Ophoven — Conrad Steinbach zu Nußbaum — Heinrich Breidenbach zu Nußbaum — Wilhelm Torringen, Sohn von Johann Torringen — Johann Höller auf dem Steinknippen — Witwe Eberhard Gierlich Margareta geb. Odenthal zu Sträßgen — Peter Kürten — Witwe Johann Dörper Margareta geb. Odenthal zu Hülsen — Peter Odenthal in den Hülsen — Wilhelm Limbor +++ — Johann Schlebusch zu Torringen — Johann Dörper, Schuster zu Kattemich — Gerhard Schmitz zu Neuenhaus — Wilhelm Müller — Wilhelm Schäfer zu Paffrath im Dreck — Wilhelm Hey auf der Hand — Peter Valdor jr. zu Nußbaum — Heinrich Schmitz — Jacob Kürten zu Unterhebborn — Johann Dohm zu Hebborn — Heinrich Lück — Johann Wilhelm Schmidt — Jacob Steinkrüger — Peter Becker — Jacob Schlebusch — Heinrich Paffrath, Schwager des Johann Schlebusch zu Uppersberg — Peter Neschen jr. zu Torringen — Wilhelm Piefer zu Weidenbach, jetzt zu Kattemich — Hermann Quirl — Peter Theodor Fischer, Taglöhner zu Walkmühle — Heinrich Schildgen — Theodor Kuhlenbach +++ — Anton Bach, Taglöhner zu Dünnwald — Theodor Bauwisch daselbst — Theodor Hebbekausen — Anton Krein — Heinrich und Gerhard Häck zu Scheid und Eykamp. 43 der Geladenen erschienen jedoch nicht. Ihre Unterschriften wurden durch richterliche Entscheidung vom 6. April 1852 ergänzt und die Kosten den Betreffenden auferlegt.

Am 27. November 1851 genehmigte das Finanzministerium in Berlin den Vergleich, wodurch der Paffrather fiskalische, früher domkapitularische Sackzehnte von 84 Scheffern 3,6 Metzen Hafer, ein Hühnergeld von 1 Reichstaler 11 Silbergroschen 7 Pfenning und ein Heckzehnten von 7 Rtlr 9 Sgr. 7 Pfg mit den fiskalischen Gegenleistungen, der Gestellung eines Zuchtstieres und eines Zuchtebers und Gewährung eines Ohms Bier an die Zehntpflichtigen kompensiert wurde[161]).

Damit sank ein Stück Mittelalter für immer ins Grab. Die Akten über den Paffrather Fronhof, der im Jahre 1831 noch als Försterwohnung diente und eine Familie von sechs Seelen beherbergte, und über den damit verbundenen über tausend Jahre lang erhobenen Zehnten wurden endgültig geschlossen. Der Fronhof selbst war schon vor 1858 abgebrochen worden.

---

[161]) Stadtarchiv Bergisch Gladbach C 190.

10) Der Paffrather Gemeinheitsbusch

Neben dem zum Fronhofe in Paffrath gehörigen „Weidesbusch", dem heutigen „Weidenbusch", war schon oft auch von dem Paffrather Gemeinde- oder Gemeinheitsbusch die Rede. Er bestand noch im 18. Jahrhundert aus fünf Gewannen: der „obersten Gemeinde", der „untersten Gemeinde", dem „Dickholz", der „Krabben" und dem „Fronenbroich". In etwas veränderter Form leben die Namen noch heute in den Flurkarten weiter. Der Gemeindewald lag nicht zusammen. Die „obere" und wohl auch die „untere Gemeinde" erstreckten sich der alten Köln-Wipperfürther Straße entlang von der Kreuzung mit dem Reutersweg (Flora) bis zu dem Wege auf dem Wapelsberg, der südlich der einstigen Walderholungsstätte vorübergeht. Er heißt im Volksmund noch heute allgemein der „Paafeder Bösch". Das „Dickholz" und der „Krabben" nahmen jene rechteckige Fläche ein, die zwischen den Wegen liegt, die beiderseits der alten Hofschaft Schneppruthe nach dem Hause Blech und nach der Kaule an der Dellbrücker Straße führen. Rechterhand des Hufer Wegs bis zur Stadtgrenze zieht sich der Fronenbroich hin, heute Frommenbroich genannt.

Diese „Gemeinde" war ursprünglich in fränkischer Zeit als Allmende jener Teil des vom König zugewiesenen Siedlungsgebietes, der nach der Teilung des anfangs auch gemeinsamen Ackerlandes im idealen Allgemeinbesitz blieb als Hütungs- und Weideland oder Wald, später nur als zur Gewinnung von Brenn- und Bauholz. Das Nutzungsrecht war ausschließlich den ersten Siedlern zugesprochen worden und klebte nicht an der Person, sondern an der Sohlstätte oder Feuerstelle. Noch im Weistum vom Jahre 1454 heißt es: „Zu Paffrath ist eine Gemeinde, da mag jedermann Zaunholz und Brennholz hauen, jedoch soll keiner damit backen oder Brauen zum Feilhalten noch verkaufen." Jede etwa verkaufte Gerte aus der Gemeinde wurde mit 7 1/2 Schilling gebrüchtet. Weiter war bestimmt, daß die Nußbaumer in der Gemeinde dort hauen sollten, wo es auch die Paffrather täten. Demnach ist der „Gemeinheitsbusch" erst danach auf die 40 Sohlstätten in seiner Nutzung beschränkt worden, wahrscheinlich als eine Anzahl neuer Feuerstellen entstanden waren, die den Altberechtigten ihren Holzanteil zu verkleinern drohten. Wurde später eine berechtigte Sohlstätte geteilt, etwa im Erbgange, so wurde auch ihr Los, „Gewalt" genannt, mitgeteilt. Die Lose betrafen nur die Holznutzung. Das von den Häuern geschlagene Klüppelholz wurde in 40 oder 41 Teilen aufgeschichtet und durch das Los auf die Gewalten verteilt, nicht etwa der Grund und Boden selbst mit aufstehendem Holz. Bauholz oder Hurtbäume (Weidenpfähle) durften nur nach einem Gerichtsbeschluß und unter Aufsicht der Scheffen geschlagen werden.

Ein Verzeichnis der Nutzungsberechtigten befindet sich im Stadtarchiv Bergisch Gladbach. Es führt auf:

1. und 2. der Rittersitz Blech (2 Feuerstellen) . . . . 2 Los(e)
3. der Fronhof des Domkapitels . . . . 1 „
4. das Pastorat . . . . 1 „
5. Das Offermannshaus . . . . 1 „
6. Das Bachgut . . . . 1 „
7. Die Schnepprut . . . . 1 „
8. Das Lindergut . . . . 1 „
9. Das Kemperfeld . . . . 1 „

10. Der kleine Bergfort (¹/₂) und die Burg (¹/₂) . . . . 1 „
11. Das Gut zum Pohl, Johann Dierich Kierdorf im Strundorf und Johann Dierich Kierdorf auf der Bach, jedem zur Halbscheid zugehörig, hat zwei Lose, darauf hat das Pohler Gut selbst . . . . 1 „
12. Erben Peters zum Pohl (¹/₂), Erben Henrich Bützelers (¹/₂) . . . . 1 „
13. Das Dahmen Gut zum Pohl hat 1 Los, hieraus hat Wilhelm Dahmen ¹/₄, Wilhelm Torringen ¹/₄, der Steinknippen ¹/₂ . . . . 1 „
14. Das Gut zum Pohl, so den Erben Conrad Broich und Tilmann Bützeler zugehörig, hat 1 Los; hierin haben die Erben Broichs ¹/₂, Tilman Bützeler ¹/₂ 1 „
15. Das Gut in den Höffen . . . . 1 „
16. Das zweite Gut in den Höffen . . . . 1 „
17. Christian Korschiltgen aufm Flaßberg . . . . 1 „
18. Johann Bauschorn (auf dem Flachsberg) . . . . 1 „
19. Peter Gierath (auf dem Flachsberg) . . . . 1 „
20. Erben Kohnbüchen aufm Flaßberg haben 1 Los, hierin hat das Kierdorfs Gut am Weypütz ¹/₂, Matthias Weyer ¹/₄, Wittib Hovens ¹/₄ . . . 1 „
21. Das Platzer Gut hat 1 Los; hieraus hat Johann Dierich Platz ¹/₂, Adolf Platz ¹/₂ . . . . 1 „
22. Kaspar Fuswinkel im Dreck . . . . 1 „
23. Erben Steinbachs im Dreck . . . . 1 „
24. Tilmann Steinbüchel im Dreck . . . . 1 „
25. und 26. Die zwei Güter aufm Büchel, Erben Stimmeister Gruben zuständig, jedes 1 Los . . . . 2 „
26. Hermann Staaf in der Kauhlen ¹/₂, Wilhelm Abels daselbst ¹/₂ . . . 1 „
28. Das Schweitzers Gut in der Kauhlen, so Hermann Staaf zugehörig . . 1 „
29. Wittib Bützelers Gut in der Kauhlen . . . . 1 „
30. Das Kamper Gut hat 1 Los, hierin hat Paulus Hölzer ¹/₂, Erben Picks ¹/₂ 1 „
31. Die Heidt hat 1 Los; hieraus hat Adolf Platz ¹/₂, das zur Gladbacher Vikarie gehörige Gütchen ¹/₂ . . . . 1 „
32. Die Paffrather Mühle, Wittib Bützelers zugehörig . . . . . . 1 „
33. Das den Erben Hey zugehörige Gut (an der Hand) hat 1 Los; hieraus hat Johann Mettmann ¹/₃, Johann Hey ¹/₃, Friedrich Bilstein ¹/₃ . . . 1 „
34. Das Essers Gut an der Hand hat 1 Los; hieraus hat das Gruben Gut aufm Büchel ¹/₂, Wimmar Esser ¹/₄, das Münsters Gut, so dem Wimmar zugehörig ¹/₄ . . . . 1 „
35. Johann Korschiltgen zum Nußbaum . . . . 1 „
36. Munsterstorff Gut zum Nußbaum hat 1 Los; hierin hat Peter Richels (Richarz) ¹/₂, Adolf Platz ¹/₂ . . . . 1 „
37. Das Kindergut (auch Brüdergut genannt) zum Nußbaum hat 1 Los; hierin hat Johann Eck ¹/₂, Erben Görgens ¹/₂ . . . . . . 1 „
38. Erben Faldors haben zusammen 1 Los . . . . 1 „
39. Das Lingens Gut zum Nußbaum . . . . 1 „
40. Das Tilmanns Gut zum Nußbaum hat 1 Los; hierin hat Peter Kierdorf ¹/₂, Gerhard Dahnien ¹/₂ . . . . 1 „

Summa . . . 40 „

41. Dann haben die Erben Schlebusch von Torringen in dem Herkenbroich einzig und allein auch einen Anteil, wodurch dann der Genuß dieses Distrikts in 41 Teile geteilt wird[162]).

Der Paffrather Gemeindewald umfaßte rund 235 Morgen, darunter waren 8 Morgen mit unfruchtbarem Kies und Sumpf, wo allerdings zur Zeit der sommerlichen Trockenheit Torf gestochen werden konnte. Im übrigen war der Gemeindewald mit hohen Eichen und Buchen bestanden, an nassen Gründen auch mit Erlengehölz. Für den Nachwuchs des Baumbestandes wurde ein Saatkamp von drei Morgen gehegt, dem man die jungen Buchen zum Aufforsten entnahm. Die Aufsicht über den Wald und seine Bewirtschaftung übte ein von den Nutzungsberechtigten auf Lebenszeit gewählter Waldschultheiß aus, der jährlich mit 4 Französischen Kronen entlohnt wurde und dem vier Beigeordnete zur Seite standen, die ehrenamtlich tätig waren. Außerdem war ein Förster fest angestellt, der den Holzeinschlag und die Häuer überwachte und ein Jahresgehalt von 22 Reichstaler bezog, außerdem auch den 41. Teil des gehauenen Holzes.

Wie aus dem Verzeichnis der 40 Lose ersichtlich wird, gehörte der Gemeindewald nicht der ganzen Gemeinde Paffrath, sondern nur einer fest umgrenzten Zahl von Sohlstätten. Nur diese hatten das Recht, zu bestimmter Zeit ihr Vieh einzutreiben, Streu und Dürrholz zu sammeln und den Holzeinschlag zu teilen. Als um 1765 zum erstenmal die Absicht laut wurde, den Gemeindewald zu teilen, erhob auch der Landesherr einen Anspruch, indem er behauptete, ihm gehöre darin der „dritte Fuß", also ein volles Drittel.

Auf einen Bericht des Oberschultheißen Daniels in Bensberg vom 2. Dezember 1768 erging am 26. September 1770 ein Erlaß der Düsseldorfer Regierung, den Paffrather Gemeinheitsbusch auf die 40 Gewalten zu teilen. Obwohl es die Berechtigten vorher selbst gewünscht hatten, lehnten die Beerbten, als sie der Oberschultheiß auf den 23. Oktober 1770 in Paffrath versammelt hatte, nun die Teilung ab. Ihre Zustimmung wurde innerhalb einer Frist von acht Tagen verlangt. Die widerspenstigen Paffrather schwiegen sich aus.

Da lenkte auch Daniels ein und berichtete nach Düsseldorf, die Beerbten hätten ihren Wald gut gehegt. Ein Buchensaatkamp müsse auch nach einer Teilung unterhalten werden, auch könne man nicht auf den gemeinsamen Weidegang in das Dickholz und den Fronenbroich verzichten. Bald regten sich hier und da wieder Wünsche auf Teilung. Am 5. November 1773 willigte das Kölner Domkapitel für die Gewalt seines Fronhofs ein, beauftragte zugleich aber den Fronhofshalfen und Scheffen Kierdorf, darauf bedacht zu sein, daß der Anteil des Fronhofs mit dessen Busch zusammengelegt werde.

Am 29. Dezember 1773 stellte die Regierung fest, daß keine Teilung erfolgen sollte, weil „der Gemeinheitsbusch nicht dem Dorfe oder der Gemeinde in concreto, sondern particulären Sohlstätten in abstracto zugehörte". Da sahen die Beerbten ihre Felle schwimmen und erklärten sich nun zumeist für die Teilung. Schließlich gab die Regierung nach, wohl um Ruhe zu bekommen. Der Wald wurde vermessen, wobei es sich als sehr schwierig erwies, 40 gleiche Teile zu bilden. Man wollte sich dadurch helfen, daß man Buchenstämme zu schlagen und zu verkaufen beabsichtigte, um mit dem Erlös aus-

---

[162]) Das letztgenannte Recht der Nußbaumer Erben im Herkenbroich wird bereits im Weistum 1454 erwähnt.

zugleichen. Da meldete sich zuguterletzt der bergische Oberstjägermeister von Blanckart mit seinem Einspruch gegen die Teilung, da der Gemeinheitsbusch zur kurfürstlichen Wildbahn rechne und die Stämme dort gefällt werden sollten, wo das Wild seinen Wechsel und Unterquartier nehme". So kam es am 28. Januar 1775 zu der Entscheidung der Regierung, keine Teilung vorzunehmen. Die bis dahin erwachsenen Kosten sollten durch den Verkauf von abständigem Holz gedeckt werden.

So blieb denn alles beim alten. In den folgenden Jahrzehnten nahmen die Holzfrevel überhand, und der Gemeinheitsbusch litt sehr. Eine neue Zeit brach darüber an. 1805 stellte die Regierung eine Erkundigung über die Rechtsverhältnisse der bergischen Gemeindebüsche, Gemeinschaftswaldungen und Gemarken an. Ein Erlaß des Ministers Beugnot befahl am 1. Dezember 1809, als das Land schon etliche Jahre unter der Fremdherrschaft stand, „daß alle in Schonung (Hege, Behang) gelegten Walddistrikte und solche, die darin gelegt werden müssen, nicht nur von einer, sondern von allen Servituten zugleich, als Weidgang, Strauscharren, Stöckebrechen, Leseholzsammeln usw. so lange gänzlich befreit bleiben müssen, bis selbige allen verderblichen Folgen dieser Belästigungen wieder entwachsen sein" werden.

Die Paffrather machten noch größere Augen, als schon nach einem Monat bestimmt wurde, „daß alle Verteilung von Naturalprodukten aufzuhören habe". Nun war ihnen die Nutzung ihres Gemeinheitsbusches ganz entglitten. Als sie die Anordnungen mißachteten und dennoch Holz zu fällen wagten, alter Gewohnheit und altem Recht folgend, ließ es die Behörde beschlagnahmen und verkaufen. Sie warnte eindringlich vor solchem Handeln, das „als sträfliches Beispiel von Widersetzlichkeit ohnfehlbar zum persönlichen Nachteil der Teilnehmer gereichen werde". Der neue Wind in der Forstverwaltung sollte noch schärfer wehen. Sie verfügte im Februar 1810, daß in Waldungen von Stiftern, Toten Händen und öffentlichen Anstalten fernerhin Bäume nur noch nach dem amtlichen Fällungsplan niedergelegt werden dürften. Kurz danach wurde diese Vorschrift auch auf alle privaten Büsche ausgedehnt. Eine Erlaubnis zum Fällen mußte für kleinere Wälder beim Forstinspektor zu Bensberg, für solche über fünf Morgen bei der General-Forst-Administration in Düsseldorf nachgesucht werden. Das verschlug denn den guten Paffrather Beerbten vollends den Atem.

Erst nach der Befreiung des Bergischen Landes von dem Joch der Fremdherrschaft erreichten sie ihr Ziel. Der Bürgermeister Hofrat Fauth in Gladbach nahm sich ihres Anliegens an. Er machte geltend, daß nach dem Artikel 815 des Code civile (bürgerlichen Rechts) niemand in einer Gemeinschaft zu bleiben gezwungen werden und jedes Mitglied einer Gemeinschaft auf Teilung klagen könne. Am 4. August 1819 wurde der Teilungserlaß des Paffrather Gemeinheitsbusches unterzeichnet. Am 30. Oktober genehmigte die Regierung die Teilung, die unter Fauth als Kommissar durchgeführt und im April 1823 abgeschlossen wurde. Da sank wiederum ein Stück des Paffrather Mittelalters dahin. Auch die umliegenden großen Gemarken, die Hebborner, Leuchter, Osenauer und Strunder Gemarke,, wurden um diese Zeit unter die Beerbten aufgeteilt[163].

---

[163]) Vgl. hierzu Ferdinand *Schmitz* in: Ruhmreiche Berge 1941, 2.

11) Die Waldungen Gänsgen und Eschenbroich

Neben dem Fronhofsbusch (Weidesbusch) und dem Gemeinheitsbusch nutzten die Paffrather nach uraltem Herkommen Gerechtsame in den Waldungen Gänsgen und Eschenbroich, die zum Besitz des Prämonstratenserinnenklosters Dünnwald gehörten. Dieses war im Jahre 1118 in Selkoren, einer Hofschaft im Kirchspiel Paffrath, zunächst von Benediktinern gegründet, zwei Jahrzehnte später aber den frommen „Juffern" überlassen worden. Erzbischof Friedrich von Köln erhob Dünnwald zur Pfarre und übertrug der Kirche den Rottzehnten im Dünwalde. 1160 erhielt das Kloster, dem ein Prior vorstand, vom Kölner Dompropst 30 Morgen (= 1 Hufe) Wald und 4 Morgen Ackerland. Auch die Hofleute von Paffrath verzichteten zu der Zeit, als Engelbert von Berg Dompropst war, auf 3 Hufen Wald und etlich Reihen Bäume den Dünwald entlang. Der Ritter Wilhelm von Hahn übertrug dem Kloster Dünnwald neuen Waldbesitz im Kirchspiel Paffrath.

Im Jahre 1454 berichtet das Rote Meßbuch von Paffrath, daß die „Juffern" von Dünnwald von den Erben des Hauses Blech das Diepeschrath und den Eschenbroich angekauft hätten. Auch das Gänsgen wird zu dieser Zeit als ihr Erbe genannt. Das Paffrather Weistum verbriefte den Lehnleuten ihr Recht, das Vieh in den Eschenbroich zu treiben, dagegen nicht in das Gänsgen und in den Klüppelbusch. Die Gerechtsame der Viehweide verlegte das Kloster aber unter Zustimmung der Paffrather Erben auf die Diepeschrather Wiesen, gab dafür das Gänsgen und den Eschenbroich zum Laubscharren und Sammeln von Stock und Sprock frei, und zwar den Beerbten des Gemeinheitsbusches ohne Gebühren, während die übrigen Leute dem Kloster jährlich eine Hühnerabgabe oder den Geldeswert dafür lieferten.

Dieser Zustand blieb bis in den Anfang des 19. Jahrhunderts erhalten. 1803 wurde das Kloster Dünnwald aufgehoben, sein Besitz ging in das Eigentum des Landes Berg über. Als nun die Diepeschrather Mühle, das Gänsgen und der Eschenbroich Staatsdomänen geworden waren, hielten die Paffrather nach wie vor an ihren überlieferten Gerechtsamen fest, sehr zum Ärger der Regierung in Düsseldorf. Ihr lag aus forstwirtschaftlichen Gründen daran, das Servitut loszuwerden. Da wählten die Servitutberechtigten den Bauer und Sattlermeister Höfer in Paffrath zu ihrem Wortführer. Er schloß schon am 9. November 1804 mit dem Landesdirektionsrat Lenzen als dem Kommissar der herzoglichen Regierung einen Vertrag, der am 19. Dezember in Düsseldorf im Namen des Herzogs Wilhelm in Bayern urkundlich besiegelt und unterschrieben wurde.

Dieser Vertrag bestimmte, daß

1. der Gemeinde Paffrath von den beiden Büschen Gänsgen und Eschenbroich 160 Morgen als wahres Eigentum überlassen und nach der auf der Buschkarte ostwärts gezogenen Linie ihr abgemessen wurden,

2. aber die Gemeinde von nun an allen in jenen Büschen behaupteten Gerechtsamen zur Viehweide, zum Laubscharren, zum Stock- und Sprocksammeln usw. sowie ihrem Recht, die Diepeschrather Wiese von Michaelis bis März jeden Jahres zu beweiden, gänzlich entsagen solle. Die Gemeinde Paffrath erhielt zu ihrer Legitimation eine mit dem Regierungs-Kanzleisiegel versehene Urkunde, unterschrieben vom Leiter der Regierung Freiherrn von Beveren.

Bisher hatten die Servitutberechtigten niemals ein Eigentumsrecht am Gänsgen und Eschenbroich besessen. Unter Verzicht auf die alten Gerechtsame erhielt nun die Gemeinde Paffrath Eigentum an 80 Morgen eines jeden der beiden Wälder. Es wurde zur Kennzeichnung der Abgrenzung eine geradlinige Furche durch die Waldungen gezogen, die heute noch gilt.

Die neue Eigentümerin, die alte Honschaft Paffrath, — eine der fünf Honschaften des alten Botenamtes Gladbach, zu der außer ihr noch Gladbach, Gronau, Sand und Kombüchen zählten — war auch früher bisweilen als „Gemeinde" bezeichnet worden. Sie hatte einen Vorsteher und einen Schatzheber zum Einholen der Staatssteuer, aber keine selbständige Vermögensverwaltung. Diese übte der Bürgermeister der neuen Samtgemeinde Gladbach aus. Daher händigte die Regierung auch dem Bürgermeister Fauth jene Urkunde aus. Nach seinem Tode ließ Bürgermeister Johann Anton Kolter den Paffrathern am 16. Dezember 1823 durch den ersten Beigeordneten Gefeler eine Abschrift der Urkunde ausstellen und übergeben. Inzwischen waren die alten Honschaften zu Katastergemeinden geworden und gingen als solche in die Stadtgemeinde Bergisch Gladbach ein, innerhalb derer sie noch heute weiterbestehen.

Der Sattler Höfer hatte die Verwaltung der 160 Morgen Wald übernommen, fällte, verkaufte und verschenkte nach Gutdünken Holz und erregte natürlich das Mißfallen der früheren Nutzungsberechtigten. Sie beschwerten sich beim Landrat, aber trotz Verbotes ließ Höfer nicht nach mit seinem eigenmächtigen Treiben. Da wurde im Jahre 1836 angeregt, die Waldungen unter die ehemaligen Servitutberechtigten aufzuteilen. Der Holzbestand war zu dieser Zeit fast vernichtet, nicht zuletzt durch Frevler. Die Regierung in Köln lehnte eine Teilung ab, vielmehr müsse der Wald, der Eigentum der Gemeinde Paffrath sei, weiterhin als Gemeindeland verwaltet werden. Der Bürgermeister Anton Kolter unterließ es jedoch, dem Landrat einen Bewirtschaftungsplan einzusenden. Er war ein Befürworter der Teilung, schon um eine lästige Verwaltungsaufgabe loszuwerden.

Die ehemaligen Nutzungsberechtigten waren sich jedoch nicht einig. Die einen verlangten die Teilung der Grundfläche, die anderen erstrebten den Verkauf und die Teilung des Erlöses. Der Oberförster Deubler in Brück verfaßte einen Kulturplan, um den Bruch aufzuforsten. Der Plan fand in Paffrath keine Beachtung. Dann sollten die Brüche parzellenweise verpachtet werden. Auch das lehnten die Leute ab und machten keine Pachtgebote.

Besonders laut wurde die Teilung im aufgeregten Jahre 1848 gefordert. Eine Versammlung der „beteiligten Eigentümer von Gänsgen und Eschenbroich" verlangte mit Mehrheit, daß alle Hauseigentümer der Katastergemeinde Paffrath an der Teilung beteiligt werden sollten. Der Bürgermeister Herweg befürwortete diesen Antrag und der Gladbacher Gemeinderat drang auf die Durchführung aus Gründen der Arbeitsbeschaffung. Die Regierung lehnte ab — mit Recht; denn nur die wirklich ehemals Nutzungsberechtigten und ihre Erben konnten ernstlich ein Anrecht geltend machen.

Erneut machte sich im März 1853 Heinrich Breidenbach für 24 Paffrather Bürger zum Anwalt der Forderung nach einer Teilung der Waldungen. Völlig falsche Auffassungen über die Eigentumsrechte wurden vorgebracht. Da sie kein Holz mehr holen konnten und die Brüche auch als Viehweiden nichts taugten, begannen die Anwohner hier und da den Mutterboden zur Verbesserung ihrer eigenen Ländereien abzufahren. Die Behörde verbot es ihnen. Dagegen gab es scharfe Proteste, sogar von Leuten, die überhaupt nicht in Paffrath wohnten.

Nach der „Statistischen Übersicht des Kreises Mülheim vom Jahre 1863" besaß die Stadt Gladbach an Vermögen u. a. „198 Morgen Heidefläche, welche Eigentum der Gemeinde Paffrath sind und als Viehweide benutzt werden nebst einem Kapital von 1400 Talern Erlös aus dem früher von diesem Grundstück verkauften Holze".

1873 sollte das seines Baumbestandes beraubte Gebiet noch zweimal parzellenweise in Pacht gegeben werden, — die Absicht scheiterte am organisierten passiven Widerstand der Versammelten.

Obgleich an sich das Eigentumsrecht der Paffrather nicht bezweifelt werden konnte, beschloß die Bergisch Gladbacher Stadtverordneten-Versammlung am 16. Juni 1890, das Gemeindeland im Gänsgen und Eschenbroich bei Anlegung des Grundbuches für die Stadt eintragen zu lassen, was auch geschah. Die Paffrather wehrten sich zwar, konnten aber damals keinen schriftlich fixierten Eigentumstitel beibringen. Sie erhielten keine Ablösung in Geld.

Die Regierung verlangte 1894 von der Stadtverwaltung Bergisch Gladbach einen Kulturplan auf weite Sicht für das Gänsgen und den Eschenbroich, den dann Regierungsassessor Freiherr von Massenbach ausarbeitete. Die Stadtverordnetenversammlung nahm ihn 1895 an, und die Regierung genehmigte ihn. Nun konnte sich endlich der Wald wieder erholen. Von Zeit zu Zeit aber flackerte in Paffrath immer wieder das Verlangen nach der Teilung auf, ohne Erfolg zu haben.

Um so auffallender mutet es an, daß es in der Bergisch Gladbacher amtlichen Festschrift vom Jahre 1906 ausdrücklich heißt: „Den Interessenten gehören 56,2417 ha Grundeigentum, gelegen in der Gemarkung Paffrath, dessen Wert auf 86 000 Mark geschätzt wird". — Die Stadt hatte im Jahre 1904 vom Bergischen Schulfonds noch 2 ha 99 a 36 qm mit einem Katastral-Reinertrag von etwas über 5 Taler hinzugekauft. Damals warfen die Waldungen keinen nennenswerten Ertrag ab. Sie reichten kaum zur Deckung der Unkosten aus.

Nach der Stabilisierung der deutschen Währung flackerten zu dieser Zeit auch die alten Entschädigungsansprüche der Paffrather wieder auf. Die ihnen im Jahre 1823 ausgestellte Abschrift der Urkunde des Herzogs Wilhelm wurde aufgefunden und vorgelegt. Doch waren die Ansprüche inzwischen verjährt, und die Paffrather mußten sich darein schicken, daß ihr tausendjähriger Gemeindewald nun der ganzen Stadtgemeinde zugute kam. Diese verkaufte 1918 100 Morgen vom Eschenbroich an die Firma Vierhaus, Colsman & Zeime, die im Loch die „Rheinische Wollspinnerei" betrieb. Der Vorvertrag, der in dem Gebiet eine industrielle Niederlassung vorsah, wurde 1924 notariell beurkundet. Im Gänsgen wurden 23 Morgen zu Ackerland gerodet.

Im Jahre 1958 gab die Stadt 80 Morgen im Eschenbroich-Gelände, nahe der Kölner Stadtgrenze, zum Bau von Siedlungen her, und nun ist der Zeitpunkt abzusehen, da der uralte Waldcharakter des Gebietes der neuen Entwicklung ganz zum Opfer fallen wird.

12) Der lehnrührige Schlömer Hof

Die Verhältnisse des alten Hofes zu Schlöm, den der Volksmund „Schlüm" nennt, lagen in bergischer Zeit sehr verwickelt. Der Name ist ohne Zweifel ursprünglich zweisilbig gewesen, und in dem Schluß -m verbirgt sich ein „heim", was auf ein sehr hohes Alter schließen läßt. Das Bestimmungswort ist ebenfalls nur der verkümmerte Rest einer längeren Silbe und nicht klar zu deuten. Es scheint, daß der Hof in jene ferne Zeit zurückreicht, als Gladbach noch zur Pfarre Paffrath gehörte. Der Schlömer Hof blieb, obwohl er zur Honschaft und Pfarre Gladbach gehörte, stets lehnrührig an das Hofgericht im Paffrather Fronhof und zahlte dorthin auch bis zur Ablösung den Sackzehnten, anderseits war er mit mehr als 22 Morgen an den Fronhof in Gladbach zehntpflichtig, teils auch nach dem Hebborner Hof.

Der Schlömer Hof

Der Schlömer Bach, die „Schlümich", der vom „Hadborn" beim Hebborner Hof durch die Talsenke herunterkam und etwas unterhalb der einstigen Gladbacher Mühle in die Strunde mündete bot dem Schlömer Hof einst die Lebensgrundlage und mußte von seinem in trockenen Sommern nur sehr schmalen Rinnsal selbst den Rommerscheider Höfen noch das für Menschen und Vieh nötige Wasser abgeben.

Peter van Sclume ist der erste Bauer vom Schlömer Hof, der mit seinem Namen bekannt wird. Er war unter den ehrbaren Männern, die als „kerspelslude to Paffrode" am 30. März 1449 beim Achtersend, dem gesitlichen Gericht, zugegen waren[164]. Er war freilich nur Pächter des Hofes, der vermutlich zum Besitz der Familie von Katterbach gehörte. In der zweiten Hälfte des 16. Jahrhunderts erscheint Johann Weyerstraß, der Schultheiß

---

[164]) Annalen 87 S. 12.

von Porz, mit seiner Gattin Gertrud (Dreutgen) von Katterbach als Eigentümer. Die Eheleute verkauften den Schlömer Hof am 23. August 1590 an den Bensberger Kellner Christian von Heimbach und seine Gattin Ursula von Sinsteden. Der Schwager der Verkäufer, Weinand von Polheim, hatte zu dieser Zeit, wahrscheinlich durch seine Ehefrau, vermutlich auch eine von Katterbach, noch anteilige Rechte; denn er gab seine Zustimmung zum Verkauf. Im Besitz dieser Familie von Heimbach verblieb der Hof beinahe hundert Jahre. Der kurbrandenburgische Rat Christian von Heimbach verkaufte mit seinen Miterben ihn am 8. März 1686 an den aus Steinbüchel stammenden Schlömer Halbwinner Johann Hamacher und seine Frau Maria, die Tochter des Teel (Tilmann) in der Eschbach, für 3150 Taler. Dieser Tilmann hat offenbar Miteigentum in Schlöm erworben; denn er sollte im Jahre danach als Scheffe des Hofgerichts in Paffrath berufen werden, weigerte sich aber seines Amtes als Hofschultheiß in Immekeppel, des weiten Weges und seines Alters wegen. Nun berief man Johann Hamacher als Scheffen, aber der lehnte ab, weil er nur einen kleinen Spliß besäße, der nach Paffrath lehnrührig sei. Johanns Gattin starb am 1. November 1689, wie auf ihrem Grabkreuz zu lesen war, er selbst folgte ihr am 7. April 1706 in den Tod. Hier folgen die Verkaufsurkunden von 1590 und 1686 im Wortlaut:

Die Urkunde von 1590

„Wir, Johan Curtenbach, Schultheiß des Ampts Portz, Peter zu Weier, Ropert zum Thail, Johan Schuirman, Wilhelm in der Eßbach, Johan zu Kockenberg, Herbert Stultz zu Schweinem und Jacob zu Raidt, semtliche Scheffen des Gerichts zu Bensbur, tun kunt und bekennen offentlichen, vor mennichlich mit diesem besiegelten Brief zeugent, daß vor unseren Mitscheffen und Stoelbroederen itz bemelten Peteren zu Weier und Johanen Schuirman, wie uns von inen darab gerichtliche und glaubwirdige Relation, nach unsers Gerichts Ordnung, Brauch und Gewonheit eingenomen, auf Enden und Stetten, das sich das zu recht eigent und geburt, personlich komen und erschienen seint die ehrenthafte und achtbare Johan Weierstraeß, Schultheiß zur Zeit des Ampts Portz, und Gertraud von Katterbach, Eheleute, vor sich, ire Erben und Nachkommen, und aldair einhellig und unverscheidentlich ergehet und bekant, daß sie als dessen mogig und mechtig gewesen, auch mit Recht tun mochten, aus reifen gehabten Rate, umb ires besseren Nutz und Notturft willen, mit Geferden noch keinen Bedrohlichkeiten hindergangen, sonder freiwillig und wie bekant offenbarlich mit Zutun des ehrenthaften und vornehmen Weinanten von Polhem, ires lieben Schwagers, eines festen, steden und ewigen, unwidderruflichen, immerwehrenden und in allen gesitlichen und weltlichen Gerichten und Rechten, sonderlichen nach dieses Lands und Fürstentumbs von dem Berg loblichen Gewohnheiten kreftigsten und bestendigsten Erbkaufs, ohn Begnadung einigs Widerkaufs vor sich, ire Erben und Nachkommen gemeinlich und unverscheidentlich nach unsers Gerichts Ordnung und Landrechtens alten Brauch mit Hand, Halm und Mund Sicherheit, sicher Gewarsame zu iren, sampt aller derselben Erben und Nachkommen Henden und Gewehre verkauft und überlassen

und tunt dasselbig in Craft diß Briefs dem ehrenthaften, achtbaren und tugentsamen Christianen von Heimbach, Kelnern zu Benßbur, und Ursulen von Sinsteden, seiner ehelicher Hausfrawen, irer beider ehelichs Erben, Nachkomlingen oder Beheldern dis Briefs mit iren guten Wissen und Willen vor sich ire Erben oder Behelder vurs (reven) in erblichen ewigen Rechten zu behalten geldende alsolchen irer der Verkauferen Hoff und allinge Guiter genant zum Schluim im Kirspel Gladbach und sonsten anders wa unter diesem unserem Gerichte Benßbur und sonst im Ambt Portz Bergischen Fürstentumbs, so wie derselbiger Hoff, Erb und Guit mit seiner Solstetung, Behausungen, Gehoichteren, Hoiffen, Garten, Wiesen, Quellen, Dichen, Flutzungen, Acker, Büschen, Benden, Gemarken, Gerechtigkeiten, Weiden, Kempen, Hegken, Streuchen, Verfellen, Auf- und Einkömpsten, Gulden, Renten, im Nassen und Druegen, Hoegden und Niegden, oben und unden, Gebawens und Ungebawens, mit aller seiner Erbgerechtigkeit, Vorteil und Nutzungen und allem seinem Zubehoer, Straessen, Wegen,

Stegen, Graben, Flussen, Grund und Boden, auf und under der Erden, Wasserquellen, Nutzbarkeit und Gefellen, derselben so immer(!) oder außerlich, in gemein und insonderheit mit aller Gerechtigkeit, wie und wa gemelte Keuferen oder ire Erben die darob oder darausser am nutzlichsten empfinden, genießen, erringen und ereugen mogen, besucht und unbesucht, inmaßen solichs zu dem vurschreven Hof bishero gebraucht oder genutzet oder von alters darzu gehorig nichts davon abgesondert noch außgeschlossen, als ir redlich erkauft und gegolden eigen Guit vor eigen hinfurder ewig und rewig inzuhaben, zu gebrauchen und zu behalten.

Und ist dieser Erbkauf zugangen und geschehen umb eine sichere benante Summa Gelts, dwilche die Verkeufere von gedachten Eheleuten Geldern waren, rechten Erbkaufgelts ganz und gar wolbezahlt empfangen und furter in iren Nutz und Besten urber angelegt zu haben bekant, sich der guten Bezalung offentlich bedankt, vortan die ermelte Gelderen vor sich und alle ire Erben deßhalb genzlich frei, queit, loß und ledig gesagt und gezellet.

Demnegst Verkeufere vor sich, ire Erben und Nachkommen des obgemelten Hoffs und Gueter sampt aller derselben in- und zugehoerigen Gerechtigkeiten, nutzbarlicher Freiheiten, Renten und Geheleten, so in Buschen, Velden, Wasser, Weiden, hohen und nidrigen, auf und unter der Erden, und dessen mehr sein konte, klein oder groß, davon niet ausgescheiden, vor obgemelten underen Mitscheffen Broderen Peteren zu Weier und Johannen Schuirman, darzu sonderlich erfordert und verlehnt mit Hant, Halm und Mund zu Handen der vurß. Gelderen und iren Erben ausgangen, darauf genzlichen und zumal purlich und zierlich verziegen, sich und ire Erben und Nachkommen davon enterbt, entsatzt, entwert und entladen, die gedachte Gelderen aber, ire Erben oder Gelder vursch. daran gerecht, geguetet und sie derselben allen, in rechten, redlichen, leiblichen nutzlichen Beseß, Gewalt und Gewehr gemeinlich und unverscheidentlich gesetzt, gestalt und gelaessen haben, also das hinfurter obgemelte Christian von Heimbach und Ursula von Sinsteden, Eheleute, ire Erben oder Helder vursch. solchen Hoff und Guter mit aller Schluim mit aller Nutzbarkeit von nun an vortan in erblichen, ewigen Rechten haben, besitzen, brauchen nutzen niessen, behalten, kiehren und wenden, damit handelen, schaffen, tun und lassen sollen und mugen als mit anderen iren frei eigenen Guiteren, ohn einige Verhinderung deren Verkeuferen, irer Erben oder sonst menniglichs, denselben Verkeuferen iren oder einigen anderen Erben sampt noch sonders hernach ewiglich nummermehr einicherlei Forderung, Anspräch noch Gerechtigkeit an bemelten Hove und Guteren, obgerürt, zu haben noch zu gewinnen.

Und ob Sach were, das hernachmals in kurzen oder langen Zeiten, immermehr Brief, Siegel, Vertrag, Teil oder Kaufbrief, Loeß oder Pfandzettulen, Register und Schriften, über gemelte Gueter in einige Weise sprechent, befunden, oder wie oder walcherlei dieselbige weren oder herfurbracht wurden, sollen obgemelten Gelderen, iren Erben und Nachkomen zu iren Henden Gewalt ohn alle Einred gegeben und uberantwort werden, und ob sie auch nimmer uberliebert, gefonden oder verhalten wurden, sollen sie doch den Verkeuferen, iren Erben, Verwandten noch jemanten anders, als kraftloß keinen Vorstand, Nutz noch Gerechtigkeit, vielweniger den vursch. Gelderen, iren Erben oder Beheldteren obgemelt einichen Nachteil oder Schaden brengen noch gebieren.

Zu dem sullen und willen vilgemelte Verkaufere, ire Erben und Nachkommen hiemit vestiglich verpflicht, verstrickt und verbundenden sein und pleiben, wie dan auch dieselbige vor sich ire Erben oder Nachkomen in Eids Statt bei wahren Eheren und Trauwen angelobt, alle und jede Eintrag, Forderung und Anspräch, so kunftiglich inner- oder aussrhalb Rechtens auf obermelte alinge Gueter semptlich und sonderlich und derselben Gerechtigkeiten unverscheidentlich im Teil oder zumal von jemanten einigs Wegs gelacht mochten werden, oder auch sonst einige vorige Obligationes, Pacten Beschwernussen oder ander Gedinge, — außerhalb allein dem erblichen anclebenden althergebrachten fürstlichen Solschatzes und Ungedulden des Hoffs — auf den Gueteren, durch wen oder wanehe die auch gemacht weren, befunden wurden, auf der Verkeuferen, irer Erben und Nachkommen Kosten zu freien, zu keren und abzustellen, den Gelderen iren Erben oder Helderen vurß. davon und dis getanen Erbkaufs halbenallezeit erbar, redliche, genugsame, vollenkomene Erbwerschaft, Sicherung und Freiung vor allen Leuten, Richtern und Gerichten, geistlichen und weltlichen oder sonst vor allermenniglichen, wa, wan und wie oft das notig ist und sie darub so wol inner -als außerhalb Rechtens, in der Guten oder sonsten erforderen wurden, zu verschaffen, und sonderlich allen weiteren Ausgang und dasjenige zu tun, was zu einer erbarer und redlicher vollenkomener aufrichtiger Erbschaft, Werschaft und Schadloißhaltung oder Verteidigung gehoert und gebuert, sonder einige Eindracht, alles ohn der Gelderen, irer Erben oder Behelderen dieses hinderen und schaden bei und mit außtrucklicher Verpfendung und sonderbarer Verstreikung aller der Verkeuferen ligender und farender Hab, Erb, Pfantschaften

292

und Gueteren, itziger und zukünftiger, wie und wa, in was Hoheit, Ampte, Gerichte oder Gebiete dieselbige liggen oder zu finden, sich daran genzlich zu erhollen und zu erkoveren, in allermaßen, als ob dieselbige hierinnen von item zu item specificiret stunden, nichts davon außgesondert.

Alle und jede vorbestimbte Stucken, Articulen und Puncten globten obgemelte Verkeufere vor sich und ire Erben bei rechten waren Eheren in Eids Statt in Ewigkeit stehet, fast und unverbrochlich zu halten, darwider nichts durch sich, ire Erben noch jemanten anders von iretwegen zu tun noch schaffen oder gestatten getain werden, vor wilchem allem die Verkeuferen noch ire Erben Hab und Gütter nit beschirmen noch freien soll einiche Exception, Grwohnheit der Landen, Privilegien, kein Begnadung behilfs geistlichs noch weltlichs Gerichts noch Rechtens geschriebens noch ungeschriebens, itziges oder kunftiges, kein Gebott noch Verbott, kein Stede- noch Landrecht noch anders, dadurch dieser Kauf und Erwerbschaft mocht angefogten oder vernichtiget werden, auch das die Verkeufere sprechen mochten, das inen der Kaufpfeningk nit in Barschaft bezalt oder uber den mehren Teils des rechten Werts betrogen oder betrieglich eingeführt, die Sach oder Gelegenheit nit verstanden, des scheinlichen Contracts der Waltat widder Einsetzung in vorigen Stand und bevorab des Rechtens gemeiner Verzeihung widersprechent, dan sie sich deren und aller Behilf wolbedachtlich verziegen und begeben haben.

Diesem nach, dweil dieser obgemelte Erbkauf unter dato des 1589. Jars des 16. Octobris vollenzogen, folgends drei Sontage nacheinander in der Kirchen zu Gladbach vermug unsers genedigen Fürsten und Herren Gerichts-Ordnung öffentlich außgeroffen, item der vorberurter Verzieg, Ausgangks-Bekentnus, Erbung und Unterbung sampt allen Puncten Inhalts dis Briefs daraufgefolgt und nach Gebur unsers Landrechtens zugangen, auch vor uns, den semptlichen Scheffen der rechtlicher Gewonheit nach heut dato allhie an unserem Gerichte zu Bensbur einbracht mit Ban, Fride und Erbrechte, durch unsere gerichtliche interponirte Erkantnus bestettigt und bekreftigt.

Zudem die gemelte Verkeufere Johan Weierstraß und Gertraud von Katterbach, wie ingleichen Christian von Heimbach und Ursula von Sinsteden, Eheleute, bei getanem Verzig und Auftragten umb gnugsame Erbkauf-Briefe inen den Geldern und ire Erben uber diesen Erbkauf Außgangk, Werschaft und Schaidloshaltung bester und bestendigster Formen rechtens zu verfertigen und besiegelt mitzuteilen, auch durch obgedachten Winanten von Polheim mit seinem angebornen Insiegel zu weiterer Zeugnus der Warheit zu bestettigen und zu besiegelen gebetten. Von dem allem wir obgemelte Scheffen unsere geburliche Urkunt empfangen, so haben wir uns. Scheffen auf solich beider vurß. Parteien Begeren unser gemein Gerichts- und Scheffenambts-Insiegelen, und ich Weinant von Polheim auf vurß. Bitt gleichermassen mein Insiegel wissentlich an diesen Brief gehangen.

(Hier ist etwa eine Zeile ausgeschnitten. Sie lautete vermutlich: Dweil nun der Hof zu Schluime an das Hobsgericht im Fronhof zu Gladbach) dienstpflichtig, auch etlichs in Schmitzens Gute zu Habborn sampt einer Gewalt auf der Gemarken daselbst ans Hobsgericht zu Habborn gehoerig, dem Landherrn, Lehnherrn und jedermanne seiner Gerechtigkeit unnachteilig.

Dergeben in den Jaren 1590 am 23. Tage des Monats Augusti.

Johann Drieß von Upladen, Gerichtsschreiber des Ambts Portz subscripsi[165]).

Die Urkunde von 1686

„Kund, zu wissen und bekent seie hiemit jedermanniglichen durch gegenwertigen Brief, daß nachdem vor diesem zwischen dem woledlen und hochvornehmen Herrn Christian von Heimbach, Curfürstl. brandenburgischem Rat, vor sich und seine Miterben über den ihnen Erbgenehmen Heimbachs eigentümblich zuständigen bergischen Lands und im Dorf Gladbach gelegenen also genanten Schlömerhoff Verkäuferen ahn einem, sodan auch ehrsamb und tugendreichen Johannen Hamecher und Maria, dessen Haußfrawen andrenteils ein aufrichtiger unverfänglicher Kauf und Verkauf sub ratificatione eingangen und getroffen worden, des Inhalts, wolgemelter Herr Heimbach, wie obgemelt, ahn obberührte kaufende Eheleute erb- und ewiglich verkauft und überlassen hat obgemelte Schlömerhoff vor und umb eine bescheidene Summam Kaufschillinge ad 3150 Daler Cölnisch, jeden zu fünfzig zwei Albus

---

[165]) Das Original der Urkunde auf Pergament befindet sich als Einlage zum Lagerbuch von 1595 im Archiv der Pfarre St. Laurentius.

gerechnet, sambt darin vorliebten Verzogspfenning, bar zu bezahlen und dan nunmehr wolgemelter Herr Christian von Heimbach zu diesem Verkauf und Kauf nach Ueberlieferung einiger ein auf Hern Verkäufers Person gestelte Constitution und Qualification, dabei keine Contradiction zu vermuten und verhenden und er Herr Verkäufer Schlömerhoffs cum omnibus suis appertinentis, wie derselb sich anjetzo in statu quo befindet, vermög obgedachter Qualification und unterschriebener Hand ratificirt und bestättiget worden mit diesen austrücklichen Vorworten, daß wolgemelter Herr Verkäufer ob solchen auf seine Person eingerichteten Vollmachten nach Vorgebung des Verzigs und Ausgangs, auch Erb- und Enterbung, die copias in authentica forma zu überliefern, desgleichen die auf obbesagtem Hoff stehenden und in Henden des wolgebornen Herrn Christoff von Mom zue Schwartzenstein gestelte ein tausend Reichstaler ertragende Obligation vermög des zwischen jetztwolgemeltem Herrn von Mom und dessen Creditoren Henrichen Kawert in Gegenwart ihrer hochfürstlichen Durchlaucht Geheimen Rats und Protonotarii Herrn Hetterman als zu diesem — wegen streitigen Pensionen compositionis ... gnedigst angeordneten Commissarii aufgerichteten Vergleich gerechtlich zu exhibieren ,schuldig und -gehalten sein solte, wie erstgemelter Verkäufer als ... und ... vorgemelten Kauf und Verkauf vor sich und / Erbgenahmen wie obgemelte ... digten vorgemelten Kauf und Verkauf unter Verbindung einer hierzu nötiger sich und seine Miterben betreffende Eviction, vielgemelt verkauf ... leuten behuef und Notturft einhalten und all ... digten Verkäuferen / bitt ... kauf in Gegenwart obgemelten Herrn von Mom zu Schwartzenstein als woll ... Herrn Anton Marx und Francisci Noriberti Moriconi als hierzu sonderlich berufene glaubhaften Zeugen mit Begebung aller zu diesem Kauf und Verkauf darwieder geist- und weltlichen Rechtens Exception, wie die auch Namen haben und erdacht werden mögen, alles auf Einhalt des anno 1590 den 23. Aug. gerichtlich aufgesetzten und a tergo ersichtlichen Kaufbriefs mit Gottesheller à 30 Albus Cölnisch und Weinkauf wie land und brauichlich, bestättiget und beschlossen worden.
Urkund beiderseits contra hirunder Parteien, als viel deren schreibens erfahren, als wol auch der vorgemelter Gezeugen und mein, des Gerichtsschreibers eigenhändiger Unterschriften.
So geschehen Cöllen im Jahre 1686 den 5. Martii.
E. M. Swartzenstein m. p. — Christian von Heimbach m. p. für mich und meinen Miterben, als Gevolmächtiger. — Auf handtastliches Begehren meinse resp. Eytumben Johannen Hamecher habe dieses seiner schreibens unerfahrenheit halber in seinem Namen unterschrieben. Thiell Eschbach. In fidem praemissorum requisitus sripsi et subscripsi G. Schuirman (?), Franciscus Noribertus Moriconi uti testis n. p., Anthon Marx, testis requisitus.
... ad prothocollum intra octo diurnalilia (?) ... liberetur. Signatum ut supra Joh. Adolf Pott ... subscripsi. Eodem bemelte copeyen empfangen d. 30. aprilis 1686. Joh. Adolf Pott m. p.
Quergeschrieben: Praesentatum Obergericht ... Portz, d. 28. Martii 1686. Erbkaufbrief des Schlömer Hoffs [166]).

Während nach einem Einwohnerverzeichnis der Pfarre Gladbach im Jahre 1700 der Schlömer Hof noch geschlossenes Eigentum von Johann Hamacher (der „Schlömer") war, erscheint er in einem Register von 1730 bereits in zwei Teilen dem Peter Höller und dem Johann Steinkrüger zugehörig. Am 9. Mai 1753 wurden Johann Steinkrüger und Consorten vom Paffrather Lehngericht aufgefordert, ihr Lehngut zum „Schleumer Hof" zu empfangen, andernfalls soll es als dem Lehnherrn (dem Domkapitel) verfallen gelten. Nach dem Hebebuch von 1758/59 war das Gut schon in drei Splisse aufgelöst. Der erste Teil war von Johann Steinkrüger an Wilhelm Steinkrüger und 1758 an Peter Heidkamp übergegangen. Sie galten als die „Erbgenahmen Hamechers". Der zweite Teil, auf die Erbgenahmen Steinkrüger lautend, war den Erbgenahmen Hamecher zugesetzt worden. Der dritte Teil gehörte den Erbgenahmen Höchsten. Der erste Teil umfaßte insgesamt 102 Morgen, der zweite 34 Morgen, der dritte ebenfalls 34 Morgen, woraus man schließen kann, daß der Hof vordem in fünf Lose zerlegt worden war.

---

[166]) Beide Urkunden erstmalig abgedruckt von Ferdinand *Schmitz* in: Ruhmreiche Berge 1929, 35.

Noch mehr zersplittert wurde der Schlömer Hof in den beiden nächsten Generationen, worüber wir für den zusammengelegten Teil von 138 Morgen durch einen Teilungsakt der Erbgenahmen Hamecher-Steinkrüger vom Jahre 1805 im Pfarrarchiv St. Laurentius genau unterrichtet sind. Damals wurde zunächst Land am Irlenfeld, das dem Scheffen Schäfer gehörte, gegen Land des Schlömer Hofes am Mühlenberg ausgetauscht, so daß Josef Steinkrüger am 11. Juli 1805 den neuen Hof zu Irlenfeld begründen konnte. Dann teilten der Bensberger Scheffe Peter Ferdinand Hammelrath, der Landmesser Johann Koch und der Zimmermeister Peter Weyer den Schlömer Hof mit allem zugehörigen Land in vier Lose. Das große, strohgedeckte Wohnhaus wurde vom Giebelfirst bis in den Keller quer- und längsgeteilt, so daß drei Wohnungen heraussprangen, während ein Los für Minderjährige noch keine Wohnung erforderte. Die Teilung brachte für das

1. Los: Das halbe Haus hofwärts nach dem Pütz zu gelegen mit dem halben Keller und dem halben Stalle; der Garten neben Scheffen Schäfer; Ackerland in der Dellen, oben der Dellen am Müllenberg, aufm Müllenberg, auf den neun Morgen am Deufelsfuhrloch; Busch am Eichenberg bis an den Gladbacher Müllen-Feldstein, aufm Müllenberg, am Eichenberg, aufm Steinberg an der Fußkuhlen, in der Hosten, am Hüheberg. Veranschlagt zu 1506 Reichstaler.

2. Los: Das halbe Haus nächst der Müllestraß, halber Keller, halbe Stallung, Mittelteil der Scheune und Haupthof; der Garten an der Müllengasse; Ackerland in der Dellen, aufm Müllenberg, auf den neun Morgen am Deufelsfuhrloch; Busch am Eichenberg, im Kümpel, am Steinberg, am Huheberg. Veranschlagt zu etwa 1590 Reichstaler.

3. Los: Das Backhaus, oberster Teil der Scheune, der Hof daran; der Garten unterhalb der Scheune, der Garten über die Straß langs die Hebborner Gaß; Ackerland gegenüber dem Hof, aufm Maul, aufm Müllenberg; der Busch an der Maul am Steinberg, am Hüheberg, am Doktersberg. Veranschlagt zu 1515 Reichstaler.

4. Los: Ohne Gehüchter; Ackerland aufm Schützenberg neben Hebborner Land, unter dem Schützenberg, auf den drei Morgen, auf den neun Morgen; der Busch am Schützenberg, in der Hohsten. Veranschlagt zu 1279 Reichstaler.

Mit Einschluß der Taxe für das Irlenfelder Land von 637 Reichstaler war der gesamte Schlömer Hof mit 5891 Reichstaler bewertet. Die Ziehung der Lose geschah am Gericht zu Bensberg; das erste fiel an Urban Steinkrüger, das zweite an die Eheleute Hendrich Gries und Eva Steinkrüger, das dritte an die Eeheleute Wilhelm Gronenborn und Anna Maria Steinkrüger, das vierte an die minderjährigen Kinder des Matthias Müller und seiner verstorbenen Frau Gertrud Steinkrüger, für die als Vormund der Scheffe Hammelrath anwesend war.

In einigen Stücken wurde die alte Gemeinsamkeit des Schlömer Hofes weitergeführt. Der Windepütz stand allen Losen zu Diensten und mußte von allen instandgehalten werden. Die Lose 1, 2 und 3 durften das Wasser zur Wäsche und Viehtränke aus dem Pohl holen, den der Schlömer Bach füllte. Alle Lose mußten beim Reinigen des Pohls helfen; den ausgeworfenen Lett erhielt das erste Los. Auch der Fuhrweg nach dem Mühlenberg durfte von allen Losen benutzt werden. Obwohl der Schlömer Bach nur durch den Grund des ersten Loses floß, mußten sich die Lose 2 und 3 an seiner Reinigung beteiligen. Die alte

Gerechtsame des Schlömer Hofes in der Hebborner Gemark sollte auch ferner allen Losen zugute kommen.

Bereits im Jahre 1821 war der Schlömer Hof noch mehr zersplittert; damals wohnten hier Wilhelm Gronenborn, Matthias Müller, Heinrich Bützler, Josef Kürten, Johann Weyer und Wilhelm Lindlar. Der Name Steinkrüger war verschwunden.

Übrigens gehörte der Hof „zur Linde" mit dem uralten Holzkreuz vor der ebenso alten dicken Linde querüber der Mühlengasse nicht zum Schlömer Hof, ebensowenig das im Jahre 1811 vom Steffen Will erbaute Wirtshaus „Zum neuen Haus" (heute „Zum löstijen Dreck"), das auf dem Boden der Hofschaft Berg (heute Laurentiusberg) stand [167]).

c. DER HERZOGLICHE HEBBORNER HOF UND SEIN HOFGERICHT

Neben dem Hofgericht im Fronhof zu Paffrath bestand in der Pfarre für ihren oberen Teil, die Honschaft Kombüchen, noch ein zweites im herzoglichen Hof zu Hebborn. Da zweifellos ursprünglich das ganze Kirchspiel nach Paffrath lehnrührig war, darf man wohl mit Recht annehmen, daß das Hofgericht in Hebborn in dem Zeitpunkt entstand, als der Landesherr, vielleicht der König, Kirche und Fronhof zu Paffrath dem Domkapitel in Köln zu eigen gab, wobei der Sackzehnte dem Fronhof belassen wurde. Gerichtsherr dieses zweiten Hofgerichts und ebenso Eigentümer des Hebborner Hofes blieb für alle Zeit bis zum Untergang der Lehngerichtsbarkeit der Landesherr, seit etwa 1100 der Graf, seit 1380 der Herzog von Berg.

Aus der Frühzeit des Hebborner Hofes, dessen vorgeschichtliche Rolle Gertrud Fauth in ihrem Roman „Die Leute vom Hadborn" verklärt hat, wissen wir nichts Sicheres. Nach einigen Forschern soll „Hadeburne" bereits 1280 genannt werden, allerdings geben sie ihre Quelle nicht an [168]). Auch in späteren Zeiten lautet der Name gewöhnlich „Hadborn", benannt nach dem Hardtborn, dem kleinen Waldbächlein, dem Lebensquell, an dem der Hof liegt und der seine Gründung überhaupt erst ermöglicht hat. Unter den ehrbaren Männern, die am 30. März 1449 beim Achtersend in der Kirche zu Paffrath zugegen waren, wird ein „Junker Teyle van Hadborn", der junge Herr Tilmann vom Hofe des Herzogs in Hebborn genannt [169]). Das Rote Meßbuch in Paffrath deutet auch zum erstenmal das Bestehen eines Hofgerichts in Hebborn an, indem es uns die Namen zweier Schultheißen überliefert, des „Arnd, scholze vom Hadborn" und des „scholze vom Aadborn, hinrich".

Dagegen werden uns die ersten ausführlichen Nachrichten über dieses Hofgericht durch sein Weistum vom Jahre 1481 vermittelt, von dem sich eine Abschrift in der Sammlung Fahne [170]) erhalten hat. Wir wissen nicht, wie dieser Forscher in ihren Besitz gelangt ist, vermutlich übernahm er sie von Vinzenz von Zuccalmaglio. Dieser hat sie tatsächlich in Händen gehabt und wollte sie im Anhang seiner „Geschichte der Stadt und des

---

[167]) Vgl. Anton *Jux*, Der Steffen Will usw, Aufsatzreihe im Kölner Stadtanzeiger vom 7. 1. bis 15. 1. 1954.

[168]) F. W. Ohligschläger in: Annalen 21 (1870) S. 160 — Anton Fahne in: ZBGV 14 (1878) S. 160 — Vinzenz *v. Zuccalmaglio*, Mülheim (1846) S. 327, gibt die Namensform ohne Jahr an.

[169]) Annalen 87 S. 12.

[170]) Historisches Archiv der Stadt Köln.

Kreises Mühlheim" 1846 veröffentlichen[171]), mußte es aber leider der hohen Kosten wegen unterlassen[172]).

1) Das Weistum des Hebborner Hofgerichts vom Jahre 1481

Das Hofrecht des Hebborner Hofes ist wahrscheinlich am Dreikönigstage 1481 zum erstenmal schriftlich festgelegt worden. Bis dahin war es lediglich wie ursprünglich überall von Mund zu Mund weitergereicht und durch das Gedächtnis der ältesten Männer in seinem Bestande gesichert worden. An dem genannten Tage versammelte sich der „gemeine Lehnmann", worunter die ganze Gemeinde, alle belehnten Hofbauern, zu verstehen sind, im Hebborner Hofe, um auf den geleisteten Lehnseid hin das alte Recht zu „weisen" und zu Protokoll zu geben.

Zunächst wurde das Eigentumsrecht am Hof und seinem Gericht geklärt. Danach gehörte er dem Herzog von Berg, der hier allein gebieten und verbieten konnte, dem alle Strafen, Strafgelder und Urteile, ferner alle Zinsen (Zehnten) und Pachtabgaben zustanden. Ebenso gebührte ihm das Recht der großen und kleinen Kurmut, jener Abgabe, die sowohl beim Regierungsantritt eines neuen Landesherrn als auch bei einem Wechsel im Besitz eines Lehnsgutes, etwa durch Sterbefall, fällig wurde.

Dreimal im Jahre waren dingpflichtige Tage, an denen sich die belehnten Leute auf dem Hofe zur Gerichtssitzung versammeln mußten, nämlich je am ersten Dienstag nach Dreikönig, Ostern und Sankt Johannes im Mittsommer. Dann mußten sie ihr Gut „vergehen und verstehen", besonders das durch Erbfall, Verkauf oder anderen Wechsel „lehnrührig" gewordene. Der neue Besitzer mußte es vom Lehnherrn besonders empfangen, um darauf „Bann und Frieden" zu erhalten. Dann wurde das Weistum verlesen und als Recht des Hofes und der Lehnleute erneut anerkannt.

Zu diesem Zeitpunkt ist von einem Schultheißen oder von Scheffen noch nicht die Rede. Der Pächter des Hebborner Hofes hatte die Lehnleute zu „bedingen", wie ein späterer Schultheiß das Ding zu leiten und im Namen des Lehnherrn, des Herzogs, Recht zu sprechen. Wenn er selbst dazu nicht imstande war, bestellte der Lehnherr aus drei von den Lehnleuten vorgeschlagenen Männern einen anderen zum Leiter des Dings. Auf dieselbe Weise wurde auch der jeweilige Hofgerichtsbote erkoren, der die Anordnungen des Dings ausführen mußte. Sollte nach der Auffassung des Lehnherrn oder der Lehnleute der Hofpächter überhaupt nicht in der Lage sein, den Hof ordnungsgemäß zu bebauen, so wurde ihm durch den Lehnherrn nach dem Rat der Lehnleute die Pacht am nächsten Dreikönigstage aufgesagt. Es stand dem Pächter auch von sich aus frei, zu diesem Zeitpunkte zu kündigen, es mußte nur in „Freundschaft" erfolgen. Der abziehende wie der neu einziehende Hofpächter hatte althergebrachte Bestimmungen genau zu beachten. Besonders mußte sich der neue Pächter bereit erklären, auf Sankt Margareten Tag (20. Juli) die Lieferungen der Lehnleute für den Lehnherrn entgegenzunehmen. Er mußte selbst ein Lehnmann und aus den 17 Geschworenen genommen sein. Diese Lehnleute waren zum Bebauen der Hofäcker verpflichtet. Wer es übernahm, dem wurde seine eigene Lehns-

---
[171]) Vgl. Zuccalmaglio, Mülheim, S. 327.
[172]) Vgl. Die Heimat, Solingen, vom 21. 5. 1962: Der vierte Teil mußte sehr beschnitten werden, nur der erste Teil der Urkunde konnte gedruckt werden.

abgabe um 1 Malter Futterhafer und sein Schatz (Steuer) um 16 Heller jährlich herabgesetzt.

Der ausziehende Pächter mußte für seinen Nachfolger zur Beschaffung von Pferd und Geschirr 16 Kaufmannsgulden zurücklassen, dazu 30 Schafe, darunter je zehn männliche, weibliche und Lämmer, alle in gutem verkaufsfähigen Stande, ferner 2 Kühe mit 2 Kälbern, eine Sau (Kreme) mit 2 Ferkeln (Pickgen), 1 Hahn und 2 Hennen. Für den zurückbleibenden Schäfer mußte der Pächter ein Bettchen mit 2 Schlaflaken hinterlassen. Dann lag ihm ob, beim Auszug den neuen Pächter mit gedeckter Tafel, einem Brot und einem Käse darauf zu empfangen. Er mußte ihm eine nach Landesgebrauch mit seinen Nachbarn in drei Furchen gebaute und mit Roggen besäte Gewanne hinterlassen, ebenso

Hebborner Hof

für den Hof noch die gesamte Hafersaat besorgen, die er mit seinen Nachbarn spätestens bis zum Abend von Sankt Georg (23. April) vorzunehmen hatte. Die dritte Gewanne konnte wie gewöhnlich (brach) mit dem Pfluge umgebrochen liegen bleiben. Diese letzte Arbeit mußte auf Sankt Johannis Abend (24. Juni) erledigt sein.

An Gerätschaften blieben auf dem Hof 1 Wanne, 1 Flegel, 1 Schüttgabel und 1 Schaufel, ein Teigtrog, groß genug, um 1 Malter Korn zu verbacken, 1 Bütte zum Aufbereiten, 1 Faß, und 1 Mistgabel. Haus, Backhaus und Scheune mußten „rüstig und schlüssig", wohlerhalten und verschließbar auf Margaretentag, der Ein- und Auszugstag war, überliefert und übernommen werden.

Sollte der alte Pächter auf dem Hofgut noch außerhalb der vorgeschriebenen Gewanne gesät haben, so durfte er von der Ernte vorab seinen Samen einbehalten, den Rest mußte er mit dem Nachfolger teilen. Auch sollte er die Hälfte der Futtervorräte (Voderei) zurücklassen, es sei denn, der neue Pächter überließe sie ihm zum Mitnehmen.

Der Pächter hatte das Haus mit seinen Wänden und seinem Dache instand zu halten, desgleichen Scheune und Backhaus, auch durfte er Hof und Garten nicht verändern. Lediglich wenn die Axt zu einer Instandsetzung erforderlich war, war der Lehnherr dazu verpflichtet. Das hierzu nötige Holz wurde seit alters aus dem Königsforst besorgt.

Der engere Hebborner Hofgrund war mit einem Stangenzaun und Reisern umgeben, in den drei Falltore eingebaut waren. Das erste hing an der Mergelkuhle, das zweite im Winkel, das dritte oben am Hof selbst. Der Pächter hatte die Tore so „rüstig und schlüssig" zu halten, daß sie von selbst wieder zufielen, wenn ein Mann hindurchgegangen oder -geritten war. Niemand als die Lehnleute außerhalb der Gemarken hatten durch den Hof das Recht eines Erbweges.

Auf Sankt Margareten Abend mußte sich der neue Pächter davon überzeugen, daß der Hofgarten besät und mit Kohl bepflanzt war. Der Kohl mußte so hoch und so dicht stehen, daß die Frau nur „achters ars" rücklings, ohne sich in dem Kohl wenden zu können, den Garten verlassen konnte.

Der Pächter des Hofes mußte auch die Wiesen umzäunen und wässern. Das erforderte die Offenhaltung der Gräben. Bis Mitte Mai durfte er seine Pferde und Kühe auf den Wiesen weiden lassen.

Als Pachtgeld und als Anerkennung für alles, was ständig beim Hof zur Nutznießung des Pächters verbleiben mußte, zahlte er dem Lehnherrn jährlich 35 Kaufmannsgulden. Außerdem hatte er das Öl zu liefern, das erforderlich war, um das heilige Sakrament in der Paffrather Kirche Tag und Nacht zu beleuchten. Im übrigen stand es dem Lehnherrn frei, nach Vereinbarung auch eine andere Pachtsumme festzusetzen. Für diese Verpflichtung war sogar für den Fall, daß der Pächter verarmte und das Öl nicht mehr geben konnte, eine Schutzbestimmung getroffen. Das Öl wurde für unpfändbar erklärt, an seine Stelle traten 18 kölnische Mark.

Als Entschädigung für die eigene Hofpacht und die Bauverpflichtung standen dem Pächter des Hebborner Hofes von den 17 Lehnsleuten jährliche Zinsabgaben zu, die am Remigiustage (1. Oktober) fällig waren und bis Martinstag (11. November) bezahlt sein mußten. Andernfalls durfte der Pächter sie mit Hilfe des Hofsboten durch Pfändung eintreiben. War auch das ergebnislos, konnte er den Lehnsherrn anrufen.

In Unterhebborn lagen 6 Höfe, die jährlich je $1^1/_2$ Sümmer Hafer, 1 Schilling und 1 Huhn ablieferten. Zu einem dieser Höfe gehörte der „Winkel". In jenem Jahr, in dem der Winkel mit Korn besät wurde, brauchte der Hof nur $^1/_2$ Malter Roggen zu liefern, das andere mußte dann bar bezahlt werden. Wenn aber das Gut seine übrigen Äcker mit Roggen bestellte, blieb es bei $1^1/_2$ Malter Abgabe, dann war es von der Lieferung des Hafers und des Schillings befreit.

Ein Hof in Mutz gab 3 Viertel Hafer und 3 halbe und 1 Schilling statt eines Huhnes. Er war auf diese Hälfte des eigentlichen Zinses ermäßigt worden, weil er den Brunnen im Wiedenbusch, der als Viehtränke diente, im Bau halten mußte. Falls dieser austrocknen und die Erben ihn nicht in Ordnung halten würden, so sollten sie zu Diensten in Mutz verpflichtet sein und dort das Wasser holen.

Ein Hof in Borsbach gab 1½ Sümmer Hafer, 1 Huhn und 1 Schilling.

Auch drei Wiesen „in den Broechen" waren zinspflichtig, erste mit 14, die zweite mit 12 und die dritte mit 10 Heller. Falls sie verweigert würden, hatte der Pächter des Hebborner Hofes und der „gemeine Lehnmann" das Recht, die Wiesen zu öffnen und darin sein Vieh zu hüten, ohne Widerspruch und Bestrafung befürchten zu müssen.

Ein Hof in Holz, Hentzholz genannt, gab 1½ Schilling, 1½ Sümmer Hafer und 1 Huhn.
Ein anderer Hof in Holz, M. (= Meister) Heintzenholz genannt, gab 9 Schilling, 1½ Sümmer Hafer und 1 Huhn.

Ein dritter Hof in Holz, Ryschenholz genannt, wahrscheinlich das heutige Risch, gab 4½ Schilling, 1½ Sümmer Hafer und 1 Huhn.

Ein Hof in Kuckelberg, dem Telen (Tilmann) Cuchelberg gehörig,
ein Hof in Romaney, Godderts Gut genannt,
ein Hof in Quirlinsiefen,
ein Hof neben dem vorigen, Aleffs Siefen genannt,
ein Hof in Kombüchen
gaben einheitlich je 9 Schilling, 1½ Sümmer Hafer und 1 Huhn.

Ein Hof, der ebenfalls dem schon genannten Telen von Kuckelberg gehörte (ohne nähere Ortsangaben); gab 1½ Sümmer Hafer, 1 Schilling und 1 Huhn.

Das waren die 17 Höfe des engeren Hebborner Lehnverbandes. Doch schon bei der schriftlichen Festlegung des Hofrechts gab es einige entfernt liegende Höfe, die an den Hebborner Hof Abgaben entrichten und zum Hofgeding verpflichtet waren. Es waren folgende drei:

Ein Hof zu Höhe (Schmitzhöhe) lieferte jährlich ½ Malter Hafer, 10 Heller und 1 Huhn.

Ein Hof zu Kram in Schönenborn, Kirchspiel Hohkeppel, schuldete die gleichen Abgaben.

Ein Hof „Brugge zum Pöetz" (Brück) gab 3 Heller und 2 Hühner.

Beim Todesfall eines Lehnmannes wurde der von ihm empfangene Hof zur Abgabe einer Kurmut an den Lehnsherrn, der duch die Pächter des Hebborner Hofes vertreten wurde, pflichtig. Der Lehnherr hatte das Recht, die Pferde dieses Gutes aus dem Stall zu führen und an einem Zaun anzubinden. Dann mußten die Erben kommen und durften für sich das beste Pferd nehmen. Danach wählte sich der Pächter mit dem Rat der Lehnleute aus den übrigen das beste Pferd aus. Falls keine Pferde auf dem kurmütigen Gute waren, wurde ähnlich mit den Kühen verfahren, falls auch solche fehlten, kamen die übrigen lebendigen Tiere, zur Kur, von den größeren bis zu den mindesten. Falls der verstorbene Lehnmann den Hof ohne Pferde gegen Lohnarbeit genutzt hatte, galt die Kur sofort den Kühen. Wenn er aber als Halbwinner oder „um die vierte Garbe", also nur um Viertelgewinn, gebaut hatte, so ging die Kurmut doch um die Pferde. Falls ein Pferd genommen wurde, sollten die übrigen Erben jenem Mann, der den Hof übernahm, die übrigen Pferde belassen.

Falls der Inhaber eines Lehngutes, das mit seinem Grunde ganz unzersplissen aneinanderlag, ohne Erben verstarb, so erfiel es dem Lehnherrn. Waren Erben vorhanden, so erhielt der Lehnherr in diesem Hofe als Kurmut auch den vierten Teil aller Garben auf dem Felde, oder, wenn die Frucht schon in der Scheune war, den untersten vierten Teil oder alles, was über dem rechten Balken auf der „Wirme" lag. Fiel der Sterbetag in die Zeit der Ernte, so daß die Frucht teils auf dem Felde, teils in der Scheune war, so konnte der Lehnherr unter Beratung durch die Lehnleute beliebig die Entnahme vom Felde oder aus der Scheune wählen.

Auch die Nutzung der Gemarken, des Gemeinschaftslandes oder der Allmende, die zum Hebborner Hofe gehörten und an die der heutige Ortsname Gemarkenberg noch erinnert, war im Hofrecht genau geregelt. Wenn der Gemarker Busch haureif wurde, so durfte zunächst der Hofpächter für seinen Bedarf 6 Viertel Holz schlagen. Was übrig blieb, mußte unter die 17 Höfe, die jedes eine „Gewalt" in den Gemarken besaßen, verteilt werden. Für die Aufsicht über die Gemarken war ein Förster bestellt. Dieser erhielt ebenfalls eine „Gewalt" des Holzes als Entgelt für die Hütung, so daß jedesmal reihum für ein Lehngut das Holz ausfiel. Sollte durch besondere Umstände eine „Gewalt" nicht abgenommen werden, so konnte sie von einem Lehnmann den übrigen abgekauft werden für 16 Kaufmannsgulden, so daß auf jeden 1 Gulden entfiel. Derselbe Preis mußte auch von einem Nichterben gezahlt werden, doch nur durch Vermittlung eines rechten Erben oder Lehnmannes. Sollte in den Gemarken des Holzes allzuviel sein, so konnte es vom Pächter des Hebborner Hofes, nach ihm vom Förster, nach diesem von einem Lehnmann angekauft werden; das Viertel mußte mit 25 Albus und einem Viertel Reichstaler zu 8 Schilling bezahlt werden. Als Käufer kam vor den Hebborner Lehnleuten kein Auswärtiger in Frage.

Zum Hebborner Hofe gehörten auch drei „Driesche", unbeackerte, geringwertige Landstücke. Eines davon durfte der Pächter besäen, eines für sich zur Lämmerweide benutzen, auf dem dritten durften er und die Nachbaren ungeschoren das Vieh hüten.

Die zum Hebborner Hof gehörige „Gemeinde", das Gemeinland, enthielt einen Steinbruch, wo der Pächter und alle Lehnleute die zu Bauzwecken auf ihren Höfen erforderlichen Steine brechen durften. Auch durften alle dort gleich dem Pächter das Vieh hüten lassen. Den sechs berechtigten Lehnleuten in Unterhebborn stand das Recht zu, ihr Vieh durch den Hebborner Hof in die „Gemeinde" zu treiben. Die Erben von Mutz dagegen mußten die Tiere über die obere Heide in den niedrigsten Teil der „Gemeinde" treiben, doch ohne dabei großen Schaden anzurichten. Auch den Lehnleuten von Borsbach und „Druhhulz" (Trockenholz) war ausdrücklich aufgegeben, beim Viehtreiben zur „Gemeinde" auf den mindesten Schaden zu achten. Tilman und Hannes von Kuckelberg sollten auf den Schreckenberg und auf der Straße (Alte Wipperfürther Straße) ihr Vieh zur „Gemeinde" treiben. Auch die Lehnleute von Kombüchen und den beiden Siefen sollten die Straße benutzen.

Auch für den Verkauf von lehnrührigem Land waren im Hofrecht gewisse Bestimmungen bindend. Wenn ein Lehnmann Verkaufsabsichten hatte, mußte er den Hof oder das Land dreimal hintereinander je vierzehn Tage feilbieten. Die „rechten Erben" hatten das Vorkaufsrecht. Erst wenn sich unter ihnen kein Käufer fand, konnte ein „Auswendiger" den Kauf tätigen. Sollte der verkaufende Lehnmann aber außer Landes sein und von der Feilbietung nichts wissen, so blieb ihm sein Hof. Unmündige Kinder waren im Besitze ihres Erbgutes besonders geschützt. Ein Verkauf ohne ihre Berücksichtigung und gerichtliche Genehmigung war ungültig.

Durch das Hofrecht wurden das des Landesherrn als Lehnherrn und ebenso irgendwelche andere Rechte nicht geschmälert. Auch bei der schriftlichen Festlegung vergessene Bestimmungen des uralten Hofrechtes behielten ihre Rechtskraft nach wie vor. Das gesamte Hofrecht wurde im Jahre 1483 am Dienstag nach Ostern dem „gemeinen Lehnmann" im Hof zu Hebborn vorgelesen und als richtig und bindend anerkannt.

Hoffsrecht myns genedigen lievenn hern
Hof zo Haedborn

Inn denn jaeren unß hern 1481 up der Hyliger dry Morenndach hayt der gemeyne leenman inn dem hove zu Haedtborn vur Recht gewyst ind by synen eyden behalden, hernage schrieven vorlgtt.

Item inn dem irsten den hoff mynen genedigen lieven hern.

Item alle gebott unnd verbott mynem genedigen lieven hernn.

Item alle Bruychden ind wedde mynem genedigen lieven hernn. Ind alle Zynse ind Pechte mynem genedigen lieven hern ind ouch alle churmude gross ind kleine.

Item vorme handt die Leenluide verzalt, deß hoeffs recht ind, weß yn kundich sye, by iren eydenn van dem hoffs rechte.

Item dit is unsers genedigen lieven herrenn hoffsrecht zo Haedborn, ind dat in maßen, so herna geschrievenn voulgt.

Item zom Erstenn, so is in sinre gnaden hoeff zo Haedborne recht, dat der hoeff hait dry dinkpflichtige dage, mit namen den ersten dinkpflichtigenn dach is des neisten dynßdachs nae dem hyligen Druitzehendage, der ander deß neisten dinssdachs na dem hiligen Paischdage, der dyrde des neysten dinßdachs na sent Johanstage zo Mitzesomer, inde da solenn alle entfangen leude erschynen up die vurß: dinkpflichtig Dage, ind aldae ir gut vergain ind verstain in dem vurß hoeve, ind des hoeffsrecht alda helfenn zo behalden ind irs selves recht.

Item off idt sachenn were, dat eyn pechter up dem hove denn hoff neyt selver en kunde bedingenn, so sollenn die leenluide dry inn die kuir sitzenn, ind darauss sall der leenhere eynen nemen mit raede des leensmans.

Item soe mann einen hoffsboeden haven sall, so sall der leenmann ouch dry kiessen ind setzenn inn die kuire, daruss sall der leenhere mit rade der leenluyde eynen nemen zo eyme boedenn, der die geboeden deß vurß hoeffs doe, so as des hoffs recht is.

Item off ein pechter in diessem hove sesse, der dissenn hoff nit gebauwen en kunde, so dat denn lehensherren, off den leenmann duychte, dat hey in neit gebauwen en kunde, so sall der leenhere mit der leenluiden radte dem pechter upsagen, ind dat des neistenn dinßdachs nahe Druitzehenn myssenn.

Item off denn pechter duichte, dat hey denn hoeff nyt gebuwen enkunde, so sall hey denn hoff desselven vorß. dinsdags dem lehenherrenn ind den lehnluiden upsagenn mit freundschafft ind nicht mit unfreundschafft.

Item up den dach, so die upsagunge geschicht, so sall mann sagenn, dem der da upsagett, dat er denn vurss hoff also overlievere, als dess hoffs recht ist, ind dem der widder inn denn hoff treckenn sall, dat hey sich bereit darzu ind die lieveronge entfange up sent Margraten dach, ind der sall syn een leenman ind der XVII geschworner syn.

Item de XVII leenluide soellen dissen hoff buwen. Der dießenn hoff bauwet, dem sall aiffgain an synem lehnguit 1 malder foederhaver ind XVI d. 165 (= denar = Heller) summen an syme schatze, alle jare, also lange hei diessen hoff buwett.

Item dit nageschriewen, sall ein pechter up dem vorß hoeve laissen, so hey dayrvan treckt.

Item so ein pechter ausser dyssen hove zein sall, der sall darvor Perdt ind gezauwe laißenn, XVI kauffmansgulden ind vortme an Schaeffenn XXX Schaeff, mit namen X auwe, X hamell ind X lamer, dat alle kauffmanssguit sy, ind vortme II koe mit II kalferen ind 1 kreme mit II pickgen ind eynen haen mit II hennen, item 1 betgen mit II schlafflackenn, da der Scheffer up slape, diewyle he dablyfft, vortme, so sall man dair die taffell deckenn ind dar up ein brot legen ind einen keß; item vort me so sall hei da laißenn ein gewande mitt korne geseet, die gebuwet sy, so gewonlichen ind recht is, in dry foren ale mitt seinen naeburen, item so sall hey ouch da doin die haversaet, so as gewonlichen is, mit sinen naburenn ind dat dat die up Sent Jorys avent geschiet sye; item so sall hey die ander gewande braichen so as gewonlichen is, so dat die letste Schyr geschiet sy up Sent Johans avent to mitzsommer; vort me sall hee laissenn 1 waen ind 1 flegel ind 1 schudtgaffell ind 1 schuffel, item einen deichtroch, dar mann 1 malder korns in gebackenn könne, ind eyn bude, dar man dat up bereide, ind 1 vass, item vort me huiss, backhaus ind Schuir, rustich und schlussich, ind dat also overlieveren, ind dat up sent Margraten dach der heiliger Jungfrauwen, so hey dar ußtreckt, ind ouch inzotreckenn up denn dach ind inmassen, als vurgesch. iss, item ouch 1 mistgaffel.

Item off der pechter seede, buissen die rechte gewandte, up des hoffs guide, so sall hei synen saemen zo vorentz afbehaldenn ind, wat der want gifft, dat sall hei vortt deilen mit dem pechter, der inzucht, ind die halve voedereie sall, der da uissuit, up dem hove aitzen, der ander enlieffe sy eme dann aff.

Item vort me so sall der pechter dat huiss in gantzenn wenden haldenn ind dache, die Schuire in dat Backhauss alles rustich, ind hoff ind garden in einer gantzer vitzen.

Item off id sachen were, dat dar an dem hove einiger noitbuwe not were, as mit der axte, to buwende, dat sall myn gnedige hern doin.

Item dat holtz, dat mann dan dar verbuwen sall, dat sall mann hauwen, so hain wir alwege horen sagenn, dat mann dat holtz in dem Konings forst solde hoelen.

Item vort me so soll ann diessem hove syn dri Torenn, die sollenn hangenn dat eyne an der Mergelkuilen, dat ander inn dem Winckell, in dat dyrde aevenn an dem hoeve, ind die sullenn rustich ind schlussig syn, so offt ein gut mann dadurch rede off ginge, dat sy selver widder to fielen, ind kennen niemand geynen Erffwech hierdurch vorden, dann der leenluide usser der Gemarckenn.

Item vort me so sall der Garde mit koelen besaet syn, ind dat geschiet up sent Margreten avent, ind dat also, wanne die Frauwe usser dem Garden will gain, dat der Garde also voll koelen sy, dat sy achter auß uß dem gardenn gahe, ind sich nit kunne in den koelen gewenden.

Item vort me so sall der pechter die wysen zuynen ind wesserenn, darumb so sall hee sy weiden mit seinen Perden unnd koen, biß zo halven Meye.

Item darumb dat dat der pechter, wannt der eyne dat lest ind der ander dat vindet, darumb sall hei meinem genedigen lieven heren richten ind gevenn zo pechte jars XXXV Kaufmannsguldern, ind darzu sall der pechter des hoffs beluichtenn dat hilige sacramente inn der Kirchen zo Paeffradtt dach ind nacht.

Item der leenher mag synen hoff uißdoin, vur eynen pacht darvor inn eyn leenmann gewynnen kann.

Item off id sache were, dat der pechter verarmbde, so dat idt mann ym affpenden solde dat olich, so sall mann in pendenn vur XVIII marck colsch geltz, so dat geine versumenisse darvannen geschege.

Item dit synd de zynse des hoeffs vurgemelt myns genedigen lieven heren, soe herna geschrieven volgtt:

Item dit syndt de zynsse des hoffs, as hoffszynsse, de dem pechter zu staeden sullenn stain tegenn denn pecht des hoeves unnd tegenn denn Bauw, unnd zynsse seynt vellig zu Sent Remeyssdage, unnd doch wolbezalt uff Sent Mertens dag, unnd daren tuschen sall sy ein pechter haeben, und beidt he darvever, soe sall sy der lehnmann brengen, unnd off ers neit en dede, so sall he mitt des hoeffs boodenn kommen unnd sall enen darvor penden, unnd off eme dat entsesse, soe sall he denn lehnshern an roiffenn, dat er eme helffe, dat eme syne zysse werde.

Item idt liegenn VI guder under Hadborn, der gilt jeder ein 1½ summeren haverenn und jeder ein 1 Schillingk unnd jeder 1 hoen, alle jars, nu is under denn VI guter 1, soe wan der winckell ist geseedt mit korne, sall idt gevenn ½ malter korns, unnd wanne dat dat guit gifft, dat in ½ malter korns, so sall idt der haverenn noch des schillincks nit gevenn dat jar unnd allewege, so dat korn riff ist im Winckell, so sall he dat korn bezalenn unnd sall vellich syn zo bezalen unnd nit langer zu vertrecken.

Item zu Mutze ligt ein gutt, dat sall geldenn III ferdell haverenn unnd III halb unnd 1 schillinck vur 1 hoen, darumb dat id diessem halven zynss gifft, so steidt ein born in dem widenbusche, den sullen die Erven zu Mutze inn bauw haldenn darumb dat dat viehe daryn zu drincken kriege, unnd off es sach were dat der verdruchte und sy in neit in bouw hieltenn, so sullen sy deynen zu Mutze und haelenn dar dat wasser.

Item es licht ein gutt zu Borßbach, dat gillt inn denn hoff 1½ sumeren haver und 1 hoen unnd 1 schillingk zu zynss.

Item soe liegent III wiessen inn denn Broechen, die geldenn zynns inn denn hoff, ein gilt XIIII heller, item de ander gilt XII heller und de derde gilt X heller zu hoff zysse.

Item off it sache were, dat diese vorgemelte zynsse nit gegeven en wurden uff de vurg. zeit, soe sall der pechter dar trecken unnd de wiesenn uffbrechen unnd inn denn wysenn hutenn unnd der gemein lehenmann, sonder eynige wederrede ader boesse.

Item vort mehe ligt ein gutt zum Holtze, unnd heischet Hentzholtz, dat gilt 1½ schillinck, 1½ summer haver, 1 hoin.

Item do liggt ein gutt unnd heischett M. Heintzen holtz, dat gilt IX schillingk, 1 1/2 summer haveren, 1 hoin.
Item ligt ein gut, heischet Ryschenholtz, dat gilt 4 1/2 schillingk, 1 1/2 summer haver, 1 hoin.
Item Telenn Cuchelbergh, ligt ein guit, dat gilt IX schillingk, 1 1/2 summeren haver, 1 hoene.
Item zo Romanei ligt ein gutt, heischett Godderts gut, gilt IX schillinck, 1 1/2 summer haver, 1 hoene.
Item es licht ein gutt zu Quirlinsyffenn; dat gilt IX schillingk, 1 1/2 summeren haveren, 1 hoen.
Item es licht ein gutt darbei, datt heischt Aleffs Syffenn, dat gilt IX schillingk, 1 1/2 summer haverenn, 1 hoen.
Item es licht ein gut darbei, heischt Coen Boecken, dat gilt IX schillingk, 1 1/2 summer haveren, 1 hoen.
Item Teienn vonn Kuckelbergs gutt, gillt 1 1/2 summeren haverenn, 1 schillingk, 1 hoin.
Item diesse vorgeschreven guter, dat sint die XVII gude, die die vorß. zynß gelden inn den hoff dem pechter zu staedenn, ind die dießen hoff in buwe halten sollenn, ind der pechter mynem gnedigen heren sinen pechten zo richtenn ind geven inmassenn, ass vurß. ist.
Item off idt sach were, dat idt misswaess were, hagelschlag ind herrkreicht, so wie dan datt were, dat mann dan dem pechter diss hoeffs genade doin sall, glichs andern pechten.
Item noch gilt dat gut zor Hoe inn dießen hoff 1/2 malder haverenn, 10 heller ind 1 hoen.
Item dat gött zom Kraem, gilt 1/2 malder haverenn, 10 heller ind 1 hoene.
Item dat gutt Brugge zom Pöetze gitt III haller unnd II honer.
Item dit hern geschrieven is kurmude, gevende mynem g. lieven hern, etc. gross unnd klein.

Kurmude des lehnsherenn

Item da ein erff off guit lege, dar entfangen hendt afflijvich wurde, so en is nit forder kurmude, dann deß mans deill, der da afflivich worden is.
Kurmude des lehnsheren gross ind klein.
Item diß ist Churmude: ein mann, der afflivich wirdt, hat der perdtt up dem gut, den sall mann voilgenn ind gesinnenn der kurmuden da, ind so sall der lenher die perdt nemen ind bindenn die an einen Zaune, in so sollenn die erve kommen, ind dat beste perdt daruß nemen, in darna so sall der pechter, der diessen hoff bauwet, dat tastenn ind nemen darna dat beste mit rade der lehenluiden.

Kurmude

Item off dar geyne perdt enwarenn up dem gute, so sall der lehnher denn koen folgenn, denn levendichenn dieren, vonn denn meisten biß an die minsten in dem doin, als vors. ist, bis zo dem letstenn zo.

Kurmude

Item off idt sachenn were, dat der man gein perdtt en hedde, dar er denn hoff mit gebauwen hedde, ind hedde den hoff umb loen gebluwet, so sall er her denn perdenn nit volgen, so sall man tastenn an die kohe, ind iss idt sachenn, dat er zo halffscheid ind umb die vierde garve gebuwet hait, so sall man denn perdenn volgen.
Item off idt sachenn were, dat id also gienge, dat ann die pferdt getast wurde, so sollenn die erwenn, die dat erve dennckenn zo erffzall zo behalden, die sollen dem man sine perdt quiten.

Kurmoede

Item ein gantz lehengut, dat dar gantz ligt by ein, ist dat, dat der mann afflyvich wurde, der dat hedde, soe erfelt datt, ind is eynn erffall, ind so erfelt dem lehnherrenn in diessem hove die vierde garve up dem velde, ind iss die frucht alle inn der schuirenn, so sall he haven denn understenn oder ind wat boven dem rechten Balckenn liget up der wirmenn.

Kurmude

Item wird hei afflivich in dem arnde, so die frucht iß in dem Felde ind in der schuiren, so sall der lehnher mit rade der lehenluiden kiessenn in dat velt, off in die schurenn.

Von der Gemarken

Item so der Gemarker busch heuwich wirdtt, so sall diss pechter, diß hoeffs zu vorentz ann affhauwen 6 viedel holtz ind wat dann vort blifft, dat sall mann deilenn up de XVII gewelde.
Item so sull mann dem forster gebenn ann dem holtz, dat darblifft, as ein gewalt, indt dat gehet van einem lehngut up dat ander, darumb sal hey hudenn.

Item offt der gewelde ein viell were, die sull ein leenmann off ein erff dem anderen affgeldenn mit XVI kaufmansgulden.
Item off sy ein unerff geguldenn hette, denn mach ein rechtt erff affdrivenn mit XVI kauffmans gulden off ein lehnmann.
Item so in der Gemarker busche, dat holtz viell were, dess sall ein pechter naher syn zo geldenn, dan ein ander, ind of id eyn pechter nit geggeldenn en kunne, so sal idt ein furster geldenn ind der gemeine lehnmann, ind dat vierdell vor XXV albus ind 1 vierdell Ryß vor 8 schillinck, ind gein uisswendiger vor den lehnluiden.
Item vort mehe, so hat diesser hoff dry driesche, der sall der pechter einen haldenn zu seenn innd einen halden zo lamerweiden ind up dem derdenn sal he huiden ind die nabur mit ungescholdenn.
Item vort me, so lieget die gemeinde, die horett zo dem hove ind zo denn XVII vurß. gudenn, dat sie darup sollent hauwenn lassenn steneren ind weß sy zo guder maßen kunnen verbauwen up iren leengude ind zy sullenn mit irem viehe glich dem pechter darup hueden ungescholdenn.
Item so sullen auch de seeß erven in der Nidder Hadborn, durch diessenn hoff driven in die gemeinde ungescholdenn.
Item die van Moetzen soellendt driven oever gehn Heidenn in die nidderste gemeinde ind dat zo dem mynstenn schadenn.
Item de von Burßbach sall driven in die gemeinde up denn mindsten schaden.
Item die Druholz sollen driven in die gemeinde, alles up den mindsten schaden.
Item Tiell ind Henss van Kockelberg sollen drivenn up den Schreckenbergh up die strasse in die gemeine.
Item Koebocken ind die zwey Syffenn süllen drivenn uß up di straßenn ind dar aff in die gemeine.
Item off ein lehenman were, der erff ind gut hette, dat inn dießenn hoff gehortte, ind dat verkauffenn wolte, dat sall hei in dießem hove zo vorentz dri viertzehen tage vielbiedenn na einander, ind as dat geschiet iß, koment darent tuschen die rechte erwenn nitt, ind gildett idt dann ein auswendiger, der sall da by blivenn, ind idt en were dann sachenn, dat hei neit inlandisch were off uißlendich unnd van der veilbiedung nit en wuste, so sall hei damit syn gut nit verliessen, ind off idt sache were, dat hei unmundige kinder hedde
off unmundige kinder warenn, die kauffe geschegen die wann unwerde weren, darumb sollen die unmundige kinder neit hinder ir erffzal nit kommen noch verliessenn.
Item in allem diessem vors. hoffsrechten behaltnusse dem lehnhern seines rechtenn unverlorenn etc. ind jedermallich sein rechten unverloren etc.
Item off idt sachenn were, dat dar icht mehr wehre, dat inn dat hoffsrecht gehorte, deß vergessen were, dat sall in dieselven massen synn, off were id upgeschrieben ind unvergessen synn, dess man nu nit gedacht en hedde etc.
Anno MIIIIc ind LXXXIII up denn neistenn dinssdach na den heilichen Paischdagenn iß dit vors. hoffsrecht verzalt ind gelesenn vur dem gemeinen leenman in dem hoff zu Hadbornn.
Copia dess hoffsrechts deß hoffs zu Hepporn [172a].

2) Der Hebborner Zehnte

Der erste Hofschultheiß zu Hebborn, der mit Namen bekannt ist, hieß Johann Kreelinx (oder Krelinck geschrieben). Er wird im Jahre 1536 in einer Urkunde als Landmesser zu Paffrath bezeichnet. Am 27. Mai 1539 wurde er nebst dem Odenthaler Wirt und Scheffen Gerhard Feinhals als Sachwalter der Käufer und Verkäufer Zeuge einer wichtigen Beurkundung.

An diesem Tage verkauften Johann Overbach und seine Frau Merg (Maria) von Hillesheim ihren ererbten Zehnten im Hof zu Hebborn — „als wyr haven erfflichen ewich und ummermee yn dem hoeff" —, von dem ausdrücklich gesagt wird, daß er dem Herzog Wilhelm zu Jülich und Berg gehört, ebenso erblich an Wilhelm von Steinen, den Amtmann zu Miselohe und seine Frau Ida von Ossenbroich. Es geschieht in dem vollen Um-

---

[172a] H.A. Köln, Sammlung Fahne, Fol. No. 131, 5. (9 Blätter).

fange, wie dieser Zehnt ihnen von den Geschworenen des Hofes, nämlich den Inhabern der 17 Lehngüter, zuerkannt worden ist[173]).

Wieviel von diesem Zehnten, der in der Form des Sackzehnten erlegt wurde, zu dem noch der Geldzins (auch Pfennigsgeld genannt), und die Rauchhühner traten, für jedes Gut ausmachte, war durch das Hofrecht bestimmt. Aus den Jahren 1597 und 1598 haben sich die Aufstellungen über die erfolgten Abgaben an den Hofpächter erhalten[174]).

Gelieberte Lehenhaber in den Hoff Hadborn am 12. November 1597 und 1598 beschehen und empfangen.

1597

Borßbach: Der Schmiedt zu Borßbach geliebert 3 Firtel Haber. Bleibt schuldig sein Anteil Höener. — Jenne zu Borßbach geliebert 4 F. Haber und bezalt sein Pfennigsgelt 1 ß (= Schilling).

Kockelberg: Seligen Jengens Sohn zu Kockelberg (an) Peter geliebert 6 F. Haber, bezalt sein Anteil Pfennigsgelt 1 ß, pleibt schuldig vom Hoin.

Zur Maut (Mutz): das Mautzer Gut geliebert 3 F. Haber und bezalt das Pfennigsgelt 9 Heller.

Seyffen: Claiß und Kerstgen zum Seiffen von irem Lehengut geliebert 6 F. Haber, zalt an Pfennigsgelt 9 ß. Pleiben schuldig das Hön.

Noch Claiß zu Seiffen wegen Indienst, so er in das oberste Seiffer Lehengut tut, da Frew (= Veronika) und Gerlach wohnen, geliebert 1 F. 1 Metzen Haber.

Zum Holtz: Peter zum Holtz geliebert 3 F. Haber, bezalt sein Anteil Pfennigsgelt 15 Heller.

Ludwigs Gut zum Holtz geliebert 2 F. Haber, zalt an Pfennigsgelt 9 ß. Pleiben schuldig das Hoen.

Romaney: Das Lehengut Romaney geliebert 6 F. Haber, 9 ß Pfennigsgelt. Rest das Hoen.

Kockelberg: Wilhelm und Bernt zu Kockelberg von irem Lehengut geliebert 6 F. Haber und an Pfennigsgelt von irem und dem Rischengut zu Kockelberg 5 ß. Rest Hoen.

Kerstgen zum Kley und Peter zu Kockelberg haben von irem Gut zu Kockelberg, Rischen-Kockelberg gut geliebert 6 F. Haber und an Pfennigsgelt 7 ß, pleiben schuldig das Hoen.

Anno 97. Item hat Engel zu Habborn an Zinßhaber geliebert 6 F. Item noch das Godemengen zu Habborn geliebert an Zinßhaber 3 F.

1598:

Anno 98 up St. Martinistag an Lehenhaffer und verfallen Zinß uf Remigy negst verlaufen in den Hoff Habborn erschienen, geliebert und empfangen.

Zu Mutze: Irstlich von dem Mutzer gut geliebert 3 F. Haber und an Pfennigsgelt 2 ß 9 Hr. Rest hener.

Zum Holtz: Zum Holtz Petter geliebert 3 F. Haber, an Pfennigsgelt 26 hr., ad 4 ß 2 Hr. zu seiner quoten. Vor das Hoen presentirt, wie sie sagten, nach altem Gebrauch 2 Albus cölschs, Rest 1 Hoen.

Lodewigs Erben geliebert 2 F. Haber. An Pfennigsgelt 4 ß. Rest 1 Hoen presentirt zu zahlen wie vor.

---

[173]) Archiv v. Weichs in Rösberg, U. 42.
[174]) Archiv v. Weichs in Rösberg, Akten 159.

Kuckelberg: In Kuckelberger Erb Wilhelm und Kerstgen zu Strunden, von beiden Erben geliebert 3 F. und 7 ß, Rest 1 Hoen.
Romeney: Romeney geliebert 2 F., Pfenningsgelt 4 ß, Rest 1 Hoen.
Querlingsseiffen: Beide Querlingsseiffen geliebert 2 F. Haber und 17 ß. Rest jeder 1 Hoen.
Sommam an Haber 3 Malder, an Pfenningsgelt 26 Alb.
In die Scherff geliebert up Dato wie vor [175]).

Aus der Zeit des Erbpächters Peter Pfingst (1707—1753) liegt eine Zusammenstellung über „Empfang und Bericht der Churmuts- und Lehngüter des Hofes Hebborn" vor:

1. Krehlings Gut, vorhin (Inhaber) Schlebusch, jetzt Thonnes Servas, gibt 1 Schilling, 1 Hoen, 1 1/2 Sumber Haaber, welcher das Churmut 1714 bis 1715 getätiget mit 5 Taler, also 1 Churmut.

2. Fliegen-Gut, vorhin Henckel zum Broch, gibt 1 Schilling, 1 Hoen, 1 1/2 Sumber Haaber und ist das Churmut vermög Rechnung 1714 in 1715 getätiget worden mit 6 T., tut 1 Churmut.

3. Claeß zu Hebborn sein Gut, vorhin der Wittib Bruwers, nun Melchior Therlan ahn sich gekauft, und gibt 1 Schilling, 1 Hoen, 1 1/2 Sumber Haaber, und ist das Churmut anno 1669 bis 1670 getätiget worden, und ist Hermann Therlan zum Lehnmann ernent und ahngenomen worden mit 4 Taler, maßen 1 Churmut.

4. Schmitz oder Christian Heimbachs Erben, vorhin Henckel zum Broch, welcher nunmehr gestorben; das Churmut ad 10 Taler getätiget worden, ist Johan Broch zu Odendahl zum Churmuts-Lehnträger angestellt, nun aber Thomas Fett — 1 Churmut.

5. Holtzgens Gut. Conrad zu Swerkotten für sich und seines Bruders Kinder und Erben, gibt 1 Sch., 1 Hoen, 1 1/2 Sumber Haaber, darab das Churmut in Rechnung 1669 bis 1670 getätiget und Henrich Quirll zum Lehnträger gesetzt; ist gleichfalls verstorben und das Churmut mit 10 Taler getätiget in Rechnung 1675 bis 1676 und zum neuen Lehnträger angeordnet Evert Kley, nach demselben Joannes Bach — 1 Churmut.

6. Hermans Gut, jetzo Martin Hasbarts Erben, 1 Schilling, 1 Hoen, 1 1/2 Sumber Haaber; (Churmut) 1687 getätigt und ist Joan zu Hebborn Lehnträger, nunmehro Thonnes Eich zum Lehnträger angeordnet — 1 Churmut.

7. Henrich zum Multgen und Joannes Erben in der Dombach gibt 1 Schilling, 1 Hoen, 1 1/2 Sumber Haaber; (Churmut) 1653 bis 1654 getätiget und ist zum Lehnträger Joannes Kley zu Hebborn angesetzt — 1 Churmut.

8. Borsbach, vorhin Quadt, jetzo Gerard aldahe, 1 Schilling, 1 Hoen, 1 1/2 Sumber Haaber, und weilen der Lehnträger gestorben, so ist zum jetzigen Lehnträger bestelt Paulus zu Borsbach — 1 Churmut.

---

[175]) Nach einem Vergleich vom 24. Dezember 1666 über die Hecke am Alten Feld zu Siefen zwischen Wilhelm Steinkröger und des seligen Wirts Erben gab es damals eine Wirtschaft in Siefen. Als Zeugen traten Thomas zu Kuckelberg und Jacob zum Seiffen auf.
1676 zahlten die beiden Güter in Siefen den Zins an Leonhard Linnich, vermutlich Gerichtsschreiber:
1. Quiel-Seiffen, früher Henrich Hohenburger, jetzt Wilhelm Steinkrüger in der Müllen zu Gladbach 9 Schilling, 1 Huhn, 1 1/2 Omb (= 1 1/2 Ohm Bier?) = 3 Gulden 3 Albus 5 Heller.
2. früher Adolf zum Seiffen, jetzt Engel zum Seiffen denselben Betrag. — Vgl. Guten Abend 1927, 43.

9. Höltzgens Erben von drei Wiesen, die erste Wies 14 Heller, die zweite 12 Heller und die dritte Wies 10 Heller (Churmut) davon in Rechnung 1669 bis 1670 getätiget und Joan Odendahl Lehnträger, modernus Lehnträger ist Peter Kuckelberg zum Holtz — 1 Churmut.

10. Hans Holtzgen, Peter Dunn Halfen (im Fronhof zu Gladbach), gibt 1 Schilling 1 Hoen, 1 Sbr. Haaber; (Churmut) ist in Rechnung 1669 getätiget und Joannes Lommertzheim Lehnmann. Indem aber dieser verstorben, so ist in Rechnung 1675 bis 1676 aufs neu (Churmut) getätiget und zum neuen Lehnmann angestellt worden Joan Odendahl, jetzo Peter Kuckelberg zum Holtz — 1 Churmut.

11. Meister Joan Holtzgen und dessen Erben 9 Schilling, 1 Hoen, 1 1/2 Sbr. Haaber; (Churmut) anno 1676 getätiget mit 1 U Rt., und ist der letztere Lehnträger verstorben und ahn dessen Platz Hand Clemens zum Holtz zum Lehnträger angesetzt, welcher das Churmut getätiget mit 4 Rtlr. — 1 Churmut.

12. Rischer Holtz-Gut, nun Herman zum Holtz, gibt 5 Sch., 1 Hoen, 1 1/2 Sbr. Haaber; (Churmut) ist in Rechnung 1714 bis 1715 durch Gerharden Risch getätiget, nunmehro durch dessen Sohn Joan zum Risch unterm 16. Febr. 1731 mit 4 Taler, macht 1 Churmut.

13. Thiel Gut. Tilman Kuckelberg gibt 9 Sch., 1 Hoen, 1 1/2 Sbr. Haaber, ist gestorben und (Churmut) durch Conrad Broch auf der Trappen getätiget unterm 16. Febr. 1730 mit 8 Taler — 1 Churmut.

14. Seeligen Theelen Gut, Meinertzhagen und Linnep in Cöllen, nun Thomaßen zu Kuckelberg verkauft als Lehnträger, 9 Sch., 1 Hoen, 1 1/2 Sbr. Haaber, ist in Rechnung 1672 bis 1673 (Churmut) getätiget und dann letzterer Lehnträger verstorben; so ist Clemens Mungerstorff als Lehnträger unterm 16. Febr. 1730 angesetzt für 3 Rtlr — 1 Churmut.

15. Romaney, jetzo Wilhelm zum Blech, gibt 9 Sch., 1 Hoen, 1 1/2 Sbr. Haaber, und weilen der Lehnträger gestorben und dahero eine Kuh Churmut erfallen, so ist solche anno 1673 bis 1674 entrichtet und Peter Clever zum Lehnträger angeordnet — 1 Churmut.

16. Wilhelm in der Mühlen (zu Gladbach) gibt 9 Schilling, 1 Hoen, 1 1/2 Sbr. Haaber. Da nun dieser Lehnmann verstorben und das Churmut 1679 bis 1680 getätiget mit 4 Goldgulden 72 Albus, so ist zum Empfänger angesetzt Jacob Siegen — 1 Churmut.

17. Adolf Sieffen, das für das Quirls-Siefen, gibt 9 Sch., 1 Hoen, 1 1/2 Sbr. Haaber, und da der letztere Lehnträger gestorben, so ist Antonius Steinkrüger als Lehnträger an gesetzt und hat das Churmut unterm 16. Februar 1730 getätigt mit 4 T. — 1 Churmut.

18. Kohnbüchen gibt 9 Sch., 1 Hoen, 1 1/2 Sbr. Haaber. Nach Absterben des letzteren Lehnträgers Godderten Hausers hat Balthasar zum Händtgessiefen vermög in Rechnung 1714 in 1715 das Churmut getätiget mit 6 T., also alhier 1 Churmut.

In summa 18 Churmut.

Aus der Kellnerei-Rechnung von 1743—1744 ist noch folgende Angabe für den Hebborner Hof zu entnehmen:

Dieses Jahr kein Churmut erfallen und daher nichts in Einnahme zu setzen sei.

3) Die Hebborner Brüchtenprotokolle von 1557 bis 1597

Von allen Protokollbüchern, die im Laufe der Jahrhunderte am Hebboner Hofgericht geführt worden sind, ist bisher nur eins wieder ans Licht gekommen[176]. Es umfaßt die Jahre von 1557 bis 1597 und ist damit das älteste uns erhaltene Buch eines der Gladbacher Hofgerichte überhaupt. Die ungebotenen Gedinge wurden nach den Vorschriften des Hofrechts in der Regel an den bestimmten Tagen dreimal im Jahre abgehalten, sind allerdings oft nicht eingetragen worden. Vielleicht haben sie auch Jahre hindurch nicht stattgefunden. So sind in der Zeit vom 4. April 1581 bis zum 2. April 1589 nur zwei Sitzungen vermerkt, während allerdings von zwei Sitzungen im Jahre 1587 und im Januar 1589 die Protokollkonzepte erhalten blieben. Das hängt wahrscheinlich mit der allgemeinen Unsicherheit während des Truchsessischen Krieges zusammen. Vielleicht hat man das Buch damals versteckt und dadurch gesichert.

Es hat den Anschein als ob dieses Buch erst im Gefolge der herzoglichen Erkundigung des Jahres 1555 angelegt worden sei. Die Kommissare stellten damals nur kurz fest: „Zu Haborn hat der amptman zu Myseloe van m(einem) gn(ädigen) hern ein hofgericht van 17 Lehenguidern; haben ir consultation zu Gladbach". — Die Protokolle wurden offenbar bis dahin lediglich auf lose Blätter geschrieben; das tat man auch später ebenso, übertrug sie aber dann in das Buch. Von diesen Blättern haben sich einige erhalten, deren Sprache noch nicht die gehobene Form des Buches zeigt. Offenbar sind auch nicht alle Sitzungen vermerkt worden; so wird am 26. Juni 1576 auf einer Sitzung vom 20. Januar Bezug genommen, die im Protokoll fehlt.

Die Protokolle der 33 im Buche, und einiger auf Blättern verzeichneten Gerichtssitzungen vermitteln, im ganzen gesehen, einen wertvollen Einblick in das Kulturleben des Hebborner Raumes während der zweiten Hälfte des 16. Jahrhunderts. Sie gaben in gewissem Sinne auch familiengeschichtlich die Schau in eine Zeit, die weit vor dem Beginn der frühesten Paffrather Kirchenbücher (1652) liegt.

Obwohl der eigentliche Lehnherr des Hebborner Hofes der Herzog war, wird als solcher im Protokoll des Jahres 1570 der ehrenfeste Wilhelm von Steinen, Amtmann zu „Meisenloe" genannt. Er hat den Hebborner Hof am 3. November 1561 vom Herzog gepachtet. Er war der Sohn jenes Wilhelm von Steinen, der als Fürstlich-Bergischer Küchenmeister und Amtmann von Miseloe im Jahre 1541 starb und bereits Herr zu Scherfen war. Der jüngere Wilhelm war mit Eva von Metternich verheiratet und tritt mit ihr gemeinsam am 4. Februar 1542 in einer Belehnungsurkunde über den Hof Niederscherfen als Mannlehen zugleich mit Johann von Elverfeld auf Isenburg an der Strunde[177] auf.

Im Jahre 1574 erschien Wilhelm von Steinen als Lehnherr persönlich auf dem Hebborner Hofgeding, wohl veranlaßt dadurch, daß auch sein adliger Freund, der ehrenfeste Goddert Kessel, in einer Sache vorstellig wurde. Nach Ablauf der Pachtzeit erneuerte Wilhelm am 7. Juni 1584 mit seiner Gattin die Pacht des Hebborner Hofes durch Vertrag mit dem Herzog auf weitere zwölf Jahre.

---

[176] Der Verfasser fand es im Archiv von Weichs auf Schloß Rösberg bei Bonn im Aktenbündel Nr. 159. Vgl. Anhang c. 7).
[177] MBGV 7, S. 123, 174; MBGV 12, S. 66.

Wilhelm hatte nur zwei Töchter, von denen Maria Ludwig von Metternich zu Strunden heiratete, der ebenfalls Amtmann von Miseloe wurde, und sie brachte Haus Scherfen und damit zugleich die Lehnschaft über Hof und Hofgericht Hebborn in die Ehe. Wilhelm starb 1592, Ludwig von Metternich 1609. Sein Sohn Reinhard von Metternich, ebenfalls Amtmann von Miseloe, wurde auch Herr von Scherfen und heiratete 1610 Wilhelmine von Rottkirchen [178]).

Der Amtmann (Ludwig) Metternich wird in den Hebborner Protokollen zuerst 1595 genannt. Am 1. Februar 1594 hatte er als seinen Stellvertreter Johann Hertzbach entsandt; dieser könnte ein Sohn oder Bruder jenes Konrad von Hertzbach gewesen sein, der als Gatte der Maria von Zweiffel Herr von Strunden geworden war und 1581 genannt wird. 1587 tritt Ludwig von Metternich selbst als Herr von Strunden auf [179]). 1596 erscheint Ludwig abermals im Protokoll.

Von den eigentlichen Gerichtspersonen werden in den ersten Protokollen weder ein Hofschultheiß, noch auch Namen von Scheffen genannt. Wohl werden schon für 1557 durch ihre Amtstätigkeit Johann zu Kuckelberg und Wilhelm zu Mutz als Scheffen kenntlich. Bemerkenswert ist, daß gleich zu Beginn der ersten Sitzung Hoffer Jan, in dem man wohl den Halbwinner des Hebborner Hofes vermuten darf, erklärt, er, Dreutgens Vater, habe die Hofsgewalt 53 Jahre in Händen gehabt. Während dieser Zeit sei niemand gekommen, der sie ihm streitig gemacht habe. Vielleicht versah er das Amt des Hofschultheißen.

Als Scheffen treten später auf seit 1567 Gerhard zu Koeböcken und Jakob Asselborn; seit 1570 Johann zu Holz; seit 1574 die scabini Clemens zu Paffrath und Quentgen zu Büchel; seit 1579 Wilhelm zur Bech, Bottgen in der Dombach; Johann Klein-Holzer, Heinrich Wirt zu Hebborn und Wilhelm zu Mutz; 1580 Johann zu Koeböcken und Johann zu Kuckelberg; 1581 Thoniß zum Broich, der schon 1557 als Thoniß Schwartzbart erwähnt wird; er war auch Scheffe in Paffrath und wohnte im heutigen Schwartzbroich (Schwartzbartsbroich), das offenbar nach ihm benannt worden ist; seit 1589 Johann zu Nußbaum.

Während noch 1576 neben den Scheffen der „gemein Lehnmann" oder „die Lehnleut", also der gesamte Umstand korporativ als Gerichtsperson handelt, wird in der Sitzung vom 16. April 1577 zum erstenmal ein Schultheiß, allerdings ohne Namen, erwähnt. Scheffen und Lehnleute beschlossen „auf Anstellen des Schultheißen", daß ein jeder diesem „auf Gnade", also freiwillig, 7 1/2 Schilling geben sollte, den Scheffen, womit deren Gesamtheit gemeint ist, „dubbel", also 15 Schilling. Das war eine sehr geringe Vergütung für die oft umfangreiche amtliche Tätigkeit. Erst am 1. Februar 1594 wird der gesamte Gerichtsvorstand mit Namen verzeichnet. Für den Lehnherrn Ludwig von Metternich auf Haus Scherfen, den vielbeschäftigten Amtmann zu Miseloh, der sein Recht und Amt im Namen des Herzogs trägt, erschien als Verordneter Johann Hertzbach. Thoniß Schwartzbart tritt als Schultheiß auf; als Scheffen walten ihres Amtes Hermann zu Hebborn, Gerhard zu Romaney, Johentgen zu Kuckelberg, Wilhelm zur Bech, Johann zu Konnbuecken und Peter und Johann zum Holz. Auch ein Schreiber ist anwesend, wird

---
[178]) MBGV 12, S. 66 ff.
[179]) Anton *Jux*, Kommende Herrenstrunden, S. 95.

aber nicht genannt; es ist Johann Schuirmann von Gronau, der auch Gerichtsschreiber im Fronhof in Gladbach und vorübergehend im Fronhof zu Paffrath war. Noch in demselben Jahre sind ferner Bern zum Holz und Henrich Hoburger Scheffen geworden. 1597 trat noch Tiel zu Hebborn dazu.

Zu den Gerichtspersonen gehörten auch die Vorsprecher oder Prokuratoren, von denen die Sache der Beklagten vertreten wurde. Als solche werden uns bekannt: 1563 Meister Peter; 1567 Jakob zum Seifen; 1570 Johann zu Kuckelberg; 1580 Godert zu Rommerscheid; 1594 Clemens zu Voiswinkel und Klein Goddert zu Rommerscheid. Sie erschienen nicht zur Sitzung am 28. Juni, worauf dem Schultheißen Kerstgen zum Kley und Clemens zum Holz vorgestellt wurden, um daraus einen neuen Vorsprecher zu wählen.

Ferner besaß das Hofgericht einen eigenen Boten, der die Ladungen rundtrug und sonstige nötige Gänge besorgte, vor allem natürlich nach Gladbach zur Konsultation im Fronhof, nach Bensberg zum Oberschultheißen und Kellner und schließlich auch nach Haus Scherfen zum Lehnherrn. — Im Jahre 1578 wohnte der Bote in Kley. 1580 werden der Bottgen in der Dombach und der Hofsbott Johann erwähnt.

Die Stellung des Boten war angesehen und sehr begehrt; denn sie sicherte eine ständige Einnahme. So wurden denn im Jahre 1594 dem Schultheißen vier Bewerber auf einmal vorgestellt: der Wirt Thiel in Hebborn, Clauß zum Seifen, Bestgen (Sebastian) zum Seifen und Braun zum Holz, um einen aus ihnen als Boten auszuwählen. 1595 hieß der Bote Steinkrogh, 1597 Clemens zu Holz.

Wichtig war schließlich noch der Posten als Förster zur Aufsicht über die Gemarkenbüsche. Schon 1557 wird der Förster Holtzgen genannt, 1578 Johann zu Koembüchen, 1579 Clemens, 1580 Peter Goedtmengen (Gutmännchen) zu Hebborn, 1590 Steigen Peter. Das Amt wechselte demnach oft seinen Träger. Der jeweilige Förster wurde aus den Lehnleuten gewählt. Er erhielt die „Forstmast", d. h. das Vorrecht zur „Eckernzeit", wenn es Eicheln gab, in den Gemarken Schweine zu mästen. Richtete er selbst dabei Schaden an, so wurde sein Holzanteil entsprechend gekürzt. Nach den Anweisungen des Gerichts wurde das Holz unter Aufsicht des Försters von den Häuern geschlagen. Im Jahre 1591 wählten die „gemeinen Lehnleute" als Häuer den Peter Zun und den Drieß zu Kalmünten, die auf ihr Amt vereidigt wurden.

Es ist bemerkenswert, daß die Lehnrolle, das Hofrecht vom Jahre 1481, zunächst nach 1557 nicht im Hebborner Hof vorhanden war, so daß sich das Hofgericht nicht darauf stützen konnte, sondern sich nach wie vor auf das Wissen der Alten verließ, um das Recht zu weisen. Auch ist in keiner der bekannten Sitzungen das Hofrecht verlesen worden, wie es später allgemein üblich war. Der Lehnherr selbst hatte die Rolle zu Scherfen im Verwahr. Schon am 12. April 1575 richteten „Scheffen und Lehnmann" an Wilhelm von Steinen die Bitte, die Hofsrolle herauszugeben, damit weder sein, noch das Recht des Fürsten, noch das des Lehnmanns beeinträchtigt werde. Das Ansuchen war vergebens. So wurde denn am 26. Juni 1576 vor Gericht offen gegen den Lehnherrn geklagt, wie es schon vor alters geschehen sei. Es wurde hervorgehoben, daß der größte Teil der ältesten Männer verstorben sei „und die Jüngsten der Gerechtigkeit nit wissen". Das Hofgericht forderte, die Lehnrolle bis zum nächsten Gerichtstag zur Stelle zu schaffen. Falls es nicht geschehen würde, wären die Scheffen und der Lehnmann nicht mehr imstande, dem Lehnherrn „Gicht" (= Recht erteilen) noch Urteil „helfen zu machen, noch auch die

Hofszinsen zu bezahlen, da sie keinen Irrtum begehen wollten". Wieder kam keine Antwort vom Hause Scherfen.

Am 13. Januar 1579 wiederholten die „gemein Scheffen, Geschworenen und Lehnleut" ihre Forderung „umb Lebens und Sterbens willen". Sie hätten bereits eine gut verschließbare Kiste zur sicheren Aufbewahrung der Lehnrolle beschafft und betonten abermals, ihre Bitte entspringe dem Wunsch, niemand in seinen Rechten zu verkürzen. Aber auch jetzt begegneten die Hebborner an der Scherf tauben Ohren. Sie waren gegen die Willkür des Junkers machtlos, wollten sich ihn offenbar auch nicht durch eine Klage beim Herzog verfeinden, zumal bald danach der Truchsessische Krieg ihnen andere und größere Sorgen auferlegte.

In dieser unruhigen Zeit hatten sich viele alte Bande gelockert. Die Höfe Scheumerich (Schönenborn) und Kram im Kirchspiel Hohkeppel, die an das Hofgericht zu Hebborn dingpflichtig waren, waren auf den ungebotenen Gedingen überhaupt nicht mehr vertreten worden. Sie wurden am 10. Januar 1589 durch den Hofsboten in „Verbot und Zuschlag" gelegt und dem Lehnherrn als verfallene Lehen zuerkannt. Der Vorgang wiederholte sich 1591. Auch für den jährlich mit einem halben Malter Hafer belasteten Busch zum Craem, der zu dem im Eigentum des Grafen Nesselrode in Ehreshoven stehenden Pachthofe Schönenborn gehörte, war 1590 keine Lieferung erfolgt. Der Halfen wurde wegen der Versäumnis vor das Hofgericht geladen. Da wandte sich Wilhelm von Nesselrode persönlich an Ludwig von Metternich um Vermittlung. Auch der Schleumer (Schlömer) Hof, der an sich an das Lehengericht zu Paffrath lehnrührig war, unterließ 1591 die Abgabe wegen des Schmitzgesgutes und wurde als unempfangen erklärt.

Die Holzer Nachbarn beklagten sich in demselben Jahre vor dem Hofgericht, daß Wilhelm zu Mutz ihnen ihren gemeinen Leichweg mit Zäunen und Staken gesperrt hätte. Zugleich beschwerte sich der Hebborner Hofpächter darüber, daß man ihm den ihm zustehenden hergebrachten Kirchenstuhl in der Kirche zu Paffrath verweigere. Das Hofgericht erklärte sich in der Sache für unzuständig, da es sich um eine „Gewaltsache" handele, die am (peinlichen) Gericht in Paffrath einzubringen sei. Galt es doch in diesem Falle, ein Recht des Landesherrn für seinen Hof zu schützen, und dazu war am ehesten dessen Schultheiß zu Bensberg berufen, der in Gewaltsachen den Paffrather Scheffen vorstand.

Alle Klagepunkte schickte man dem Junker Wilhelm von Steinen in Scherfen zu. Das alles berührte ihn auch persönlich in seinen Rechten, deshalb schickte er nachstehendes Dekret nach Hebborn:

„Es sollen Scholtheiß und Scheffen des Hofgerichts zu Happorn von wegen der ungehorsamen Lehnleuten zu Kramend und Schönenboren ihr riechtige Decrett geben, welcher gestalt dieselbige zu gebührlicher Gehorsam brengen.
Auch allen unentfangenen Henden ingleichen allen Schatten in der Gemarken, auch Bedreuung und Verengerung des gemeinen Hoffsgebroch, so Motz ohne Fürwissen gedahn, zu wrogen (anzuzeigen). Auch die alte und newe Wrog und Bruchten durch den Schrieber Johannen Scheurmann aufs rein ordentlich zu verziegen und folgends Uebertretter zu gebrechlicher Straff anzuhalten ...
Auf Belangen den Erben von wegen des Gestols, sp van alters in der Kirchen gehatt, hooffen meines gn. Herrn Hoff dabei zu lassen und keinen Abbruch zu tun laßen bei einer merklicher Pein und großer Breucht den oder denselbigen, die sich darin breuchtig gehandelt haben, dieselbige mit Namen in das Gerichtsbuch zu zeigen und dasselbig dem edlen und ernvesten Henrichen von der Hövelich, Amptmann zu Portz, und Johannen Curtenbach,

Scholtis zu Portz, ihnen beiden schriftlich zu übergeben mit dem Begeren, Ihre Liebden und Gnaden wollen meines gn. Herrn Hoff zu Happorn bei seiner alter Gerechtigkeit lieffen laßen, daß auch die Uebertretter, die der newen Fund Ursach gegeben und gestrafft werden. Dattum am 14. January Anno 1591. Wilhelm von Steyn zu Scherff" [180]).

Bald danach ist Wilhelm von Steinen gestorben, ohne den Hebborner Lehnsleuten ihre Lehnsrolle ausgeliefert zu haben. Ebenso starrköpfig zeigte sich sein Schwiegersohn und Nachfolger Ludwig von Metternich. Er wollte den aufsässigen Hebbornern, die doch nur ihr gutes Recht verfochten, eins auswischen und ließ offenbar unter der Hand allerlei kleinere Vergehen der Lehnsleute an den Hof in Düsseldorf zur Kenntnis gelangen, der nun den Oberschultheiß auf den Plan rief. Dann erging folgendes Schreiben von Scherfen nach Hebborn:

„Nachdem mein gnediger Fürst und Her in Erfahrung komen, daß die gemeinde Lehenleut und Nachbaren, in den Hoff Hepporn gehorig, hart umb denselben Hoff die Beßereien (Dünger) mit Laufscharren und Heidcratzen hinwegkzunemen sich understehen, welches dem Fürstlichen Hoff nit wenig Schaden zufügt, ohn daß ist kein Recht noch Gebrauch, daß der Lehendreger seinem Lehenherrn ich geschweig dem Landfürsten sulchen Schaden zuzumeßen und vill Unmaßen zu setzen sich gelüsten zu laßen .., als ist der Befelch, daß der Bott Johan Steinkroich nesten Sondag nach Entfang dieses in der Kirche zu Pfaffrodt soll ufruffen: hinfordert die Nachbaren und Lehenleut keineswegs des Laufscharrens, Holzhawen, Stockhawen und sonst allerhand Schadens sich zu tun müßig, insonderheit deren Hoffsbuschen sich gar und ganz überall nit zu krutten versehen bei 10 Goldgulden Bruchten. Sulches versehen mich also.
Geben Scherff auf Sent Thomastag (21. Dezember) 1594. L. von Metternich mpp."

Nun erging eine Weisung des Oberschultheißen an den Pfarrer in Paffrath, den Hebbornern den „Kopf zu waschen", wie man zu sagen pflegt. Um Neujahr 1595 mußte er von der Kanzel bekanntmachen, „was ihnen in der Gemarken und Hoff Habborn zu tun oder zu lassen". Aber das verschlug nichts, und die Hebborner begehrten am 11. Januar wieder, daß ihnen endlich die Hofsrolle offenbart werde, um ihre Rechte und Verpflichtungen nachprüfen zu können. Danach wollten sie sich dann gewissenhaft richten. Sämtliche Scheffen und Lehnleute forderten zugleich, daß der Amtmann Metternich am nächsten Gerichtstag erscheine und sich statt des Landesherrn als Lehnsherr des Hebborner Hofes ausweise und sich, wie seit alters bräuchlich, gegen die Lehnleute gebührend erzeige. Damit zielten sie offenbar auf die übliche Bewirtung hin. Sollte keine Antwort erfolgen, so drohten sie, dann könnten Schultheiß, Scheffen und Lehnleute fernerhin nicht mehr urteilen.

Auch dieser Appell verhallte wirkungslos. Am 9. Januar 1596 wiederholen sie ihre Forderung, den Lehnherrn zu sehen und die Hofsrolle zu erhalten, mit der Erklärung, „daß keine Gichtung noch Urteil beschehen solle, ehe und bevor solches beschehen". Es scheint, daß sie sich nun mit ihrer Klage doch endlich nach Düsseldorf wandten. Zwar ließ sich der Junker nun endlich herbei, am 1. Februar gemeinsam mit den Scheffen eine Strafe für den brüchtigen Gerhard zu Romaney festzusetzen, doch auf dem ungebotenen Geding am 15. Januar 1597 erschien er wieder nicht. Er ließ vielmehr mitteilen, daß seine Angelegenheit noch am Fürstlichen Hof zu Düsseldorf untersucht werde und er auf die Entscheidung warte. Deshalb und um niemand in seinem Recht zu behindern, beschlossen die Scheffen und Lehnsleute, die Gerichtssitzung ohne ihn abzuhalten. Es ist nicht ersichtlich, ob die Lehnsrolle überhaupt jemals dem Hofgericht zugestellt worden

---

[180]) Archiv v. Weichs, Rösberg, Akten 159.

ist. Sie ist vermutlich mit dem Scherfer Archiv später nach Strauweiler gelangt. Dort hat Vinzenz von Zuccalmaglio sie gefunden und wahrscheinlich an sich genommen.

Aus den Protokollen ist zu entnehmen, daß schon im 16. Jahrhundert in Hebborn Wirtschaften von Henrich und Wilhelm und im Mutz von Wilhelm betrieben wurden. In Hebborn hausten und arbeiteten die Weber Johann Hebborn, in Holz Peter, ferner in Holz die Schneider (= Schröder) Bern und Clemens, der „Schomecher" Peter und die Zimmerleute Clemens und Gerhard, in Kuckelberg der Messermacher (Metz) Goddert, in Niederborsbach der Tuchmacher (Docher) Peter.

In dem Gerichtsbuch, auch Lehn- und Mannbuch genannt, das jeder Lehnsmann zur Klärung von Rechtsfragen einsehen durfte, treten nur wenige adlige Personen auf. Abgesehen von den Lehnsherrn selbst, zuerst Wilhelm von Steinen, der 1570 dem Clemens von Paffrath ein Gut des Thonis zu Holz für 100 Joachims-Taler verpfändet, dann Ludwig von Metternich, erscheint 1570 am 22. Juni der ehrenfeste Goddert Kessel und wird mit Gütern in Kuckelberg belehnt. — Auf dem Gute zu Seifen wohnte der Junker Peter, ein Schwager des Scheffen Wilhelm zur Bech. Am 28. Juni 1581 meldet das Prokoll, daß Peter verstorben sei. Seinen vollen Namen verrät das Lehnbuch nicht[181]).

Aus einer Eintragung im Jahre 1563 geht hervor, daß der Kellner des Amtes Porz damals in Gladbach wohnte. Er hatte auf Befehl des Landesherrn in den Hebborner Büschen zwei Hölzer gehauen, ohne sich um ein Verbot des Lehnsherren zu kümmern.

Am 22. Dezember 1597 traten die Scheffen mit dem Lehnsherrn und dem Hofschultheißen zusammen, um alls „bruchfälligen" Sachen aus den Gedingsprotokollen der vergangenen vierzig Jahre auf die Person auszuziehen und mit Strafen zu belegen, dann die „Brüchten" (Strafgelder) einzuziehen. Es hat den Anschein, als ob der Junker vom Hause Scherfen nun seine Rache an den Hebborner kühlen wollte, weil sie Klage beim Herzog erhoben hatten. Dieser „Bruchtenzettel" ist erhalten.

Bei Beginn des Gedings wurde regelmäßig festgestellt, wer entschuldigt oder unentschuldigt ausgeblieben war. Danach wurden die seit der letzten Sitzung Verstorbenen

---

[181]) Der Junker Peter wohnte in Obersiefen, das einst auch Hohsiefen oder auch Hoh- oder Hochburg hieß. Noch im Jahre 1927 berichtete Johann Sahler (Guten Abend 1927, 39), daß sich in der Nähe vom heutigen Obersiefen die Trümmer eines Hof- oder Burghauses verbärgen, zu dem Obersiefen offenbar als Wirtschaftshof gehörte.
Heinrich Hoburger zu Siefen, sein Sohn Tilmann, seine Tochter Gretgen und deren Ehemann Tonis verkauften am 17. Dezember 1626 vor dem Gladbacher Pfarrer Conrad Grüthers als Notar ihr Erbgut zu Hohsiefen (Hosiphen) mit allem Zubehör und allen Gerechtsamen, insbesondere an der Hebborner Gemark, an die Eheleute Wilhelm Steinkrüger und Anna in Gladbach und ihre Erben. Das Gut soll sofort vermessen werden; der Kaufpreis soll 33 kölnische Taler je Morgen betragen. Die Käufer zahlen sofort an Heinrich 25 Taler und ½ Malter Korn, sowie an den Sohn Tilmann und die Tochter Gretgen je 2 Reichstaler und dem alten Hoburger 5 Reichstaler Verzichtpfenning, von denen jedes Kind 1 Rtlr haben soll. Den übrigen Kaufpreis sollen die Käufer sofort nach der Übertragung des Gutes bar bezahlen; sie dürfen dann 22 köln. Taler von der Kaufsumme einbehalten. Sollte sich aber die Zahlung über Peters Messe (29. Juni) 1627 hinausziehen, sollen die Käufer die fälligen Zinsen zahlen. Der Verkäufer Heinrich Hoburger behält auf Lebenszeit das Wohnrecht im Hause selbst oder im Backhause. Als Zeugen werden in der Urkunde benannt Clemens zu Hebborn, Bernd zur Igel, Peter Kuckelberg und Kerstgen zu Strunen. Der Verkauf wurde in der Wohnung des Wilhelm Steinkrüger in der kleinen Stube abgeschlossen.

benannt und dazu vermerkt, ob sich ihr hinterlassenes Lehnsgut noch unempfangen in der Hand der Erbgenahmen befinde. Alle, die ohne Entschuldigung an einem Geding nicht teilgenommen hatten, wurden „gebrüchtet". Im Jahre 1594 wurde die Buße für einmaliges Nichterscheinen auf 7½ Schilling festgesetzt.

Im übrigen betrafen die Strafen zumeist unzeitgemäßes oder unberechtigtes Viehhüten in den Gemarken und Holzfrevel. Wer ohne Anweisung durch den Halfmann in den Gemarkenwaldungen Bäume gefällt, Klüppelholz geschlagen oder Schanzen gebunden hatte, verfiel den Brüchten. Dabei werden im Protokoll nur Eichen, Maibuchen und Heistern (Hagebuchen) genannt; Nadelbäume gab es in den Waldungen, abgesehen vom Wacholder, überhaupt nicht. Das Brandholz wurde zumeist von den „Stöcken" der Hagebuchen gewonnen. Diese Bäume schlug man in Übermannshöhe ab, so daß sie wieder neue „Heistern" trieben, die dann nach einer Reihe von Jahren immer wieder abgehauen werden konnten. Man nannte sie „Steufstöcke", weil sie „gesteuft" oder „gestüppt" wurden. Flurnamen erinnern noch daran, so auch der alte Hofname „Steufelsberg" im Kirchspiel Gladbach. Dieser Stockbuschbau hat sich im Bergischen Lande bis etwa 1900 allgemein bei den Höfen gehalten. Viele Hebborner Lehnsleute wurden in Strafe genommen, teils weil sie die Stöcke gehauen, teils weil sie lediglich die Heistern auf den Stöcken unbefugterweise abgeschlagen hatten. Es kam auch vor, daß Frevler die Heistern liegen ließen und nur die Stöcke zu Speldern (von spalten) schlugen. Im Jahre 1578 klagt der Holzhauer vor Gericht, daß er wohl hundert Heistern im Busch verloren habe, die dann der Hölzgen weggetragen habe. Heinrich Stoß in Holz fällte eine Eiche und verzehrte den Gegenwert bei einem Gelage in den Hoven (Höffe). Selbst die Scheffen wurden mitunter beim Holzfrevel ertappt und bestraft. Vielfach schickten die Lehnsmänner ihre Kinder oder die Frauen und die Mägde, das Ingesind, zum unberechtigten Holzschla n und Laubholen.

Das Fälle hochstämmiger Eichen und Buchen war nicht nur in den Gemarken untersagt, sondern h in den zu den Lehnsgütern gehörigen kleineren Büschen. Das galt sogar für einzeln stehende Bäume in oder bei den Höfen; denn auch diese standen im Eigentum des Lehnsherrn. Zu jedem Einschlag bedurfte es der besonderen Erlaubnis des Lehnsherrn, der sich der Scheffen als Gutachter bediente. Dabei wurde immer scharf geprüft, ob diese Bäume auch dem Hebborner Hofgericht unterstanden; denn es gab sehr verwickelte Fälle in diesem bäuerlichen Lehnswesen. So wurde die Klage um eine Eiche bei Kuckelberg an das zuständige Gericht in Bensberg verwiesen.

Besondere Strafe traf den, der Holz und Sträucher zu Marktholz schlug, also zum Feilbieten auf dem Markt in Mülheim oder Köln. Das Verkaufsrecht stand ausschließlich dem Lehnsherrn selbst zu; der Gemarkenwald und die Hofbüsche lieferten lediglich Bau- und Brandholz, das gleichmäßig auf die Feuerstellen verteilt wurde.

Auch das Laubscharren in den Gemarken war streng untersagt. Das Laub sollte dem Busch als Dünger und Wasserspeicher verbleiben. Verboten war auch das Aushacken des Heidekrauts mit den Wurzeln. So wurde denn jeder schon bestraft, der sich nur mit „Häpen" (Sicheln) und „Beielen" in den Gemarken sehen ließ. Er mußte ½ Goldgulden an den Landesherrn und ½ Goldgulden an den Gemeinen Lehnsmann bezahlen.

Auf den Gemarken war eine „Mirgelkuhle", aus der die Lehnsleute den „Mirgel" zum „Mirgeln" der Felder holten. Dieser Mergel war aber ausschließlich für die eigenen Felder bestimmt. 1589 wurden Wilhelm zu Mutz und der Metzmacher zu Mutz gebrüchtet, weil sie Mergel aus der Gemarkenkuhle auf fremde Güter gefahren hatten. Für jede Karre mußten sie 8 Schilling Strafe zahlen. Aus einem Schreiben an die Düsseldorfer Regierung vom Jahre 1653 geht hervor, daß auf dem Hebborner Hof ein Kalkofen war, für den jährlich 8 Reichstaler Pacht berechnet wurden.

Die Brüchten wurden in Schilling oder in Goldgulden oder auch in Ort-Goldgulden = Viertelgulden, in Albus und Heller, sogar in Joachimstaler festgesetzt. Außerdem gab es die Buße mit der reuigen Tat, der Wiedergutmachung. Dem Gerhard zu Romaney, der Laub aus dem Walde getragen und auch wegen „anderen Exzessen", wurde im Jahre 1596 auferlegt, an bestimmte Stellen in den Gemarken 25 junge Buchen zu pflanzen. Ferner mußte er dem Lehnsherrn 2, dem Hofschultheißen 1 Goldgulden zahlen. Selbst die Kosten des Verzehrs, des „Glaachs" der Scheffen bei der Ortsbesichtigung und bei den Verhandlungen, die bei Thonis Schwartzbart in Broich und bei dem Wirt Thiel in Hebborn abgehalten worden waren, gingen zu Gerhards Lasten. Eine Haus- und Stallbesichtigung sollte 1579 auch bei Stoß zu Holz stattfinden, aber wegen „eingefallener Pest und bäser Luft" zogen es die Scheffen vor, hier lieber einen Umweg zu machen und das Haus zu meiden.

Am 23. April 1591 setzte das Gericht neue Strafen für Holzfrevler fest. Wenn Erben, also Lehnsmänner, eine Heister abgehauen hatten, sollten sie einen Ort Goldgulden zahlen, für einen grünen Stock 1 Goldgulden. „Unerben" dagegen, also nicht zum Lehnsverband gehörige Leute, zahlten für jedes Stück 1 Goldgulden. Wer beim Hauen von Heidekraut erwischt wurde, ob er nun Erbe oder Unerbe war, wurde mit 3 Goldgulden „verbrucht". Das galt also als ganz schlimmes und schädigendes Vergehen. Wenn Unerben aus den Gemarken Laub holten, mußten sie 1 Ort Goldgulden geben.

Auch wurde jeder „Gewalt" auferlegt, jährlich 1 Eiche und 1 Buche in den Gemarken zu pflanzen, und zur Schonung der Holzbestände sollte jeder seine „Gered ;keit" im Wechsel auf ein Jahr missen, d. h. nicht ausüben. Wer das Recht der Forst st genoß, mußte die gleiche Anzahl von Bäumen „possen". Wer diesen Verpflichtungen nicht nachkam, wurde mit Strafe belegt. Deshalb mußten die Scheffen beim Geding berichten, wer seine vorgeschriebenen Bäume gesetzt und wer es unterlassen hatte.

Es war den Lehnsleuten streng untersagt, den auf ihren Höfen anfallenden Dünger, Besserei genannt, auf solchen Ländereien zu verwenden, die nicht lehnsrührig waren. Am 28. Juli 1598 erging nachstehender Befehl des Lehnherrn Ludwig von Metternich in Scherfen: „Es soll der Hoffsbott Clemens zum Holz in Nemen und von wegen meines gnedigen Fürsten und Heren p. Claesgen zum Schyff ernstlich inbinden und ansagen, nitz van den Hofsguderen zum Seiffen abfuhren und na dem abligenden seiner Haußhaltung hinzuwenden, sondern laßen alle Beßereihe ligen, da es sich eignet und geburt. Bei Versehen 10 Goldgulden Bruchten. Sulchs versehen mich also in Namen und von wegen hochgemelt meines gn. Fursten und Hern." Der Junker setzte seinem Schreiben an den Boten noch hinzu: „Auch keinen Heller noch Pfenning zu geben..." Vermutlich besaß Claesgen noch eigene Äcker in Schiff, die er mit dem Dünger vom Lehnshof in Siefen versehen wollte.

Es scheint, als ob die Lehnsleute verpflichtet gewesen wären, zu gegebener Zeit Dienste auf dem Hebborner Hof zu leisten. So erklärten sich am 10. Januar 1590 Wilhelm zur

Bech, Hermann zu Hebborn, Johann zu Kuckelberg und Johann zu Kombüchen bereit, die Frucht auf dem Hebborner Hof zu setzen.

Nicht nur die Lehnsleute aus den in der Hebborner Hofesrolle genannten Gütern waren dingpflichtig. Es werden in den Gedingprotokollen Lehnsleute aus Kley, Voiswinkel, Büchel, Rommerscheid und Nußbaum genannt. Jakob zu Asselborn und der Müller Johann zu Broichhausen versahen sogar das Amt eines Scheffen. Diese auswärts wohnenden Leute besaßen Lehnsgrund im Hebborner Bezirk. Der Hofschultheiß Thonis Schwartzbart war vermutlich nicht nur wegen der drei Wiesen „in den Broechen" dingpflichtig, sondern war auch Eigentümer eines Hofes in Hebborn selbst.

Damit hatte es eine merkwürdige Bewandtnis. Am 3. Juli 1597 wandte sich Ludwig von Metternich an den Kellner Christian von Heimbach in Bensberg. Er fand nämlich in hinterlassenen Briefschaften seines verstorbenen Schwehers (Schwiegervaters) Wilhelm von Steinen einen Bericht, wonach der Hof Schleum (Schlöm) verpflichtet war, an seinen Hof in Hadborn jährlich Zinshafer, Hühner und Pfenningsgeld zu geben. Das sei lange nicht mehr geschehen, und deshalb mahnte er zur Zahlung. Es fällt auf, daß der Junker hier die auch damals nicht mehr gebräuchliche Form „Hadborn" verwendet, was auf ein hohes Alter der Verpflichtung schließen läßt. So antwortete denn auch am 8. Juli danach Christian von Heimbach, eine solche Verpflichtung seines Hofes zum Slüm sei ihm ganz fremd. Des Schmitz (Schmiedes) Saellen (Sohlstatt) zu Habborn sei eines der 16 kurmütigen Güter, die in den Hof Hebborn gehörten. Ob dieser nun einen Ausspliß habe, müsse aus dem Gerichtsbuch zu Hebborn hervorgehen. Von einem Spliß könne man aber nicht die vollen Abgaben fordern. Er habe noch nie etwas nach Hebborn gegeben und sei gefaßt auf die Aussage des „Saeller", also des Inhabers der Sohlstatt des Schmiedes, genannt Thoniß Schwartzbart.

Die Rolle des Hofs Schlöm als Lehen ist unklar, er wird sowohl unter den Lehnsgütern des Gerichts im Gladbacher Fronhof als auch in Paffrath aufgeführt. Im Jahre 1576 wurde der Schlömer Hof in Hebborn „gewrogt", also wegen Nichtzahlung des Zinses zur Anzeige gebracht, 1591 wurde er sogar deshalb als „unempfangen" erklärt.

Immer wieder zeigt sich, daß die Wahrung des Besitzrechtes, besser gesagt des Lehnsrechtes an allen zum Lehnsverbande gehörigen Höfen, die wichtigste Aufgabe des Hofgerichts war. Jede, auch die kleinste Veränderung an ihnen, mußte unter der Zeugenschaft von zwei Scheffen bei Gericht „eingebracht", genehmigt und in das Hofsbuch eingetragen werden. Erst dadurch erlangte sie volle Rechtskraft; dann erst wurde dem Lehnsmann „Bann und Fried" erteilt. Nach dem Tode des Lehnsmannes mußten die Erben die Kurmut zahlen. So berichten es die Hebborner Protokolle im Jahre 1557 von den Kindern des verstorbenen Müllers in Broichhausen. Wurden Kurmut und Empfang unterlassen, so fielen die Höfe an den Lehnsherrn zur anderweitigen Vergabe zurück. Dafür bringen die Protokolle außer dem Schlömer Hof noch andere Beispiele.

1592 wurden die Höfe zu Büchel, da sie nach dem Tode Quentgens 1581 noch immer nicht erneut gerichtlich empfangen worden waren, in „Verböt und Zuschlag" gelegt, „dieselben nit zu wenden und zu kehren, bis Abtrag geschehen". Dieser Beschluß wurde 1595 erneuert mit dem Zusatz, „nit zo krudden (auf den Gemarken), bis es empfangen". Auch der Hof zum Pütz in Brück wurde 1589 als ein dem Lehnherrn verfallen Lehen erklärt. Das geschah zugleich mit den Höfen in Schönenborn im Kirchspiel Keppel.

Im Jahre 1580 wurden der Hebborner Hof und die Gemarken neu in „Pael und Laegh" (Grenzpfähle und Grenzsteine) gesetzt, um alle Rechte wahren zu können. Dabei war der vereidigte Landmesser Johann Philipp Stockstein tätig.

Bemerkenswert ist noch die am Hofgericht vorgebrachte Klage, daß die Gladbacher Nachbarn im Jahre 1584 ihr Vieh auf Lehen- und Hofgut in den Abelsberg getrieben und dort auch Reiserholz gehauen hätten. Vermutlich handelte es sich um die Büsche auf dem Wapelsberg, wohin die Gladbacher im Truchsessischen Kriege ihr Vieh vor den räuberischen Horden des Pfalzgrafen Johann Kasimir getrieben hatten.

4) Die Personennamen im Hebborner Hofgerichtsbuch

Nachfolgend sind alle im Hofgerichtsbuch auftretenden Personennamen zusammengestellt. Das Jahr gibt die erste Nennung an.

1557 Hermann zu Hebborn
Thonis zu Hebborn
Peter zu Holz
Hoffer Jan und Tochter Dreutgen
Der Müller zu Brochhausen
Greis zu Voiswinkel
Thoniß zu Voiswinkel
Evert zum Seiffen
Klein Goddert auf Rommers
Johann zum Kley
Thoniß Schwartzbart zu Broich
Wilhelm zur Bech
Peter zu Oberholz
Johann zu Kuckelberg
Wilhelm zu Mutz
Tewes zu Großenheiden †
Hermann Boiß zu den Eichen
Tewes in den Höffen

1563 *Christian (Coirsgen) zum Kley*
Thoniß Honsberg
Meister Peter
Johann zu den Höven
Peter Godemengen zu Hebborn † 1591
Große Peter zu Hebborn
Frau Müllenschütt zum Kley
Johann zu Mutz †, Sohn Wilhelm
Krilliß zu Hebborn
Ulrich zu Paffrath

1567 *Clemens zu Paffrath † 1587*
Conrad zu Kuckelberg
Meister Gerhard zu Koeböcken
Jacob zu Asselborn
Wyllem, Wirt zu Hebborn
Jenn Thones in Borsbach
Conrad zu Kuckelberg (Cockelsberch)
Clemens zu Kuckelberg
Misten Jan zu Hebborn
Jan der Große zu Hebborn
Theiß zu Hebborn
Leimlichs Jan zum Dünnwald und Frau Jotten

Jan zum Holz (zweimal)
Katharina von Broill, Witwe von Gelge Ropperts
Greitgen van Cöllen, ihr Sohn Merten, ihre Tochter Fichen
Wilhelm Wirt zu Hebborn, seine Schwester Leisgen
Johann Weyerstraß
Wilhelm zu Brochhausen und Frau Lysgen
Weffer zu Hebborn †
Peter zu Holz, Förster
Effert zu Holz
Peter Hüßgen †
Schloßmecher zum Seifen †
Bern zum Holz, Förster und Scheffe
Thomas zu Kuckelberg
Engel zum Kley
der scheive Clemens zu Kuckelberg

1570 *Johann zu Niederborsbach 1577*
Klein Holtzer zu Holz
Peter zu Mutz
Quentgen oder Quenting zum Büchel † 1579
Peter Kurtseiffen
Henrich Krochbach oder Kroppach
Wilhelm von Steinen, Lehnherr
Thoniß zum Holz
Aleff Thoniß Borsbach
Thoniß auf dem Driesch
Wilhelm zu Berscheid (Bergscheid) und Frau Gierdgen
Aleff Wirtgen
Wilhelm zu Hebborn und Frau Gierdgen
Theißen in der Koillen
Der Raue zum Holz
Jengen zum Holz
Meiß zu Kuckelberg
Gerhard zu Voiswinkel
Adolf zu Niederborsbach † 1581
Goddert Kessel, Junker

zu Kuckelberg

Henrich zu Mülheim und Frau Gierdgen
Johann Müller zu Brochhausen
Wilhelm zu Rommerscheid
Jacob Weffer
Claus zu Hebborn †
Peter Wirtgen
Wilhelms Eidam Goddert

1574 Jacob zum Seiffen
Johann der große Holzer † 1581
Johann zu Koenböcken
Theißgen zu Mutz
Gerhard zu Romaney
Goddert zu Niederkuckelberg
Hermann zu Mutz

1575 Wilhelm Wirt zu Mutz und Frau Gierdgen
Schroder Berndt zum Holz
Hertgen

1576 Peter Weber zum Holz
Derich zum Holz
Johann zu Kuckelberg, Hauer
Adolf zu Niederborsbach und Frau Lengen
Bottgen in der Dombach
Michael Leeßman
Peter Loeßkiddel † zu Holz

Ulrich zu Kuckelberg
Kerstgen Schroder zu Mutz
Theiß zu Mutz
Henrich zu Hebborn

1579 Gerhard Zimmermann oder Zimmer
Henrich zum Seiffen
Johann zum Holz
Johann Klein Hölzer
Peter Docher und Frau Irmgard in Niederborsbach
Johann zu Romaney
Adolf zu Kuckelberg, sein Bruder Clemens, seine Schwester Katharina
Johann zu Odenthal und Frau Frevgen (Veronika)

1580 Engel zum Kley
Henrich Wirt zu Hebborn
Roitger zu Meißheiden und Frau Tringen
Wilhelm zu Mutz und Frau Gierdgen
Peter zum Seifen der Junker † 1581 und Frau Frevgen
dessen Schwager Johann zum Kley

1581 Heintgen zum Holz †
Goddert aufm Rommerscheid
Metz Goddert zu Kuckelberg
Godert Witz

319

Gerhard zum Seifen
　　　Derich Kreger zu Bergscheidt
　　　dessen Stiefsohn Wilhelm Lang
　　　Hermann zur Großenheiden und Frau
　　　　Barbara

1584　Clemens zum Holz, Schroder
　　　Johann der Hobs (Halbwinner)
　　　Johann Weffer zu Hebborn
　　　Lackay Drieß zum Quirl
　　　Eckard zur Linden
　　　Ludwig zu Eckamp und Sohn Peter
　　　Tilmann ufm Driesch
　　　Bobel zum Holz

1587　Gert zu Kuckelberg
　　　Jentgen zu Kuckelberg
　　　Bern zu Kuckelberg

1588　Thomas zu Voiswinkel
　　　Thel zu Hebborn
　　　Jorgen Schmidt zu Schonnenberg =
　　　　Schönenborn

1589　Elß Gerhard zu Romaney
　　　der Metzmacher zu Mutz
　　　Thederich Steinkrog
　　　Theil zu Hebborn
　　　Thomas zu Voiswinkel
　　　Clemens Schroder zum Holz
　　　Johann zum Nußbaum †
　　　Steger Peter zu Kuckelberg, Förster und
　　　　Frau Jengen
　　　Johann der Klocke zu Kuckelberg und
　　　　Tochter Merg
　　　Mull Jan zu Hebborn
　　　Henrich Stoiß zum Holz
　　　Tilmann zum Büchel
　　　Heinrich Greiß
　　　Kerstgen zum Seifen
　　　Cloitgen zum Seifen

1591　Tilmann zum Bochell (Büchel)
　　　Halfen zu Hebborn †
　　　Effert zum Seifen † 1594
　　　Peter Zun, Häuer
　　　Drieß zu Kalmunden
　　　Gerhard zum Büchel
　　　Els zum Nußbaum
　　　Braun zu Holz und Frau Gotze
　　　Guedmanns † Sohn Engel zum Hebborn

1592　Bern zu Kuckelberg

1593　Meister Wilhelm, Bürger zu Köln

1594　Johann Hertzbach, Verordneter des
　　　　Lehnherrn
　　　Johentgen zu Kuckelberg
　　　Klein Johann in der Steinbach
　　　Clemens zu Voiswinkel
　　　Henrich Schroder zum Holz
　　　Gottschalk Schmidt zu Niederborsbach
　　　Clemens Zimmermann zu Holz †
　　　Clemens zum Holz
　　　Thiel Wirt zu Hebborn
　　　Claus zum Seifen
　　　Bestgen zum Seifen
　　　Kerstgen zum Kuckelberg

1595　Peter Schroder zum Holz
　　　Amtmann Metternich, Ludwig von Jan
　　　　zu Mutz
　　　Johann zu Mutz und Frau Greitgen
　　　Heinrich Greiß zu Voiswinkel

1596　Peter Halfmann zu Hebborn
　　　Engel zu Hebborn

1597　Schomecher Peter zum Holz
　　　Peter Quack zu Kuckelberg.

5) Zur Geschichte des Hebborner Hofes

Als die herzoglichen Kommissare im Jahre 1555 sich im Amt Porz nach den Rechten des Landesherrn in den Gemarken erkundigten, erfuhren sie: „Was mein gnaediger her uf dem Habborn vur gerechticheit hat, kompt in den hof zu Habborn, den Wilhelm von Steinen in pandschafft hat, als nemblich vunft vierdel holtz"[182]). Demnach war der Hebborner Hof damals schon an Wilhelm von Steinen verpfändet. Herzog Wilhelm von Berg verpachtete ihn erneut am 3. November 1561 an die Eheleute Wilhelm von Steinen und Eva von Metternich auf 24 Jahre, und noch vor Ablauf dieser Zeit wurde der Pachtvertrag am 7. Juni 1584 auf zwölf Jahre erneuert. Nach dem Pachtzettel, der erhalten blieb, betrug die jährliche Pachtabgabe 40 Goldgulden, 12 Malter Roggen, 12 Malter Gerste und 12 Malter Hafer. Der Pachtzettel, den namens des Herzogs dessen Vizekanzler Johannes Hardenrath unterschrieb, lautete:

---

[182]) Lacomblet Archiv 3 S. 292.

"Von Gottes genaden Wir Wilhelm, Hertzog zu Gulich, Cleve, und Berge, Grave zu der Marck und Ravensperg, Herr zu Ravenstein, tun kunt, nachdem wir unserem Ambtman zu Myseloe und lieben Getrewen, Wilhelmen von Steinen und Even von Metternich, seiner Hausfrawen, und ihren Erben unseren Hoff zu Habborn, in unserem Ambs Pfortz gelegen, mit allen seinen Zubehör und Gerechtigkeit, wie derselb mit Artlands, Büschen, Benden, Weiden und allen anderen In- und Zubehör gelegen ist, hiebevor 24 Jahr lank gnedig austun und verpachten laßen, warab die Jahren nunmehr gegen den dritten Novembris des künftigen 85. Jahrs umb und aus sein, so bekenen wir hiemit vor uns, unsere Erben und Nachkommen, das wir gedachten Ambsman uf sein undertenig Ansuchen bemelten unseren Hoff mit allem seinem In- und Zubehör widerumb ufs new nach Ausgangk der vürs. Jahren ausgethan und verpachtet haben, austun und verpachten hiemit Krafft dieses zwelf Jahr lank, davon er unserem Kelner zu Benßbur zur Zeit zu unserem behuef alle und jedes Jahrs uf Martini liefferen und wolbezalen soll, 40 ggl. (Goldgulden), 12 Malder Roggen, 12 Malder Gersten, und 12 Malder Habern, guter, reiner markgever freuchten,

und sollen bemelte Pechtere unseren Hoff vürs. mit seinem Zubehör, bei all seiner Freiheiten, Gewonheiten, Gerechtigkeiten, Fuhren und Pöelen fleißig handhaben, behalten und vertedigen, auch das Land, Busch, Benden, Churmodden und ander Zubehör, nit verenderen, verhoseden, ausoetzen, verteilen, verbeuthen noch verspleißen, sondern daselbis beieinander halten und zu rechter Zeit bawen, mirgelen, misten, beßeren und sich sonst allenthalben halten, wie lendlich, und sich nach Pfechters Recht gebüret, auch unseren Hoff, sampt seinen Geheuchteren alsbald in gutem Baw, Dach, und Rüstung stellen und erhalten, und zu End der Pachtjahren allerding woll gerüst wider liefern. Imfall aber er, seine Erben oder Nachkomlingen daran oder sonst an Bezalung des Pachts wie vurs. seumig, bruchig oder nachleßig befunden würden, so sollen allezeit die Jahren umb und aus sein, und unser Kelner vurs. sich alles hinderstendigen Pachts und Schadens an iren Gütern, gleichwoll zu erholen Macht haben.

Urkund unsers hierauf gedruckten Secret-Siegels. Geben zu Düsseldorf im Jahre 1584 am 7. Tag Monats Juny.

Aus Bevelch meines gnedigen Fürsten und Herrn, Herzogen, hochernant Vc. Joes Hardenrath, D mpp."

Als Halfmann des adligen Pächters saß zu dieser Zeit Johann auf dem Hofe. Für ihn brachen bald schwere Jahre an, die ihm großen Nachteil brachten. Zur Hochzeit des Jungherzogs Johann Wilhelm mit Jakobea von Baden, die am 16. Juni 1585 in der Landeshauptstadt gefeiert wurde, mußten aus den Hebborner Hofsbüschen 98 hohe Bäume, als Brandholz zu Speldern geschlagen, für die herzogliche Küche an die Schloßbrücke in Düsseldorf geliefert werden, außerdem sieben der allerbesten großen Bäume. Für die landesherrliche Windmühle in Mülheim am Rhein wurden weiter 17 große und beste Stämme verlangt. Dieser übermäßige Einschlag von 119 Bäumen schädigte die Hofsbüsche schwer und verlangte zudem belastende Hand- und Spanndienste.

Vielleicht hängt es zum Teil damit zusammen, daß der Hebborner Hof durch zu geringe Beackerung im Jahre 1586 nur wenig einbrachte. Es konnten nämlich nicht über zwei Malter harter Frucht gedroschen werden, so daß sogar die Pachtabgabe unmöglich war. Auch das Jahr 1589 brachte einen vollständigen Mißwachs. Der Hof war nicht imstande, aus eigener Kraft und mit eigener Frucht die Felder zu bestellen. Vier Lehnmänner kamen dem Halbwinner zu Hilfe und sagten im Januar 1590 zu, die Saat auf den Hofsäckern vorzunehmen.

Hinzu kam für die Notlage des Hofes, nicht zuletzt auch durch die Ausplünderung im Truchsessischen Kriege hervorgerufen, der schlechte bauliche Zustand aller „Geheuchter", der Hofgebäude, die in den Jahren von 1588 bis 1591 zum größten Teile neu aufgebaut werden mußten. Vielleicht haben alle diese Schicksalsschläge dazu beigetragen, im Frühjahr 1591 den Tod des Pächters Johann herbeizuführen.

Auch seine althergebrachte Verpflichtung, an die Kirche in Paffrath alljährlich 40 Quart Öl zu liefern, hatte der Hebborner Hof infolge der Schrecken des Krieges seit dem Jahre 1583 nicht mehr erfüllen können. Bis zum Jahre 1592 war diese Schuld auf 360 Quart Öl oder, das Quart zu 1 Gulden berechnet, auf 360 Gulden (= 166 Taler 8 Albus) angewachsen. Kurz vor dem Tod des Freiherrn Wilhelm von Steinen kam es 1592 zu einer Abrechnung und Übereinkunft zwischen ihm und den beiden Kirchmeistern, dem Pastor und den Nachbarn von Paffrath. Man gab sich mit Rücksicht auf den Krieg für die ersten sechs Jahre der Schuld mit 75 Gulden Entschädigung zufrieden und nahm diese obendrein zum großen Teil in Form von Klüppel- und Bauholz entgegen. Zu diesem vorteilhaften Verhandlungsergebnis führte zumeist die kluge Art des Johann zu Koebucken, der zugleich Kirchmeister in Paffrath und Scheffe des Hofgerichts in Paffrath war. Für die letzten beiden Jahre blieb man vorläufig noch 80 Gulden schuldig. „Zu gedenk" legte man folgenden Aktenvermerk in der Gerichtskiste nieder:

„Daß die Kirchenmeister zu Pfafrodt Johan zu Koebucken und Peter uf dem Mudtzen, fort Pastor, andere mehr Nachbaren, Christ zu Catterbach, Thonis zum Seiffen, Wilhelm zum Motzen, Henrich zue Noßbaum, Conradt im Bergh, Johann zu Cuckelberg, Clemens Offerman und Clemens zum Holz p ... und haben mit dem Edelvesten Wilhelm von Steinen im lest Leben derogestalt gerechnet und eins worden,
nachtem wegen Casimiri Krieg der Ollich aus dem Fürstlich Happorner Hof jarlich 40 Quart Ollichs in die Kirch zu geben schuldig, jeden Quart 1 Gulden — etliche Jare nit gegeben worden und ernant Kirspel auch den Ollich nit gern missen und queit stellen wollen und ungefehr 6 Jar bis in sein Dott im Reste verblieben und wegen Kriegsschadens vor diesen Rest 75 G. obgem. Kirspel zu behoff der Kirchen gebotten und daselb Kirspel ime auch dabei gelassen, herup bezalt Johannen zu Koebucken an Klüppel- und Bawholz und Gelt 53 G., Rest noch darab 22 Gulden.
Noch ist man verlitten 2 Jar den Ollich schuldig ad 80 q. jeder 1 G.
Am 7. Nov. dis aus Johann zu Koebuckens Mundt und Bekenntnus geschrieben.
Rückaufschrift: Johan zu Koebuecken als Kirchenmeister zu Pfafrot mir die Ollichsrechnung angezeicht vom Jar 83 bis ad Anno 92, facit 9 Jar, jedes Jar 40 Q. macht 360 Q., vor jedes Q. ... die Kirchenmeister heischen 1 Gulden = 360 Gulden, tut zu Taler Colsch 166 Taler 8 Albus"[183]).

Doch auch mit dem nachfolgenden Lehnsherrn auf dem Hebborner Hof hatten die Paffrather des Öls halber ihr liebe Last. Ludwig von Metternich verweigerte ihnen rundweg die Lieferung. Sie wandten sich an den Amtmann des Amtes Porz, Heinrich von der Hövelich, der damals in Gladbach wohnte, um Vermittlung. Metternich, dem der Hebborner Hof im Jahr 1594 durch Mißwachs nichts eingebracht hatte, berief sich für sein Verhalten auf den Pachtbrief vom 7. Juni 1584, in dem von der Verpflichtung das Öl zu liefern, nichts erwähnt werde. Demgegenüber wiesen die Paffrather auf das Herkommen und wohl auch auf das Hebborner Weistum hin, durch das die Verpflichtung bestätigt werde. Auch hätten der verstorbene Schwiegervater des Amtmanns, Wilhelm von Steinen, und dessen Vater das Öl nicht verweigert.

Da wandte sich der Freiherr an den Landesherrn in Düsseldorf und legte am 24. Januar 1595 in einem langen Schreiben die ganze Notlage des Hebborner Hofes auseinander, schilderte den Raubbau am Walde, die Last der Öllieferung und die Folgen des Mißwachsjahres 1594. Dem Halfmann Peter Flugk auf dem Hof habe man auch etliche große

---

[183]) Archiv v. Weichs, Akten 159.

Bauhölzer bewilligt, „daher der Hoff merklich überhauen und beschediget worden". Da sei er nun durch die Pachtzahlung sehr bedrückt:

> „Davon nun mehrgelt. F. Gn. Hoff Haborn gegen schwerlich jerliche Pacht, ich in Bestand und Winnung angenomen, wie der Lehenzettul hiebei copeilich gelegt, ferner auffuert und mehrenteil den Pfacl aus der Echermastung / so uns Gott uf den Eichenbeum und durch durch solchen mittel bescheret / jerlichs erzwingen muß.
> Weil der Acker und Lendereyen nit am besten, sondern sauer, sandig und waßerbissig Grund ist, zudem darauf dickweilige Hagelschlag und Mißwachs eingefallen und ich tragen müßen, dahe mir dan alle und jede Jars am Pacht nit zurugkgehen und solche nit angesehen, das in kurzen Jaren, in dieser jungen Pachtung sovil großer Eichenbeum abgehawen und die Buschen merklich verwustet, wie denn die Echerwos zu meinem Nachteil sehr geringet, auch impfal bei Zeitten damit nit aufgehoret, sondern der Pacht mir ebenwoll volnkomentlich abgeford, neben deme auch die Beschwernus der 40 Quart Oligsrenth überhaben werden solte, würde mir unmöglich sein, den volligen Pacht darab zu geben, vielweniger des Hoffs nutz sein.
> Deshalb gelangt an Ew. F. Gn. mein underthenig hochvleißig Pitt, dieselb bei Zeiten einsehens beschehen zu laßen und gnediglich zu gerouhen, das hinfuro nit allein mit dem abhawen der großen Eichenbeum einmal stillgehalten und die Buschen was verschonet, sondern auch mir der Pacht alle und jedes Jars ...... und daran traglich Linderung widerfahren, wie gleichfals die Oligsrenthe überhoben werden mochte, zu dem Ende mir itzo newe Lehnung und Pachtzettul, weilen gegen Cathedra Petri die Jahre verflossen, mitzutheilen ...
> Ludwig von Metternich."

Die Antwort erhielt der Freiherr im März durch den Porzer Amtmann Heinrich von der Hövelich. In einer der vornehmen Form angepaßten feinen zierlichen Schrift schrieb dieser:

> „Dem Edlen, Erenvesten Ludwigen von Metternich. Ambtman zu Miseloh, Meinem insonders günstigen lieben Schwager.
> Was Ewer Liebden mir wegen Mißbezalung etlichs Olighs zum Geluchte in der Kirchen zu Paffradt auß meines gnedigen Fürsten und Herrn Hoff zu Habborn gehoirich und von derselben Schwegerherrn selig verrichtet worden ist, geschrieben und begert, als nemlich nach derselben gemelts Schwegerherrn von Hochg. Ire F. G. erlangte Pachtcettuls, so Anno 84 am 3. Junii aufgericht, dieselbe Oligs außgab nit nachbevolg, das derwegen derselbigen oder dem Halfen ehe und zuvor E. L. von Hochg. Ire F. Gn. zu Abkurtzung deßen Pachts Bezalung das auf erlacht werde, nit zugemessen, noch dafür executirt werden mogen, ferner einhalt deselben hab ich woll empfangen und auf jetzige Kirchenrechnung dem Pastoren, Kirchmeister, Botten und anewesenen Nachbaren solches vermeldet.
> Dweil aber dieselbige mich berichtet, das E. L. Schwegerher selig die Kirchmeistere bis in seinen Sterbtagh alle Jare zu dem Geluchte, das ganze Jar muß vor das heilig Sacrament zu halten viertzig Quarten Olichs jedes Jars bezalt, wie deselben Vatter auch getan hette. Und mich fleißig gepetten, E. L. Irer Voreltern bekentlicher außgult dergleichen auch nachsetzen und derhalben sie lenger nit aufhalten wolle, gutlich zu berichten, hab ich solches darumb und sonsten auch Ambtshalber nit underlassen sollen, mit gunstig begeren, E. L. sich darin gutwillig schicken wollen. Sonsten stell zu derselben Bedenken, ob die bei solcher Meinung, als das ire F. Gn. umb gnedige Resolution ersucht werden solle, beharren und derselben vortreglich zu sein / wie doch ich bei mir nit befinden kan / erachten wollen, welches E. L. mir in Antwort dieses gunstiglich zu vermelden, wornach zu richten. Dan dieselben wissen, das die Hochzeit anstehet und sich des Mangels des Olichs übel schicken will. Auch sidder der Verhaltung geine Geluchte in der Kirchen gewesen. Da dasselbe aber Gottes Ehr betrifft, welches ich nit zweifele, dieselbe woll erwogen und bedenken sollen. Die ich hiemit der gottlichen Allmacht bevehle.
> Datum Gladbach, am 10. Marty Anno 1595.
> Ewer Liebden freundwilliger H. von der Hövelich, Ambtmann."

Aber Metternich gab nicht klein bei. Er verweigerte nach wie vor den Paffrathern ihr Öl für das ewige Licht und kümmerte sich auch um die angekündigte Hochzeit nicht. Es geschah zum Ärgernis des ganzen Kirchspiels unter stetem Protest der Kirchmeister und des Pastors. Für den 14. Oktober 1595 lud der Porzer Schultheiß Johann Cortenbach den aufsässigen Freiherren nach Bensberg in des Wirts Ulrich Behausung zu einer Besprechung ein, an der auch der Kellner Christian von Heimbach teilnehmen sollte. Hier sollte ein Vergleich über den Mißwachs auf dem Hof im Jahre zuvor getroffen werden. Ob er zustande kam, melden die Akten nicht.

Wohl aber wissen wir, daß Ludwig von Metternich mit dem Halbwinner Peter Flugk einen neuen, auf zwölf Jahre lautenden Pachtvertrag schloß, dessen Laufzeit am 22. Februar 1595 begann. Er ist wesentlich umfangreicher als jener Vertrag, den er selbst 1584 mit dem Herzog geschlossen hatte und gewährt uns einen aufschlußreichen Einblick in die Pflichten und Rechte des Pächters, damit in alle Verhältnisse des Hofes. Die Not der Zeit hatte es mit sich gebracht, daß 24 Morgen Ackerland ungepflügt und wüst liegen geblieben waren, nun mußte Peter diese wieder zu Ertrag bringen.

Der „Pfachtzetul pro Peter, Halbwinn zu Hebborn", von 1595 lautet (Archiv v. Weichs in Rösberg Nr 159):

Strauweiler bei Odenthal

„Zu wissen, das wir, Ludowig von Metternich, Ambtman zu Meysenloe, und Maria von Steynen, Eheleut, hinwider ausgetan und verpfachet haben, austun und verpfachten in Kraft dieses Briefs alsolchen Hoff zu Hebborn (wie derselb mit Artland, Buschen, Benden, Weyden und allem Ein- und Zubehör gelegen ist und wir von unserem gnedigen Fürsten und Hern Hertzogen zu Geulich, Cleve und Berg etc. in Lehnung haben) dem erbaren Peteren, Halbman, und Eifgen, Eheleuthen, zwölf Jahr lang, jedoch welchem Teil nit belieben würde, zu sechsen abzustehen, warab das erste Jahr auf Cathedra Petri dieses fünf und neunzigsten Jahrs angehen und auch sich also vortain all und jede Jahrs endigen sollen.

Von welchem Hoeve die Pechtere Peter und Eifgen dem Kelner zu Benßbur zur Zeit alle und jede Jars auf Martini auf ire Kosten liefern und wolbezalen soln 40 Goldgulden, 12 Malter Rogken, 12 Malter Gersten und 12 Malter Haberen, guter, reiner markgeber Fruchten, darzu noch 40 Quarten Oligs in die Kirch zu Pfaffrodt, daferne wir desfals keinen Nachlaß bei hochgemelten iren F(ürstlichen) G(naden) erhalten können.
Ferner sollen bemelte Pechters den Hoff vurß. mit seinem Zubehöer bei all seinen Freiheiten, Gewönheiten, Gerechtigkeiten, Foeren und Päelen vleißig handhaben, behalten und vertedigen, auch das Land Buschs, Benden und andere Zubehöer nit verenderen, verhosäeden, ausäetzen, verteilen, verbeuten, verspleißen, sonderen dasselbig beieinander halten und zu rechter Zeit bawen, misten und mirgelen und weil man erfonden, das ungevehr 24 Morgen Lands ungepfleuget und wüst, ohn unser Wißen und Willen, liegen pleiben, sollen Pechtere dieselbige füro unter die andere Lenderei und Gewanden pringen, in seinen Baw stellen und sie alle Jars anderthalben Morgen mirgelen und auf Jars misten sollen,
auch den Hoff sambt seinen Geheuchteren in guten Baw, Daech und Rüstung stellen, underhalden und zu End der Pachtjaren allerding wolgerüst widerlieberen. Was aber new Gebaw anlangen tut, soll nach Pechters Recht gehalten werden.
Des sollen Pechtere alle Früchten und Getreid (das Hew, Holzgewachs und Obs) so aufm Hofe und Zubehöer wachsen würde, allein vor sich behalten, nutzen und nießen, außerhalb zween Appelbeum und zween Bierbeum, so wir vor uns behalten und auskiesen mögen. Die Lehngerechtigkeit der Haberen, Zinßgülten und Churmueten wollen wir auch alle Jars vor uns innnehmen und abhölen laßen.
Die Horn-Viehezucht sollen Pechteren auch alleine behalten. Des sollen jedoch sie uns Verpechteren alle Jars zween Butterwegk und drei Saterstags Keeß, im Mey gemacht, geben und vermuegen.
Mit der Ferkenzucht soll es gehalten werden wie von alters, nemblich das Herschaft und Halbman nach der Besatzung zu gleich teilen mögen, und wannehe Gott der Herr Echermastung bescheren würde, also das über die Hofferken Echer vorhanden und Dehmferken angenohmen, solle dasselbige Geld den Pechteren alles zum halben Teil, zu steuer der Mißwachsjaren Pachten zukomen.
Wie ingleichen sollen Pechtere jerlichs 26 Schaef aufm Hoeve halten, welche doch von uns beiden, Verpfechteren und Pfechteren, zugleich besetzet werden sollen. Von zehen Hämelen sollen wir die Woll scheren, und die Pfechtere sollen von den sechzehen die Wolle alleynig wegknehmen, oder zween vetten Hämelen und ein vett Lamb von der ganze Woll und jerlichs aufs Fest Michaelis zu lieberen schuldig. Aber wannehe wir im Herbst die Schäef oder Hämelen zu verkaufen belieben würde, sollen darzu die Pechtere keine Einred meines Anteils der Wolle halber haben, sondern dasselbig gestatten müssen.
Es ist auch bei der Ferkenzucht vorbedingt, das Pechtere alle Jars zwelf Ferken zur Mastung trecken und zwelf Vaselferken in den Winter zur newer Mastung schlagen sollen.
Die Entenzucht wollen wir, Verpfechtere und Pfechtere, beide besetzen und zugleich auch auf Martini teilen.
Item auf Newjar mit einem Goltgulden sich f(reundlich) zu erzeigen.
Die Pechtere sollen jerlichs zween Appelbeum, zween Bierbeum und drei Kirßbeum zu setzen schuldig sein und auf Osteren einen Paischwejk und acht junge Hoener uns geben sollen.
Dazu sollen uns Pfechtere alle Jars wehrender Pachtung ein Fiertel Holtz auf ire Kosten an den Rein führen oder, da das nit zu tun, andere Dienste als sechs Tage auf Erforderen zu tun schuldig sein sollen.
In dieser Verpachtung ist außdrucklich mit vorbehalten, das Pechtere auf alle Welden, Busche, Wiesen und sonsten gute Aufsicht haben, auf das keine Biesten in die Busche laufen gehen oder getrieben und durch einen and mit Laufstreufen, scharren, item kleinen Schentzgen witten zu binden, Planken, Stachen aus den Zeunen zu reißen, als woll auch im Echer nit zu stöcken und sonsten Schaden durchs Viehe beschehe, und impfall sie deren einige darüber erfinden und betreffen würde, und selbigs alspalt zu wissen und nämhaft machen, oder aber sei die Pechtere darvor anzusehen und den Schaden zu ergenzen.
Letzlich und schließlich ist vestiglich vorbehalten, impfall durch der Pechtere Personen selbst oder ires Gesindes Nachleßigkeit und Verseumbnus des Fewers einiger Brandschaden an dem Wönhaus, Scheuren, Stallung oder sonsten uns zugefuegt würde, — dasselbig doch Gott gnediglich verhueten wolle, — derselben und dergleichen, wie sich solchs zutragen möchte, sollen vielbemelte Pechtere uns zu erstatten und zumal zu ergenzen schuldig sein, und wir uns an irer eigenen Haaben und Güteren derowegen erholt haben wollen und zu wahrem Underpfand alle ire Haab, beweglich und unbeweglichen Güteren zum gewissen Underpfand gesetzt.
Daferne auch obgemelte Pfechtere an Zalung des Pfachts und Mithaltung dieser vurgesatzter Puncten im Teil oder zumal seumig, brüchig und nachleßig erfonden würden, sollen jederzeit

ire Jaren umb und aus, und der angepacht Hoff und Lendereien mit allen Bessereyen, nichts überall davon ab- oder ausgescheiden, wider zu unserem besten nützen, alslang von hochermelten Irer Fürstlichen Gnaden wir denselben Hoff in Pachtung haben, ohn Pechtere einige In- oder Widerred heimberfallen sein und bleiben.

Ohne Geverd und Arglist. In Urkund der Warheit sind dieser Pachtzetulen zween eines Einhaltz, durch uns Verpfechtere underschrieben, hierüber aufgericht, deren jeder einen an uns beiden in Gegenwärdigkeit der Schedz — oder Weinkaufsmänneren und 2 Bürgen darauf uns Verpechteren setzen solle."

(Unterschriften fehlen.)

Der „Ölkrieg" zwischen Ludwig von Metternich und den Amtsstuben zog sich noch etliche Jahre hin. Schließlich wandten sich die erbosten Paffrather im Frühjahr 1598 abermals und in entschiedenerem Ton an die herzogliche Regierung in Düsseldorf. Sie beriefen sich auf das Weistum im Roten Meßbuch. Die Hofräte achteten das uralte Recht. Jetzt erhielt der adlige Rebell den gemessenen „fürstlichen Befelch, daß Ludwig von Metternich zu Scherffen den erfallenen Olligspacht zu Paffrath zahlen wolle". Der Hofrat Niklas von der Broill schrieb ihm am 8. März:

„Unser freundlich Gruß zuvor. Ernvester und frommer, bester, guter Freundt. Uns haben Pastor, Kirchmeister und sementliche Nachburen zu Paffradt im Ambt Pfortz abermals supplicardo zu erkennen geben, was maßen unsers gnedigen Fürsten und Herren Hertzogen Zu Gulich, Cleve und Berg pp. Hoff zu Habborn järlichs vermog ihres Kirchenbuchs jarlichs viertzig Quarten Olichs in ire Kirch zum Geleucht für das hochwürdige Heilige Sacrament zu liefern verpflicht, welchs nu in etlichen Jären hero nit bezalt.
Und weil ir angedeuten Hoff eine Zeit hero, wie noch, in Pachtung gehabt, auch die Bezalung järs zu tun obligen tut, derhalben darzu anzuhalten untertenig gebetten, Und dan pillig, das ir dasjenig, was von alters breuchlich, einmal bezalet. — So ist in namen Ihrer F. Gn. unser Meinung und Befelch, das ir den hinderstendigen Olich alsbald entricht und sie desfals lenger nit aufhaltet, damit wir ires verdrießliche Anlaufens dieserends einmal geübrigt sein mögen. — Versehen wir uns also und befelen euch dem Almechtigen. Geschrieben zu Düsseldorf am 8. Marty Anno c. 98.
Hochernants unsers gnedigen Fürsten und Herren Hertzogen pp. Rete.
N. v. d. Broill."

Es ist aus den Akten nicht zu entnehmen, ob und wann Ludwig von Metternich dem Befehl entsprochen hat. Seine Bemühungen um Pachtnachlaß hörten wahrscheinlich noch nicht auf; denn offenbar ihretwegen ließ die Landesregierung den Hebborner Hof im April 1598 neu vermessen. Dem bei dieser Gelegenheit aufgestellten Meßzettel verdanken wir die Kenntnis der Ländereien des Hofes zu dieser Zeit:

Meßzettel von dem Habborner Hoffe

Anno p. 1598 den 23. Aprillus ist gemessen die lenderey, so zum Happorner Hoff gehörtt und befind sich in der maßen wie folgt:
Item das Land auf dem Winkell genant 9 Morgen und 24 Roden
Item das Land an der Happorner Straßen in der Doinschladen genant 25 Morgen 2 firtel
Item das Land umb den Hoff 21 Morgen 1 firtel
Item das Land im Mutzenfelde am Wiltzung helt 18 Morgen 49 Roden
Item noch im Mutzenfeld 8 Morgen
Item ein Stück lands hinter dem bilden büschelgen, so jetzt von Driesch gebeut 9 Morgen 1 firtel 7 Roden
facit in Somma 88½ Morgen 2 firtel 5 Roden.
Noch ein Stück wüsten landes hinder dem Bilden büschelgen, so jetzt mit Waghullteren und gans wüst liegt, ist auch jetzt ungemessen blieben, aber nach dem augenschein solte es ungefer 52—55 Morgen.

Nach dem Tode Ludwigs von Metternich im Jahre 1609 erhielt sein Sohn Reinhard Scherfen und die Lehnschaft über den Hebborner Hof. Er war ebenfalls Amtmann von Miseloe und heiratete 1610 Wilhelmine von Rottkirchen. Ihre Kinder starben ohne Nachkommen, so daß Scherfen und Strunden auf Reinhards Schwester Maria Margareta von Metternich und durch sie an ihren Gatten, den mit ihr entfernt verwandten Gottfried von Steinen, den Herrn zu Lerbach und Amtmann zu Löwenberg und Lülsdorf, überging [184]).

Wir wissen aus diesen Jahrzehnten, in denen der Dreißigjährige Krieg seine Wellen in erschreckender Weise auch über das Amt Porz schlug und den Hebborner Hof nicht verschonte, nur wenig über seine Schicksale.

Im Bruderschaftsverzeichnis des Paffrather Pfarrers Heinrich Bruel von Düssel vom Jahre 1650 wird der Halfmann Tilmann zu Oberhebborn mit seiner Frau Christina aufgeführt. Er muß kurz danach schon gestorben sein, denn er erscheint bald (ohne Datum) in der Liste der Toten. Schon im Jahre 1651 wurde der Hebborner Hof durch den Kellner zu Bensberg auf zwölf Jahre an Gerhard von Fings und seine Frau Steintgen verpachtet. Er steht im Jahre 1653 im Bruderschaftsverzeichnis von Jesus und Maria (oder der christlichen Lehr) des Pfarrers Henning Niemann als Halfmann Girid. Er hatte damals mit seiner Frau Christina sechs Kinder: Meves (Bartholomäus), Johannes, Märg (Maria), Christina, Sibilla und Margaretha. Der Notiz im Kirchenbuch ist dann später noch zugesetzt worden: Andreas und Pitter.

Im Jahre 1652 verpfändete der in Geldnot geratene alte Herzog Wolfgang Wilhelm die beiden Höfe in Gladbach und Hebborn an den Amtmann Gottfried von Steinen zu Scherfen. Nun mußten die Halfmänner neue Pachtverträge mit ihm abschließen. Während die Höfe früher stets mit dem „Ecker", dem Eichelertrag zur Schweinemast, verpachtet gewesen waren, behielt ihn sich der Amtmann jetzt zum eigenen Genuß vor. Damit waren die Pächter jedoch nicht zufrieden, zumal das Jahr 1652 wieder Mißwachs gebracht und sie Pachtnachlaß begehrt hatten. Sie wandten sich an den Herzog selbst als den eigentlichen Eigentümer der Höfe und baten, ihnen für den Entzug des Eckers einen Pachtnachlaß zu gewähren, da sie doch immer noch ihre Abgaben an den Kellner zu Bensberg abführten.

Am 20. März 1653 starb der Pfalzgraf Wolfgang Wilhelm und ihm folgte sein Sohn Philipp Wilhelm. Bei dieser Gelegenheit mußten alle Lehen vom neuen Landesherrn neu empfangen werden. Die Landstände aber drängten darauf, die ohne ihre Genehmigung vom verstorbenen Pfalzgrafen verpfändeten Höfe wieder einzuziehen. Gottfried von Steinen richtete noch 1653 eine Eingabe an die Landstände, ihm die beiden Höfe und das Mannlehen Niederscherfen weiter zu belassen, da er „nit lucrative", sondern „titulo satis onerose" (unter genügender Belastung) an die Pfandschaft gelangt wäre. Die Ritterschaft beschied ihn am 13. Juni danach, unterschrieben durch den Lizentiaten Hermann Ostmann, „Bergischer Landschaft Syndikus", er solle die Höfe Gladbach und Hebborn bis zur Ablage und Einlösung des darauf stehenden Pfandschillings behalten und genießen. Darauf wurde er am 30. September aufgefordert, die in seinem Besitz befindlichen Originalurkunden über die Höfe in Düsseldorf vorzulegen. Trotzdem wahrte der

---

[184]) ZBGV 12 S. 66 ff.

Herzog auch wieder unmittelbar sein Besitzrecht an den Höfen. Am 28. Juli 1654 mußten sie aus ihren Büschen zwei gute Bauhölzer zum Bau von Geheuchten als Wohnung für den herzoglichen Kammerrat und Sekretär Adam Schlosser auf den fürstlichen Erbpachthof in Dormagen über den Rhein liefern.

Am 20. Januar 1655 verpachteten Gottfried von Steinen und seine Gattin Anna Salome von Schaesberg den Hebborner Hof auf sechs Jahre an die bisherigen Pächter. Der Amtmann erwirkte auch einen Befehl von Düsseldorf an den Kellner zu Bensberg, die Pächter anzuweisen, daß sie die Pacht fortan unmittelbar und ohne Abzug wie ehedem an ihn zahlen sollten. Die Pächter dagegen begehrten, es beim alten Zustand zu belassen und ihnen für den Entzug des „Eckers" das „Eckergeld" ausfolgen zu lassen.

Da erging am 16. September 1655 der endgültige Befehl der Regierung in Düsseldorf, alle vom verstorbenen Herzog verschenkten, verpfändeten oder zu Lehen aufgetragenen Höfe an die Kellnereien zurückzugeben. Der Bensberger Kellner Johann Jakob Rheinfelden erhielt wegen der zum fürstlichen Hause Bensberg gehörigen Höfe Gladbach und Hebborn entsprechende Anweisung, die am 15. Oktober dort eintraf.

> Copia Ahn Kelneren zu Benßburg wegen der zeitiger Hoffe zu Glabbach und Hebborn, das der Kelner dieselbe wider zur Kelnerey einzihen solle.
> Erbar guter Freund.
> Nachdeme bei Ihrer Fürstl. Durchl., Unserem gnedigsten Fursten und Herren, Herrn Philipp Wilhelmen Pfalzgraven bei Rhein, zu Bayern, Gulich, Cleve und Berg Herzogen, dero Gulich und Bergische Landstend zum ofteren angestanden, daß Ihro Fürstl. Durchl. die von Ihrer Fürstl. Durchl. Weilant Herrn Vatteren Christseligsten Andenkens verschenkte oder zu Lehen aufgetragene und verpfente Fürstliche Cammergüter / : warüber der Landtstenden Bewilligung nach Inhalt und Intention der Privilegien / so vorige Herzog zu Gulich und Berg erteilt haben nit geggeben were / : nach Anlaß der abgelebter Fürstl. Durchl. im Jare 1649 bei dem domalen gehaltenen Landtags Vergleich gnedigst erteilter Erklerung, zu Ihrer Fürstl. Rechencammer wiederumb einziehen wolten. Und dan höchstgem. Ihre Fürstl. Durchl., unser gnedigster Fürst und Herr bey erster Antrettung dieser Ihrer Fürstentumb und Landen Regierung auf dero semtlicher getrewer lieber Landtstent Anhalten gnedigst resolviret, das sie obgemeltem Ihres Hern Vatters Vergleich sich gemeeß verhalten wolten, und zu dem End bei der jüngster Hinaufreiß nacher Newburg uns durch dero hinterlaßenes schriftliches Decretum gnedigst aufgegeben, solches ins Werk zu stellen, und dan von Ihrer Fürstl. Durchl. Rat, Cammerern und Ambtman zu Miseloe, deme von Steinen vor diesem obgemelter maßen die zwei zum Fürstl. Hauß Benßburg gehorige Höff Hebborn und Glabbach, eingeraumbt und übertragen worden.
> So ist hochstgemelt Ihrer Fürstl. Durchl. gnedigste Meinung, auch von derowegen der Befelch hiemit, daß Ihr obgemelte Höff widder zu Unser Kelnereien einnehmet, Euch dieses und folgender Jahr Pfächte hiemit vorbehalt der vorigen seithero hochstgem. Ihrer Fürstl. Durchl. tödlichem Abgangs erfallene Pfächten :/ darab liefferen laßen und wie vorhin Ihrer Fürstl. Durchl. dieselbe einbringen und berechnen sollet.
> Gezeichnet zu Düßeldorff, den 16. Septembris 1655
> Fürstliche Pfaltz-Newburgische hinterlaßene Gulich und Bergische Statthalter, Cantzler, Cammerpraesident, Hoff- und Cammer-Rete.
> v. Winckelhausen mpp.
Ad: Schloesser mpp.
>
> Superscripsio.
> Dem Erbaren Unserem guten Freundt Johanß Jacoben Rheinfelden, Fürstl. Pfaltz-Newburgischem Kelneren zu Benßburg.
> Praesentatum Benßburg, den 15. Octobris 1655.

Damit hörten die Pfandschaft und das Pachtverhältnis zu den Freiherrn von Steinen auf. Doch die Bedrängnis der beiden Hofpächter lockerte sich trotzdem nicht. Der Kellner gewährte ihnen keinen Nachlaß. So sahen sie sich mit ihren Familien der größten

Not preisgegeben. Deshalb wandten sie sich am 17. Februar 1657 unmittelbar an den Landesherrn um Hilfe:

> 1657, Febr. 17.
> Underthenigste Pitt beider Ihrer Fürstl. Durchlaucht Halbpfachteren zu Hebborn und Gladtbach Ambts Portz.
> Durchleuchtigster Fürst, Gnedigster Herr pp. — Ew. Fürstl. Dhl. werden sich verhoffentlich gnedigst zue erinnern wissen, wasgestalt wir beide deroselb Pfächtere dero Höefe Hebborn und Gladtbach Ambts Portz ihm Jahr 1651 itzgemelte beide Höefe auf zwolf Jahrs gepfachtet haben. Dannoch ihm Jahr 1652 die Hoffe ahn den Herrn Ambtman von Stein pfantzweis zue gebrauchen eingetan, bei demselben wir beide Pfechtere eine newe Pfachtung eingehen müssen, wobei wolgemelter Herr Ambtman einig Ecker, was an den Hobschwein ubrig, vorbehalten, dargegen ahn der Geltpfacht einig Gelt nachzulaßen versprochen und auch vermög Pfacht-Zettuls also bis hierhin bezahlt, dannoch ihm Jahr 1655, in Namen Ew. Fürstl. Dhl. ahn dero Kelner zu Bensburg Befelch erteilt, daß wir ihn die völligen Geltpfacht, wie vorhin bei Ew. Fürstl. Dhl. gepfachtet, bezahlen solten. Dahero keinen Nachlaß erlangen können, sondern uns mit starker Pfandschaft heimbsuchen tut. Wiewoll bemeltem Kelner wolwißig, daß wir in so vielen Jahren kein Ecker auf beiden Hoffen gehabt und diß Jahr auch wenig darvon genoßen, gleichwoll diß Jahr wir auch vorhin wie Ew. F. D. den volligen Pfacht zahlen müssen; warbei wir beide arme verderbte Pfachtere mit unseren Weib und Kindern zum äußersten Verderben geraten.
> Derowegen glangt unsere underteingste flehentliche Bitte, uns bei voriger Pfachtung zu laßen und uns die vorige Pfachtung, wie im Jahr 1651 verpfachtet, zu wohnen gnedigst vergünstigen, und weilen wir deß Jahr des Eckers wenig genoßen und dannoch den völligen Pfacht zahlen müssen, uns dieserwegen etwas zum Guten kommen und einge Ergetzlichkeit genießen laßen und zu dem End ahn dero Kelner zu Bensberg gnedigst Befelch zu erteilen. Ew. Fürstl. Durchl. undertenigste gehorsambste Pfächtere beider Höefe zu Hebborn und Gladtbach Ambts Portz.

Ohne Zweifel wurde die Lage der Halbwinner darauf untersucht. Das zog sich in üblicher Weise monatelang hin. Am 20. September 1657 erhielt der Bensberger Kellner Rheinfelden den Befehl, die Pachtbriefe zu prüfen. Da nun aber die Verbindung mit den adligen Familien auf Haus Scherf gelöst war, sind aus deren Archiv keine Nachrichten mehr zu entnehmen, die das Ergebnis melden könnten.

Im Jahre 1669 wurde der Hebborner Hof durch den kurfürstlichen Hofkammer-Rat Maeß aufs neue dem bisherigen Pächter Gerhard von Fings und dessen Erben mit allem Zubehör auf acht Jahre mit der Möglichkeit verpachtet, nach vier Jahren davon abzustehen. Er sollte auf Martini an Geld 60 Reichstaler bezahlen, dazu 10 Malter Roggen und 10 Malter Hafer abliefern. Jedes Jahr mußte er auf den Hofesgründen an jungen Stämmen zwölf Eichen, zwölf Buchen und sechs Obstbäume setzen und in das dritte Laub anziehen. Auch hatte er alle auf dem Hofe ruhenden Lasten dem Herkommen gemäß zu tragen. Er durfte auf dem Hofe nichts einreißen, ihn vielmehr mit „dem Gehöcht, Landerei, Wiesen und Zubehoer seine besten Fleißes erhalten". Zum Hof gehörten damals ungefähr 76 Morgen außer den Büschen. In den Pachtbedingungen wurde auch die Verpflichtung des Hofes zur Lieferung der „40 Pfund Olligs" an die Kirche in Paffrath neu festgelegt, die „sonsten vorhin mit 10 Quart bezahlt worden"[185]. Im Totenregister der Paffrather Bruderschaft wird 1693 genannt: Cathrin, gewesene Halfersche ufm Hebborner Hoff — und 1694; selige junge Dochter Biellgen vom Hebborner Hoff.

Am 5. April 1707 wurde der Hebborner Hof zu denselben Bedingungen wie 1669 auf zwölf Jahre, mit sechs Jahren abzustehen, an Peter von Hebborn verpachtet[186]. Es han-

---
[185]) StA Düsseldorf, Jülich-Berg, Hofkammer, Amt Porz-Bensberg Nr. 1.
[186]) ebd. a.a.O.

delt sich um Peter Pfingst, der im Jahre 1713 als „villicus" mit seiner Frau Christina auf dem Hof saß und vermutlich ein Nachkomme des Goddard von Fings (1651) war. Sie hatten damals drei Kinder: Andreas, Petrus und Katharina. Außer dem Bruder der Frau, dem Junggesellen Tilmann, halfen die Mägde Maria und Gertrud, die Knechte Hans Wilhelm und Johannes und die Hirten Heinrich und Katharina auf dem Hofe. Eine Tochter Maria Gertrud wurde erst später geboren. Sie heiratete als „perhonesta virgo ex villa Hebborn" am 26. Februar 1769 den „praenobilis Dominus" Matthias Reckum vom Haus Haan bei Dünnwald.

Der Hebborner Hof war laut den Kellnereirechnungen in den Jahren 1711 und 1712 nach einer Besichtigung durch die Hofkammerräte Johann Wilhelm Gesser und Johann Adrian Kylman auf kurfürstliche Anordnung hin erneuert worden. Die Zeitpacht wurde am 18. Mai 1711 für Peter Pfingst und dessen Erben in eine Erbpacht umgewandelt. Zu den bisherigen Abgaben trat nun ein Erbschilling von 292 Reichstaler 40 Albus, die an den Hofkammerrat und Landrentmeister Scholl entrichtet wurden. 1717 und 1718 wurden am Hofe abermals Erneuerungsarbeiten vorgenommen [187]).

Über die Waldnutzung des Hebborner Hofes gibt die Kellnerei-Rechnung des Amtes Porz vom Jahre 1743/44 nähere Kunde, und zwar durch einen beigefügten

Bericht des „Herren Busch zu Hebborn" an den Kurfürsten.

Oftbesagter Hof hat auf denen Brücker Gemarken 11 Morgen erblicher Gerechtigkeit, so dem Halfmann nicht mit verpfachtet und wie ante zu sehen, mit dem Hof Milenforst verpfändet. Der Egger (Eichelertrag) aber, so fallet, verbleibt Ihrer Churfürstl. Durchlaucht.

Mein gnädigster Churfürst und Herr ist wegen des Hofs Hebborn auf denen Hebborner Gemarken Lehnherr und haben Ihre Churf. Dl. 6 Viertel Klüppelholz, welches jetziger Pfächter Peter Vings neben denen anschießenden Büschen, wie ante gemeldet, nunmehro in Erbpfacht hat, und was auf besagten Gemarken mehr, dan gemelte 6 Viertel Klüppelholz fällig, dieses wird auf 17 churmütige Güter ausgeteilet, und werden alsolche vorschriebene Güter sambt der Gemarken und Gerechtigkeit wegen Ihrer Churf. Dl. als Lehnherren vom Kellneren zu Bensberg empfangen. Und hat sonst kein Hochgewald, darinnen ist nun durch die Erben mit einigen Eichenstahlen zu besetzen angefangen.

Item gemelter Hof hat ein Ort Busch, genant der Brand, ist Hochwald und unten mit Klüppelholz bewachsen, und was gehauen wird, ist in Pfachtung des Hofs begriffen.

Item ein Ort Busch genant aufm Graben, ist Hochgewald und unten mit Strauchholz bewachsen, anhaltend 36 Morgen; was gehauen wird, ist in Pfachtung des Hofs begriffen.

Item ein Stück vor dem Hof gelegen, genant die Bohle, ist Hochgewald und mit Strauchholz bewachsen, anhaltend 11 1/2 Morgen, und was gehauen wird, ist in Pfachtung des Hofs begriffen.

Gemelter Hof hat den Wasserbroch mit kleinen Eichen besetzt, anhaltend 3 1/2 Morgen, ist in des Hofs Pfachtung begriffen.

---

[187]) ebd. a.a.O.

Gemelter Hof hat noch ein Ort Busch, der Wapelsberg genant; darinnen seind etliche Eichenstahlen und viel lediger Heid, anhaltend 25 Morgen, und was gehauen, ist in Pfachtung des Hofs mit begriffen.

Letztlich hat mehrgemelter Hof ein Ort Busch, in der Bauschladen genant, mit etlichen Eichen besetzt und traget Buchenholz, und was gehauen, ist in Pfachtung des Hofs mit begriffen, so der Halfmann mit in Pfachtung hat, 5 1/2 Morgen [188]).

Im Mai 1749 wurde der Hebborner Hof erneut auf 24 Jahre verpachtet.

Peter Pfingst, auch Vinx oder Finks genannt, der mit Thomas Eck 1719 und 1721 als Hofscheffe auftritt, war später Lehnschultheiß des Hebborner Hofgerichts und noch im Jahre 1753 im Amt. Einer seiner Scheffen hieß Henrich Kuckelberg. Es scheint, als ob der Oberschultheiß in Bensberg zu dieser Zeit das Hofgericht in Hebborn schon ganz bevormundete und er hier mehr Erfolg damit hatte als in Paffrath. Der Lehnschultheiß selbst gab anfallende Sachen zur Entscheidung nach Bensberg ab.

Das geht aus dem Schriftwechsel vom Jahre 1753 über den Einschlag von Eichen auf dem Lehngut Siefen, über das am 17. Juli 1708 ein Kaufbrief am Hebborner Lehngericht präsentiert wurde, hervor: [189])

> „In untertänigstem Gefolg von Ihro Churfürstl. Durchlaucht Hofraten und Oberschultheißen zu Porz mir aufgegebenen Commission hab mit [190]) Zuziehung des Lehnscheffen Henrichen Kuckelberg auf heut endsgemelten Dato in Beisein des Vormündern über die Minderjährigen Lommertzens, Josephen Cürten, den Augenschein über die Eichen auf dem Gut zum Sieffen, so an das Lehngericht auf dem Hebborner Hof lehnrührig, genohmen und gezeichnet mit einem Kreuz wie folgt: erstlich 6 im Sieffen, noch drei auf dem Graben, noch 3 am Jakobsberg, letztlich 7 in der Gassen, so beiderseits an dies Guts Länderei stehen, welche alle ohne Schaden des Guts, so ohne augenschein dieselbig noch ziemlich mit Eichen versehen ist, auch selbige mehrenteils gar abständig sind, alsolchen nach meinem wenig Verstand dem Lehn kein Nachteil sein kann, wan selbige abgehauen werden, welches Ew. Hochedelgeboren zu ferner Verortnung hiemit gehorsamst berichten.
> Geschehen Sieffen, den 13. April 1753.
> Peter Pfingst, Lehnschultheiß. Hendrich Joseph Cürten, Vormünder deren nunmehr minderjährigen Lommertzen, J. P. Lommertzen, Vormünder.
> Bei angegebener Bewandnus wird die Abhauung von specificierten Gehölz erlaubt.
> Bensberg, 7. May 1753. Daniels.

Nach einem Bericht des Kellners Johann Anton Daniels zu Bensberg vom Jahre 1759 hat „der Herzog auch auf dem ihm zu eigen gehörenden Hof zu Hebborn ein Hofgericht, zu dem 18 kurmütige Güter gehören. Diese sind dem Herzog mit einigen Zinsen und Hafer verpflichtet, die jener dem Wenzeslaus Marx verpfändet hat. Das dortige Hofgericht wird vom Kellner zu Bensberg besessen.

Im Jahre 1769 wurde der Hebborner Hof durch den vereidigten Landmesser Oberbörsch neu vermessen. Er umfaßte nach dem Meßzettel

1. an Haus- und Hofraum mit Wasserpfuhl	2 M.	1 V.	5 1/8 R.
2. der Garten mit Grasfläche	11 „	2 „	13 6/8 „
3. Ackerland	102 „	2 „	30 2/8 „
4. Waldungen	130 „	2 „	45 4/8 „
im ganzen	246 „		

---

[188]) StA Düsseldorf, Jülich-Berg, Hofkammer, Amt Porz-Bensberg Nr 1.
[189]) unterschrieben vom Gerichtsschreiber Mengfelden.
[190]) Guten Abend 1927, 44.

Am 7. Mai 1772 wurde der Hebborner Hof abermals auf 24 Jahre, die am 22. Februar 1773 begannen, verpachtet, wiederum an Wenzeslaus Marx. Die Jahrespacht betrug 80 Rtlr in Gold, 10 Malter Roggen und 12 Malter Hafer, zahl- und lieferbar auf Martini. Der Halfmann Wenzeslaus Marx war in der Kirche zu Benrath mit Elisabeth Neurath getraut worden und ließ am 29. November 1770 zu Paffrath einen Sohn Johann Wilhelm taufen, bei dem Johann Wilhelm Neurath, der Großvater aus Benrath, und Maria Pfings von Hebborn, der alten Halfensippe angehörend, als Paten standen [191]). — Bei der Taufe des zweiten Sohnes Johann Matthias am 16. Juli 1772 wurden Johann Matthias Reckum aus Haus Haan und Anna Katharina Rippchens von der Odenbach als Paten eingetragen. Offenbar bestanden zwischen der alten und der neuen Halfenfamilie verwandtschaftliche Bande, die man sorglich weiterpflegte. Am 28. September 1798 heiratete Gertud Marx vom Hebborner Hof in Paffrath Josef Scherfer. Der Ackersmann Wenzeslaus Marx starb am 2. Dezember 1807 im Alter von 66 Jahren am hitzigen Fieber, während seiner Krankheit betreut von Medizinalrat Conzen aus Mülheim. Ihm folgte als Erbpächter sein Sohn Matthias. Aus der Zeit hat sich im Stadtarchiv Bergisch Gladbach [192]) eine Aufstellung der in den Hebborner Gemarken Berechtigten vom 31. Oktober 1805 erhalten. Sie wurde vom Waldschultheißen Cürten in Kohnbüchen geschrieben und lautet:

„Verzeichnus, welche in der Habonner Gemarcken berecht, und wie viel ein jeter in dem berechtsahm stehet, wie folgt:

Namen	Gewälter	Viertel
Wilhelm Höltzer ad (Oberhebborn)	3	1/4
Herrn Recum ad (Oberhebborn, heute Gastwirtschaft Eck)	2	3/4
Erben Cürten ad (Kombüchen)	1	—
Erben Kuckelberg ad	1	2/4
Hinrich Dünn ad (Kuckelberg)	—	3/4
Gotfried Buchholtz, Peter Richartz (Risch)	—	3/4
Johann Fett ad (Hebborn)	1	—
Peter Schmitz et Risch ad	1	1/4
Peter Schmitt ad	—	3/4
Jacob Odenthall ad	1	—
Erben Hammelrath ad	1	1/4
Engels Guth ad	—	1/4
Gierath Steinbach, Jacob Fet ad (Hebborn)	—	2/4
Joseph Steinkrüger ad	1	—
facit	17	—

Kohnbüchen, den 31. Octobris 1805. — Cürten, Waltschulteiß"

Leider gibt die Liste die Wohnplätze nicht an; wo sie sich ermitteln ließen, sind sie in Klammern beigefügt. Die Endsumme 17 ergibt sich erst, wenn man auch für die offengelassenen Berechtigten 1 Gewalt einsetzt. Es ist nicht ersichtlich, wie die im ganzen 20 Viertel Holz auf die Gewalten verteilt worden sind. Die beiden an der Spitze aufgeführten Berechtigten waren Eigentümer und Nutznießer mehrerer alter Sohlstätten. In den Kriegsjahren und zur Zeit der Fremdherrschaft hatte der Hebborner Hof schwere Lasten zu tragen. Noch 1813 mußte er in kurzer Frist 388 Reichstaler 91 Stüber abgeben, wovon auf den Ritter allein 295 Rtlr 78 St. entfielen.

---

[191]) Dieser Johann Wilhelm Marx starb am 28. August 1806 auf dem Hebborner Hof an der Lungensucht.
[192]) A 188.

6) Die Vermessung und Beschreibung des Hebborner Kameralhofes im Jahre 1759

Am 9. August und am 4. September 1759 hatte die kurfürstliche Hofkammer in Düsseldorf angeordnet, den Hebborner Hof auf Kosten des derzeitigen Pächters nach den Pachtbedingungen neu vermessen und beschreiben zu lassen. Der Unterbote in Paffrath und der Unterbote in Hebborn mußten vor den Kirchen in Paffrath und Odenthal alle angrenzenden Grundbesitzer auf Montag den 17. September zum Beginn der Vermessung laden, wozu auch der Oberschultheiß Daniels aus Bensberg persönlich erschien. Der vereidigte Landmesser Bernard Oberbörsch führte sie durch. Unter Anweisung der Limiten durch den Pächter begann man beim Hof selbst.

„1. Ist gemessen worden der Platz, worauf das Haus und übrige Gehüchter stehen nebst dem Hoff inwendig der Zäunen zusambt dem alten Wasserpfuhl, welche Platzen in toto anhalten ad 2 Morgen 1 Viertel $5^{7/8}$ Ruten.

2. Der Garten mit beiliegendem Grasblech und eingesunkenem Pfuhl hinter der Scheuern, einerseits langs den Hoff, anderterseits an die Gaß und dritterseits umb die Eck Gemarkenbusch anschießend, welcher District einschließlich des Fahrwegs und wüst eingefallen und unbrauchbarer Platz ahm Berg in toto ausmachet ad 2 Morgen $17^{2/8}$ Ruten, wobei ahnzumerken, daß oben dem Fahrweg ahm Feld ein Limitenstein, so den Gemarkenbusch und Hoff scheidet, vorfindlich seie; von diesem Stein gehet es auf einen Buchenstumpf in einem Eck in der Gartenheggen nach dem Hoff zu stehend, von dannen langs den Berg etwa in einer Ründe über die Anhöhe bis vor dem Winkeltor auf den Stein, welche vorbeschriebene Limiten den Gemarken- und Hoffsgrund scheiden.

3. Das Grasblech an dem Hoff mit einem Vorhaubt und einer Seiten an den Hoff ahnschießend, mit dem anderen Vorhaupt auf das Eichen- und Buchen-Kämpgen, sodan mit der zweiter Seiten auf den Gemarkenbusch und an die Hoffsländerei, der Winkel genannt, anschießend, welches Grasblech anhalten 1 Morgen 25 Ruten, wobei anzumerken, daß wohe dieses Grasblech ahn der Seiten auf die Gemarkenbuschen ahnschießet, daselbst ein die Gemarkenbuschen scheidender Limitenstein ahm Siefen und Graben vorfindlich seie.

4. Die lange Wies mit einem Vorhaubt auf das zum Hoff gehörige Land, der Winkel genannt, mit dem anderen Vorhaubt und einer völliger Seiten, fort mit der zweiten Seiten über die Halbscheid auf den Gemarkenbusch, mit dem übrigen Teil der zweiten Seiten auf die Buschen der Kuckelberger und Hebborner Erben schießend, welche Wies an Morgenzahl anhaltet ad 5 M. $7^{4/8}$ R.

Notandum, daß die Gränzscheidungen dieser Wies mit Limiten sich ausgezeichneter vorfinden und zwarn erstlich an dem Land, der Winkel genant, ist ein Stein; von dannen gehet es dem Siefen nach bis zu dessen Endigung auf den Zaun der Wiesen; von dannen ferner auf ein Pfahlstein neben dem Wassergraben; von diesem auf einen jungen Weidenstamm, von dorten bis auf eine oberste und von selbiger bis auf die andere oberste Ecke der Wiesen, an welche beiden Seiten ein Pfahlstein vorhanden; von dannen einerseits hinabwerts langs die Hegge, in welcher Hegge sieben Pfahlstein sich vorfinden, welche vorgemelte Limiten die Hoffswies von den Gemarken scheiden; von dem letzten dieser sieben Pfählstein gehet es dem Zaun und der Heggen nach bis wiederumb auf die erstgemelte Feld, der Winkel genant; und scheidet der Zaun sambt der letzterer Heggen die

Hoffswies von dem Kuckelberger und Hebborner Erbengrund, und also ist mit der Messung vor heut geendiget worden. (In fidem: Schatte, Gerichtsschreiber.), Martis (Dienstag), den 18. Septener 1759.

Coram ut ante ist mit der Messung fortgeschritten worden und zwarr:

5. Ahn der Bröchelwies, welche zweieckig, an der ersten Seiten auf den sogenannten zum Hoff gehörigen Eichenbusch, an der zweiter auf den gleichmäßig zum Hoff gehörigen Busch, das Stickholz genant, und dritterseits auf der Gemarken Wiesen und Busch schießet und an Morgenzahl ahnhaltet ad 2 M. 2 Viertel 25$^{4/8}$ Ruten.

Notandum, daß an der Seiten, wohe die Gemarken-Wiesen und -Büschen anschießend seind, folgende Limiten vorhanden; nemlich unter der Gemarken-Wiesen ahm Gemarken-Busch findet sich ein Pfahlstein, von dannen gehet es abwerts auf einen jungen Weidenstamm, von dannen dem Siefen nach bis unten an das Ende der Wiesen.

Grenzsteine Hebborner Hof

6. Das sogenante Branderwiesgen, welches mit einem Vorhaubt und einer Seiten auf den Hoffsbusch, der Brand benambset, mit dem anderen Vorhaubt auf die zum Gruber Gut gehörige Wies, fort mit der letzterer Seiten auf die denen Kuckelberger Erben zuständige Wies schießet, und haltet dieses Wiesgen ad 2 V. 13$^{4/8}$ R.

Zu merken, daß daheselbsten keine Limitenstein vorhanden, sondern die zwischen der Brander und übrigen Wiesen vorfindliche jedoch nicht zur Hoffswiesen gehörige Heggen sind als die Grenzscheidung ahnzusehen.

7. Ein Stück Land, das Mutzer Feld genant, mit einem Vorhaubt und Seiten auf die denen Mutzer Erben gehörigen, mit dem anderen Vorhaubt und Seiten auf die übrige

Hoffsländerei und Buschen, der Bolen genant, schießend, welches Stück Land an Morgenzahl haltet ad 8 M. 3 V. 17 $^{4/8}$ R.

Notandum, daß oben am Eck, desgleichen unten nach Mutz hin, ein Eckstein vorhanden, von welchem es rechterseits hinauf ferner auf einen Eckstein, von dorten nach dem Hoff zu wiederumb auf einen Eckstein, von dannen auf den Mutzer Busch, der Dörling genant, alwo ein Mittel- und ein Eckstein auf dem Weg vorfindlich ist, gehet, daheselbsten dienet der Weg zur übriger Scheidung bis wiederumb auf erstgemelten Bohlenbusch. Diese vorgemelten Limiten scheiden nun das Mutzer Feld von der denen Erben zuständige Länderei. Und also ist wegen einfallendem Abend mit der Messung vor heutigen Tag gezücket worden.

Decretum. Dahe wegen an morgigem Tag vorzunehmendem gewöhnlichen Ambtsverhör mit der Messung nicht fortgeschritten werden kann, also hat sich Landmesser Oberbörsch Donnerstag, den 20. dieses in loco dahier wiederumb zu sistiren, Signatum ut supra. In fidem Schatte, Gschr.

Jovis, den 20. Septembris 1759.

Coram ut ante ist mit der Messung fortgefahren worden.

8. An dem Stück Land oben dem Hoff, welches mit einem Vorhaubt auf den Hoffsbusch, der Eichenbusch genant, mit dem anderen Vorhaubt gleichmäßig auf den Hoffsbusch, der Bohlen genant, sodan mit einer Seiten der Länge nach zum Teil an den Gemarkenbusch und übrigens an das folgende Land, mit der zweiter Seiten gleichfalls zum Teil an die sub Nr 7 bereits beschriebene Hoffsländerei und folgents wiederumb an den Gemarkenbusch schießet, und haltet dieses Sück Land einschließlich der Heggen, Graben und durchgehenden Wegen (welche letztere 74 $^{4/8}$ Ruten ausmachen) ahn Morgenzahl ad 22 M. 3 V. 28 $^{4/8}$ R.

Notandum, daß an der ersterer Seiten auf dem Weg fünf, sodan an der anderer Seiten auswendig des Grabens drei Pfählstein, welche vorgenantes Stück Land von den Gemarkenbüschen scheiden, vorhanden seien.

9. Ein Stück Land, vor dem Hoff gelegen, welches mit einem Vorhaubt auf das Land sub Nr 8 bemerkt, sodann mit dem anderen Vorhaubt an das nachfolgende Stück Land von Hebborn, desgleichen mit einer Seiten langs den Hoff und Hoffsbusch, die Steinkauhl genant, fort an das vorgemelte Hebborner Land, und letztlich an die nachfolgende Hoffsländerei, der Sandufer, nicht minder ahn den Hoffsbusch, der Bohlen genant, anschießend und an Morgenzahl einschließlich des Kirchenweges, so 24 Ruten ausmachet, haltet ad 14 M. 2 V. 4 $^{4/8}$ R.

Gleichwie nun dieses Stück zwischen lauter Hoffgrund gelegen und ahn keinen fremden Grund ahnschießend ist, so seind auch daselbsten keine Limiten vorhanden.

10. Ein Stück Land, der Sandufer genant, mit einem Vorhaubt auf das sub Nr 9 vorg. beschriebenes, sodann mit einer Seiten auf die folgende Länderei, mit dem anderen Vorhaubt und zweiterer Seiten auf den zum Hoff gehörigen mehrbesagten Bohlenbusch schießend und einschließlich zweier Wegen (so 68 R. ausbringen) an Morgenzahl anhaltend ad 7 M. 3 V. 27 R.

Umb welches Stück, dahe zwischen dem übrigen Hoffsgrund gelegen, keine Limiten vorhanden; jedoch ist zu merken, daß dieses Stück Land von solch schlechketer qualitaet seie, daß selbiges kaum zur Halbscheid brauchbar und das übrige wüst liegen bleiben müsse.

Welchem nach vor heutigen Tag mit der Messung wegen eingefallenem Abend gezückest worden; expost erinnert Landmesser Oberbusch (!), daß er noch einige Wintersaat zu verrichten und bat also, mit der fernerer Messung auf einige Täg zu zücken.

Decretum. Aus angeführter Ursach und dahe am 25. der gewöhnliche Gerichtstag ohnehin einfallet, solle mit der fernerer Messung bis den 26. dieses eingehalten werden ... Schatte, Gschr.

Mercurii, den 26. Septembris 1759.

Coram ut ante ist mit der Messung fortgefahren worden und zwarn

11. an dem Stück vor Hebborn, so dreieckig und also vorhaubts auf den Gemarkenbusch und die denen Hebborner Erben zuständige Wiesgen, mit einer Seiten auf die Landstraß und anderer Seiten auf das folgende zum Hoff gehörige Stück Land, die Dünnschlade genant, fort den Bohlenbusch, an die sub Nr 9 et 10 bemerkte Länderei, und letztlich an den zum Hoff gehörigen Steinkauhler Busch schießet (mit dem durchgehenden Weg $44^{4/8}$ R. ausmachend) ahn Morgenzahl haltet ad 26 M. 2 V.

Notandum, daß an dem Vorhaubt vier Limitenstein wieder dem Land stehend vor handen, welche die Gemarken von der Länderei scheiden, und seind übrigens die umb die Hebborner Erbenwiesger befindliche und zu selbigen gehörige Heggen daheselbsten als Gränzscheidungen zwischen jetz bemerktem Stück Land und sotanen Wiesger anzusehen, sonsten aber, weilen das letztgemelte Stück Land ferner zwischen dem Hoffsgrund gelegen, keine mehrere Limiten daheselbsten befindlich.

12. Ein Stück Land, die Dünnschlade genant, mit einem Vorhaubt auf das jetzt sub Nr 11 beschriebene Land, mit dem anderen Vorhaubt auf die so benambste Schulteißengaß, mit einer Seiten der Länge nach auf den Hoffsbusch, die Heydt genant, und mit der zweiteren Seiten auf den oftbenannten Bohlen schießend, und einschließlich der Wege (so $33^{4/8}$ R. ausbrigen) anhaltend ad 9 M. $24^{4/8}$ R.

Zu bemerken, daß umb dieses Land, weilen selbiges zwischen dem übrigen Hoffsgrund gelegen, keine Limiten außer in der Schulteißengaß (wohe die Mutzer Erben mit ihrem Land anschießend) ein Pfahlstein vorhanden.

13. Ein Stück Land, der Winkel genant, so dreieckig und also mit dem Vorhaubt auf den Gemarkenberg, mit einer Seiten zum Teil auf die lange Wies Nr 4 bemelt, und ferners auf des Gerard Servas Busch und von dannen bis zum End auf den Gemarkenbusch, mit der anderen Seiten gleichmäßig auf den Gemarkenbusch bis an das Nr 3 bemerktes Grasblech und Hoff anschießet und an Morgenzahl einschließlich des auf diesem Stück Land an der unterster Eck befindlichen ad 26 R. haltenden Lett langenden Pfuhl mit Heggen und Graben ausbringet 12 M. 1 V. $3^{2/8}$ R.

Zu bemerken, daß an diesem Stück folgende Gränzscheidungen vorhanden; nemblich befindet sich erstlich ein Stein vor dem Winkeltor auf dem Weg, vor diesem gehet es auf den zweiten nebst dem Graben im Busch an dem Berg, von selbigem auf den dritten im Weg bei einer Eich stehenden Stein, von dorten auf den vierten in der Heggen, von dannen auf den fünften an der Eck der Langer Wiesen im Zaun befindlichen Büchenstock, von dannen auf den sechsten im Gemarkenbusch bei einem kleinen Graben stehenden Stein, von diesem auf den siebten in der Heggen des Winkeler Felds in der Eck stehenden Stein, von dorten hinabwerts auf einen neben den Gemarken-Wiesger stehenden geschnitzten Büchenstock, ferner auf drei an der Seiten der Gemarkenbüschen hinc inde stehenden Stein bis an die Eck des Felds, alwo noch ein Stein unter dem Lettpfuhl stehet, von dannen hinaufwerts von dem Lettpfuhl langs den Siefen, alwo drei Pfählstein stehen; wovon der letztere dieser dreien auf einen geschnitzten Büchenstock gehet. Von diesem Stock weiset es nun ferner hinaufwerts auf einen zur Seiten des Hoffs stehenden Eckstein, von welchem es wiederumb auf das sub Nr 3 beschriebene Grasblech und den dabei bemerkten Stein gehet, welcher vorgemelter Stein und Büchenstock als Limiten zwischen den Gemarkenbüschen und vorgemeltem Hoffsfeld, der Winkel genannt, ahnzusehen, dergestalten jedoch, daß der in dem Zaun der Langen Wiesen stehender vorgemelter Büchenstock, sodan der darauf folgender sechster Stein zugleich die Winkeler Länderei von denen daselbst anschießenden, dem Gerard Servas zuständige Büschen scheiden, welchem nach vor heut wegen einfallender Nacht abermals mit der Messung geschlossen worden ... In fidem Schatte, Gschr.

Jovis, den 27. Septembris 1759.

Coram ut ante wurde fortgefahren.

14. An dem Stückbusch, der Brandt genant, mit einem Vorhaubt auf das dem Johan Vett zum Holtz zuständige Land und die Gemarkenbuschen, mit dem anderen Vorhaubt auf das Nr 6 beschriebenes zum Hoff gehörigen Brander, fort die zwei denen Kleyer Erben zuständige Wiesger, desgleichen mit einer Seiten völlig auf die Gemarkenbüschen und mit der zweiten Seiten auf den den Rischer Erben zugehörigen Garten und Land schießend, welches Stück Busch einschließlich des langs die Gemarkenbüschen aufgeworfenen Grabens an Morgenzahl haltet ad 12 M. 1 V. 19 R.

Notandum, daß die zwischen der dem Johann Vett zuständiger ahn einem Vorhaubt ahnschießender Landerei vorfindliche Graben, fort der zwischen dem Brander und Gemarken-Busch ahn Eck des zum Hoff gehörigen Grabens stehender Stein und der an des Johan Vett Länderei stehender geschnitzter Büchenstock, desgleichen der an dem anderten Vorhaubt zwischen dem Brander Busch und Kleyer Wiesger befindlicher Zaun daselbsten, sodann die zwischen dem denen Rischer Erben zuständigen an einer Seiten ahnschießenden Garten und Länderei vorhandene Graben an diesen Oerteren, nicht minder die langs vorgemeltem Brander Busch-Graben und zwischen diesem und dem Gemarkenbuschen stehende sieben Stein und zwei geschnitzte Büchenstöck als Scheidgränze gehalten werden.

15. Ein Stück Busch, das Nickholtz genant, einerseits auf die Nr 5 beschriebene Brochels, zweiterseits auf die dem Johan Vett zum Holtz zugehörige Wies und dritterseits auf die Gemarkenbusch und -Wies schießend, welches Stück in toto haltet ad 2 M. 3 V. 31$^{2/8}$ R.

Zu merken, daß zwischen vorg. Nickholtzer Busch und der dem Johan Vett zuständiger Wiesen die Hegge, welche jedoch zur Wiese gehörig, fort der oben ahn dieser Wiesen in Beisein der Holtzer Erben zu mehreret der Limiten Stellung gegenwärtig hingestellter Stein, so dann letzlich die über den Berg zwischen dem Nickholtz und Gemarkenbusch stehende drei geschnitzte Büchenstöck und der am untersten Eck des Gemarken-Wiesgen vorhandener Stein als Scheidungen anzusehen.

16. Ein Stück Busch, der Eichenberg und auf dem Graben genant, welcher in allerhand Winkeln herauflaufet und folgends anschießet: erstlich an das Stück Land Nr 8, zweitens an den Gemarkenbusch, drittens an das Unterborsbacher Feld und Busch, viertens an die Oberborschbacher Büschen, fünftens an die Buschen des Daniel Gierlichs zum Holtz, sechstens auf die Gemarkenwiesger und ferner daselbsten liegenden Gemarkenbuschen, siebentens an die Holtzer Wiesger, sodann achtens an zum Hoff gehörige mehrgemelte Brochelswies, und letztlich neuntens bis wiederumb auf das Hoffsfeld langs die Gemarken, haltet in toto an Morgenzahl ad 37 M. 16⁶/₈ R.

Wobei nun zu merken, daß zwischen diesem Busch und Land sub Nr 8 als beide zum Hoff gehörige Stücker keine Limiten vorhanden, hingegen aber wohe zweitens der Eichenberg an die Gemarkenbuschen ahnschießet, erstlich der hohle Weg die Scheidung mache, von welchem es gehet zwischen zweien geschnitzten Buchenstöcken her auf einen Pfahlstein, wobei ein klein Gräbgen ausgeworfen worden; von dannen gehet es auf einen großen im Fuhrweg stehenden Pfahlstein; von selbigem auf den am Unterborschbacher Feld stehenden Stein, welche drei Stein sambt dem holen Weg und geschnitzten Buchenstöck den Eichenberg von denen daselbst anschießenden Gemarkenbuschen distinguiren. Nun findet sich an dem Unterborschbacher Feld nahe bei der Gassen ein zweiter Stein, welcher das vorgemelte Unterborschbacher Feld von dem Eichenberg scheidet; von diesem ebenbemelten Stein weiset es querch über den Weg auf einen anderen ebenfals in einem Weg stehenden Stein; von diesem ferner den Weg nach langs die Anhöhe auf noch sechs andere Limitenstein, wovon der letztere ein auf einem Weg stehener Eckstein ist; von sotanem Eckstein gehet es bis zu End des am Eichenberg aufgeworfenen Grabens, langs welchen Graben noch sechs Limitenstein, welche auf den am Oberborschbacher Busch stehenden Eckstein gehen, vorhanden seind, und scheiden vorgemelte Stein und Graben die Unterborschbacher Buschen und den Eichenberg.

Dahe nun Oberborschbacher Busch kein Limitenstein außer einem in der Mitte des Districts gestandenen Stein (wobei jedoch, ob selbiger ein Limitenstein seie oder nicht, gezweifelet worden) sich vorgefunden, so hat man zuerst diesen Stein in Beisein des als anschießend abgeladen und von dem Eigentümeren des Oberborschbacher Hoffs tit. Geheimenraten von Moers hingeschickten Halfman Matthiasen Höchsten diesen Stein ausgegraben und dabei zwei kleine Stein (welche bei dessen Setzung nach dem gemeinen Gebrauch als Zeugen hingelegt sein werden) vorgefunden; mithin ist sotaner Stein, so von dem Pfachteren des Oberborschbacher als auch dem Beständeren des Cameral — Hebborner Hoffs vor ein Limitenstein erkennet worden, umb so mehr annoch als beide Halbwinnere sich auch vorhin gemäß ihrer Aussag allemal bei jährlicher Abpfählung des häuigen Kloppelholz nach diesem Stein und dem alten Weg (worin selbiger stunde), reguliret haben, und dahero ist nicht nur sotaner Stein in Beisein des Oberborschbacher und Hebborner Hoffs Halbwinneren, fort des Landmesseren Oberbusch, dessen Knechten Clemens zu Bomerich, des Daniel Gierlich und des auf die Hebborner Buschen vereideten Häueren Jacoben Muller mit Beilegung nötigen Zeugen eingesetzet, sondern auch so unten- als obenwerts dieses Steins in Beisein vorgemelten zu Verhütung allinger Verdunkelung und entstehen könnender Streitigkeiten mehrere Stein in gerader von Landmesseren aufgezeichneter Linie, und zwaren obenwerts des ausgegrabenen Steins nach der Seiten des Daniel Gierlichs Buschen zwei Stein, wovon letzterer ein Eckstein des Daniel Gierlichs Buschen gleichmäßig scheidend ist, sodann unterwerts des ausgegrabenen Steins annoch vier neue Stein hingesetzt worden.

Nun gehet es von dem hingestellten Eckstein dem Siefen nach bis auf einen an dem Gemarken-Wiesgen neben einem Gräbgen stehenden Stein, wobei zu erinnern, daß die in dem Siefen vorfindliche geschnitzte Stöck den Eichenberg und des Daniel Gierlichs Büschen scheiden.

Nun gehet es von dem Stein an dem Gemarken-Wiesgen auf einen ferneren in der Mitten auswendig des Wiesgens stehenden Stein, von dannen auf einen zwischen zweien aufgeworfenen Gräbger stehenden, von diesem auf ein anderen gegen der Mittelhegge der Holtzer Wiesger sich befindenden Stein, von selbigem langs die Heggen der Holtzer und Brochels Wiesen bis unter vorbenänte zum Hoff gehörige Brochelwies in dem Siefen durch selbigen etwas hinabwerts bis auf einen geschnitzeten Buchenstock, von selbigem dem Siefen nach bis auswendig des Siefens auf einen bei einem kleinen ausgeworfenen Gräbgen stehenden Stein, von selbigem weiset es ferner auf drei ebenfals bei Gräbgen, sodann zwei auf einer Anhöhe stehende Stein bis an erstgemeltes Nr 8 bemerktes Feld, und seind die von dem Gemarken-Wiesgen bis an jetzgemelt Feld stehende Stein sämbtlich Gemarken und Eichenbergs Gränzscheidungen, gleich auch die vorhin ahngemerkte an zwei Holtzer Wiesger befindliche und zu sotanen Wiesger gehörige Heggen daselbst zu der Scheidung dienen und vorhin allemal in solcher qualitaet gehalten worden, und hat man folgends wegen der Abendszeit zucken müssen ... In fidem Schatte Gschr.

Veneris, den 28. Septembris 1759.

Coram ut ante ist gemessen worden.

17. Ein Stück Busch, das Högeler Feldgen genant, welches mit einem Vorhaubt langs das Feld Nr 8, sodann den Mutzer Busch, mit dem zweiten Vorhaubt auf das Unterborschbacher Feld mit einer Seiten auf die Wiesger der Voiswinkeler Erben, fort anderer Seits langs den Gemarkenbusch bis wiederumb auf das Feld Nr 8 bemeldet schießet und an Morgenzahl haltet ad 5 M. 3 V. 32 $^{4}/_{8}$ R.

Nun ist zu merken, daß in dem Weg an dem Feld sub Nr 8 ein Stein stehe, welcher auf noch fünf andere der Linie nach stehende Stein bis in den Weg an dem Gäßgen gehet und den Högeler Feldges Busch von denen Mutzer Erben Busch scheidet; von welchem Weg langs die Wießger der Voiswinckeler Erben gehet und der Zaun und Heggen allemal zur Scheidung gewesen.

Dahe nun aber der Beständer des Hebborner Hoffs vorgestellet, wasmaßen durch Länge der Zeit der Zaun und Heggen fortgetrieben werden dörfte, wodurch an dem Grund dieses Högeler Feldgens Busch ohne sein Verschulden etwas verspielen könnte, und also angetragen, daß zu meherer Beständigkeit und damit inskünftig allingen etwa sich ergeben könnenden Verdunkelungen vorgebogen würde, an diesem District, wohe nötig, Limitenstein hingesetzt werden mögten, solches auch keineswegs undienlich, sonderen allerdings ratsam gefunden worden, so hat man daselbst mit Abladung sämbtlicher Anschießenden, benäntlich Petern Merl, Goddert Leimbach, Gerard Selbach und Ludwig Bruckman, welche persönlich erschienen und in die Setzung der Steinen condescendiret, hierunter in deren Gegenwart folgende hingestellet; und zwaren einen Stein unten im Weg nach Voiswinckel hin an das dem Peteren Merl zugehörige Wiesgen, ferner gegen die Hegge des dem Göddert Leimbach und Miterben zugehörigen Wiesgens, zwei Stein sodann gegen das dem Gerard Selbach zugehörigen Wiesgen, ein Stein fort gegen das dem Ludwig Bruckman zugehörige Wiesgen, drei Stein, von welch letzterem dieser dreier Steinen es auf einen oben im Eck an dem dem Peteren Merl gleichmäßig zuständigen Wiesgen stehenden Stein gehet; und diese seind die Scheidungen zwischen dem Busch des Högeler Feldgens genant und denen vorgemelten Voiswinckeler Erben zuständigen Wiesger. Von dem im oberen Eck an dem Wiesgen des Peteren Merl stehenden Stein weiset es nun ferner langs die an der Wiesen und Länderei der Mühlers Erben zu Unterborschbach befindliche Hegge in grader Linie bis auf einen am Gemarkenbusch, der Dörling genant, neben dem Graben stehenden Stein, von selbigem weiset es der Graben nach auf einen bei einer kleinen ausgeworfenen Kauhlen am Eck des Gemarkenbusch stehenden Stein; von diesem weiset es langs drei geschnitzte Buchenstöck bis auf einen bei dem neu erfundenen Wassersprung auf einer kleinen Anhöhe stehenden Stein, von selbigem wiederumb auf die Länderei sub Nr 2.

18. Ein Stück Busch, der Bohlen genant, welcher in allerhand Winkelen ausgehet, einerseits etwas an den den Mutzer Erben zuständigen Busch und übrigens an die sub Nr 7, 8, 9, 10, 11 et 12 beschriebene Hoffsländerei ahnschießend, welches an Morgenzahl haltet ad 23 M. 3 V.

Notandum, daß an der Seiten, wohe der Busch von den Mutzer Erben an den Bohlen schießend ist, fünf Limitenstein vorhanden seien, und zwaren erstlich einen in der Schulteißengassen, von selbigem dem Graben nach bis auf den zweiten und dritten, von dem dritten auf den vierten auf einem Hügel und von selbigem auf den fünft- und letzteren an der sub Nr 7 beschriebenen Hoffsländerei; im übrigen seind zwischen dem Bohlenbusch und der sub Nr 7, 8, 9, 10 11 et 12 beschriebener Länderei, dahe ein so anderer Grund zum Hoff gehörig, keine Limiten vorhanden.

Und also ist für heutigen Tag bei eingefallenem Abend mit der Messung gezucket worden.
Decretum. Dahe wegen in folgenden Wochen zu verfertigender Hau-Tabellen und sonstigen pressirenden Ambtsgeschäften mit der Messung eher nicht bis Sambstag, den 6. folgenden Monats Octobris fortgeschritten werden kann, als hat Landmesser sich an besagtem Tag dahier in loco wiederumb zu sistiren. In fidem Schatte Gschr.

Sabbathi, den 6. Octobris 1759.

Coram ut ante ist folgends fortgefahren worden.

19. An dem Stück Busch, der Wappelsberg genant, mit dem Vorhaubt auf Conraden Hebborn und Wilhelm Kirspel zu Hebborn, mit einer Seiten auf die zum Gladbacher Wiedenhoff, zum Schneproder Gut, sodann zum Cameral Gladbacher Frohnhoff gehörige Büschen, mit der anderer Seiten auf die Büschen des Haus Blech, der Paffrather Gemeinden, dann der Wittiben Corschiltgen zugehörigen Hahnenbusch und letztlich an dem dem Dierich Kierdorff zuständigen neben dem Hahnenbusch gelegenen Stückbüschen schießend, und haltet dieser so benambster Wappelsberger Busch an Morgenzahl ad 42 M. 2 V. 7 ⁶/₈ R.

Notandum, daß oben an dem Vorhaubt drei Limitenstein, und zwaren einer an jedem Eck, desgleichen einer in der Mitten stehe, welche nebst dem vom Mittelstein bis auf einen Eckstein und also zur Halbscheid des Vorhaubtes nach der Seiten des Conraden Hebborn sich befindenden Graben den Wapelsberger Busch von denen Buschen des Wilhelmen Kirspel zu Hebborn sodann vorbesagten Conraden Hebborn scheiden.

Nun gehet es von dem Eckstein am Busch des Conrad zu Hebborn stehend langs den Gladbacher Wiedenhoffs und Schneproder Busch einem alten daselbsten zur Gränzscheidung dienenden Graben nach bis auf den Eckstein des Cameralfrohnhoffs zu Gladbach, von welchem Eckstein es weiset der Linie nach auf zwei geschnitzte Buchenstöck, von selbigen auf einen Pfahlstein, von diesem ferner langs drei geschnitzte Buchenstöck auf den auf der Wipperfürther Straßen an dem zum Rittersitz Blech gehörigen Busch stehenden Eckstein, und seind nun letztgemelte fünf geschnitzte Buchenstöck und drei Stein die Gränzscheidung zwischen dem Cameral Gladbacher Frohn- und Hebborner Hoff; ferner gehet es hinaufwerts der Straßen nach auf den zweiten am Eck des Blecher Busch stehenden Stein, von selbigem der gerader Linie auf einen an einem geschnitzten Buchenstock stehenden Stein; von selbigem auf noch vier andere in der Linie stehende und mit jenem am Buchenstock stehenden, die Pafferader Gemeinde vom Wappelsberg scheidende Stein; von dem letzteren dieser an der Pafferader Gemeinde stehender gehet es der Linie nach auf noch zwei andere, den der Wittiben Corschiltgens zugehörigen Hahnenbusch von dem Wappelsberg scheidende Stein und letztlich von dem Eckstein des Hahnenbusch bis auf den am Kierdorffs Busch stehenden und selbigen scheidenden Eckstein.

Und ist also für heutigen Tag geendiget worden. In fidem Schatte, Gschr.

Lunae, den 8. Octobris 1759.

20. Ein Stück Busch, die Heydt genant, so dreieckig, und mit dem Vorhaubt auf das sub Nr 12 beschriebene Stück Land, sodann mit einer Seiten auf die dem Dierich Eck und mit der anderer Seiten auf die dem Gerard Servas zugehörige Buschen schießend, haltet an Morgenzahl ad 5 M. 1 V. 11 $^{4}/_{8}$ R.

Zu merken, daß zwischen denen dem Dierich Eck zuständigen und vorgemelten Busch, die Heydt genant, drei Limitenstein, deren der erstere vor dem Heyder Tor, der zweitund drittere auf dem nach Schlebusch gehenden Weg stehet, vorhanden seien; von dem dritteren weiset es nun auf die auswertig der Schulteißengassen der Linien nach stehende und den Busch, die Heydt genant, von des Gerard Servas Buschen scheidende zwei Stein.

21. Ein Stück Busch, die Steinkauhl genant, mit einem Vorhaubt auf das Grasblech Nr 3 beschrieben, mit dem anderen Vorhaupt auf das Land Nr 11 und mit einer Seiten auf das Land Nr 9 beschrieben und letztlich mit der anderten Seiten auf den Gemarkenbusch schießend, welches Stück Busch an Morgenzahl haltet ad 1 M. 2 V. und ist an der Seiten, wohe die Gemarkenbuschen an die Steinkauhl ahnschießen, ein Graben, soweit der in der Steinkauhlen befindlicher Buchenkamp gehet, welcher daselbst, so wie der ferner oben diesem Graben zur Gemarkenseiten stehenden Pfahlstein daselbsten die Scheidung machen, und ist also mit der Messung der völlige Schluß gemachet worden.

Nr	Recapitulatio der Morgenzahl	M.	Viert.	Ruten
1	Die Hausplatz samt dem Hoff und alten Wasserpfuhl haltet in toto	2	1	5 $^{7}/_{8}$
2	Der Garten samt beiliegendem Grasblech und eingesunkenem Wasserpfuhl	2	—	17 $^{2}/_{8}$
3	das Grasblech	1	—	25
4	Die Lange Wies	5	—	7 $^{4}/_{8}$
5	Die Brochels-Wies	2	2	25 $^{4}/_{8}$

		M.	Viert.	Ruten
6	Das Brandenwiesgen	—	2	13 4/8
7	Das Mutzer Feld	8	3	17 4/8
8	Das Land ober dem Hoff	22	3	28 4/8
9	Das Land vorm Hoff	14	2	4 4/8
10	Das Land, der Sandufer genannt	7	3	27
11	Das Stück Land vor Hebborn	26	2	—
12	Das Stück Land, die Dünnschlade genannt	9	—	24 4/8
13	Das Land, der Winkel genannt	12	1	3 2/8
14	Der Brander Busch	12	1	3 2/8
15	Der Busch, das Nickholz genannt	2	3	31 2/8
16	Der Busch, der Eichenberg und auf den Graben genannt	37	—	16 6/8
17	Der Busch, das Högelerfeld genannt	5	3	32 2/8
18	Der Bohler Busch	23	2	—
19	Der Wappelsberger Busch	42	2	7 6/8
20	Das Stück Busch, in der Heyden genannt	5	1	11 4/8
21	Das Stück Busch, die Steinkauhl genannt	1	—	2
	Summa totalis	246	3	20 3/8

Decretum. Gegenwahrtiges Protocollum solle zur löblicher Hoffcammer untertänigst eingesendet werden. Dann wird dem Beständeren des Hebborner Hoffs hiermit anbefohlen, zu beiden Seiten der Pfahlstein, so als deren geschnitzten Büchenstöcken eine Kauhl, damit die Pfahlstein nicht verlustig gehen und selbige in Zukunft besser erkannt werden mögen, auszuwerfen, worzu derselb sich dann auch willig erkläret und anheischig gemacht, In fidem Schatte [193]).

7) Der Hebborner Hof in preußischer Zeit

Auch nach der Übernahme Bergs durch Preußen im Jahre 1815 blieb der Hebborner Hof noch Jahrzehnte Domanialhof. Die Regierung in Köln ließ ihn im Jahre 1819 neu vermessen. Nach einer Karte, die der Domänen-Geometer Eich in Bödingen am 22. November 1819 nach Anweisung des Pächters Matthias Marks vom Domänen-Hebborner Hof anfertigte, umfaßte dieser nach Magdeburger Maß:

1. Die Hoflage samt dem Grunde unter den Gebäuden	1 Morgen	—	Ruten
2. Der Garten am Backhause	— „	70	„
3. Der Baumgarten am Hofe	1 „	83	„
	2 „	153	„
Ackerland			
4. Hinter der Scheuer	2 „	110	„
5. Das Mutzerfeld und langs den Hof	63 „	6	„
6. Auf dem Langenstück	47 „	140	„
7. Der Winkel	15 „	75	„
	128 „	151	„

---

[193]) StA Düsseldorf, Jülich-Berg, Kellnerei Porz.

Wiesen
8. Am Hofe .... 2 „ 127 „
9. Die lange Wiese .... 6 „ 92 „
10. Die Brogels Wiese .... 3 „ 96 „
11. Die Brantewiese .... — „ 143 „
(Späterer Zusatz: Gehört jetzt zu dem kleinen Hofe auf dem Gemarkenberg und ist ersetzt durch eine andere.)

13 „ 98 „

insgesamt .... 145 „ 42 „

(Wege und Unland ist eingerechnet)[194]).

Die Hebborner Gemarkenbüsche wurden am 12. September 1820 unter die Nutzungsberechtigten aufgeteilt.

Die Verpflichtung des Hebborner Hofes zur Lieferung von 50 Maß Öl an die Paffrather Kirche wurde am 26. September 1820 unter dem Pfarrer Johann Jakob Siegen hypothekarisch eingetragen[195]).

Das Königliche Rentamt in Bensberg als Nachfolger der bergischen Kellnerei war mit dem übernommenen Pächter Matthias Marx zunächst wenig zufrieden, weil Ländereien und Büsche sehr im Unstand befunden wurden. Das änderte sich, nachdem im Jahre 1824 Jakob Kierdorf, ein Sohn des Ackerers Adolf Kierdorf vom Stegerkamp, später am Bock wohnend, Pächter geworden war. Er hatte 1823 die aus Scheiderhöhe gebürtige Anna Klara Antonia Höderath geheiratet. Wie trefflich dieses Ehepaar, dem nach einer Notiz aus dem Jahre 1831 Ludwig Höderath, ein Bruder der Frau, beistand, wirtschaftete, geht aus einem Bericht des Domänenrentmeisters Kobell vom 1. Juni 1832 an die Regierung in Köln hervor. Er hatte den baulichen und Kulturzustand des Hebborner Hofes eingehend untersucht und urteilte:

„Von dem Pächter dieses Hofes weiß ich nur Löbliches und Ruhmwürdiges zu sagen. Alles atmet Ordnung, angestrengten Fleiß und geregeltes Hauswesen. Die Felder prangen in üppiger Vegetation, und von den vielen, ihm von dem vorigen Pächter überlieferten öden Plätzen ist jetzt auch kein Fleckchen mehr zu finden, was nicht mit großem Kostenaufwand der Kultur wiedergegeben wäre. — Auch der allgemeine Ruf bezeichnet ihn als den tätigsten und umsichtsvollsten Landwirt der Umgegend. Um so mehr würde er bei der Veräußerung dieses Gutes unter gleichen Umständen vorzügliche Berücksichtigung verdienen, als er durch Fleiß und pekuniäre Aufopferung dieses sonst so verschriene Gut herausgehoben und zum Gegenstande vielseitiger Kaufspekulation gemacht hat. —

Der bauliche Zustand ist im ganzen ebenfalls gut und hinsichtlich der Unterhaltung vollkommen tadellos. Einzig wäre an der westlichen Fronte des Wohnhauses eine doch nicht sehr kostbare Reparatur notwendig. Dieser Giebel war in der Etage noch niemals in Fachwerk aufgeführt, sondern bloß mit Borden bekleidet, welche aber allmählich baulos geworden sind und daher dem Regen und Schnee den Eingang verschaffen. Ebenso sind im

---
[194]) Die Karte befindet sich im Privatarchiv der Familie Lautz, Haus Hebborn.
[195]) Die Angabe von Johann Bendel (Kreis Mülheim S. 219), der Hebborner Hof sei ein Altenberger Klosterhof gewesen und als solcher in Staatsbesitz übergegangen, ist falsch.

Erdgeschoß einige Fenster mangelhaft, indem in die Öffnungen fremde, aber darin nicht passende Fenster eingestellt worden sind, welche der Zugluft allenthalben freies Spiel lassen" [196]).

Als nun der Hebborner Hof zum erstenmal öffentlich ausgeboten wurde, war unter den Kaufliebhabern der Advokat Arnold Stupp aus Köln, der 14 800 Reichstaler bot. Das war dem Fiskus angesichts des darin mit eingeschlossenen Holzwertes von 4575 Rtlr zu wenig. Der Finanzminister in Berlin verlangte, daß der Hebborner Hof ein für sich bestehendes bäuerliches Gut bleiben sollte, auch nicht mit einem größeren Gut vereinigt werden dürfte. So wurde auch das auf 15 000 Rtlr lautende Angebot des Grafen Wolff Metternich in Düsseldorf vom 17. Juli 1837 abgelehnt. Domanial-Bauernhöfe durften grundsätzlich nur an Personen bäuerlichen Standes veräußert werden. Die Kölner Regierung wurde angewiesen, mit dem Pächter Kierdorf zu verhandeln und ihm den Erwerb des Hofes auf eigene Rechnung oder in Erbpacht nahezulegen.

Nun aber gaben sich irgendwelche Neider daran, Kierdorf durch persönliche Herabsetzung zu verunglimpfen. Sie beschuldigten ihn bei der Regierung, er wäre dem Trunke ergeben. Demgegenüber berichtete der Domänenrat Hellinger am 15. Oktober 1839, er hätte den Pächter noch nie betrunken und arbeitsunfähig, überhaupt noch nie in einem tadelhaften Zustande gesehen. Er tränke wohl Branntwein, doch das geschähe nicht so, daß er dadurch unfähig würde. Er wäre einer der tüchtigsten, praktischen Ökonomen, der das Gut sehr verbessert hätte.

Kierdorfs Pachtzeit lief noch bis zum 22. Februar 1841. Er zahlte jährlich an Pacht 320 Taler einschließlich 107 1/2 Taler Gold. Doch stand ihm die Nutzung des Waldes nicht zu. Dieser war vielmehr dem staatlichen Königsforst zugeschlagen worden, nachdem die Waldungen am Wapelsberg schon lange vorher völlig vom Hofe getrennt worden waren. Eine Karte [197]) der Hebborner Hofs-Waldungen und des fiskalischen Anteils der Hebborner Mark, die für die Oberförsterei Königsforst, Inspektion Bensberg, Unterförsterei Paffrath, im Jahre 1836 durch den Regierungs-Forstreferendar Schirmer gezeichnet wurde, verzeichnet nach rheinländischem Dezimalfuß:

Hebborner Hofswaldungen

1. In der Heide		6	M.	148	Quadratruten	—	Quadratfuß
2. Im Pohlen		31	„	40	„	—	„
3. Im Hügelerfeld		7	„	30	„	—	„
4. Im Eichenbusch		44	„	50	„	—	„
5. Im Nickholz		3	„	100	„	—	„
6. Im Brand		14	„	175	„	—	„
		108	„	3	„	—	„

Fiskalischer Anteil der Hebborner Gemark

7. Gemarkenberg		20	„	63	„	40	„
8. Klingelskuhl		2	„	15	„	60	„
		22	„	79	„	—	„
insgesamt		130	„	82	„	—	„

---

[196]) StA Düsseldorf RK 4128.
[197]) Die Karte befindet sich im Privatarchiv der Familie Lautz.

Die nicht nutzbare Fläche ist eingerechnet. Die rheinländische Rute hat 12 Fuß.
Um diese Zeit umfaßte das Hofgut außer dem in Lehmfachwerk erbauten Wohnhause und den Ökonomiegebäuden an

Haus- und Hofraum	1	Morgen	22	Ruten	—	Fuß
Garten und Baumgarten	5	„	163	„	90	„
Ackerland	123	„	115	„	80	„
Wiesen	12	„	138	„	30	„
Waldungen	130	„	161	„	60	„
	274	„	61	„	60	„

Am 19. Oktober 1840 wurde der Hebborner Hof im „Rheinberge" zu Mülheim am Rhein nochmals öffentlich ausgeboten. Nun bot Stupp 13 000 Rtlr, Kierdorf mit Vorbehalt eines Domänenzinses aber 14 000 Rtlr, davon als Angeld 6166 Rtlr 20 Groschen und als Ablösekapital des Zinses 7833 Rtlr 10 Gr. — Am 22. Oktober danach machte der Friedensrichter Stomme in Velbert, der schon in früheren Terminen Letztbietender gewesen war, ein Nachgebot von 200 Rtlr, acht Tage später der Gutsbesitzer Karl Kölver in Velbert von 300 Rtlr.

Der zuständige Domänenrat Hellinger in Mülheim stand auf der Seite Kierdorfs und berichtete an die Regierung: „Der Jakob Kierdorf hat, wie er mich versichert, sichere Aussicht, den ihm fehlenden Rest des Geldes zu erhalten, und kann also keine Gefährdung vorliegen." Bereits am 2. November entgegnete die Regierung, Kierdorf biete ihr durch seine Persönlichkeit nicht die mindeste Sicherheit. Er habe keine Bürgschaft gestellt. Mit seinem Nachgebot könne er den Antrag auf Genehmigung des Verkaufs nicht gründen. Hellinger mußte sogar eine Rüge dafür einstecken, daß er Kierdorf ohne einen Bürgen ein Nachgebot hatte machen lassen. Ohne einen sicheren Bürgen käme Kierdorf niemals in Frage. Es seien im freien Verkauf bereits 13 300 Taler für den Hof geboten; ein Verkauf mit Domänenzins aber sei nicht vorteilhaft für den Fiskus. Nun sollte der Hof nochmals ausgeboten werden.

Hellinger ließ sich nicht einschüchtern und erreichte, daß Kierdorf gleichwohl zur Beibringung eines Bürgen aufgefordert wurde. Dieser sagte das für den Fall der Genehmigung seines Gebotes auch zu. Daraufhin wurde ein neuer Versteigerungstermin auf den 17. Dezember angesetzt. Da machte Hellinger am 2. Dezember 1840 die Regierung darauf aufmerksam, daß mit dem Domanialpächter des Hebborner Hofes bisher besondere Kontrakte über die Erhebung des Paffrather Zehnten und die Gestellung des Zielviehes abgeschlossen worden wären. Der von der Regierung beabsichtigte Zuschlag dieses Zehntrechtes an den Käufer des Hofes wäre schädlich, weil er zugleich die den Zehnten bei weitem überwiegende Last des Zielviehes übernehmen müßte, um den Ansprüchen der Zehntpflichtigen zu genügen. Deshalb müßte der Zehnte besonders verpachtet werden; ebenso müßte, solange der Zehnte nicht abgelöst worden wäre, für die Unterbringung des Zielviehes gesorgt werden. Am besten wäre es, den Pächter des Zehnten zur Haltung des Zielviehes zu verpflichten. — Die Regierung entschied am 12. Dezember 1840 dahin, bei der Veräußerung des Hebborner Hofes den Paffrather Zehnten und die Gestellung des Zielviehes auszuschließen.

Bei der Versteigerung im Jahre 1841 erhielt der Landgerichtsrat Justizrat Dr. h. c. Johann Anton Lautz in Köln [198]) den Zuschlag für 14481 Reichstaler mit der Verpflichtung, den Hof stets ungeteilt zu belassen, widrigenfalls eine Konventionalstrafe von 1000 Rtlr verwirkt sein sollte.

Der neue Eigentümer Lautz, der im Laufe der Jahre den Grundbesitz des Hebborner Hofes durch Zukauf von den angrenzenden Nachbarn, besonders eines Hofgutes in Mutz, bedeutend erweiterte, beließ den bewährten Pächter Kierdorf auf dem Hofe. Nach dessen Tode im Jahre 1854 stand die Witwe noch bis 1864 dem Hof mit großer Tatkraft vor. Dann zog sie zu ihrem Sohne Peter in Voiswinkel. Vorher verkaufte sie am 10. Februar das Mobiliar für 2704 Taler 19 Groschen. Sie tat es gemeinsam mit ihren Söhnen Tilman Hubert in Hohkeppel (Lehmshof), Wilhelm in Blissenbach, Ludwig, Wirt (der „Sternwirt") in Gronauerfeld (Bergisch Gladbach), Peter in Voiswinkel und ihren Schwiegersöhnen Wilhelm Koll in Kley, Johann Eyberg in Kippekausen (Refrath) und Franz Krämer in Dellbrück, dem Sohn des Wirtes Christoph Krämer in Kradenpohl (Gronau). Man erkennt, welch große Bedeutung diese Bauernfamilie im Sippengefüge der Heimat erlangt hat. Die Witwe Kierdorf starb im Jahre 1867.

Nun wurde Peter Horrix, der aus Oberkassel kam und aus Poppelsdorf stammte, für fünf Jahre Pächter des Hebborner Hofes, um anschließend die Frohnhofsche Brennerei in Köln zu übernehmen. Lautz holte sich im Jahre 1869 den Schwiegersohn des verstorbenen Pächters Kierdorf, Wilhelm Krämer, auf den Hof. Dieser hatte 1866 Katharina Margaretha Kierdorf (in erster Ehe mit Franz Krämer verbunden) geheiratet und zunächst die Gastwirtschaft mit dem Schlagbaum an der Fürstenbergschen Kunststraße in Dellbrück betrieben. Nach der Eröffnung der Eisenbahn im Jahre 1869 gab es hier nicht mehr viel zu verdienen. — Krämer richtete den Hebborner Hof als Musterwirtschaft aus. „Der Acker, den er bebaute, die Obstbäume, die er pflegte, seine Pferde und sein Rindvieh legten seit Jahr und Tag ein glänzendes Zeugnis seiner Einsicht, Umsicht, Vorsicht und Rührigkeit ab. In allen Angelegenheiten der Agrikultur wurde er von strebsamen Standesgenossen aus der Nähe und Ferne befragt, und er kargte nicht mit seinen erfolgreichen Ratschlägen." — So rühmt ihn 1885 sein Totenzettel.

Drei Jahrzehnte hindurch führte dann Krämers Witwe den Hof ebenso gewissenhaft mit ihren Kindern Josef, Ludwig und Maria. Sie starb 1922 in Hebborn. Schon am 22. Februar 1914 hatte sie dem neuen Pächter Johann Pütz aus Bechen mit seiner Gattin Katharina Breidenbach auf dem Hebborner Hofe Platz gemacht, der ihn bis zu seinem Tode im Jahre 1932 vorbildlich bewirtschaftete. Ihm folgte sein Sohn Wilhelm, den der unerbittliche Tod bereits 1935 abrief. So teilt denn dessen Witwe Henriette Käutmann

---

[198]) Johann Anton Lautz, evangelisch, wurde am 16. Dezember 1789 in Saarbrücken als Sohn des Notars Wilhelm Friedrich Lautz und seiner Ehefrau Wilhelmine Amalie Meurer geboren. Er heiratete 1816 Henriette Lerch. Im Jahre 1843 erwarb er auch das Hofgut Kippinghausen (Kippekausen) bei Refrath, sein Sohn Heinrich später dazu den Rest des alten Rittergutes Saal. — Johann Anton Lautz galt als einer der geistig bedeutendsten Männer seiner Zeit im Rheinland, hoch geachtet als Jurist, Volkswirt und Politiker. 1852 wurde er Mitglied der Ersten Kammer in Berlin. Er unternahm weite Reisen und hatte seinen Sommersitz in Erpel. Im Alter schrieb er seine Lebensgeschichte für die Familie nieder. Er starb in Köln am 21. März 1881 im 92. Lebensjahre. — Eingehende Darstellung der Familiengeschichte in: Dr. Karl Lautz und Heinrich Lautz: Aus sechs Jahrhunderten. Werden und Wirken eines deutschen Hauses. Darmstadt 1932.

(aus Burg Veynau bei Satzvey) das Schicksal ihrer Vorgängerinnen aus dem vorigen Jahrhundert. Jedenfalls aber haben es die Pütz wie die Kierdorf und Krämer verstanden, allezeit den hohen Ruf des alten herzoglichen Hofes zu wahren. Immer noch umwittert ihn mit seinem Fachwerk, dem tiefgezogenen Dach und dem Dachreiter mit dem Glöcklein über dem Giebel die Geschichte vergangener Epochen der Heimat, und wie einst der Herzog als eigentlicher Hofherr in der Volksgemeinschaft gegenüber dem Pächter ganz zurücktrat, so ist es bis auf den heutigen Tag geblieben.

Der Hof blieb seit dem Jahre 1841 im Besitze der Familie Lautz. Nach dem Tode des hochbetagten Justizrats Johann Anton Lautz im Jahr 1881 wurde er von seinem Sohne, dem Justizrat Hermann Wilhelm Lautz in Köln[199]) übernommen. Unter ihm wurde der Hebborner Hof im Jahre 1911 Gegenstand einer Verwaltungsstreitsache vor dem Bezirksausschuß in Köln. Die Stadtgemeinde Bergisch Gladbach hatte den Lautzschen Grundbesitz auf 253 000 Mark geschätzt und entsprechend eine Grundsteuer von 531 Mark angesetzt, die auf den Einspruch des Regierungsrats Dr. Lautz in Danzig-Langfuhr auf 525 Mark ermäßigt wurde, nachdem ein Katastersachverständiger den Wert auf 246 000 Mark bemessen hatte. Nach fruchtlosem abermaligem Einspruch klagte Lautz, indem er geltend machte, der Grundbesitz sei durch ein Servitut des Fiskus unteilbar und daher unverkäuflich, der Wert betrage deshalb nur 98 000 Mark, und zu diesem Preise habe er das Hofgut auch vom Vater übernommen. Demgegenüber wies der Gemeindevorstand nach, daß die Verpflichtung der Unteilbarkeit vom Fiskus nicht mehr aufrechterhalten würde, auch bei der Neuanlage des Grundbuchs nicht mehr eingetragen worden wäre. Der Wert der Ländereien wäre deshalb so hoch, weil sie größtenteils an baufertigen Straßen lägen, wo der der Veranlagung zugrunde gelegte Preis schon bezahlt worden wäre. Der Bezirksausschuß wies die Klage kostenpflichtig ab.

Hermann Wilhelm Lautz starb am 2. August 1913 an der Schwelle des Ersten Weltkrieges. Erbe des Hebborner Hofes wurde sein Sohn, der am 22. Oktober 1858 in Köln geborene, spätere Geheime Regierungsrat Dr. Karl Anton Lautz, der im Jahre 1893 Dorothea Harkort aus Wetter a. d. Ruhr geheiratet hatte. Er erbaute im Jahre 1914 auf Hofesgrund das Haus Hebborn für sich als Alterssitz und starb am 29. August 1944 in Wiesbaden. Nun teilten seine beiden Söhne den großen Grundbesitz. Der Volkswirt Dr. Hermann Peter Lautz (* 1894) erhielt zwei Drittel der Grundfläche mit dem eigentlichen Hebborner Hof, der Kaufmann Otto Heinrich Lautz (* 1898) ein Drittel und das Hofgut Mutz. Hermann Peter war in erster Ehe mit Ursula Jonas (* 1895, † 1923), in zweiter Ehe mit deren Schwester Ruth Jonas (* 1906 in Danzig) verheiratet. Der letzteren Sohn Diplom-Landwirt Helmut Lautz (* 1929 in Köln) bewirtschaftet den Hebborner Hof, nachdem die Witwe Pütz im Oktober 1957 die Pacht aufgab, für seine Geschwister als Erbengemeinschaft. Er ist verheiratet mit Ute Hansen (* 1934). Seine Mutter verkaufte nach dem Zweiten Weltkriege das alte Haus Hebborn und errichtete sich näher der Straße ein neues Heim, von dem aus sie am Geschick des uralten Hofes regen Anteil nimmt. Auch hier haben Elektrifizierung und Motorisierung alle alten Wirtschaftsformen gesprengt, und es wird zur unumgänglichen Notwendigkeit, den Hof vom Lärm des Durchgangsverkehrs zu befreien und eine Umgehungsstraße anzulegen.

---

[199]) * 16. Januar 1817 in Saarbrücken, † 2. 8. 1913 in Bonn, seit 15. 5. 1857 verheiratet mit Aline Poensgen aus Schleiden (* 14. 9. 1832, † 31. 8. 1904 in Bonn).

8) Anhang: Das „Happorner Bruchtenbuch" [109a]

Bruchtenzettull berurendt den Hoff Habborn

Am 22. Decembris Anno 1597 seindt aus jegenwürtigem Buech die Sache, so Bruchtfellig, extrahirt und auch heut dato durch den Edlen Lehenhern Ludtwigen von Mettrenich Ambtman zu Mysenloe, den Hobs-Schultheißen Thonißen Schwartzbart, Herman zu Hadborn, Wilhelm zur Bech, Thielen zu Hadborn, Johannen zu Koenböcken, Peteren zum Holtz, Hobsscheffen und Clementz daselbst Botten, dieserwegen die Brüchten gesetzt worden.

Anno 57, den zweiten Dinstagh nach Parschen hatt man Hoffsgedingh gehalten im Hoff zu Hebborn.
Herman zu Hebborn, Peter Holtzgen und Thonis zu Hebborn ungehorsamb.
Item kündett Hoffer Jan, Dreutges Vatter, hey hab die Hobsgwaldt in Handen ingehabt umb trint funfftzig Jhar langh, und da binnen sey niemendt kommen, der ihme Insprach gedain hab darauff.

Anno 57, den zweytten Braichmonatz hatt man Hofsgedingh zu Hebborn gehalten wie folgtt
Item uff vorgenanttten Tagh haben die Müllers Kinder zu Brochausen ihr Churmudt dem Lehenhern zalt.
Absentes. Item der Greiß und Thoniß zu Vußwinckell, Evert zum Seyffen. Item Klein Goddert Romerß. Item wrogde Holtzgen als vor ein Fürster, das sie des Botten Dochter und sein Magdt funden hab in der Gemarcken, das sie Holtz und Lauff darauß getragen haben, auch gleichfals Johans Fraw zum Kley.
Item wrogt, das Thoniß Schwarzbart und Wilhelm zur Bech, das wie die Holtzer Kuhe und schaff in der Gemarcken funden, auch Peters Kuhe zum Oberholtz und die Hirtten 3 Bürden Holtz gehawen und gebrochen.
Item wrogtte Wilhelm zur Bech, er hab N. zu Niderborsbach in der Gemarcken funden, das er einen strauch abgehawen und zu Marttgutt gemacht und spricht, der sey woll sechs davon dannen gewesen.
Item wrogdte Scheffen und Lehenman den Förster, das man nitt schantzen binden soll in den Gemarcken, ehe und zuvor das Holtz sey dan vest gegeben, welchs der Halffman hatt thun laßen.
Item brengt Wilhelm zur Bech in mitt Johan zu Kuckelbergh und Wilhelm zu Mutz, das ihme verziegen seie uff einen halben Morgen Busch im stoiff und 2 firtel Busch in der Hammeyen, welche Vertzigh gedain haben als Vormünder seligen Tewes Kindt zur großen Heiden, nemblich Herman Boiß zu den Echen und Tewes in den Höffen, Darüber Ban und Fridt bekommen, wie hie Hoffsrecht ist.

Anno 1563 am 15. January ist zu Hebborn ungebodden gedingh gehalten, haben die Scheffen einbracht wie folgt.
Absentes: Johan zu Kuckelberg. Christian zum Kley. Thonißen Honsbergh. M. Peter Vorsprecher. Johan zu den Höven. Item wirdt ein Holtz gewrogt zu Hebborn. Item hefft der Keller zu Glabbach zwey Holtzer abgehawen zu Hebborn und hefft gesprochen, so mannich verbotten, so mannich verstett und frage nach keinem Verbott, es geschehe das durch bevelch meines gned. Hern und keines Lehenhern Verbott gehortt und die Holtzer auß gebott geführt.
Item hatt Peter das Godemengen zwey Holzer abgehawen. Item noch wrogen die Scheffen wie vorgl. etlich Reiß auff einen orth habe und macht schantzen darauß.
Item wrogen die Scheffen den großen Peter zu Hebborn, das er Schräett stocke in seinem Hoff habe, davon er Holtz auß macht. Item die Müllenschütt zum Kley und ire Kinder haben ein Eich abgehawen.
Item wrogett der Fürster, das des Kleinen son zum Kley einen Stock abgehawen habe, daran 1 Khar Holtz war, und heft umb den verbotten Dach darauß genommen.

[109a]) Titel als Rückaufschrift; Archiv von Weichs, Rösberg, Akten 159.

Item Kerstgen und der Kleyn hollen Holtz und Lauff auß Erbe, auch ihr Kuhe darin getrieben.
Item Wirdt Johan zum Mutze gewrogt als ein ungewonnen Handt.
Item den 13. January Anno 63 hatt Herman zu Hebborn empfangen seiliges Krilliß gutt halff, das seine vor erfflich erff und seinen Suster und Bruders zu vergain und zu verstain.
Item Wilhelm zu Mutze Johans son hatt Ban und früt bekommen über das gutt in Mutze, wo sein selige Vatter solchs vergangen und verstanden hatt in diesem Hoff, das sein vor erfflich erff und seiner Suster das ire zu vergain und zu verstain.
Item hatt sich Ulrich zu Paffradt an Künden getzogen zwischen ihme und seinem Oheimen Petern zu Hebborn alß der beutte halber, so er und sein Bruder haben gehalden an Johan zu Romaney und an den großen Holtzer.
Item haben die zwey eindrechtisch gezeuget, wie sie Peter zu Hebborn haben gebetten, sie solten zu Hebborn bey ihnen kommen. Da haben sie Peters Broder und seinen Son dann funden und do haben die vorgemelte Bruder mit einander gebeudt und haben gesatzt Hoff und Wiesen, aber keine Rott noch werde gesehen.
Darauff spricht Peter zu Hebborn, er habe ein beutte gehalten und Hoff umb Wiese gegeben und so, das ein Blech nit so guet where als das ander, solchs zu belegen mitt erff und nit mit Geldt, solchs auch im Gerichtsbuch ungesetz eigenet ist.
So haben die vorgemelte Partheien gelobt, auf St. Agnesen Tag zu Hebborn beyeinander zu kommen umb sich zu vertragen.

Anno 67 uff Dinstagh vür unser lieben Frawen Lichtmeß hatt Hoffgericht gehalten zwischen Clementz zu Päffradt und Conradten zu Kuckelsberg wie folgt.
Item hatt Clementz zu Paffrodt an den Scheffen gestalt, nachdem das Conradt außpleib und nitt erschienen, ob Conradt ihme nit schuldig soll sein, diese itzige Kosten zu erlegen, solchs ist zum Scheffen gestalt.
Item herauff erkendt der Scheffen, Conradt soll dißmall Clementzen diese gerichtliche Kosten schuldig widerumb zu erlegen sein. Er könne dan beweisliche nott darthun.
Item sein außplieben als Scheffen M. Gerhardt zu Koeböcken und Jacob zu Aßelborn. Item der Hoffsbott und Jacob zum Seiffen als der Vorsprecher auch ungehorsamb.
Item hatt Clementz den Hoff gelacht den ersten Dingstagh in der Fasten.

Anno 1570, den negsten Dingstagh nach den heiligen drey Konigh ist ungebotten gedingh gehalten im Hoff Hebborn zu Hebboern.
Item wrogt der gemein Lehenman, das Johan zu Niderborßbach einen Heister abgehawen.
Item hatt der Klein Holtzer einen grunen Buechenstock abgehawen, hatt des Ambtmans Diener ihn darüber funden in der Gemarcken.
Item hatt Conradt zu Kuckelsbergh alß Scheffen inbracht, das Peter Holtzgen etlich grun Klüppelholtz gehawen hab in der Gemarcken.
Item hatt Bech zur Bech brengt in, das Peter zu Mutz gesagt, Jen zu Niderborßbach hab einen Stock abgehawen, der woll 4 oder 5 Heister auff gehapt, Darauf Jen gesprochen, er will Brandtholtz darin hawen trutz der Erben, nachdem er schatz und Dienst meinem gnedigen Herren davon thun müste.
Item diejenige, so außpleiben, wrogt der Scheffen.
Item zum ersten Kerstgen zum Kley.
Item Quentgen zum Büchell.
Item Peter Kurttseiffen.
Item haben die gemein Erben hie ingangen, das ein jeder Erb, der 1 Gwaldt oder Lhengutt hatt, soll Jhars ein Eich proffen in die Gemarckung und 2 Jhar grun halten. Wer sich darin säumigh finden laßet, der soll wanehe man das Holtz gibt, 1 Thaler in das Gelaich geben, sonder Widerredt.
Item auch hat der Lhenher bewilligt 2 Eichen zu setzen.
Item hat Henrich Krochbach selbst gewrogt, das 1 Holtz abgehawen vür dem letzten Gedingh.
Item hat Henrich Kroppachss hie inbracht, seiner Frawen Kindstheil Erbs zum Holtz, wie das ihm ahnerfallen ist und hatt darvon Ban und fridt wie Hoffrecht empfangen.
Item bekanntt Conradt zu Kuckelsbergh, das die hondert Thaler, die der Edler Wilhelm von

349

Steinen, Ambtman zu Meisenloe emphangen hatt von Thoniß zum Holtz, jharlichs zu Pension geben soll 5 Rthlr.
Item hatt Aleff Thoniß Borßbach und sein moder sampt Thoniß auff dem Driesch hie inbracht, wie das sie ausgegelden haben Wilhelmen zu Herscheidt und Giertgen seiner Hausfraw alle ihre Erbsgerechtigkeitt in Niderborßbach halb vertziegen und außgangen vor Conradten zu Kuckelbergh und dem kleinen Hultzer Jan. Darüber Ban und fridt bekommen wie Hoffsrecht.
Item hatt Aloff Wirtgen auch hie inbracht, das dritte Theil, dad sie affgegolden haben Wilhelmen zu Hebborn und und Giertgen seiner Hausfraw aus dem Kindtheil Erbs, das Wilhelm Wirtgen Theißen in der Koillen abgebeutt hatt. Ist vertziegen und außgangen vor dem Johan zum Holtz als Scheffen. Darüber ban und fridt wie Hoffsrecht empfangen.

Anno 1570 den 22. Brach Monatz ist ungeboten gedingh gehalten wie folgt.
Item das Gutt zum Holtz des Ruven theill und Jenges theill unenfangen, wrogt der Scheffen.
Item Wilhelm zu Mutz und Meiß zu Kuckelsberg sein verwiesen die Güder entfangen.
Absentes. Kerstgen zum Kley. Gerhardt zu Fußwinckell. Johan zu Niderborßbach. Aloff zu Niderborßbach.
Item die vors. zum Holtz sein ausplieben und keine Wrogen gethain. Derwegen wollen die Erben ihn die 7 hondert nitt vergunnen.
Item ist der Ehrenvest Goddert Kessell vor Gericht erschienen und sich belhenen laßen mitt den umbgeschlagenen Güttern von wegen Henrichs zu Mülhem und Giertgen seiner Hausfraw. Der Gütter in Kuckelsbergh, dan ist die Summa 20 Thlr. gerechnett worden. Davor ist Johan zu Brochausen Kesselen vorglt. gutt worden binnen 4 wochen zu bezalen. Diß ist gerichtlich beschehen.
Item kompt Peter der guttman vor gericht und begert, das Lhen- und Manbuch zu lesen und dan den Scheffen zu fragen, ob ihnen auch kundigh sey, das Wilhelm zu Rommerscheidt und sein Hausfraw und Jacob Weffer hie inbracht haben, die gehurtt in seligen Clauß gutt zu Hebborn.
Item ist das Boech durchsehen und darvon nit funden. Der Scheffen und Lehenman weiß auch darvon nitt.
Item Peter Wirtgen hat sich mit den Güttern belhenen laßen und Ban und fridt darüber begert. Hatt Goddert, Wilhelms Eidamb, ihm widersprochen.
Item darauff bitt Goddert den fridt, welches ihm zugelaßen ist.
Item hatt der Edler und Ehrenvester Wilhelm von Steinen, Ambtman zu Meisenloe und Lhenher zu Hebborn Clementz zu Paffrodt das Gutt zum Holtz, das Thoniß zugehörtt, vor ein Pfandt gegeben mit willen Thoniß soviell alß vor ein hondert Joachims Thaler soviel Erbguts sich Clementz daran zu erholen vor Hauptsum und Pension und das er, Clementz, mitt pilligen Rechten forderen kan. Soll ihme vergunnt werden.

Am 12. January Anno 74.
Unentfahene Handt.
Item Gerhartt zu Koenboucken.
Conradt zu Kuckelberg.
Kerstgen zum Kley.
Jacob zum Seiffen vor Pechter.
Es haben die sampliche Erbgenahmen binnen 14 Tagen globt, von wegen des Churmodts zu Frideny des Lhenhern Willen zu schaffen.
Wrogenn.
Johan der große Holtzer bekendt, das er zwae Eichen zu seiner Notturfft abgehawen.
Scheffen und gemeine Lhenleute wrogen, das Johan zu Koenbocken offentlich angetzeiget, das er gesehen, das Johannen Kinder zu Niderborßbach stuck- und anderen schaden in der Gemarcken gethan, Gleßfals sagt derselb, das Theißgens Fraw zu Mutze eben gleichen schaden gethan.
Item wrogt der Scheffen, das Gerhardt zu Romaney angetzeiget, das er Goddertz Jungh zu Nider Kuckulbergh und des Kleinen Jungh zum Kley gefunden, das sie beide stucke in der Gemarcken, in den funff oder sechs junger Heister, gehawen.
Der Lhenher clagt selbst, das seine L. selbst Herman zu Mutz angetroffen, das derselb zween Zaunstachen, einen grünen und dorren, auf seinem Haß getragen.
Schabini: Clemens zu Paffrodt als Scheffen und Quentgen zum Büchell.

Procurator: Johan zu Kuckelberg.
Uff anhalten Michaeles Leeßmengen ist der richtlicher Umbschlag zugelaßen.

Anno 1575 am 12. Aprilis, zu Hebborn Gericht gehalten.
Es bitten und begeren die Scheffen gemein Lhenman, das mein Junckher, der Ambtman, die Hoffsroll in diesen Hoff besteuren wolle, damitt meinem gned. Fürsten und Hern noch dem Lhenman an seiner gerechtigkeitt abgetzogen moge werden.
Es wrogt der Scheffen und gemein Lhenman, das Johan zu Niderborßbach und der Wirth zu Mutze, Wilhelm genantt, hiebevor sich von wegen etzlicher Heister, nemblich 3 Heister abgehawen gezanckt, das die beide sich in beysein des Botten zum Kley verdragen, das Johan meinem gnedeigen Fürsten und Hern bevorab auch dem Lhenhern abdragt thun sollen.
Schroder Berndt wrogt, das Hertges Gesindt einen stock abgehawen, darauff 3 Heister gewesen.
Gerhardt zu Romaney hatt 2 Holtzger abgehawen, sein verzaunt worden.
Der Holtzer wrogt, das der ... zum Holtze ein Eich abgehawen und der Holtzer hab ihme auch ein abgehawen.
Ungehorsame. Jacob zu Asselborn Scheffen absens.
Zu gedencken, das die Holtzer Erben die Sollstadt auf drey theill baußen getheilt.

Anno 1576 am 26. Juny.
Derigen zum Holtz alß ein Lhenman wrogt, das Peter der Weber zum Holtz vier Heister auf einem Stock in der Gemarcken, nemblich boven dem klienen Wießgen im Lidtholtz abgehawen.
Johan zum Kuckelberg alß ein Hewer wrogt, das die Kühe in Nider-Kuckelberg in die Gemarcken baußen Zeitz eingan, gleichfals auch des Halffenns Kühe, auch die Kühe uff Niderborßbach, auch die Holtzer Kühe.
Ungehorsame. Jen und Adolff zu Niderborßbach. Bodtgen in der Dombach scheffen. Michaell Leeßman.
Unentfangen Handt.
Wrogen die scheffen und Lhenleut, das Kürtbergh zum Holtze und der Schleumer Hoff, wie sie am 20. January Anno 76 gewrogt.
Jacobs Gutt zum Seiffen ist unemfangen Handt.
Des großen Holtzers Gutt ist unenmpfangen Handt.
Item seligen Peter Loesskiddels gutt, deß gerechtigkeit im großen Holtzers Gutt ist unentfangen.
Das Gutt zum Seiffen, darauf der Junckher whonett, ist unentfangen. Davon Johan zum Kley den Lheneidt aufgesagt.
Haw-Welder.
Thoniß zum Broche bekendt, das er ein klein Holtzgen abgehawen.
Johan Schloßmecher bekendt, das er ein klein Holtzgen abgehawen.
Gerhardt zu Romaney bekendt, das er dem Ambtman eins verkaufft.
Der gemein Lhenman wrogt, das der Lhenher nhun wie auch von alters gewrogt, dweill der mherertheill der eltester verstorben und die Jüngsten der gerechtigkeit nitt wissen, die Lhenrollen hiehin zu bestellen und zu verschaffen, zwischen diß und den negsten Gerichts Tagh. Da das nitt geschehe, kundten alßdan die Scheffen und gemein Lhenman dem Lhenhern kein gicht noch urtheill helffen machen, auch keine Hoffszinsen zu bezalen umb Irthumbt willen.

Anno 1577 am 16. Aprilis.
Ungehorsame. Jacob zu Aßelborn Scheffen.
Lhenleuth. Johan Muller zu Brochausen. Gerhardt zu Voeßwinckel. Adolff zu Borsbach.
Ist auf anstellen des Schulteißen durch Scheffen und Lhenleuth erkandt, das ein jeder dem Schultheißen achtenhalben Schillingh auff gnadt und dem Scheffen dubbel.
Seligen Ulrichs Erben zu Kuckelberg haben bekendt, das sie ein Eich im Kuckelberger Gutt abgehawen.
Es haben die samptliche Schulteiß, Scheffen und Lhenleute sich eindrechtlich verdragen, das wer die Forstmaße emphengt, der soll die Gemarcke hoeden, und wanneh einich schadt geschehe, soll dem fürster an den forstmaßen abgekürtzt werden.

351

Gleichfals verdragen, wer in der Gemarcken mitt Hepen und Beielen hawen würde und darüber befunden, das der Gemarcken schädtlich, soll einen Goltgulden vor brüchten, halb dem Lhenhern und den gemeinen Erben den überigen halben Goltgulden geben.

Anno 1578 den 1. Juli hatt man Hoffsgericht gehalten im Hoff Hebborn wie folgt.
Item wrogt Johan zu Koenbücken alß Forster, das Adolffs Magd zu Niderborßbach, auch des Wirths Magt zu Mutz stock in der Gemarcken abgehawen und hinweggetragen.
Item wrogt Jan zu Niderborßbach und Theiß zu Mutz, das Kerstgen, der Schroder zum Holtz, einen stock abgehawen und weggetragen und den Heister liggen laßen, sovern der thetter nitt anzutreffen, soll der aufhelder die boeß gelden.
Item zum andern wrogt der Heyer, das er wall 100 Heister im Busch verloren und Höltzgen zweymhall verfolgt, das er Heister außgedragen, welchs Höltzgen nitt hatt verneinen können. Hatt der Scholtheß solchs zum Scheffen gestalt. Darauff der Scheffen erkendt, Holtzgen soll den Lhenhern und gantze mittgeschworren Erben bitten und gelden.
Item wrogt Scheffen und gemein Lhenman, das der Bott zum Kley mit seinem Viehe in der Gemarcken treibt, auch Holtz und Lauff strafft und rafft, aus der Gemarcken tregt auf das Gutt zum Kley alß ein Erb.
Item wrogt Peter Holtzgen, das der Hewer zu ihm gesprochen, das vorgemelter Bott ihme die Heister hab aus dem Busch getragen.
Item wrogen Scheffen und Lhenman, das 2 Holtzer auf des Großen Gutt abgehawen und zu Marttgutt gemacht.
Item bringt Johan zu Brochausen in mitt Johan zu Kuckelbergh und Henrich zu Hebborn als Scheffen, das Johan Schimmelpfennigk und Entgen, Eheleut, verzigen und außgangen auf ihr gerechtigkeitt in drittenhalben Morgen busch und etliche Roden darzu auf den Kaulen gnantt.

Anno 1579 am 13. January haben die gemein Scheffen, geschworne und Lenleuth nochmalß die hiebevor under dato p 75 erfordertte Roll gefordert mitt solcher bitt, das der Lhenher umb Leben und sterbens will /: in ansehungh itzo bey dem Gericht verschloßene Kisten vorhanden :/ verschaffen wolle, damit meinem gnedigen Fürsten und Hern, auch dem Lhenher und jedermenniglich an seinen habenden Rechten nichtz möge verkürtzt werden.

Anno 1579 in Julio ist Hoffsgeding gehalten zu Hebborn wie folgt.
Es sein thods abgangen Gerhardt Zimmermann und Quentingh zum Büchell.
Absentes. Marien Henrich zum Seiffen. Das Guttmengen. Das Bodtgen in der Dombach alß Scheffen.
Wrogt der Scheffen, das das Gutt zum Seiffen unentfangen, das zu Aßelborn gehorigh.
Item wrogt der Scheffen und Lhenman, das Höltzgen 16 Heister abgehawen und auf sein Reiß gelacht.
Item Clemens wrogt alß Forster, das ihme Jen zu Niderborßbach seine Kuhe mitt gwaldt wider genommen, alß er ie, wie auch Adolffs Kuhe, hat wollen eintreiben.
Item des Botten Kuhe, Jans Kühe und Engels Kuhe haben die Forster in der Gemarcken funden.
Item hat Peter zum Holtz hier inbracht und sich belhenen laßen mit solchem Gutt, alß sein Schwegervatter Johan zum Holtz hir vergangen und verstanden, das sein vor sein erblich Erb und seines Schwager und Schwegerin das ihrige zu vertretten. Darüber Ban und Fridt empfangen wie Hoffsrecht.
Es hat auch Adolff zu Niderborßbach mit Wilhelmen zur Bech und Johannen Klein Höltzern als Scheffen einbracht, das Peter Docher und Irmgartten, Eheleuthe, ihm verziegen und außgangen alle ihre Erbgerechtigkeitt in Niderborßbach. Darüber Ban und Fridt empfangen wie Hoffsrecht.
Johan zu Niderborßbach brengt in mitt Wilhelmen zur Bech und Johan Kleinen Holtzer, das er abgekauft Johans Kindern zu Romaney ein halb Gewaldt uff der Gemarcken zu Hebborn, Darüber Ban und Fridt empfangen wie Hoffsrecht.
Ermelter Johan bringt in mitt gedachten Scheffen, das er Adolffen, seinem Neffen, und Lhengen, seiner Haußfraw abgekauft zween Morgen Landz und anderthalben Morgen Busch im Boellen. Darüber Band und Fridt wie Hoffsrecht empfangen.

Item bringt der vorgemelte Johan zu Niderborßbach in mitt vorgemelten Scheffen, wie das er seinem Broder Jan und N., Eheleuthen, ihre Erbgerechtigkeitt halb zu Niderborßbach abgekauft und darüber Ban und Fridt empfangen.

Item bringt Jengen zu Kuckelsbergh in mitt zweien Scheffen, nemblich Henrich zu Hebborn, und Wilhelmen zu Mutz, das er, seine Suster und Brüder, nemblich Adolff, Clemens und Tringen, abgegolden haben Johan und Frewgen, Eheleuthen, im Dorff Odendall alle ihre Erbgerechtigkeit in Kuckelsbergh, darvon nichtz außgescheiden, das sein vor erblich Erb und seinen Mitterben zu vergain und zu verstain. Darüber Ban und Fridt wie Hoffsrecht, emfangen.

Anno 1580, den zweyten Dingstagh nach Heiligen Drey Königh ist Hoffsgedingh im Hoff Hebborn gehalten wie folgt.

Ungehorsame. Der Bottgen in der Dombach, Scheffen. Johan zu Koenboecken. Peter Goedtmengen.

Johan zu Koenboecken 1 Eich abgehawen.

Item wrogt der Scheffen, das des vorgemelten Johans Dochter 6 Rißgen auff den Heistern in der Gemarcken gehawen.

Item hatt Engels Gesindt zum Cley stocke und Reiser gehawen.

Item hatt man sich auch vergliechen, wer Zinß und Churmoeds noch schuldigh, das der dem Lhenhern zhalen soll auf Dingstagh nach Pauli Bekherungh. Wer außpleibt, soll alle Kost und schaden zhalen. Uff selbige Zeitt sollen auch die Paell und Laegh umb das Hoffsgutt und Gemarcken gesetzt werden.

Vor dem Gedingh ist auch verabscheidt, wer von Bruchten noch schuldigh, das der auff selbigen Tagh zhalen soll.

Item Henrich Hoburger bringt in mitt zweien Scheffen, Johanen zu Kuckelsberg und Henrichen Wirt zu Hebborn, das ihm Roitger zu Meißheiden und Tringen, sein Haußfraw, verziegen und außgangen die Halbscheidt ihres Vattergutz in dem Seiffer Gutt, wie das an diß Gericht gehorigh. Darüber Ban und Fridt wie Hoffsrecht erlangt.

Item bringt gemelter Henrich mitt gedachten Scheffen ins Gericht, wie das Eberhardt zum Seiffen und Frevgen ihme verziegen und außgangen ein Ortgen Hoffs, wie das in Lach und Pälen vor seiner Dheur gelegen. Darüber Ban und Fridt wie Hoffsrecht empfangen.

Item bringt Peter zum Seiffen der Junckher hie in, mit Clementz zu Paffrodt und Wilhelmen zur Bech alß Scheffen, das er mitt Wilhelmen zu Mutz und Giertgen, Eheleuthen, gebautt habe Erff umb Erff, also das er Wilhelms Kindtheill zum Seiffen hatt, auch was Wilhelm von seinem Schwager Johan zum Cley abgebeutt hatt. Darauff hatt Wilhelm und Giertgen ihm verziegen und außgangen, auch Ban und Fridt darüber empfangen wie Hoffsrecht.

Darzu auch gemelter Peter sein Kindtheill im Seiffen empfangen mitt Ban und Fridt.

Item bringt Wilhelm zu Mutz hier in mitt Clementzen zu Paffrodt und Wilhelmen zur Bech, wie das er mitt seinem Schwager Peter zum Seiffen und Frevgen, seiner Haußfrau, gebeutt ihr Kindtheill Erffs zu Mutz, wie das ihnen da von Vatter und Mutter angeerbt. Darüber sie Ban und Fridt wie Hoffsrecht bekommen.

Am 28. Juny Anno 1580 ist zu Hebborn Gedingh gehalten.

Der Junckher zum Seiffen Peter gnandt, ist verstorben, wie gleichfals Heintgen zum Holtz.

Absentes. Johan Bottgen in der Dombach. Zimmer Gerhardt ablivich worden. Quentgen zum Büchell gleichfals. Goddert ufm Remmerscheidt Vorsprecher.

Johan Hoffsbott gibt an, das Metz Goddertz Fraw zu Kuckelbergh mitt den Kühen in der Gemarcken gehöet. Darzu gesprochen: Du hast mir ein Burtt halb Holtz gestolen, — und er hab es in Clemenß Hauß zu Paffrodr in verwarsamb getragen.

Peter Goedtmengen alß Forster sagt, das er Johenges Kühe zum Holtze und Clemens daselbst in der Gemarcken funden und in den Hoff getrieben.

Clemens zu Pfaffrodt sagt, das er gesehen, das Holtzens Son Meyen abgehawen.

Der Hoffsbott wrogt, er hab ein Eich abgehawen, er woll bitten und gelden.

Godert Witz wrogt, das Johannen und Adolffs Kühe zu Niderborßbach in den Gemarcken gehoett haben. Darzu die Underkuckelberger Kohe gleichfals.

Johan zu Kuckelbergh wrogt, das Gerhardt zum Seiffen sein Schwager auß Notten ein Eich abgehawen.

Gerhardt zu Romaney wrogt, das er zwa Eichen abgehawen. Es hatt der Schultheiß laßen verpieten, aber die Eichen sein abgefürdt gewesen.

Michaell Leeßman ist ungehorsamb außplieben.

Anno 1581 den 4. Aprilis ist Hoffsgedingh im Hoff Hebborn gehalten wie folgt.

Absentes. Schroder Bernhardt zum Holtz. Johan zu Brochausen Scheffen. Johan zu Kuckelbergh. Johan zu Koenboecken.

Item abgestorben Johan zum Holtz. Adolff zu Niderborßbach.

Wrogt Johan zu Kuckelberg, das 1 Eich abgehawen.

Wrogt der Scheffen und Lhenman, das des Witz Son und Dochter Stock in der Gemarcken gehawen. Wie solchs auch des Botten Son und Dochter.

Hof auf der Schreibersheide

Bringt Derich Kreger zu Bergscheidt in mitt Wilhelmen zu Mutz und Henrich zu Hebborn alß Scheffen, das sein Stiffson Wilhelm Lang ihme verziegen auff sein Erbgerechtigkeitt, das auß dem Kramer Goet ist bey Schonenborn nach lautt des vorigen Vertziegs, das den Kindern von Erishoven beschehen.

Item brengt Wilhelm zur Bech in mit Thoniß zum Broch und Henrichen zu Hebborn, das er Herman zur großen Heiden und Barbara, seiner Haußfraw abgegelden hatt zwey orth Busch, ein in Stoiffgen und ein auff der Hammeyen. Darauf Verziegh, Außgangh, Ban und Fridt wie Hoffsrecht empfangen.

Item Wilhelm zur Bech bringt in mitt den zweyen vorgemelten Mannen, das er gebeutt hatt mitt Peter dem Goedtmengen, sein Gerechtigkeitt im Dell, und hatt Wilhelm im in den Eichen davor gegeben. Darauff Verzig Ausgangh, Ban und Fridt wie Hoffsrecht empfangen.

Goddert zu Rommerscheidt bringt in mitt Wilhelmen zur Bech und Henrichen zu Hebborn, das ihme Peter Goedtmengen und Lhengen, Eheleuth verziegen und außgangen haben auff die Perßwieß, auch das Landt auf dem Bergh mitt seinen Hecken und das Ortgen Busch boven dem Steinbergh und noch ein Orth Busch im Pandbusch. Darüber Ban und Fridt wie Hoffsrecht empfangen.

Anno 1584 den 10. January ist Hofsgericht zu Hebborn gehalten wie sich gebeurdt.
Unempfangene Handt.
Jengens Gutt zum Holtz will Clemens zum Holtz itzo empfangen.
Quentell zum Busch Erbschafft im Büchell Johan zu Berghausen.
Gerhardt zu Voßwinckel von 2 Morgen Wiesen zu Mutz.
Wilhelm zur Bech Scheffen gewrogt, das er in vergangener Fasten seines Wegs durch die Gemarcken gangen und Engelß Jungen, des Bobbels Jungen und Clementz Jungen zum Holtz einen Stock mit vier Heister und sonst etlich ander Gehöltz abgehawen, ursach seines Wissens, das er den Stock in des Hewers zu Kuckelberg Hauß gedragen.
Item Johan der Hobs gewrogt, das obgemelte Engels Jungen gesteriges Tags einen Stock in der Gemarcken abgehawen und heimgetragen.
Item Johan Weffer gewrogt, das das Guttmengen Martholtz zum feilen Kauff auß seinem Hoff etlich mall gefurt, unangesehen er, sein Erb, der Schmidt und sein Haußfraw gleicher gestalt Holtz gehawen und ingetragen.
Das das Guttmengen etlichmhall Martholtz auß seinem Hoff gefurt mitt dem Lackeyen Drieß zum Quirll, Eckhardt zur Linden, Ludwichs Son Peter zu Eykamp und Tilman ufm Driesch zu beweisen.
Schroder Bern hatt ohn Zulaßung ein Eich abgehawen. Daselbe Johan zu Kuckelbergh gewrogt, solchs zu beweisen mitt den Erben.
Johan Weber zu Hebborn wrogt, das die Gladbacher Nachparn uff Lhen- und Hoffsgutt an den Abelsberg ihr Viehe getrieben und Reiser abgehawen.

Wrogen den 26. Juny Anno 84.
Bern zum Holtze wrogt, das des Bobels Jungen die Heister in der Gemarcken geschneiselt. Noch wrogte ermelter Bern, das Engelß Jungh zum Holtze die Heister in der Gemarcken geschneiselt.

Ungehorsame am 11. Aprilis Anno 1589.
Wilhelm zu Brochhausen. Thederich Steinkrogh. Das Gutt Kram. Das Gutt zur Höhe. Henrich Hoburger. Theill zu Hebborn.

Wrogen am 27. Juny Anno 1589.
Johan Weyerstraß. Thederich Steinkrogh. Theill zu Habborn. Thomas zu Voßwinckell. Clemns Schroder zum Holtz. Braun daselbst. Henrich Hoburger. Müller zu Brochausen [199b]).
Die Gutter Kram und Hohe sein vor ungehorsamb erkhandt.
Das Gutt zum Pütz zu Brück ist vor ein verfallen Lhen uff Gnadt dem Lhenhern zuerkhendt.
Johan zum Nußbaum ein Scheffen verstorben und das sein Gutt nhun übers Jhar und Tagh unempfangen ist, solchs Gutt dem Lhenhern vor ein verfallen Lhen uff Gnadt zuerkhendt.

Anno 1590 den 9. January.
Jengen zu Kuckelbergh angewrogt alß Forster Steigen Peters Fraw zu Kuckelberg und Mergh, Johans des Klockens Dochter an einem stock funden und schaden gethain.
Noch Jengen angewrogt, das er einen Stock in der Gemarcken funden, der 4 Heister aufgehabt und solchs Petern zu Kuckelberg vorgehalten, hat er gesaget, des Klocken Gesindt hab solchs gethain.
Wilhelm zu Mutz gewrogt, das er Engels Magt zum Kley als ein Unerb in der Gemarcken an Stocken hawen funden, auch eins gesehen, das sie stock darauß getragen.

[199b]) Das erhaltene Blattkonzept dieser Sitzung verzeichnet noch: Johan zu Boeßbach krank; Scheiff Clemens; ferner sind Heinrich Greiß, Jengen zu Kockelberg, Eckert zum Seiffen, Kerstgen zum Seiffen, Cloitgen daselbst und Klein Goddert wieder gestrichen, also offenbar verspätet eingetroffen.

Herman zu Haborn angewrogt, das er Mull Jans Dochter an stocken in der Gemarcken hawen funden. Johan Weyerstraß verstorben unempfangen.

Absentes. Johan zu Kobucken. Henrich stoiß unenpfangen. Eberhardt (Effer) zum Seiffen. Die Gutter von Schoemerich (Schönenborn) vermogh letzten abscheidtz nochmhals vor ein verfallen Lhen erkhandt [199c].

Ungehorsame am 10. January Anno 1591.
Müller zu Brochhausen. Hoburger. Tilman zum Büchell. Gerhardt zum Büchell. Els zum Nusbaum. Thiell zu Haborn. Thomas zu Voßwinckell.
Schultheiß und Scheffen von wegen der Gütter zu Kremerhöhe und Schonenborn pleiben bey vorigem Erkhandtnuß.
Braun zu Holtz wrogt, das er des Wirths Magt zu Mutz auff einem Stock in der Gemarck funden und Reiser gehawen.

Wrogen am 13. January Anno 1592.
Braun zum Holtz. Gerhardt zu Haborn. Gerhardt zum Büchell. Guetemans Erben.
Es wrogen die Lhenleuth, das Thielen Knecht zu Haborn 9 Heister in der Gemarck abgehawen. Die Bücheler Gütter, so alhie nitt empfangen, sein in Verbott und Zuschlach gelacht, dieselbe nitt zu wenden noch zu kheren, bißlang abtracht beschehen.

Wrogen am 7. Aprilis Anno 1592.
Absentes. Müller zu Brochausen. Hoburger.

Anno 1593 am 19. January.
Bern zu Kuckelberg ein Eich abgehawen, so an das Gericht Bennsburgh gehörig.
Das Bücheler Gutt ist nochmals in Verbott und Zuschlach gelacht, nitt zu krudden, bislang es empfangen und abdracht beschehen.

Anno 1593 am 6. July.
Ist am Hoffgericht zu Heborn streitlich vorgeleuffen Johan Kobucken, gegen Gerhardt zum Büchell wegen des Gutz zum Büchell, das er Gerhardt zum Büchell, in selbigem Gutt zum Büchell an sich gegolden von M(eister) Wilhelm, Bürger in Coln, das er, Jan Koebücken, ihme, Gerhardt, nitt zugelaßen alhie inzubringen, auß Ursachen, das Johan Koebücken des Veillruffens nitt gestendigh, darauff biß zum negsten er, Gerhardt, eine erforschung gebetten. Wie auch zugelaßen und binnen solcher Zeit den Veillruff zu volnfhüren, damit der Lhenher eine empfangene Handt bekommen moge.

Am 1. February Anno 1594 hatte übermitz des Lhenhern verordneter Johan Hertzbach in seiner L(iebden) nhamen, forth Thoniß Schwartzbartt Schultheiß, Herman zu Hebborn, Gerhardt zu Romaney, Johentgen zu Kuckelberg, Wilhelm zur Bech, Johan zu Konnbuecken und Peter zum Holtz, Scheffen, Gericht gehalten.
Johan der Kloecke zu Koenbucken ist verstorben.
Der Hoffsbott referirt, das er Johans Megde zur Mautzen funden, das dieselbige in der Gemarcken mit Hawen scheden gethain.
Der Hoffsscheffen Jengen zu Kuckelbergh gibt vor, das sein Wilhelm Clementzen zum Holtz ein Eich verkaufft und abgehawen.
Kerstgen zum Kley und Klein Johan in der Steinbach sein zu Vormündern angesetzt verordnet und inhalt Fürstlicher Ordnungh beeidett vor Weilandt Wilhelm zu Brochhausen Lyßgen Eheleuthen nachgelaßenen unmündigen Kindern.
Heutt dato der Schultheiß Thoniß Schwartzbardt einen Pergamentz brieff auff Weilandt Peter Goedtmengen, numher auff dessen hinderlaßenen Shon Engelen sprechendt, gerichtlich einbracht,

---

[199c]) Das Blattkonzept fügt noch an: Schmalzgröbers Guet zum Holz ist dem Scheiffen Clemens mit Elsen zum Noßbaum bis zum negsten zu gelaßen.

warüber Anrichtungh in die underpende begert, weil ihme der gepeur die Zhalung nitt erfolgen thette. Und ist ihme derhalb Umbschlagh erkhendt.
Es sein ingleichen heutt dato verordnett, welche die Brüchten bey den Brüchtfelligen setzen sollen, nemblich Wilhelm zur Bech, Johentgen zu Kuckelberg, Johan zu Koenboecken und Herman zu Hebborn in Beysein des Schultheißen und Schreibers.

Anno 1594 am 28. Juny ist zu Haborn Hoffsgedingh gehalten wie folgt.
Ungehorsame, so nitt erschienen: Clemens zu Voßwinckell und Klein Goddert zu Rommerscheid, beide Vorsprecher. Thomas zum Büchell. Henrich Schroder zum Holtz. Seligen Evertz Shon zum Seiffen. Henrich Hoburger Scheffen. Gottschalck Schmidt zu Borßbach. Müller zu Brochhausen.
Item Clemens Zimmerman zum Holtz in Gott verstorben.
Es sein Kerstgen zum Kley und Clemens zum Holtz dem Schultheißen vorgestelt, darauß einen Vorsprecher zu nhemen.
Es sein Thiell Wirth zu Haborn, Clauß zum Seiffen, Bestgen zum Seiffen und Braun zum Holtz dem Schultheißen vorgestelt, darauß eine Hoffsbotten zu nhemen.
Es hatt ferner der Schultheiß wegen der wrogen der Scheffen angelangt.
Wirdt anbracht durch Johannen zu Koenboecken, das er Johans Jungen zu Niderborßbach funden, das er einen großen Hach gehabt, damitt in der Gemarcken nidergerissen und Mey gestrafft, auch die Rieser mitt darin hentt schaden gethain.
Item hatt Jan zu Niderborßbach anbracht, das er Kerstgen zu Kuckelbergh zween Heister auß der Gemarcken sehen heim tragen.
Die Scheffen erkennen, das die so ungehorsamb außplieben, 7 ½ Schillingh auff Gnadt zur Bueß zu geben schuldigh.
Braun zum Holtz und Goetze, Eheleuthe, haben zu Vormündern ihrem minderjarigen Shon gerichtlich vorgestelt Johannen zu Kuckelbergh und Johannen zu Köbeucken, dwelche mit gepeuerlichen Eiden beladen.

Anno 1595 am 11. January ist zu Haborn Hoffsgericht gehalten.
Wrogen.
Clemens zum Holtze bringt an, das Braun zum Holtze drey Eichen auff dem Gutt zum Holtze abgehawen und dieselbe auch widerumb auff das Gutt verbawett und daneben noch zwae Eichen abgehawen und die selbe vom Gutt verkaufft.

Item Braun zum Holtze gibt an, das Clemens Schroder zum Holtz gibt an, das Clemens Schroder zum Holtz 2 Eichen auff dem Gutt zum Holtz abgehawen und dieselben auff dem Gutt verzauntt, das Oberholtz aber zu Speldern gemacht.
Die gemein Lhenleuth geben an, das ein Verbott oder Kirchenroff zu Pfaffrodt außgangen, was ihnen in der Gemarcken und Hoff Haborn zu thun oder zu lassen. Begeren derwegen, das die Hoffsrollen offen bart, darauß zu sehen, was desfals den Lhenleuthen gepeuren moge oder nitt, seien sich denen gemeß zu halten erpietig.
Item begeren auch samptliche Scheffen und Lhenleuth, das der Herr Ambtman Metternich zum negsten Gerichtstagh erscheine und sich in statt unsers gnedigen Fürsten und Hern zu dieses Hoffs Lhenhern qualificirt mache und sich wie von althers preuchlich, gegen die Lhenleuth ertziege, wollen alsdan sich auch gegen den Lhenhern der gepeur erzeigen. Mitt Pitt, ihnen zum negsten herüber anthwort widerfaren zu laßen. Im fall aber solchs über Zuversicht nitt beschehen würde, konnen Scholtheiß, Scheffen und Lhenleuth ferner nitt urtheilen.
Item wirdt gewroget, das in seligen Clemens Zimmermans Gutt zum Holtz durch Peter Schroder alß Clementz nasatz ein Eich abgehawen.
Item wrogt Jan zu Mautz, der ein Eich auff dem Gutt zum Holtz abgehawen.
Johannen zur Mautzen in Behoff seines Vorkinds Henrichen mitt seiner Vorfrawen Grettgen seligh geschaffen, sein zu Vormündern mitt gepeurlichen Eiden angenommen Henrich Greiß zu Voßwinckell und Henrich Hoburger.
Dieser Johan zur Mautzen und gemelte Vormünder haben alhie eingewilligt und dem Schultheißen handtastende angelobt, von negst anstehendem Donnerstagh über acht Tagh die zwischen ihnen stehende Rechnungh zur Mautzen anzuhoren und deren sich allerseits zu vergleichen.

357

Der Botte Steinkrogh an diß Tags Gericht nitt erschienen, wie auch Gerhardt zum Büchell. Höhe und Kraem werden als ungehorsamb gewrogt.

A n n o 1 5 9 6 am 9. January ist Gericht gehalten im Hoff Haborn wie gewonlich.
Die Scheffen und gemein Lhenleuth repetirn ihren jüngsten Abscheidt, bitten numher in statt unsers gnedeigen Fürsten und Hern den Lhenhern zu sehen, wie auch die Hoffsrollen mitt also, das keine gichtung noch Urtheill beschehen sollen ehe und zuvor solchs beschehen.
Wrogen.
Johan zu Koboecken wrogt, wie das Johan zu Niderborsbach die Heister von einem Stock an Peters Wiesen zum Holtz abgehawen und heimgetragen.
Peter zum Holtz wrogt, das er Henrichs Fraw Stein zum Holtz ein mhall oder zwei funden, das sie ein wienigh stucke gehawen und schaden gethain.
Kerstgen zum Kley wrogt, wie des Elß Gerhardt zu Romaney diß Jhar auff den Hoffsgüttern und Gemarcken drey Wochen alle Tagh Lauff darauß getragen, ungefer 300 Tuecher.
Noch sagt der Halffe zu Hebborn, er Gerhardt habe auch seine Dochter vur Tage in der Marcken oder Hoffsgüter geschickt Lauff zu holen.
Gierhardt Elß wrogt, wie das er Peter Halffman Muter mit iren Medgen sehen komen auß der Gemarcken mit gruenem Heister.
Dero Scheltwort wegen Gerhart Elß hat sich der Scheffen erclert und inen Gerhardt in des Schultheißen Straff erkant wie von alters.
Peter zum Holtz sagt, wie das Engels Fraw zu Habborn als ein Unerff stocke und Holtz an den Mirgelkaulen up der Gemarcken geholt.

1. February A n n o 1 5 9 6.
Von wegen durch Gerhardten zu Romaney mit Laubtragen und sonst anderen gegangenen Excessen ist durch den Edel und Erenvesten Ludwigen von Metternich, Ambtman zu Mysenloe, als Lehenhern des Fürstlichen Lehenhoffs Hadborn, vort Thonißen Schwartzbart, Hobsschultheißen, und sembtliche anwesenden Scheffen verabscheidet und erkant, das obgemelter Gerhardt in die Gemarcken dahin inen die Verordnete weisen werden, setzen und possen 25 junger Boichen und ferner vor Straff und Brüchten dem Lehenhern zween Goltgulden, dem Hobsschultheißen einen Goltgulden verrichten und zalen solle, auch über das auf der Scheffen Besichtigung und Einnehmung des Augenscheins vorgemelter Ueberfarung halber verzerten Glaachs und Kosten, bei Thonißen Schwartzbart zum Broich sechs Gülden und bei Thielen zu Hebborn 4 Gülden wenig 4 Albus, so doch in des Lehenhern bedencklichen Discretion noch stehet, abzalen solle. Damit dan vorgemelte Uebertrettung aufgehoben und vor dißmall gebüeßet. Hiebey über- und angewesen neben dem Lehenhern Herman zu Hadborn, Wilhelm zur Bech, Thiel zu Hadborn und Peter zum Holtz als Scheffen.

A n n o 1 5 9 7 am 15. January ist ungeboten Gedingh im Hoff Hebborn zu Hebborn gehalten und darauff gehandellt wie folgt.
Obwoll Scheffen und gemein Lhenleutz ihrem jüngsten Receß wegen des Lhenhern inkreirt, dannoch dweil der Edler und Ehrnvester Ludwich von Metternich, Ambtman zu Meisenloe, angeben laßen, dasseiner Liebden Person halber bey Fürstlichem Hoff die Sachen annoch in bedencken stehen und verhoffentlich resolution darüber fürderligst erfallen werde, so wollen gleichwoll, damit im Recht niemandt verhindert, vor dißmhall verfharen.
Wrogen.
Absentes. Gerhardt zu Romaney und Tiell zu Hebborn, Scheffen.. Schmidt Godtschalck zu Niderborßbach. Bern zu Kuckelberg Lhenleut.
Peter zum Holtz hatt einen Schlucht von einer (Eichen) zu Brandtholtz und noch einen Stock in des Hern Busch gehawen.
Engels Magt zum Holtz hatt eine Bürdt groner Reiser aus dem Busch getragen.
Halffman zum Habborn gibt an, das Gerhardt zu Hebborn auß des Hern Busch Lauff mitt Kharen gefurtt.
Der Lhenman wrogt, die drei Gütter Kram, Hohe und Schönenborn, so ungehorsamb, außplieben.

Anno 1597 den 16. Decembris durch den Schultheißen Thoniß Schwartzbart und Wilhelmen zur Bech, Peteren zum Holtz, Scheffen, und Clemensen zum Holtz, Hobsbotten, besichtiget und erfunden worden.

Item erstlich bei ermeltem Clemensen, dem Hobsbotten, zimblich Laub in der Misten und Scheuren erfonden.

Item bei Peteren, dem Scheffen, daselbe auch zimblich Laub erfonden. Dieses beide, Clemens und Peter vor Bericht eingewandt, das sie solch Laub in iren Buschen geholt.

Item ferner aufm Holtzer Gut erfonden bei Engelen zimblich Laub in der Misten und Stall und was aufm Stall gewesen, ist Most und Meyboicken Gemarcken-Laub gewesen, wie Wilhelm zur Bech, Peter zum Holtz und der Hobsbott gesehen.

Sonst das andere Laub, so in der Misten gelegen, hat Engel vor Bescheidt gegeben, das er solch Laub in seines Herschaffts Johannen zur Mautzen Busch geholet. Und wie Johan zur Mautz bekant, seine Gewältz auf der Gemarcken seie versatzt.

Item bei dem Schomecher Peter auch Laub in der Misten und Stal erfonden, aber wie derselb bekant, solle er das Laub woll ein Tuech oder zwelff auß der Gemarcken geholt haben. Sonst ist deßen Gewelt dem Hobsschultheißen versatzt.

Und weilen bei dem Stoiß zum Holtz die Pest und boser Lufft eingefallen, hat man da einzukehren vast Abschew gehabt, und doch beducht, das an dem Ort wenig ersehen worden.

Weiter haben obgemelte Hobsschultheiß, Scheffen und Hobsbot sich in die Gemarckenbuschen auf einen Malplatz erhoben und ungefer gegen der Brucholtz Wiesen und der Gemarcken newer Wiesen besichtiget und erfonden, das auf funff verscheidener Orthen Heydt ausgehackt und hinwegkgefuhrt, also das vast Schaden getan. Und wie gemelter Hobsschultheiß, Scheffen und Hobsbott verstanden, solle hie Johan zu Koenbocken solchs außgerichtet haben.

Ferner hat der Hobsschultheis referiret, wie er berichtet, das Peter Qwack zu Kockelberg in der Gemarcken Schaden gethan. Darauff jetzgemelter Hobsschultheis Peteren den Scheffen und Clemensen, den Hobsboten, auf die Malplatz zu besichtigen hingeschickt. Und der Scheffen Peter referiret, wie er und Clemens auf gemeltem Malplatz im Augenschein erfonden, das ein Stauffstock abgehawen und mit Most zugedeckt gewesen. Und Engels Jung, so diesen Scheffen und Hobsboten dahin gewiesen, gesagt, das hette des Qwacks Fraw gethan. Folgens hat Engels Junge sie, Peteren Scheffen, und Clemensen Hobsbotten, vorthain auf ein anderen Platz geleydt und geweist. Allda sie im Augenschein erfonden, das ein gruen Meybockenstock, ungefer drei Fueß weit abgehawen gewesen und als ein Heister darvon gehawen, haben sie denselbigen in einem Strauch stechend erfunden, und gemelte Jung gesehen, das der Qwack sothan Heister in den Strauch gestochen und den Meybockenstock in vier Theil gerissen und heimgetragen.

Kerstgens zum Kley Vorfraw zu Kockelberg haben auch ein Meyböckenstock abgehawen.

Nun haben Peter und Clemens zum Holtz mehr Stock abgehawen erfonden, und sie wol hierumb diesen Engels Jungen erfragt, hat er beandwort, das er darob nit wußte. Hiemitten haben obgemelte Schultheiß, Scheffen und Hobsbotten ir Verichten diß Tags beschlossen.

Das Buch besteht aus zwei Lagen von je 12 Blatt Büttenpapiers in Folio, also insgesamt 24 Blatt, die in einem ebensolchen Bogen geheftet sind. Darin sitzt noch das untere Heftband aus einem Stück Pergament, woraus sich erkennen läßt, daß das schmale Buch einst in einem festen Einband steckte.

Das Vorsatzblatt trägt den Vermerk, daß aus dem Buch am 22. Dezember 1597 ein Brüchtenverzeichnis ausgezogen wurde. Die Blätter 2, 18, 19 und 22 bis 26 sind unbeschrieben. Vom 4. April 1581 bis zum 2. April 1589 ist nur das Protokoll von zwei Sitzungen vom 10. Januar 1584 und 22. Juni 1584 eingetragen. Das hängt wahrscheinlich mit der Unsicherheit zur Zeit des Truchsessischen Krieges zusammen, als auch die alten Bücher des Gladbacher Hofgerichts am Fronhof verloren gegangen sind. Vielleicht konnten keine Gerichtssitzungen abgehalten werden, möglicherweise hat man das Buch versteckt gehalten.

Die Bogen tragen auf der ersten Hälfte links als Wasserzeichen eine Hausmarke, auf der zweiten Hälfte rechts ein Wappen, das einen großen spätgotischen Adler mit einem aufgerichteten Löwen im Brustschild zeigt.

Die Eintragungen des Hofgerichtsbuches am Hebborner Hof von 1557 bis 1597 gehen auf Protokolle zurück, die auf einzelne Blätter geschrieben sind, und zwar in niederdeutscher Sprache.

So lautet das frühest erhaltene:

Anno LVII des II Dynsstaches na payrssenn hefft mann hoffsgedyng gehaldenn im hoiff tzo hebboirnn.
Hermann tzo hayboirnn und peter haylssgenn und thoenes tzo haybboirnn vngehyrsem.
Item koyndt hoiffer Jann, Druickges Vader, hey haiff de halff gewaidt in hand yn gehaidt unt dryndt funfftzich Jayr lanck und da bynnen sy nemant komen, der im in spraich gedain haytt dain up.

Die nachstehenden Protokolle gehören ebenso hierhin:

Anno 1567 up Dynsdachs na Collener Gothsdracht hefft man Hobsgeding gehalten im Hoff tzo Hebboirn we folgt.
Item wroigt der Scheffenn, Jenn Thones Boirßbachg heff wegen Conrat tzo Cockelsberch gesachet, der geschee grois schait in der Gemarcken und denn doint de motzer.
Item sproich der Scheffenn glichpfals, we Clemmans und des Bodenn und Klennen und Koirsgen ir Gesyndt hult und loiff us der Gemarcken hollten als onerffenn.
Item der hoffsbodt froich heii haiff Clemans gesyn fferffolgt, dat sy stock in der gemarcken affgehawenn haven.
Item Clemens tzo paffraidt und misten Jan tzo Habbornn brengen in mit Jan dem groissenn und Theis zo Haibboirn, we das sy semmen aff gegoldenn hayffenn leimlichs Jan tzom Doinwal und Jottenn, syner huißfravenn all ir gerechtigkeit in flogen, ont dair neist van oyßgescheych, dar offer bann und fridt kregen we hobs recht.
Item gelichspfalls brengen de 2 vurg. menn in mit 2 scheffen, nemlich de 2 Jan tzom Hüls, dat sy aff gegoldenn haiffen Cathrena van broill, gelge ropperts na gelaiß hußfrauve, und irer Dochter all ir gerechtigkeit inn dem vurg goitt steit. Dair offer ban und frit kregen we hobs rech.
Item noch brengen Clemens und der Weffer Jacob inn mit denn 2 Jan tzom Hüls alls scheffen, dat greitgenn van Collenn, und merten, ir sonn, und fichenn, ir Dochter, verkofft und fer tzegen haiffen up all ir gerechichgeit in dem ... fleigenn, dair naist van oyss gestaecken, dair vffer ban und frit kregen we hobsrecht.
Item hefft Wyllem, der wirt tzo hebboin, innbracht mit Conert tzo cockelsberch und peter hulszgen, we dat syn swager ghyrhairt und leisgen, syn elich husfrave, im fferkofft und ffertzigen all ir erffgerechtichgeit inn moths dair neist vann oissgescheich mit der gemaircken, dair offer bann und frit kregen we hobs recht.

Wrogen und ungehorsamen zu haborn den 10. February Anno 1587.
Johann Weyerstraß. Petter guettementgen. Jen zu Borßbach. Gottschalk daselbst. Wilhelm zu Brochausen. Petter zum Holtz als Forster absens Effert daselbst (gestrichen!). Weffer Haborn verstorben, auch unempfangen. Petter Hülßgen, verstorben, auch unempfangen. Schloßmecher zum Seiffen verstorben, auch unempfangen.
Bern zum Holtz Forster anbracht, das Thomas Jung zu Kockelberg in der Gemarcken Stock und Reiser abgehawen.
Noch Engels Magt zum Kley Stocke und Reiser abgehawen unerf.
Clemens zum Holtz gewrogt, das des scheiven Clemens magt in Kockelberg an gronen stocken gehawen.

Johan zu Koeboken wrogt, das er Thomas Jungen zu Kockelberg fonden, das er groen stock und ander groen Holtz abgehawen.

Wrogen Anno 1587 den 7. Aprilis.
Clemens zu Paffrodt verstorben, unempfangen.
Petter zum Holtz als Forster wrogt, das er Clemens magt zum Holtz im Busch fonden, das sei die Heister abgebrochen.
Noch gewrogt, das er Gert zu Kockelberg, Clemens magt daselbst, Bernnen Fraw und Jentgens Dochter zu Kockelberg in der Gemarcken fonden, das sei Stock gehawen.
Absentes. Johan zum Noßbaum Scheffen. Johan zu Konbucken.
Theel zu Heborn. Wilhelm zu Brochausen. Das Guet Scheumberich, darvon Dederich Krieger ein Lehenman. Guettementgen.
Weffer Haborn verstorben und unempfangen.
Herman zu Haborn. Johan zu Kobucken. Effert zum Seiffen. Bern zum Holtz Scheffen.
Bern zum Holtz ein Holtz abgehawen, einstheils zu Bretter und theils zu Spelder gemacht.

Anno 1588 den 14. January.
Johan zu Konbocken. Klein Goddert. Wilhelm zu Brochausen. Thomas zu Voßwinckell. Thell zu Haborn. Johan Weierstraß. Jorgen Schmidt von Schonnenberg. Das guet Kram.

Anno 1589 den 10. January.
Gerhart zu Romaney ein eich uff des Kleinen Holzers guet abgehawen und Spelder und plancken daraus gemacht. Schroder Clemens hat sei ime verkaufft, wirt durch den gemeinen Lehenman gewrogt.
Heinrich Stoß hat eine eich abgehawen und in den Hoven das gloch (= Gelage) daemit verzert, **bruchtig**.
Dweill Gerhart die Eich sonder wissen und willen abgehawen und Clemens verkaufft, derwegen durch Scheffen und gemein Lehenleutt wittib erkandt, auch am Lehenhern und Gericht Abtracht zu dun.
Wilhelm zu Motz wird gewrogt, das er mirgel aus der Gemarcken uff frembte guetter gefurdt.
Der Metzmecher zu Motz hat Mirgell aus der Gemarcken uff frembte guetter gefurdt.
Wilhelm und der Metzmecher boßfellig erkandt, jede Kar Mirgell 8 ß uff gnadt.
Der Scheffen Scheumerich und der Hoff Kram erkandt, das die beide Hoff uff ir ungehorsam durch den Hoffsbodten in Verbodt und Zuschlach zu legen und dem Lehenherren als für ein verfallen Lehen zuerkandt.
Wilhelm zur Bech, Herman zu Haborn, Johan zu Konbocken ausgesagt, mitsampt Johan zu Kockelberg die Vruch zu setzen.
Dederich Steinkroch absentes.

Anno 1590 den 26. Juny zu Haborn Gericht gehalten.
Absentes Wilhelm zu Brochausen.

Den 7. January Anno 1591 gewrogt.
Der Schleumerhoff von wegen Schmitgesguet unempfangen.
Wilhelm in der Bech. Herman zu Haborn. Johan zum Siffen. Thilman zum Bochell. Gerhart daselbste.
Kramen, Hoe und Schonenborn wird nochmals gewrogt und uf Gnadt dem Lehenhern als für ein verfallen Lehen zuerkandt.
Die Holtzer Nachbarn wrogen neben des Lehenhern Schreibens, das Wilhelm zu Motz ihren gemeinen Lichwegh mit Zeunen und staycken gespert.
Der Kirchenstull ist gewalt sach, gehort nitt hieher, steht in Paffrodt am Gericht inzubrengen.
Am 23. Aprilis Anno 1591.
Der Halffen zu Hebborn verstorben. Evert zum Siffen verstorben. Die gemein Lehenleudt haben zwein Hewer angesetzt, namlich Petter Zun und Drieß zu Kalmunden, begeren dieselbe zu vereiden. Ferner vergleichen, welch erb einen Heister abhawen würde, 1 ort Goltgulden, von einem

gronen Stock 1 Goltgulden, aber die Unerben von jedem Stück 1 ggl. Jeder Gewalt soll Jars 1 eich und 1 bock setzen, damit seine Gerechtigkeit 1 Jar missen. Die Vorst maßt soll ebenermaßen possen. Sonst obg. maßen zu straffen und sollen die vors., obs gesatzt ist oder nit, dies inzubrengen, die Unerben, die Lauff in der Gemarcken hollen, 1 ort ggl. geben.
Die Beesten uff schutzrecht inzudreiben. Wer Heidt hewet, er sei erb oder unerb, soll 3 ggl. verbrucht haben.

Wrögen und Bruchten auß dem Jar (15)57 biß ins Jahr (15)97, hero am Höbsgeding zu Hadbon vorgelauffen [199d])

Guetmengen

Anno 63 am 15. January hat Peter das Godementgen zwey Holtzer abgehawen. Item noch wrögen die scheffen wie vorgemelt etlich Reiß auff einen orth habe und macht schantzen darauß.
Anno 79 in Julio das Gutmengen absens erfindtlich.
Anno 80 des 2. Dienstags nach Heyl. drey Konig Peter Goedtmengen absens erfindtlich.
Anno 84 den 10. January Johan Weffer gewrögt, das das Guetmengen Martholtz zum feylen Kauff aus seinen Hoff etlichmal gefuert, unangesehen er kein Erb.
Das das Gutmengen etligmal Martholtz aus seinen Hoff gefuert, mit dem Lackeyen Drieß zum Qwirl, Eckart zur Linden, Ludwigs Sohn Peter zu Eickamp und Tilman aufm Driesch zu beweisen.
Anno 92 am 13. January Gutemans Erben vor abwesend gewrögt. Engel der Sohn gethedingt ad 3 ort. ggl.

Gerhardt zu Romaney

Anno 75 am 12. aprilis. Gerhardt zu Romaney hat zwei holtzer abgehawen, seind verzaunt worden.
Anno 80 am 28. Juny. Gerhard zu Romaney gewrögt, das er zwa Eichen abgehawen. Es hat der Schultheiß laßen verbieten, aber die Eichen sein abgefuert gewesen.
Noch sagt der Halffe zu Habborn, Er, Gerhardt habe auch seine Töchter vur tage in der Marcke oder Hoffsgüter geschickt Lauff zu holen.
Gerhardt zu Romaney gethedingt ad 1 ggl.
Sagt, diesen ggl. habe Er mit einem fierthel holtz gehn Mülheim zu fuhren, zalt.
Anno 96 am 9. January. Kerstgen zum Kley gewrögt, wie das alß Gerhardt zu Romaney dis Jar auf des Hoffs guts und gemarcken, wie drei wochen alle Tage lauff darauß getragen, ungefer 300 Tüecher.
Noch sagt der Halffe zu Habborn, Er, Gerhardt habe auch seine Dochter vür tage in der Marcke oder Hoffsguter geschickt, Lauff zu holen. Dero Scheltwort wegen Gerhardt alß hat sich der Scheffen erclert und Inen Gerhart in des Schultheißen straff erkant, wie von alters.
Von wegen durch Gerhardten zu Romaney mit Laubwagen und sonst anderer begangener Excessen ist durch den Edlen und Erenvesten Ludtwigen von Metternich Ambtmann zu Myselnlöe als Lehenherrn des Fürstlichen Lehenhoffs Hadborn, vort Thonißen Schwartzbart Hobschultheißen und sembtlige anwesende Scheffen verabscheidet und erkant, das obg. Gerhardt in die Gemarcke, dahin Inen die Verordtnete weisen werden, setzen und posten 25 junger Boichen, und ferner vor straff und Bruchten dem Leenhern zween Goltgl., dem Hobsschultheißen einen goltgl. verrichten und zalen solle. Auch aber, das der Scheffen Besichtigung und einnehmung des augenscheins vorg. uberfarung halber verzerten gelaechs und Kosten, bei Thönißen Schwartzbart zu Broich, Sechs gülden, und bei Thielen zu Hebborn 4 gl. weniger 4 albus, so doch in des Lehenherrn bedencklicher Discretion noch stehen, abzalen solle.
Damit hat vurg. Ubertrettung aufgehoben und vor dißmal gebueßet. Hiebey über und angewesen neben dem Lehenhern Herman zu Hadborn, Wilhelm zur Bech, Thiel zu Hadborn und Peter zu Holtz als Scheffen am 1. Febr. Anno 96.

[199d]) Archiv von Weichs, Rösberg, Akten 159.

Anno 97 am 15. January Gerhardt zu Romaney absens erfindtlich.
Am 22. Decembris 97 durch den Edel Lehenheren und sembtlige Verordnete deß Bruechtenverhors Gerharden zu Romaney eingebonden, das er die 25 Buechen noch setzen, sonsten im seumigen pfall jedtweder Boich zur straff 1 ggl. verrichten solle.

Kerstgen zum Kley

Anno 63 am 15. January Kerstgen zum Kley absens erfindlich.
Item Kerstgen und der Klein hölen Holtz und Lauff als Erben, auch Ir Kuehe darin getrieben.
Anno 70 den 22. Brachmonatz Kerstgen zum Kley absens.
Anno 70 den negsten Dienstag nach dem Heyl. 3 Konigstag Kerstgen zum Kley außenplieben, gewröegt worden.
Item wrögt der Scheffen, das Gerhardt zu Romaney angezeigt, das er Goddertz Jungen zu Nederkockelberg und des Kleinen Jungen zu Kley gefonden, das sie beide stocke in der Gemarcken, zudem funff oder sechs junger Heister gehawen.
Anno 78 den 1. July. Scheffen und gemein Lehenman gewrögt, das der Bot zum Kley mit seinem Viehe in die Gemarcken treibe, auch Holtz und Lauff strafft und rafft, aus der gemarcken tregt auf das Gut zum Kley als ein Erb.
Anno 63 am 15. January.
Die Muelenschutt zum Kley und ire Kinder haben ein Eich abgehawen. Kerstgen zum Kley vor sich und von seinem Vater, des Botten herkomenden Ubergriffs gethedingt ad 3 ort ggl.

Kleinen Sohn zum Kley

Anno 63 am 15. January.
Item der Furster gewrogt, das des Kleinen Sohn zum Kley einen Stock abgehawen habe, daran 1 Kar Holtz gewesen und hefft umb den verbotten tagh daraus genohmen.
(Dieser Absatz ist durchgestrichen!)

Bot zu Kley

Anno 78 den 1. Juli Peter Holtzgen gewrögt, das der Hewer zu ime gesprochen, das der vurg. Bott zum Kley ime die heister habe aus dem Busche getragen.

Boten Tochter

Anno 57 den 2. Braichmonatz hat Holtzgen als ein Forster gewrögt, das sie des Botten Döchter und sein Mägd fonden hab in der Gemarcken, das sie Holtz und Lauff darauß getragen haben.

Boten Küehe

Anno 79 im Julio haben die Forster des Botten Küehe zum Kley in der Gemarcken erfonden.

Kerstgen zum Kley

Anno 97 am 16. Decembris, als Hobsschultheiß Thonis Schwartzbart, Wilhelm zur Bech, Peteren zu Holtz und Clemens scheffen und Hobsbotten einen Augenschein etliger beschedigter gebrechen daselbsten zum Holtz und in der Gemarcken eingenohmen, ist inen anbracht, das Kerstgens zum Kley Warfraw zu Kockelberg einen Meyböcken abgehawen.
Threine Kerstgens Warfraw vor sich angesetzt 1 ort ggl.
Anno 63 am 15. January die Scheffen den großen Peter zu Hadborn gewrögt, das er Schräetstocke in seinem Höfe habe, davon er Holtz außmacht.

Johan zu Neder Borßbach

Auß dem Jar 70 den negsten Dienstag nach der heiligen 3 Konigen erfindtlich.
Der gemein Lehenman gewrögt, das Johan zu Nederborßbach einen Heister abgehawen.
Item in eodem termino durch Wilhelmen zur Bech angpracht worden, das Peter zu Mautz gesagt haben solte, Jenn zu Nederborßbach hab einen Stock abgehawen, der woll 4 oder 5 Heister aufgehabt. Darauf Jenn gesprochen, er will Brandtholtz darinnen hawen, Trutz der Erben, nachdem er Schatz und Dienst Meinem gnädigen Herren davon thun müße.

Item noch Anno 70 den 22. Brächmonatz Johan zu Nederborßbach absens erfindtlich.
Ex Anno 74 den 12. January. Durch Scheffen und gemein Lehenleut gewrögt, das Johan zu Koenböcken offentlich angezeigt, wie er gesehen, das Johannen Kinder zu Nederborßbach stuck- und anderen schaden in der Gemarcken gethan.
Anno 79 in Julio. Clemens als Forster gewrögt, das ime zu Nederborßbach seine Kühe mit gewalt widergenomen, als er sie wie auch Adolffs Kuehe hat wollen eintreiben.
Anno 80 den 28. Juny. Godert Witz gewrögt, das Johannen und Adolffs Kühe zu Nederborßbach in den Gemarcken gehöedt haben.
Anno 94 den 28. Juny wirt anbracht durch Johannen zu Koenbocken, das er Johans Jungen zu Nederborßbach funden, das er einen großen Haich gehabt, damit in der Gemarcken nidergerissen und Mey gestreufft, auch die biesten mit darin heint schaden gethain.
Anno 96 am 9. January. Johan zu Koenböcken gewrogt, wie das Johan zu Nederborßbach die heister von einem Stock an Peters Wiesen zum Holtz abgehawen und heimgetragen.
Anno 75 am 12. aprilis.
Es wrogt der Scheffen und gemein Lehenman, das Johan zu Nederborßbach und der Wirdt zur Mautze Wilhelm genant, hiebevor sich von wegen etliger Heister, nemblich drey Heister abgehawen, gezänckt, das die beide sich in beisein des Botten zum Kley vertragen, das Johan Meinem Gnedigen Fürsten und Herren bevorab, auch dem Lehenherren Abdratg thun solle.
Anno 76 am 26. Juny.
Johan zu Kockelberg, als ein Hewer gewrögt, das die Kühe auff Nederborßbach baußen Zeit in der Gemarcken erfunden.
Item in eodem termino Jenn zu Nederborßbach Ungehorsamb beschuldigt.
Johenen zu Nederborßbach gethedingt und abdratg gemacht ad 2 ggl. vor alle obg. Uberfarung.
Seint im abzohgen in der erscheine version de a(nno) 98, 17. Augusti und also zahlt.

Adolff zu Nederborßbach

Anno 70 den 22. Brächmonats.
Aleff zu Nederborßbach absens erfindtlich.
Anno 76 am 26. Juny. Johan zu Kockelberg als ein Hewer gewrögt, das die Kuehe auff Nederborßbach baußen Zeitz in die Gemarcken gangen.
Item in eodem termino Adolff zu Borßbach Ungehorsamb erfindtlich.
Anno 77 am 16. aprilis. Adolff zu Borßbach Ungehorsamb beschuldigt.
Anno 78 den 1. July. Johan zu Koenböecken als Fürster gewrögt, das Adolffs Magd zu Nederborßbach Stäke in der gemarcken abgehawen und hinweg getragen.
Anno 80 am 28. Juny Godert Witz gewrögt, das Adolffs Kuehe zu Nederborßbach in den Gemarcken gehoedt worden.
Anno 81 den 4. aprilis. Adolff zu Nederborßbach absens gewesen.
Anno 57 den 2. Brächmonats Wilhelm zur Bech gewrögt, er habe N. zu Nederborßbach in der Gemarcken funden, das er einen Strauch abgehawen und zu Martgut gemacht und spricht, der seie woll sechs davon dannen gewesen.

Gotschalck zu Nederborßbach

Anno 94 am 28. Juny. Gotschalck Schmidt zu Nederborßbach ungehorsamb erfindtlich.
Anno 97 am 15. January Gottschalck zu Nederborßbach vor absent gewrögt worden.
Gotschalck Schmidt zu Nederborßbach vor alle obg. Puncten und Ubertrettungen vor Adolffen gethedingt und angesetzt vor 2 ggl.

Thiel zu Hadborn

Anno 89 am 11. aprilis Thiel zu Habborn vor ungehorsamb erfindtlich.
Am 27. Juny anno 89 under den Wrogen Thiel zu Habborn erfindtlich.
Anno 91 am 10. January Thiel zu Habborn ungehorsamb gewesen.
Anno 97 am 15. January Thiel zu Habborn vor absent beschuldigt.
Anno 92 den 13. January. Die Lehenleut gewrögt, das Thielen Knecht zu Habborn neun Heister in der gemarcken abgehawen.

Voßwinckeler
Anno 57 den 2. Brachmonatz der Greyß und Thonies zu Fueßwinckel absentes.
Der Greyß angesetzt 8 ß und Thonies angesetzt 8 ß [199e]).
Anno 70 den 22. Brachmonatz. Gerhardt zu Fueßwinckel absens.
Anno 77 am 16. Aprilis Gerhardt zu Voeßwinckel ungehorsamb beschuldiget. Der Gerhardt verstorben und nichts dahe zu bekommen.
Anno 57 den 2. Dienstags nach Paischen Herman zu Hadborn ungehorsamb beschuldigt.

Johan zu Köenböcken
Anno 67 auf Dienstag vor unser Lieben Frawen Lichtmeß ist M. Gerhart zu Koenböcken am Hobsgeding außplieben.
Anno 74 den 12. January erfindtlich M. Gerhardt zu Köenböcken vor unembfangen Handt.
Anno 80 den 2. Dienstag nach heyl. 3 Konige hat Johan zu Koenböcken am geding ungehorsamb außplieben.
Item eodem hat Johan zu Koenböcken ein Eich abgehawen.
Item die Scheffen gewrögt, das des vurgl. Johans Dochter Neeßgen auff den Heistern in der Gemarcken gehawen.
Anno 81 den 4. Aprilis Johan zu Koenböcken absens beschuldigt.
Anno 89 am 27. Juny Johan zu Koenböcken absens erfindtlich.
Anno 97 am 16. Decembris aus bevelch des edlen Lehenherren durch den Schultheißen Thonißen Schwartzbart, Wilhelmen zur Bech, Petern zum Holtz, Scheffen, und Clemens zum Holtz Hobsboten, in der Gemarcken Büschen ungefer gegen der Beuerholtz und der Gemarcken newer Wiesen im Augenschein erfunden worden, das auff funff unterschaidtlichen Orthen Heydt auf die Würzelen außgehackt und hinwegkgeführt, also das vast schaden gethan, und wie gemelte Hobsschultheiß, Scheffen und Botten solchs verstanden. Solle je Johan zu Köenböcken solchs außgerichtet und bestellt haben.

Peter Höltzgen
Im Jahr 57 wirt Peter Holtzgen am hoffsgeding ungehorsamb erfunden.
Im Jar 70 hat Cünrad zu Kockelberg Scheffen einbracht, das Peter Holtzgen etlige gruen Kluppelholtz gehawen hab in der Gemarcken.
Auß dem Jar 78 am 1. July der Heyer gewrögt, das er woll 100 Heister im Busch verlöhren und Höltzgen zweimal ervolgt, das Heister außgetragen, welchs Höltzgen nit hat verneinen konnen. Hat der Schultheiß solchs zum Scheffen gestalt, darauff der Scheffen erkandt, Höltzgen solle dem Lehenherrn und gantze Mitgeschworen Erben pitten und geben.
Im Jar 80 den 28. Juny Clemens zu Paffrodt gesagt, das er gesehen, das Höltzgens Sohn Meyen abgehawen.
Anno 75 am 12. aprilis Schroder Bernt gewrögt, das Hültgens Gesinde einen Stock abgehawen, darauff Heister gewesen.
Anno 79 in Julio. Wrögte der Scheffen und Lehenman, das Höltzgen 16 Heister abgehawen und auf sein Reiß gelagt. Ist Holtzgen thot und wegk. Daher nichts zu bekomen.

Peter Qwack
Anno 97 am 16. Decembris, als aus Bevelch des edeln Lehnherrn durch den Hobsschultheißen Thonißen Schwartzbart, Wilhelmen zur Bech, Petern zum Holtz Scheffen und Clementz daselbsten Böten, etliger angebrachter Ubertrettungen und gebrechen halber Augenschein eingenomen worden, hat unter anderm gemelter Schultheis referirt wie er berichtet. Das Peter Qwack zu Kockelberg in der Gemarcken schaden gethan. Waruff er, der Schultheis, Peteren den Scheffen und Clementz den Hobsbotten auf die Malplatz solchs zu besichtigen hiengeschickt. Alspalte der Scheffen Peter referirt, was gestalt er und Clemens auf der Malplatz erfunden, das ein Hauff Stock abgehawen und mit Moß zugedeckt gewesen, und Engls Jung (So sie, die Scheffen und Hobsbotten dahin geweist) ausgesagt, das hette des Qwacks Fraw gethan. Folgens hat ber. Engels Jung inen Peteren und Clementzen vorthan auf ein ander Malplatz geleidet und geweyst, alda

---

[199e]) ß = Schilling.

sie in Augenschein erfonden, da ein gruen Meyböcken stock ungefer drei Fueß weit abgehawen gewesen, und als ein Heister davon gehawen, habe sie denselbigen in einem strauch stehend erfonden und obg. Jung gesehen, das der Qwack sothanen Heister in denselben jetzberurten strauch gestochen und den Meyböcken Stock in vier theill gerißen und heimbgetragen.
Demnegst haben sie Peter und Clementz zu Holtz meher Stock abgehawen erfunden, und sie woll diesen Jungen erfragt, habe er sie beantwort, das er darab nit wüste.
Also sey beide angesetzt worden 1 ggl.
Worab Clemens selige vormunder Peter zum Holtz und Corstgen zum Kley zur helfscheit dieses ggl. anzuhalten.

Godert zu Kockelberg
Am 28. Juni Anno 80.
Johan Hobsbot angeben, das Metze, Goddertz Fraw zu Kockelberg, mit den Kuehen in der Gemarcken gehöet, dartz gesprochen, Du hast mir ein Bürdt Holtz gestolen, und er habe es in Clemens Haus zu Paffrödt in Verwarsamb getragen. Ist thot und hinwegk, also daher nichts bekomen.
Anno 77 am 16. Aprilis seligen Ulrichs Erben zu Kockelberg haben bekent, das sie ein Eich in Kockelberg Gut abgehawen. Wilhelm und Bernt zu Kuckelberg sind dieserwegen angesetzt 1 ggl.

Steyngen zu Kockelberg
Anno 90 den 9. January. Jengen zu Kockelberg angewrogt als Forster, das er Steingen Peters Fraw zu Kockelberg und Mergh Johans des Kloicken Dochter an einem Stock funden und schaden gethan.

Des Kloicken Gesindt
Noch Jengen selbmal angewrogt, das er einen Stock in der Gemarcken funden, der vier Heister auffgehabt, und solchs Petern zu Kockelberg vorgehalten, hat er gesagt, des Kloicken Gesindt habe solches gethan. Send etlige thodt, doch deßen Fraw Leengen, weilen sie arm, bei 1 ggl. verloßen.

Johan zu Kockelberg
Anno 81 den 4. Aprilis. Johan zu Kockelberg absent beschuldiget.
Anno 63 den 15. January Johan zu Kockelberg absens erfindtlich 15 ß.

Kockelberger
Anno 80 am 28. Juny Godert Witz angewrogt, wie das der Unter-Kockelberger Küehe in der Gemarcken gehoedt worden. Ist nit von zu bekomen.
Anno 81 den 4. Aprilis angewrogt worden, das Johan zu Kockelberg ein Eich abgehawen, deßen Fraw arm.
Scheffen gewrogt, das des Witz Sohn und Tochter Stöck in der Gemarcken gehawen, wie solchs auch des Botten Sohn und Tochter. Ist davor Cläßgen zum Seiffen vor sich und deßen Suster Threin bruchtbar angesetzt ad 1 ort ggl.
Anno 74 am 12. January Conrad zu Kockelberg absent. Ist hinwegk.
Anno 93 am 19. January. Bern zu Kockelberg ein Eich abgehawen, so an das Gericht Benßbur gehörig. Gehort auch nach Bensberg ans Gericht zu verthedigen.
Anno 94 den 12. January die Scheffen gewrogt, wie Gerhardt zu Romaney angezeigt, das er Godertz Jungen zu Neder Kockelberg und des Kleinen Jungen zum Kley gefunden, das sie beide Stöcke in der Gemarcken, zudem 5 oder 6 junge Heister gehawen. Ist hieran geirrt und keinem von dem Goderten des Namens zu Kockelberg kundig.

Zur Mautzen
Anno 74 den 12. January. Durch Johan zu Koenböcken ahnpracht worden, wie er gesehen, das Theißgens Fraw zu Mautz mit Stockabhawen und sonsten andern schaden in der Gemarcken gethan.
Ist Theiß zu Mautz angesetzt 1 ort ggl.

Des Wierdtz Megde
Anno 78 den 1. July Johan Koenböcken als Fürster gewrögt, das des Wierdtz Magd zur Mautz stöck in der Gemarcken abgehawen und hinweg.
Anno 91 am 10. January Braun zu Mautz gewrögt, das er des Wierdtz Magd zu Mautz in einem Stock in der Gemarcken funden und Reiser gehawen.

Johans Megde
Anno 93 am 6. July der Hobsbot referirt, das er Johans Megde zur Mautzen funden, das dieselbige in der Gemarcken mit Hawen schaden gethan.

Johan zu Mautz
Anno 95 am 11. January Johan zur Mautzen angewrögt, das er ein Eich auff dem Gut zum Holtze abgehawen.
Hat Johan zur Mautzen gethedingt von allen obg. seinen Excceßen 1 ggl.

Zum Holtz
Johan der größte Höltzer
Anno 74 den 12. January Gewrögt, Johan der große Holtzer bekendt, das er zwa Eichen zu seiner Noturfft abgehawen. Ist thot und hinwegk und daher nichts zu bekomen.

Peter Weber zu Holtz
Anno 76 am 26. Juny. Heingen zum Holtz als ein Lehenman gewrögt, das Peter der Weber zum Holtz vier Heister auff einem Stock in der Gemarcken, nemblich boven dem kleinen Wiesgen in Littholtz abgehawen. Schultheis und Scheffen ihm dieses, weil er ir Holtzer, geschenckt.

Kerstgen Schroder zu Holtz
Anno 78 den 1. July Jenn zu Nederborßbach und Theis zu Mautz gewrögt, das Kerstgen der Schroder zum Holtz einen Stock abgehawen und weggetragen und den Heister liegen laßen. Sovern der Theter nicht anzutreffen, soll der auffhelde die Bueß gelden. Ist thot und hinwegk.

Bern zu Holtz
Anno 81 den 4. Aprilis Schroder Bernt zu Holtz absens stehet.

Die Holtzer Kühe
Anno 57 den 2. Braichmonatz. Wilhelm zur Bech und Thonis Schwartzbart gewrögt, wie sie die Höltzer Kühe und Schaeff in der Gemarcken funden, auch Peters Kuehe zum Oberholtz und die Hierden drey Bürden Holtz gehawen und gebrochen. Ist lange vor etligen Jaren gewrögt.

Jengen und Clemens Kuehe zu Holtz
Anno 80 den 28. Juny Peter Godemengen als Förster gesagt, das er Johenges Kuehe zum Holtz und Clemns daselbst in der Gemarcken funden und in den Hoff getrieben.

Raw zum Holtz
Anno 76 am 12. Aprilis der Hölzer gewrögt, das der Raw zum Holtze ein Eich abgehawen und der Holtzer hab ime auch ein abgehawen. Ist thot und hinwegk.
NB. Zugl. das die Höltzer Erben die Solstadt auff drey theill baußen Consent getheilt.

Engels Jung, Clemens Jungen
Anno 84 den 10. January Wilhelm zur Bech Scheffen gewrögt, das er in vergangener Fasten seines Wegs durch die Gemarcken gangen und Engels Jungen und Clemens Jungen zum Holtz, auch des Bobbel Jung, einen Stock mit vier Heister und sonst etlige Gehöltz abgehawen, Ursach seines Wißens, das er den Stock in des Hewers Hauß zu Kockelberg getragen.

Engels Jung
Eodem Johan der Hobs gewrögt, das obgl. Engels Jung gestrige Tags einen Stock in der Gemarcken abgehawen und heimgetragen.

Schröder Bernt

Eodem Schröder Bern zum Holtz hat eine Eich abgehawen, daßelb Johan zu Kockelberg gewrögt und mit den Erben zu beweisen. Ist thot und Hinwegk.

Engels Jung zum Holtz

Anno 84 den 26. Juny Schroder Bernt zum Holtz gewrögt, das Engels Jung zum Holtz die Heister in der Gemarcken geschneiselt. Engel, des Godemengens Sohn, so nu zu Hadborn gewohnet, vor sich angesetzt 1 ggl. Sonst vorhin hat er zum Holtz gewohnet.

Braun zum Holtz

Am 11. Aprilis Anno 89. Clemens Schröder zum Holtz und Braun daselb absentes.
Anno 92 den 13. January Clemens zum Holtz anpracht, das Braun zum Holtze drey Eichen auff dem Gut zum Holtze abgehawen und dieselbe auch widerumb auf das Gut verbawet und daneben noch zwo Eichen abgehawen und dieselbe vom Gut verkaufft. Ist thot und hinwegk.

Clemens zu Holtz

Eodem Item Braun zum Holtze angeben, das Clemens Schroder zum Holtz zwa Eichen auf dem Guet zun Holtz abgehawen und dieselbe auf dem Guet verzaunt, das Oberholtz aber zu speldern gemacht. Clementi pronj. per donat.

Henrichs Fraw zum Holtz

Anno 96 am 9. January Peter zum Holtz gewrögt, wie das er Henrichs Fraw Stein zum Holtz einmal oder zwei funden, das sie was stocke gehawen und schaden gethain. Ist angesetzt 1 ort ggl.

Peter zu Holtz

Anno 97 am 15. January gewrögt worden, das Peter zum Holtz ein schlucht von einer Eichen zu Brandtholtz und noch einen Stock in des Hoves Busch gehawen, auff dißmal ime verziegen.

Engels Magd zu Holtz
Eodem Engels Magd zu Holtz ein Bürdt gruene Reiser aus dem Busche getragen. (Ist gestrichen!)

Höltzer Laubträger
Anno 97 den 16. Decembris durch den Schultheißen Thonißen Schwartzbart, Wilhelmen zur Bech, Petern zum Holtz Scheffen und Clementzen Hobsbotten. Aus Bevelch des Edlen Lehenherren daselbst zu Holtz obgl. angeprachten Ubergreiffens Besichtigung gehabt. Ist erstlich bei ber. Clementzen dem Hobsbotten zimblich Laub in der misten und scheuren erfonden.
Item bei Peteren dem Scheffen daselbst auch zimblich Laub erfonden. Diese beide vor Bericht eingewandt, das sie solch Laub in irem Büsch geholet.
Item ferner auffm anderen Holtzer Gut bei Engelen zimblich Laub in der Misten und Stall. Und was deßen aufm Stall gewesen, ist moß und Meyböcken Gemarcken Laub gewesen. Wie Wilhelm zur Bech, Peter zum Holtz und Clemens Bot gesehen, Sonsten das Laub, so in der Misten gelegen, hat Engel davon vor Bericht gegeben, das er solch Laub in seines Herschaffts Johannen zur Mautzen Buschen geholet, und wie Johan zur Mautzen bekant, sein Geweltz auf der Gemarcken seie. Er sagt, Engels Magd zum Holtz ein Bürdt gruener Reiser aus den Buschen getragen.
Vor obgemelten Puncten seines Ubergreiffens ist angesetzt 1 ggl.
Item bei dem Schomecheren Petern gleichfalls zimblich Laub in der Misten und Stall erfonden, aber als derselb bekant, solle er des Laubs woll ein Tuech oder zwelff aus der Gemarcken geholt haben. Sonst ist deßen Geweltz dem Hobsschultheißen versatzt.
Ist dem Schomecher aufgelegt 1 ort ggl.

Clemens Zimmerman zum Holtz
Gewrögt worden, das in seligen Clemens Zimmermans Guet zum Holtz durch Petern Schroder, als Clementzen Nachsatz, ein Eich abgehawen.

Engel zu Kley
Anno 80 den 2. Dienstags nach Heyl. drey Konigen.
Hat Engels Gesindt zum Kley Stöcke und Reiser in der Gemarcken gehawen.
Anno 89 am 27. Juni. Wilhelm zu Mautz gewrögt, das er Engels Magd zum Kley als ein Unerb in der Gemarcken an Stöcken bawen funden, auch ihn gesehen, das sie Stöcke daraus getragen.
Anno 63 am 15. January. Ist der Fürster gewrögt, das des Kleinen Sohn zum Kley einen Stock abgehawen habe, daran 1 Kar Holtz gewesen und hefft umb den verbotten tag darauß genohmen.
Engel zum Kley als ein Unerb angesetzt 1 ggl.
Bezalt auf 8 Albus nach.

Die Seyffer.
Anno 57 am 2. Brächmonatz. Evert zum Seyffen vor absent erfindlich.
Anno 89 den 27. Juny. Evert zum Seyffen absent gewesen.
Anno 94 am 28. Juny. Evertz Sohn zu Seyffen ungehorsamb erfindlich. Everts Fraw Frew angesetzt vor 22½ ß.
Anno 79 in Julio Marien Henrich zum Seyffen vor absent erfindlich. Ist thodt und hinwegk, also daher nichts zu bekomen.
Anno 74 am 12. January. Jacob zum Seiffen Vursprech absent erfindlich. Ist hinwegk und daher nichts zu bekomen.
Anno 89 am 11. Aprilis.
Anno 89 am 27. Juny.
Anno 91 am 10. January.
Anno 94 am 28. Juny.
Henrich Hoberger in jetz gesetzten Jaren und Gerichts Terminen ungehorsamb und absent erfindlich.
Ist Henrich Hoberger angesetzt ad 30 ß.
Anno 89 am 25 Juny Herman zu Hadborn angewrögt, das er Johans Tochter an stöcken in der Gemarcken hawen funden. Ist Niel thodt und daher nichts zu bekomen.

Anno 80 den 28. Juny Johan zu Koekelberg angewrögt, das Gerhardtz zum Seiffen sein Schwöger aus nöth ein Eich abgehawen. Ist thot und wegk. und daher nichts zu bekomen.

Absentes.

Anno 75 am 12. aprilis Jacob zu Asselborn Scheffen absent erfindtlich.
Anno 77 am 16. Aprilis Jacob zu Asselborn ungehorsamb beschuldigt. Vor Jacob Aßelborn, Kerstgen zum Seyffen angesetzt ad 15 ß auf Gnad.
Anno 91 am 10. January, item 92 am 13 January ist Gerhardt zum Büchel ungehorsamb aussenplieben, angesetzt 7 1/2 ß.
Anno 91 am 10. January, item Anno 94 am 28. Juny ist Tilman zum Buchel nit erschienen und alß ungehorsamb gewesen. Ist wegk und nichts zu bekomen.

Müller zu Brochausen

Anno 89 am 11. Aprilis Wilhelm zu Brochhausen ungehorsamb eingewrögt worden.
Anno 77 am 16. Aprilis Johan Müller zu Broichhausen ungehorsamb findlich.
Anno 81 den 4. Aprilis Johan zu Brochhausen Scheffen absents eingeschrieben.
Anno 89 am 27. Juny der Müller zu Brochhausen ungehorsamb angewrögt.
Anno 91 am 15. January der Müller zu Brochhausen vor außpleibend stehet.
Anno 92 am 7. Aprilis der Müller zu Brochhausen vor niterscheinend eingewrögt.
Der Wilhelm und Johan Müller zu Brochhausen wegen irer Ungehorsambkeit angesetzt vor 52 1/2 ß.

Absentes.

Anno 57 den 2. Brächmonatz.
Anno 80 den 28. Juny.
Anno 94 am 28. Juny.
Klein Godert auf Römerscheidt ungehorsamb und abwesend erfindtlich, angesetzt ad 22 1/2 ß.
Anno 80 den 28. Juny Qwendtgen zum Büchel pro absente beschuldigt. Wegk-o.
Anno 91 am 10. January Elß zum Nußbaum ungehorsamb erfindtlich. Anno 92 am 13. January Gerhardt zu Hadborn vor Niterscheinend eingewrögt worden, angesetzt 7 1/2 ß.
Anno 89 am 11. Aprilis.
Item Anno 89 am 27. Juny.
Diederich Steinkrauch vor ungehorsamb auspleibend eingewrögt.
(Ist gestrichen!)
Zugemelt Anno 77 am 16. Aprilis ist auf anhalten des Schultheißen durch Scheffen und Lehenleuth erkandt, das ein jeder ungehorsamb Abwesender dem Schultheißen achtenhalben schilling auf gnad und dem Scheffen dubbel.

d. DER RITTERFREIE SANDER HOF UND SEIN HOFGERICHT

1) Der Sander Hof und das Hofgericht

Der Sander Hof, neben der einstigen alten Kirche zu Sand gelegen, galt bis zum Untergange des Herzogtums Berg als ein freies Gut und mußte zu den Rittergeldern beitragen. Es scheint, als ob hier eine ähnliche Entwicklung vor sich gegangen ist wie in Paffrath, wo die Burg mit dem Bergfried, dicht bei der Kirche, schon sehr früh als Rittersitz aufgegeben und seine Rechte auf das Haus Blech übertragen worden sind.

Als vorläufig einziger Vertreter eines Edelgeschlechtes von Sand tritt der Ritter Konrad vamme Sand (oder auch „de arena" = Sand genannt) in Urkunden der Abtei Altenberg gegen Ende der ersten Hälfte des 14. Jahrhunderts als Siegelzeuge auf. So siegelt er am 10. Oktober 1344 gemeinsam mit Heinrich de Ore, Kanonikus des St. Gereonsstiftes zu Köln, vor dem Hofgericht des Weyerhofes bei Steinbüchel die Schenkung einer jährlichen Erbrente aus dem Hofe Strünken im Kirchspiel Odenthal an die Abtei durch Methildis des Medebeke gen. von Hammersteyn [200]). Am 14. November 1347 war der „irsome rydder heyre Koynrade van me Sande" zugegen, als der Ritter Wilhelm Quade zu Strauweiler und seine Gattin Gertrud von Bongard der Abtei ihr Manngut zum Krahm bei Hochscherf schenkten und hängte wiederum sein „Insegel an desen bref zo eyme urkunde" [201]). — Mit diesem Wilhelm Quade gemeinsam siegelt Konrad van dem Sande am 10. Juni 1348 die Urkunde, mit der die Eheleute Hermann Ruest und Christina mit ihren neun Kindern dem Abt und Konvent in Altenberg eine jährliche Erb-

Der Sander Hof

rente von zehn Malter Hafer aus ihrem Gute in Nothausen verkauften. Dieses Siegel ist wohlerhalten. Es zeigt im Wappenschild einen aufgerichteten rechts gewandten Löwen. Die Umschrift lautet: + S · CONRADI · DE · SANDHE [202]). Endlich hängte Konrad von Sand sein Siegel noch am 7. August 1348 an eine Verzichtsurkunde des Friedrich gen. Slecztat und seiner Gattin Metildis, der Tochter des verstorbenen Bruno von Flittard, gegenüber dem Kloster Altenberg, den Hof Strünken betreffend [203]).

Nun gab es auch zu Kierberg einen Hof „zo me Saynde", der als Besitz des Ritters Johannes de Hoyncgin 1322 und 1326 in Altenberger Urkunden genannt wird. Doch läßt sich kein Anhaltspunkt finden, daß unser Konrad mit diesem Hofe in Verbindung gestanden hätte, während es für unser Sand im Botenamt Gladbach klar erwiesen ist.

---

[200]) Mosler UB Altenberg I S. 550.
[201]) Mosler a.a.O. S. 587 ff.
[202]) Mosler a.a.O. S. 591.
[203]) Ebenfalls Mosler a.a.O. S. 591 f.

Im Wolff Metternichschen Archiv (früher Schloß Gracht bei Liblar, jetzt Schloß Vinsebeck in Westfalen) hat sich nämlich eine Pergamenturkunde erhalten, mit der „Konrayt vanme Sande, Ritter, inde Konnegunt, sine eyliche Husfrauwe" am 1. September 1349 für den Marienaltar in der Kirche zum Sand, den sie neu fundiert hatten, ein Stück Land, neben dem Wege nach Lerbach unter dem Kirchhofe gelegen, schenkten, auf dem sich jener Priester, der zur Zeit Inhaber des Benefiziums des Altars Unserer Frauen war, eine Wohnung bauen sollte. Unter den Siegelzeugen wird neben Pilgrim van Tumebach und Gerhard van Bilsteyn ausdrücklich auch „Gererd vanme Sande, unser Halfen" genannt [204].

Man darf wohl mit Recht annehmen, daß die Sander Kirche, damals offenbar schon mit gewissen pfarrlichen Rechten (Kirchhof) ausgestattet, eine Eigenkirche der Ritter von Sand gewesen ist und ihr Alter sich noch weiter zurückführen läßt. In der Tat ist das Patronat dieser Kirche, die zwar im Liber valoris (um 1307) neben der Pfarrkirche Gladbach nur als „capella" (ohne Ort und Namen) aufgeführt wird, im Erbgang offensichtlich den weiblichen Linien folgend, bei adligen Familien geblieben und über die von Nesselrode und von Hall auf die Wolff Metternich und jetzt auf die fürstliche Familie Sayn-Wittgenstein übergegangen, die es noch beim letzten Pfarrerwechsel ausgeübt hat.

Wenige Jahre nach seiner Stiftung ist das ritterliche Ehepaar von Sand gestorben. Eine weitere Urkunde im Wolff Metternichschen Archiv berichtet, daß im Jahre 1352 die Schwestern Alverad und Mettel von Scherve zu Steinhaus dem Heinrich von Varresbeck und seiner Frau Cunigund alles Erbe überließen, das ihnen von Ritter Conrad von Sand zufiele. Über die näheren verwandtschaftlichen Verhältnisse wird nichts gesagt.

In diesem Zusammenhange ist bedeutsam, daß das dem Hofe zu Sand anklebende Hofgericht, soweit es überhaupt zurückreichende Nachrichten darüber gibt, dem Komtur des Johanniter-Ordens in Herrenstrunden als Lehnsherrn unterstand und daß die uralten Kommendehöfe Rommerscheid, Igel, der Hauserhof, Oberthal und Blissenbach an das Sander Hofgericht lehnrührig waren, und daß selbst Herweg und Meißwinkel bei Dürscheid mit den genannten Höfen zur Pfarre Sand gehörten. Das Verhältnis dieser Höfe zum Sander Hof hat ganz offenbar schon vor der Gründung der Kommende um 1294 bestanden. So liegt die Vermutung nahe, daß die Ritter von Sand an der Niederlassung des Ordens Herrenstrunden, vielleicht schon in Herkenrath, durch große Schenkungen beteiligt gewesen sind. Die Übertragung der Lehngerichtsbarkeit des Sander Hofes an den Komtur läßt es fast als sicher erscheinen.

Über das Hofgericht im Sander Hof berichtet die herzogliche Erkundigung vom Jahre 1555: „Item der Commenthur zur Hern-Strunden hat ein Hofsgeding, zum Sandt, darinnen über 8 oder 9 lehenguter nit gehorig; hat sein consultation zu Benßbur, ist aber niemandts gegenwertig gewesen, der eigentlichen bericht davan hat geben mogen [205].

Es ist nicht ersichtlich, ob die Kommissare sich die Auskunft in Sand selbst oder in der Komturei in Herrenstrunden holten. Aus dem Lagerbuch der Kommende vom Jahre 1672 im Staatsarchiv Düsseldorf ist etwas mehr zu entnehmen. Danach waren dem Gericht elf Höfe zugewiesen. Es heißt dort: „Zu Sandt müssen Lehenleute annue (jährlich) zah-

---

[204]) Vgl. Anton Jux, Um das Alter der Pfarre Sand. In: „Zwischen Wipper und Rhein" 1952, 1
[205]) ZBGV 20 S. 193 f.

len und geben an Zynsen als folgt: der Ritterlich Rommerscheider Hoff, der Ritterlich Hoff zu Iggelen, der Ritterlich Hoff zum Hauß, Ludtwigs gutt zum Herwegh, Martinß gutt daselbst zur Eichen, Keßels gutt in der Dombach, Meißwinkeler Hoff, Schmalßgrub, das Dombacher gutt, so nun Peteren Vogelß Erben haben, der Ritterlich thaller Hoff, der Ritterlich Bleißenbacher Hoff, je 1 albus."

Das war eine recht geringe Abgabe, wohl nur als Anerkennungsgebühr der uralten Lehnsabhängigkeit zu werten. Ein Weistum des Sander Hofgerichts ist bisher nicht bekannt geworden, auch sind seine Gedingsprotokolle nirgendwo vorhanden. Schultheißen und Scheffen sind ebensowenig mit Namen überliefert. Es erhebt sich die Frage, ob es überhaupt seit 1555 mit allen üblichen Formalitäten gehalten worden ist. Schon in diesem Jahre war es den herzoglichen Kommissaren nicht gelungen, Näheres zu erfahren. Da die Lehngüter zumeist Ordensbesitz waren, wozu noch ein adliges Gut in der Dombach kam, kann man annehmen, daß die Verwaltung der Kommende von sich aus die gerichtlichen Angelegenheiten, besonders die Einziehung der Lehnszinsen zugleich mit der Pachterhebung besorgte. Unter den Beständen des Herrenstrunder Kommendarchivs im Staatsarchiv Düsseldorf sind keinerlei Akten, Urkunden oder Gerichtsbücher des Sander Hofgerichts erhalten geblieben.

Überhaupt wissen wir über die eigentliche Geschichte des Sander Hofes vorläufig sehr wenig. Noch im Jahre 1672 und im Jahre 1690 wird in Vermessungsakten des Igeler Hofes der Junker Kessel als Eigentümer des Sander Hofes bezeichnet. Vermutlich war der Hof zu dieser Zeit schon geteilt; denn es wird zwischen dem Sander Hof und „dem Herrenhof daselbst" unterschieden. Über die Pächter vermittelt uns das Sander Traubuch dieser Zeit einige Nachrichten

Am 20. Februar 1661 traut Pastor Zillis den Jüngling Antonius, den Stiefsohn des Peter und seiner Gattin Elisabeth auf dem Sander Hof mit Katharina, der Tochter des Anton zu Hecken in der Pfarre Herkenrath.

Am 24. Februar 1664 wurde in Sand Christian, der Sohn der Eheleute Wilhelm und Christina auf dem Sander Hofe, mit Maria, Tochter der Eheleute Friedrich und Elisabeth, Hausbäuerin auf dem Herrenhof daselbst, getraut.

Am 10. Februar 1672 wurde in Sand Peter Breibach aus Breibach in der Pfarre Odenthal mit Margareta Meys, Tochter der Eheleute Peter und Elisabeth in Sand, getraut.

Ob es sich immer um dieselbe Mutter Elisabeth handelt, ist nicht sicher.

Am 6. November 1661 werden Vinzenz, Sohn Hansens aus der Papiermühle in Gladbach und der Hofbäuerin Christina zu Sand, und Elisabeth, Tochter des Servatius und seiner Frau Margareta zu Hungenberg, getraut.

Am 23. Juni 1668 werden Tilmann Lindlar, Sohn des verstorbenen Hofbauern Wilhelm und der Christina zum Sand, mit Gertrud, Tochter des Hofbauern Peter in Oberlerbach, getraut.

Am 23. November 1670 wird der Küster Johannes Lindlar, Sohn der verstorbenen Eheleute Wilhelm, Hofbauer zum Sand, und Christina, mit Maria Hungenberg, Tochter der verstorbenen Eheleute Servatius und Margareta daselbst, getraut.

Die Erbhuldigungsliste vom Jahre 1666 nennt Jan zum Sand.

Am 16. Januar 1683 ist der Hofbauer zum Sand, Theodor Gladbach, Trauzeuge.

Nach einer Angabe in der Familienchronik des Halfmanns Urban Odenthal von der Igel vom Jahre 1783 besaß und bewohnte der Prokurator Mays um 1700 den Sander Hof als Eigentümer. Wilhelm Mey oder Meys war schon 1683 Halfe des Sander Hofes. Er focht mit dem Sander Pastor Matthäus Moritz einen Rechtsstreit um den Zehnten aus, der in Düsseldorf zu dessen Gunsten entschieden wurde. Hierüber ärgerte sich der Halfen so sehr, daß er fortan die Kirche in Sand nicht mehr besuchte und selbst der österlichen Kommunion fernblieb [205a].

Kreuz a. d. Friedhof in Sand

Am 16. November 1709 heiratete seine Tochter Margareta den Johann Jakob Hamecher vom Schlömer Hof, der nach Mays Tode den Sander Hof erbte. Er hatte drei Kinder, von denen ein Sohn als junger Soldat starb. Den Sander Hof erbten deshalb je zur Hälfte seine Tochter Margareta und sein Sohn Johann Wilhelm. Margareta Hamecher heiratete am 20. Februar 1732 Christian Heuser von Hombach. Von ihnen ging der halbe Hof an ihre Tochter über, die Peter Wistorf aus der Grevenmühle zu Thurn ehelichte. — Johann Wilhelm Hamecher erhielt am 21. Juni 1742 den Trauschein zur Heirat mit Margareta, der Tochter des Ferdinand Herweg aus dem Kesselshof in Bensberg. Jedoch verkaufte er seine Hälfte an Anton Bertus und zog auf den Hof Unterlerbach — „aber verdorben", setzte die Igeler Chronik hinzu.

Daß Johann Jakob Hamecher ein frommer und zugleich vorsorglicher Mann war, beweisen seine Stiftungen zu Gunsten des Pastors in Sand. Im Stiftungsregister steht darüber zu lesen: Laut Fundation de anno 1717 (sub Nr 55) haben Johannes Jacobus

---

[205a] RB. 1930, 15.

Hamecher und Margareta Meys, gewesene Eheleute und Inwohner des Sandter Hoffs, einem zeitlichen Pastor zum Sandt legirt und geschenkt das sogenannte Stohle-Wiesgen — davon jetziger Pfächter Joann Everardt Müller am Greuel, Kirspels Gladbach, an jährlichem Pfacht gibt 5 Taler Current — für 2 hl. Messen und Ablesungen deren beyden obgemelten Eheleuten Namen unter den Abgestorbenen bis zum End der Welt, also 5 Taler. — Laut Fundation de anno 1743 (sub Nr 66) zahlt Joannes Hamecher zum Sandt für 1 hl. Meeß und Ablesung dessen Namen unter den Abgestorbenen bis ans End der Welt 25 Taler.

Vermutlich ist der Sander Hof um 1712 einer Feuersbrunst zum Opfer gefallen. Er wurde wieder aufgebaut. An der Hinterseite des Hofbaues befindet sich in einem Eichenbalken, 40 cm hoch und 100 cm breit, eine Innschrift.

```
       DIS · HAUS · STEHET · IN · GOT
       TES · HAND · DER · BEHVTE
       ES · VOR · FEVR · VND · BR
       ANT · DATVM · DEN
          · 24 · MAY · AO · 1713 ·
```

Am 20. Januar 1730 wird Freiherr Franziskus von Dalwigk als Taufpate im Sander Taufbuch „Herr in Sandt, Medebach, Fürstenberg, Bockendorf und Nuxholt" genannt. Das Hebbuch des Botenamtes Gladbach vom Jahre 1758/59 vermerkte, daß der Sander Hof, der als „freies Gut" galt, „zur Halbscheid von Proprietario (Eigentümer) Anton Bertus gebauet" werde, „halbscheidlich pachtweise von Arnold Eich", ferner „muß vermög beigebrachter Quittung in denen Rittergelder mit beitragen". Der Hof umfaßte

Hausbalken Sander Hof

zu dieser Zeit 40 Morgen Ackerland, 2 Morgen Garten, 1 Morgen Wiesen, 100 Morgen Büsche, insgesamt 143 Morgen. An Abgaben waren ihm trotz seiner Freiheit wegen der Verpachtung 11 Rtlr 42 Alb. 6 Heller auferlegt.

Der Sander Hof war seit jeher mit Verpflichtungen gegenüber der Kirche in Sand belastet. Darüber berichtete Pfarrer Johann Franz Wilhelm Stöcker am 4. April 1804 an den Oberschultheißen nach Bensberg:

Der freier Sandter Hof, an der Kirchen gelegen, gibt jährlichs an Sack- oder Erbzehnten 8 Malder Korns.

Jetz gemelter Sandter Hof an Korne großen Heb-Zehenden auch ungefehr drei Malder, wie auch an Haaber-Zehenden daselbst drei Malder gibt.

Nebstdem gibt der Sandter Hofe an jährlichem accordirten kleinen Zehenden benantlich 1 Viertel Hirse, 8 Viertel Felderbsen, 2 Viertel Stickelerbsen, 2 Viertel dicke Bohnen, 3 Viertel Stickelbohnen, 21 Malder Erdäpfel von mitteler Sorten und 4 Mangden weißer Rüben."

Oberschultheiß Daniels veranschlagte am 6. September 1805 den Wert der 8 Malter Sackzehnten mit 40 Reichstaler, den Hebezehnten mit 21 Reichstaler. 1802 hatte man den Sackzehnten je Malter noch mit 4 Rtlr = 32 Rtlr angeschlagen, den Hebezehnten ebenfalls mit 4 Rtlr = 12 Rtlr, den Haferzehnten je Malter mit 1 Rtlr = 3 Rtlr.

Auch mußte der ganze Sander Hof zur Beleuchtung des Hochwürdigsten Gutes jährlich 24 Maß Öl liefern. Im Jahre 1770 berichtete Pastor Stöcker: „Weilen nun dieser Hof in zwei Teil geteilet, so lieberet Anton Bertus [206]), Eigentümer einer Halbscheid, 12 Maßen, und Göddert [207]) Mohr als Pfächter der anderter Halbscheid 12 Maßen."

Im Jahre 1803 befand sich eine Hälfte des Sander Hofs im Besitz der Eheleute Kaspar Neuhäuser und Anna Maria Schlimbach, die als Pächter in der Mühle zu Herrenstrunden wohnten. Sie gaben den Hof am 22. Februar an die Eheleute J. H. Molitor und Margareta Neuhäuser in Pacht. Der Pachtvertrag ist erhalten und lautet:

„1. Verpfachten Caspar Neuhäuser und dessen Ehegattin Anna Maria Schlimbachs den Eheleuten J. H. Molitor ihren eigentümlich besitzenden halben Sander Hof mit dazu gehörigen Gründen auf drei folgende um St. Petri Stuhlfeier, den 22. Februar dieses Jahres angefangene und auf St. Petri Stuhlfeier des Jahres 1806 sich endende Jahre, doch mit dem Vorbehalt, daß der den Abzug wollende Teil, er sei Pfächter oder Verpfächter, ein halbes Jahr vor Abfluß der Pfachtzeit gehörig aufkündigen muß, dagegen verspricht.
2. Anpfächter dem Verpfächter, jährlich hierhin an Pfacht auf St. Martin richtig in guter harter Silbermünze zu zahlen 44, schreibe Vierzig vier Reichtaler, jeden zu 60 Stüber.
3. Soll Pfächter das Haus uns sonstige Hofs-Gebäude in gutem Dach und Gefach — Türen und Fenstern — Mauren und sonstige Reparation halten; bei einem allenfallsigen Hauptbau aber soll die Pfachtherrschaft die Materialien und den Tagelohn, Pfächter hingegen ordentliche Kost, Trank und die nötigen Beifuhren zu entrichten gehalten sein. In Hinsicht dieser Bedingung darf Pfächter auf eine billige — doch dem freien Ermessen der Pfachtherrschaft einzig vorbehaltene Behandlung vertrauen.
4. Soll Pfächter die Hofsgründe überhaupt sowohl als besonders das Ackerland nach Art eines guten Ackermannes in gutem Stande, z. B. in wohlgeeignetem Baue, Düngung und Besserung stellen — unterhalten und so beim Abzug hinterlassen. Gleichmäßig soll Pfächter die Hofsgründe in den bekannten Grenzen und Maalen erhalten, keine Beiwöhner in gesagten Hof aufnehmen, keine Gründe noch andere Gegenstände davon verspleißen oder verunterpfacht.

---

[206]) Am 6. Oktober 1778 erhielt Johann Bertus zu Sand den Losschein zur auswärtigen Trauung.
[207]) Am 1. August 1781 erhielt der Witwer Gottfried Maur in Sand den Losschein zur Trauung in Gladbach.

5. Soll Pfächter über die Hof-Büsche fleißig und treue Aufsicht halten. Kein Vieh in selbigen hüten, noch andere darin hüten lassen. Inngleichen soll er das Strau-Sammeln ebensowenig als jede andere Buschschäden erlauben. Jährlich hat Pfächter zum Aufkommen der Busche auf dazu schicklichste Plätze zur rechten Zeit dreißig sechs Buchen, zwölf Eichen oder die Hälfte Pappelweiden zu pflanzen. Die Pflanzbuchen seind im Busche, wo sie zu dicht stehen, — die Eichen sind um die Hecken, wo sie zum Schaden stehen, zur Verpflanzung herzunehmen. — Beim Mangel an Eichen und Pappelweiden ist die Pflanzung mit Buchen zu erfüllen. Keine Eichen — grüne wachsbare Buchenstöcke oder sonstige grüne unabständige Bäume darf Pfächter ohne Vorwissen und Bewilligung der Pfachtherrschaft abhauen oder verstümmeln, — sondern auch anderen, unter was Vorwande es auch immer sein mögte, ebensowenig zulassen. Der Pfachtherrschaft bleibt es vorbehalten, die Hofsbüsche in zween Teil oder sogenannte Holzhäue derart abzuteilen, daß davon jährlich ein Teil geschlossen, der andere Teil aber von Pfächters Seite (zum Aufkommen der Büsche) forstmäßig zur rechten Zeit gehauen und für ihn benutzt werde. Sollte es der Fall werden, daß mit Abfluss des letzten Pfachtjahres der Abzug erfolget, so soll Pfächter das in diesem Jahre häuige Holz mit dem Hieb schonen und solches Holz nach gewöhnlicher Art beim Hofe lassen.
Ueber die jungen Eichen und Buchen hat die Pfachtherrschaft willkürig zu verfügen. Pfächter darf derselben nicht mehr ausnehmen als ihm jährlich zur Bepflanzung bestimmt sind. Im Baumhofe und an sonst schicklichen Plätzen hat Pfächter an jungen Pflanzstämmen drei Apfel- und drei Birnbäume, auch vier Zwetschenbäume jährlich zu pflanzen. Dann hat Pfächter die gesamten — nach dem einfachen — ungekünstelten Hauptregeln der Obstbaumzucht zu behandeln und den Hofzaun aus dem dazu hauptsächlich nötigen — doch von der Pfacht-Herrschaft anzuweisenden Holze wieder herzustellen und dann in gutem Stande zu erhalten. Zum Brennholze am Feuer-Herde und Stuben-Ofen hat Pfächter die dürren Stöcke und Stümpfe aus den Hofs-Buschen zu benutzen.
Pfächter darf keine ungebührliche Wege und Steige über die Hofsgründe erlauben, sondern er übernimts, dagegen schickliche Mittel als Gräben und Querzäune anzulegen. Im Gegenteile aber hat er zum Schutze des Nachbarfriedens die gebührlichen Wege zu erlauben und in polizeimäßigem Stande zu erhalten.
Pfächter soll im letzten Pfachtjahre, wenn der Abzug darauf folgt, nur ein Drittel des Ackerlandes für sich mit Wintersaat bestellen, — für die Herrschaft aber drei Morgen wenigstens mit gutem Kleesamen ordentlich besäen und allen Dünger beim Abzuge auf dem Gute lassen. Keine schädlichen Neuerungen oder Lasten auf dem Hofe aufkommen oder einschleichen lassen, sondern über eins sowohl, als anderes soll Pfächter gleich der Herrschaft die Anzeige machen.

6. Soll Pfächter allen dem gesagten Hofe anklebende oder darauf fallende, etwa rückstehende sowohl als zukünftige dingliche und persönliche Kriegs- und sonstige Lasten aus eigenen Mitteln abführen, ohne deswegen von der Pfachtherrschaft einige Entschädigung fordern zu dürfen.

7. Um alle Feuersgefahren der Hofsgebäude aufs zweckerreichenste zu verhüten, soll Pfächter in allem dem dahin einschlagende weisen Polizei-Gesetzen und Verordnungen sorgsam und getreu nachleben, im Falle der Nichtbefolgung aber auch für den ungehofften Brandschaden aus eigenen Mitteln verantwortlich sein.

8. Sollte es an dem im 5. Absatz bezweckten Brennholze mangeln, so wird die Pfachtherrschaft in Erwägung dessen dem Pfächter einen günstigen, aber doch unerzwinglichen Zusatz aus den abständigsten Stöcken des Pfachthofes anweisen.

9. Behält sich die Pfachtherrschaft ausdrücklich vor, daß wenn Pfächter die vorgeschriebenen Bedingungen nicht samt und sonders getreu und pünktlich erfüllet, so sollen die Pfachtjahre von der Stund an als verflossen betrachtet werden dürfen, dergestalt daß die Pfachtherrschaft — nach Wüllkür — diesen ihren halben Sanderhof mit allen Zubehörungen — Bau und Besserei eigenmächtig anzugreifen, nach Gutfinden zu gebrauchen oder andern zu verpfachten volle, unwidersprechliche Befugnis haben solle. Wobei Pfächter J. H. Molitor sein ganzes Vermögen dergestalt der Pfachtherrschaft zum Unterpfande stellet, daß diese jederzeit darüber die hinreichende Versicherung nehme — die allenfalls nicht gehörig vollzogenen Bedingungen vor der Hand gutfindlich auf Kosten des Pfächters in Vollzug setzen lassen und sich daran in jedem Falle für — rückständige Pfacht — verursachte Kosten und Schaden usw. vorzüglich erholen und völlig bezahlt machen dürfe.

Diesem allem zur Urkunde wurde gegenwärtiger Pfacht- und Verpfacht-Kontrakt in zwön gleichförmigen Urschriften beiderseits eigenhändig unterschrieben und jedem Teil eine derselben mitgeteilet.

Geschehen Herrenstrunder Mühle am ...... 1803." [208]

---

[208]) Guten Abend 1928, 43.

Die Zehntverpflichtungen des Sander Hofes gegen die Pfarre Sand blieben auch in preußischer Zeit nach 1815 weiter bestehen. Als sie nicht erfüllt wurden, srengte die Pfarre einen Prozeß an, und das Landgericht in Köln bestätigte ihre alten Berechtigungen durch ein Urteil vom Jahre 1825.

Nach einem Bericht des Sander Pfarrers Ohligschlägel vom 8. Juli 1848 an den Bürgermeister von Gladbach, mußte der Sander Hof immer noch acht Malter Roggen an Sackzehnten und den Zehnten von allen Feldfrüchten abliefern. Auch bestand nach wie vor die Verpflichtung, die Hälfte des Materials zur Beleuchtung des Gotteshauses beizuschaffen, sei es Wachs oder Öl. Diese Verpflichtung war auf 24 Maß Öl fixiert worden. (Stadtarchiv Bergisch Gladbach).

Noch am 26. August 1864 berichtete Bürgermeister Clostermann in Bergisch Gladbach an den Landrat in Mülheim, daß diese Rente von 24 Maß Öl, die „von den Besitzern des Sander Hofes zu Gunsten der Kirchenfabrik zu leisten wäre, von G. Borschbach, Witwe Heinrich Neuhäuser, Jakob Krey und Gebrüder Hebborn zu Sand abgeführt worden sei. Die Rente ist später abgelöst worden.

2) Der Kommendehof Igel

Der Igeler Hof, den das eingesessene Volk auch heute noch einfach „op der Ijel" nennt, wie er auch in alten Akten gewöhnlich nur „Igel", „Egel", „Eigel" oder sogar in mißverstandenem Hochdeutsch „Eichel" heißt, hat seinen Namen offensichtlich dem reichlichen Vorkommen der Erle zu verdanken, der „I'el", die einst das ganze versumpfte Tal der Strunde südlich einnahm und hier den Erlenbroich bildete, dessen Bezeichnung sich in der verbalhornten Form „Eulenburg" erhalten hat. Der Hof gehörte zum frühesten Besitz der Johanniter Kommende zu Strunde, Herrenstrunden. Es ist anzunehmen, daß er mit anderen nahebei liegenden Ordenshöfen die Veranlassung zur Verlegung des Komturhauses von Herkenrath an die Strundequelle bot. Dort bestand [209]) es mit Sicherheit schon im Jahre 1294. Vom Igeler Hof, dem Erlenhof, entlehnte auch das Irlenfeld mit dem erst im vorigen Jahrhundert entstandenen Bauernhof seinen Namen.

Wie der Ordensmeister die Kommenden an verdiente Ritter zur Nutznießung verlieh, so überließen die Komture in der Frühzeit des Ordens vielfach Ordensgrund und -höfe an verdiente Brüder. So verpachtete der Komtur Heinrich von Selbach am 24. März 1347 namens des ganzen Konvents zu Strune dem Johanniterbruder Peter von „Aychen" (Aachen) einen Weingarten in Beuel zur persönlichen Nutzung. Dieser war Kellner oder Rentmeister zu Strune gewesen, hatte offenbar dort die wirtschaftlichen Angelegenheiten nach Kräften gefördert, allerdings nicht ohne nebenher sein eigenes Wohlergehen im Auge zu behalten. Ihm verpachtete der Konvent unter dem Komtur Schilling von Rode am 22. Januar 1354 auch den großen Büchelter Hof in der Pfarre Herkenrath. Am 24. Juni 1366 endlich gab der Komtur Pilgrim von Rode (Royde) namens des ganzen Konvents dem überaus rührigen Manne, auch die beiden Hüfe Egele (Igel) und zu dem Dale (Oberthal) nebst dem Busch im Eigen gegen eine jährliche Pachtsumme von 46 Gulden zur Leibzucht auf Lebenszeit in Pacht.

---

[209]) Vgl. hierzu Anton Jux, Die Johanniter-Kommende Herrenstrunden, S. 25 ff.

In einer Abschrift aus späterer Zeit ist dieser Pachtvertrag als frühest bekannter des Igeler Hofes erhalten geblieben [210]). Er hat nachstehenden Wortlaut:

„Bruder Peters Reversall von Aghe von den Hoven Egele und zu dem Dale.
Allen Luiden, die diesen Brieff ansehen sollen und horen lesen, duin Ich, Peter von Aghe, Convents Bruder deß Hauses von der Strune von St. Johanns Orden kundt und verstaen und zugen und bekennen offenlich mit diesem Breiffe, daß Ich hain angenommen und empfangen von den geistlichen Leuten Bruder Pilgerin von Roide, Commendure, und den Bruderen gemeinlichen deßelben Hauses, zwein Hove, Egele und zu dem Dale, zu meinem Live mit alle Ihren guite und zugehore, wie und wa daß gelegen und genand ist, It sey Land, Wisen, busche und waß hude zutage gehort, und auch mit dem Busche in dem Eigen, wie der gelegen ist, mit diesen Vorworden,
dat Ich dieselbe hove an alle Ihren Zimmeren, Dachen und Zunen In zitlicher und zeimelicher umvange halten sall, wan und waiß zu thuin ist, und die beßern, wan ich kan und magh, und auch in gleichen alle Land, daß dazu hort, beßern und in guten bawe halten, und den allent daß thuin, waß em noit ist.
Welcher hove mit alle Ihren guite vorg(eschreven) Ich mein leb-Tage gebrauchen und die besitzen sall, auch dan affgeven und betzalen, und gelove auch mit guiten trewen, daraff zu geben und zu betzalen dem Commendure und den Bruderen deß ehegenanten Hauses alle Jahr freies geldes 46 gulden, guit von gelde und schwer von gewichte, und die Im lieferen und andtworden kummerloiß In deßelbe hauß, halff auff S. Martensmißen in dem Winter, und daß ander halffscheit zu St. Walburge Mißen, off binnen vierzehen Dagen na eiglichem termin vorschr. unbegriffen, und von der betzalung der vorg. Summen gelds enmach noch ensall mich geine sache entschuldigen in geiner weiß.
Vort wert, daß Ich die vorg. summa gelds niet en betzalete In alle der weiß und up die termin vorgesprochen, so weil Ich vom allem rechte, dat Ich an den ehegenanten hove hette, (zurücktreten) und mochten dan der Comtur und die Bruder vorg. mit denselben Hoven und alle Ihrem guite, wie es gelegen ist und zugehort, Ihr schonste thuen, und alle den In Ihren queme ohne meine off eimans hinderniß off wederrede off argelist.
Alle stücke vorg. hain Ich geloifft und geloiffe sie auch mit guiten trewen, und bey meine Orden vaste, stede und unverpruglich zu halten und auch nicht daweder zu thuen mit einiger Kunst, List off behendigkeit, die einmand vinden off erdencken mochte.
In Urkundt der Warheit so hain Ich dissen Brieff besiegelt mit meinem siegel, und um mehrer Steidigkeit alle dieser stücken, so hain Ich gebetten unsen Baleier eigent diesen brieff mit mit zu sieglen mit seinem siegele, und Wir, Bruder Reiner Binten, Balleier und Commendeur vorg., wan wir mit Unserm Herren dem Meister vuer allen diesen Stücken gewest sein, die gehort und geschen hain, so hain wir umb bedens willen Bruder Peter ehegenant, diesen Brieff gesiegelt mit unserm Siegel im jahre unsers herren 1366 up S. Johannes tag, den man nent nativitae."   (Siegel)

Peter von Aachen wird seinerseits die Höfe an Pächterehepaare ausgegeben haben und weiter im Ordenshaus zur Strune, wenn nicht gar in dem Kölner Ordenshaus zu St. Johann und Kordula gewohnt haben. Nur so ist wohl zu erklären, daß er schon in so früher Zeit die Pacht in barem Geld und nicht in Naturalien abführte. Er wird sich recht gut dabei gestanden haben; denn die gesamte Jahresverpflegung eines Bruders im Kölner Hause wurde einige Jahrzehnte nachher mit siebzehn Gulden bewertet.

Leider verstummt nun auf weit über hundert Jahre jegliche Kunde vom Igeler Hofe, weil keine Akten und Urkunden erhalten blieben. Erst jener Pachtvertrag, den der Komtur Peter Stolz von Böckelheim am 6. Juni 1500, dem Pfingstabend, mit den Eheleuten Evert Künne (Eberhard und Kunigunde) abschloß, leuchtet wieder in seine Geschichte hinein. Der Vertrag ist ganz auf Halbpart abgestellt, auf ein echtes Halwinnerverhältnis zwischen dem Komtur und den Pächtereheleuten und lautet auf 24 Jahre, wobei jedem Teil das Recht eingeräumt wird, nach dem Ablauf der halben Pachtzeit davon abzustehen. Dem Pächter wird auferlegt, auf dem Ackerland, das nach Art der Drei-

---

[210]) StA Düsseldorf, Membrum Herrenstrunden Nr 1.

felderwirtschaft in drei Gewannen eingeteilt und seit des Peter von Aachen Zeiten durch Rodung wohl vermehrt worden ist, jährlich 15 Malter Hafer und drei Sümmer Gerste zu säen. Der Komtur stellt die Hälfte des Saatgutes selbst zur Verfügung. Auch für das Pflügen zahlt er je Morgen 2 Schilling, desgleichen für das Einfahren der Ernte eine Entschädigung von 12 Mark.

Auf ewige Zeiten stellten Komtur und Pächter je zur Hälfte sechs Kühe in den Hofstall, das sogenannte Stockvieh, das fortan jeder neue Pächter vom Vorgänger übernehmen und ebenso beim Abzug dem Nachfolger vollwertig übergeben mußte. Das geschah ähnlich auf dem Kierdorfer und dem Hauser Hof und hielt sich bis 1804, also fast bis zum Untergang der Kommende. Der Pächter mußte alljährlich vier Kälber aufziehen und soviel Jungvieh halten, wie es eben möglich war. Der Weidgang führte in die Ordensbüsche, gesonderte Weiden werden deshalb auch nicht erwähnt. Ähnlich wurden auch die beiden Zuchteber, die der Igeler Hof zum Nutzen aller benachbarten Ordenshöfe durchzufüttern hatte, mit den überigen Schweinen zur Mast in die „Eckern" getrieben, so Gott „den Ecker", die Eichelernte, reichlich bescherte. Für das Hüten jeder Mastsau in der Eckernzeit gewährte der Komtur einen Beitrag von 2 Albus, die sich für das Ordenshaus sicherlich lohnten.

Auf Martinstag, am 11. November, wurde die gesamte Aufzucht an Vieh geteilt, außerdem lieferte der Igeler Pächter dann 6 Hühner nach Herrenstrunden. Zu Ostern brachte er hundert Eier und einen Weck im Werte von 6 Albus zum Ordenshaus, ein Zeichen, das er aus freien Stücken auch Weizen, gewiß ebenso Roggen nebenher, wenn allerdings ohne besondere Verpflichtungen, anbaute. Die Pachtbedingungen waren keineswegs solche Fesseln, daß sie das Eigenleben erstickt hätten. Auch die halbe Obsternte im Baumgarten fiel dem Komtur zu. Dem Tagelöhner, der sie einbrachte, gab der Pächter die Kost, der Komtur den baren Lohn. Auf solche Weise teilten sich beide auch die Unterhaltung eines Mähers. Im Winter sandte der Komtur einen Knecht nach der Igel, der das Dreschen besorgte; der Pächter beköstigte ihn und stellte den zweiten Knecht von sich aus.

Es verstand sich von selbst, daß die Ordensbüsche dem Igeler Hof hinreichend Knüppelholz zum häuslichen Brand lieferten, hingegen hatte der Halbwinner die Verpflichtung, alljährlich sechs junge Bäume im Wald oder im Obstgarten zu pflanzen und ihr Wachstum sicherzustellen. Auch mußte er zwei volle Tage mit Pferd und Karre Brennholz zum Ordenshaus in Herrenstrunden einfahren. Der Komtur seinerseits hatte das Futter für die Pferde zu geben, auch sahen die „Pachtbedingnisse" des Pächters vor, für die Komturei eine Weinfuhre zu leisten. Die führte zu den Weingärten des Ordens nach Ranzel bei Lülsdorf und versorgte den Keller unter der alten Kirche mit wohlgefüllten Fässern edlen Traubensaftes.

Die „Besserung" des „Artlandes", wie man die Düngung nannte, und die Unterhaltung der Gewannengräben waren weitere Pflichten des Halfmanns, nicht minder die Fürsorge für „Dach und Fach" an den Hofgebäuden. Jährlich sollten mindestens 500 „Schofe Stohschutten" verwandt werden, um schadhafte Stellen an den Dächern auszubessern. Für das Hundert zahlte der Komtur 1 Albus.

Als Zeugen des Pachtvertrages hatte der Komtur zwei Priester, den Pfarrer Heinrich von Herkenrath und Hermann Waltsayd (oder Waldsmyt, der 1511 als Pfarrer von

Herkenrath starb) zugezogen, der Halfmann entsprechend zwei Nachbarn, den Halfmann Johann zom Hove (Mistenhof in Strunden) und den Halfmann Johann zom Schyffe; ferner war Tonys, „myn (des Komturs) Knecht zoo zyt", zugegen[211]).

Der nächste Pachtvertrag, der erhalten blieb, trägt das Datum des 22. Februars 1554. Er wurde von dem Komtur Joachim Sparr von Trampe, demselben, der in den Jahren 1555/56 die Kirche in Herrenstrunden umbauen ließ, und dessen Namen die Glocke von 1555 erhalten hat, mit dem Pächter Thonis, dem Sohn des Jan zum Keller (bei Dürscheid) und seiner Hausfrau Steyngen (Christina) abgeschlossen und sollte zugleich für „ihre Erben" gelten. Es ist möglich, daß „Steyngen" die Tochter Everts und Künnes war. Wenn auch die „Pachtbedingnisse" im wesentlichen unverändert blieben, so wurde jetzt doch von dem reinen Halbwinnerverhältnis abweichend eine feste Pachtabgabe, immer noch in Naturalien, vereinbart. Jedenfalls hatte die Erfahrung gelehrt, daß das sicherer war. Der Pächter mußte alljährlich zu Martini 10 Malter Roggen, 3 Malter Gerste und 17 Malter Hafer abliefern. Er übernimmt es, jährlich 8 Eichen, Buchen oder Obstbäume zu setzten. Nun wird das Weingut Ranzel für die Weinfuhre namentlich angeführt. In den Büschen gehört dem Pächter alles anfallende Reisig. Es ist ihm aber ohne Vorwissen des Komturs untersagt, gebundene Schanzen als Marktware zum Verkauf zu bringen. Das Fällen von Dickholz ist ihm nicht gestattet. Besonders bemerkenswert scheint es, daß der neue Pächter Thonis auf dem Hofesgrund Kalk brennen darf. Kalkstein war am Strundehang leicht zu brechen. Auch das nötige Holz boten die Waldungen, es mußte jedoch vom Förster der Kommende eigens hierfür angewiesen werden. Der gebrannte Kalk durfte nur zum „Mirgeln" der Igeler Äcker verwandt, aber nicht verkauft werden. Dem Pächter wurden nun auch alle außergewöhnlichen Lasten, wie etwa Kriegskontributionen, die auf den Hof entfielen, auferlegt.

Nach Ablauf der 24jährigen Pachtzeit verpachtete der Komtur Wilhelm von Loeben, der noch fünf andere Kommenden zugleich innehatte, im Jahre 1579 den Igeler Hof an die Eheleute Conrad, der ein Sohn des Thiel (Tilmann) von Breidenbach war, und Trügken (Gertrud). Nach dem Vertrag zu urteilen, sind nun entweder die Erträge höher geworden oder die Pachtabgaben höhergeschraubt worden. Allerdings hatte sich die Kalkdüngung ausgewirkt und auch die Ackerfläche hatte sich dadurch vergrößert, daß jenes Land, das bis dahin an Gerhard zu Kombücken (Kombüchen) verpachtet gewesen war, nun der Igel zugewiesen wurde.

An Pachtabgaben wurden festgesetzt 10 Malter Roggen, $^{1}/_{2}$ Malter Weizen, 3 Malter Gerste, 14 Malter Hafer und 6 Hühner zu Martini, ferner zu Ostern 200 Eier und der übliche Weck. An Vieh wurden zu dieser Zeit 9 milchgebende Kühe, 12 Güstrinder (Jungrinder), 16 Schweine, 12 Faselkremen, 20 Schafe und soviel Kälber gehalten, als eben anfielen. Die Hälfte von allem Nutzvieh, das zum Schlachten kam, stand dem Komtur zu. Für einen bevorstehenden Hauptbau (Neubau) wurde vereinbart, daß der Komtur das Bauholz und die Löhne, der neue Pächter in üblicher Weise aber die Kost und die Fuhren leisten sollten.

Wir wissen nicht, wie lange das neue Pächterehepaar auf dem Igeler Hofe aushielt und ob es noch einmal abgelöst wurde, bis um das Jahr 1630, also mitten in der auch für unsere engere Heimat so drangvollen Zeit des Dreißigjährigen Krieges, Jan von der

---

[211]) StA Düsseldorf, Herrenstrunden U. 323.

Scherve aus dem Kirchspiel Odenthal, ein Sohn des Engel von der Scherve und seiner Gattin Girdrud und Enkel des Vinzenz von der Scherve als Pächter des Igeler Hofes auftritt. Engel auf der Scherfen war ein angesehener und unternehmungslustiger Mann. Er hatte zu seinem Gut „uf der Scherfen" noch das „Scherfen Jahns-Gut" gekauft, war an das Hofsgericht in Niederscherfen lehnrührig und zahlte im Jahre 1626 an Zinshafer 2½ Viertel, für ein Zinshuhn 3 Albus, an Pfennigsgeld 8 Heller. Noch im Jahre 1646 trat er als Hofsscheffe auf; 1647 als Scheffe des Obergerichts zu Bensberg. 1653 war er gestorben und wurde in seinem Amt von dem Sohne Henrich abgelöst. Auch der „Scherfer Jan" erschien 1621 mit dem Vater vor dem Hofgericht[212]).

Jan verheiratete sich mit Anna von Bergscheid, ihre Familie war im Kirchspiel Hohkeppel lehnrührig an das Hofgericht in Hebborn, das dem Freiherrn von Steinen auf dem Haus Scherfen damals als Pächter und Pfandherr des herzoglichen Hebborner Hofes unterstand, so daß die Beziehung leicht erklärlich wird. Möglicherweise war sie die Tochter des Vorpächters auf dem Igeler Hof. Als das Paar die Pacht auf dem Igeler Hof antrat, hatte der Krieg auch hierher schon seine zerstörenden Wellen geschlagen. Jan richtete bald einen Brief an den Komtur Konrad Scheiffart von Meroden und klagte über die von Monat zu Monat immer mehr ansteigenden und kaum zu leistenden Kriegssteuern, die er als Pächter vertraglich übernommen hatte[213]).

Jan, von der Scherve nannte sich fortan Jan von Odendahl oder einfach Odendahl, wie es auch der Pfarrer von Sand, dem der Igeler Hof seit alters unterstand, stets in die Kirchenbücher eintrug. Er konnte nicht ahnen, daß seine Nachkommen den Hof nahezu zweihundert Jahre innehaben, daß sie auch im Botenamt Gladbach wie in der späteren Bürgermeisterei und Stadt bis in unsere Tage hinein im Gemeindeleben führend tätig sein würden. Aber die Tatkraft, die das Geschlecht allezeit bewies, steckte schon in jenem Jan. Der vernachlässigte Hof sagte ihm nicht zu. Zunächst errichtete der „Iggeler" mit Genehmigung des Komturs 1635 ein neues Backhaus, danach einen neuen Schweinestall. 1642 folgte die Erneuerung des Schützes in der Strunde, um die alte Wasserungsgerechtsame für die Wiesen des Hofes besser nutzen zu können. Alle entstandenen Kosten mußte Jan vorstrecken, doch am 22. Februar 1643 brachte er eine Rechnung von fast hundert Goldgulden nach Herrenstrunden.

Die Zimmerleute hatten das Bauholz mit Hilfe der Häuer in den Ordensbüschen geschlagen, geschnitten und behauen, je laufende 100 Fuß für 1 Gulden 18 Albus Lohn. Für 2 Malter Kalk waren 4 Gulden 8 Albus verausgabt worden. Die Bruchsteine zum Unterfangen des Fachwerks, das in landesüblicher Weise „gesteffelt und gereffelt" wurde, ehe man den Lehm auftrug, hatte der eigene Steinbruch geliefert. Eisenwerk und Nägel für die Bauten waren mit 4 Gulden 8 Albus angesetzt worden. Hundert Platten „Enkelstein", vielleicht Unkeler Basalt — der heimische Plattenkalk war dafür ungeeignet — für den Schornstein kostete 2½ Gulden[214]). Um die Mitte des Jahres 1644 waren alle „Geheuchter", wie man die Gebäulichkeiten eines Hofes allgemein nannte, wiederhergestellt. Jans Mühen hatten sich gelohnt, seine Familie besaß ein wohnliches Heim, und der Komtur durfte ebenso zufrieden sein, wenn er das vollendete besichtigte.

---

[212]) Archiv Wolff Metternich O¹ I 3², Scherfen, Lehnsachen.
[213]) StA Düsseldorf, Membrum Herrenstrunden 12.
[214]) Wie vorher a.a.O.

Urban Odendhal, ein Nachfahre Jans, hat im Jahre 1783 die Geschichte seiner Sippe niedergeschrieben. Nach ihm hatte Jan zwei Söhne, Hans-Hinrich und Wilhelm. Doch meldet das Sander Taufbuch ihrer sieben, nämlich noch dazu die Söhne Thomas und Mattheis und die Töchter Katharina und Maria. Wohlbehütet wuchsen sie auf und erfüllten treulich ihre Christenpflicht in Sand, trotz des beschwerlichen und weiten Weges bergab und bergauf. Zwischen dem 8. August 1660 und dem 15. August 1662 betteten sie den toten Vater neben der alten Sander Kirche in die kühle Erde. Hans-Hinrich blieb mit der Mutter auf dem Igeler Hof. Er hatte die Tochter des Scheffen Franz Eck in Schnappe bei Bechen, damals noch Straßen genannt, geheiratet. Nach der Geburt eines Sohnes Franz starb Hans-Hinrich. Die alte Mutter aber wollte nicht mit der „Schnurr", der Schwiegertochter, hausen. Diese verließ den Hof und heiratete Konrad Herweg aus der Dombach. Jan Odenthals zweiter Sohn Wilhelm hatte nach dem Sander Kirchenbuch unter dem Pastor Johannes Zillis am 14. Oktober 1657 „die züchtige Jungfrau Margaretha, Tochter des ehrbaren Mannes Gerardt zu Durschett, als katholische Braut nach voraufgegangenen drei Aufrufen vor Gott im Angesichte der Kirche und vieler Leute" geheiratet und war dann Halfmann des Komturs auf dem Rommerscheider Hof geworden. Drei Jahre danach, am 8. August 1660, wurde Wilhelms Schwester Katharina dem Jüngling Matthäus, dem Sohn der Eheleute Hermann und Margaretha zur Landwehr, in Sand angetraut.

Jans Witwe betrieb nach dem Tode des ältesten Sohnes den Igeler Hof allein. Vertragsgemäß ließ sie nach Aufforderung durch den Komtur das Hofgut durch den Landmesser Heinrich von Schallenberg (Schallemich) vermessen und gab ihm aus dem Gedächtnis die Maße der einzelnen Grundstücke an. Das Protokoll vom 20. August 1669 verzeichnet:

1. Das große Feld um und vor dem Hofe	34 Morgen
2. Das alte Feldchen im Busch	2½ „
3. Das Feld über die Kölner Straße	18 „
4. Der große Kißel	4 „
5. Der kleine Kißel	3 „
6. Die Wiese an der Strunde	4½ „
7. Waldungen	50 „
	116 Morgen

Die Gründe erstreckten sich im Norden über die alte Kölnische Straße bis an die Romaneyer Wiese und das Kombücher Feld, im Süden bis zum Schiffer Gut, an den „kleinen Kißel", das „Gäßchen" und an des Pastors Wiese, im Westen an den zum Sander Hofe gehörigen Busch der Jungfer Kessels und die Dombacher Papiermühle. Es war ein mittelgroßer Hof, der bei guter Bewirtschaftung in jener Zeit eine Familie wohl nähren konnte. Doch der alten Frau fiel sie zu schwer.

Die Witwe Jans ließ deshalb ihre Schwiegertochter Grietchen Eck mit ihrem zweiten Gatten Konrad Herweg zurückkehren. Es kam ein Vertrag zwischen ihnen zustande, den die beiden Halfen Wilhelm zum Blech bei Paffrath und Gerhard zum Rosenthal vermittelten. Auch die übrigen Kinder Ännchens waren einverstanden. Heinrich Quirl, der Bote zum Gronewald, setzte den Vertrag den Wilhelm auf der Eigel, ein offenbar dort noch wohnender Bruder Jans, „zu hell, (zugleich) vor mein schwagers Anna" unter-

383

schrieb, fein säuberlich auf. Das Ehepaar Herweg sollte solange die Pachtung des Hofes übernehmen, bis Wilhelm aufm Rommerscheid von dort herüberkommen konnte. Das muß dann doch sehr schnell erfolgt sein; denn schon im Jahre 1672 lieferte Wilhelm Odendahl als Halfmann des Igeler Hofes die Pacht an die Komturei in Herrenstrunden ab: zu Neujahr 2 Reichstaler, vom Rieselfeld 3 Reichstaler, 100 Eier, 6 Hühner und 80 Rtlr gewöhnliches Pachtgeld.

Am 31. Juni 1677, als die alte Witwe Anna noch lebte, wurden ihre und ihres Mannes Erbgüter zu Rommerscheid und zu Scherfen unter vier Kinder geteilt. Den Akt unterschrieb als erster Wilhelm auf der Eigel. Auch der Scheffe Franz Eck unterschrieb.

Das Sander Kirchenbuch nennt jedoch erst am 16. Oktober 1678 Wilhelm den „villicus modernus uff der Iggel", den neuen Hofpächter auf der Igel. Sechs Kinder ließ er in Sand taufen, doch erst beim fünften trug der Pastor am 4. Februar den Namen des Vaters mit „Wilhelm Odenthal, villicus uff der Iggel" ein. Daß er übrigens schon 1672 als Halfmann auf dem Igeler Hofe saß, beweist die Beschreibung des Gutes im Lagerbuch der Komturei vom Jahre 1672. Sie ist in mancher Hinsicht sehr aufschlußreich und lautet:

„Gerichtliche Beschreibung des zur hochlöblichen ritterlichen Malteser Ordens Commentheurei Herrenstrunden gehörigen und im Kirspel Sand gelegenen Iggeler Hoffs, so Wilhelmen Odenthal vermög Pfachtzettuls beneben zweier Reichstaler vor ein Neujahr, dreier Reichstaler vom Kießelfeld, hundert Ayer, dreier Paar Hoener, zweier Tagdiensten, einer doppelten Weinfuhr und ordinari Holzfuhr uff Mülheim jahrlichst vor 80 Reichstaler ausgetan und bestant in Erbstücken als folgt:
1. Erstlich Haus, Hoff, Scheur und Garten 3 Morgen, mit Zäunen und Heggen abgeteilt und in bemelten Hoffs Gütern ligend.
2. Item dabeneben ½ Morgen Gartens sambt dem Kaulblech, auch in den Ordensgütern rings umb gelegen.
3. Item das Romaneyer Veld, inhaltend 21 Morgen, zu einer die Cölnische Straß und anderer Seiten das Romaneyer Land, in lebendigen Heggen gelegen, schießend uf das Conböcker Feld mit einem und anderem Vorhaubt uf Rommerscheider Feld.
4. Item ein Stück einer Seiten, 20 Morgen — 20 Morgen, langs negstgemelter Straß, schießend zu beiden Seiten an des Ordens Hoffs Büschen und das lange Stück genant.
5. Item scheust ubrigs landen Hoff ufm Eggeler Veld ein Stück Lands, haltend 14 Morgen, zu beiden Seiten Ordens Büschen, und liget dieses Stück mit vorgemelten 20 Morgen ahn einander in lebendigen Heggen.
6. Item ein Stück, der große Kessel gnant, 4 Morgen Lands haltend, schießend an die Conboicheler Gaß mit einem, und anderem Vorhaubt die Colnische Straß und der Commenteuerei Büschen.
7. Item der kleine Kessel dabeneben, 3 Morgen Lands haltend, mit Heggen und Strauchen in des Ordens Gütern.
8. Item ein Stück Lands ufm Alden Veld im Ordens Busch gelegen und alleinig mit einer Seiten an die Schieffer Busch schießend, vier Morgen haltend.
9. Item die Iggeler Wiese oben der Papeyrmüllen Dombach an der Strundener Bach drittenhalben Morgen, schießend mit einer an die Dombacher Wiese, und anderer Seiten des Ordens Busch.
10. Item allernegst bemelter Papeyrmüllen ein Wiesgen, der Iggeler Broich gnant, ½ Firtel, zu einer Rommerster Busch, und anderer Seiten die Strundener Bach mit einem Vorhaubt Junker Kessel und anderem Vorhaubt Junker Quat von Buschfeldt. — NB. Mitten in diesem Wiesgen ist ein Sprung, waraußen das Wasser in gemelte Papeyrmühl durch eine Call geleitet wird, und geben deßphals dem Iggeler Halfmann — 2 Quart Kahrschmer.
11. Item ein Ohrtgen Busch im Tombacher Berg — 2 Morgen, zu einer Haußers Erbgenahmen, und anderer Seiten Peteren in der Hombach Busch, in seinen Lagen mit einem Vorhaubt Junker Kessel, und anderem an die Bach anstoßend, sonsten in Ordens Buschen gelegen
12. Item ein halber Morgen Busch boben dem Scheiff an Herrn Birckmanns Scheifferbusch, Garten und Feld anstoßend, sonsten in Ordens Büschen gelegen.
13. Item seint umb den Hoff und Lenderei fünfzig Morgen Busch gelegen, welcher Limiten, wie auch allinger zum Iggeler Hoff gehöriger Güterer seint als volgt:

"Anfänglich befindet sich zu gemeltem Hoff obiges beschriebenes Veld, über die Colnerstraß schießend, einer Seiten langs des Ordens zum Rommerster Hoff gehörige Lenderei, anderer Seiten die Romaneyer Wiese und dann ferners an Thonißen Veld zum Conboichell zwischen seinen Heggen; neben diesem Kamp befinden sich beiderseits der Colner Straßen noch zwei Veldiger, der große und kleine Kissel genant, ligen in ihren Heggen und Zeunen, schießend einerseits uf die Gaß an die Conboicher Lenderei und dann vort langs den Ordens Herrenstrundener Mistenhover Busch bis zum Iggeler Ordens Busch und Veld, hiervon dannen vom Kißel und Gäßgen schießet des Ordens Iggeler Hoff Busch langs Herrn Birckmanns Schieffer Busch und Grund bis unten an des Pastoris Wiesgen und dann weiterster bis an Junker Keßell zum Sander Hoff gehörigen Busch, boben sotanigem Busch her mit seinen Lagen auch widderumb ufferwarts bis unten uf des Ordens Wiese, von welcher Wiesen die Bach scheidet bis an Peters in der Tombach Wiese und boben dem Tombacher Veld her bis an den Tombacher Hoff und Garten, und demnegst scheidet der teife Seiff des Ordens Iggeler Hoff Buschen bis gegen den Rommerster Erbenbusch und dann ferners oben aus dem Seiffen langs der Rommerster Erben Busch und Veld den Lagen nach bis uf einen an des Ordens Grund und Camp, so Thoniß ufm Rommerst in Pfachtung hat, erfindlichen Paalstein; zwischen diesem Kamp und Iggeler großen Veld befindet sich eine Gaß, welche endlich bis uf die Colner Straß, wie im Anfang gemelt, die Scheidung zu End pringet."

In den Besitz- und Grenzverhältnissen des Hofes kannte sich keiner besser aus als der Halfmann selbst, und seiner Treu konnten die Komture und ihre Verwalter, die schon damals meist auswärts wohnten und denen es an genauen Ortskenntnissen draußen im Gelände und in den Waldungen gebrach, unbedingt vertrauen. Der Vater erläuterte alles seinen Söhnen unter der schweren Feldarbeit, beim Knüppelholzhauen und beim Weidgang, beim sonntäglichen Kirchweg, nicht zuletzt auch, wenn sie dem Komtur und seinen herrschaftlichen Gästen Treiberdienste bei der Jagd leisten mußten. Die Söhne reichten die Kunde den eigenen Kindern weiter, selbst das Gesinde wußte noch nach Jahren Bescheid darin, und nicht selten wurden Knechte und Mägde zum Verhör vor das Gericht geladen, um mitzuteilen, wie die „Scheidungen" ihnen seit ihrer Dienstzeit im Gedächtnis hafteten. Die Flurnamen waren lebendige Dinge in jenen Tagen, keineswegs nur in die Meßzetteln und Verkaufsprotokolle verbannt.

Auch zu Zeiten des Halfmanns Wilhelm Odenthal hört man die bergischen Bauern über schwere Kriegsdrangsale klagen. Die Raubkriege des Sonnenkönigs führten plündernde Franzosen ins Land. Dem Herkenrather Kirchmeister Thomas Buchmüller von der Trotzenburg vernichteten sie 1672/73 alle Briefschaften, so daß er keine Rechnungen legen konnte. Da mag auch der Igeler Halfmann mit seiner Familie oftmals seine liebe Not ausgestanden haben. Dazu kamen damals Jahre mit schwerem Mißwachs, und wie die Halfen auf dem Gladbacher Fronhof und auf dem Hebborner Hof um Pachtnachlaß baten, mag auch Wilhelm Odenthal die Taler und Stüber besorgt gezählt haben. Doch hinderte das nicht, daß auch wieder frohere Tage nahten.

Am 12. September 1688 segnete der Pfarrer zu Sand im kleinen alten Kirchlein die Ehe der jungen Leute Matthias Kuckelberg, dessen Vater eigentlich noch den Namen Dünn trug, und der Anna Katharina Iggelrad ein (wie er sonderbarerweise Wilhelm Odenthals Tochter ins Traubuch eintrug). Der Bräutigam übernahm das Hofgut zu Grube und heißt in den Kirchenbüchern gewöhnlich Tibes von der Groven, die Braut war eine Tochter des Igeler Halfmanns und nannte sich danach auch Odenthal[215].

---

[215] Sie sind Ahnen des Verfassers mütterlicherseits, mit ihnen natürlich auch die vorangegangenen Halfleute auf der Igel, Eltern und Großeltern der Braut. Ein eisernes Fladeneisen (Waffelpfanne) des Gruber Paares mit Inschrift hält die Erinnerung an die Herkunft von der Igel wach. „CATHRINA · ODENTHAL · VON · DER · EIGELL · 20. SEPT. ANNO 1715. · R. S".

Der Johanniterorden ließ in den Jahren 1689 und 1690 alle Güter der Kommende Herrenstrunden durch den Kurpfälzischen Generallandmesser Johann Philipp Hochstein neu vermessen und beschreiben. Das Ergebnis wurde in einem neuen Lagerbuch niedergelegt das im Pfarrarchiv in Herkenrath beruht. Dort ist von der Igel zu lesen:

	Morgen	Viertel	Ruten
„Anno 1690 vom 24. Novembris bis 3. Dezembris inclusive gemessen den Iggeler Hoff im Kirspel Sandt, in seinen Heggen und Zeunen gelegen	3	3	4
Hält an Maßen der Garten daneben gleichfalls in Zeunen und Heggen, ein Vorhaupt und Seiten Ordens Büschen	1	1½	11
Item das Romaneyer Feld, ein Seit Romaney boeken, anderseit die Straß, ein Vorhaubt, Kohnboecker Feld, ander Vorhaubt Rommerscheider Feld	—	—	—
Item der große Kessel, ein Seit die Kohnboecker Gaß, anderseit und beide Vorhaubt Ordensbüschen in seinen Zeunen gelegen	6	1½	2
Der Kamp „auf den vier Morgen" genant, ein Seit das Büschgen neben dem Drischer Feld, anderseit und im Vorhaubt Ordens Busch, und mit dem anderen Vorhaubt auf den Hoff schießend	2	2	—
Das Drischer Feld ahm Hoff, ein Seit der Hoff und Büschgen neben dem Kamp, anderseit und im Vorhaubt des Ordens Busch, ander Vorhaubt das große Feld	8	2	6
Das große Feld ahm Hoff, ein Seit obiges Feld und Ordens Busch, anderseits die Gladbacher Straß, ein Vorhaubt auch des Hoffs Büschen, ist in zweien Gewanden	42	3½	10
Das alte Feld, Vorheubter und Seiten ringsum in des Ordens Büschen, die Heggen genant, gelegen	7	2	3

Wiesen

Die Iggeler Wies oberhalb der Thombacher Papiermühl, ein Seit die Bach, ander Seit des Hoffs Büschen, ein Vorhaubt Cornelius Fues [216]), ander Vorhaubt Schinckerns [217]) Feld	3	1½	—
Item ein Wiesgen, das ahn gemelter Papiermühlen. Dies Wiesgen wird Iggeler Broiche genant, einer Seites Cornelius Fues, ander Seit Junker Kessels Wies [218]), modo gemelter Fues, der ein schmal Stücklein daraus langs des Ordens Wiesgen erkauft	—	1	8½

Büschen

Busch in den Heggen genant, ein Seit Schiffer Busch, ander Seit und Vorhaubt das alte Feld auf dem Hoff und Garten, auch mit einer großen Klinken hinter das alte Feld den Berg hinab bis ahn die Strundener Bach langs des Herrn von der Birken [219]) oder Fuchsbüschen schießend, hält	28	2	7
Item daselbst im Hasselter Berg zwischen Schiffer Buschen, Garten und desselben Feld in seinen Längen ein Oertgen Busch, hält	1	1	—
Ferner findet sich von obgemeltem Busch, in den Heggen genant, gleichs dem Garten und dem Hoff und Länderei herumb gelegen, ein Ort Busch mit vielen Klinken undenher, einerseits und auch mit einem Vorhaubt langs der Juffer Kessels zum Sanderhoff gehörige Buschen, hält zusammen	30	3½	2

[216]) Besitzer der Papiermühle in der Dombach.
[217]) Wilhelm Freiherr von Waldenburg, genannt Schenckern zu Heiligenhoven bei Lindlar, dem auch der Rittersitz Dombach (Halfendombach) gehörte.
[218]) Ihm gehörte der Hof Kessels, Dombach.
[219]) Eigentümer des Rittersitzes Zweiffelstrunden.

Item Busch am Hohlenbaum, im Thombacher Berg genant, über die Bach, ein Seit Cornelius Fues Wiesen, ein Vorhaubt desselben Busch, anderseit Henrich von der Iggel und ander Vorhaubt Henrich Haupers Erben Busch, halt an Maßen 6 2 22

Item ein Ortgen Busch langs das Feld, Große Kessel genant . . . — 3½ 5

	M.	V.	R.
Demnach umfaßte der Igeler Hof zu dieser Zeit an Haus, Hof und Garten	5	½	15
an Ackerland	89	3	23
an Wiesen	3	2½	8½
an Wald	68	—	36
insgesamt	168	1	8½

Gegenüber der Vermessung des Jahres 1669 waren 52 Morgen 1 Viertel und 8½ Ruten mehr, wobei auf das Ackerland etwa 34 Morgen und auf den Wald 18 Morgen Zuwachs entfielen. Es muß sich also um Zuweisung von anderen Höfen handeln, wenn dieselben Maßeinheiten zugrunde gelegt worden waren.

Großes Leid kehrte auf der Igel ein, als Wilhelms Gattin Maria am 27. Mai 1697 starb, doch schon im Jahre danach, am 7. September scheuchte eine fröhliche Hochzeit die Trauer. Die Tochter Margareta wurde in Sand dem Servatius Gladbach, dem Sohne der Eheleute Vinzenz und Elisabeth Gladbach zu Knoppenbißen, angetraut. Das war damals ein blühender Bauernhof, im Lerbacher Walde gelegen. Noch heute steht dort ein kleines Fachwerkwohnhaus, die übrigen Gebäude sind längst verschwunden, die Ländereien wurden aufgeforstet.

Und nochmals läuteten für die Igels die Hochzeitsglocken, diesmal in Gladbach, wo Matthias Odenthal von der Igel, der am 11. Juli 1677 in Sand getauft worden war, am 9. Juli 1701 sich mit Margareta Steinkrüger aus der Gladbacher Mühle verband. Er wurde dann offenbar sofort, also noch zu Lebzeiten des Vaters, als Halfmann auf dem Igeler Hofe eingesetzt. Schon am 21. März 1704 schloß der Vater die müden Augen zum ewigen Schlaf, und der Sander Pastor Matthäus Moritz stand an seinem Grabe.

Aus der Pachtzeit des Matthias Odenthal haben sich nur wenige Nachrichten über den Igeler Hof erhalten. Wohl wissen wir, daß er mit den meisten übrigen Ordenshöfen und dem Kommendehaus selbst während des Franzoseneinfalls im Jahre 1702 schwere Beschädigungen erlitt [220]). Die Kommende ließ 1732 wiederum auf höhere Anordnung hin ein neues Lagerbuch zusammenstellen. Wie der vereidigte jülich-bergische Landmesser Johann Paulus erklärte, konnten auf Grund der von ihm gemeinsam mit dem Kaiserlichen Notar Franz Adam Hennenberger und dem Vikar Edmund Schecht vom 29. August bis zum 7. November 1730 vorgenommenen Umgehung der Höfe und Überprüfung der Grenzen die Eintragungen vom Jahre 1690 unverändert übernommen werden, als Wegweiser für das Igeler Hofesgebiet war Matthias Odenthal mit den Herren über Stock und Stein gegangen und hatte ihnen die Lagesteine und Grenzpfähle und „geschnitzten Bäume" gezeigt, und sicherlich hatte Frau Margareta, die „Halfersche" auch für eine gute Atzung gesorgt. Der junge Urban, der Hoferbe und Stammhalter, geboren am 30.

---

[220]) Vgl. Anton Jux, Herrenstrunden S. 73 f.

September 1711, war damals eben 19 Jahre alt und mag eifrig mitgeholfen und Augen und Ohren weit offen gehalten haben, damit ihm nichts entging, was die „hohen Herren" zu sagen und zu schreiben hatten.

Wie dem Vater wurde auch Matthias die Gattin frühzeitig durch den Tod entrissen, Margareta Steinkrüger starb im November 1735. Volle zwanzig Jahre ging er als Witwer durch den Rest seines Lebens. In demselben Jahre, als wieder französische Truppen in das Bergische Land eingefallen waren und die Regierung am 10. Januar 1742 veranlaßten, selbst die freien Güter, darunter die Kommendehöfe, zu Kontributionen heranzuziehen, schritt Urban in Herkenrath zum Traualtar mit Katharina Bertus von Asselborn. Am 9. Juli hatte er vom Sander Pastor den Losschein erhalten. Unterdessen jagte eine Anforderung von Hafer, Heu und Stroh für die Franzosen die andere, und die Pferde und Knechte der Kommendehöfe waren mit ihren Karren fast inständig unterwegs. Da wurde auch auf der Igel Schmalhans Küchenmeister. Auch in den Jahren 1744 und 1745 stiegen die Kriegslieferungen fast ins Unerträgliche, so daß sie sich unter Hinweis auf uralte Privilegien von Kaiser und Papst selbst an das französische Oberkommando wandten. Dessen ungeachtet belastete der Oberschultheiß auch die geistlichen Güter weiter, da er sich eben selbst nicht zu helfen wußte, und es kam so weit, daß gegen Ende Mai kaum noch eine Handvoll Stroh auf den Höfen des Ordens zusammenzuscharren war, zumal eine große Trockenheit und Ungezieferplage auch die kommende Ernte bedrohten [221]).

Da mag man schon glauben daß die junge Bäuerin ordentlich mit zupacken mußte, und daß der alte Matthias Odenthal ihrer recht froh wurde. Er hatte noch zu seinen Lebzeiten den Sohn als Halfmann einsetzen lassen und konnte sich der wachsenden Enkelschar freuen — es waren fünf Knaben und zwei Mädchen — ehe er im Jahre 1755 neben der Gattin auf dem Sander Friedhof ins Grab gebettet wurde.

Schon seit dem Ausgang des 17. Jahrhunderts hatten die Komture die Verwaltung und Nutznießung der gesamten Kommende Herrenstrunden gegen Zahlung eines festen Jahresbetrages an geschäftsbeflissene Kölner Bürger als „Admodiatoren" übertragen und ließen sich selbst nur selten, meist nur bei der Amtsübernahme, dort sehen. Die Aufsicht behielt aber der Orden nach wie vor. So ist es zu erklären, daß auch die Pachtverträge fortan sich dieser Entwicklung und dem Geist der Zeit mehr anpassen mußten. Seit dem Jahre 1747 waren die Eheleute Johann Jakob Müller in Köln Admodiatoren geworden. Nach dem Tode des Mannes im Jahre 1751 trat die Witwe in den Admodiationsvertrag ein. Sie schloß am 23. August 1767 einen neuen Pachtvertrag auf 24 Jahre mit Urban Odenthal und seiner Frau Katharina Bertus, der erhalten blieb [222]).

Der Pächter verpflichtete sich darin, den Igeler Hof in gutem Stande zu erhalten, kein Gewerbe da auf ihm zu treiben, keinen Teil unterzuverpachten und den Hof beim Abzug in guter Reparatur zurückzulassen. Zu einem notwendig werdenden „Hauptbau" gab die Kommende die Baustoffe und den Lohn, der Pächter besorgte die Beifuhren und beköstigte die Handwerker und Arbeiter. Alle im Hofe anfallenden Dungstoffe, wie Stroh und Heide, durften nur zu seiner „Besserei" verwandt, aber nicht anderwärts ab-

---

[221]) Derselbe a.a.O. S. 75 f.
[222]) StA Düsseldorf, Membrum Herrenstrunden 12.

gefahren werden. Dem Pächter war das Holzfällen untesagt; das erforderliche Brandholz wurde ihm vom Buschhüter der Kommende alljährlich angewiesen. Hingegen mußte er in jedem Jahre in Baumgarten und Büschen drei Eichen, drei Buchen, drei Apfelbäume und drei Birnbäume pflanzen, pfropfen und „ins dritte Laub bringen", also drei Jahre besonders pflegen. Bei Selbstverschuldung einer Feuersbrunst, auch durch das Gesinde, oblag es dem Pächter, auf seine Kosten alles neu aufzubauen. Dafür haftete er mit seinem „gereiden und ungereiden" (beweglichen und unbeweglichen) Eigentum.

Die Jahrespacht, frei nach Herrenstrunden oder Köln zu liefern, umfaßte: das beste Schwein, „feist von Eckern", oder das beste vom Troge, sechs junge Hühner, hundert Eier, an barem Gelde 95 Reichstaler und dazu 6 Reichstaler für das Kesselsfeldchen. Außerdem mußte der Pächter wie seit alters zwei Tage Dienste für die Kommende in Herrenstrunden leisten, eine gewöhnliche Holzfuhre an den Rhein nach Mülheim machen und eine Karre zu 500 Stück Schanzen liefern. Die Pachtrückstände mußten mit fünf Prozent verzinst werden, mußten aber vor dem kommenden Zahlungstermin erlegt sein, sonst verfiel der Vertrag.

An Stockvieh standen auf dem Hof vier milchgebende Kühe, zwei anderthalbjährige Rinder, drei Faselschweine. Sie mußten beim Abzug „ohnmangelhaft" zurückbleiben. Der Pächter durfte sein Getreide nur in der Ordensmühle in Herrenstrunden mahlen lassen. Bei Säumigkeit fiel das Gut samt der auf dem Felde stehenden Frucht ohne Entschädigung an die Kommende zurück. Zur völligen Schadloshaltung konnten dann des Pächters Haus- und Ackergerät, Rechte und Gerechtsame herangezogen werden.

Aus dem Vertrage spricht immer noch eine starke Gebundenheit an uralte Tradition, der auch der merkantile Geist der Admodiation trotz der Erhöhung des Pachtgeldes selbst noch nicht viel anhaben konnte. Urban Odenthal erfüllte gewissenhaft alle Bedingungen. Als er im Jahre 1773 beschuldigt wurde, den Deich an der Strunde widerrechtlich zum Nutzen seiner Wiesen verändert zu haben, konnte er sich rechtfertigen [223]. Er war ein geistig sehr regsamer Mann, den ein langes Siechtum seiner Gattin und ihr Tod am 4. April 1782 hart trafen. Es erfüllte den tieffrommen Mann mit Stolz, daß sein Franz Wilhelm (geboren am 25. Mai 1753) zum Priester geweiht worden war und als Sekretär und Hausgeistlicher des Generalvikars in Köln amtierte [224]. Im ersten Jahre seines Witwerstandes schrieb der Halfen Urban Odenthal in besinnlichen Stunden alles, was er von den Angehörigen seiner Sippe seit ihrer Übersiedlung von der Scherf nach der Igel aus den Erzählungen der Eltern, vielleicht auch aus irgendwelchen Eintragungen wußte, nieder, und so verdanken wir seinem starken Familiensinn eine in ihrer Art in der ganzen Heimat wohl einzigartige Chronik [225] von hohem Quellenwert.

Zwei Jahre nach dem Tode der Gattin wurde der Pachtvertrag, der schon 1779 abgelaufen war, am 24. August 1784 auf zwölf Jahre ab 1779 erneuert. In diesem Vertrage sind mit Urban auch seine Kinder als Pächter angegeben. Die Pachtbedingungen blieben im wesentlichen unverändert. Kurz danach heiratete Urbans Sohn Johann Jakob die

---

[223] Bergisch Gladbach A 175.
[224] Er wurde 1783 Pastor in Eckenhagen, 1785 in Herkenrath, resignierte 1798 und lebte dort auf zwei Zimmern mit einer Pension von 100 Reichstalern noch am 4. April 1804. — Vgl. Lohmann-Jansen, Weltklerus, Sp. 1071; Guten Abend 1928, 17.
[225] Veröffentlicht von Ferdinand Schmitz in Rheinisch-Bergische Zeitung 1935 Nr 16 und 17.

Anna Katharina Paffrath, Witwe des im Jahre 1782 verstorbenen Pächters im Gladbacher Mühlengut Urban Wisdorf. Der Sander Pastor gab ihm am 11. Oktober 1784 den Losschein zur Trauung in der Gladbacher Kirche. Damit wurde der Grund gelegt für eine familiengeschichtlich sehr bedeutsame Entwicklung [226]).

Das letzte Jahrzehnt des 18. Jahrhunderts brachte wiederum verhängnisvolle Kriegsdrangsale über das ganze Land. Schon um 1794 beklagte sich Urban Odenthal bei der derzeitigen Admoditorin Witwe Coomans aus Köln, die sich zu ihrem Schwiegersohne nach Limburg an der Lahn geflüchtet hatte, daß er für die erpreßten Holzfuhren ins Kaiserliche Lager nach Mülheim keine Bezahlung erhalten habe. Sie schrieb an einen befreundeten Geistlichen zurück, er möge „dem alten Igeler Halfmann" sagen, daß auch alle anderen Halfen in den benachbarten Höfen leer ausgegangen wären und daß einstweilen „nichts zu machen wäre". Die Halfen der Rittergüter Zweiffelstrunden und Dombach hatten sich aus demselben Grunde wegen ihrer Fuhren für das Hospital in Bensberg im Frühjahr 1794 ebenfalls bei der kurfürstlichen Regierung in Düsseldorf beschwert.

Urban Odenthal erlebte noch die schweren Jahre 1795 und 1796 und sah, wie sich die Fremdherrschaft der Heimat drohend näherte und alle altgewohnten Verhältnisse aus ihren Angeln zu heben schien. Da mag ihm um diese ungewisse Zukunft wohl gebangt haben. Am 26. April 1799 ging er mit dieser Sorge in die Ewigkeit ein. Schon wenige Monate nach seinem Tod entspann sich um die beiden im Botenamt Gladbach liegenden Kommendehöfe zu Igel und Rommerscheid ein Streit zwischen den staatlichen Behörden und der Kommendeverwaltung. Die bergischen Beamten wollten die Güter vermessen lassen, um ein neues Steuerkataster anzulegen. Das wurde ihnen, wie auch die Herausgabe der alten Landmeßzettel, rundweg verweigert. Da sollten die Höfe als Repressalie mit etlichen Landjägern belegt werden, die auch tatsächlich erschienen. Die Halfen — auf der Igel Urbans Sohn Johann Heinrich — beschwerten sich bei dem eben erst nach Herrenstrunden gekommenen neuen Verwalter Franz Peter Hofmann, einem Geistlichen. Diesem gelang es im Einvernehmen mit dem Komtur, den rechtswidrigen Anschlag abzuwehren [227]).

Hofmann war es auch, der am 8. Februar 1800 mit Johann Heinrich, dem fünften Sohne des verstorbenen alten Halfmannes, den Pachtvertrag erneuerte, der nur wenig verändert wurde. Da Hofmann in Herrenstrunden wohnte, verlangte er zusätzlich auch die Lieferung eines Butterweckens von sechs Pfund und zwölf Bauschen Roggenstroh. Im übrigen hatte er, wie es auch aus den näheren Bestimmungen des Vertrages hervorleuchtet, die Absicht, in allen Verhältnissen der Kommende, die hundert Jahre im wesentlichen aus der Ferne verwaltet worden war, wieder eine straffe Ordnung herzustellen. So wollte er auch das auf der Igel, auf dem Kierdorfer und auf dem Hauser Hof noch immer gehaltene Stockvieh, das dem Orden gehörte, abschaffen und verkaufen lassen [228]). Vermutlich ist das auch im Jahre 1804 noch geschehen. Auch wollte sich Hofmann nicht durch langfristige Verträge binden. Deshalb galt der mit dem noch unverheirateten Johann Heinrich Odenthal abgeschlossene Vertrag nur für drei Jahre, was in den Jahrhunderten zuvor noch niemals dagewesen war.

---

[226]) Vgl. die Abschnitte über das Gladbacher Mühlengut und den Gronauer Hof.
[227]) Näheres vgl. Anton Jux, Herrenstrunden S. 84 ff.
[228]) Vgl. Anton Jux a.a.O. S. 88.

Der junge Igeler Halfen wurde im Jahre 1802 in der Kirche zu Gladbach mit Maria Gertrud Wisdorf, einer Stieftochter seines ältesten Bruders in der Gladbacher Mühle, getauft am 20. Mai 1773, getraut. Im Jahre 1803 wurde sein Pachtvertrag erneuert, zum letztenmal durch einen Verwalter des Johanniterordens. Am 3. Januar 1806 war das Schicksal der halbtausendjährigen Kommende Herrenstrunden erfüllt. Ihr Besitz in Herrenstrunden mit allen Höfen wurde durch den König und Herzog Max Josef für den Staat übernommen. Der Richter und Kellner Hofrat Deycks in Burg a. d. Wupper wurde wie in Altenberg so auch hier zum Lokalkommissar ernannt. Der Igeler Hof war damit Staatsdomäne geworden, wechselte aber noch in demselben Jahre aus bergischen in großherzoglich-bergischen Besitz von Joachim Murats Gnaden über.

Der Hofrat bewies eine sonderliche Eile, gerade was den Hof zu Igel anging. Er veröffentlichte am 21. Juli 1807 im Amtsblatt der Regierung in Düsseldorf die Ankündigung, daß der Igeler Hof mit zwei anderen ehemaligen Besitzungen des Johanniterordens zum Verkauf ausgeboten werde [229]):

„Zufolge hohen Ministerial-Auftrages werden nachstehende Domanialgüter am 7. und 22. August künftig, Morgens 10 Uhr hier in meiner Wohnung öffentlich dem Meistbietenden versteigert werden, welches allen Kauflustigen mit dem Zusatz bekannt gemacht wird, daß nach dem ersten und zweiten Termine Nachgebote angenommen und die Bedingungen eingesehen werden können.

Bourg, am 13. July 1807.   Deycks, Lokalverwalter.

1. Der zur ehemaligen Maltheser-Commande Herrenstrunden gehörig gewesene Igeler Hof, Amt Porz, Kirchspiel Sand, gelegen; hält an

	Morgen	Viertel	Ruten
Haus und Hof, Garten, Baumgarten	5	—	33
Ackerland	93	2	23
Wiesen	3	2	23
Büschen	68	1	$12^{1/2}$

Einschließlich der Gebäuden geschätzt zu 6737 Reichstaler 45 Albus.

2. Busch und Wiese im Zitterwald, Amts Porz, Kirchspiele Gladbach gelegen, nebst einer Mahlmühle, 1830 Rtlr ... 58   3 $7^{1/2}$

3. Ein Stück Busch und Wiesengrund im Amte Bornefeld, Kirchspiel Dabringhausen, beim Steinhauser Hof daselbst gelegen, 109 Rtlr 3   — $36^{1/4}$

Beide Termine verliefen ohne Ergebnis. Ob Johann Heinrich Odenthal auch unter den Ansteigerern war, ist unbekannt, da bisher die Verkaufsverhandlungen selbst nicht gefunden werden konnten. Dagegen kaufte der Papierfabrikant Gustav Müller in der untersten Dombach am 16. Dezember 1807 den Igeler Hof von der Lokalverwaltung in Burg für 7866 Reichstaler 46 Albus 4 Heller (7844,46,4 écus) [230]).

---

[229]) Großherzogl. Bergische Wöchentliche Nachrichten. 21. Juli 1807 S. 307.
[230]) StA Düsseldorf, Großherzogtum Berg, General-Domänendirektion A IV, 9. Etat der verkauften Domänen Teil II Nr 117.

Nach einer Häuser-Aufnahme[231]) in der Mairie Gladbach vom 7. Mai 1809 saß der Pächter Johann (Heinrich) Odendal zu dieser Zeit noch auf der Igel. Wie lange er blieb, konnte noch nicht ermittelt werden. Er starb im 85. Lebensjahre, als er schon Witwer war, am 3. Januar 1844 zu Asselborn im Hause seines Schwiegersohnes Josef Molitor[232]). Eigentümer der Igel blieb jedenfalls Gustav Müller, bis dieser durch Geldschwierigkeiten genötigt wurde, den Hof an den Kaufmann Theodor Steinkauler in Mülheim, einen Schwager des Gladbacher Papierfabrikanten Johann Wilhelm Zanders, der selbst Müllers Tochter Julie zur Frau hatte, zu veräußern. Steinkauler ließ in den Jahren 1817 und 1818 neben dem Hof ein Wohngebäude für seine Familie errichten. 1816 regnete es unausgesetzt, so daß die ganze Ernte verdarb, die Preise für Brot und Kartoffeln im Jahre 1817 eine nie zuvor gekannte Höhe erreichten und die neue preußische Regierung russisches Getreide ins Rheinland einführen ließ. Ein verständnisvoller junger Handwerker schrieb damals mit Bleistift auf die Rückseite eines etwa ein Meter langen Tannenbords, das im Dachgeschoß für das Oberteil eines Türrahmens verwertet wurde: „Gelobt sei Jesus Christus. Amen. Dieser Bau ist angelägt worden im Jahr 1817, da sieben Pfund Brod 45 Stüber, 100 Pfund Erdebel 3 1/2 Rth. ... Ist verfärdiget worden im Jahr 1818 von Schreiner Wollesheim von Mülheim am Rein vür Herrn Deodor Steinkauler, und ich, Jacob Heider als Schreinergesell von Lengsdorf haben ihn mitgemacht. Geschrieben am 19. August 1818." Steinkauler wurde auch bei der ersten preußischen Katasteraufnahme 1827 als Eigentümer des Igeler Hofes eingetragen.

Das Gut Igel bestand damals aus sechzehn zusammenliegenden Grundstücken; im einzelnen hielten

	Morgen	Ruten	Fuß
die bebaute Hausfläche	—	96	40
der Garten	—	144	40
der Baumgarten	1	20	30
der Obstgarten	1	55	70
das Romaneyer Feld	28	56	—
das Drieschfeld	68	12	—
das Altefeld	8	126	40
die Neuwiese	3	117	50
der Steinbusch (Holzung)	68	98	70
der Große Kessel, an Holzung	50	—	80
„ „ „ , an Ackerland	9	52	30
„ „ „ , noch an Holzung	—	161	—
der Kleine Kessel, an Holzung	—	2	20
„ „ „ , an Ackerland	5	133	40
der Hegebusch	53	170	30
der Hesselberg (Holzung)	1	111	80
insgesamt	256	6	2

In runden Zahlen waren das etwa 5 Morgen Garten und Obstgarten, 120 Morgen Ackerland, 4 Morgen Wiesen und 126 Morgen Wald. Da jetzt statt des rheinischen

---

[231]) Stadtarchiv Bergisch Gladbach B 6.
[232]) Nach seinem Totenzettel war er ein Wohltäter der Armen.

Morgen meist der Magdeburger Morgen als Maß genommen wurde, lassen die Größen der verschiedenen Messungen des Hofes sich nicht ohne weiteres vergleichen. Steinkauler, der noch Landtagsdeputierter war, starb im August 1843.

Am 6. Oktober 1846 verkauften seine Erben den Igeler Hof zu je einen Drittel an den Gladbacher Bürgermeister und Tuchfabrikanten auf der Locher Mühle Heinrich August Kolter[233]), dessen Schwager, den belgischen Juristen Philipp August Neißen und den Arzt Dr. Paul Friedrich Juris aus Ixel (Ixelles) bei Brüssel. Kolter hatte Neißens Schwester Antoinette Franziska Henriette zur Frau. Die Geschwister waren als Kinder der Eheleute Ernst Salentin Neißen (gestorben in Huy) und Johanna Soret in Verviers geboren. Nach dem Gladbacher Anmelderegister zogen am 1. Januar 1847 der Schreinermeister Viktor Franz Hilarius Neißen, katholisch, geboren in Köln, seine Ehefrau Anna Maria Karolina, geboren am 10. November 1809 in Geldern, ferner ihre Kinder August Franz (geboren am 6. Juni 1843) und Ernst (geboren am 16. September 1845, beide in Geldern) auf den Igeler Hof. Er war offenbar ein Bruder des Juristen. Noch eine weitere Schwester Katharina Theresia Neißen nahm ihren Wohnsitz auf der Igel. Sie starb dort am 6. Juli 1852. Kolters Gattin (er verlor im Februar 1847 schon die Bürgermeisterstelle und stellte in der Lochermühl eine kurze Zeit Filze für Papierfabriken und dann auch vier Jahre Papier her) starb im Alter von 46 Jahren im September 1852. Die beiden Mitbesitzer des Igeler Hofes waren offenbar seine Geschäftsteilhaber. Für seine Handlung hatte er sich besondere Bogen mit der Firma H. August Kolter als Wasserzeichen machen lassen, aber selbst nie die Papierfabrikation betrieben. Er machte Konkurs, verließ bald Bergisch Gladbach und wurde Bürgermeister von Hollerath in der Eifel, wo er am 31. Mai 1872 auf dem Platishof gestorben ist.

Von 1851 bis 1863 erscheinen Dr. Juris und August Philipp Neißen im gemeinsamen Besitz des Igeler Hofes, dann war der inzwischen als Advokat am Brüsseler Appellhof tätig gewordene Philipp August Neißen alleiniger Eigentümer des verkleinerten Gutes. Seit 1851 war die Familie Neißen eng befreundet mit den Eltern des damals zwölfjährigen Max Bruch, die oftmals mit ihnen zu Besuch auf der Igel weilten. Hier kam der junge Komponist auch in Verbindung mit Karl Richard Zanders und dessen Familie, und aus seinen Briefen kann man schließen, daß er gerade dadurch aufs stärkste in seiner schöpferischen Arbeit beeinflußt und gefördert wurde.

Im Jahre 1852 entdeckte Neißen am Igelberg zur Strunde hin Bänke von kohlensaurem Kalk und entwickelte vor allem 1869 weitfliegende Pläne zu ihrer großzügigen industriellen Ausbeutung, für die er das Interesse der Geologen weckte, die aber niemals durchgeführt wurden. Seine Schrift „Notiz über den Kalkstein am Igelberg", die 1869 in Brüssel (in Köln gedruckt) erschien, vermittelt einen Einblick in seine rastlose Geschäftigkeit. Friedlos soll er durchs Leben gegangen sein und schließlich durch seine Prozesse Hab und Gut verloren haben. 1856—58 erbaute er ohne Beachtung der bestehenden Vorschriften die Igeler Mühle. Da er durch die Anlage von drei Obergräben und einen Sammelteich, ferner durch Beeinträchtigung des alten Strundebettes den übrigen Mühlenbesitzern nach deren Meinung großen Schaden in der Wasserführung des Baches zufügte, erhoben alle Einspruch und verlangten im Jahre 1861, die nachträglich von Neißen be-

---

[233]) Geboren am 12. November 1807 in Gladbach als Sohn des nachmaligen Bürgermeisters Johan Anton Kolter.

antragte Erlaubnis nicht zu erteilen. Es entstand ein jahrelanger Rechtsstreit, der schließlich 1873 durch einen Vergleich beigelegt wurde [234]).

Neißens ferneres Schicksal ist nicht bekannt geworden. Noch im Jahre 1880 war er Eigentümer des Igeler Hofs und der Mühle, sowie des ehemaligen Rittersitzes Halfendombach. Im Jahre 1885 verzeichnen die Flurbücher als seine Erben Maria Neißen und Johanna Kolter. Diese verkauften am 7. Januar 1888 den Igeler Hof an die Eheleute Richard Zanders und Anna geborene von Siemens. August Franz Neißen, jener Neffe des Advokaten, der als Junge mit seinen Eltern zu Neujahr 1847 nach der Igel gekommen war, hat als Dombacher Kalkfabrikant später in Strundorf in einem kleinen Hause gewohnt. Erst am 5. April 1897 meldete er sich auf dem Bürgermeisteramt in Bergisch Gladbach nach Lemirs in Holland ab.

Nach den Steuerlisten des Jahres 1896/97 umfaßte der Igeler Hof 39 ha 14 a 9 qm, sein Reinertrag ist darin mit 254 $^{1}/_{2}$ Taler angegeben. Die Igeler Mühle, die auch in das Eigentum der Eheleute Zanders übergegangen war, war mit einem Flächenraum von 40 ha 53 a 70 qm verbunden und ergab einen Reinertrag von 260 $^{91}/_{100}$ Taler. Hier wirkte die Familie Mettmann mehrere Generationen als Mühlenpächter, bis die Räder und Steine erst nach dem Zweiten Weltkriege um 1950 endgültig stillstanden.

Der Igeler Hof wurde nach dem Tode ihres Gatten Richard Zanders (28. März 1906) im Jahre 1908 alleiniges Eigentum von Frau Anna Zanders und nach deren Tode (27. Juli 1939) von Dr. J. W. Zanders, der auch seit 1935 seinen Wohnsitz auf der herrlichen Höhe über dem Strundetale nahm.

Als er im August 1948 das Herrenhaus umbauen ließ, entdeckten die Maurer Schnepper und Wölk jene verborgene Inschrift vom Jahre 1818 auf der Rückseite des Brettes über der Tür. Peter Ludemann erkannte ihre Bedeutung für die Heimat- und Familiengeschichte und machte Fräulein Margarete Zanders darauf aufmerksam, die den Balken ihrem Bruder übergab, so daß er nun sorgsam aufbewahrt wird.

Ein Aktenstück im StA Düsseldorf (Membrum Herrenstrunden 12, betr. den Igeler Hof) mit Pachtbriefen von 1643 bis 1802, ist im Zweiten Weltkriege verloren gegangen. Zum Glück hatte es Ferdinand Schmitz noch während des Krieges für ein Manuskript „Der Igeler Hof" ausgewertet, das sich heute im Besitze von Dr. J. W. Zanders auf dem Igeler Hof befindet und von ihm dem Verfasser dankenswerterweise zur Einsicht überlassen wurde.

3) Die Familienchronik des Igeler Halfmanns Urban Odenthal 1783

Abgesehen von dem Eigennamen ist nachstehend die Rechtschreibung und die Zeichensetzung der heutigen angeglichen worden.

Nachricht von Odendhals Geschlecht aus der Igel, soviel man weiß

Stammen her von Vincenz von der Scherfen im Odendhal. Dessen Sohn Engel von der Scherfen und Girdrud, sein Hausfraue. Von gemeltem Engel dessen Sohn Jan von der Scherfen, hat geheirat Anna von Bergscheid und ist Halfmann auf der Igel geworden.

---

[234]) Vgl. Ferdinand Schmitz, Papiermühlen S. 244 f.

Dieser Jan, nachdem er auf der Igel gewohnt, hat sich erst Odendahl geschrieben. Diese haben gezielte Kinder, worunter mir nur zweie mit Namen bekannt, nämlich der älteste: Wilhelm Odendahl, so geheirat eine Frau von Dürscheid, wo jetzo Konrad Bocholtz wohnt, und das andere auf dem Kallemich (Kollenbach) geerbt hat; der jüngste Sohn Hinrich Odendhal hat nach Absterben seines Vaters Johann Odendhal mit seiner Mutter Anna den Igeler Hof gebrucht und gepacht gehabt, hat geheirat eine Tochter von Franz Eck zu Straßen im Bechen, welches jetzo die Schnapp wird genannt. Mit seiner Hausfrauen hat er einen Sohn gezielt mit Namen Franz Odendhal. Bald hernach ist gemelter Hinrich mit Tod abgegangen und die gemelte Ecks mit ihrem noch minderjährigen Kinde Franz Odendhal Wittib verlassen, aber gemelte Anna von Bergscheid hat nach Absterben ihres Sohnes Hinrichen Odendhal nicht mehr Lust gehabt, mit ihrer verwittibten Schnur (Schwiegertochter) zu hausen, hat also ihren ältesten Sohn Wilhelm Odendhal mit Genehmigung des Herrn Comandürs zu Herrenstrunden zu sich genommen und selbigem den Hof samt der Haushaltung übertragen, und gemelte Schnur ist wieder geheirat worden in die Hombach an einen sicheren Conrad Herweg, wonach noch viele Streitigkeiten entstanden wegen der Gereiden (bewegliches Eigentum) auf der Igel. Dies unmündige Kind [235]) von Hinrich Odendhal, nachdem es etwas erwachsen, ist es zu seiner Mutter Bruder der, welcher ein Altenberger Mönch und damals Propst zu Wolkenrath [236]), in dem freiadeligen Frauenkloster aufgezogen und gelehrt worden, und als folgens zu seinen mannbaren Jahren kommen, ist er verheirat worden in das Kirspel Olpe in die Kohlgrub [237]), hat nachmals zu den Eichen gewohnt. Dessen Sohn ist geistlich worden und ist zu Olpe Pastor gewesen [238]). Die älteste Tochter ist geheirat worden an einen sicheren Treisbach, Schatzboten zu Overath, und dessen ältester Sohn ist nach Absterben seines Herrn Ohms Pastor zu Olpe worden [239]). Die jüngste Tochter von Franz Odendhal zu den Eichen ist geheirat worden auf den Dörper Hof.

Nun kommen wir wieder nach der Igel zu Wilhelm Odendhal, der Anna von Bergscheid ihrem ältesten Sohn, welcher mit seiner Hausfrauen viele Kinder gehabt. Soviel ich weiß, ist die älteste mit Namen Cäcilie Odendhal verheirat worden an Tönnes Asselborn, Halfmann zu Zweifelstrunden, wovon viele Kinder kamen. Nach Absterben ihres Manns hat selbige wieder geheirat einen Sohn vom Schlömer Hof, Johannes Hamächer, und hat damit noch ein Kind gezielt, auch Johannes Hamächer genannt. Selbige hat ge-

---

[235]) Franz Odendahl.
[236]) Er hieß Anton Eck aus Herkenrath und war 1662 Novize in Altenberg; 1672 wurde er Propst des Zisterzienserinnenklosters Wöltingerode in der Diözese Hildesheim und ist dort 1697 gestorben. Vgl. Mosler II S. 80.
[237]) mit Gertrud Weitzer.
[238]) Johann Georg Odendahl, geboren in Eichen (Kirchspiel Overath) — der Vater war Kirchmeister zu Overath —, wurde am 20. September 1732 zum Priester geweiht und zuerst bei der Kirche zu Overath adskribiert. Am 9. Februar 1736 wurde er Pfarrer von Olpe und starb dort 1766. Er stiftete 18 Ämter für seine Seelenruhe. — Vgl. Janssen-Lohmann Sp. 1071; Opladen, Dekanat Wipperfürt, S. 346.
[239]) Johann Roland Dreesbach, geboren in Overath als Sohn des Schatzhebers Gerhard Peter Dreesbach und seiner Gattin Sibilla Odendahl, wurde am 22. März 1760 zum Priester geweiht, war zuerst als Kaplan in Overath tätig und wurde am 11. Juli 1767 Pfarrer in Olpe. Dort starb er am 24. Dezember 1800. — Vgl. Jannssen-Lohmann Sp. 316; Opladen, Dekanat Wipperfürth, S. 346.

heirat eine Tochter des Landmesseren auf der Hoven, Höller genannt. Die Vorkinder (aus erster Ehe), also dieses Hamächers Halbschwestern und -brüder, seind verheirat worden: der älteste Sohn hat in der Bruchaser (Broichhauser) Mühle gewohnt, hat ein Frau aus der Halfen-Dombach gehabt; die eine Tochter ist auf das Blissenbacher Höfchen geheirat worden, noch eine Tochter ist auf Hochscherf geheirat worden, hat drei Männer gehabt, der letzte ist ein Oberbüsch gewesen aus der Steinbach gebürtig; noch ein Sohn ist zu Dhal (Thal bei Immekeppel geheirat gewesen und hat ein Frau aus dem Drieß-Herscheid (Dreesherscheid) gehabt; noch ein Sohn ist geheirat worden auf das Neuenhaus im Bensberg mit Scheffen Löhe seiner Tochter; noch eine Tochter hat sich geheirat auf das Voslöhe (Voislöhe) mit einem Heidkamp; noch ein Sohn ist Junggesell gestorben. Dies ist nun von der ältesten Tochter Wilhelm Odendhals von der Igel. — Die andere, Katharina, ist geheirat worden [240]) auf die Gruob (Grube) mit Thibes Kuckelberg; die Tochter, Girdrud genannt, ist in den Fronhof zu Gladbach geheirat worden mit Dirich Dün. Dieser Dün ist frühzeitig gestorben und keine Kinder hinterlassen; ihr zweiter Mann ist Jacobus Gutherr von der Steinbreche gewesen, wovon drei Kinder stammen; davon ein Sohn und eine Tochter unverheirat gestorben und der andere Sohn, Hans Hinrich Gutherr genannt, ist bei Leben geblieben. Nach Absterben Jacoben Gutherren, Fronhalfen, hat die Wittib wieder geheirat mit einem sicheren Anton Servos von Hebborn, mit diesem einen Sohn gezielt, welcher am Studieren und jung hinweggestorben. Nach Absterben gemelten Anton Servos hat die Wittib lang gehauset mit ihrem einzigen Sohn Hans Hinrich Gutherr, bis endlich selbiger sich verheirat mit Elisabeth Steinkrügers aus der Gladbacher Müllen, des Anton Steinkrügers und Maria Katharina Bützlers Tochter. Nach Absterben Hinrichen Gutherren und Hinterlaß der Wittiben und sechs Kindern hat sie Wittib wieder geheirat mit einem Johannes Servos genannt von Meckhoven (bei Schlebusch); dessen Vater war ein Bruder des vorigen Fronhalfen Servos. Nachgehends ist gemelter Servos mit seiner Frau und Kindern aus dem Fronhof gezogen in das Gronauer Wirtshaus, ihr Eigentum.

Der jüngste Grober Sohn (des Matthias Kuckelberg und der Katharina Odendhal) Klemens Kuckelberg hat geheirat eine Tochter von Konrad Gierlichs von Mutz [241]), mit selbiger eine Tochter gezeugt, so verheiratet worden mit Peteren Kuckelberg vom Holtz [242]).

Noch eine Tochter des Wilhelm Odendhal von der Igel, Margaretha, genannt, ist verheiratet worden mit Servatius Gladbach am Knoppenbißer [243]). Von denen hinterlassenen Kindern ist eine Tochter in die Gronauer Mühl mit Girhardus Kißel geheirat worden; ist ohne Kinder gestorben; noch zwei Töchter wie auch ein Sohn seind ebenfalls ungeheirat und ohne Kinder gestorben; der älteste Sohn Hans Wilhelm ist verheirat worden mit einer Tochter des Ferdinand Herweg im Kesselshof, ist endlich nach vielen Jahren als Offermann zu Gladbach gestorben.

Noch zwei Söhne des Wilhelmen Odendhal auf der Igel mit Namen Thomas und Clemens seind ungeheirat gestorben; der jüngste Hans Girhard Odendhal ist geheirat wor-

---

[240]) Am 2. September 1688 in Sand getraut mit Matthias Kuckelberg.
[241]) Sie wurden am 31. Januar 1742 in Odenthal getraut.
[242]) Dieser hieß in Wirklichkeit Peter Dünn; die Trauung war am 16. Januar 1773 in Gladbach. Sie waren im 3. Grade blutsverwandt.
[243]) Sie wurden am 7. September 1698 in Sand getraut.

den auf Haus Thol (Thal) in Immekeppel; durch Mißverständnis mit seiner Herrschaft, dem Herrn von Herweg, abziehen müssen auf sein eigen Gut zu Dürscheid; hat drei Töchter gehabt, wovon die älteste verheirat worden auf den Kirdorfer Hof mit einem Wittiber Göddert Heider, des Scheffen zur Heiden seinem Sohn; die jüngste ist verheirat worden mit Anton Höller von der Hoven und hat gewohnt zur Mellessen auf seinem Eigentum von der Frauen her; die mittlere Tochter Margret hat sich geheirat mit Conrad Bocholtz und bewohnt jetzo ihres Vaters Erb. Der vor diesem jüngst gemelten Sohn Hans Girhard hat Mattheis Odendhal geheißen, auch des obengemelten Wilhelmen Odendhals, Igeler Halfen, Sohn, ist geheirat worden mit einer Margareta Steinkrügers aus der Gladbacher Müllen, des Anton Steinkrügers und Anna Hamächers vom Schlöm ihrer Tochter und hat noch bei Leben seines Vateren Wilhelm Odendhal den Igeler Hof als Halfen bewohnt bei vierzig Jahr, hat mit seiner Hausfrau unterschiedliche Kinder gezeugt, wovon drei Söhne verheiratet worden; der älteste, Wilhelm genannt, ist verheirat worden auf den Rittersitz Dombach, mit einer Wittib, welche war eine Tochter vom Haborner (Hebborner) Hof; mit der hat er eine Tochter gezeugt, Maria Margareta Odendhal genannt, ist verheiratet worden mit einem sicheren Jakob Herkenrath aus der Ober-Lerbach und ist noch jetziger Dombacher Halfen; der zweite, Urbon (Urban) genannt, der dies hat geschrieben, ist noch bei Lebzeiten seines Vaters Halfen geworden und sich geheirat mit Katharina Bertus, des Johanneßen Bertus und Cäcilia Dombachs Tochter aus der Asselborn. Mit der sieben Kinder gezeugt, nämlich zwei Töchter und fünf Söhne, und ist selbige mit Tod abgegangen, ehe noch ein einziges Kind verheirat noch versorgt war, nur ein Sohn Franz Wilhelm genannt, so weltgeistlich und bei Herrn Generalvikarius zu Köllen als sein Sekretarius und Hausgeistlicher dient, und ist also meine liebe Hausfrau nach einer langwieriger ausgestandener Leibsschwacheit, Husten und kurzem Atem an der Wassersucht gestorben den 4. April 1782. Gott gebe ihr die ewige Ruh, Freud und Glückseligkeit und uns allen, die wir nachfolgen.

Meines leiblichen Bruderen Jacob, auch Matthias Odendhal und Margareta Steinkrügers Sohn, hätte bald vergessen; will solches nachholen, wie schuldig. Selbiger hat sich erstens geheirat mit Anna Elisabeth Essers, des Johannes Essers und seiner Hausfrauen Elisabeth Dombachs Tochter auf dem Haus Blech, sollte auch alldort Halfen sein; seine Frau ist aber mit Tod abgegangen, ehe noch ein Jahr verlaufen und ohne Kinder; dahero nichts daraus geworden. Nachmals sich wieder geheirat auf das Lückerath an eine von Hans Hinrich Heidkamp hinterlassene Wittib, Katharina Niedenhofs genannt, so ein einziges Kind hatte, so nachher an Bernarden Kirdorf zu Brück im Gröppershof verheirat worden. Mit selbiger Wittib hat er sechs Kinder gezeugt, nämlich drei Töchter und drei Söhne, die Töchter mit Namen die älteste Maria Katharina, die zweite und dritte Zweilein (Zwillinge), eine heißt Elisabeth, das andere Anna Katharina. Ist von Lückerath ab und auf den Birker Hof gezogen, aber bald, nachdem all sein Gut verschuldet, gestorben; sie, Wittib, noch ein Jahr oder etliche mit den Kindern gehaust und auch gestorben und ist alles verschuldet und verkauft worden und müssen jetzt ihr Brot bei anderen Leuten verdienen und sich auf Gott und gut Glück verlassen.

Und deren, meiner abgelebten Frauen gottseligen Andenkens, ihre Schwester und Brüder seind Cäcilia Bertus und Urban Bertus, beide wohnend in dem Asselborner Hof, gewesen. Urban hat geheirat Katharina Hamächers, des Johannes Hamächers und Anna

397

Katharina Höllers Tochter von Unterstrunden; Cäcilia hat geheirat Paulus Henricus Brücher, (den Sohn) des Johannes Brüchers und Margareta Hüsers vom Schwigelshohn; ist aber auch mit Tod abgegangen und die Wittib mit drei Kindern hinterlassen, wovon die älteste Tochter noch bei seinen Lebzeiten verheiratet an Anton Dürscheid, Offermann daselbsten. Sodann von meiner Frauen noch ein Bruder genannt Renierus (Reiner) Bertus, so geistlich und Kapuzinerordens, jetzo bald vierzig Jahr im Orden und in unterscheidlichen Klöstern ihres Ordens Guardian (Oberer), wie auch Lektor gewesen und jetzo noch zu Xanten als Guardian steht.

Damit ich aber wieder komme auf die Margareta Steinkrügers aus der Gladbacher Müllen, des Mattheis Odendhals seiner Hausfrauen, meiner rechtmäßigen vielgeliebten Mutter, so hat selbige drei Brüder und zwei Schwestern gehabt, wovon der älteste Bruder verheirat gewesen mit Christina Servos vom Hebborn, wovon eine Tochter zu Diebischrot (Diepeschrath) geheirat gewesen, wovon noch ein Sohn vorhanden, so jetzo zum Kley verheirat mit Margareta Kuckelbergs; noch eine Tochter ist auf Lückerath geheirat von Peter Mürer; noch ein Sohn, so stumm war, ist frühzeitig gestorben; noch ein Sohn, so schwachsinnig, ist auch gestorben. Noch eine Steinkrügers Tochter ist in die Unterlierbach geheirat worden an einen namens Tilmanus Cürten. Nach Absterben seines Gemahl ist mit seinen beiden Kindern Anna Margareta und Joseph Cürten von der Lerbach abgezogen und das Wirtshaus zum Siefen (Obersiefen bei Romaney) als sein Eigentum bewohnt; seine Tochter hat geheirat Christian Lommerzen aus dem Bock zu Gladbach, ist verschieden mit Hinterlassung dreier Kinder. Er, Christian, hat sich wieder geheirat auch an eine Wittib auf der Schneppen. Der Sohn Joseph Cürten hat sich geheirat auf Combüchen, des Thönneßen (Anton) und Katharina einzige Tochter, mit der er den vierten Teil im Combüchen erblich bekam, nachmals nach seiner Schwiegereltern Tod das ganze Gut an sich gebracht; ist jetzo Scheffen.

Noch wiederum eine Tochter aus der Gladbacher Müllen, Katharina genannt, hat geheirat Johann Dierich (Theodor) Kirdorf aus dem Wattsack, haben gewohnt zu Pafrath auf der Bach, ist Wirt gewesen, auch Scheffen; diese ist gestorben und gemelten Kirdorf als Wittiber mit fünf Kindern, nämlich zwei Söhn und drei Töchtern, hinterlassen, wovon die eine verheiratet worden an Engelbert Busch, so von Büttgen aus dem Flachland nieder Nüß (Neuß) gebürtig war, und dessen Herr Oehm zu Paffrath Pastor selbiger Zeit war[244]). — Die andere Tochter ist verheirat worden an Johann Wilhelm Müngersdorf zu Boschbach; die dritte ist in Köllen geheirat an einen Schuhmacher auf der Ehrenstraß namens Weißweiler, wovon zwei Kinder, ein Sohn, so ein Franziskanermönch geworden, und dessen Schwester noch ungeheirat. — Der eine Sohn von der Bach hat geheirat eine Lindens vom Schludderdich, hat auf der Schneppruten gewohnt. Der andere Kirdorfssohn an der Bach ist geistlich worden und erstens Vikarius zu Gladbach, nachmals Pastor zu Angermund gewesen[245]).

Der andere Sohn aus der Müllen, Johannes Steinkrüger, meiner Mutter Bruder, ist geheirat mit Eva Veronika Servos von Haborn; hat erstens gewohnt zu Schlöm, nachmals

---

[244]) Johann Wilhelm Claudt (auch Cloodt gen.), geboren in Büttgen, zum Priester geweiht am 3. April 1706, war von 1719 bis 1744 Pfarrer in Paffrath.

[245]) Christian Wilhelm Kierdorf war geboren am 16. Januar 1716 in Paffrath, wurde zum Priester geweiht am 22. November 1739; 1739 bis 1743 Vikar in Gladbach, dann Pfarrer von Angermund bis zu seinem Tode 1756. — Lohmann u. Jannssen, Sp. 754; Guten Abend 1928, 33

gezogen auf die Schnapp, wieder von dannen gezogen in den Leyenhof zu Elsdorf (bei Wahn), von da wieder aus müssen ziehen nach Haborn auf sein Erb, nachmals selbiges verkauft und den halben Schlömer Hof gegolden, allwo er auch sein Leben beschlossen [246]).
Der dritte und jüngste Sohn aus der Gladbacher Müllen, Anton Steinkrüger, ist verheirat worden mit Maria Katharina Bützlers, des Hinrichen Bützlers und Elßbeth Schmalzgrübers Tochter im Gronauen und hat als Halfen in der Müllen gewohnt; mit dieser Bützlers sechs Kinder gezeugt, wovon nur zwei Töchter bei Leben blieben und verheirat worden; die älteste in den Fronhof an Hans Hinrich Gutherr, die andere an Kurtenkotter (bei Dünnwald) Halfen namens Dücker, ist bald ohne Hinterlassung einiger Kinder mit Tod abgangen. Er, Müller, ihr Vater Anton Steinkrüger, hat nach Absterben seiner Frauen, der Bützlers Tochter, — so geschehen vor Absterben ihrer Eltern — hat sich wieder verheirat mit Girtrudis Fowinkels aus der Müllen zu Angermund; mit der gezeugt vier Kinder, wovon eines bei unmündigen Jahren verstorben. Der eine Sohn ist nach Köllen an das Bräuerhandwerk kommen und wohnt noch jetzo als Meister im Weißen Löwen auf der Hochstraß: die andere Tochter ist zu Köllen unverheirat gestorben; die jüngste Schwester hat in Gladbach geheirat einen namens Wilhelm Kirspel, wohnhaft aufm Heidkamp.

Es ist nunmehr auch der Vater gestorben [247]), und der Steinkrügers Name in der Müllen erloschen, nachdem selbiger schon fast bei 300 Jahr da gewesen, und die Fowinkels Wittib hinterlassen. Selbige hat wieder geheirat einen namens Urban Wißdorf aus dem Mühlenhof auf der Strunden (bei Thurn), womit eine Tochter gezielt namens Adelheid Wißdorfs, welche verheiratet worden auf den halben Sander Hof an Johann Bertus, des Anton Bertus und Anna Katharina Heyders Sohn [248]).

Ich will aber ferner sagen von der Anna Hamächers vom Schlöm in der Gladbacher Müllen als meiner Großmutter, und meiner Mutter Margareta Steinkrügers rechte Mutter, deren Vater Johann Hamächer — die Mutter ist mir unbekannt — glaub aber, sie ist eine Eschbach gewesen, vielleicht eine Schwester des Wilhelm Eschbach auf dem Birken; der Johann Hamächer aber ist gebürtig gewesen von Steinbüchel, wovon noch Verwandten daselbst vorhanden. Seiner Brüder einer, Jakob Hamächer, hat gewohnt zu Spetzet (Spezard) im Odendhal, wovon drei Kinder waren, ein Sohn und zwei Töchter; der Sohn ist als Junggesell gestorben; die erste Tochter hat geheirat Pulvermacher auf der Dünnen, Wittiber Eyberg genannt, wovon drei Kinder, zwei Söhn, welche beide auf der Dünnen wohnen; der eine hat geheirat eine Frau aus Wipperfürth, der andere hat geheirat eine Tochter von der Steinbrechen, des Otto Siegens und dessen Gemahl Gutherrs Tochter, und noch eine Eybergs Tochter, so einen geheirat namens Aßmann; haben gewohnt auf ihrem Eigentum, dem Niedenhof im Refrath.

Nun kehre wieder nach Schlöm zum Johann Hamächer, als meiner lieben Mutter und ihrer Schwestern und Brüder Großeltern. Dieser Johann Hamächer hat den Schlömer Hof als Eigentum bewohnt und in seiner ersten Ehe mit der Eschbach gezügt vier Söhn mit Namen Andres, Johannes, Jakob und Hanspitter, und vier Töchter mit Namen Anna

---

[246]) Der Kauf des Schlömer Hofes erfolgte am 20. August 1750; Johann Steinkrüger starb am 25. September 1774.
[247]) Am 6. August 1753.
[248]) Johann Bertus erhielt am 6. Oktober 1777 vom Sander Pastor den Losschein zur Trauung.

die älteste, so an Anton Steinkrüger in die Gladbacher Mühl geheirat worden und meiner Mutter Mutter gewesen; die andere ist in den Fronhof geheirat worden und ist ein Mutter gewesen des Hans Dierichen Dün, so nachmals Fronhalfen und die Girdrud Kuckelbergs von der Groben geheirat; die dritte geheirat auf den Dünhof, hat viele Kinder gehatt, wovon die älteste Tochter verheirat worden an einen studierenden Luxenburgeren in Köllen, von S. Riel gebürtig, ist nachher Offermann zu Bensberg worden, ein gelehrter braver Mann namens (Matthias) Gilson, hat einen Sohn lassen studieren und ist Pastor zu Urbach geworden [249]); die vierte Schlömer Tochter, Eva genannt, hat sich geheirat mit Johann Korschilgen und haben gewohnt in der Eschbach auf ihrem eigen Gut; mit deme einen Sohn gezügt namens Gerhardus Korschilgen, so nachmals geheirat eine einzige Tochter des Dirich (?) Götterden zu Bensberg, Sibilla genannt, mit deren vier Kinder gezügt, wovon eine Tochter in das Kloster Klein-Nazareth in Köllen Profeß getan; zwei Söhne seind Franziskaner worden, wovon einer bald gestorben; der dritte Sohn, Mattheis genannt, hat seines Vaters Haus in Bensberg bewohnt und sich geheirat mit einer Hausfrauen, Beckers genannt, von Mülheim aus dem Roten Leven [250]). Der Schlömer Sohn Andres hat gewohnt zu Hombach bei der Scherfen; sein Bruder Johannes ist verheiratet worden mit einer nachgelassenen Wittib des Anton Asselborn zu Unterstrunden Cäcilie Odendhals, eine Igeler Tochter und Schwester meines Vaters. — Jakobus der Schlömer Sohn, hat geheirat auf den Sander Hof eine Tochter des Prokuratoren Mays, welcher den Sander Hof damals eigentümlich bewohnte; hat auch nach des Schwiegervaters Tod denselben Hof als Eigentum bewohnt, mit selbiger seiner Frauen drei Kinder gehabt, eine Tochter, so in die Hombach im Herkenrath geheirat mit Christian Hüßer, mit deme zwei Kinder gezügt, einen Sohn und eine Tochter; der Sohn ist Soldat geworden und jung gestorben, mithin der Sander Hof halb auf die Schwester gefallen, diewelche Schwester sich geheirat an Peteren Wistorf auf der Grevenmüllen (bei Thurn); noch ein Sohn, so jung gestorben, und noch einen Sohn Hans Wilhelm Hamächer, hat sich verheirat mit einer Tochter (Maria) des Ferdinand Herweg im Kesselshof (zu Bensberg) und hat den Sander Hof halb vor sein Eigentum gehabt, nachher selbigen verkauft an Anton Bertus und ist in die Unterlerbach gezogen, aber verdorben; mit seiner Frauen gezügt fünf Kinder, nämlich drei Söhn und zwei Töchter. Der älteste Sohn hat studiert und ist weltgeistlich worden und nach Absterben seines Vetteren Gilson Pastor zu Urbach geworden [251]). — Der jüngste Schlömer Sohn Hanspitter hat geheirat eine Wißdorfs auf der Strunden im Müllenhof, hat in der Schefferei daselbst gewohnt, hat viele Kinder hinderlassen; der älteste, Göddert Wißdorf, wohnt zu Merheim; noch ein Sohn Hinricus ist ein Fellbereider in Köllen in der Mühlengaß; noch ein

---

[249]) Er hieß Peter Gilson, geboren am 31. März 1721 zu Lövenich bei Zülpich, zum Priester geweiht am 21. Februar 1750. 1755 erhielt er die Vikarie Ss. Salvatoris in Urbach, 1766 die Pfarre Lohmar, tauschte aber mit der Pfarre Urbach und ging 1782 als Primissar nach Lülsdorf, wo er zu Anfang April schon starb. Vgl. Jannssen-Lohmann, Sp. 476. — Olligs, Lülsdorf, S. 445. — Hettinger, Beiträge zur Geschichte Urbachs, Porz o. J., S. 24 ff.

[250]) Das Haus zum Roten Löwen lag an der Freiheitstraße Nr 76. Es gehörte 1748 dem Gastwirt und Bürgermeister Becker und wurde bei der Erbregelung für 2325 Reichstaler an Wilhelm Becker versteigert. — Vgl. Vogts, Kölner Jahrbuch 26, S. 195.

[251]) Johann Josef Hamecher, geboren am 23. Februar 1747 in Sand, zum Priester geweiht am 17. September 1777, war zunächst Primissar in Lülsdorf, ab 1782 Pfarrer in Urbach; er starb Anfang Juni 1808. — Vgl. Jannssen-Lohmann, Sp. 529. — Olligs, Lülsdorf Sp. 445.

Tochter hat geheirat Arnold Eich, Fischmeister zu Bensberg; noch ein Tochter hat geheirat einen namens Stachels, ist in Köllen gezogen, noch eine ist verheirat auf die Strund, ist mir aber nit bekannt.

Solches hab zur Nachricht, so viel mir wissend, geschrieben; wann ein oder ander Fehler begangen, deren aber wenige sein werden, bitten mir zu verzeihen, und wo ein oder ander eines Besseren bericht, solches zu verbessern.

Igel, den 8ten März im Jahr unseres Erlösers und Seligmachers Jesu Christi Siebenzehn hundert achtzig drei

Urbon Odendhal, Halfmann auf der Igel [252]).

4) Der Kommendehof Rommerscheid

Die früheste Nachricht über den der Johanniter-Kommende Herrenstrunden gehörigen Rommerscheider Hof, von dem wir nicht wissen, wie er in den Besitz des Ordens gekommen ist, vermittelt uns eine Urkunde[253]), durch die der Komtur Nikolaus Stolz im Jahre 1510 den Hof auf 24 Jahre an Johann von Dorpen in Pacht gibt. Im Jahre 1534 wurde die Pacht um die gleiche Zeitdauer verlängert.

Dann wird unter den Kommendeakten[254]) der auf Papier (42×32,5 cm) geschriebene Pachtbrief vom Jahre 1584 aufbewahrt, durch den der Komtur Wilhelm von Löben den Hof an die Eheleute Janmännchen (Jan Menchen) vom Schiff und Gertrud, die Tochter des verstorbenen Gotthard Scholl auf 24 Jahre verpachtete.

> Dieser Pachtbrief lautet:
> „Ich, Wilhelm von Löben, Ritter Sanct Johanis Orden, Comenthur zur Herrnstrunden, Dießburg, Velden, Burg, Wittersheim p., tun kund jedermenniglich mit gegenwertigem Brief, das ich mit wolbedachtem Rat ausgetan und verpacht hab, austue und verpachte hiemit in Craft diß Briefs den ersamen Eheleuten Jann Menchen vom Schieff und Gertgen, säligen Gothart Schollen nachgelassen Dochter, seiner ehelichen Hausfrauen, und iren Erben, welche auch also von mir sich und ire Erben empfangen und bestanden haben, meines ritterlichen Ordens Hoff zu Romerscheidt, sambt der Landerei, so inen auß wolermeltem Ordens Hoff zur Igel verpacht, nun hinfurter 24 Jar lang negst nacheinander volgende, jedoch welchem Teil nit gefellig, in zwelf Jar von der Lehnung abzustiften.
> Also und dergestalt, das gemelte Eheleut oder ire Erben mir und meinen Nachkomen von angeregtem Hoff und Gütter die negstbestimpte 24 Jar lang und jedes Jars besonder uf Martini, des heiligen Bischoffs Tag oder in negst volgenden vierzehn Tagen darnach ohn lengeren Verzug zur Herrenstrunden uf iren Costen, Mög und Angst lievern und bezalen sechszehen Taller, jeden zu 52 Albus gerechnet colnischer Werung.
> Item ein Sau negst der besten oder funf Marken stat derselben zu geben, und soll ich oder mein Stadthalter die Kur haben, die Saw oder die fünf Mark zu nemen, welches geliebt.
> Auch sollen mehrgemelte Eheleut uf vorbestimpten Tag lieveren zur Herrstrunden vier Huner und uf Ostern ein halb hundert gutter Ayr.
> Item sollen auch jarlich ein Weinfur tun nach Ransel (Ranzel bei Lülsdorf) und zwei Tag Dienst tun obgemeltem Hauß Strunden, dafur sie dan jeden Tag haben sollen für Fuetter ein halb Simern Habern.
> Demnach sollen gemelte Eheleut oder ire Erben sich uf gemelts Hoffs Büschen zu Romerscheidt keines Hochwalds Holzer, Ramen noch sonst keinerlei Holz als mittelmessig Klüpel-

---

[252]) Original war im Besitz des verstorbenen Bürgermeisters Johann Odenthal in Gronau. — Abgedruckt von Ferdinand Schmitz in Ruhmreiche Berge 1935, 16 und 17.
[253]) StA Düsseldorf, Herrenstrunden U. 326.
[254]) StA Düsseldorf, Herrenstrunden Membrum 21.

holz abzuhauen undernemen, sonder alle Jar auf und umb den Hoff setzen acht Eichen oder Fruchtbaum.

Sollen auch vilgemelte Eheleut oder ire Erben alle Beschwernus dieses Hoffs, so von alter her darauf gewesen, oder noch durch den Landesfürsten oder Nachbauren gelegt mag werden, nichts ausgescheiden, jarlich für sich selbst ohn Nachtteil mein oder meiner Nachkomen entrichten und bezallen.

Leistlich ist vorbehalten und bedechtigt worden, das gerurte Pachter den Hoff, Hauß, Scheuren, Landerei, Busch und alles Zugehor in gutem wesentlich Baw, Dachung, Pallnus (Grenzpfähle) und Besserung (Düngung) erhalten solen, Were es aber Sach, das ein neuer Haubtbaw zu tun fürstünd, soll ich Holz und Lohn, und sie, die Halfleut, Cost und Fuer tun.

Begebe sich, das gemelte Eheleut oder ire Erben uf Zeit und Zil, inmassen wie obstet, an Bezallung des Pachts oder sunst einigen ermelten Puncten seumig erfunden würden, soll die Jarzal umb und aus sein und sich derer Lehung genzlich entsagt haben und ich alsdan den Hoff sampt aller Besserung einzuraumen und wi(de)r an mich zu bringen gut Fueg ... und

Der Kommendehof Rommerscheid

erlangt Recht haben, damit zu tun und zu laßen, als mit anderen meines ritterlichen Ordens eigen Güttern. Dagegen sich die Eheleut mit keiner geistlichen noch weltlichen Jurisdiction aufwerfen konden oder mögen.

Alles getrewlich ohne alle Geverde. Deß zu waren Urkund hab ich, Wilhelm von Loben, Ritter obgemelt, mich mit eigener Hand underschrieben und mein angebornen Insigel unden zu End diß Briefs gedrückt. Geschehen und geben im Jahr 1584. Wilhelm von Loeben, Ritter, Comenthur zur Hernstrunden und Wiettersheim mpp."

Kurz nach dem Jahre 1600 geriet die Kommende Herrenstrunden in Geldschwierigkeiten. Sie nahm bei dem Kölner Ehepaar Christoph Aichlinger und Margareta Spar, sowie bei Elisabeth Ziechenweberin ein Darlehen von 266 Taler zu je 52 Albus auf gegen einen Jahreszins von 16 Taler und verpfändete als Sicherheit hierfür den Rommerscheider Hof mit seinen Einkünften. Die Gläubiger blieben auch etliche Jahre in ruhigem Besitz des Hofes, doch im Jahre 1608, als sie selbst in Bedrängnis kamen, verlangten sie ihr Geld zurück. Aber erst durch Vermittlung fürstlicher Räte in Düsseldorf und nach „des Herrn Marschalck Leyen beschehener Vergleichung mit dem ehrnvesten Wolffen Entefueß" der damals Verwalter der Komturei war, zahlte dieser ihnen die Schuldsumme am 3. Juli 1608 in Köln aus, und sie verzichteten auf die Renten zu Rommerscheid [255]).

Eine Beschreibung des „Rommerster" Hofs aus dem 17. Jahrhundert führt auf:

> Diese Hoffs Garten liegt in seinen Zäunen.
> Ackerland in fünf Stücken,
> eins liegt vor des Zimmermanns Hof,
> eins, der Kamp genannt, schießt an das Iggeler und Romaneye Feld und an die Strundener Straß.
> Ein Ort auf der Schladen schießt an die Besche (Bechen!) Straß und Schlömer Land.
> Ein Ort unterm Garten gelegen.
> Ein Ort, im Romaneyer Feld genannt.
>
> *Wiesen:* keine.
> *Büsche*
> Der große Busch schießt an das Irlenfeld, Gladbacher Mühlenbusch und Kleyer Busch.
> Ein Büschgen, „im grünen Weg" genannt [256]), schießt an des Fronhalfmanns und Thomas Müllers Büsche.
> Ein Busch, „im Scheidgen" genannt, schießt an Tönneßen Wittib und Iggeler Busch.
> Ein „kleiner Busch" schießt an die Straße und Odendahl Erben.

Im Jahre 1624 erbrachte der Rommerscheider Hof an Pacht 61 Gulden 18 Albus.

Nach dem Lagerbuch vom Jahre 1732 umfaßte der Rommerscheider Hof auf Grund einer genauen Vermessung an Haus, Hof und Garten 4 Morgen, an Ackerland 42 Morgen, an Waldungen 18 Morgen, insgesamt 64 Morgen.

1666 wird der Hofbauer Antonius aufm Rommerscheid genannt. Sein Sohn Christian wurde am 17. Oktober in Sand mit Gertrud, der Tochter des Klemens zu Kley, getraut. Vor dem Jahre 1686 kam es um die Ordensländereien in Rommerscheid zu einem Prozeß. Es lag dort auch ein Lehngut des Gladbacher Fronhofs, und unter dem Kommendepächter Vett (oder Fett) war es zu einer heillosen Zersplitterung gekommen. Er hatte, wohl gegen Mitte des Jahrhunderts, alle Rommerscheider Güter, wovon die Kommende die Pachtgelder erhielt, „unter seinen Händen" gehabt mit Ausnahme des „vörigen Gütchens", das vornean lag und das Johann Kohnboicken zugehörte. Er hatte die Güter an seine Kinder übertragen; sie waren aufgeteilt, schließlich auch in fremde Hände gekommen und versplissen worden.

Über diese Vorgänge wurde am 8. Februar 1686 der Rosenthaler Kommendehalfen Gerhard Voiß vernommen. Er hatte selbst seine Kenntnisse von Alef (Adolf) aufm Rommerster, vermutlich, einem der Nutznießer jener Teilung, der aber für seinen Teil eine jährliche Erkenntnisgebühr von beinahe einem kölnischen Gulden an die Kommende bezahlt habe. — Alef hatte dem Rosenthaler auch erzählt, daß die ans Gladbacher Gericht dingpflichtigen Rommerscheider Güter allein etwa 19 Gulden an Schatz hätten

---

[255]) StA Düsseldorf, Herrenstrunden Membrum 21.
[256]) Noch bis zum ersten Weltkriege hin nannten die alten Gladbacher den Weg von der Buchmühle zur Galdbacher Mühle „em jröne Wäldche".

zahlen müssen, dazu noch Zusatz. Es sei vielfach nicht recht klar gewesen, ob Grundstücke schatzpflichtig oder ritterfrei seien. Oft habe man sie doppelt belastet. Um diesem Zwiespalt zu entgehen, habe Bernd zu Rommerscheid, der Vater des Konrad zum Haus (Hauserhof) seine Rommerscheider Güter verkauft.

Besonders war der Kollenbusch umstritten. Man wußte nicht einmal genau, wo er lag. Alef hatte dem Rosenthaler gesagt, dieser Busch läge den Kommendebüschen entlang und reiche bis an den Schlömer Hof. Mitten darin sollte noch eine kleine Wiese oder ein wüstes Grasblech liegen, das sein Wasser durch einen Ablauf von der Straße her erhalte. Es sei zum Ackerland gemacht worden.

Am 8. Februar 1686 schickte nun der Komtur von Capell den Rosenthaler Halfmann und seinen Buschhüter Johann Hover zum Gladbacher Boten Johann Ludwigs in Nußbaum, um von ihm die Höhe des Rommerscheider Schatzes zu erfahren. Nach Einsicht in das Schatzbuch ergab sich, daß Rommerscheid zum Mai 5 Mark und 5 Schilling, zum Herbst 6 Mark und zu Lichtmeß 2 Mark und 2 Schilling zahlte, ferner an Roggen 2 Sümmer und an Gerste 1 Sümmer ablieferte. Wegen des Lingeeß-Busches gaben die Rommerscheider Erben zum Mai nichts, zum Herbst 4 Schilling und zu Lichtmeß 2 Mark ab. Zusammen waren das 15 Radermark und 11 Raderschilling, 2 Sümmer Roggen und 1 Sümmer Gerste. Zur Erläuterung fügte der Bote noch hinzu, daß in der Honschaft Paffrath, wozu Rommerscheid gehöre, ein Morgen Land mit 4 Raderschilling und ½ Viertel Roggen veranschlagt werde, ein Morgen Busch mit 3 Raderschilling und 1 Maß Hafer; auf einen Morgen Weizen entfielen 9 Raderschilling; Hof und Garten würden zwei Morgen Land gleichgesetzt.

Am 11. Februar 1686 erschien der Komtur selbst mit dem Notar Schlimbach, ferner mit Gisbert Brüninghaus, Reall Storck, seinem Kammerdiener Arndt und dem Rosenthaler Halfen Gerhard Voiß in Rommerscheid, um besonders die Grenzen des Kollenbusches zu umgehen und aufzunehmen. Nach den Angaben des Rosenthalers wurde zu Protokoll genommen:

„Der Kohlenbüsch gehet an am Rommerscheider Felde und wird dividiert durch ein Graben nebst der langen Schlatt, scheust bis an die Rommerscheider Ordensgüter als Büsch und Landereistück, und wird wieder dividiert mit der gemeiner Landstraß und ligt rundumb in des Ordens Güter. Weilen nun Clemens und Peter aufm Rommerster Seiner Hochwürden Gnaden und uns allen eben zur Zeit begegnet und jeder absonderlich gewiesen auf den Kohlenbüsch und befraget, wie der Büsch gnant würde, jeder geantwortet „der Kohlenbüsch", und daß er dem Sumb oder Graben nachginge, wie sie selbsten gewiesen".

Im Jahre 1767 wurde der Rommerscheider Hof von der Verwalterin der Kommende, Wittib Johann Jakob Müller in Köln, an Franz Weyer auf zwölf Jahre verpachtet. 1786 erneuerte die Verwalterin Wittib Coomans in Köln den Vertrag mit Weyer auf weitere zwölf Jahre. Als die vereinbarte Pachtzeit im Jahre 1797 auslief, blieb Franz Weyer stillschweigend weiter auf dem Hof. Er starb am 23. Oktober 1798, und seine Kinder führten die Wirtschaft auf dem Rommerscheider Hofe weiter. Erst am 10. Februar 1800 wurde ein Pachtvertrag mit dem Sohne Urban Weyer auf drei Jahre abgeschlossen. Er starb bereits am 5. November 1801. Als nun der Kommendeverwalter J. P. Hofmann, ein Geistlicher, den Rommerscheider Hof besichtigte, fand er sämtliche

„Geheuchter, Gebäude und Zäune" in sehr schlechtem Zustande, was auch der als Zeuge mitanwesende Kaufhändler Aurelius Fues aus der Dombach bestätigen mußte. Der ganze Zaun um den Hof war „verwüstet", teils ohne Planken, teils eingestürzt. Die Löcher im Strohdach der Scheuer waren nur notdürftig ausgestopft. Das Wohnhaus, das Backhaus und der Pferdestall wiesen nur Wände auf, die im Unstand waren. Für 146 Kronen Reparaturen wurden erforderlich. Zudem war auch die Pachtsumme für das Jahr 1801 noch nicht gezahlt worden. Auf Grund der Pachtbedingungen verlangte Hofmann für die Kommende von den Geschwistern des Verstorbenen Pächters Erstattung aller entstehenden Kosten.

Die Witwe Weyer heiratete Wilhelm Büchel, der sich schon im Sommer 1802 über zu hohe Kostenbelastung in Herrenstrunden beschwerte. Hofmann hatte inzwischen beim Oberschultheißen in Bensberg ein Verfahren anhängig gemacht. Da drohte Büchel ihm, er werde an höchstem Orte den Antrag stellen, die Kosten amtlich feststellen zu lassen. Davon aber riet Hofmann ab und schrieb am 7. August an den Oberschultheißen: „Wenn mich ein Commendehalfen ersucht, verhilflich zu sein, so ist es auch Pflicht für mich, ihn anzuhören, ihme aber immer den Wege des Friedens zu weisen"[257]).

Wilhelm Büchel blieb als Pächter auf dem Rommerscheider Hof, auch als dieser nach der Aufhebung der Kommende im Jahre 1806 Staatsdomäne geworden war. Am 9. November 1809 wurde sein Pachtvertrag auf zwölf Jahre erneuert, und glitt damit in die preußische Zeit hinein. Wilhelm Büchel trug zur Zeit der Fremdherrschaft die großen Kontributionen des Hofes. So mußte er noch Ende 1813 eine Umlage von 136 Reichstaler 51 Stüber, die auf den Rommerscheider Hof entfiel, auf sich nehmen.

Im Jahre 1812 hatte der Rentmeister Custodis den Pächter Büchel ermächtigt, einige Hauptreparaturen auszuführen. Büchel mußte für das gelieferte Holz 658 Francs an die Renteikasse zahlen. Der Schreinermeister Peter Süß und der Zimmermeister Heinrich Niedenhoff in Bensberg verlangten für ihre Arbeit damals 610 Reichstaler, die Büchel ihnen auszahlte. Deshalb beantragte er am 18. Juli 1820, ihm diese Kosten bei Ablauf der Pachtung am Ende des Jahres zu erstatten, sonst werde er die neuerrichteten Gebäude wieder fortnehmen. Er schrieb an den Domänen-Rentmeister Wolters in Bensberg u. a.: „Wenn ich die neue Gebäude fortnehme, so kann freilich die Landwirtschaft auf dem Pachtgut nicht ordentlich betrieben werden, und ich verliere dabei viel. Allein ich darf es in diesem Falle kühn auf eine unparteiische Untersuchung ankommen lassen, daß alsdann das Pachtgut noch in einem weit besseren Zustand abgegeben wird, wie ich dasselbe angetreten habe." — Aber man ließ ihn warten. Da mahnte Büchel am 21. Dezember: „Als Familienvater von fünf unmündigen Kindern kann mir nicht verargt werden, das Meinige zu suchen". Darauf bot die Regierung in Köln ihm am 17. Januar 1821 an, ihm die Pachtzeit auf drei Jahre zu verlängern, wenn er auf die Baukostenerstattung verzichte. Büchel aber verlangte mindestens sechs Jahre Verlängerung. Als dann die Regierung am 20. Februar den Rentmeister anwies, den Rommerscheider Hof öffentlich neu zu verpachten, erklärte sich Büchel Mitte März mit drei Jahren einverstanden. So kam es am 2. April zum Abschluß eines neuen Pachtvertrages auf drei Jahre gegen eine jährliche Pacht von 63 Taler 12 guten Groschen und 3 Pfennigen. Der Ackersmann Johann Dörngen zu Trotzenburg wurde Bürge für Büchel.

---

[257]) a.a.O.

Am 9. Juli 1823 sollte der Rommerscheider Hof neu verpachtet werden. Die Regierung wies vorher den provisorischen Rentmeister Baasel in Bensberg an, nachzuprüfen, ob Wilhelm Büchel den Hof nach den Pachtbedingungen von 1809 hätte vermessen lassen und die angelegte Karte eingereicht hätte. Ferner sollte Baasel die neuen Pachtbedingungen aufstellen. Er berichtete: „... Wenn man aber annimmt, daß bei dem gänzlichen Mangel an Wiesen der Pächter von den Ackerländereien, welche er mit weit mehr Nutzen mit Winter- und Sommerfrucht bestellen könnte, jetzt einen bedeutenden Teil als Ersatz für das ihm abgehende Heu mit Klee, Wicken pp. besäen muß, um hinlänglich Futter fürs Vieh zu erhalten, — ferner daß es auf dem Hofe und in der Nähe an Wasser gänzlich mangelt und Pächter solches, sowohl für den Bedarf seines Haushalts, als auch zur Tränkung seines Viehs einen sehr beschwerlichen Weg von beinahe eine Viertelstunde bergan aus dem Strunder Bach bei der Dombach, — im Winter sogar eine halbe Stunde weit bei der Gladbacher Mühle holen muß, — daß der Rommerscheider Hofes-Wald nicht den Bedarf des Hofes an Strau liefert, und er solches aus der eine halbe Stunde entlegenen Mistenhofs-Waldung beziehen muß, so bin ich der Meinung, daß solche bedeutende Erschwernisse in der Kultur eines so kleinen Höfgens, der übrigens, wie ich mich überzeugt habe, durch den Fleiß und die ordentliche Wirtschaft des jetzigen Pächters Wilhelm Büchel in einem recht guten Stande ist, der Abzug (von $^{13}/_{16}$!) gerechtfertigt ist."

Büchel hatte den Hof bereits im Jahre 1812 vermessen lassen und die Karte an die Rentei abgeliefert. Danach umfaßten:

Wohnhaus, Stallung, Backhaus, Scheune und Schoppen, alles in gutem Zustande	2	Morgen 48	Ruten
der Garten	1	„ 73	„
das Ackerland	54	„ 113	„
insgesamt	58	„ 54	„
		(Magdeburger Maß)	

Dazu stand dem Pächter die forstmäßige Benutzung von 14 Morgen Wald zu. Daraus erzielte er 6 Kloben-Klafter (je 1 Taler 15 Silbergroschen) und 5 Reisklafter Brandholz (je 10 Silbergr.).

Die Ländereien wurden alljährlich in drei „Gewänden" bebaut, nämlich 13 Morgen mit Winterfrucht, 13 Morgen mit Sommerfrucht, während 13 Morgen brach liegen blieben. Der Morgen erbrachte im Durchschnitt 3½ Malter Roggen oder 7 Malter Hafer. Die Gesamt-Ertragsberechnung des Rommerscheider Hofes ergab 347 Tlr 22 Sgr. Die Pacht war mit 65 Tlr 6 Sgr. veranschlagt.

Wie vorgesehen, wurde die Verpachtung am 19. August 1823 in Bensberg durch Baasel in Gegenwart des Beigeordneten Wachendorff vorgenommen. Als Pachtlustige waren u. a. Anton Molitor, Wilhelm Büchel, Johann Dörngen, Anton Kürten, Thomas Borsbach, Peter Heidkamp erschienen. Nachdem das dritte Licht ohne Aufgebot abgebrannt war, verblieb der Hof dem bisherigen Pächter Wilhelm Büchel für 66 Taler jährliche Pacht auf zwölf Jahre. Der Ackerer Henrich Kierdorf vom „Eigelter" Hof wurde Bürge für Büchel. Aus den Pachtbedingungen ist bemerkenswert daß alle Hofesgründe zehntfrei waren. Büchel übernahm die Hütung des Waldes und wurde darauf vereidigt. Es wurde ihm zugebilligt, im letzten Pachtjahr ein Drittel der Ländereien mit Winterfrucht zu bestellen. Bei Ernteschäden sollte er einen Anspruch auf Pachtnachlaß haben. Büchel sollte die Pacht in drei Fristen, nämlich am 1. Juli, 1. Oktober und 1. Dezember bezahlen, und zwar ein Drittel in Gold, „den Pistol zu 5 Taler gerechnet".

Die Regierung genehmigte den Vertrag nicht, weil ihr die Pachtsumme zu gering erschien. So mußte denn die Verpachtung am 26. September wiederholt werden. Durch starken Wettbewerb anderer Pachtlustiger wurde nun die Pacht für Wilhelm Büchel auf 84 Reichstaler hinaufgetrieben. Es boten besonders Peter Alfer und Dierich Baerster. — Am 18. Oktober wurde der Vertrag mit Büchel abgeschlossen, allerdings nur auf sechs Jahre. Am 12. November 1823 wurde er vor dem Bensberger Friedensrichter Wilhelm Schoeler und dem Gerichtsschreiber Fanz Adrian Hanf als Waldhüter vereidigt.

Schon am 21. Februar 1824 stellte Büchel gemeinsam mit dem Unterförster Josef Kraft im Rommerscheider Walde fest, daß im Herbst und Winter im „großen Busch" 6 Buchenstangen von 5 bis 6 Zoll Durchmesser „freventlich" abgehauen worden waren. Andere „Frevelstümpfe" wurden nicht gefunden.

Nach Ablauf der Pachtzeit beabsichtigte die Regierung, den Rommerscheider Hof zu verkaufen. Auf den 7. Oktober 1829 wurde die Versteigerung angesetzt. Büchel konnte das Geld zum Kauf nicht aufbringen, aber er machte ein Gebot auf Erb- und Zeitpacht für 115 Taler jährlich. Mit Rücksicht auf seine zahlreiche Familie ging er sogar auf 140 Taler hinauf und versicherte, nach Ablauf von drei bis vier Jahren den Hof zu kaufen. Am 16. Oktober wiederholte er seine Bitte und verwies darauf, daß er den Hof bereits 28 Jahre gepachtet habe. Er habe ihn in ganz verwahrlostem Zustande mit zerfallenen Gebäuden und verwilderten Ackergründen übernommen, aber alles wieder aufgebaut und gebessert. Nur in der Hoffnung, das Gut lange Jahre bewohnen zu können, habe er es wie sein Eigentum behandelt und dafür sein Vermögen aufgeopfert. Das alles müsse ihm der Domänen-Rentmeister Kobell bezeugen.

Am 24. Oktober bestätigte dieser: „Es ist wahr, daß Büchel den Wert des Hofes um 500 Taler erhöht hat." Er sei ein rechtschaffener Hauswirt, der sich ehrlich ernährt habe, aber nun sonst nicht unterkommen könne, dem Ruin ausgesetzt und um die Früchte langjährigen Fleißes betrogen werde, wenn er den Hof verlassen müsse. „Besonders hart wäre ihm dieses noch deswegen, weil sein eigener vom Glück besser gesegneter Schwager, der bisherige Pächter des dem Handelsmann Steinkauler zugehörigen Iggelter Hofes, der bloß deswegen, weil er sich durch sein brutales Wesen mit seiner Pachtherrschaft überworfen hat, von diesem Hofgut abziehen muß, ihn von dem Rommerscheider Hofe verdrängen will."

Die Fürsprache verfehlte ihre Wirkung nicht. Am 10. Mai 1830 schloß die Regierung mit Wilhelm Büchel einen neuen Pachtvertrag ab, worin eine Jahrespacht von 140 Talern festgelegt wurde, zahlbar auf Martini. Bürge wurde Heinrich Büchel. Noch am 28. Februar 1831 erbat sich Wilhelm Büchel die Anweisung von 80 Kubikfuß Eichenholz zum Bau eines neuen Backofens, da der Hof ganz isoliert liege und er seinen Brotbedarf nicht in einem fremden Ofen backen könne. Kobell befürwortete das Gesuch, die Regierung genehmigte es, und der Werkmeister Gerhard Schlimbach in Gladbach wurde mit dem Bau beauftragt.

Da traf es den treuen Pächter um so härter, daß die Regierung noch in demselben Jahre doch zum Verkauf des Hofes schritt und dem Landwirt Adolf Wild aus Kotten den Zuschlag erteilte. Der Kaufvertrag wurde am 5. Januar 1832 unterzeichnet. Mit 20 Morgen Waldung ging der Rommerscheider Hof mit insgesamt 74 Morgen 153 Ruten 50 Fuß für 3520 Taler an den Käufer über, der bis zum Jahre 1834 in vier Fristen die Kaufsumme abzutragen hatte [258]).

e. DAS HOFGERICHT IM HERZOGENHOF ZU ODENTHAL UND SEIN LEHNGUT IN ROMANEY

Von den 34 Sohlstätten, die als Lehngüter des Herzogenhofs in Odenthal an dessen Hofgericht empfangen werden mußten, gehörten 20 zum Kirchspiel und zur Herrschaft Odenthal, 1 zum Kirchspiel Paffrath im Amte Porz und 13 zum Kirchspiel Dabringhausen im Amte Bornefeld. Die Paffrather „Sohl" lag in Romaney, hatte 1788 durch Teilung vier Häuser und war zur Leistung der Kurmut und von Lehnzinsen verpflichtet. Aus einer Liste der Lehngüter des Herzogenhofs, die etwa 1790 angefertigt wurde, ergibt sich, daß dieses Romaneyer Gut damals in zwei Hauptteile zerfiel und insgesamt 1000 Taler wert war. Inhaber des Lehens waren die Erben des Clemens Romaney und die Wilhelmen Brochhausens oder Romaneyer Erben. Der Ablauf der Belehnung am Hofgericht des Herzogenhofs möge folgen:

Herzogenhof zu Odenthal

---

[258]) StA Düsseldorf, Reg. Köln 4307.

1669 Januar 7 Johann, Halbwinner zu Bechem, und Margareta empfangen ihr Anteil an dem halben Gut zu Romaney, so ihnen angeerbt.

1669 Januar .. Hermann Orth zu Kochsfeld und Elisabeth empfangen ihr anererbtes Teil im besagten halben Teil Romaneyer Gut.

Eodem (ebendaselbst) vermög Kaufbriefs Henrich Zugel zum Gronenwald (Grunewald) und Catharina Kleys, Eheleute, die von obgemelten Johann, Halbwinner zu Bechem, und Hermann Orth gekauftes Anteil empfangen.

1669 Juni 17 hat Henrich Zugel empfangen das vierte Teil in Romaneyer Gut, so er von Gerharden Thönnessen Söhn alda gekauft.

1693 Mai 19 begert Andreas Westorf belehnt zu werden mit 10 Morgen Artlands aus Romaneyer Gut, so ihme durch das Gericht Bensberg adjudicirt (zuerkannt) worden.

1695 Mai 30 Gerhard Rosenthal empfangen $8^{3/4}$ Morgen vermög eines Schatzbriefs vom 22. April 1684 unter Hand des Gerichtsschreibers Amts Portz Joseph Peters Luitz.

1696 Juni 18 haben Wilhelm Brochhausen und Margareta Eheleute, Halbwinner in der Asselborn, empfangen $1/3$ Teil des Romaneyer Guts, so von Godderten, des Wilhelmen Schwiegervaters, ihme anererbt worden.

1697 Juni 3 Wilhelm Brochhausen, Asselborner Halfen $8^{3/4}$ Morgen Artlands des Romaneyer Gutes empfangen vermög Kaufbriefs.

1718 Juni 17 Henricus zu Romaney 10 Morgen Artlands empfangen, die vermög Kaufbrief vom 26. Juli 1695 seine Mutter, die Wittib Clemensen zur Romaney von Elisabeth Paffraths, Wittib Sebastianen zum Nußbaum, gekauft.

1718 Octobris 12 hat Henricus zur Romaney für sich und seine Miterben empfangen seines Vatters Clemensen Gut. Er ist zum Lehnmann angesetzt worden.

Eodem Johannes Asselborn seines Schwiegervattern Wilhelm Brochhausen Anteil Romaneyer Gutes vor sich und seine Miterben empfangen.

Eodem Johannes Asselborn empfangen dasjenige Anteil in der Romaney, so sein Vatter Wilhelm von Henrichen Zugel gekauft, und für seine Miterben.

1723 Januar 11 hat Johannes zur Romaney das von Erbgenahmen Clementem in der Romaney gekauftes Anteil Guts zur Romaney gegen Erlegung gewöhnlicher Consensgelder empfangen.

1725 Oktobris 17 hat Johann zur Romaney auf Absterben seines Bruders Henrichen zur Romaney als gewesenen Lehnsträgern den erfallenen Churmoed zahlt. — Eodem ist Johannes Romaney zum Lehnsträger angesetzt worden. Churmoid 8 Daler species.

1738 Juni 25 auf Absterben des Johannen zur Romaney, gewesenen Lehnmann, ist jetzt Peter zu Romaney als neuer Lehenmann angenommen worden. (Er wird als „Frembtling" bezeichnet.)

1746 August 17 auf Absterben des Peter zu Romaney ist jetzt Gerhard, Halbwinner zu Oberhortenbach, beeidigt worden.

1762 Neuer Lehenmann ist Coersten (Christian) Schmitz zu Bodenberg (Boddenberg bei Schlebusch) sein Sohn Wilhelm Schmitz; Churmut zahlt mit 10 Daler.

Aus den Hofgerichtsbüchern des Herzogenhofs ergibt sich, daß noch zwei weitere Höfe im Kirchspiel Paffrath dorthin lehnrührig waren, Hollenweg und Hambach, auch Haembach oder Hombach geschrieben, die aber zusammen nur eine Sohl bildeten. Immerhin gehörten sie wie der Hof in Romaney zu den „prinzipalisten" Gütern und zahlten ebenso wie jenes 21 Albus $^{5/6}$ Heller an jährlichem Erbzins. Als ein „gemein Hobsgeschworen" erscheint in den Jahren 1586 bis 1615, da am 12. Januar sein Tod vermerkt wird, auch Ludwig im Fronhof zu Gladbach, dort und in Paffrath Hofscheffe, am Hofgericht im Herzogenhof. Hier wird er auch einmal „Ludwig von Romaney im Fronhof" genannt, so daß seine Herkunft klargestellt ist. Nach seinem Tode erschien für ihn Johann zu Gladbach, offenbar sein Sohn und Nachfolger als Fronhalfen. Die Kurmut wegen des Lehnguts zu Romaney aber, dessen Lehnsträger Ludwig war, zahlte am 5. Mai Hermann, Wirt in den Hoeffen.

Mitunter fließen die Verhandlungen der Hofgerichte im Herzogenhof und derjenigen in Strauweiler ineinander über, wie sie sich auch des wörtlich fast gleichen Weistums bedienen. In den Strauweiler Protokollen werden 1536 als „absens" (abwesend) genannt Jentgen von Romaney, 1551 Girt zum Schyff. 1539 gelten als „boeßfellig" Hermann zu Haeborn, Peter in Gelabach, Heynrich zum Rosendall und Johann zu Romaney. Auch 1548 sind Hermann von Hadborn und der Halfe von Rosendall Lehnsleute zu Strauweiler, 1560 Jan zum Scheyff, die alle irgendeinen Spliß eines Lehngutes besaßen.

In den Jahren von 1586 bis 1616 tritt ferner Peter zu Haembach als „gemein Hobsgeschworen" auf, der im letzgenannten Jahr auch Scheffe wird. Auch Kerstgen zum Kley, Bote zu Gladbach, war mit 14 Morgen Busch im Haembacher Busch nach dem Herzogenhof lehnrührig und waltete von 1601 bis zu seinem Tode 1612 hier als Vorsprecher. Während seine Erben die Kurmut vor Gericht sofort tätigten und bezahlten, blieb die empfangende Hand für den Busch zunächst aus.

Am 1. Juni 1643 wird Clemens zu Romaney als Scheffe im Herzogenhof aufgeführt; 1657 zahlt er die Kurmut wegen seines verstorbenen Vaters Theiß (Matthias) zu Romaney. 1676 stirbt der Scheffe Heinrich Quirl vom Lehengut Romaney. — Am 29. Mai 1694 werden die Wittib Catharina Quirlß und dero Erben als Inhaber des Romaneyer Gutes genannt, „darin Clemens $^{1/8}$ Soller".

Auch der andere kommunalpolitisch so rührige Zeitgenosse Ludwig Fronhalfen von Gladbach, der Hofscheffe Dreiß (Drieß) im Bock (an der Kirchen) zu Gladbach hatte am Hofgericht des Herzogenhofs zu tun. Zusammen mit des seligen Elgers Sohn Conrad zu Paffrath, dessen Stiefvater Kerstgen von Wiher (Christian Weyer) war, als Erbgenahmen wurde er am 7. Juni 1610 mit einem Ort Busch am Holzblech belehnt, worauf sich ein langer Erbstreit entspann [259]).

Besonders wichtig für die Gladbacher Familiengeschichte ist noch eine Eintragung in einem Strauweiler Hofgerichtsbuch. Am 31. Juni 1677 setzte der Landmesser Henrich Wilhelm Burgscheidt im Beisein des Wilhelm Steinkrüger und des Peter Clieffer für die Erbgenahmen des verstorbenen Johann von der Eygell mit Bewilligung seiner noch lebenden Hausfrau Anna die Erbgüter aufm Rommerscheid und zu Scherffen in vier gleiche Kindteile. Hierzu erteilten der Gerichtsschreiber Johann Peter Quix zu Bensberg und der Verwalter der Freifrau von Steinen zu Scherfen, Peter Hoster, die Genehmigung.

---

[259]) Archiv Wolff Metternich, Schloß Vinsebeck i. W., N³ II 2².

Es unterschrieben den Akt Wilhelm auf der Eigell vor Thomas auf der Scherffen, Henrich Kley, Thomas Landwehr, dann der Landmesser, die Scheffen Franz Eck, dieser auch für Clemens Volbach, und Conrath Herwegs. Damit ist die Abstammung der Igeler, Gladbacher und Gronauer Familie Odenthal von der Scherf auch urkundlich klar erwiesen.

E. BURGEN UND RITTERGESCHLECHTER IM BOTENAMT GLADBACH

I. BURG UND GESCHLECHT KATTERBACH

Die Burg Katterbach lag in dem Ort Katterbach an der Südseite des gleichnamigen Baches etwas westlich von der heutigen Kempener Straße. Im Volksmund lautet der Name „Kattemich". So findet sich seltsamerweise in Ortsverzeichnissen um die Mitte des 19. Jahrhunderts Katterbach und Kattemich als zwei Orte aufgeführt[260]). 1454 heißt der Ort im Roten Meßbuch auch „Katterberch", eine offenbare Mißbildung, und zu dieser Zeit werden auch bereits Katterbach „disid der Bach" und „op der ander Sid" genannt. 1675 stößt man auf die Form „Kattermich".

Es ist ungewiß, was der Name bedeutet, man hat ihn aus „Katzenbach" herleiten wollen; vermutlich aber steckt in dem Bestimmungswort ein alter Personenname.

Die Burg selbst gehört sehr früher Zeit an. Es war wahrscheinlich ein kleines Steinhaus mit quadratischem Grundriß, das auch schon früh aus unbekanntem Anlaß untergegangen sein muß. Dagegen blühte das adelige Geschlecht, das den Namen der Burg trug, Jahrhunderte hindurch an anderer Stelle weiter. Im Jahre 1222 schenkte Jakob, „Herr zu Katterbach und über dem Bach", dem Kölner Domkapitel ein Stück Busch und Wiese. Den Busch nannte man später Pastoratsbusch[261]).

Im Jahre 1952 wurden nahe bei der einstigen Burg am Bach in der Erde Reste von Töpferöfen entdeckt. Man kann annehmen, daß sie irgendwie im Zusammenhang mit den Burgleuten standen, wenn nicht gar von ihnen betrieben wurden. Da sich selbst in der Volksüberlieferung jede Spur dieser Gewerbetätigkeit verloren hatte, darf man auf ihr hohes Alter schließen. Die im Jahre 1955 im Auftrage des Bonner Landesmuseums durch Walter Lung vorgenommenen Ausgrabungen weisen in das 11. Jahrhundert. Die Untersuchungen sind noch nicht abgeschlossen.

Um die Mitte des 15. Jahrhunderts waren die Burggründe wahrscheinlich noch im Besitz der Familie von Katterbach. Das Wappen der von Katterbach zeigt in von Rot vor Silber gespaltenem Schild zwei Andreaskreuze in wechselnden Farben, am Spalt begleitet von je zwei übereinanderstehenden Wecken von gleicher Farbe, am Helm einen offenen

---

[260]) Ein ähnlicher Vorgang findet sich bei Rodenbach und Rodemich.
[261]) Nach einer brieflichen Mitteilung von Vinzenz von Zuccalmaglio an Franz Wilhelm Ohligschläger vom 20. November 1841. Abgedruckt in „Die Heimat", Beilage zum Solinger Tageblatt, 7. Mai 1926, S. 30. — Als Quelle gibt v. Z. eine Replik des Edlen von der Reven in einem Rechtsstreit der Gemeinde Paffrath mit dem Kloster Dünnwald an.

Flug, rechts rot, links silber belegt mit dem Schildbild. Die Decken sind rot-silbern [262]).
Nach Vinzenz von Zuccalmaglio soll die Paffrather Lehnrolle von 1454 folgende Bestimmungen enthalten haben:

„Item haben die Junker von Katterbach den unteren Torzaun an den Höffen zu unterhalten und die Torpfähle aus ihren Büschen zu geben. Das Tor haben zu machen die Kötter in den Höffen.

Item dürfen die Kötter des Junkers zu Katterbach nach Michael ihr Vieh austreiben in die Bruchter Gemarken, aber nicht in den Weidenbusch, wo sie aber Sprock und Spreu holen dürfen" [263]). Da diese beiden Stellen in den noch bekannten und veröffentlichten vier Fassungen des Paffrather Hofrechtsweistums nicht enthalten sind, können sie sich, ihre Echtheit vorausgesetzt, wohl nur auf Zustände beziehen, die weit vor 1454 bestanden haben. zumal an anderen Stellen zu dieser Zeit kein im Kirchspiel Paffrath lebender Junker Katterbach erwähnt wird.

Alter Hof in Katterbach

Der erste Angehörige des Geschlechts, dessen Namen wir kennen, ist Johann von Katterbach. Er bescheinigt im Jahre 1476, daß er von den Brüdern Albrecht und Johann von Zweiffel eine Leibrente empfangen hat [264]). Es ist wahrscheinlich derselbe Johann von Katterbach, Amtmann und Kellner von Lülsdorf, dem zugleich mit seiner Gattin Gutgin (Jutta von Schlebusch) der Abt Arnold von Altenberg am 3. Februar 1481 eine Rente

---

[262]) 1938, 4. — Abgebildet in Gerhard, O., Adelsfamilien.
[263]) Ebd.
[264]) Lülsdorf, S. 110.

von 13 1/2 oberländischen Gulden verkauft²⁶⁵). Johann ist auch für 1499 bis 1502 als Kellner von Lülsdorf bezeugt²⁶⁶).

Um 1500 brachte Gertrud, die Erbtochter des Ritters Klaes zu Vorsbach (Forsbach), ihr väterliches Gut in der Pfarre Volberg durch ihre Heirat an die Edlen von Katterbach, die dadurch auch Kollatoren der Kirche zu Volberg wurden²⁶⁷). Es könnte jener Johannes von Rosingkoven gewesen sein, der, wohl ein Sohn des obengenannten, 1534 auch als Kellner von Lülsdorf auftritt²⁶⁸), auf dessen Vorschlag 1533 ein anderer Johannes Katterbach die Pfarrstelle in Volberg übernahm²⁶⁹).

Mit Johann von Katterbach läßt Fahne die Stammtafel des Geschlechts beginnen. Er hat vor 1511 Katharina Stael von Holstein geheiratet. Er besaß Dürresbach bei Geistingen, Eulenbroich bei Rösrath und Forsbach und kaufte später Rötzinghoven bei Burscheid²⁷⁰), wo er 1550 wohnte, aber nicht zur Ritterschaft zählte. — Er starb 1534.

Johanns Sohn Peter von Katterbach zu Forsbach ist um 1550 und 1555 Kellner zu Lülsdorf. Das Amt war offenbar in der Familie fast erblich geworden. Er heiratete Sibilla von Driesch, mutmaßlich als zweite Frau. Um 1550 nahm sein Sohn Lambert den lutherischen Glauben an und berief 1567 seinen Bruder Wilhelm als ersten lutherischen Pfarrer von Volberg²⁷¹). Demnach war sein Vater Peter schon gestorben, und auch Lambert war schon 1582 tot, da seine Witwe mit den Kindern zu dieser Zeit auf dem Hause Forsbach wohnte. Nach Halke wird für 1589 ein Wolter (Walter) von Katterbach als Kollator von Volberg genannt. Dieser Walter erscheint 1594 als Freier des Amtes Lülsdorf, war aber 1596 schon verstorben²⁷²).

Am 5. Juli 1621 berichtete Gottfried von Steinen, Amtmann zu Lülsdorf, an den Kammerpräsidenten Eremund von Orsbeck, er habe Johann von Katterbach, der mit der Witwe Staels zu Ulenbroich (nach Aegidius Müller Elisabeth von Gürtgen von der Dhünnenburg) verheiratet sei, zu sich bestellt und von ihm gehört, daß seine Mutter (Sibilla von Driesch) noch lebe, ebenso ein Bruder und vier Schwestern, von denen drei geistlichen Standes seien. Er und sein Bruder Lambert hätte jedoch keine Kinder. So erklärt es sich, daß das Haus Forsbach der vierten Schwester Judith von Katterbach und ihrem Gatten Dietrich von Mosbach gen. Breidenbach zufiel und der Name Katterbach hier erlosch²⁷³).

Katterbacher Blut kam auch auf das alte Burghaus Stade bei Volberg hinüber. Eine Gertrud von Katterbach wird dort in den Jahren 1631 und 1642 als Gattin des Gerhard von Loe genannt. Der Wappenstein über der Tür aus dem Jahre 1631 hält mit den Buchstaben G. v. L. und G. v. K. die Erinnerung daran wach²⁷⁴).

---

²⁶⁵) Mosler II S. 222. — Lülsdorf, S. 205.
²⁶⁶) Mosler II S. 253, 272.
²⁶⁷) Zuccalmaglio, Mülheim, S. 366.
²⁶⁸) Lülsdorf, S. 210, 212.
²⁶⁹) Redlich, Kirchenpolitik II 2 S. 189 ff.
²⁷⁰) v. Mering, Burgen 12, S. 156. — Aegidius Müller, MBGV 1899 S. 83.
²⁷¹) Redlich, a.a.O. — Vgl. Halke, G., Volberg, S. 12.
²⁷²) Lülsdorf S. 219.
²⁷³) nach Aegidius Müller MBGV S. 82.
²⁷⁴) Vgl. Renard-Clemen, Kunstdenkmäler Mülheim, S. 151.

Der bedeutendste Vertreter derer von Katterbach wurde Adolf von Katterbach, nach Zuccalmaglio ein Sohn des Lambert von Katterbach zu Forsbach. Es ist aber wahrscheinlich, daß er ein Sohn des Friedrich von Katterbach zu Gaul war, der von 1590—1608 als Bergischer Hauptmann erscheint und mit Elisabeth von Bellinghausen vermählt war [275]. Adolf kehrte zur katholischen Kirche zurück [276]. Er wurde fürstlich Pfalz-Neuburgischer Amtmann zu Porz, heiratete 1625 Margareta Grümmel von Nechtersheim zu Weyer bei Euskirchen und unterschrieb 1628 als bergischer Landstand mit die landständische Union. Sein Wohnsitz war Haus Herl bei Mühlheim, doch gehörten ihm auch die adligen Häuser Lützenrath (Leuscherath) bei Much, Gaul bei Wipperfürth und Fliesteden im Kreis Bergheim. Seine Söhne Wilhelm Adolf und Marsil starben früh, die Tochter Maria Judith heiratete am 24. November 1651 in Köln Matthias von Nagel, dessen Name dem Erbgut Nagelsgaul noch heute anhaftet [277]. Das Burghaus Katterbach selbst bestand offenbar im 16. Jahrhundert nicht mehr, vielleicht auch schon früher, und der einstige zweifellos große Grundbesitz war dem Besitz der adligen Namensträger entglitten und in bäuerliche Hände gekommen und zersplissen worden. Katterbach wird im Ritterzettel vom Jahre 1609 nicht mehr erwähnt. Während nun die Forsbacher Linie derer von Katterbach auch schon früh erlosch, hielt sich jene, die der bergische Fähnrich Heinrich von Katterbach begründete, länger. Er hatte sich im Jahre 1580 durch seine Heirat mit Christine, der Tochter des Wilhelm von der Sülzen, auf deren Erbgut, dem alten Haus Diepenthal bei Leichlingen, zur katholischen Pfarre Lützenkirchen gehörig, festgesetzt, und hier sollte sein Geschlecht am längsten aushalten [278]. Heinrich von Katterbach wird in den Leichlinger Kirchenbüchern und Barmer Amtsrechnungen mehrfach als Fähnrich und Hauptmann erwähnt [279]. Er starb am 10. April 1639 im Alter von 90 Jahren. Eine Tochter aus erster Ehe heiratete den Kölner Ritter Johann von Judden, der Sohn Johann Friedrich aus zweiter Ehe erbte Diepenthal und Bornheim und war vermählt mit Anna Elisabeth von Gevertzhahn, während dessen Schwester Helena von Katterbach dem Johann Kaspar von Gevertzhahn zur Mühlen angetraut war [280]. Johann Friedrich starb am 10. September 1676.

Eigentümer von Diepenthal wurde nun sein ältester Sohn Johann Degenhard von Katterbach, der aber am 20. Februar 1696 bereits im Alter von 49 Jahren starb. Seine Gattin Anna Theresia von Schleyn, Tochter eines Kölnischen Amtmannes, blieb mit zwei unmündigen Söhnen zurück, Franz Gerhard und Heinrich Laurenz, die sich später in das Erbe teilten. Franz Gerhard erhielt Haus Diepenthal nebst anderen Gütern, insgesamt im Werte von 17000 Reichstalern. Er erreichte ein Alter von 92 Jahren und starb am 22. November 1775. Zeitlebens war er ein streitbarer Herr. Mit seinen Söhnen Heinrich und Theodor Andreas focht er im Jahre 1739 in einem Jagdprozeß mit seinem adligen Nachbar auf dem Haus Landscheid eine regelrechte blutige Fehde aus [281].

---

[275] Ruhmreiche Berge 1938, 4.
[276] Zuccalmaglio, Mülheim, S. 366.
[277] Oswald, Gerhard, Adelsfamilien, S. 104 f.
[278] Fritz Hinrichs, Leichlinger Heimatbuch I, S. 52 f.
[279] Vgl. auch v. Mering, Burgen, 9, S. 126.
[280] Ebd., 12, S. 153.
[281] B. Z., 10, S. 44.

Der junge Heinrich von Katterbach muß ein recht lockerer Vogel gewesen sein. Seinem Wunsche, ein schönes Mädchen namens Anna Katharina Spurrenkatz, das zu Kuckelberg wohnte, zu heiraten, widersetzte sich der Vater. Er konnte jedoch den Sohn nicht von seiner Geliebten abbringen und beschloß, ihn zu erschießen. Dieser entging dem Anschlag, verließ jedoch das Vaterhaus. Das Verhältnis gab er auf, obgleich das Mädchen inzwischen eines Söhnleins genesen war [282]). Heinrich wurde nun Fähnrich im Birkenfeldschen Regiment. Auch hier ließ er von seiner freien Lebensauffassung nicht ab. Ein Zeugnis dafür hält das Odenthaler Kirchenbuch fest. Am 17. Februar 1747 trug der Pfarrer die Taufe des Franciscus Henricus Katterbach, spurius (unehelich), ex Schmeisig, ein. Dabei gab die Mutter, Eva Maria Schmitz, an, der Vater sei „der hochedle Herr (praenobilis dominus) Franciscus de Catterbach ex Diependahl, solle Fähnrich seyn unter den Churpfälzischen." Man kann also annehmen, daß das „edle Blut" derer von Katterbach noch heute in manchen bäuerlichen Adern, wenn auch unbekannterweise, weiterfließt! Franz Heinrich Theodor kehrte später krank nach Diepenthal zurück, wo er auch gestorben ist.

Andreas Philipp Franz Freiherr von Katterbach, später kurfürstlicher Hofrat, übernahm Haus Diepenthal. Im Jahre 1772 errang er die Königswürde beim Vogelschießen der Schützenbruderschaft in Lützenkirchen. Sein Silberschild, der an den Vogel gehängt wurde, wird noch heute treu aufbewahrt. 1785 wurde das Schützenessen im Park von Diepenthal mit großer Prachtentfaltung gefeiert. Der Freiherr ließ zur dauernden Erinnerung ein Schild mit seinem Wappen und dem Bilde seines Namenspatrons, des hl. Andreas, an den Silbervogel hängen [283]).

Im übrigen aber hat Andreas Philipp Franz von Katterbach kein allzu gutes Andenken hinterlassen. Er liebte die Zwietracht und den Streit. Den verhaßten Schwager, Ferdinand Ignaz von Worringen, wollte er durch gedungene Mordbuben umbringen lassen. Tatsächlich wurde dieser am 25. März 1797 auf dem Kirchgang überfallen und so schwer mißhandelt, daß er nach zwei Tagen starb.

Als letzter Diepenthaler und letzter von Katterbach starb der Freiherr unvermählt am 12. März 1802 im Alter von 87 Jahren.

Bereits lange vor 1600 gab es bäuerliche Familien des Namens Katterbach auch außerhalb des Ortes und des Kirchspiels Paffrath. Aus Katterbach selbst, das ans Paffrather Hofgericht lehnrührig war, waren wohl die Paffrather Schöffen Wilhelm von Katterbach 1460, Evert von Katterbach 1492, Gyß von Katterbach 1563 und 1592, Jakob zu Katterbach 1612 [284]), Derich zu Katterbach 1662 u. a. 1600 wohnen die Eheleute Diederich Katterbach und Maria im Bergfried zu Paffrath. Ein Theodor Katterbach war 1628 katholischer Pfarrer in Leichlingen, 1632 erscheint er in Opladen.

Als im Jahre 1663 der Paffrather Pfarrer Henning Niemann jede Haushaltung in der Gemeinde besuchte, um eine Spende zur Neuwölbung der Kirche zu erhalten, wird weder unter den in der Liste zu Beginn aufgeführten wohlhabenden auswärtigen Spendern noch unter den Pfarrkindern selbst ein von Katterbach erwähnt. Wohl findet man in der

---

[282]) v. Mering, Burgen, 10, S. 56 f.
[283]) Vgl. Anton Jux, Geschichte der Lützenkirchener Schützenbruderschaft. Rheinische Post, Düsseldorf 1950, 6. u. 8. Juli.
[284]) Er ist 1630 Urkundszeuge. Archiv v. d. Leyen 3127.

langen Reihe zwischen Torringen und Siefen den Hermann zu Katterbach mit einem Gulden und den Conrad zu Cattermich mit sechs Mark verzeichnet. Das sind also die beiden Bauern, die nun am alten Sitz des Rittergutes wirtschafteten. Sicherlich hatte der eine den einstigen Wirtschaftshof, der andere die Sohlstätte der einstigen Burg als Wohnsitz. Ob sie Eigentümer waren, geht aus der Eintragung nicht mit Sicherheit hervor, ist aber deshalb anzunehmen, weil der Pfarrer auch diese sonst angegangen wäre, wie es beim Hause Blech geschah [285]).

Auch als der Pfarrer Johannes Poll 1713 seine Parochianen verzeichnete, trug er für Katterbach wiederum nur zwei Familien ein. In dem einen Hofe wohnten die Eheleute Everhard und Sibilla mit ihren Kindern Martin, Anna und Wenzel, in dem anderen die Eheleute Jakob und Merrig (Maria) mit den Kindern (proles) Agnes, Wenzel, Rutger und Gertrud, dem Kind (infans) Maria Katharina und dem Johannes, der wohl Knecht war, ferner der Jungfrau Margaret, einer Schwester Jakobs. Beachtlich sind hier einige sonst seltene, ritterlich klingende Vornamen. Zu Hoppersheide nahebei wohnten die Eheleute Johannes Katterbach und Merrig mit vier Kindern und einem Knecht. Schon früher finden sich Familien des Namens Katterbach in Nittum mit einem ziemlich umfangreichen Grundbesitz. Es konnte noch nicht erwiesen werden, ob alle diese Familien mit der adligen Sippe in einem blutsmäßigen Zusammenhang stehen. Die Volksüberlieferung will es wissen, und die Möglichkeit liegt natürlich vor.

Im Hebbuch des Botenamts Gladbach vom Jahre 1758/59 ff. sind aufgeführt das Hans-Dierichs-Gut zu Katterbach mit dem Pächter Evert, später Johann Koch mit 10 Morgen; Joannes zu Katterbach (nach ihm Wilhelm, dann Henrich Schwind und die Erbgenahmen Kierdorf) mit 2 1/2 Morgen; Joannes Kohnbüchen zu Katterbach (dann Henrich Schwind und Johann Katterbach) mit 3 1/2 Morgen. Die gleiche Morgenzahl der beiden letztgenannten Gütchen läßt vermuten, daß sie durch Teilung entstanden waren. Die Zersplitterung des alten Burggutes ist offenbar.

Ein Theodor Katterbach ist 1773 Pächter der Herler Mühle, wo einst der Amtmann Adolf von Katterbach saß. In der Folge finden sich immer mehr Familien des Namens. In einer Nomerliste der Häuser der Gemeinde Paffrath um 1800 [286]) sind unter Nr 84 ein Wilhelm Katterbach, Nr 99 ein Tagelöhner Peter Katterbach, Nr 109 ein Ackersmann Rutgerus Katterbach genannt.

Im Jahre 1841 bestand der Weiler Katterbach nach v. Zuccalmaglio aus vier bis sechs ärmlichen Häusern. Damals hätten sich alte Leute noch dortiger Ruinen und Grundmauern erinnert, und man sah auf einer kleinen Anhöhe noch die Spuren von Schutt und tiefen Wallgräben. Ein achtzigjähriger Mann erzählte zu dieser Zeit, er habe von seinem Vater, der Küster und Schulmeister zu Paffrath gewesen sei (vermutlich Christian Hirten), gehört, was dieser aus Tradition und Urkunden gewußt habe. Die Erben Katterbach oder Besitzer der Burggründe zu Katterbach, welche aber nicht Katterbach hießen, sondern einen anderen Namen gehabt hätten, dessen er sich nicht mehr zu erinnern wußte, hätten diese Gründe parzellenweise verkauft und seien nach Köln gezogen. Noch zu Zeiten des Küsters seien sie aber nach Paffrath gekommen, um die Zinsen eines un-

---

[285]) Kirchenbuch Paffrath, Personenstands-Archiv Brühl.
[286]) Stadtarchiv Bergisch Gladbach A 5.

bezahlten Restes einer solchen Kaufsumme zu holen[287]). Hier klingt lediglich die Erinnerung an Gutsverkäufe mit, die tatsächlich im 18. Jahrhundert stattgefunden und aus den Paffrather Hofgerichtsprotokollen lückenlos nachgewiesen werden können, die aber in keinerlei Zusammenhang mit einem Burggut oder Rittergut Katterbach stehen, von dessen Landtagsfähigkeit in bergischer Zeit keine Spur mehr nachzuweisen ist.
Selbst der Familienname Katterbach ist seit etwa 1850 im Stadtgebiet Bergisch Gladbach und in der Nachbargemeinde Odenthal verschwunden, und nur der Ort, der einer Schulgemeinde den Namen lieh, wahrt weiterhin eine uralte Tradition.

II. DIE BURG ZU PAFFRATH UND DAS HAUS BLECH

Im Quellgrund „der Baach", des Paffrather Baches, unweit der Kirche und westlich der nach Gladbach führenden Straße, der alten Reuterstraße, liegt das Haus Blech. Heute schreibt man den ehrwürdigen Namen, der einst von einem Rasenplatz übernommen wurde, auf dem man den Flachs bleichte, abweichend von der allgemeinen Volkssprache und der früher auch fast ausschließlich gebrauchten schriftlichen Form leider meist fälschlich „Blegge".
Haus Blech ist einer der ältesten Edelsitze des Bergischen Landes. Nach Vinzenz von Zuccalmaglio erscheint ein Ritter Sigwin von Blech bereits im Jahre 1183[288]). Von diesem ist jedoch nichts Näheres bekannt. In der zweiten Hälfte des 13. Jahrhunderts tritt dagegen der Ritter Sibodo von Bleghe (gesprochen: Bleche) dank seiner engen Beziehungen zur Abtei Altenberg in deren Urkunden zu wiederholten Malen auf.
Ein fast gänzlich vermodertes Pergamentblatt meldet, daß Sibodo und seine Gattin Petronilla im Jahre 1262 um ihres Seelenheiles willen mit Zustimmung ihrer Kinder Engelbert, Heinrich, Adolf, Emund und Bruno und in Gegenwart der Gräfin Margareta von Berg dem Kloster Altenberg ihre Allodialgüter in Rheindorf schenkten. Es handelt sich dabei um einen Hof mit Ackerland, Weiden und fünf Holzgewalten im dortigen Busch, außerdem einem gewissen Anteil am Patronatsrecht über die Pfarrkirche zu Rheindorf[289]). Nicht nur die Anwesenheit der Gräfin, sondern auch die Wahl der Taufnamen für die Kinder zeugen für eine angesehene Stellung der begüterten Familie bei Hofe.
In einer landesherrlichen Urkunde vom November 1265 wird der Ritter Sibodo gemeinsam mit anderen Edelherren aus der Umgebung als Zeuge aufgeführt. Es waren Adolf von Stammheim, Adolf von Flittard, Engelbert von Bodelenberg (bei Solingen-Ohligs), Adolf de Pomerio (Odenthal), ferner der Truchseß (dapifer) Engelbert von Mielenforst, Wilhelm von Heilden (Hilden) und der Burgvogt Gottschalk von Hückeswagen[290]). Von seiner Wohlhabenheit mag wohl zeugen, daß Sibodo „de Bleghe" im Januar 1268 von der Propstei Oberpleis deren Besitzungen in Eil ankaufte[291]).

---

[287]) Die Heimat, Solingen, 1926, Nr 9.
[288]) Mülheim, S. 327 — Eine Quelle ist nicht angegeben.
[289]) Mosler I S. 171.
[290]) Ebd. S. 186.
[291]) Ebd. S. 194.

Eine Urkunde vom 15. Juli 1271 führt uns dann in den geweihten Raum der Kirche zu Paffrath (Papherode) nahe der Burg. Gewiß nutzte Graf Adolf V. die Gelegenheit, als er zur Jagd mit seinem Gefolge auf dem Fronhof sein pflichtmäßiges Gastrecht wahrnahm, in feierlicher Handlung Elisabeth, die Frau seines Paffrather Schultheißen Heinrich, der auf dem Bergfried bei der Kirche hauste, mit ihren Kindern Konrad und Jutta, und ebenso Klementia nebst den Söhnen Heinrich, Arnold, Giselbert, (noch ein) Heinrich, Peter und den Töchtern Sibilla, Adelheid, Richiza und Mathilde von der angeerbten Grundhörigkeit an seinen Fronhof zu Gladbach zu befreien. Dafür aber machte er sie dem Siechenhause zu Altenberg wachsdienstpflichtig. Hier wird Sybodo de Bleghe wiederum Zeuge, diesmal mit seinem Sohne Engelbert, ferner Johann von Merheim, dem gräflichen Truchseß Ritter Jakob, dem Priester Eustachius von Bensberg, dem gräflichen Halbwinner Hermann aus Overath und dem Amtsboten (preconis) Walter von Gladbach [292]).

Abermals tritt „Sybodo de Blechge" — nunmehr mit der Schreibweise ganz klar die richtige Aussprache weisend — am 30. März 1274 mit seinem Sohn Engelbert, mit Adolf von Stammheim und dessen gleichnamigem Sohn, mit Theodor von Elner (Allner), Gottschalk von Windhövel und dem ehemaligen Truchseß Jakob von Opladen für seinen Landesherrn als Zeuge auf [293]). Er spürte nun wohl bereits die Beschwerden des Alters und rüstete für den Tod und sein Seelenheil. So ließ Sibodo sich im Dezember desselben Jahres zu Altenberg vom Abt Dietrich und dem Konvent beurkunden, daß sie sich verpflichteten, sein, seiner Gattin und Kinder Jahrgedächtnisse an den vier hohen Marienfesten eines jeden Jahres feierlich zu begehen. Dann sollten die Mönche anschließend mit Weißbrot, Wein und Fischen bewirtet werden [294]).

An einer Urkunde vom März 1280, mit der Johann von Osenau eine Rente aus einer Wiese bei Bechen stiftet, ist das Siegel „SIBODONIS DE BLECCHE MILITIS" (Umschrift), ein dreieckiger Schild mit zwei wechselseitig gezinnten Querbalken, erhalten. Das Wappen beweist, daß die Ritter von Blech zum ältesten bergischen Adel gehörten. Mit Sibodo sind der Pfarrer (plebanus) Theodericus von Odenthal, Iwanus von Kalterherberg, Wolberus von Bechge, der Steinmetz (lapicida) Konrad von Mutz (Moczoe) und der Frone Wenemar von Osenau Zeugen der Handlung [295]).

Wahrscheinlich war der Ritter Sibodo de Bleghe bereits schwer erkrankt, als er am 22. Januar 1282, nachdem er das Kloster zu Altenberg für sich und seine Gattin zur letzten Ruhestätte gewählt hatte, erklärte, daß dieses ihm nichts mehr schulde. Mit ihm hängten die Pfarrer Heinrich von Lützenkirchen, Wilhelm von Bensberg und Albert von Gladbach ihre Siegel an die Urkunde, wobei der letztgenannte sich eines Siegels mit der Hausmarke des Herman Ros . . . (vom Roß?), der vielleicht sein Vater war, bediente [296]).

Offenbar ist Sibodo von Blech bald danach gestorben, doch ist der Ort seiner Grabstätte in Altenberg verschollen. Sein Sohn Emund blieb ebenfalls ein Förderer der Abtei. Mit seiner Gattin Honesta von Elverfeld schenkte er dem Kloster noch unter dem Abt Mar-

[292]) Ebd. S. 205 f.
[293]) Ebd. S. 233.
[294]) Ebd. S. 235.
[295]) Ebd. S. 258 f.
[296]) Ebd. S. 270 f.

silius, der 1289 starb, einen Erbzins am Altenberger Hof zu Schönrath von 11 1/2 Solidi und 11 Hühnern [297]).

Der Ritter Johann von Blechge genannt Quade, der am 6. März 1322 als Urkundszeuge auftritt [298]), vermutlich ein Enkel des Sibodo, gibt mit seinem Beinamen möglicherweise einen wichtigen Hinweis zur Herkunft des Geschlechtes, zumal der doppeltgezinnte Querbalken im Wappen der Familie Quad mit dem derer von Blech übereinstimmt. Johann und seine Gattin Hadewig besaßen eine Erbrente von 6 Malter Roggen, die auf einem Drittel der Mühle des Ybert von Molenheim (Mülheim), ferner eine Erbrente von 8 Malter Roggen, die auf der Halbscheid der Mühle des Hermann genannt Essich, lastete. Am 22. August 1326 bestimmte das Ehepaar mit Einwilligung seiner Kinder Arnold und Wilhelm, daß von diesen beiden Jahresrenten die Klöster Dünnwald und

Rittersitz Blech

Altenberg je 1 Malter, die Tochter Lysa, die Klosterjungfrau in Dünnwald war, dagegen zeitlebens die übrigen 12 Malter erhalten sollte. Nach Lysas Tode sollte dann das Kloster Altenberg weitere 7 Malter beziehen. Dafür mußten die Zisterzienser das Jahrgedächtnis der Familie auf St. Gregoriustag begehen; sollten sie das jedoch versäumen, so ging die Rente an das Kloster Dünnwald über.

Mit Johann von Bleygge siegelten die Urkunde sechs andere Ritter der nächsten Umgebung, nämlich Engelbrecht von Uphoven, Werner von Rheindorf, Ludwig von Deutz, Heinrich von Schönrath, der Küchenmeister Adolf von dem Bungart (Odenthal) und Adolf von Hortenbach der Alte. Bemerkenswert sind auch die Zeugen: Gerhard von

---

[297]) Ebd. S. 308 f.
[298]) Ebd. S. 478 f.

Buchheim, Gerhard auf dem Hof (Hoverhof?), Tilmann gen. Steinweder, Hermann Schiffmann von Buchheim, der Schultheiß Sybart, sein Sohn Ludwig gen. Unkelmann und sein Vater, Sybart der Alte, der Vogt Engelbrecht, Johann gen. Paffe (ein Geistlicher?) und der Schmied Tilman [299]). Wieder bestätigt der Kreis der Zeugen es fast mit Sicherheit, daß der Wohnsitz des Geschlechtes auf dem Haus Blech zu suchen ist.

Am 27. September 1328, als wahrscheinlich die Gattin Hadewig schon gestorben war, übertrug der Ritter Johann de Bleghe dem Kloster Altenberg eine jährliche Rente von 12 Malter Roggen aus einer Hufe Ackerland bei Monheim. Auch für diese neue Stiftung sollten die Mönche ein Jahrgedächtnis für ihn und seine Gattin halten, und zwar am Tage vor dem Gründonnerstag, der wohl Hadewigs Sterbetag gewesen war. Dabei sollte jedem Bruder des Konvents im Refektorium eine Pitanz (klösterliche Portion) gereicht werden. Zum Beweise dafür, daß die Verpflichtung des Jahrgedächtnisses auch erfüllt wurde, mußte jedesmal dem Nonnenkonvent zu Dünnwald eine Portion übersandt werden, andernfalls die Rechte an diesen verlorengingen [300]).

Damit geht die Spur dieser ritterlichen Familie von Blech verloren. Um 1400 kauften die Jungfrauen zu Dünnwald den (ungenannten) Erben zu Blech den Eschenbruch, ein umfangreiches Waldgelände bei Paffrath, ab [301]). Ob die Besitzerfamilie sich später hinter dem Namen Quad verbirgt, wissen wir nicht. Zwar taucht 1406 bis 1419 ein Peter von Blecheren, auch Peter Herynk von Blecheren genannt, in Urkunden auf, der mit Katharina, einer Tochter des Dietrich von dem Vorste vermählt war [302]). Es scheint sich bei ihm aber um den Ort Blecher zu handeln.

Das alte Rittergut Blech selbst ist kurz nach dieser Zeit im Besitz der Familie von Mensingen, auch Mentzingen, Minsingen oder Myntzingen geschrieben. Ulrich von Mentzingen tritt 1429 und 1430 als Amtmann von Steinbach auf [303]). Bis 1445 ist er dann bald Zeuge, Besiegler oder Scheidsrichter und war bergischer Rat und Marschall. Für eine Restforderung von 1400 Gulden waren Schloß und Amt Bensberg-Porz am 14. Februar 1447 noch auf Jahresfrist bis zur Tilgung der Schuld an den Ritter Ulrich von Mentzingen vom Landesherrn verpfändet [304]).

Aus der Ehe Ulrichs mit Mechtild, der Tochter des Konrad von der Horst (bei Hilden) und Witwe des Gerhard von Waldenburg gen. Schenkeren (den sie 1420 geheiratet hatte), gingen mehrere Kinder hervor: Katharina heiratete Johann von Hanxleden zu Esborn; Margareta wurde Nonne und war 1474 bis 1514 Meisterin im Kloster zu Dünnwald. Dietrich wird 1466 auf dem bergischen Ritterzettel erwähnt; Konrad erbte das Haus Blech.

Allerdings nennt das Rote Meßbuch von Paffrath für das Jahr 1448 des „Herrn Oelrichen van Mensyngen „Hausfrau Stynen (Christina) mit Namen; es war wohl seine zweite Frau [305]). Für 1449 führt es auch Reymar als „Halfen vom Bleche des Herrn

---

[299]) Ebd. S. 499 f.
[300]) Ebd. S. 505.
[301]) Annalen 87 S. 36.
[302]) MBGV 11 S. 118 — Aegidius Müller gibt keine Quelle an.
[303]) Josef Külheim in: Ruhmreiche Berge 1950, 2.
[304]) Annalen 25 S. 192.
[305]) Annalen 87 S. 7.

Urbach (Orbach), Ludwig auf der Bach (Paffrath), Gottschalk von Zündorf, Wilhelm Oelryxs van Mensynghen Ritter" an[306]), ebenso „Jacob den weirt (zum Pohl), Herrn Eulrychs, kelner van Mensinghen und hoves amptmann tzo Paffrode"[307]).

Ulrichs Sohn Konrad verkaufte im Jahre 1463 den Rittersitz Blech samt der neben der Paffrather Kirche stehenden alten Burg, dem Berfert oder Bergfried, an den Kölner Dompropst Pfalzgrafen Stephan bei Rhein, der selbst wiederum alles dem Domstift übereignete, dem die Kirche und der Fronhof mit dem Hofgericht bereits gehörten. Von jetzt ab wurde Blech als erzbischöfliches Lehen ausgegeben. Erzbischof Hermann IV. belehnte im Jahre 1485 Wilhelm von der Reven (auch „von den Reven" genannt) mit dem „Blechhof". Aus dieser Bezeichnung könnte man wohl entnehmen, daß es sich um eine kleinere Burganlage handelte, bei der die Wirtschaftsgebäude das Herrenhaus an Größe überragten. Wilhelm war ein Sohn des Gerhard von der Reven, der 1444 das Haus Lohmar kaufte, nachdem es bereits 1408 an seine Familie verpfändet worden war[308]). Das Geschlecht stammte ursprünglich aus der Stadt Köln, wo von seinen Mitgliedern schon früher Stiftungen für die Armen errichtet worden waren. Sein Wappen zeigte in blauem Felde einen goldenen Anker, rechts schräg gelegt[309]). Allerdings spricht von Mering auch von einem goldenen Mauerbalken in blauem Felde[310]).

Wilhelm von der Reven trat 1481 gegen eine Besoldung von 60 Gulden und Stellung der Hofkleidung in den Dienst des Kölner Erzbischofs. 1493 belehnte ihn der Herzog von Berg mit der Mühle in Lohmar; 1496 wird er auch als Besitzer des Hauses Auel bei Honrath genannt[311]). Am 25. November dieses Jahres trat er als Zeuge bei der Eheberedung zwischen Johann von Kleve und Maria von Berg auf. Seine Gattin, deren Vornamen nicht bekannt ist, stammte aus der Familie von Lippe genannt Hoen. Sie schenkte ihm drei Söhne: Gerhard, der 1557 am Waldgeding zu Lohmar teilnahm; Wilhelm, verheiratet mit Elisabeth von Elverfeld, der 1557 bis 1560 in Urkunden erscheint; und Bruno.

1544 wird Wilhelm von der Reven in den Protokollen des Strunder Bachgedings zu Iddelsfeld und des Waldgedings der Strunder Gemark erwähnt, ebenso Bruno von 1563[312]) bis 1574.

Bruno erhielt das Haus Blech, war Pfandherr des Paffrather Hofgerichts und hatte mit seiner Gattin Anna, die 1587 Witwe war, zwei Söhne, Vinzenz und Reinhard. Sie werden in Urkunden 1585 und 1600 und in den Paffrather Hofgerichtsprotokollen bis 1620 genannt. Reinhard war wahrscheinlich um 1600 auch Besitzer des Rittergutes Zurmühlen bei Siegburg[313]). Als Besitzer von Blech und Fürstlich Bergischer Rittmeister nahm er 1612 an der Versammlung der Ritterschaft in Opladen teil. Mit seiner Gattin Gertrud, der Tochter des Heinrich von Calcum gen. Lohausen und der Christine von Egeren, die

---

[306]) Ebd. S. 14.
[307]) Ebd. S. 35.
[308]) Erst unter Jobst Max von der Reven († 1693) wurde Lohmar wieder veräußert. — Renard, Kunstdenkmäler des Siegkreises, S. 122.
[309]) v. Mering, Burgen VII S. 78.
[310]) a. a. O. IX S. 98.
[311]) a. a. O. VII S. 78.
[312]) Zuccalmaglio, Mülheim, S. 391.
[313]) v. Mering IV S. 69.

1649 noch lebte, kaufte er ein Weingartsgut zu Niederkassel für 450 kölnische Taler und tilgte eine auf dem Hause Blech lastende Schuld von 3300 kölnischen Talern, die von seinem Vater Bruno von der Reven den Hofackers Erben gegenüber auf Grund einer fällig gewordenen Bürgschaft bestand [314]).

Reinhard von der Reven, der auch selbst das Amt des Hofschultheißen in Paffrath versah, schloß am 4. März 1614 vor den beiden Land- und Hofscheffen Johann Paul Scheurmann und Johann Steinkruch einen Vertrag mit dem Fronhalfen Ludwig und dem Thönis auf der Burg und Konsorten, die als Erben Conrads zwei Feuerstätten auf dem Berg zu Paffrath innehatten, ebenso mit den Erben des Clemens in den Höfen, die ein Gut auf dem Flachsberg, Caspars Gut genannt, von einem gewissen Dreß (Andreas) bewohnen ließen. Er erlaubte ihnen, von diesen Gütern aus die Gasse zum Revensweiher und zu dem dortigen Pütz zu benutzen, um darin das nötige Wasser zu holen und ihr Vieh zu tränken, auch „zu waschen und zu fringen". Sie mußten sich aber verpflichten, den Zaun der Wiese entlang in gutem Stand zu halten, damit darin kein Schaden geschehe, ferner die Gasse und den Weiher auszufegen. Sie durften jedoch keinen Flachs oder Hanf im Weiher und auf der Wiese „deichen noch rösten". Ferner verpflichteten sich Ludwig und Thönis, die auf der Gasse lastenden 18 Raderschilling an Schatzgeld, und die Erben des Clemens in den Höfen ein Viertel Korn, ferner Dreß auf dem Flachsberg ein halbes Viertel Gerste jährlich an den Schatzboten der herzoglichen Kellnerei zu Bensberg abzuliefern [315]).

In dem letztgenannten Jahre tritt Reinhard von der Reven auch als Pfandherr und Lehnsrichter des Domkapitels in Paffrath auf. 1631 lag er wohl auf dem Krankenlager; denn Clemens zu Hebborn war sein Statthalter am Gericht. Reinhard starb 1632, und fortan galt seine Witwe Gertrud als Pfandfrau, ließ sich aber bei Gericht durch den Peter zu Weyer vertreten, allerdings nur knapp zwei Jahre lang. Dann hatte sie sich offenbar mit Arnold von Deutz, dem kurkölnischen Amtmann von Wevelinhoven, wieder vermählt, der nun in den Protokollen als Lehnsverwalter derer von der Reven auf Haus Blech erscheint und die gerichtlichen Obliegenheiten mit Tatkraft und Klugheit versah. Im Juni 1643 bezeugt der Paffrather Fronhalfen, der auf dem Haus Blech eine Zahlung leisten wollte, daß er „dermalen der Kriegsgefahr halber dort niemand einheimisch gefunden habe" [316]).

Als nun 1646 Gertruds Tochter aus erster Ehe, Anna Christina, den Johann von Meisen (oder Meisenbuch genannt) aus Zeußen im Waldeckschen geheiratet hatte, wurde dieser zunächst Lehnsrichter, mußte jedoch, als bald nach der Hochzeit die kinderlose Gattin starb, wieder weichen [317]). Er besaß lediglich noch ein Anrecht auf die Nutznießung des Erbes seiner Gattin und auf die Auszahlung einer Summe von 500 Reichstalern, „wie in dotatis aus der verstorbenen Ehegeliebsten Gütern eigentlich gebührt" für den Fall, daß sie ohne Leibeserben bliebe. Dagegen fiel das Eigentumsrecht am Hause Blech an die nächsten Blutsverwandten zurück. Da Johann aber in seiner Heimat wohnte und die große Entfernung ihm die Verwaltung seiner bergischen Güter erschwerte, verkaufte er

---

[314]) a. a. O. XII S. 151. — MBGV 13, S. 119.
[315]) Guten Abend 1928, 29.
[316]) Protokoll des Hofgerichts.
[317]) Vgl. Ferdinand Schmitz in: Ruhmreiche Berge 1936, 1.

am 17. August 1649 alle Rechte nebst der Pfandschaft von 1000 Reichstalern und dem Anspruch auf jene 500 Reichstaler an die Erben seiner Frau [318]).

Arnold von Deutz, der nun den Vorsitz des Paffrather Lehngerichts wieder übernommen hatte, starb im Jahre 1654. Damals wohnte bereits der Junker Heinrich von der Reven auf dem Hause Blech. Die Scheffen des verwaisten Gerichts schickten in demselben Jahre zu ihm und ließen ihn zu ihrer Sitzung laden in der Meinung, er sei nun der Pfandherr geworden. Da Heinrich der Aufforderung jedoch nicht folgte, wurde ohne ihn Recht gesprochen. Der Junker hatte guten Grund zum Fernbleiben, da zu dieser Zeit die Erbfolge auf dem Rittergute noch völlig ungeklärt war. Erst am 16. Januar 1655 huldigten ihm die Paffrather Lehnsleute als Lehnsverwalter.

Dieser Heinrich, als Kapitän aus Kriegsdiensten zurückgekehrt, war ein Urenkel des Wilhelm von der Reven und dessen Gattin Elisabeth von Elverfeld. Deren einziger Sohn Kaspar hatte drei Kinder hinterlassen: Bernhard, Wilhelm Dietrich und Elisabeth. Bernhard war der Vater des obengenannten Heinrich, der sich mit Margaretha von Hammerstein vermählte. — Wilhelm Dietrich und seine Gattin Elisabeth von Galen hatten vier Kinder, von denen die Tochter Maria Agnes im Jahre 1647 den Konrad Gumprecht von Velbrück, Amtmann zu Lülsdorf und Löwenberg, heiratete [319]). Ihre drei Geschwister waren zur Zeit des Verkaufs 1649 noch minderjährig. — Elisabeths Gatte war Johann von Gevertzhan, dem sie einen Sohn Johann Kaspar und eine Tochter Elisabeth gebar, die den Johann Friedrich von Katterbach zu Diependahl bei Lützenkirchen ehelichte.

So treten denn mit jenem Heinrich von der Reven als angeblich erbberechtigte Anwärter auf den Besitz des Hauses Blech ebenfalls auf: Johann Kaspar von Gevertzhan auf dem Haus Zurmühlen bei Siegburg und seine Gattin Helena von Katterbach, Johann Friedrich von Katterbach, der Oberstwachtmeister Konrad Gumprecht von Velbrück auf dem Hause Grafen bei Richrath und die drei minderjährigen Kinder der Witwe Elisabeth von der Reven geb. von Galen auf Haus Vorst, deren Rechte die Mutter wahrnahm.

Wie mag der Halfmann Wilm zu Büchel auf dem Blecher Gutshofe, der 1663 für die Erbgenahmen des Hauses Blech einen Beitrag von 4 Reichstalern zur Neuwölbung der Kirche zahlte, mit seinen Verpflichtungen gegen eine solche Zahl von Anwärtern zurechtgekommen sein! Denn mit ihnen erhoben auch die Gebrüder von Calcum gen. Lohausen Ansprüche auf das Erbe; denn ihr Vater Ludolf war der Bruder Gertruds, der Gemahlin des Reinhard von der Reven gewesen. Gertrud hatte zudem einen Heiratspfennig von 2300 Reichstalern in das Haus Blech eingebracht, auf dessen Herausgabe die Brüder 1664 klagten.

Es erscheint auffällig, daß die Herren von Calcum gen. Lohausen schon 1658 in das Haus Blech eingezogen waren. Am 1. Juli dieses Jahres nahm einer der Brüder mit dem Junker von der Reven an der Hofgerichtssitzung teil. Heinrich von der Reven führte auch 1664 noch den Vorsitz am Gericht. Wohl um ihr Teilerbrecht zu bekunden, nahmen auch die anderen Erben zuweilen an den Sitzungen teil. Bei einer Verhandlung im Beisein des Amtmanns Adolf von Katterbach war die Weistumsrolle nicht zur Stelle. Da schickte man zum Hause Blech, sie dort aus der Gerichtskiste zu holen. Aber die Herren

---

[318]) v. Mering u. Aegidius Müller, a. a. O.
[319]) Oswald Gerhard, Adelsfamilien S. 45.

von Lohausen verweigerten die Herausgabe. Aus dem folgenden scharfen Einspruch des Gerichtsvorsitzenden klingt das gespannte Verhältnis der beiden Parteien heraus [320]).

Im Jahr 1670 sprach das Obergericht den von Calcum-Lohausen tatsächlich die Hälfte der Erbschaft zu. So wurde denn zugleich Heinrich Adolf von Calcum gen. Lohausen auch Lehnsherr am Hofgericht; er starb jedoch im folgenden Jahr, und sein Bruder Hermann Gumpprecht übernahm das Amt. Er nannte sich Herr zu Blech und stand als Obrist und Kommandant von Einbeck in lüneburgischen Kriegsdiensten. Vermutlich hatte er die übrigen Besitzanteile von seinen Verwandten aufgekauft. Auf den siebten Teil des Blecher Erbes erhob seit dem Jahre 1670 die Witwe des Heinrich von der Reven (des Sohnes von Bernhard von der Reven), Anna Margareta geb. von Hammerstein, aus Haus Auel Anspruch, ohne damit bei Gericht durchdringen zu können. Ihre Kinder setzten den Rechtsstreit fort. Am 24. Januar 1692 kam in dieser Angelegenheit zwischen ihren Schwiegersöhnen Johann Gerhard Stael von Holstein, verheiratet mit Johanna Gertrud von der Reven, und Andreas Johann Hendrich Stael von Holstein, verheiratet mit Anna Margareta von der Reven einerseits, sowie ihren beiden Söhnen, darunter Johann Gottfried von der Reven, ein Vergleich zustande [321]), der auf Haus Eulenbroich abgeschlossen wurde. Der Inhalt ist unbekannt, doch wurde einem Herrn von der Reven, offenbar Johann Gottfried, nach dem Tode des Freiherrn Hermann Gumpprecht von Lohausen am 30. Juli 1694 durch den General-Landmesser Johann Philipp von Hochstein ein Siebtel des Hauses Blech und des „adligen Vorteils" abgeteilt und durch das Los zugewiesen. Die Freifrau W. von Lohausen erhielt die übrigen sechs Siebtel, sowie das Erbrecht auf das abgetretene Siebtel; sie sollte ferner an Herrn von Reven 200 kölnische Taler zahlen, während sie anderseits von ihm verlangte, ihr den siebenten Teil der von ihr am Hause aufgewandten Baukosten zu erstatten. Obgleich ein diesbezüglicher Vertrag von der Freifrau und dem Bevollmächtigten des Herrn von Reven unterschrieben worden war, erkannte von Reven ihn nicht an.

Deshalb ließ der Oberschultheiß des Amtes Porz, Johann Jakob Rheinfelden, trotz des Protestes der Freifrau am 30. Juni 1695 eine erneute Teilung des Hauses Blech vornehmen und eines von den ermittelten Siebteln dem Herrn von Reven zuweisen.

Das „Protocollum über Abteilung des Hauses Blech, samt einer Designatio des Herrn Hochstein" hat sich im Besitze von Nachkommen einstiger Besitzer des Hauses Blech erhalten [322]), leider ohne die zugehörige Zeichnung. Doch auch so gewährt das Protokoll einen guten Einblick in das ganze adlige Haus zu jener Zeit vor dem Umbau, gibt alle Räume und selbst ihre Größe an, so daß man seine bescheidenen Ausmaße erkennt und auch auf die Lebensgewohnheiten schließen kann.

Das Protokoll lautet:

> „Demnach bey Ateilung des Hauses Blechs Gütere varab dem Herrn von Reven 1/7 Anno 1694 am 30. July durchs Loß angewiesen, und aus dem adelichen Vorteil 1/7, worin Jacht und alles, was demselben anklebig, mit begriffen gewesen, die Freyfrau von Lohausen erblich

---

[320]) Hofgerichtsprotokolle Paffrath in: Ruhmreiche Berge 1936, 1.
[321]) Eine Kopie des Vergleichs befand sich im Hausarchiv zu Blech; sie ist verschollen.
[322]) Es befand sich im Besitz von Herrn Direktor Franz Landwehr † in Bergisch Gladbach und wurde dem Verfasser in dankenswerter Weise zur Verfügung gestellt. — Herr F. Landwehr starb am 27. Januar 1961.

an Ihr zu behalten, und hochgemeltem Herren von Reven mit zweihundert Cöllnischer Taler zu bezahlen contrahirt worden, gleich solcher Contract Kaufs und Verkaufs in deme damals gemachten Teil-Zettull von auch hochgemelter Freyfrawen von Lohausen einer, und Herren Lang, als Bevollmächtigter des Freyherren von Reven, nebens mir und beiden Scheffen, Johannen Kißell und Gerhard Gehrats, eigenhändig unterschrieben, solcher Kauf und Contract aber von mehr hochgemeltem Herrn von Reven vermög eines von demselben unterm 8. August 1694 an Fraw von Lohausen abgelaßenen Schreibens nicht gehalten werden will, als ist uf deßen Ansetehen kraft Ihrer Churfürstlichen Durchlaucht Oberscholtheißen zu Portz Herrn Johan Jacoben Rheinfelden erteilten Bescheids mit Abteilung des adelichen Vorteils/: wagegen ofthochgemelte Freyfraw von Lohausen zierlichst protestirt und ihr aller gebührlicher Rechtsbehülfen vorbehalten haben wolle:/ verfahren, das Loß gezogen und erfallen wie folgt:

1. Loß:

Der Saal mit dem Camyn 20 Fueß lang und 13 1/2 Fueß breit. Deme zugesetzt das Reuchhaus, woraus nach Belieben eine Cammer zu machen.
Item das Kellergen Nr 1.
Der halbe Söller über dem Rauchhaus Nr 1 sich erstrecket.
Aus Scheur und Stallung vor 1/7 ist zugesetzt:
Erstlich 1/7 aus dem Schoppen negst der Pforten.
1/7 aus dem Häußgen an der Pforten, das Teil negst gemelter Pforten.
Aus dem Schweinstall 1/7 negst oben gemeltem Pfortenhäußlein.
Item 1/7 aus der Rey-Wandt neben dem Schweinstall.
Ferner 1/7 aus der Scheuren; soll dies Loß hernegst der understen Pforten 4 Fueß breit aus der Wesch und dan das übrige oben über der Pforten.
Item 1/7 aus dem newen Viehstall negst neben der Scheuren.
Item 1/7 des Hauß-Weyers vom Eck der Brücken zur rechten Hand bis ufs Eck des Schoppens nach dem Bongart zu.
Item 1/7 des Scheuren-Weyers hinderm newen Viehstall die Seite negst dem Bruchgarten hinder der Scheuren.

2. Loß:

Die Cammer neben dem Stall, im ersten Loß gemelt, 23 1/3 Fueß lang und 16 1/2 Fueß breit. Deme zugesetzt des Halfmans Küchen Nr. 9.
Item das Kellergen Nr. 2.
Fals diese Cammer der Fraw von Lohausen erfället, soll sie von daraus einen Gang zum Turn haben, 3 1/3 Fueß breit, 6 1/3 Fueß hoch im Licht.
Der alte Soller über die Cammer Nr. 19.
Item 1/7 aus dem Schoppen neben dem ersten Loß.
Aus dem Häußgen an der Pforten 1/7 neben dem ersten Loß.
1/7 Teil des Schweinstalls neben dem ersten Loß. Item 1/7 der Reywand neben dem ersten Loß.
Item 1/7 aus der Scheuren negst dem ersten Loß an der Pforten.
Item 1/7 des newen Viehstalls neben dem ersten Loß.
1/7 aus dem Haußweyer neben dem ersten Loß, langs den Bongart.
Item 1/7 aus dem Scheuren-Weyer neben dem ersten Loß.

3. Loß:

Der Ober-Saal zum Teil, 20 Fueß lang und 13 1/2 Fueß breit.
Deme zugesetzt des Halfmanns Cammer Nr. 19.
Item das Kellergen Nr. 3, so ein Tür auswendig negst dem Turn zu machen hette.
Der halbe Sall-Soller Nr. 22 über dem obersten Saal, vom Ortschacht der Tür bis uf ein Zeichen am Giffell, negst dem Tor zu, 15 Fueß breit.
1/7 aus dem Schoppen neben dem zweiten Loß.
Item aus dem Häußgen an der Pforten 1/7 neben dem 2. Loß.
1/7 aus dem Schweinstall neben dem 2. Loß.
Item 1/7 aus der Reywand neben dem 2. Loß.
Item 1/7 aus der Scheuren neben dem zweiten Loß.
1/7 des newen Viehstalls neben dem 2. Loß.
1/7 des Haußweyers neben dem 2. Loß.
Item 1/7 des Scheuren-Weyers neben dem 2. Loß.

4. Loß:

Das Reuchhaus Nr. 18.
Item die Brawhauß-Küch Nr. 8.
Das Kellergen Nr. 5, worin die Thür aus obgemelter Küchen zu machen diesem Loß freistehet.
Der halbe Saal-Söller Nr. 23 neben des 3. Loses Söller am Giffell nach der Brücken zu, 11 Fueß breit.
Fals obgemelte Küche dem Herrn von Reven fallen würde, soll er der Fraw von Lohausen einen anderen Backofen helfen machen und darin deroselben $^6/_7$ der Kosten gut tun. Würde aber diese Küche der Fraw von Lohausen erfallen, hette sie dem Herrn von Reven $^1/_7$ dessen gutzumachen.
Item $^1/_7$ aus dem Schoppen neben dem 3. Loß.
$^1/_7$ aus dem Häusgen an der Pforten neben dem 3. Loß.
Item $^1/_7$ der Rey-Wand neben dem 3. Loß.
$^1/_7$ der Scheuren neben dem 3. Loß.
$^1/_7$ des newen Viehstalls neben dem 3. Loß.
Item $^1/_7$ des Haußweyers neben dem 3. Loß.
Item $^1/_7$ des Scheuren-Weyers neben dem 3. Loß.

5. Loß:

Die halbe newe Cammer Nr. 17 mit dem halben Camyn, 13 Fueß breit am Gang.
Item das Pforten-Cämmerlein Nr. 21.
Das Kellergen Nr. 4.
Der Trüge Söller über der new Cammer Nr. 16 und 17, ist mit Nr. 24 signirt.
$^1/_7$ aus dem Schoppen neben dem 4. Loß.
Item aus dem Häußgen an der Pforten $^1/_7$ neben dem 4. Loß.
$^1/_7$ des Schweinstalls neben dem 4. Loß.
Item $^1/_7$ der Reywand neben dem 4. Loß.
$^1/_7$ der Scheuren neben dem 4. Loß.
Item $^1/_7$ des newen Viehstalls neben dem 4. Loß.
Item $^1/_7$ des Hauses Weyer neben dem 4. Loß.
Item $^1/_7$ des Scheuren-Weyers neben dem 4. Loß.
Praesentatum den 30. Juny 1695. H. B. Lang mppria.

6. Loß:

Die übrig halbe newe Cammer Nr. 16, welches Loß an diesem Zimmer ein Tür vom Gang zu machen hette.
Das Kellergen Nr. 6.
Item die Cammer oder Stube Nr. 10 neben des Halfmans Küchen Nr. 9, welche Stube bis vorne an den Gang zu extendiren ist.
Der Söller uf dem Haangebälks, über dem Saal-Söller, und obzwaren nit gebünnet, so muß doch, weilen kein ander equivalent zu finden, dem anderen welche auch fast wenig Nutz seind, gleich gehalten werden.
$^1/_7$ aus dem Schoppen neben dem 5. Loß.
Aus dem Pfortenhaußgen $^1/_7$ neben dem 5. Loß.
$^1/_7$ des Schweinstalls negst dem 5. Loß.
Item $^1/_7$ der Rey-Wand neben dem 5. Loß.
$^1/_7$ der Scheuren neben dem 5. Loß.
Item $^1/_7$ des Hauses — und $^1/_7$ des Scheuren-Weyers, neben dem 5. Loß.

7. Loß:

Die Cammer Nr. 15, so neben dem obern Saal zu machen, 16 $^1/_2$ Fueß breit.
Item die Stube Nr. 11.
Das Kellergen Nr. 7.
Item der halbe Gang oben zwischen dem Obersaal und des Halfmans Kämmergen, oben der Küch, die Seite under dem Träpgen negst dem Kämmergen Nr. 20.
Der Söller des Taubenhauß Nr. 26; umb darauf zu kommen, muß die Träppe bekleidet und unten vor selbigem Träpgen ein Portal gemacht werden, so jeder Teil zur Halbscheid zu zahlen schuldig.
Item $^1/_7$ vom Schoppen, neben dem 6. Loß bis ufs Eck am Haußgraben.
Aus dem Pforten-Häußgen $^1/_7$ neben dem 6. Loß, bis an den Schweinstall.

Item 1/7 des Schweinstalls neben dem 6. Loß bis an die Rey-Wand.
Item 1/7 der Rey-Wand neben dem 6. Loß.
Item 1/7 der Scheuren neben dem 6. Loß bis hinden am Weyer.
1/7 des newen Viehstalls neben dem 6. Loß negst der Rey-Wand.
Item 1/7 des Haußweyers neben dem 6. Loß einer- und erstes Loß anderseits.
Item 1/7 des Scheuren-Weyers, neben dem 6. Loß und Garten hinter der Rey-Wand.

Ehe und bevoren die Loßer gezogen, werden folgende Conditiones billig vorbehalten, denen ein jeder nachzuleben willig und schuldig sein solle.
Unden im Saal muß vor die Tür inwendig ein Portal gemacht werden, damit 1. und 2. Loß ein jeder uf sein Zimmer kommen könne. Dan wird ein Gang nötig sein, fals das 2. Loß Fraw von Lohausen erfallen würde, umb auf dem Turn zu kommen, welcher Gang 3 1/3 Fueß breit und 6 1/2 Fueß hoch im Licht sein soll, wie bey der Abteilung angewiesen, ebenfals müste auch oben auf dem Saal ein Gang und Portal gemacht werden.
Desgleichen ist ein Gang von 3 Fueß Breit, umb aufs Reuchhaus zu kommen, uf der Cammer Nr. 19 im 3. Loß zu machen, nötig, fals das 3. Loß dem Herrn von Reven fallen würde.
Gleichmäßig ufm trügen Soller, im 5. Loß gemelt, fals dem Herrn von Reven dieser oder das Taubenhaus fallen wird, müßte vor der Trappen an der Tür ein Portal sein, wie im 7. Loß vermelt, solte die Stub Nr. 11 im 7. Loß dem Herrn von Reven zufallen, ist nit weniger ein Portal und Träpgen in selbiger Stuben nötig zu machen, umb bedeckt uf das ander Türngen an dieser Stube zu kommen.
Und was sonsten mehr vor Portal und Scheidwände, auch Mittel-Zäune durch die Weyeren zu machen seind, solle ein jeder die Halbscheid zu tragen schuldig sein.
Weilen die Fraw von Lohausen die beyde gemelte Türnger uf die Eck des Hauses erbawet und Herr von Reven in solchen Bawkosten nichts tragen will, als seint solche aus der Teilung blieben und der Fraw von Lohausen allein gelaßen.
Was sonsten am Schoppen, Pforten-Häußgen, Reywand etc. /: so alles auf 7. Teil gesetzt:/ die Fraw von Lohausen an Bawkosten praetendirt und bey voriger Rechnung nit zu gut kommen, sondern reservirt blieben seye, solches hette Herr von Reven deroselben nach rechtlicher Decision gebührlich abzustatten. Bey Entstehung deßen könten abgemelte 3. Teil newer Gebaw der Fraw von Lohausen ganz gelaßen werden, und Herr von Reven sich derselben begeben, gleich solches, mit beiden Türnger beschehen ist.
Was aber die nötige Reparation des Hauses, Scheuer und Stallung betrifft, worin Herr von Reven ein siebenden Teil hat, solches alles inskünftig in guten Dach und Fach aus- und inwendig zu halten, darin hat oftgemelter Herr von Reven rechter Proportion nach ein siebenden Teil zu tragen.
Als diesem nach die Loßer zu ziehen die Freyfraw von Lohausen dazu gebührent eingeladen worden, ist von deroselben beikommende schriftliche Protestation übergeben und deme unerachtet mit Ziehung der Loßer salvo jure cuiuscunque verfahren worden. Worauf durch ein unmündiges Kind das Loß gezogen, in Gegenwart des Herrn Lang gelegt worden, und ist dem Freyherrn von den Reven das fünfte Loß, übrige 6 Loßer Freyfraw von Lohhausen erfallen.
So geschehen ufm Hause Blech im understen Saal, den 30. Juny 1695.
In fidem Joh. Ph. Hochstein, mppria.

Folgt Tenor Protestationis.
Nachfölglich Ihrer Churfürstlicher Durchlaucht wohlverordneter Herr Oberscholtheiß zu Portz etc. den 11. Juny an den Herrn General-Landmesser Hochstein Befelch erteilt hat, daß er das am 30. July 1694 an mir erkauftes ein siebenden Teils adelich Vorteils am Hauß Blech und was selbige anklebt, Jagt und Fischereygerechtigkeit, an dem Freyherrn von den Reven solte abmeßen, so habe selbigem Befelch Gehorsamb geleistet, doch mit Vorbehalt meines Rechtens. Weilen dan auch ferner Herr Oberscholtheiß ebenmeßig befohlen hat, daß Herr von den Reven mir vor die anerbawte und fernere recht erkente Meliorations-Bawkösten zu 1/7 Teil abstatten und mir darvon befriedigen solte, weilen aber bei dieser Teilung wegen Freyherrn von den Reven sich niemand gefunden, der solche Abstattung hette getan, auch noch viel weniger sich keiner mit schriftlicher Vollmacht mir Versicherung tut, daß selbige Abstattung geschehen solle, also protestire hiemit, daß keine Loßung, keine Anweisung erkent soll werden, bis darahn Freyherr von den Reven die von mir ausgehändigte Obligation der zweier hundert Cölnischer Daler wieder zu Handen stelt und wegen mehrgemelter Bawkosten befriediget hat, und wolle Herr General-Landtmeßer dieses mit zu Protocoll bringen und mir Copiam hiervon erteilen. — Darzu versehe
A. N. V. K.
W. v. Lohausen.

1695 am 19. July erscheint Herr Lang als Mandatarius von Herrn von den Reven, sagt sein Herr Principal tue von allem, was am Hause Blech und sonsten Newes erbawet und daran repariret worden, so vorhin in Rechnung nicht eingebracht sei, nichts verlangen, und solt es in diesem Fall, was davon bei der am 30. Juli 1694 gemachter Teilung gemeldet, sein Verbleib haben. Dahero solche newe Gebäw der Fraw von Lohausen verbleiben könten und sie desfals keine Rechnung zu formiren hette.

Am 10. Decembris 1695 tut des Herrn von der Reven Mandatarius, Herr Lang, begehren, daß weilen bey der ersterer Teilung dem Herrn von der Reven kein Teil der Gewalts uf Paffrather Gemeinde zugesetzt und er dahero kein Weid und Schweid haben könte, die ihme doch zu $1/7$ billig hette zugeeignet werden soll, daß ihme seines Rechts in diesem Fall und was sich hernegst ferners finden möchte, alles vorbehalten werden möchte.

Item gleichfals $1/7$ der Mahlgerechtigkeit uf der Paffrather Mühle, frei, ohne Malter zu machen.

Ebenmeßig praetendirt noch einen Mühlenstein zum 7. Teil, weilen bei ersterer Division nur einer zur Teilung kommen seie, dahe deren doch zwei vorhanden gewesen.

Ferners daß die Jagten in Communione bleiben und denen Herren von Lohausen 6, Herrn von der Reven aber einen Tag zu jagen stehe.

Die Vogelsherden müsten hernegst auch geteilet werden.

Der Vorhoff bleibe in Communione.

Welches alles reservirt bleibe. Joh. Ph. Hochstein ut testor.

Ad D(omini) A(nn)o 1695 am 30. Juni über die Gebew, Stallung, Scheur und Weyeren des Hauses Blech gemachter Teilung hat Fraw von Lohausen zu zahlen an Diaeten ... 12 Rtlr 40 Albus.

Herr von den Reven, daß ad instantiam des Herrn Lang anno 1695 am 28. Novembris uf Paffrath gereiset, und demselben die Loser angewiesen.

Item vorhin und nachgehens verscheidene Dictamina ad Protocollum bracht und Extractum Protocolli erteilet, dafür rechne mir, wiewohl mir weit mehreres gebühret ... 2 Rtlr = 14 Rtlr 40 Albus.

Hierauf am 29. Novembris von Herrn Lang in Mülheim empfangen 2 Rtlr Rest = 12 Rtlr 40 St.

Diese 12 $1/2$ Rtlr hat Herr Lang richtig zahlt, solches bescheine hiemit.

Signatum den 19. Decembris 1695.

Joh. Ph. Hochstein mppria."

Am 16. Dezember 1704 kam wiederum ein Vergleich zwischen den obengenannten Ehepaaren Stael von Holstein - von der Reven über ihre Erbansprüche auf einen Teil des Hauses Blech zustande, dessen Inhalt uns unbekannt ist. Die Ansprüche sollen zwar in diesem Jahre abgewiesen worden sein, kamen aber in Wirklichkeit nicht zum Ruhen. Nach Kneschke soll das Geschlecht von der Reven mit Ambrosius von den Reven am 14. September 1724 im Mannesstamm erloschen sein[323]). So blieben denn die von Lohausen vorläufig im Besitz von Haus Blech.

Das Wappen derer von Calcum gen. Lohausen zeigt nach Fahne in Gold einen schwarzen Querbalken, unten von einem, oben von zwei schwarzen Ringen begleitet. Oben über dem Schilde erscheint über einem Turnierwulst ein goldener Hundekopf, auf dessen Halse das Wappen wiederholt steht.

Nach dem Tode der Freifrau folgte ihr Sohn Ludwig Christian als Herr von Lohausen und Blech. Um 1713 wohnte in dem Hofgute Blech der Hofbauer Matthias mit seiner Ehefrau Elisabeth, drei Kindern, seinem Bruder, zwei Knechten und zwei Mägden, ferner ein Diener und eine Dienerin des „Barons", der selbst nicht dort war, sondern sich anscheinend in Köln aufhielt. Dieser starb am 4. Januar 1729 im Alter von 67 Jahren und wurde in der Reinoldikapelle zu Solingen begraben. Durch seine Schwester Sophie Dorothea, die ihn beerbte, ging Blech teils an deren Gemahl Everhard Friedrich Alex-

---

[323]) Kneschke, Bd 7 S. 469.

ander von Botlenberg gen. Kessel zu Hackhausen, Kesselsberg und Muchhausen über. Jedoch behielten auch Franz Eduard von Lohausen zu Dürwiß und Friedrich Wilhelm Freiherr v. Calcum gen. Lohausen in Hückelhoven noch Anteile am Rittergut.

Ein Sohn des Freiherrn Everhard von Kessel, Friedrich Wilhelm Christian, Lehnherr des Freidorfs Lüttringhausen, vermählte sich 1714 mit Elisabeth Josine von Neuhof und nannte sich in diesem Jahre Herr zu Blech, Lohausen und Horst[324]). Er war wahrscheinlich mit den Jahren in wirtschaftliche Schwierigkeiten geraten.

Am 16. Oktober 1741 verkauften die Eheleute Winand Werner von Loyson und Anna Margareta Stael von Holstein ihre Ansprüche an Haus Blech an einen Freiherrn Stael von Holstein und Freifrau von Stael geb. Franckenberg, so daß der alte Rechtsstreit anscheinend wieder auflebte. Deshalb trug sich der Freiherr von Kessel wohl schon 1745 mit der Absicht, seinen Anteil an dem Hause Blech zu veräußern. Er ließ es in diesem Jahre durch den Landmesser Johann Friedrich Demius vermessen und seinen Wert im einzelnen veranschlagen. Da die Niederschrift über „Abmessung und Anschlag des Rittersitzes Blech 1745" erhalten blieb[325]), gewährt sie eine lückenlose Übersicht über den gesamten Besitz. Sie lautet:

„Auf seiner Hochedelgebohren Freiherren von Kessel seine Veranlassung das freye adeliche Gutt des Hauses Blech gemesen und in einen Anschlag zu bringen.
1. Das frey adeliche Haus mit deme darumb gelegenden Teichgraben und Platz estemiret ... 1350 Reichstaler.
2. Viehhaus estemirt ... 185 Rtlr.
3. Die Scheuer estemirt ... 65 Rtlr.
4. Backhaus und Pferdstal estemirt 100 Rtlr.
5. Beide Kahrenschopen und Pforten estemirt ... 50 Rtlr.
6. Schweineställ und Heuschopen estemirt ... 40 Rtlr.
7. Die Baumhof tut in Maßen 2 1/2 Morgen 13 3/4 Rut, den Morgen zu 150 Rut, wie des Ortes der Morgen gerechnet wird, estemirt den Morgen 113 Rtlr, tut ... 361 Rtlr 21 Stüber 9 Fettmengen.
8. Der Bl. pflatz, in Maßen 36 Rut, davon die Rute estemirt 50 St., tut ... 30 Rtlr.
9. Der Garten gegen den Pflatz boffer dem Teiche, tut in Maßen 3/4 M., das von jeder 16 R. estemirt 14 Rtlr 15 St., tut 114 Rtlr.
10. Garten unter dem Teiche, in Maßen 1/2 M. 33 R., darvon 16 R. estemirt 12 Rtlr 15 St., tut ... 82 Rtlr 41 St.
11. Der Teich vor dem Pflatze, tut in Maßen 3/4 M. 8 1/2 R., estemirt, weil daran zu reporiren ist, nota ... 45 Rtlr.
12. Die Robelswiese und Trederwiese, wie auch das bofferan gelegen Erdelengewöchse, tut in Maßen 14 M. 50 R., den M. estemirt 98 Rtlr, tut 1404 Rtlr 40 St.
13. Die deipen Wiese, in Maßen 2 3/4 M. 3 1/2 R., den M. estemirt 103 Rtlr 7 St. 6 p., tut 304 Rtlr 6 St.
14. Die Notterbomswiese tut in Maßen 6 3/4 M. 2 1/2 R., davon der Morgen estemirt 112 Rtlr 30 St., tut ... 759 Rtlr 22 St. 6 Heller.
15. Land auf dem Winfelde hinder dem Oßergarten, in Maßen 1 3/4 M. 14 1/2 R., den M. estemirt 70 Rtlr, tut ... 98 Rtlr 5 St.
16. Land boffer dem Baumhoffe bis oben an Büß, tut 19 M. minder 2 R., estemirt der M. ad 70 Rtlr, tut 1329 Rtlr 4 St.
17. Land auf Pfannenberige, in Maßen 2 1/2 M. 12 R., estemirt der M. 66 Rtlr, tut 170 Rtlr 2 St.
18. Land aufm Langenfelde, tut in Maßen 2 1/2 M. 26 R., den M. estemirt 60 Rtlr tut ... 160 Rtlr 24 St.
19. Das Erdelengwösche hinter dem Teiche, so unter dem Pflatze bis unten an die Scheidung, tut in Maßen 9 M. 24 R., estemirt den M. 36 Rtlr, tut ... 329 Rtlr 15 St.

---

[324]) v. Mering, Burgen XII S. 154.
[325]) Privatarchiv Franz Landwehr.

20. Berg im Schifferlingsberg, tut in Maßen 19 1/4 M. 32 1/2 R., den M. estemirt 56 Rtlr, tut 1089 Rtlr 12 St.
21. Berig im Heiernbüß, tut in Maßen 19 1/4 M. 30 R., den M. estemirt 38 Rtlr, tut 738 Rtlr 51 St.
22. Berig vorn an im Pfannenberige, in Maßen 1 3/4 M. 17 1/2 R., estemirt den M. 60 Rtlr, tut 111 Rtlr 54 St.
23. Berig im Schifferlingsberige, so die Landstraße durch gehet, tut in Maßen ad 5 1/4 M. 20 1/2 R., den M. estemirt 16 Rtlr, tut 85 Rtlr 50 St.
24. Berig hinter der Hand neben der Landstraße, tut in Maßen 3/4 M. 28 1/2 R., darvon den M. estemirt 40 Rtlr, tut ... 37 Rtlr 36 St.
25. Berig hinter diesem Berige bei der Hand, sogenant an der Vahren Ende, tut in Maßen 2 3/4 M. 5 1/2 R., estemirt den M. 36 Rtlr, tut 100 Rtlr 18 St. 9 P.
26. Berig in ... — Büß, tut in Maßen 8 1/2 M. 21 1/2 R., estemirt den M. 64 Rtlr ... 553 Rtlr 12 St.
27. Berig im Eckhötzigen, in Maßen 8 3/4 M. 6 1/2 R., estemirt den M. 64 Rtlr, tut ... 562 Rtlr 12 St.
28. Unterste Berig auf der Lichter Vahren Ende, tut in Maßen 2 1/4 M., estemirt den M. 40 Rtlr, tut ... 90 Rtlr.
29. Oberster Berig auf der Lichter Vahren Ende, tut in Maßen 2 M. 27 R., estemirt den M. 36 Rtlr., tut ... 73 Rtlr 53 St.
So sind noch zwei Stücker Landes mit einer gewisser Heiden und zwei Pflätzer Beriges, so das Tomcapitel zu Kölln sol einiges zu fodern haben wollen, tut in Maßen zusamen 27 1/2 M. ohne den halben Vohrenweg, estemirt den M. 66 Rtlr, tut ... 1815 Rtlr.
30. Die zum freien adelichen Hause gehörige Mahle-Mühle estemirt Auf- und Abgraben, Spul und Deme ab und zu fohren ... 350 Rtlr.
31. Die Mahle-Mühle, wie jetzt gebrucht und die Berechtigkeit derselben ... 750 Rtlr.
32. Das Wohnhaus an der Mühle ... 150 Rtlr.
33. Die darzu gehörige Scheuer ... 45 Rtlr.
34. Das Backhaus ... 13 Rtlr.
35. Garten so zur Mühle gehörig ist, tut in Maßen 3/4 M. 11 1/2 R., estemirt 1 Viertel 12 Rtlr, tut ... 93 Rtlr.
36. Torfwiese, tut in Maßen 2 1/2 Morgen, estemirt den M. 104 Rtlr, tut ... 260 Rtlr.
37. Die Wiese vor der Mühle, tut in Maßen 1 3/4 M. 1 1/2 R., estemirt den M. 90 Rtlr, tut ... 157 Rtlr 30 St.
38. Land zu der Mühlen, genand auf der Kraben, tut 5 1/2 M. 7 3/4 R., estemirt den M. 63 Rtlr, tut ... 349 Rtlr 17 St. 6 P.
39. Land, darunter vorigem Lande auf der Kraben, tut in Maßen 3 M. 18 R. Weil selbiges Land jährlich an Schatz zu geben hat 4 Gülden 10 Albus, estemirt den Morgen 66 Rtlr, tut ... 205 Rtlr 57 St. 9 P.
40. Dafferkuses Gut auf der Kuhlen, erstens das Wohnhaus, estemirt 80 Rtlr.
41. Der Hoff umb das Haus, tut 53 R., estemirt überhaupt ... 12 Rtlr.
42. Gartenblech in Maßen 16 R., estemirt ... 8 Rtlr.
43. Dabei Schladerwiese, tut in Maßen 1 M. 29 Rtlr, den M. estemirt 67 Rtlr, tut ... 80 Rtlr 2 St.
44. Wiese hinter Paffrodt, tut in Maßen 3/4 M. 7 R., den M. estemirt 56 Rtlr, tut ... 44 Rtlr 37 St. 6 H.
45. Land auf dem Offerfelde, in Maßen 2 M. 2 R., den M. estemirt 59 Rtlr, tut ... 118 Rtlr 47 St.
46. Land auf dem drofen Felde, in Maßen 5 3/4 M. 30 1/2 R., den M. estemirt ad 57 Rtlr, tut 317 Rtlr 18 St. 6 P.
47. Land auf dem obersten Dämpgigen, tut in Maßen 3/4 M. 2 1/2 R., den M. estemirt 60 Rtlr, tut ... 41 Rtlr.
48. Land auf underste Kämpfige, in Maßen 1 M 35 R., den M. estemirt 60 Rtlr, tut 74 Rtlr 14 St.
49. Berig unter der Mühle, tut 78 1/2 R., estemirt ... 24 Rtlr.
50. Einen Büß bei der Hand, tut 1 M. 36 R., estemirt den Morgen 18 Rtlr, tut ... 22 Rtlr 10 St.
51. Eine Büß boffer dem Hoffe, tut in Maßen 3/4 M. 24 1/2 R., den M. estemirt 56 Rtlr, tut ... 51 Rtlr 11 St.
52. Gutt zur Hoffen, das Haus estemirt ... 85 Rtlr.
53. Der Hoff, in Maßen 63 1/4 R, estemirt ... 20 Rtlr.
54. Garten und Wiese hinter dem Hause, tut 1 M 2 R., den M. estemirt 50 Rtlr, tut

50 Rtlr 40 St
55. Wiese unter dem Hause und Hoffe, tut 1 M. 20 R., den M. estemirt 40 Rtlr, tut 45 Rtlr 20 St.
56. Wiese boffer dem Hause und Hoffe, in Maßen 1 M. 47 R., den M. estemirt 37 Rtlr, tut 45 Rtlr 50 St.
57. Das Land zu selbigem Güttgen, in Maßen 5 M 65 ¾ R., den M. estemirt 55 Rtlr, tut ... 298 Rtlr 40 St. 6 P.
58. Büß zu selbigen Gute, tut 8 M. 11 R., den M. estemirt 45 Rtlr, tut 363 Rtlr 18 St.
59. Eine Brüg unter dem Land 67 ½ R., estemirt überhaupt ad ... 21 Rtlr.
Facit 16 413 Rtlr 7 St. 9 P.
Was aber die Berechtig deren Wälder, so diesem frei adelichen zukompt, ist hierbei nicht estemirt worden."

Nicht aufgeführt sind hier zwei Lose im Paffrather Gemeindewald, die auf die beiden Feuerstellen des Hauses Blech entfielen.

Als Käufer für das Rittergut Blech fand sich schließlich ein Kommerziant bürgerlichen Standes, der Kalkfabrikant Johann Jakob Bützler. Mit einem Kaufbrief vom 14. März 1752 von 3000 Reichstalern und 100 Reichstalern Verzicht und einem Kaufbrief vom 15. März 1752 von 2000 Reichstalern und 40 Dukaten Gold zum Verzicht erwarb er von Friedrich Wilhelm Freiherrn von Calcum gen. Lohausen zu Hückelhoven 2/7 und von Franz Ferdinand Engelbert von Calcum gen. Lohausen zu Dorwis 1/7 des adeligen Rittersitzes Blech, der freiadeligen Mahlmühle und zweier Nebengüter nebst übrigen ap- und depentien nebst 4/7 des adeligen Vorrechts.

Am 14. März gab Franz Ferdinand von Lohausen bekannt:

„Diejenige Pfächtere des Hauses Blech, so mir annoch ahn Pfachten rückständig, assignire Kraft dieses, solchergestalden ahn Herrn Jacob Bützeler, daß sie ahn Ihnen sothanen Rückstand gegen Quittung bezahlen sollen, welches ich dan allerdings für genehm halte und ratificire, als wan sie von mir selbsten Quittung in Händen hätten.
Urkund aygenhändiger Unterschrift.
Collen, den 14. Marty 1752" [326]).

Bützler präsentierte die beiden Kaufbriefe mit den Freiherren von Lohausen über drei Siebentel des Hauses Blech am 7. April 1752 beim Lehngericht zu Paffrath [327]).
Sie lauten:

„In Gottes Namen Amen. Kund und zu wissen seie hiemit jedermänniglichen, welchergestalten heut dato zu End gemelt zwischen dem hochwohlgebornen Herrn, Herren Franz Ferdinand Engelbert Freiherrn von Calckum gen. Lohausen, Herren zu Dorwis an einer, sodann dem wohledelen Herrn Jacoben Bützler und dessen Ehegattin Mariam Christinam Siegens ein redlicher ohnwiederuflicher Erbkauf über zwei siebenten Teil des im Herzogtumb Berg, Ambts Portz gelegenen adelichen Hauses und Sitzes Blech und all dessen appertintenien, nichts davon ausgeschlossen, worzu der Herr Verkäufer obwohl besagt berechtiget und diese zwei siebenten Teil als von seinen Eltern ererbt ohnstreitig besessen und defructuiret, umb eine Summ von 3000, sage dreitausend Rtlr, jeden zu 80 Albus,
als sodann 100 der gleichen Rtlr Verzig solchergestalten getätiget und beschlossen worden, daß von diesen obspecificirten Kaufschillingen Herr Ankäufer Bützler in Zeit von 4 Wochen a dato dieses 1000 Rtlr in Louisd'or oder dem jetzigen binnen der Stadt Collen gangbaren Wert 1600 Daler current, den Rest aber über 6 Wochen zu Händen des Herrn Verkäuferen Freiherren von Calckum gen. Lohausen gegen Quittung zahlen wolle, gegen diese Zahlung aber ihme freistehen solle, über die angekauften zwei siebente Teil des Hauses Blech die Anerbung nach Gefallen zu suchen und auf eigene seine Kösten bewirken zu lassen, wes Ends

---

[326]) Privatarchiv Landwehr.
[327]) Historisches Archiv Köln, Domstift, Akten 97, Hofgerichtsprotokolle Band I Blatt 311.

das löbliche churfürstliche Gericht zu Bensberg ersuchet, ihm Ankäuferen die Erbung widerfahren zu lassen oder wohin sonsten gehörig.
Weilen nun einige zu Haus Blech gehörige Ländereien einem hochwürdigen Dhum-Capitul dahier zu Collen erbpfächtig und mit einem jährlichen Canon von 15 Rtlr und zwarn ohngefähr vom Jahr 1724 bis dahin verhaftet und verpflichtet, über welchen Erbpfacht zwischen jetzt gedachten hochwürdigen Dhum-Capitul und denen gesambten Herren Possessoren des adlichen Sitzes Blech ein annoch ohnerörter Proceß schwebet, also daß Herr Ankäufer der zwei siebenten Teilen in einer Ohnsicherheit, wie dieser Proceß über kurz oder lang den Ausschlag gewinnen mogte, gestellt und also evictionem anverlanget hat, hat Herr Verkäufer Freiherr von Lohausen sich erkläret, in Händen des Herren Ankäuferen Herrn Bützler 300 Rtlr und zwarn gegen 3 Procent jährlichs, jedoch länger nicht dann auf 6 Jahr zu belassen, nach deren Ablauf er, Verkäufer, verbunden sein solle, diese 300 Rtlr gegen vollige Quittung ihme Ankäuferen zu erlegen, sofern aber der obschwebende Proceß inmittels in der Güte zwischen gesambten Possessoren hingelegt oder durch richterlichen Spruch deciderirt sein würde, soll Ankäufer befugt sein, die 300 Rtlr nach Ablauf jeden Jahrs mit den stipulirten Interessen zu bezahlen, jedoch soll Ankäufer befugt sein, von diesen 300 Rtlr die bei Thum-Capitul rückstehende Canones, auf 120 Rtlr ertragend, im Fall eines gütlichen Vergleichs abzuziehen,
und wie übrigens Herr Verkäufer Freiherr von Lohausen aus erster Ehe mit zweien Fräwlein Töchtern versehen, deren eine den Freiherrn von Calckum g. Lohausen zu Schlickum geheiratet, die aber annoch unterjährig, so ist verabredet, daß jetz besagter Herr zu Schlickum diesen Kaufbrief in eigener und seiner Frawen Gemahlinnen Namen unterschreiben, diese aber bei erreichtem großjährigen Alter den Abgang durch eigenhändige Unterschrift ersetzen und zur völligen des Ankäuferen Herrn Bützler Sicherheit, dessen Erben und Nachkommen, unterschreiben solle,
die vom Haus Blech gehörige Briefschaften, als viel deren in Händen des Herrn Verkäuferen, sollen Ankäuferen getreulich extradiret werden, welcher übrigens, dahe also redlich gehandelt und beschlossen worden, seind gegenwärtige Kaufbrief zwei gleichlautende, nachdemen zum Gottesheller von Ankäuferen ein halb Cronenstück erlegt, abgefertigt worden.
So geschehen Collen, den 14. Marty 1752.
    Joh. Jacob Bützler
    Otto Siegen als Zeug.   Franz Ferdinand Engelbert von Calckum gen. Lohausen."
    Gerardus Müller als Zeug.   L. S.

Die Kaufschillinge von 2700 Reichstaler (nach Abzug der 300 Reichstaler für die Sicherheit der Pachtforderung des Domkapitels) und 100 Reichstaler Verzichtgeld zahlte Bützler am 29. Mai 1752.

„In Gottes Namen Amen. Kund und zu wissen seie hiemit jedermänniglichen, wie daß heut dato untengemelt zwischen dem Hochwohlgeborenen Herrn, Herren Friederichen Wilhelm Freiherr von Calckum gen. Lohausen, Herrn zu Hückelhoven, des hohen Teutschen Ordens Ritteren und Commendeuren der Ballei Utrecht, sodann auch der hochwohlgeborenen Freifrauen von Calckum gen. Lohausen, geb. von Zobel, einerseits, und dem wohledelen Herren Jacoben Bützler andererseits, über einen siebenten Teil, sambt diesem anklebenden adelichen Vorteil über vier siebenten Teil des im Herzogtumb Berg, Ambts Portz, gelegenen Rittersitzes Blech und darzu gehörigen freiadelichen sogenannten Paffrather Mühlen, des Guts zur Kauhlen und Hoven, fort deren Lößer und Gerechtigkeiten auf dene Strunder, Leuchter und Osenawer Gemarken, wie auch Paffrather Gemeinden, ein beständiger und ohnwiederuflicher Erbkauf getätiget und beschlossen worden als folget:
Nemblich es überlassen und verkaufen Freiherr und Freifrau von Calckum gen. Lohausen obgedacht diesen ihren siebenten Teil mit dem adlichen Vorteil über vier siebenten Teil, so wie selbigen bis dahin ruhig besessen und defructuiret, an Herrn Käuferen Jacoben Bützler, dessen Frau Ehegattin Mariam Christinam Siegens, deren Erben und Nachkommen, für und umb eine beschiedene Summ von 2000, sage zweitausend Reichstaler, jeden zu 80 Albus gerechnet, in guten der Zeit zu 6 1/2 dergl. Rtlr gangbaren Carlsd'or oder gewichtige spanischen Pistoletten fünf Rtlr species geltend, sodann einen Verzig von 40 Stück Ducaten in Gold, in deren Abschlag der Ankäufer Herr Jacob Bützler bei Unterschrift dieser würklich 600 Rtlr zum Vergnügen des Herrn und Frawen Verkäuferen zahlt und also darüber bestermaßen quittiret wird.
Und hat dabei Ankäufer Bützler zugesagt, den Rest des allingen Kaufschillings und Verzig in stipulirten goldenen Münzsorten nach geschehenen Kirchenrüfen, also in Zeit von 6 bis 8 Wochen a dato zu sicheren Freiherrn und Freifrawen Händen gegen Quittung dergestalten

zu liebern, daß ihme Ankäuferen von denen Kaufschillingen 150 Rtlr zur Eviction auf 6 Jahr wegen des zwischen Thumb-Capitels und denen gesambten Herren Possessoren des Hauses Blech obschwebenden und annoch ohnerörterten Proceß gegen 3 Procent in Handen belassen, diese aber nach Verlauf deren 6 Jahren negst Abzug dem hochwürdigen Thumbcapitul wegen versessenen Jahren gebührender 60 Rtlr ausbezahlt werden sollen.

Betreffend die bereits erhobene und von dem siebenten Teil annoch zu erheben stehende Pfachten ist beiderseits abgeredet und beliebet, daß Freiherr Verkäufer nichts an Ankäuferen Bützler, dieser auch hingegen nichts an Freiherren Verkäuferen zu fordern haben solle, wie denn Ankäufer Bützler die Rermino Martini laufenden Jahrs verfallene Pfacht des siebenten Teils zu empfangen hat, wes Ends Pfachteren an ihnen hiemit verwiesen werden. Und wie nun obgeschriebener Contract inter partes getreulich abgered und auf deren Begern beschrieben worden, als haben beiderseits auf alle und jede in Rechten gestattet exceptiones wohlwissend renunciiret, Freiherr Verkäufer aber die etwa in Händen habende, den Rittersitz Blech und zugehörige Stücker betreffenden Briefschaften und Documenta getreulich zu extradiren angelobet, worauf dann gegenseitiger Contract zweifach ausgefertigt, von beider Seiten, auch denen adhibireten Zeugen unterschrieben worden.

So geschehen Collen, den 15. Marty 1752.

L. S.

Joan Jacob Bützler

Otto Siegen als Zeug.

Gerard Müller als Zeug.

Friederich Wilhelm Freiherr von Calckum gen. Lohausen zu Hückelhoven.

B. W. H. von Calckum gen. Lohausen geb. von Zobel [328]).

Am 9. Mai 1752 zahlte Bützler zu Hückelhoven den Rest der Kaufschillinge samt 40 Dukaten in Gold nebst Abzug von 150 Reichstalern.

Die beiden Kaufbriefe über Haus Blech mit den Freiherren von Lohausen wurden von Bützler am 9. Mai 1753 beim Hofgericht in Paffrath im Original vorgelegt und wörtlich in das Protokollbuch eingetragen. Nun besaß Bützler allerdings nur einen Teil von Blech. Er strebte nach dem Ganzen. Die alten von Revenschen und Staelschen Ansprüche machten ihm in der Folge viel zu schaffen. Zwar unterschrieb die Witwe von Loyson geb. Stael am 22. November 1752 eine Renuntiation (Verzichtleistung) auf die Erbschaft des Johann Gottfried von der Reven und der Anna Margareta von der Reven. Doch erwirkte der Geheimrat und Hofratspräsident von Stael am 28. September 1752 ein Dekret über den Besitz eines Siebtels des Hauses Blech. Auch geriet Bützler in einen Rechtsstreit mit der unverehelichten Franziska Maria Henriette von Calcum gen. Lohausen und mit dem Freiherrn von Lohausen zu Glehn als Vormund der minderjährigen Freiin von Lohausen zu Dürwiß.

Am 19. Dezember 1753 wurde in Düsseldorf auch jener Kaufbrief ausgefertigt und unterschrieben, durch den Bützler von dem Freiherrn von Kessel zu Neuhoff die noch ausstehenden „drei Siebentel aus dem $6/7$ Teil des Rittersitzes Blech, der freien Zwankmühl, dem Kauler und Hover Gut, den Gemarken — und sonstigen Gerechtigkeiten, wie es Namen haben mag, sodann vom Freiherren von Kessel zu Hackhausen ein siebenten Teil des Rittergutes Blech, Mühlen und Nebengüter, fort übrigen dem Haus anklebenden Gerechtigkeiten, gleichwie gemelte Freiherren Kessel selbiges von Ihro churfürstlichen Durchlaucht Hofrats-Präsidenten Freiherren von Stahl an sich käuflich bracht haben." Wie aus einem Briefe Bützlers (vom 20. Oktober 1757)[329]) hervorgeht, hatte er an den Frei-

---

[328]) Historisches Archiv Köln, Domstift, Akten 97, Hofgerichtsprotokolle Paffrath Band II Blatt 10 f.
[329]) Privatarchiv Landwehr.

herrn von Kessel zu Neuenhof und Hackhausen für 4/7 Teile einschließlich „pro rata des 1/7 Revenschen Anteils vermög beigehender Quittungen in allem zahlt 7000 Reichstaler per 80 Albus ohne die Verzichtspfenning". Schon am 19. Dezember 1753 hatte er dem Freiherrn „de dato Düsseldorf bar gelehnet und vorgestrecket 2500 Reichstaler, welche Obligation enthaltet, daß mir wegen Abgang des Hauses freistehen tete, ein neues aufzubauen und allsolche Gelder nur mit reichsüblichen interesse (Zinsen) a dato der Zahlung sollten vergütet und bonficiret werden".

Bis zum Jahre 1754 kam es im allgemeinen zu einer Bereinigung der Besitzverhältnisse zugunsten Bützlers. Anfang des Jahres zahlte er die letzten, noch rückständigen Kaufgelder aus. Everhard von dem Botlenberg gen. Kessel und Franz Ferdinand von Lohausen zu Dürwiß gaben ihm dabei vermögensrechtliche Vollmachten, wie nachstehende Erklärung zeigt:

> „Wir ents unterschriebene geben andurch dem Herren Bützler völlige Macht und Gewalt, das in dem Rhentbriefe de anno 1628 enthaltenes und auf Jacob Katterbach sprechendes Capitale von 100 rhr. zusambt denne hinterständigen Interesse bester maßen, allenfals auch durch gerichtliche Einklag oder durch gütliche Composition zur Ablag zu befürdern, was mir gemelter Herr Bützler hierunter in Verfügung nehmen wird. Solches genehmen wir ausdrücklich mit dem Zusatz gleichwohlen, daß, wofern ein Vergleich tendiret und eingegangen werden wolle, hiebey unsere consens näher eingeholt werden solle.
> Urkund eigenhändiger Unterschrift und beygedruckter adlicher Pitschaften.
> So geschehen Düsseldorf, den 7. Jan. 1754.
> E. v. d. B. g. Kessel — v. Lohausen zu Dorwis" [330]).

Bützler legte am 13. Januar 1754 den Kaufbrief am Hofgericht zu Paffrath vor und bat, ihm darüber den lehnherrlichen Consens zu erteilen und dem Gerichtsboten die proclamata zu committiren. Das Gericht entsprach seinem Antrag, und damit war der Besitz des Hauses Blech nun auch gerichtlich „befestigt"[331]).

Am 8. März 1754 nahm er vom Domkapitel in Köln die 30 Morgen Ackerland gegen 15 Reichstaler jährlich in Erbpacht. Das beim Ankauf des Hauses Blech miterworbene Erbpachtrecht wurde durch das Offizialatsgericht in Köln am 29. August 1754 bestätigt[332]).

Mit dem Hause Blech übernahm Bützler auch die Paffrather Mühle und eine ausgedehnte Jagd. Ihr Bezirk begann am Stegerkamp in Gladbach, wo der Reutersweg den Bach überquerte. Der Weg bildete die östliche Grenze bis nach Schildgen hin, von wo sie sich im Norden in westlicher Richtung nach Apenschoß und dem Fuchsloch, weiter zum Klutstein und über Diepeschrath bis zur Thurner Heide hinzog. Hier verlief die Grenze über einen alten Fuhrweg nach Thurn und folgte dem Weg durch diesen Ort bis zur Strunde, die dann mit ihrem Laufe bis Stegerkamp die südliche Grenze bildete[333]). Auch die Fischerei[334]) in „der Paffrather Bach" (Mutzbach) stand dem Hause Blech bis unterhalb der Mühle zu.

Der älteste Sohn des Freiherrn Everhard von Botlenberg gen. Kessel, Friedrich Leopold, führte noch 1766 den Titel eines Herrn von Blech und Stade, woraus man vielleicht ent-

---

[330]) Privatarchiv Landwehr.
[331]) Historisches Archiv Köln, Domstift, Akten 97, Hofgerichtsprotokolle Band II, Blatt 25.
[332]) Ebd. — Vgl. v. Mering, Burgen XII S. 154 f. — MBGV 11 S. 120.
[333]) v. Mering, Burgen XII S. 155.
[334]) Brief der Witwe Gertrud von Zuccalmaglio geb. de Caluwé.

nehmen kann, daß beim Verkauf das Recht, an den bergischen Landtagen teilzunehmen, vorbehalten wurde.

Der eigentliche Herr von Blech aber war seit dem Verkauf ein Mann bürgerlich-bäuerlicher Herkunft geworden. Johann Jakob Bützler wurde geboren am 25. September 1707 zu Gronau in der Pfarre Gladbach als Sohn des Henrich Bützler[335]) und seiner Ehefrau Elisabeth Schmalzgrüber, die er 1705 als Witwe von Hans Peter Driesch geheiratet hatte[336]). Sie hatte ihm zwei Töchter in die Ehe gebracht, Anna Christina, die später als Professa ins Kloster St. Maximinen in Köln eintrat, und Anna Margareta. Henrich Bützler war ein hochangesehener Mann, durch Kalkbrennen wohlhabend geworden und Inhaber wichtiger Ämter.

Der Freiherr von Quadt zu Buschfeld, als Inhaber des Hauses Iddelsfeld Bachgraf der Bachgenossenschaft am Unterbach der Strunde zwischen Schlodderdich und dem Rhein, und ebenso Waldgraf der Strunder Gemark, machte Henrich Bützler zu seinem Bach- und Waldschultheißen, vielleicht schon als Nachfolger des Vaters. Ebenso war er Schultheiß des Lehngerichts am Fronhof zu Gladbach. Ohne Zweifel hatte er seinem Sohne Johann Jakob eine gediegene Ausbildung zuteil werden lassen, von religiösem Geiste des Elternhauses, in dem die Pfarrer von Gladbach, Paffrath und Merheim ständige Gäste waren, ganz durchtränkt.

Johann Jakob Bützler vermählte sich am 5. Juni 1731 in Merheim mit Maria Christina Siegen, getauft am 6. März 1704 als Tochter des Gutspächters Urban Siegen[337]) und seiner Ehefrau Anna Margareta Eck[338]) zu Iddelsfeld. Mit größtem Eifer und Fleiß widmete er sich der Kalkbrennerei. Schon 1735 belieferte er allein im September den Freiherrn von Lohausen in der „Landskrone" in Köln mit neun Karren Kalk.

Wie sein Vater war Johann Jakob Bützler unablässig darauf bedacht, seinen Besitz zu mehren. Am 7. April 1735 kaufte er mit seiner Gattin von Anton Joseph Freiherrn von Waldenburg gen. Schenckeren 9 Gewalten in den Brücker Gemarken für 540 Taler. Die Kaufurkunde ist erhalten[339]):

„Kund sei hiemit, wie das der Hochwohlgeborner Freiherr Anton Joseph von Waldenburg genant Schenckeren in Betrachtung, das er und seine respective Consorten von dero Erbgerechtsam in der Brücker Gemarken zeithero schlechten Nutzen gehabt, bewogen worden, selbiges Gerechtsam bestens zu veräußeren und die darab resultirende Geldere anderwertlich zu employren, wes Ends den, dahe in sein- und seiner minderjährigen Herren Gebrüderen, auch Freiherren von Waldenburg Namen seinem Verwalteren Herrn Doctoren Viebahn Commission gegeben.
So hat dieser mit dem wohlehrenfesten Joanne Jacobo Bützler und Maria Christina Siegens Eheleut darüber käuflich tractiret, warauf unter selbigen Contrahenten dahin verabscheidet worden, das bemelten Eheleuten des ob hochgemelten von Schenckeren in der Brücker Gemarck competirendes Gerechtsam, nemblich: Neun Gewälts, jedoch salva ratificatione per illustris Domini principalis et respective assecuratione soviel die unterjährige von Schenckeren betrift, — gegen ein gewisses quantum von 540 Daler zum Verzig nebs Weinkauf und

---

[335]) Dessen Vater war vermutlich Konrad Bützler zu Gronau, der über 90 Jahre alt wurde und am 31. März 1736 starb.
[336]) Paten des Johann Jakob Bützler waren sein Großvater Konrad Bützler, Johann Jakob Rodenbach und Anna Wingens.
[337]) Sohn der Eheleute Jakob Siegen und Katharina Steinkrüger.
[338]) Sie war 1675 geboren und starb am 17. Oktober 1759.
[339]) Privatarchiv Landwehr.

Gottesheller kraft dieses erb- und eigenthümblich überlassen sein solle, wogegen Ankäufer jetzt bemelte Kaufschillingen bei eintreffender Ratification des Freyherren von Schenckeren und resp. Assecuration in Summa indivisa, alsofort zu erlegen sich verbindet, so allerseits mit obiger Reservation und Verzeihung aller erdenklicher exceptionen beschlossen worden.
Urkund der Unterschrift. Steinbrech, den 7. Aprilis 1735.
G. Vieban als Verwalter von den Freih. von Schenckeren.
Joannes Jacobus Bützeler qua Ankäufer, Maria Christina Siegens als Ankäuferin.
T. Gerlach qua testis. — Otto Siegen qua testis. J. H. Guthaire qua testis.

Gegenwärtiger Kaufbrief wird kraft eigenhändiger Unterschrift und beigedrückter bittscheis (= Petschaft) hiemit confirmiret und wegen meiner beiden Herren Brüderen assecuriret. So geschehen Osterspey, den 21. April 1735.
A. J. Freiherr von Waldenburg genant Schenckeren.

Daß mir Endts unterschriebenen Jacobus Bützeler und seine ehliche Hausfrau, die vorerwehnte Kaufschillinge wegen der neun Gewälts in der Brücker Gemarken in heute untergemelten Dato mit 200 Rtlr in Pistolen zu halb Species gerechnet, übrigens in Kopfstücker und Batzen und Pettermenger, in Summa ad 548 Daler, sage 548 Daler Colnisch und 5 Rtlr zum Verzieg richtig bezahlt haben, darüber in Namen der Freiherren von Waldenburg genant Schenckeren gebührend quittirt.
Geschehen Grunauw, den 26. Aprilis 1735.
G. H. Viebahn, Verwalter.

Nach dem Tode des Vaters im Jahre 1744 wurden auch Johann Jakob Bützler die Ämter als Bach- und Waldschultheiß übertragen, die er lebenslang behielt, auch nach dem Übergang des Hauses Iddelsfeld an den Reichsgrafen von der Leyen. Dadurch erhielt auch sein geschäftlicher Einflußbereich einen festen Grund. Gladbacher Kalk ging schon damals in mindestens 15 entfernte Kirchspiele: Honrath, Wahlscheid, Selscheid, Neunkirchen, Volberg, Hittorf, Rheindorf, Lützenkirchen, Leichlingen, Neukirchen, Schlebusch, Witzhellen, Steinbüchel, Wiesdorf, Bürrig, sowie in die Freiheit Mülheim, die naheliegenden Kirchspiele gar nicht zu nennen.

In seiner Amtsausübung war Bützler streng. 1745 klagten die Wiesenerben und Mitberechtigten am Strunderbach gegen Bützler beim Bachgrafen wegen unberechtigter Brüchten [340]).

Der zunehmende Wohlstand, den er neben der Landwirtschaft und der Kalkbrennerei auch dem Handel mit Braunkohle (Traß) und Wein verdankte, hatte ihn nicht nur zum Ankauf des Rittergutes Blech bewogen, sondern ließ ihn auch sofort zu dem Entschluß kommen, das alte Herrenhaus von Grund aus zu erneuern. Freilich verfügte er nicht selbst über alle erforderlichen Barmittel zur Ausführung des großzügigen Planes. So nahm er u. a. von den Erbgennahmen Poochs 4000, von der Jungfer Sophia Francken in Düsseldorf 2000 Reichstaler als Hypothek auf. Auch nutzte er klug die zu Anfang des Jahres 1754 erfolgte Erbteilung zwischen den Erbgenahmen Bützler und Steinkrüger, wobei er sich die „Abpfählung von elf Eichenbäumen zum Behuf vorhabenden Baues" ausbedang und hierzu auch die Genehmigung des Hofgerichts im Gladbacher Fronhof erwirkte. Der Scheffe Lommertzen sollte die „Abpfählung" überwachen [341]).

Offenbar zum Dank für das glückliche Gelingen der Kaufverhandlungen, dann aber sicherlich auch, um ihre stete innere Verbundenheit mit der Kirche und Gemeinde zu Paffrath zu bekunden, stifteten Johann Jakob Bützler und seine Ehefrau Maria Chri-

---

[340]) Archiv v. d. Leyen, 3209.
[341]) Privatarchiv Landwehr.

stina Siegen als „Inhaber des Rittersitzes Blech" am 9. Juni 1755 807 $^{1}/_{2}$ Reichstaler an die Kirche zu Paffrath für eine immerwährende Donnerstags-Segensmesse [342]).

Im Oktober 1757 wohnte er noch in Gronau, als der Bau vermutlich schon im Gange war. In der Form, die Bützler ihm gab, ist das Haus auf unsere Zeit gekommen. Mitten in einem großen Weiher ist der mächtige, fast quadratische Bau errichtet. Die festen, hohen Grundmauern sichern selbst die Keller vor dem Durchdringen des Wassers. Das zweigeschossige Haus trägt ein Mansardendach und hat an jeder Seite fünf Fensterachsen. An den Flanken der Hauptfront gegen Südwesten erheben sich viereckige Türme. Diese ragen nur bis zum Hauptgesims des Hauses empor und wirken mit niedrigen, geschweiften Dächern sehr malerisch. An dieser Seite ist auch das Hauptportal, von Hausteinen umrahmt, mit reich geschnitzter Rokokotür. Über dem Hauptgesims ist ein Flachgiebel mit eisernem Aufsatz. Ein geräumiger Vorplatz ist an dieser Hausseite mit einem Gitter abgeschlossen und über eine gemauerte Brücke zu erreichen. Nach der Straße zu sperrt eine einfache, niedrige, schmale Vorburg mit großem Tor den Zugang [343]).

Es scheint auch, daß Johann Jakob Bützler sich ein Wappen zulegte. Nach 1897 fand sich im Hause Blech eine alte Holzschnitzerei mit einem Wappenschild, auf der ein Kalkofen in nicht mehr gebräuchlicher, runder Form mit einer Erhöhung, die blauschimmernde Flamme versinnbildend, dargestellt war [344]).

Wohl kurz nach der Vollendung des Baues entspann sich ein erbitterter Rechtsstreit zwischen Bützler und Gerhard Martin Fues, dem Besitzer der Piddelbornsmühle, sowie Gerhard Ecker, dem Besitzer der Kieppemühle, die bei der Regierung die Konzession zum Bau von zwei neuen Kalköfen am Piddelborn beantragt hatten. Bützler, der dadurch seinen wirtschaftlichen Ruin befürchtete, erhob Einpruch und erbot sich, im Bedarfsfall selbst auf seinem Rittergut Blech mehrere alte Kalköfen wieder instandzusetzen und den von Fues und Ecker angebotenen „Kanon" hierfür jährlich zu zahlen. Seine Gegner ließen eine umfangreiche „Summaria et succinta Facti Species cum Refutatione etc." gegen Bützler drucken. Der Ausgang des Streites ist nicht bekannt [345]).

Bützler hat selbst die Behaglichkeit des neuen Hauses und die Freude an dem gleichfalls herrlich hergerichteten Park nicht lange genießen können. Er erreichte noch die gerichtliche Bestätigung seines Besitztums als Fideikommiß am 29. Dezember 1766, die Ratifizierung durch die Düsseldorfer Regierung dagegen (am 2. März 1778) erlebte er nicht mehr. Am 6. Dezember 1767 starb er, nur knapp sechzig Jahre alt geworden, nach vierzehntägiger Krankheit. Am Tage darauf wurde er vom Pfarrer Konrad Moll in Paffrath als „praenobilis dominus", wie die kurze und schlichte Eintragung im Sterbebuch meldet, begraben. Sein Totenzettel lautet:

„Jesus-Maria-Joseph. Im Jahr nach der gnadenreichen Geburt Christi Jesu, unseres Erlösers, 1767, den 6. Tag Monats Decembris, mittags um 12 Uhr, ist nach einer 14 Täg

---

[342]) Die Kopie der Stiftungsurkunde (Privatarchiv Landwehr) ist beglaubigt durch Pfarrer C. Gottfried Moll von Paffrath und den Pfarrer Johann Peter Drossard als Dechanten der Christianität Deutz und mit dem Siegel des Kapitels St. Kunibert in Köln, zu dessen Archidiakonat die Chr. Deutz gehörte (in Papier eingedrückt) versehen.
[343]) Vgl. Renard & Clemen: Kunstdenkmäler Mülheim, S. 132.
[344]) Jahrbuch des Rheinisch-Bergischen Kreises 1939, S. 118.
[345]) Ein Original der „Summaria ect." besitzt der Arzt Dr. Carl Füngling in Köln-Rath.

mit auferbäulicher Geduld und vollkommener Ergebenheit in den allerhöchsten Willen Gottes ausgestandener Krankheit, auch mit den hh. Sacramenten öfters und heilsam versehen, im 60. Jahr seines ruhmwürdigen Alters und im 36. Jahr seines friedlebenden Ehestandes gottselig im Herrn entschlafen, weyland der hochedele Herr, Herr Johannes Jacobus Bützler, Besitzer des Hauses Blech, Ihro Exellentz des Herrn Reichsgrafen von der Leyen wohlbestallter Bach- und Waldschultheiß etc., dessen liebe Seele eines jeden andächtigen Gebett und respective heiligen Meßopfers inständigst befohlen wird, ut requiescat in pace" [346]).

Was hatte wohl den „Kommerzianten" mit diesem staunenswerten, wenn auch auf dem soliden Fundamente des väterlichen Wohlstandes erzielten Lebenserfolge bewogen, das adlige Haus zu erwerben, es in prunkvoller Weise zu erneuern und innen hochherrschaftlich auszustatten, womit er den reichsten Edelleuten seiner Zeit gleichkam, viele andere verarmte bergische Adlige aber in den Schatten stellte? — Man möchte fast annehmen, er hätte es zur Hauptsache im Hinblick auf die Zukunft seiner einzigen, vielgeliebten Tochter Anna Margareta getan. Sie war noch in Gronau geboren und wurde am 29. November 1735 in Gladbach getauft [347]); sie wurde sorgsam erzogen, sicherlich auch in Köln von der geistlichen Stieftante im Maximinenkloster betreut wie ein Edelfräulein aus altem Geschlecht. Die einzige am 28. Oktober 1732 getaufte Schwester Anna Elisabeth war früh verstorben. Wir wissen kaum etwas von ihrem Lebensweg und Bildungsgang vor ihrer Heirat, dürfen aber vermuten, daß sie ihren Gatten in Köln kennenlernte.

Anna Margareta Bützler wurde am 6. Juni 1764 in der Hauskapelle zu Blech unter Dispens von den üblichen drei Aufrufen dem Johann Baptist de Caluwé angetraut, der im Kirchenbuch ebenfalls als „praenobilis dominus" bezeichnet wird. Als Zeugen waren anwesend außer den Eltern der Braut und ihrem Oheim Jakob Siegen [348]) als Freunde des Bräutigams Jakob Sigismund Abbell und Michael de Pesche, die mit ihm in der Pfarre St. Jakob in Köln wohnhaft waren.

De Caluwé stammte aus Vrasene bei St. Nicolas (Provinz Ostflandern in Belgien). Dort wurde er am 26. Dezember 1723 als Sohn der Eheleute Peter de Caluwé und Judoca van Remoortere geboren und am folgenden Tage durch den Pfarrer van Damme getauft, wobei ihm Franz van Landegem und Judoca de Caluwé als Paten standen [349]). Seine Familie, deren Name nichts anderes als „der Kahle" bedeutet, war keineswegs, wie vielfach angenommen wurde, adlig [350]). In den Kirchenbüchern der Pfarre Vrasene er-

---

[346]) Vgl. Ruhmreiche Berge 1933, 6.
[347]) Ihre Paten waren der Großvater Henrich Bützler, die Großmutter Anna Margareta Siegen und Anna Margareta Ulrich.
[348]) Johann Jakob Lambert Siegen war geboren in Iddelsfeld am 21. Februar 1713.
[349]) Nach dem Taufregister beim Ortsvorstand in Vrasene.
[350]) Wenn die Angabe v. Merings (Burgen XII S. 155), das Wappen der Familie de Caluwé habe ein springendes Pferd gezeigt, zutreffen würde, so würde Johann Baptist es sicherlich auch geführt haben. Das bei Rietstap, Armorial-General, Tome 1, Berlin 1934, S. 356 aufgeführte und abgebildete Wappen (in Blau ein silberner Sparren mit aufgelegtem Hermelinsprenkel und von drei K begleitet) soll einem notabeln Geschlecht in Brügge oder Umgebung angehört haben. — Der Akzent é in dem Namen beruht auf oberflächlicher Romanisierung.

scheinen in der Zeit vom 25. September 1605 bis 1797 im ganzen 81 Eintragungen, die auf den Namen der Familie lauten [351]).

Johann Baptist de Caluwé ist also nicht als Emigrant nach Paffrath gekommen, wie die Volksüberlieferung wissen will [352]), auch dafür, daß er als Generalkommissar im Siebenjährigen Kriege hierher verschlagen worden sei [353]), hat sich kein Beleg finden lassen.

Immerhin muß er ein sehr angesehener Mann gewesen sein; denn am 27. Februar 1760 ernannte ihn der Legat des Papstes Klemens XIII. in Köln, Nikolaus, Erzbischof von Crajanopolis, zum Ritter des Ordens vom Goldenen Sporn und Grafen vom Lateranpalast [354]).

Johann Jakob Bützler wandte sich am 19. Oktober 1764 an Franz Karl Grafen von der Leyen in Koblenz und schlug vor, seinem Schwiegersohn Johann Baptist de Caluwé das Recht der Nachfolge in seinen Ämtern als Busch- und Waldschultheiß zu verleihen. Er schrieb:

> „Hochgeborner Reichsgraf, gnädiger Herr! Gleichwie Euer Reichsgräfliche Excellence sowohl als sämtliche Beerbten mit meinen bisherigen Amts-Verrichtungen in hohen Gnaden und resp. beliebigst zufrieden sein werden, als nehme bei nunmehro ansteigendem Alter die untertänige Erlaubnis, meinen Schwiegersohn Johann Baptist de Caluwé zu meinem adjuncto in gehorsamsten Vorschlag zu bringen.
> Ich unentstehe solchemnach ob Euer Reichsgräflichen Gnaden hohen Gerechtsamkeit, fort wie gesamter Herren Beerbten meiner geringen Einsicht nach der Nutzen möglichst zu befördern, demselben den möglichsten Unterricht beizubringen.
> Untertänig bittend, Euer Reichsgräfliche Excellence als hoher Waldgraf und Erbbachherr in hohen Gnaden geruhen wollen, gedachtem meinem Aydamen die adjunction als Busch- und Bachschultheißen cum effectiva successione auf meinem Ablebungsfall zu erteilen, welche hohe Gnad in tiefster Erniedrigung verdanken werde.
> Euer Reichsgräflichen Excellence untertäniger Joan Jacob Bützler."

Noch an demselben Tage schrieb der Graf darunter „Concedo" = ich genehmige es, und er verfaßte folgendes „resolutum":

> „Dem petito des supplicantis wird in Ansehung seiner bishero trew und aufrichtig geleisteten Diensten in Gnaden deferiret, mithin desselben Tochtermann Johann Baptist de Caluwé die Adjunction auf die Bach- und Wald-Schultheißerey in der Strunder Gemarkung ahnmit erteilet. — Coblenz, den 19. 8bris 1764. — Franz Carl Graf von der Leyen." [355])

Am 14. Oktober 1766 herrschte eitel Freude und Glück im Hause Blech; denn an diesem Tage wurde der erste Sohn des jungen Paares getauft, Johann Jakob Franz Joseph de Caluwé, und als Patin stand neben dem stolzen Großvater die Tante der Mutter, Anna Katharina Eickelers geb. Siegen aus Bensberg [356]). Die Mutter lag noch krank im

---

[351]) Freundliche Mitteilung des Konservators Dr. Josef Denys vom Reichsarchiv in Gent. — Nach v. Mering (1861), der seine Angaben vermutlich von V. v. Zuccalmaglio bezog, lebten damals noch Angehörige des Geschlechts in Wildrecht, östlich von Hülst in Richtung Antwerpen. Auch heute noch kommt der Name in mehreren Gemeinden Flanderns vor.
[352]) Vgl. die Schilderung bei P. Hartgenbusch, Mein Dorf, Köln 1936, S. 31.
[353]) v. Mering, Burgen XII S. 155. — Nachforschungen im Historischen Archiv der Stadt Köln und in den Kirchenbüchern von St. Jakob (Schloß Brühl, Personenstands-Archiv) verliefen ergebnislos.
[354]) Die Ernennungsurkunde ist abgedruckt in Guten Abend 1928, 25 — Auffallend ist die Ernennung deshalb, weil die Würde eigentlich nur adligen Personen verliehen werden sollte.
[355]) Historisches Archiv der Stadt Köln, 1119, Nachlaß Hillmann.
[356]) Geboren am 4. August 1709 in Iddelsfeld.

Wochenbett darnieder, als am 5. Dezember ganz unvermutet einige Fesselknechte in Paffrath erschienen, den Vater verhafteten und ins Gefängnis nach Düsseldorf abführten. Die Aufregung muß sehr groß gewesen sein. Ein gewisser Chastell, vermutlich aus Straßburg oder Köln, hatte de Caluwé wegen einer Schuldforderung verklagt.

Unter dem niederschmetternden Eindruck dieses Ereignisses und um sich sowohl gegenseitig als auch ihre Tochter für alle Möglichkeiten in ihrem Eigentumsrecht gegenüber dem Ehemann, ebenso auch die leiblichen Erben zu sichern, schlossen die Eheleute Bützler

Im löstigen Dreck

am 29. Dezember 1766 vor dem Gericht des Amtes Porz zu Bensberg in Gegenwart des Oberschultheißen Daniels und der Scheffen Peter Lommerzen und Konrad Buchholtz einen Vertrag untereinander. Das Gericht hatte sich zu diesem Zweck wegen Unpäßlichkeit der Eheleute auf das Haus Blech begeben. Diese erklärten:

Sie hätten „nicht nur die von unseren Eltern überkommenen Güther durchgängig bis dahin erhalten, sondern auch durch göttlichen Segen annoch verschiedene, besonders den Rittersitz Blech samt Mühlen, Huf, und Kauhler Gut und darzu gehörigen Recht und Gerechtigkeiten auf der Strunden, Leuchter und Osenauer Gemarken, fot wohe dieselbe sonsten anzutreffen, sodan das halbe Kirspels-Gut in Gronaw, das Essers-Gut an der Hand erworben". Hierüber stände ihnen bei unaufgelöster Ehe die unbeschränkte Macht zu verordnen zu. Deshalb bestimmten sie:

1. Der letztlebende erhält die freie Verfügungsgewalt über den gesamten, bis dahin erworbenen Besitz, „als ob das Ehebett ohngestöret und wir beide annoch im Leben wären".

2. Der Letztlebende übernimmt die noch vom Bau des Hauses Blech herrührenden Schulden, nämlich ein noch nicht abgetragenes Kapital von 6000 Reichstaler, wovon 4000 Reichstaler den Erbgenahmen Poochs oder deren Curator Dr. Bierman, 2000 Reichstaler der Jungfer Sophia Franckens in Düsseldorf zustehen. Er kann dieses Kapitel stehen lassen oder anderweitig aufnehmen und ablösen.

3. Die Güter sollen mit dem „vinculo fideicommissi" zum Behuf des Enkels oder der Enkel „bestricket" sein. Der Eidam soll die Güter nicht belasten oder veräußern können. Sollte jedoch die Tochter als kinderlose Witwe leben oder die Güter sich auf deren Kinder oder in deren Abgang auf die nächsten „Befreundete" sich vererbt haben, so soll die obige Bestrickung nicht mehr gelten.

4. Falls die Tochter die Eltern mit einem oder mehreren Kindern überlebt, so soll sie die Einkünfte der Güter genießen, ohne daß die Güter zum ehelichen Gemeinschaftsbesitz gehören. Sie soll nach Willkür darüber verfügen können.

5. Es soll dem Letztlebenden der Eheleute für den Fall, daß die Tochter vor dem Eidam ohne Hinterlassung eines Kindes sterben sollte, freistehen, diesem den Nießbrauch der Güter zuzuwenden oder nicht.

6. Sollte aber die Tochter nach dem Tod der Eltern mit Hinterlassung des Ehemannes sterben, so soll dieser die Güter nicht als leibzüchtig, sondern bloß zur Erziehung und Unterhaltung des Kindes oder der Kinder bewohnen.

7. Es ist der Wille der Erblasser, die Güter ohne Schulden auf die Enkel oder die nächstgezielten Erben der Linie, von welcher die Güter herkommen, übergehen sollen.

8. Sollte dagegen die Tochter sich im kinderlosen Witwenstande befinden, hat sie freies Verfügungsrecht, als wenn diese Vereinbarung niemals bestanden hätte. Das soll nicht gelten, wenn die Tochter in Schulden geraten sollte.

Der Contract soll bei der Lehnkammer zu Paffrath, beim Gericht des Amtes Porz eingetragen werden. Die Durchführung des Contractes soll vom Bruder und Schwager Johann Jakob Siegen unter Zuziehung des Advokaten Schwaben und wenn von diesen einer sterben sollte, von dem Vetter Franz Peter Leven überwacht werden.

Die Eintragung geschah in Paffrath, an dessen Gericht Johann Jakob Bützler selbst Scheffe war, am 22. Januar 1767 unter dem Lehnschultheißen P. A. Jos. Ningelgen.

Sie wurde von der Hofkammer in Düsseldorf am 2. März 1773 urkundlich bestätigt, unterschrieben von Graf von Goltstein.

Diese Urkunde liegt den Akten bei [357]).

Unterdessen saß de Caluwé im Gefängnis zu Düsseldorf und wartete auf eine Vernehmung und die Gelegenheit einer Rechtfertigung. Erst am 10. Januar 1767 legte man dem Gefangenen die Rechnung vor, im übrigen wurde kein Verhör vorgenommen. Vielleicht hatte sich der Zustand der Gattin durch die seelischen Qualen verschlimmert, jedenfalls

---

[357]) Privatarchiv Landwehr — Historisches Archiv der Stadt Köln, Domstift Akten 97, Hofgerichtsprotokolle — Band II Blatt 131 ff.

starb der so freudig begrüßte Stammhalter und wurde am 10. Februar vor dem Hauptaltar der Kirche zu Paffrath beigesetzt.

Obgleich auch Bützler alles aufbot, um die Freilassung seines Schwiegersohnes zu erwirken und jede Kaution zu stellen bereit war, hielt man diesen weiter in entwürdigender Haft. Fast vier volle Monate saß er schon, als er am 27. April eine Bittschrift verfaßte, die am folgenden Tage vorgelegt wurde. Sie ist in französischer Sprache abgefaßt, gibt seine verzweifelte Stimmung wieder und erweckt in dem unbefangenen Leser den Eindruck, daß de Caluwé schuldlos war. Er schrieb (in deutscher Übersetzung):

„An die Herren: Kanzler, Präsident und Geheime Räte der Regierung in Düsseldorf.
Gestatten Sie, daß ich mir erlaube, Ihnen nochmals die ganze Schwere meines Schmerzes vor Augen zu führen, der mich bedrückt angesichts meiner etwa fünf Monate währenden Gefangenschaft, ohne daß es mir bis heute gelungen wäre, mich dessen zu rechtfertigen, wessen ich angeklagt bin, worum ich gebeten habe und worum ich auch jetzt dringend bitte.
Ich hatte mir eingebildet, daß der Aufenthalt Sein. Kurf. Hoh. in dieser Stadt meine und die Qualen meiner Frau abkürzen würde, welche nicht weniger betroffen ist durch die beklagenswerte Lage, in der ich mich befinde und durch den Verlust des einzigen Sohnes nach meiner Inhaftierung, wozu wahrscheinlich die Härte der Gefangennahme beigetragen haben wird. Aber ich sehe mit Tränen in den Augen, daß S. H. abgereist ist, ohne daß ich eine Erleichterung verspüre, obwohl ich diese so sehr ersehnt hatte.
Ich nehme daher nochmals meine Zuflucht zu Ihnen, meine Herren, mit der dringenden und untertänigen Bitte, mich von einer Verfolgung (Zudringlichkeit) von Fremden zu befreien, welche einige übel gesinnte Personen mir anhängig machten auf einen Befehl hin, den man sich am Hof von Mannheim erschlichen hatte in der einzigen bösen Absicht, mich öffentlich zu schmähen (bloßzustellen), ohne die Gesetze der Rechtlichkeit und Billigkeit zu beachten.
Anbei übersende ich Abschrift der Rechnung, die mir zum ersten Mal am 10. Januar ds. Js. übermittelt worden ist auf Ersuchen des Herrn Fuchs, dem Bevollmächtigten des Herrn Chastel, unter Buchstabe A — welches der Gegenstand meiner Inhaftierung ist, mit meinen neuen Bemerkungen hierzu und entsprechendem unter Buchstaben B. Hieraus kann man leicht die ganze Leidenschaft ersehen, mit welcher ich Unglücklicher wider jedes Menschen- und Naturrecht verfolgt wurde.
Da die Gesetze des Staates wohlweislich in Ihre Hände gelegt sind, um sie vor Angreifern zu schützen, so muß ich mich auch an Sie, meine Herren wenden zur Verteidigung meines Rechtes; in meiner Eigenschaft als Bürger und geborener Untertanen Seiner Kaiserlichen und Königlichen Apostolischen Majestät[358]) gestatte ich mir die Freiheit Sie darauf hinzuweisen, daß, je stärker diese Angriffe sind, um so größer muß der Widerstand sein, und angesichts von großen Übelständen sind durchgreifende Maßnahmen zu deren Beseitigung erforderlich. In der Tat, was würde aus dem Bollwerk der Staatsbürger, wenn die Gesetze sich je nach dem Willen der Großen und sich im Amt befindlichen hohen Persönlichkeiten beugen würden?
Ich hoffe nicht, meine Herren, daß Sie es zulassen werden, daß ein Bürger aus Straßburg oder aus Köln mehr Gewalt über die Untertanen S. K. H. hat, als er selbst zu haben vorgibt, noch daß die Gesetze irgendwelche Änderungen aus reiner Höflichkeit dulden, und ebenso wenig, daß für einen vermögenden und reichen Mann die Sicherheit des Schwachen käuflich zu erwerben ist, in dem Sinne, wie mir dies der Bevollmächtigte Fuchs vor längerer Zeit ins Gesicht sagte, daß ich immer den irdenen Topf gegenüber einem eisernen darstellen würde, — diese Art Sprache kündigt mir in der Tat das Recht des Stärkeren an.
Der Verlust der Freiheit, sagt ein sehr berühmter Autor, stellt ja eine Züchtigung dar und darf vor der Verurteilung nur auferlegt werden, so weit es der Notfall erfordert, da ja das Gefängnis nur ein Mittel ist, um die Person eines angeklagten Bürgers in Gewahrsam zu halten, bis er für schuldig befunden wird; dies müsse jedoch so kurz wie möglich sein und in der anständigsten (sanftesten) Art und Weise erfolgen. Die Dauer des Gefängnisaufenthaltes muß auf die gemäß der Prozeßinstruktion erforderliche Zeit fesgesetzt sein.
Meine Herren, ich schmachte nun aber fast 5 Monate in einem Gefängnis zum Schaden und Verlust meines guten Rufes und meines Vermögens, und keine dieser Formalitäten sind eingehalten worden, wie dies der Fall hätte sein müssen, ja, ich bin während der ersten 5

---

[358]) In den österreichischen Niederlanden.

Wochen sehr schlecht und wie ein Verbrecher behandelt worden, obwohl dies eine Erpressung darstellt und im Widerspruch zur öffentlichen Ordnung (Ruhe) steht.
Der gleiche Autor sagt ferner, daß die Angriffe, welche von hochgestellten Personen und den Magistraten gegen die Freiheit der Bürger ausgeübt werden, um so größere Verbrechen seien, da der moralische Einfluß, den die Handlungen hochgestellter Persönlichkeiten ausüben, mit größerer Kraft und in einem weiteren Umkreis wirksam sind, und daß dieser in den Bürgern die Begriffe von Gerechtigkeit und Pflicht zerstören, um sie durch das Recht des Stärkeren zu ersetzen, welches in geicher Weise sowohl für den gefährlich ist, der sich desselben bedient, als auch für den, der darunter leidet.
Es ist übrigens nicht anzunehmen, daß S. K. H. gewillt ist, gegen das Recht und die Privilegien seiner Staaten und des Imperiums zu verstoßen, worauf ich mich zu berufen berechtigt bin da ich dies keineswegs bezweifle. Wenn Sie, meine Herren, nur davon überzeugt wären, daß man mir unrecht tut, und daß dieses ganze Verfahren völlig gesetzeswidrig ist und gegen das Menschen- und Naturrecht verstößt! Ich weiß, daß es in Frankreich üblich ist, daß für den Fall, daß jemand eine Person kraft des Gesetzes wegen Schulden verhaften läßt, er folgendes beizubringen gezwungen ist:
1. eine Kaution zu stellen, wenn er selbst nicht genügend vermögend ist, um alle Kosten und Schäden zu begleichen, falls er im Unrecht ist.
2. für den Unterhalt des Verhafteten zu sorgen, vom ersten Tage von dessen Inhaftierung ab.
3. in dem Ort der Verhaftung eine Wohnung zu wählen oder, wenn er selbst da nicht wohnhaft ist, einen generellen und speziellen Bevollmächtigten zu bestellen.
4. eine Schuldforderung innerhalb eines Zeitraumes von 3 × 24 Stunden ohne Aufschub zu rechtfertigen, um dem Verhafteten die Möglichkeit zu geben, Material zu seiner Entlastung zu beschaffen, wenn er solches hat, und bei Fehlen der Rechtfertigung geht man sofort ex officio dazu über, ihn wieder in Freiheit zu setzen, wenn einer der vier Punkte nicht erfüllt ist.
Ich denke, meine Herren, daß der in diesen Ländern ausgeübte Brauch bei uns mehr oder weniger der gleiche sein sollte, um alle tyrannischen Erpressungen zu vermeiden, um so mehr, als derselbe naturgemäß ist und dem Menschenrecht entspricht, das allen gerechten Gesetzgebern zur Richtschnur dienen sollte.
Nun, meine Herren, es fehlt noch vieles, um diese Formalitäten als erfüllt betrachten zu können, wie dies hätte getan werden müssen, aber ich befinde mich nichtsdestoweniger seit dem 5. Dezember des verg. Js. in Haft, ohne daß der Bevollmächtigte meiner Gegenpartei sich hier wieder hätte sehen lassen, noch irgendjemand von dessen Partei, um die angebliche Schuldforderung zu rechtfertigen, woraus sich ergibt, daß der Grund freiwillig aufgegeben wurde, da man von mir ja nicht verlangen kann, daß ich diesen Bevollmächtigten im Ausland suchen gehen solle, sei es um meine Vorschläge zu machen oder um ihm meine Gegenargumente für diese vermeintliche Rechnung, deren Unsinnigkeit offenbar ist, vorzulegen (zu beschaffen). Unter diesem Gesichtspunkt darf ich inständig um den Schutz Sein. K. H. bitten, und Sie, meine Herren anflehen, so schnell wie möglich meine Freilassung vornehmen zu wollen mit der Erklärung, daß meine Verhaftung aufgehoben ist und unüberlegt erfolgt sei. Es bleibt Ihnen überlassen, jeweils meine Kautionssumme zu fordern, die zu stellen ich mich erbiete, daß ich das Land nicht verlassen darf und daß ich mich jeweils stellen werde, wenn ich dazu aufgefordert werde, die Fragen des Herrn Chastel oder seines Bevollmächtigten zu beantworten, mit dem Vorbehalt des Einzugs der Gerichtskosten, Schäden und Zinsen.

de Caluwe

Ne tradideris me in animas tribulantium me:
quoniam insurrexerunt in me testes iniqui
et mentita est iniquitas sibi.   Psalm 26, V. 12. 27."

Als der Gefangene auf seine Vorstellungen keine Antwort erhielt, richtete er nach zwei Wochen eine weitere Bittschrift an die Herren der Regierung in Düsseldorf, die am 12. Mai 1767 vorgelegt wurde:

„Dies ist der 6. Monat, den ich gefangengehalten werde zum Schaden meiner Gesundheit, meines guten Rufes und meines Vermögens, wo man mich sogar wie einen Verbrecher in strengstem Gewahrsam hielt, den ich aufgrund der größeren Macht während der ersten 5 Wochen erdulden mußte, ohne jemand sprechen oder ihm schreiben zu dürfen, selbst nicht meiner Frau, da diese noch krank war und im Wochenbett lag, was noch um so beklagenswerter für mich ist, als dies alles zu dem unersetzlichen Verlust meines ersten und einzigen Sohnes beigetragen hat.

Seit dieser Zeit hält man mich noch nicht etwa weniger in Gefangenschaft, zwar stimmt es, daß dies mit etwas weniger Härte geschieht, aber immer bleibe ich meiner Freiheit beraubt, diese Tatsache bleibt bestehen und ist schon eines der größten Leiden, ebenso wenig die Behandlung wie ein Verbrecher, die man mich bis zur Stunde erdulden ließ, ohne zu wissen, ob ich schuldig bin.

Trotz meiner berechtigten, bitteren und wiederholten Klage ist es mir noch nicht gelungen, mich wegen der Ursache einer so außerordentlich widerrechtlichen Behandlung zu rechtfertigen, ohne daß weder meine Ankläger sich gerechtfertigt hätten wegen der Art des Deliktes, welches mir diese Behandlung zugezogen haben könnte, noch daß ich irgendeinem Verhör über den Grund meiner Verhaftung unterzogen worden wäre.

Aber ohne hier auf die berechtigten Gründe einzugehen, die ich schon aufgrund des Menschenrechtes und Naturrechtes zur Einspruchserhebung habe in meiner Eigenschaft als Bürger und geborener Untertan S. K. H. und des Königl. Apost. erlaube ich mir, Sie, meine Herren, dringend darum zu bitten, mir doch zu gewähren, daß der Herr Generalverteidiger der Herzogtümer von Julich und Berg meine Verteidigung übernimmt, daß ich ihm die zu erwartenden Honorare bezahle, wo ich jeglicher Hilfe bar bin und ich die Art des Verfahrens nicht kenne; ich bitte Sie inständigst meine Herren, Order erteilen zu wollen, damit der genannte Herr Generalverteidiger mein Verteidiger sein kann.

de Caluwé."

Wir wissen nicht, was auf diese Bittschriften erfolgt ist.

Es scheint, daß de Caluwé auch im Dezember noch nicht nach Blech zurückgekehrt war, als sein Schwiegervater starb. Ob er in Düsseldorf verurteilt wurde, konnte noch nicht ermittelt werden, sicher ist jedenfalls, daß seine „Affairen", die nun ans Licht gekommen waren, einen tiefen Zwiespalt in der Familie hervorriefen. Es kam so weit, daß Bützlers Witwe ihre Tochter Anna Margareta nur unter der ausdrücklichen Bedingung zu ihrer Erbin einsetzte, daß sie auf jede Gütergemeinschaft mit ihrem Ehemann verzichtete und sich verpflichtete, alles was er an Effekten, Kleidung und sonstigen Sachen mitgebracht hätte, ihm oder einem von der Obrigkeit Bestimmten auszuliefern. In keiner Weise wolle sie seine Erbin sein. Am Freitag, dem 26. Februar 1768, als de Caluwé offenbar immer noch inhaftiert war, verfügte sich der Oberschultheiß von Porz, Daniels, mit den beiden Scheffen Lommertzen und Grönenwald aufs Haus Blech und nahmen folgende Verhandlung auf [359]):

„Nachdeme die Wittib des Commercianten Johan Jacoben Bützler Maria Christina Siegens ihrer Unpäßlichkeit halber ein löbliches Gericht ersuchet, zu Anhörung ihres Vortrags bei ihro auf dem Haus Blech zu erscheinen,
so man sich diesem Ansuchen zufolge dorthin verfüget, wohe dan erwehnte Wittib Bützlers vorgestellet, daß, gleichwie nach tödlichem Hintritt ihres geliebten Ehegatten ihro der Landsordnung nach die freie Macht und Gewalt zustünde über ihre Gereid und fahrende Habschaft zu verordnen, also sie zwaren in sotanen ihren gereiden Mitteln ihre einzig geliebteste Tochter Annam Margaretham Bützlers, Ehefraw Joannis Baptistae Caluwe zum Erben einsetzen täte unter dem austrücklichen Beding und Vorbehalt jedoch, daß gemelte ihre Tochter auf die zwischen Eheleuten sonst gewöhnliche Gemeinschaft deren Güteren fort alles, was von ihrem Ehemann bereits hiehin gekommen oder hiehin kommen möchte, renuntiiren und sich erklären täte, gemelten ihres Ehemannes Erbin keineswegs sein zu wollen. Mit erscheinende Ehefraw Caluwe täte an vorderist die mütterliche, zu Beibehaltung des Ihrigen abzielende Gesinnung mit geziemendem Dank ahnnehmen und erkennen und erkläräte solchemnach, daß, gleichwie ihre Mutter über das gereide Vermögen annoch Herr und Meister wäre, also sie sich deroselben Ahnsuchen nicht widersetzen wolte, vielmehr erkläräte und verbindete sie sich, ihres Ehemanns Erb niemalen sein zu wollen.
Was aber die von selbigem hergekommenen Effecten, Kleidung und sonstige Sachen betreffete, da wäre sie willig und bereit, selbige ihrem Ehemann oder auch demjenigen, welcher von Obrigkeits wegen darzu bestellet würde, verabfolgen zu laßen.

---

[359]) Privatarchiv Landwehr.

Wittib Bützlers verhoffete, diese ihrer Tochter Erklärung zulänglich zu sein, selbige, sowohl als das von ihro rücklassendes Vermögen wegen deren Affaires ihres Aydammen unangefochten zu belaßen, gleich dan auch bittete, ein solches, wie es unter Begünstigung rechtens auf das bequämste geschehen könte, zu bewürcken, fort des Ends ihre und ihrer Tochter Erklärung dem gerichtlichen Protocollo wörtlich einzutragen und ihro darab begleubtes Urkund mitzuteilen.
Decretum. — Gleichwie nach geschehender Vorlesung vorgesetzten Inhalts beide, Wittib Bützler und Ehefraw Caluwe solchem wiederholter bedachtsam bestättiget, fort mündlich diese Erklärung wiederholet, also solle selbige dem protocollo judiciali verbotenus (= wörtlich) inseriret, fort impetrantinum der extractus darab mitgeteilet werden.
Signatum ut supra. In fidem et extractu protocolli judicialis subcripsi M. v. Schatte, Gschr."

Auch Graf von der Leyen in Koblenz erfuhr von den Ereignissen auf dem Hause Blech. Es scheint, daß auch er zunächst mit der früher zugesagten Ernennung de Caluwés zum Wald- und Bachschultheißen zurückhielt, um das Ergebnis der gerichtlichen Untersuchung abzuwarten. Am 3. März 1768 ernannte er seinen Kammerrat und „Oberkellner" Stock zum Bevollmächtigten, der bei allen Holzgaben in der Strunder Gemark anwesend sein sollte, um „falschen Verdacht" gegen den Waldschultheißen abzuwenden. Erst am 6. Oktober, als Johann Baptist offenbar nach Paffrath zurückgekehrt war, ließ er diesem eine besondere Anweisung für die Ausübung der Ämter zuschicken.

Erst im November übersandte er dem neuen Bach- und Waldschultheißen die Bestallungsurkunde [360]):

„Franz Carl, des Heiligen Römischen Reiches Graf von und zu der Leyen und Hohengeroldseck pp., Ihrer Römisch-Kayserlich und Königlich-Apostolischen Majestäten würklicher geheimer Rath und Cämmerer p., bekennen hiermit und thuen jedermänniglich zu wissen: Nachdeme Uns als Inhabern des Hauses Thurn [361]) zugleich die Bach- und Waldgrafschaft in der sogenannten Strunder Gemarkung in dem Bergischen Amt Portz anerfallen und Wir in dieser Aigenschaft annoch bei Lebzeiten des vormahligen Bach-Schultheisen N. Bützler auf derselben geziehmendes Anstehen seinem Aydam Herrn de Caluwé die Anwartschaft auf sothanen Bach- und Waldschultheißen-Dienst zu ertheilen bewogen worden, daß Wir nach erfolgtem Ableben des vormahligen obgedachten Bachschultheisen N. Bützler, ihn, Herrn de Caluwé, nunmehro zum würklichen Bach- und Waldschultheisen ernennet und bestättiget haben, ernennen und bestättigen auch solchen Kraft gegenwärtigen Patents, dergestalten, daß er in dieser Aigenschaft von sämtlichen Herren Beerbten erkennet werden, sofern alle gedachtem Dienst zustehende Functionen mit gehöriger Auctoritaet verrichten, Unsere Gerechtsame und Vorrechte mit allem Nachdruck handhaben, sodan für das Beste der ganzen Gemarkung die möglichste Sorge tragen und des Ends die ihme theils schon ertheilte und theils ferner zukommende Instruction aufs genaueste erfüllen, dargegen aber die gewöhnliche Nutzbarkeiten und Vorzüge genießen möge und könne.
Zu wessen Urkund und Bestättigung Wie gegenwärtiges offenes Patent als Bach- und Waldgraf aigenhändig unterschrieben und Unser angebohrnes Insiegel beyzudrücken befohlen haben.

So geschehen Coblenz, den 15. 9bris 1768. — Franz Carl Graf von der Leyen." (Siegel)

Wir wissen nicht, wann und unter welchen Bedingungen Johann Baptist de Caluwé nach Paffrath zurückgekehrt ist. Jedoch zog der eheliche Friede wieder auf Haus Blech ein, und am 9. Juli 1774 wurde ein neuer Stammhalter geboren, Johann Franz Wilhelm. In einem tiefen Gefühl der Dankbarkeit über die Gesundheit des Kindes ließen die Eltern im Jahre 1774 seitlich des Aufgangs zur Kirche neben der Burg ein großes Kreuz mit den Standbildern des Pfarrpatrons, des Martyrerpapstes Klemens, und zweier wei-

---

[360]) In Wirklichkeit waren die Ämter mit dem Hause Iddelsfeld verbunden.
[361]) Historisches Archiv der Stadt Köln, Nachlaß Hillmann.

terer Heiligen „zur Verherrlichung Gottes und Frommen der Gemeinde" errichten, die noch heute erhalten sind.

Auch widmete sich de Caluwé nun mit Eifer den Geschäften. Von der Kommende Herrenstrunden pachtete er einen Bezirk im Zederwald zum Traßstechen und erwirkte von der herzoglichen Regierung die nötige Konzession. Zur Ableitung des Wassers ließ er einen breiten Graben zur Strunde hin anlegen. Er brauchte den Traß zum Betrieb seiner Kalköfen im Buchholz [362]).

Am 16. April 1780 starb die Witwe Bützler auf Haus Blech, und auch sie fand ihre letzte Ruhestätte vor dem Hauptaltar der Kirche.

Auf Vorladung erschien am 25. Oktober 1780 Johann Baptist de Caluwé vor dem Lehngericht zu Paffrath und erklärte, er „wäre willig, von seinen Schwiegereltern Herrn Jacob Bützler und Maria Christina Siegens, Eheleute selig, das Haus Blech mit seinen appartinentien zu empfangen, gleichs seine Schwiegereltern bei der Acquisition es empfangen hätten, müsse aber aus denen zum Hause Blech behörigen Briefschaften vorgängliche Informationen einziehen, zu welchem End er bis Weynachten Ausstand begehrte".

Nun wurden auch jene Vertragsbestimmungen wirksam, die eine Erneuerung der Erbpacht über die 30 Morgen Ackerland des Domkapitels vorschrieb. Der neue Erbpachtbrief vom 14. März 1781, ausgestellt auf die Eheleute de Caluwé, ist erhalten [363]). Er lautet:

„Wir, Dechant und Capitul der Erz- und hohen Dom-Kirchen zu Köln tun kund,
demnach Wir unterm 8. März 1754 die Uns und unser Dom-Kirchen zugehörige, im Herzoglich-Bergischen Amt Porz und Kirchspiel Paffrath, unweit dem Hause Blech am Pfannenberg bei der Kalk-kaulen, fort daherum gelegene und in dreißig Morgen bestehende Länderei dem Schulteisen Johann Jacob Bützler und dessen Ehefrauen Mariae Christinae Siegens und ihren Erben zu einer wahren Erb-Pacht, Emphyteusis Ecclesiastica genannt, und zwar, unter anderen Bedingnußen, mit dem ausdrücklichen Vorbehalt verliehen und eingegeben haben, daß, so oft diese Erb-Pacht von einer Hand auf die andere verstürbe, allsolche dreißig Morgen unverteilt und unversplissen beieinander belassen, auch innerhalb eines Jahres Zeit — jedoch ohne Zahlung einigen Laudemini bei sothanen Erbfällen — die Erneuerung des Erb-Pacht-Briefs von uns gehorsamst gesonnen und darüber gehöriges Reversale ausgestellet werden sollte, und dann gemelte Eheleute Bützler mit Hinterlassung einer einzigen Tochter, namentlich Anna Margaretha Bützler, vor einiger Zeit verstorben sind, mithin der Ehemann jetzt besagter Annae Margarethae Bützler, Johann Baptist de Caluwé, für sich, seine Ehefrau und Erben um die Renovation gehörten Erbpachts-Briefs gehorsamst angerufen hat, daß wir also ihm, Johann Baptist de Caluwé, dessen ehelichen Hausfraue Annae Margarethae Bützler, und ihren Erben, vorbezielte dreißig Morgen Länderei von neuem in Erbpacht ausgetan und verliehen haben, austun und verleihen auch hiemit und Kraft dieses, gestalten diese Länderei nach Erb-Pachts-Rechte zu verbessern, zu gebrauchen, zu genießen und zu benutzen, also jedoch, daß diese Güter beieinander gehalten und bei Vermeidung der Hinfälligkeit niemalen versplissen, verteilet, beschwert, versetzet oder veräußeret werden, es geschehe dann mit unserm Vorwissen, Willen und Belieben.
Wohingegen zweitens Erb-Pächteren und deren Erben jährlichs 15 Reichstaler current statt eines Erbzinses oder canonis Emphyteutici zu unser Dom-Kellnerei unweigerlich und unnachlässig termino Nativitatis Christi, jedoch 14 Tag darnach unbefangen, gegen Quitschein abführen, falls aber sothaner Zins oder Canon zwei Jahr lang unbezahlt bleiben würde, alsdann obige dreißig Morgen samt allinger Besserei (= Dünger) uns und unserer Dom-Kirche hinwiederum eo ipso anheim gefallen sein sollen.
Drittens sollen und wollen Erb-Pächteren innerhalb des nächs folgenden Vierteljahrs Frist uns eine genaue Verzeichnus sothaner Erbpächtigen Stücken mit allen Fuhr- und Vorgelosen unter eigener Handunterschrift überreichen, wobei

---

[362]) StA Düsseldorf, Herrenstrunden, Membrum 27.
[363]) Historisches Archiv der Stadt Köln, Domstift, Akten 97.

Viertens austrücklich verabredet und verglichen worden, daß, weil vermög alter Registeren bei der Knappen unsere Dom-Kirche annoch vier Morgen besitzen müßte, auf den Fall diese vier Morgen über kurz oder lang ausfündig gemacht werden könnten, solche gedacht unserer Domkirche besonders vorbehalten und von gegenwärtiger Erbpacht ein für allemal ausgeschlossen seien und bleiben sollen.

Fünftens geloben und versprechen Erb-Pächtere ebenfalls für sich und ihre Erben, daß, so oft gegenwärtige Erb-Pacht von einer Hand auf die andere verstirbt, diese dreißig Morgen unverteilt und unversplissen beieinander belassen, auch innerhalb eines Jahrs Zeit — jedoch ohne Zahlung einigen Laudemini bei sothanen Erbfällen — die Erneuerung des Erb-Pachts-Briefs bei uns gehorsamst gesonnen und darüber gehöriges Reversale ausgestellt werden solle.

Zu Urkund dessen haben Wir gegenwärtigen Erb-Pachts-Brief mit Anhängung unseres Dom-Capitulischen größeren Insiegels, ad causas genannt, fort unseres Rats- und Secretarii Unterschrift befestigen lassen.

Geschehen Köln, den 14. März 1781.

Obigen Erb-Pachts-Conditionen geloben und versprechen an Eids statt und unter Verbindung all unser Hab und Güter, Gereid und ungereid, in allen Punkten getreulich nachzuleben.

Urkund unserer Hand Unterschrift. J. B. De Caluwé. — A. M. de Caluwé genannt Bützlers."

Am 23. Oktober 1782 erschien „Monsieur de Caluwé mit seiner Frau Eheliebsten Madame de Caluwé geborene Bützler namens ihres Kindes Franz Wilhelm de Caluwé" vor dem Lehngericht zu Paffrath, „und haben das lehnrührige Gut des Hauses Blech mit seinen appartinentien benenntlich die Mühl, das Hover und Kühler Gut und von ihren Eltern resp. Schwiegereltern ererbte lehnrührige Güter empfangen" [364].

Nachdem nun aber Anna Margareta den starken Rückhalt an ihrer Mutter verloren hatte, traten bald wieder große Spannungen im Verhältnis zu ihrem Gatten auf, dem die Bedingungen der Erbverträge nicht paßten. Johann Baptist drang nicht lange vor ihrem Ableben in brutaler Weise auf seine Gattin ein und verlangte von ihr die Herausgabe aller Wertsachen, des baren Geldes und der Briefschaften. Als sie sich entschieden weigerte, bedrohte er sie mit der „Zerschlagung aller Kisten und Kasten". Da packte die besorgte Frau heimlich alle wichtigen Papiere in eine Schachtel, ließ sie durch den Paffrather Pfarrer Bernhard Siegen versiegeln und schickte sie durch ihren Jäger Peter Kaeß zu ihrem Verwandten Johann Servos im Gronauer Wirtshaus zur Aufbewahrung. Er nahm sie zu treuen Händen an, ohne zu wissen was sie enthielten.

Am 5. Mai 1786 starb Anna Margaretha. Wir wissen nicht, ob auch sie in der Kirche beigesetzt wurde, da das Sterbebuch es nicht verrät. Bald danach erfuhr der Witwer von der Verbringung der Papiere nach Gronau und verlangte die Herausgabe, doch Johann Servos lehnte das ab, trotz beleidigender Anwürfe. Es kam am 8. November 1786 zu einer Verhandlung vor dem Gericht in Bensberg. Servos erklärte sich bereit, die Schachtel herauszugeben, jedoch weigerte er sich, sie nach dem Hause Blech zu bringen; denn er habe sie auch nicht von dort geholt. Er verlangte die Eröffnung vor dem Gericht in Gegenwart des Pfarrers von Paffrath, der das Siegel angebracht habe. Sonst könne er die Schachtel nicht aushändigen.

Die Eröffnung wurde auf den 24. November, einen Freitag, im Hause Blech, angeordnet. Es erschienen der Oberschultheiß des Amtes Porz, Daniels, der Gerichtschreiber von Schatte, die beiden Scheffen Cürten und Höher, die beiden Vormünder des minderjährigen Franz Wilhelm de Caluwé, Caspar Düppes von Iddelsfeld und der Fronhalfen

---

[364]) Historisches Archiv der Stadt Köln, a. a. O. Band III.

Friedrich Siegen zu Gladbach, sowie der Pfarrer Bernhard Siegen, Johann Servos und Johann Baptist de Caluwé.

Servos überbrachte die versiegelte Schachtel, und der Pfarrer stellte fest, daß die Siegel unberührt waren. Servos gab zu erwägen, ob die auf die Güter sprechenden Briefschaften an de Caluwé oder aber den Fideikommißhaltern anzuvertrauen seien. Die Not des Kindes erfordere, die Briefschaften den angeordneten Vormündern anzuvertrauen, zumal de Caluwé nach dem Ableben seiner Ehefrau damit fortfahre, mehrere Eichen zu fällen. Servos hielt sich zu diesen Hinweisen nicht nur als nächster Verwandter des Kindes, sondern auch wegen der eventl. Rechte seiner eigenen Kinder aus dem Fideikommiß verpflichtet. Servos mußte beeiden, daß er außer der Schachtel keine Briefschaften, das Haus Blech betreffend, aufbewahre, ebenso keinerlei Geld oder Geldeswert. De Caluwé verwahrte sich noch gegen in dem Gerichtsprotokoll enthaltene „unwahre und injuriensen Austrücken".

Nun wurden die Siegel von der Schachtel abgebrochen und die Inventarisation der Briefschaften vorgenommen.

Da die Schriftstücke selbst sich nur zum allergeringsten Teile im Privatarchiv Landwehr erhalten haben, während ein anderer Teil angeblich von Pfarrer Hillmann entliehen und nicht zurückgebracht wurde, sich auch nicht vollständig in dessen Nachlaß befindet, ist das damals aufgestellte Verzeichnis trotz seiner dürftigen Inhaltsangaben von sehr großem geschichtlichen Wert. Es führt auf:

„1. Fundation wegen der Donnerstagsmesse zu Paffrath. Die Obligationen hierzu von den Eheleuten Jakob Bützler und Maria Christina Bützler waren dem Paffrather Pastor Gottfried Moll zur Niederlegung in der Kirchenkiste übergeben worden.
2. Fundation über eine hl. Messe, die das Jahr hindurch jeden Monat am ersten Montag nach dem Bruderschaftssonntag gelesen werden soll, ebenso über drei Messen, je eine am 13. Dezember, am 6. August und am 17. Februar zu lesen. Die Rentverschreibungen hat der damalige Pastor Drossart zu Gladbach in Empfang genommen.
3. Teilzettel über die Immobilargüter des Heinrich Bützler und Ehefrau Elisabeth Schmalzgrüber in Gronau.
4. Kopie eines Vergleichs zwischen den Gebrüdern Stael von Holstein und von der Reven vom 24. Januar 1692 zu Eulenbroich.
5. Kopie eines Vergleichs zwischen J. G. Stael von Holstein und Johanna Gertrud Stael gen. von Reven, ferner Johann Henrich Stael von Hollstein und Anna Margareta von der Reven vom 16. Dezember 1704.
6. Kopie eines Kaufbriefs zwischen Win. Werner von Loyson und Anna Margareta Stael von Holstein, ferner Freiherrn Stael von Holstein und Freifrau von Stael geb. Franckenberg vom 16. Okt. 1741.
7. Renuntiation der Wittib von Loyson geb. Stael auf die Erbschaft des Johann Gottfried von der Reven und Anna Margareta von der Reven vom 22. Nov. 1752.
8. Spezifikation eines 7. Teiles des Hauses Blech, das dem Freiherrn Johann Gottfried von der Reven zugeteilt wurde vom 28. Sept. 1752.
9. Dekret über den Besitz eines 7. Teiles des Hauses Blech für den Geheimrat und Hofratspräsidenten von Stael vom 8. Sept. 1752.
10. Betr. dasselbe wie vorher.
11. Zwei Eingaben des Freiherrn von Stael gegen die freiherrlichen Erbgenahmen von Lohausen zu Blech und Jakob Bützler, ohne Datum.
12. Kopie eines Erbpachtkontrakts über 30 Morgen Länderei des Domkapitols vom 8. März 1754.
13. Erbpachtkontrakt über die vorerwähnte Länderei vom 14. März 1781, renoviert auf de Caluwé und dessen Ehefrau.
14. Anerkennung und Bestätigung des beim Verkauf des Hauses Blech an die Eheleute Jakob Bützler mit übertragenen Erbpachtrechts an den vorerwähnten 30 Morgen durch das Offizialatgericht in Köln vom 29. Aug. 1754.

15. Kopie eines Reverses zu vorerwähntem Erbpachtbrief vom 14. März 1781 mit Brief des Domkellners Becker.
16. Kopie eines Vergleichs zwischen dem Bevollmächtigten des Domkapitols und den Freiherren Gebrüdern von Kalckum gen. Lohausen und deren Mutter betr. vorerwähnter 30 Morgen vom 26. Januar 1687.
17. Ein Memorial samt Antwortschreiben betr. die 30 Morgen vom 22. Aug. 1781 nebst Quittung über die Expeditionskosten des Erbpachtbriefs.
18. Erlaubnisschein des Domkapitels zur Rodung eines halben Morgens Erbpachtbusches.
19. Zwei unbedeutende Briefe nebst einer Quittung.
20. Aufstellung über abgezahlte Kaufschillinge des Rittersitzes Blech an die freiherrlichen Gebrüder von Lohausen.
21. Kopie eines Schriftstückes der zum Haus Blech gehörigen Zwangmühle vom 5. Mai 1725.
22. Entwurf einer Quittung über 2200 Rtlr Kaufschillinge an den Freiherrn von Kessel.
23. Inventar der Mobilien der verstorbenen Wittib Urban Siegen.
24. Teilzettel über ihre hinterlassenen Immobilien.
25. Quittung über 120 Rtlr für den Rest der Iddelsfelder Mobilarteilung.
26. Kaufbrief über das Holweider Gut für Urban Siegen vom 2. Okt. 1717.
27. Beschreibung des Holweider Gutes.
28. Schatzeingebung dieses Gutes.
29. Noch ein Kaufbrief über das Holweider Gut.
30. Zwei Protokollauszüge wegen nachgesuchter und genehmigter Teilung.
31. Das zweite Los der sog. Wildwiese.
32. Eine Beschreibung verschiedener Ländereien.
33. Zwei Kaufbriefe über $1/4$ Teil Gewäldts auf der Strunder Gemarken, sowie über 12 Holzrechte.
34. Zwei Kaufbriefe nebst anderen Schriftstücken über das Baursgut aufm Ort.
35. Kaufbrief über $1/2$ Viertel Land im Hinterfeld.
36. Ansteigerungsprotokoll über den hohler Mutzer Busch mit Spezifikation der Morgenzahl, gibt Schatz, Steuer und ist auch lehnrührig als Paffrather Lehngericht.
37. Kaufbrief für Henrich Bützler und Elisabeth Schmalzgrüber als Ankäufer der Erbstücke Ackerland von den Erbgenahmen Schmalzgrüber.
38. Kaufbrief über $1/4$ Gewäldts, sodann eines $1/5$ Teils eines Viertels, und $2/10$ Teils des Henrigens-Vorends.
Damit wurde die Inventarisation um 7 Uhr abends geschlossen und am 25. Nov. 1786 fortgesetzt.
39. Erbprotokoll über $3/7$ Teil der zum Rittersitz Blech gehörigen freiadeligen Mahlmühle und die beiden Nebengütchen.
40. Quittung über Erbpachtrenten der 30 Morgen.
41. Vergleich mit Dr. Fabricius über Prozeßkosten.
42. Berechnung zwischen Erbgenahmen von Lohausen und Freiherrn von der Reven.
43. Konzept des Dr. Schwaben.
44. Brief des Freiherrn von Kalckum gen. Lohausen an Jakob Bützler.
45. Abrechnung über von Jakob Bützler an den Freiherrn von Lohausen nach Köln gelieferten Kalk.
46. Eine ähnliche Rechnung.
47. Vollmacht des Freiherrn von Kalckum gen. Lohausen zu Hüchelhoven auf Jakob Bützler zur Einsichtnahme in die Jagd und Fischerei des Hauses Blech.
48. Ratifikation des Barons von Kessel eines zwischen der Paffrather Gemeinde und Jakob Bützler mit dem Kloster Dünnwald getroffenen Vergleichs wegen eines Ort Busches, nebst Vollmacht für Bützler zur Bewahrung aller zum Haus Blech gehörigen Gerechtigkeiten.
49. Aufstellung aller zum Hause Blech gehörigen Zubehöre, Mühlen und Gerechtigkeiten.
50. Vollmacht der Freiherren von Kessel und Lohausen für Jakob Bützler zur Einforderung des Katterbachischen Kapitals.
51. Vollmacht der Freiherren von Lohausen für Jakob Bützler zur Besetzung der Weiher des Hauses Blech mit Fischen.
52. Vollmacht zur Eintreibung von Pachtgeldern.
53. Nachricht über in Prozeßsachen gezahlter 10 Pistolen.
54. Zwei Briefe an Jakob Bützler.
55. Kaufbrief mit Quittung über $2/7$ Teil des Rittersitzes Blech und Zubehör von Freiherrn von Kalckum gen. Lohausen.
56. Schuldschein über 1200 Rtlr auf Johann Gottfried von der Reven von Christian Ludwig von Kalckum gen. Lohausen.

57. Kaufbrief über ¹/₇ Teil der Freih. von der Reven am Rittersitz Blech von Freiherrn von Stael an Freih. von Kessel.
58. Kaufbrief über ⁴/₇ Teil des Rittersitzes Blech, der Paffrather Mühle, des Guts zur Kaulen **und Hoven** nebst deren Lose auf der Strunder, Leuchter und Osenauer Gemarken, wie auch der Paffrather Gemeinden für Jakob Bützler.
59. Abmessung und Anschlag des Rittersitzes Blech.
60. Vergleich zwischen Freiherrn von Kaldkum gen. Lohausen und Freiherrn von Kessel.
61. Adjudicationsprotokoll des Paffrather Lehngerichts auf Jakob Bützler.
62. Inventar vom 28. Dez. 1753 über verschiedene Lohausensche Schriftstücke, ausgezogen von Bürgermeister Beuth.
63. Einige Briefe im Umschlag an Jakob Bützler.
64. Pacht- und Pfandverschreibung des zum Rittersitz Blech gehörigen Vorrechts vom 19. Sept. 1753 des Freiherrn von Kessel an Jakob Bützler auf 24 Jahre gegen eine geliehene Summe von 2500 Rtlr.
65. Kaufbrief über ³/₇ Teil aus ⁶/₇ Teil des Rittersitzes Blech, ferner über ¹/₇ Teil des Revenschen Teils mit Vollmacht auf Pastor Drossart zu Gladbach.
66. Renuntiation des Freiherrn von Kessel als Besitzer des Solistadii und damit verkauften adligen Vorrechts auf das jus consolidationis wie auch in diesem Fall auf das jus solistadii und des adligen Vorrechts selbst, daß solches auf Jakob Bützler übergehen solle, vom 19. Dezember 1753.
67. Kaufbrief über ¹/₂ Morgen Land im Schweinheimer Feld, gekauft von Johann Briz.
68. Alter Kaufbrief über das Schiermanns Gütchen in Gronau.
69. Executum des Hofsboten zu Paffrath betr. das Gütchen an der Hand „zum weißen Pferdchen" benamset samt dem Nebengütchen.
70. Ein Schriftstück wegen von Jakob Bützler dem Johann Wilhelm von Hoelz berechneter 100 Rtlr.
71. Protokoll über die Besichtigung der Grenzscheidung, die Kameral-Fronhofs- und Haus Blecher Büsche betr., vom 4. Juni 1755.
72. Pachtbrief des Hover Gütchens vom 19. Febr. 1754.
73. Ein Schriftstück, die Jagd der Häuser Haan, Lerbach und Blech betr., und wie man sich in Haltung der Jägerburschen den Edikten gemäß zu betragen habe.
74. Noch ein Schriftstück betr. die Jagd.
75. Urkunde betr. Übertragung von 9 Gewäldts auf der Brücker Gemark von Freiherrn von Schenckeren an Jakob Bützler.
76. Zwei alte Heiratskontrakte.
77. Abteilung des Hauses Blech 1695.
78. Vollmacht einiger Kalk-Kommerzianten auf Jakob Bützler zur Eintreibung von Kalkforderungen zu Bonn und darüber erteilte Quittungen.
79. Kopie eines fürstl. Mandats, daß von den binnen Landes verschuldet werdenden Waren kein Zoll erhoben werden solle.
80. Kaufbrief vom 7. April 1735 über die 9 Gewäldts auf der Brücker Gemark. Vgl. Nr. 75. Nebst Protokoll der Schanzengabe vom 14. 1. 1755.
81. Inventar der Hinterlassenschaft des Henrich Eck und Übertrag an dessen Witib."

Johann Servos hatte inzwischen von Dr. Schwaben die Literalien betr. das Bützlerische Fideicommiß geholt:

A. Das Fideicommiß der Eheleute Bützler vom 29. Dez. 1766 nebst gerichtlicher Bestätigung.

B. Protokoll über den Übertrag und die Annahme der Gereiden zwischen Wittib Jakob Bützler und Ehefrau de Caluwé vom 26. Febr. 1768.

C. Ratifikation des Fideicommiß durch die Regierung in Düsseldorf vom 2. März 1773.

D. Auszug aus dem Protokoll des Paffrather Lehngerichts vom 22. Januar 1767.

Alles wurde de Caluwé vorgelesen, und er wurde angewiesen, etwa bei ihm noch befindliche Schriftstücke beizubringen. Sein Neffe Kaspar Düpper und Friedrich Siegen wurden für die Zeit der Minderjährigkeit seines Sohnes Johann Franz Wilhelm zu Fideikommißhaltern gerichtlich bestellt, und de Caluwé erklärte, das Fideikommiß zu respektieren. Er lehnte es ab, Schriftstücke aus seinem Besitz auszuhändigen, billigte jedoch den beiden Fideikommißhaltern die freie Einsichtnahme zu. Die Schachtel mit den Schriftstücken wurde sodann Kaspar Düpper zur Aufbewahrung übergeben.

Am 5. Oktober 1787 erschien „auf erlassene Zitation hin de Caluwé, Herr zu Blech", vor dem Lehngericht zu Paffrath und erklärte sich willig und bereit, die Lehngüter an der Hand „Zum weißen Pferdgen" genannt, samt übrigem Gut zu empfangen. Er benannte zu einer neuen empfangenden Hand seinen noch minderjährigen Sohn Franz Wilhelm de Caluwé, 13 Jahre alt, und schwur für ihn bis zur Großjährigkeit den Lehnseid auf. Auch zahlte er die Kurmut mit 8 Reichstaler. Dem Gericht fielen 3 Schillinge zu, ferner 8 Maß Wein. Die Ladung kostete an Gebühren 12, die Bekanntmachung durch den Lehnboten 4 Albus.

Der Erbe von Haus Blech, Johann Franz Wilhelm de Caluwé, wuchs heran. Er wurde in einer Klosterschule in Köln ausgebildet und verliebte sich in die Magd des Hauses, Anna Maria Schmalzgrüber (getauft am 8. Juli 1775 in Gladbach). Der Vater jedoch widersetzte sich dieser ihm nicht standesgemäß scheinenden Verbindung. Der Sohn blieb hingegen seiner Liebe treu, und noch heute erzählt man sich in alten Paffrather Familien, er sei in das hübsche Mädchen so sehr verliebt gewesen, daß er ihm mit seinem Blute das Versprechen aufgeschrieben habe, es nach dem Tode des Vaters zu heiraten. Die Geliebte, vom Vater aus dem Dienst entlassen, gebar ihm am 2. September 1797 im Elternhaus zu Gladbach einen Sohn Gottfried. Franz Wilhelm wurde nun aus dem Hause gewiesen; er ging auf den Hof Iddelsfeld und wurde im Hause des Oheims Friedrich Siegen wie ein Sohn versorgt, auch mit „Wasch, Flicken und Lappen". Treu hielt er weiter zu Anna Maria, aber selbst der fröhlich aufblühende kleine Enkel rührte das Herz des Großvaters nicht.

Mit 25 Jahren wurde Franz Wilhelm am 9. Juli 1799 großjährig. Da wurde er durch den Oberschultheißen Daniels auf den 19. August nach Bensberg bestellt, und die beiden Fideikommißhalter Düpper und Siegen legten in Gegenwart dessen und der Scheffen Wistorff und Hammelrath die letzte Rechnung ab. Der Vater Johann Baptist de Caluwé war auch geladen worden, hatte es aber vorgezogen, sich wegen Unpäßlichkeit zu entschuldigen. Dann wurde dem Sohne das Fideikommiß förmlich übertragen, und Düpper händigte ihm auch alle Briefschaften aus. Auf der Leuchter und Osenauer Gemarke war eine große Zahl Eichen gefällt und verkauft worden, um die Beerbten wegen der erlittenen Kriegsdrangsale in etwa zu entschädigen und so erhielt Johann Wilhelm auch davon seinen Anteil [365]).

Nun zog Johann Wilhelm als Herr ins Haus Blech ein. Am 12. Mai 1800 wurde ihm Anna Maria Schmalzgrüber in der Kirche zu Gladbach angetraut, und sie war nun Herrin dort, wo sie einst als Magd gedient hatte. Es muß eine überaus glückliche Ehe gewesen sein, der weiter noch elf Kinder entsprossen. Notgedrungen söhnte sich der kränkelnde Johann Baptist mit dem Zustande aus, wurde dann Pate bei der Taufe des zweiten Sohnes und verbrachte auf dem Hause Blech noch seine letzten Jahre, bis er am 5. Mai 1806 dort starb.

---

[365]) Privatarchiv Landwehr.

Johann Baptist de Caluwé hatte sich mit großem Eifer stets seinen Ämtern als Bach- und Waldschultheiß gewidmet und peinlich auf Einhaltung der alten Gerechtsamen und der Vorschriften geachtet. Mit Wilhelm Büchel führte er einen Rechtsstreit durch, der von 1783 bis 1802 dauerte. Noch im hohen Alter kümmerte er sich persönlich um die kleinsten Angelegenheiten. So berichtete ein von ihm geschriebenes „Notarium": „Mitwochs abends circa 6 Uhr den 16. April 1800, als ich von Köln auf Blech kame und die Strunderbach eine Strecke nachgegangen, fande ich die fluthschütz oben an Idelsfelder Wiese völlig offen, wo solche um 11 Uhr vormittags hätte gebührend zugemacht seyn solte. Ergo zu bestraffen mit ...." — „Montag, den 28. April 1800 zeiget von neuem angesetzter Bachbott Henrich Wiedenhover aydgemäß an, daß er den Tag zuvor Sontags circa 1 1/2 Uhr nachmittag zum Schlodderdich oben das Gefäll beyde fluthschützen offen befunden und die ganze Bach auf die Wiesen gekehrt. Als hierauf der Bachbott dem Schlodderdicher N. Linden solches anzeigete, gab er zur Antwort, daß er, Bachbott, da nichts zu schaffen hätte, welches hiemit von mir ad notam genommen, um gebührend zu bestraffen. De Caluwé". — Noch am 24. August 1802 unterzeichnete „de Caluwé senior" als „Schultieß und Miterb der Strunder Gemarken", und ebenso als Bachschultheiß am 20. Dezember 1802. Er hat die Ämter offenbar bis zum Tode innegehabt. Ob sie auch noch auf kurze Zeit an seinen Sohn übergegangen sind, konnte noch nicht ermittelt werden.

Nachstehend eine Übersicht über die Kinder des Ehepaares de Caluwé-Schmalzgrüber:

1. Gottfried, geb. am 2. September 1797 in Gladbach, heiratete am 20. November 1823 Maria Katharina Noever (geb. am 8. April 1802 auf dem Mühlenhof in Strunden). 5 Töchter, die als Kinder starben. Er starb als Ackerer und Müller in der Paftrather Mühle am 9. November 1849, sie am 31. Dezember 1869 in Odenthal.

2. Johann Baptist, getauft am 15. Februar 1801 in Paffrath, dort gestorben am 15. Januar 1803.

3. Maria Katharina, geboren am 14. August 1802 in Haus Blech, heiratete am 21. Februar 1827 in Paffrath den Lehrer Anton Feckter (geb. am 8. Januar 1800 in Overath). 12 Kinder. Er starb am 16. Dezember 1874 in Paffrath, sie am 16. Juni 1890 in Paffrath.

4. Franz Jakob, getauft am 23. März 1804 in Haus Blech, gestorben am 27. März 1804 dortselbst.

5. Anna Margaretha, getauft am 15. Februar 1806 in Haus Blech, an den Blattern gestorben am 25. Februar 1807 dortselbst.

6. Johann Peter, getauft am 12. Dezember 1807 in Paffrath, ledig gestorben am 20. April 1888 in Haus Blech.

7. Anna Gertrud Jacobine Hubertine (nach dem Taufbuch), getauft am 24. November 1809 in Paffrath, heiratete am 22. Dezember 1835 in Bergisch Gladbach (im Heiratsregister steht ihr Name als Gertrud Clementine Hubertine) den Referendar und Landwehrleutnant Vinzenz Josef von Zuccalmaglio (geboren am 22. November 1806 in Schlebusch). 6 Kinder. Er starb als Notar am 21. November 1876 in Grevenbroich, sie am 31. Mai 1891 dortselbst.

8. Franz Wilhelm, geboren am 2. Juli 1811 in Haus Blech, ledig gestorben am 12. September 1878 dortselbst.

9. Anna Sibilla, geboren am 27. August 1813 in Haus Blech, heiratete am 4. Mai 1831 in Bergisch Gladbach den Ackerer Franz Wilhelm Hölzer (geboren am 7. Januar 1804 in Paffrath). 10 Kinder. Er starb am 21. Dezember 1884 in Mutz, sie am 23. September 1868 dortselbst.

10. Anna Maria Franziska, geboren am 9. September 1816 in Haus Blech, heiratete am 27. August 1845 den Küster Heinrich Landwehr in Paffrath (geboren am 9. März 1809 in Lützenkirchen). 6 Kinder. Er starb am 13. März 1876 in der Paffrather Mühle, sie am 11. Dezember 1895 in Bergisch Gladbach.

11. Maria Christina, geboren am 15. September 1818 in Haus Blech, heiratete am 21. Mai 1845 Ferdinand Josef Kierdorf auf dem „alten Bach" in Paffrath (geboren am 24. Juni 1824 in Paffrath). 4 Kinder. Er starb nach zweiter Ehe mit Adelheid Buß am 31. Oktober 1869 in Paffrath, sie am 28. Oktober 1850 dortselbst.

12. Maria Anna, geboren am 21. Januar 1821 in Haus Blech, ledig gestorben am 4. Januar 1888 in Paffrath.

Franz Wilhelm de Caluwé verpachtete die zum Hause Blech gehörige Paffrather Mühle am 26. November 1810 vor dem Notar Hauck in Bensberg[366]) an den Ackersmann Johann Molitor von Sand für 250 Reichstaler jährlich. Nachdem sein Sohn Gottfried 1823 geheiratet hatte, übernahm dieser die Mühle bis zu seinem Tode im Jahre 1849. Dann ging sie 1850 an seinen Schwager Heinrich Landwehr über, dessen Nachkommen sie noch heute besitzen.

Die Ackerschaft des Hauses Blech dagegen betrieb Franz Wilhelm bis ins hohe Alter selbst. Doch verpachtete er sie im Jahre 1846 an das Ehepaar Gerhard Weyer und Anna Christine Röhrig. Als Weyer 1852 starb, half sein unverheirateter Bruder Wilhelm der Witwe zunächst und wurde von 1856 bis 1859 selbst Pächter. Dann zog er mit der ganzen Familie nach dem Gute auf dem Flachsberg, wo sich die Nachkommen bis heute gehalten haben.

Das Jagdrecht des Hauses Blech ging 1848 durch die neue Gesetzgebung verloren.

Das Ehepaar Vinzenz von Zuccalmaglio und Gertrud de Caluwé wohnten von 1835 bis 1848 auch auf Haus Blech, Vinzenz war in dieser Zeit als Notariatskandidat in Bensberg tätig. Fünf Kinder wurden dem Paar auf Haus Blech geboren. Hier war während dieser Zeit ein Mittelpunkt des gesellschaftlichen und musikalischen Lebens, und eine Reihe von Schriften des Montanus sind hier entstanden.

Johann Franz Wilhelm de Caluwé folgte seiner Gattin, die am 11. Mai 1848 im Alter von 72 Jahren gestorben war, am 5. Oktober 1853 ins Grab. Damals lebten noch sieben ihrer Kinder, mit ihnen umstanden 26 Enkel das Grab. Die unverheirateten Söhne Franz Wilhelm und Peter blieben im Hause, — Mit Peter erlosch der Mannesstamm im Jahre 1888 — aber von den Erben war keiner in der Lage, das große Besitztum allein zu übernehmen.

---

[366]) Urkunde Nr 181/1810.

So kam Haus Blech zum Verkauf und ging an Karl Wilhelm *Hermann* Wever über, der von 1861 bis 1864 Stadtverordneter war, Er veräußerte Haus Blech und Zubehör für 29 000 Taler am 26. September 1863 durch Urkunde vor Notar Hilt in Bensberg an den Kaufmann Friedrich Adolf Schmidt in Mülheim am Rhein. Im Jahre 1865 ging der Besitz an seinen Sohn Ernst Schmidt über, der damals 26 Jahre alt war. Dieser vermählte sich 1867 mit Auguste Leverkus, einer Tochter des Geheimrats Leverkus, nach dem die Stadt Leverkusen ihren Namen trägt. Nun brach für den alten Sitz eine neue Glanzzeit an mit gepflegtem gesellschaftlichen Leben. Drei Töchter — Martha, Eugenie und Auguste — und ein Sohn, Fritz, wuchsen im Hause auf. Volle dreißig Jahre von 1881 bis zu seinem Tode am 23. Juli 1911 gehörte Schmidt dem Stadtverordnetenkollegium in Bergisch Gladbach an. Seine Witwe starb im Jahre 1936 in Köln-Mülheim. Die Erben verkauften Haus Blech an den (nicht mit ihnen verwandten) Kaufmann Wilhelm Schmidt, von dem es im Dezember 1951 die Missionsschwestern vom hl. Herzen Jesu aus dem Mutterhaus Hiltrup erwarben, die das ganze Haus in großzügiger Weise erneuerten und umbauten. Sie richteten darin ein Alters- und Erholungsheim ein, so daß des Kommerzianten Bützler imposanter Barockbau, einst nur für die eigene Nachkommenschaft bestimmt, fortan einem sozialen Hilfswerk für die ganze Heimat zugute kommt.

III. DIE BURG LERBACH

Am Lerbach, einem kleinen Wasserlauf, der in mehreren Siefen südwestlich der Ortschaft Straßen und Kierdorf (bei Herkenrath) entspringt, über Kaltenbroich und Bonnschlade westwärts fließt und oberhalb Kieppemühle in die Strunde mündet, liegt oder lag unweit vom alten Kirchort Sand die uralte Burg des gleichen Namens. Die Deutung dieses Wortes, das auch anderwärts mehrfach vorkommt[366a]), ist völlig ungewiß. Alte Schreibformen Lirbach und Lierbach decken sich im Bestimmungswort mit dem heutigen mundartlichen „Lierbich"[367]).

Nach Fahne[368]) soll es ein ausgestorbenes Geschlecht „von Lerbach" gegeben haben, das einen quergeteilten, oben roten, unten silbernen Schild führte, dazu auf dem Helm zwei offene Adlerflügel, von denen der rechte oben rot und unten silbern, der linke oben silbern und unten rot war. Doch konnte eine Verbindung mit unserem Lerbach bisher nicht nachgewiesen werden. Ich halte es für möglich, daß sich bei Lerbach ein ähnlicher Vorgang wie in Paffrath mit Blech und in Odenthal mit Strauweiler vollzogen hat, daß sich nämlich der Ritter von Sand, der ursprünglich seinen Sitz in dem Hof bei der Eigenkirche hatte, bei zunehmender Wohlhabenheit in der Nähe ein Burghaus errichtete. Das Geschlecht erlosch in männlicher Linie, und jede sichere Kunde von den frühen Ereignissen ging mit der Abwanderung und Vernichtung der Archivalien verloren.

Im vorletzten Jahrzehnt des 14. Jahrhunderts gehörte das Gut Lerbach den Eheleuten Gerhard und Maria von Oeßbrugge. Sie setzten es mit allem Zubehör am 13. Mai 1384 an Ritter Johann von Hoenen für ein Kapital von 25 Goldgulden zum Unterpfand,

---

[366a]) etwa bei Osterode im Harz und in Hessen.
[367]) Vgl. Bendel, S. 234 f.
[368]) Vgl. Kunstdenkm. S. 76.

Burg Lerbach um 1730

behielten jedoch zugunsten der Sander Kirche alle dieser an Haus Lerbach zustehenden Rechte ausdrücklich vor [369]).

Für die Jahre 1451, 1453 und 1474 ist Johann von Forstbach genannt von Merheim als Besitzer von Lerbach bezeugt. Seine Gattin hieß Styngen (Christina) [370]). Am 24. August 1501 fiel Lerbach als Erbschaft dem Johannes von Forstbach, genannt von Merheim und seiner Schwester Katharina zu, die mit Heinrich von Hachenberg verheiratet war. 1511 überließ Johannes, der zu dieser Zeit in Oberzündorf wohnte, seine Halbscheid der Schwägerin [371]).

Bald danach ist Lerbach im Besitz des Bergischen Geheimen Rates Gottfried (I.) von Steinen und seiner Gattin Gertrud von Landsberg aus Olpe der Witwe des Wilhelm von Mosbach gen. Breidenbach zu Delling. Im Jahre 1549 werden in einem Akt (Archiv von Weichs) Goddert von Steinen der Junge und Goddert von Steinen der alte Vater ge-

---

[369]) Kopiar von Weichs, Archiv Schloß Roesberg. Vgl. Ferdinand Schmitz, Der Gronauer Hof, in: Ruhmreiche Berge 1, 1941

[370]) Aegidius Müller in MBGV 1901, S. 37. — Das Ehepaar verkaufte am 2. Oktober 1451 eine Erbrente von 3 rheinischen Gulden auf ihr Gut zu Leirsbach an den Pfarrer Johann Kenten zu Bensberg, ebenso am 2. Oktober 1453 eine Erbrente von 3 rheinischen Gulden. 1474 wurde bestimmt, daß diese Rente für das Jahrgedächtnis des Johann von Syberg in der Kirche zu Bensberg verwendet werden sollte. — Nach Aegidius Müller (MBGV 1899, S. 82) befinden sich die Urkunden im Pfarrarchiv zu Bensberg. Näheres darüber bei Peter Opladen, Bensberg, S. 91.

[371]) Kopiar von Weichs. Es ist fraglich, ob dieser Johannes mit dem Pfarrer Johann von Forstbach zu Kürten identisch ist, wie F. Schmitz vermutet. — Vgl. auch Peter Opladen, Wipperfürth, S. 192.

nannt, dessen Bruder Wilhelm von Steinen Amtmann von Miseloe zu Schlebusch war. Demnach kann es wohl kaum zutreffen, daß der jüngere Gottfried erst nach dem Tode des Vaters im Jahre 1554 geboren wurde, wie Aegidius Müller angibt.

Jedenfalls nahm der jüngere Gottfried (II.) am 15. Juni 1585 als Oekonomus an der Hochzeit des Jungherzogs Johann Wilhelm mit Jakobe von Baden teil und wurde Fürstlich Bergischer Rat, Hofmeister und Amtmann von Lülsdorf und Löwenberg.

Gottfried von Steinen kaufte von Wetzel von Heinsberg [372]) den „Hof zur Lierbach". Im Archiv von Weichs (Akten 176) hat sich eine Rechnung darüber erhalten, „was eiland Wetzel von Heinsberg nachgelassene Erbgenahmen vom Amtmann" wegen dieses Verkaufs noch zu fordern hatten. Der erste Teil der Kaufsumme war im Jahre 1593 fällig, demnach müßen der Kauf und der Tod des Verkäufers kurz vorher erfolgt sein.

In dem Ehevertrag, den Gottfried am 11. November 1586 mit Maria von Gürtzgen, der Tochter Reinhards von Gürtzgen und der Maria von Wolffen, schloß, brachte er das Haus Lerbach in die Ehe, die Gattin dagegen Klein-Vernich [373]). 1588 erwarben die Eheleute das Erbpachtrecht am Gronauer Hof von Dietrich von Schlebusch. Seit 1597 saß das Paar auf der Burg Lülsdorf.

Von dort aus verwalteten sie ihren umfangreichen Besitz. Als wegen alter Wegegerechtsame des Hofes zu Oberlerbach mit Adam, dem Wirt im benachbarten Schmalzgrube, Streitigkeiten ausbrachen, rief Gottfried von Steinen das Obergericht zu Bensberg an.

Nach einer Ortsbesichtigung kam es zu nachstehendem

„Verdrag, zwischen mir, Junker Godfrid von Steinen und Adams zur Schmalzgruben, in Anno 1600 3. Juny ufgericht.

Demnach der Edler und Ehrenvester Godfrid von Steinen, Fürstlicher Guligischer Rat, Ambtman zu Lewenburg und Lülstorf p. sich beclagt, wasgestalt, Adam der Wirt zur Schmalzgruben seiner Edelheit Lieben einen Driff-, Fohr- und Martweg aus dero Gut gnant die Oberlierbach, über seinen Grund und Hoff zu haben und gehen zu laßen schuldig, welcher verfallen und ungepürlich gegen Landsordnung in Unbaw kommen, daneben das seine Ed. L. und Adam negst nebeneinander zwo Wiesen liggen haben, so durch einen Graben gewesert werden müßen, darinnen ingleichen Adam derosselben Eindrecht tue, ferners haben sie ihre Felder negst neben einander liggen, dweil dieselbe nit befrid, dadurch ein jedweder dem anderen in Zeit, wen sie besehet sein, Schaden zufuege, angezeigt,

deshalben den Augenschein über diese Gebrechen durch Scholtheiß und Scheffen einzunemen angehalten, dahero anheude wir Bartholomaeus Heumar instatt und in abwesen des Scholtheißen, Peter Weyer und Johan Schurman, Scheffen, uns uf diese streitige Oerter verfügt, beiderseits streitige Puncten angehört, und nach eingenommenem Augenschein und Befindung der Sachen, die Parteien zur Gütligkeit ermant, welche dieselb güttlich angenomen.

Seind also nachfolgender Gestalt verglichen, das Adam wolgemeltem Herrn Jonkeren den Weg eröffnen und dermaßen in Reparation pringen soll, daß Seine Edelheit nit Fuegen nit zu clagen, jedoch daß der Junker, negst Ihrer Edelheit Wiesen, da der Deich auf die Wiesen ausgehet, nottürftig Baw neben ime zu tun schuldig sein solle. Und das Waßer soll zwischen inen von zweien zu zweien Tagen jederen zulagt und geteilt werden. Darzwischen soll keiner dem anderen im geringsten und meisten Eindracht tun, sonder dasselb unverhindert in seinen zugelegten Tagen uf seine Wiese laufen laßen, und nit abkeren und flötzen, bis das die zween Tage und Nachten verfloßen, und zeitlicher nit bis in die Sonne, des Morgens aufgangen, abschlagen.

Des Zauns halber ist verabschiedet, das ein jeder denselben zum halben Teil recht durch die Vohr mit einer lebendiger Heggen beproffen soll, und bis dahin, das derselb ufwachset, beiderseits mit einem Zaun umb Verhuetung Schadens underhalten sollen und wollen, und sollen damit dieser Speen halber, verglichen sein und pleiben.

---

[372]) Vermutlich lebt sein Name in dem Hofnamen „Wesselsteinbach" weiter.
[373]) Nach Aegidius Müller, a.a.O. — Vgl. auch Fahne, Geschlechter, S. 411.

Auch ist ferner zwischen beiderseits Parteien verdragen, dweil Adams Gut und Büsche, darüber itztgesagter Weg gehet, dem Herrn Ambtman, negst seinen Gütern gelegen, und ime wenig ausprengen kan, das der Ambtmann daselb zwischen der Bach und dem Wassergraben bis under das klein Eichelgen, vier Voeße recht uf haben soll, deß soll oben negst den Graben ein Palstein gesetzt werden, dargegen soll gerurter Adam die Stocke in des Herrn Ambtmans lebendiger Frede ahn dem Morgen Lands, so seine Edelheit L. von den Wildschützen Erbgenamen gegolden, und langs seinem Busch her gelegen, gebrauchen und der Heister genießen, jedoch ohn Nachteil der Heggen, also daß der Heggen an dem kleinen Holz kein Schad zugefuegt, deß hett Adam die Eich, so in dem obgemelten Ortgen Busch stehet, auszuroden und zu seinem Nutz abzuschaffen sich vorbehalten.
Zu Urkund der Warheit und vester Stedigkeit seind dieser Abschiet zween gleichen Inhalts verfertiget und jeder Parteien einer, sich darnach zu verhalten, mitgeteilt, und durch uns obgesetzte mit eigner Henden underschrieben.
Geschehen und verhandlet den dritten Tag Monats Juny im Jahr Unsers Herrn Tausentsechshondert.
Godfrid von Steinen.
Barholomeus Heumar in Namen und in Statt des Schultissen zu Portz Johannen Cortenbachs. — Petter zu Weyer. — Jan Schormans"[374]).

1612 erscheint Gottfried von Steinen mit Lerbach als landtagsfähigem Rittersitz auf dem bergischen Ritterzettel. Am 5. Februar 1614 wurde er Pate des Gotthard Ludwig von Metternich bei der Taufe in der Burgkapelle zu Scherfen. Dieser war ein Sohn seines Neffen Reinhard von Metternich zu Scherfen und dessen Gattin Wilhelm von Rodekirchen.

Gottfried II. ältester Sohn Gottfried Gerhard, gewöhnlich nur Gottfried von Steinen (III.) genannt, war ebenfalls Amtmann von Löwenberg und Lülsdorf und Herr zu Lerbach. Sein Bruder Dietrich, der als Hauptmann in Kriegsdiensten stand, bekam Klein-Vernich. Gottfried vermählte sich mit Anna Maria Margareta von Metternich, der Tochter der Eheleute Ludwig von Metternich zu Strunden und Maria von Steinen zu Scherfen und Witwe eines Herrn von Wolffen. Sie war die Erbin von Scherfen. Unter Gottfried III. entbrannte ein Rechtsstreit um die Jagdgerechtigkeit des Hauses Lerbach. Der Amtsverwalter von Porz wurde durch den Bergischen Jägermeister mit der Untersuchung beauftragt. Doch lehnte der Freiherr dieses ab, da er von ihm keine unparteiische Behandlung des Falles erwarten zu können glaubte. Er trug seine Bedenken dem Landesfürsten auf dem Landtag persönlich vor und erhielt die Zusage, daß eine Änderung getroffen werde. Doch unter dem Vorwand, vom Herzog beauftragt zu sein und ohne Vorwissen Gottfrieds von Steinen ließ der Amtsverwalter und der Jägermeister im Beisein des bergischen Bergvogts von Hungeringhausen, des Kellners von Bensberg und des Gerichtsschreibers von Porz im Frühjahr 1620 etliche Personen vorladen und über die Lerbacher Jagd verhören. Über das Ergebnis erhielt der Freiherr keine Mitteilung. Vielmehr begab sich der Amtsverwalter nach Sand und „hat mit zuziehung des Pastors (Johannes Langenberg) in der Kirchen aufm Sand unser in Gott ruhenden lieben Voreltern denselben zu Ehren angehangene adliche Wapen eigentätlich und frevelmütig hingenommen, solche erst zubrochen, folgends auf Mülheim und ober die Gassen zum spectaculum tragen lassen". Am 24. März hielt die Kommission unter dem Amtsverwalter erneut eine Verhandlung in Mülheim ab. Am Tage darauf gab Gottfried von Steinen eine Darstellung aller Vorgänge, durch die ihm und seinem Geschlechte nach seiner Ansicht schwere Kränkung angetan worden war, vor dem Kaiser-

---

[374]) Archiv von Weichs, Akten 177.

lichen Notar Johann Christoph Roesch aus Mülheim zu Protokoll und ließ durch ihn gegen die Art des Verfahrens scharfen Protest einlegen [375]). Über den Ausgang des Streites liegen keine Nachrichten vor.

Gottfried nahm noch am 30. Oktober 1628 mit Reinhard von Metternich an der feierlichen Bestattung der Gemahlin des Pfalzgrafen Wolfgang Wilhelm, der Pfalzgräfin Magdalena teil [376]). Er starb am 18. April 1630. Seine Gattin Anna Margareta von Metternich hauste in Lerbach weiter.

Sie verpachtete am 3. März 1631 das adelige Gut Lerbach an Bernhard zur Eigel (Igel) auf zwölf Jahre. Der hierüber aufgesetzte „Lyrbacher Halffmans Pachtzedell" ist erhalten und lautet:

„Zu wißen sey hiemit menniglich, deme gegenwertiger Pfachtzetull zu lesen oder hören zu lesen wirdt wirdt vorgezeigt werden, das uff dato undenbenent die Wolledle villehr und tugentreiche Anna Margaretha Wittib von Steinen geborene von Metternich ihr adlich Gut zur Lierbach im Ambt Portz gelegen, dem Ehrbaren und Frohmen Bernhardten zur Eigell und Margarethen, seiner Haußfrawen, zwolff Jahr / jedoch deme es gelieben wirdt, mit sechsen abzustehen / nachfolgender gestalt verpfachtet und außgetahn hat,

das itzahngeruhrter pfechter gemeltes adlichs gutt in seinen föhren, pföelen, wie es ime geleibert, und allen seinen gerechtigkeiten, sovill ihme möglich, halten und conserviren soll.

Diesem negst soll er alle Jahrs richtig und woll bezahlen vor das Kohrn, Haber und Holtz, so ad sieben Virthell computirt /: dabei doch versehen, so etwas jahrlichs über ahngeruhrte sieben Virthell sich befinden thete :/ soll gleichmeßig wollgemelte frawen Verpfachterinne mit fünf Thalern das Virthell vergnüget werden.

Wie auch vor das Graßgewachß in der großer Wiesen und vor die jahrliche Viehezugdt die Summa von hundertzweyund dreißig Thaler Colnisch,

dabei dan zu Lasten des Pfachters stehen solle, wollgemelter Frawen Verpfachterinnen alle Jahr anderthalb Virthell Holtz uff den Rhein biß an die Drandckgaß zu liebern.

Ferners ist verabredt, das der Pfechter soll jahrlichs zahlen 20 Maßen Botteren, zehen Satterthags Käß, acht junger Höner, ein hundert Eyer und ein feist Kalb.

Item einen Goltgulden zum newen Jahr (sein ad 2 Rtlr anodirt). Noch zwey Goltgulden vor Flachs und Henneff, wie auch die halbes Schwein, welche, da Gott mit Ecker segen wirdt, alhie mitgemästet und feist gemacht werden sollen, und da Gott der Allmächtig reichlich segnen würde, das des Pfechters Schwein das Ecker nit consumiren könten, als soll der Frawen Verpfacherinnen der übrige Rest verpleibn.

Item soll das Obsgewachß, Äpfel, Birnen und Nüße theilbahr sein.

Ist weiters verabredt, das er die Geheuchter, so mit Strohe gedeckt, in gebührlichem Dache halten soll.

Und soll auch jahrlichs zwey Apfell und Birenbaum pflantzen, wie auch fünffundzwantzig Eichen und Boechen posteling ahn bequem orter plantzen.

Der truckener Weinkauff soll mit zwey Rosen liquidiert werden.

Geben zur Lierbach den 3. Marty 1631.

                              Anna Marg. von Metternich
                              Wittwe von Steinen zur Lyrbach" [377]).

Der Hof Oberlerbach war nach dem Tode Gottfried III. an den Junker Werner von Wolffen übergegangen, der vermutlich ein Sohn aus der ersten Ehe seiner Gattin war. Er verpachtete den Hof 1633 an die Witwe Margareta des bisherigen Halfmanns Anton auf zwölf Jahre weiter. Auch dieser „Pfachs-Zedel der Ober-Lierbach", in einer zierlichen Schrift abgefaßt, hat sich im Archiv von Weichs (Akten 177) erhalten. Er lautet:

---

[375]) StA Düsseldorf, Jülich-Berg V, 23, Jagdrecht.
[376]) Archiv Wolff Metternich, O^I I 3^I.
[377]) Archiv von Weichs, Akten 177.

„Bekenne ich Werner von Wolffen zu Nostorff, Gohr und Lyerbach hiemit, das heut dato, den 29. Aprilis 1633, verpfachtet und ausgethan meiner hoff ihn der Oberlierbach, Greitgen säligen Tonis nachgelaßener Wittiben, die Zeit von zwolff jharen, jedoch zu sechsen uffzukündigen, welchem solches länger nit gefällig, folgender gestalt:

Erstlich soll sie Wittib darahn sein und vor all sich befleißigen, das das gut in guter Beßereien gehalten mit Pflantzen und Bawer, damit nach Verlauff deren jharen, daselb nit verärgert, sondern wie fleißigen Pächteren zustehet, gebeßert, lieben können.

Zum anderen soll sie lieberen nach Verlauff jedeß jhars zur Pacht ahn Korn zehen malder, jedoch ihr vergünstiget, das malder zu bezahlen mit zwey Reichsdahler, dahe das Korn nit liebern konte. Ahn Haberen acht malder. Vor die Viehezucht acht dahler ahn gelde. Item halbe Saw, vierzehen maßen botteren. Einen Goltgulden vor ein new jhar. Vier junger honer Einundert Eyer. Ein Kalb oder einen Reichsdahler darfür.

Item ... fuhren.

Das Holtz betreffent, soll das Viertell bezahlen vor fünff Dahler. Und außerhalb dieser Pacht, damit gemelte Halffmansche mit verpflichtet, soll weiter mit keinen Herrengeldern oder sonsten einigem Unlust, gegen bißhero gehabte des Hoffs Freyheiten beschweret werden, sondern wie biß dahin und bey Zeiten Amtman Steins säliger gedachtniß manutenirt und gehandhabet werden.

Dieses also uff Tagh und Zeit wie oben geschehen und wahr zu sein, bekenne mit meiner Eigenen Handtunterschrifft."

(Die Unterschrift fehlt.)

Für diese Zeit sind wir über die Größe des Lehrbacher Grundbesitzes genau unterrichtet. 1639 umfaßte das adlige Haus Lerbach an Haus und Hof rund 3 Morgen, zwei Gärten 2 Morgen, an Ackerland 44 Morgen, an Wiesen 23 Morgen, an Büschen 97 Morgen, dazu ein Weiher mit 2 Morgen, insgesamt 171 Morgen. Nun wird auch der Oberlerbacher Hof wieder zugerechnet. Zu ihm gehörten 2½ Morgen Garten, 33 Morgen Ackerland, 6 Morgen Wiesen und 49 Morgen Wald, insgesamt 93 Morgen.

Ferner zählte zum Lerbacher Besitz derer von Steinen:

das Honsgütchen mit 5 Morgen, das Kibbengütchen (Kieppemühle) mit 8½ Morgen, Haus und Hof zu Gronau mit 94 Morgen und das Gut Steinbach (Wesselsteinbach) mit 57 Morgen [378]).

Anna Margareta verschrieb ihren beiden Töchtern aus der Ehe mit Gottfried von Steinen, Arnolda Christina und Jacoba Gertrud von Steinen, die in dem adligen Zisterzienserinnen-Kloster Zissendorf Profeß ablegen wollten, am 10. September 1641 eine jährliche Rente von je 20 Talern lebenslänglich, zahlbar auf St. Martini, und setzte den Steinischen Zehnten und die Lehnsrenten zu Herkenrath im Amt Porz, die mit 100 Reichstaler jährlich veranschlagt wurden, zur Sicherheit. Zu dieser Zeit war Felicitas von Steinen Äbtissin in Zissendorf. Mit ihr und der Mutter unterschrieben noch der Abt von Heisterbach Franziskus Schefferus, ferner Hans Caspar von Disteling zu Odenhausen und Johann von Lüninck zu Niederpleis die Urkunde [379]).

Die Witwe Anna Margareta von Steinen geb. von Metternich starb am 21. August 1644. Ihr ältester Sohn Gottfried IV. von Steinen erbte Lerbach und Scherfen und war außerdem Herr zu Vernich und Milleforst. Als Fürstlicher Geheimrat, Haushofmeister, Kämmerer, Stallmeister und Landkommissar hatte er hohe Ämter bei Hofe inne und war außerdem Amtmann zu Miseloe. Er vermählte sich 1652 mit Anna Salome von Schaesberg, der Tochter des Freiherrn Johann Friedrich von Schaesberg und seiner Gattin Ferdinande von Wachtendonck.

---

[378]) Archiv von Weichs, Akten 177.
[379]) Archiv von Weichs, U. 102.

Gottfried von Steinen verpachtete am 2. Nov. 1648 den freien Hof Oberlerbach auf 12 Jahre an den Halfmann Peter daselbst und seine Hausfrau Grietgen[380]).

1652 wurde er mit dem Hof Niederscherfen nebst Zubehör als bergisches Mannlehen, sowie mit der Niedergerichtsbarkeit in seinem adligen Hause Scherfen und den zugehörigen Gütern belehnt.

Es hat damals nicht gut um die Vermögensverhältnisse derer von Steinen gestanden. Schon am 18. Mai 1647 verschrieb Gottfried von Steinen vor den Scheffen des Obergerichts zu Bensberg dem Obristleutnant Peter von Lutringhausen und dessen Frau Anna Maria den Hof Herkenrath für 750 Reichstaler. Auf den verpachteten Höfen war schon lange eine arge Mißwirtschaft eingerissen. Das geht am besten aus einer Besichtigung hervor, die Gottfried von Steinen durch Peter Haster, den Burggrafen von Strauweiler, einen juristisch gebildeten Mann, der seinen Wohnsitz in Köln hatte, und durch zwei Landscheffen vornehmen ließ.

Das Protokoll darüber ist zugleich ein agrargeschichtliches Dokument und lautet[381]):

„Anno 1656, den 26. February, haben wir underschriebene Personen aus Commission und Befelchs des wohlgeborenen Herren Godtfrieden von Steinen den Augenschein und Verwüstung der Unterlierbach ingenohmen den Inhalt nach befunden als folgt:
1. Erstelich befunden umb den Hof, das selbigen mit schlegten Stachen und Plancken versehen, zum Theill gans bawfellig, eine mirckeliche Plancken wegh, viell Zauns nidergelegen, das gans ohnbuwigh.
2. Zweytens befunden, das beide Gartten das geringsten nit gebawet noch bepflanzt, gans wüst, ebener gestalt mit wenig Zauns versehen, viell Plancken weg und ein mirckeliche nidergelegen.
3. Drittens befindet sich das Steinfelt gans umbheer, den geringsten Zaun nit so dugkig, was an Stachen nit ausgerupft, auf der Erden abgehawen, selbiges Veldt nit gestürdtz noch gebawet, und die Eckerschwein wall einen Morgen drey oder 4 umbgegraben.
4. Vierttens ist den Dam zwischen den Weyer und Bag gans bawfellig. Die Bruck zwischen dem Haus und Steinfelt ganz nidergelegen. Die Erd darumb ingeschossen. Die Schütz, dahe man das Waßer aus der Bagh auf die Wisen schlagt, ist ganz und zumahlen wegh.
5. Fünfftens haben befunden, das das Haensfelt, worauf das letzten Korn gestanden, das geringsten nit gestürdtz und gebawet, gans umbher zaunlos, und wan schon etwan darauf geseet, für Besten und Wilt nit behalten konnen.
6. Zum sechsten befunden, die Wis nider dem großen Weyer gans zaunlos, keine Flußgraben aufgemagt, wie dan den Dam am großen Weyer, dahe mahn von Haus nacher Bensberg gehet, an zwey Ortter ganz bawfellig. Dafern denselben bey Zeiten nit vorgebawet, noch gebeßert wirdt, daß selbiger Weyer dadurch aufd letzten zu Grundt gehen muchte.
7. Zum siebenden befunden, daß die Scheur gans daghlos, die Wendr rondtumb aus die Underlaß wegh und die Wandt an der Sieten, dahe der Schmißregen hinkombt, von oben bis unden aus wegh.
8. Zum achten befunden, daß der new Baw unden umb wenig Wendt die Waßerwandt van oben bis unden abgefallen, viell Pannen abgeschoßen.
9. Neuntens befunden, sich beide Velder den Abtssiefen und Müllenheidt, welches Petteren zu Weyer verhipotisirt und der Pechter im Gebrugh gehabt, auch gans zaunlos, nit gestürdtz noch gebawet.
10. Zum zehenden, daß den Kohestall nothwendig mit Schwellen umb underfangen sein muß, das Holswerck vam alten Stall mehrentheill wegh.
Daß diese vorbeschriebene Puncten also waer befunden, solches bezeugen hiermit.
Datum wie obengemelt.
Hinderich Quirll vor mich und Tunnißen zu Strungh als Landtscheffen mit underschrieben. — Peter Haster mpp."

---

[380]) Archiv von Weichs, Akten 177.
[381]) Archiv von Weichs, Akten 177.

Ein anderes Aktenstück beschäftigt sich mit dem erbärmlichen Zustand des Lerbacher Waldes und führt dazu zehn Klagepunkte auf. Es trägt die Rückaufschrift: „Diß gehet ahn den Burggrafen zu Benßberg, der hat den Lierbacher Busch so schandelirt mit Eichen auf- und abhawen". — Endlich schreibt Gottfried von Steinen am 3. August 1657, daß seine in Gott ruhenden lieben Eltern und Voreltern ihm eine große Zahl Schulden hinterlassen haben ..... Übrigens war dieser Landedelmann von weltoffenem Sinn und ließ sich von seinem Vertrauten Haster aus Köln regelmäßig über alle Vorgänge im Reiche und darüber hinaus schriftlich berichten.
Ein Brief vom 27. Juni 1657[382]), an Gottfried von Steinen in Scherven gerichtet, beweist es:

> „... Newes alhier wenig, allein das eine gewiß, daß die Kayserliche Crönung alhier zu Colln ihren Vordtgangk nehmen wird, maßen der Magistratt wie auch das Dohm Capitull Quitung bekomen, sich darnacher zu richten und die Ahnordnung zu thun, und werden die 44 deßwegen gegen künftige Woch zu Rath gehen.
> Es sind unterschiedliche Schrieben aus Engelandt inkomen, das die Engelandische und Spanische Flotten starck an einander gewest. Die Engelische habe den spanischen starck zugesetzt in meinung, die Silbervlotte zu erobern, wielen die Spanische sulches vermirket, sind sey in einen Hafen eingelaufen und das Silber sambt die stücke aufs Landt gearbeitet. Ungeacht deßen haben die Engeländer nit nachlaßen wo wollen, sind auf die Spanische loßgangen und haben zwey schif in brand geschoßen, worauf die Spanische mit ihren stücken auf die Engelische schif dergestalt gespielet, daß deren 6 zugrundt gangen und sie dergestalt zugerichtet, daß dieselbe schwerlich in Engelandt kommen können und sind auf zwey Galegassen 1000 Dotte. So mehere Officir in Engelandt ankomen wie auch spargirt wird, daß dem General Black ein Bein abgeschoßen, andere sagen, er sei thott.
> Die Kayserliche Völker unterm Commando des Herrn Graven von Hatzfeld sind nunmehr nacher Pollen hinein marchiert, theils Kayserliche Völker wie auch ungarische sollen unterm Commando des Herrn Graven Monte Köckeley nach Siebenbürgen ingehen, was darauf erfolgt, lehret die Zeit. Die spansche haben Olivensa in Portugal sicherlich erobert, will nun dißmahlen schließen ..."

So kamen wahrscheinlich trübe politische Ausblicke, die im ersten Jahrzehnt nach der Beendigung des Dreißigjährigen Krieges um so bedrückender wirken mußten, zu den schweren wirtschaftlichen Sorgen des Freiherrn Gottfried von Steinen. Er trat in Unterhandlungen über den Verkauf des gesamten Rittersitzes Lerbach an den pfalzneuburgischen Geheimrat Michael Leer ein, die am 19. Juli 1657 zum Abschluß führten. Der Entwurf des Kaufvertrags (aber ohne Datum) ist im Archiv von Weichs (Akten 177) erhalten und lautet:

> „Wir Godtfridt von Steinen, Herr zur Scherven, Fürstlich Pfalz-Neuburgischer pp und Anna Salome, Freyin von Schasberg, Eheleuthe, bekennen offentlich und thun kundt allermenniglich mit diesem Brief, das wir mit gutem willen, wollbedachten sinnen und gemüeth zu unserem besten nutz und frommen, mehrerem schaden damit fürzukomen für unsere Erben und Nachkommen in der allerbesten bestendigsten form, maß, weiß und gestalt, so das vor allen leuthen, Richtern und Gerichten, geistlich und weltlichen, auch sonsten in allweg immer gute macht, Kraft und bestand hat, haben soll, kahn und magh, recht und redlichen verkauft und zu kaufen gegeben haben, verkaufen und geben auch jetzo zu kaufen hiermit wissentlich und in Kraft dieses Briefes dem ... Michaelen Lehrß, fürstlich Pfalz-Neuburgischem Rath und geheimen Secretarius und ... Anna Constantia Lerßen, geborenen von Beyerhofen, Eheleuthen, allen ihren Erben und Nachkommen,
> Unseren Freyadlichen Rittersitz, die Nider Leyerbach gnant, mit aller seiner von alters hergebrachten und beim Verkauf auf thausent Reichsthaler geschetzten Jagtgerechtigkeit, Krebs-

---

[382]) Archiv von Weichs, Akten 177. — 1657 starb Kaiser Ferdinand III. Die Vorbereitungen galten der Krönung seines Sohnes Leopold I. zum deutschen König.

wasser, Weyer, forth allen anderen adlichen Gerechtigkeiten, Hauß, Hoff, Garten, Ackerland, Wißen, Buschen, Neben Unserm in der Oberlierbach gelegenen freyadelichen Hof, sambt Hauß und Geheucht, Baumgarten, Ackerland, Wißen und Buschen, forth allen Zubehör, recht und gerechtigkeit, wie dieselbe Sitz wir und unsere Voreltern jemahlen beseßen und genoßen gehabt, nichts davon ausgescheiden, darab wir auch gemelten Keuferen Eheleuten eine besondere Verzeichnus under unseren Handen und adlich Pittschafft zugestelt haben, und nit anderst gehalten oder darfür geachtet werden solle, als ob selbige diesem Original-Kaufbrief unterscheidlich von wortt zu worten einverleibet wehre, alles für frey, ledig, unversetzt, eigen und nicht lehen, nicht beschwerd, noch einig anderwegen verpfendt, nichts dabey ab- noch ausbescheiden.

Und ist dieser Kauff beschehen umb die Summa von 6300 Reichsthaler Kaufschillings und 100 Reichsthaler Verzichtspfenningh guter, harter und gangbahrer Müntzsorten, darin wir von gemelten Eheleuth Kauferen woll gewehrt, gentzlich und gahr bezahlt sind, sagen darumb und zehlen dieselbe, deren Erben und Nachkommen solchen obbestimmten Kaufgelts halber für uns und unsere Erben gahr und gantz quit, frey, ledig und loß.

Hierumb wollen gemelten Rittersitz und freyadlichen Hof sambt allen ihren In- und Zugehörungen, Rechten und gerechtigkeiten, für recht frey, ledig, eigen und steten Kaufs fehig und wehren, auch gegen menniglich vertretten, als eigens und steten Kaufes und Wertschafft recht ist, und das unter dieser eidtlicher Verbindung aller unser jetzigen und künftigen beweg- und unbeweglichen güter, wo und ahn welchem ortt die auch gelegen seint, wie wir uns der obbemelten Hauß, Hof und zugehöriger Güetter mit ihren Zubehörungen und Gerechtigkeiten vor uns und unseren Erben hiemit in kräftigster Formen gentzlich enteußert, davon abgetretten, und von uns auf vielgemelte Keuffer Eheleuthe und deren Erben erb- und eigenthümblich transferirt, sie daran geerbt, uns aber enterbt und entgüttet haben wollen. Thun auch solches offentlich und Kraft dieses Briefs, haben auch mehrgemelten Keufferen Eheleuthen alle und jede Brief und Registeren, über obbeschriebene verkauffte Stück und Güter lautend, alsobald überantwortet und zu ihren Handen gestelt, also das gemelte Eheleuth Keuffere, deren Erben und Nachkommen hinführo damit gefahren, schaffen, vererben, handlen, thun und laßen sollen und mögen, als mit anderen ihren Haab und Gueteren nach allem ihrem willen und wolgefallen, dan wir uns für uns, unsere Erben und Nachkommen daran aller recht und gerechtigkeiten, aller Forderung und Anspruch, auch in specie der exception non numeratae pecunia, und sonderlich der Rechten der gemeinen verzichten, nichtigen, es gehe dan ein besonderer vorher, und sonsten aller anderen behuef, privilegien und freyheiten der Rechten und auszugen, wo die dem man- und weiblichen geschlecht zustatten kommen konnen oder mechtig, gahr und gentzlich unwiderruflich verziechen und begeben haben.

Deßen allem zu wahrer Urkundt und mehrerer Versicherung haben wir neben unseren Mohnen und schwesteren den Kaufbrief eigenhendig unterschrieben und mit unseren adlichen Pitschaften bekreftiget, auch Scholtheiß und Scheffen des Haubtgerichts Portz gebetten, das sie zu mehrer Bestandigkeit dieses ihr Ambts und Scheffensigel mit ahn diesen Brief hangen wolten, welches wir Schultheiß und Scheffen auf erforderen gern gethan, jedoch uns und den Unserigen ohne schaden.

So geschen ...

NB. Weil der Fraw Schwestern Erbtheils oder deren Forderung hierin nit gedacht wirt, ob derhalb nit noch etwas zu der Keufer Versicherung zu inseriren."

Am 16. und 18. März 1658 fand anläßlich der Übergabe der Güter zu Unter- und Oberlerbach eine Grenzbegehung statt, an der Gottfried von Steinen als Verkäufer und Michael Leers als Käufer nebst einigen Zeugen auf beiden Seiten teilnahmen. Das Protokoll ist erhalten und lautet:

„Anno 1658 auf Sambstag und Montag, den 16. und 18. Marty haben nachfolgende beschriebene und underschriebene Personen den Augenschein auf den Grenzen und Limiten der Ober- und Unter-Lierbacher Gütteren ingenohmen und umbzogen, Paell, Lag und alte Schmitzen auf den Stecken angewiesen, wie dahn auf Seithen Herren Ambtman von Steinen gewest Hindech Quirll, Hobscholtis und Botten zu Herckenraht, wie auch Peter Haster, Freyherren Wolff Metternichs Burggreven zu Strauwieler,
auf Seithen des Herrn Lersen Herr Haubman Coxy, Tunnis zu Strong, Landtscheffen des Ambts Portz,
wie dahn beyde Halfleudt, Wilhelm in der Unter-, und Petter in der Ober-Lierbag[383]), sambt beide Haulshewer selbiger Buschen, Berger Johan und Servas im Kaltenbrog, und haben den Anfank genohmen wie hernegst folgt:

462

Erstlich angefangen oben dem Unter-Lierbacher Baumgart, im Siefen, zwischen Fr(eyherren) Keßels Buschen zum Sandt, und Lierbacher Busch, schnidet einen geschnitzten Hanbuckenstock, davan ab schickt langs den Berg hinauf, einer großer alter Eich, welches einen Lag ist, davan ab zwischen zwey geschnitzten Hanbuckenstocken durch, schnidet nochmahlen Fr. Kesels und Lierbacher Busch, van den zwey Stocken gehet recht auf einen hochen geschnitzten Hanbuckenstock, schnidet Widenhoffs Busch zum Sandt, davan widerumb auf einen kleinen Hanbuckenstock geschnitzt, bey einer Eichen stehet, van dannen nochmahlen auf einen Hanbucken geschnitzten Stock, so ebenmeßig neben einer Eich stehet, schnidet Wiedenhoffs Busch zum Sandt, van dem kleinen Lag schießet widerumb langs den Sander Busch, das kleine Heidgen gnandt, auf einen hochen alten geschnitzten Hanbuckenstock, davan dannen zwischen etliche

Ober-Lerbacher Mühle

Meybucken durch, auf einen Lag, einer jongen geschnitzter Meybuck, davan dannen schießet auf einen Paelstein, bey drey Bucken, deren eine geschnitzt, scheidet Wiedenhoffs, auch Sander und Lierbacher Buschen, van dem Paellstein, gehet witer auf zwey große Hanbucken und einen kleinen Meybuckenstock, welche alle drey geschnitzt, scheidet Wiedenhoffs Busch zum Sandt van besagten drey Stocken schießet widerumb auf zwey Meybucken geschnitzte Stock, so auf einem Stein stehen, davan langs Herrn Haubman Coxy Buschen, die Bonschlade gnant, auf einen Hanbucken geschnitzten Stock, davon ab auf einer hocher Meybuck, langs Herrn Coxy Buschen, davan auf einen Meybucken geschnitzten Heister, davan dannen gehet recht widerumb auf eine hoche dicke Meybuck, davan ab auf einen Paellstein, glich oben dem Weg unter dem Hausbusch, davan dannen auf einer Eich, welcher einen Lag ist, scheidet Herrn Coxy und Lierbacher Buschen, van der Lagen gehet recht auf die lange Lierbacher Wies, die Hock van dieser Wiesen, scheidet Coxy bis ahn die Sander Wies, wieters langs die Sander Wies, unter der Lierbacher Hewscheuren und kleinen Buschgen, schießet auf die große Lierbacher Wies, die Heck van dieser Wiesen, scheidt zu einer Siethen Herrn Coxy und Sander Wies, zur ander Siethen scheidet die Heck, des Hons Gutges Wies, und gehet wieters langs Ihre Fürstl. Durchl. Fronhofs Wies zu Gladtbag, davan geradt auf Ihro Durchl. Buschen zu Gladtbag, auf einen Paellstein, stehet mitten gegen vorgemelter beider Wiesen Heck, worahn ein Busch, van diesem Stein gehet den Gronawer Mühlenweg hinauf, langs des Weyers

---

383) Peter heiratete als Witwer im Jahre 1667 in Sand Katharina, eine Tochter des Heinrich zu den Birken.

Erben Buschen, widerumb auf einen Paellstein, von diesem Stein gehet's den alten Siefen hinauf, einen Ellerenstock, das Wasser scheidet die Lierbacher und Weyers Erben Buschen, zu den Eichen gnandt, davan auf einen jongen Hanbucken geschnitzten Heister, davan widerumb in den alten Siefen, bis in der Bag, die Bag ganz hinauf, scheidet Lierbacher Busch und das Eicher Guth, bis oben ahn das Eicher Veldt, davan dannen widerumb aus der Bag, das Siefgen hinauf oben und langs das Eicher Veldt, bis auf die Eicher Wies, welche nun theils zu Veldt gemacht, davan langs der Wiesen Siefgen hinab, auf einen Eichenpaell, mitten im Siefgen, davan ab und zehet sich recht auf einen dicker Meybuck glich oben dem Siefgen, die Buck gehord nach der Lierbach, und gehet davan wider ab auf einer dicker Meybuck, ahm Steinberger Busch, die Buck gehort Pettern zu Weyer, gehet dann auf den Graben ahm Lierbacher Steinveldt auf einen geschnitzten Meybuckenstock, stehet neben dem Zaun des Veldts in dem Busch, van dem Stock gehet recht auf die Steinkaull, dahe einen alten Kirsbaum gestanden, welchen nunmehr vergenckelich, scheidet des Weyers Erben Busch, van der alter Kirsbaums Lagen, widerumb auf einer alter Steinkaulen, dahe noch einen alten Lag erfindelich, van der alter Lagen oben dem Steinveldt her widerumb auf einen Hanbucken geschnitzten Stock, langs einer Eich, auf das Steinveldt, davan langs den Schmalsgruber Busch, die Heck scheidet das Steinveldt und Schmalsgruber Busch, bis ahn die Schmalsgruber Gaß, und gehort die Heck des Veldts nach der Buschseithen den Schmalsgruber Erben, gehet durch die Gaße hinunter gegen twey nebeneinander stehender Eichen, oben der Gaßen stehen 4 Eichen, sind disputirlich mit Lierbacher und Schmalsgruber Beerbten, gegen der Gaßen gehet eine Heck durch das Veldt, scheidet Lierbacher und Schmalsgruber Landerey, und gehet langs Godderts Wittib in der Schmalsgrauben Landt, auf einer Kanten, van der Hecken, scheidet nochmahlen Lierbacher und Schmalsgruber Beerbten, in vorbesagter Hecken stehen zwey Eichen, die obriste gehet nach der Schmalsgruben und die underste nach der Lierbag.

Noch liggen drey Vierdel Landts zwischen der Schmalsgruber Landerey, gehoret nach der Lierbag, schießet mit einem Fürheufft auf der Schmalsgruber Gaßen, die Heck unter dem Schmalsgruber Velt gehordt den Schmalsgruber Erben, den Weg scheidet die Lierbacher und Schmalsgruber Erbschafften, bis in der Bag, und gehet die Bag hinauf bis ahn den Siefen, welchen van Widenhoff zum Sandt kombt, und schießet recht ahn den Oberleirbacher Busch. Bey der Schmalsgruben ligt eine Wies, die Kagswies genant, gehort nach der Lierbag, schießet mit einem Endt ahn den Schmalsgruber Wiesen, die ander Sieth ahn den Schmalsgruber Hofen und mit einer Siethen ahn den Oberlierbacher Busch.

Van der Lagen oben dem Unterlierbacher Bungardt, im Siefen, dahe den ersten Anfank, wie vurgemelt genohmen, zehen davon auf anderer Siethen widerumb ab, langs des Sander Hoffs Buschen, auf zwey Hanbucken geschnitzte Stock, so neben einer alten Mirgelkaulen stehen, davon widerumb auf einen Hanbucken geschnitzten Stock, und gehet folgendz unter langs einer dicker Eich, bis ahn das Sander Veldt, scheidet den Lierbacher Busch bis ahn den Absiefen, die Heck zwischen dem Sandter und Lierbacher Absiefen Veldt, scheidet alles bis oben aus, ahn die dicke Heck gnant, davon widerumb ahn die Sander Hoffs Buschen langs den Ofer hinab, auf einer jonger geschnitzter Eich, von der Eich gehet unden langs dem Sander Kley-Veldt, bis auf den Graben, durch den Graben hinab, langs den Sander Wiedenhoffs Busch, bis in den Siefen, durch den Siefen hinauf, bis auf das Wiedenhofer und Steinbacher klein Wiesgen, auf einer Papell-Wieden-Lagen, davon oben langs dem Steinbacher Wiesgen, bis ahn der Unterlierbacher Kogch Wies, so in der Schmalsgruben ligt uitchlieselh, was birnen dem Bezirk, vorbesagten Paelen, Lagen und alten geschnitzten Stöcken ligt, auch unter den umbgezogenen Limiten verzeignet befunden, solches gehoerdt sembtelich nach dem adelichen Haus Unterlierbag."

Nach dieser ziemlich anstrengenden Grenzbegehung des Unterlerbacher Gebietes wandte sich die ganze Gesellschaft, nachdem sie sich zweifellos im Wirtshaus zu Schmalzgrube auf Kosten des Herrn Leers nicht nur am Essen gelabt, sondern auch etliche Quarten gehoben hatte, den

„Oberlierbacher Hoffs-Limitten" zu:

„Erstelich unter dem Garten bis in den Hollenweg langs den Sandter Wiedenhoff und Garten, durch die Straß hinauf, langs das Veldt, das Wiedenstobgen gnant, davon auf einer großer Eich, welches ein Lag, zwischen Oberlierbag, und Sander Wiedenhof, van der Eich bis unden im Siefen, auf einer Wieden, davon ab unter Herrn Pastors zum Sandts Wiese her, bis auf einer Pappellwiede, davon ab, und hinauf, bis ahn Herrn Pastors Busch zum Sandt, durch den Siefen, und folgenden Grundt hinauf, bis zu einen Paellstein, davon bis ahn die Sander Wiedenhofs Gaß, auf einen Paellstein so glich für der Gaßen stehet im Busch, van dem Stein durch die Gaße hinauf langs das Oberlierbacher Veldt, die Heck des Veldts scheidet des Wiedenhofs Busch und das Lierbacher Hoffsveldt bis auf einen Paellstein in der Kanten. Van den Stein durch den Busch und mitten durch einen großen Hanbuckenstock, van dem Stock auf einen Paellstein, van dem Stein widerumb auf einen Stein glich oben dem Veldt, van dem Stein am Oberlierbacher langen Veldts Faldoer, in dem Faldoer stehet einen Stein scheidet den Schiefelbusch, und Veldt, und gehet langs des Wiedenhofs Veldt, die Heck hinauf, oben durch das Faldoer hinauf, und körtz umb das Wiedenhofs Veldt, auf einen Hanbucken Lag, scheidet Sander, Schinkerns Dumbacher, auch Oberlierbacher Busch, van der Lagen gehet oben Schinkerns Buschen her, bis widerumb auf einen Hanbucken geschnitzten Stock, davan gehet auf einen Paellstein, und hocher Hanbuck, boffen dem Siefen, davon den Siefen hinunter nach der Dumbag, bis ahn einen anderen Siefen, den Siefen widerumb hinauf einen Paellstein, ahm Dumbacher Kirchweg, van diesem Stein, umb den Busch die Wacholter gnant, langs Schinckeren Veldt und Busch in der Hambag, auf einen Graben schießet beynahe ahn das Herckenrather Veldt, den Graben wider hinunter, zwischen Oberlierbag und Steinbagher Veldt bis in die Straß, die Straß scheidet beide Velder, und gehordt einem jeglichen Gut, besagte Straß zum halben Theil, glich Endts für der Straßen findet sich einen Graben, den Graben scheidet Oberlierbag, und Steinbacher Grundt, widerumb auf einer großer Lag-Eich, von der Eich die Straß hinab bis auf zwey Hanbuckenstock, so den obristen auf einer Kanten geschnitzt zu finden, davon den Graben hinunter, mitten im Weg, stehet einen Paell dahe zehet sich umb, scheidet widerumb Oberlierbag und Steinbacher Grundt, van dem Paell gehet auf einen dicken Hanbuckenstock so nach der Steinbag gehorig und mit drey Schnitzen vetzeignet, van dem Stock gehet auf einen Meybucken-Lag so widerumb geschnitzt und scheidet Oberlierbag und Steinbag, davon auf einer jonger Eichen-Lag, so geschnitzt, gehort halb Oberlierbag, und halb Steinbag, van dem Lag, gehet auf einen jongen Meybocken geschnitzten Stock, davon ab gehet auf einen Paellstein, so stehet neben eine geschnitzte Hanbuck, davon auf einer hocher dicker Meybuck, welches eine Lag zwischen Oberlierbag und Steinbag, davon dannen gehet gerad widerumb auf einen hochen dicken Meybucken-Lag, davon ab nochmahlen auf einen hochen dicken Meybucken Lag, scheidet widerumb Oberlierbacher und Steinbacher Grund, und Buschen, van obgemeltem Lag gehet bis ahn einen Siefen, so von der Steinbag kombt, widerumb auf einen geschnitzten Meybucken-Stock, van dem Stock gehet die Bag gans hinab, bis in dem Kaldenbrucher Veldt, die Heck des Veldts, und Tiewes Wiesgen, scheidet bis auf das Oberlierbacher klein Wiesgen, die Heck zwischen vorgemeltem kleinen Wiesgen, und Kaldenbrucher Veldt, gehet und scheidet beide Beerbten, bis ahn die große Oberlierbacher Wies, so vor dem Hof ligt, und scheidt wieters, bis in die Bag, auf einen Hanbucken geschnitzter Stock, die Heck zwieschen Kaldenbrucher und Oberlierbacher Wiesen, muß jeder Beerbten zum halben Theill in Esten und Baw halten, van der Bag gehet gerath den kleinen Steinberger Busch hinauf, einen geschnitten Meybucken Stock, van diesem Stock gehet widerumb auf einen Meybucken Stock, oben dem Walssiefer Veldt her, bis auf einer hocher dicker Meybucken Lag, scheidet die Oberlierbacher Busch und das Guth aufm Wahlssiefen, van der Bag scheidet den Graben hinauf, den Oberlierbacher Busch, und Wahlssiefer Veldt, bis ahn den Hof, van dem Hof gehet unter den Wahlssiefer Gartten, und unter dem Scherpemicher Veldt her, durch den Busch auf einen Paellstein, so für einer Eich in der Erden liget, und oben etwas abgeschlagen, davon dannen gehet gerad auf einen Hanbucken geschnitten Stock, stehet im Zaun, unter dem Scherpemicher Veldt, von dem Stock gehet bis ahn dem Schmalsgruber Veldt, in den Graben, den Graben gans hinab bis in der Bag, durch die Bag etwan hinab bis in den Ausfluß, so die Schmalsgrub Wiesen flützet, auf einen alten Meybucken Stock, welchen beinahe eine Eich stehet, an der Bag gehet wieters die Bag hinab bis ahn die Unterlierbacher Kogswiesen, langs die Kogswies, hinab bis ahn den Siefen, so von dem Wiedenhof zum Sandt kombt inschließlich, was binnen den Lagen und Pallen, sowohl als auch geschnitzten Stocken, befunden und also specificirt, solches gehordt nach dem Hof Oberlierbag.

NB. Haben Herr Lersen Ober- und Unterlierbacher Limiten und Grensen allein specificirt, verzeignet und unterschrieben als auch überliefert."

Zu den Lerbacher „Zubehörungen" zählte auch der an den Oberlerbacher Grund anstoßenden Hof Steinbach, gewöhnlich Wesselsteinbach genannt. Daher wandte man sich nun den

„*Steinbacher Hofs-Limitten*" zu:

„Erstlich die Gaße zwischen Tumbacher und Herckenrather Veldt die Breidt genant, scheidet beide Velder und gehordt einem jeden die Gaße zum halben Theill, den Graben ahn der Gaßen von Herckenrather Veldt, gehet, und scheidet Oberlierbag und Steinbag, die Straß hinab zwischen beide Velder gehordt halb nach Steinbag und halb nach Oberlierbag, glich endts für der Straßen hinab findet sich einen Graben, scheidet Oberlierbag und Steinbacher Grundt, davon ab auf einer großer Lag-Eich, van der Eich die Straß hinab bis auf zwey Hanbuckenstock, so den obristen auf einer Siethen geschnitzt gefunden, davon den Graben gans hinunter, bis mitten im Weg, stehet einen Paell, dahe zehet sich umb scheidet Oberlierbag und Steinbacher Busch, von dem Paell im Weg gehet auf einen dicken Hanbucken-Stock, so dreymal gezeignet, und gehet nach Steinbag, von dem Stock gehet auf einen Meybucken geschnitzten Lag, scheidet Steinbacher und Underlierbacher Busch, davon auf einer jonger Eichen geschnitzten Lag, gehort jedem halb besagte Gütter, von der Lag gehet auf einen jongen geschnitzten Meybucken Stock, davon ab gehet auf einen Paellstein, so stehet neben einer geschnitzter Hanbuck, davon dannen auf eine hoche dicke Meybuck, welches eine Lag, zwischen Oberlierbach und Steinbag, davon gehet geradt widerumb auf eine hoche, dicke Meybucken Lag, davon nochmahlen auf eine hoche dicke Meybucken Lag, van dem Lag gehet bis ahn einen Siefen, so von der Steinbag kombt auf einen Hanbucken geschnitzten Stock, dieses obgemelt alles scheidet Steinbag und Oberlierbacher Busch, von dem Siefen wie vorgemelt, gehet am Kaldenbröcher Velt, auf einen kleinen Hanbucken geschnitzten Heister, davon den Siefen hinauf, einer großer dicker Meybucken Lagen, scheidet Steinbacher und Kierdorfer Busch, davon gehet auf einen Ortt Hecken ahn das Kierdorfer Velt, und gehet witers langs dem Velt hinauf, bis auf einen hochen Elleren Lag, davon gehet geradt den Busch hinauf einen hocher Hanbucken Lag, und gehet davon auf einer dicker Eich so nach der Steinbag gehort, von der Eich gehet auf einen aten Hanbucken geschnitzten Stock am Weg, von dem Stock gehet auf einer Kaulen fast bey dem Steinbacher Siefen, und gehet den Siefen langs hinauf, bis etwan nahe oben am Endt auf einer Eich mit einer Förcken, scheidet Steinbacher und Kierdorfer Busch, davon ab gehet auf einen Paellstein stehet hinder einer Eich, und gehet geradt widerumb durch den Busch, auf einen Paellstein scheidet nochmahlen Steinbacher und Kierdorfer Busch, von dem Stein gehet auf einer Eich, welches ein Lag, mit einer Schnitzen verzeignet, von der Eichen Lag, gehet durch den Busch bis an das Herckenrather Hofsvelt, und gehet durch die Straß hinab, besagte Straß gehordt halb nach dem Herckenrather Hof, und halb nach der Steinbag, bis ahn das Velt, die Steinbacher Breide gnandt, ahn den Graben, und folgens die Straß hinab bis ahn den Wacholter Oberlierbacher Busch, dahe den ersten Anfang genohmen inschließlich, was binnen den Paellen, Lagen und geschnitzten Stocken gefonden, wie auch solches hierunter specificirt, gehoeret sembtelich nach dem Hof Steinbag.
Das dies alles befonden, und Paell, auf Lag, und von den Laggen, auf den geschnitzten Stocken wie hinfuhro gemelt, auch selbiges von den bey- und ahnwesenden Personen richtig, so viell einem jeden bewußt, angewiesen, solches wirdt hiermit bezeugt.

        Datum wie vor angemelt.   Pet. Haster mpp."

(Copia)

Zwei volle Tage hatte die Grenzbegehung gedauert, angeleitet vor allem durch den ortskundigen Herkenrather Hofschultheißen Heinrich Quirll, der in Hombach wohnte. Auch er hatte es nicht unterlassen, den seit alters üblichen „Weinkauf" in die Tat umzusetzen und alle Beteiligten auf Leersens Kosten in seinem Hause, in dem wohl auch eine Wirtschaft unterhalten wurde, mit reichlicher Atzung zu versehen. So wurde denn von ihm zum guten Beschluß

> „attestirt, welcher gestalt dem Herrn Lersen die Lierbach cum appertinentiis in Pehlen und legen vermog des Kaufs geleibert seye.
> Anno 1658 den 16. und 18. Martey ist auff begeren Herren Ambtmann Stein zu Scherffen dem Herren Lersen die Under- und Ober-Lierbach mit allen Pallen und Lägen geleberdt worden in Beyseins Peter Haster, Herren Burggraven zu Struweller und Heinrich Quirll und Thonis, Landt-Scheffen zur Strunden, auf Seiden Herren Ambtman Stein und Herren Haubtman Hermans de Coxey auf Seiden Herren Lersen, mit Zuthun der Halffleuden, Herrn Weilschütz und Peter, Wilhelm zur Under- und Ober Lierbach, Jan und Vaß in der

Kallenbroch als beide Holshewer, so die Pall und Lägen ahngewissen. Haben dieselbe Pershonen in obgemelten beiden Tagen bey mir unten gemeldtem verzerdt in Essen ad 7 Gulden 8 Albus, item in Drencken 34 Quarten Wins ad 11 Gulden 8 Albus, Summa 18 Gulden 16 Albus.   Heinrich Quirll (in Hombach).
NB. Dem Hofsbodten zum Sandt gegeben, das er die Veilroffe wegen der Under Lierbach thun solle 8 Albus."

Ehe dann zum Herbst auf Sankt Huberti Tag des Herrn Leersen Jagdhörner zum ersten Mal durch die Lerbacher Fluren und Büsche erschallten, ließ Gottfried von Steinen ihm durch seine Freunde, den Hauptmann de Coxy und den Schultheißen Quirll, die Jagdgrenzen erklären:

„Deren zum Haß Lierbach gehorige Jagtgerechtigkeiten, anlanget, wie wieth dieselben dem Herrn Lersen ahm 22. Septembris 1658 in beywesen Herrn Haubmann Coxy und Hindrichen Quirll in der Hambag ahngewiesen.
Specification ... Als folgt:
Erstelich anfanget für der Olligsmühlen zum Schif, davon ab den Weg hinauf nach Hindrichs Haus in der Hambag, van Quirls Haus den Weg über das Hambacher Velt hinaus bis in den Wacholter, van den Wacholter auf das Herckenrader Velt, die Breidt gnandt, van der Breiden den Siefen hinab bis auf den Hambacher Kirchweg in den Siefen, den Siefen hinauf bis in den Siefen, dahe den Bücheler und Strunder Kirchweg hinkombt, van den Siefen die Straß unter Herrn Pastors Widenhof zu Herckenrath hinauf, bis ahn das Kirchenguth zum Kroll gnandt, van Kroll auf das Haus zur Hecken, davan ab den Weg hinaus bis auf das Straßer Haus, so Erndtgen in der Volbig zugehoerig, davan witers hinab den Siefen recht hinunter bis in die Volbigs Bag, van der Bag bis in den Siefen hinab, so van der Hoef kombt, aus die Volbig, davan aufm Newen Haus, vam Newen Haus auf den Richenweyer, davan das Waßer hinab bis auf dem Hongenberg, vam Hongenberg auf Lückroht, davan das Waßer hinab bis aufm Sall, vam Sall langs den Hülsen hinab auf Kibbinghausen, van Kibbinghausen die Bag hinab aufm Nidenhof, davan auf des Penningsvelt, van Penningsvelt auf dem Heiligenhausgen in die Strungbag, die Bag gans hinauf bis widerumb ahn der Olligsmühlen zum Schif inschliselich. Was unter den Bezirk gehort, ist jeder Zeit vam Haus Lierbag bejagt worden."

Gottfried von Steinen, der den Rest seiner Tage auf seinem Hause Scherven verbrachte, unterhielt auch ferner ein gutes Verhältnis mit Michael Leers, den seine amtliche Stellung meist am fürstlichen Hofe in Neuburg an der Donau festhielt. Sie unterhielten einen freundschaftlichen Briefwechsel. So blieb ein Brieflein erhalten, auf dem der alte Freiherr vermerkte: „Herr von Lersch gratulirt mir zu dem neuen 1664. Jahr". Es hat folgenden Wortlaut:

„Monsieur le Baron (Gottfried) de Steinen, Seigneur de Scherven, conseillier, Gentilhomme commissaire du pays de Berg et grandballier à Misenloe pour son Altesse le Duc de Neuburg à Scherven.
Wolgebohrner Freyherr und Herr,
Dweill ich der hoffnung lebe, er dieses numehr zu ent laufendes Jahr in guter gesundtheit und gedeilich wolfahrt zugebracht haben werde, so will ich hiemit zu demnegst eingehenden newen und darnach vill folgenden Jahren gleichmeßig gotlichen segen anwünschen, inbrünstig wünschent, das der liebe Gott solchen williglich verleihen wolle. Deß ich verpleibe Meines Herren hochgebornen Herren gehorsamer Knecht.
      Michel von Lerß
Neuburg, den 18. Decembris 1663."

Die Antwort des Freiherrn begann:

„Daß meinem hochgeborenen Herrn beliebig gewesen, mir zu diesem nunmehr eingetrettenen newen Jahr zu gratuliren, vor solche mir hohe erwiesene Ehr sage hertzlichen Danck. Vorab indem ich verhoffe mit meiner schuldigen apprention vorzukommen, so sehr dennoch dasselbige ...".

Gottfried (IV.) von Steinen starb am 6. Dezember 1675 in Köln, seine Gattin überlebte ihn bis 1677. Beide wurden in der Sakristei der Abteikirche zu Altenberg beigesetzt.

Der neue Herr auf Lerbach, Michael Leers, hatte sich vor allem als pfalz-neuburgischer Geheim- und Kammer-Rat besondere Verdienste erworben und wurde am 7. November 1661 vom Kurfürsten Philipp Wilhelm in den Adelsstand erhoben. Ein kaiserliches Patent, ausgefertigt in Wien am 11. September 1663, bestätigte ihm den Besitz adliger Rechte[384]). Am 30. April 1664 wurden Michael und sein Bruder Dietrich vom Kaiser in den Reichsritterstand erhoben. Die Anerkennung des Adels durch den Markgrafen und Kurfürsten Friedrich Wilhelm von Brandenburg erfolgte am 12. Februar 1669. In demselben Jahre erscheint Michael von Leers als Amtmann von Porz.

Das Wappen der von Leers hat in Gold einen schwarzen Balken, auf dem Helm fünf Straußenfedern, von denen 1, 3 und 5 gelb, 2 und 4 schwarz sind[385]).

Michael von Leers war verheiratet mit Constantia von Bayerhofen, der Tochter des Johann v. B. und seiner Gattin Johanna Himmelreich von Scharfenberg[386]).Er war ein für seine Zeit sehr wohlhabender Mann. Am 27. Februar 1666 erwarb er die Herrlichkeit Tetz bei Jülich von Johann Dietrich von Hompesch für 18 000 Reichstaler, ferner kaufte er am 6. Dezember 1668 die Burg Tetz selbst von Erzbischof Karl Kaspar von Trier als dem Obervormund des freiherrlichen Hauses von der Leyen. — 1669 wird Michael als Amtmann von Porz genannt.

Als Michael von Leers 1671 starb, hinterließ er sieben lebende Kinder, von denen Wladislaus Wilhelm und Johann P h i l i p p Theodor nacheinander auf Haus Lerbach gewohnt haben. W l a d i s l a u s W i l h e l m , der sich als Besitzer der Burg und eines Sechstels der Herrlichkeit Tetz „Herr in Tetz" nannte, war mit Zele (Cäcilia) von Giltau verheiratet und starb am 23. Januar 1691 in Tetz. Noch vor 1693 starb auch seine Gattin. Kinder des Paares:

1. Katharina Margareta Constantia, † 17. Okt. 1747 in Tetz, ∞ 1695 in Tetz Franz Wilhelm von Brachel, † 1. Aug. 1744 in Tetz. Das Haus blieb lange bei dieser Familie.

2. Arnold Theodor Michael, getauft am 6. Juli 1672 in Sand. Pate war der Oheim Theodor (Dietrich) von Leers, Herr von Loersfeld bei Kerpen, den er auch beerbte. Als er 1696 ledig starb, entbrannte um Loersfeld ein Streit zwischen den Familien von Leers und von Brachel[387]).

3. Johanna Maria Franziska Elisabeth Susanna Josepha. Sie vermählte sich mit Dr. Johann Konrad Schultiß (nach v. Oidtmann).

4. Maria Barbara Josepha, getauft in Sand 1679. 1696 tritt sie als Patin auf. Sie starb vor 1705 als Ursulinerin.

---

[384]) Original (Pergament) im Archiv des Schlosses Trips bei Geilenkirchen.
[385]) Fahne, Kölnische Geschlechter II, S. 85. — Ein Wappenstein mit dem Ehewappen Leers-Berchem und der Jahreszahl 1668 ist auf Haus Lörsfeld bei Kerpen. Auch findet sich das Wappen von Leers auf einem Wegekreuz bei Düren, ebenfalls im Siegel der Witwe von Leers zu Dorp geb. d'Alvarado.
[386]) Von Michaels Brüdern sind noch außer Dietrich (kurpfälzischer Wehrmeister, Notar und Bürgermeister zu Düren, gestorben 1690 in Düren, vermählt mit Anna Richmud von Berchem; kinderlos) bekannt Johann und Wilhelm, der ebenfalls Bürgermeister zu Düren war.
[387]) P. Clemen, Kunstdenkmäler Kreis Bergheim, S. 109.

5. Maria M a g d a l e n a Elisabeth, getauft am 3. Juni 1682 in St. Kolumba in Köln. Sie starb als Nonne.

6. Maria Richmodis. Sie starb 1751 als Äbtissin (nach v. Oidtmann).

7. Johann Philipp Dietrich, Stadtleutnant in Köln. Er war verheiratet mit Anna Katharina von Glaser und ließ in St. Aposteln nachstehende Kinder taufen: Michael Josef Heinrich, 6. Juli 1701 — Arnold Theodor Michael, 7. August 1702 — Maria Ferdinande Johanna Josefa, 7. Dezember 1705 — Johann Konrad Franz Josef, 3. Oktober 1707 — Johann Bernhard Josef, 20. April 1712 — Ferdinand Jakob Karl, 5. November 1715 — Bartholomäus Konstantin Wilhelm Franz Josef, 5. Dezember 1717 — Johann Eberhard Aloysius Josef, 21. Juni 1721 (nach v. Oidtmann).

Johann P h i l i p p Theodor von Leers, Herr in Lerbach und Lörsfeld, war verheiratet mit Johanna Ignatia von Tondi, der Tochter des kurkölnischen Amtmanns von Kerpen, Johann Jakob von Tondi. Er stiftete im Jahre 1690 die Rochuskapelle bei Sand und starb am 5. November 1717 in Lerbach. Sein Grabstein hat sich auf dem alten Kirchhof in Sand erhalten. Die Inschrift lautet: „Obiit Anno 1717 5. 9bris Perillustris Generosus Dominus Johannes Philippus Theodorus Baro de Leers D in Leirbach." Die Gattin starb am 28. März 1737 in Lerbach und wurde am 31. März neben ihm beigesetzt. Folgende in Sand getaufte Kinder ließen sich feststellen:

1. Johanna Maria Constantia, getauft am 21. Okt. 1695. Sie wurde am 23. Febr. 1714 in der Hauskapelle zu Lerbach durch den Sander Pfarrer Maximilian Heinrich Wunsch mit dem kurpfälzischen Geheimen Rat Grafen Nikolaus von Alberti aus Düsseldorf, dem Bruder des Oberbaudirektors des Herzoglich Bergischen Bauwesens Grafen Matteo d'Alberti, der das Neue Schloß in Bensberg erbaute[388]), getraut. 1733 tritt sie in Sand als Patin auf.

2. Michael Josef, getauft am 20. Okt. 1696. Er wurde am 23. Juni 1724 durch den obengenannten Sander Pfarrer mit Maria Ursula von Hörde, der Tochter von Friedrich Ferdinand von Hörde zu Eringerfeld (Pfarre Höinckhausen bei Lippstadt), getraut. Der Kurfürst und Herzog Karl Philipp ernannte ihn 1718 zum Truchseß. (Kinder siehe unten.)

3. Maria Elisabeth Bernhardine Anna Gertrud, getauft am 13. September 1698.

4. Ludwig Wilhelm, getauft am 17. 1. 1701 in Sand. Er empfing am 17. Sept. 1717 in Köln die Tonsur, verließ jedoch die geistliche Laufbahn wieder (nach J. Janssen, Familiengeschichtliches Quellengut aus den Kölner Weiheprotokollen 1661—1810. Imgenbroich 1929). Er wurde Herr in Lörsfeld und tritt 1731 und 1738 in Sand als Pate auf.

5. Maria Josephine Philippina, getauft am 22. August 1706.

Hierzu treten vermutlich noch:

6. Wilhelmine. Sie war 1741 Priorin des Zisterzienserinnenklosters Gnadenthal bei Neuß und tritt 1741 in Sand als Patin auf.

7. Heinrich Franz Martin „aus Lerbach", der 1726 Zögling des Jesuiten-Gymnasiums in Jülich ist.

---

[388]) Vgl. W. Dobisch, Das Neue Schloß in Bensberg in: Zeitschrift des Rhein. Vereins für Denkmalpflege u. Heimatschutz 1938, S. 15.

Michael Josef von Leers übernahm den Rittersitz Lerbach. Er ließ in Sand acht Kinder taufen:

1. Johann Ferdinand Franz Ernst Maria, getauft am 28. Dez. 1726.
2. Jobst Franz Mauritius Wolfgang Joseph Maria, getauft am 20. Januar 1730. Er wurde österreichischer Kapitän-Leutnant und erhielt am 29. Nov. 1771 vom Sander Pfarrer den Losschein zu einer Heirat auswärts ohne Ortsangabe. Nach v. Oidtmann hieß seine Gattin Margareta Esser. Ein Kind Wilhelm wurde am 5. Juli 1769 getauft, vermutlich in Köln.
3. Maria Johanna Katharina Charlotte Sophia, getauft am 8. April 1731. Sie heiratete am 14. Mai 1766 in Hausen Karl Alexander Fürst von Salm-Kirburg, Herzog von Hochstraeten, und starb 1814 (?), angeblich 87 Jahre alt. Sie trat im Dezember 1791 bei der Taufe der Charlotte Freiin von Mirbach in Kempen am Niederrhein als Patin auf und wurde eingetragen als „princeps de Salm-Salm, duchessa in Hoogstraaten".
4. Gottlob Ludwig Joseph Maria, getauft am 2. März 1733. Er heiratete nach Erhalt des Losscheins vom Sander Pfarrer am 2. Januar 1765 die Antonetta Franziska Witwe von Leesdal (Leefdeal) geborene Baronesse von Alvarado aus Barcamonte. Er starb kinderlos im Jahre 1767.
5. Maria Charlotte Wilhelmine Franziska, getauft am 18. Januar 1735. Sie starb als Nonne am 10. Oktober 1814 im Cäcilienkloster in Köln (nach v. Oidtmann).
6. Philipp L u d w i g Wilhelm Joseph, getauft am 13. April 1738. Er wurde kurpfälzischer Hauptmann. Am 21. März 1767 erhielt er in Sand den Losschein und heiratete (vermutlich in Metz) „Ein Gallia" Anna von Spol (Spool oder Spohl), die 1743 in Metz geboren war[389]). Er starb am 2. April 1809, die Gattin am 2. Juli 1810, beide in Heinsberg. Ihre Tochter Ludovica Antonetta Hubertina von Leers, geboren am 1. Mai 1772 in Metz, nannte sich zusätzlich Baronesse von Leerbach. Sie heiratete am 3. Januar 1791 in Heinsberg Karl Christian Freiherrn von Mirbach aus Kempen. Er war Amtmann von Wassenberg und starb am 4. Dezember 1795, die Gattin starb am 3. November 1836 in Heinsberg. Ihre 1791 geborene Tochter Charlotte heiratete Adolf Freiherrn von Eynatten auf Schloß Trips, dem Maire von Heinsberg[390]).
7. Maria Karolina Wilhelmina Friderica. Sie wurde getauft am 30. April 1741 und nach frühem Tode am 7. Februar 1745 in Sand begraben.
8. R o s a Franziska Ferdinandine Josepha, getauft am 1. Juni 1747. Sie erhielt am 1. September 1780 nach einer Eintragung im Sander Kirchenbuch den Taufschein und war Nonne in der Abtei Forêt bei Lüttich. Sie starb am 2. Juli 1816 in Köln.

Die Familie von Leers pflegte auch Gottesdienst in der Lerbacher Burgkapelle abhalten zu lassen. So steht im Sander Kirchenbuch verzeichnet, daß der Pfarrer Wilhelm Anton Willmundt den Georg Geys und die Girtrud Schimmelpfennigs am 10. Januar 1734 in

---

[389]) Sie entstammte einer schottischen Emigranten-(Jakobiten)-Familie und war Hofdame am Hofe zu Zweibrücken gewesen. Angeblich ging die Familie 1788 nach Frankreich, floh jedoch bei Ausbruch der Revolution nach Rußland (Nach einer handschriftlichen Aufzeichnung im Archiv Schloß Trips).

[390]) Nach freundl. Mitteilungen von Studiendirektor Dr. Oskar Viedebandt (†) in Jülich, einem Nachfahren des Paares.

Gegenwart der Zeugen Tilmann Cürten und Wilhelm Heidkamp in der Hauskapelle zu Lierbach traute.

Michael Joseph von Leers und seine Gattin hatten zwar 1741 der Kirche zu Sand eine Glocke gestiftet, in deren Inschrift ihre Namen glänzten. In Wirklichkeit aber ging es ihnen wirtschaftlich sehr schlecht. Gemäß einer gerichtlichen Obligation vom 12. Februar 1722 schuldeten sie der Wittib Degrods in Köln ein Kapital von 2500 Reichstalern, wofür nicht einmal die Zinsen bezahlt werden konnten, so daß sie ebenfalls auf die Summe von über 2000 Reichstalern aufliefen. Zur Sicherheit hierfür waren der Rittersitz und der zugehörige Unterlerbacher Hof nebst den übrigen Appertinentien verpfändet, ferner auch der allodialfreie Hof Oberlerbach mit einer Generalhypothek belastet worden. Am 20. und 25. April 1747 und noch am 11. März 1749 hatte Michael Josef insgesamt weitere 1550 Reichstaler von dem Kaufmann Dormanns in Köln aufgenommen und eine gerichtliche Spezialverpfändung des Hofes Oberlerbach dafür gegeben.

Als Michael Joseph von Leers am 17. März 1749 im Alter von 53 Jahren starb — die Gattin war wohl schon früher ins Grab gesunken — standen sieben unversorgte Kinder da. Man hatte nicht einmal Geld genug, um die Begräbniskosten in Sand zu decken, so daß man bei der Witwe Fischer in Sand 50 Reichstaler auslieh. Dazu waren Steuerschulden zu decken, und die Tante Wilhelmine, Priorin in Gnadenthal, wartete schon lange vergebens auf ihren jährlichen „Spielpfennig" (kleiner Unterhaltsbeitrag).

So setzte denn der Oberschultheiß Karl Philipp Daniels den Lizentiaten Bartscherer in Bensberg als Administrator des Rittergutes Lerbach ein, um die Rechte der Kinder zu schützen. Er fand keinerlei Gelder in der Burg vor, und die eingehenden Pachtbeträge langten nicht, um die Zinsrückstände zu tilgen. Man drohte seitens der Gläubiger bereits mit einer öffentlichen Versteigerung des Gutes. Da griff der Deutschordenskommandeur Freiherr von Droste, der auf dem Hause Steinbüchel wohnte, zum Schutze der Minderjährigen ein und beantragte nach Prüfung der Sachlage im Einvernehmen mit Bartscherer beim Gericht in Bensberg, den Hof zu Oberlerbach und das schatz- und steuerbare Gut Schmalzgrube zu verkaufen, um mit dem Erlös die Schulden zu bezahlen und den Rittersitz selbst nebst dem Hof Unterlerbach und die übrigen Grundstücke und Rechte den Kindern zu erhalten. Der beabsichtigte Verkauf wurde an drei aufeinanderfolgenden Sonntagen in den Pfarrkirchen zu Bensberg, Herkenrath und Sand von Amts wegen bekanntgemacht, desgleichen in den Kölner Postzeitungen. Dabei war vorgesehen, den auf Schmalzgrube haftenden Spielpfennig auf Unterlerbach zu überschreiben. Die Versteigerung wurde durch den Balleisekretär Johann Weinhausen vorgenommen. Der Unterlerbacher Halbwinner Johann Wilhelm Hamecher und seine Hausfrau Anna Margareta Herweg erhielten für 4010 Reichstaler den Zuschlag und brachten damit den Hof Oberlerbach mit allem Zubehör, jedoch ohne die Jagd und die Fischerei im Lerbach, ferner das Schmalzgruber Gut und die vom verstorbenen Freiherrn auf der Meisheiden „der fürstlichen Wildbahn zum praejudiz" erbauten Häuschen und „Geheuchter" an sich. Sie mußten sich verpflichten, den Weg durch und längs den Rittersitz und durch die Unterlerbacher Büsche nach Köln, Mülheim und sonstwohin nach wie vor zu gestatten. Am 19. Dezember 1750 zahlte Hamecher die Kaufsumme in Gegenwart des Oberschultheißen und der Scheffen Johann Gronenwald und Peter Vilkerath an den neuen Administrator (Bartscherer war inzwischen gestorben), den Amtssteuer-Rezeptor Eickelmann aus. Er erreichte bei den Gläubigern, daß sie sich mit Rücksicht auf die Kinder mit 4 statt 5 Prozent jährlicher Zinsen zufriedengaben. Die Witwe Fischer bekam ihre 50 Reichstaler, der Sander Pastor 35 Reichstaler 21 Albus 8 Heller für Begräbnis und Seelenmesse, die Steuerkasse 34 Reichstaler, die Priorin 30 Reichstaler Spielpfennig, der Tagelöhner Konrad Herscheid seinen Liedlohn (Gesindelohn) von 4 Reichstaler 8 Albus, der Lerbacher Halfmann an überbezahlter Pacht 7 Reichstaler 4 Albus 11 Heller.

Immerhin blieben nach der Auszahlung noch 2000 Reichstaler an Schulden, die nun auf dem Rittersitz selbst lasteten. Hamecher wurde noch am gleichen Tage mit den erworbenen Gütern am Gericht in Bensberg beerbt, indessen die Minderjährigen von Leers enterbt.

Doch trotz aller Rettungsmaßnahmen war das Rittergut für die Familie von Leers nicht zu erhalten. Bereits im April 1752 befand es sich im Besitz der Frau Maria Jakobe Merheims geborenen Stoesberg zu Köln. Im Jahre 1775 erscheint dann Johann Adam Joseph von Herrestorf, „des Hohen Dohmstifts zu Augsburg und deren Collegiat-Stiftern Sanct Georg und Sanct Severin binnen Cöllen und Sanct Cassius binnen Bonnen Canonich, infulirter Propst zu Dillingen", als Herr zu Lerbach. Er ließ 1776 durch den „Dohmkapitularischen Freyherlichkeit Erpel vereydten Landmesser" Johann Michael Wintzen den zum Haus Lerbach gehörigen Grundbesitz in Größe von 163 Morgen 1 Viertelscheid 1 Rute 9 Fuß vermessen und eine Karte darüber ausfertigen, die sich bis heute erhalten hat[391]. Sie zeigt die Ländereien, die sich vom Abseiffer Feld südlich und östlich vom Sander Hof über das Müllenheider Feld, das Hohe Feld, das Steinackers Feld, das Falbenackers Feld und das Feld auf der Meißen-Heyd bis an die „Schliebusch-Heyd" (Schreibersheide) erstreckten und vom Bach durchflossen wurden. Auch das Burghaus ist eingetragen, sowie die den Grenzen zunächst stehenden Häuser, nämlich der Sander Hof, die Sander Kirche, etliche Häuser zu Lichten, der Greuels-Hof, der Schmalzgruber-Hof, die Pastorat (der alte Wiedenhof) und der Eicherhof.

Folgende Grundstücke sind mit Großbuchstaben kenntlich gemacht: A des Herren Garten, B des Halbwinners Garten, C der Baumgarten neben des Herren Garten, D der Baumgarten, E der Baumgarten hinter den Ställen, F der Waßemplatz unter des Herren Garten, G die große Wiß, H die lange Wiß, J die Burchwiß, K die kleine Wiß neben dem Weyer, L die kleine Wiß unter dem Abseiffener Weyer, M der „Weyer umb die Burch", N der Abseiffene Weyer, O der Forellen-Weyer, P der Weyer ober der Burch, Q der öberster Weyer unter der Burch, R der mittelster Weyer, S der unterster Weyer. Die Limiten (Grenzen) waren mit „Pahlsteinen" und „Lachen" geschieden. Im ganzen gab es 41 solcher Grenzzeichen. Die Steine waren entweder „wilde Steine" oder Lerbacher Steine", offenbar mit dem Wappen versehen. Die „Lachen" waren entweder „Maybuchen" oder „Hachbuchen" ,doch kommt auch ein „Poppelweyden Lach" vor. Auch wird ein „Kurfürstlicher Stein" erwähnt. „Was zum Hause Lerbach gehört, ist mit einem roten Rang umgeben und eingeschnitten".

Die eigentliche Burganlage stand auf einer Insel im Weiher. Das zweistöckige Burghaus im Stil der Renaissance war in Bruchsteinen aufgeführt und trug ein Walmdach. Die Fenster saßen in Hausteineinfassungen. Nach Süden sprang ein dreistöckiger Turm vor

---

[391]) Im Besitz des jetzigen Eigentümers.

mit geschweifter welscher Haube und hohem Knauf darauf. Auf dem Rittergut saß seit dem Abzug der Familie von Leers ein Pächter, so ein Cürten, der Vater des späteren Gladbacher Scheffen Peter Joseph Cürten [392]).

Über die nun folgenden Besitzveränderungen konnte noch nichts Näheres ermittelt werden. Nach einer Häuseraufnahme der Mairie Gladbach im Jahre 1809 erscheint ein Freiherr von Pütz als Eigentümer des Gutes Lerbach; sein Pächter war J. Neuheuser.

Während der zurückliegenden Zeit waren oftmals Rechtsstreitigkeiten um die dem Hause Lerbach zustehenden Jagdrechte entstanden. Die Düsseldorfer Regierung hatte gegen Ende des 17. Jahrhunderts alle Krammetsvogelherde in den freien Privatjagden als angeblich landesherrliches Privilegium an sich gezogen. Doch verfügte der Kurfürst Johann Wilhelm im Jahre 1696, sie zurückzugeben. Sie waren bis dahin in der Brücker Gemarke „im Wald, der Königsforst genannt", an den Kammerdiener Matthias Gumpertz verpachtet gewesen und wurden nach dessen Tode dem Bensberger Oberjäger Johann Ningelgen am 11. August 1697 zur Nutznießung überlassen und zwar „dergestalt, daß er jährlich zu behuffs der hoffsstatt 1200 große und 2 gebund kleine Vögel, vor ein groß gebund und in ermagelung der lieferung mit 12 albus cöllnisch jedes gebund in hiesige Kellnerey bezahlen solle". Es scheint also, daß es trotz des kurfürstlichen Befehls von 1696, dem auch die „wirkliche Restitution" und Abschreibung von den jährlichen Pachtgeldern folgte, die Jägerei die Krammetsvogelherde zum großen Teil weiter für sich behielt. An das Haus Lerbach wurden nur die schlechtesten zurückgegeben, die besten jedoch, siebzehn an der Zahl, einbehalten und dem Bensberger Oberjäger überlassen, sogar ohne daß er etwas für die Kellnerei zu zahlen brauchte. Der Amtsjäger Valent im Kunckel (Gunckel) nahm um 1715 überdies noch drei neue Vogelherde aus dem Lerbacher Distrikt zu seinem „plaisir und nutzen" an sich. Erst als 1718 ein Landtagsschluß bestätigte, daß die Krammetsvogelherde zur kleinen Jagd gehören und die Rittergutsinhaber Beschwerden erhoben, scheint eine Änderung erfolgt zu sein. Auch Johann Philipp Theodor von Leers hatte gebeten, „gnädigst rescriptum zu erlassen, damit ich entlich einmahl widerumb zu dem mir und den meinen so lange Jahr entzogen gewesen und von ohnberechtigt gewesenen genoßen stücklein Brodt widerumb gelangen könne". Das Fangergebnis der Lerbacher Vogelherde wurde auf 118 1/2 Gebund berechnet [392a]), die nun endlich — vermutlich ab 1719 — von Leers wieder zugute kamen.

Unter Michael Joseph von Leers kam es zu einem anderen Eingriff in die Lerbacher Jagdrechte. Der Rittersitz erfreute sich „einer langjährigen poßeßion, daß den einhabern deßen jährlich ein stück schwartzn und ein stück roten wildprets von dem oberjägeren ohnentgeltlich gelieberet werden müße". Der Oberjägermeister Freiherr von Eynatten (nachweisbar ab 1739) verweigerte diese Lieferung unter dem Vorwand, er bedürfe hierzu des „Vorwissens und Willens" des Kurfürsten. Deshalb wandte sich der

---

[392]) Stadtarchiv Bergisch Gladbach, 176, Haus Lerbach.
[392a]) Es betrug für die adligen Häuser Haan (Dünnwald) 266 1/2, Eulenbroich 46, Venauen 71 1/2, Wissen 62, Lülsdorf 35, Sülz 72, Wahn 99 1/2, Seelscheid 66, Stade 15 und Blech 60 Gebund, insgesamt 905, die nun von den ablieferungspflichtigen 1200 Gebund abgezogen wurden, so daß noch 295 blieben, jedes Gebund mit 12 Albus Kölnisch bewertet, was also noch den Betrag von 44 Reichstaler 20 Albus für die Kellnerei ergab. — StA Düsseldorf, Jülich-Berg V, 23.

Freiherr an diesen mit einer Eingabe, die vom Kurfürsten Philipp Wilhelm zustimmend beschieden wurde.

Nachdem Frau Merheim das Haus Lerbach gekauft hatte, nahm sie den Otto Siegen von der Steinbreche als Aufseher über die kleine Jagd in ihre Dienste. Dieser brachte zuweilen einen Knecht, auch wohl andere gute Freunde der Frau Merheim aus Köln mit zur Jagd ins Lerbacher Revier. Darüber beschwerten sich die Amtsjäger Valentin Gunckel und Bartholomäus Herolt beim Oberjägermeister. Dieser wies den Oberschultheißen Daniels an, die Pächter der Rittergüter ernstlich zu ermahnen, die Jagd gemäß dem Edikt von 1740 nur durch in Kost, Lohn und Kleidung stehende erfahrene Jäger ausüben zu lassen. Daniels nahm daraufhin (am 12. Mai 1752) den Otto Siegen als einen untadelhaften Aufseher in Schutz, der die Sicherheit der Wildbahn besser gewährleiste als ein angestellter Jäger. Unter den mitgenommenen „Freunden" aber sei auch sein eigener Sohn, der in Köln Jura studiere, der in der Karwoche mit beiden Amtsjägern an der Jagd teilgenommen habe und für den er bürge. Er müsse demnach die „anmaßliche Denuntiation" der beiden zurückweisen.

Im März 1752 hatte Gunckel bereits eine andere Anzeige erstattet. Der Halfmann Wilhelm Hamecher auf dem Haus Lerbach hatte die Lieferung von einigen tausend Fachinen zum Rheinbau übernommen und auch schon ein paar hundert binden lassen. Zu diesem Zwecke ließ er durch seine Arbeiter in einem nahe Lerbach gelegenen Stockbusch nicht nur das Reisig hauen, sondern auch alles Unterholz, bestehend in Wacholder, Hülsen und Dornen, das dort recht dicht wuchs. Es wurde in das eigentliche Stockreisig eingebunden. Da dieses Aushauen des Unterholzes verboten war, um dem Wildbret seine Schlupfwinkel zu sichern, hatte Gunckel den Arbeitern Einhalt geboten und sich vom Halfmann versprechen lassen, das Unterholz fortan nicht mehr anzutasten. Er hatte aber nicht Wort gehalten, sondern sogar die Nachbarn, von denen er zusätzlich Faschinen ankaufte, aufgefordert, das Untergehölz ruhig mit zu verwerten. Auf solche Weise erhalte es ja doch schließlich der Kurfürst. Der Oberjägermeister Freiherr von Eynatten ließ durch den Oberschultheißen Daniels dem Halfmann unter Androhung einer Strafe von 25 Goldgulden das Abhauen des Untergehölzes verbieten.

Am 12. Januar 1762 verpachtete Frau Merheim die Lerbacher Jagd für jährlich zwanzig Reichstaler auf sechs Jahre an den bergischen Oberjägermeister Freiherrn von der Horst. Jedoch durfte er die Wildbahn nicht durch unzeitiges und übermäßiges Schießen schwächen oder verderben. Auch behielt sich die Besitzerin den Wacholderschlag selbst vor. Ihrem Sohne sollte es gestattet sein, sich zu Zeiten mit seinen Freunden im Beisein des vom Anpächter bestellten Jägers der Lerbacher Jagd zu bedienen. Als Grenzen des Lerbacher Jagdbezirks werden in dem Vertrag angegeben: „die Mildbottenbach (Milchborn) ist ein scheid und gehet bis gegen das bircken, von den bircken auf die Herkenrhater thurn, — von dem Herckenrhater thurn auf Herrstrunden, ahn die strunder bach, der bach nach bis ahn daß heiligenhäußgen oder die Mielenforster jagd, von dem heiligenhäußgen auf den Nittenhoff und lengs denselben wieder bis auf den Milchbottenbach".

In diesem Jagdbezirk mußte der Oberjägermeister die Frau Wittib Merheim vertreten, ihn fleißig durchstreifen und bewachen und alles, was etwa darin Nachteiliges geschehen sollte, sofort anzuzeigen.

Nach dem Tode des Freiherrn von der Horst trat sein Nachfolger Oberjägermeister von Blanckart in den Vertrag ein. Unter dem folgenden Besitzer Lerbachs, Johann Adam von Herrestorff, traten wegen der kleinen Jagd und der Vogelherde „einige Mißhelligkeiten" auf. Sie wurden durch einen Vergleich mit dem bergischen Jagdamt am 17. Januar 1777 in Güte beigelegt. Darin sind die Grenzen des Jagddistrikts noch genauer bezeichnet:

> „1tens erstrecke sich sothaner Jagdbezirk gegen den Nidenhof an der Milchbornsbach hinauf und hinter Bensberg her bis an den in dem Wiesengrund vor dem Neuenhauß stehenden Wildpfahl, von da
> 2tens linkerseits durch den Grund hinauf bis auf den Voßlüher Hof und ferner hinter diesem Hof her und durch den Grund herunter bis an die Vollbach, wo wieder ein Wildpfahl stehet; von da
> 3tens langs die Bach hinauf bis auf den zwischen den Vollbachs Höfen stehenden Wildpfahl; hiedannen
> 4tens linkerseits den Grund hinauf an den Wildpfahl, so auf der Straßen an dem Grünerwalder Schlagbaum stehet;
> 5tens von diesem Wildpfahl bis auf den Herckenrather Kirchenthurn zu, und hiedannen
> 6tens gerade auf die strundr bach zu bei Herrenstrunden, ferner
> 7tens dieser strunder bach nach durch Gladbach bis nach dem Dorf Strunden und wo die Churfürstliche zum Hauß Mielenforst gehorige kleine Jagdt bei dem alda stehenden Bildstock anschließet, endlich
> 8tens von diesem Bildstock bis auf Pfenningsfeld, und von da
> 9tens gerade wider bis gegen den anfangs benenten Nidenhof an der Milchbornsbach."

Die erwähnten Wildpfähle waren im Jahre 1757 von einer kurfürstlichen Kommission gesetzt worden. Innerhalb des Lerbacher Jagdbezirks lagen kurfürstliche und rittersitzliche Vogelherde. Auch hierüber wurde eine Einigung erzielt. Der von Bensberg nach Gladbach führende „Reutersweg" sollte die beiderseitigen Vogelherde scheiden. Alle diejenigen, die von Bensberg aus gesehen rechterhand des Weges lagen, sollten fortan zu Lerbach gehören, die linkerhand dagegen dem Kurfürsten. Zusätzlich erhielt Lerbach jedoch noch die beiden Vogelherde „aufm Scheidplatz" (jenseits der heutigen Kirche zu Heidkamp) und auf der „Rotenbacher Heide" (bei Rodemich am Rodenbach). Neue Vogelherde sollten in Zukunft weder angelegt noch solche verlegt werden.

Dieser Vergleich wurde von dem Oberjägermeister Freiherrn von Blanckart und Johann Adam von Herrestorff unterschrieben und am 8. Februar von der Düsseldorfer Hofkammer ratifiziert. Im gleichen Monat noch beantragte der Inhaber des Hauses Lerbach die Erneuerung der alten Verpflichtung, ihm aus der kurfürstlichen Bensberger Wildbahn jährlich ein Stück roten und schwarzen Wildbrets zu liefern. Kurfürst Karl Theodor bewilligte das Gesuch und gab am 20. Januar 1778 dem Oberjägermeister die entsprechende Anweisung.

Um das Jahr 1806, als auch die Lerbacher Mühle entstand, war die kleine Jagd im Lerbacher Bezirk an den Gastwirt Peter Herweg in Knoppenbießen und einen gewissen Dupers verpachtet. Die „grobe Jagd" dagegen wurde von dem herzoglichen Revierförster Wilhelm Hammelrath versehen. Herweg behauptete damals, der Rittersitz Lerbach sei auch zum Schießen von Rehen berechtigt, die öfters aus dem herzoglichen Revier hinüberwechselten. Im Herbst 1805 war wirklich ein Reh bei Lerbach angeschossen worden, und man hatte später die Stelle gefunden, wo es verendet war. Herweg sagte aus, es sei „fürlängst ein Rehbock von einem churfürstlichen Jäger geschossen worden, dann aber an das Rittersitz Lierbach zurückgegeben worden". Doch bezeugte der Amtsjäger Gerhard Hammelrath, der noch unter dem verlebten Oberjäger Johann Kaesmann[393]) Dienst getan hatte, niemals von einem Lerbacher Recht, Rehe schießen zu dürfen, gehört zu haben. Auch von einem zurückgegebenen Rehbock sei ihm nie etwas bekannt geworden. Damals seien die Rehe hierselbst noch selten gewesen und deshalb hätten die kurfürstlichen Jäger überhaupt keine geschossen. Wenn es aber in einem Falle wirklich geschehen wäre, hätte es solches Aufsehen gemacht, daß es ihm zu Ohren gekommen wäre. Auf diese Aussage hin wurde den Lerbacher Jagdpächtern das Schießen von Rehen strengstens untersagt[394]).

Über die Besitzverhältnisse Lerbachs in den ersten Jahrzehnten des 19. Jahrhunderts sind wir vorläufig nur wenig unterrichtet. Unter den landtagsfähigen Rittergütern wird es in preußischer Zeit nicht mehr aufgeführt. Von 1826 bis 1830 hatte der Sander Pfarrer Johann Peter Ommerborn eine Wohnung in der feuchten, alten Wasserburg inne. Nach Vinzenz von Zuccalmaglio[395]) war das Gut zuletzt, also vor 1845, an einen Herrn von Spieß „vererbt" worden. Vielleicht war es der von 1813 bis Dezember 1819 in Mülheim amtierende Kreisdirektor von Spieß-Büllesheim. Von diesem ging die Burg an Eduard Knobel über, der wahrscheinlich 1801 geboren wurde. Er wird gewöhnlich in den Akten als „Engländer" bezeichnet. Noch 1850 nennt ihn eine standesamtliche Urkunde „Rentner aus London".

Knobel betrieb in der Umgebung von Lerbach auch etliche Eisenerzgruben, „Selma" im Schmalzgruber Busch und „Britannia" bei Knoppensiefen. Diese versorgten die „Britanniahütte" in Gronau mit dem nötigen Erz, kamen jedoch anfangs der fünfziger Jahre zum Erliegen.

1836 pachtete Knobel gemeinsam mit Ferdinand Wachendorff von Frau Julie Zanders die Schnabelsmühle auf zwölf Jahre. In einer notariellen Urkunde von 1838 gibt er sich selbst als „Rentner" aus.

Er heiratete die um vierzehn Jahre jüngere Amalie Dümmler, die ihm in den Jahren von 1839 bis 1850 in Lerbach sieben Kinder schenkte[396]).

Knobel muß offenbar ein sehr vermögender Mann gewesen sein. Wohl noch vor seiner Heirat ließ er die alte Wasserburg in klassizistischen Formen umbauen, wobei sie auch des hohen Turmdaches beraubt wurde. Nach dem Vorbilde englischer Herrensitze wurde im Innern „eine durch zwei Sockwerke durchgehende Halle mit breit herumlaufender auf kräftigen Konsolen ruhender Galerie eingebaut[397]).

Nun konnten im Hause, zumal Knobel die Gesellschaft sehr liebte, Empfänge und Feste veranstaltet werden. Doch das genügte dem lebensfrohen Burgherrn nicht. Im Jahre 1842 gründete er die Gesellschaft „Der Verein", dem vornehmlich die Bensberger Offiziere und Beamten und Gladbacher Fabrikanten beitraten, und am Scheid errichtete er ein zweistöckiges Kasinogebäude in Fachwerk, das nach dem Eingehen der Gesellschaft

---

[393]) Kaesmann erhielt sein Patent am 4. Mai 1744. — Guten Abend 1927, 16.
[394]) StA Düsseldorf, Jülich-Berg, V, 23.
[395]) Mülheim, S. 330.
[396]) Bei dem letzten Sohne Josef unterschrieb der damals den Unterlerbacher Hof bei der Burg bewirtschaftende Schöffe Wilhelm Heidkamp als Zeuge.
[397]) Clemen-Renard, Kunstdenkmäler des Kreises Mülheim, S. 76.

1849 von der Gemeinde Gladbach erworben, nach Sand übertragen und dort als Schule eingerichtet wurde.

Im Jahre 1850 ging Lerbach in den Besitz des preußischen Generalmajors a. D. Leopold von Niesewand über[398]). Er war geboren am 8. Februar 1793 in Guetz, katholisch und verheiratet mit Theresia Freiin von Negri-Zweibrüggen. Er nahm an den Befreiungskriegen teil und erwarb das Eiserne Kreuz II. Klasse von 1813. Um 1837 gehörte er dem Standort Köln an, war zuletzt Kommandeur der 14. Landwehr-Brigade in Düsseldorf und meldete sich am 30. November 1851 auf dem Bürgermeisteramt zu Gladbach an[399]). Am 26. Juli 1853 ließ der neue Burgherr, gemäß der Inschrift, das in gotischen Formen gehaltene Lerbacher Kreuz durch den Bildhauer J. Wolff in Köln errichten. Die eingemeißelten Worte „Herr, Dein Wille geschehe!" sollen nach der Volksüberlieferung daran erinnern, daß von Niesewands Tochter Maria gegen seinen Willen ins Kloster eintrat. An diesem Kreuz wurde früher der Segen gegeben, wenn die längst eingegangene „Kirschenprozession" von Gladbach, die beim Hinweg von Strundorf hinanzog, auf der Rückkehr an Lerbach vorbeikam. Als das Gut dann an die Familie Zanders überging, sollte das Kreuz nach Bonnschlade versetzt werden, jedoch ließ Frau Anna Zanders geb. von Siemens dies nicht zu, so daß es auf seinem Platz bis heute verblieb. Im Jahre 1857 schloß er sich mit dem Kommandeur des Bensberger Kadettenhauses Friedrich Sylvius Ferdinand von Malachowski und dem Pfarrer Dr. theol. Leopold Graf von Spee einem Komitee zur „Errichtung des französischen Kirchhofs" an, das auf eigene Kosten die Begräbnisstätte erwarb und für das Denkmal zur Verfügung stellte[400]).

Der alte Herr von Niesewand war beim Volke sehr beliebt. Noch heute erzählen die Leute in der Umgegend noch mancherlei von ihm. Wenn die Kinder von Bonnschlade ihm auf dem Schulweg nach Sand begegneten, grüßten sie: „Guten Morgen, Herr General!" Freundlich antwortete er: „Guten Morgen, meine lieben Kinder!"

Um 1865 verkaufte von Niesewand das Gut Lerbach an Levin Graf Wolff Metternich Er starb im 92. Lebensjahr am 12. September 1884 in Unkel. Sein Sohn Eduard von Niesewand, geboren am 28. Februar 1837 in Köln, leitete von 1868 bis 1907 als Landrat und Geheimer Regierungsrat die Geschicke des Kreises und späteren Landkreises Mülheim am Rhein.

Levinus Wilhelm Maria Hermann Hubert Graf Wolff Metternich wurde geboren am 26. Februar 1847 auf Schloß Vinsebeck in Westfalen als Sohn von Friedrich Graf Wolff Metternich und seiner Gemahlin Isabella Freiin von Romberg. Er trat in österreichische Militärdienste und schied nach der Teilnahme am Kriege 1866 als K. u. K. Oberleutnant a. D. aus. Am 19. September 1871 heiratete er zu Düsseldorf Theresia Auguste Maximiliana Bartholomea Appollonia Huberta Freiin von Vittinghoff gen. Schell zu Schellenberg (geboren am 24. August 1848 in Schellenberg). Der glücklichen Ehe entsprossen in Lerbach vier Kinder, darunter die Söhne Friedrich, geb. am 19. Juli 1873, (lebte später als Rittmeister a. D. in Fahr bei Neuwied), — und Max, geb. am 17. September 1874 (starb als Major a. D. am 1. März 1946 in Ginnenburg). Nach der Geburt der

---

[398]) Vgl. Gertner, Bensberg und sein Kadettenhaus, S. 22.
[399]) Stadtarchiv Bergisch Gladbach, Anmeldebuch.
[400]) A. Jux, Das K. K. Hauptarmeespital in Bensberg und der Kaiserliche Kirchhof, Wuppertal 1955, S. 45.

Tochter Maria Franziska (21. Januar 1888) erlag die Mutter am 29. Oktober 1888 in Lerbach einem Herzschlag und wurde in Sand zur letzten Ruhe gebettet. — Graf Levin ging eine zweite Ehe ein mit Sophia, verwitweten Freifrau von Fürstenberg (Heiligenhoven) geborenen Freiin von Broich (geboren am 26. Februar 1860 auf Haus Alsbach bei Engelskirchen). Sie erbte Alsbach und schenkte ihm, nachdem er seinen Wohnsitz auf Schloß Vinsebeck genommen hatte, noch einen Sohn, Wolfgang, geboren am 5. Oktober 1894, der noch heute als Schloßherr dort wohnt, und eine Tochter Maria Elisabeth. Graf Levin starb am 28. Dezember 1939 in Friedrichstein am Rhein, seine Gattin am 18. April 1946 dortselbst.

Levin Graf Wolff Metternich, dem auch die Mahlmühle in Oberlerbach gehörte, ebenso das Haus Scheid bei Heidkamp, nahm am gesellschaftlichen und kommunalpolitischen Leben der Stadt Bergisch Gladbach lebhaft Anteil. Er war von 1881 bis 1886 Stadtverordneter und von 1884 bis 1893 Beigeordneter. 1893 verkaufte er Lerbach an den Papierfabrikanten Richard Zanders, der mit Anna von Siemens, einer Tochter von Werner von Siemens, verheiratet war. Er ließ auf der Höhe gegenüber der alten Burg, wo ehedem der Hof Unterlerbach lag, durch den Architekten Professor Gabriel Seidl aus München ein großes neues Schloß mit wuchtigem Turm errichten und nach der Fertigstellung im Jahre 1900 die alte Wasserburg niederlegen. Er kaufte nach und nach um Lerbach herum alle Grundstücke auf, die irgend zu haben waren und brachte einen Besitz von rund 1476 Morgen zusammen. Da raffte ihn ein tragisches Geschick am 28. März 1906, wenige Monate vor der Einweihung des von ihm wesentlich geförderten neuen Rathauses, hinweg. Nun betreute seine Gattin das umfangreiche Gut allein. Sie war eine geistig hochstehende Frau, förderte insbesondere alle Bestrebungen der Kunst und Wissenschaft, Heimatpflege und Denkmalschutz, den sozialen Wohnungsbau und die Volksbildung. Sie starb am 27. Juli 1939 im 81. Lebensjahre.

Nun ging Lerbach an ihren Neffen Dr. phil. Hermann von Siemens über. Es diente im zweiten Weltkrieg als Waisenhaus der Stadt Köln. Nach dem Zusammenbruch im Jahre 1945 wurde das Schloß von den Besatzungstruppen beschlagnahmt und im Jahre 1949 zu einem Erholungsheim für belgische Offiziere eingerichtet. Im Jahre 1954 wieder freigegeben, übernahmen Theo Bollwahn Haus Lerbach in Pacht und gründete hier einen Hotel- und Kneip-Kur-Bade-Betrieb [400a]).

Die Oberlerbacher Mühle ist vermutlich erst kurz vor 1800 entstanden. Etwa ab 1796 wurde sie von Josef Kohlgrüber, dann von Johann Theodor Kohlgrüber betrieben, der um 1862 starb. Anschließend war bis zum Jahre 1877 Roland Tillmann Müller in Oberlerbach.

[400a]) (Dies Hotel-Sanatorium konnte sich trotz erfreulicher Inanspruchnahme und trotz zahlreicher Tagungen, die von Industrie-Verbänden, dem Landesverband der Volkshochschulen von Nordrhein-Westfalen und anderen Institutionen in diesem Hause wegen seiner guten Raumatmosphäre und der ruhigen Lage in einem weitflächigen Park durchgeführt wurden, nicht lange lebensfähig erhalten.
Als Nachfolge-Unternehmen eröffnete am 15. September 1961 die Vereinigung „Haus Lerbach für europäische Bildungs- und Öffentlichkeitsarbeit e. V." hier ihr Gustav-Stresemann-Institut. D. Hsg.)

Im Sommer des Jahres 1954 machte mich der belgische Kommandant von Schloß Lerbach auf einen im Park ganz beziehungslos liegenden Portalaufsatz aufmerksam, der mit einem eingehauenen Wappen versehen war. Es handelte sich um das Allianzwappen von Bourscheid und von Schaesberg, jedes Wappen für sich in ovalem Schilde, rechts und links von großen Löwen gehalten, über den Wappen eine Krone, deren Art nicht mehr sicher zu erkennen ist. An dem Wappen Bourscheid hängt der Hubertusorden[401]), an dem Wappen Schaesberg ein ovaler Orden mit einem froschartigen Gebilde oder auch vielleicht einem Vließ, der noch nicht gedeutet werden konnte. — Möglicherweise kam der Portalaufsatz durch die Beziehungen der Familie Leers nach Lerbach und fand an der alten Burg Verwendung, bis er nach deren Abbruch in den Park gelegt wurde.

IV. DIE BURG UND DAS RITTERGUT DOMBACH

Der Name Dombach haftet seit Jahrhunderten an drei Wohnplätzen im Stadtgebiet von Bergisch Gladbach, herrührend von dem Bächlein, das der oberen Strunde nach der Einmündung von Asselborn und Hombach noch von Süden her zufließt. Es sind dies Halfendombach, Häuserdombach und Altedombach, das früher auch Papierdombach genannt wurde. Im Namen selbst tragen sie alle ihre Geschichte verborgen mit sich.

Die Halfendombach ist der einst an einen Halfen, Halfmann oder Halbwinner verpachtete Wirtschaftshof der ehemaligen Burg Dombach, auf dem der ewige Bauer den zeitgebundenen Ritter überdauerte. Die Häuserdombach erinnert an eine Sippe Häuser oder Heuser, die früher hier saß und selbst ihren Namen von auswärts, nämlich von Hauserhof, einem Hof der Kommende Herrenstrunden bei Dürscheid, der jedoch noch zur Pfarre Sand gehörte, mitbrachte. Die Altedombach schließlich heißt so, weil hier ursprünglich jene erste Papiermühle des oberen Strundetals lag, die Wilhelm Aeßer (Esser) aus Bensberg nach den bergischen Kellnerei-Rechnungen im Jahre 1614 gründete, der dann viel später die Papiermühle an der oberen Dombach Strunde aufwärts folgte. Von einer Burg und einem Ritter zu Thumbach berichtet als erster Cäsarius von Heisterbach. Er erzählt, daß der letzte adlige Bewohner der Burg eine Tochter hinterließ, die infolge schlechter Erziehung sehr unmäßig und unverständig lebte und dadurch zum

---

[401]) Der Hubertusorden wurde 1444 von Herzog Gerhard V. von Jülich-Berg gestiftet. Das goldene Medaillon im Kreuz enthält die Legende des Hl. Hubertus bildlich dargestellt, ferner im goldbortierten roten Reife darum die weiße Ordensdevise: IN TREU VAST. Das Kreuz ist weiß, Funken, Strahlen, Borde, Kugeln, Krone sind golden. (Nach Gritzner, Handbuch der Ritter- u. Verdienstorden.) — Nach einer freundlichen Auskunft des Freiherrn von Redwitz, Chefs der Hof- u. Vermögensverwaltung des Kronprinzen Rupprecht von Bayern in Leutstetten ist ein großer Teil des Archivs des St. Hubertus-Ordens im Kriege den Bomben zum Opfer gefallen, der Rest noch nicht greifbar, so daß der Name des mit dem Orden Beliehenen noch nicht ermittelt werden konnte. Es könnte sich um den kurpfälzischen Stallmeister Damian Franz von Bourscheidt, Herrn zu Burgbrohl, handeln, der mit Isabella Gräfin von Schaesberg verheiratet und von 1703 bis 1716 Obriststallmeister der zweiten Gattin des Kurfürsten Johann Wilhelm II. v. d. Pfalz, Herzog v. Jülich-Berg, Anna Maria-Luise von Toscana war, 1716 auch zu ihrem Obristhofmarschall ernannt wurde. — Allerdings heiratete auch der Freiherr Heinrich Ludwig von Bourscheid im Jahre 1700 eine Elisabeth Godefrieda Freiin von Schaesberg.

Schrecken der umwohnenden Menschen wurde. Sie führte auch trotz ihrer Unterbringung in einem Kloster nach dem Tode der Eltern und ihrer Flucht in die Freiheit das wüste Leben auf der Burg fort und quälte Gesinde und Bauern, bis sie plötzlich starb. Da nahmen die aus der ganzen Umgebung zusammengelaufenen Hunde noch an ihrer Leiche schreckliche Rache [402].

Caesarius starb zwischen 1240 und 1250. Demnach müßte das Dombacher Rittergeschlecht, wenn man einen wahren Kern der aufgezeichneten Volkssage annehmen will, bereits spätestens im 12. Jahrhundert erloschen sein. Ob Pilgrim von Tumebach, der in einer Urkunde von 1349 als Zeuge erwähnt wird, ritterlichen Geblütes war, erscheint unwahrscheinlich.

Viel später erst taucht das Rittergut Dombach als Besitz des Geschlechtes von Kessel auf. Als Inhaber des landtagsfähigen Sitzes in dem Botenamt und der Pfarre Herkenrath wird für die Jahre 1497, 1503 und 1523 Wetzel Kessel, Kellner zu Bensberg genannt [403]),

Rittergut Dombach und Halfen-Dombach

1551 ist es Johann Kessel der Kellner zu Bensberg. Er war 1563 bereits verstorben; denn Godart Kessel, offenbar ein Sohn, empfing am 27. April dieses Jahres auf dem Waldgeding der Strunder Gemark zu Iddelsfeld „eine Viertel Gewalt, genannt Rosenbaum, aus der Gewalt von dem Vesten Johann Kessel, selig verlaessen" [404]). Sein Sohn, der

---

[402]) Vgl. Montanus, Vorzeit (1837) I, S. 109 ff., Die eitle Vettel von Thumbach. — In der Ausgabe von 1870, I, S. 202 gekürzt unter der Überschrift „Die Hunde auf Thumbach. — Otto Schell, Bergische Sagen, 2. Aufl. 1922, S. 253: „Die wilden Hunde auf Thumbach".

[403]) Wetzel Kessel, Kellner zu Bensberg, lädt am 8. Juli 1520 den Kanzler Wilhelm von Lüninck zur Hochzeit seines Neffen Kirstgen, Vogtes zu Mülheim, für den nächsten Sonntag nach vincula Petri ein (Anschrift: „mynen besunders günstigen vrunde"). Düsseldorfer Jahrbuch 45, S. 167.

[404]) Zuccalmaglio, Mülheim, S. 392.

Junker Heinrich Kessel zu Bensberg, scheint Dombach übernommen zu haben. Er erschien am 17. Dezember 1584 in seiner Eigenschaft als Kellner vor dem Bachgeding zu Iddelsfeld „wegen ihrer Liebden Gevell (Gefälle) und Schütz am Schloderdeich"[405]), während Goddert Kessel in Mülheim schon 1578 als Strunder Bach- und Waldschultheiß des Johann Quadt zu Buschfeld auftritt. Im Lagerbuch der Pfarrkirche St. Laurentius zu Gladbach vom Jahre 1595 ist von Gütern die Rede, „so Junker Heinrich Kessel zu Bensbur jetzundo in henden hat". Noch ein dritter Bruder wird uns aus den Protokollen des Hofgerichts im Fronhof zu Gladbach für diese Zeit bekannt. Am 8. Februar 1616 ließen sich Wilhelm Kessel in Bensberg und seine Frau Maria von Loe für ihren Bruder Godhard mit dem vom Vater ererbten Gut Varzenberg belehnen.

1660 und 1663 wird der „Junker Kessels Busch" genannt[406]) und selbst noch am 29. Mai 1675 traut der Pfarrer in Sand den Hofpächter (Villicus) Everhard Roß in „Kesselsdombach" mit der Sibilla von der Spitze[407]). So lange hatte sich der alte Besitzername für Dombach noch erhalten, obwohl bereits im Jahre 1589 ein „Schinkernscher Halfmann" auf dem Wirtschaftshofe saß, der daran erinnert werden mußte, daß der Hof Dombach nach der Gronauer Mühle zwangsmahlpflichtig war[408]). Schon 1539 wurde Roland von Waldenburg genannt Schenkern mit den anderen Rittern aus dem Amt Porz beim Regierungsantritt Wilhelms IV. zur Huldigung nach Düsseldorf beschieden[409]). Ob er für Dombach auftrat, konnte nicht ermittelt werden.

Am 22. Februar 1627 verpachtete Wilhelm Freiherr von Waldenburg gen. Schenkeren, Herr zu Heiligenhoven bei Lindlar und bergischer Marschall, den freiadligen Hof Dombach an die Eheleute Johann und Christine Cortz gegen eine jährliche Abgabe von 40 Reichstalern, drei fetten Schweinen, zweihundert Eiern, vier Hühnern, je einem Neujahrs- und Osterweck, zwei Maltern Äpfeln und zudem verschiedenen Dienstleistungen[410]). Diese adlige Familie blieb nun ununterbrochen im Besitze von Dombach. Es können noch angegeben werden Johann Schweickart Freiherr von Waldenburg gen. Sch., sein Sohn Lothar Karl Friedrich und Enkel Karl Josef, der am 16. September 1735 für Dombach in Düsseldorf aufgeschworen wurde[411]). Wohl unter ihm wird für Dombach der Pächter Thonnes genannt, der nach dem Hebbuch des Botenamtes Herkenrath von 1758 40 Morgen Land, 3 Morgen Garten, 4 Morgen Wiesen und 100 Morgen Büsche bewirtschaftete. Der Letzte des Geschlechtes war Karl Friedrich von Waldenburg gen. Schenkeren zu Osterspey. Sein Halfmann in Dombach war Wilhelm Odenthal, der älteste Sohn des Igeler Kommende-Halfmanns Matthias Odenthal. Wilhelm heiratete am 2. Juli 1735 in Herkenrath die Witwe Katharina, Hofbäuerin in „Thumbach", die eine Tochter des Erbpächters Peter Pfingst (Vings oder Vinsch genannt) auf dem Hebborner Hofe war. — Maria Margareta, Wilhelms Tochter, heiratete Ende Februar 1759 in Herkenrath den Jakob Herkenrath aus Oberlerbach.

---

[405]) a.a.O. S. 390.
[406]) Vgl. Ruhmreiche Berge 1934, 12.
[407]) Kirchenbuch Sand. — Vgl. F. Schmitz, Papiermühlen, S. 42, Anm. 2.
[408]) Ruhmreiche Berge 1941, 1.
[409]) StA Düsseldorf, Jülich-Berg II, 2378.
[410]) F. Schmitz, Zur Geschichte des Rittersitzes Dombach in: Ruhmreiche Berge 1941, 2.
[411]) Vgl. Fahne, Denkmale und Ahnentafeln, S. 156.

Der Pächter Wilhelm Odenthal erhob im Jahre 1762 namens seiner Herrschaft Einspruch dagegen, daß für die geplante Pulvermühle am Schiff „ein Weg über die Zubehörungen des Rittersitzes Dombach" genommen würde [412]).

1773 erscheint Jakob Herkenrath als Halbwinner der Halfendombach. Er erklärte bei einer Verhandlung über die Bachgerechtsame vor dem Oberschultheißen Daniels zu Bensberg am 19. Mai des genannten Jahres, daß er den Rittersitz mit allen Freiheiten, Praerogativen und Gerechtsamen vom Freiherrn von Waldenburg gen. Schenkeren gepachtet habe. Dazu gehöre seit mehreren hundert Jahren der Genuß des durch den rittersitz-

Hof Halfendombach

lichen Grund fließenden Strunder Baches und „die daraus ohnzielbar hernehmende Bewäßerung deren dabei gelegenen Wiesen". Diese Wiesen seien schmal und abhängig gegen den Bach gelegen, so daß das ausgezogene Wasser von selbst gegen den Bach zurückfließe und nicht gehemmt werde. Da also das landesherrliche Regal nicht behindert werde, wolle er verhoffen, auch das uralte Gerechtsam der Dombach nicht zu kränken. Gegen alle Neuerungen und Eingriffe müsse er protestieren, zumal ohne Vorwissen seiner Herrschaft. Es handele sich nur um eine Wiese längs dem Bach, wozu er nur bei Flut das Wasser benutze. Daselbst sei nunmehr vor einigen Jahren von Wecus (dem Besitzer der Pulvermühle am Schiff) ein Schütz gesetzt worden, wodurch der Bach bei Flut gesperrt

---

[412]) StA Düsseldorf, Herrenstrunden Membrum 31.

und das Wasser auf die Wiese geführt werde, ohne daß er Tag und Stunde seiner Wiesengerechtigkeit bestimmen könnte. — Darauf gab der Pächter Wiesdorf als ehemaligen Pächter der Kameral-Gräfenmühle (in Dellbrück) an, das Gerechtsam der Dombacher Wiese bestünde nur darin, daß in den Wassergraben daselbst ein Grundholz eingelegt werden müsse, das für gewöhnlich zwei Zoll über den Wasserlauf rage. Bei Fluten dürfe sodann das über das Grundholz ansteigende Wasser für die Wiese genutzt werden [413]).
Bei der Besichtigung des Oberbaches am 9. August 1785 wurde durch die Bachkommission festgestellt, daß der Halbwinner Jakob Herkenrath die Vorschrift nicht beachtete und das Wasser auch bei gemeinem Stand in seine Wiese leitete. Da wurde ihm eine Strafe von 5 Reichstaler angedroht, wenn er das nicht unterlasse [414]). Im Jahre 1775 entspann sich ein Jagdstreit zwischen den Rittersitzen Dombach und Hombach einerseits und dem Rittersitz Lerbach anderseits. Der Inhaber Lerbachs, Johann Adam von Herrestorf, hatte die Jagd auf den Feldern und in den Waldungen, die zu Dombach und Hombach gehörten, ausgeübt, und das war dem Freiherrn P. von Waldenburg gen. Schenckeren auf Burg Liebeneck bei Osterspey als dem Eigentümer mitgeteilt worden. Dieser sandte am 7. Oktober nun folgenden Brief nach Lerbach:

> „Hochwürdiger, sonders hochgeehrtester Herr! Mir ist berichtet worden, daß Ew. Hochwürden die zu meinen beiden zu Landtägen beschrieben werdenden Rittersitzen Hombach und Dombach gehörigen Jagddistricten nicht nur, sondern sogar meine eigene zu diesen Rittersitzen gehörigen Busch- und Feldern gegen alle Gerechtigkeit bejagen zu wollen, sich werktätig habe beigehen lassen.
> Mit den Besitzern des Hauses Lyrbach haben weder ich noch meine Voreltern jemahlen einige Streitigkeit gehabt, und die ersteren haben sich nicht beigehen lassen, ihre ohnehin ahnsehnliche Jagd außer den Limiten zu extendiren. Es ist daher besonders von einem Geistlichen keine schöne Denkungsart, sich mit demjenigen, was ihme ohnehin das Glück zufälligerweise zugewendet, nicht begnügen zu lassen.
> Sofern Hochdieselben also bald von dieser widrigen und ohngerechten Unternehmung nicht abstehen werden, so bin gemüßiget, meine hiesigen Jäger hinunterzusenden, und Ew. Hochwürden, wie auch sonstige Consorten werden alsdann das weitere zu gewarten haben. Ich versichere aber, daß gedachte meine Jäger gutes Pulver und Blei mitbringen sollen, wornach Hochdieselbe die gemessenen Mesures zu nehmen wollen. Ich liebe zwar dergleichen Tätlichkeiten nicht, allein ein jeder ist dieses sich selbsten schuldig, daß dasjenige, wie solches von uralten Zeiten hergebracht, beibehalten werde.
> Auf dem Rittersitz Dombach beruhet die alte Limiten-Beschreibung meiner Jagdgerechtigkeit, wovon Ew. Hochwürden allenfalls eine Copiam erhalten können. — Ich bin Ew. Hochwürden dienstwilliger P. von Waldenburg gen Schenckeren."

Demgegenüber behauptete von Herrestorf in einer Beschwerde an den Kurfürsten in Düsseldorf, die Besitzer von Lerbach hätten seit jeher um und auf den Äckern von Hombach und Dombach gejagt. Die Limiten wiesen sein Recht aus. Niemand in der Nachbarschaft könne sich erinnern, daß die Häuser Hom- und Dombach je gejagt hätten. „Dem allen ungeachtet hat der Freiherr von Waldenburg gen. Schenckeren sich neulich einfallen lassen, mir die Jagd auf den Dom- und Hombacher Äckern und Büschen zu disputiren und mit Tätlichkeiten bedroht." Er bat um Abhilfe.
Daraufhin untersagte die Hofkammer in Düsseldorf am 22. September jegliche Tätlichkeiten. Doch der Streit ging weiter. Der Lerbacher ließ sich am 15. November durch den

---

[413]) Stadtarchiv Bergisch Gladbach, A 175.
[414]) ebd. A 177.

Amtsjäger J. Peter Kaesmann in Bensberg die „unstreitigen Limiten", welche er 15 Jahre „ohngestörten bejagt habe", schriftlich bestätigen:

> „Erstlich vom Gronenwalder Schlagbaum, wo der Wildpfahl stehet, von da auf den Herkenrather Kirchturn bis an Herrenstrunden an die Bach, von da dem Strunderbach nach bis auf die Strung an das Hilgenstöckelgen, von da bis auf Nittenhoffer Schorrenstein, und von da die Milchbottenbach herauf nach bis an den Wildpfahl, der in der Neuenhäuser Wiese stehet, von diesem herauf bis auf das Vosluher Backhaus, von da herauf bis an die Vollbach, wo auch ein Wildpfahl stehet, und von der Vollbach bis auf den vorbenannten Gronenwalder Schlagbaum, wo der Wildpfahl stehet."

Nun brachte im Verlaufe des Streites auch der Freiherr von Waldenburg eine Reihe von Zeugen für sein Recht bei: Johann Wilhelm Malmede in Mülheim, der vor fünfzig Jahren etwa fünf bis sechs Jahre Jäger beim Freiherrn von Leers auf Lerbach gewesen war, bescheinigte am 2. Mai 1776 die zum Rittersitz Dohmbach gehörige Jagd:

> „von der Dohmbach auf den Sander Schlagbaum, die Straß hinauf an das Herkenrather Breite oder Hohmbacher Mirgelsfeld und weiter auf den Braunßberg bis nacher Broichhausen, von Broichhausen auf Keller oder Bonnenkallen, weiters auf Spitzer Heiligenhäußgen bis auf die Strungbach und so weiter bis auf die Dohmbach." [415]

Bereits im Jahre 1769 hatte der Freiherr von Waldenburg gen. Schenckeren das Rittergut Unterheiligenhoven verkauft. Es ist anzunehmen, daß er noch vor 1784 auch den Rittersitz Dombach an den Freiherrn Ludwig Franz von Calckum gen. Lohausen veräußerte; denn dieser wurde am 2. Dezember 1784 zu Düsseldorf für Dombach aufgeschworen [416]. Später erscheint der frühere Pächter Jakob Herkenrath als Eigentümer der Halfendombach. Damals umfaßte das Rittergut zweihundert Morgen Grundfläche [417].

Im April 1794 richteten Jakob Herkenrath als Besitzer des Rittersitzes Dombach und Peter Büchel als Pächter des Rittersitzes Zeiffelstrunden eine „untertänigste Beschwerführung über die uns wider den Hauptreceß abgenötigte Beifuhren zum Bensberger Hospital" an den Kurfürsten in Düsseldorf. Sie schrieben:

> „Durchlauchtigster! Bisher haben Ewer Churfürstliche Durchlaucht den in hiesigen Landen gelegenen Rittersitzen die hauptreceßmäßige Freiheit von Dienstfuhren und Einquartirungen angedeihen lassen und nur im äußersten Notfalle dieselbe zur Mitteilnahme an diesen Landesbeschwerden aufgefordert. — Wir weigerten uns auch bisher hierin nicht, unter anderem, als vorig Jahr sämbtliche im Amt Portz gelegenen Rittersitze zu Abfuhrung der Fourage nach den Niederlanden Vorspann leiten mußten.
> Seit einiger Zeit werden wir aber öfters unter Strafgebotten zur Beifuhr der Requisitionen in das Hospital zu Bensberg aufgefordert. Diese sind aber bei weitem nicht so stark, daß daraus ein solcher Notfall gemacht werden und wir unserer verfassungsmäßigen Freiheit beraubt werden könnten.
> Wir bitten daher Höchstdieselben gnädigst geruhen, den Beamten zu befehlen, daß man uns im Genusse der ritterlichen Freiheit ungestört belassen und mit Aufforderung des Vorspanns zum Bensberger Hospital verschonen solle."

Daraufhin wurden die Beamten in Porz am 30. April 1794 von Düsseldorf aus angewiesen, „der Vorschrift nach zu reflektiren" [418].

---

[415] Historisches Archiv der Stadt Köln, Originalakten im Nachlaß Hillmann.
[416] Vgl. Fahne a.a.O. S. 81. — Zuccalmaglio, Mülheim, S. 330.
[417] a.a.O. — Die Annahme von Ferdinand Schmitz, Dombach habe zur Johanniterkommende Herrenstrunden gehört und wäre infolgedessen nach der Beschlagnahme der Ordensgüter auch staatliche Domäne geworden, trifft nicht zu.
[418] Historisches Archiv der Stadt Köln, Nachlaß Hillmann.

Jakob Herkenrath vererbte das Gut an seinen Sohn Urban, der mit Sophia Weber verheiratet war. Nach dessen frühem Tode heiratete die Witwe den Peter Kaesbach, der offenbar nicht recht zu wirtschaften verstand, möglicherweise auch selbst der beste Kunde der im Hofe betriebenen Brennerei war. Es kam soweit, daß die Eheleute einen ansehnlichen Teil des Grundbesitzes, nämlich 7 Morgen Wiesen, 6 Morgen Ackerland und 31 Morgen Büsche an Gerhard Neu in Hombach verkauften, um den Rest halten zu können. Doch auch das gelang ihnen nicht. Sie hatten wahrscheinlich auch Gelder aus dem Bergischen Schuldfonds als Hypothek aufgenommen. Als sie nun mit den Zinsen im Rückstande blieben, ließ die Regierung in Köln den Rittersitz Dombach am 5. November 1825 im Zwangsverfahren durch den Domänen-Rentmeister Kobell in Bensberg öffentlich nach vorheriger Ankündigung im Amtsblatt versteigern. Es wurde ein Mindestgebot von 2150 Talern verlangt; dem Meistbietenden sollte der Hof zugeschlagen werden.

Zu dieser Zeit umfaßte der vormalige Rittersitz noch folgende Teile:

1. Das „herrschaftliche Haus". Es war massiv in Stein gebaut und mit Dachziegeln gedeckt. In den beiden Geschossen befanden sich im ganzen fünf Zimmer. Die in Lehmfachwerk angebauten Rindvieh- und Schweineställe waren ebenfalls mit Ziegeln gedeckt. Seitlich stand die Scheune mit eingebautem Pferdestall, doch mit Strohdach, etwas entfernt auch das Backhaus. Diese Gebäude hatte bisher die Witwe Weber, vermutlich die Mutter der Frau Sophia, benutzt. Demnach gab es zwei getrennte Betriebe in Dombach.

2. Das „Halfenshaus", das immer noch den alten Namen trug. Hier wohnten die Eheleute Kaesbach. Das Haus war mit allen Nebenbauten in Lehmfachwerk gehalten, mit Stroh gedeckt, und es hatte zwei Eingänge, von denen der eine zur Wohnung, der andere zur ehemaligen Brennerei führte. Diese war nun auch zu einer Wohnung umgewandelt worden, wohl für einen verheirateten Knecht. Das Erdgeschoß zählte drei, das obere Stockwerk fünf Zimmer. Angebaut waren die Rindviehställe; sie boten Platz für 14 Stück Vieh, — ferner die Futterei und der Pferdestall. Etwas seitwärts standen die Scheune mit angebautem Schuppen und die Schweineställe.

3. Der Hofraum mit den Gebäuden maß 1 1/2 kölnische Morgen.

4. Der Garten bestand aus drei Teilen, insgesamt zwei Morgen.

5. Drei Wiesen, zwei am Hause, die dritte längs der Strunde zwischen eigenen Büschen und solchen des Igeler und des Sander Hofes, insgesamt ungefähr 22 1/2 Morgen.

6. Vier Stücke Ackerland; das erste am Baumgarten, dann das Kleyfeldgen, das Käfferfeld und das Porzerfeld, wohl zunächst der ehemaligen Burgpforte gelegen, im ganzen 41 1/2 Morgen.

7. Die Büsche lagen auf dem Dombacher Berg, auf dem Gleichen und der darin befindlichen Raffendelle, auf dem Steinberg, auf dem Hasenacker und dem Rohmböhmche, zusammen 89 Morgen.

Der gesamte Grundbesitz betrug demnach zu dieser Zeit 155 Morgen. Das Gut war für das Jahr 1825 mit einer Grundsteuer von 37 Taler 8 Silbergroschen und 7 Pfennigen angeschlagen [419]).

---

[419]) Bekanntmachung des Friedensrichters Schoeler in Bensberg vom 25. Juli 1825 im Amtsblatt der Regierung Köln.

DIE ADLIGEN GÜTER LÜCKERATH UND NEUBORN

Lückerath ist heute aufgeteilt in die Ortschaft Lückerath und Oberlückerath. Diese gehört zur Stadtgemeinde Bensberg, jene zu Bergisch Gladbach. Beide sind in ihrem Grundbesitz maßlos zersplittert. Es kann jedoch keinem Zweifel unterliegen, daß dieser ursprünglich in einem einzigen großen Gute zusammengefaßt war. In dem so behäbig anmutenden großen Fachwerkhaus mit dem tiefgezogenen Dach in Oberlückerath, dem einstigen Lückerather Hof, darf man wohl die Urzelle erblicken. Aber inmitten neuer Siedlungshäuser hat auch ihm schon die letzte Stunde geschlagen, womit wiederum eine tausendjährige Tradition für die Heimat endgültig untergegangen ist.

Was der Name Lückerath bedeutet, ist völlig unklar. Ferdinand Schmitz erklärt ihn als „Rodung auf der Lücke" einem eingeteilten und eingekoppelten Stück Land. Viel eher ist jedoch in dem Bestimmungswort ein alter Personenname zu vermuten, vielleicht ein verkümmertes Ludovikus.

Über die Frühgeschichte Lückeraths ist nichts bekannt. Zweifellos reicht die Siedlung in die Zeit der fränkischen Rodungen zurück. Um 1487 muß das Gut in adligen Händen gewesen sein. Es war nämlich anfangs im Entwurf der herzoglichen Auftragung zwar mit fünf Gulden geschätzt, blieb dann aber tatsächlich von der Schatzung frei [420]).

Schon 1556 wird Engel als Inhaber des Gutes zu Lückerath genannt [421]). Er war mit Katharina, der Tochter des David von Zweiffel, vermählt, also wohl auch selber ritterlichen Geblütes. Am 22. März 1560 tritt Engelbrecht zu Lückerath als Schultheiß des Lehngerichts zu Hungsseiffen in Bensberg auf, das dem Severin-Stift in Köln gehörte [422]). Demnach galt er auch als angesehener, begüterter und rechtskundiger Mann. Auf dem Waldgeding der Strunder Gemark empfing Engel zu Lückerath am 27. April 1563 2½ Gewalten (der Holznutzung) zu Lehen, die ihm sein Schwiegervater David von Zweiffel hinterlassen hatte. Im Protokoll wird er mit obenan unter den „angezüchte vam Adell" aufgeführt [423]). Seine Tochter vermählte sich mit Peter zum Weyer in Bensberg und brachte ihm das Lehngut Bröchen zu [424]).

Das Gut Lückerath war seit jeher an den Lehnhof zu Immekeppel, dessen Inhaber das Kloster Mehr war, lehnrührig [425]). Wie es in die Abhängigkeit gekommen war, ließ sich nicht ermitteln. Im alten Lehnhof zu Immekeppel hatte auch Engel das Gut zu Lehen empfangen und wird im Weistum dieses Gerichts mehrfach genannt. Im Jahre 1563 erscheint er unter den „ernfesten", also den adligen Mitgliedern einer Kommission des Immekeppeler Gerichts [426]). — Engel ist vor 1586 gestorben. Am 3. Februar dieses Jahres erschien seine Witwe Katharina von Zweiffel vor den Scheffen des Hofgerichts am Fronhof zu Gladbach und zeigte an, daß Gerhard Kock (Kockes Girtgen) ihr vier Morgen Land verkauft habe, die in Heidkamp, und zwar an ihrem Hof lagen [427]).

---

[420]) Lülsdorf, S. 123.
[421]) Ruhmreiche Berge 1932, 2.
[422]) Guten Abend 1928, 22.
[423]) Zuccalmaglio, Mülheim, S. 391 f.
[424]) Ruhmreiche Berge 1928, 23.
[425]) Vgl. F. Schmitz, Immekeppel, in: Ruhmreiche Berge 1937, 2.
[426]) Lülsdorf, S. 123.
[427]) Stadtarchiv Bergisch Gladbach, Hofgerichtsprotokolle.

In den Jahren 1584 und 1595 wird ein Peter zu Lückerath genannt [428]). Er empfängt am 5. Mai 1586 einen Teil des Kellers am Weinbochell, ebenso als Stelzer (Stellvertreter) einen Teil für seine Schwester [429]). Ob er ein Sohn Engels war, scheint nicht sicher. Am 25. April empfängt der „ernvest und wolfuhrnemer" Henrich zu Bechhausen zu Immekeppel „seiner Hausfrauen angeerbte Erbgüter zu Lüggerath". Dieser Heinrich, vermutlich Heinrich von Katterbach, Herr zu Bechhausen, ist wahrscheinlich ein Schwiegersohn des Engel von Lückerath.

In demselben Jahre treten die Eheleute Arnold Soter und Gertrud zu Lückerath auf. Sie sind offenbar wohlhabende Leute, die Frau vielleicht auch eine Tochter Engels. Sie kaufen am 22. August von der Kirche zu Gladbach 4¼ Morgen Busch am Kirchenberg bei Bonnschlade, 1598 auch das Kirchengütchen zu Greuel, ebenso einen Busch dortselbst von Johann Soter zu Greuel, ferner von diesem 1605 noch einen Morgen und 1608 wiederum sechs Morgen Busch [430]).

In der Zeit von 1600 bis 1616 wird Johann Quirl, Halfmann zu Lückerath, mit seiner Frau Grietgen genannt. Er war Scheffe des Lehngerichts im Gladbacher Fronhof. Freilich kann seine Lehnrührigkeit nicht das Gut Engels, auf dem er ja nur Pächter war, betreffen, sondern anderen, ihm gehörigen Grundbesitz. Er verzog um 1616 nach Sand. Zu dieser Zeit taucht nun wieder ein Engel zu Lückerath auf, in dem man wohl einen Enkel des obengenannten vermuten darf. Am 22. August 1616 wurde er vor den Scheffen des Fronhofs zu Gladbach mit dem von den Eltern hinterlassenen Kuckucksgut in Heidkamp belehnt.

Nachrichten über adlige Bewohner von Lückerath oder adlige Besitzer des Gutes bleiben für die Folge aus. Unerfindlich ist es geblieben, worauf Vinzenz von Zuccalmaglio sich stützt, wenn er 1845 schreibt: „Die Edelhöfe Lückerath und Neuenborn in Gladbach, einst denen von Kessel, Stammheim und Reuschenberg zugehörig, sind länger schon zersplissen" [431]).

Für Lückerath taucht dann um die Mitte des 17. Jahrhunderts das nahebei liegende feste Haus Neuborn oder Neuenborn auf, das offenbar, worauf wohl auch das Bestimmungswort hinweist, vor 1650 entstanden ist. Es war eine kleine quadratische Wasserburg, auf einer Insel mitten im Weiher gelegen. Als frühester Besitzer erscheint der Hofschultheiß des Lehngerichts Hundseifen zu Bensberg, Peter Melchior von Lutringhausen, Oberst und Befehlshaber eines Kaiserlichen Kürassier-Regiments, der am 9. Mai 1685 starb [432]). Zu seiner Zeit dürfte wohl jener Gerhard Kock, der für 1686 genannt wurde, in Neuborn gewohnt haben.

Wahrscheinlich überließ der Oberst das Haus dann wenigstens zeitweise seiner Schwester Margareta und ihrem Gatten, dem Kapitän Hermann de Coxie, als Wohnsitz. Dieser war Hauptmann der Landesschützen im Oberquartier Berg und ordnete schon 1641 ihre Gliederung in der Herrschaft Odenthal [432a]). Ihn trug der Pfarrer Hen-

---
[428]) Ruhmreiche Berge 1932, 2.
[429]) Stadtarchiv Bergisch Gladbach, Hofgerichtsprotokolle.
[430]) ebd. a.a.O.
[431]) Mülheim, S. 330.
[432]) siehe oben unter „Lerbach".
[432a]) Wolff Metternich. Arch. V¹ II 2².

ning Niemann zu Gladbach als ersten in das Buch der 1650 errichteten Bruderschaft „Jesus Maria und Joseph" ein, offenbar als den vornehmsten Mann der ganzen Pfarre. Dort steht er verzeichnet als „D(ominus) Hermannus de Coxie, Fürstl. pfaltz Newburgischer und wohl bestelter Landhauptman im oberquartier fürstenthumb Berg et commendant deß fürstl. Hauß bensberg"[433]). Er unterschrieb 1657 Schriftstücke in Köln, 1658 in Mülheim und am 12. August 1658 in Newborn[434]).

Die Ehegattin de Coxie stiftete der Kirche zu Gladbach einen wertvollen Kelch mit folgender Inschrift: „In Honorem BMV et ad eius Altare in Templo St. Laurent: hunc Calicem Honestissima Matrona Margareta Lutterkaus Uxor Capitanii (!) Hermanni de Coxie Dono Dedit"[435]).

Über die Herkunft der Familie de Coxie ist nichts Sicheres bekannt. Es ist möglich, daß der Name ursprünglich Koch lautete und der Zeitströmung gemäß latinisiert (romanisiert) wurde; näher liegt jedoch die Annahme, daß die Familie vom Niederrhein oder aus den Niederlanden stammte, wo die Cox (Genetiv von Koch) vorkommen. Auch ist das de dann nicht dem deutschen „von" gleichzusetzen, sondern dem schlichten „der", mundartlich „de", so daß „de Coxie" = „der Koch" zu deuten wäre[436]).

In Neuborn folgte dem Ehepaar Hermann de Coxie der Sohn Johann Degenhard de Coxie. Vermutlich wohnte er nach seiner Heirat bei den Eltern. Er wird in einem Einwohnerverzeichnis der Pfarre Gladbach vom Jahre 1700 genannt „Herr Coxei auffem Newenborn" und war verheiratet mit Ester Gertrud von Edelkirchen, die am 25. Januar 1650 in Halver als Tochter reformierter Eltern geboren wurde. Sie war in erster Ehe mit einem Bruder des fürstlich-bergischen Oberjägers Gerhard Pelßer (Pelzer) in Bensberg verheiratet und erscheint bereits in einer Urkunde vom 12. Mai 1679 als Witwe. Offenbar war sie bei der Heirat katholisch geworden.

Johann Degenhard Coxie vertrat im Jahre 1682 am Lehngericht zu Hungseiffen bei Bensberg nach den Angaben des Protokollbuchs den Schultheißen Obersten Peter Melchior von Lüttringhausen, der mit den Gütern Steinhaus und Kirschbaum belehnt war. 1685 handelt er vor Gericht als Bevollmächtigter der Erben des inzwischen verstorbenen Schultheißen. Johann Degenhard blieb dann weiterhin Geschworener wegen seines Gutes Oberhausen. In dieser Stellung folgte ihm nach seinem Tode sein Schwiegersohn Konrad Herkenrath zu Weier[437]).

Johann Degenhard starb auf Haus Neuborn am 2. Januar 1710, seine Gattin am 19. März 1726 ebendort, wie das Gladbacher Kirchenbuch bezeugt. Da es leider erst mit dem Jahre 1700 beginnt, sind für die frühere Zeit keine sicheren Festellungen mehr möglich.

---

[433]) Pfarr-Amt St. Laurentius Bergisch Gladbach.
[434]) Archiv von Weichs, Akten 177.
[435]) Zur Ehre der seligen Jungfrau Maria und für ihren Altar in der Kirche St. Laurentius gab diesen Kelch als Geschenk die hochehrbare Frau Margareta Lutterkaus, Gattin des Kapitän Hermann de Coxie.
[436]) Vgl. de Caluwe = der Kahle, de Witt = der Weiße usw. — 1676 ist eine Elisabeth Coxie die Gattin des Herkenrather Ludimagisters (Schulmeisters) Norbert Moriconi, 1679 eine Anna Coxie Gattin des Schmieds Johann Herweg in Bensberg (Guten Abend 1928, 23).
[437]) Ruhmreiche Berge 1928, 23.

Johann Degenhard de Coxie hinterließ eine Tochter Christina Juliana, die am 17. Mai 1717 in der Kirche zu Gladbach dem bergischen Landleutnant Johann Henrich von Heumar angetraut wurde. Er wurde als Sohn des Andreas von Heumar zu Markelsbach und seiner Gattin Elisabeth von Katterbach am 25. August 1696 auf dem Burghaus Steinhaus bei Much geboren. Der „Herr Lieutenant uffm Newen Bohrn" kaufte 1725 von den Miterben das Gut Oberhausen. Er wird in einem Verzeichnis der Haushaltsvorsteher in der Pfarre Gladbach vom Jahre 1730 aufgeführt. In diesem Jahre wurde ihm am 26. März eine Tochter Maria Katharina Gertrud von Heumar getauft, die später durch ihre Ehe mit Matthias Josef Mambau und ihre Tochter Juliana zur Großmutter des bergischen Helden Ferdinand Stucker (Ritter vom Weyerhof) geworden ist. — Johann Henrich von Heumar ist am 6. Januar 1747 in Neuborn gestorben; der Todestag seiner Gattin konnte noch nicht festgestellt werden; sie ist offenbar von Neuborn verzogen.

Rittergut Neuborn

Seitdem ist das Burghaus zu Neuborn wahrscheinlich nicht mehr bewohnt worden und allmählich zerfallen. Es besteht auch die Möglichkeit, daß es einer Feuersbrunst zum Opfer gefallen ist. Jedenfalls erwarb der Junggeselle Georg Unterbörsch (Unterbusch) aus der Pfarre Herkenrath das Gut Neuborn und errichtete im August 1750, wie die nur teilweise erhaltene Inschrift über dem Türsturz meldet, auf dem Burggelände nahe der Ruine ein neues Wohnhaus in Fachwerk. Er betrieb hier Landwirtschaft, war aber vor 1759 wohl schon gestorben; denn im Hebbuch des Botenamtes Gladbach stehen nur die „Erbgenahmen Unterborsch zu Newborn" verzeichnet. Sie hatten 15 Morgen Ackerland, 1 Morgen Garten, 2 Morgen Wiesen, 40 Morgen Büsche und 3 Morgen Weiher, insgesamt 61 Morgen, also einen für die örtlichen Verhältnisse ziemlich beträchtlichen Besitz. Neuborn ging an den Neffen Georgs, Ferdinand Unterbusch, über, der am 8. Februar 1784 in Sand die Anna Gertrud Odenthal, Tochter des Halbwinners Urban Odenthal auf dem Igeler Hofe, heiratete. Ferdinand wird auch in dem amtlichen Einwohnerverzeichnis vom Jahre 1809 als Besitzer von Neuborn genannt. Seine Gattin starb im Oktober 1811, er selbst im April 1834 mit 78 Jahren. Sie hinterließen das Gut Neuborn den Söhnen Franz Wilhelm, der im Juni 1821 die Anna Elisabeth Siegen, eine Tochter des Fronhalfen zu Gladbach, ehelichte, und Heinrich, der ledig blieb. Franz Wilhelm war als „lustiger Vogel" weit und breit bekannt. Er starb am 5. August 1852, seine Gattin am 11. Mai 1867.

Nun folgte ihr Sohn Ferdinand, vermählt mit Maria Magdalena Hamm aus Mittelauel. Inzwischen war nahebei die Zinkhütte gegründet worden, die mit ihren giftigen Dämpfen jeden Ackerbau in der Umgebung unmöglich machte. Es kam zu einem Prozeß, und im Jahre 1873 wurde das ganze Anwesen zu Neuborn an die Zinkhütten-Gesellschaft verkauft. Die Familie Unterbusch fand eine neue Heimat in Moitzfeld. Der Familienüberlieferung nach standen Reste des alten Burggebäudes noch bis etwa 1850. Die Steine sind vermutlich nach und nach an den Hofgebäuden neu verwandt worden[438]).

VI. DER FREIADLIGE MÜHLENHOF ZU GLADBACH

Man darf mit Recht vermuten, daß die Gladbacher Mühle ursprünglich mit dem Fronhof verbunden war und somit auf ein ähnlich hohes Alter zurückblicken kann. Ihr Entstehen schon vor dem Jahr 1000 ist wahrscheinlich, wenn es auch urkundlich nicht belegt werden kann. Mit dem zugehörigen Hof war die Mühle, gleich am Ausgange des Tales gelegen, schon in der zweiten Hälfte des 14. Jahrhunderts in adligem Besitz. Sie gehörte dem Junker Gyse vamme Zwivel (Giesebrecht von Zweiffel), der Kellner des Amtes Porz zu Bensberg war, vielleicht auch schon seinen Vorfahren. Offenbar war sie dieser um das Land hochverdienten Beamtenfamilie vom Grafen von Berg zum Unterhalt oder auch als dankbare Anerkennung zu Lehen gegeben worden. Gyses Gattin hieß Kunigunde. Acht Tage nach dem Margaretentag des Jahres 1411 (21. Juli) hatte Albert vamme Zwivel, wohl ein Sohn, für seine Eltern und ihre verstorbenen Kinder ein Jahrgedächtnis an der Kirche zu Gladbach gestiftet, das von drei Priestern, nämlich außer dem Pastor von Gladbach von den Pastoren zu Paffrath und Bensberg alljährlich am Montag nach dem Feste Mariä Heimsuchung gehalten werden sollte. Jedem wurden für die Seelenmesse 6 Schilling gewährt. Für das Geleucht erhielt die Kirche 4 Schilling, außerdem der Offermann auch 2 Schilling, also zusammen eine Mark, und hierfür wurde der „verdrüden büsch by dem hove zo der Müllen" als Unterpfand gesetzt[439]).

Als im Jahre 1413 der Herzog Adolf VII. von Berg dem Herzog Reinald von Jülich und Geldern das Schloß Bensberg mit den Kirchspielen Bensberg und Herkenrath für 6400 Kronen versetzte, waren auch die jährlichen Abgaben seiner Mühlen im Amte Porz als Sicherheit mit einbezogen, darunter „an der Moelen zu Gladebach unterhalff Malder (Roggen)" und an der „Moelen zo Gronnawe ein Malder Roggen järlichen Paechts"[440]). Wenige Jahre später war Johannes von Zweiffel, auch ein Sohn Gyses, Rentmeister oder

---
[438]) Vgl. A. Jux, Als die Sippe Unterbusch am Neuborn saß. In: Bergischer Kalender 1936, S. 34 ff.
[439]) Lagerbuch der Kirche St. Laurentius 1595, Pfarrarchiv. — Vgl. Ruhmreiche Berge 1930, 2.
[440]) Redinghoven Band XI S. 388 ff. — Vgl. Annalen 25, S. 200 ff.

Kellner des Amtes Porz und Inhaber des Mühlenhofs zu Gladbach. Unter ihm erließ derselbe Herzog Adolf am 20. Mai 1419 ein „Decretum wegen der Freyheit des Müllenhoffs, gelegen zu Gladtbach". Er befreite den Hof mit der Mühle und allem anderen Zubehör von jeglichen öffentlichen Lasten und machte ihn zu einem völlig freien Eigentum. Es ist sehr bedeutsam für die Geschichte Bergisch Gladbachs, daß in der bezüglichen Urkunde ausdrücklich vom „Müllenhof ... mit der Müllen" gesprochen wird, also wohl unterschieden wird vom Fronhof zu Gladbach. Auch in den folgenden Jahrhunderten ist niemals von einem „Gladbacher Hof" bei der Mühle die Rede, womit alle an das Bestehen eines solchen Hofes geknüpften Behauptungen und Mutmaßungen hinfällig werden. Die Urkunde, deren Abschrift ich unter anderen Akten verborgen entdeckte[441]), möge der großen Bedeutung wegen, die sie für die Heimatgeschichte hat, hier im Wortlaut folgen:

Decretum, so von Adolph, Hertzog zu dem Berge ertheilt worden wegen der Freyheit des Müllenhoffs, gelegen zu Gladtbach.
Vom 20. May 1419.
Wir, Adolph, von Gottes Gnaden Hertzog zu dem Berge und Graff zu Ravensperg, thun kund allen denenjenigen, die diesen Brief werden sehen, lesen oder hören lesen und bekennen offentlich mit demselben Briefe vor Vnß, Vnßere Erben und Nachkomlinge, daß Wir umb denklicher Dienst willen, die Vnß unßeres Joannes von Zweiffell, genannt Renttmeister, Vnßer lieber getrewer und Rath ehe Vorzeiten habe getrewlich und denklichen gethan und erzeiget hatt, und vürbaß noch denklicher thun mag, demselben Johanneß und Sein Eheliches Weib N. N. sammetlich und besonders, gefreyet und frey, lehdig und queit gegeben haben, freyen, frey, queit und lehdig geben, mit diesem gegenwerthigem Briefe, Ihren Hoff zu Gladtbach, genannt der Müllenhoff, so wie der mit der Müllen und mit allen anderen seinen Zugehören gelegen ist, und so wie der Seelige Gyße von Zweiffel, des Erstgemelten Joannes Vader, zu haben und zu besitzen pflegte, alß von allen und Jeglichen Schatzungen, Beeden, Herrndienste, von Fleisch, Geldt, Korn-Geldt, von Fuhren, von sieben Hünern und fortt von allen und Jeglichen Herrndienste, groß oder klein, gewöhnlich oder ungewöhnlich, so wie sie auch heißen oder Nahmen haben mögen, die Vns davon gebühren möchten, oder von Vnßertwegen oder Vnßer Beherrschung darauff gesetzt, oder davon gefordert möchten werden, in einiger weiß, ... der vorgemelten Eheleuthen, alß vorwerhnt ist.
Vnd befehlen darumb allen und Jeglichen Vnßeren Amptleuthen, Obersten und understen in Vnßern Ämpter und Vesten von Portze und Berenkopf, die jetzt seind und hernachmahls werden, den vorgemelten Hoff mit Seinem Zugehör, als fürgemelt vor vorerwehnter beyder Eheleuthe ... sammetlich und besonder in der vorgesagter Freyheit und Genaden zu behalten und Ihnen die zu halten, und darwieder auch nichts zu thun, noch zukommen, noch zu gestatten, daß darwieder in einigerley weiß gethan werde.
Ohn alle gevehrde. In Vrkundt und gezeugenüß dieser vorgemelter Vnßer Freyheit und Gifte, so haben Wir Vnßer Siegell mit Vnßer rechter Wißenheit, an diesen Brieff thun hangen. Gegeben in dem Jahre Vnßeres Herren, da man schrieb Eintausend Vierhondert und Neunzehen Jahr, den zwantzigsten Tag des Monats May.

de 9 dm^v ' *Gerhardt de Lymburg*
S. D. = Gerichtsschr." [442]).

Für sehr lange Zeit verstummen dann alle Nachrichten über die Gladbacher Mühle, wir kennen nicht einmal jene Güter, die ihrem Mahlzwang unterlagen. Erst in den Gladbacher Hofgerichtsprotokollen werden im Jahre 1587 der Pächter „Thoniß in der Müllen und Stingen (Christina), Eheleut", genannt, denen die Eheleute Ludwig Fronhalfen

---
[441]) Fürstlich von der Leyensches Archiv, Schloß Waal (Schwaben) Akt Nr. 3127. Abschrift des 17. Jahrhunderts.
[442]) Berenkopf = alte Bezeichnung für Bensberg. Die Deutung ist unklar, vielleicht verderbte Form aus Berendhof = Hof des Bernd, wie Bensberg = Bähnsberg, Bernhardsberg!

und Katharina einen Teil des von ihnen vorher ebenfalls käuflich erworbenen Gutes zu Wiese (Heidkamp) verkauften.

1648 hat der Scheffe Wilhelm die „Glöbbiger Mühle" als Pächter inne. In einem Verzeichnis der „Pastorat-Enkombsten zu Gladbach" erscheint er mit einer Abgabe von jährlich „dritthalben (2 1/2) Reißtaler". Da die Bemerkung beigefügt ist: „Ist abgelegt durch das Haus Steinkrug" kann man annehmen, daß er aus diesem Hause stammte und demnach den Familiennamen Steinkrüger trug. Nach einer Angabe in der Familienchronik des Urban Odenthal auf der Igel erlosch der Sippenname Steinkrüger in der Gladbacher Mühle im Jahre 1753, „nachdem selbiger schon fast bei 300 Jahr da gewesen". Sollte das zutreffen, so wäre auch der 1587 genannte Thoniß bereits ein Vorfahr dieses Namens gewesen.

Sichere Nachrichten darüber gibt erst wieder das mit dem Jahre 1700 beginnende, uns erhaltene Kirchenbuch der Pfarre St. Laurentius. Es nennt uns gleich zu Beginn als Pächter der Gladbacher Mühle Antonius Steinkrüger, der Ältere. Er war Scheffe des Obergerichts zu Bensberg, demnach ein hochangesehener Mann. Er hatte Anna Hamacher geheiratet, eine Tochter des Johann Hamacher (oder Hamecher), der selbst von Steinbüchel herübergekommen war und mit seiner Frau Maria Eschbach am 5. März 1686 den Schlömer Hof gekauft hatte. Das Müllerehepaar hatte drei Söhne und drei Töchter, von denen das Taufbuch noch die Taufe des Johann Peter am 25. September 1701 verzeichnet. Die übrigen wurden früher geboren. Der Sohn Peter starb am 11. April 1711. Die Tochter Katharina heiratete den Johann Theodor Kierdorf vom Wathsack, der dann das Bachgut und den Fronhof in Paffrath übernahm, wo sich die Sippe bis in unsere Tage in ununterbrochener Folge gehalten hat. Die Tochter Margareta heiratete den Matthias Odenthal von der Igel, dem der Sander Pastor am 6. Juli 1701 den Losschein gab. Der älteste Sohn aus der Mühle heiratete Christina Servos vom Hebborn, eine andere Tochter den Tilmann Cürten in Unterlerbach, der nach ihrem Tode das Wirtshaus zu Siefen als Eigentum bewohnte. Der Sohn Johannes aus der Mühle heiratete Eva Veronika Servos zu Schlöm.

Der jüngste Sohn, Anton Steinkrüger (der Jüngere), geboren 1697, blieb, nachdem der Vater am 9. Dezember 1720 und die Mutter am 17. November 1732 gestorben waren, als Erbpächter in der Gladbacher Mühle. Auch er hatte in eine alte und begüterte Gladbacher Familie eingeheiratet und sich mit Maria Katharina Bützler vermählt, die als Tochter der Eheleute Heinrich Bützler und Elisabeth Schmalzgrüber in Gronau geboren und am 7. März 1706 in Gladbach getauft wurde. Sie war eine Schwester des Johann Jakob Bützler, der das Rittergut Blech erwarb.

Aus der Ehe Antons des Jüngeren gingen folgende Kinder hervor:

1. ein Töchterchen. Sie starb bereits am 31. März 1728.
2. Heinrich, getauft am 10. August 1728, früh gestorben.
3. Johann Jakob, gestorben am 30. Juni 1741, 11 Jahre alt.
4. Wilhelm, getauft am 8. Oktober 1732, früh gestorben.
5. Johann Heinrich, gestorben am 15. November 1741, 7 Jahre alt.
6. Anna Elisabeth, getauft am 18. April 1737, gestorben am 4. Oktober 1737.
7. Anna Elisabeth, getauft am 6. Juli 1738. Sie heiratete am 18. Januar 1756 den Gladbacher Fronhalfen Johann Heinrich Guthaire, nach dessen Tode Johann Gerhard

Servos, schenkte 15 Kindern das Leben und starb am 23. Februar 1815 im Gronauer Wirtshaus.

Nach der Angabe in der Sippengeschichte des Urban Odenthal soll noch eine Tochter gelebt haben, die den Halfmann zu Kurtekotten bei Dünnwald, namens Düker, ehelichte. Damals ging in der Mühle wie auch im benachbarten Fronhof der Todesengel in erschreckender Weise um. Mit den meisten ihrer Kinder sank auch die Müllerin Maria Katharina Bützler noch vor ihren Eltern früh ins Grab. Sie starb am 17. Februar 1741. Nun holte sich der Witwer seine zweite Frau, Gertrud Vohwinkel (Fowinkels), weit im Norden des Landes Berg an der Mühle zu Angermund, wo sie 1721 geboren wurde. Die Beziehungen dorthin bestanden durch seinen Vetter Christian Wilhelm Kierdorf aus Paffrath, der, geboren am 16. Januar 1716, 1739 zum Priester geweiht, zunächst Vikar zu Gladbach und seit 1743 Pastor in Angermund geworden war (dort gestorben vor 1756).

Aus dieser zweiten Ehe gingen noch vier Kinder hervor:

1. Johann Josef Franz, getauft am 6. November 1746. Er wurde später Braumeister zu Köln im „Weißen Löwen" auf der Hohe Straße
2. Anna Margareta Charlotte, getauft am 18. November 1748, jung gestorben.
3. Maria Katharina, getauft am 10. Mai 1751, in Köln unverheiratet gestorben.
4. Maria Christina, getauft am 30. August 1753 „posthuma", nach dem Tode des Vaters geboren. Sie heiratete später Wilhelm Kierspel auf dem Heidkamp.

Anton Steinkrüger, der letzte Gladbacher Müller des Namens in einer langen, ehrwürdigen Reihe, starb am 6. August 1753.

Nun heiratete die hinterlassene Witwe den Urban Wisdorf aus dem Mühlenhof zu Strunden bei Dellbrück (geboren 1720). Mit ihm hatte sie noch 4 Kinder:

1. Adelheid, getauft am 25. November 1755. Sie heiratete Johann Bertus, Sohn der Eheleute Anton Bertus und Anna Katharina Heyder, den Besitzer des halben Sander Hofes, der am 6. Oktober 1777 vom Sander Pastor den Losschein zur Trauung in Gladbach erhielt.
2. Johann Peter, getauft am 30. November 1758, früh gestorben.
3. Anna Gertrud, getauft am 15. Oktober 1761, früh gestorben.
4. Maria Christina, gestorben am 28. Juli 1765.

Früh griff, wieder wie bei der Mehrzahl der Kinder, der Tod nach der Mutter. Mit 42 Jahren starb Gertrud Vohwinkel am 14. Februar 1763.

Die sonderbare Kettenehe in der Gladbacher Mühle nahm ihren Fortgang. Urban Wisdorf nahm kurz nach dem Heimgang der Gattin, Anna Katharina Paffrath, geboren 1742, zur Frau. Wieder gab es reichen Kindersegen in der Gladbacher Mühle. Es wurden getauft:

1. Anna Christina am 19. April 1764; sie starb schon am 13. November.
2. Anna Christina am 9. August 1765.
3. Maria Gertrud am 27. Oktober 1767, früh gestorben.
4. Anna Margareta am 10. Mai 1769.
5. Anna Elisabeth am 27. April 1771, gestorben am 7. Februar 1801.
6. Maria Gertrud am 20. Mai 1773, heiratet 1802 Johann Heinrich Odenthal of der Igel.
7. Johann Peter am 14. Juni 1775.

8. Anna Maria am 1. April 1777, gestorben am 30. September 1795.
9. Adelheid am 15. April 1779, gestorben am 17. Februar 1784.
10. Christian am 27. Mai 1781, gestorben am 24. Februar 1784.

Wieder überlebte nur die Hälfte der Kinderschar die Jugendzeit. Der Würgengel, der damals und bis an die Schwelle unseres Jahrhunderts heran, die Zahl der Kreuze auf Kindergräbern mehrte, kannte kein Erbarmen. Im Jahr nach der Geburt seines letzten Kindes, am 12. Mai 1782, starb auch der Müller Urban Wisdorf, 62 Jahre alt. Der Pastor bezeichnete ihn im Totenbuch als „admodiator praedii et molendini dicti zur Gladbacher Mühl (Verwalter des Gutes und der Mühle genannt zur Gladbacher Mühl), Ehemann, hinterließ etwa 8 Kinder". Der gute Hirte, der im übrigen seine Schäflein genau zu zählen wußte, in der großen Zahl der Mühlenkinder kannte selbst er sich nicht mehr aus!

Unter dem Pächter Urban Wisdorf hatte sich in der Stille ein für das Gladbacher Mühlengut bedeutsames Ereignis vollzogen. Seit etlichen Jahrhunderten schon war das Gut — wahrscheinlich durch Heirat — von der Familie von Zweiffel an die von Quadt zu Buschfeld übergegangen, Herzog Adolf VII. hatte am 13. Februar 1415 bereits den Hof Iddelsfeld an den Ritter Wilhelm von Quadt verkauft [443]). Auch der Rittersitz Thurn erscheint bereits 1526 im Eigentum derer von Quad. Dieses angesehene Geschlecht vereinte demnach einen umfangreichen Besitz an der Strunde und versah am Unterbach das mit Iddelsfeld seit jeher verbundene Amt des Bachgrafen wie auch des Waldgrafen der Strunder Gemark [444]).

Noch für das Jahr 1743/44 verzeichnet die Kellnereirechnung des Amtes Porz in einer Zusammenstellung der Mühlen „noch eine Olligsmühl zu Gladbach, dem Quadt von Buschfeld zuständig, (die) aber keinen Zwang hat und von alters her also herbracht worden, daß die Benachbarte jedoch unter Zwang gemahlt haben". Offenbar bestand keine Zwangsverpflichtung zum Ölschlagen, wohl zum Getreidemahlen. Von den Mühlen zu Thurn und Iddelsfeld wird derselbe Besitzer genannt. Im Jahre 1749 war Johann Sigismund Otto Freiherr von Quadt zu Buschfeld, Londorf, Thurn, Niederberg und Mülheim, der als Domkanoniker und Domsänger in Trier wohnte, Inhaber der Familiengüter. Er starb im Jahre 1757 dort als Chorbischof [445]). Nun wurde der große Besitz unter die Erben geteilt. Das Mühlengut zu Gladbach kam an den Reichsgrafen Franz Karl von und zu der Leyen in Koblenz, der den Pächter Urban Wisdorf beibehielt. Die Witwe des Grafen erneuerte als Obervormünderin ihrer Kinder am 2. Mai 1761 den Pachtvertrag mit Urban Wisdorf auf weitere zwölf Jahre. Der Pachtvertrag, der im Original erhalten ist [446]) und vier Foliobogen umfaßt, lautet:

„Wir, Maria Charlotta Augusta, verwittibte Gräfin von und zu der Leyen, geborne Gräfin von Hatzfeld und Gleichen, tun hiermit kund und zu wissen, demnach die Pachtung über unsere zu Glappach in dem Hertzogtumb Bergen gelegene Mahlmühle sambt Zubehörungen allschon vor einiger Zeit verloschen, inzwischen aber der bisherige Beständer Urbanus Wiesdorff umb fernere 12 jährige Continuation des bisherigen Bestand untertänig angestanden, daß wir in Erwegung seines bisherigen Wohlverhaltens und in der Zuversicht, daß er ferner-

---
[443]) Archiv von der Leyen, Nr 3127.
[444]) 1729 verzeichnen die Akten im Archiv von der Leyen (Quadt) eine Einnahme aus Gladbach von 70 Taler. Das war offenbar die Pacht des Mühlenhofs.
[445]) MBGV 11, S. 58.
[446]) Privatarchiv des verstorbenen Landrats Jakob Odenthal in Kempen.

hin auf gleiche Art fortfahren werde, demselben in seinem untertänigen Begehren gnädig willfahret, so fort ihme gedachte Mühle sambt Zubehörungen auf fernere 12 Jahre, welche den 1. Januar 1761 ihren Anfang nahmen und den letzten Decembris 1772 hinwieder endigen sollen, unter nachfolgenden Conditionen pfachtweis überlassen haben, daß

1mo Er Beständer die Mühl sambt darzugehörigen Gärten, Aeckeren, Bänden und Büschen, wie bisher also auch fernerhin richtiglich einhaben und nach dem Landsbrauch benutzen und genießen könne, dagegen aber

2do sowohl das sämbtliche Gebäw als auch das sogenannte lauffende Geschier, sambt allem, was zu dieser Mühlen gehöret, in behörigem Stand auf seine Kösten unterhalten und nach geendigter Lehnung in solchem wieder zurückliefern wie auch

3tio die zu der Mühl gehörige Ländereien in gutem Baw und Besserung, in ihren Marken und Gränzen, Privilegien, Recht und Gerechtsammen sorgfältigst handhaben und dafernen sein Widerstand nicht hinlänglich sein solte, über die etwa bescheende Beeinträchtigungen die alsbaldige anzeig bei unserm Beamten in Cöllen tuen, nicht weniger

4to auf die zu der Mühl gehörigen Büschen genaue Obsicht tragen, mithin auch darin selbsten keinen Unterschleif begehen, sondern sich mit dem Abfall und ohnschädlichem Holz zu seinem Brand begnügen und zu dessen Ersetzung jeden Jahres, wo es dienlich und nötig, eine hinlängliche Zahl junger Stämme hinwieder anpflanzen solle, wo inzwischen es ein für allemal bleibet, daß er Pächter unter Verlust gegenwärtiger Lehnung sich nicht unterstehen solle, einen gesunden ohnschädlichen Stamm, von was Gattung oder unter welchem praetext solches auch sein möge, ohne unser Vorwissen und Special-Erlaubnus entweder selbsten oder durch andere hauen und abführen zu lassen.

5to solle es für diesmal zwarn bei dem bisherigen Pfacht ad 70 Gulden rheinisch nebst 4 Reichstaler Species an Gewürzgeld sein Verbleiben haben, hingegen solle derselbe

6to anstatt des gewöhnlichen truckenen Weinkaufs 4 Pistolen in Specie bei Erhaltung dieser Lehnung bar abführen, sodann

7mo das bawfällige Tach auf dem Stall, worzu ihme jedoch das nötige Gehöltz aus denen zu der Mühl gehörigen Büschen ohnentgeltlich verabfolget werden solle, auf seine Kösten neu verfertigen und decken lassen, ohne daß wir, weder dermalen noch bei seinem etwaigen dereinstigem Abzug desfals einigen Beitrag oder Vergütung zu tuen haben.

8vo übernimbt er Pächter, wie bisher also auch künftighin, an die Kirch zu Glappach die jährlich schuldige 2 Maßen Oehlig, sodan auf Pfafradt von einem Stück Feld auf der so genanten Schützheyden ein Sömmer Haber abzuführen, ohne daß desfals an dem Pfacht etwas abgezogen oder uns sonst angerechnet werden solle.

9no versiehet man sich zu ihme Beständern, daß er zu Beibehalt- und Vermehrung deren Mahlgästen, solche jederzeit mit aufrichtigem guten Gemähl versorgen und fürderen, mit Lands gebräuchlichem ordinair-Malter sich begnügen und niemand desfals beschweren, so fort überhaubt als ein ehrlicher getreuer Mühlbeständer sich aufführen und bezeigen werde, zu welchem Ende dan mit der Lehnung zugleich auch die Baach, dermaß durch die Mühl und fürnemblich er die Mühl von ungetrewen Leuten so viel als möglich rein zu halten, deren Mahlgästen Früchten gegen allen Angrief und Verschleif zu verwahren, wie auch die Leute bei kalt und nassem Wetter, so viel als tunlich, einzulogieren hat.

10mo bleibt jedem Teil vorbehalten, nach verflossener Halbscheid deren Bestandsjahren aufzustunden und von gegenwärtigem Bestand abzugehen.

11mo und letztens verspricht er, Beständer, bei Verlust gegenwärtiger Lehnung nicht allein sambtliche obgedachte Conditionen aufs genaueste zu erfüllen, sondern sich auch jederzeit getrew, fleißig und ehrlich überhaubt aufzuführen, zu wessen Urkund wir gegenwärtige Lehnung in duplo ausfertigen lassen und dieses Exemplar aigenhändig unterschrieben, so fort unser Gräfliches Insiegel beidrücken lassen.

Coblenz, 2do May 1761.   (Siegel)

    Verwitibb Grf. von der Leyen, geborene Grf. von Hatzfeld und Gleichen als Obervormünderin.

Nach dem Tode des Mühlenpächters Urban Wisdorf im Jahre 1782 schloß sich wieder ein neues Glied der sonderbaren Kettenehe in der Gladbacher Mühle an. Die Witwe Anna Katharina Paffrath, die noch im Genusse des im Jahre 1773 wieder um zwölf Jahre verlängerten Pachtvertrages blieb, verzagte nicht am Leben angesichts ihrer großen Kinderschar. Johann Jakob Odenthal, der Sohn des Urban Odenthal auf dem Igeler Hof, freite um sie und erhielt am 11. Oktober 1784 vom Sander Pastor den Losschein zur Trauung in der Gladbacher Kirche. Die Familienbande zwischen der Igel und der alten Mühle wurden nun gedoppelt. Für die Gladbacher Mühle begann nun ein neues Zeitalter der Familie Odenthal.

Die nunmehrige Eigentümerin des ausdrücklich als „adeliges Gut" bezeichneten Mühlengutes zu Gladbach war die Witwe Gräfin Maria Anna von der Leyen, die zu Blieskastel bei Zweibrücken residierte[447]), allerdings wieder in ihrer Eigenschaft als Obervormünderin ihres Sohnes. Sie verpachtete das Gut am 14. Dezember 1784 auf weitere zwölf Jahre an die Witwe des Urban Wisdorf und ihren Ehemann Jakob Odenthal. Auch dieser Vertrag hat sich im Familienarchiv Odenthal in Kempen erhalten und lautet, diesmal acht Foliobogen stark, wie folgt:

> „Wir, Maria Anna, des Heiligen Römischen Reichs verwittibte Gräfin von und zu der Leyen und Hohengerolseck s: s: geborne Reichsfreiin von Dahlberg, Stern-Creutzordens-Dame, als Regierende Obervormünderin unseres minderjährigen Herrn Sohnes und Regentin seiner Landen, fügen hiermit jedermänniglich zu wissen,
> Demnach die Pfachtjahre über das uns zugehörige im Herzogtum Berg Amts Portz zu Gladbach gelegene adeliche Gut samt der zugehöriger Mahlmühlen mit dem laufenden 1784ten Jahr aus und zu Ende geloffen, der bisherige Pfächter Urban Wisdorff aber vor etlichen Jahren mit Tod abgegangen und dessen hinterlassene Wittib sich dermalen wiedrum auf vorherige von uns erteilte Erlaubnus mit dem Jacob Odendahl, ein Halfenssohn vom Eicheler Hof, verehelight und bei uns um eine neue Pfachtung für sich und ihren ebengedachten Ehemann geziemend untertänigst angestanden; als haben wir in Hoffnung, daß selbige sich fernerhin also aufführen und verhalten werden, wie es gewissenhaften, treu- und ehrliebenden Pfächtern zustehet, ihnen in ihrem Gesuch unter folgenden Conditionen in Gnaden willfahret,
> 1mo wird ihr, verwittibten Urban Wisdorff und dessen Ehemann Jacob Odendahl dieses adeliche Gut samt allen Zubehörungen, so wie selbige es bis hiehin in Bestand, Baw- und Benutzung gehabt, auf zwölf nacheinander folgende Jahren, wovon das 1785te das erstere und das 1796te das letztere sein soll, bestehend in gefolg alten Urkunden, fort vorgenohmener Besichtigung und Untersuchung, wovon ihnen Pfächteren noch eine besondere Beschreibung und Specification zugestellet werden solle, in einem Hofhaus, Scheuer und Stallung, Baum- und Gemüßgarten, zusammen haltend zwei Morgen drei Viertel, in acht Stücker zehendfreiem Ackerland, haltend zusammen einunddreißig Morgen, ein Viertel, sieben ein halbe Rut, in fünfzehn Büschplätzen, haltend zusammen sechs Morgen, ein Viertel, acht Ruten, welches alles sie Pfächtern samt der derzugehörigen und gegen dem Hofhaus über gelegenen Mahlmühl mit Beschiedenheit, wie gebräuchlich und hiernach weiter beschrieben stehet, benutzen sollen; wie denn auch
> 2do sollen alle diese Stücke nach ihrem besten Wissen und Gewissen in ihren Fuhren, Gränzen und Mäleren, Privilegien, Recht und Gerechtigkeiten und nach Landesgebrauch in Düng, Besserung und Mirgelen erhalten und wo sie Pfächteren wider Vermuten angefochten werden und die Sache selbst zu behaubten nicht imstand sein solten, so haben sie dem vorgesetzten zeitlichen Beambten davon die alsbaldige Anzeige zu tuen und Hülf zu gewärtigen;
> 3tio sollen sie Pfächtere in Benutzung der Büschen, wie solches in dasiger Gegend gebräuchlich, nemblich in Hawung des Klüppel- oder Viertelholzes sich also betragen, daß dergleichen Klüppelholz nicht zu dünn gehawen, aber auch nicht zu dick wachsend gelassen, sondern in rechter Zeit und Dicke gehawen werde, wobei denen Pfächteren besonders aufgegeben wird, zu Verbesserung dieser Waldungen allmögliches beizutragen und zu diesem Ende alle darinnen befindliche leere Plätz, groß oder klein, wo nur junges Holz stehen kann und die qualitaet des Erdreichs es immer leidet, nach dessen Aigenschaft und Befund mit Eichenstahlen und wo diese aber gut tuen, mit Buchenstahlen successive bepflanzen, welche aber alle sowohl, als überhaubt jenes, was von Eichen- oder Buchenstahlen in denen Waldungen noch nicht gekappet oder gestützet ist, grad aufgehend und in die Höhe aufgezogen werden solle, ohne daß sie Pfächtere jemals weiter einen Baum oder Stahlen zu stützen befugt seind, wie dann auch alles, was zu Stahlen aufgehend, ebenso wie auf das schon wirklich etwas hohe Eichengehölz besonders wohl achtgegeben werden solle, und wann sich an Bäumen ein Windfall eraigenen wird, solcher gnädigster Herrschaft, jener an denen Klüppelholzstümpfen aber dem Pfächter anheim fallen. Auf erstern aber sowohl als auf letzteren Fall sollen sie Pfächtere jedoch dem zeitlichen Beambten davon die alsbaldige Anzeige tuen, wo inzwischen es ein- für

---

[447]) Die Herrschaft Blieskastel fiel im Jahre 1651 an die Herren von und zu der Leyen.

allemal dabei verbleibet, daß sie Pfächtere unter Verlust ihres Pfachtrechts sich nie unterstehen sollen, einen Stamm oder Stahlen von was Gattung und unter was Vorwand solches auch sein mag, ohne erhaltene speciale Erlaubnis weder selbst noch durch andere hawen noch hinwegbringen zu lassen. Und damit solches alles desto zuverlässiger befolgt und gehalten werden möge, so soll und wird der Waldförster Trimborn wenigstens einmal des Jahres oder auch nach Befund der Umständen noch öfter alle diese Waldungen visitiren und den Raport über diese seine Verrichtung an den Beambten schriftlich abstatten, wie denn auch letzterer selbst alle Appertinenzien dieses Guts zu ungewissen Zeiten zu untersuchen hat, umb zu sehen, ob und wie die Pfacht-Conditionen erfüllet und befolget werden;

4to Sollen sie Pfächtere das Haus, Scheuer und Stallung sambt der Mahlmühlen in gutem Stand, auch letztere in laufendem Geschir völlig auf ihre Kösten mit Anschaffung aller Materialien und Zubehörungen unterhalten, wie dann auch Pfächtere zu der Zeit, wann und wie diese Gebäude altertumshalber abgehen, alles und jedes wieder neu mit Einbegriff aller Materialien, auf ihre Kösten darstellen und aufbauen sollen, worzu wir ihnen jedoch im ersten Fall sowohl als im letzteren aus besonderer Gnad und Rücksicht das nötige Bawholz aus unseren dortigen Waldungen ohnentgeltlich als eine Beisteuer beigeben wollen;

5to sollen sie Pfächtere auch alle auf diesem Gut /: nach Proposition seiner frei adelichen Qualitaet hergebracht haftende simpelen und sonstigen Lasten, als in die Kirch zu Gladbach zwey Maßen Oel, sodann nach Pfafferath an das Dom-Capitels-Gericht, das auf einem Stück Land auf der sogenannten Schützheiden haftende Sömmer Haaber alljährlichs abliefern, und überhaubt alle andere vorkommende Lasten, so hier auch nicht benennet sind, übernehmen;

6to so viel das Mühlenwesen anbelanget, versiehet mann sich zu deren Pfächteren bis anhero bekannten Redlichkeit, nemblich, daß selbige solches fernerhin wohl und gewissenhaft bedienen und fördern, auch niemand über die Gebühr beschweren werden;

7m ist ihnen Pfächteren auf das schärfeste verbotten, nicht das geringste von allem deme, was zu diesem adelichen Gut gehöret, an andere in Unterpfacht zu überlassen;

8mo sollen Pfächtere alljährlichs termino Martini Episcopi für allen diesen Genuß und Benutzung überhaubt einen Canon von einhundert Reichstaler species benebst denen zur errichteten Ersparungs-Cassam regulirten Zehnergelder an unsere Oberkellerei zu Cölln und zwarn stylo ferreo zahlen, das ist, ohne jemalen wegen Mißwachß, Hagelschlag, Kriegslasten, Verderb und Schaden, wie solche immer Namen haben mögen, einige Vergütung oder Nachlaß fordern zu dörfen.

9no solle jedem Teil bei Verfließung der Halbscheid oder deren ersteren sechs Pfachtjahren, nach sechs Monat vor deren Ablauf geschehener Aufkündigung von dieser Pfacht abzugehen freistehen;

10mo zahlen die Pfächtere bei Erhaltung dieser neuen Lehnung an trockenem Weinkauf vierzig Reichsthaler;

11mo wird noch ausdrücklich vorbehalten, daß, wann Pfächtere die in diesem Pfachtbrief enthaltene Conditionen oder auch eine einzige davon unerfüllet oder auch einen Jahres-Canon bis an den Verfallstermin des folgenden unbezahlt erreichen lassen, oder auch das Hofgebäude, Scheuer und Stallung oder Mahlmühle durch ihr oder der ihrigen Versehen erweislich in Feuersgefahr geraten und dadurch leiden, oder auch jemand von denen ihrigen Schaden tuen solte, sie Pfächtere dafür stehen und haften, so fort alles ersetzen, auch bewandten Umständen nach dardurch ihres Pfachtrechts völlig verlustiget sein sollen, ohne jemal einige Vergütung für ihre etwa angewendete Kösten, unter was Vorwand und Namen es immer sein möge, fordern zu können;

12mo schließlich ist zur Sicherheit und Vesthaltung aller vorstehenden Articulen sowohl als auch aller sonstigen Stücken, worzu ein zeitlicher Pfächter nach Landesgebrauch verbunden sein kann, dieser Pfachtbrief in duplo ausgefertigt und gegen dessen Empfangung von dem Pfächter der gleichlautende Revers zurückgestellet worden. In Urkund unserer eigenhändigen Unterschrift und beigedrücktem größerem Rentcammer-Insiegels, so geschehen Bliescastel, den 14. Decembris 1784.

Gräfin von der Leyen." (Siegel)

Johann Jakob Odenthal, gewöhnlich nur Jakob Odenthal genannt, war im Jahre 1746 als Sohn der Eheleute Urban Odenthal und der Katharina Bertus geboren. Von seinem Vater hatte er Lebensklugheit, geschäftliche Tüchtigkeit und Sparsamkeit geerbt. Er hatte sich zum Ziele gesetzt, das Gladbacher Mühlengut als Eigentum zu erwerben und nahm geschickt die Gunst der Zeit wahr. Die verworrenen politischen Verhältnisse in den Landen am Rhein führten die gräfliche Familie von der Leyen um die Jahrhundertwende in finanzielle Bedrängnis. Sie geriet bei den Kölner Familien von Herweg und von Hilger in große drückende Schulden. Da versuchte sie schon im Jahre 1800, durch einen raschen Verkauf ihre Güter an der Strunde vor dem Zugriff der Kölner Gläubiger zu sichern. Aber diese kamen dem Reichsgrafen Franz Karl von der Leyen zuvor und erwirkten gegen ihn ein Dekret des Obergerichts in Bensberg, das ihm zu ihrer Sicherheit den Verkauf und die hypothekarische Belastung des Mühlengutes und des Hauses Thurn untersagte. Trotzdem schloß der Kölner Advokat Dr. Sitt in seinem Namen am 15. März 1805 einen Kaufvertrag mit einem Bürger Schöllgen junior und übertrug ihm den Hof Thurn für 10 500 Reichstaler unter Übernahme und Anrechnung einer Hypothek zum halben Werte. Am 20. April danach kam auch der Vertrag mit dem Gladbacher Müller Jakob Odenthal zustande, der die Mühle mit allem Zubehör für 6500 Reichstaler laufenden Geldes erwarb. Die Beträge sollten zu Ende des Jahres erlegt und bis dahin verzinst werden.

Gladbach um 1800

Als nun Franz von Herweg, der Bevollmächtigte der Erben von Herweg und von Hilger, von den Verkäufen erfuhr, erhob er sofort Einspruch. So blieb Dr. Sitt nichts anderes übrig, als am 7. Juni 1805 vor dem Apostolischen und Kaiserlichen öffentlichen Notar Johann Wilhelm Junkersdorff in Gegenwart der beiden Zeugen Christian Streffinck und Jodocus Limbach die Käufer anzuweisen, ihre Zahlungen als Abschlag auf die Forderungssummen an Franz von Herweg zu leisten. Dieser behielt sich alle Rechte für den Fall vor, daß Dritte „vorzüglichere Rechte" geltend machen würden.

Der Übertragungsvertrag wurde am Tage danach vor dem Oberschultheißen Daniels in Bensberg und den beiden Scheffen Hammelrath und Schäfer gerichtlich bestätigt und durch den Gerichtsschreiber Schatte in das Obligationsbuch eingetragen. Die beiden Käufer erhielten entsprechende Anweisung, und so leistete denn auch Jakob Odenthal seine

Zahlung an Franz von Herweg. Nun war er Besitzer des uralten freiadligen Mühlengutes zu Gladbach geworden [448]).

Jakob Odenthal hatte zwei Söhne. Urban Odenthal wurde in der Gladbacher Mühle am 15. Juli 1785 geboren und am Tage danach in der Kirche zu Gladbach getauft. Er heiratete 1809 Anna Gertrud Siegen aus dem Fronhof und lebte später auf ihrem Erbteil, dem Gronauer Hof. — Johann Josef Odenthal wurde getauft am 20. Februar 1787 zu Gladbach. Er heiratete am 13. Februar 1822 Maria Christina Siegen aus dem Gladbacher Fronhof, starb aber bereits am 9. November 1824.

Seine Mutter (Anna Katharina Paffrath) hatte 1820, 78 Jahre alt, das Zeitliche gesegnet. Der Vater, Johann Jakob Odenthal, der die Mühle als Eigentum erworben hatte, folgte ihr im 91. Lebensjahre am 16. März 1836 ins Grab. Stolz nennt ihn der Totenzettel „Besitzer der Gladbacher Mühle und des Gutes in der Pfarrei Gladbach" und hält ebenso rühmend zu seiner Ehre fest: „Rein frommer Sinn, lebhafter Religionseifer, strenge Rechtlichkeit, tätige Liebe gegen die Armen, Biederkeit im ächten Sinne des Wortes und seltene Herzensgüte waren die schönen Charakterzüge, welche aus jeder seiner Handlungen hervorgingen; diese schönen Gaben des Herzens und des Geistes sind zu ihrer Quelle zurückgenommen und hinterlassen nur den Spiegel ihres Beispiels." Was die Gemeinde an bürgerlichen und kirchlichen Ehrenämtern zu vergeben hatte, wurde Johann Jakob Odenthal zuteil, und das übertrug sich auch auf seinen Sohn Johann, der nach dem Tode des Vaters das Gladbacher Mühlengut übernahm. Dieser war geboren am 6. März 1814 und heiratete am 12. September 1855 Christine Kierdorf (geboren am 19. November 1829 in Gladbach). Schon etliche Jahre vorher, um 1848 und im Jahre 1850 verschwand das alte Wohnhaus des Gutes und wurde durch das noch heute ungefähr an derselben Stelle stehende große Ziegelhaus ersetzt. Johann Odenthal betrieb nämlich auf dem Grundbesitz am Mühlenberg einen Ziegelstein-Feldbrand, der ihm preiswerte Steine lieferte. Vom alten Zustand des Mühlengutes vor dieser Zeit, vielleicht um 1800, ist ein Ölgemälde im Besitz der Familie Zanders erhalten geblieben, das auch dem Bilde über der Sonnenuhr an der Fassade des Bergisch Gladbacher Rathauses zugrunde liegt [449]).

Im Jahre 1861 wurde das uralte Mühlengut geteilt. Johann Odenthal erhielt das eigentliche einstige Ackergut mit dem neuen Wohnhaus. Er starb dort am 17. April 1878, seine Gattin am 4. Juli 1884. Von den beiden Söhnen des Ehepaares wurde der ältere, Johann Jakob, geboren am 9. Februar 1858, im Jahre 1882 zum Priester geweiht und starb am 26. Juni 1921 als Oberpfarrer an St. Anna in Düren. Seine Schwester Anna Gertrud, geboren 1856, hatte ihm bis zu ihrem Tode im Jahre 1907 den Haushalt geführt. Der jüngere Bruder Johann Wilhelm, geboren am 22. August 1859, übernahm das nun im Volksmunde analog der „Jläbbijer Möll" ebenfalls „Jläbbijer Hoff" genannte Anwesen. Er vermählte sich am 13. Mai 1886 mit Margareta Hey, geboren am 20. März 1864, und wurde als Kommunalpolitiker, Stadtverordneter und Beigeordneter, als Ziegelfabrikant und Erbauer von Straßen und zahlreichen Häusern sehr verdient um die Entwicklung seiner Vaterstadt. Er starb am 3. August 1940, seine Gattin am 3. März 1943. Seine Kin-

---

[448]) Die bezüglichen Akten im Privatarchiv Odenthal in Kempen. Der Kaufvertrag selbst fehlt.
[449]) Vgl. A. Jux, Das Ortsbild Bergisch Gladbachs um das Jahr 1800. Im Bergischen Kalender 1956, S. 30 ff.

der bewohnen zum Teil noch heute ihr Elternhaus, jedoch ist der einst große Grundbesitz vor allem durch die Parzellierung des Mühlenberges und dessen Bebauung durch Verkauf längst in viele andere Hände übergegangen.

Noch viel trauriger verlief das Schicksal der Gladbacher Mühle selbst. Sie kam 1861 in den Besitz von Johann Krein, der am 8. Juni 1822 zu Thurn geboren wurde und Odenthals Tochter Maria Christina geheiratet hatte. Er ließ die Mühle umbauen. An den uralten Fachwerkbau schloß sich nun nach der Seite der einstigen zum Wathsack führenden Borngasse (später 1889 Viktoriastraße, 1935 Saarlandstraße, nach dem zweiten Weltkriege Odenthaler Straße) ein massiv gemauerter Ziegelbau an, der an der östlichen Giebelseite mit Eisenankern die Jahreszahl 1861 festhielt. Der alte Bau, an dessen westlicher Seite das Wasserrad durch einen Umbach der Strunde getrieben wurde, enthielt ursprünglich nur eine Schrotmühle zum Schroten von Roggen und Futtergetreide; vielleicht war auch der beim letzten Umbau im Jahre 1900 noch vorhandene Gerstenschälgang noch aus der Zeit vor 1861.

Als Krein die Gladbacher Mühle übernahm, begann gerade die letzte Blüte des handwerklichen Mühlenbetriebes. Statt wie bisher mit Handsieben, wurden nun Mehl und Kleie mit mechanisch betriebenen Sichtwerken, „Beutelkasten" genannt, getrennt. Aber bald wurden die kleinen Wassermühlen von den großen Dampfmühlen immer mehr zurückgedrängt. Die Familie Krein ließ die Gladbacher Mühle durch Müllerknechte betreiben. Als solche waren den alten Gladbachern noch lange Peter Linder, Johann Schiffmann, Franz Buntenbach und insbesondere Anton Wasser in Erinnerung. Der letztere blieb auch, als nach dem Tode des Besitzers Johann Krein am 12. Mai 1891 (seine Gattin starb am 23. Februar 1900) seine Erben die Mühle im Jahre 1900 an Wilhelm Frielingsdorf aus Biesfeld verpachteten. Kurz vorher hatte die Mühle durch den Mühlenbauer Jakob Höller am Driesch ein fast ganz neues Triebwerk und ein neues Wasserrad erhalten. Aus Frielingsdorfs Zeit ist die Gladbacher Mühle dem Verfasser treppauf, treppab noch wohlvertraut. Sein Neffe Heinrich Löhr, später ein stadtbekannter Kaufmann, hauste mit Anton Wasser darin.

Frielingsdorf, der letzte Müller, starb am 11. Januar 1937 in Bergisch-Gladbach. Nur ein alter Walnußbaum steht noch heute am Bürgersteig und gibt die Stelle an, wo einst die tausendjährige Gladbacher Mühle gestanden hat [450a]. Wer weiß, wie lange noch ... [450b].

VII. DER HERZOGLICHE HOF ZU GRONAU

Wie das ganze Land an der Strunde mit dem Gladbacher Fronhof und dem Mühlenhof nebenan gehörte auch der Gronauer Hof, der mit seiner Mahlmühle eine Einheit bildete, zum ursprünglichen Besitz des Landesherrn. Bis zum Untergange Bergs blieb die Mahlmühle zu Gronau lehnrührig an das herzogliche Hofgericht im Fronhof und mußte 15 Albus

---

[450a] Vgl. hierzu: A. Jux, Die Gladbacher Mühle, Aufstieg und Ende. In: Westdeutscher Beobachter, Rheinisch-Bergisches Kreisblatt v. 4. 12. 1937.
[450b] Bei den Umbauarbeiten des Gymnasiums für die heute an der Odenthaler Straße untergebrachte Realschule fiel auch diese letzte lebende Erinnerung an die Mühle — wie es der Verfasser ahnte.

Jahreszins dorthin bezahlen ebenso 4 Quart Öl an die Kirche zu Gladbach, während sie vom Zehnten frei war. Ihr Mahlzwang war ziemlich ausgedehnt und umfaßte Höfe in den Kirchspielen Gladbach bis nach Fürvels hin, in Bensberg und Refrath. Besonders auffallend scheint es, daß auch der Halfenhof des Freiherrn von Waldenburg genannt Schenckern nebst den übrigen Gütern in der Hombach, die Höfe des Schmiedes und des Pastors zu Herkenrath, selbst die freiadeligen Höfe bei den alten Rittergütern Saal und Kippekausen nur in Gronau mahlen lassen durften. Da anfangs zweifellos dieser Vorrang der Gladbacher Mühle anhaftete, darf man vermuten, daß er erst nach ihrem Übergang in private Hände an Gronau überwiesen wurde, was aber schon sehr früh erfolgt sein muß.

Gelegentlich der Verpfändung des Schlosses Bensberg und der beiden Kirchspiele Bensberg und Herkenrath durch den Herzog Adolf VII. im Jahre 1413 wurde auch an der „Moelen zo Gronnawe ein Malder Roggen järlichen Paechts" zur Sicherheitsleistung mit herangezogen. Das ganze Gronauer Mühlengut war damals und auch im weiteren Ver-

Der herzogliche Hof zu Gronau

lauf des 15. Jahrhunderts noch herzoglicher Eigenbesitz. Es ging am 4. Februar 1483 in Erbpacht an Everhard von Schlebusch und seine Gattin Katharina, denen 1487 auch der Hof zu Merheim verpfändet wurde und umfaßte das Wohnhaus mit den Hofesgebäuden und dem Garten, das Ackerland, Wiesen, Busch, mehrere Weiher, ferner die Mahlmühle und einen kleinen Kotten an der Strunde, deren Kraft hier von Kölner Pleißern genutzt wurde. Die Jahrespacht betrug 7 Gulden (zu je 3 Mark 5 Schilling Kölnisch), zahlbar auf Martini nebst 10 Malter Roggen für die Mahlmühle. Nach Ferdinand Schmitz führte der Hof zu dieser Zeit auch den Namen „Hof Schweinau", vielleicht im Hinblick auf die durch reichen Eichenbestand ermöglichte gute Mast des Borstenviehs.

Bereits am 21. September danach trat der fürstlich bergische Hauptmann Dietrich von Schlebusch unter denselben Bedingungen in das Erbpachtverhältnis ein. Es ist nicht ersichtlich, ob Everhard (Evert) schon tot war; jedenfalls aber verfügte seine Witwe Katharina Palm noch lange über den kleinen Pleißkotten, den zur Zeit ihres Gatten Thönis Quadt in Pacht gehabt hatte. Sie und ihre Söhne überließen den Kotten im Jahre 1524 an die Eheleute Johann Kybbe und Grietgen, die dafür jährlich 10 Kaufmannsgulden und zu Neujahr „eines Guldens Wert" entrichten mußten. Nun kam im Volksmund der Name „Kibbemühle" auf, der noch heute an der dort entstandenen Papiermühle haftet. Der erste mit Namen bekannte Müller aus Gronau hieß Elger, der nach dem Hofgerichtsprotokoll des Gladbacher Fronhofs im Jahre 1582 schon verstorben war.

Dietrich von Schlebusch blieb für das Gronauer Mühlengut immer noch Erbpächter des Herzogs; denn nach seinem Tode bildeten seine Kinder längere Zeit eine Erbengemeinschaft, die jedoch am 15. August 1588 das Erbpachtrecht an Hof und Mühle wieder veräußerten. Diese Erben waren Adam von Schlebusch und seine Frau Klara Quadt, die minderjährigen Kinder der Eheleute Wilhelm von Schlebusch und Anna Stael von Holstein, Peter von Driesch und seine Frau Maria von Schlebusch, Johann von Driesch und seine Frau Elisabeth von Schlebusch. Als Käufer traten die Eheleute Gottfried von Steinen und Maria von Gürtzgen aus dem Hause Lerbach auf. Sie zahlten als Kaufpreis 1400 Taler und als Verzichtgeld 100 Taler in zwei Raten zu Martini 1588 und Lichtmeß 1589. Hier tritt klar zutage, daß die Käufer kein volles Eigentumsrecht erwarben; denn dafür war der Betrag viel zu gering. Tatsächlich blieb das Gronauer Mühlengut weiterhin mit 7 Gulden jährlicher Erbpacht an Herzog Wilhelm IV. belastet, ferner mit dem Pfenningsgeld an den Fronhof und den 4 Quart Öl an die Kirche zu Gladbach. Auch gab der Herzog als Erbpacht- und Lehnherr seine Genehmigung zu dem Vertrage erst nachträglich am 20. Februar 1589. Dabei verlangte er als Sondergabe den fünfzigsten Pfennig der Kaufsumme, also zwei Prozent und erhielt auch 28 Taler. Außer den Vertragsschließenden unterschrieben den Kaufvertrag Johann Weyerstraß als Schultheiß von Porz, Johann Flandrian als Gerichtsschreiber und fürstlicher Ratgeber des Amtes Miselohe, und Theiß Haeck, die beiden letzten als „Thädings- und Weinkaufsleute". Dr. Johannes Hardenrath unterzeichnete die Genehmigung der herzoglichen Hofkammer. Der Vertrag trat durch eine neue Urkunde am 14. März 1589 in Kraft.

Wenn nun auch das freiherrliche Ehepaar das Erbpachtrecht am Gronauer Hof an sich gebracht hatte, das es ebenso für den Hebborner Hof besaß, so übernahm es keineswegs die Bewirtschaftung in eigene Hand. Vielmehr hatte es bereits auf Martini 1588 seinerseits den Hof an die Gronauer Eheleute Johann Schürmann und Stinchen auf zwölf Jahre unterverpachtet. Die Pächter übernahmen alle Lasten, die auf dem Gronauer Hofe ruhten und zahlten außerdem jährlich eine Pacht von 38 Talern. Dafür hatten sie auch die Nutzung des „Eckers" der Eichelmast und der beiden Forellenweiher, des „Langen Weiers" und des „Deßelweiers". Wahrscheinlich ist der Pächter identisch mit dem Hofschultheißen Johann Paul Schürmann, vielleicht auch mit dem 1595 genannten Müllers Jahn, Wirt in Gronau. Die Wirtschaft war mit dem Hof verbunden.

Zu dieser Zeit war zwischen Gottfried von Steinen und den Brüdern David und Dietrich von Zweiffel zu Zweiffelstrunden ein Rechtsstreit um das Zwangsmahlrecht der Gronauer Mühle entbrannt, das natürlich für die Höfe im Gebiet der oberen Strunde überaus lästig und unzeitgemäß war. Er zog sich zwei Jahrzehnte hin. Erst am 6. Oktober 1608 entschied die Hofkammer in Düsseldorf zu Gunsten Gottfrieds von Steinen, des jülich-bergischen Hofrats und Amtmanns von Löwenberg. Von den Kanzeln der Kirchen zu Gladbach, Bensberg, Refrath und Herkenrath wurde der fürstliche Befehl verkündet, daß er „bei dem Mühlenzwangsrecht zu Gronau zu handhaben und die Pflichtigen bei Verlust von Pferd, Karre und Mehl gehalten seien, nicht anderswo mahlen zu lassen". Der Vestenbote des Amtes Porz zu Bensberg sollte fernerhin die Fruchtkarren der Bauern scharf überwachen.

Am 22. August 1611 verkaufte die katholische Kirchengemeinde zu Gladbach vor dem Hofgericht des Fronhofs, wo sie durch den Pastor Johannes Cufferensis, die beiden Kirchmeister Johann Kersthilgen den Älteren und Hermann zu Gronau, sowie Johann Paul Scheurmann als Bevollmächtigten „der semptlicher Nachbarschaft zu Gladbach" vertreten wurde, an den ehrenfesten Gottfried von Steinen, Jülich-Bergischen Rat und Amtmann von Löwenberg und Lülsdorf, und seine Hausfrau Maria von Gürtzgen, die zu diesem Behufe dem Scheffen Hermann zu Gronau eine vom Hofschultheißen Scheurmann anerkannte Handlungsvollmacht ausgestellt hatten, das schatz- und dienstfreie Kirchengütchen zu Heidkamp. Man nannte es gewöhnlich „Stichsgütchen". Die fürstlichen Räte zu Düsseldorf hatten, da der Herzog Kollator der Gladbacher Kirche war, hierzu ihre Genehmigung erteilt, die urkundlich in der Scheffenkiste zu Bensberg aufbewahrt wurde. — Zugleich überließ der Freiherr aus seinen eigenen Wiesen zu Heidkamp vergleichsweise soviel an die Gladbacher Kirchenwiesen, daß aus dem laufenden Ertrag jene 4 Quard Öl bezahlt werden konnten, die von der Gronauer Mühle alljährlich als Erbrente an die Kirche zu Gladbach gegeben werden mußten[451]).

Noch etwas anderes hatte sich inzwischen zugetragen. Nach dem Tode des Vaters hatten seine Söhne Gottfried von Steinen zu Lerbach und Dietrich von Steinen zu Klein-Vernich den Hof Oberlerbach hypothekarisch belastet, um hinterlassene Verbindlichkeiten aus der Welt zu schaffen. Diesen Hof hatte der Vater jedoch bereits früher ihrer Schwester Gertrud als Heiratsgut überwiesen. Auf deren Einspruch hin setzten sie ihr nun den Gronauer Hof als Pfand ein. Damit erklärte sich auch die noch lebende Mutter, Adriana Margareta von Metternich zu Lerbach, einverstanden, jedoch unter Vorbehalt ihres Erbpachtrechtes. Sie verpachtete von sich aus den Gronauer Hof noch am 21. Februar 1631 an Jan Müllers, der seinen Namen von der Tätigkeit in der Mühle vom Volk erhielt. Jan übernahm die Erbpachtgebühr an die Kellnerei zu Bensberg und zahlte beim Vertragsabschluß den trockenen Weinkauf mit 8 Goldgulden. Zu Neujahr war außerdem immer 1 Goldgulden an die Herrin zu Lerbach fällig. Der Verschleiß der teuren, von Niedermending zu beschaffenden Mühlsteine mußte je Saumesdicke mit 1 Königstaler abgegolten werden. Außerdem lieferte er an Pachtabgaben 40 Malter Roggen, 4 Malter Gerste und 1 Malter Weizen.

Die Freifrau Witwe Adriana Margareta starb im Jahre 1632. Der Gronauer Hof ging an ihre Tochter Gertrud über, die später den Grafen von Ahr heiratete. Für sie ergriff der Notar Johannes Kramer am 3. Juni 1632 in feierlicher Form Besitz vom Hof, worüber eine besondere Urkunde aufgenommen wurde. Der Notar betrat gemeinsam mit

---

[451]) Stadtarchiv Bergisch Gladbach, Hofgerichtsprotokolle des Fronhofs zu Gladbach, S. 237 f.

dem Anwalt der Erbin, „dem Wirt an der holler Wyden" (Holweide) Arnold von Daberkausen, mit ihrem Schwager Dietrich von Mangelmann zu Lürich und dem Düsseldorfer Bürger Johann Ferber zunächst die Mühle. Sie hoben den Deckel des Molterkastens ab, nahmen daraus Korn in ihre Hände und deckten ihn wieder zu. Dann öffneten und schlossen sie alle Türen der Mühle. Danach gingen sie ins Halfenhaus und setzten sich in die Sessel um den Feuerherd, schürzten den Haal (den „Hälhaken", ein über dem offenen Feuer hängendes sägeblattförmiges Eisengerät, an das die Kessel gehängt wurden) und schürten das Feuer. Dann wiesen sie den Gronauer Halfmann Johann Stark und den Müller Jan Müllers an, ihre Pachtabgaben vorbehaltlich der Verpflichtungen an die Kellnerei zu Bensberg nur noch an die Jungfer von Steinen zu leisten. Nun gingen die vier Männer in den Hof und gruben dort Erde auf; sie brachen Zweige von den Bäumen und Sträuchern, schritten von einem Ende zum andern, auch durch den Garten, um durch alle diese Vorgänge uraltem Brauch gemäß, das Besitzrecht, obwohl es eigentlich nur das Erbpachtrecht war, „festzumachen". — Aus diesem Vertrage geht insbesondere auch hervor, daß der eigentliche Hof und die Mahlmühle verschiedene Pächter hatten.

Um diese Zeit hatte das ganze Amt Porz schwer unter den Durchmärschen, den Einquatierungen und Kontributionen zu leiden, die der Dreißigjährige Krieg mit sich brachte, wobei beide sich bekämpfenden Parteien sich in nichts nachstanden. Im Dezember 1636 erhob Gertrud von Steinen auf Drängen ihrer Pächter beim Amtmann Adolf von Katterbach zum Göll (Gaul), der in Herl wohnte, Einspruch dagegen, daß ein Quartiermeister mit seinem Stab in den Gronauer Hof eingelegt werden sollte, ebenso gegen die Belastung mit einer Kontribution. Der Bote und der Schatzheber erhielten sofort den gemessenen Befehl unter Androhung einer Strafe von zehn Goldgulden, den Gronauer Hof freizustellen, da er ein freier Hof war, und sich entsprechend zu verhalten. Später konnten jedoch diese Vorrechte angesichts der allgemeinen Notlage nicht aufrechterhalten werden.

Am 13. Juni 1653 verpachtete die inzwischen Witwe gewordene Erbpächterin Gertrud von Ahr geb. von Steinen zu Pattern in der Eifel Hof und Mühle zu Gronau an Andries Kybbe gegen eine Jahrespacht von 150 Reichstalern, dazu je 2 Viertel Hafer- und Weizenmehl. Wegen der weiten Enfernung wäre eine Leistung hauptsächlich in Naturalien allzu beschwerlich gewesen, während die Abgabe von 10 Maltern Hafer an die Kellnerei in Bensberg bestehen blieb. Als trockener Weinkauf wurden dem neuen Pächter außerdem noch 12$^{1/2}$ Reichstaler auferlegt, außergewöhnliche Belastungen aber, wie Kontributionen, sollte wieder die adlige Herrin tragen.

Nach dem Tode der Gertrud, wahrscheinlich gegen Ende des Jahres 1658, trat jene Vereinbarung im Ehevertrag des jüngeren Gottfried von Steinen vom 19. Oktober 1652 mit Anna Salome von Schaesberg in Kraft, nach der ihm das Gut zu Gronau zufallen sollte. Diesmal vollführte der Kaiserliche Notar Rutger Daniels die althergebrachten Zeremonien bei der Besitzergreifung. Dabei ließ man nun auch das Mühlrad einmal rundlaufen, und das Schütz im Bett der Strunde wurde hochgezogen und wieder herabgelassen. Der fürstliche Gardereiter Peter Kyrdorff bewegte namens des neuen Erbpächters das Wasser in den Mühlendeichen mit der Hand rupfte auf jeder Wiese ein Büschel Gras ab, was der Notar alles sorgsam zu Protokoll nahm.

Am 29. Dezember 1663 wurde der Gronauer Hof auf zwölf Jahre erneut verpachtet an den Mühlenmeister Isaak Becker und seine Gattin Elisabeth Mühlers. Aus diesem Anlaß nahm des Freiherrn juristischer Berater und Vertrauter, der Burggraf Peter Haster von Strauweiler, ein Inventar der Mühleneinrichtung auf, offenbar gewitzigt durch frühere üble Erfahrungen. Den wirtschaftlichen Zeitverhältnissen entsprechend erhöhte sich die jährliche Pachtsumme in bar auf 175 Taler. Immerhin blieb der Pächter auch verpflichtet, zu Ostern zusätzlich ein fettes Schwein oder stattdessen einen Goldgulden, zu Neujahr einen Dukaten und einen Zuckerhut von vier Pfund, dazu zwei der besten Schweine und ein Sümmer Weizenmehl nach dem Haus Scherfen zu liefern; denn die Lerbach hatte Gottfried verkauft.

Im Mai 1666 drängte der Freiherr auf eine Erhöhung der Pachtabgabe. Sie wurde vermutlich damit begründet, daß der Müller einen leistungsfähigeren, fehlerfreien Obermühlstein bekam und auch die Kybbemühle, die nun der Pulverbereitung diente, um zwölf Fuß erweitert worden war. Doch schon kurz danach, am 22. Februar 1667, erscheint Göddert Wistorff als Pächter des Hofes zu Gronau und der zugehörigen beiden Mühlen. Wieder war ein Inventar aufgenommen worden. Im Jahre danach, am Gründonnerstag, dem 29. März — es geschah in der Mittagsstunde zwischen 1 und 2 Uhr — wurden Wohnhaus und Scheune des Gronauer Hofes durch eine schreckliche Feuersbrunst, deren Ausbruch ungeklärt blieb, in Schutt und Asche gelegt. Gottfried von Steinen als Erbpächter und Göddert Wistorff als Pächter schlossen am 6. Juni 1668 eine Vereinbarung, um den Hof gemeinsam wieder aufzurichten. Darin wurden die Stellen im Busch, wo die nötigen Eichen geschlagen und behauen werden sollten, festgelegt. Auch die Regierung des Pfalzgrafen Philipp Wilhelm in Düsseldorf, des eigentlichen Lehnsherren, trug zum Neubau bei. Ein Befehl vom 19. Dezember an den Kellner zu Bensberg bezeichnete die Bauhölzer, die dem „abgebrannten Hause zu Gronau verehrt" wurden.

Während der Bauarbeiten wurde das gesamte Hofgut neu vermessen. Für den Gronauer Hof ergab sich dabei folgender Bestand:

1. Haus und Hof	1 Morgen	1 Viertel	15 Ruten
2. Garten	1 „	1 „	30 „
3. Ackerland	17 „	2 „	15 „
4. Wiese nebst Deßelswiese	16 „	1 „	14½ „
5. Busch mit dem Deßelsbroich, dem Druchfeld und fünf Weihern	57 „	2 „	— „
insgesamt	94 „	— „	36 „

Das Kieppegütchen maß an:

1. Haus und Hof	— Morgen	2 Viertel	— Ruten
2. Garten	— „	2 „	— „
3. Wiese mit Pleißmühle	4 „	2 „	23 „
4. Ackerland	3 „	— „	— „
insgesamt	8 „	2 „	23 „

505

Zu dieser Zeit erwarb Gottfried von Steinen das Kieppegütchen als freies Eigentum. Er erhielt, nachdem seine Pläne, im Scherftal die Hollandsmühle in eine Papiermühle umzuwandeln, gescheitert waren, am 9. Juli 1670 die landesherrliche Konzession zur Errichtung einer solchen hier an der Strunde. Zwar mußte der Gronauer Müller für das Jahr 1672 noch 8 Taler Pacht für das Kybbengütchen an die Kellnerei abführen, aber danach erscheint diese Abgabe nicht mehr in den Rechnungen.

Gegen die Neuanlage der Papiermühle erhoben die Inhaber der älteren Konzessionen im Strundetal vergeblichen Einspruch. Während auf den Gronauer Hofesgründen sich die Bauleute abmühten, regten sich wieder die alten Widerstände gegen den lästigen Mahlzwang an die dortige Mühle. Wieder lehnten sich insbesondere die Bauern aus dem Kirchspiel Herkenrath dagegen auf — nicht mit Unrecht, würden wir heute sagen. Aber damals ließen sich althergebrachte starre Rechtsformen nicht leicht durchbrechen. Die Leute verloren ihre Prozesse, und die Widerspenstigen und Ungehorsamen zahlten mit Ingrimm die ihnen auferlegte Strafe von zehn Goldgulden, wozu sie dem Gronauer Müller noch den durch den Ausfall des Molters erwachsenen Schaden erstatten mußten.

Mit dem 9. Februar 1679 übernahmen die Eheleute Wilhelm Eck aus Gladbach und Margareta Steinstraßer die Pacht der Gronauer Mühle. Sie mußten jährlich 135 Taler zahlen, dazu 1 Pfund Ingwer und 1 Pfund Gengber geben. Gewürzzugaben waren damals allgemein üblich, und sie erleichterten der adligen Herrin die Küche wesentlich. Die übliche Nachschau und Inventaraufnahme wurde diesmal durch den Halfmann Jakob Siegen vom Quadtschen Hofe Iddelsfeld und dem Gladbacher Fronhalfen Johann Dünn vorgenommen.

Gottfried von Steinen, der auch Amtmann von Miselohe war, starb am 6. Dezember 1675, seine Witwe am 19. April 1677. Sein Nachfolger als Herr zur Scherven und Erbpächter des Gronauer Hofes wurde Adrian Bertram von Steinen. Als Herzog Johann Wilhelm in den Jahren 1685 und 1686 zweimal nach Wien reiste und sich in seinen Geldnöten an Städte und Adel wandte, lieh ihm auch Adrian Bertram 400 Reichstaler, für deren Zinsen er die 10 Malter Roggen zu je 2 Reichstaler aus der Gronauer Mühle verschrieb. Der Freiherr starb am 9. Januar 1695 auf einer Reise zu Burstatt am Main.

Die Witwe Wilhelm Ecks behielt nach seinem Tode die Pacht der Mühle bei. Mit ihrem zweiten Manne Andreas Hebborn wurde der Pachtvertrag am 5. Mai 1696 auf sechs Jahre erneuert. Er zahlte jährlich an Nikolaus Wolfgang Freiherrn von Steinen, den neuen Erbpachtherrn zu Scherfen, 160 Taler an Pacht. Dazu kamen noch an Abgaben: die beiden besten mit Eckern gemästeten Schweine, ein feister Hammel, ein feistes Kalb, 1 Dukaten zu Neujahr, 6 Pfund Kanarienzucker, 8 Lot Muskatnuß, 8 Lot Muskatblume, 8 Lot Kaneel (Zimt), 8 Lot Muskatnägel und 1 Sümmer Weizenmehl. Auch mußte der Pächter die hergebrachten 10 Malter Roggen an die Kellnerei nach Bensberg liefern, wozu noch 7 Gulden hinzugetreten waren. Demnach hatte der Herzog seine Schuld zurückbezahlt.

In einem Einwohnerverzeichnis von 1700 wird Andreß in der Gronawermüllen genannt, in einem solchen von 1730 dagegen Gerhardus Urbanus Kiesel. Inzwischen war der eigentliche Gronauer Hof mit der Wirtschaft in das Eigentum des Hans Peter Driesch übergegangen und durch dessen Witwe Elisabeth Schmalzgrüber 1705 an ihren zweiten Mann Henrich Bützler, den Hofschultheißen im Fronhof und Bach- und Waldschultheißen von Strunderbach und -Gemark. Als dann im Jahre 1754 der Bützlersche Besitz geteilt wurde, ging der Gronauer Hof an die Erbgenahmen Steinkrüger über. Bützlers Tochter Maria Katharina hatte nämlich den Gladbacher Müller Anton Steinkrüger geheiratet, und deren Tochter Elisabeth wiederum ging 1756 die Ehe mit dem Gladbacher Fronhalfen Johann Heinrich Guthaire ein. Im Hebbuch von 1758/59 wird er als Eigentümer benannt. Sein Pächter war Dierich Schmitz. Der Hof war recht klein geworden; er hatte nur mehr 6 Morgen 2 Viertel Ackerland, 1 Morgen Garten, 2 Viertel Wiesen, 2 Viertel Büsche und 1 Morgen Weiher, insgesamt also 19 Morgen 2 Viertel, und zahlte an Schatz jährlich 10 Reichstaler 5 Albus. Offenbar mußte die Wirtschaft die Haupteinnahme bringen. Im Jahre 1781 zog dann die Eigentümerin, die verwitwete Fronhalferin Elisabeth Steinkrüger, nachdem sie 1775 den Johann Gerhard Servos aus dem Hebborner Wirtshaus geheiratet hatte, mit diesem selber in den Gronauer Hof ein. Dort starb der Wirt Servos 1806, die Gattin 1815. Sie hatten den Hof vorher ihrer Tochter Anna Maria Guthaire und deren Ehemann Friedrich Siegen vermacht, denen er 1809 gehörte, die ihn dann aber, da sie selber den Fronhof bewirtschafteten, als Heiratsgut an ihre Tochter Anna Gertrud Siegen überließen, als diese 1809 mit dem tatkräftigen Urban Odenthal aus der Gladbacher Mühle die Ehe einging.

Die Gronauer Mühle hingegen blieb auch weiterhin im Erbpachtbesitz der Freiherren von Steinen. Sie wird 1757/58 unter den „gewinn- und gewerbgebenden" Gütern der Honschaft Gronau immer noch als „Kurfürstliche Mahlmühl, dem Freiherrn von Steinen pfandweis gehörig" und mit dem Pächter Gerhard Kießel aufgeführt. Zur Mühle gehörten 24 Morgen Ackerland, 2 Morgen 2 Viertel Garten, 10 Morgen 2 Viertel Wiesen, 50 Morgen Büsche und 2 Morgen Weiher, insgesamt 89 Morgen; sie waren zum Schatz veranschlagt mit 12 Reichstalern 29 Albus. Auch das Kippen-Gut gehörte zu dieser Zeit noch den Freiherren von Steinen und zahlte 3 Reichstaler 64 Albus. Sein Land war bei der Mühle eingerechnet.

Nachdem das Geschlecht der Freiherren von Steinen mit Johann Wilhelm Wolfgang von Steinen, der sich am 18. März 1741 mit der Freiin Maria Charlotte von Bernsau aus Schweinheim, condomina in Christberg, vermählt hatte, im Mannesstamm erloschen war, teilten ihre vier noch lebenden Töchter um 1804 den gesamten Besitz. Während Scherfen an Karolina verwitwete Freifrau von Forstmeister zu Gelnhausen überging, Kippinghausen an die Erben Siegen verkauft wurde, erhielt die verwitwete Freifrau Odilia von Wassenaar (geb. am 2. September 1743 in Köln) den Erbpachtbesitz in Gronau. Sie war 1809 und noch 1827 bei Anlegung des Urkatasters im Besitz. Ihr Pächter war 1809 Johann Hölzer. Von ihr erbte ihre Tochter Clementina Augusta von Wassenaar, die mit dem Freiherrn Maximilian von Geyr vermählt war, die Gronauer Mühle. Deren Tochter wiederum war die Freiin Karolina Josefina Franziska Odilia Johanna Nepomuka Walburga von Geyr-Schweppenburg, die Gattin des Grafen Edmund zu Renesse-Bürresheim in Mayen (gest. in Bonn am 19. November 1869), der die Mühle durch Teilungsakt vom 19. Dezember 1857 vor dem Notar Schüller in Bonn als Erbe zugesprochen wurde. Damals gehörten zur Gronauer Mühle rund 121 Morgen, darunter die Lange Wiesen, die Schlemmerwiese, das Kleine Wiesgen und der Gronauer Mühlenbusch. Der Bevollmächtigte der Gräfin war ihr Pächter Josef Linder zu Hoferhof bei Overath.

Nach dem Tode der Gräfin am 15. Februar 1892 in Bonn erhielt der Freiherr Josef von Geyr-Schweppenburg die Mühle. Er stand 1896/97 als Sekondeleutnant bei dem Husaren-Regiment König Wilhelm 1. in Bonn und verkaufte 1897 das Besitztum in Gronau an den Fabrikanten Richard Zanders auf Haus Lerbach, von dem es nach seinem Tode am 28. März 1906 an seine Witwe Anna geb. von Siemens überging. Die Mühle wurde 1904 niedergelegt — an ihrer Stelle erhebt sich heute das Geschäftshaus Höller — das gesamte Land parzelliert und der Gronauer Wald insbesondere für eine vorbildliche und weithin bekanntgewordene Gartensiedlung zur Verfügung gestellt.

Nur das Gronauer Kreuz hält die Erinnerung an die Mühle und ein Stück rheinisch-bergischer Adelsgeschichte hier fest. Das uralte Holzkreuz wurde im Jahre 1875 in Stein erneuert und trägt die Inschrift: „Errichtet 1875 von Gräfin Carolina von Reneße-Bürresheim geb. Freiin von v. Geyr-Schweppenburg z. Andenken an ihren Gemahl Graf Edmund v. Reneße, geb. den 14. Juni 1804, gest. den 19. November 1869". Das Kreuz wurde 1930 mit dem Ergebnis einer Sammlung restauriert und einige Meter von seinem Platz dicht am Bach abgerückt.

Anfangs der 1820er Jahre wurde die Gronauer Mühle in eine Farbholzmühle umgewandelt, und als Pächter folgten auf die Familie Hölzer die Eheleute Johann Lucas und Elisabeth Neuhöffer aus Herkenrath. Im Alter von 75 Jahren starb er am 23. Januar 1842; am 15. März 1851 folgte ihm die Gattin. Nun blieben ihre Kinder, drei Söhne und zwei Töchter, alle unverheiratet, in der Mühle und betrieben nebenher auch die Ackerschaft. Als letzte von ihnen starben Peter, der Beigeordneter, jedoch als Original noch berühmter geworden war, am 2. März 1886 und Margarete am 15. März danach. Auf dem Gronauer Hofe konnte die Ackerwirtschaft nebst der Schenkwirtschaft allein dem rührigen Urban Odenthal nicht genügen. Er betrieb dazu noch eine Bäckerei und einen Spezereiladen (Kolonialwaren), mit den Papierfabrikanten Gebrüder Fues von der Gohrsmühle gemeinsam auch einen Kalkofen. Eine Zeitlang hatte er auch die Gronauer Mühle in Pacht. Er betätigte sich in hervorragender Weise im öffentlichen Leben und wurde schon 1821 Gemeindeschöffe. Seine Frau starb am 26. Juni 1843, er selbst, nachdem er 1852 noch Beigeordneter geworden war, am 16. November 1858.

Nun erbte Urbans Sohn Johann J a k o b (geb. am 25. August 1810) den Gronauer Hof, der sich 1852 mit Anna Maria Hubertina Thurn (geb. am 30. April 1827 in Mülheim am Rhein) vermählt hatte. Mit ihm blieben auch seine Brüder F r i e d r i c h Urban Alexander und Johann W i l h e l m (geb. am 11. Juni 1820) auf dem Hof. Jakob erbaute am Gronauer Mühlenweg eine Brennerei und pachtete auch nach dem Tode der Geschwister Lucas die Mühle. Zudem betrieb er im Buchholz Kalkbrennerei. Alle diese Geschäfte hinderten ihn nicht, viele Ehrenämter zu bekleiden. Insbesondere war er von 1847 bis 1857 und von 1858 bis 1878 Beigeordneter. Er starb am 9. Februar 1891, seine Gattin am 15. Juni 1901. Sein Bruder Wilhelm, der unverheiratet blieb, überlebte beide bis zum 4. April 1906.

Jakobs Sohn Johann, geboren am 28. Juni 1860, stand dem Vater nicht nach. Er führte am 19. Mai 1885 Anna Maria Hubertina Krein (geb. am 9. Juli 1858) von der Steingasse im Strundorf zum Altar. Er gab die Ackerschaft nebst der Gastwirtschaft an den Bauer Anton Dahl aus Paffrath in Pacht, dem später der Sohn Wilhelm Dahl folgte, und behielt nur die Mühlenpacht und die Brennerei für sich. Er wohnte selbst in einem gemieteten Hause am Gronauer Mühlenweg. Als im Jahre 1906 die elektrische Vorortbahn eröffnet wurde, verlegte Johann Odenthal die Gastwirtschaft aus dem Gronauer Hof in ein neu erbautes Haus Ecke Richard-Zanders-Straße und verpachtete sie an den Wirt Heinrich Löhr. Nach dem Abbruch der Mühle, in der er zuletzt immer noch Farbholz und Getreide mahlen ließ, zog Johann Odenthal nach 1904 in sein neu errichtetes Landhaus „Marienhof" jenseits der Mülheimer Landstraße und lebte fortan zur Hauptsache seinen Ehrenämtern.

Johann Odenthal war schon 1895 Stadtverordneter und 1909 Beigeordneter der Stadt Bergisch Gladbach geworden und wurde schließlich am 8. Januar 1921 zum Bürgermeister gewählt. Außerdem gehörte er dem Kreistag, dem Kreisausschuß und dem Provinziallandtag an. Am 1. Oktober 1928 trat er in den Ruhestand, den er in Gronau verlebte. Er starb am 21. März 1936 zu Werl i. W. im Hause seiner Tochter und wurde auf dem Heimatfriedhof bestattet. Seine Gattin war ihm am 21. Mai 1929 im Tode vorangegangen.

Johanns Sohn Jakob Odenthal, geboren am 26. April 1886, wurde Erbe des Gronauer Besitzes. Er studierte die Rechte und vermählte sich am 17. Januar 1917 mit Klara Bartz. Vom Jahre 1922 bis zum Jahre 1946 war er Landrat in Kempen und starb dort im Ruhestande am 27. September 1954. Auch er fand seine letzte Ruhestätte in der Vaterstadt. Inzwischen ist der Gronauer Hof in allen seinen Teilstücken weiter veräußert, zersplittert und verändert worden und der stürmischen Entwicklung der neuen Zeit zum Opfer gefallen. Doch immer noch steht der Fachwerkbau vom Jahre 1668, durch die neue hohe Straße und nebenan gebaute Tankstelle in die Tiefe und in die Enge gedrückt. Eine tausendjährige Hofgeschichte versinkt hier förmlich im Sinne des Wortes, aufgefressen von der Unrast der Menschen [452]).

---

[452]) Quellen: Kopiarband im Archiv von Weichs, Rösberg. — Vgl. Ferdinand Schmitz, Der Gronauer Hof zu Bergisch Gladbach in: Ruhmreiche Berge 1941, 1. — A. Jux, Das Gronauer Kreuz in: Rheinisch-Bergisches Kreisblatt Nr 99 v. 2. 5. 1939. — Ders., Lucas Pitter, Bergischer Heimatkalender 1934, S. 66 ff.

F. QUELLEN UND LITERATUR [453]

I. UNGEDRUCKTE QUELLEN

Staatsarchiv Düsseldorf (= StA Düsseldorf)
1. Bestand Herrenstrunden. Damit sind die Bestände der angegliederten Kommenden Burg, Solingen, Düren, Velden, Duisburg und Walsum vereinigt.
   a) Urkunden (= U) mit Repititorium [454].
   b) Membra (= M).
      Nr 1. Inventarien 1605—1804.
      Nr 12a Igeler Hof, Pachtbrief 1643—1802 (fehlt).
      Nr 21. Rommerscheider Hof, bis 1802.
      Nr 27. Büsche, Visitationsprotokolle.
      Nr 31. Mühlen, Eisenhämmer, Kanäle.

2. Großherzogtum Berg (= GHB).
   Finanzministerium V, Domänen B.

3. Generalgouvernement Berg (= GGB).

4. Bergische Gerichte (= BG).
   Porz, 27. Nutzung des Strunder Baches 1785.

5. Jülich-Berg II, 2378, 2384 Erbhuldigungen.
   2408, Eventual-Erbhuldigung.
   III, 2649, Hofgericht-Lehngüter.
   IV, 559, Heeb-Buch des Bottambts Gladbach und Bottambts Herckenrath, Drittere Conscription, Anno 1758 anfangend.
   V, 23, Jagdrecht.
   V, 1112, Gladbacher Fronhof.
   Hofkammer, Amt Porz-Bensberg Nr 1.
   Kellnerei Porz.

6. Regierung Köln (= RK).
   Nr 779, Brücker Gemark.
   Nr 780, Teilung der Brücker Gemark 1821.
   Nr 781a, Forstgerechtsame Königsforst und Brücker Gemark.
   Nr 4128, Gladbacher Fronhofszehnte.
   Nr 4182, Fronhof zu Gladbach.
   Nr 4215, Gladbacher Pastoratszehnte.
   Nr 4216, Prozeßakten, Fronhof Gladbach.
   Nr 4307, Rommerscheider Hof 1821—1832.

Archiv des Erzbistums Köln (= AEK).
Historisches Archiv der Stadt Köln.

---

[453] Das Quellen- und Literaturverzeichnis war dem Manuskript des Verfasser nicht beigefügt. Es wurde aus den im Text erscheinenden Zitaten zusammengestellt. Dort finden sich zudem weitere Literaturhinweise in den Anmerkungen.
[454] Vgl. A. Jux, Kommende Herrenstrunden.

Domstift Akten, Hofgerichts-Protokolle, Band I.
Domstift Akten 97, Band I u. II, Blatt 311, 131, 25, Hofgerichtsprotokolle Paffrath; Sammlg. Fahne, Fol. 131, 5.
Nr 1119, Nachlaß Hillmann.

Fürstliches Archiv von der Leyen, Schloß Waal (Schwaben).
Nr 3127, Protokolle des Bachgedings zu Iddelsfeld.
Nr 3177, Kontributionen in Paffrath—1630.
Nr 3209.

Gräflich Wolff Metternichsches Archiv Schloß Vinsebeck i. W.
N^2I 4^2, Kriegsdienste.
O^1I 3^1, Lerbach.
O^1I 3^2, Scherfen, Lehnsachen.
V^1II 2^2.

Archiv Freiherr von Weichs, Schloß Roesberg.
U 42, Hebborner Zehnte.
U 102,
Akten 159, Fronhöfe und Erbpächter.
Akten 171,
Akten 177, Lerbach.

Archiv Graf Mirbach, Schloß Harff.
U 40, Gierath.

Stadtarchiv Bergisch Gladbach
A 5, Nomerliste Gemeinde Paffrath.
A 76, Haus Lerbach.
A 131, Verkehrswesen.
A 175, Strunde.
A 177,
A 188, Hebborner Hof.
A 324, Kriegsdrangsale — 1758.
A 326, Kriegslasten — 1797.
B 6, Häuseraufnahme 1809.
B 44, Gesundheitswesen.
C 189, Gladbacher Pastoratszehnte.
C 190, Paffrather Zehntpflicht.

Personenstandsarchiv Nordrhein. Schloß Brühl.
Standesregister Bergisch Gladbach und Bensberg, Kirchenbücher der Pfarre Herkenrath, Paffrath, Sand und der evangelischen Pfarre Bergisch Gladbach.

Pfarr-Archiv (= PfA.) Herrenstrunden.
Bergisch Gladbach, Lagerbuch der Kirche St. Laurentius 1595.

Privatarchive: Direktor Landwehr †, Bergisch Gladbach, Familie Lautz, Haus Hebborn; Landrat Jakob Odenthal, Kempen.
Landrat Jakob Odenthal, Kempen.

Totenzettel. Sie befinden sich in der Sammlung des Verfassers.

II. LITERATUR

Annalen des Historischen Vereins für den Niederrhein. Köln 1855 ff., Düsseldorf 1926 ff.
Beiträge zur Geschichte des Niederrheins (Jahrbücher des Düsseldorfer Geschichtsvereins), Düsseldorf 1886 ff.
Below, G. v., Landtagsakten von Jülich-Berg 1400—1610. II Bde, Düsseldorf 1907.
Bendel, J., Heimatbuch des Landkreises Mülheim a. Rhein, 2. u. 3. Aufl., Köln-Mülheim 1925.
Bonner Jahrbücher, Bonn 1842 ff.
Bergischer Kalender. Bergisch Gladbach 1920—1933; 1950 ff. — Hoffnungsthal 1934—1936.
Binterim u. Mooren (neu bearbeitet von Dr. Alb. Mooren), Die Erzdiözese Köln im Mittelalter, 2 Bde., Düsseldorf 1892.
Brandts, R., Mönchen Gladbach. Aus Geschichte und Kultur einer rheinischen Stadt, Mönchen Gladbach 1954.
Brasse, E., Geschichte der Stadt und Abtei Gladbach, 2 Bde., u. 1 Urkundenband, Mönchen Gladbach 1914/22.
Bützler, H., Geschichte von Kalk und Umgebung, Köln 1910.
Clemen, P., Die Kunstdenkmäler des Kreises Bergheim, Düsseldorf 1899.
— u. Renard, E., Die Kunstdenkmäler des Kreises Mülheim a. Rh., Düsseldorf 1901.
Cloot, J., Zur Geschichte der Unterherrschaft Gladbach im Neffeltal, Düren 1933.
Dittmaier, H., Siedlungsnamen und Siedlungsgeschichte des Bergischen Landes, Neustadt a. d. Aisch 1956.
Dobisch, W., Das Neue Schloß in Bensberg, Zeitschrift des Rhein. Vereins f. Denkmalpflege u. Heimatschutz 1938.
Dösseler, E., Westfalen und Köln (Jahrbuch des Kölnischen Geschichtsvereins 1936).
Eckerts, G., Weisthum von Paffrath (Kreis Mülheim), Köln 1864.
Engels, W.: Die bergischen Gemarken, Zeitschrift d. Bergischen Geschichtsvereins, 70, Wuppertal-Elberfeld 1945.
Fabricius, W., Erläuterungen zum Historischen Atlas der Rheinprovinz, Bonn 1909.
Fahne, A., Denkmale und Ahnentafeln in Rheinland und Westfalen, Düsseldorf 1878.
— Geschichte der Kölnischen, Jülichschen und Bergischen Geschlechter, Köln 1848.
— Die Landwehr von Velbert bis Schloß Landsberg und von Barmen nach Hückeswagen, Zeitschrift des Bergischen Geschichtsvereins, 14, Bonn 1878.
Festschrift zum 50 jährigen Stadtjubiläum, Bergisch Gladbach 1906.
Fliegel, G., Die Kalkmulde von Paffrath, Jahrbuch der Preuß. Geolog. Landesanstalt, 43, Berlin 1923.
Führer für Bergisch Gladbach und Umgebung. Köln 1904.
Frielingsdorf, R., Aus der Chronik der Pfarre St. Laurentius, Bergisch Gladbach 1939.
Galéra, v., Der Sommerfeldzug an Rhein und Wupper 1628, Romerike Berge, 8, 2.
Gertner, A.: Bensberg und sein Kadettenhaus, Siegen 1862.
Göring, P., u. vom Berg, C., Mitteilungen aus den Aktenresten der bergischen Obergerichte, Düsseldorf 1897.
Hagen, J., Römerstraßen der Rheinprovinz, Bonn 1931.
Handbuch der Erzdiözese Köln, Köln 1827 ff.
Harleß, W., Schloß Bensberg, Köln 1873.
— Die Erkundigung über die Gerichtsverfassung im Herzogtum Berg vom Jahr 1555, Zeitschrift des Bergischen Geschichtsvereins, 20, Bonn 1885.
Hartgenbusch, P., Mein Dorf, Köln 1936.
Heinrichs, Fr., Leichlinger Heimatbuch.
Heinrichs, P. J., Geschichte des Bergischen Landes, Köln 1890.
Hettinger, H., Beiträge zur Geschichte Urbachs, Porz.

Ämter-Gliederung im Herzogtum Berg in vornapoleonischer Zeit (Grenzen gepunktet). Ausschnitt aus einer Karte des Bergischen Landes von J. P. Homanno, Nürnberg.

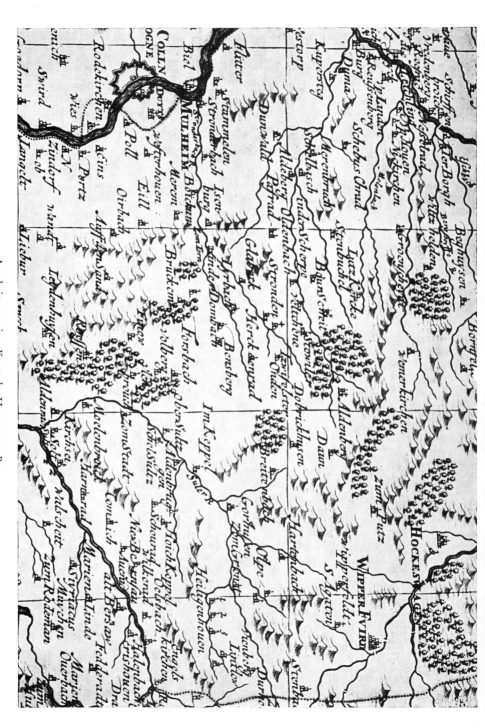

Ausschnitt aus einer Karte des Herzogtums Berg.
Von S. Sanson, Paris 1692.

Alte Kirche Sand nach einem Gemälde von C. L. Fahrbach 1889

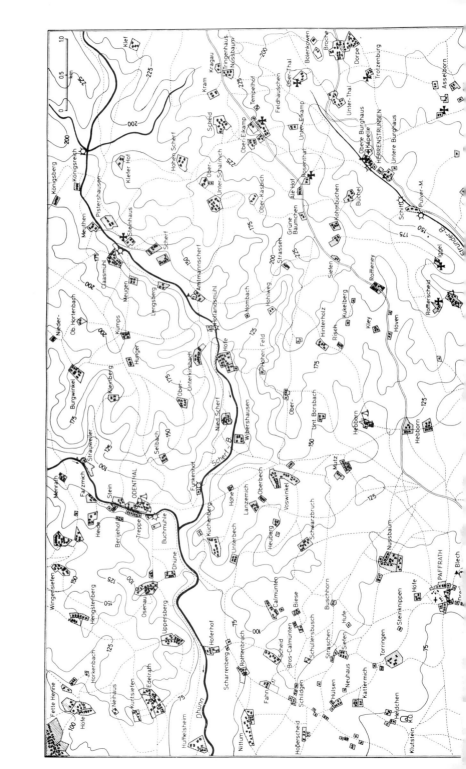

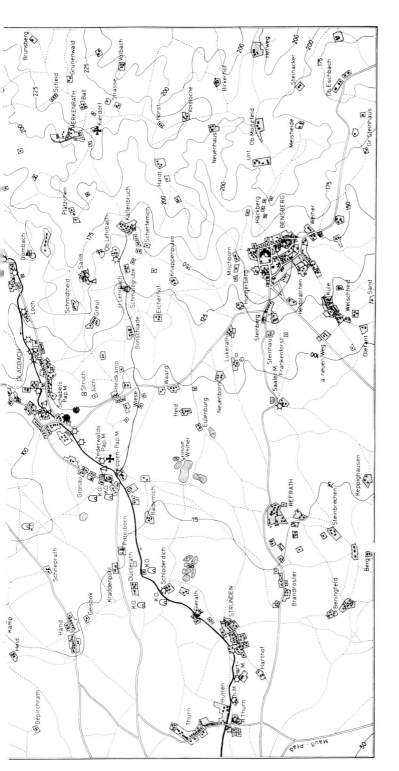

Kirchen, Höfe, Mühlen und Kalköfen, sowie das Verkehrsnetz im Botenamt Gladbach zu Beginn der preußischen Zeit.

Ilgen, Th., Rheinisches Archiv I. (In: Westdeutsche Zeitschrift für Kunst, Ergänzungsheft 2, Trier 1885.)
Jahrbücher des Rheinisch Bergischen Kreises, Hoffnungsthal 1937—1939.
Jux, A., Hof und Geschlecht Ommerborn, Bergisch Gladbach 1927.
— Wie die Familie Kirch von Wipperfeld nach Bergisch Gladbach kam, Guten Abend 1928, 17.
— Als die Sippe Unterbusch am Neuborn saß, Bergischer Kalender 1936.
— Die Gladbacher Mühle, Aufstieg und Ende, Rheinisch-Bergisches Kreisblatt vom 4. 2. 1937.
— Die Wappen des Rheinisch-Bergischen Kreises, Jahrbuch des Rheinisch-Bergischen Kreises, Hoffnungsthal 1938.
— Landessteuern eines Paffrather Hofes 1710—1770, Rheinisch-Bergisches Kreisblatt vom 13. 2. 1943.
— Geschichte der Lützenkirchener Schützenbruderschaft, Rheinische Post, Düsseldorf 1950.
— Um das Alter der Pfarre Sand, Zwischen Wipper und Rhein, 1, 1952.
— Geschichte der Hirsch-Apotheke in Bergisch Gladbach, Bergisch Gladbach 1954.
— Das KK. Hauptarmeespital in Bensberg und der Kaiserliche Kirchhof, Wuppertal 1955.
— Das Ortsbild Bergisch Gladbachs um das Jahr 1800, Bergisch Gladbach 1956. (In: 100 Jahre Stadt Bergisch Gladbach.)
— Bergisch Gladbach im Wandel der Zeiten. (In: 100 Jahre Stadt Bergisch Gladbach.)
— Die Johanniter-Kommende Herrenstrunden, Heimatschriften der Stadt Bergisch Gladbach, 2, 1956.
— Der Bergisch Gladbacher Stadtrat Theodor Rodenbach, Romerike Berge, 1, Neustadt a. d. Aisch, 1958.
— u. Kühlheim, J., Heimatbuch der Gemeinde Hohkeppel zur Jahrtausendfeier 958—1958, Hohkeppel 1958.
Jux, U., Stratigraphie, Faziesentwicklung und Tektonik des jüngeren Devons in der Bergisch Gladbach-Paffrather Mulde, Neues Jahrbuch f. Geologie u. Paläontologie, Abhandlungen, 102, 3, Stuttgart 1955.
— Über Alter und Entstehung von Decksand und Löß, Dünen und Windschliffen an den Randhöhen des Bergischen Landes östl. von Köln, Neues Jahrbuch f. Geologie u. Paläontologie, Abhandlungen, 104, 2, Stuttgart 1955.
— Zur Geologie des Bergisch Gladbacher Raumes. (In: 100 Jahre Stadt Bergisch Gladbach.)
Kerper, F., Kleine Heimatkunde des Kreises Mülheim a. Rh., 2. Aufl., Bielefeld 1888.
Knetschke, E. H., Neues Allgemeines Deutsches Adelslexikon (Neudruck), Leipzig 1950.
Lacomblet, Th. J., Archiv für die Geschichte des Niederrheins, 7 Bde., Düsseldorf 1831—1862, Köln 1867—1869.
— Urkundenbuch für die Geschichte des Niederrhein, 4 Bde., Düsseldorf 1840—1858 (= Lac. U. B.)
Lenzen, Beyträge zur Statistik des Herzogthumes Berg, Düsseldorf 1802.
Lohmann, F. W., u. Janssen, J., Der Weltklerus in den Kölner Erzbistumsprotokollen 1661—1823, Köln 1935.
Lung, W., Bergisch Gladbach und das Bergische Land in vorgeschichtlicher Zeit. (In: 100 Jahre Stadt Bergisch Gladbach, 1956.)
Maaßen, G. H. Chr., Geschichte der Pfarreien des Dekanates Königswinter, Köln 1890.
Marschall, A., Narr, K. J. u. Uslar, R. v., Die vor- und frühgeschichtliche Besiedlung des Bergischen Landes, Zeitschrift des Bergischen Geschichtsvereins 1954.
Mering, F. E. v., Geschichte der Burgen, Rittergüter, Abteien, Klöster usw., 12 H., Köln 1833 bis 1861.
Monatsschrift des Bergischen Geschichtsvereins, Elberfeld 1898—1920 (= MBGV).
Mosler, H., Urkundenbuch der Abtei Altenberg, 1. Bd. Bonn 1912, 2. Bd. Düsseldorf 1955.
Müller, Äg., Die Johanniterkommenden zu Burg und Herrenstrunden, Monatsschrift des Bergischen Geschichtsvereins, Elberfeld 1896.
— Zweiffelstrunden, ebenda 1906.
Norrenberg, P., Geschichte der Pfarreien des Dekanates Mönchen Gladbach, Köln 1889.

Oediger, Fr. W., Das Staatsarchiv Düsseldorf usw. Bestände, Bd. 1, Landes- u. Gerichtsarchive, Siegburg 1957.
Oligschläger, F. W., Spuren von Römerstraßen im Gebiet des Kreises Mülheim a. Rh., Bonner Jahrbücher, 5, 1844.
— Die Deutung alter Ortsnamen am Mittel- und Niederrhein, Annalen, 21, Köln 1870.
Olligs, H., Lülsdorf am Rhein, Lülsdorf 1952.
Opladen, P., Die Geschichte der Pfarre Bensberg, Bergisch Gladbach 1946.
— Das Dekanat Wipperfürth. (In: Geschichte der Pfarreien der Erzdiözese Köln), Siegburg 1955.
Oppermann, O., Rheinische Urkundenstudien I, Bonn 1922.
Ramackers, J., Die rhein. Aufmarschstraßen in den Sachsenkriegen Karls des Großen, Annalen, 142—143, Düsseldorf 1943.
Redlich, O. R., Jülich-Bergische Kirchenpolitik II, 2, Bonn 1915.
Rehse, L., Geschichte der evangelischen Gemeinde Bergisch Gladbach, Bergisch Gladbach 1900.
Renard, E., Die Kunstdenkmäler des Siegkreises, Düsseldorf 1907.
Ruhmreiche Berge (bis 1927: Guten Abend), Heimatbeilage der Rheinisch-Bergischen Zeitung, Bergisch Gladbach 1927—1941, der Bergischen Landeszeitung 1950).
Rutt, Th., u. Zepp, J., Heimatchronik des Rheinisch-Bergischen Kreises, Köln 1953.
Schell, O., Bergische Sagen, 2. Aufl., Elberfeld 1922.
Schmitz, F., Das Meßbuch zu Paffrath, Köln 1909.
— Die Papiermühlen und Papiermacher des bergischen Strundertales, Bergisch Gladbach 1921.
— Etwas vom alten Gladbach, Bergisch Gladbacher Volkszeitung Nr 142, 21. 6. 1923, u. Bergischer Kalender 1925.
— Bergisch Gladbach, Anbau-Verlag Berlin 1926.
— Zur älteren Ortsgeschichte von Bergisch Gladbach, Bergische Heimat, 3, Ronsdorf 1928.
— Der Gronauer Hof, Ruhmreiche Berge, 1, Bergisch Gladbach 1941.
— Zur Geschichte des Rittersitzes Dombach, Ruhmreiche Berge, 2, Bergisch Gladbach 1941.
Schönneshöfer, B., Geschichte des Bergischen Landes, 2. Aufl., Elberfeld 1908.
Vogts, H., Die Mülheimer Altstadt i. d. letzten 150 Jahren bergischer Herrschaft, Jahrbuch des Kölner Geschichtsvereins, 26, Köln 1951.
Zeitschrift des Bergischen Geschichtsvereins, Bonn 1863 ff., Elberfeld (Wuppertal) 1891 ff.
Zeitschrift für Kirchengeschichte, Gotha, Jahrgänge 1884, 1900.
Zierenberg, B., Pfalzgraf Johann Kasimir und seine Beziehungen zum Kölnischen Kriege, Dissertation, Münster 1918.
Zimmermann, P., Feldzüge der Bergischen Truppen in Spanien und Rußland (2. Aufl.), Düsseldorf 1842.
Zuccalmaglio, V. v., Geschichte und Beschreibung der Stadt und des Kreises Mülheim a. Rh., Köln 1846.
— Die Vorzeit der Länder Cleve-Mark, Jülich-Berg und Westphalen. 1. Bd. Solingen u. Gummersbach 1837. — 2. Aufl. 2 Bde., Elberfeld 1870.
Zeitungen. Es wurden u. a. benutzt: Rheinisch Bergische Zeitung, Bergisch Gladbach 1927, 1928.
— Bergische Landeszeitung 1930, 1932, 1933—1936, 1938, 1940, 1941. — Kölner Stadtanzeiger 1955. — Solinger Tageblatt, Beilage Die Heimat, 1926. — Großherzoglich-Bergische Wöchentliche Nachrichten, 1807.

INHALTSVERZEICHNIS

Zur Einführung	10
A. Die erdgeschichtliche Entwicklung und die Vor- und Frühgeschichte des Bergisch Gladbacher Raumes	12
I. Die erdgeschichtliche Entwicklung	12
II. Die Vor- und Frühgeschichte	15
B. Zur Siedlungsgeschichte	19
I. Die Streusiedlung	19
II. Die Siedlungsnamen	22
III. Die Huldigungslisten von 1666 und 1731	35
a. Die Erbhuldigung 1666	35
1) Honschafft Koenboecken	36
2) Honschafft Paffrath	36
3) Honschafft Gladbach	37
4) Honschaft Gronawen	38
5) Honschaft Sandt	38
b. Die Eventual-Erbhuldigung 1731	39
1) Hondtschaft Kohnbuchen	39
2) Hondtschaft Paffrath	40
3) Gladbach	40
4) Gronaw	41
5) Sandt	41
C. Das Botenamt Gladbach im bergischen politischen Geschichtsablauf	42
I. Irrwege in der Erforschung der Bergisch Gladbacher Geschichte	42
II. Das altbergische Amt Porz (Bensberg) und das Verwaltungswesen	46
III. Münzen, Maße und Gewichte in bergischer Zeit	47
IV. Das bergische Steuerwesen	49
a. Das Hebbuch des Botenamts Gladbach vom Jahre 1758/59	54
1) Honschaft Kohnbüchen	54
2) Honschaft Pafferath	61
3) Honschaft Gladbach	67
4) Honschaft Gronaw	72
5) Honschaft Sand	75
6) Aus dem Hebbuch des Botenamts Herkenrath	79
Honschaft Dürscheid	79
Honschaft Herkenrath	80
Honschaft Bensberg	80

	b.	Die Häuseraufnahme vom Jahre 1809	80
		1) Honschaft Gladbach	80
		2) Honschaft Gronau	82
		3) Honschaft Kohnbüchen	84
		4) Honschaft Sand	85
		5) Honschaft Paffrath	85
V.	Das Verkehrswesen	88
VI.	Das Gesundheitswesen	96
VII.	Kriegsdrangsale	100

D. Das Botenamt im bergischen Gerichtswesen 125

    I. Das Hauptgericht in Porz und das Landgericht in Bensberg 125

        a. Übersicht der zuständigen Gerichte 125
        b. Amtmänner von Porz 130
        c. Schultheißen des Amtes Porz (Bensberg) 131
        d. Kellner zu Porz — Bensberg 133

    II. Die Hofgerichte des Botenamtes 133

        a. Der herzogliche Fronhof in Gladbach und sein Hofgericht 133

            1) Die Gründung des Fronhofs und seine Erbpächter 133
            2) Die Vermessung des Fronhofs im Jahre 1765 144
            3) Das Gladbacher Fronhofsgericht 152
            4) Das Erbungsbuch von 1582 bis 1618 155

                Allgemeine Übersicht 155
                Die Gerichtspersonen 157
                Schultheißen 157
                Scheffen 157
                Gerichtsschreiber 158
                Boten 158
                Vor Gericht auftretende oder genannte Personen 158

                α Geistliche 158
                β Küster zu Gladbach 158
                γ Kirchmeister zu Gladbach 159
                δ Angehörige des Adels und Beamte 159
                ε Bürger der Stadt Köln 159
                ζ Einwohner der Stadt Mülheim 160
                η Einwohner von Deutz und Poll 160
                ϑ Einwohner der Botenämter Merheim, Flittard und Porz 160
                ι Aus dem linksrheinischen Gebiete 161
                κ Berufstätige 161
                λ Die übrigen Namen 162

            5) Der Gladbacher Fronhofszehnte 173

                Übersicht 173
                Spezificatio derenjenigen Güteren und Ländereien, welche in den Cameral-Fronhof zu Gladbach zehnbar seind 174
                Die Verpachtung des Zehnten nach der Zersplitterung des Fronhofs ... 190

6) Die Ablösung des „Domanialzehnten" 1838—1878 197
7) Der Gladbacher Pastoratszehnte zu Lasten des Fronhofs und Dünnhofs 202
8) Die Brücker Gemark und der Schluchter Wald 204

b. Der domkapitularische Fronhof in Paffrath und sein Hofgericht 213
   1) Zur Entstehung des Paffrather Fronhofs 213
   2) Der Paffrather Fronhof als Pachtgut 217
   3) Die Paffrather Lehngüter und das Lehnrecht 220
   4) Das Weistum des Hofgerichts zu Paffrath vom Jahre 1454 222
   5) Die Lehngüter im Jahre 1675 228
      Paffrather Lehenleut 228
      Lehenleute Amts Misenlohe und Eingesessene des Kirchspiels Lützenkirchen 233
   6) Die Gedingprotokolle des Paffrather Hofgerichts von 1584 bis 1805 . . 233
      Allgemeine Übersicht 233
      Die Schultheißen 238
      Die Gerichtsschreiber 241
      Die Scheffen 243
      Die Vorsprecher 247
      Die Hofesboten oder Lehnboten 248
      Das Gerichtshaus 250
      Der Verlauf der Gerichtssitzung 251
      Die Dingpflicht der Lehnleute 251
      Ein Rechtsstreit aus den Jahren 1584/85 254
      Besitzwechsel der Lehngüter 256
      Das Altenberger Lehen 258
      Die Güter zu Lützenkirchen 259
      Die Wahrung der Nachbarrechte 260

        α Ackerwalze und Hütung 260
        β Die Holznutzung 261
        γ Die Wegerechte 264
        δ Die Falltore in Paffrath 265
      Maße und Gewichte 267

   7) Weitere Nachrichten über den Fronhof, das Bachgut und den „Berfert" (die Burg) 267
   8) Die Krise um den Paffrather Fronhof um 1750 271
   9) Die Ablösung des Paffrather Zehnten 275
  10) Der Paffrather Gemeinheitsbusch 283
  11) Die Waldungen Gänsgen und Eschenbroich 287
  12) Der lehnrührige Schlömer Hof 290

c. Der herzogliche Hebborner Hof und sein Hofgericht 296
   1) Das Weistum des Hebborner Hofgerichts vom Jahre 1481 297
   2) Der Hebborner Zehnte 305
   3) Die Hebborner Brüchtenprotokolle von 1557 bis 1597 309
   4) Die Personennamen im Hebborner Hofgerichtsbuch 318
   5) Zur Geschichte des Hebborner Hofes 320
   6) Die Vermessung und Beschreibung des Hebborner Kameralhofes im Jahre 1759 333

	7) Der Hebborner Hof in preußischer Zeit	342
	8) Anhang: Das „Happorner Bruchtenbuch"	348

    d. Der ritterfreie Sander Hof und sein Hofgericht 370

        1) Der Sander Hof und das Hofgericht 370
        2) Der Kommendehof Igel 378
        3) Die Familienchronik des Igeler Halfmanns Urban Odenthal vom Jahre 1783 394
        4) Der Kommendehof Rommerscheid 401

       (Anm. Die Kommendehöfe Mistenhof, Oberthal, Rosenthal und Trotzenburg wurden im Band 2 der Heimatschriftenreihe „Die Johanniter-Kommende Herrenstrunden usw." behandelt.

    e. Das Hofgericht im Herzogenhof zu Odenthal und sein Lehngut in Romaney   408

E. Burgen und Rittergeschlechter im Botenamt Gladbach 411

    I. Die Burg und das Geschlecht Katterbach 411
   II. Die Burg zu Paffrath und das Haus Blech 417
  III. Die Burg Lerbach 454
  IV. Die Burg und das Rittergut Dombach 479
   V. Die adligen Güter Lückerath und Neuborn 486
  VI. Der freiadlige Mühlenhof zu Gladbach 490
 VII. Der herzogliche Hof zu Gronau 500

   (Anm. Die Komturei in Herrenstrunden und die Burg Zweiffelstrunden wurden im Band 2 der Heimatschriftenreihe „Die Johanniter-Kommende Herrenstrunden usw." behandelt.

F. Quellen und Literatur 510

   I. Ungedruckte Quellen 510
  II. Literatur 512

ABBILDUNGEN

FRONHÖFE UND HOFGERICHTSSITZE:

	Seite		Seite
Gladbach	134	Odenthal	408
Hebborn	298	Sand	371

HÖFE:

	Seite		Seite
An der Eiche	255	Kuckelberg	319
Bachgut	219	Mutz	56
Berfert	270	Reiff	198
Bosbach	107	Schlöm	290
„Burg" zu Paffrath	215	Schreibersheide	354
Driesch	184	Siegenshof	83
Grube	154	Steingasse	180
Holz	368	Steufelsberg	69
Jüch	163	Strundorf	29
Katterbach	412		

KARTEN:

Ämtergliederung Herzogtum Berg	nach	512
Botenamt Gladbach (Anfang 19. Jahrhundert)	nach	4
Flüsse und Verkehrswege in Berg (Anfang 17. Jahrhundert; Ausschnitt)	nach	512
Herzogtum Berg (Ausgang 17. Jahrhundert; Ausschnitt)	nach	512

KIRCHEN:

	Seite		Seite
Gladbach (evangelische u. katholische)	489	Paffrath	214
Gladbach (evangelische)	115		

KOMMENDEHÖFE:

	Seite
Rommerscheid	402

KREUZE UND LIMITENSTEINE:

	Seite		Seite
Hebborn	344	Sand	374
Paffrath	37, 231		

MÜHLEN:

	Seite		Seite
Alte Dombach	76	Ober-Lerbach	463
Buchmühle	176	Schnabelsmühle	67
Gohrsmühle	81	Vollmühle	71

RITTERGÜTER UND FREIE HÖFE:

	Seite		Seite
Gronau	501	Neuborn	489
Halfendombach	482		

RITTERSITZE, BURGEN UND SCHLÖSSER:

Bensberg	126	Dombach	480
Blech	419	Lerbach	455
Berfert	270	Strauweiler	324

SIEDLUNGSBILDER:

Bensberg	126	Gladbach	498
Dombach-Halfendombach	482	Paffrath	219

TÜRBALKEN-INSCHRIFTEN:

Gladbacher Fronhof	140	Sander Hof	375

WIRTSHÄUSER:

Bachgut	219	Im löstigen Dreck	440

REGISTER

Aachen; Aghe 111, 113, 378, 379, 380
Aadborn; = Hadborn 296
Abbell 438
Abels; Abelsberg 62, 284, 318, 355
Ablösung Paffrather Zehnten 275, 276, 277, 278, 280, 290, 345
Abseiffer Feld 472
Achsenmacher 161
Achtersend; (geistliches Gericht) 290, 296
Ackerwalze; (= Weltzbloch, Weltzblech) 228, 260, 261
Actberg, von = Kuckelberg 140
Adams 235, 239
Adolf VII., Herzog 490, 491, 494, 501
Adolphs 230, 231, 245, 246, 248, 258
Aeßer (Esser) 479
Ahr, von 503, 504
Aichlinger 402
Alberti, von 469
Aleffs Siefen 300, 304
Alfter; Alfer 132, 407
Alkenrath 233
Allianzwappen von Bourscheid-Schaesberg 479
Allmende; (= Gemeinschaftsland) 283, 301
Alsbach bei Engelskirchen 478
Altedombach 479
Alte Kölnische Straße 90, 383
Altenberg 53, 66, 88, 106, 110, 135, 153, 221, 228, 258, 259, 343, 370, 371, 391, 395, 412, 417, 418, 419, 420, 468
Altenberger Lehen 258 ff., 259, 343
Altenbruch 210, 211
Altenrath 97
Alte Wipperfürther Straße 301
Altlepper, Georg 37
Altsachsen 89
Amtmann 47, 49, 127, 128, 129, 130, 131, 133, 153, 156, 204, 216, 223, 224, 235, 236, 305, 309, 310, 312, 313, 320, 321, 322, 323, 324, 327, 329, 348, 349, 350, 351, 357, 358, 362, 412, 413, 414, 416, 421, 422, 456, 457, 459, 462, 466, 468, 469, 470, 491, 503, 504
Amtsbezirk 47
Amtsverhör 128, 129, 130
Andernach 104
André 207, 208
Andrea 133
Andtz (?), zu 244
Angermund 398, 399, 493
Anhalt, Graf von
Anstell, von 258
Antwerpen 187
Apenschoß 434
Apollonia-Oktav 144

Appellation 127
Apshof, Bernard; Landmesser 57
Arck 116
Arndt 404
Arnsberg 202
Arrondissement Mülheim 11, 97
Aspel, Aspelt 147, 149
Aspen 261
Asselborn 62, 80, 84, 276, 281, 310, 317, 318, 349, 351, 352, 370, 388, 392, 395, 397, 400, 409, 479
Assenmecher 164
Aßmann 399
Audienz 156, 250
Auel (bei Honrath) 421, 424
Aufforstung 288
Augsburger Konfession 101
Aychen = Aachen

Baasel 406
Bach, auf der 37, 39, 62, 86, 167, 231, 237, 246, 247, 251, 270, 282, 284, 307, 398, 421
Bachbruch 211
Bachbote 452
Bachem 238
Bachgrafschaft; Bachrecht; Bachgeding 7, 21, 172, 389, 393, 394, 421, 435, 436, 439, 452, 481, 482, 483, 494
Bachgut 50, 51, 52, 62, 77, 105, 108, 123, 219, 221, 226, 230, 231, 232, 235, 247, 250, 251, 256, 263, 267, 268, 269, 275, 283, 416, 492
Bach- und Waldschultheiß 172, 173, 435, 436, 438, 445, 452, 481, 506, 507
Baden, Jabobea von 321, 456
Bäcker 161, 247, 267, 281, 282
Baerster 407
Baich, in der 40, 251
Bann und Fried 153, 297, 317, 348, 349, 350, 352, 353, 354, 355, 360
Bar, von 135
Barbarastraße 142
Barbier 161
Bardt 168
Barmer Amtsrechnungen 414
Bartscherer 471
Bartz 509
Bauer 85, 123
Baumberg 280
Baumbestand 16
Baur 76, 77, 78, 116
Bauschladen 331
Bauwisch 282
Bayerhofen, von 468
Bayern 110

521

Bebbekoven 56
Bech 164, 166, 244, 310, 314, 316—317, 318, 348, 349, 352, 353, 354, 355, 356, 357, 358, 359, 361, 362, 363, 364, 365, 367, 369
Bechen 70, 82, 89, 123, 148, 346, 383, 395, 403, 409, 418
Bechhausen 487
Becker 84, 87, 100, 123, 282, 400, 449, 505
Beckers 238, 252, 400
Beckmann, Beeckmann 71, 156, 157, 160
Bede, Bitte 49
Beden, zur 244, 256
Beilen 166
Belgisches Offiziers-Erholungsheim Lerbach 478, 479
Bellinghausen, von 48, 74, 414
Below 130
Bendel 108, 116, 204, 213, 343, 454
Benediktiner 44, 45, 205, 287
Benjovski'sche Infanterie 113
Bennerscheid 238, 247, 249, 271, 272, 273
Benrath 90, 332
Bens 84
Bensberg; Benßbur; Bennsburgh 8, 11, 19, 21, 22, 39, 46, 47, 51, 59, 80, 88, 90, 92, 96, 97, 100, 101, 102, 107, 108, 109, 110, 112, 113, 114, 116, 117, 118, 119, 120, 122, 124, 126, 127, 128, 129, 130, 131, 132, 133, 135, 137, 138, 139, 140, 144, 150, 152, 153, 155, 156, 158, 159, 162, 165, 172, 173, 191, 195, 205, 206, 207, 212, 213, 216, 220, 221, 222, 223, 224, 228, 238, 244, 249, 253, 254, 256, 258, 269, 276, 280, 285, 286, 291, 293, 295, 311, 312, 315, 317, 321, 324, 325, 327, 328, 329, 330, 331, 333, 343, 344, 356, 366, 372, 374, 376, 382, 390, 396, 400, 401, 405, 406, 407, 409, 410, 418, 420, 422, 432, 439, 440, 447, 451, 453, 454, 455, 456, 457, 460, 461, 471, 472, 473, 475, 476, 477, 480, 481, 482, 484, 485, 486, 487, 488, 490, 492, 498, 501, 503, 504, 505, 506
— Kadettenhaus 477
— Schweinhatz- und Jagdgeld 52
— Überschiebung 12
Berchem 160, 468
Berenkopf (= Bensberg) 491
Berfert; Bergfried; Bergfort 40, 63, 171, 216, 217, 232, 237, 246, 256, 267, 269, 270, 271, 284, 370, 415, 418, 421, 432
Berg, aufm; Bergh 38, 41, 68, 74, 75, 77, 85, 92, 103, 105, 108, 109, 110, 111, 152, 167, 226, 227, 249, 252, 264, 296, 322, 355
Berg (Grafschaft, Herzogtum); Herzöge von Berg; Provinz Jülich-Berg 11, 36, 47, 48, 50, 53, 96, 100, 104, 115, 121, 124, 125, 127, 143, 144, 152, 204, 217, 223, 228, 233, 286, 287, 291, 296, 297, 309, 315, 321, 324, 326, 328, 342, 370, 391, 417, 421, 431, 444, 467, 479, 487, 488, 490, 493, 496, 500
Berg, aufm; Namen der Eidpflichtigen 1731 41
—, Adolf V. von 135, 153, 418
—, Adolf VII. von 101, 135
—, Grafen von 21, 45
—, Heinrich von 101
—, Johann III. von; Herzog
—, Maria von 421
—, Margareta von 417
—, Wilhelm von 101
Bergbau 7
Berge, auf dem 223, 264
Berger 85, 123, 146, 147, 148, 149, 175, 176, 177, 189, 197, 202, 203, 282, 462
Berghausen 62, 355
Bergheim 47, 414
Bergisch (F.-Name) 252
Bergisch Gladbach 7, 8, 9, 10, 11, 12, 19, 22, 39, 42, 43, 44, 45, 46, 50, 54, 67, 78, 80, 112, 114, 116, 117, 124, 156, 210, 213, 233, 236, 281, 288, 289, 346, 347, 378, 389, 393, 394, 417, 452, 453, 454, 478, 479, 486, 491, 499, 500, 509
Bergischer Löwe 128, 129
Berlin 282, 346
Bergscheidt; Bergscheid 320, 354, 382, 394, 395
Bernen Gut 256
Bernsau, von 163, 507
Berringer 96 ff.
Bers 74
Berscheid (Bergscheid) 318
Berthrum 165
Bertoldi 124, 125
Bertrams Gut 229
Bertus 59, 78, 374, 375, 376, 388, 397, 398, 399, 493, 497
Berufung 127, 153
Besitzwechsel (Lehngüter) 256 ff., 257, 271
Besserung; Besserei; (= Dünger) 316, 326, 376, 380, 388, 402, 446, 459
Beuel 378
Beugnot 207, 286
Beuth 15, 450
Beutterich 101
Bevern, von; Beveren, von 110, 287
Beyerhofen, von 461
Beyrich, von 82
Beyrich, Paläontologe 15
Biermann 441
Biesenbach 259
Biesfeld 500
Billstein; Bilstein; Bilsteyn 61, 284, 372
Binnen Gladbach 168
Binten 379
Binterim und Mooren 43, 46, 143
Birckmann 384, 385
Birken, von der 386, 399, 463
Birkenfeld'sches Regiment 415
Birker Hof 397
Blanckart, von 286, 475
Blankenberg 47
Blech; Blegge (Rittersitz) 36, 66, 88, 107, 141, 147, 150, 151, 173, 216, 217, 218, 220, 223, 225, 226, 230, 232, 234, 235, 236, 237, 245, 246, 248, 250, 256, 264, 266, 269, 271, 272, 273, 275, 283, 287, 340, 341, 370, 383, 397, 416, 417, 418, 419, 420, 421, 422, 423, 424,

426, 427, 428, 429, 431, 432, 433, 434, 435, 436, 437, 438, 440, 441, 444, 445, 446, 447, 448, 449, 450, 451, 452, 453, 454, 473, 492
Blech, von; Blecche, de; Blechge, von; Bleghe, de; Bleygge, von; 417, 418, 419, 420
— (Fam.) 37, 226, 308, 429
Blecher 420
Blecheren, von 420
Blechhof 421
Blechmann 233, 245
Blecken Busch 147, 149
Bleiglanz 13
Bliekastel 496, 497
Bliesenbach 77, 124, 346
Blißemich 38
Blissenbach, Blißenbach; Bleißenbacher Hoff 41, 82, 85, 116, 123, 124, 159, 372, 373, 396
Blockkorallen 13
Blom 73
Blum 281
Bobel; Bobbel 355, 367
Bocholtz 44, 395, 397
Bock 41, 67, 81, 87, 145, 146, 147, 148, 157, 162, 171, 175, 176, 177, 189, 202, 343, 398, 410
Bocker Gasse 91
Bodelenberg, von
Bodenbach 86
Bodenberg, Bodtenberg (Boddenberg b. Schlebusch) 163, 409
Böckeheim 379
Bödingen 342
Bölinghoven; Bolingkoven 164
Boellen, im 352
Bönner 197
Bohle 330
Bois 197
Boiß; Boeß 82, 172, 318, 348
Bollich 254
Bollwahn 478
Bomerich 338
Bongard, von 371
Bonifatius, St. 20
Bonn 101, 102, 112, 258, 347, 411, 450, 507, 508
Bonner Landesmuseum 411
Bonnschlade; Bonschlade; Bornschladen 70, 164, 182, 189, 454, 463, 477, 487
Bonnschlader Gut; Bonschlader Gut 70, 179, 180, 181, 189, 190
Boosen 96
Borcke, Graf von 208
Borcken 107, 132, 242
Bornefeld 391, 408
Borngasse 500
Bornheim 414
Borsbach; Borßbach; Boeßbach 57, 93, 107, 250, 279, 281, 282, 300, 301, 303, 305, 306, 307, 318, 350, 351, 355, 357, 360, 364, 406
Borschbach 40, 276, 281, 378
Borschbach, Namen der Eidpflichtigen 1731 39
Borßbach, Namen der Eidpflichtigen 1666 36

Bosbach 85, 107
Boßbach; Boschbach 84, 398
Botenamt, Bottambt 7, 11, 22, 36, 39, 49, 50, 53, 79, 80, 89, 93, 95, 96, 97, 102, 103, 108, 110, 111, 112, 114, 116, 119, 120, 121, 124, 125, 127, 133, 162, 257, 288, 371, 375, 382, 390, 411, 416, 480, 481, 489
Botlenberg, von; gen. Kessel zu Hackhausen 428, 429, 434
Bottgen; (= Bote) 311
Bottlenbroich 259
Bourg-Gut 221
Brachel, von 468
Brambach, von 130
Brandenburg, Friedrich Wilhelm von; Kurfürst 35
Brandenburgische Truppen 102, 104
Branderwiesgen; Branderwiesen; Branderbusch; 334, 337, 342, 343
Brandroster Bruch 209, 210
Brandt; Brand, im 210, 330, 334, 337, 344
Braun; Brauns 65, 107, 229, 250, 311, 356, 357, 368
Braunkohle 13, 14, 178, 436, 446
Braunßberg 484
Brautlaufgulden 53
Brechanville, von 113
Breibach 373
Breidbach 65
Breidenbach 55, 63, 64, 70, 82, 84, 86, 121, 282, 288, 346, 381
Breidohr 123
Breite; Breidt 466, 467, 484
Breitenbach 195
Brempt, von 159
Breuer Gut 154, 185, 186, 187, 190
Breugk 161
Brewer 238
Brinkmann 281
Britanniahütte 476
Briz 450
Broch 38, 41, 166, 244, 281, 307, 308, 351, 354
Brochausen; (= Brochhausen) 82, 202, 319, 348, 350, 352, 354, 355, 356, 357, 360, 361, 370
Brochels 337, 341
Brochelswies 338, 339
Brocher 166, 170
Broderstraße 225
Bröchelwies; Brogels Wiese 334, 341, 343
Broechen, in den; Bröchen 300, 317, 486
Broich; Bruch; Broech 10, 57, 63, 68, 77, 134, 145, 153, 160, 166, 168, 170, 178, 246, 256, 284, 310, 316, 318, 358, 362
Broich, von 478
Broichhausen; Brochhausen (= Brochausen); Broichhauser Mühle 317, 318, 351, 370, 396, 408, 409, 484
Broill, von der 318, 326
Bronzezeit 16
Brothuisen 167
Bruch 288
Bruch, Max 393
Bruckmann; Bruckman 228, 339, 340
Bruder-Gut; Brüder Gut 254, 284

523

Bruderschaft; Bruderschaftsverzeichnis 327, 329, 448, 488
Brücher 398
Brüchten (Strafgelder) 216, 328, 254, 261, 262, 263, 264, 265, 309, 312, 313, 314, 315, 316, 348 ff., 349, 353, 357, 358, 362 ff., 363, 436
Brüchtenverzeichnis 129, 156, 261, 309, 314, 348 ff., 359, 362 ff.
Brück, Brugk 36, 74, 107, 127, 132, 160, 161, 204, 210, 211, 213, 244, 288, 300, 317, 330, 355, 397
Brücke; Brücken 166, 244
Brücker Bach 211
Brücker Gemark 204 ff., 205, 206, 207, 208, 209, 211, 212, 213, 435, 436, 450, 473
Brückmann 202
Brühl 132, 247
Bruel 327
Brüninghaus 404
Brüssel 393
Brugge zum Poetz; (Brück) 300
Brunner 98, 144
Bruno, Erzbischof 21, 217
Brunsberg 170
Buchenforst 214, 217
Buchforst 106
Buchell, Namen der Eidpflichtigen 1731 40
Buchheim 21, 113, 214, 419, 420
Buchholz 13, 84, 99, 116, 123, 150, 151, 276, 281, 446
Buchholtz 77, 137, 146, 147, 149, 150, 332, 440
Buchmühle; Bochmüllen; Boechmüllen; Bochmühlen 38, 67, 134, 145, 162, 163, 168, 171, 174, 175, 176, 177, 189, 202, 203, 403
Buchmüller 40, 75, 138, 145, 146, 155, 385
Buchweizen 190
Büchel; Boechel; Bochell; Büchell 58, 60, 80, 84, 85, 116, 123, 164, 165, 169, 172, 188, 201, 230, 231, 232, 256, 276, 278, 280, 284, 310, 317, 318, 320, 349, 350, 352, 353, 355, 356, 357, 358, 361, 370, 405, 406, 407, 423, 452, 467, 484
— Namen der Eidpflichtigen 1666 36, 37
Bücheler Berg 17
Bücheler Schichten 12, 13
Büchell, Namen der Eidpflichtigen 1731 40
Büchelter Hof 378
Bürgers 241
Bürrig 436
Büschen, zum 260
Büscher 82
Büttgen 398
Bützeler 61, 62, 63, 83, 86, 119, 121, 123, 147, 150, 185, 187, 232, 248, 284
Bützler 41, 52, 55, 63, 68, 72, 73, 81, 83, 92, 93, 113, 116, 117, 141, 150, 151, 154, 172, 173, 186, 190, 197, 201, 202, 211, 229, 230, 232, 246, 247, 253, 262, 263, 274, 275, 277, 296, 396, 399, 431, 432, 433, 434, 435, 436, 437, 438, 439, 440, 441, 442, 444, 445, 446, 447, 448, 449, 450, 454, 492, 493, 506, 507
Bungart, von dem 419
Buntenbach 500

Burg a. d. Wupper 391
Burg Dombach; Rittersitz 479 ff., 480, 483, 485
Burg Katterbach 217, 411, 414, 417
Burg Lerbach 454 ff., 455, 456, 457, 458, 459, 461, 462, 467, 468, 470, 471, 472, 473, 474, 475, 476, 478
Burg Neuborn 487, 488, 489
„Burg" Paffrath 40, 62, 215, 216, 234, 250, 269, 270, 284, 370, 417, 418, 421, 422, 445
Burgeßer 282
Burgscheidt 410
Burscheid 109
Bursers Gut; Bürsers Gut 229
Burstatt a. Main 506
Busch 59, 73, 82, 83, 171, 211, 268, 398
Buscher 74, 82
Buschfeld; Buschfeldt, von 105, 131, 384, 435, 481, 494
Buschförsters-Patent 249
Buschorn; Boichhorn; Bauschorn 63, 86, 87, 123, 229, 231, 284
Buß 453

Caasel; Casel 85, 209, 277
Caaser 123
Cäcilien-Kloster in Köln 470
Calckheim, von 236
Calckum, von; Calcum, von 228, 230, 232, 235, 236, 237, 251, 421, 423, 424, 428, 429, 431, 432, 449, 450, 484
Calmünden 282
Caluwé, de 82, 83, 85, 86, 95, 123, 173, 197, 275, 276, 278, 434, 438, 439, 440, 441, 442, 443, 444, 445, 446, 447, 448, 450, 451, 452, 453, 488
Cameralhöfe 144, 145, 146, 147, 148, 151, 174, 196, 328, 333, 338, 340, 341, 450, 483
Camp, aufm 86, 246, 267
Capell, von 404
Capitationssteuer 53
Caro = Servos 140
Cas 281
Caspar; Caspers Gut 76, 264, 265, 422
Cassel 100
Cassiusstift Bonn 44
Catterbach 65, 99, 322
Caßer 85
Chastell; Chastel 440, 442, 443
Chlodwig 217
Christberg 507
Claeßen 228
Claudt 398
Clemensen Gütchen 77
Clever 154, 211, 308
Clieffer 410
Closgen 255
Clostermann 202, 203, 378,
Coburgische Truppen 111, 112
Cöllnische Igt 267
Collener Gothsdracht 360
Combüchen; Combüchel; Coenbocken; Cobocken (siehe auch Kombüchen) 36, 88, 158, 249, 262, 276

Commenderie Sanctae Cordulae 72
Commenderie Strunden (siehe auch Johan. Komm. Herrenstr.) 77, 78, 79, 80, 148, 395
Condé, Prinz von 113
Conraths; Conradt 59, 108, 268
Consultation; Konsultation 126, 127, 309, 311, 372
Conzen 332
Coomans 390, 404
Cordova, Don Gonzales de 103
Cornino, Comandant 106
Corschiltgen; Corschildgen; Corschilgen; Chorschildgen; Cörschilgen; Cörschiltgen; (= Kurschildgen) 50, 58, 63, 64, 69, 70, 82, 86, 123, 151, 155, 179, 181, 182, 183, 189, 232, 266, 340, 341
Cortenbach; Curtenbach 132, 312, 323, 457
Cortz 481
Coxie, de 36, 108, 164, 462, 463, 466, 467, 487, 488, 489
Crajanopolis, von; Erzbischof 439
Crämer; Cremer; Crämers 51, 180, 233
Cramer 123
Cratzische Kompagnie 104
Creutzer 230
Cürten; Curten; 58, 59, 73, 85, 86, 87, 92, 93, 116, 120, 124, 257, 258, 331, 332, 398, 447, 471, 473, 492
Cufferensis, Johannes 158, 503
Cuperus 228
Custer 76
Custodis 405

Daberkauß; Daberkausen; Dafferkusen 40, 62, 430, 504
Dabringhausen 135, 157, 244, 391, 408
Dahl (Unterthal), Namen der Eidpflichtigen 1731 39
Dahl 38, 79, 123, 197, 278, 279, 280, 282, 508
Dahlberg, von 496
Dahmen; Dahmens 37, 63, 64, 86, 123, 232, 245, 248, 249, 258, 262, 263, 282, 284
Dale, zu dem; (= Oberthal) 378, 379
Dalwigk, von (Herr in Sandt, Medebach, Fürstenberg usw.) 375
Damme, van 438
Daniels 96, 97, 114, 116, 118, 119, 120, 132, 151, 173, 220, 222, 253, 285, 331, 333, 376, 440, 444, 447, 451, 471, 474, 482, 498, 504
Danzig 347
Dechen 218, 219, 220
Decksande 14
De Foix (Regiment) 110
Degrods 471
Dekanat 21
Dell 57, 354
Dellbrück; Dellbrücker Straße 17, 18, 95, 283, 346, 483, 493
Delling 40, 455
Demius 429
Denys 439
Departements des Rheins 11
Derckum 258

Deßelswiese; Desselwiese; Deßelweier; Deßelsbroich 182, 502, 505
Deubel 211
Deubler 211, 288
Deufhof 161
Deutz-Abtei 42, 43, 45, 73, 128, 205, 217
Deutz 89, 100, 101, 102, 111, 112, 119, 121, 126, 160, 172, 214, 281, 437
—, von 235, 236, 239, 267, 419, 422, 423
Deutzer Weiher 42, 205
Deutzgau 10, 21, 126
Devon 12 ff.
Deycks 391
Dhal (Tal bei Immekeppel) 396, 397
Dhün; Dühn; Dün; Dünn; Dhun; Duin; Dünnhof; Dun; Dunn; Dunhof 21, 40, 41, 57, 58, 60, 74, 84, 136, 138, 139, 164, 169, 185, 186, 187, 202, 203, 235, 237, 242, 243, 244, 246, 277, 308, 332, 385, 396, 399, 400, 506
Dhünnenburg 413
Dick 82, 84, 118, 195, 279, 181
Dickholz 283, 285
Diependahl; Diepenthal 414, 415, 423
Diepischrath; Diepeschrath; Diepeßradt; Diebischrot; Diepersrath; Diebersrodt; Depeßrodt; Deperoth 161, 167, 168, 244, 245, 247, 249, 265, 287, 398, 434
Dierich 56, 62, 64, 138
Dietrich, Küster in Deutz 42, 43
Dietzer 197
Dillingen 472
Dingbank 126, 127
Dingpflicht 224, 251, 260, 312, 317
Disteling, von 459
Dittmaier 22, 23, 25, 27, 29, 30, 34
Dobisch 469
Docher 319, 352
Dörfer 281
Dörling (= Mutzerbusch) 335, 340
Dörnchen; Dörngen 82, 405, 406
Dörper 40, 56, 64, 86, 87, 179, 263, 281, 282, 395
Doetsch 57
Dohm 55, 70, 82, 84, 151, 202, 221, 277, 279, 282
Doinschladen, in der 326
Doktersberg 295
Dolinen 13
Domänenbesitz; Domanialhof 143, 191, 196, 199, 277, 287, 342, 343, 344, 345, 391, 405, 484
Domanialzehnte 197, 198, 278, 280, 281, 345
Dombach; Dohmbach; Dumbach; Thombach 10, 13, 31, 39, 55, 64, 76, 77, 80, 82, 116, 118, 123, 158, 164, 166, 169, 188, 201, 244, 263, 307, 310, 311, 319, 351, 352, 353, 373, 383, 384, 385, 386, 387, 391, 394, 397, 405, 406, 465, 466, 479 ff., 480, 481, 482, 483, 484, 485
Dombach, Namen der Eidpflichtigen 1666 38
Dombacher Berg 485
Dombacher Kirchweg 465
Dombachs 397
Domdechant zu Köln 234, 238, 240

525

Dominicus 123
Domkapitel; (Domstift) 73, 101, 213, 216, 217, 218, 219, 220, 222, 223, 228, 233, 234, 235, 237, 238, 240, 241, 243, 249, 253, 254, 259, 260, 262, 266, 271, 272, 273, 274, 275, 276, 277, 282, 283, 285, 294, 296, 411, 422, 430, 432, 434, 446, 447, 449, 461, 472, 497
Domkellner 234, 238, 239, 247, 249, 252, 253, 261, 266, 268, 271, 272, 446, 449
Domstift 222, 233, 234, 421, 433, 441
Donnes 263
Dorf 281
Dormagen 137, 328
Dormanns 471
Dorp 159
Dorpen, von 401
Dorwis 431
Dräger 57
Draesbach 82
Dreck 36, 62, 162, 230, 231, 249, 282, 284, 440
—, Namen der Eidpflichtigen 1731 40
Drees, Dünhalfman 38
Dreesbach 121, 395
Dreesherscheid (Drieß-Herscheid) 396
Dreifelderwirtschaft 191, 379, 380
Dreikönigen 223, 226, 239, 259, 297, 302, 349, 353, 362, 363, 365, 369
Dreißigjähriger Krieg 11, 92, 103, 107, 110, 162, 267, 327, 381, 461, 504
Dresch 72, 145, 146, 147, 149, 155, 166
Driesch; Driesche 23, 38, 41, 44, 96, 155, 156, 158, 166, 180, 181, 182, 183, 184, 190, 202, 301, 305, 318, 320, 326, 350, 355, 362, 386, 391, 435, 500, 506
Driesch, von 413, 502
Drolshagen 160
Drossard; Droßard, Pastor 173, 437, 448, 450
Droste, von 36, 471
Druhholz 301, 305
Duckderath; Duderath; Dutteradt; Dodenrath 41, 73, 94, 95, 164, 166, 169, 187, 188, 190, 201, 268
Dücker; Düker 399, 493
Dülmen 110
Dümmler 476
Dünen 14
Dünner 59, 65, 84, 87, 123, 276
Dünnschlade 336, 342
Dünnwald; Dünwald; Dunwaldt; Doinwal 17, 19, 36, 46, 53, 88, 89, 90, 92, 108, 117, 118, 119, 120, 221, 224, 226, 228, 232, 238, 250, 265, 282, 287, 318, 330, 360, 399, 411, 419, 420, 449, 473, 493
Düppes; Düpper 206, 207, 447, 450, 451
Düren 468, 499
Dürresbach bei Geistingen 413
Dürscheid; Durschett 12, 19, 47, 70, 79, 82, 95, 127, 158, 159, 164, 166, 172, 372, 381, 383, 395, 397, 398, 479
Dürwiß 429, 433, 434
Düssel 327
Düsseldorf-Benrath 11, 49, 50, 53, 90, 92, 94, 101, 103, 106, 109, 110, 111, 119, 124, 129, 144, 150, 152, 205, 206, 207, 208, 220, 285, 286, 287, 312, 313, 316, 321, 322, 326, 327, 328, 333, 344, 374, 390, 391, 403, 433, 434, 436, 437, 440, 441, 442, 443, 444, 450, 469, 473, 475, 477, 481, 483, 484, 503, 504, 505
Düsterloe 160
Duin (= Dhün); Dünnhof 106
Duisburg 132, 159
Dupers 475
Duppenbeckers Kamp 258
Duttenrath, Namen der Eidpflichtigen 1666 38

Eck 39, 40, 55, 64, 72, 84, 87, 90, 147, 150, 170, 171, 182, 183, 184, 185, 186, 244, 246, 253, 277, 278, 279, 284, 331, 332, 341, 383, 384, 395, 411, 435, 450, 506
Eckamp 320
Ecken 167, 168
Eckenhagen 389
Ecker 38, 146, 147, 186, 226, 437
Eckert 150, 183, 184, 234
Eckertz 227
Ecks 262
Edelkirchen, von 488
Egeren, von 421
Ehrenstraße in Köln 398
Ehreshoven; Erishoven 170, 312, 354
Ehrmanß 36
Eiber 124
Eich 78, 179, 342, 375, 401
Eichelmast; Eicheln; Echer; Eggerich 106, 136, 137, 161, 272, 273, 311, 323, 325, 327, 328, 329, 330, 380, 389, 458, 502, 506
Eichen, zu den 38, 41, 70, 255, 318, 354, 373, 395
Eichenberg; im Eichenbusch 177, 295, 338, 339, 342, 344
Eicherhof; Eicheler Hof 148, 464, 472, 496
Eichhaus; Eichhaes 238, 253
Eichholz, Eichholtz 228, 258
Eickelers 439
Eickelmann 51, 471
Eigen, im 378
Eigenkirche 10, 19, 20, 215, 372, 454
Eikamp; Eikampf; Eickamp 13, 157, 162, 166, 168, 362
Eil 142, 417
Eilpe 42
Einbeck 424
Einquartierung 103, 104, 113, 114, 115, 116, 117, 118, 119, 120, 121, 122, 123
Einwohnerlisten 39
Eisenbahn 346
Eisengewinnung 18
Eisenzeit 16
Eiszeit-Quartär 14
Eller, von 130
Elner, von (Allner)
Elsdorf (bei Wahn) 399
Elverfeld, von 309, 418, 421, 423
Emberg 224

Empfangende Hand; unempfangen 152, 269, 312, 317, 350, 351, 355, 356, 360, 361, 365, 410, 451
Engel 56, 93, 486, 487
Engelbert, Erzbischof von Köln 287
Engelgaß 265
Engeldorff 60
Engels; Engelsgut 62, 75, 85, 86, 119, 123, 125, 205, 213, 259, 264, 277, 279, 332, 367, 368, 369
Engelskirchen 269, 478
Engen 167
Enß; = Ensen 161
Entenfueß; Entefueß 159, 403
Erbbuch 152, 155, 156, 250, 253, 269, 350
Erbhuldigung 35, 36, 131, 481
Erbkauf 292, 293, 294, 301, 303, 304, 305, 330, 431, 432, 462, 463
Erbpacht 133, 136, 138, 139, 140, 142, 152, 271, 272, 273, 275, 276, 307, 312, 330, 332, 344, 407, 432, 434, 446, 447, 448, 449, 481, 492, 501, 502, 503, 504, 505, 506, 507
Erbrente 371, 419, 446, 503
Erbweg 299
Erdenburg (Bensberg) 18
Eringerfeld 469
Erlenbroich 378
Erlenfeld 148
Ermel 239
Ernst von Bayern, Herzog 101
Erpel 160, 346, 472
Erzbergbau 476
Erzdiözese Köln (vergl. Domkapitel) 46, 421
Esborn 420
Eschbach; Eßbach 74, 124, 228, 245, 249, 291, 294, 399, 400, 492
Eschenbruch; Eschenbroich 226, 227, 287, 288, 289, 420
Essen, von 159
Esser; Eßer; Essers 40, 61, 62, 63, 64, 85, 92, 123, 230, 231, 233, 235, 245, 246, 247, 248, 263, 269, 276, 281, 284, 397, 440, 470, 479
Essich 419
Eugen III., Papst 43
Eulenbroich bei Rösrath 413, 424, 448, 473
Eulenburg 13, 378
Evangelische Gemeinde, Bergisch Gladbach 8, 11, 115, 157
Eventual-Erbhuldigung 1731 39
Everts; Evertz 62, 160, 220
Eyberg 85, 123, 346, 399
Eybetz 139
Eykamp 281, 282, 355
Eynatten, von 470, 473, 474
Eysers-Kaulen 258

Faber 153
Fabricius 449
Fachwerk 264
Fahn 170, 250
Fahne 131, 296, 305, 413, 428, 454, 456, 468, 481, 484
Fahnenstich 86
Fahner 170, 242

Fahr bei Neuwied 477
Fahrer 160
Faldor (siehe Valdor) 284
Falltore 224, 227, 265, 266, 272, 275, 299, 465
Familienchronik Urban Odenthal 394
Farbholzmühle 508, 509
Faßbinder; Faßbender 61, 150, 161, 221, 232
Fastnachtssonntag 226
Faulbach; (= Falenbach) 224
Fauth 11, 19, 81, 83, 87, 97, 119, 121, 122, 124, 187, 205, 206, 207, 208, 211, 286, 288, 296
Feckter 452
Fehl 201
Feinhals (gen. von der Heiden) 258, 305
Felder 85, 281
Feldöfgen 185
Feldzehnte 143, 173, 191, 192, 193, 196, 199, 200
Ferber 504
Ferrenberg 82
Ferrenbergsjaß 91
Fest der Unschuldigen Kinder 271, 272, 273, 276
Festschrift Bergisch Gladbach 289
Fett (= Vett) 39, 54, 55, 57, 84, 93, 147, 150, 277, 279, 282, 307, 332
Fetten Gut 183, 184, 185, 186, 190
Feuersteinartefakte 16
Fey 167, 169
Finanzministerium Berlin 344
Finck 59, 60
„Findlinge" 14
Fings 327, 329, 330
Fingsder 151
Fische aus dem Plattenkalk 13
Fischer 61, 281, 282, 471, 472
Fischereigerechtsame 21
Flachsberg; Flaßberg; Flaßbergh; Flasberg 24, 50, 51, 52, 53, 63, 221, 222, 227, 231, 232, 237, 249, 256, 261, 264, 265, 266, 270, 271, 284, 422, 453
Flandrian 502
Flaßberg, Namen der Eidpflichtigen 1666 37
Flaßberg, Namen der Eidpflichtigen 1731 40
Flemm 281
Fliegen Gut 307
Fliesteden im Kreis Bergheim 414
Flittard 120, 160, 214, 371, 417
Flora 17, 89, 283
Flosbach 119, 181
Flugk 322, 324
Flurkarte 283
Flurnamen 22 ff.
Flusbach 56
Förster 318, 320
Förstgen 174, 176
Forêt bei Lüttich, Abtei 470
Formsand 13
Forsbach; Vorsbach 205, 211, 413, 414, 455
Forstbach, von; gen. von Merheim 455
Forsten; Förster 10, 344, 348, 351, 352, 353, 355, 360, 361, 363, 364, 366, 367, 369, 381, 406, 497
Forstbann 45, 304

527

Forsteirs, de 132
Forstmeister, von 507
Fouragesteuer 53
Foveaux 83
Fowinkels 399
Fränkische Zeit 20, 89, 133, 152, 173, 213, 214, 283, 486
Franckenberg 429, 448
Franckens 436, 441
Franken 10, 46, 89, 217
Frankenforst 58, 148, 214
Frankfurt 121
Frankreich 121, 124, 125, 143, 205, 443, 470
Franzen; Frantzen 51, 197, 205, 211, 237, 275, 286, 332, 387, 388
Französische Revolution 11, 111
Französischer Kirchhof 477
Französische Truppen 105, 108, 109, 110, 111, 112, 113, 114, 116, 117, 118, 120, 121, 124, 125, 250, 385
Frentz, von 36, 74, 131
Frey 85, 124
Fried 265
Friedrich Barbarossa 90
Friedrich, Erzbischof von Köln 287
Friedrichstein am Rhein 478
Friedrich Wilhelm von Brandenburg, Kurfürst 468
Frielinghausen 59
Frielingsdorf 500
Friesheim, von 161
Frings 61, 85
Fritzen 100
Fröhlingsdorf 84, 144
Fronnenbroich; Fronenbroich; Frommenbroich 149, 283, 285
Fromm 207
Fronhalfen 135, 136, 140, 141, 142, 144, 157, 165, 173, 174, 190, 236, 237, 244, 246, 250, 265, 266, 267, 268, 272, 285, 308, 396, 400, 403, 410, 418, 422, 447, 490, 491, 492, 506, 507
Fronhöfe 10, 20, 52, 135, 160, 196, 203, 204, 213, 214, 215, 223, 225, 237, 290, 296, 400, 410, 418, 421, 450, 493, 507
Fronhof Gladbach, Gladbacher Hof 10, 19, 21, 42, 44, 45, 46, 47, 71, 81, 96, 102, 133, 135, 136, 137, 138, 139, 140, 142, 143, 144, 145, 150, 152, 153, 155, 172, 173, 174, 175, 176, 177, 178, 183, 184, 189, 190, 191, 194, 196, 202, 203, 204, 241, 244, 246, 290, 293, 308, 311, 317, 327, 328, 329, 340, 341, 359, 385, 396, 399, 400, 403, 410, 418, 435, 436, 463, 481, 486, 487, 490, 491, 493, 499, 500, 502, 503, 506, 507
— Hebborn siehe Hebborner Hof
— Paffrath 10, 19, 21, 213, 216, 217, 218, 220, 222, 223, 224, 226, 227, 228, 236, 238, 241, 250, 251, 253, 256, 258, 259, 260, 262, 263, 266, 267, 268, 271, 272, 274, 275, 276, 278, 282, 283, 285, 287, 290, 296, 311, 317, 327, 328, 329, 418, 421, 492
— Sand 10
Frohnhofsche Brennerei in Köln 346

Fronhofsgericht 152, 172, 173, 243, 262, 503
Fronhofs-Vermessung 141, 144 ff., 149, 150, 151, 174
Fronhofszehnte 173, 174, 175, 176, 177, 178, 179, 180, 181, 187, 189, 190, 191, 192, 193, 194, 195, 196, 197, 278
Fruchtmühle 87
Fuchs 82, 85, 123, 181, 197, 442
Fuchsloch 434
Füngling, Dr. 236, 437
Fürfels, Namen der Eidpflichtigen 1666 38
Fürfels, Fürvels 74, 163, 205, 210, 501
Fürstenberg, von 478
Fürstenbergsche Kunststraße 346
Fürth, von; Fürdt; Fordt 157, 159, 160
Fues; Fueß; Fuß; Fußkuhle 38, 40, 41, 67, 69, 71, 73, 81, 82, 83, 85, 116, 118, 120, 121, 123, 150, 154, 177, 178, 183, 187, 188, 195, 197, 199, 212, 295, 386, 387, 405, 437, 508
Fürst 38, 248
Fugger, Graf 238, 259
Fuhswinckel; Fuswinkel; Fueßwinckel 62, 284, 365
Fuisbroich 76

Gänschen; Gänsgen 226, 287, 288, 289
Galen, von 423
Gammersbach 169
Gartensiedlung 508
Gassen; Gaßen, auf der 41, 73, 155
Gat 82
Gaueinteilung 21
Gaul; Göll 131, 414, 504
Gebgard II., Truchseß v. Waldburg 101
Geckswiesgen 209
Gedinge; Gedingprotokolle 127, 152, 156, 222, 223, 224, 226, 233, 235, 236, 237, 239, 244, 247, 248, 249, 250, 251, 252, 272, 297, 300, 309, 312, 313, 314, 315, 316, 317, 348, 349, 352, 353, 354, 357, 358, 360, 362, 365, 373, 421, 480
Gefeler 81, 288
Gehrats 425
Geich 281
Geisbocksfeld 188
Geißengut 239
Geld, Geldwesen 47 ff.
Geldern 393
Gellermann 195
Gelnhausen 507
Gemarken 204, 205, 208, 213, 258, 286, 289, 296, 299, 301, 303, 304, 305, 311, 312, 313, 314, 315, 316, 317, 318, 320, 330, 332, 333, 334, 335, 336, 337, 338, 339, 340, 341, 343, 348, 349, 350, 351, 352, 353, 355, 356, 357, 358, 359, 360, 361, 362, 363, 364, 365, 366, 367, 368, 369, 412, 432, 433, 445, 450
Gemarkenberg 301, 336, 343, 344
Gemeinde; Gemeinland 301, 305, 340, 341, 432, 450
Gemeindebusch 225, 261, 283, 285, 286, 287, 288, 289, 305, 311, 314, 315, 333, 335, 336, 337, 338, 341, 343, 359
Gemeinderat 288, 289

Gemeinvermögen 213, 261, 285
Generalvikariat, erzbischöfliches 202, 278, 279, 389, 397
Gent (Reichsarchiv) 439
Gerber 281
Gerechtsame 287, 288, 296, 452, 483
Gerhard V., Herzog 479
Gerhard, O. 131, 412
Gerichtsbücher 129, 155, 233, 235, 236, 240, 241—243, 309, 312, 314, 317, 349, 359, 360, 373, 409
Gerichtshaus 250 ff., 251
Gerichtsheide 210, 211
Gerichtskiste; Scheffenkiste 235, 236, 237, 240, 241, 243, 246, 247, 250, 312, 322, 352, 423, 503
Gerichtskosten 127, 128, 222, 241, 254, 259, 260, 263, 349, 451
Gerichtspersonen 156, 157, 158, 239, 240, 251, 310, 311
Gerichtsschreiber 125 ff., 133, 158, 159, 227, 232, 233, 239, 240, 241, 242, 243, 244, 250, 257, 259, 293, 294, 307, 310, 311, 312, 335, 336, 339, 340, 341, 357, 408, 410, 447, 457, 491, 498, 502
Gerichtssitzung 251, 260, 297, 309, 310, 311, 313, 314, 336, 348 ff., 351, 357, 359, 423
Gerichtsstätte (Dingbank) 47, 107, 116, 127, 128, 212, 238, 245, 250, 251, 258
Gerichtsverfassung 222, 223, 225, 226, 228, 251, 258, 260
Gerichtswesen 125 ff., 156, 157, 173, 212, 215, 216, 217, 222, 224, 226, 234, 236, 237, 258, 260
Gerlach 436
Germanen 18
Gertner 477
Gesser 330
Geuß 164
Gevertzhahn, von 414, 423
Gewalten 283, 285, 301, 316, 332, 349, 352, 359, 435, 436, 449, 480, 486
Gewaltsache 312, 361
Gewannen 283, 298, 380, 406
Gewichte 47, 222, 226, 267 ff.,
Geyr zu Rath, von 197
Geyr, von; Geyr-Schweppenburg 237, 507, 508
Gierath, Namen der Eidpflichtigen 1666 38
Gierath; Gyrath; Gyrodt 40, 41, 42, 54, 63, 65, 73, 83, 86, 138, 139, 148, 153, 155, 157, 160, 163, 166, 169, 188, 203, 211, 212, 230, 231, 256, 257, 258, 262, 267, 277, 282, 284
Gieraths 58, 82, 84, 86, 121, 197, 258, 281
Gierlich; Gierlichs 57, 64, 66, 86, 281, 282, 338, 339, 396
Gierrath (F.-Name) 230
Giesen 281
Gieß 74
Gilson 400
Giltau, von 468
Ginnenburg 477
Girnau 119
Glabach; Gerichtsschreiber 250

Gladbach (Fam.-Name) 38, 107, 116, 175, 239, 241, 257, 373, 387, 396
— an der Neffel b. Düren 44
Gladbach; Gelabach (Orts-Name) 70, 76, 77, 82, 89, 90, 92, 93, 94 ff., 98, 99, 101, 102, 103, 104, 108, 109, 110, 113, 114, 115 ff., 119, 120, 121, 122, 124, 125, 126, 128, 131, 132, 134, 135, 137, 138, 140, 141, 142, 143, 144, 150, 152, 153, 154, 155, 156, 157, 158, 160, 161, 162, 167, 171, 172, 173, 174, 175, 182, 187, 188, 191, 194, 195, 196, 197, 198, 199, 201, 202, 203, 204, 205, 207, 209, 210, 213, 215, 228, 229, 233, 237, 244, 246, 249, 257, 268, 277, 278, 280, 281, 286, 288, 290, 291, 293, 309, 311, 314, 315, 318, 322, 323, 327, 340, 341, 348, 355, 359, 371, 373, 375, 376, 378, 382, 392, 393, 396, 398, 399, 403, 404, 410, 411, 416, 418, 434, 435, 436, 438, 448, 450, 451, 463, 473, 475, 476, 477, 489, 493, 494, 496, 498, 499, 501, 503, 506
Gladbacher Erbbuch 102
— Kirche; Gladbacher Pastorat 74, 138, 143, 144, 145, 148, 151, 154, 157, 158, 173, 174, 175, 178, 182, 183, 184, 185, 186, 190, 191, 194, 195, 196, 199, 201, 202, 203, 204, 293, 294, 314, 372, 390, 391, 451, 487, 488, 489, 490, 492, 493, 495, 497, 499, 501, 502, 503
— Kirchenbuch 172, 173, 488, 492, 494
— Mühle; Mühlengut 87, 88, 96, 134, 142, 147, 155, 173, 174, 177, 180, 181, 189, 277, 279, 290, 295, 307, 387, 390, 391, 396, 397, 398, 399, 400, 403, 406, 490 ff., 491, 492, 493, 494, 495, 496, 497, 498, 499, 500, 501, 507
— Papiermühle, Namen der Eidpflichtigen 1666 37
— Reitweg 182
— Weg 179, 386
Gladbeck; Gladebeche in Westfalen 42, 43
Glaser, von 469
Glehn 433
Gleuel 161
Gnadenthal bei Neuß 469, 471
Godderts Gut 300, 304
Goddert zu Hebborn im Engels Gut 55, 319
Godeman 149
Godschalck 73
Göbbels; Göbbels Gut 233, 282
Göddertz-Häuschen 263
Görgen 79, 284
Götterden 400
Gohr 40, 71, 178, 182, 459
Gohrsmühle 44, 67, 87, 118, 154, 178, 508
Goldbohrn 265
Goltstein, von 441
Gottesheller 255, 257, 294, 432, 436
Gottschalck 230
Goudhaire; Güthaire; Guthairs; Guthere; Guther; Gutherr 71, 72, 73, 82, 83, 121, 139, 141, 142, 143, 144, 147, 150, 151, 154, 184, 185, 186, 197, 396, 399, 436, 492, 507
Graben, aufm 330, 331, 338
Gracht bei Liblar 372

Gräberfeld 17
Gräfenmühle in Dellbrück 483
Gräfrath 269
Grafen bei Richrath 423
Grah 197
Grauman; Graumann; Grammann 82, 143, 202
Grauwacke 13
Gravettenspitze 16
Greefen 168
Gregor von Tour 217
Greis; Greiß; Greys 63, 81, 82, 266, 320, 355, 357
Grenzsteine siehe Limitensteine
Greuel; Greul; Greueler Gut 13, 15, 70, 163, 167, 189, 375, 472, 487
Grevenbroich 452
Grevenmühle zu Thurn 374, 400
Grewel; Grevell 38, 41, 170
Grewel Gut; Greuelans-Gut; (= Metzmachers Gut) 257, 258
Grieß; Gries 70, 295
Grimberg 58
Grönenwald 444
Gröppershof 397
Gronau 7, 10, 11, 21, 42, 72, 75, 80, 82, 87, 92, 94 ff., 106, 116, 121, 124, 126, 141, 142, 143, 145, 147, 150, 153, 154, 157, 158, 159, 161, 162, 163, 164, 165, 166, 167, 169, 170, 172, 174, 183, 184, 188, 190, 195, 196, 202, 203, 204, 205, 207, 209, 210, 211, 213, 241, 244, 248, 288, 311, 346, 396, 399, 401, 411, 435, 436, 437, 438, 440, 447, 448, 450, 476, 492, 493, 500, 501, 502, 503, 504, 507, 508, 509
Gronauer Feld 145, 146, 149, 184, 185, 186, 202, 203, 346
— Gäßchen 185, 186
— Hof 197, 200, 390, 456, 459, 499, 500, 501, 503, 504, 505, 506, 507, 508, 509
— Kreuz 508, 509
— Mühle; Mühlengut 87, 88, 134, 148, 155, 182, 189, 210, 396, 463, 481, 490, 500, 501, 502, 503, 504, 506, 507, 508, 509
— Mühlenweg 508, 509
— Wald 507, 508
Gronaw 72
—, Namen der Eidpflichtigen 1731 41
Gronawen 38, 244
—, Namen der Eidpflichtigen 1666 38
Gronenborn 81, 197, 277, 295, 296
Gronenwald; Gronewald 123, 279, 383, 409, 471, 484
Groos; Groß 86, 123, 164
Gropper 158
Großbernsau 130, 159
Großbüchel 16, 258
Große Heide; Großenheiden 210, 305, 318, 320, 354
Großer Kurfürst 269
Groß St. Martin 106
Grube; Gruben; Groben; Groven (auf der) 36, 40, 84, 89, 139, 154, 256, 257, 258, 259, 268, 277, 284, 334, 385, 396, 400

Gruben, Dr. 230
Grümmel 414
Grümmer 197
Gründonnerstag 420
Grüthers 314
Grundbuch 289
Grunenborn 281
Grunn 86
Gürtgen, von; Gürtzgen, von 159, 413, 456, 502, 503
Guetz 477
Gumpertz 473
Gunckel 144, 151, 473, 474
Guettementgen; Guetmengen; Guttmengen; Gueteman; Guedmann; Guttmann; Goedtmengen; Godemengen; Godementgen 306, 311, 318, 320, 348, 350, 352, 353, 354, 355, 356, 361, 362, 367, 368
Gustav-Stresemann-Institut 478

Haan 66, 280, 330, 332, 450, 473
Haart 85, 112
Haborn; Habborn; Hepporn 169, 170, 235, 239, 293, 305, 306, 309, 313, 320, 323, 326, 332, 355, 356, 357, 360, 361, 362, 364, 399
Hachenberg, von 455
Hack 73
Hackhausen 433, 434
Hadborn 19, 290, 296, 303, 305, 317, 348, 358, 362, 363, 364, 365, 367, 370, 410
Häck; Haeck 281, 502
Händtgessiefen 308
Häuer 320
Häuser 479
Häuseraufnahme 80 ff., 392
Häuserdombach 479
Hafelsbruch 210
Hagdorn 232
Hagen 204
Hahn; Haen 159, 287
Hahnenbusch 271, 340, 341
Halfendombach 396, 479, 480, 482, 484, 501
Halfmann; Halbwinner; Halfen 20, 36, 41, 135, 137, 138, 139, 144, 152, 156, 158, 171, 187, 217, 231, 232, 246, 248, 258, 266, 269, 285, 291, 300, 310, 312, 315, 320, 321, 322, 323, 324, 325, 327, 329, 330, 331, 332, 338, 348, 351, 358, 361, 362, 372, 374, 379, 380, 381, 383, 384, 385, 387, 388, 389, 390, 391, 394, 395, 397, 399, 400, 404, 408, 409, 410, 418, 420, 425, 426, 458, 459, 460, 462, 466, 471, 472, 474, 479, 481, 482, 483, 485, 487, 489, 493, 496, 504, 506
Halke 413
Hall, von 372
Hallinger 199, 200, 201, 202
Hallstattzeit 16, 17, 18, 88
Halver 488
Hamacher 68, 80, 138, 281, 291, 374, 492
Hambach, auch Haembach oder Hombach 130, 159, 409, 410
Hambüchen; Hambuchen 58, 100, 120, 281, 282

Hamecher; Hamächer 41, 155, 160, 228, 258, 293, 294, 295, 374, 375, 395, 396, 397, 399, 400, 471, 472, 474, 492
Hamich 228
Hamm 490
Hammelrath; Hammelraoth 55, 84, 116, 276, 295, 332, 451, 475, 476, 498
Hammermann 281
Hammermühle 44
Hammerscheid 68
Hammerstein, von 423, 424
Hammerwerke 262
Hammeyen 348, 354
Hand- u. Spanndienste 91, 92, 103, 111, 112, 117, 321
Hane, de 131
Handt; Hand 7, 61, 89, 109, 162, 164, 165, 166, 229, 230, 231, 235, 244, 245, 247, 252, 282, 284, 308, 430, 450
—, Namen der Eidpflichtigen 1666 36
—, Namen der Eidpflichtigen 1731 40
Hanebeck 281
Hanf 407
Hansen 347
Hanxleden, von 420
Hardenrath 320, 321, 502
Hardt; Hart 123, 164, 170
Hardthof 282
Harkort 347
Hartgenbusch 277
Hasbach 15, 165
Hasbart 307
Hasberg 123
Hasenbüchel 168
Hassels-Weiher 210
Hasselter Berg; Hesselberg 386, 392
Haster 460, 461, 462, 466, 505
Hattingen, Hatneghen 42
Hatzfeld, von 461, 494
Hauck; Notar in Bensberg 57, 453
Hauper 387
Hauptgericht 125 ff., 127, 129, 133, 462
Hauptvergleich 35
Hausen; Haußen 164
Hauserhof; Hauser; Hoff zum Hauß 77, 85, 123, 165, 308, 372, 373, 380, 384, 390, 404, 479
Hauß 38, 41
Haustaxe 53
Hautpoul, d'; D'haupolt, General 118, 120
Hebbekausen 282
Hebborn (Orts-Name) 7, 10, 13, 16, 19, 21, 58, 88, 89, 90, 91, 107, 108, 109, 116, 118, 137, 138, 141, 146, 157, 159, 162, 164, 202, 204, 246, 250, 272, 276, 277, 279, 281, 282, 286, 296, 309, 310, 311, 312, 313, 314, 315, 316, 317, 318, 319, 320, 322, 329, 331, 332, 333, 334, 335, 336, 338, 340, 341, 342, 346, 348 ff., 349, 350, 351, 352, 353, 354, 355, 356, 357, 358, 360, 361, 362, 396, 398, 410, 422, 492, 507
— (Fam.-Name) 36, 55, 59, 89, 90, 104, 118, 158, 267, 307, 314, 340, 506
—, Namen der Eidpflichtigen 1666 36

—, Namen der Eidpflichtigen 1731 39
Hebborner Brüchtenbuch 348—370
— Brüchtenprotokolle 309
— Gemark 301, 303, 305, 311—314, 344
— Hof; Fronhof Hebborn 10, 16, 18, 19, 21, 58, 60, 136, 137, 138, 147, 195, 216, 221, 272, 276, 277, 278, 290, 296, 297, 298, 299, 300, 301, 302, 305, 306, 307, 308, 309, 310, 311, 313, 316, 317, 318, 320, 321, 322, 323, 324, 325, 326, 327, 328, 329, 330, 331, 332, 333, 334, 338, 339, 341, 342, 343, 344, 345, 346, 347, 348 ff., 349, 352, 353, 354, 357, 358, 360, 382, 385, 397, 481
— Hofgericht 293, 296, 297, 309, 310, 312, 315, 331
— Hofgerichtsbuch 318 ff., 359, 360
— Hofsbusch 321, 330
— Lehnverband 300
— Weg; H.-Gaß 91, 146, 177, 178, 295
— Zehnte 305
Hebbuch 50, 54, 77, 79, 294, 375, 416, 481, 507
Heberg 74
Hebzettel 50
Hecken, zu 373
Heckzehnte 272, 273, 275, 276, 277, 278, 280, 281, 282
Heerstraße 90, 91, 94, 104, 109, 111
Heidcamp 70, 75
Heide; Heydt 16, 165, 341, 344
Heiden 164, 168, 169, 170, 172, 248, 258, 397
—, von, Freiherr zu Schönrath 36, 258
Heider 59, 66, 392, 397, 399
Heidergut 38
Heidgen 280
Heidkamp; Heidekampf; Heidkampf; Heidnkamp 75, 90, 139, 143, 144, 148, 154, 155, 156, 158, 162, 163, 164, 166, 168, 172, 178, 181, 183, 189, 190, 277, 294, 396, 397, 399, 406, 471, 475, 476, 478, 486, 487, 492, 493, 503
Heidkamps Gasse 182
Heidt 284
Heidtkamp, Namen der Eidpflichtigen 1666 38
—, Namen der Eidpflichtigen 1731 41
Heilden, von (Hilden) 417
Heiligenhäuschen 90, 162, 467, 474, 484
Heiligenhoven 478
Heiligenstock 13
Heimbach 132, 133, 155, 159, 291, 292, 293, 294, 307, 317, 324
Heinekamp 130
Heinsberg, von 456, 470
Heintzenholz 300, 304
Heischeid 170
Heister bei Unkel/Rh. 44
Heisterbach; Heisterbacherrott 44, 45, 459, 479
Heldt 238
Helgers 51
Hellinger 277, 344, 345
Henderich 72
Hennenberger 387
Hentten 166
Hentzholz 300, 303

Herberg 280
Herbertz 85, 277
Herborn 84
Herbst 116
Herbstschatz 49, 52, 128
Herckenrather Markweg; Herckenrather Straße 178, 179, 181, 182, 183
Herg, Namen der Eidpflichtigen 1731 41
Heribert, Erzbischof 42, 45, 217
Herkenbroich 224, 261, 285
Herkenrath; Herkenrodt; Herckenrath 19, 39, 50, 54, 64, 74, 79, 80, 84, 86, 90, 92, 93, 94, 95, 97, 120, 121, 127, 130, 154, 162, 163, 164, 165, 170, 232, 261, 269, 372, 373, 378, 380, 381, 385, 388, 389, 395, 397, 400, 454, 460, 462, 465, 466, 467, 471, 474, 475, 480, 481, 482, 483, 484, 485, 488, 489, 490, 501, 506, 508
Herkenrather Hof 466
— Pfarrarchiv 386
Herl; Herler Mühle 131, 212, 236, 414, 416, 504
Hermann IV., Erzbischof 421
Hermes-Kamp 146
Herolt 474
Herrenfrüchte 52
Herrenstrunden 8, 11, 13, 16, 17, 18, 19, 60, 77, 80, 90, 138, 159, 160, 188, 310, 372, 373, 378, 379, 380, 381, 382, 385, 387, 388, 389, 390, 391, 395, 401, 405, 474, 475, 484
—, Hans Henrich, Commendorshalfmann zu 39
Herrenstrundener Kirche 380, 381
— Mühle 376, 377, 389
Herresdorff, von; Herrestorf, von 78, 472, 475, 483
Herrig 76
Herscheid 57, 86, 350, 472
Hertgenbusch 84
Hertzbach, von 310, 320, 356
Herweg; Herwegs 38, 70, 73, 76, 89, 203, 207, 267, 288, 372, 373, 374, 383, 384, 396, 397, 400, 411, 471, 475, 488
Herweg, von 498, 499
Herzogenhof Odenthal 21, 408, 409, 410
Herzogliche Erkundigung 1555 309, 372
Herzogtum Westfalen 90
Heschett; = Heischeid 170
Hessische Truppen 103
Hetterman 294
Hettinger 400
Heukeswagen 258
Heumar 142, 206, 456, 457, 489
Heupgen, Johann Arnold; Burggraf zu Heimbach 44
Heuser; Heußer; Hüser 41, 77, 165, 171, 374, 398, 400, 479
Heusseken 160
Hey; Heyer; Heys 36, 40, 61, 84, 85, 93, 104, 165, 169, 221, 229, 230, 237, 247, 250, 282, 284, 352, 499
Heyden 40, 41, 77, 246, 248, 257, 342, 354
Heyder 493
— Gütchen (Vikarie Gladbach) 62, 66, 77, 148

— Tor 341
Heydkamp; Heydcamp (siehe Heidkamp) 68, 70, 149
Heydtgen 40
Heymann 143, 144
Heynen 85
Heynes 82
Hilden zur Sülzen, von 36
Hilgen 169
Hilgenheußgen 157, 162
Hilger, von 498
Hillesheim, von 39, 305
Hillmann 448
Hilt, Notar in Bensberg 58, 454
Hinrichs 414
Hirten 54, 62, 84, 85, 416
Historisches Archiv Köln 220, 222, 233, 296, 305, 431, 433, 434, 439, 441, 445, 446, 447, 484
Hittorf 436
Hoberger 369
Hobs 320, 355, 367
Hoburger 311, 356, 357
Hochburger; Hochburg; (= Hohsiefen, Hohburg) 167, 314
Hochgericht 126, 216, 222, 223
Hochscherf 371, 396
Hochstein 386, 424, 427, 428
Hoechsten; Höchsten; Höeschten; Höchste 60, 68, 228, 269, 294, 338
Höderath 281, 343
Höfe (freiadelige) 49, 50, 66, 106, 486
— (geistl.) 49, 50, 106, 388
— (lehnsrührige) 143, 174
Höffen; Höfen; Höffer; Höfer; Hoffen; Hoffer 61, 168, 221, 222, 232, 244, 247, 248, 264, 284, 287, 288, 310, 318, 348, 360, 410, 422
Höhe; Hoe (Schmitzhöhe) 300, 355, 358, 361
Höhlen 13
Höinckhausen bei Lippstadt 469
Höller; Höllers 55, 84, 197, 258, 294, 396, 397, 398, 500, 508
Hölzer; Höltzer; Holzer; Holtzer; Hultzer 55, 62, 82, 83, 84, 92, 116, 121, 188, 195, 197, 202, 230, 277, 279, 281, 319, 332, 350, 351, 367, 368, 453, 507, 508
Hoen, Conrad in der Kalenbroch 38
Hoenen, von 454
Hörde, von 469
Hoerdt 259
Hoertbaum; (= Schatzbaum) 227
Hövelich, von der 131, 312, 322, 323
Höven, zu den; Hoven, in den 318, 348, 361
Höver 84, 85, 119, 123, 248
Hof; Hofen (siehe bei Hoven)
Hoferfeld 270
Hofesbote 224, 225, 228, 244, 245, 248, 249, 252, 258, 262, 265, 267, 268, 271, 297, 299, 302, 311, 312, 333, 348, 349, 351, 352, 353, 354, 356, 357, 358, 359, 361, 363, 364, 365, 366, 367, 369, 383, 404, 410, 434, 450, 462, 467, 504

Hofesrolle 227, 251, 252, 256, 262, 266, 311, 313, 317, 351, 352, 357, 358, 423
Hoffebusch 261
Hofgeding; Hoffsgedingh 222, 223, 224, 300, 309, 348, 364, 365, 372
Hofgericht; Hofesgericht 10, 20, 104, 107, 133, 134, 135, 138, 143, 152, 153, 155, 156, 157, 158, 162, 172, 173, 213, 215, 216, 218, 223, 228, 236, 241, 242, 247, 248, 250—253, 255, 256, 258, 262, 263, 264, 265, 266, 269, 291, 293, 297, 300, 309, 311, 317, 318, 331, 349, 350, 351, 352, 356, 357, 358, 359, 370, 371, 382, 403, 408, 409, 410, 421, 423, 424, 434, 436, 486, 500
Hofgerichtsprotokolle 10, 92, 107, 132, 133, 135, 153, 155, 158, 166, 234, 236, 238, 239, 240, 247, 248, 251, 253, 254, 256, 258, 260, 266, 269, 290, 297, 309, 310, 314, 315, 317, 359, 360, 417, 421, 422, 424, 431, 433, 448, 449, 450, 481, 488, 491, 502
Hofmann 390, 404, 405
Hofmarken 231
Hofrecht 223, 224, 226, 227, 247, 256, 301, 302, 305, 306, 309, 311, 349, 350, 352, 353, 354, 355
Hofsnamen 22 ff.
Hofschultheißen-Patent 240 ff.,
Hofsverband 20, 135, 174
Hohe Feld; Hohenfelder Gut 80, 472
Hohenburger; Hoburger 307, 353, 355
Hohe Straße (Hochstraß) in Köln 399, 493
Hohkeppel 59, 134, 300, 346, 382
Hohn 155
Hohnerth 73
Hohnrath; Honrath 86, 421, 436
Hohns-Gut; Hohnshäusgen; Hohnshäußgen; Huntsheußgen 41, 70, 145, 181, 190, 459, 463
Hohscherfer, Peter 40
Holländer 105
Hollandsmühle 506
Hollenweg 409, 464
Hollerath i. d. Eifel 393
Holthausen 92, 131, 132
Holtz; Holz 39, 54, 165, 168, 221, 244, 277, 300, 303, 306, 308, 310, 311, 312, 314, 315, 316, 318, 319, 320, 322, 337, 338, 339, 348, 349, 350, 351, 352, 353, 354, 355, 356, 357, 358, 359, 360, 361, 362, 363, 365, 366, 367, 368, 369, 396, 450
—, Namen der Eidpflichtigen 1666 36
Holtzer Gut 351
Holtzgen; Höltzgen; Hölzgen 307, 308, 311, 315, 348, 349, 351, 352, 360, 363, 365
Holweide; Holvelde; an der holler Wyden 131, 504, 449
Holzfrevel 261, 262, 263, 264, 286, 288, 313, 315, 316, 322, 323, 348, 352, 359, 407, 461, 474
Holzhof (in Dünnwald) 226, 228, 238
Holzkohle 262
Holzmühle 82, 87, 179, 181
Holznutzung 205, 206, 207, 212, 224, 225, 261, 271, 272, 273, 283, 285, 286, 288, 289, 301, 303, 305, 311, 315, 322, 323, 328, 330, 331, 340, 344, 377, 381, 389, 406, 449, 474, 486, 495, 496, 497
Holzreisersgeld, Reisgeld 52
Hombach; Haanbach 12, 60, 165, 374, 384, 395, 400, 465, 466, 467, 479, 483, 484, 485, 501
Hombacher Kirchweg 467
Hompesch, von 468
Honrath; Honnrath 83, 97, 121, 123, 211
Honsberg; Honsbergh 318, 348
Honschaft 11, 20, 21, 36, 37, 38, 39, 46, 47, 49, 51, 54, 57, 72, 75, 78, 80, 82, 108, 113, 114, 117, 119, 120, 121, 123, 126, 127, 174, 203, 204, 211, 287, 288, 290, 404, 507
Honseler Schichten 12, 13
Honsen 168
Hoppersheide; Hoppersheyden; Hoppescheid 37, 40, 65, 221, 229, 416
Horren, aufm = Horn 146, 147, 148, 149, 175, 176, 177, 244, 259, 281
Horrix 346
Horst, von der 131, 172, 420, 429, 474, 475
Hortenbach, von 419
Hosang 61, 84, 85
Hosten, in der 295
Hoster 110
Hosterbach bei Oberkassel 44
Hovekemper 133
Hoven, Namen der Eidpflichtigen 1666 37
Hoven; Hover; Hover Gut; Hoverhof 40, 73, 75, 148, 165, 166, 221, 227, 231, 232, 233, 246, 259, 260, 261, 265, 270, 284, 315, 381, 396, 397, 404, 420, 432, 433, 447, 450, 507
Hoyncgin, Johannes de 371
Hückelhoven 429, 431, 433
Hückeswagen, von 417
Hüffen (b. Wipperfeld) 55
Hügelerfeld; Högeler Feldgen 339, 340, 342, 344
Hüheberg 295
Hülse (Ilex) 15, 264, 474
Hülsen 37, 65, 221, 229, 246, 248, 282
Hülsenberger Gut 155
Hülßgen; Hültgen 318, 360, 365
Hüpperts 170
Hüpsch, von 15
Hürtten 162
Hüte-Gütgen 183
Hütten; Hüttengut 72, 74, 135, 167, 232
Hütung 261, 263, 283, 285, 300, 301, 305, 315, 380
Hufer Weg 283
Hugenottenkrieg 101
Huldigungslisten von 1666 und 1731 35 ff., 373
Hummelsheim; (Hommelsen) 227, 231, 232, 246
Hundseifen; Hungseiffen 486, 487, 488
Hundtges 156, 158
Hungenberg; Hundenberg 36, 70, 155, 171, 173, 189, 281, 373, 467
Hungeringhausen, von 457
Hunne, Hunn, Honn, Hon 47
Huppertz 162
Hurt-Bäume (Weidenpfähle) 262, 283
Hutmacher 161
Huys, vamme (siehe Hauß)

533

Iddelsfeld 21, 105, 106, 172, 204, 205, 212, 215, 421, 435, 436, 438, 439, 445, 447, 449, 451, 452, 480, 481, 494, 506
Iddelsfelder Hardt 17, 18
Idelsfelder Büsch 71
Igel; Iggel; Eigel; Eigell; Igeler Hof; Iggelter Hof; Hoff zu Iggelen; Hoven Egele 41, 77, 156, 158, 170, 257, 258, 314, 372, 373, 374, 378, 379, 380, 381, 382, 383, 384, 385, 386, 387, 388, 390, 391, 392, 393, 394, 395, 396, 397, 400, 401, 403, 406, 407, 410, 411, 458, 481, 485, 489, 492, 493, 495
Igelberg 393
Igeler Mühle 393, 394
Iggelrad (= Odenthal) 385
Immekeppel 19, 80, 127, 155, 162, 164, 167, 168, 170, 245, 291, 397, 486, 487
Irlenbusch, Georg; Landmesser 58
Irlenfeld 90, 201, 295, 378, 403
Irreshoffen; = Ehreshoven 170
Isenburg 309
Italisch-Österreichische Truppen 104

Jabach 160
Jacobs 160
Jagd 52, 427, 428, 434, 457, 461, 462, 467, 491, 473, 474, 475, 476, 483
Jagd-Fischereigerechtsame 427, 428, 434, 449, 450, 453, 457, 461, 462, 467, 471, 473
Jagdstreit Dombach — Lerbach 483, 484
Jakobsberg 331
Jansen 51, 123, 247, 469
Janßens 172
Jaspar (Pater) 258
Johann, Herzog v. Berg 50, 101
Johann-Kasimir, Pfalzgraf 101, 155, 233, 318, 322
Johann Wilhelm, Herzog 102, 109, 194, 321, 456, 473, 479, 506
Johanniter-Kommende, Herrenstrunden 8, 10, 159, 372, 378, 379, 380, 381, 384, 385, 386, 387, 388, 389, 391, 401, 402, 404, 405, 446, 479, 484
Johrsmühl = Gohrsmühl 118
Jonas 347
Judden, von 414
Jüch; Jücher Gut; Yoch 38, 41, 71, 163, 164
Jügger Gut; Jugger Gut 148, 182, 183, 190
Jülich 44, 50, 104, 321, 469, 470
— und Berg, Herzogtum 35, 39, 46, 50, 305, 321, 479
— und Bergische Polizeiordnung 129
Jungblut 86
Junkersdorff 498
Juris, Dr. med. aus Ixel (b. Brüsse) 393
Jux, Dr. Anton 7, 8, 34, 58, 59, 60, 112, 114, 124, 127, 140, 160, 296, 310, 372, 378, 387, 390, 415, 477, 490, 499, 500, 509
—, Dr. Ulrich 9

Kaaser; Kaser 76, 93
Kämpgen, aufm 179, 183

Kaesbach; Käsbach 85, 276, 485
Kaesmann 476, 484
Käsenbrodts Gut = Gohrsmühle 154
Kaeß 447
Käutmann 346
Kagswies 464
Kahlenbroch, Namen der Eidpflichtigen 1731 41
Kalenbroch, Namen der Eidpflichtigen 1666 38
Kaiser, Friedrich Barbarossa 90
Kaiserliche Truppen 104, 105, 112, 113, 114
KK. Hauptarmeespital 112, 390, 477, 484
Kalk (Ortschaft) 42, 450
Kalkindustrie 7, 18, 95, 106, 137, 141, 142, 143, 147, 149, 172, 185, 393, 394, 431, 435, 436, 437, 446, 450, 508
Kalkmulde 7, 12, 15
Kalköfen 185, 188, 316, 381, 437, 508
Kalksteinbrüche 88, 89, 381
Kalkweg 210, 211
Kallemich (Kollenbach) 395
Kalmünten; Kalmunden 188, 282, 311, 320, 361
Kaltenbroich; Kahlenbroich; Kallenbroich; Kaldenbroch; Kalenbroich; Kaltenbrog 76, 77, 163, 165, 168, 172, 454, 462, 465, 466, 467
Kalterherberg, von 418
Kamp; Kamper Gut 36, 38, 40, 41, 62, 68, 146, 147, 149, 162, 171, 175, 176, 177, 178, 183, 189, 209, 246, 252, 270, 282, 284, 403
Kampf; Kampff 183, 184, 185, 230
Kannengießer 51
Kanton Bensberg 11
Kapellchen (b. Mielenforst) 211
Karhoff 197
Karl der Große 20, 21
— Kaspar von Trier, Erzbischof 468
— Philipp, Kurfürst 39, 52, 469
— Theodor, Kurfürst 92, 110, 112, 194, 475
Karolingische Zeit 217
Karstlandschaft 13
Kartoffelanbau 190
Kasimir'sche Truppen 101
Kasinogebäude 476
Katasteramt; Katastergemeinde 11, 288, 347, 391, 392, 507
Katterbach 10, 17, 18, 37, 53, 61, 63, 65, 66, 159, 171, 217, 221, 224, 225, 226, 227, 229, 230, 242, 243, 244, 245, 246, 247, 248, 253, 264, 268, 411, 412, 414, 415, 416, 417, 434, 449
Katterbach, von 131, 133, 223, 236, 261, 290, 291, 293, 411, 412, 413, 414, 415, 416, 417, 423, 487, 489, 504
Kattermicher Gut; Kattemich 221, 229, 245, 282, 411, 416
Kaufbriefe 252, 254, 255, 256, 257, 258, 269, 331, 431, 433, 435, 436, 449, 450, 456, 461, 462
Kaufbriefe Rittergut Blech 431, 432, 433, 448, 449
Kaufkraft des bergischen Geldes 48
Kaufpfennig; Pfenningsgeld 255, 257, 502
Kaulen, Namen der Eidpflichtigen 1666 36, 38

Kauhlen; Kauhle; Kaule; Koillen; Kühler Gut 68, 135, 154, 170, 172, 178, 179, 183, 185, 187, 189, 210, 217, 222, 226, 230, 235, 249, 265, 266, 283, 284, 318, 350, 352, 430, 432, 433, 447, 450
Kaulenbach, Heinrich 59
Kaulhausen oder Kohlhasen Gut 154
Kaunitz, von 113
Kawert 294
Kax 131
Kees, Peter 65
Keesel 169
Keill 160
Keldenich 131
Keller 154, 174, 175, 209, 381
Kellers Anwänd 148, 149
Kellner; Kellnerei 49, 51, 53, 127, 129, 130, 131, 132, 133, 137, 138, 140, 144, 146, 147, 150, 151, 153, 155, 159, 173, 196, 220, 221, 223, 226, 228, 234, 253, 259, 290, 291, 308, 311, 314, 317, 321, 324, 325, 327, 328, 329, 330, 331, 342, 343, 348, 378, 391, 412, 413, 422, 446, 457, 473, 479, 480, 481, 490, 491, 494, 497, 503, 504, 505, 506
Kellnerei-Repositur 220, 330
Kempen am Niederrhein 90, 470, 494, 496, 499, 509
Kempener Straße 411
Kemperfeld 283
Kempgen 166
Kenten 158, 454
Kentenich, Dr., Stadtdirektor 9
Keppel; Keppeln 82, 86, 169, 317
Kerp 67, 81, 83, 92, 93, 121, 151, 195, 201
— Schatzheber 112, 116
Kerpen 469
Kerschilgen; Kersthilgen 158, 159, 165, 503
Kessel 132, 155, 159, 309, 314, 318, 350, 373, 383, 384, 385, 386, 396, 429, 433, 434, 449, 450, 463, 480, 481, 487
Kesselborn 227
Kesselsberg 429
Kessels Busch 481
Kesselsdombach 481
Kesselshof 374, 400
Keulen; = Kaule 172
Keup 279
Keye 153
Kibbe; Kybbe 158, 504
Kibbengütchen (Kieppemühle); Kieppegütchen 459, 505, 506, 507
Kieppemühle; Kibbemühle; Kybbemühle 16, 83, 198, 210, 437, 454, 459, 502, 505
Kierberg 371
Kierdorf 55, 62, 64, 76, 77, 81, 82, 84, 85, 86, 87, 92, 93, 94, 99, 116, 123, 124, 141, 147, 150, 154, 155, 195, 197, 202, 231, 232, 246, 247, 249, 253, 254, 257, 263, 269, 270, 272, 275, 276, 277, 278, 280, 281, 284, 285, 343, 344, 345, 346, 347, 380, 406, 416, 453, 454, 466, 492, 493, 499
Kierdorfer Hof 380, 390, 397

Kierdorff; Kyrdorff; Kyrdorf 52, 53, 61, 62, 63, 66, 69, 71, 72, 76, 77, 147, 175, 176, 183, 185, 186, 228, 230, 231, 257, 266, 267, 268, 340, 341, 504
Kierspel 86, 92, 99, 100, 116, 197, 202, 247, 266, 278, 280, 493
Kiessel; Kieselgut 69, 73, 74, 157, 189, 256
Kinderguth 40, 284
Kipell 257
Kipels, Wilhelm Conrad; zum Pohl 63
Kippe 39, 150
Kippen 74, 151
Kippenbruch 210
Kippenkausen; Kippekausen; Kippinghausen 61, 166, 230, 253, 346, 467, 501, 507
Kirch 55, 58, 276, 281
Kirche 82, 85, 86, 88, 94, 95, 102, 115, 134, 135, 139, 143, 144, 153, 154, 157, 172, 191, 194, 195, 196, 201, 202, 203, 204, 213, 214, 215, 219, 226, 248, 252, 293, 295, 296, 332, 370, 372, 410, 414, 471, 490, 503
Kirchenberg 255, 487
Kirchengut 79, 81
Kirchenkiste 448
Kirchgasse 270
Kirchhof 87, 96, 270, 372, 388, 469
Kirchhoff 160, 241
Kirchmeister 157, 159, 223, 226, 322, 323, 326, 385, 503
Kirchspiel 20, 21, 46, 49, 51, 97, 124, 133, 157, 162, 174, 204, 217, 221, 228, 229, 232, 233, 243, 244, 249, 258, 259, 263, 287, 291, 296, 315, 322, 323, 371, 375, 382, 384, 385, 408, 409, 412, 436, 446, 454, 490, 501, 506
Kirchweg; Kirchenweg 335
Kirdorff; Kirdorf 38, 39, 40, 41, 178, 179, 180, 181, 258, 268, 398
Kirdorff, Erbgenahmen 65
Kirschbaum 73, 488
Kirschenprozession 477
Kirspel; Kirspell 41, 54, 61, 70, 71, 72, 82, 84, 86, 92, 119, 120, 123, 147, 150, 182, 197, 276, 340, 399, 440
Kissel, der große und der kleine (= Kessel) 383 bis 385, 386, 387, 392
Kißel; Kießel; Kissel; Kiesel 41, 73, 155, 168, 169, 171, 178, 380, 396, 425, 506, 507
Kleekamp; Kleekampf 145, 149, 175
Klein 57, 59, 79, 81, 84, 118, 121, 135, 157, 160, 161, 164, 165, 166, 256, 257, 264, 269, 270, 348, 355, 357, 361, 363, 369
Kleinbüchel 258
Klein Corschiltgens Gut 179
Klein-Holzer; Klein-Holtzer 310, 318, 319, 349, 352, 361
Kleinmann, Matthias 63, 281
Klein-Vernich 456, 457, 459, 503
Kleve, Johann von 421
Kley; Klei; Kleier; Clei 39, 40, 41, 55, 61, 63, 65, 82, 86, 123, 158, 164, 165, 167, 168, 232, 247, 248, 253, 261, 262, 264, 277, 281, 306, 311, 317, 318, 319, 337, 346, 348, 349,

351, 352, 353, 355, 357, 358, 359, 360, 363, 364, 366, 369, 398, 403, 409, 410, 411
—, Namen der Eidpflichtigen 1731 40
Kleyer Gut 58, 84, 276
Kliefer 282
Klingelskuhl 344
Klingen 74
Klock; Kloick; Kloicke 163, 170, 171, 366
Klosterhöfchen 210, 211
Klüppelbusch 226, 287
Kluge 134, 213
Klutstein 18, 89, 90, 434
Kneschke 428
Knipp 66, 87
Knobel 476
Knoppenbießen; Knoppenbißen 168, 171, 387, 396, 475
Knoppensiefen 476
Kobell 343, 407, 485
Koblenz 171, 439, 445, 494
Koch 65, 86, 87, 96, 97, 98, 99, 100, 101, 123, 160, 198, 199, 248, 276, 281, 282, 295, 416, 488
Kochsfeld 409
Kock 281, 486, 487
Kockelberg; Kockenberg 291, 306, 364, 365, 368
Koef 281
Köllenstraß; Cöllenstraß; Kölner Straße 90, 145, 146, 147, 175, 178, 183, 184, 185, 186, 187, 188, 383, 384, 385
Köln 10, 46, 89, 96, 100, 101, 107, 111, 113, 117, 125, 127, 132, 134, 135, 139, 143, 156, 159, 160, 172, 174, 191, 197, 201, 204, 214, 216, 217, 218, 219, 220, 229, 230, 235, 236, 237, 238, 239, 240, 241, 249, 250, 253, 262, 268, 269, 271, 280, 287, 289, 294, 296, 308, 318, 320, 343, 344, 346, 347, 356, 360, 371, 378, 379, 389, 393, 398, 399, 400, 401, 402, 403, 404, 414, 416, 421, 428, 430, 431, 432, 433, 434, 435, 438, 439, 440, 442, 447, 448, 449, 451, 452, 468, 469, 470, 471, 472, 477, 485, 486, 488, 493, 495, 497, 498, 501, 507
Kölnisch-Spanische Hilfsvölker 102
Kölnischer oder Truchseß'scher Krieg 101
Kölver 345
Koenhiß 161
Königpütz 89
Königsforst 15, 18, 21, 42, 113, 118, 204, 205, 206, 207, 212, 214, 217, 299, 344, 473
Königswinter 143, 144
Köster 281
Kötter 222, 225, 226, 227, 228, 230, 233, 246, 247, 251, 252, 273, 412
Kohl 68, 79
Kohlenbach 58, 188, 281
Kohlgrub 395
Kohlgrüber 68, 202, 203, 478
Kolf 87
Kolhasengut 166
Koll 51, 346
Kollenbusch 404
Kolter 68, 81, 82, 92, 174, 177, 195, 196, 197, 199, 201, 204, 277, 278, 288, 393, 394

Kombüchen; Kohnbüchen; Kombücken; Konnbuecken; Kohnboeken; Koenböcken; Koembocken; Koenbücken; Koenboucken; Kohnboicken; Kohnbüchen; Kohenbuchen; Koeboecken; Koebucken; Kobucken; Koboecken; Coenboecken; Conböcken; Combüchen; Conboichell usw. 7, 11, 36, 40, 54, 60, 65, 75, 80, 84, 87, 92, 94, 96, 116, 120, 126, 158, 167, 168, 170, 215, 232, 249, 268, 280, 281, 284, 296, 300, 301, 304, 305, 310, 311, 317, 318, 319, 322, 332, 348, 349, 354, 356, 358, 359, 361, 364, 365, 366, 367, 381, 383, 384, 385, 386, 403, 416
Kommendeakten 401
Kommendehalfen 403, 405, 481
Kommendehof 138, 372, 378, 388, 389, 390, 391
Konrad III., König 43, 44, 45
Kontributionen 53, 105, 109, 110, 112, 115, 118, 119, 122, 125, 381, 388, 405, 504
Kopfsteuer 53
Korbmacher 161
Korschildgen; Körschellgen 50, 52, 53, 139, 166, 280, 281, 282, 284, 400
Kortenbach 258
Kotten; Kothen 38, 162, 221, 229, 408
Krabben; Kraben 283, 430
Kradepohl; Kradenpohl; Cradenpoll; Kradepohlsmühle 38, 147, 150, 151, 165, 172, 187, 188, 190, 244, 252, 346
Kräling; (Kreyling) 238
Kraemer; Krämer 70, 188, 267, 346, 347
Kraetz 161
Kram; Craem 312, 355, 358, 361, 371
Kramer 82, 84, 281, 354, 503
Kranzhoff, H. W., Direktor 9
Kreelinx; Krelinck; Krehling 305, 307
Kreier Wiese 188
Kreilingh 165
Krein 85, 195, 197, 201, 202, 203, 281, 282, 500, 508
Kremerhöhe 356
Kreuzhäuschen 224, 227
Krey; Kreyer 73, 160, 230, 231, 232, 246, 262, 282, 378
Kreyling 255, 256
Krieger; Kreger 281, 354, 361
Kriegsabgaben, Contribution 53, 105, 109, 110, 112, 115, 118, 119, 122, 125, 252, 377, 381, 382, 405, 504
Kriegsdrangsale 112, 113, 114, 115, 122, 124, 244, 250, 252, 254, 332, 387, 388, 390, 405, 451, 478, 484, 504
Krippenbruch 209, 210
Krochbach; Kroppach 318, 349
Kroll 237
Krumbfing 161
Kuckelberg; Kuckelbergh; Kockelberg; Cuchelberg 36, 40, 56, 57, 58, 139, 140, 154, 232, 256, 276, 300, 301, 304, 305, 306, 307, 308, 310, 311, 314, 315, 317, 318, 319, 320, 322, 331, 332, 333, 334, 348, 349, 350, 351, 353, 354, 355, 356, 357, 358, 359, 360, 361, 363, 364, 365, 366, 370, 385, 396, 398, 400, 415

536

Kuckucksgut 487
Küchenberg 232, 255
Küchenhöfe 49
Kühlheim 80, 86, 162, 420
Kühlwetter 120, 131
Kümpel, im 295
Kürtbergh 351
Kürten; Kürtten 59, 84, 93, 113, 114, 123, 165, 211, 277, 279, 281, 282, 296, 406
Küster 158, 373, 416
Kuhlenbach 282
Kuhler 86
Kurkölnische Truppen 112
Kurmut; Kurmoed; Churmudt 152, 153, 218, 222, 226, 228, 229, 231, 232, 233, 238, 239, 248, 253, 256, 258, 259, 269, 273, 274, 275, 297, 300, 304, 307, 308, 317, 321, 325, 331, 348, 350, 353, 408, 409, 410, 451
Kurpfalz 101
Kurschildgens Gut (Kaule im Strundorf) 154
Kurtenbach; Curtenbach 239, 291
Kurtenkotter; Kurtekotten 399, 493
Kurtseiffen 318, 349
Kylman 330

Laagsteine; Laagstöcke; Lachen 151, 387, 466, 472
Lackay 320, 355, 362
Lacomblet 42, 204, 228, 320
Laenbroch (?) 166
Lagerbuch 156, 203, 293, 372, 384, 386, 387, 403, 481, 490
Lambertz 171
Lamsfuß 89
Landegem, van 438
Landesverteidigung 49, 108
Landgericht 107, 126, 127, 129, 135, 138, 156, 157, 158, 212, 244, 378
Landsberg, von 455
Landscheid 414
Landstände 49, 50, 53, 327, 328
Landwehr 383, 411, 424, 429, 431, 433, 434, 435, 436, 437, 441, 444, 448, 451, 453
Lang 320, 354, 425, 427, 428
Langefeld; Langenfeld 146, 149, 429
Langel 197
Langen 81, 188
Langenberg, von 104, 159, 457
Langenbrück 204
Lappe 81
Laurentiusberg; = Berg 296
Lautz 281, 343, 344, 345, 346, 347
Lechenich, von 161
Le Clerq; Leclerqu 240, 271
Ledder, Ern zu 157
Leerbach 78, 189, 450
Leers; Lehrß; Lersch; Lerß, von; Leers, von 461, 464, 466, 467, 468, 469, 470, 471, 472, 473, 479, 484
— zur Lerbach, Herren von 39, 131
Lees dal (Leefdeal), von, geborene Baronesse von Alvarado aus Barcamonte 470
Leeßman 319, 351, 354

Leffelsendt 170
Lehenhoff 250
Lehen; Lehn; Lehnmann; Lehenleute 77, 173, 217, 222, 223, 224, 225, 226, 227, 228, 229, 230, 231, 232, 233, 236, 238, 239, 243, 245, 246, 247, 250, 251, 252, 253, 254, 255, 256, 258, 259, 260, 261, 262, 264, 265, 266, 267, 269, 272, 273, 274, 275, 287, 297, 299, 300, 301, 302, 305, 307, 308, 309, 310, 311, 312, 313, 314, 315, 316, 317, 321, 323, 324, 327, 328, 331, 348, 349, 350, 351, 352, 354, 355, 356, 357, 358, 361, 363, 364, 367, 370, 372, 382, 402, 409, 421, 423, 451, 459, 460, 486, 490, 495, 496, 500
Lehn (bei Lützenkirchen) 244, 245, 259, 260
Lehnboten 248 ff., 249, 262, 272, 299, 302, 311, 312, 313, 316, 323, 451
Lehnen; Lehn, zum 124, 237
Lehngericht; Lehnherr 221, 222, 227, 230, 235, 237, 239, 245, 247, 250, 251, 252, 253, 254, 255, 256, 257, 258, 259, 260, 264, 265, 266, 267, 268, 269, 272, 274, 275, 294, 296, 297, 299, 300, 301, 302, 304, 305, 309, 311, 312, 313, 314, 315, 316, 318, 320, 322, 330, 331, 348, 349, 351, 352, 353, 355, 356, 357, 358, 361, 362, 363, 364, 365, 369, 372, 422, 423, 424, 429, 431, 435, 441, 446, 447, 449, 450, 451, 486, 487, 488, 500, 502, 505
Lehngüter 220—222, 225, 228, 229, 230, 233, 245, 249, 252, 253, 254, 255, 256, 257, 258, 259, 260, 261, 267, 268, 269, 290, 297, 298, 299, 300, 301, 304, 306, 307, 309, 315, 317, 318, 331, 349, 358, 361, 372, 373, 402, 408, 409, 410, 451, 486, 487
Lehnrolle; Hofesrolle 251, 252, 253, 256, 263, 266, 273, 274, 311, 312, 313, 317, 351, 412
Lehnsgewalt 10, 20, 134, 173, 247, 253, 254, 259, 260, 261, 297, 304, 310, 325, 327, 328, 331, 348, 372, 408, 409, 422, 486, 487, 500
Lehnswesen 10, 20, 134, 135, 137, 143, 152, 153, 173, 204, 215, 217, 218, 220, 221, 222, 223, 228, 229, 230—233, 234, 235, 239, 247, 251, 252, 253, 254, 255, 256, 259, 260, 261, 262, 263, 268, 272, 273, 290, 294, 297, 298, 300, 304, 309—310, 315, 316, 317, 323, 325, 327, 348 ff., 373, 382, 408, 409, 415, 422, 486, 487, 500
Lehn- und Gebuhr-Recht 220, 223, 247, 253, 255, 256, 259, 273
Lehn- und Mannbuch 314, 327, 350
Leichlingen 414, 415, 436
Leich- und Driftweg 264, 312, 361
Leimbach 339
Leimlich 318
Leimkaulen; Leimkauhlen; Leimkuhle 38, 41, 69, 172, 179, 180, 181, 190
Lein, zu; (= Lehn)
Leindscheid 244
Leithäuser 22, 214
Lemirs i. Holland 394
Lengsdorf 392
Lenneschiefer 13
Lenzen, Landesdirektion 287

Lenzen; Statistik Herzogthum Berg 129
Leopold, Erzherzog 113
Leopold I., König 461
Lerbach; Lyrbach; Leyerbach; Lierbach; Leirbach 10, 12, 85, 104, 123, 136, 137, 159, 163, 171, 327, 372, 398, 454, 455, 456, 457, 458, 459, 461, 462, 464, 465, 466, 467, 468, 469, 470, 471, 472, 473, 474, 475, 476, 477, 478, 479, 483, 484, 487, 502, 503, 505, 508
Lerbach, von 454, 470
Lerbacher Kreuz 477
— Wald 387, 461, 463, 464, 471
Lerch 346
Lessenich 243
Letsch 38, 74, 209, 210
Leuchter Gemark 222, 271, 273, 274, 275, 286, 432, 440, 450, 451
Leudtgens 160
Leusch 259
Leven 441
Leverkus; Leverkusen 454
Ley 64, 83
Leyen, Graf von der 44, 173, 189, 205, 436, 438, 439, 445, 468, 494, 495, 496, 497, 498
Leyendecker 281
Leyenhof 399
Liber Collatorum Diocesis Coloniensis saeculi XV 43
Liblar 372
Lichten 472
Lichtmeß 365, 404, 502
Lichtmeßschatz 49, 52, 128, 404
Lidtholtz 351
Lieferings-Mühle; Lieffelings-Mühl 41, 69
Liga 104
Limbach 498
Limbor 282
Limburg a. d. Lahn 390
Limes 18
Limiten, Limitensteine 333, 334, 335, 336, 337, 338, 339, 340, 341, 385, 387, 462, 464, 465, 472, 483, 484
Linde, zur 296
Linden 38, 41, 57, 62, 70, 73, 86, 116, 121, 135, 154, 159, 164, 167, 168, 169, 171, 172, 175, 203, 231, 248, 267, 320, 355, 362, 398, 452
Lindenthal 159
Linder Gut; Linder 37, 178, 189, 221, 283, 500, 507
Lindgens Gut 247
Lindlar; Lindtlar; Lindlahr; Lindtlahr; Lintlohr 40, 56, 58, 70, 75, 81, 82, 84, 124, 244, 276, 277, 281, 296, 373, 386, 481
Lindscheid 245
Lingeeß-Busch 404
Lingensgut 221, 284
Link 84
Linne, Kirchlinde 42
Linnep in Cöllen 308
Linnich 133, 307
Lintgens Guth 40

Liphausen 121
Lippe, von; gen. Hoen 421
Lithe, Kreis Hagen 42
Litz 132
Loch; Locher Gut; Locher Mühle 41, 69, 289, 393
Lochbroich; Lochsbroich 227, 266, 270
Loe, von 159, 413, 481
Loeben, von; Löben, von 381, 401, 402
Lög und Mählen 150
Löhe; Löh 86, 197, 247, 396
Löhr 500, 509
Lörsfeld; Loersfeld bei Kerpen 468, 469
Löß 14, 15
Loeßkiddel 319, 351
Löwenberg 104, 237, 327, 423, 456, 457, 503
Lohehausen; Lohausen, von 62, 64, 228, 230, 232, 235, 236, 237, 251, 421, 423, 424, 425, 426, 427, 428, 429, 431, 432, 433, 434, 435, 449, 450, 484
Lohmann-Jansen 389, 395, 398, 400
Lohmar 421
Lohmühle 225
Loicht 249
Lommertzen; Lommertsheim 67, 175, 247, 249, 308, 331, 436, 444
Lommerzen 83, 121, 150, 151, 253, 398, 440
Londorf 494
Lothringen 217
Loyson, von 429, 433, 448
Luckenrath 238
Ludeman 41, 74, 83, 84, 211, 394
Ludwig XIV. 108
Ludwigs; Ludwig 232, 245, 246, 262, 404
Lück 54, 281, 282
Lückerrath; Lückerath; Lügkrott; Luckerath; Lüggerath; Lückerrather Hof 10, 41, 70, 108, 158, 159, 164, 166, 189, 397, 398, 467, 486, 487
Lüh 124
Lülsdorf 47, 101, 104, 109, 120, 130, 159, 327, 400, 401, 412, 413, 423, 456, 457, 473, 486, 503
Lüninck, von 131, 459, 480
Lürich 504
Lütgen; Leutgen 158
Lüttich 139
Lüttringhausen; Lutringhausen 429, 460, 487, 488
Lützenkirchen 221, 226, 233, 244, 245, 246, 247, 259, 260, 414, 415, 418, 423, 436, 453
Lützenrath (Leuscherath) bei Much 414
— zu Rath, von, Johann Friedrich 36
Lützerode, von 113, 116, 131
Luhe 123
Luitz 133, 409
Luneville 121
Lung, Walter 15, 17, 217, 411
Lustheide 12, 18, 205
Lutterkaus 488
Lymburg, de 491
Lyser, Oberst-Liutenant 106

Maas-Armee 114
Maeß 329
Mahlmühle; Mahlzwang 81, 82, 85, 503, 504, 506, 507
Maingebiet 134, 217
Mainz 121, 127
Mairie Gladbach 11, 80, 88, 122, 124, 205, 392, 473
Maischatz 49, 52, 128
Malachowski, von 477
Malich 162
Malmedi 62, 230, 247, 484
Maltheser Orden 80
Mambau 489
Mannheim 110, 441
Mansfeld, Agnes von 101
Mansfeldisches und Hebronisches Regiment 104
Manshausen 281
Manßfelder 37
Manucrit 96
Maqué 237, 238, 240, 245, 256
Marcken; Mercken 232
Marhausen 132
Marhof 126
Maria-Himmelfahrts-Tag 274
Maria Theresia, Kaiserin 53, 110
Marien-Leysen-Gut 155
Markelsbach 489
Marktholz 315
Marsilius, Abt in Altenberg 418, 419
Martin, Capitain 118
Martinß Gutt 373
Marx; Marks 60, 64, 195, 276, 294, 331, 332, 342, 343
Maserdähle 210, 211
Maße 47, 222, 226, 267 ff., 392—393
Massenbach, von 289
Massenkalk 12, 13
Mathieu 198, 199, 278
Mattheis Guth 40
Mauel; Maul, aufm 178, 295
Mauler Feld 146, 149
Maulsgasse 178
Maur 76
Mausbach 174, 175, 176, 177
Mauspfad 88
Mautz, zur; Mautzen, in der 261, 306, 356, 357, 359, 363, 364, 366, 367, 369
Maximilian Josef, Kurfürst 94, 391
Mayen 507
Mayers 113
Mays 374, 400
Meckhoven bei Schlebusch 141, 396
Medebeke gen. von Hammersteyn, Methildis de
Medizinalkollegium 96, 97, 100
Mehr (Kloster) 245, 486
Meinertzhagen 82, 100, 118, 155, 308
Meisen zu Zeußen, von 236, 422
Meisengut 238
Meiß; Meis 58, 59, 279, 281
Meißheiden; Meisheide; (siehe auch Meysheiden) 154, 165, 167, 170, 319, 353, 471 472

Meißwinkel; Meyswinckel; Meiswinkel; Meißwinkell 41, 77, 78, 123, 372, 373
Melder, von 74
Mellessen 397
Menchen, Jan; Janmännchen 401
Meng 124
Menge 85
Mengfelden 331
Menrath 233, 247, 260, 281
Mensingen, von; Mentzingen, von; Myntzingen, von 223, 234, 420, 421
Menß Hoff, (= Kaulen) 266
Mercken, von 233
Merckerhof 204
Merfelt; Merfeldt 37, 232, 237, 269
Mergelskaule; Mergelkuhle; Mirgelkuhle 210, 211, 299, 303, 315, 358, 361, 464
Mergen Höhe; = Marienhöhe 174
Merheim 39, 53, 104, 109, 110, 111, 118, 120, 122, 127, 135, 157, 160, 161, 204, 206, 418, 435, 455, 501
Merheimer Bruch 14
Merheims 472, 474
Mering, von 413, 414, 415, 421, 423, 429, 434, 438, 439
Merl 339, 340
Meroden, von; Komtur 382
Merowinger 10, 20, 133, 217
Merrems 78
Merzenich 99
Messerschmied; Messermacher 161, 314
Meßzettel (Hebborner Hof) 326 ff., 331
Metternich, von 309, 310, 312, 313, 314, 316, 317, 320, 321, 322, 323, 324, 326, 327, 348, 357, 358, 362, 457, 458, 459, 503
Mettmann 99, 284, 394
Metz; Metze 81, 168, 470
Metzenmachers Gut; Metzmechers Gut 179, 180, 181, 182, 189, 228, 256, 257, 258
Metzmacher 157, 257, 316, 320, 353, 361
Meurer; Mürer 85, 123, 346, 398
Meuser 142
Mey 165, 169
Meybucher 151
Meyer 15, 68, 177
Meys 59, 373, 374, 375
Meysheiden; Meytzheiden; Meysenheiden 168, 169, 171
Michels 133, 157
Michelsberger Kultur 16
Michelshof 227
Miebach 12, 13, 281
Mielenforst; Milleforst 132, 204, 211, 330, 417, 459, 474, 475
Mikrolithen (Kleinstwerkzeuge) 16
Milchborn (Mildbottenbach) 474, 475, 484
Militär-Exekution 105, 111, 119
Mindersdorffs Erbgenahmen, zum Nusbaum 64
Mingerstorff, Wilhelm; zu Borsbach 56
Mirbach, von 470
Mirbach, Peter 41
Mirgell 381

Miseloe; Meysenloe; Meisenloe 36, 104, 120, 133, 136, 214, 233, 260, 305, 309, 310, 321, 324, 327, 348, 349, 358, 362, 456, 459, 467, 502, 506
Mißernte; Mißwachs 321, 322, 323, 324, 325, 327, 385, 388, 392, 497
Missionierung 20, 454
Missionsschwestern vom hl. Herzen Jesu aus Hiltrup 454
Misten, Jan 318
Mistenhof in Strunden; (zum Hove) 381, 406
Mittelauel 490
Mönchengladbach 44, 45
Moers, von 101, 338
Mohr; Maur 82, 376
Mohrenkamp 145, 149
Moitzfeld; Moetzfeldt 154, 156, 158, 165, 166, 168, 490
Moitzfelder Wies 70, 155
Molenark, von, Erzbischof 101
Molenheim, von 419
Molitor 72, 85, 123, 147, 150, 154, 183, 185, 186, 190, 376, 377, 392, 406, 453
Moll 93, 94, 151, 437, 448
Mom zu Schwartzenstein, von 294
Momm 81, 99
Mondorf 47, 111, 112, 420
Monheim 101
Montanus 453, 480
Montanns-Hoffeldstraße 188
Montecuculi, Generalfeldmarschall 104, 461
Moriconi 243, 257, 294, 488
Moritz, Matthäus 374, 387
Morren 237
Morschbruch 118
Morsdorf 159
Morß 164
Mosbach, von; gen. Breidenbach 413, 454
Mosel 217
Mosler 130, 133, 234, 238, 244, 259, 371, 413, 417
Mottenkopf; Mottenkop 38, 41, 74
Motz; Motzen; Mudtzen 322
Motzfeld 165
Much 97, 414, 489
Muchhausen 429
Mühlen 135, 173, 226, 308, 391, 393, 433, 449, 490, 493, 494, 495, 496, 500, 504
Mühlenberg 177, 178, 295, 500
Mühlenhof, „Iläbbijer Hoff" 45, 226
Müllengasse; Müllestraß; Mühlengasse 178, 295, 296
Mühlengasse in Köln 400
Mühlenindustrie 7, 20, 265, 282, 394
Mühlgau 44
Mülheim am Rhein, (Kreis) 11, 21, 88, 89, 90, 92, 96, 100, 101, 102, 103, 105, 112, 116, 117, 118, 119, 120, 121, 122, 124, 125, 132, 133, 141, 155, 160, 187, 188, 197, 199, 201, 202, 203, 206, 207, 212, 213, 226, 228, 242, 250, 270, 277, 279, 280, 281, 288, 297, 319, 321, 332, 345, 350, 362, 378, 384, 389, 390, 392, 400, 414, 421, 428, 436, 454, 457, 458, 471, 476, 480, 481, 484, 487, 488, 494
Mülheimer Landstraße 509
Müllenheider Feld 472
Müllenschütt; Muelenschutt, 318, 348, 363
Müller, Aegidius 413, 420, 423, 454, 456
Müller; Muller; Mühler, Mühlers 40, 41, 56, 57, 58, 62, 64, 66, 68, 70, 76, 77, 81, 83, 84, 85, 86, 87, 116, 120, 121, 123, 148, 150, 161, 167, 177, 183, 188, 189, 212, 230, 232, 244, 277, 281, 282, 295, 296, 318, 338, 340, 348, 355, 356, 357, 370, 375, 388, 391, 392, 399, 404, 432, 433, 478, 503, 504, 505
Müllers Gut aufm Büchel 60, 403
München 478
Mündersdorf 232
Mündten; Münten, Münte 168, 169, 170
Müngersdorff; Müngersdorf 232, 398
Münster 202, 204, 278, 280
Münsters Gut 284
Münzen 42 ff.
Muer 116
Mulheim 80
Mullenberg 123
Multgen, zum 307
Mungerstorff 39, 308
Munsters, Erbgenahmen an der Handt 61
Munsterstorff 284
Murat, Joachim 11, 391
Muray'sches Regiment 113
Musterung 109, 122
Mutz 55, 56, 226, 244, 261, 277, 279, 299, 301, 303, 305, 306, 310, 312, 314, 315, 318, 319, 320, 335, 336, 339, 340, 346, 347, 348, 350, 351, 352, 353, 354, 355, 356, 360, 361, 396, 418, 449
—, Namen der Eidpflichtigen 1666 36
—, Namen der Eidpflichtigen 1731 39
Mutzbach = Paffrather Bach 434
Mutzer Feld 16, 17, 18, 326, 334, 335, 342
Mybach 76

Nachbarrechte 260
Nagel zu Herl, von 36, 131, 414
Nagelsgaul 414
Namen-Ableitungen 22 ff.
Napoleon 11, 121, 124
Nappenseiffen 160, 162
Narr, Dr. Karl J. 15
Nassenstein 202
Nausatty, General 122
Neandertal 15
Nechtersheim, von 131, 414
Neckar 217
Nedenhof 171
Negri-Zweibrücken, von 477
Neißen 393, 394
Nelles 123
Neschen 282
Nesselmann 259
Nesselrode, von 74, 109, 135, 312, 372
Nesselroor 202
Nettesheim, von 161
Neu 60, 281, 485

Neuborn; Neuenborn; Newen Bohrn 41, 70, 108, 189, 486, 487, 488, 489, 490
Neuburg an der Donau 328, 467
Neuenhaus 17, 164, 282, 396, 467, 475, 484
Neufeld 212
Neuhaus 85
Neuheuser; Neuhäuser 76, 123, 376, 378, 473
Neuhof, von; Neuhoff, von; Neuenhof 429, 433, 434
Neuhöffer 281, 508
Neuhofer 232
Neujahr 503
Neukirchen 243, 436
Neue Mühle 83
Neue Weg 211
Neunkirchen 436
Neurath 332
Neuß (Nüß) 398
Nevendorf 161
New 58, 77
Newkirchen 160
Nickholtz 337, 342
Nidderbroich 170
Nidenhof 467
Niderborßbach; Niederborsbach 314, 318, 319, 320, 348, 349, 350, 351, 352, 353, 354, 357, 358, 363, 364, 367
Niedenhöffer 281
Niedenhof 84, 121, 397, 399, 405
Niedenhofen 280
Niedenhoff; Nittenhoff 405, 474, 475, 484
Niederberg 494
Niederhoff 73, 74
Niederkassel 422
Niederkley = Kleyerhof 154
Niederkuckelberg 319, 350, 351, 363
Niederlothringen, Herzogtum 21
Niedermendiger Basalt 17, 503
Niederpleis 459
Niederrheinische Bucht — Kölner Bucht 14, 488
Niederscherfen 309, 327, 382, 460
Niemann 327, 415, 487, 488
Niesen 81
Niesewand, von 477
Nieveling, Franc., zu Kohnbüchen 60
Nievenheim; = Neivenem 160
Nimwegen 159
Ningelgen 228, 240, 241, 254, 262, 441, 473
Nipes, Joh. Peter, Gerichtsschreiber 36
Nittum 16, 164, 242, 245, 416
Növer 281, 452
Nohn, Nona 42
Nonnenbroch 250, 254
Noßbaum 167, 235, 356, 361
—, Namen der Eidpflichtigen 1666 37
Noßhoves-Gut 255, 256
Nostorff 459
Nothausen 371
Num zu Orsoy, von 131
Nusbaum 64, 77, 85, 123, 284
Nuß 187

Nußbaum 7, 12, 16, 50, 171, 221, 224, 225, 226, 227, 231, 232, 244, 245, 246, 247, 249, 255, 262, 264, 281, 282, 283, 285, 310, 317, 320, 322, 355, 370, 404, 409
—, Namen der Eidpflichtigen 1731 40
Nußbaumer Busch 63

Oberblissenbach 77
Oberbörsch; Oberbusch 145, 148, 150, 151, 331, 333, 335, 336, 338
Oberborschbach 338
Oberbüchel 281
Oberbusch; Oberbüsch 75, 396
Oberdahl 41, 77
Oberförsterei Königsforst 344
Obergericht 126, 129, 133, 222, 249, 253, 254, 256, 294, 374, 382, 424, 456, 460, 492, 498
Oberhausen 488, 489
Oberhebborn 281, 327, 332
Oberholz; Oberholtz 318, 348, 367, 368
Oberhortenbach 409
Oberkassel 346
Oberlerbacher Hof (Ober-Lerbach) 80, 397, 458, 459, 460, 462, 464, 465
Oberlerbach 90, 373, 456, 462, 463, 465, 466, 471, 482, 503
Oberlerbacher Mühle 463, 475, 478
Oberlückerath 486
Oberpaffrath (Kombüchen) 11, 215, 216, 276, 277
Oberpleis 417
Obersiefen 89, 90, 167, 235, 314
Obersteinbach 70
Obersteingaß 41
Obersteingassen 68
Oberthal 85, 138, 372, 378
Oberzündorf 455
Obligationsbuch 129, 498
Odenbach 332
Odendahl; Odendhal 55, 57, 60, 65, 68, 74, 75, 76, 77, 79, 82, 84, 92, 93, 113, 116, 119, 120, 121, 123, 148, 154, 257, 258, 277, 307, 382, 383, 384, 395, 396, 397, 398, 400, 401
Odendal 81, 84, 85, 87, 307, 392
Odenhausen 459
Odenthal, Kanonikus in Köln 59
Odenthal (Fam.) 59, 60, 93, 120, 139, 168, 195, 196, 197, 198, 199, 201, 203, 229, 232, 235, 276, 281, 282, 374, 383, 384, 385, 387, 388, 389, 390, 391, 403, 411, 481, 482, 489, 492, 493, 494, 495, 496, 497, 498, 499, 500, 507, 508, 509
Odenthal; Odendall (Ort) 21, 44, 47, 49, 51, 58, 90, 96, 99, 122, 126, 132, 139, 142, 171, 215, 221, 240, 242, 244, 246, 249, 263, 305, 319, 324, 333, 353, 371, 373, 382, 394, 399, 408, 415, 417, 452, 454, 487
Odenthaler Kirchenbuch 415
— Straße (= Viktoriastraße, Saarlandstraße) 500
Oediger 129
Oehm 171

Ölabgaben; Olligspacht 322—326, 329, 343, 376, 378, 495, 502, 503
Oelgen; Ueltgens 245
Ölmühle 82, 83, 87, 467
Oemern 132, 133
Oemgen 168
Oepelsgut; Oepensgut 279
Oertgen 233, 353
Oertgen Busch 148, 149
Oeßbrugge, von 454
Österreich 111, 121
Oetzfeld; Otzfeld; = im Oitzfeld; = Ortsfeld 166, 168
Offerfeld 430
Offermann; Offermannshaus 135, 158, 210, 226, 230, 283, 322, 396, 398, 400, 490
Offermannsheide 114
Offizialatsgericht Köln 434, 448
Ohligschläger 88, 296, 378, 411
Oidtmann, von 468, 469, 470
Oligozän 14
Olligs 400
Olligsmühl (= Ölmühle) 68, 69, 75, 180, 189, 494, 497, 501
Olpe 279, 395, 455
Olpen; Olpens 68, 81, 233
Olpertsweg 210
Olsbroch 265
Ommerborn, Johann Peter, Vikar 114, 476
Opfermann 67, 175, 261
Opladen 16, 127, 133, 278, 395, 415, 418, 421, 454
Oppermann, Otto 42
Ordensbesitz; Ordenshöfe 373, 378, 380, 384, 385, 387, 401, 402, 403, 484
Ordensbüsche 380, 382, 384, 386, 404
Ore, Heinrich de 370
Orlich Kinski, von 113
Orsbeck 413
Ort, Orth 159, 169, 409
Ortsnamen 22 ff.
Osenau; Osenauer Gemark 86, 171, 244, 245, 246, 258, 282, 286, 418, 432, 440, 450, 451
Osenaw 64
Osenawen 232
Ossa, General 106
Oßenauer 37
Ossenbroich, von 305
Ostern 325
Osterspey 436, 481, 483
Ostheim; = Ostem 74, 160, 161
Ostmann 327
Oswald 414, 423
Otter 142
Otto I., König 21, 217
Otzenrath, von 160
Overath 63, 85, 87, 97, 123, 124, 127, 164, 281, 395, 418, 452, 507
Overbach 305

Paafed 214
Paafeder Bösch 283
Paas 197, 198, 199, 202, 280

Pacht 134—138, 143, 144, 145, 174, 190, 195, 196, 198, 199, 218, 219, 220, 230, 271, 272, 273, 275, 276, 277, 288, 289, 297, 299, 302, 304, 305, 306, 309, 316, 320, 321, 323, 325, 326, 328, 329, 330, 331, 332, 333, 334, 373, 375, 378, 379, 381, 382, 384, 385, 389, 390, 401, 402, 403, 404, 405, 406, 407, 431, 433, 459, 471, 494, 495, 496, 497, 501, 502, 503, 505, 506, 508
Pachtbrief 218, 320, 322, 323, 324, 325, 326, 327, 329, 330, 376, 377, 379, 380, 381, 384, 388, 389, 401, 404, 446, 447, 458, 494, 496
—, Gladbacher Mühle 494, 495, 496, 497
—, Kommendehof Rommerscheid 401, 402
Pachtgut 49, 134, 135, 136, 137, 217, 312, 405
Pachtsumme 299, 381, 384, 389, 402, 405, 407, 449, 503, 504, 505, 506
Pachtzettel Fronhof Gladbach 1653 136
Pächter 49, 134, 135, 136, 137, 194, 195, 218, 220, 230, 244, 276, 290, 297, 298, 299, 300, 301, 303, 304, 305, 306, 321, 324, 325, 326, 328, 330, 331, 332, 333, 342, 343, 344, 345, 346, 347, 350, 373, 375, 376, 377, 379, 380, 381, 384, 388, 389, 390, 402, 405, 406, 408, 431, 433, 453, 458, 459, 460, 473, 482, 483, 484, 487, 494, 495, 496, 497, 502, 504, 505, 507, 508
Pael und Laegh; (= Grenzpfähle und Grenzsteine) 318, 353, 466
Pafferath 75
Paffrath (Ort) 7, 8, 10, 11, 16, 18, 19, 22, 36, 47, 50, 52, 53, 54, 59, 61 ff., 66, 80, 85, 87, 88, 89, 90, 92, 94, 99, 100, 101, 102, 104, 105, 107, 108, 116, 120, 123, 124, 125, 126, 132, 135, 143, 153, 155, 156, 162, 164, 165, 166, 167, 168, 170, 171, 194, 204, 213, 214, 215, 216, 217, 220, 221, 222, 224, 225, 226, 227, 229, 230, 231, 232, 233, 234, 236, 237, 238, 239, 240, 241, 243, 244, 245, 247, 249, 250, 252, 253, 256, 257, 258, 259, 261, 262, 264, 265, 266, 267, 268, 271, 273, 276, 277, 280, 282, 283, 284, 285, 286, 287, 288, 289, 290, 291, 296, 305, 310, 314, 318, 322, 326, 327, 329, 332, 333, 340, 341, 349, 350, 353, 357, 360, 361, 365, 366, 383, 398, 404, 408, 409, 411, 412, 415, 416, 420, 421, 422, 428, 430, 431, 432, 435, 437, 439, 440, 441, 445, 446, 447, 448, 450, 451, 452, 453, 454, 493, 508
— (Fam.) 36, 40, 41, 58, 75, 104, 105, 180, 230, 238, 250, 263, 265, 277, 279, 282, 390, 409, 493, 495, 499
Paffrather Gemeinheitsbusch 220, 264, 271, 272, 274, 283, 285, 286, 287, 288, 289, 431
— Hofgericht 216, 222, 233, 234, 235, 237, 238, 243, 247, 253, 254, 257, 258, 259, 260, 261, 267, 269, 270, 274, 291, 312, 317, 322, 361, 415, 417, 421, 423, 424, 433, 434, 449, 450, 497
— Kalkmulde 12 ff.
— Keramik 217
— Kirche 215, 216, 217, 235, 237, 241, 251, 255, 262, 270, 272, 273, 274, 275, 278, 279,

542

280, 283, 290, 296, 299, 312, 313, 322, 323, 325, 326, 327, 329, 333, 343, 357, 361, 415, 416, 417, 418, 421, 436, 437, 442, 446, 447, 490
— Kirchenbuch 132, 216, 309, 326, 327, 416, 437, 438, 447, 452
— Lehenleut 228 ff., 261, 262—269, 274
— Lehnbuch 233, 258—260
— Lehngüter 220 ff., 225—233, 245—260, 261, 262—269, 272, 275, 449
— Lehnrecht 220 ff., 222, 225, 228—230, 233, 245, 249, 252—260, 261, 262, 272, 294, 415, 449
— Mühle 88, 244, 246, 252, 258, 275, 284, 428, 430, 431, 432, 434, 440, 447, 449, 450, 452, 453
— Straße; Paffrather Weg 174, 175
— Quittungsbüchlein 51, 52
— Zehnte 277, 278, 345
Paffrath, Walckmühle, Namen der Eidpflichtigen 1666 36
— — Namen der Eidpflichtigen 1731 40
Pafrath 85
Palm 502
Palmsonntag 255
Pandbusch 355
Pannenberg; Pfannenberige 261, 279, 429, 430, 446
Pannenhof 44
Papierdombach 479
Papiermacher 7, 11, 67, 156, 157, 161, 391, 393, 478, 508
Papiermühlen 7, 67, 81, 83, 85, 102, 145, 160, 178, 182, 198, 268, 373, 383, 384, 386, 393, 394, 479, 506
Papiermühlenfeld 178
Papirer 161
Papst Klemens I. 235, 236, 445,
— — XIII. 439
— Zacharias 20
Pastorat 81
Pastoratsbusch 411
Pastoratszehnte 202, 203, 204
Pattern in der Eifel 504
Paulus 387
Peltzer; Pelzer; Pelßer 39, 41, 132, 488
Pempelfort 90
Penbroch 167
Penningsfeld; Penningsvelt 211, 467
Perßwies 354—355
Pesche, de 438
Peter-Pauls-Tag 1796 114
Peters 63, 86, 93, 94, 233, 260
Petersberg 216
Petrefakten (Versteinerungen) 13
Petri Stuhlfeier 143, 190, 196, 269, 324, 376
Pettmesser 96, 97, 98, 99 ff., 121, 122
Pfälzische Truppen 110
Pfahlstein 333, 334, 335, 336, 337, 338, 341, 342, 385, 387, 402, 463, 464, 465, 466, 472, 476
Pfalz-Neuburg 461, 488
Pfalz-Sulzbach, von, Erzbischof — Churfürst 39
Pfandbrief 270, 327, 450

Pfandherr; (= Lehnsherr) 234, 240, 328, 422, 423
Pfannenbäcker 226
Pfannengütchen 258
Pfarrzehnte 278, 279, 280, 281
Pfeiffer 144, 202
Pfeilspitze 16
Pfenningsfeld 73
Pfenningsfelt, Namen der Eidpflichtigen 1666 38
—, Namen der Eidpflichtigen 1731 41
Pfings 332
Pfingst 307, 329, 331, 481
Pfuhl, zum 232
Philip v. Heinsberg, Erzbischof 90
Philipp Wilhelm, Pfalzgraf 35, 108, 109, 138, 327, 328, 468, 474, 505
Pichler 96, 99, 100
Picks 62, 284
Piddelborn; Pedelbornn 41, 73, 90, 147, 157, 159, 162, 169, 190, 437
Piddelborner Str. 90
Piddelbornsmühle 437
Piefer 282
Pittelborn 38, 150, 165, 170, 185, 186, 187, 244
Plackenbroch, Thonnes im 40
de Planta, Regiment 110
Plattenkalk 12, 13
Platz 37, 40, 62, 64, 85, 123, 229, 230, 247, 248, 249, 253, 262, 270, 284
Pleißer; = Polierer; Pleißkotten 159, 161, 162, 172, 501, 502
Pleißmühle 241, 505
Poel, Namen der Eidpflichtigen 1666 37
Poelman 230
Poensgen 347
Pohl, Namen der Eidpflichtigen 1731 40
Pohl; Poehl; Poel 63, 107, 123, 166, 221, 222, 225, 226, 235, 247, 248, 249, 250, 255, 256, 261, 263, 270, 284, 421
Pohlen, im; Bohler Busch; Bolen; Bohlen; Bohlenbusch 335, 336, 340, 342, 344
Polheim, von 291, 293
Poll 42, 112, 160, 162, 232, 238, 261, 416
Pooch 436, 441
Poppelsdorf 346
Porz 8, 11, 21, 36, 39, 46, 47, 49, 51, 53, 92, 94, 95, 96, 103, 104, 107, 108, 109, 110, 111, 112, 114, 115, 120, 121, 125, 126, 127, 128, 129, 130, 131, 132, 138, 140, 159, 160, 204, 236, 239, 240, 242, 291, 294, 312, 313, 314, 321, 322, 323, 326, 327, 329, 330, 331, 342, 391, 408, 409, 420, 424, 425, 427, 431, 432, 440, 441, 444, 445, 446, 447, 457, 458, 459, 462, 468, 484, 490, 491, 494, 496, 502, 503, 504
Pott; Poth 68, 82, 154, 178, 179, 227, 237, 239, 240, 243, 246, 294
Prämonstratenserorden 46, 238, 265, 287
Preußen 111, 121, 143, 199, 211, 275, 342, 378, 405, 476
Preußisches Militär 53, 110, 111, 125
Prinz 278, 279, 280
Priorat 45, 46

Protokollbücher 129, 130, 233, 241, 243
Prozessionsweg 90
Pütz, von 473
—, 64, 85, 317, 346, 347, 355
Pullengütchen 230
Pulvermacher 399
Pulvermühle 85, 88, 482, 505

Quack 320, 359, 365, 366
Quad, von; Quat; Quadt, von 22, 71, 105, 106, 130, 131, 204, 307, 371, 384, 419, 420, 435, 481, 494, 502, 506
Quade (Johann von Blechge) 419
Quartär — Eiszeit 14
Quarzit 14, 15
Quarzitspitze 16
Quentell, von 237, 238, 240, 259
Quentgen; Quenting; Quentingh 317, 318, 349, 350, 352, 353, 370
Quettingen 221, 233, 245, 246
Quirl; Quirll; Quierl 36, 68, 135, 148, 149, 154, 158, 163, 164, 178, 183, 189, 282, 307, 320, 355, 362, 383, 410, 460, 462, 466, 467, 487
Quirls-Siefen; Querlingseiffen; Quirlinsiefen; Quirlinsyffenn; Quiel-Seiffen 300, 304, 307, 308
Quix 133, 410

Rademacher 19
Radermacher 65
Radevormwald 135
Raitz (= von Frentz)
Ramecher 172
Ranzel bei Lülsdorf 380, 381, 401
Rasch 203
Rath; Raidt 74, 127, 160, 291
Raubkriege 11
Rausch 41, 55, 155, 179, 180
Rauwen; Raw 169, 367
Rechelmann 241
Rechnungsjahr 51
Rechtsstreit 1584/85 254 ff.
Reckum; Recum 55, 66, 84, 269, 330, 332
Redinghoven 490
Redlich 46, 130, 132, 133, 413
Redwitz, von 479
Reformierte Gemeinde Gladbach-Dombach (siehe Evangelische Gemeinde) 11, 157
Refrath 19, 120, 139, 142, 162, 205, 207, 209, 210, 213, 215, 346, 399, 501, 503
Refrather Schichten 12
Regierung (preußische) 190, 194, 195, 196, 197, 198, 199, 200, 201, 202, 203, 212, 276, 277, 278, 279, 280, 282, 288, 289, 343, 345, 392, 405, 407, 408, 485
Reiff; Reyf; Reiffer Gut 38, 146, 147, 148, 150, 171, 175, 198
Reiffen 41, 67, 161
Reinald, Herzog von Jülich u. Geldern 490
Reinerts Gut 233
Remoortere, van 438
Renard-Clemen 413, 421, 437, 476
Renesse-Bürresheim, Graf zu 507, 508

Renner 73, 202
Rennweg 211
Rentmeister 130, 191, 193, 490, 491
Restgau 229, 232
Reusch 67, 69, 81, 82, 86, 113, 114, 116, 117, 119, 120, 121, 123, 155, 175
Reuschenberg 487
Reuterstraße; Reutersweeg 11, 145, 146, 148, 174, 176, 178, 182, 183, 283, 417, 434, 475
Reven, von der 218, 220, 234, 235, 236, 239, 259, 264, 265, 421, 422, 423, 424, 425, 426, 427, 428, 433, 434, 448, 450
Revensweiher 422
Reynard, Vicefeodalus 153
Rhein, Rheinebene 90, 109, 112, 114, 125, 217, 435
Rheinberg zu Mülheim 345
Rheindorf 417, 419, 436
Rheinfelden 36, 132, 133, 138, 328, 329, 424, 425
Rheinische Wollspinnerei 289
Rheinischer Landschaftsverband 9
Rheinprovinz 11
Rheinsteuer 53
Rheinterrassen 10, 14, 15
Rhese Ludwig 8
Richard-Zanders-Straße 509
Richartz; Richarz 59, 64, 84, 232, 248, 259, 276, 281, 284, 332
Richartzhagen, Peter; zum Risch 55
Richats 232
Richels 64, 284
Richenweyer 467
Riffe 12
Riffelgerten 264, 273, 274
Rigaut, General 125
Rinderweg 211
Ringelnsgasse 270
„Ringwäch" (= Ringweg) 90
Riphagen 164, 171
Rippchens 332
Ripuarier 134, 217
Risch 40, 57, 61, 85, 116, 123, 221, 230, 263, 308, 332, 337
Rittergelder 370, 375
Rittergericht 127
Rittergut 49, 145, 147, 148, 150, 173, 221, 341, 370, 411, 417, 419, 420, 423, 431, 433, 436, 450, 461, 470, 471, 472, 474, 476, 482, 484, 501
Ritterschaft 103, 108, 327, 413, 421
Rittersitz Dombach (Halfendombach) 386, 390, 394, 397
— Zweiffelstrunden 387, 390
Ritterzettel 414, 420, 457
Rochuskapelle 11, 90, 96, 469
Rode, von 378, 379
Rodekirchen, von 457
Rodemich 41, 187, 211, 411, 475
Roden 132
Rodenbach; Rotenbacher Heide 16, 57, 62, 65, 73, 87, 123, 124, 171, 187, 190, 201, 280, 281, 411, 435, 475

Rodenberg 87
Rodungen 10, 213, 214, 380, 486
Röel 76
Römer 18, 88, 89
Römerscheidt 370
Römerstraßen 88, 89
Römische Keramik 18
Rörig; Röhrig 82, 85, 123, 197, 282, 453
Roesch 458
Rösrath, Reusrath 97, 122, 127, 165
Rössen bei Merseburg 16
Rössener Leute 16
Rötzinghoven bei Burscheid 413
Rövenich 67, 68, 113
Rolshoven 42, 118
Romaney, Namen der Eidpflichtigen 1666 36
—, Namen der Eidpflichtigen 1731 40
Romaney; Romeney 59, 75, 89, 90, 104, 138, 147, 162, 164, 167, 276, 300, 304, 306, 307, 308, 310, 313, 316, 319, 320, 349, 350, 351, 352, 354, 356, 358, 361, 362, 363, 366, 383, 384, 385, 386, 403, 408, 409, 410
Romberg, von 477
Romelskirchen 165
Romerscheidt, Namen der Eidpflichtigen 1666 36
Rommerscheid, Rommerscheidt, Romerscheidt, Rommerscheit; Rommers 38, 40, 76, 116, 153, 154, 157, 161, 164, 165, 168, 169, 170, 171, 256, 277, 282, 311, 317, 318, 319, 348, 350, 353, 354, 357, 372, 384, 385, 386, 390, 403, 404, 407
Rommerscheider Hof 77, 123, 148, 373, 383, 390, 401 ff., 402, 403, 405, 406, 407, 408, 410
Rommerscheider Weg; Romerscheider W. 177, 178
Ropperts 166, 318
Roscher 282
Rosenbaum 480
Rosendahler Hof; Rosendahl; Rosenthal 36, 41, 60, 276, 383, 403, 404, 409, 410
Rosingkoven, von 413
Roß 38, 40, 79, 146, 147, 148, 151, 154, 158, 159, 160, 161, 164, 165, 167, 168, 171, 174, 175, 176 177, 179, 180, 183, 189, 481
Roßbach, Schlacht bei 110
Rosser Gut 67, 178
Roter Löwe (Roter Leven) 400
Rotes Meßbuch, Paffrath 89, 216, 223, 227, 244, 287, 296, 326, 411, 420
Roth 74
Rothbach 210
Rotkirchen zur Isenburg, von; Rottkirchen, von 36, 310, 327
Rott; = Rath 160
Rottzehnte 287
Royal Rochefort, Regiment 110
Ruden (in Westfalen) 241
Rudolph 64
Ruest 371
Rüstungssteuer 53
Ruhmreiche Berge 155
Rundkratzer 15
Ruschengut 164

Rußland 121, 124, 125, 470
Ruthelsbruch 210
Ryschenholz; Rischengut 300, 304, 306

Saal (Rittergut) 346, 467, 501
Saarbrücken 346, 347
Sackzehnte 221, 276, 277, 278, 279, 280, 281, 282, 290, 296, 306, 376, 378
Säkularisation 233, 275
Sahler 277, 314
Salm, franz. General 118
Salme 114
Salm-Kirburg, Fürst von; Herzog von Hochstraeten 470
Salzlecken-Behang 210, 211
Sambre-Armee 114
Samtgemeinde 288
Sand; Sandt 7, 8, 10, 11, 19, 38, 41, 70, 75, 77, 78, 80, 85, 88, 90, 92, 93, 95, 96, 97, 116, 120, 122, 123, 126, 144, 155, 157, 158, 160, 164, 202, 288, 371, 373, 376, 383, 384, 385, 386, 387, 396, 403, 453, 454, 457, 463, 464, 465, 467, 468, 469, 470, 471, 472, 477, 478, 479, 484, 487, 489
Sander Hof 78, 370 ff., 371, 372, 373, 374, 375, 376, 378, 383, 385, 386, 399, 400, 464, 472, 485, 493
— Hofgericht 372, 373
— Kirche 370, 372, 373, 374, 375, 376, 378, 382, 383, 385, 390, 391, 455, 457, 471, 472, 479, 492
— Kirchenbuch 383, 384, 470, 481
— Pastorat 181, 190, 464, 465, 470, 472, 481, 493, 495
— Traubuch — Taufbuch 373, 383, 385
Sand, von (Familie) 370, 371, 372, 454
Sander, Dr. 237
Sandufer 335, 342
Sankt Agnes-Tag 349
— Aposteln in Köln 469
— Georg 298, 472
— Gereonsstift 370
— Hubertus 479
— Jakob in Köln 438
— Joh. Baptist in Köln 269
— Johann und Kordula, Ordenshaus 379
— Johannes Messe; — -Johannis-Tag 226, 238, 297, 299, 302
— Katharina in Gräfrath 269
— Klemens 143
— Kolumba in Köln 469
— Kunibert in Köln 437
— Laurentius, Kirche in Gladbach 43, 80, 96, 156, 157, 191, 194, 195, 196, 199, 201, 203, 293, 295, 481, 488, 492
— Margareten Tag 297, 298, 299, 303
— Martins Messe; Martinstag 226, 276, 277, 281, 299, 303, 306, 321, 325, 329, 332, 376, 379, 380, 381, 401, 407, 459, 497, 501, 502
— Maximinen in Köln 435, 438
— Michaelistag 255, 325, 351, 412
— Naber 258
— Pantaleon 217

545

— Remigiustag 216, 223, 224, 299, 303, 306
— Severin 217, 258, 472, 486
— Walburga 224, 379
Sarwerden, Friedrich von; Erzbischof 101
Satzvey (Burg Veynau) 347
Saur 238
Sayn, von 101
Sayn-Wittgenstein, von 372
Schälmühle 83
Schaesberg, von 110, 136, 328, 459, 461, 504
Schafer; Schäfer; Schaefer 57, 58, 81, 84, 87, 123, 225, 280, 282, 295, 298, 498
Schallenbach 51
Schallenberg; (= Schallemich) 72, 82, 92, 195, 383
Scharfenberg, von 468
Scharrenberg 65, 270
Schatte, Gerichtsschreiber 114, 116, 133, 151, 155, 333, 335, 336, 337, 339, 340, 341, 342, 445, 447, 498
Schatz; Schatzbot; Schatzheber; Schatzbuch 49, 50, 52, 53, 54, 92, 117, 288, 298, 363, 395, 403, 404, 409, 422, 430, 504, 507
Schecht 387
Scheffe; (Schöffe) 49, 107, 116, 120, 126, 127, 128, 129, 131, 135, 138, 150, 152, 153, 156, 157, 159, 162, 172, 173, 197, 198, 204, 216, 221, 222, 223, 225, 226, 227, 229, 233, 235, 236, 237, 238, 239, 241, 242, 243, 244, 245, 246, 247, 248, 250, 251, 252, 253, 254, 255, 256, 258, 259, 260, 262, 263, 264, 265, 266, 268, 274, 283, 291, 293, 295, 297, 302, 305, 310, 311, 312, 313, 314, 315, 316, 317, 318, 322, 331, 348, 349, 350, 351, 352, 353, 354, 355, 356, 357, 358, 359, 360, 361, 362, 363, 364, 365, 366, 367, 369, 370, 373, 374, 382, 383, 397, 398, 410, 411, 422, 423, 425, 436, 440, 441, 444, 447, 451, 456, 460, 462, 471, 473, 476, 486, 487, 492, 503, 508
Schefferus; Abt von Heisterbach 459
Scheid 145, 148, 149, 281, 478
Scheidel 85, 86, 123
Scheiderhöhe 39, 120, 343
Scheidgen, im 403
Scheidplatz, aufm 475
Scheidt 130, 131, 145, 148, 154, 159, 160, 163, 165, 166, 167, 169, 170, 171, 172
Schenckern, von; Schinkern 80, 159, 386, 420, 435, 436, 465, 481
Schenk 104
Scherer, Schultheis 39, 41, 132, 140
Scherf; Scherff; Scherfen; Scherffen; Scherfer; Scherve; Scherven 36, 136, 137, 223, 227, 307, 309, 310, 311, 312, 313, 314, 316, 327, 329, 332, 372, 382, 384, 389, 394, 400, 410, 411, 457, 459, 461, 466, 467, 505, 506, 507
Scherftal 506
Scherpenbach; Scherpemich 74, 465
Scherrenberg 229
Scheumerich 312, 361
Scheuren Gut 80, 150
Scheurer 82
Schiefelbusch 465

Schiefeling (F.-Name) 281
Schiefelingsfeld; Schevelings Feld 188
Schiefer 281
Schiff; Scheyff 36, 39, 40, 75, 155, 157, 160, 161, 162, 164, 167, 168, 276, 316, 383, 384, 386, 401, 467, 482
Schifferlingsberg 430
Schiffmann 420, 500
Schildgen 282, 434
Schimmelpfenning 352, 470
Schirenbusch 116
Schirmer 344
Schlade 13, 403, 404
Schlebusch (Fam.-Name) 40, 65, 99, 103, 123, 163, 164, 229, 248, 258, 261, 263, 281, 285, 307, 412, 456, 501, 502
— (Orts-Name) 11, 87, 90, 92, 93, 103, 109, 247, 282, 341, 409, 436, 452, 456
Schlebuschheide; = Schreibersheide 181, 182, 189, 190
Schlebuschrath 236, 267
Schleiden 347
Schleiffer; Schleifer; Schliffer 161, 162, 163, 165, 168
Schleiffgen 244
Schleifmühle 159, 160, 163
Schleuß 160
Schleyn, von 414
Schlickum 432
Schlifer 160
Schlimbach 61, 82, 124, 207, 376, 404, 407
Schlodderdich; Schloderdich; Schludderdich; Schluderdeich 21, 38, 41, 73, 83, 172, 188, 203, 398, 435, 452, 481
Schlöm; Schluim; Schlüm; Schleum; Schlömer; Schleumer; Schlümer 10, 38, 41, 58, 68, 138, 145, 146, 148, 164, 168, 169, 170, 171, 177, 189, 201, 202, 226, 228, 231, 245, 256, 277, 290, 291, 292, 293, 397, 398, 399, 400, 403, 404, 492
Schlömer Hof; Schleumer Hof 290 ff., 291, 293, 294, 295, 296, 312, 317, 351, 361, 374, 398, 399, 492
Schlössel 183
Schlosser; Schloesser; Schlösser; Schlößer 82, 92, 93, 117, 137, 281, 282, 328
Schloßmecher 351, 360
Schluchter Busch; Schluchter Wald 58, 204 ff., 206, 207, 209, 213
Schluckigen; Schluckenhove 42
Schlümer Gaß 91
Schlümich; = Schlömer Bach 290, 295
Schmalzgrube; Schmalzgroff; Schmalzgroffen 157, 159, 163, 169, 373, 456, 464, 465, 471, 472, 476
Schmaltzgrüber; Schmaltzgruber; Schmalzgrüber; Schmalzgröber 39, 40, 61, 74, 83, 84, 92, 121, 123, 124, 172, 173, 356, 399, 435, 448, 449, 451, 492, 506
Schmeisig 415
Schmidgesheydt 69
Schmidt 117, 230, 282, 357, 358, 364, 454

Schmidtsberger Gut; Schmidtberger G. 186, 187, 190
Schmidtsheiden 38
Schmiede 161, 306, 317, 355, 420, 501
Schmiedshof 188
Schmiedt 229
Schmit; Schmitgesgut 116, 361
Schmitt 57, 65, 73, 83, 84, 86, 121, 123, 160, 332
Schmitz 51, 56, 58, 59, 61, 63, 68, 69, 73, 81, 82, 83, 84, 85, 86, 87, 92, 93, 116, 117, 121, 123, 124, 130, 138, 205, 211, 213, 258, 276, 277, 281, 282, 293, 307, 312, 332, 409, 507
—, Dr. Ferdinand 7, 22, 23, 24, 27, 31, 44, 45, 156, 223, 227, 234, 250, 286, 294, 389, 394, 401, 422, 481, 484, 486, 501, 509
Schmitzhöhe 300
Schnabel 67, 73, 116, 145, 150, 151, 154, 178, 182, 187, 195, 197, 235, 268
Schnabelsmühle 44, 87, 154, 476
Schnappe bei Bechen 383, 395, 399
Schneider; (= Schröder) 162, 230, 231, 232, 314, 320, 351
Schnell 82, 121, 124
Schneppen, auf der 398
Schneppensiefen 84
Schnepper 394
Schnepruth; Schneproden; Schneppruthe; Schneppruten 32, 66, 123, 147, 150, 151, 283, 340, 341, 398
Schnitzer 162
Schnitzler 160, 162, 165
Schnupftabakmühle 83
Schnurkeramiker 16
Schöffensiegel, Paffrath 235
Schoeler; Scholer; (Schüllerbusch) 225, 407, 485
Schöllgen 61, 498
Schoenenbergs 169
Schönenborn; Schoemerich; Schonenborn 300, 312, 317, 320, 354, 356, 358, 361
Schönrath; Schönrad 66, 226, 227, 228, 252, 258, 279, 419
Scholl 330, 401
Scholthesen, Scholtesen 105, 106
Schomecher 164, 359, 369
Schonenberg, Schonnenberg (= Schönenborn) 157, 160, 165, 170, 320, 361
Schorer 204
Schornhäuschen; Schörenhäußgen 41, 71, 182, 183, 190
Schoß 85, 123, 124
Schreckenberg 301, 305
Schreiber; Schreiver; Schreibers 162, 240, 241
Schreibersheide; Schreibersheydt; Schreibersheyden 38, 41, 70, 181, 182, 241, 354, 472
Schroder; Schröder 157, 159, 160, 161, 162, 281, 319, 351, 352, 354, 355, 357, 361, 367, 368
Schüller 40, 211, 507
Schüllersbusch 65, 225
Schüren (Schürmanns- oder Scheuermanns Gut) 154, 241

Schürmann; Shuirman; Scheurmann; Scheurman 38, 104, 150, 156, 157, 158, 159, 160, 164, 169, 172, 186, 187, 190, 239, 241, 244, 265, 291, 294, 311, 312, 422, 450, 456, 457, 502, 503
Schütz 159
Schützenberg 295
Schützheide; Schützheiden; Schützheyden 179, 180, 181, 495, 497
Schuhmacher; Schomecher 162, 168, 211
Schuldschein 254
Schule 82, 86, 88, 196, 212, 276, 416, 417, 477
Schulgen 228, 259
Schulmeister 67, 488
Schultheißengaß 336, 340, 341
Schultheiß; Schultiß 47, 49, 126, 127, 128, 129, 131, 133, 134, 135, 140, 152, 153, 156, 157, 158, 172, 173, 215, 216, 218, 221, 223, 226, 234, 235, 236, 237, 238, 239, 240, 241, 242, 243, 246, 247, 248, 249, 250, 252, 253, 254, 255, 256, 257, 261, 262, 264, 265, 266, 271, 272, 285, 290, 291, 296, 297, 310, 312, 313, 314, 316, 317, 323, 331, 333, 348, 351, 352, 354, 356, 357, 358, 359, 362, 365, 366, 369, 370, 373, 376, 388, 405, 418, 420, 422, 424, 425, 427, 435, 440, 444, 445, 447, 452, 456, 457, 462, 466, 467, 468, 486, 487, 488, 498, 502, 503, 506
Schumacher 82, 83, 121, 398
Schunck 259
Schuster 282, 314
Schutterdich 256
Schwaben 151, 218, 441, 449, 450
Schwamborn 55
Schwartzbart; Schwarzbartt 166, 239, 244, 264, 310, 316, 317, 318, 348, 356, 358, 359, 362, 363, 365, 367, 369
Schwarzbroich; Schwarzbartsbroich 244, 246, 310
Schwarzrheindorf 102
Schweiden 274
Schweinau 501
Schweinheim; Schweinem 120, 160, 291, 450, 507
Schweitzers Gut 284
Schwellenbach 261, 263
Schwind 65, 87, 281, 416
Schyderich 220
Schyff 316, 381, 410
Sclume, Peter van 290
Sebastians-Gut 254
Sechzehnmorgen 202
Segers 159
Seidl 478
Seifen; Seiffen; Seyffen 227, 229, 235, 237, 246, 247, 249, 256, 258, 264, 306, 307, 311, 314, 316, 318, 319, 320, 348, 349, 350, 351, 352, 353, 354, 355, 356, 357, 360, 361, 366, 369, 370
—, Namen der Eidpflichtigen 1666 36, 37
Selbach 70, 79, 86, 197, 282, 339, 340, 378
Selkoren 287
Selscheid 436
Selsheide 17
Send (geistliches Gericht) 216, 260

Servos; Servas 39, 71, 73, 85, 121, 123, 138, 139, 140, 141, 142, 202, 307, 337, 341, 396, 398, 447, 448, 450, 462, 492, 493, 507
Seuchen 112, 115, 316, 359
Severin 241
Siebenjähriger Krieg 11, 53, 109, 141, 439
Siechenhaus 153, 418
Siedlungsnamen und Ableitungen 22 ff., 283
Siefen (Obersiefen b. Romaney) 86, 87, 123, 125, 223, 226, 245, 301, 305, 307, 314, 316, 331, 398, 416, 492
—, Namen der Eidpflichtigen 1731 40
Siefergut 221
Sieffen 55, 59, 64, 65, 229, 308, 331
Sieg; Siegkreis 18, 114, 279
Siegberg 166
Siegburg 16, 129, 130
Siegen; Siegens 51, 59, 72, 81, 82, 83, 84, 86, 92, 93, 113, 119, 138, 139, 142, 143, 144, 151, 154, 195, 196, 197, 201, 202, 206, 229, 343, 399, 431, 432, 433, 435, 436, 437, 438, 439, 441, 444, 446, 447, 448, 449, 450, 451, 474, 490, 499, 506, 507
Siegenshof 83, 184
Sieglar 100
Siemens, von 394, 477, 478, 508
Sigbert 217
Siller 82, 120, 281
Sitt 498
Simon 281
Sindern (?) 163
Sinsteden, von 133, 159, 291, 292, 293
Slecztat, Friedrich gen. 371
Sloten, von 170
Sohlstätte 155
Solingen 232, 428
Solms, Graf zu 234, 258
Sommers 77
Soret (aus Verviers) 393
Soter 166, 167, 487
Soubise, Prinz 111
Spanien; Spanier 103, 121
Spanischer Erbfolgekrieg 11, 109
Spar 402
Sparr von Trampe, Komtur 381
Spartz 95
Spee, von 44, 477
Speltz 62, 269
Spetzet (Spezard bei Odenthal) 399
Spiegel Jans Busch 270
Spielpfennig 471
Spieß, von; Spieß-Büllesheim, von 476
Spillmannsgut 256
Spinola 103
Spitze bei Dürscheid 481, 484
Spol, von (Spool oder Spohl) 470
Sprock und Spreu 412
Spurrenkatz 415
Staaf 62, 230, 284
Staatsarchiv Düsseldorf 129, 130, 143, 174, 204, 207, 208, 211, 233, 244, 258, 275, 329, 331, 342, 344, 372, 373, 379, 381, 382, 388, 391, 394, 401, 403, 408, 446, 458, 473, 481, 482
— Koblenz 171
Staatsdomäne 275
Stachels 401
Stade, Burghaus 413, 434, 473
Stadtarchiv Bergisch Gladbach 111, 117, 120, 123, 156, 213, 234, 283, 332, 392, 416, 473, 477, 483, 486, 487, 503
Stadtgemeinde 288, 289
Stadtkasse 213
Stadtrechte 7
Stäger 276
Stael von Holstein 413, 424, 428, 429, 433, 448, 450, 502
Staels- und Marhof 232
Staff, Herman; in der Kauhlen 62
Stammheim 36, 39, 47, 110, 111, 417, 418, 487
Standesregister 11
Stark 504
Stecken des Schultheißen 241, 261, 357
Steffens 246, 260
Steger; Steeger 57, 77, 84
Stegerkamp; Steeger Kamp 38, 41, 68, 135, 148, 164, 178, 183, 190, 343, 434
Steigen 311, 355
Stein 61
Steinacker 76
Steinbach 48, 54, 55, 57, 58, 62, 84, 85, 86, 92, 110, 111, 116, 130, 151, 260, 277, 281, 282, 284, 320, 332, 356, 396, 459, 465, 466
Steinberg, aufm 295, 355, 464, 465
Steinbreche 13, 51, 139, 142, 396, 399, 436, 474
Steinbrüche 147, 149, 301, 382, 446, 464
Steinbüchel 62, 86, 141, 230, 233, 280, 284, 291, 371, 399, 436, 471, 492
Steindohr 76
Steinen, von; Steynen, von 36, 69, 74, 104, 136, 137, 159, 169, 189, 305, 309, 310, 311, 312, 313, 314, 317, 318, 320, 321, 322, 324, 327, 328, 329, 349, 350, 382, 410, 413, 455, 456, 457, 458, 459, 460, 461, 462, 466, 467, 468, 502, 503, 504, 505, 506, 507
Steinenwiesgen 74
Steinfeld; Kloster 238, 265
Steingasse; Steingas; Steingaß 41, 55, 68, 69, 82, 84, 86, 116, 117, 135, 154, 161, 162, 167, 171, 178, 179, 180, 181, 182, 183, 189, 202, 203, 257, 269, 508
Steingaßen, Namen der Eidpflichtigen 1666 38
Steinhaus; Steinhauser Hof 159, 172, 372, 391, 488, 489
Steinkäuler; Steinkauler; Steinkauhl; Steinkauhler Busch 85, 187, 335, 336, 341, 342, 392, 393, 407
Steinknippen 40, 63, 263, 282, 284
Steinkrüger; Steinkroger; Steinkröcher 38, 41, 55, 59, 61, 62, 63, 70, 71, 73, 74, 81, 84, 117, 119, 141, 142, 145, 146, 176, 177, 189, 202, 228, 256, 257, 258, 268, 280, 281, 282, 294, 295, 296, 307, 308, 314, 332, 361, 387, 388, 396, 397, 398, 399, 400, 410, 435, 436, 492, 493, 507
Steinkrug; Steinkruch; Steinkrauch; Steinkroch;

548

Steinkroich; Steinkrog 38, 41, 68, 158, 160, 166, 256, 264, 265, 311, 313, 320, 332, 355, 358, 370, 422, 492
Steinkuhl (= Steinbrüche) 175
Steinmetz 418
Steinstraß; Steinstraßer 36, 70, 189, 506
Steinweder 420
Steinweg 88, 92
Steinzeit 14, 15, 16, 18, 88
Steinzeit-Werkzeuge 15, 16
Stellberg 86
Stengler 244
Stenzler; Stentzler 152, 166, 169, 256
Stephan bei Rhein, Pfalzgraf 421
Steuern 46, 47, 49, 50, 51, 52, 53, 54, 60, 108, 112, 124, 128, 129, 144, 173, 174, 191, 192, 194, 195, 213, 252, 276, 277, 280, 298, 303, 351, 394, 471
Steuerquittungsbuch 50, 51, 52
Steufelsberg 38, 41, 69, 170, 178, 179, 180, 181, 189, 277, 282, 315
Steufstöcke 315
Stich; Stichs; Stichsgütchen; Stigsheyd 70, 91, 165, 503
Stichsberg 169
Stickholz 334
Stiftungen 173, 217, 374, 375, 488, 490
Stimmeister 284
Stock 445
Stock und Sprock 52, 205, 206, 207, 208, 209, 210, 211, 212, 213, 287
Stockbuschbau 315
Stockstein 318
Stöcker 155, 376
Stöfgen, aufm; Stoiffgen 178, 179, 182, 183, 354
Stoesberg 472
Stoffelsberg; = Steufelsberg 170
Stohle-Wiesgen 375
Stolz 77, 379, 401
Stomme 345
Storck 404
Stoß 315, 316, 320, 361
Strack 52, 70, 182
Sträßchen; Sträßgen, am 17, 263, 282
Strafgelder 223, 251, 252, 255, 259, 260, 261, 262, 263, 264, 297, 314, 316
Strafsitzungen (Hofgericht) 261
Straßburg 440, 442
Straßen 383, 395, 454
Strauweiler 240, 314, 324, 371, 410, 454, 460, 462, 466, 505
Strauweiler Protokolle 410
Streffinck 498
Streusammlung 205—208, 209, 210, 211, 212, 213, 285, 287
Strondorf, Namen der Eidpflichtigen 1666 38
Strücher Gut; Strüchen; Struchen; Streuchen 38, 41, 71, 135, 148, 163, 178, 179, 183, 190
Strünken b. Odenthal 371
Strünker; Strüncker; Strunker 85, 86, 99, 123
Strunde; Strundetal; Strung; Strune 7, 13, 14, 21, 90, 96, 105, 106, 141, 148, 156, 164, 174, 179, 180, 181, 188, 199, 205, 225, 290,
309, 378, 382, 384, 386, 389, 393, 401, 403, 406, 421, 434, 435, 436, 446, 452, 467, 474, 475, 479, 481, 482, 484, 485, 494, 498, 500, 501, 502, 504, 506, 507
Strunden; Strungh; Strong (zu) 10, 161, 168, 171, 172, 205, 209, 210, 213, 258, 307, 310, 314, 327, 399, 400, 452, 457, 460, 462, 466, 475, 493
Strunder Bachgeding 421
— Busch 225
— Gemark 21, 106, 172, 188, 286, 421, 432, 435, 439, 440, 445, 449, 450, 452, 480, 494, 507
— Straß 148
Strundorf 69, 71, 154, 157, 161, 163, 164, 166, 167, 169, 170, 171, 172, 178, 180, 189, 190, 202, 226, 228, 249, 256, 257, 258, 282, 284, 394, 477, 508
Strutz, Dr. Edmund 9
Stücker 206
Stucker 97, 114, 489
Stumm 75, 85, 123, 277
Stunings 159, 160
Stupp 279, 344, 345
Sülz; Sülztal 249, 473
Süß 405
Sugambrer 18
Sweber 18
Swerkotten 307
Swidbert 20
Syberg, von 455

Tabaksmühle 82, 83, 87
Tauben Fahrweg 211
Teilung Haus Blech 424, 425, 426, 427, 428
Tertiär 13
Tetz bei Jülich 468
Teufelsfuhrloch; Deufelsfuhrloch 295
Thail, zum (= Unterthal) 291
Theiß 229
Thel; Theelen Gut 82, 308
Therlan 307
Thielen 107, 308
Thielenbruch 14
Thonisfeld 135
Thoringen, Namen der Eidpflichtigen 1666 37
Thorringen 229, 232
Thron 85, 123, 124
Thumbach; Tumebach 41, 230, 269, 372, 479, 480, 481
Thurn 61, 106, 120, 131, 133, 161, 215, 244, 374, 399, 400, 434, 445, 494, 498, 500, 508
Thurner Heide 94, 95, 434
Tilman 40, 163, 284
Tips 73
Töller; (= Zöllner) 221, 253
Töpferei 18, 217, 226, 411
Tondi, von 469
Tongern 158
Tonindustrie 7
Tonschiefer 13
Tore 222
Torf; Torfbruch 209, 210, 285, 430

549

Torringen; Thoringen; Toringen 63, 64, 65, 66, 86, 99, 107, 123, 166, 221, 224, 226, 229, 244, 247, 248, 250, 261, 262, 266, 282, 284, 285, 416
—, Namen der Eidpflichtigen 1731 40
Torringer Schichten 12, 13
Toscana, Anna Maria-Luise von 479
Totenzettel 346, 499
Trappen, auf der 246, 308
Traß; Traßkaule 13, 178, 182, 436, 446
Treisbach; (= Dreesbach) 395
Trier 494
Trierische Truppen 112
Trimborn 497
Trips bei Geilenkirchen 468, 470
Trompeter; Trompetter 85, 123
Trotzenberg 39, 385
Trotzenberger Hof 79, 405
Truchsessischer Krieg 11, 108, 155, 233, 309, 312, 318, 321, 322, 359
Tuchmacher 162, 314

Uckerath 114
Ueberberg 197
Ueberfeld 180, 181
Uedesheim 133
Ulner-Brücke 224
Ulrich 438
Unerben 316
Ungarn 217
Unkel 477
Unkelmann 420
Unser-Lieben-Frauen-Tag 224
Unterborsch; Unterbösch; Unterbörsch 70, 189, 489
Unterborsbach; Unterborschbach 338, 339, 340
Unterbusch 82, 195, 197, 489, 490
Unterförsterei Paffrath 344
Untergericht 126
Unterhebborn 282, 299, 301, 305
Unterheiligenhoven, Rittersitz 484
Unterkuckelberg; Underkuckelberg 353, 366
Unterlerbacher Hof; Unterlierbach 374, 398, 400, 460, 461, 462, 463, 464, 465, 466, 467, 471, 476, 492
Unterpaffrath 11, 216, 222
Unterthal; Thaller Hoff 79, 373
Unterstrunden 398, 400
Uphoven, von 419
Upladen 293
Upperberg; Uppersberg 79, 282
Urbach 126, 129, 214, 232, 400, 421
Urbans-Gütchen 150
Urnengrab 17

Vahrn, (Fahn); Vahren Ende 244, 430
Valdor, Waldor 40, 57, 64, 86, 92, 123, 232, 247, 282, 284
Variskisches Gebirge 13, 14
Varn; = Fahn 170
Varresbeck, von 372
Varzenberg 159, 481
Vaßbender 36, 164

Velbert 345
Velbrück, von 423,
Velden 159
Veldtsiefen; Veltseifen; Feldsiefen 233, 244
Venauen 473
Verbot und Zuschlag 317, 356, 361
Verbrechen 223, 225, 253
Verein, der 476
Verkehrswesen 88 ff.
Verkenius (Kölner Richter) 55
Verpflegungsrecht 216
Vermessung Gronauer Hof 505
— Hebborner Hof 326 ff., 333, 334, 335, 336, 340, 342
— Igeler Hof 383, 384, 385, 386, 387, 390, 392
— Rittersitz Blech 329 ff.
— Rittergut Lerbach 472
— Rommerscheider Hof 403, 406
Versteigerung Hebborner Hof 345 ff., 346
Verwaltungswesen, altbergisch 46 ff.
Verzichtpfennig; Verzichtgeld 258, 294, 314, 432, 434, 435, 462
Vestae 133
Vestenbote 503
Vett, Vette (= Fett) 157, 165, 166, 170, 337, 403
Vettengut, Namen der Eidpflichtigen 1666 38
Vicarie, Vikarie 81, 145, 155, 176, 209, 210, 229, 263, 269, 284, 398, 493
Viebahn 435, 436
Viedebandt 470
Viehbestand 7, 20
Viehhutgerechtsame 205, 207, 208, 212, 213
Vierhaus, Colsman & Zeime 289
Vierkotten 82, 92, 116, 119, 131, 132, 189, 197, 205, 213
Viesch, Wyk bei Dürstede 42
Vieths; (Vitus) 166
Vilich bei Beuel 43, 44, 45, 102
Vilkerath 471
Vings; (= Pfingst) 330
Vingst 42, 481
Vinsebeck in Westfalen 372, 477, 478
Vinzenz-Verein 142
Vittinghoff, von; gen. Schell zu Schellenberg 477
Voeghe, Pfarrer 89, 223, 226
Voesebruche, von 130
Vogeljagd 473, 475
Vogelsbuscher Gut; Vogelsbüchel 155, 167, 170, 171, 172
Vogteigewalt 21
Vogts 141, 160, 400
Vohwinke (Fowinkels) 493
Voislöhe; (Voslöhe) 396, 484
Voiswinkel; Vußwinckell; Fußwinckell; Voeß-winckel; Voßwinckell 16, 155, 311, 317, 318, 320, 339, 340, 346, 348, 350, 351, 355, 356, 357, 361, 365
Voiß 403, 404
Volbach; Vollbach 72, 79, 154, 155, 163, 167, 172, 410, 475, 484
Volberg; Voelberg 47, 73, 97, 167, 413, 436
Volbigs Bach 467

Vollmühle 71, 73, 180, 190
Vor- und Frühgeschichte 12 ff.
Vorend; = Fohrend 175, 176, 177
Vorsprecher; (= Prokurator) 247 ff., 248, 311, 348, 349, 353, 357, 410
Vorste, von dem 420, 423
Vorsteher 266
Vosbroch, Namen der Eidpflichtigen 1731 40
Voßlüher Hof 475
Vrasene bei St. Nicolas (Belgien) 438
Vrein; Vreinß; = Frings 156, 158
Vürfels 171
Vulkanismus, devonisch 13

Wachendorff 9, 58, 406, 476
Wacholder; Waghullteren; Wacholter 326, 465, 466, 467, 474
Wachtendonck, von 459
Wackerzapp 197
Waden 70
Währung 48
Wahlscheid 436
Wahlssiefen 465
Wahn 104, 131, 241, 242, 243, 245, 399, 473
Walckmühle 40, 61, 82, 83, 85, 87, 89, 160, 221, 232, 235, 244, 245, 250, 258, 282
Waldenburg, von; gen. Schenckern zu Heiligenhoven 386, 420, 435, 436, 481, 482, 483, 484, 501
Waldgeding 421, 480, 486
Waldgericht; Waldgerichtsprotokolle 204, 275
Waldgrafschaft 7, 21, 204, 435, 439, 445, 494
Waldnutzung 203, 204, 205, 206, 207, 208, 209, 211, 213, 263, 445
Walfrid und Humfrid 217
Walkmüller 242, 243
Walsbach 211
Waltsayd oder Waldsmyt 380
Wapelsberg; Wappelsberg; Wappelsberger Busch 14, 89, 90, 151, 283, 318, 331, 340, 341, 342, 344
Warden, Namen der Eidpflichtigen 1666 38
Warden, Wilhelm und Thonnes zur 41
Warth 148
Wassenaar; Wassenaer 83, 507
Wassenberg 470
Wasser 500
Wasserbroch 330
Wathsack; Watsack; Waetsack; Wattsack 41, 68, 81, 87, 202, 203, 398, 492, 500
Weber 59, 314, 319, 351, 355, 367, 485
Wecus 85, 482
Wedekind 96
Weffer 319, 350, 355, 360, 361
Weg- und Barriergeld 93, 94, 95
Wegerechte 94, 264 ff., 456
Wehnsiefen 38, 41
Wehrheide 210
Weichs, v.; (Archiv in Rösberg) 306, 309, 313, 322, 324, 348, 362, 454, 456, 457, 458, 459, 460, 461, 488, 509
Weichsel 121

Weidegerechtsamkeit 235, 261, 285, 287, 288, 301, 305, 428
Weidenbach 282
Weidenbusch 13, 224, 225, 228, 263, 264, 283, 412
Weidenpesch 151
Weidersbusch; Weidesbusch 220, 221, 261, 262, 287
Weidtmann, Notar 57
Weier 282, 291, 488
Weierstraß 291—293
Weihborn; Wyborn 214
Weilschütz 466
Wein 51, 267
Weinbochell 487
Weinhausen 471
Weinkaufsgeld 255, 257, 294, 326, 435, 458, 466, 495, 497, 502, 503, 504
Weistum 10, 91, 155, 216, 222, 223, 227, 228, 233, 235, 249, 251, 252, 253, 259, 260, 263, 264, 283, 285, 287, 296, 297, 322, 326, 373, 410, 412, 423, 486
Weisweiler 155, 398
Weiß 282
Wellblech; Weltzbloch 222, 261
Weltzer 395
Wendelen 132
Wendell 242
Wendt, von 131
Wenz 68
Werheit 70
Werl 509
Wermelskirchen 203
Wermelskirchener Straße; Wermelskircher Straß 90, 92, 94
Werner 82, 117, 277
Weschpfennig zu Leidenhausen; Weschpfenningk 130, 159
Wesel 110, 169
Wessel; Weßel 81, 119, 170, 172, 279
Wesselsteinbach (= Hof Steinbach) 456, 459, 465, 466
Westen 81
Wester 82
Westfälischer Friede 108
Westfalen 111
Westhoven 42
Westorf 409
Wetter a. d. Ruhr 347
Wetzfelt zu Leidenhausen, Wilhelm Paul 36
Wevelinghoven 235, 422
Wever 454
Weyer 38, 41, 53, 56, 57, 63, 70, 73, 77, 80, 81, 84, 86, 105, 107, 116, 123, 154, 166, 171, 172, 181, 188, 230, 231, 232, 235, 238, 244, 256, 267, 276, 282, 284, 295, 296, 404, 405, 422, 453, 456, 457, 460, 464, 486
Weyerbüchel; Weiher-Büchel 175, 276
Weyer bei Euskirchen 414
Weyers Gut 70, 166
Weyerhof 77, 371, 489
Weyermühle 85, 123

551

Weyerstraß 132, 159, 290, 293, 318, 355, 356, 360, 361, 502
Weypütz 284
Wichem 120
Wichheim (= Wichem) 160
Widdig 85, 180, 201, 203, 277
Wiedenbusch 299
Wiedenhöfe 49, 145, 146, 174, 175, 176, 177, 181, 182, 189, 215, 245, 279, 340, 341, 463, 464, 465, 467, 472
Wiedenhover 452
Wiedenstobgen 464
Wielß 172
Wien 468, 506
Wiesbaden 347
Wiesdorf 103, 436
Wiese 135, 162, 492
Wieser 163
Wießen 165
Wiher (Christian Weyer) 410
Wild 281, 408
Wildbann 214
Wildführersgeld 52
Wilhelm IV., Herzog 91, 129, 287, 289, 305, 320, 321, 481, 502
Wilhelms 262
Will 74, 76, 81, 82, 86, 117, 120, 197, 201, 205, 281, 296
Willems 177
Willibrord 20
Willmundt 470
Wimpelßheiden; Wimpelsheide 36, 221, 229, 230, 248
Winckelhaussen, von 328
Winckens 238, 240, 243, 265, 268
Windhövel, von 418
Windmühle, die Landesherrliche 321
Windschliffe 14
Wingen, Gut aufm Büchel 62, 230
Wingens 435
Winkel 297—299, 303, 326, 333, 335, 337, 342
Winkelhaus 197
Winten 169
Winter 87
Winterberg 84, 277
Winterschladen 58
Wintzen 472
Wipperfeld 55, 89
Wipperfürth 89, 103, 104, 124, 399, 414
Wipperfürther Straße 17, 59, 88, 89, 90, 92, 111, 283, 341
Wirt; Wirte 162, 255, 256, 261, 267, 280, 281, 305, 307, 310, 314, 316, 318, 319, 324, 346, 349, 351, 353, 356, 357, 364, 367, 396, 410, 421, 447, 456, 464, 492, 493, 502, 507, 508
Wirtgen 318, 319, 350
Wisdorff; Wistorf; Wißdorf; Wißdorff 62, 71, 201, 202, 254, 269, 276, 374, 390, 391, 399, 400, 451, 483, 493, 494, 496, 505
Wissen 473
Wittig 123
Witz 319, 353, 354, 364, 366
Witzhellen 436

Wölk 394
Wohnsiefen 77
Wolf 260
Wolff 477
— Metternich, Herr zu Liblar und Odenthal, Freiherr 36, 239, 344, 382, 410, 458, 462, 477, 478, 487
Wolffen, von 456, 457, 458, 459
Wolfgang Wilhelm, Pfalzgraf 103, 136, 137, 327, 371, 372, 458
Wolkenrath (Wöltingerode) 395
Wollesheim; Schreiner 392
Wolters 191, 195, 196, 276, 405
Worringen, von 415
Worringen (Schlacht) 101
Wülffing 278
Wüllenweber 267
Wüllenweber-Zunft in Cöllen 71
Wunsch 469
Wupper 18, 114, 124
Wylich, von 130, 159

Xanten 398

Zähl 82, 121
Zahn 211
Zanders 100, 156, 166, 197, 392, 393, 394, 476, 477, 478, 499, 508
Zederwald 82, 446
Zehntherr 217, 297
Zehntrolle 174, 191, 199, 200, 201, 280
Zehntverpflichtung; Zehntrecht; Zins 20, 45, 52, 135, 152, 173, 174, 190, 191, 193, 194, 195, 196, 197, 198, 199, 200, 201, 202, 203, 204, 215, 216, 219, 221, 271, 272, 275, 276, 277, 278, 280, 281, 282, 297, 305, 306, 312, 317, 321, 322, 323, 345, 374, 376, 378, 406, 407, 459, 486, 501
Zellig 206
Ziechenweberin 402
Ziegelei 499
Zielvieh 135, 143, 191, 192, 193, 194, 195, 196, 199, 200, 220, 225, 236, 271, 272, 275, 276, 277, 278, 279, 280, 281, 282, 345
Zillis 373, 383
Zimmerleute 314, 353
Zimmermann 59, 121, 244, 247, 319, 320, 352, 357, 369, 403
Zinkblende 13
Zinkhütte 490
Zissendorf 459
Zisterzienser 44, 419, 459, 469
Zitterwald 72, 391
Zobel, von 432, 433
Zöllner; Zolner; (= Töller) 156, 158, 162, 244, 253
Zuccalmaglio, Vinzenz von 7, 18, 43, 45, 46, 49, 88, 89, 115, 130, 131, 132, 133, 212, 213, 216, 227, 296, 314, 411, 412, 413, 414, 416, 417, 421, 434, 439, 452, 453, 476, 479, 486, 487
Zündorf 111, 112, 249, 421
Zugel 489

„Zum löstigen Dreck"; = Zum neuen Haus 296
„Zum weißen Pferdchen" 90, 450, 451
Zun 311, 320, 361
Zunft 256
Zurmühlen b. Siegburg 421, 423
Zwankmühl 433
Zweibrücken 470, 496
Zweiffel, von; Zwivel, vam 104, 130, 131, 133, 159, 234, 239, 310, 412, 486, 490, 491, 494, 502
Zweiffelstrunden, zu 39, 80, 159, 160, 164, 171, 387, 395, 484, 502